Benutzte Quellen

£. Beckmann, Geschichte und ~~~~.   895.
H. Birkner, Über die Hunde der Römer in Deutschland,
W. Bölsche, Tierbuch, Bd. I, 1908.
Ders., Der Mensch der Vorzeit, 1909.
Ders., Der Mensch der Pfahlbauzeit, 1911.
Böttger, Anweisung zum Ausbilden von Suchhunden für den Ermittelungsdienst,
    1919.
A. Brehm, Tierleben, Bö. XII, 1915.
R. Braungart, Die Südgermanen, 1914.
Graf v. Bylandt, Die Hunderassen, Beschreibung ihrer Points, Typen, Eigen=
    schaften und Fehler, 1905.
M. Coler, Oeconomia oder Hausbuch, zum Calendario perpetuo gehörig, 1632.
Ch. Darwin, Der Ausdruck der Gemütsbewegungen, 1884.
Deutsche Gesellschaft für Züchtungskunde, Flugschriften 8, 11, 12, 13, 17,
    22, 23, 26, 27, 29, 32, 47, 48, 1909—19.
U. Duerst, Subfossile Haustiere Asiens und ihre Beziehungen zu den vor= und früh=
    geschichtlichen Haustierschlägen, insbesondere der germanischen Vorzeit, 1907.
Ders., Selektion und Pathologie, 1911.
£. Edinger, Einführung in die Lehre vom Bau und den Verrichtungen des Nerven=
    systems, 1912.
Ders., Zur Methodik in der Tierpsychologie, 1914.
Ellenberger und Baum, Anatomie des Hundes, 1891.
G. Freytag, Bilder aus deutscher Vergangenheit, 1876.
W. Haacke, Die Schöpfung der Tierwelt, 1893.
E. Haeckel, Natürliche Schöpfungsgeschichte, 1889.
Ders., Systematische Phylogenie der Wirbeltiere, 1895.
Ders., Die Welträtsel, 1899.
E. Haugk, Aufsätze aus „Unsere Hunde", 1917—19.
O. Hauser, Der Mensch vor hunderttausend Jahren, 1917.
Hegendorf, Der Gebrauchshund, seine Erziehung und Dressur, 1914.
A. Heim, Die Schweizer Sennenhunde, 1914.
M. Hilzheimer, Die Haustiere in Abstammung und Entwicklung, 1909.
Ders., Die Knochenfunde der Steinauer Höhle, 1913.
M. Hoernes, Natur= und Urgeschichte des Menschen, 1909.
A. Jakobi, Die Bedeutung der Farben im Tierreich, 1904.
H. Zeitteles, Die Stammväter unserer Hunderassen, 1877.
C. Keller, Zur Abstammungsgeschichte unserer Hunderassen, 1903.
C. Keller II, Die Terpenfunde in Holland („Umschau"), 1910.
K. Kelling, Der Hund im deutschen Volkstum, 1914.
Lebensbilder aus der Tierwelt, H. Meerwarth und K. Soffel, Bö. I—III,
    1908—12.
L'Éleveur, Nos Chiens de Berger, P. Mégnin und H. Sauret, 1898.
W. Liepmann, Die Psychologie der Frau, 1920.
G. v. Lisi, Das Geheimnis der Runen, 1908.
M. Müller, Die Vererbung der Körperteile und des Geschlechts, 1911.
R. Müller, Biologie und Tierzucht, 1905.
Ders., Sexualbiologie, 1907.

H. Mynfinger, Das Puoch von den valken, habichen, fperbern, pfäriden und hunden, 1473.

M. Neumayer, Erdgefchichte, 1895.

Th. Noack, Dr. Flecks Reifeausbeute aus Südweftafrika, 1894.

Derf., Wölfe, Schafale, vorgefchichtliche und neuzeitliche Haushunde, 1907.

W. Paftor, Aus germanifcher Dorzeit, 1907.

Petrus de Crescentiis, New Feld= und Aderbaw, Ende des XV. Jahrhunderts.

H. Ploß, Das Weib in der Natur= und Völferfunde, 1895.

L. Reinhardt, Der Menfch der Eiszeit, 1908.

Derf., Der Hund, eine fulturgefchichtliche Studie („Sportblatt", 1911).

L. Roth, Das Fell des St. Bernhardshundes, 1905.

R. Schäme, Die wiffenfchaftlichen Grundlagen der Hundezucht, 1913.

Derf., Bau, Leiftung und Raffezeichen des Forterrierfopfes, 1912.

R. Schmalß, Das Gefchlechtsleben der Haufäugetiere, 1921.

Fr. Schmidt, Derbrecherfpur und Polizeihund, 1910.

Derf., Polizeihunderfolge deutfcher Schäferhunde, Reue Winfe für Polizeihund= führer, Liebhaber und Behörden, 1911.

W. Schwarß, Indogermanifcher Volfsglauben, 1885.

M. Sieber, bearbeitet von R. Strebel, Die Hunde Afrifas, 1899.

Derf., bearbeitet von R. Strebel, Die Hunde Afiens („Der Hund", 1900 1902).

v. Stephaniß, M., Anweifung zum Abrichten und Ausbilden von Sanitätshunden, 1914.

Derf., Der deutfche Schäferhund als Dienfthund, 1919.

Derf., Der Derein für deutfche Schäferhunde (SD.), fein Ziel und feine Derfaffung, 1919.

Derf., Zwingerbuch, 1920.

Derf. und Fr. Schmidt, Ramenbuch für deutfche Schäferhunde, 1912.

R. Strebel, Die deutfchen Hunde und ihre Abftammung, 1905.

A. Ströfe, Unfere Hunde, 1902.

Th. Studer, Entwicklung der Haushundzucht bei den Pfahlbauern, 1899.

Derf., Die prähiftorifchen Hunde in ihren Beziehungen zu den gegenwärtig lebenden Raffen, 1901.

Derf., Über den deutfchen Schäferhund und einige fynologifche Fragen, 1903.

Derf., Über einen Hund aus der paläolithifchen Zeit Rußlands, 1905.

Sylvan, Jahrbuch für Forftmänner, 1823.

C. v. Unruh, Leben mit Tieren, 1909.

L. Wilfer, Leben und Heimat des Urmenfchen, 1910.

Zeitung des Dereins für deutfche Schäferhunde (SD.=Ztg.), Jahrgang I bis XIX, 1902—1920.

Zuchtbuch für deutfche Schäferhunde (SZ.), Bd. I—XVII, 1899—1920.

ISBN 978-0-243-45205-7
PIBN 10482655

This book is a reproduction of an important historical work. Forgotten Books uses
state-of-the-art technology to digitally reconstruct the work, preserving the original format
whilst repairing imperfections present in the aged copy. In rare cases, an imperfection in
the original, such as a blemish or missing page, may be replicated in our edition. We do,
however, repair the vast majority of imperfections successfully; any imperfections that
remain are intentionally left to preserve the state of such historical works.

1 MONTH OF
FREE
READING

at
www.ForgottenBooks.com

By purchasing this book you are
eligible for one month membership to
ForgottenBooks.com, giving you
unlimited access to our entire
collection of over 700,000 titles via
our web site and mobile apps.

To claim your free month visit:

www.forgottenbooks.com/free482655

English
Français
Deutsche
Italiano
Español
Português

www.forgottenbooks.com

Mythology Photography **Fiction**
Fishing Christianity **Art** Cooking
Essays Buddhism Freemasonry
Medicine **Biology** Music **Ancient
Egypt** Evolution Carpentry Physics
Dance Geology **Mathematics** Fitness
Shakespeare **Folklore** Yoga Marketing
Confidence Immortality Biographies
Poetry **Psychology** Witchcraft
Electronics Chemistry History **Law**
Accounting **Philosophy** Anthropology
Alchemy Drama Quantum Mechanics
Atheism Sexual Health **Ancient History**
Entrepreneurship Languages Sport
Paleontology Needlework Islam
Metaphysics Investment Archaeology
Parenting Statistics Criminology
Motivational

Der deutſche Schäferhun in Wort und Bild

Von

Rittmeiſter v. Stephanitz

Sechſte, vollſtändig umgearbeitete und ſtark vermehrte Auflag

Mit 498 Abbildungen im Text

Derlag des „Derein für deutſche Schäferhunde (SD)",
Rechtsſitz München, ED, im „Kartell der Raſſezucht=
vereine und allgemeine Derbände" und im „Prüfungs=
verbande der Zuchtvereine für Dienſthunderaſſen im
Kartell (PDZ)"

Druck von Ant. Kämpfe, Jena
1921

Vorwort zur VI. Auflage

Diese völlige Umarbeitung der 1901 zum erstenmal in bescheidenem Umfange erschienenen Abhandlung über den Schäferhund, seine Zucht und seine Pflege, war kurz vor Ausbruch des Weltkrieges in Angriff genommen worden. Nach nahezu fünfjähriger Pause wieder aufgenommen, lag sie Weihnachten 1919 druckfertig vor, konnte aber erst ein Jahr später in Druck gegeben werden. Sie steht noch voll unter dem Eindruck des Weltkrieges und seines selbstverschuldeten unheilvollen Ausganges; ich habe aber auch jetzt nichts daran ändern zu sollen geglaubt. Auch Hundezucht steht in Beziehung zum Vaterlande, soll diesem dienen; vaterländisches Empfinden zu färdern, sollte sich heute aber erst recht jeder Deutsche berufen fühlen!

So möge diese Frucht langjähriger Arbeit denn hinausgehen, deutscher Zuchtarbeit zum Nutzen, unserem Schäferhunde zum Segen.

v. Stephanitz.

3. Zt. Görlitz, Januar 1921.

Inhaltsverzeichnis

Von Herkunft und Zusammenhang der Schäfer= und Hirtenhunde.

„Durch den Verstand des Hundes besteht die Welt!"

So sagt die Vendidâd, der Zendavesta ältestes Buch, das von der „Erschaffung der Welt" berichtet. Die Zendavesta, eine Zusammenfassung alt= iranischer Glaubenslehren, ist, wie alle ähnlichen Überlieferungen, durch spätere Niederschrift vom Volls= empfinden getragener Sagen und Rechtsgrundsätze entstanden. Greift sie somit auf uralte Zeiten werden= der Gesittung eines der ältesten Edelstämme zurück, so fällt ihr Ent= stehen, und ihr Wissen, doch lange hinter jene weit zurückliegenden vorgeschichtlichen Geschehnisse, aus denen sich die Berechtigung unseres Leitspruchs herleiten ließe. Und aus deren Überlieferung sie die Gründe für diese Behauptung entnommen haben mag. Die „Welt" dabei selbstverständlich aus Zoroasters eng gefaßtem, aber auch heute noch nicht voll überwundenem, nur dem Menschen gerecht werdenden Standpunkt verstanden: als Gedeihen, Ent= wicklung der Menschheit gedacht. In diesem Sinne konnte recht wohl ein Volk fühlen und denken, dem der Hund nicht bloß ein altvertrauter Begleiter und Genosse — eine altpersische Gesetzsammlung, das Bunde= hesch, unterscheidet schon zwischen Herdenhunden und Haushunden —, sondern dem der Hund zusammen mit Hahn und Feuer zum Schützer vor bösen Geistern und Zauber, zum Überwinder des nächtlichen, daher feindlichen Dunkels und alles Bösen geworden war. „Seine Stimme zerstörte das Böse" sagt das Bundehesch vom Hunde.

Vor der neuzeitlichen Forschung hält Zoroasters Wort freilich nicht stand. Der Urmensch hatte den ersten großen Schritt auf dem Wege, der ihn zur heutigen Höhe führen sollte, schon getan, als der Hund sich

v. Stephanitz, Der deutsche Schäferhund.

zu ihm fand. Und dann wußten zunächst beide Teile aus diesem Zu=
sammenfinden Vorteil zu ziehen in gleichberechtigter Nützlichkeits=
gemeinschaft, bis der geistig höher stehende den anderen Gesellschafter
in ein dienendes Abhängigkeitsverhältnis herabzudrücken verstand.

Die Wurzelenden beider Stämme — der der Menschen und der
der Hunde — greifen gleich weit zurück, auf viele, viele Millionen
von Jahren. In den dem ältesten Tertiär, dem Eozän, angehörenden
Fundstellen von Cernays bei Reims und in Neumexiko fand man die
ersten Spuren von Halbaffenvorläufern (Pachylemuriden) und von
Altraubtieren (Creodonten). Sie bildeten dort mit den Urhuftieren
(Condylarthren) die ältesten, damals nur in Geringfügigkeiten von=
einander sich unterscheidenden Stammgruppen echter Säuger. Gemein=
samer Anfang also, später gemeinsame Vollendung; heute gemeinsame
Arbeit!

Gemeinsame Vollendung, sagte ich eben. Denn echte Hunde
(Caniden) — Wildhunde selbstverständlich — treten erst spät im Laufe
der Entwicklung des Säugetierstamms auf. Reste von ihnen fanden
sich erst in den oberpliozänen Schichten, also gegen das Ende der Tertiär=
zeit zu. Das ist in Zeiten, die etwa drei Millionen von Jahren gegen
heute zurückliegen; als ältester „Wolf" wird der Canis etruscus major
aus dem Oberpliozän von Tostana beschrieben. Pent hat die Dauer
der dem Tertiär folgenden Eiszeit auf mindestens anderthalb Millionen
Jahre berechnet, die des mit Pliozän bezeichneten jüngsten Tertiär=
abschnitts auf zwei Millionen Jahre. Die ältesten bekannt gewordenen.
Erdfunde echter Hunde stammen sonach aus einer Zeit, in der auch
das erste Auftreten von „Menschen" vermutet wird: aus der Zeit des
Überganges, der Entwicklung des Vormenschen (Proanthropus) zum
Urmenschen (Homo primigenius). Das Werden geistig hochstehender
Gruppen brauchte Zeit zur Vollendung!

Wo, in welchem Gebiet die Entwicklung zu echten Hunden vor
sich ging, wird wohl nicht festzustellen sein. Nach Prof. v. Bunde soll
die Beschaffenheit der Muttermilch einen Anhaltspunkt für die Ur=
heimat — oder die damals dort herrschenden Wärmeverhältnisse —
geben. Für in warmen Gegenden lebende Tiere sei der große Zucker=
gehalt der Milch kennzeichnend, während umgekehrt die Milch der in
kalten Gebieten lebenden Tiere sehr fettreich sei, als notwendiges Heiz=
mittel für den Körper der Jungtiere. Da Hundemilch einen ungemein
hohen Fettgehalt hat (9,2% gegen 3,7% bei der Kuhmilch und 2,7 bis
3,6% bei der Frauenmilch), dagegen geringen Zuckergehalt (nur 3,1%
gegen 6,3% und 4,4—6,5%), würde das auf eine Entwicklung in
nordisch kaltem Gebiet hinweisen. Auf das gleiche Gebiet würde nach
Jakobi die allen Wildhunden eigene graugelb=gewölfte Grundfärbung
deuten; abweichende Färbung einzelner heute lebender Arten läßt
sich leicht durch Anpassung an bestimmte örtliche Verhältnisse erklären.
Der Norden als Entwicklungsgebiet würde schließlich auch die durch
Wanderung erfolgte, ungemein weite Verbreitung der echten Hunde
im eurasischen (europäisch=asiatischen) Tiergebiet erklären. Da dies
zeitweise mit Nordamerika durch eine Landbrücke verbunden war, wurde
dadurch auch ein Vorstoß der stammesgeschichtlich wieder am tiefsten

ſtehenden Hunde=Gruppe — die alſo die Spitze des Wanderzuges hatte — bis nach Südamerika ermöglicht.

Daß unſerer heutigen Hunde Ahnentafel[1]) bis auf die Ordnung der Altraubtiere (Creodonten) zurückgeführt werden kann, habe ich oben ſchon erwähnt. Die älteſten Erdfunde von Altraubtierreſten ſtammen aus den unterſten Eozänſchichten, alſo dem älteſten Tertiär, der Stamm iſt ſonach vielleicht ſchon im jüngſten Sekundärabſchnitt, d. h. in der Kreidezeit, entſtanden. Als Stammwurzel der heutigen echten Hunde gilt nach Haeckel in der Altraubtierordnung die Gattung der ebenfalls untereozänen Brückenhunde (Miaciden). Aus dieſen ent= wickelten ſich zu Beginn des Oligozäns, d. h. im zweiten erdgeſchicht= lichen Abſchnitt des Tertiärs, die Gattung der Diverrenhunde (Cyno- dictiden). Dieſe bilden nach Haeckel die Stammform aller heutigen Fleiſchfreſſer (Carnivoren), die damit ſchon von der gleichfalls aus den Altraubtieren hervorgegangenen, ihnen zum Teil ſogar heute noch ſehr nahe ſtehenden Ordnung der Inſektenfreſſer (Insectivoren), abgetrennt ſind. Die Diverrenhunde waren noch keine Zehen=, ſondern fünfzehige Sohlengänger; ſie vereinigten in ſich Artmerkmale, die den heute getrennten, aber gemeinſam in dieſer Stammform wurzelnden Familien der Hunde, der Bären und der Schleichkatzen (Viverren) zu= kommen. Hunde und Bären blieben dann noch bis zur Zwiſchenſtufe des gleichfalls oligozänen Amphicyon vereinigt, während ſich im Laufe der ſpäteren Entwicklung aus dem Schleichkatzenſtamm die echten Katzen, die Hyänen und die Marder abzweigten.

Beim Hundeſtamm begann ſich nunmehr, den Lebensbedürfniſſen des leichten Lauftieres entſprechend, unter Aufgeben des uralten Wirbeltiererbes der Fünfzehigkeit, oder Fünffingerigkeit, je die innere Zehe zurückzubilden. Beim Vorderlauf, der nicht bloß zur Fortbewegung diente, ſondern auch zum Scharren (zum Bereiten des Lagers, gelegent= lich auch zum Nahrungserwerb), bei dem ſomit eine gewiſſe Breite der Pfote von Nutzen war, iſt die Rückbildung noch nicht vollendet, wenn auch die innere Zehe ſchon den Boden nicht mehr berührt, ſondern nunmehr bis zur Hälfte etwa des Vordermittelfußes reicht. Am Hinter= lauf aber iſt die gangſtörende fünfte, innere Zehe vollkommen zurück= gebildet, verſchwunden, beim Wildhunde wenigſtens. Bei Haushunden tritt ſie als Rückſchlagserſcheinung in Geſtalt der After= oder Wolfs= klaue nicht ſelten, bei einzelnen Raſſen faſt regelmäßig wieder auf; bisweilen ſogar — Gefügelockerung beim hausbar gemachten Tiere — als Mißbildung doppelter After= oder Wolfsklauen. „Wolfsklaue", weil der Wolf ſie nicht hat; bei Schafalarten hat Hauck ſie allerdings gelegentlich auch beobachtet. Mit den Knochen der Fuß= wurzel oder des Mittelfußes hängt die Afterklaue nur ſelten durch Knorpelgewebe und Sehnen als Reſt des verkümmerten fünften Knochenſtrahls zuſammen; meiſt ſtellt ſie eine loſe Hautwucherung mit Kralle dar.

---

*) Siehe zu folgendem auch den „Stammbaum der Haushunde des eura= iſchen Gebietes", S. 21.

Nach der endgültigen Trennung von den zu Bären sich aus=
bildenden Gruppen entwickelte sich der Hundestamm über den im Mio=
zän, dem dritten Tertiärabschnitt, auftretenden Temnocyon durch
schärferes Herausarbeiten einzelner Punkte im Pliozän, dem vierten
und letzten Abschnitt des Tertiärs, zu den Gattungen: Canis (echte
Hunde einschließlich der Haushunde, der Schakale und der südameri=
kanischen Thous-Arten, welch letztere als tiefstehende Caniden-Gruppe,
wie schon erwähnt, die Spitze des aus dem Norden sich ergießenden
Wanderzuges bildeten); ferner die Cyon-Arten (Alpenwolf oder =hund
und ähnliche Arten Südasiens und Sibiriens), Lycaon (Hyänenhund)
und die Lycalopex-Arten Südamerikas; letztere als Zwischengruppe
zu den Gattungen Vulpes (Füchse) und Fenecus (Fenek). Stammes=
geschichtlich tief zweigten die Gattungen Nyctereutes (Marderhund),

Abb. 1. Icticyon (Speothos) Riveti, ein neu entdeckter Wildhund aus Ekuador
(Südamerika).

Otocyon (Löffelhund) und Icticyon (Waldhund) vom Hauptstamm ab.
Die echten Hunde bilden den Leittrieb, aus ihnen wurden später
die Haushunde eingezähmt und erzüchtet. Die höchstentwickelte Art,
der Wolf (Canis lupus) mit seinen vielen Unterarten, ist schon vor Be=
ginn der Eiszeit im Oberpliozän, also gegen Ausgang der Tertiärzeit,
vor rund zwei Millionen Jahren, zahlreich vertreten; außer ihm selbst
eine Anzahl weiterer wolfsartiger Wildhunde von kleineren Abmes=
sungen.

Wer einigermaßen mit den Grundsätzen der Entwicklungsgeschichte
vertraut ist, wird wissen, daß die Angehörigen der Gattungen, die oben
als stammesgeschichtlich früh abgezweigt genannt wurden, die also
den großen Schritt zur Gipfelhöhe noch nicht mitgemacht haben, uns
am ersten ein Bild der mitteltertiären Vorfahren unserer echten Hunde

geben werden. Das bestätigt ein erst zu Anfang dieses Jahrhunderts im Andengebiet von Quito — also in Südamerika, dieser besonderen Fundstätte „lebender Altertümer" — von Trouessart entdeckter Wild= hund, der Icticyon Riveti, der eben jener tiefstehenden Untergattung Icti= cyon angehört, von der bisher nur eine Art, der brasilianische Wald= hund (I. Venaticus), in einigen wenigen Vertretern bekannt gewesen. Im Äußeren finden sich bei diesem neu entdeckten Wildhunde nur wenige Anklänge zum Gebäude echter Hunde. Der langgestreckte und auf= gewölbte Leib, der unverhältnismäßig lange, platt gedrückte und stumpfe, wie kurz abgehackte, nicht allmählich sich verjüngende Schwanz — von „Rute" kann man hier wirklich noch nicht sprechen! — würde in dem Abgebildeten fast noch eher ein marderartiges Raubtier vermuten lassen. Die Länge des noch nicht voll erwachsenen Rüden wird auf 45 cm von der Schnauze bis zur Schwanzspitze angegeben; davon kommen allein 18 cm auf den Schwanz.

Jn der Zahnbildung, und das ist das entscheidende, gleicht der neuentdeckte dagegen völlig den Hunden, wenn ihm auch die beiden letzten Backenzähne fehlen, was sich aber auf Verkürzung des Gesichts= teils zurückführen läßt. Eine ähnliche Gebißbildung findet sich noch beim Lycaon, der sich gleichfalls früh vom Hauptstamm der Hunde abzweigt. Über das Milchgebiß von Icticyon ist leider noch nichts bekannt. Dagegen wissen wir von dem bereits oben als ebenfalls stammes= geschichtlich tiefstehend erwähnten, in Südafrika lebenden Otocyon — auch diese Gruppe bildete einst bei der Ausbreitung der Hunde von Norden her die Spitze des nach Afrika gerichteten Wanderzuges! —, daß sein Milchgebiß noch starke Anklänge an das Gebiß der Jnsekten= fresser aufweist. Jm Milchgebiß vieler Tiere kehrt aber nach dem Grund= gesetz der Entwicklungslehre, daß Keimesgeschichte — oder die Ent= wicklung des Einzelwesens — eine verkürzte Wiederholung der Stammes= geschichte, und wie von Rütimeyer für diesen Fall bestätigt, das vom bleibenden oft verschiedene, meist vollständigere Gebiß ihrer nicht mehr lebenden Ahnen wieder, läßt also Rückschlüsse auf diese zu.

Die Färbung der neu entdeckten Art wird als lichtes Grau, durch= setzt mit Schwarz, angegeben, die Behaarung als eigenartig bezeichnet: eng geschlossen, fein und weichwollig, ähnlich der der Beuteltiere und Halbaffen, die bekanntlich beide gleichfalls überlebende Vertreter alter Stammwurzeln darstellen. Ich möchte hierbei daran erinnern, daß auch die Jugendbehaarung unserer Welpen, das Milchhaar, der oben ge= schilderten entspricht; erst bei fortschreitendem Wachstum bricht das längere Deckhaar allmählich durch dies Milchhaar durch. Jugend= formen gleichen aber nach Haeckels eben erwähntem Grundgesetz in gewissen Punkten von der Art selbst längst überwundenen Staffeln der Stammesentwicklung.

Von ganz besonderer Bedeutung wäre, wenn eine Nachricht sich bestätigen sollte, die im Sommer 1908 durch die Presse ging und laut welcher ein englischer Forschungsreisender Canning in Westaustralien noch eine neue Wildhundart entdeckt haben soll. Diese — nicht zu den Beuteltieren gehörig! — entspräche in ihren Abmessungen etwa einer Ratte und nähre sich vorwiegend von Eidechsen und Käfern. Vielleicht

5

wäre hiermit ein weiterer nächster Verwandter jener Ursäugergruppen aus den Cernays=Schichten entdeckt, die einst wohl gleichmäßig über die ganze Erde verbreitet waren. Ein „lebendes Fossil" gleich dem uns wohlbekannten und doch jenen Urformen noch äußerst nahestehenden Kleeblatt: Igel, Maulwurf, Spitzmaus.

Haben wir bis jetzt die Entwicklung des Wildhundstammes von seinen Uranfängen an verfolgt, so wollen wir uns nunmehr der Entstehung unserer Haushunde zuwenden, die selbstverständlich, wie alle hausbar gemachten Tiere, auf eine wilde Form zurückzuführen sind. Über letztere später, zunächst einiges über die Art und Weise, wie wir uns den Vorgang des Eingewöhnens, des Hausbarmachens einer wilden Art, im besonderen unserer Hunde, zu denken haben.

Wir hörten oben von jenen weitzurückliegenden Zeiten gegen Ausgang des Tertiärs, in denen die ersten echten Hunde und die ersten Ansätze zu Menschen auftraten. Die Bezeichnung „Mensch" verdienten diese freilich noch nicht voll, dazu machten sie erst die Nöte der nunmehr einsetzenden Eiszeit (Quartär oder Pleistozän, auch Diluvium genannt). Statt von einer Eiszeit müßte zutreffender von deren vier, vielleicht sogar fünf, mit der entsprechenden Zahl von Zwischeneiszeiten — Abschnitten mit höherem Wärmedurchschnitt und entsprechendem Zurückgehen der weithin über Gebirgszüge und das vorliegende Flachland sich erstreckenden Vereisung — gesprochen werden. Wir leben heute in der, der letzten, auf auf etwa 20—25 000 Jahre zurückliegenden Eiszeit folgenden Nacheiszeit (Alluvium).

Die in die Eiszeit Mitteleuropas eintretenden Vormenschen= horden lebten in kleinen wandernden „Hungergemeinschaften"; feuerlos noch, wenn auch schon mit den Uranfängen von Waffe und Werkzeug in Gestalt von Holzknütteln und, teilweise auch schon mit in bestimmter Absicht zurechtgeschlagenen Steinen. Für sie gab es nur eine Frage, die der Selbsterhaltung, und damit der Erhaltung der Art. Die Mit= und Umwelt hatte für sie nur Bedeutung, sofern sie zu dieser Frage in Beziehung stand. Die Nahrungs= und Unterkunftsorgen der Eiszeit brachten dann aufsteigende Entwicklung, zwangen den werdenden Menschen zum Gebrauch seiner geistigen Anlagen, die Sprache wurde ausgebildet, Waffen und Werkzeuge vervollkommneten sich. Aber immer noch betrachtete er die Tierwelt seiner Umgebung nur vom Standpunkt, ob Beutetier oder überlegener Gegner. Noch aus der letzten Zwischeneiszeit gibt die bekannte Fundstätte von Predmost in Mähren ein Bild davon, von was für Beutetieren der damalige „Löß= mensch" — eine schon über dem Neandertaler (Homo primigenius) stehende, als Ur=Mittelmeermensch (H. mediteraneus var. fossilis) be= zeichnete Rasse — sich ernährte. Unter den Predmoster Kalfklippen müssen die Lößjäger lange Zeit und oft wiederkehrend gehaust haben, denn in den dort aufgefundenen Aschenresten ihrer Feuerstellen wurden Knochenreste und Feuersteinwerkzeuge in ungeheueren Mengen ge= funden. Unter den tierischen Überbleibseln überwiegen ganz bedeutend Stoß= und Backenzähne und Knochenreste des Mammuts, aber auch Wolfsknochen finden sich in großer Zahl: des Mammuts also, der be= liebtesten, weil ausgiebigsten Jagdbeute, und des Wolfs, der sich an dem ihm hochwillkommenen Schlachtplatz einfand, um von den Resten zu zehren — die von ihm angenagten Knochen beweisen das — und der zur Strafe für diesen unerlaubten Mitbewerb von den erbosten Jägern getötet und gleichfalls gegessen wurde.

Dies Herankommen des Wildhundes an Beuteplätze und Raststätten des jagenden Urmenschen, dem ein Nachschleichen vorangegangen sein muß, gibt aber einen Wink für das erste Zusammenfinden zwischen Mensch und Hund. Noch heute folgen die kleineren Wildhundarten gern den Spuren großer Räuber, wie Löwe und Tiger, auch denen des jagenden Menschen, um als Schmarotzer von den Abfällen und Überresten zu zehren. Noch heute umschleichen sie, wenn der Hunger mahnt, den gelegentlichen Rastplatz, die menschliche Siedlung. Vielleicht spendet dort ein Zufall leckere Beute, sicher aber finden sie Abfallstoffe zur Befriedigung des knurrenden Magens. Daß der amerikanische Heulwolf, die altweltlichen Schakale nachts Gehöfte und Ortschaften aufsuchen, um Düngerstätten und Abfallhaufen zu durchwühlen, wird häufig berichtet; auch unser Fuchs findet sich im Winter, zur Schlachtzeit, dorthin.

Blieb auch von des Urmenschen Tafel wenig genug übrig, Gescheide etwa, abgenagte und zerschlagene Knochen, so wird das, neben Entleerungen — die Pariahunde südlicher Länder sind ja noch heute die zuverlässigsten und, neben Geiern, die einzigen Straßenreiniger und Unratvertilger! —, genügt haben, um eine, vorläufig einseitige Nützlichkeitsgemeinschaft einzuleiten. In den später noch näher zu besprechenden „Küchenabfallhaufen" vorgeschichtlicher Menschen fehlen regelmäßig die weicheren Knochen; Wildhunde, wahrscheinlich schon halbeingezähmte, haben sie verschleppt, verzehrt.

Noch ein anderes mag, wie Dr. Hahn vermutet, den Wildhund an den Lagerplatz gewöhnt haben: die Verlockung der verlassenen, noch warmen Feuerstelle. Die Neigung unserer Haushunde für den Ofenplatz ist ja bekannt, das Aufsuchen verlassener Herdplätze wird auch noch von anderen, geistig hochstehenden Tieren berichtet: von den Menschenaffen des afrikanischen Urwaldes.

Am Abfallhaufen, am Lagerplatz kam aber noch ein weiterer Umstand hinzu, auf den meines Wissens in dieser Beziehung bisher noch nicht hingewiesen ist. Des Hundes Hauptsinn ist die Nase, er „denkt durch die Nase", wie wir durch das Auge. An jenen Stellen aber stand des Menschen Witterung besonders stark an, ja durch Aufnahme vom Menschen abgenagter Knochen, durch Aufnahme menschlicher Entleerungen — nicht des Kotes allein! Hatte der Urmensch Jagdglück, wird er sich ebenso unbeschränkter Völlerei ergeben haben, und hat dann deren Folgen tragen müssen, wie's noch heute von Naturvölkern berichtet wird —, kam der Wildhund in solch innige innere Beziehung zum Menschen, „verwitterte" er sich geradezu, wie heute der Kunstausdruck für das Eingewöhnen eines fremden Hundes lautet, daß er mählich Furcht und Abneigung vor der menschlichen Witterung verlor. Daß er nicht mehr vor ihr zurückschreckte, sie sich nicht mehr als Warnzeichen dienen ließ, wie andere Tiere, die sich von der Nase leiten lassen. Der Hundefreund, der heute einen frisch erworbenen

Hund an sich binden will, weiß, daß er gewonnenes Spiel hat, wenn es ihm gelang, den Hund mit seiner persönlichen Witterung zu durch= tränken, sich ihm — um im menschlichen Bilde zu bleiben — durch den Geruch anziehend, richtiger: anheimelnd zu machen. Selbst bei uns „nasenlosen" Menschen spielen Geruchseindrücke eine vielleicht wenig bewußte, aber nicht unbedeutende Rolle; namentlich im Geschlechts= leben. Nun, Hunde sind geschlechtlich leicht erregbare Tiere: es wird zum oben Dargelegten noch hinzugekommen sein, daß die menschliche Geschlechtswitterung dem Wildhunde nicht unangenehm, der seiner Artgenossen verwandt erschien. Kein Rüde, auch der Wildhund nicht, ebensowenig eine läufige Hündin, geht an einer „Bedürfnisanstalt für Hunde" vorüber, ohne dort durch einen abgegebenen Tropfen sein „da gewesen!" bekundet zu haben. Auffallenderweise benehmen sich Hunde aber nicht bloß an jenen Stellen so, wo Artgenossen genäßt haben: auch wo der Mensch gleiches tat, finden sie sich zum vorerwähnten Zwecke ein. Daß aber gerade die menschliche Geschlechtswitterung auf den Hund anziehend wirkt, kann jeder selbst beobachten; oft genug auf der Straße. Ich halte diese „Selbstverwitterung" des Wildhundes mit der menschlichen Witterung für einen ganz wesentlichen Umstand bei der „Selbstzähmung", wie der Vorgang der Eingewöhnung und Hausbar= machung treffend bezeichnet worden ist; ebenso wie die dann immer inniger werdende Selbstverwitterung beigetragen haben mag, den Hund auf die höchste Stufe unter unseren Haustieren zu heben. Ist's nicht auch eigentümlich, daß alle wirtschaftlichen Haustiere, abgesehen vom Geflügel, Tiere mit scharf ausgeprägtem Witterungsvermögen, „Nasentiere" sind: Hund, Pferd und Esel, Rind und Büffel, Ren, Ziege, Schaf und Schwein, selbst das Kaninchen, dann in südlichen Ländern noch Kameel und Lama, bedingsweise auch der Elefant? Und daß sie im Freileben alle auch „Herdentiere" sind, das Gemeinschaftsleben also gewöhnt waren? Das einzige Haustier, das beides nicht ist, weder Nasen= noch Herdentier, die Katze, ist trotz ihrer auch vieltausend= jährigen innigen Verbindung mit dem menschlichen Haushalt, die ihr den gleichen Platz wie dem Hunde hätte verschaffen können, noch nicht zum vollen Haustier geworden.

Der eigentlichen Hausbarmachung aller unserer oben erwähnten Haustiere ist wohl solche „Selbsteinzähmung" des Wildes, wie ich sie für den Hund zu erklären versuchte, vorangegangen. Wir legen heute „künstliche Muschelbänke" an, die in nichts anderem bestehen als in vermehrter Ansiedlungsmöglichkeit: an geeigneten Strandstellen aus= gelegtes Flechtwerk oder eingerammte Pfähle. Ähnlich mag der mit den Bedürfnissen der ihn umgebenden Tierwelt noch innig vertraute Urmensch vorgegangen sein, im Bestreben, sich einen lebenden Fleisch= vorrat in greifbarer Nähe zu halten. Das Salzbedürfnis der Pflanzen= fresser ist bekannt, über weite Strecken zieht das Wild zu den natür= lichen Salzlecken. Lag für den Urmenschen da nicht nahe, seinen Lager= platz bei solchen Lecken aufzuschlagen, oder — ein Schritt weiter! — Lecken in der Nähe günstig gelegener, geschützter Wohnstätten anzulegen, um das Wild dorthin zu ziehen?

Auf der Jagd, bei der getöteten Mutter lebend eingefangene

Wildjunge wurden ins Lager gebracht, wuchsen mit der eigenen Brut auf, gewöhnten sich an die Horde und die menschliche Witterung. Liefen, erwachsen, wohl auch in die Freiheit, namentlich zu Brunstzeiten, fanden diese Freiheit aber wohl nicht immer so süß, und kehrten deshalb wieder heim, zumeist wohl beschlagen: wenn sie dazu nicht überhaupt ausgesetzt worden waren. Sie vermehrten sich dann auch im „Familienkreise", brachten also keine eigentlichen Wildjunge mehr, wenn sie nicht vorher in Zeiten der Not geschlachtet worden waren. Im Vertrautwerden mit der menschlichen Witterung lag auch hier der geheimnisvolle Grund: sie kam in Zusammenhang mit Krippe und Kind, damit war das Spiel gewonnen, der erste Schritt zur Einzähmung und Hausbarmachung getan.

Wie der Wildhund sich durch die Nase, durch die Aussicht auf Stillen seines Hungers an den Menschen gewöhnte — das geschah auch nicht von heute auf morgen, sondern ist als über eine lange Zeitspanne sich ausdehnend anzunehmen —, so umgekehrt auch der Urmensch daran, daß Wildhunde ihm auf seinem Jagdzuge folgten und an seinen Lagerplätzen einfanden. Durch den harten Daseinskampf gewohnt seine Umgebung scharf zu beobachten, wird ihm dabei nicht entgangen sein, daß die ihn umkreisenden oder in der Nähe seines Feuerplatzes lagernden Wildhunde besondere Begabung dafür besaßen, nahende Gefahr frühzeitig zu erkennen; ja, daß sie selbst im Schlaf noch feinsinniger waren als er, der werdende „Herr der Erde". Ihre Warnzeichen nützten auch ihm, wie auf der Wildbahn eine Art auf den Gefahrruf der anderen achtet. War dem Urmenschen das Heranfinden der Wildhunde zunächst gleichgültig — es handelte sich dabei meist um kleinere Arten, die ihm keine Gefahr bedeuteten —, mag er oft genug auch die lästigen und lüsternen Näscher durch einen Steinwurf vertrieben haben, so wird sich, nachdem ihm die Erkenntnis der Wächtereigenschaften seiner Gefolgen gekommen, erst stillschweigende Duldung, dann auch durch ab und zu aus dem Überfluß hingeworfene Brocken ein noch näheres Verhältnis angebahnt haben.

Der Mensch ist auf die Ausnützung des Tageslichtes angewiesen, sein Hauptsinn, das Auge, versagt im Dunkeln. Während der nächtlichen Ruhe bedrohte ihn aber allerlei Gefahr: nicht bloß durch schleichende Raubtiere oder durch Überfall auf den wildreichen Standplatz futterneidischer Nachbarhorden, vor allem auch nach seiner Ansicht durch in Luft und Dunkel ihr Unwesen treibende „Geister"; ihr Unwesen, denn dem Urmenschen schienen die Geister noch feindlich, zur Auffassung eines gütigen höheren hatte er sich noch nicht durchgerungen. Wirkliche Gefahr kündete rechtzeitig der knurrende Warnlaut des stehohrigen, daher besonders feinhörigen und leise schlafenden Wildhundes, gegen die vermeintliche Geistergefahr aber schützte sein Heulen und Bellen, das gelegentlich auch im Traum erfolgte. Durchbohrte Hundezähne (Fangzähne) wurden später, in der Pfahlbauzeit, als Geisterschutz getragen; die Geister brachten Krankheiten und Unheil aller Art.

So bildete sich zunächst eine auf Gegenseitigkeit beruhende Nützlichkeitsgemeinschaft, wie wir solche im Tierleben vielfach begegnen. Grundverschiedene Arten finden sich zusammen, einander durch die

9

Schärfe ihrer Sinne ergänzend, oder in anderer Weise voneinander Nutzen ziehend. Bilder, wie sie uns aus dem tropischen Tierleben ge= schildert werden, vermag selbst uns unsere Umgebung noch bisweilen zu bieten. So, wenn im Herbst die Stare sich zu Flügen zusammentun. Dann fallen sie gerne bei Schafherden ein, flattern unbekümmert um Schäfer und Hund, von Schaf zu Schaf, denen allerlei Geziefer aus der dichten Wolle zu lesen.

Aus dem stillschweigenden Dulden am Lagerplatz wurde all= mählich gewolltes Halten: die schätzbaren Wächtereigenschaften des Hundes sollten der Horde dienstbar gemacht werden; als Nebengedanke ist wohl nicht abzuweisen, daß dann für den Notfall auch ein Braten zur Hand war. Den rohen und rücksichtslosen Männern wird der „Haus= hund" gewordene wohl noch vorsichtig aus dem Wege gegangen sein, den Kindern, mit denen er sich wie mit seinesgleichen abjagte und raufte, wurde er das liebste Spielzeug, den beim Lagerplatz bleibenden Frauen fiel seine Pflege zu. Aus ihrem Pflegling — denn zunächst wurden sicher Jungtiere eingetan — wurde er ihr Hüter und Beschützer, während die Männer auszogen.

Gewiß ist dem jagenden Urmenschen auch bald aufgefallen, daß dem Wildhunde eine Gabe zu eigen war, die ihm, dem aufrecht schreiten= den, abging: eines Wildes Witterung aufzunehmen und dann auf der Geruchsspur rascher zu folgen, als er der Fährte mit den Augen folgen konnte. Er wird auch frühzeitig des flüchtigen Wildhundes Jagdweise, die Beute im Rudel müde zu hetzen und dann niederzureißen, erkannt und selbst nachgeahmt haben; bis zur jagdlichen Verwendung des Ein= gezähmten aber ist dennoch lange Zeit verstrichen. Ursprünglich war der Haushund gewordene Wächter des Lagerplatzes, Hüter und Schützer der dort gebliebenen, der Weiber, Kinder, Kranken und Schwachen, der toten und später auch der lebenden Fahrnis, also der sehr viel später erst ein= gezähmten weiteren Haustiere, dann erst Jagdgehilfe.

Daß das Eingewöhnen und Zähmen von Wildhunden, selbst von alt eingefangenen, an sich keine unüberwindlichen Schwierigkeiten bietet, ist bekannt. Wir brauchen, um das zu beobachten, nicht einmal in ferne, noch von Naturvölkern bewohnte Gebiete zu streifen. Leben doch mitten unter uns Naturfreunde, die völlig zahme, selbst an das Straßenleben einer Großstadt gewöhnte Wildhunde, insbesondere Wölfe, halten und deren Eingewöhnen für kein besonderes Kunststück erklären. Solch ein= gezähmte Wildhunde lernen bellen, drücken ihre Gefühle dem Herrn oder anderen Genossen gegenüber in gleicher Weise aus wie die Haus= hunde, ja können sich sogar deren Rutensünden angewöhnen. Daß Haushunde bellen, Wildhunde dagegen angeblich nicht, wird häufiger wohl als freilich nicht stichhaltiger Grund gegen die Abstammung unserer Haushunde von wilden Arten vorgebracht. Zunächst gibt es auch Haus= hundschläge — im hohen Norden und im Süden —, die wenig, gar nicht „bellen". Dann ist, wie schon gesagt, erwiesen, daß wie Hunde gehaltene Wildhunde sich das Bellen gleichfalls angewöhnen. Und schließlich kennen wir das Freileben vieler, selbst der uns nächststehenden Wild= tiere leider noch so wenig, daß die Behauptung vom „Nichtbellen" der

10

Wildhunde ebenso beweiskräftig ist, wie die, daß der Hase mit offenen Augen schläft, das Rehwild nicht schöpft u. a. m. Dom Fuchs z. B. ist erst in den letzten Jahren wiederum mehrfach festgestellt worden, daß er neben dem ihm eigentümlichen Keckern auch bei Gelegenheiten zweifellos „Bellaute" von sich gibt. Andere Wildhunde haben wir aber zu Beobachtungszwecken bei uns schon nicht mehr auf der Wildbahn, und was anderwärts dem bodenständigen Jäger vielleicht längst bekannt und selbstverständlich, dringt nicht bis zu unseren wissenschaftlichen Bearbeitern des Tierlebens.

Während des Weltkrieges hatte ich Gelegenheit in Nisch, Serbien, längere Zeit einen vierteljährigen Jungwolf zu beobachten. Der gehörte einem Offizier der Eisenbahntruppen und war, zehntägig etwa, mit drei Wurfgeschwistern von Holz schlagenden Soldaten aus dem Nest gehoben worden, nachdem die Mutter abgeschossen. Der vom Burschen mit dem Finger aufgesäugte Jungwolf — seine Geschwister waren darüber zugrunde gegangen — war gesund und wohlauf, im Verhältnis zu gleichalterigen Schäferhunden aber ein „Schneider", was sicher auf die seiner Art wenig entsprechenden Aufzucht zurückzuführen ist. Recht lehrreich, denn das zeigt uns, daß auch seinerzeit bei der Hausbarmachung die aus dem Nest geraubten Jungen oder die von eingezähmten älteren Tieren gewölften infolge der veränderten Lebensbedingungen in ihrer Körperentwicklung hinter den freilebenden Stammesangehörigen zurückgeblieben sein werden, daß also recht wohl ein kleiner, schwächerer Haushund von einer größeren und kraftvolleren Wolfsart abstammen kann. Auffallend kräftig waren bei diesem Nischer Jungwolf die Vorderläufe von der Vorderfußwurzel ab, auch die Bezahnung. Gehalten wurde er an einer langen Kette im Hof, wo er viel mit einem älteren Schäferhunde spielte, sonst aber scharf auf das im Hof gehaltene Geflügel achtete. Kam das, Hühner oder Enten, in unbelehrbarer Dummdreistigkeit seinem Freßnapf oder seiner Hütte zu nahe, gab's einen

Abb. 2. Jungwolf aus Serbien, 3 Monate alt. (Nach Aufnahme des Verfassers.)

Sprung und zum mindesten Federn. Freilassen durfte man den Jungwolf daher auf dem Hofe nicht, wohl aber im Zimmer, wo er sich auffallend anständig benahm, ohne Nagewut und sonstigen Zerstörungstrieb, wie bei Junghunden seines Alters. Der Gehorsam war noch gering — nicht verwunderlich bei seiner Jugend —, dagegen war er auffallend schnell stubenrein geworden; mit seinem Herrn oder dessen Burschen spielte er wie ein junger Hund. Gefüttert wurde der Jungwolf, der stets bei Hunger war, mit allerlei Abfällen wie ein Hund zur Zeit der Streckung aller Lebensmittel, womit's im reichen Serbien übrigens nicht so schlimm war. Er fraß alles, selbst trockenes Kommisbrot; das allerdings ohne besondere Vorliebe, sehr gerne aber, wenn es mit Fruchtmus, der unvermeidlichen Kriegsmarmelade, bestrichen war.

Daß der Urmensch in jenen fernen Tagen — auf gut 12000 Jahre zurückliegend werden sie geschätzt — sich zunächst den Hund eintat, hatte, wie wir sahen, seinen Grund in den als nützlich für die Horde er= kannten Wächtereigenschaften. Dazu kam, daß gerade Raubtierjunge verhältnismäßig lange Zeit hilflos ans Nest gebannt bleiben, während der Pflanzenfresser=Nachwuchs sehr bald den Alten flüchtig zu folgen ver= mag. So wird den Urmenschen oft genug Zufall oder Absicht ans Wochen= bett einer Wildhundmutter geführt haben. Der körperlich Schwächeren den Wurf zu rauben, bot keine Gefahr; wehrte sie sich, wurde sie er= schlagen. Der Wurf wurde ins Lager gebracht, zum Spiel für die eigenen Jungen zunächst. Wie aber die Kleinen, der Milch vielleicht noch be= dürftigen, ernähren, zumal wenn deren erfolgreiche Aufzucht von be= deutungsvoller Folge für die Zukunft der Horde? Kuh, Ziege oder anderes Milchvieh gab's damals ja noch nicht. Was lag da näher, als die geraubten Welpen an eines Weibes Brust zu legen? Die schon ein= geleitete „Verwitterung" wurde dadurch noch inniger!

Das Anlegen von Tierjungen an Weibesbrust ist noch heute bei Wildvölkern häufig üblich; aus den verschiedensten Gründen. Nach Ploß geschah es früher in Deutschland und noch heute in Persien aus gesundheitlichen Gründen. Bei den Kamtschadalen, um einen fetten Junghundbraten großzuziehen, auf den Südseeinseln und in Australien aus „Liebe zum Hunde"; wir werden darüber später noch näheres finden. Bei den südamerikanischen Indianern aber, um die Frauen lange milchend für Kinder und Enkel zu erhalten. Dort ist es Sitte, die Kinder durch lange Zeit an der Brust zu nähren, bis ins fünfte, sechste Jahr. Oft kann man schon recht große Bengel, in der einen Hand die brennende Zigarre, mit der anderen nach der Brust einer gefälligen Stammesangehörigen langen sehen. Denn das Säugen der älteren Kinder müssen naturgemäß, da die letztgeborenen der Mutter verbleiben, die Großmütter und Tanten übernehmen. Um in Zwischenpausen deren Milchstrom nicht versiegen zu lassen, werden ihnen dann allerhand Jungtiere, mit Vorliebe Raubtierjunge, angelegt. Dieser Grund mag auch beim Urmenschen mitgesprochen haben.

Wollen wir uns ein zutreffendes Bild von den Diensten· ver= schaffen, die der hausbar gemachte Wildhund dem Urmenschen zu leisten haben mochte, so suchen wir am sichersten in den Schilderungen des Lebens heutiger, tiefststehender Naturvölker. Daß die Völker im hohen Norden Asiens ohne ihre noch halbwilden Hunde kaum ihr Leben zu fristen ver= möchten, ist bekannt. Die Hunde dienen ihnen als Wächter, zum Zu= sammentreiben der Rentierherden, sind auf der Jagd unentbehrlich und ebenso als Ziehhunde für den Verkehr; in Zeiten der Not ·bilden sie die letzte Nahrung für ihre Herren und für ihresgleichen.

Von den Hunden bei den Battas — einer Völkerschaft im Innern Sumatras, die noch in ähnlichen Verhältnissen lebt wie die später zu erwähnenden Pfahlbauer der neueren Steinzeit Europas — berichtet eingehend M. Siber etwa wie folgt: Der Batta=Spitz ·erfahre zwar wenig Freundlichkeit von seiten seines Herrn, habe aber doch als einziges der zahlreichen Haustiere in der Siedlung das Vorrecht, in den Räumen der Pfahlhäuser selbst zu wohnen und zu schlafen. Denn er ist ein vortrefflicher Wächter, von hohem Wert für seinen Besitzer bei den häufigen, durch Überfälle eingeleiteten Fehden, die die Battas untereinander führen. Für die Überraschten bedeutet Unterliegen aber Fortschleppen in Gefangenschaft und Sklaverei, bei Männern oft auch „Mästung zum Festbraten". Außerhalb des Hauses dient der Batta=Spitz den Männern auf der Jagd; zunächst einzeln als Leithund zur Bestätigung des Hirsches, dann in Meuten, um die Beute in die gestellten Fallen und Netze zu treiben. Im übrigen gehört der Hund aber völlig der Frau: als Wächter und Schützer begleitet er sie, wenn sie außerhalb des Hauses arbeitet oder etwa zum Baden geht; dann hütet jeder Hund die in Reihen am Ufer nebeneinander abgelegten Kleidungsstücke seiner Herrin. Für die Geflügelzucht macht er sich nützlich, indem er Raubzeug von den abseits gelegenen Stallungen abhält. Sein Futter ist gering: Abfälle von der Mahlzeit — neben der Reisstampfe streitet er sich mit den Hühnern um herausspringende Körner —, zugeworfene Knochen, selbst Unrat. Dazu selbstgefangene Mäuse, Kerbtiere und Schnecken. Wird er dabei fett und groß, so gibt er schließlich noch einen hochbegehrten Braten ab.

Über die Hunde der Feuerländer an der Südspitze Amerikas schrieb mir Dr. Benignus: „Die Hunde vermögen Erstaunliches zu leisten. Am Lande erspüren sie die Wildfährte; sie überraschen am Felsstrande und im Busch die Vögel, namentlich nachts zur Ruhezeit, und bringen die Beute lautlos ihrem Herrn. Vom Boote aus tauchen sie erfolgreich nach Fischen und nach dem Seeotter, der wertvolles Pelzwerk liefert. Auch wird erzählt — gesehen habe ich es nicht —, daß die Hunde schwimmend zu besserem Fang die Fische in großen Scharen in schmale Buchten zu treiben verstehen." Es wird danach verständlich, daß die Feuerländer nach Darwin in Zeiten der Not lieber ihre alten Frauen töten und verzehren als ihre Hunde.

Eine sehr lehrreiche Schilderung vom australischen Dingo, dem wir im Nachstehenden noch häufiger begegnen werden, gibt Haacke im „Tierleben der Erde". Ich lasse sie daher folgen, weil sie zeigt, wie Einzähmen und Derwenden von Wildhunden noch heute bei einer sehr tiefstehenden Menschenrasse erfolgt; einer Menschenrasse, die sich nach Wilser, wie auch die vorgenannten Feuerländer, körperlich, vor allem aber geistig, wenig über die Entwicklungsstufe emporgehoben hat, die in unseren Breiten schon die vorgeschichtlichen Menschen der Eiszeit erreicht hatten: „Am Herbertfluß in Nordaustralien, wo ich allerdings selten mehr als zwei oder drei Dingos bei einem Stamm von Eingeborenen finden, aber gewöhnlich echte Dingos und keine Mischlinge zwischen Dingo und Haushund gehalten werden, ziehen die Eingeborenen die jungen Dingos, die sie in hohlen Baumstämmen finden, mit größerer Sorgfalt auf als ihre eigenen Kinder, denn der Dingo ist ein wichtiges Familienmitglied, das in der Hütte der Eingeborenen schläft, reichlich gefüttert wird, nicht bloß Fleisch, sondern auch Früchte erhält, niemals Schläge bekommt, nur durch Drohungen im Zaum gehalten und von seinem Herrn, der den Dingo nicht nur auf den Mund küßt, sondern auch seine Flöhe abließt und verzehrt, so geherzt wird, als ob das Tier ein Kind wäre — eine

liebevolle Behandlung, die den Dingo freilich nicht davon abhält, ge=
legentlich zu entwischen. Dies geschieht häufig während der Paarungs=
zeit, und ein zu dieser Zeit entlaufener Dingo kehrt auch niemals zu
seinem Herrn zurück. Trotz solcher unvollkommenen Zähmung ist der
Dingo, der auch nur seinem eigenen Herrn gehorcht und folgt, den Ein=
geborenen sehr nützlich, denn dieser nicht bellende und andere Hunde beim
Jagen an Ruhe übertreffende Hund hat einen scharfen Geruch, weiß
Wild aller Art aufzuspüren, verfolgt es mit reißender Geschwindigkeit
und holt es häufig im Laufen ein. Zuweilen freilich weigert er sich,

Abb. 3. Der Dingo (Canis dingo Gould). Nach Haade=Kuhnert, „Tierleben
der Erde".

seinen Herrn weiter zu begleiten. Dann muß dieser — und das hat der
Dingo sehr gern — ihn auf den Schultern tragen. Der Dingo, der gleich
dem Wolf von den Haushunden leicht das Bellen annimmt, ist in seinem
Freileben ein scheues, sich verborgen haltendes, am Tage selten hörbares
Tier, das seiner Beute hauptsächlich während der Nacht nachgeht, selten
in Gesellschaft von mehr als vier oder fünf seinesgleichen, gelegentlich
aber auch in Rudeln von 80—100 Stücken umherzieht. Gewöhnlich
sieht man eine Mutter mit ihren Jungen beisammen, und solche Familien
bewohnen ein streng abgegrenztes Gebiet, das sie weder überschreiten,
noch von anderen Mitgliedern anderer Familien betreten lassen."

In welchem vorgeſchichtlichen Abſchnitt des Menſchengeſchlechts die Einzähmung des Hundes begonnen hat, wird ſich mit größerer Ge= nauigkeit nicht mehr feſtſtellen laſſen. Schon weil keine klaren Grenzen zwiſchen dem Zuſtande des ungeladenen Gaſtes, des geduldeten Abfall= vertilgers und des wirklich hausbar gemachten Hundes nachweisbar feſtzuſtellen ſind. Zudem ſind wir für all dieſe Schlüſſe auf die für die älteren Zeiten gerade leider recht ſpärlichen Erdfunde angewieſen. Das aber ergibt ſich aus dieſen mit Sicherheit: der Hund iſt das erſte und älteſte Haustier des Menſchen geweſen!

In Kulturſchichten aus der Eiszeit ſind niemals Reſte gefunden worden, die ſich auf einen hausbar gemachten Hund deuten laſſen; erſt in ſpäteren Funden, aus der heutigen Nacheiszeit, finden ſich ſolche vor, Beweiſe für das Halten weiterer Haustiere noch erheblich ſpäter. Weiter ergibt ſich aus dieſen Erdfunden, daß die aus dem Knochen= gerüſt, namentlich dem Schädel und der Bezahnung ſicher feſtſtellbare Ähnlichkeit der aufgefundenen Haustierarten zu freilebenden Arten ſo groß iſt, wie ſie nur bei allernächſter Verwandtſchaft, d. h. bei Ab= ſtammung der tiergeſchichtlich jüngeren, hausbar gemachten Art von der älteren wilden Art möglich.

Wir ſahen oben, daß noch in der letzten wildreichen Zwiſchen= eiszeit die bei Predmoſt hauſenden Horden altſteinzeitlicher Menſchen ſich ablehnend gegen die ihre Raſtplätze aufſuchenden Wildhunde ver= hielten. Dies Verhältnis wird ſich jedenfalls während der darauffolgenden entbehrungsreichen letzten Eiszeit ſelbſt erſt recht nicht allgemein ge= ändert haben, der der Einzähmung vorausgehende Zuſtand des Duldens von Wildhunden an den Abfallſtätten des Lagers darf daher früheſtens in den Zeitraum des Abklingens der letzten Vereiſung verlegt werden. In Zeiten alſo, in denen die Sorgen um das tägliche Brot ſchon geringer geworden waren, die damals lebenden Menſchen aber eine verhältnis= mäßig ſchon recht hohe Entwicklungsſtufe erreicht hatten.

Wie die Entwicklungsgeſchichte der Erde in mehrere Haupt= abſchnitte zerlegt wird (Primär=, Sekundär=, Tertiär= und als jüngſte die Quartärzeit) und dieſe wieder nach den führenden erdgeſchichtlichen Schichten in Unterabteilungen (z. B. Zeitalter der Kohlebildung, Kreide= zeit, Eo=, Oligo=, Mio=, Pliozän), ſo wird auch die Urgeſchichte der Menſchheit in verſchiedene Zeitabſchnitte eingeteilt, die nach den für ſie kennzeichnenden Rohſtoffen zur Herſtellung der aufgefundenen Waffen und Werkzeuge benannt werden. Wie haben da als älteſte die Vorſteinzeit, dann die ſehr lange währende eigentliche Steinzeit, die in ältere, mittlere und jüngere zerfällt, ſchließlich die Bronze= und die Eiſenzeit; alle nicht ſtreng geſchieden, ſondern ineinander übergehend und zum Teil zwar räumlich getrennt, aber doch ſchon zeitlich gleich= zeitig beſtehend. Wie das ja noch heute der Fall, wo immer noch Natur= völker in einem vollkommenen „Steinzeitalter“ leben, wenn ihnen auch auf dem Handelswege — genau wie ſchon in vorgeſchichtlichen Zeiten — Waren und Werkzeuge, zum Teil auch Waffen unſerer vorgeſchrittenen Entwicklungsſtufe zugeführt werden. Auch die vorgenannten vor= geſchichtlichen Hauptabſchnitte werden zur leichteren Überſicht wieder in zahlreiche Unterabteilungen zerlegt, die in der Regel nach den Haupt=

fundstätten diesen Entwicklungsabschnitt kennzeichneder und einen Fortschritt gegenüber der früheren Stufe darstellender Stücke benannt werden (z. B. Moustérien, Magdalénien, Campignien, Hallstatt=Zeitalter).

Die sehr lange ältere Steinzeit geht gegen Ende der letzten Eis=zeit in die verhältnismäßig kurze mittlere über. Ihr folgt, zu Beginn der Nacheiszeit, die jüngere Steinzeit. In dieser begannen Witterungs=verhältnisse herrschend zu werden, die im allgemeinen den heutigen entsprechen, infolge der über den größeren Teil Europas weit aus=gebreiteten dichten Waldungen und Sümpfe aber einen höheren Feuchtig=keitsgrad hatten. Die Menschen, zunächst noch Höhlenbewohner, be=gannen Landansiedlungen anzulegen, auch die ersten Pfahlbauten stammen aus dieser Zeit; Waffen und Werkzeuge zeigen gegen früher ganz erhebliche Vervollkommnung, Hackbau von Feldfrüchten beginnt, dann auch Töpferei und schließlich Haustierzucht.

Den Anfang der Einzähmung des Hundes dürfen wir somit in das Ende der mittleren, wahrscheinlich aber erst gegen den Beginn der jüngeren Steinzeit verlegen. Damals lebte schon auf dem größten Teil unseres Erdteils, namentlich im Norden, selbstverständlich noch nicht in größerer Dichte, ein ebenmäßig und hochgewachsener, großhirniger Menschenschlag, der sich aus der schon recht hochgezüchteten Cro=Magnon=Rasse entwickelt hat und als Homo priscus oder H. europaeus var. fossilis bezeichnet wird. Von den an den südwestlichen Küsten der Ost=see in überdachten Erdgruben hausenden Stämmen ist uns Kunde geworden durch die einst bei ihren Wohnstätten aufgetürmten Haufen von Küchenabfällen (Kjökkenmödinger). Nach den in diesen vorgeschicht=lichen Abfallhaufen am stärksten vertretenen Nahrungsresten werden die dort wohnenden Menschen als „Muschelesser" bezeichnet. Den auf=gefundenen Waffen und Werkzeugen nach gehörten sie zu dem als Campignien bezeichneten Abschnitt; Hackbau trieben sie noch nicht. In diesen Abfallhaufen nun finden sich die ersten Spuren eines in engere Gemeinschaft zum Menschen getretenen kleineren Wildhundes. Halb=zahm wohl schon, jedenfalls als zuverlässiger Wächter, wohl auch als Geisterseher geschätzt, als Gespiele und Warner für Frauen und Kinder geduldet, in Zeiten der Not als Speise dienend und gewiß auch durch sein Pelzwerk nützlich. Den vorgefundenen Resten nach stand er dem Wolf an Größe erheblich nach, ging bei seiner Hausbarmachung —s. o.— als natürliche Folge der veränderten Lebensweise körperlich auch noch mehr zurück; denn das Brot der Leibeigenschaft, das er sich erwählt, war zwar sicher, aber kärglich. Den Zeitpunkt dieser ersten nachweis=baren Einzähmung des Hundes darf man auf mindestens 12 000 Jahre von heute zurückverlegen.

In einer ebenfalls dem Campignien, also dem Ausgang der mittleren Steinzeit angehörenden Fundstätte auf dem Gute Bologoje des Fürsten Poutjatin bei Moskau in Rußland wurde dann zu Anfang dieses Jahrhunderts ein für die Abstammungsgeschichte unserer Haushunde sehr wichtiger Fund gemacht: der Canis Poutiatini, auf den ich später noch eingehender zurückkommen werde. Auch bei diesem Hunde ist noch nicht ganz sicher, ob es sich noch um einen, wenn auch schon halb eingezähmten Wildhund (Canis ferus) oder schon um einen voll hausbar gemachten Haushund (Canis familiaris) handelt. Der in den ältesten, dem Beginn der jüngeren Steinzeit angehörenden Pfahlbauten der Schweiz aufgefundene Hund, der Torfhund oder Pfahlbauspitz (Canis familiaris palustris Rütimeyer), ist dagegen schon ein echter Haushund; die ältesten Funde dieses Hundes sind auf gut 10000 Jahre zurückzuverlegen.

Neben diesem eben erwähnten Torfhunde traten dann noch einige andere Haushundschläge oder Urrassen auf, doch wird es nötig, nunmehr erst der Abstammungsfrage im engeren Sinne näher zu treten. Ich folge dabei im allgemeinen den Ausführungen von Prof. Studer, dem ich zugleich an dieser Stelle nochmals für seine liebenswürdige Unter= stützung bei früheren Bearbeitungen dieses Stoffes danken möchte.

Vor dem Eingehen auf die eigentliche Abstammungsfrage noch kurz ein paar Worte zu dem eben und nun häufiger gebrauchten Aus= druck „Hunderasse". Die Tier= und Pflanzenkunde teilt ihre Er= scheinungsformen nach Linnés Vorgang zunächst in einige Haupt= abteilungen: Klassen; diese Klassen dann wieder in Ordnungen und die Ordnungen in Gattungen. Jede Gattung hat wieder ihre größere oder geringere Zahl von Arten, die sich im Laufe der Zeiten aus einer Grundform nebeneinander oder aber eine aus der anderen ent= wickelten. In der Haustierkunde wird der Begriff der Art durch Rasse ersetzt, wobei dahingestellt bleibt, ob diese Haustierrassen aus einer oder aus mehreren wilden Arten zunächst eingezähmt und dann durch künstliche Zuchtwahl herangebildet sind. Bei den wirtschaft= lichen Haustieren versteht man sonach unter Rasse eine Gruppe durch menschliche Züchtungskunst — auch der in den Uranfängen stehenden — einander körperlich möglichst ähnlich gestalteter, den gleichen Lebens= bedingungen wie bestimmter Zweckerfüllung angepaßter Tiere, die durch Vererbung bestimmte gleichartige und ihren Haltern besonders nützliche Eigenschaften besitzen und und diese Eigenschaften, falls von fremder Beimischung freigehalten, ihren Nachkommen unverändert oder in vermehrter Weise weitergeben.

Daß die Hausbarmachung von Hunden nicht bloß einmal, nicht nur an einer Stelle erfolgt ist, ist selbstverständlich. Bei der weiten Ver= breitung des an erster Stelle als Urahn in Betracht kommenden Wolfs mit seinen vielen Unterarten und der ihm nächststehenden Wildhunde, eine Verbreitung, die durch Erdfunde in den entferntesten Gegenden sichergestellt, darf aber angenommen werden, daß im allgemeinen für die Einzähmung immer die nämlichen, oder ihnen doch sehr nahestehende Wildhundarten in Betracht kamen.

Von den Wildhunden, die zur Bildung der Haushunde beigetragen haben könnten, schließt Studer die Angehörigen der Gattungen Alpen= wolf, Hyänenhund und Fuchs (Cyon, Lycaon und Vulpes) von vorn= herein aus; kennzeichnende, innerhalb dieser Gattungen unverwischbare Schädelmerkmale u. a. unterscheiden sie derartig von den aufgefundenen Haushundresten, und ebenso von den heutigen Haushunden, daß ihre Mitwirkung außer jeder Frage steht. Auch von den Arten der Gattung Canis, also der „echten Hunde", möchte Studer die Schakale als nicht beteiligt angesehen wissen, ist darin aber, wenigstens in Bezug auf die Abstammung des oben schon erwähnten Torfhundes auf Widerspruch gestoßen. Die bis nach Südamerika vorgetriebenen, stammesgeschicht= lich unter den Angehörigen der Gattung Canis am tiefsten stehenden Thous=Arten kommen schon wegen ihres Verbreitungsgebietes nicht in Frage.

Es bliebe somit nur der Wolf (Canis lupus) mit seinen zahlreichen örtlichen Unterarten. Schon deren nachgewiesene Veränderlichkeit, insbesondere in der Schädelbildung, aber auch in der Größe — selbst innerhalb räumlich beschränktem Verbreitungsgebiete — wäre aus= reichend, um die Verschiedenheit der einzelnen Stammformen unserer Haushunde zu erklären.

Unter Ausschaltung der bodenständigen Haushunde Amerikas, die vielleicht, ähnlich dem gleich zu beschreibenden Vorgang mit dem Dingo, einst mit den über die westliche Landbrücke in den neuen Erdteil vordringenden Stämmen dort eingewandert — oder noch als Wildhunde in deren Gefolge, was näherliegend scheint —, wahrscheinlich aber aus dem dort heimischen Grauwolf oder einem seiner Verwandten in gleicher Weise wie in der alten Welt eingezähmt wurden, nimmt Studer für die altweltlichen Haushundrassen aber doch verschiedene Stammformen an. Und zwar für die im Süden dieses Gebietes beheimateten eine Form, die sich im heutigen Dingo (Canis dingo Gould) Australiens noch ziemlich unverändert erhalten hat. Dieser Dingo — kein Beuteltier, sondern als echter Hund einer der wenigen Hochsäuger seines jetzigen Wohngebietes — soll nach einer Annahme ein wieder verwilderter, einst schon eingezähmt gewesener Hund sein, der in vorgeschichtlicher Zeit mit den ersten, vor höher entwickelten Menschen aus dem Norden zurückweichenden tiefstehenden Besiedlern dieses abgelegenen und in= folge dieser Lage in der Entwicklung seiner höherer Tierwelt — und auch seiner menschlichen Bewohner — so rückständig gebliebenen Erdteils eingewandert ist. Das würde allerdings auf eine sehr frühe, von noch auf tiefster Stufe stehenden Urmenschen erfolgte Einzähmung eines Haustieres deuten, die sonst nirgends belegt ist, denn Dingoreste sind schon in pleistozänen, also in dem Pliozän des Jungtertiärs folgenden jüngeren Schichten des Quartärs, zusammen mit Resten ausgestorbener Beuteltiere aufgefunden. Mir scheint daher wahrscheinlicher, daß die Stammform des heutigen Dingo Australiens gegen Ausgang des Tertiärs, oder noch später, aus seinem Stammgebiet im südlichen Asien über die Inselbrücke Hinterindiens den Weg zu seinem heutigen Ver= breitungsgebiet gefunden hat und daß die Einzähmung des Wilddingo, von der wir oben gehört haben, in vielleicht gar nicht sehr weit zurück= liegender Zeit erst von den Ureinwohnern Australiens begonnen worden ist. Von diesem dingoähnlichen Ahn leitet Studer, mit Ausnahme der in Abstammungsbeziehung zum Torfhund zu bringenden Rassen, wie z. B. den oben näher geschilderten Batta=Spitz, die heutigen Haushunde des südlichen Asiens ab; vor allem die dort und bis weit nach Afrika hinein stark verbreiteten „Pariahunde" (in Indien so, in den malai= schen Ländern als Glattafer, in den von Mohamedanern bewohnten als Straßenhunde bezeichnet), aber auch die weiter unten noch näher zu

18

Abb. 4. Pariahund aus der Gegend von Kaſchmir. Aus: Sven Hedin „Transhimalaja"; mit Genehmigung des Verlags Brockhaus=Leipzig.

Abb. 5. Tibet=Dogge, Landſchlag. Aus: Sven Hedin „Transhimalaja"; mit Genehmigung des Verlags Brockhaus=Leipzig.

besprechenden Tibetdoggen und auch die Windhunde der Südmittelmeer=
länder.

An der Bildung der nördlichen Haushundrassen der alten Welt
dagegen sollen mehrere Stammformen beteiligt sein. Auch dieser Stamm=
formen waren nur wenige; Studer nimmt ihrer fünf an. Sie bilden,
an der Wurzel vermutlich vereinigt, die Stämme, deren Zweige unsere
heutigen, äußerlich voneinander so verschiedenen zahlreichen Hunde=
rassen darstellen. Die letzteren alle im Laufe der Jahrhunderte, Jahr=
tausende durch künstliche Zuchtwahl, also durch vom Menschen gelenkte,
vorbedachte Auslese, zum Teil freilich auch durch ungewollte Zufalls=
kreuzung entstanden, sofern sie nicht als erhaltene, veredelte und ver=
vollkommnete Urrasse den Leittrieb des Haushundstamms bilden, wie
das bei unseren Schäferhunden der Fall ist.

Im Hinblick auf die, dem Wolf gegenüber, geringeren Maße der
Haushunde und einige andere abweichende Punkte kommt Studer zum
Schluß, daß, wie im Süden eine dem heutigen Dingo noch sehr ähnliche
wilde Canis=Form einst weit verbreitet war und dort eingezähmt wurde,
auch im nördlichen Teil des eurasischen Tiergebiets während und nach
der Eiszeit neben dem Wolf eine gleichfalls dingoähnliche Wildhundart
in Schäfer= oder Vorstehhundgröße gelebt hat, die dem späteren Haus=
hunde näher steht als Wolf und Schakal. Auf diesen Wildhund führt
Studer die verschiedenen Hunde leider recht spärlicher Wildhundreste
aus der Eiszeit zurück. Diese Wildhundart hatte ein schwächeres
Gebiß als der Wolf, insbesondere nicht so starke, raubtier=
artig entwickelte Reißzähne; sie ist zunächst eingezähmt
worden, aus ihr wurden dann durch spätere, auch mehr=
fache Einkreuzung von Wolfsblut die größeren Haushund=
rassen erzüchtet. Neben dieser mittelgroßen Wildhundart
lebte gleichzeitig eine Zwergform in Schakalgröße, der
Canis ferus Mikii Woldrich, aus dem die älteste Haushund=
Stammform, der Torfhund, eingezähmt worden ist, während
die Hausbarmachung der anderen, größeren Stammformen
zeitlich wohl etwas später eingesetzt hat.

Was vorher nur Studers Annahme war, hat durch den schon
erwähnten Hund des Canis Poutiatini eine sichere Stütze gefunden.
Studer schrieb mir seinerzeit über diesen Hund, den er nach seinem
Entdecker genannt hat: „Der erhaltene Schädel gleicht am meisten dem
des Dingo von Australien, zeigt aber spezifische Verschiedenheiten.
Dieser Hund bildet den Urstamm für Schäfer= und Jagdhunde." In einer
über den Hund herausgegebenen Abhandlung begründete Studer dann
diesen Schluß aufs eingehendste.

Wie schon gesagt, nimmt Studer für die heutigen Haushunde des
nordischen Gebietes fünf Stammformen an: den schon erwähnten
Canis familiaris palustris Rütimeyer (Torfhund, Pfahlbau=
spitz), den C. t. intermedius Woldrich (Aschenhund), den C. f.
Leineri Studer, den C. f. Inostranzewi Anutschin und den
C. f. matris optimae Jeitteles (Bronzehund). Die beiden letzt=
genannten sind für uns besonders bedeutungsvoll, der C. Inostran=
zewi als Stammform der Hirtenhunde, der Bronzehund aber

als die unserer Schäferhunde. Während für den Torfhund eine eigene kleine Wildhundform als Stammvater angenommen werden muß, sind Bronze= und Aschenhund vom eben erwähnten C. Poutiatini abzuleiten; und zwar der Bronzehund in reiner Urform erhalten und weitergezüchtet, der Aschenhund durch züchterische Einwirkung des Menschen abgeändert. Auch der C. Inostranzewi, stärker als die beiden vorgenannten, ist vom C. Poutiatini abzuleiten, durch Einkreuzen von Wolfsblut gekräftigt; vielleicht wurde er aber auch unmittelbar aus einer anderen, größeren Wolfsart eingezähmt und ihm erst dann Poutiatini-Blut zugeführt. Ähnliches gilt vom C. Leineri, dessen Her= kunft und Fortsetzung aber wohl noch nicht genügend geklärt ist.

Auf dem nebenstehenden „Stammbaum der Haushunde des nördlichen eurasischen Gebiets" habe ich versucht, einen Überblick über die Abstammung der Urformen des hausbar gemachten Hundes und ihre Weiterentwicklung zu den wichtigsten der heutigen Rassen zu geben. Die verschiedenen Pfeillinien verbinden dort die voneinander

Abb. 6. Europäischer Schakal. Aus: Meerwarth=Soffel „Lebensbilder aus der Tierwelt", 6 Bde., Verlag R. Voigtländer=Leipzig.

abstammenden oder auch züchterisch mit einander verknüpften Arten; mit ? versehene Linien bedeuten, daß auch auf diesem Wege unmittel= bare Abstammung möglich oder Blutzuführung erfolgt sein kann. Zeichen= wechsel schließlich bedeutet erfolgte Blutmischung; sie sind bis zur neuen Stammart durchgeführt. Zur weiteren Erklärung dann noch ein paar Worte.

Für den Torfhund, Canis familiaris palustris Rüti= meyer, nimmt Studer eine kleine Zwergform eines Wildhundes als Stammvater an, den Canis ferus Mikii Woldrich; andere sehen in ihm den Abkömmling einer eingezähmten Schakalart, die im übrigen auch zur Gattung Canis gehören würde. Jedenfalls ist der Torfhund, wie er uns in seinen ältesten Resten gegenübertritt, ein kleiner, wenig kraft= voller Geselle; sein Stammvater mag schon von einer „Hungerform" gewesen sein, die in den eiszeitlichen Nöten aus einer leibeskräftigeren Wildhundart dazu geworden ist. Die veränderte Lebensweise bei der

21

hausbarmachung wird ihn noch mehr zum Kümmerling gemacht haben, wie wir das bei Schakalen, heulwölfen und anderen kleinen Wildhund= arten in den Tiergärten beobachten können; ich erinnere auch an das oben bei Schilderung des Tischer Jungwolfs Gesagte. Der Torfhund hatte eine weite Verbreitung über fast ganz Europa, Reste von ihm sind überall südlich einer von Irland nach dem Norden Rußlands ge= dachten Linie gefunden worden. heute ist er uns noch fast unverändert erhalten im Tungusenhund in Sibirien und, sehr lehrreich für die weite Verbreitung solcher Urrassen, in der Südsee im Bismarckarchipel und im oben in seiner Lebensweise eingehend geschilderten Batta=Spitz auf Sumatra. In zeitlich späteren Funden aus Pfahlbauten der jüngeren Steinzeit ist der Torfhund zum Teil noch in seiner alten Form erhalten; doch finden sich dort auch schon größere und kräftigere Stücke, die auch am Schädel Folgen züchterischer Einwirkung und Abänderung auf= weisen und schon eine gewisse Rassentrennung ermöglichen. Von diesem Torfhund sind von unseren heutigen Rassen neben den oben erwähnten hunden von Naturvölkern und den Tschaus in China die Spitze, die Pinscher und die englischen Erdhunde (Terrier) herzuleiten; mitgewirkt hat er außerdem sicher bei der Bildung der kleineren Schläge des hohen Nordens, wie beim Lappen= und dem isländischen hund, wohl auch beim finnischen Vogelhund. Auch das Blut des Bronze=, späteren Schäferhundes ist sicher nicht ganz frei von Torfhundblut geblieben, ebenso wie dieses wohl auch zielbewußt dem Aschenhunde zugeführt worden ist oder in diesem hunde fließt. Denn ähnlich wie der Batta= Spitz mag auch einst der Torfhund als zuerst hausbar gemachter hund vom Urmenschen als Jagdgehilfe benutzt worden sein. Die erwiesene Eignung des körperlich freilich schwachen hundes einer kraftvolleren Rasse zuzuführen, lag dann nahe. Auf Schweizer Ausstellungen zu Anfang dieses Jahrhunderts sah ich mehrfach hübsche Sammlungen mittelgroßer, meist weißer Spitze, die in ihrem gestreckteren, beträchtlich niedriger gestellten Gebäude nicht unerheblich von der landläufigen Spitzform abwichen. Möglich, daß sich da auf Schweizer Boden, in einem hauptgebiet also der alten Pfahlbausiedlungen, noch Reste des alten Pfahlbauspitzes in ziemlich unveränderter Form erhalten haben.

Mit dem Canis fam. Leineri Studer, dessen herkunft aus Norden oder Süden noch stark umstritten und von dem nach Studer die Windhundformen Englands, einschließlich des hirschhundes (Deer- hound) und des Wolfshundes (Wolfhound), dann wohl auch die russischen Windhunde abzuleiten sind, brauchen wir uns in dieser den Schäfer- hunden gewidmeten Abhandlung nicht näher einzulassen. Erwähnt sei, daß auch der C. fam. Leineri unter Zuführung von Wolfsblut auf den C. Poutatini, den Schäferhund=Urahn, zurückgeführt werden kann; Studer hat bei Kreuzungsergebnissen von Schäferhund und Wolf Schädelformen gefunden, die dem Schädel des C. Leineri durchaus glichen.

Auch mit dem Aschenhunde, dem Canis fam. intermedius Woldrich, brauchen wir uns hier nicht eingehender zu beschäftigen. Studer sieht in ihm, wie im Bronzehund, einen unmittelbaren Ab- kömmling des C. Poutiatini und den Stammvater der heutigen Jagd=

hunde; seine am urtümlichsten erhaltene Form führt über den alten deutschen „Leithund" (Leithund) zu unseren Bracken und den Lauf= hunden der Schweiz und Frankreichs.

Von um so größerer Bedeutung für den Schäferhundfreund sind dagegen die beiden noch verbleibenden Formen, der Bronzehund und der C. Inostranzewi. Jener als Schäferhundahn, dieser als Stammvater der Hirtenhunde, deren Poutiatini-Blut dann über die sogenannten altdeutschen, altfranzösischen usw. Schäferhunde, wieder zum reinen Schäferhundstamm zurückführt.

Nehmen wir zunächst den auch fundgeschichtlich älteren **Canis fam. Inostranzewi Anutschin**, für den eine deutsche Bezeichnung fehlt. Die Namen seines Entdeckers und seines ersten Beschreibers ver= weisen auf Rußland als erste Fundstätte. Die ältesten nachweisbaren Schädelreste dieses Hundes wurden dort, am Ladogasee, zugleich mit solchen des Torfhundes gefunden in Ablagerungen, die vorgeschichtlich etwa in die Spanne zwischen den Küchenabfallhaufen und den ersten Pfahlbauten fallen; also gegen den Beginn der jüngeren Steinzeit. Diese Ablagerungen sind jüngeren Alters als die Fundstätte des C. Poutiatini. Auf diesen Hund, dem, um ihn kraftvoller, dem größeren Raubzeug gegenüber widerstandsfähiger zu machen, in bewußt züchterischer Absicht Wolfsblut eingekreuzt worden war, was an Schädel= merkmalen kenntlich, führt **Studer** auch den C. Inostranzewi zurück. Weitere Schädel des C. Inostranzewi sind dann noch in erheblich jüngeren Fundstätten der Schweizer Pfahlbauten gehoben worden. So bei Font am Neuenburger See, einer Pfahlsiedlung, die gegen das Ende der jüngeren Steinzeit fällt; schließlich im Biehler See an der Mündung der Schüß. Nach anderen Funden an dieser Stelle reiht **Studer** diesen Schädel in die Bronzezeit der Pfahlbauten ein; vielleicht gehört er sogar der noch sehr viel jüngeren, gegen heute nur etwa 2500—2000 Jahre zurückliegenden Zeit der Eisenkultur von Hallstatt und La Tène an. **Studer** glaubt jedoch von diesen Funden, daß es sich bei ihren einstigen Trägern nicht um eine ortseigene bodenständige Züchtung, sondern um auf dem uralten Handelswege aus dem Nordosten eingeführte Hunde handele.

Auf den C. Inostranzewi als Stammform sind zunächst die nordi= schen Hunde zurückzuführen. An erster Stelle die **Laiki** (Verbeller) Rußlands und Sibiriens, die in sich nach Größe und anderen äußeren Kennzeichen, auch nach der Art ihrer Verwendung, freilich recht ver= schieden. Die Größenangaben schwanken zwischen 55 und 70 cm Rücken= höhe. Behaarung durchweg dichtes Stockhaar, die Farben spielen von schönem Goldgelb bis zur üblichen Wildhundfärbung. Die zierlichen Vogelhunde Finnlands, wohl das Ergebnis einer Einkreuzung von Torfhundblut und, wie ihr Name besagt, hauptsächlich zur Jagd auf Flugwild dienend, haben beispielweise kaum die Hälfte der Abmessungen der für die grobe Jagd, namentlich auf Bären, verwendeten Laika= formen Rußlands. Diese dienen, soweit sie nicht, wie schon in großen Gebieten des Westens, von heutigen Jagdhundarten abgelöst sind, zur Jagd, im übrigen, namentlich auch in der Ukraine, wie mir von Kriegs= teilnehmern im Osten berichtet wurde, hauptsächlich als Wachhunde.

Die sibirischen Laiki, meist etwas geringer in den Ausmaßen als die russischen und gelegentlich wohl auch Torfhundblut führend, sicher auch häufig von neuem mit Wolfsblut verkreuzt, dienen gleichfalls als Wächter und zur Jagd, dann aber auch zum Zusammentreiben der Renntierherden und vor allem zum Schlittenzug. Ihnen nahe stehen die Hunde der Eskimos Grönlands und der Lappländer, auch der isländische Hund; letztere beide unter Mittelgröße (knapp 40—45 cm). Schließlich wird noch der norwegische Elchhund — Dyrehund, im schwedischen Grå= oder Elghund —, von dem zahlreiche Reste in den Hügelgräbern alt= germanischer Völkerschaften der skandinavischen Halbinsel aufgefunden worden sind, als Inostranzewi=Sproß angesehen. Der über die ganze skandinavische Halbinsel verbreitete Elchhund, der aber auch noch im Nordwesten Rußlands zu finden ist, dient, ähnlich dem sibirischen Laika,

Abb. 7. Ostsibirische Laiki. Schlittenhunde der deutschen Südpolarexpedition.

den C. Inostranzewi, und damit kommen wir auf seine eigentliche Be=
deutung für uns, die Hirtenhunde mit den Rüdenschlägen zurück=
geführt; vielleicht ist dabei nochmals eine Einkreuzung erfolgt, nicht
mehr von Poutiatini-Blut selbst, sondern schon von Bronzehundblut.
Ich komme auf die Hirtenhunde später noch eingehender zurück, weil
sie von Berufs= und Verwandtschaftswegen innig mit dem Schäferhund=
stamm zusammenhängen. Hier sei nur noch gesagt, daß vom C. Ino=
stranzewi, wahrscheinlich auch über die Hirtenhunde und Rüden, viel=
leicht aber auch unmittelbar, jedenfalls aber über die Zwischenstufe
des Nehringschen Canis fam. decumanus, der in der Hallstattzeit, also
vor rund 2500 Jahren, als Begleiter deutscher Stämme nachgewiesen
ist, die doggenartigen Hunde abzuleiten sind. Ferner, und das wohl
bestimmt über die Hirtenhundform, die Neufundländer und die erst
durch örtliche Zucht in bestimmter Richtung aus den schweizer Sennen=

Abb. 8. Eskimohund aus Grönland.

hunden erzüchteten, später durch die Liebhaberzucht „vervollkommneten"
St. Bernhardshunde. Ebenfalls aus Hirtenhundblut sind dann noch
im Mittelalter durch Einkreuzen von Jagdhunden die Pudel entstanden.
    Wir kommen nunmehr zum für uns bedeutsamsten vorgeschicht=
lichen Hunde, zum Canis fam. matris optimae Jeitteles, dem
„Hund der besten Mutter", wie ihn sein Entdecker Jeitteles zur Er=
innerung an seine Mutter benannte, dem Bronzehund, wie er ge=
meinhin bezeichnet wird nach den vorgeschichtlichen, dem Bronzezeit=
alter angehörenden Fundstätten, in denen seine Reste zuerst und am
häufigsten entdeckt wurden. Die Kenntnis der Verwendung von Bronze,
einer Mischung von Kupfer und Zinn, zum Herstellen von Waffen und
Werkzeug aller Art, ist von Osten nach Europa gedrungen. Im baby=

Ionisch=kleinasiatischen Kulturgebiet begann Bronze den Stein vor etwa 6000 Jahren zu erseßen. Von dort drang sie allmählich, im wesentlichen dem Flußlauf der Donau und ihrer Nebenflüsse folgend, nach Westen und erreichte die Pfahlbausiedlungen der Schweiz vor jeßt 4500 bis 4000 Jahren, den Norden Deutschlands noch entsprechend später. Anderthalb Jahrtausend später wurde sie in den Pfahlsiedlungen end= gültig vom Eisen verdrängt, während anderwärts ihre Herrschaft nicht so lange währte, die Verwendung von Eisen sich vielmehr unmittelbar an die von Stein anschloß.

Die ersten Reste des Bronzehundes nun wurden von Jeitteles

Abb. 9. Isländischer Hund.

in Bronzefunden von Olmüß in Mähren entdeckt. Dem ersten Funde folgten bald zahlreiche andere, doch zunächst alle an das Bronzezeitalter gebunden. So in Troppau und in anderen mährischen Orten, dann in Nieder= und Oberösterreich, am Dabersee in Pommern, bei Würzburg und in der bayerischen Oberpfalz. Weiter am Starnberger See, bei Roigheim in Württemberg und an der Mehrzahl der Schweizer Seen, einschließlich derer der Westschweiz. Schließlich auch bei Modena in Italien, in Holland und in Limerick in Irland. Wichtig sind besonders die Funde in den Terpen oder Wurten der Marschen Nordhollands und Frieslands. Diese Terpen sind kleine Hügel im Flachland, die Zufluchtsstätten gegen Überflutungen bildeten; ihre Besiedlung währte bis zum Beginn des Mittelalters. Die Terpenfunde — es wurden dort zahlreiche Reste des Bronzehundes gefunden — schließen sich nach Keller an die der jüngeren Pfahlbauzeit an und bilden einen Übergang von den vorgeschichtlichen zu den geschichtlichen Zeiten jener Gegend. Die Viehhaltung war von großer Bedeutung für die Terpenbewohner; aus der großen Zahl aufgefundener Schafknochen — das Schaf war sogar in mehreren Arten vertreten — läßt sich auf eine gewisse Blüte der Schafzucht schließen. Ebenso wie die Terpenfunde des Bronzehundes

Abb. 10. Norwegischer Elchhund.

diesen schon bis in die geschichtlichen Zeiten führen, ist das auch mit einem Schädelfunde aus den Ausgrabungen römischer Überreste bei Königsfelden im Schweizer Aargau der Fall.

Tritt der Bronzehund in Europa auch erst im Bronzezeitalter auf, so ist die Rasse nachweisbar doch sehr viel älter. Das haben, wie Duerst berichtet, die Ausgrabungen in der Oase von Anau ergeben; Anau liegt bei Askabad, östlich von der Südspitze des Kaspischen Meeres. Die Anauer Haustierfunde sind schon deshalb von besonderer Bedeutung, weil sich aus den angeschwemmten Schichten des Fundortes die Zeit der vorgeschichtlichen Ablagerung genau berechnen läßt. Die ältesten Bronzehundreste sind nun in den Anauer Hügeln in aus dem 58. Jahr=hundert v. Chr. abgesetzten Schichten gefunden worden, also vor rund 8000 Jahren. Dabei ergibt sich aus den Funden, daß der Bronzehund nicht dort und zu jener Zeit erst hausbar gemacht wurde, sondern mit der Vermehrung des Herdenbesitzes der einst dort wohnenden Stämme — eine neue, verbesserte Schafform erscheint etwa zu gleicher Zeit — als fertiger und fester Schlag von auswärts eingeführt worden ist. Das Alter der Rasse ist also noch erheblich viel höher anzusetzen, zumal sie unmittelbar an die Poutiatini=Form anschließt.

Von wo der Bronzehund dorthin kam? Sicher aus dem Norden. Darauf verweist schon die älteste Fundstelle seiner Stammform, des C. Poutiatini. Auch Hilzheimer teilt ihm Südschweden und Nord=westrußland als Bildungsgebiet zu. Ich deutete aber schon an, daß wir möglicherweise im, dann nicht zum Laikastamm gehörenden, Elchhunde Skandinaviens einen im Heimatgebiet verbliebenen Nach=kommen dieser Urform zu sehen haben. Von der Forschung wird jetzt allgemein anerkannt, daß der Norden das Gebiet bildet, in dem alles Lebende zur höherer Entwicklung geführt wurde. Der Süden mit seinem Überfluß zwingt nicht durch harte Auslese zu immer höherer Vervoll=kommnung, dorthin abgewanderte oder abgedrängte Arten bleiben stehen, erreichen nicht die Entwicklungsstufe der im Norden zu voller Höhe ausgebildeten. Die Eiszeiten schufen diese Auslesebedingungen. Das von den Bergen und aus dem Norden ins vorliegende Flachland vorschiebende Eis drängte alles Leben zusammen, zwang Menschen=horden und Tierarten zu Wanderungen und immer schärferer Aus=nützung der kärglichen Daseinsmöglichkeiten, vernichtete, was sich nicht anzupassen wußte. Dem weichenden Eis folgte das Leben, besetzte das wieder eroberte Gebiet, um bei neueinsetzender Vereisung abermaliger Abwanderung und Auslese unterworfen zu werden. Auch das Edelvolk der Germanen wurde nicht im sonnigen Süden gebildet, aus den Nöten der Eiszeit wuchs es seiner Bestimmung entgegen: Beherrscher des Erdballs zu sein! Aus dem Norden hat es einst seine Kultur, seine geistigen Errungenschaften befruchtend nach dem Süden, nach Osten und Westen getragen, nicht umgekehrt von dort empfangen, wie deh=mütig=bescheiden der auslandehrfürchtige Michel bisher geglaubt.

Auch der Bronzehund hat sich von Norden und dann von Osten aus über unseren Erdteil verbreitet. In den Fundstätten, in denen er bisher am sorgfältigsten erforscht wurde, in den Pfahlbauten der Schweiz, erschien er mit neuen Wirtschaftsverhältnissen. Der Pfahlbauer der Steinzeit war noch vorwiegend Jäger und Großviehhalter, das spätere Bronzevolk dort aber trieb Ackerbau und dazu Kleinviehzucht. So hat es auch eine neue, in den älteren Pfahlbauten noch nicht festgestellte, gegen das kleinere alte Torfschaf großwüchsigere und feinwolligere Schafrasse eingeführt.

Wie in Anau einst das Auftreten des Bronzehundes mit dem An=wachsen der dortigen Schafhaltung zusammenhängt, zugleich aber auch mit dem Auftreten einer neuen Schafrasse, wie später ähnliches aus den Terpenfunden Hollands festzustellen war, so also auch hier in den Pfahl=

fiedlungen der Schweizer Bronzezeit. Der Schluß liegt daher nahe, daß der Bronzehund, der Ahnherr unserer heutigen Schäfer= hunde, schon damals in Beziehung zu den Kleinviehherden gestanden hat. Wohlverstanden, nicht als Hütehund im heutigen Sinne, aber als Wächter der wertvollsten Habe, der Herden. Dabei diente er sicher, wie dies oben beim Elchhunde geschildert, noch zum persönlichen Schutz, aber auch zur Jagd. Den Wächterdienst in der Siedlung selbst mag noch der kleine Torfhund mitversehen haben, der Pfahlbauspitz, der gewiß ein ebensolcher Kläffer gewesen wie seine heutigen Nachkommen.

Die oben dargelegte, ungemein ausgedehnte Verbrei= tung des Bronzehundes aber erklärt aufs einfachste die vollkommene Übereinstimmung der heutigen Schäferhund= schläge Europas. Denn, es muß nochmals hervorgehoben werden: der heutige Schäferhund ist der unmittelbare Ab= kömmling des vorgeschichtlichen Bronzehundes und über diesen des C. Poutiatini.

Die Übereinstimmungen in den Schädelverhältnissen beider Hunde sind so, daß ein anderer Schluß gar nicht möglich. Das bestätigen auch die späteren, bis in ge= schichtliche Zeiten führen= den Terpenfunde und der schon erwähnte Schä= del aus den römischen Ausgrabungen bei Kö= nigsfelden. Dieser Schä= del weist alle kennzeich= nende Merkmale des Bronzehundschädels auf, stimmt aber auch mit der Schädelbildung der neuzeitlichen Schäfer= hunde vollkommen über= ein. Studer schrieb mir dazu: „Es wird wohl kaum eine Raffe geben, deren Artcharak= ter sich so konstant er= halten hat. Der römi= sche Fund vermittelt günstig die Kontinuität derselben Form von den

Abb. 11. „Der gute Hirte". Zeichnung aus dem dritten Jahrhundert n. Chr. in den Calixtus= Katakomben bei Rom.

ältesten Zeiten bis zur Gegenwart." Von den Funden der Steinauer Höhle, die die Zeit vom Ausgang des Mittelalters und vom Beginn der Neuen Zeit betreffen, werde ich weiter unten berichten; sie ver= mitteln den weiteren Zusammenhang bis zu jener Zeit, da der Schäfer= hund seinen heutigen vornehmsten und ureigentümlichen Beruf, den Hütedienst bei den Schafherden, übernahm.

Daß unser Schäferhund übrigens schon in römischer Zeit im Herden=

dienſt tätig geweſen, zeigt die aus dem dritten nachchriſtlichen Jahrhundert ſtammende Zeichnung des „Guten Hirten" aus den Katakomben des Pabſtes Calixtus I. Freilich hat ſich der Künſtler auf die Wiedergabe von Menſchen beſſer verſtanden als auf die von Tieren. Das Bild verdanke ich, wie noch einige ſpäter folgende aus dem Schäferleben Ungarns der Liebenswürdigkeit des Geheimrats Dr. E. v. Rodiczky, Alag in

Ungarn. Eine ſehr hübſche Darſtellung alten Hirtenlebens gibt das zeitlich wohl ältere, von ſpätgriechiſcher Hand rüh= rende, mir ebenſo wie das folgende von Kunſtmaler R. Strebel freundlichſt überlaſ= ſene Bild; der hier dargeſtell= te Hund könnte noch heute bei einer Herde in Süddeutſch= land laufen. Andere altgrie= chiſche Darſtellungen zeigen uns Hunde vom unverkenn= baren Schlage des Bronze=, richtiger ſagen wir auch hier ſchon Schäferhundes. Entſpre=

Abb. 12. Altgriechiſches Hirtenleben.

chende Schilderungen beſagen, daß ſie als Jagdhunde begehrt waren und nach ihrem Herkunftsgebiet als kretiſche, lokriſche, ſpartiſche oder lakoniſche Hunde — letztere ſollen die kleinſten und flüchtigſten geweſen ſein — bèzeichnet wurden. Den Wächterdienſt des Schäferhundes zur Römerzeit ſtellt das bekannte Warnzeichen „Cave canem!" (Hüte dich vor dem Hunde!) dar.

Ich ſprach vor die= ſer Einſchaltung altrö= miſcher Bilder von der nachgewieſenen Über= einſtimmung der kenn= zeichnenden Schädel= merkmale beim Bronze= und beim Schäferhunde als untrüglichem Ab= ſtammungszeugnis.

Wenn auch züchteriſche Einwirkung gewiſſe Än= derungen, insbeſondere in der Längsſtreckung

Abb. 13. Der Schäferhund als Wächter im alten Rom.

und Breitenausdehnung hervorbringen kann, hervorgebracht hat, ſo bleiben die Merkmale, auf denen die wiſſenſchaftlichen Schädelvergleiche beruhen, doch unverwiſchbar. Ja, an Schädelabweichungen laſſen ſich Zuführungen fremder Blutadern genau feſtſtellen. Gewiß kann Zucht= wahl — natürliche wie künſtliche —, Gleichheit der Lebensbedingungen und =aufgaben auch bei Angehörigen verſchiedener Arten oder Raſſen äußerliche Ähnlichkeit, Übereinſtimmung gewiſſer Formen hervorrufen.

30

So haben die Seesäuger z. B. ihre äußere Gestalt der für das Wasser=
leben geeignetsten Fischform wieder angepaßt. Die kennzeichnenden
Schädelunterschiede vermögen solch umgestaltende Einflüsse aber
nicht abzuändern.

In den Schädelverhältnissen des mehrfach schon erwähnten C.
Poutiatini, des Bronzehundahnen, von dem durch einen günstigen
Zufall bei Bologoje ein nahezu vollständiges Skelett gefunden wurde,
findet Studer nun, abgesehen von der Größe und der starken Senkung
der Scheitelgegend von der Stirn ab, auffallende Ähnlichkeit mit den
für den Dingo gültigen; namentlich auch im Gebiß. Doch liegt völlige
Übereinstimmung nicht vor; auch in den Verhältnissen und Ausmessungen
der Laufknochen gibt es wichtige Unterschiede. Es handelt sich sonach
beim C. Poutiatini und heutigen Dingo um zwei einander zwar sehr
ähnliche, aber doch verschiedene Arten von Wildhundabkömmlingen
oder Wildhunden. Der C. Poutiatini war hochläufig, zeigte also minder
gedrungenes Gebäude als der Dingo, und hatte seiner geschnittenen
Fang; er wird also von edlerem Aussehen gewesen sein, als der gedrungene
grobschnauzige Australier es heute hat. An verschiedenen anderen
Stellen, leider nur in Bruchstücken, aufgefundene Reste eiszeitlicher
Wildhunde lassen sich auf den C. Poutiatini zurückführen, dessen Ver=
breitung sonach ziemlich ausgedehnt gewesen ist, was wieder mit der
Verbreitung des Bronzehundes stimmt, der als völlig eingezähmter
Poutiatini-Sproß anzusehen ist, als dessen endgültig hausbar gemachte
Fortsetzung.

Über diese beiden vorgeschichtlichen Hunde schreibt Studer:
„Beide haben den gleichen Schädeltypus, nur beim Bronzehunde nach
allen Richtungen etwas länger ausgezogen. Der Schädel ist höher
geworden, die mediane Einsenkung auf der Stirn verstrichen, und die
flache Stirn setzt sich mit gleichartigem Abfall auf den Rücken der Nasen=
beine fort; dabei ist aber auch die hintere Schnauzenhöhe bedeutender
als bei C. Poutiatini. Bei beiden hat der Reißzahn noch die Länge der
beiden Molaren.". Einen Vergleich hierzu ermöglichen die aus den
Studerschen Werken entnommenen nebenstehenden Abbildungen von
Schädeln des C. Poutiatini, des Bronzehundes, des Schäferhundes und
auch des Wolfs; je in der Seiten= und in der Scheitelansicht aufgenommen.

Der C. Poutiatini, auf den als Ahnen unsere Schäferhunde über
den Bronzehund zurückzuleiten sind, gehört zur Gattung Canis im engeren
Sinne und zwar zur Untergattung der Wölfe. Die Wölfe sind in allen
ihren Arten ein im Bau und Schädel, in Größe, Farbe und anderen
Äußerlichkeiten ungemein veränderungsfähiges Geschlecht („variabel"
lautet der Fachausdruck; Varietät = Spielart, Unterart). Selbst inner=
halb eines Gebietes, unter den gleichen Lebensbedingungen finden sich
stark voneinander abweichende Stücke; Studer kennt keinen Caniden,
ja kein anderes wildlebendes Säugetier, dessen Schädel solche Ver=
schiedenheiten aufweist, wohlverstanden: unter Beibehalt der artkenn=
zeichnenden Merkmale. Er kommt daher zum Schluß, daß die verschie=
denen Unterarten, die neben dem eigentlichen Canis lupus aufgestellt
worden sind, nur Formen einer sich über das ganze nördliche Tiergebiet,
einschließlich Indiens, erstreckenden Art sind.

Es ist auch beim eigentlichen Wolf versucht worden, einen Unter=
schied zwischen „Waldwolf" und „Steppenwolf" festzulegen. Ersterer
sei der größere, kraftvollere, aber stämmiger und gedrungener gebaute;
mit kleinerem Ohr und breiterem Fang, der die Entwicklung einer im
Waldgebiet besonders benötigten feinen Nase begünstige. Der Steppen=
wolf dagegen sei wohl hochläufiger, zu größeren Dauerleistungen im
Lauf geeignet, im ganzen aber kleiner und leichter; das in der offenen
Steppe mehr gebrauchte Auge sei bei ihm weiter nach vorn gerichtet,
die Ohren größer, der ganze Kopf gestreckter, daher im Ausdruck edler.
Aber, wie schon gesagt, beide, unzweifelhaft vorhandene Formen finden
sich auf einem und demselben Gebiet nebeneinander, was sich schon
daraus erklärt, daß der Wolf als weitschweifender Laufräuber seinen
Standort leicht und häufig wechselt. Ich halte die versuchte Trennung
für sehr künstlich, insbesondere soweit sie auf verschiedene Inanspruch=
nahme der Sinne sich zu begründen versucht. Der Grundsinn des Wolfs
ist, wie bei allen Hunden, die Nase, nicht das Auge; er, der heute im
Walde reißt, morgen über das freie Land zu anderen Waldungen
wechselt, oder sich im Steppenbusch, im dichten und hohen Uferröhricht
einnistet, kann nicht umschichtig heute den, morgen jenen Sinn bevor=
zugen. Die Nasennerven finden zudem im zwar schmäleren, aber ge=
streckteren Fang die nämliche Entwicklungsmöglichkeit wie im breiteren,
aber kurzen; die Schädelstreckung beeinflußt aber auch die Lage des Auges.
Mehr Masse wird, infolge der günstigeren Äsung, den, den Wald als
Standort bevorzugenden heimischen Friedtieren, Hase und Reh, nach=
gesagt, aber auch bezweifelt; für den weit streifenden Räuber trifft
das jedenfalls auch nicht zu. Die Formverschiedenheit läßt sich aber wohl
einfach dadurch erklären, daß die Wölfe, die zwar schon gegen Schluß
der Tertiärzeit, also vor rund zwei Millionen Jahren auftreten, doch eine
verhältnismäßig noch junge Gattung sind, die ihre Ausentwicklung
noch nicht abgeschlossen hat. Ihre Lebensweise aber, die eine fortwährende
Paarung zwischen beiden Formen begünstigt, hat eine Festlegung auf
die eine erst recht noch nicht zugelassen.

Unter den heutigen Wölfen sieht Studer im Canis l. hodophylax,
dem kleineren der beiden Wölfe Japans, den reinsten Vertreter und
Nachkommen der größeren Art des ursprünglichen eiszeitlichen Wild=
hundes Europas. Nach Nehring besteht große Ähnlichkeit zwischen
diesem Japaner und dem indischen Canis l. pallipes, von dem Jeitteles
und Haeckel den Bronzehund ableiten wollen. Dieser indische Wolf
entspricht in der Größe etwa unseren mittleren Schäferhunden. Er hat
gutes Gebäude und hervorragend flüchtiges Gangwerk. Der Oberkopf
weist geringere Wölbung auf als beim eigentlichen Wolf, sein Kopf=
schnitt erscheint demnach schäferhundartiger Die Färbung ist fahlgelb
bis bräunlich mit leichtem schwarzen Anflug; die Rutenspitze hat das
schwarze Endbüschel wie bei wolfsfarbigen Schäferhunden, die Ober=
seite der Rute zeigt in Höhe des Afters das bekannte schwarze Dreieck,
das „Wildhundzeichen" unserer Schäferhunde.

Bei der großen äußeren Ähnlichkeit der verschiedenen Wolfsarten
genügt es, die Hauptart, den eigentlichen Wolf, im Bilde zu zeigen.
Die verschiedenen Aufnahmen lassen die eben erwähnte starke Neigung

zum Abändern, im Gebäude sowohl wie in der Schädelform, deutlich erkennen. Der starke polnische Rüde, der, ins Posensche eingewechselt, dort von Gräfin Bothmer gestreckt wurde, ist übrigens als ausgestopftes Stück aufgenommen worden. Beim Ausstopfen scheinen die Läufe, namentlich die der Hinterhand, nicht gerade sehr glücklich behandelt worden zu sein; dazu ist die Aufnahme halb von vorn erfolgt, wodurch die vorderen Teile sehr mächtig, die rückwärtigen aber unverhältnismäßig verkleinert erscheinen. Zum Vergleich mit dem trabenden Wolf habe ich das Bild eines hochdurchgezüchteten Schäferhundes in der gleichen Gangart beigefügt. Die durch die Zucht erzielte Vervollkommnung des Hundegebäudes, durch die größere Schrittweite und dadurch Ausdauer und Schnelligkeit erreicht wird, kommt trotz aller vorhandenen Ähnlichkeit in beiden Aufnahmen trefflich zur Geltung; im ausdauernden gleichmäßigen Lauf müßte dieser Schäferhund — Krabbe von der Ützenburg SZ. Nr. 5855 geworfen am 20. XI. 1908 — den Wolf schlagen, wenn nicht dadurch ein gewisser Ausgleich geschaffen wird, daß der höher gestellte, also langbeinigere und gestrecktere Wolf bei jedem Schritt mehr Boden hinter sich schafft. Ebenso ist weiter unten dem Kopf eines mächtigen Wolfsrüden der eines ebenso kraftvollen Schäferhundrüden aus süddeutscher Schäferzucht (Audifax von Grasrath SZ. Nr. 368 HGH geworfen am 29. X. 1901) gegenübergestellt.

Der Wolf hat den kräftigen, langgestreckten Bau des zu ausdauerndem Traben befähigten Laufraubtieres. Die hohe Vorhand, Folge des gut ausgebildeten Widerrists, gibt verlängerte Ansatzstellen für die Muskeln der weit ausgreifenden Vordergliedmaßen; die Hinterhand ist zum Nach= und Unterschieben trefflich geschnitten, läßt, dank leichter Aufwärtswölbung des Rückens, trotz der verhältnismäßigen Länge auch anhaltenden, geräumigen Galopp zu. Günstige Gliedmaßenwinkelung verleiht hervorragende Schrittweite und durch die Möglichkeit zu solch weitem Ausgreifen förderndes Gangwerk. Die gute Rückenlinie vermittelt den kräftigen Nachschub der Hinterhand ungebrochen nach vorwärts, macht den Wolf somit zum ausdauernden Rückengänger*). Die Vorderbrustentwicklung ist, wie bei allen Wildhunden, geringer als bei dem auf tiefe Brust gezüchteten Haushunde. Der Leib wirkt daher tonnenförmig, die Vorderläufe scheinen dem Auge mehr an den Leib gestellt zu sein als beim Hunde. Die Vorderpfoten, die gelegentlich auch zum Graben dienen müssen, sind, wie überhaupt die Vorderläufe vom Vorderfußwurzelgelenk ab, groß und außerordentlich kräftig entwickelt. An der Trittspur des Wolfs zeigt sich, daß der Wolf mit den Mittelzehen geschlossener auftritt, als der Hund, dessen Zehenschluß weicher, nachgiebiger geworden ist. Das Laufen gewohnte Schäferhunde mit guten, geschlossenen Pfoten treten übrigens erheblich wolfsähnlicher auf, als der Hund, dessen Trittsiegel auf nachstehender Abbildung wiedergegeben ist. Leider ist die Rasse dieses Hundes nicht bekannt gegeben, dem Anschein nach war es ein großer, schwerer Hund.

Wie alle Wildhunde „schnürt" auch der Wolf, d. h. die einzelnen Tritte seiner Spur stehen auf oder dicht neben einer in deren Längs=

---

*) Hierüber s. Näheres im V. Hauptstück, Beurteilungslehre.

Abb. 18. Wolf (Canis lupus). Nach Aufnahme und mit Genehmigung von
O. Anschütz, Berlin.

Abb. 19. Wolf aus Polen.

Abb. 20. Deutscher Schäferhund.

Abb. 21. Wolf aus den Karpathen.

richtung gedachten Linie. Den Gegensatz zum Schnüren bildet das „Schränken", die einzelnen Tritte stehen dabei mehr oder weniger weit von der gedachten Mittellinie der Spur ab. Bei besonders starken Stücken, dick vollgefressenen Tieren oder hochtragenden Wölfinnen wird daher das Schnüren mehr oder weniger zum Schränken. Ähnliches gilt auch vom Gang unserer Haushunde: schwere oder kurzrückige, breit= gestellte Rassen schränken durchweg, für unsere Schäferhunde dagegen bildet das Schnüren die Regel. Das bei Haushunden zu beobachtende seitliche Ausfallen der Hinterhand, wobei der Hinterlauf nicht auf den eben verlassenen Platz des ihm entsprechenden Vorderlaufes tritt, sondern über die Mittellinie ausgreifend, neben den Vorderlauf der anderen Seite — bei starkem Ausfallen sogar außerhalb des Trittes dieses Laufes —, hat mit Schnüren oder Schränken nichts zu tun. Ge= schieht es gelegentlich von Hunden mit gestrecktem, natürlichem Bau, so wohl lediglich zur zeitweiligen Schonung der ausfallenden Seite oder in Anpassung an leichte Geländeunebenheiten, denen sich der nicht starre, sondern in der Rückenlinie nachgiebige Hundekörper leicht anschmiegen kann. In gleicher Weise würde sich das gelegentliche Ausfallen der Hinterhand nach einer Seite sicher auch bei Wildhunden beobachten lassen, wenn wir dazu in der Lage wären. Wenn aber kurz und ge= drungen gebaute, also schon umgezüchtete Rassen seitwärts treten, so ist das die natürliche Folge der Kurzrückigkeit: diese Hunde würden sich sonst selbst „auf die Hacken treten". Das schnürende Gangwerk ist für unsere Schäferhunde von Bedeutung, weil der Herdengebrauchshund beim Wehren vor der Frucht in der schmalen Grenzfurche des bestellten Feldes laufen muß, um nicht selbst Flurschaden anzurichten.

Daß, wie ich oben bei Besprechung der Bilder ausgeführt, der durchgezüchtete Hund im Gangwerk, in Flüchtigkeit und Ausdauer dem freilebenden Laufräuber, dessen Lebensmöglichkeit von seinen Beinen abhängt, überlegen sein soll, mag zunächst widerspruchsvoll erscheinen. Wir müssen uns aber klar machen, daß das freilebende Tier erst die Anlagen zu all dem besitzt, was dann der Mensch in zielbewußter Absicht und je nach der beabsichtigten Verwendung dem Haustier an= gezüchtet hat. Wobei wir uns freilich nicht von Rücksichten auf das Tier und dessen Wohlergehen leiten lassen, sondern lediglich von unserem eigenen, meist im Geldbeutel wurzelnden Nutzen, den wir aus dem erreichten Zuchtziel ziehen wollen. Neben frühzeitige Verwendung er= möglichender Frühreife sind diese Zuchtziele recht verschieden: beim Rindvieh zielen sie auf Milchergiebigkeit und hohes Fleischgewicht, beim Schaf auf Wolle und Fleisch, beim Schwein auf Mastfähigkeit, beim Pferd auf Eignung zu leichtem flotten oder aber schwersten Zuge, oder schließ= lich zum Tragen des Reiters. Abgesehen vom Hunde und, für den ver= ständnisvollen Reiter, dem Pferde, stehen uns heutigen fortgeschrittenen Menschen unsere Haustiere ja auch kaum näher oder höher als Triebwerke — wenn wir durch solche oder den Kochtopf des Chemikers das nämliche Ziel erreichen könnten, wäre es uns auch recht—, oder höchstens als den Ameisen ihre „Milchkühe", die Honig spendenden und daher sorgfältig betreuten Blattläuse. Kein freilebendes Tier besitzt die gleiche Leistungs= fähigkeit wie das hausbar gemachte und hochgezüchtete seiner Art.

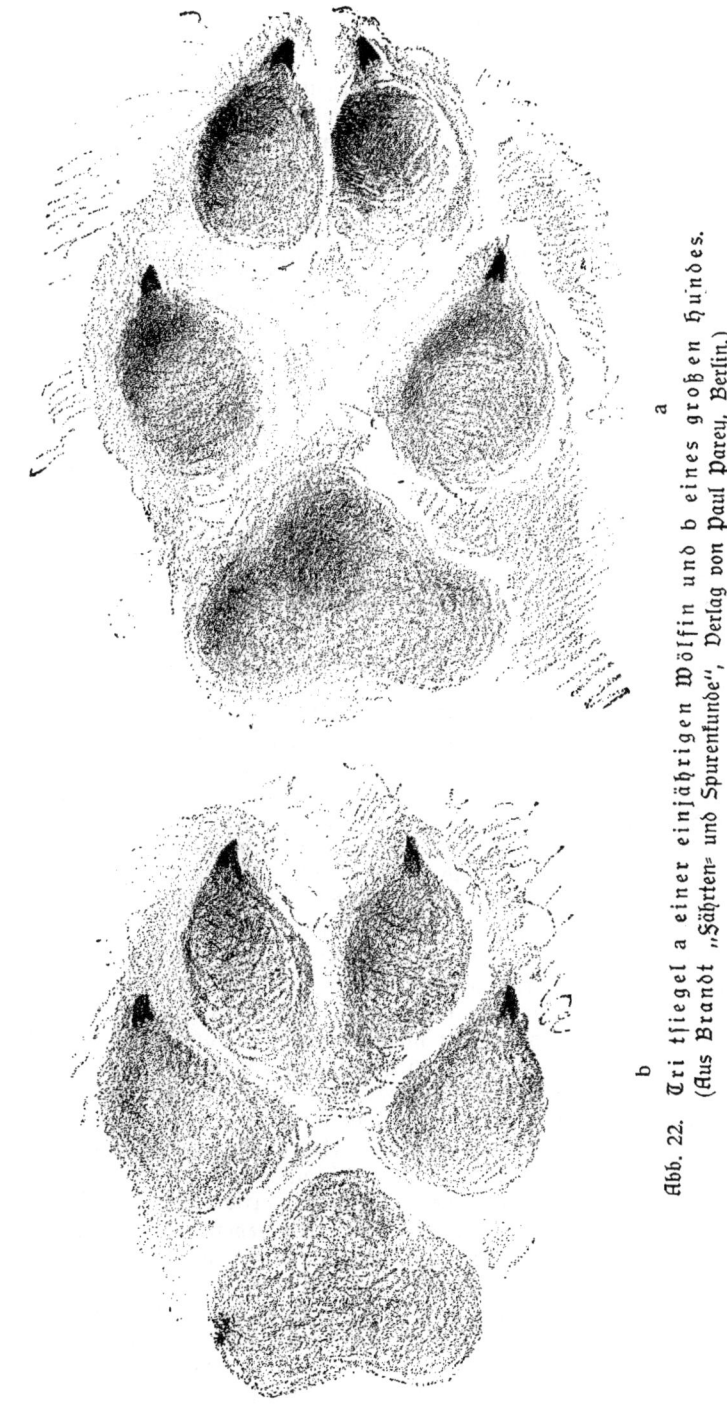

a

b

Abb. 22. Tritsiegel a einer einjährigen Wölfin und b eines großen Hundes.
(Aus Brandt „Fährten- und Spurenkunde", Verlag von Paul Parey, Berlin.)

Das hat in eingehender Weise v. Wißmann in einer Schilderung der Jagd auf afrikanische Wildpferde dargelegt: troß aller sichtbaren Mühe konnten diese sich nicht durch die Flucht dem beritten folgenden Jäger entziehen, dessen Pferd außer dem Gewicht des Reiters auch noch das nicht leichte Gepäck tragen mußte; sie wurden bis zu völliger Ermattung gehetzt. Den Wolf aber fängt der russische Windhund, der Barsoi.

Aus der Gegenüberstellung eines Wolfs= und eines Schäferhund= kopfes ergeben sich als wesentliche äußere Unterschiede folgende. Beim Wolf liegt der höchste Punkt des Kopfes im Hinterhaupt, zwischen den Ohren, beim Schäferhunde dagegen in der Stirn, nur wenig hinter und über den Augen. Das Wolfsauge liegt anders, mehr zurück und seitlich gerichtet. Der Nasenrücken des Wolfs zeigt die den Wildhunden eigene Einsattelung. Vor der Augengrube erscheint der Wolfsfang eingeschnürt, schmäler als der davor liegende Teil, in dem die beim Raubtier sehr viel stärker als beim Haushunde entwickelten Fangzähne Platz verlangen. Die beiden Fangzähne des Oberkiefers sind die stärkeren, sie fassen von hinten und außen über die·des Unterkiefers weg und zwingen auch die Lippenlinie zu einer Wölbung nach außen; die Schädelbilder 3 und 4 auf S. 31 lassen das gut erkennen. Der Wolfskopf wirkt daher, von vorn gesehen, nicht so keilförmig von hinten nach vorn verlaufend wie der eines Schäferhundes, sondern ähnelt mehr der Bildung eines Enten= schnabels, der an der Wurzel gleichfalls schmäler als vorn ist. Das ist aus der vorstehenden Seitenaufnahme eines Wolfskopfes freilich nicht gut ersichtlich, wohl aber aus dem Bilde des Karpathenwolfs. Bei einem Wolfsabkömmling im zweiten Glied, Wölfi vom Wolfsnest SZ. Nr. 65, konnte ich einst diese Bildung gleichfalls sehr gut beobachten.

Diese äußerlichen Unterschiede werden durch Abweichungen des Schädelbaues hervorgerufen, die aus den S. 31 abgebildeten Schädeln ersichtlich sind. Die Aufwölbung der Stirn wird beim Hunde durch die Entwicklung der luftführenden Stirnhöhlen bedingt. Diese sind beim Hunde infolge Ausdehnung der Schädelhöhle — Zunahme des für die geistigen Fähigkeiten so bedeutungsvollen Vorderhirns! — nach vorn und oben getrieben worden, eine Folge der Hausbarmachung, die einen hohen Fortschritt gegenüber dem wilden Ahn bedeutet; Näheres darüber werden wir noch im II. und V. Abschnitt finden. Troß dieser Aufwölbung der Vorderstirn bleibt der Abfall vom Schädel= zum Ge= sichtsteil beim Hunde aber doch gleichmäßig, weil die Stirnaufwölbung in der Mitte zusammenfließt, dort keine, oder nur eine schwache Ein= senkung bildet. Der Hundeschädel ist sonach im Stirnteil am höchsten, fällt von dort nach Gesicht und Hinterhaupt ab. Die Augen sind durch die Ausdehnung der Schädelhöhle gleichfalls aus ihrer seitlichen Stellung mehr nach vorn gedrückt worden. Studer erklärt dies gleichfalls durch die Hausbarmachung: das unter gesicherten Lebensbedingungen lebende Haustier habe nicht mehr nötig gehabt, zur eigenen Sicherheit dauernd Flanke und Rücken beobachten zu müssen, habe vielmehr sein Haupt= augenmerk auf den Herrn gerichtet; das Auge habe daher ohne Schaden für seinen Träger dem Andrängen der Schädelhöhle Raum geben können. Als weitere Erklärung gibt Studer die Neigung zum Festhalten an Merkmalen des Jugendzustandes der wilden Art bei lange Zeit im Zu=

Abb. 23. Kopf eines Wolfs.
Nach Aufnahme und mit Genehmigung von O. Anschütz, Berlin.

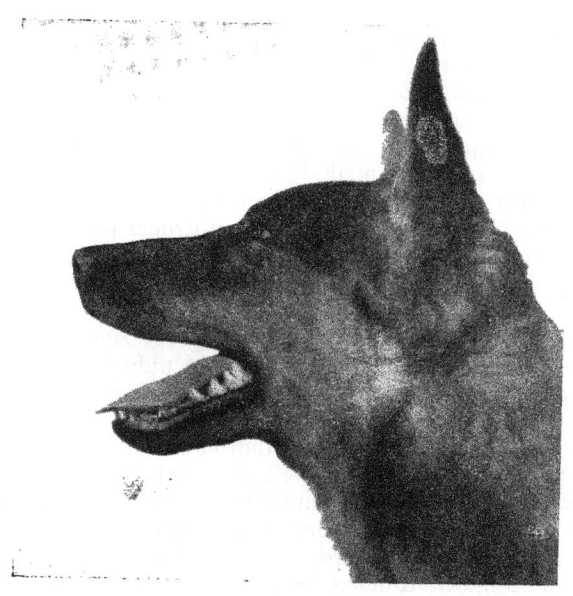

Abb. 24. Kopf eines deutschen Schäferhundes.

ftanbe der Hausbarmachung gehaltenen Arten — wodurch auch das
Hänge= oder Kippohr bei den meiften Hunderaffen erklärt wird!   ;
an Schädeln von Jungwölfen hat er aber eine minder fchräge Lage der
Augenftellung beobachten können. ·

Beim Wolfsfchädel find die Stirnhöhlen nicht derartig wie beim
Hunde nach oben und vorwärts gedrängt worden. Bisweilen find fie
wohl an den Seitenteilen der Stirn aufgewölbt, nicht aber in deren Mitte.
Dadurch entfteht beim Wolfsfchädel die meift und in ftärkerem Maße
vorhandene mittlere Einfenkung der Vorderftirn, die auch als „Beilhieb"
(Coup de hache) bezeichnet wird. Die geringere Ausdehnung der Schädel=
höhle nach vorn beläßt beim Wolf das Auge auch in feiner fchrägeren
Stellung; diefe gibt dem Auge wohl eine gefchütztere Lage, ein dringendes
Erfordernis für das durch Bufch, Rohr und dichtbewachfene Steppe
fchweifende Raubtier, das fich auch gegen Überrafchungen von der
Seite und vom Rücken fichern muß, verleiht ihm aber auch den tückifchen
falfchen Ausdruck im Gegenfatz zum treuen Blick des Hundes. Beim
Wolfsfchädel ift dann noch die nach dem Hinterhaupt verlaufende Scheitel=
leifte (Crista sagitalis) fehr viel ftärker entwickelt; dort findet die beim
Raubtier zum Reißen und Zerftückeln der Beute fehr viel kräftiger be=
nötigte Bemuskelung des Unterkiefers ihre Anfatzftelle. Das, und die
geringere Aufwölbung der Stirnhöhlen verftärkt beim Wolfskopf den
äußeren Eindruck einer vermehrten Wölbung nach dem Hinterhaupt
zu. Doch ift, wie fchon gefagt, infolge der Veränderlichkeit des Wolfs=
fchädels auch der Schnitt des Wolfskopfes überaus wechfelnd. Neben
fehr vollen, aber ftumpfen finden wir auch länger geftreckte, im Aus=
druck edlere, weil hundeähnlichere.

· Der Wolf trägt, wie unfere Schäferhunde, mittellanges, hartes
Stockhaar mit dichter Unterwolle; gelegentlich auftretende ftärkere
Backenumrahmung bei alten Rüden läßt den Kopf noch voller erfcheinen.
Auch in der Färbung finden wir beim Wolf und feinen Spielarten die
gleichen Grundfarben und Abzeichen wie bei unferen Schäferhunden;
oder richtiger umgekehrt. Sie wechfeln von lichtgrauen über gelbe,
gelbbraune oder rotgelbe, meift fchwarzgewolkte zu dunklen, ja rein
fchwarzen Tönen. Bis auf die letzteren ift es immer eine gut gegen
Sicht fchützende „feldgraue" Jacke, die ihren Träger fchon auf kurze Ent=
fernungen dem Blick entzieht, wenn er nicht gerade über die weiße
Schneefläche zieht. In Grönland findet fich übrigens auch eine weiße
Spielart.

Erwähnen möchte ich hier noch, daß bei Wolfsblut führenden
Hunden — bei reinen Wölfen habe ich es noch nicht feftftellen können
der frifche Hautgeruch eigenartig wild ift, anders als die Hautausdünftung
unferer Hunde. Bei der oben fchon erwähnten Wölfi vom Wolfsneft
konnte ich das mehrfach feftftellen. Auch von dem in den 90er Jahren
des vorigen Jahrhunderts die Ausftellungen unficher machenden Phylax
von Eulau, einem Wolfsblut führenden Thüringer Schäferhunde, der
zum Glück für die Zucht ohne Bedeutung geblieben ift, wird berichtet,
daß, wenn diefer „Huud" durch die Ausftellungsreihen an den dort
angehängten ruffifchen Windhunden, den Wolfsfängern, vorbeigeführt
wurde, diefe ftets in die größte Aufregung kamen, während der Anblick

anderer Schäferhunde sie nicht im geringsten aus ihrer vornehmen Ruhe zu bringen vermochte. Eine Erklärung ist nur darin zu finden, daß den Barsois bei phylax der Wolfsgeruch ihres Jagdtieres ins Nasengedächtnis gekommen ist. Ähnliches berichtet Liepmann von seinem Schäferhund, der, bisher ruhig unter der Bank im Eisenbahnabteil liegend, plötzlich einen einsteigenden Fahrgast wütend anbellte, während er sich anderen gegenüber gesittet verhalten hatte. Der Mann entpuppte sich dann als der Wolfswärter des Berliner Zoo, der die Witterung seiner Pfleglinge an sich trug; er erklärte, daß ihm häufig ähnliches durch Hunde geschähe.

„Echte Hunde", d. h. also alle Wolfsarten und Haushunde ein= schließlich des Dingos, ferner die Schakale, begatten sich willig unter= einander und bringen auch fruchtbare, zur Weiterzucht geeignete Bastarde *). Über Verbindungen zwischen den vorgenannten Arten echter Hunde und anderen Wildhunden bestehen dagegen noch keine ausreichenden Erfahrungen; mit Hilfe der künstlichen Befruchtung könnten solche Versuche jetzt wohl in größerem Umfange und ohne wesentliche Schwierigkeiten gemacht werden. Erfolgreiche Verbindung zwischen Hund und Fuchs ist zwar mehrfach behauptet, aber noch niemals einwandfrei nachgewiesen worden. Zu Begattungsversuchen zwischen Haushunden und gefangen gehaltenen Füchsen, die sich oft recht innig anfreunden, mag es gewiß gekommen sein; von da bis zur wirklichen Befruchtung ist aber noch ein weiter Weg. Solche Deckversuche beweisen also gar nichts; sie werden von geschlechtlich leicht erregbaren männ= lichen Haustieren in Ermangelung eines besseren oft genug am un= geeigneten Gegenstand vorgenommen: vom Erpel an der Henne, vom Rüden an der Frau, auch am eigenen Geschlecht. Die angeblichen Fuchs= bastarde, mit denen Jäger, auch Schäfer gelegentlich sich brüsten, ent= behren jeder Beweiskraft, bis es nicht gelungen ist, unter Beobachtung aller Vorsichtsmaßregeln den streng wissenschaftlichen Nachweis einer tatsächlich fruchtbaren Verbindung zwischen Hund und Fuchs zu er= bringen. Oder bis die wissenschaftliche Untersuchung der Schädel solch angeblicher Bastarde an diesen die kennzeichnenden Merkmale beider Arten, oder deren Ineinanderfließen, nachweist; denn gerade in Schädelbau und Bezahnung weichen die Füchse stark von den echten Hunden ab. Welchen Vorteil übrigens die Hundeseite just von der Ver= bindung mit dem Fuchs haben sollte, ist unerfindlich. Behauptet wurde, wie schon gesagt, solche Verbindung früher öfters; freilich nicht aus

---

*) Dies Wort, die wissenschaftliche Bezeichnung für das Ergebnis der ge= schlechtlichen Verbindung von Angehörigen verschiedener Arten oder Unterarten (s. S. 18) stammt aus dem altnordischen, ist also germanisch=deutschen Ursprungs und dann über das Normännische und Französische wieder zu uns gekommen. B a s t a r d e (oder Hybriden) sind nicht immer fortpflanzungsfähig; sind sie es, so ist das ein Zeichen dafür, daß ihre Eltern einander noch nahestehenden Unterarten der gleichen Art angehörten, wie das bei den Ergebnissen aus Verbindungen zwischen Haushunden und Wildhunden aus dem echten Canis=Stamm der Fall ist (z. B. Haus= hund und Wolf). B l e n d l i n g e oder K r e u z u n g s e r g e b n i s s e dagegen ent= stammen Angehörigen verschiedener „Rassen" innerhalb einer Haustierart (z. B. Schäferhund und Jagdhund); sie sind stets fortpflanzungsfähig und können, ziel= bewußt weitergezüchtet, die Träger einer neuen, festumschriebenen Rasse werden.

Der Verfasser.

wiſſenſchaftlichen Gründen, ſondern wohl nur, um ſich wichtig zu machen, oder um den Barwert der angeblichen Seltenheit in den Augen derer, die nie alle werden, zu ſteigern. Über das Märchen vom „ſchönen Wolf und dem gemeinen Schäferhunde“, das hier auch mit hineinſpielt, werde ich mich weiter unten noch auslaſſen.

Daß uns gelegentlich Hunde begegnen, die in Ausſehen oder Ausdruck, in Weſen oder Bewegungen durchaus an Wildhunde gemahnen, an Wölfe oder an Schakale, hie und da wohl auch mal fuchsartig ausſehen, iſt nicht erſtaunlich. Rückſchlagserſcheinungen an ſich ſind durchaus nichts ſo ſeltenes. Sie können alſo — ebenſo wie ſie z. B. beim Pferde in gelegentlicher Bindenzeichnung, ja ſogar im Wiederauftreten der bei früheren Ahnenformen des Pferdeſtammes vorhanden geweſenen, im Laufe der Stammesentwicklung aber bis zur Einzehig= oder Einhufigkeit zurückgebildeten Nebenzehen nachgewieſen ſind — auch beim Haushunde bis auf teilweiſe Wiedergabe der uns im Äußeren ja nicht bekannten Ahnenform zurückgehen. Sorgfältige Zuchtwahl, unter Vermeidung freilich überſcharfer und lange durchgeführter Inzucht, ſoll unerwünſchten Rückſchlag auf eine länger oder kürzer zurückliegende Ahnenform nach Möglichkeit ausſchließen. Als Rückſchlagserſcheinungen zu deutende Wildhundähnlichkeiten werden daher zumeiſt bei verwahrloſten Tieren zu beobachten ſein; ſoweit ſie Weſen und Ausdruck betreffen, bei unſachgemäß, vernachläſſigt oder gar unter Rohheiten aufgezogenen Tieren, ganz beſonders alſo bei der widernatürlichen Zwingerhaltung älterer Hunde und ihrer Nachzucht. Wildhundähnlichkeit des Gebäudes aber wird am erſten bei den nahezu oder ganz ſich ſelbſt überlaſſenen „Sitzen“ zu finden ſein. Die hohen, in den letzten Jahren, namentlich während des Weltkrieges, nahezu überall ſtark geſteigerten Hundeſteuern haben mit dieſen Zierden des Hundegeſchlechtes ja glücklicherweiſe ziemlich aufgeräumt, in manchen Stadtvierteln oder auf dem Lande gibt es aber noch genug davon: Hunger= und Kümmerformen, wie einſt die zuerſt eingezähmten Haushunde, dazu Ergebniſſe der freieſten Liebe und Bolſchewiſten auch der Geſinnung nach. Bei ſolchen im Geſüge ſchwachen Kümmerlingen wäre nicht erſtaunlich, wenn aus dem in ihnen vertretenen Raſſengemiſch auch einmal etwas der Urart gleichendes, wenn auch in Zwergform, herausſchlägt.

Wenn einſt in weit zurückliegenden Zeiten der Hausbarmachung des Hundes der Menſch ſeine ſchon eingezähmten mit Wildlingen der gleichen oder einer verwandten Art paarte, oder ſich paaren ließ, ſo war das damals eine züchteriſche Notwendigkeit. Die Blutzufuhr oder Auffriſchung auf dieſem Wege war natürlich, kann noch nichts an Weſen und Eigenſchaften der Zuchtergebniſſe geändert haben. Denn, was der Menſch damals am Hunde ausnützte, waren eben noch deſſen Wildhundeigenſchaften, die ſich ja erſt in den folgenden vielen Jahrtauſenden der Haltung als Haushund zu dem auswuchſen, was wir heute als Hundeeigenſchaften ſchätzen.

Ich berichtete oben, daß ſich an Pfahlbaufunden aus der jüngeren Steinzeit ſchon züchteriſche Einwirkung auf den Torfhund feſtſtellen ließ, die ſchon eine gewiſſe Raſſentrennung bei dieſem Hunde ermög=

42

lichte. Und ich führte weiter aus, daß an anderer Stelle und bei einer anderen Urrasse absichtlich Blut eines größeren Wildhundes, des Wolfs, eingekreuzt worden ist. Das geschah selbstverständlich nicht nur einmal und nicht nur an einem Ort, sondern hat sich noch vielfach wiederholt; selbst bis in geschichtliche Zeiten, geschieht sicher heute noch im hohen Norden bei den noch halbwilden Hunden der Naturvölker. So einfach ist die Sache übrigens nicht. Früher wurde berichtet, die läufige Hündin sei zu dem Zweck im Walde angebunden worden; ich fürchte, der Besitzer fand dann am anderen Morgen nur noch den leeren Strick. War die Hündin aber noch da, und warf sie später, so hatte sich wohl ein schweifender Hunderüde, aber kein Wolf ihrer erbarmt. Denn der Wolf ist allezeit erpicht auf Hundebraten und traf er solch angebundene Hündin, hat er sich ihrer vielleicht zuerst bedient, sie dann aber wohl sicher gefressen; aus reiner Liebe natürlich. Höhere Gefühle kennt der immer hungrige Wolf nicht, das jagende Rudel fällt sofort über den von einer Kugel gestreckten Genossen her; selbst von den nordischen Hunden wird berichtet, daß sie in Hungerzeiten schwächere oder kranke Mithunde reißen und anstandslos die zu Futterzwecken für sie geschlachteten fressen.

Die Zufuhr von Wolfsblut erforderte also immer einige Vorsichtsmaßnahmen, geschah und geschieht daher wohl stets durch jung eingefangene und eingezähmt gehaltene Wölfe. Der Zweck solcher Einkreuzung war stets der gleiche: die schwächere Haushundart sollte durch Wolfsblut größer, kräftiger, auch schärfer gemacht werden; geeigneter zur Abwehr und zum Kampf gegen das Raubzeug, das seinen Herrn oder die seinem Schutz anvertraute Habe, zumeist also Herden, bedrohte.

Was damals noch ohne Schaden für den Hund möglich, züchterisch also richtig empfunden war, ist es heute nicht mehr. Durch jahrtausendelange Trennung, durch Haltung unter ganz abweichenden Lebensbedingungen, durch die geistige Hebung infolge des innigen Anschlusses an den Menschen, durch Zuchtwahl schließlich hat sich zwischen unseren Haushunden und ihren freilebenden Vettern eine scharfe Scheidung vollzogen. Die erstreckt sich nicht bloß, wie oben ausgeführt, auf das Äußere, das Gebäude, sondern vor allem auf Wesen und Eigenschaften. Heute muß daher die Zufuhr von Wildhundblut, sofern sie nicht zu wissenschaftlichen Versuchen erfolgt, als Versündigung gegen unsere Hunde bezeichnet werden.

Leider treten solche Kreuzungsgelüste — sie betreffen nahezu ausnahmslos den Wolf — immer wieder von neuem auf. Auch bei unseren Schäferhunden sind, teils aus Unerfahrenheit, teils aus falsch angebrachter Prahlhansigkeit, solche „Verbesserungsversuche" gemacht worden; ja, werden noch heute als ganz besondere Entdeckung vorgeschlagen. Selbstverständlich sind solche Kreuzungen auch von Geschäftswegen gemacht worden. Häufiger als in Wirklichkeit freilich, und zum Glück, auf dem allezeit geduldigen Papier der Anzeigenblätter. Denn so viele willige Wölfe als da Väter oder Mütter zu all den Schäferhundbastarden hätten sein sollen, gab es in Deutschland gar nicht. Aber der gute Michel hat — wir dürfen trotz Weltkrieg und seinen Hinterhererfahrungen leider noch nicht sagen: hatte! — nun einmal unbegrenzte

Hochachtung vor allem, was „von auswärts" ist, hält das für besser, edler, schöner, vor allem aber für wertvoller, als das bodenständige Erzeugnis. Das wußte und weiß die Händlergilde gar wohl und verkaufte in edler Dreistigkeit wie „Sheffielder Stahlwaren", die in Solingen gehärtet, oder wie „Lyoner Seiden", die in Krefeld gewebt, auch wunderbare „Wolfsschäferhunde" aus einer „russischen Steppenwölfin", die ganz harmlos unweit der Schäferhürde vom „Greif" aus der „Diene" oder aus zwei anderen braven Schäferhunden gefallen waren. Denn „Schäferhund", und nun gar bloß „deutscher", klang doch zu gemein, roch nach Heimat und Landwirtschaft, und konnte unmöglich einem „hochverehrten p. t. Publikum offeriert" werden. Das mußte schon ein „Wolfsschäferhund" oder mindestens „Wolfshund" sein, für den konnten dann dreist ein paar hundert Mark mehr gegaunert werden.

Aber es sind leider auch wirkliche Kreuzungen gemacht und Zuchtergebnisse unverständigerweise an Laien abgegeben worden. Die Sünder sind hier zumeist die Tierbudenbesitzer gewesen, die aus ihrem Geschäft eine Tugend zu machen verstanden und ihrem Wolf eine läufischen Hündin zuführten, oder umgekehrt zur heißen Wölfin einen Haushundrüden brachten. Ich sagte eben absichtlich nicht „Schäferhund". Aber, was herauskam, war, weil die Wolfsseite als geschlechtlich stärkere durchschlug, schäferhundähnlich und wurde dann eben als „Wolfsschäferhund" verkauft. Freilich mußte auch in Tierbuden bisweilen gar ein biederer Schäferhund den allezeit gläubigen und leider wenig tierkundigen Besuchern gegenüber die Rolle des wilden Rotkäppchenwürgers spielen. Und spielte sie mit Anstand und aller Wildheit, die solch armes Tier auf anderthalb Geviertmeter Raum aufzubringen vermag; nach der Vorstellung schmiegte er sich dann ganz zahm an Bändiger und Tierbudendiener. Es ist also auch da manches mit Wasser, nicht mit Wolfssuppe gekocht worden!

Um sofort die Überzeugung zu gewinnen, daß für das Äußere unserer Schäferhunde aus der Einkreuzung von Wolfsblut nichts, aber auch gar nichts zu gewinnen ist, brauchen wir nur einen Blick auf das nachstehende Bild zu werfen; es zeigt ein ungleiches Paar, Schäferhund und Wolf, das vor rund 20 Jahren in einem Hamburger Zwinger stand. Wir haben auch weiter oben schon einiges über die äußeren Unterschiede zwischen Wolf und Schäferhund gehört. Und wir wissen schließlich aus den Lehren der Züchtungskunde, daß ein ebenmäßiges, in allen Teilen übereinstimmendes und sich ergänzendes Gebäude, wie es für unseren Schäferhund als Gebrauchshund nötig ist, nur durch Zusammenpaaren im Äußeren und im Blut zueinander passender Zuchtpartner zu erzielen ist. Näheres darüber, namentlich über die hohe Bedeutung der Blutzuführung, und zwar der eines nahverwandten Blutes, wird im III. Abschnitt ausgeführt werden.

Zu Beginn der Durchzüchtung unserer Rasse, also vor 20 bis 25 Jahren, mochte für manchen der damaligen, in Fragen der Naturwissenschaft und der Züchtungskunde wenig erfahrenen Züchter die Trageweise von Ohren und Rute beim Wolf das Einkreuzen solchen Blutes verlockend erscheinen lassen. Zum Glück kamen, wie schon gesagt, nur wenige dazu, diesen Gedanken auszuführen. „Stehohren und Säbel-

rute" galten damals für die meisten als höchstes Ziel der Schäferhund=
zucht; in mindestens einem dieser Punkte sündigten aber tatsächlich zu
jener Zeit recht viele unserer Schäferhunde. Nun hat der Wolf ja wohl
schöne Stehohren; d. h. sie stehen schön, sind aber zumeist nicht schön,
sondern kurz, plump und derb, wie es für einen durch Wald und Busch
streifendes und jagendes Raubtier nötig, um Verletzungen zu ver=
meiden.

Aber auch die Wolfswelpen haben, wie alle Wildhundjunge,
zunächst hängende Ohren. Der Zeitpunkt, zu dem sie sie aufrichten, ist
ebenso verschieden wie bei unseren Schäferhunden. Im Kölner zoo=
logischen Garten sah ich 1904 einen Wolfswurf und einen Wurf des
kleinen amerikanischen Heulwolfs (Coyote). Von diesem stellten schon
alle, gerade fünf Wochen alten Welpen ihre Öhrchen, während von den
um eine Woche älteren Wölfchen erst zwei die Ohren aufgerichtet
hatten, die anderen dagegen sie noch ganz oder halb hängend trugen.
Ähnliches beobachtete ich auch bei Wolfswürfen im Münchener Tier=

Abb. 25.   D e u t s c h e r   S c h ä f e r h u n d (links)   u n d   W o l f (rechts).

garten; der Nischer Jungwolf, von dem ich oben berichtete, hatte, als
ich den vierteljährigen kennen lernte, schon tadellose Stehohren. Von
anderer Seite wird mitgeteilt, daß das Aufrichten der Ohren bei Jung=
wölfen bis zum 4., selbst 6. Monat währen kann. Dagegen erfolgt es
wohl stets, bei Schäferhunden aber zum großen Kummer ihrer Züchter
oder Besitzer manchmal nicht.

Das Fallenlassen der von jeder wilden Art stehend getragenen
Ohren ist eine besondere Folge und ein Merkmal der Hausbarmachung.
Das in sicherer Hut lebende Haustier braucht seine Ohrmuscheln nicht
dauernd zum Selbstschutz nach allen Richtungen hin spielen zu lassen;
die Ohrmuskeln verlieren allmählich ihre Straffheit, lassen das Ohr
erst sich neigen (Bammelohr), dann ganz herabfallen. Dieser Grund

trifft beim Haushunde ja nur in gewissem Grade zu, weil der Huud auch als Haustier andere, den natürlichen nicht ganz fremde Lebens= bedingungen hatte, daher auch auf den Gebrauch seiner Ohren angewiesen blieb. Daß trotzdem bei der ganz überwiegenden Mehrzahl der Haushund= rassen aus dem einstigen Stehohr ein Hängeohr geworden ist, ist daher an erster, oder wenigstens einleitender Stelle darauf zurückzuführen, daß bei länger währender Haltung einer Art als Haustier die Neigung zum Erhalten jugendlicher Merkmale der wilden Art besteht, worauf ich schon oben hingewiesen habe. Die Hängeohren sind aber solch jugend= liches Merkmal des Wildhundes: der Wildwelpe im sicheren Nest braucht das Gehör noch wenig, sein Hauptsinn, die Nase, genügt allein vollauf, leitet ihn sicher zu Mutter und Milch. Das Auge, ohnehin der am wenigsten geschärfte Sinn der Hunde, tritt noch später in Tätigkeit; alle Welpen werden „blind", d. h. mit geschlossener Lidspalte gewelft. Nun ist die Ohrmuschel nach Noack bei Wildwelpen im Verhältnis aber größer als beim ausgewachsenen Tier. Wird dies Verhältnis als weiteres jugend= liches Artmerkmal vom heranwachsenden Haushunde beibehalten, so wird das spätere Stellen der großen und schlappen, oft schweren hängen= den Ohrmuschel, des „Behangs", noch viel schwerer zustande kommen. Noack führt dann noch weiter aus, daß als Folge der durch die Hausbar= machung geringeren Nötigung zum Gebrauch des Gehörs, eine Neigung zur Verkleinerung und Abflachung der Gehörblasen eintritt, in Wechsel= beziehung hierzu aber eine Vergrößerung der Ohrmuschel. Er bemerkt aber, daß die nordischen Hunde und die Schäferhunde ihre ursprünglichen großen Gehörblasen behalten haben, ebenso wie er die Riechmuscheln bei beiden Rassen besonders reich entwickelt gefunden hat. Andere bringen die Hängeohren und ihre Länge in Wechselbeziehung zur Aus= bildung der Lefzen, der schweren hängenden Oberlippen. Bei den meisten Rassen hat schließlich die Zucht das Hängeohr dauernd festgelegt.

gebeſſert; im gereinigten Blut iſt eben das uralte Ahnenerbe, das ſtehende Ohr des Wildhundes, voll wieder durchgeſchlagen.

Zur Rutenverbeſſerung brauchen wir erſt recht kein Wildhundblut einzukreuzen. Gewiß, der freilebende Wolf trägt ſeine buſchige, ſchwer ausſehende Rute dauernd gut, d. h. herabhängend bis wagerecht. Aber an geſangen gehaltenen iſt beobachtet worden, daß auch ſie Rutenfehler erwerben, die bis zu ſteiler Haltung und zum Einringeln führen; genau wie bei müßigen Hunden: als Folge des Wedelns und häufigen Hebens der Rute bei ſeeliſcher Erregung. Im Arbeitenlaſſen unſerer Hunde liegt daher eine beſſere Vorbeuge gegen das Angewöhnen häßlicher Rutenhaltung, nachdem durch vorſichtige Zuchtwahl dieſer, den Gebrauch in keiner Weiſe behindernde Schönheitsfehler ſo ziemlich ausgemerzt. Er war früher bei den Gebrauchshunden in manchen Gegenden Norddeutſch= lands ziemlich häufig zu finden und deutet vielleicht auf frühere Blut= miſchung dieſer Stämme mit zum Ringeln neigenden Torfhundabkömm= lingen — ich erinnere nur an die Spitze — oder mit nordiſchen Hunden, unter denen Ringeln gleichfalls häufiger zu beobachten war. Allgemein wird die den Wildhunden fremde Ringelneigung der Rute bei Haus= hundearten auf Gefügelockerung infolge der Hausbarmachung geſchoben.

Kopf und Bau würden wir bei unſeren Schäferhunden durch Ein= kreuzen von Wolfsblut nur verderben, Kraft und Größe aber wiſſen wir, wo ſie noch fehlen ſollten, durch ſachgemäße Zucht und Haltung zu erzielen. Wozu alſo heute noch Wolfsblut zuführen? Weſen und Eigenſchaften unſerer Hunde würden wir uns dadurch aber gründlich verderben, denn Schäferhundeart und Wolfsart haben heutzutage nichts mehr gemein. Auch die Schärfe würden wir nicht ſteigern, würden im Gegenteil nur ſcheue und daher biſſige Hunde bekommen. Das ſcheue Weſen mancher Hunde iſt, ſofern es nicht durch ſchwere, Nerven und Hirn angreifende Krankheit in der Jugend verurſacht wird, Wildhundweſen: Folge unſachgemäßer Zwingerhaltung eines Haushundes als geſangenes Wildtier.

Unzuverläſſigkeit, Sprunghaftigkeit des Weſens, Scheuheit und Tücke ſind die Grundzüge, die vom Weſen heutiger Wolfsbaſtarde berichtet werden. Brooke, ein engliſcher Liebhaber, der dauernd alle nur erhaltbaren Wildhunde: Wölfe in verſchiedenen Arten, Dingos, Hyänenhunde u. a. m. hielt und beobachtete, ſchrieb mir einſt, daß er lieber mit einem wilden alten Wolf zu tun habe als mit einem Wolfs= baſtard. Nach den verſchiedenen Kreuzungsergebniſſen, darunter auch zweiter und dritter Geſchlechtsfolge, die ich bisher zu beobachten Ge= legenheit hatte, oder über die mir berichtet wurde, kann ich ihm nur beipflichten. An dem Bilde der vor etwa 20 Jahren im Poſenſchen von der Wolfsbank gefallenen Baſtardhündin, die, bis auf den Kopf, im Äußeren in kreuzweiſer Vererbung noch ſo ziemlich nach ihrem Schäfer= hundvater geſchlagen iſt, fällt beſonders die unſchöne Kopfbildung, der unedle, lauernde Ausdruck auf. Und wie ihr Äußeres, war auch ihr Weſen.

Es liegt in den Naturgeſetzen der Vererbung, daß reinraſſige, züchteriſch ausgeglichene Geſchöpfe Kreuzungen überlegen ſind. Kreuzen führt zum Rückſchritt. Darwin zeigt an einer Fülle von Nachweiſen, daß eine Verbindung zwischen unverwandten Rassen oder zwischen Rassen, deren Eigenschaften durch Züchtung in voneinander abweichender Weise entwickelt sind, zu unrettbarer Entartung führt. Er bemerkt dazu: „Kreuzen löscht die auszeichnenden Eigenschaften beider Elternrassen aus. Was es erzeugt, ist der eigentliche Bastard, dessen Charakter Charakterlosigkeit ist.".

Dazu tritt bei solchem Einkreuzen das Überwiegen des auf niedrigerer Stufe stehengebliebenen, stammesgeschichtlich aber älteren, daher geschlechtlich stärkeren Teils. Verlust der Ebenmäßigkeit des Gebäudes, Verschieben von Eigenschaften und Anlagen, die sich nicht mehr das Gleichgewicht halten oder ergänzen, Rückschlagserscheinungen der Form und des Wesens sind die Folge. Das hatte mit rechtem Volksempfinden schon altdeutsches Recht erkannt: das auf dem alten Sachsenspiegel aufgebaute Lehnsrecht des Schwabenspiegels hat über die Nachfolge bei

Abb. 26. Bastard von Schäferhund aus Wölfin.

unebenbürtigen Verbindungen den Spruch „die Kinder folgen der ärgeren (ehelichen) Hand" geprägt. So hart dieser Rechtssatz klingt, seine Rechtfertigung hat er durch die Naturwissenschaft gefunden, die übrigens auch den schärfsten Gegenbeweis gegen die heute angestrebte Gleichmacherei, die Herrschaft der Massen, des Bodensatzes, und gegen das wohl verlockende, aber irreführende, letzten Endes nur der Goldgier dienende und von der Geldmacht weltfremden und verweichlichten Träumern eingeblasene Friedensgesäusel erbringt. Natur und Leben, des Einzelnen, ganzer Arten, ja der Gesamtheit, sind auf Kampf und Auslese gestimmt!

Die, wenigstens bei den weiblichen Nachkommen, zwar oft große körperliche Schönheit, aber allgemeine seelische Minderwertigkeit der Sprößlinge aus Verbindungen ungleichartiger Menschenrassen ist zur Genüge bekannt. Das Eheverbot für Angehörige hochstehender Kultur= völker mit Frauen niedrigerer Rasse ist daher eine durchaus gesunde und zweckmäßige Maßregel. Wie das französische Volk durch die während des Krieges erfolgte Verbindung vieler Französinnen mit „farbigen" Franzosen oder Engländern seelisch und sittlich verkommen wird, wird sich freilich erst in 20 und etlichen Jahren erweisen. Wie aber Vermischung mit einer artfremden Rasse, ja selbst nur geistiges Aufsaugen ihres anders, artfeindlich gerichteten Tuns und Denkens ein körperlich, geistig und sittlich hochstehendes Volk zugrunde richten kann, lehrt die Geschichte immer wieder von neuem, hat sie eben erst uns Deutschen, da wir unter dem unheilvollen Einfluß eines eingesprengten Fremdvolkes arisch stolz und rein zu Fühlen und zu Handeln verlernt hatten, mit schweren Schlägen eingehämmert. Lassen wenigstens wir Tierzüchter uns daraus eine Lehre ziehen!

Nach dieser notwendig gewordenen Abschweifung zu Wölfen und Bastarden zurück zu unserem Bronzehunde und dessen Nachkommen, den Schäferhunden. Wir hatten den Bronzehund als ersten Begleiter des vorgeschichtlichen Hirten gefunden, als „Herdenhund" also schon zur Bronzezeit, hatten dann sein Vorhandensein bis in den Beginn geschichtlicher Zeiten verfolgen können und finden heute den reinen Nachkommen dieser Hunde über den ganzen Erdteil verbreitet und immer im Zusammenhang mit ländlicher Siedlung, mit Hirt und mit Herde. Und doch hat es den Anschein, als sei er lange Zeit, bis vor nahe= zu 300 Jahren, just von der Herdentätigkeit verdrängt gewesen.

Um das verstehen zu können, müssen wir uns klar machen, welche Aufgaben der Hund bei der Herde hat und welche Dienste sein Herr, der Eigner der Herden, von ihm erwartet. Die erste und früheste dieser Aufgaben ist, die ruhende oder beim Weiden zer= streute Herde gegen feindliche Einwirkung von außen zu schützen. Die zweite ist, die Herde zusammenzuhalten, die eigenmächtige Absonderung von Einzeltieren zu verhindern, das namentlich auch auf dem Wege zum Weideplatz, und abgekommene Tiere aufzusuchen und wieder zum Hausen zurückzubringen. Und die dritte schließlich ist, an die Weideplätze angrenzende bestellte Felder vor der Naschhaftig= keit und damit der Verwüstung durch die weidende Herde zu schützen. Diese letzte Aufgabe ist heute die Hauptaufgabe des da= mit zum hütenden und wehrenden Hunde gewordenen Schäferhundes; solcher Dienst des Hundes machte sich aber erst nötig, als infolge ge= steigerten landwirtschaftlichen Betriebes immer größere Bodenflächen angebaut und dadurch die Weidegelegenheit der Herden eingeschränkt wurde. Je weiter die Zeiten zurückliegen, je unsicherer sie waren, je wilder Land und Gegend, um so nötiger wurde dagegen der Schutz der Herden als der wertvollste Habe ihrer Besitzer.

Aus der dreifachen Aufgabe des Hundes bei der Herde ergibt sich ganz von selbst eine Dreiteilung der im Herdendienst verwendeten

Hunde, an der wir noch heute festhalten: Herdenschutz= oder Hirten=
hunde, Treibhunde, Hütehunde. Es ist ohne weiteres klar, daß
der erstgenannte Dienst möglichst schwere und kräftige, der letzgenannte
aber möglichst ausdauernde und flüchtige Hunde verlangt. Als in der
Dorzeit der Mensch sich seßhaft machte, Ackerbau und Diehzucht auf=
nahm, machten Bär, Wolf und Luchs Wald und Flur unsicher; dazu
kamen unfriedfertige, auf fremdes Eigentum lüsterne Nachbarn und
einsam oder in Horden schweifende Raubgesellen. Gegen schweres Raub=
zeug, menschliche Übergriffe erwies sich der doch verhältnismäßig kleine
und schwache Bronzehund als nicht ausreichend. Studer gibt als Maße
für die Schädelgrundlinie beim Bronzehund 16,5—18,9 cm an, erwähnt
sogar einen kleineren Schlag mit nur 15,5 cm Schädellänge, während er
und Strebel für Schäferhundschädel diese Grundlinienlänge auf 19,0
bis 20,5 cm angeben. Bei den in meinem Besitz befindlichen Schäferhund=
schädeln finde ich noch etwas größere Maße, bis zu 21 cm, bei dem eines
halbjährigen Schäferhundes 18,8 cm; dabei handelt es sich nicht etwa
um Schädel von Hunden der heutigen Hochzüchtung mit schon
überstrecktem Fang, sondern um solche guter Gebrauchshunde aus der
Anfangszeit der Liebhaberzucht. Wir müssen uns also den damaligen
Bronzehund als Hund von höchstens etwa 50 cm Rückenhöhe und ent=
sprechend feingliedrig vorstellen, vielleicht unserem heutigen Heideschäfer=
hunde entsprechend. Scharf und schneidig wird die kleine Kratzbürste
schon gewesen sein, aber stärker und widerstandsfähiger mußte er werden,
um schon auch durch seine Masse zu wirken.

Um das zu erreichen, gab es für den damaligen Züchter drei Wege:
Einstellen eines anderen, größeren und kräftigeren Haushundschlages
als Herdenschutzhund; dann Auskreuzen des Bronzehundes mit diesem
Hunde, oder schließlich auch mit einem größeren Wildhunde, also dem
Wolf. Wahrscheinlich sind alle drei Wege eingeschlagen worden und
jedenfalls waren damals alle drei noch die rechten zum Ziel. Dies Ziel
war das, was wir heute als Hirtenhund bezeichnen. Wir benennen
so eine Gruppe zum Poutiatini-Stamm gehörender, in Einzelheiten des
Äußeren vom Leittrieb der stockhaarigen Schäferhunde abweichender,
in den Wesenseigenschaften aber mit diesen übereinstimmender, auch
oft mit ihnen verkreuzter Hunde.

Studer leitet, wie ich schon oben ausführte, die Gruppe der
Hirtenhunde, oder wie sie früher genannt wurden: der Rüden, von der
Stammform des Canis fam. Inostranzewi Anutschin ab. Diese Stamm=
form selbst führt er, wie wir sahen, auf Einkreuzung von Wolfs= in
Poutiatini-Blut zurück. Sie kann aber auch unmittelbar aus dem Wolf
eingezähmt und hausbar gemacht und dann erst mit Haushundblut
verkreuzt worden sein, ebenso wie ihr später auf dem Werdegange zum
Hirtenhunde auch Bronzehundblut zugeführt wurde, wenn die Form
nicht überhaupt — der dritte Weg! — unmittelbar aus Wolfs= und
Bronzehundblut entstanden. Daß die Zufuhr von Wildhundblut zu
jenen Zeiten, da die Haushunde selbst noch halbwild waren, wie heute
z. B. die der nordischen Völker, züchterisch noch richtig und zulässig war,
führte ich oben schon aus. Nach Plinius haben noch die alten Gallier
ihre Haushunde mit Wolfsblut aufgemischt, ähnliches nimmt Nehring

für die Entstehung des Canis fam. decumanus, der altgermanischen Dogge, an.

Da es sich stets um das gleiche und nächstverwandte Wild- und Haushundblut handelte, ist die Frage wann, wo und wie dieses zu jenem gemischt wurde, nebensächlicher Art. Ich sagte oben schon, es werden alle drei Wege begangen worden sein, und das zu verschiedenen Zeiten und an verschiedenen Orten. Denn die große Ähnlichkeit der heute über weite und getrennt voneinander liegende Gebiete verbreiteten Hirtenhunde läßt auf Herkunft aus den gleichen Blutadern schließen. Daß der C. Inostranzewi selbst einst in einzelnen Stücken auf dem alten Handelswege aus dem Osten bis an die Schweizer Seen gekommen, ist oben schon erwähnt — er kann also überall zum „Verbessern" des Bronzehundes gedient haben —, dagegen ist für die Gruppe der Hirtenhunde nicht wie für den Bronzehund aus vorgeschichtlichen nacheinander folgenden Funden Wanderung aus dem Norden über den Osten nach dem Westen nachweisbar. Es wird sich bei ihnen sonach im wesentlichen um jeweilige örtliche Züchtung aus den gleichen Grundformen handeln.

Erdfunde von Resten früherer Hirtenhunde sind leider nicht vorhanden. Was wir aus alten Zeiten von ihnen wissen, beruht auf bildlichen und schriftlichen Überlieferungen der Alten und diese Alten waren, da sich unsere Bildung nun mal auf die sogenannte klassische Kultur stützt, natürlich die Römer und Griechen. Auslandanbeter, wie Michel geworden, nachdem er sich aus der rauhen Germanenhaut geschält, schürft er lieber bei denen, als in eigener Hinterlassenschaft seiner Vorfahren. Und wundert sich doppelt, kann es und will es nicht recht glauben, wenn heute endlich einzelne seiner führenden Geister feststellen, daß just von ihm, aus dem Norden her einst alle Errungenschaften werdender Gesittung und Bildung ihren Weg zu anderen Völkern nahmen, wie es jüngst erst wieder Braungart für die Entwicklung der Landbebauung nachgewiesen hat. Bei solcher Klassikerverehrung ist es nicht erstaunlich, daß auch in der Hundekunde der ziemlich sagenhafte griechische „Molosser" eine Hauptrolle spielen muß, der aus Indien, Tibet und Mesopotamien nach Griechenland und Italien gekommen, nach Aristoteles aus der Kreuzung eines Tigers (!) mit einer Hündin stammen und der Vater der Hirtenhunde sein soll, während er sich bei näherem Zusehen als der bodenständige Hirtenhund seines Gebietes entpuppt. Eine besondere Stütze dieser Vaterschaft des Molossers zu den Hirtenhunden schien ein Fund in den Ausgrabungen des aus dem Anfang der christlichen Zeitrechnung herrührenden römischen Standlagers von Vindonissa (heute der Ort Windisch im Aargau, Schweiz) bieten zu sollen. Dort wurde zunächst eine alte, ersichtlich am Ort gefertigte Tonlampe römischen Musters gefunden, die das eingeprägte Bild eines verbellenden kräftigen Rüden zeigt; eines Rüden von ausgesprochenem Hirtenhundausdruck, sogar die Wolfsklauen sind zu erkennen. Damit schien der „Molosser" auch nördlich der Alpen nachgewiesen und das um so sicherer, als einige Zeit darauf am gleichen Ort auch ein „Molosserschädel" ausgegraben wurde. Nach Angaben Hausers, der die dortigen Ausgrabungen leitete, ist just dieser Schädel aber der eines St. Bernhardshundes

4*

neuzeitlicher Zucht, der von seinem Besitzer, einem Wirt, dort vergraben worden war.

Es ist wirklich nicht nötig, die große Gruppe der Hirtenhunde in den verschiedenen Ländern auf den alten Molosser und über den auf die sogenannte Tibetdogge zurückzuführen. Auch diese ist nichts anderes, als der bodenständige „Hirtenhund" des dortigen Gebietes, wobei man sich nur nicht an die Bezeichnung „Hirtenhund" stoßen darf, die ebensogut durch „schwerer Wachhund" ersetzt werden kann. Das sind die Hirtenhunde nämlich durchweg auch, schwere Wachhunde für Haus und Hof, genau wie für die Herden, ebenso wie die Schäferhunde von jeher und neben ihrem Herdendienst die leichten Hofwächter waren und sind.

Es wäre daher wohl richtiger, weil Mißverständnisse ausschließend, diese beide Hundegruppen nicht so, nicht nach einer, auch nicht überall oder vorwiegend ausgeübten Tätigkeit zu benennen, sondern sie als „Große" und „Mittlere Stammhunde" herauszuheben, denen sich dann noch als „Kleiner Stammhund" der Torfhund zugesellen würde. Stammhunde, weil alle heutigen Haushundrassen unseres Gebietes aus diesen drei Formen hervorgegangen sind: aus der „kleinen" die spitz- und pinscherartigen, aus der „mittleren" die heutigen Schäfer- und die Jagdhunde, aus der „großen" aber die sogenannten Hirtenhund- und die anderen großen Formen einschließlich der nordischen Hunde und der Leineri-Abkömmlinge. Die anderen Bezeichnungen haben sich aber so eingelebt, daß sie vorläufig auch hier beibehalten werden müssen. Nur daran müssen wir festhalten, daß auf diese Tätigkeitsbezeichnungen niemals Rassenunterschiede aufgebaut werden dürfen. Schon deshalb nicht, weil, wie wir sehen werden, ein und derselbe Hund hier Schutz-, also Hirten-, dort Treib-, da aber Hütehunddienste versehen kann.

Von den Tibetdoggen wissen wir im Allgemeinen leider noch recht wenig. Von diesen Hunden stand vor etwa 10 Jahren eine größere Gruppe im Berliner zoologischen Garten. Sie glichen in Größe, Haar, Farbe und Ausdruck, kurz in allen Äußerlichkeiten, durchaus den Kreuzungen aus stockhaarigen und sogenannten altdeutschen, d. h. zotthaarigen Schäferhunden, wie man sie vor 20, 30 Jahren noch in großer Zahl bei den Herden Württembergs und Schwabens sehen konnte. Erst der später von Leutnant Filchner von seiner Tibetreise mitgebrachte Tibetrüde zeigt eine wohl auf Durchzüchtung auf engerem Gebiet zurückzuführende Verschärfung des allgemeinen Rassebildes. Vielleicht handelte es sich bei den ersterwähnten um den allgemeinen Landschlag, aus dem ein besonderer Edelstamm erzüchtet wurde, und möglicherweise stehen sie zu den anderen Landhunden, den Parias, in ähnlichem Verhältnis wie die Hirten- zu den Schäferhunden. Ich möchte hierzu auf die beiden Bilder dieser Hunde verweisen, die S. 19 wiedergegeben sind. Der Liebenswürdigkeit von Frau Kloevekorn, Hannover, verdanke ich dann noch das Bild eines mongolischen Hirtenhundes aus den nordchinesischen Randgebirgen, der äußerlich durchaus in den Hirtenhundrahmen paßt und ersichtlich auch zu den Tibethunden Beziehungen hat. Aus Bildern kann man freilich nur recht bedingt schließen, das der Tibetdogge und des Chinesen bringt aber recht gut zum Ausdruck, was ich

oben über den Landſchlag dieſer Hunde und unſere früheren Württem=
berger Herdenhunde ſagte; ich bitte, dazu auch das weiter unten folgende
Bild eines Jſtrianer Schäferhundes zu vergleichen. Der Paria dagegen
zeigt im Bau und Ausdruck viel Ähnlichkeit zu noch nicht durchgezüchteten
ſtockhaarigen Schäferhunden. Studer rechnet übrigens Tibethunde und
Parias zu den ſüdlichen Haushundarten, die er von einem dingoähn=
lichen Wildahn ableitet. Aber dingoähnlich war auch die kleine Wolfsart,
auf die Studer den C. Poutiatini und damit die meiſten der nödlichen
Haushunde zurückführt. Dielleicht kommen wir doch zu einer ein=
heitlichen Stammform eines dingoähnlichen Kleinwolfs für
alle Haushunde der alten Welt mit Ausnahme des Torfhundſtammes.
Nachdem der Torfhund ſich an verſchiedenen Orten aus dem Canis
fam. Mikii eingezähmt hatte und dann hausbar gemacht worden war,

Abb. 27. Mongoliſcher Hirtenhund aus den Randgebirgen Nordchinas.

wiederholte ſich der gleiche Dorgang in gleicher Weiſe, gleichfalls an
verſchiedenen Orten, um nicht zu ſagen: überall, wo für die Hausbar=
machung des Hundes reiſe Urmenſchenſtämme ſaßen, und zu verſchie=
denen Zeiten an dieſem dingoähnlichen Kleinwolf. Damit wurde die
allgemeine Stammform des C. Poutiatini, oder eines dieſem ſtark
gleichenden eingezähmten Hundes, geſchaffen und aus ihr durch ſpätere
Einkreuzung von Wolfs= oder ähnlichem Wildhundblut, auch von Torf=
hundblut, oder ſchließlich in Reinzucht (Schäferhunde!) die anderen
Elternraſſen der heutigen Haushunde.
    Leider iſt das, was ich in Dorſtehendem über Hirten= und Schäfer=
hunde vorgetragen habe, über ihren engen Zuſammenhang trotz ge=

trennter Herkunft, bisher nur Annahme. Der endgültige Beweis, den nur Schädeluntersuchungen und -vergleiche erbringen könnten, fehlt noch. Weder Studer noch Strebel hatten, mit Ausnahme eines nicht mehr vollständigen Komondorschädels, bisher Hirtenhundschädel zur Untersuchung, auch in anderen Quellen kann ich nichts darüber finden und der schöne Molosserschädel von Dindonissa zerflatterte, wie wir eben sahen, in Nichts. Alle Versuche, die ich bisher machte, um für Studer Schädel von Hirtenhunden aus deren hauptsächlichsten Verbreitungsgebieten (Rußland, Ungarn, Balkanländer) zu erhalten, hatten keinen Erfolg. Dagegen fand Studer am Schädel eines Schäferhundes Württemberger Herkunft in auffallender Weise die Kennzeichen eines Wolfsbastardschädels; das wäre eine gewisse Bestätigung meiner Annahme, denn im württemberger Gebrauchsblut fließt noch viel „altdeutsches", also Hirtenhundblut.

Im wesentlichen stützt sich meine Annahme also auf die Beobachtungen, die ich während des Weltkrieges in etwas weltabgeschiedenen Gegenden, in Ungarn und am Balkan, über Hirten- und Schäferhunde und ihre Übergangsformen, ihr Äußeres und Wesen und ihre Verwendung machen konnte, und auf das, was mir darüber aus ähnlichen Gegenden, der Ukraine, Rumänien, selbst Griechenland und Kleinasien berichtet wurde. Ich glaube aber, daß ich, mich darauf stützend, nicht auf falschem Wege bin, denn in jenen vom Verkehr und den überschraubten Lebensbedingungen des Westens noch wenig berührten Gegenden spielt sich auch das Hundeleben noch in recht einfach-natürlichen und altertümlichen Verhältnissen ab.

Im Äußeren, in Bau und Ausdruck, ähneln sich die großen Hirtenhundformen der verschiedenen Gebiete ungemein, genau so wie die verschiedenen örtlichen Schäferhundschläge; und zwischen beiden gibt es wieder zahlreiche Übergangsformen, Ergebnisse einer früher erfolgten und immer noch stattfindenden Auskreuzung. Auf Verschiedenheiten der Behaarung, der Farbe, der Ohren- oder gar der Rutenhaltung lassen sich Rassenunterschiede in keiner Weise aufbauen. Haarverschiedenheiten: Stock-, Rauh- und Zotthaar, können sich innerhalb aller Rassen bilden oder heranzüchten lassen. Gleiches gilt bezüglich der Farbe und der Rutenhaltung, selbst des angewelften Mutzschwanzes. Ganz oder halb hängende Ohren aber sind ein Zeichen der Hausbarmachung, das nötige darüber habe ich weiter oben ausgeführt. Bei den Hirtenhunden, die die Ohren meist hängend tragen—doch gibt es selbst innerhalb des gleichen örtlichen Schlages auch solche mit Stehohren, ebenso werden oft hängende Ohren zu kleinen Stehohren verschnitten — erklärt sich diese Trageweise der Ohren aus der vermuteten Einkreuzung von Wolfsblut mit den dabei oben erwähnten Folgen, oder aus zielbewußter Züchtung für den Kampfgebrauch.

Aber auch in der Eigenart des Wesens findet sich die gleiche Ähnlichkeit bei Hirten- und bei Schäferhunden und bei den Übergangsformen. Wenn uns diese und die reinen Hirtenhunde häufig „wilder", angriffslustiger als unsere Schäferhunde geschildert werden, so liegt das allein an örtlichen Verhältnissen, an Haltung und Umgebung. Wir dürfen das Wesen dieser auf einsamem Hof, im abgelegenen Dorf aufgewachsenen

54

und gehaltenen Hunde, die auch im Herdendienst kaum mit anderen als ihren Hirten in Berührung kommen, nicht mit dem schon von der „Kultur beleckten" und einigermaßen glattgebügelten unserer Hunde in Lieb= haberhand vergleichen; wer bei uns echtes Schäferhundwesen kennen lernen will, muß es draußen am Schäferkarren aufsuchen.

Diese Gleichart des Wesens und der Ausdrucksweise fand ich bei den Hirten= genau wie bei den Schäferhunden an der Westfront in Belgien und Nordfrankreich ebenso wie in Ungarn, in Serbien und Bul= garien bis zur äußersten Mazedonienfront. Sie ist die urtümlich „hund= liche" —nicht hündische! —Art des zu Sippe, Haus und Hof gehörenden Landhundes, der für gewährten „Familienanschluß" sich nützlich macht durch unermüdliche, aufmerkende Wächtertätigkeit, durch rechtzeitiges Warnen vor Fremden und Gefahr, im Bedarfsfall auch durch seine Zähne und unter Aufopferung des eigenen Lebens in Treue zum Herrn und des Herrn Eigentum. Hofwächters Art und Wesen ist es, dem seines Herrn Haus, Hofbezirk und Habe, Kinder und Angehörige zum erweiterten „Nestbegriff" geworden, den er schützt, für den er eintritt wie der Wildhund für das Erdloch mit seiner Brut. Im eigenen Hof, auch im Dorfbezirk, ist seine Heimat, sein Reich, in dem er jedem Eindring= ling kühn die Zähne zeigt. Draußen, „in der Fremde", ändert sich das etwas; auf diese haben auch andere ein Anrecht, andere, die kräftiger, böser sein können als er, wie er aus manch übler Erfahrung gelernt. Deshalb wird ihm da, wenn er allein, Vorsicht der Tapferkeit besserer Teil, mißtrauisch sucht er dann unbekanntem gegenüber Deckung, wenn nicht Hunger oder Liebe ihn blind gegenüber Gefahr machen. Anders freilich wieder, wenn er seinen Herrn begleitet, oder einen Teil von dessen Habe; dann hat er auch außerhalb des Hofbezirkes das Stück Heimat, für das er eintritt mit all seinen Wächter= und Schützereigen= schaften.

Für den schweren Wach= und Schutzhund der Siedlungen und Herden, den Hirtenhund, reichten und reichen diese Ureigenschaften des hausbar gemachten Hundes vollkommen aus. Wie sich allmählich aus ihnen im Übergang über den Treiberhund der Herden die Eigenschaften unserer heutigen hütenden und wehrenden Schäferhunde entwickelten, werde ich später ausführen.

Der Hirtenhund war nur Schutzhund gegen zwei= und vierbeiniges Raubzeug. Weide gab es in früheren Zeiten genug und übergenug; Waldblößen boten gute Gelegenheit und die Waldgrenze, Ödland stand in weiten Flächen zur Verfügung; die Nähe bebauter Felder aufzu= suchen, war sonach nicht nötig. Auch werden die Herden in älterer Zeit, wie jetzt noch in „wilderen" Gegenden, soweit angängig, gewiß meist im bergigen, wiesenreichen Gelände gehalten, oder wenigstens geweidet worden sein, während das fruchtbare Land der Niederungen der schon früh einsetzenden Ackerbestellung vorbehalten blieb. Während des Weide= ganges und beim Treiben hielt der Hirt mit seinen Knechten die Herde zusammen, wie es noch heute in Ungarn und auf dem Balkan oder in Spanien zu sehen ist, wo die Schafhirten johlend und peitschenknallend die Schafe leiten. Die Hunde aber wurden von den Hirten am Strick geführt und nur gelöst, wenn Gefahr vorlag. Ruhte die Herde, wurden

die Hunde wohl auf Fellstücken im Kreise um den Pferch — schon das
Alte Testament spricht von steinernen Pferchen für lagernde Herden —
gelagert, wie es ähnlich noch heute im Osten und Süden Rußlands
geschieht.

Diese Herdenwächter werden in alten Berichten nahezu übereinstimmend geschildert, wobei freilich zu berücksichtigen ist, daß von
den alten Schreibern jeder peinlich auf das Wissen des Vorgängers
zurückgriff und meist glatt von ihm abschrieb. Das hundefeindliche
Judentum berichtete im Alten Testament nichts von Hirtenhunden,
der erste „kynologische Schriftsteller", der Grieche Xenophon, aber
schrieb rund 400 Jahre v. Chr. im „Cynegeticus" nur über Jagdhunde,
über die übrigens auffallend sachkundig. Eigenartig ist, daß er altgriechi-
sche Jagd und die Verwendung der Hunde dazu in ähnlicher Weise
schildert, wie ich es oben nach Siber über die Dienste des Batta-Spitzes
getan. So ist der alte Römer Columella, ein geborener Spanier,
wohl der erste, der um 60 n. Chr. in seinem Buch „De re rustica", einer
umfassenden Abhandlung über die gesamte Landwirtschaft, auch vom
Hirtenhunde schreibt. Er verlangt den Hirtenhund so stark, daß er den
Wolf bekämpfen, und so flüchtig, daß er ihm folgen und ihm die Beute
wieder abjagen könne; von Farbe soll er möglichst weiß sein, damit er
jederzeit, namentlich aber nachts vom in den Pferch einbrechenden
Wolfe gut unterscheidbar sei. Umgekehrt wünscht Columella den
Hofwächter der Landhäuser möglichst schwarz, weil ein Dieb vor schwarzen
Hunden mehr Angst habe. Beide Hunde beschreibt er als sehr groß,
wolfartig, mit kräftigen Knochen und lauter Stimme. Darin, daß er
für den Hofdienst schwerere, für den Herdendienst flüchtigere Hunde
wählt, könnte man eine Andeutung dafür finden, daß neben der Form
des schweren Schutzhundes schon eine leichtere, mit Bronzehundsblut
verkreuzte vorhanden gewesen ist

Auch unsere Vorfahren verlangten vom Hirtenhunde Kampf
gegen Raubzeug. Im siebenten nachchristlichen Jahrhundert setzten
altbayerisches und alemannisches Volksrecht hohe Geldstrafe an für die
Tötung eines Hirtenhundes (Canis pastoralis), „der den Wolf beißt,
ihm geraubtes Kleinvieh wieder entreißt und auf erhobenes Hilfe-
geschrei von weither herbeieilt". Ähnlich wie Columella beschreibt
dann Gaston Phoebus, Graf von Foix, gegen Ende des 14. Jahrhunderts den „Mâtin", den altfranzösischen Hirtenhund. Columella
gleichfalls stark nachempfunden ist die Schilderung, die der Ende des
13. Jahrhunderts lebende italienische Landwirtschaftslehrer Petrus de
Crescentiis in seinem erstmalig in deutscher Übersetzung 1494 zu Straßburg i. Elf. erschienenen Buch „New Feldt- und Ackerbaw" gibt. Aus
dem im Germanischen Museum zu Nürnberg liegenden Buch gebe ich
nachstehend wieder, was der Verfasser im „siebenten Kapitel", das
„Von den Hunden" handelt, gesagt hat:

Spürhunde. Ein Schäffer / dem wir in diesem unserm Bawern
Regiment oder Meyerey die Geisszucht befohlen haben / solle auch
mit Hunden umbgehen / unnd ihr pflegen. Denn die tägliche Notturfft
erfordert / dass man zum ersten gute Spürhunde / den Wölffen nachzu-

jagen / vnd sie zu fahen habe. Mit den Bracken vnnd Berbeten *) kan
man allerley Gewildes / so vielleicht in dem Felde auffstosset / vnd zu
dem Wasser eilet / vnd aussschwimmen will / nachjagen vnd nachsetzen.
Mit den grossen starken Rüden / kan man die gantze Hoffstatt verwahren / vnd verhüten. Solcher Rüden aber soll man allwegen auff das
wenigst einen oder zween halten vnd auffziehen / Sie dess Tags einsperren / vnd in dem Hofe / nahe dem Thor auff der lincken seiten / wenn
man hinein gehen will / anlegen / damit sie mit ihrem bellen die Ein-
wohner anmahnen / so jemands frömbdes in den Hof auss vnd eingehen
will,' darnach auch die bösen Buben vnd Diebe erschrecken vnd vnder die-
jenige / welche von dem Felde kommen sein / gehen lassen. Dess Nachts
soll man sie ablassen / damit sie also im Hofe umblauffen / vnd das gantze
Hauss verwahren / den Dieben vnd frömbden wilden Thieren welche dess
Nachts dem Raub nachstellen / vnd einbrechen wöllen / wehren / vnd die-
selben verjagen mögen.

Derhalben solle der Schäffer gute sorge zu den Hunden haben / jnen
fleissig warten vnd pflegen / sie sauber halten / jhnen ausfegen / sie zä-
men / vnd zu gebührlichen dingen bendig machen / vnd abrichten / jhre
Halssband fleissig auffheben / vnd sie in hitzigen Hundstagen baden /
damit sie vielleicht nicht wütend werden. Jtem / sie in weiche vnd sanffte
Hundsneste / von Sprewern gemacht / wenn sie sich abgearbeitet haben /
legen / bissweilen nichts zu essen geben / sondern ausshüngern / damit
sie also auffs Wild desto begiriger vnd geschwinder werden / Sie auch
gewehnen auff der Büchsen oder Armbrostschuss / still zu warten / vnd
desto fleissiger wo das geschlossen Geflügel zu finden / auffzumercken.

Dreyerley Hund eines Meyers. Will derhalben / dass ein jeder
Haussvater / dreyerley geschlachte Hunde stäts haben solle in seinem
Hausse. Eines / so man die Wachthunde / oder die Wächter nennet /
diese sollen den Hof verwahren / damit er vor den Dieben oder
andern auffsetzigen Leuten verhüttet werde. Das ander Geschlecht
ist / welche man die Hürtenhunde nennet / die widerstehen allem Gewalt
vnd Schaden / so zugleich von den bösen Leuthen / vnd auch den wilden
Thieren beschehen möchten. Die dritte art seind Jagdhunde / die seind
zu keiner Arbeit nütz / sondern hindern vielmehr / vnd machen die
andern faul vnd vnlüstig.

Allhie wöllen wir allein auff diss mal von den ersten zweyen / als
nemlich / von den Haussbunden / vnd von den grossen Schäfferrüden /
handeln vnd reden. Das dritte geschlecht aber / die Jagdhunde / nemblich /
in das sechste Buch sparen vnd beruhen lassen: Dann an demselbigen
Ort / werden wir auff das kürzest von dem Jagen schreiben.

Gestalt dess Haussbunds. Die Hunde / welche den Bawernhof
verhüten / sollen mächtigs vnd vierschrötigs Leibs / ehe kurtz denn zu
lang sein / Ein solchen grossen vnnd dicken Kopff haben / der viel grösser
scheine / denn sonst sein gantzer Leib / Dessgleichen einen grossen vnd

---

*) Zwei Jagdhundarten, von denen freilich der Barbet ein mit Jagdhund=
blut vermischter, für die Wasserarbeit bestimmter Abkömmling der alten zott=
haarigen Schafrüden war   Der Verfasser.

weiten Rachen oder Schlund/Grosse Waffel*) einen kurtzen dicken Halss/
grosse behendkte zottechte Ohren/schwartze vnnd liechte fewrig Autzen/
breite vnd zottechte Brust/breite vnd starke vorderläuff/dicke zottechte
Füss/einen kurtzen vnd dicken Schwantz/(denn solches ist ein Zeichen/
grosser vnd mächtiger stercke/wie hergegen ein langer vnd rahner/oder
dünner Schwantz/geschwinder schnelligkeit) grosse Tappen/vnnd krum-
me Nägel/Ein helle vnd starcke Stimm/vnd ein mittelmässiges scheutz-
lichs bellen haben/Denn lieblichs Hundsgeschrey liebkoset den Dieben
vnd Räubern/Vberauss scheutzlich aber schrecket die Einheimischen vnd
das Hausgesinde. Für allen Dingen aber/sollen sie gewarsam vnd munter sein/nicht hin vnd her umbschweiffen/sondern still vnd heimlich
sein/nicht zu schnell noch zu gähe: Darneben gantz schwartz sein/da-
mit sie also den Dieben am Tage desto erschröcklicher vnnd scheutzlicher
scheinen/dess nachts aber vom jhnen nicht gesehen mag werden.

Gestalt dess Feldrüdens. Der Schaffhund soll nicht so dicke vnd
schwer sein/als der Haussbund/aber doch gleiche stärcke haben/muthig
vnd schnell sein: Denn er muss nicht allein kämpffen vnd streiten/son-
dern auch lauffen/vnd dem Wolff nachjägen/vnd jhm den Raub/welchen
er entragen wolte/widerumb abjagen/vnd auss dem Rachen reissen.
Darumb ist es allwegen viel besser/dass ein solcher Schaffhund lang von
Leibe/denn kurtz oder vierschrötig seye: Dieweil alle langleibige Thier
viel läuffiger vnd schneller seind/denn welche kurtz vnd vierschrötigs
Leibs seind. Solcher Schaffhunde soll auch an der farbe gantz weiss sein/
damit jhn der Schaffhirt one Mühe oder arbeit von dem Wolff des nachts
vnd gegen Morgen/wenn es noch dunckel vnnd finster ist möge erkennen. Der Schaffhund wirt für geachtet/wenn er mit den andern Gliedern/
dem Haushund gleich sihet."

Woraus wohl deutlich zu entnehmen ist, daß beide Hunde, Haus=
huud und Schafhund oder Feldrüde, eines Schlages sind. Als H$_{aus}$=
wächter wurden die breiteren, gedrungeneren und schwerfälligeren
genommen, zur Herdenbewachung die gestreckteren und, dank ihrer
besseren Stellung, behenderen.

Auch der bekannte Courad v. Gesner, ein Naturwissenschaftler
aus der ersten Hälfte des 16. Jahrhunderts, schreibt ähnliches vom
„Vieh= und Schafhundt". Und in der 1616 herausgegebenen Neuauflage
von Johann Colers Ende des 16. Jahrhunderts erschienener „Oeconomia ruralis et domestica" steht folgendes: „Man bringt auch aus
der Insel Thüle (d. i. Island, d. V.) und aus Norwegen große böse
Hunde, die am ganzen Leibe und am Schwanz eitel (nur) große Zotten
oder Locken haben, die sonderlich geschwind laufen; welcherlei Art
auch die Schäfer im Vogtlande haben. Ein Schäfer hat oft 14 oder 15,
fressen ein ganzes Pferd auf einmal auf." Von den großen norwegischen
Hunden, die durch die Hansakaufleute aber aus England eingeführt
sein sollen, erwähnt Coler dann noch, daß sie von den Kaufleuten zum
Bewachen der Warenballen unter freiem Himmel verwendet würden
und lobt ihre besonderen Dienste sehr. Selbst was Hohberg noch 1701

---

*) Gleich Lefzen oder Oberlippe.   Der Verfasser.

in seinen „Georgica curiosa" über den Schäferhund schreibt, trifft im wesentlichen nur den Schutzdienst des Hirtenhundes.

Abb. 28. Der „Mâtin" oder Schafrüde nach Gaston Phoebus.

Abb. 29. Die Schäfergruppe am Dom zu Magdeburg.
(Etwa aus dem 14. Jahrhundert stammend.)

Gaston Phoebus gibt in seinem Buch auch ein Bild des stachel=
halsbandbewehrten „Mâtin", während die Schäferhundgruppe am
Magdeburger Dom das Aussehen deutscher Schafrüden erkennen läßt.
Sie schildert eine mit der Entstehung des Doms zusammenhängende
Sage und stammt aus der Zeit zwischen 1208, dem Jahr des Baubeginns,
und 1363, dem Jahr der Domweihe. Beide Darstellungen zeigen den
gleichen Hund; zum oben Gesagten paßt auch, daß die Magdeburger
Hunde als während der Arbeit am langen Strick geführt abgebildet sind.

Abb. 30. Schäferei von Wölfen überfallen.
Aus Petrus de Crescentiis: „New Feldt= und Ackerbaw", Straßburg 1494.
(Germanisches Museum zu Nürnberg.)

Ähnliche Herdenwächter zeigt ein Stich in Petrus de Crescentiis
oben schon erwähnten „New Feldt= und Ackerbaw". Das Bild stellt
eine von Wölfen überfallene Schäferei dar. Im Dordergrunde sitzen
heulend drei auf Fraß wartende Jungwölfe; der Pferch nimmt die
Mitte des Bildes ein, dort reißen einige Wölfe herausgesprengte Schafe.

60

Im Hintergrunde steht der Schäferkarren, der sich in dieser ursprüng=
lichen Form durch Jahrhunderte bis heute erhalten hat. Einer der
Schaffknechte ist, vor den Raubtieren Schutz suchend, auf einen Baum
geklettert, ein anderer flüchtet, Kleidung und Wehr dem Wolf preis=
gebend, zur nahen Meierei. Nur der Hund schützt die ihm anvertraute
Herde. Er, an den hängenden Ohren und dem breiten Halsbande deut=
lich erkennbar, verfolgt einen der Wölfe, der vor dem scharfen Wächter
das Weite sucht.

Den Hund selbst, den altdeutschen Schafrüden, zeigt uns ein
trefflicher, im Jahre 1656 gemachter Stich von Johannes von der
Hecke. Der Hund auf dem Bilde ist freilich geschoren — Herdendienst

Abb. 31. Altdeutscher Schafrüde.
Nach einem Stich von Johannes von der Hecke aus dem Jahre 1656.
(Germanisches Museum zu Nürnberg.)

zur Sommerzeit! —, die zottige Behaarung aber doch in der Zeichnung
unverkennbar angedeutet und am Behang gut sichtbar.

Ich erwähnte oben schon, daß die schweren Wachhunde, die wir
heute unter dem Namen Hirtenhunde zusammenfassen, in alter Zeit
Rüden genannt wurden. Ob das Wort Rüde, wie Löns möchte,
über das niederdeutsche Rühe von rauh abgeleitet werden kann —wonach
der Rüde dann soviel wie der Rauhe bedeuten würde —; vermag ich
nicht zu beurteilen. Die so abgeleitete Bezeichnung wäre ja sehr treffend,
denn die Rüdenformen sind fast durchweg rauh behaart. Der Ausdruck
Rüde findet sich zum erstenmal schriftlich niedergelegt im Schwaben=
spiegel 1281. Hadamars Jagdgedicht, ebenfalls aus dem 13. Jahr=

hundert, nennt „Rüden to dem Swiene" im Gegensatz zu den Schaf=
rüden. So wurden die bei den Schafherden gehenden Schutzhunde
genannt, auch Schafhund, Feld= oder Viehhund und Schafpudel, niemals
aber Schäferhund. Diese Bezeichnung kam erst später für den hütenden
und wehrenden Hund auf, als sich der Hirt zum Schäfer entwickelte. Einzelne
dieser Namen hielten sich noch bis heute, so der Schafhund allgemein im
altertümliche Sprechweise länger bewahrenden Süden, der Schafpudel,
auch Schafbuddel, in einzelnen Gebieten Norddeutschlands für die zott=
haarigen „Altdeutschen", von denen wir später hören werden. Die romani=
sche Bezeichnung für diese Hunde war „Mastino" in Italien, „Mastin"
in Spanien und „Mâtin" in Frankreich, wo sie auch jetzt noch für schwere
Wachhunde so üblich ist.

Die eben erwähnten „Rüden to dem Swiene" wurden zur Jagd
auf Schwarzwild gebraucht, doch mußten auch die auf Wolf und anderes
Raubzeug äußerst scharfen Schafrüden, die nebenbei meist geringen Geld=
oder Zuchtwert hatten, bei Sauhatzen und anderen Hetzjagden mitwirken.
So bestimmte z. B. Landgraf Philipp von Hessen im 16. Jahrhundert,
daß jeder seiner die Schäferei betreibenden Untertanen einen starken, zur
Sauhatz geeigneten Rüden halten mußte; unterließ er es, war ihm die
Schäferei zu legen. Da der Hirtenhunde Hauptaufgabe von Anbeginn
Schutz gegen Raubzeug war, entwickelte sich daraus von selbst — Angriff
ist stets die beste Verteidigung! —, daß sie auch zum Aufsuchen und Ver=
nichten des Raubzeuges in seinen Schlupfwinkeln herangezogen, also
zur groben Jagd verwendet wurden.

Ich lasse nachstehend eine Reihe von Abbildungen folgen, die die
Verwendung von Schafrüden bei der Hetzjagd auf grobes Wild erkennen

Abb. 32. Wildschweinsjagd
(Mit Genehmigung des Bibliographischen Instituts, Leipzig.)
aus Petrus de Crescentiis „New Feldt= und Ackerbaw", Frankfurt a. M. 1563.

62

Abb. 33. "Hetzjagd von . H. Tischbein. (Nach einem Stich des Germanischen Museums zu Nürnberg.)

laffen. Zunächſt die Darſtellung einer Wildſchweinsjagd, aus einer um rund 100 Jahre ſpäter zu Frankfurt erſchienenen Neuauflage des oben ſchon erwähnten Buches von Petrus de Crescentiis. Kopfſchnitt, Körper= bau, Ohren= und Rutenhaltung der den Eber ſtellenden und hetzenden

Abb. 8 Wolfsjagd in Mittelfrankreich im 17. Jahrh. (Nach einem Gemälde von Oudry, im Louvre zu Paris.)

Hunde geben den Schafrüden gut erkennbar wieder. Das ergibt beſonders auch ein Vergleich mit anderen Jagdbildern des genannten Werks, die in ſehr deutlich unterſcheidender Weiſe Doggen (Hatzrüden!), Windhunde und Braten darſtellen.

64

Dann nach einem Stich von Johann Heinrich Tischbein, einem geborenen Sachsen, der von 1742—1808 lebte, die Wiedergabe einer Hetzjagd, anscheinend auf einen jungen, der Bemähnung des ausgewachsenen noch entbehrenden Wisentstier. Der Schauplatz der Darstellung darf wohl nach Polen verlegt werden, fiel doch des Malers Jugend noch in die Zeit der Verbindung Sachsens mit Polen. Die hetzenden Hunde sind unver= kennbar starke Schafrüden von harter Behaarung. Diesen Schafrüden die Ruten zu stutzen, war häufig Vorschrift gestrenger Jagdherren, denen Kette oder Knüttelung nicht genügte.

Das letzte Bild schließlich führt uns nach Mittelfrankreich und zeigt uns eine Wolfsjagd. Das Gemälde stammt von Oudry, einem französi= schen Maler des 17. Jahrhunderts, und hängt im Louvre zu Paris. Der den Wolf von hinten packende Hund entspricht den Württemberger Hatz= rüden alter Bilder, ist also eine kurzbehaarte Dogge; der Künstler hat ihm gelbe Farbe gegeben. Die anderen Hunde sind weiß; die Rasse des den Wolf an der Kehle würgenden ist schwer anzusprechen. Die von beiden Seiten angreifenden beiden Zotthaarigen dagegen geben den ehemals durch ganz Europa zu findenden Hirtenhund ausgezeichnet wieder.

Solch wehrhaften großen Wächtern, wie vorstehend geschildert, be= gegnen wir heutzutage bei unseren Schafherden nicht mehr, auch nicht in den westwärts gelegenen Ländern. Nur in einzelnen Gebieten, meist an den Rändern, aber auch inselartig eingesprengt, finden wir hier ihnen im Äußeren durchaus ähnliche, nur in der Form kleiner gewordene Hunde in den sogenannten altdeutschen, altfranzösischen und altenglischen, d. h. zotthaarigen Schäferhunden, die ich weiter unten noch näher besprechen werde.

Die schweren Hirtenhunde sind heute nur mehr im Osten, im Süden und in den Bergen zu finden und stehen auch dort, abgesehen von Rußland, meist nicht mehr als Schutzhunde im Herdendienst, sondern dienen nur als äußerst zuverlässige Wächter der Höfe und ländlichen Einzelsiedlungen. Neben diesen eigentlichen „Hirtenhunden" die meist zott=, bisweilen aber auch stockhaarig sind, finden wir dort aber überall auch unseren stockhaarigen „Schäferhund", also den reinen Bronzehundnachkommen, und zwar ebenfalls als Hofwächter, aber auch bei den Herden, bei Groß= vieh und Schafen; jedoch, soweit ich feststellen konnte, noch nicht als hüten= den Hund, sondern lediglich als leichten Wächter und Gehilfen beim Treiben. Da selbstverständlich allerorten zwischen den beiden bodenständigen Land= hunden, den „Hirten"= und den „Schäferhunden", Kreuzungen stattgefunden haben, wie sie auch noch heute stattfinden, so hat sich noch eine Reihe in den Ausmaßen etwa zwischen beiden Rassen, im Äußeren mal mehr nach der einen, mal mehr nach der anderen Seite schlagender Übergangsformen gebildet, die wir am zutreffendsten als „Treibhunde" bezeichnen, weil sie wohl just diesem Dienst ihre Entstehung verdanken, heute jedenfalls vorzugsweise in ihm verwendet werden.

Die Entwicklung des Treibhundes dürfen wir uns wohl so vor= stellen, daß allmählich bei den Hirten der Wunsch entstand, für das Zu= sammenhalten der Herden auf dem Wege zu den Weideplätzen, also beim Treiben, und auf den Weideplätzen selbst die eigenen Beine zu entlasten und zu diesem Dienst die bei der Herde mitlaufenden Hunde heranzuziehen.

Dazu gaben sicher die Hunde selbst die erste Anregung. Da die großen Schutz= hunde zu dieser Arbeit reichlich schwer, vor allem aber durch ihre Schärfe und Beißkraft für das Dieh, namentlich für Kleinvieh, zu gefährlich waren, wurde dazu wohl auf die kleineren und flüchtigeren Hunde des anderen Landschlages, also auf die „Schäferhunde", oder auf die schon vorhandenen, etwas kraftvolleren Kreuzungsergebnisse zwischen beiden zurückgegriffen. Im ganzen also ein ähnlicher Dorgang aus ähnlichem Grunde wie er später zur Ausbildung der reinen, hütenden und wehrenden Schäferhunde führte; oder zutreffender gesagt: ein Dorläufer dazu.

Der im Haushunde von altersher liegende Trieb zum Umkreisen bildete die Unterlage zu dem nunmehr sich entwickelnden Trieb zum Treiben der Herden, der heute als „Wandel" bei unseren hütenden Schäferhunden, aber auch bei einzelnen der bevorzugt nur zum Treiben von Diehherden

Abb. 35. Russische Hirtenhunde, Aftscharki.

verwendeten Übergangsformen zu hoher Blüte gelangt ist. Dies Umkreisen ist fest in der Hundeseele eingewurzelt. Zu Zeiten besonderer Ausgelassen= heit können wir jüngere Hunde als Zeichen höchsten Lustgefühls oft wie toll im Kreise herumsahren sehen. Kindliches Spiel bei Mensch und Tier ist aber nicht bloß ein Dorausnehmen ernster Lebensbetätigung späteren Alters, sondern gleichsam eine geistige Wiederholung der Stammesgeschichte in der Entwicklung des Einzelwesens. Geistige Regsamkeit, die Folge scharfer Sinne und demzufolge der Empfänglichkeit für Sinneseindrücke, läßt dann beim älteren Hunde die aufgespeicherte Muskelkraft in Betäti= gungstrieb auslösen. Und sinnesscharf, voller Leben, stets tatbereit sind Schäferhunde und was mit ihnen zusammenhängt. Ihr Trieb zum steten Umkreisen der Herden, der Wandel, paßte aber vortrefflich zum Herden=

66

dienst, erleichterte er doch den Hirten das Zusammenhalten der Herden beim Treiben und beim Weidegange.

Wenn ich in Nachstehendem auf die Beschreibung der Hirtenhund= schläge im Osten und Süden eingehe, wird es nötig, dabei auch gleich der sich mit ihnen in den Herden= und Hofdienst teilenden Übergangsformen, also der Treibhunde, aber auch der Schäferhunde dieser Gegenden zu gedenken *).

Beginnen wir im Osten. Der Hirtenhund Rußlands ist der Aft= scharka (geschrieben: Ostscharka; Mehrzahl: Aftscharki; Ton auf der zweiten Silbe); dies Wort bedeutet Schäferhund, hängt mit Ostschar, Schäfer, zusammen. Die vier Bilder zeigen die Unausgeglichenheit der örtlichen Schläge dieser im Süden bis weit nach Asien hinein verbreiteten Hunde; die hochläufigen stammen aus den Steppengebieten des Südens. Sie kommen in allen Farben vor, meist wolfsfarbig, aber auch rein schwarz

Abb. 36. Russischer Hirtenhund, Aftscharka.

oder weiß, oder weiß mit dunklen Platten; gelbe, rote und blaue sind seltener, bei den Herden sollen weiße bevorzugt werden. Die Größe wird sehr verschieden angegeben, von 55—75 cm Rückenhöhe; neben meist hängendem Behang finden sich auch Stehohren. Die Decke ist meist hartes Zotthaar, doch sollen gerade unter der großen Form auch rein stockhaarige Hunde anzutreffen sein; umgekehrt unter den kleinen stockhaarigen auch zotthaarige Hunde, wie das alles ja aus dem oben erwähnten Grunde bei einem nicht durchgezüchteten Landschlage auch gar nicht auders möglich ist. Verwendet werden die Aftscharki nur als Wächter der Höfe und Schaf=

---

*) An alle Leser möchte ich hier die Bitte richten, mir, sofern sie dazu in der Lage sind, unter Anschrift des Vereins zu späterer Bearbeitung dieses Stoffes weitere Unterlagen über Äußeres, Wesen und Verwendung der Hirten=, Treib= und Schäfer= hunde in außerdeutschen Gebieten zu verschaffen; auch Bilder werden dankbar an= genommen. Besonders erwünscht wäre auch die Zusendung von Schädeln ein= gegangener solcher Hunde; Auslagen dafür werden gern vergütet. Der Verfasser.

ſtallungen, dann als Wach= und Schußhunde bei den Herden, zum Hüten
nie. Ob ſie auch beim Treiben helfen, konnte ich nicht feſtſtellen; auf eigene
Fauſt ſollen ſie gute Jäger ſein. Über ſtockhaarige Schäferhundformen

Abb. 37. Ruſſiſcher Hirtenhund, Aftſcharka.

Abb. 38. Ruſſiſcher Hirtenhund, Aftſcharka.

Rußlands konnte ich nichts näheres ermitteln; auffallend iſt, daß gefangene
ruſſiſche Offiziere unſere ſtockhaarigen Hunde auch Aftſcharki nannten.

68

Gegen Weſten zu, in Polen und Galizien, findet ſich als Über=
gangsform der ſogenannte Polniſche Schäferhund, ein kleinerer Zott=
haariger, der unſeren Altdeutſchen im Oſten — Oſt= und Weſtpreußen,

Abb. 39. Polniſcher Schäferhund.

Poſen entſpricht und wie dieſe auch zum Hüten und Treiben dient.
Neben dieſem zotthaarigen ſtehen dort aber auch ſtockhaarige Hunde im
gleichen Dienſt, Hunde eines äußerlich
wenig anmutenden Landſchlages, deſſen
Eigenſchaften aber gerühmt werden.
Die ich ſah, waren klein, etwa 50 cm,
alſo unſeren Heideſchäferhunden ähnlich,
aber knochenkräftig; wolfsfarbig und
ſandfarbig. Auch der Pole unterſcheidet
zwiſchen dem bei den Schafen gehenden
„Pies owczarski" (Schäferhund; ſprich:
pjes owtscharski, Ton auf der zweiten
Silbe) und dem Hirtenhunde, dem „Pies
pasterski".

Abb. 40.
Stockhaariger Schäferhund
aus Polen, Gegend von Grodno
(Nach Aufnahme des Derfaſſers.)

Ungarn hat zwei Hirtenhund=
formen. Die eine iſt der Komondor
(Mehrzahl: Komondorok, Ton auf der
erſten Silbe); ſeine nachſtehende Auf=

Abb. 41. Stockhaariger Schäferhund aus Polen.   (Nach Aufnahme des
                                     Derfaſſers.)

Abb. 42. Stockhaariger Schäferhund aus Galizien.
(Nach Aufnahme des Derfaſſers.)

70

nahme verdanke ich, wie die des Bundas, dem Präsidialrat Stefan von Nagy auf Buck in Ungarn. Dieser beste Kenner und langjährige Züchter dieser beiden ungarischen Landschläge vertritt die Ansicht, daß der Komon= dor ein von den Hunnen aus den südrussischen Steppenländern eingeführter Hund sei, also ein Aftscharka; mit dessen hochläufiger Art weist der Komon= dor ja auch sehr große Ähnlichkeit auf. Gesehen habe ich leider in Ungarn, außer auf Ansichtskarten, keinen Komondor, auch keinen Bundas. Nagy beschreibt ihn als mächtigen, knochenstarken Hund von 70—75 cm Mindest= höhe. Der Oberkopf ist gewölbt, was auf starke, wolfsähnliche Entwick= lung der Scheitelleiste schließen läßt; die hängend getragenen Ohren sind lang. Die Behaarung ist langzotthaarig, hart, auch am Kopf, der Schnauz= und Knebelbart aufweist, die Farbe weiß, ins erbsengelbe übergehend.

Abb. 43. Ungarischer Hirtenhund, Komondor

Bei Herden geht der Komondor nur mehr in Ausnahmefällen als Schutz= huud mit, dagegen bewährt er sich als ausgezeichneter Wächter der Einzelhöfe.

Der zweite bodenständige Hirtenhund Ungarns, eigentlich schon eine Übergangsform, ist der Kuvász (sprich: Kuvaß), der, wenn recht zotthaarig, auch Bundas (sprich: Bundosch, Ton immer auf der ersten Silbe) genannt wird; der „Wollige" von Bunda = Schafpelz. Der Name Kuvász bedeutet auf deutsch Bastard und soll darauf hinweisen, daß dieser Hund einst aus der Einkreuzung des eingeführten Komondors mit dem vorgefundenen Landhunde, also dem bodenständigen Schäferhunde, dem Puli, entstanden ist; vielleicht unter gelegentlicher neuer Zuführung von Wolfsblut. Den Kuvász verlangt v. Nagy von gleicher Größe, wie den Komondor; was ich bisher von solchen sah, blieb richtig, bei angedrücktem Haar gemessen, erheblich unter 70 cm Rückenhöhe. Er soll flachen, also schäferhundmäßigeren Kopf haben mit kleinen, erdhundartig getragenen Hängeohren; dem abgebildeten Kuvász waren die Ohren fehlerhafterweise verschnitten worden, wodurch sie zu halben Stehohren wurden. Die Behaarung soll schlicht sein, etwa wie beim Neufundländer; die Farbe ist meist ein der Färbung der Eisbären gleichkommendes, etwas gelbliches weiß, außerdem kommt fahlgelb, grauschwarz („grün“) und schwarz vor. Auch der Kuvász geht nur in Ausnahmefällen bei den Herden, dann aber bei jeder Art Vieh, ist aber gleichfalls als vortrefflicher Wachhund beliebt und verbreiteter als der Komondor. Die Hunde, die bisher unter der Bezeichnung Komondor nach Deutschland kamen und auch dort auf

Abb. 44. Ungarischer Hirtenhund, Kuvász oder Bundas.
(mit fehlerhafterweise verschnittenen, daher halbstehenden Ohren).

Ausstellungen gezeigt wurden, waren keine solchen, sondern eigens für die Ausfuhr unter falscher Flagge hergerichtete Kuvásze. Die Kuvász= Form fand ich übrigens auch südlich der Donau, in Serbien, vertreten.

Bei den Schafherden geht in Ungarn lediglich der Juhász kutya (= Schäferhund; sprich: Juhaß kutscha, Ton auf der ersten Silbe), auch Puli genannt, ein kleinerer, meist sogar recht kleiner Hund von ausgesprochenem Schäferhundäußeren.

Für die südwestlichen Gebiete des ehemaligen Kaiserstaates an der Donau wird der Istrianer Schäferhund erwähnt, der in gleicher Form auch in Rumänien zu finden sein soll und unzweifelhaft auch zu den Übergangsschlägen der Treibhunde gehört. Er kommt gleichfalls in den üblichen Schäferhundfarben vor, Behaarung Stockhaar von ver-

schiedener Länge. Der Istrianer hat Schäferhundgröße, rund 60 cm Rücken=
höhe, und auffallend kräftige Knochen; am Wesen wird besonders die
große Zuverlässigkeit und An=
hänglichkeit gelobt. Mit dem
Bilde des aus Rumänien stam=
menden Istrianers bitte ich das
des Tibethundes (S. 19) zu ver=
gleichen und sich dann dessen zu
erinnern, was ich später (S. 51 f.)
über diesen Hund und den Mo=
losser ausgeführt habe.

Ganz das Artbild des Istri=
auers zeigt auch der Bosnische
Hirtenhund; das auf die ans
Langstockhaar grenzende Be=
haarung des abgebildeten keine
Rassentrennung aufzubauen ist,
habe ich schon mehrfach ausge=
führt.

Dalmatien besitzt eine
eigene Schäferhundform von
Mittelgröße — etwa 55 cm ,
meist rotgelb und stehohrig, wie
sie mir ähnlich auch für Grie=
chenland und Italien be=
schrieben wurde.

Im Hochgebirge Durmitor
in Montenegro hat Haupt=
mann Kurzammann einen
mächtigen Hund gefunden, den
er als dem Tibethund ähnlich

Abb. 45. Ungarischer Schäferhund,
Puli, mit Schafmeister aus dem Komitat
Tolna, Ungarn.

beschreibt. In den angrenzenden Teilen der Herzegowina dann etwas
kleinere Hunde, anscheinend Kreuzungen des Durmitorschlages mit Schäfer=
hunden; sie werden dem
oben besprochenen und ab=
gebildeten Bosnier ent=
sprochen haben.

Damit wären wir auf
dem Balkangebiet, in
Serbien, Bulgarien und
Mazedonien, dessen Hunde
ich während des Weltkrieges
anderthalb Jahre beobachten
konnte. Einen großen, Aft=
scharka= oder Komondor=ähn=
lichen Hirtenhund habe ich dort
nicht gesehen, vielmehr nur

Abb. 46. Istrianer Schäferhund.

ausgesprochene „Schäferhunde", die, namentlich im Süden, im Äußeren
bisweilen den Übergangsformen des Istrianers, Bosniers oder des Ku=

73

váß ſich näherten. Wie nicht anders zu erwarten, unausgeglichene Land=
hunde, aber den unſrigen vor Beginn der Hochzüchtung durchaus ent=
ſprechend. In Nordſerbien meiſt kleiner, 50—55 cm Rückenhöhe, nach dem
Süden zu, namentlich in Mazedonien und in Bulgarien, aber bis zu guter
Durchſchnittsgröße, 60 cm und mehr, heraufgehend. Die kleineren Hunde
oft leichtknochig, teilweiſe aber auch plump und breit geſtellt, Kopfſchnitt
dann dem entſprechend; die größeren aber meiſt von recht guten Verhält=
niſſen. Faſt durchweg zeigten die Hunde, auch die ſchwereren, die leichten,
ſlotten Bewegungen des Schäferhundes. Die Trageweiſe der Ohren
wechſelte vom vollkommenen Schlappohr bis zum guten Stehohr; mehr=
fach waren die Ohren verſchnitten und dann ſtehend. Rutenhaltung
meiſt gut, der ſeitlich geſtellte Haken oder eine Seitwärtsbiegung der Rute
häufig, wie bei unſeren Landſchlägen; gelegentlich auch ein übles Poſt=
hörnchen, Stummelruten, von halber Länge bis zum „Mutz“, häufig.

Abb. 47. Iſtrianer Schäferhund aus Rumänien.

Behaarung überwiegend ſtockhaarig, bisweilen langſtockhaarig, gelegent=
lich rauhhaarig, zotthaarig ſehr ſelten. An Farben kam alles mögliche
vor: wolfsgrau, rot, gelb, braun, ſchwarzbraun, auch reinweiß; weiße
Platten verſchiedener Größe in Verbindung mit anderen Grundfarben
häufig.

Gehalten wurden die Hunde ganz überwiegend als Hofwächter
und erwieſen ſich da als recht zuverläſſig; ſie wurden auch recht gut gehalten,
da der Serbe, ebenſo wie der Türke, tierfreundlich iſt. Bei den nur kleinen
Schafherden in Nordſerbien ſah ich niemals Hunde, dort trieb und hütete
der Schäfer mit ſeinen Jungen; das Schaf wird dort auch vielfach als
nützliches Einzelhaustier gehalten (Milch, Butter, Käſe, Yogurth, Wolle!)
und dann, zuſammen mit dem Hausſchwein am „Taillenband“, vorm
Hauſe am Wegrand, oder auch auf dem Grasplatz dahinter, angehängt.

Nach dem Süden zu sah ich häufiger Hunde auch bei den Schafherden· Hütedienst konnte ich nicht beobachten, auch beim Treiben war ihre Tätig= keit gering, im wesentlichen dienten sie zum Zeitvertreib der meist jugend=

Abb. 48. Bosnischer Hirtenhund.

lichen Hirten. Daß der Serbe im Frieden Schäferhund und Schäferhund= dienst kennt, ergibt sich aus der Benennung; er unterscheidet zwischen dem Ovčarski pseto (= Schäferhund; sprich: ovtscharski pseto, Ton

Abb. 49. Schäferhund aus Serbien, Gegend von Nisch.
(Nach Aufnahme des Verfassers.)

auf der erſten Silbe), der volkstümlich auch Rundov genannt wird,
und dem bei anderem Vieh gehenden Pastirski pseto, dem Hirtenhunde.
Der Bulgare dagegen kennt nur die Bezeichnung Tschobansko kutsche
für Schäfer= und für Hirtenhund. In Bulgarien, deſſen Hauptviehſtand

Abb. 50. Schäferhund aus Serbien, Niſch. (Nach Aufnahme des Verfaſſers.)

aus Schafen beſteht, gehen die Hunde ebenfalls bei den Schafen, aber
auch bei allem anderen Vieh. In Südmazedonien ſah ich Hunde niemals
bei Kleinvieh, dagegen vielfach bei den Rinder= und Büffelherden; die

Abb. 51. Serbiſcher Schäfer mit Hund, Gegend von Niſch.
(Nach Aufnahme des Verfaſſers.)

bulgariſchen Soldatenhirten, die dort das Heeresvieh weideten, hatten
alle Hunde bei ſich, darunter ganz prächtige Kerle, die ſich aber leider meiſt
geſchickt dem Abknipſen zu entziehen wußten. Arbeitsluſtig waren dieſe
Hunde ebenſowenig wie ihre Herren, wie dieſe lagen ſie am liebſten faul

hingestreckt an einer einigermaßen Schatten spendenden Stelle. Das
Zusammenhalten der Herden beim Weiden und beim Treiben zu den

Abb. 52. erbischer Schäfer mit Hund, Gegend von Nisch. (Nach Aufnahme es Verfassers.)

Tränken und zu den mit Salzlecken ausgestatteten Rastplätzen für die Nacht
besorgten die Hirten; nachts wachten die Hunde.

Aus Nordgriechenland kamen mit der abgeschobenen Bevölkerung in Begleitung der Wagen meist recht gute und kräftige Hunde herüber,

Abb. 53. Schäferhund aus Nordmazedonien, Gegend von Uestüb.
(Nach Aufnahme des Verfassers.)

in der Größe unserem Württemberger Landschlage entsprechend und flotte Läufer. Von einem Herrn, der lange in Saloniki gelebt hatte,

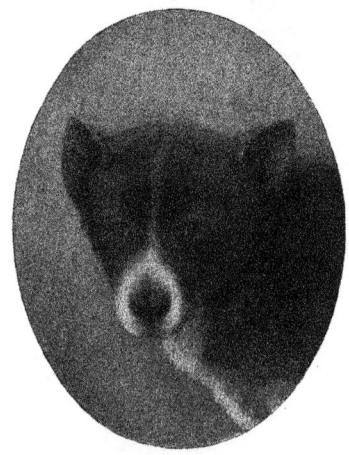

Abb. 54. Schäferhund aus Süd= mazedonien, Doiran=See.
(Nach Aufnahme des Verfassers.)

wurden mir die dortigen Hunde als durchaus denen Bulgariens und Mazedoniens gleichend geschildert. Das rotgelb gewolfte halbjährige Schneiderchen von Dedeli (Doiran= See) soll den Schäferhunden Süd= griechenlands und auch Süditaliens gut entsprechen. Nach Mitteilung hundeverständiger Serben sollen in den Gebirgstälern und Waldbergen gegen Montenegro und Albanien besonders große und kraftvolle, durch= aus wolfsähnliche stockhaarige Hunde stehen. Einen hier früher auch an dieser Stelle als Sipkapas (sprich: Schipkapas) besprochenen großen Hirtenhund Nordbulgariens soll es nach Angaben bulgarischer Offiziere nicht geben; zotthaarige Hunde kämen im ganzen Lande genau wie stock= haarige, und diese an Größe nicht übertreffend, vor. Möglich sei wohl, daß sich am Schipkapaß aus örtlich begrenzter Züchtung ein im Äußeren

gleichmäßigerer und darum vom Durchschnitt sich unterscheidender Zucht=
schlag entwickelt habe. Pas ist eine weitere bulgarische Bezeichnung für
Hund (wie kutsche und pseto), hat aber die Nebenbedeutung eines
besser durchgezüchteten Hundes; Sipkapas würde also soviel wie Schlag
vom Schipkapaß bedeuten, wie wir von Thüringer, Württemberger und
anderen örtlichen Schlägen sprechen. Nach anderer Angabe soll es sich
übrigens bei diesen Schipkahunden gar nicht um Schäferhunde, sondern
um einst von deutschen Ansiedlern dort eingeführte und weitergezüchtete,
sehr kräftige Hunde mit Spaltnasen handeln, anscheinend um große „Bullen=
beißer“, wie man sie vor 40, 50 Jahren bei uns noch sehen konnte.

Die Spaltnase ließe übrigens noch eine andere Abstammungs=
möglichkeit zu, wenn es sich bei diesen deutschen Ansiedlern etwa um solche

Abb. 55. Schäferhund aus Südmazedonien, Gegend von Dedeli, halbjährig.
(Nach Aufnahme des Verfassers.)

aus der Schweiz oder Deutschlands Südwestecke handeln sollte. Dann
könnten sie wohl auch eine der Schweizer Sennenhundformen mitgeführt
und am Schipka weitergezüchtet haben, den Berner Sennenhund oder
Dürrbächler, einen großen kraftvollen Hund der Rüdenform, bei dem
Spaltnase in einzelnen Stämmen auftritt und sich vererbt.

Überschreiten wir von der Balkanhalbinsel die Meerenge nach Klein=
asten, so nähern wir uns dem eigentlichen „Molosser“=Gebiet. Dort,
in den Gebirgen Kurdestans und Persiens, gegen die mesopotamische
Tiefebene, ist ein kräftiger, schwerer, dicht behaarter Schlag bodenständig,
ausgesprochener Gebirgsschlag und als solcher in der Masse den Niederungs=
hunden überlegen. Nach Frau Kloevekorn, Hannover, der ich auch das
nachstehende Bild verdanke, soll der Hund im wesentlichen nur in weißer

Farbe, meist mit wolfsfarbiger Maske, vorkommen Die Kurden benützen ihn, der ausgesprochener Raubzeugfeind ist, als Hirtenhund, also als Wächter und Schützer ihrer Herden, aber auch zur Saujagd; sie stutzen ihm die Ohren und Rute — bis zur Hälfte etwa —, und zwar, weil der [10]

Abb. 56. Schäferhund aus Südmazedonien, Doiran=See.
(Nach Aufnahme des Derfassers.)

zugerichtete Hund im Kampf mit Wölfen diesen weniger Angriffspunkte biete.

Eine Abbildung, die Pfizenmayer in „Wild und Hund" ver=
öffentlichte, gibt einen dem vorigen durchaus ähnlichen Hund, den

Abb. 57 Schäferhund aus Südmazedonien, Doiran=See. (Nach Aufnahme des Verf.)

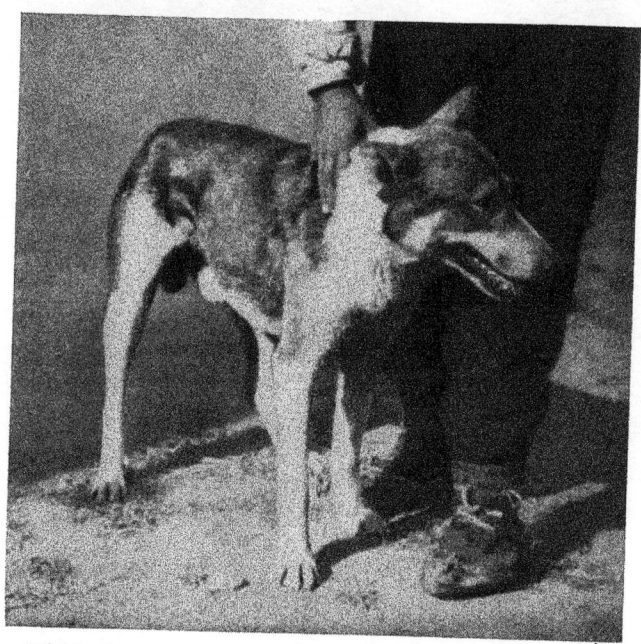

Abb. 58. Schäferhund aus Bulgarien. (Nach Aufnahme des Verfassers.)

tatarischen Hirtenhund aus Transkaukasien wieder. Er soll dem kurdischen an Größe etwas nachstehen, doch genügten zwei Hunde,

Abb. 59. Mazedonische Flüchtlinge vom Doran-See mit Schäferhund (Nach Aufnahme es Verfassers.)

um selbst einen starken Bären von der Herde fernzuhalten. Diese Hunde dienen fast im gesamten Kaukasusgebiet, aber auch bis nach Kurdestan

hinein, als Herdenschützer und Wächter, wir haben in ihnen ganz offen=
sichtlich ebenfalls Vertreter der „großen Stammhundform" vor Augen,

Abb. 60. Hirtenhund aus Kurdestan.

Abb. 61. Tatarischer Hirtenhund aus Transkaukasien.

6*

die sich gleich ob stock=, rauh= oder zotthaarig neben der mittleren vom Osten nach dem Westen zieht und, —dabei in den Ausmaßen allmäh= lich nachgebend, bis etwa in den Hochgebirgsgegenden— überall zu den gleichen Diensten verwendet wird. Die tatarischen Hunde sollen wolfs= farbig sein, die Ohren würden ihnen sehr kurz verschnitten, die buschigen Ruten von Zeit zu Zeit kurz geschoren und zwar, damit der ruhende Hund, wenn er den Kopf zum Schutz gegen die Kälte in der zusammen= gerollten Rute birgt, nicht am scharfen Hören gehindert werde; also noch eine andere Erklärung.

In Italien finden wir wieder mächtige Hirtenhunde. In der Campagna sind sie stockhaarig, rein weiß, selten mit großen schwarzen oder gelben Platten. Wie mir Frhr. v. Laßberg, Rom, dem ich das nachstehende Bild verdanke, mitteilte, sind sie dort nur mehr Schutzhunde, stehen nicht mehr im Herdendienst. Die Hunde der Abruzzen, gewiß der gleiche ört= liche Schlag, sind dagegen zotthaarig.

Abb. 62. Italienische Hirtenhunde aus der Campagna.

Eine schwächere Übergangsform und als solche unausgesprochen in der Behaarung, steht in der viehreichen Provinz Bergamo in Nord= italien. Als Treibhund kommt dieser Bergamaster Schäferhund häufiger auch mit Schafherden über die Alpenpässe ins Engadin, die Schweiz und nach Südtirol. Daß auch der reine stockhaarige Schäferhund noch in Italien vertreten ist, erwähnte ich oben schon.

In Spanien heißt die große Rüdenform Mastin. Der große hart=stockhaarige Hund, meist weiß, oder weiß mit schwarzen Platten oder auch ganz schwarz, dient in den Gebirgsgegenden nur als Herden= schutzhund gegen Raubzeug, außerdem als Hetzhund bei Sau=, Wolfs= und Rotwildjagden. Eine kleine zotthaarige Übergangsform, unserer kleinen Zotthaarform sehr ähnlich, geht vorwiegend in Katalonien bei den Schaf= herden; dieser Hund wird Perro de ganado (Viehhund, perro = Hund) genannt. Die stockhaarige Schäferhundform Spaniens, nach Krichler

Podenco, dient ihrer vortrefflichen Nase wegen als Stöberhund. Nach anderen Mitteilungen heißt dieser meist rotgelbe stehohrige Hund Cone=

Abb. 63. Bergamasker Schäferhund.

jero (von Conego = Kaninchen), auch Lebrel, wird zur Jagd auf wilde Kaninchen verwendet und ist auf den meisten Bauernhöfen zu finden.

Abb. 64. Pyrenäenhund.

Aus der großen Rüdenform ist im Gebirgsstock der Pyrenäen ein besonders mächtiger örtlicher Schlag erzüchtet worden, der Pyrenäenhund (auf der französischen Seite Chien des Pyrénées oder Chien de Montagne genannt). Es ist Eigenart der Gebirgseinflüsse, die dort lebenden Tierarten größer und schwerer zu züchten als die der Niederung; auch die großen Hundeschläge finden wir zumeist im Gebirge, die Ebene braucht leichtere und flüchtigere Formen. Im Äußeren ist große Ähnlichkeit zwischen diesen Pyrenäenhunden, den St. Bernhardshunden und den mächtigen Hirtenhunden des italienischen Hauptgebirgsstockes. Trotzdem brauchen sie nicht miteinander zusammenzuhängen, sondern sind gewiß jede für sich als das Ergebnis örtlicher Einflüsse und Züchtung entstanden.

Abb. 65. Großer Schweizer Sennenhund.

Die St. Bernhardshunde sind, ehe sie Modehunde der Liebhaberzüchtung und damit Opfer einseitiger Zucht auf Äußerlichkeiten wurden, ganz sicher in örtlich begrenzter Zucht, und deshalb sich allmählich von der Stammform und deren Nachkommenschaft unterscheidend, aus dem bodenständigen Schweizer Hirtenhund= oder Rüdenschlage, dem Sennenhunde, entstanden und zwar aus dem größten Schlag dieser Hunde, dem „Großen Schweizer Sennenhunde". Diese Schweizer Sennenhunde, über die Prof. Heim, Zürich — ich verdanke ihm auch die nachstehenden Abbildungen — eine umfassende Abhandlung herausgab, die nur leider auf die Herkunftsfrage nicht näher eingeht, sind eine äußerst lehrreiche Gesellschaft, ganz wie die Balkanhunde; ich will sie deshalb gleichfalls aus=

führlicher behandeln. Sie hängen unzweifelhaft, Schädeluntersuchungen bestätigen es, mit dem Hirtenhund= und Schäferhundstamm zusammen und kommen in vier, der Größe nach recht verschiedenen, sonst-aber durch= aus dem allgemeinen Artbilde entsprechenden örtlichen Schlägen vor:

       der große Schweizer Sennenhund mit einer Schulterhöhe von rund 70 cm, kurz= bis stockhaarig;

       der Berner Sennenhund oder Dürrbächler, Schulterhöhe 60—65 cm, langstockhaarig;

       der Appenzeller Sennenhund, Schulterhöhe 50—55 cm, kurz= bis stockhaarig;

       der Entlebucher Sennenhund, Schulterhöhe 40—45 cm, kurzhaarig.

Alle vier Schläge haben kräftiges Gebäude mit guten Knochen, der Appenzeller hat meist Ringelrute, der Entlebucher Stummelschwanz;

Abb. 66. Großer Schweizer Sennenhund.

die Ohren werden durchweg als kleine dreieckige Hängeohren getragen. Die Grundfarbe ist schwarz, oft — beim Berner stets — mit gelbroten bis roten Abzeichen und vor diesen noch weiß; am meisten weiß hat der Appen= zeller, beim Berner kommt statt schwarz auch rot oder gelbrot als Grund= farbe vor. Wolfsklauen, meist sogar Doppelsporen, kommen fast durchweg vor und beeinträchtigen Stellung und Gang der Hinterhand.

Die vorstehenden Bilder großer Schweizer Sennenhunde zeigen uns eine mächtige Rüdenform, das erste läßt die Übergangsmöglichkeit zum St. Bernhardshunde recht wohl erkennen. Ich bitte mit diesen Bildern das der italienischen Rüdenform aus der Campagna zu vergleichen und ebenso das Komondorbild. Wem der Schädel für einen Hund mit Bronzehund=

und Inostranzewi-Blut zu breit erscheint, der ziehe auch noch die Bilder des Istrianers heran und berücksichtige, daß zu solch mächtigen Knochen auch ein entsprechend starker Schädel gehört; berücksichtige ferner, daß die hängenden Ohren den sehr viel breiter erscheinen lassen, als er tatsächlich ist — man denke sich diesen Rüden mit Stehohren! — und berücksichtige schließlich, was oben über die Veränderlichkeit des Schädels beim Wolf und seiner Nachkommenschaft gesagt wurde.

Einen schon durchaus schäferhundhaften Eindruck macht der Berner Sennenhund. Wer süddeutsche, namentlich württemberger Herden= gebrauchshunde kennt, wird ihnen durchaus gleichende Hunde schon recht oft bei den Herden gesehen haben. Der Farbenunterschied, die gleichmäßige

Abb. 67. Berner Sennenhund.

Dreifärbung der Berner Hunde bedeutet gar nichts; sie ist rein örtlich angezüchtet, genau wie wir auch, im Braunschweigischen z. B. rein ört= liche Farbenzuchtschläge haben, oder vielleicht hatten. Ich bitte auch die Bilder des Berners mit dem des bosnischen Hundes zu vergleichen.

Der kleinere Appenzeller Sennenhund schließlich — der Entlebucher ist seine noch verkleinerte Ausgabe, ein Bild von ihm steht mir leider nicht zur Verfügung — hat gleichfalls durchaus Schäferhundausdruck, erinnert vielleicht mehr an die kleineren und stämmigen, gleichfalls oft die Rute ringelnden Schäferhunde Norddeutschlands. Ich möchte hier übrigens nochmals betonen, daß ich bei Gebrauch des Wortes Schäferhund hier

stets unseren Landschlag im Auge habe, nicht die im Äußeren viel aus=
geglicheneren Hunde der Hochzucht.

Der große Sennenhund, früher über die ganze Schweiz verbreitet,

Abb. 68. Berner Sennenhund.

ist heute nur mehr selten zu finden; der Entlebucher hatte immer nur ein
beschränktes Verbreitungsgebiet, Berner und Appenzeller Hunde dagegen

Abb. 69. Berner Sennenhund.

sind häufig. Alle stehen fast durchweg in Bauern=, Sennen= und Fleischer=
hand, Hofdienst und Diebdienst ist ihre Lebensaufgabe. Heim schreibt
von ihnen: „Diele entwickeln in Schutz und Wache ganz besondere Intelli=

genzen, 3. B. im Halten von Pferden, Bewachen des Wagens, Kennen von genauen Eigentumsgrenzen, Schützen von Kindern, Beschützen der weib=

Abb. 70. Appenzeller Sennenhund.

lichen Ehre. Allen ist mehr oder weniger das Viehtreiben und Suchen von verlorenem Vieh angeboren. Es braucht dazur nur Gelegenheit und Bei=

spiele, keine besondere Dressur. Durch Generationen hindurch lebten diese Hunde bei Metzgern, Viehhändlern, Sennen und Bauern, wo sie dies einübten, bis es sich fixierte." Gleiches könnte man über unseren Schäferhund schreiben. Die Geschicklichkeit, das verständige, selbstständige Handeln beim Vieh hebt Heim noch an verschiede= nen anderen Stellen hervor. Im wesentlichen sind die Sen= nenhunde ja Treibhunde, weil im Gebirgsland Vieh in den bestellten Niederungen nur nach der Ernte oder der Heumahd ausgetrieben, im übrigen aber in der Weidezeit auf den Höhen gehalten wird. Treiben auf den Straßen, zu den Viehmärkten, zu den Weideplätzen, Zu=

Abb. 71. Appenzeller Sennenhund.

90

sammenhalten und Eintreiben auf den Almen ist also der Hauptdienst, der aber schon Übergänge zum Hütedienst aufweist. Wenn Heim berichtet: „Wenn es auf die Weide geht, so läuft der Hirt zuerst mit dem Hunde die Weidegrenze ab, dann läßt der Hund den ganzen Tag kein Stück Vieh über diese Grenze hinausgehen", so ist das schon der Beginn des wehrenden Hütens und eine recht lehrreiche Schilderung für die Entwicklung des Wehr= und Hütetriebes.

Weil diese Hunde im wesentlichen Treiberdienste leisten, rechnet Strebel sie mit dem Istrianer, dem später zu besprechenden Rottweiler

Abb. 72. Appenzeller Sennenhund.

und einigen anderen zu den kurzhaarigen Treibhunden, die er des Berufs wegen in einen gewissen Rassengegensatz zu den Hirten= und den Schäfer= hunden stellt. Ich werde am Schluß zusammenfassend ausführen, daß das weder nötig, noch möglich ist; ebensowenig wie eine Rassentrennung auf Verschiedenheiten des Haars, der Farbe, der Trageweise der Ohren u. ä. aufzubauen, wie eingangs dieses Abschnittes über die Hirtenhunde schon gesagt. Und weil Strebel sie zu den Treibhunden rechnet, möchte er sie

auf eine römifche Einführung, alfo wieder auf den „Moloffer" zurück=
führen: folche Hunde, römifche Treibhunde, feien mit den Heerzügen
folgenden Herden über die Alpenpäffe gekommen, wären in der Schweiz
und nordwärts davon am Rhein, ja felbft in England, hängen geblieben
und hätten dort die Sennenhunde, Rottweiler und andere Raffen gebildet.
Ich glaube, wir brauchen wirklich nicht fo weit zu fuchen und das Moloffer=
gefpenft dazu antreten zu laffen. Daß italienifche Hunde, wie angedeutet,
nach dem Norden gekommen und dort, nachdem die Herden abgefchlachtet,
zurückgeblieben find, ift durchaus möglich. Diefer Vorgang wiederholt
fich noch heute, faft könnte man fagen tagtäglich, bei Treib= und Hütehunden.
Bergamasker kommen mit Schafherden über die Alpen, Rottweiler mit
württemberger Fleifchern nach Tirol, um Großvieh abzuholen; Schäfer=
hunde aus Württemberg, Oberbayern, felbft aus Ungarn, kamen mit
Schaffrachten nach Frankreich, umgekehrt franzöfifche Hunde mit württem=
berger Schäfern zurück, oder es gingen einft deutfche Schäfer mit ihren

Abb. 73. Rottweiler Metzgerhund.

Hunden nach Ungarn oder Polen. Eine Raffenbildung erfolgt durch
folche Einzelvorkommniffe aber nicht, felbft wenn fie fich häufen und wieder=
holen follten. Das Fremdlingsblut — wenn es folches wäre — würde
vom Blut der bodenftändigen Raffe, mit dem es fich vermifcht, aufgefogen.
In unferem Fall aber handelt es fich gar nicht um fremdes, fondern um
nächftverwandtes Blut: der „Schäferhund" mit feinen nächften Verwandten,
den „Treib=" und den „Hirtenhunden", ift eben kein „internationaler"
Hund — diefen fprachlich wie in feiner Bedeutung gleich fchauerlichen
Ausdruck wollen wir kurzfichtigen Verbrüderungshubern laffen!—, fondern
ift der überall bodenftändige Landhund einer Herkunft, eines Blutes, der
Poutiatini-Nachkomme mit etwas, klein wenig oder gar keinem Wolfsblut.
　　　Der Rottweiler Metzgerhund — kurzftockhaarig, meift fchwarz=
gelb, Schulterhöhe um 55 bis gegen 60 cm — ift ein gedrungener, kräftiger
92

Hund, der nach seinen Schädelverhältnissen unzweifelhaft zum Schäfer=
huud= und Rüdenstamm gehört. Sein Ursprungsland ist, wie der Name
besagt, Württemberg, doch hat er sich von dort aus auch weiter nach Osten
und Norden ausgebreitet. Am Unterrhein soll er nach Strebel durch den
Rheinischen Stüpp abgelöst werden; ich habe einen solchen Hund dort
leider nicht gesehen, obgleich ich Ende vorigen Jahrhunderts über 10 Jahre
in der Rheinprovinz stand und immer Hundefreund und =beobachter war,
er kann also nicht sehr häufig sein, was übrigens auch für Rottweiler und
andere Rüdenreste gilt.

Eine im wesentlichen rauhhaarige Spielart dieser Übergangsform
der Treibhunde findet sich in Schwaben und Oberbayern, hauptsächlich
aber in der Münchner Gegend, der sogenannte Münchner oder Riesen=

Abb. 74.   Rauhhaariger süddeutscher Treibhund, „Münchner" oder
„Riesenschnauzer".

schnauzer. Der Name ist irreführend; mit dem kurzen und stämmigen
Pinscher oder Schnauzer, dem Torfhundnachkommen, hat der gestreckte,
gut gebaute Hund von etwa 60 cm Schulterhöhe nichts zu tun, er gehört
zum Poutiatini=Stamm, zu dem ihn auch seine Eigenschaften verweisen.
Er dient noch heute als Vieh= und Treibhund, findet sich am häufigsten
bei Fleischern und Viehhändlern, in Viehhöfen und in den Brauereien,
die auf dem Lande ja stets mit Landwirtschaft verbunden sind, in den
Städten Oberbayerns aber heute noch das Ochsenfuhrwerk bevorzugen.
Nicht wegen dieser Brauereibeziehung, sondern weil Münchner Händler
und „Kynologen" früher diesen Hund, um ihn als Auslandsware besser
an den Mann zu bringen, als russischen oder sibirischen Schnauz, oder Bären=

schnauz, bezeichneten, nannte ich ihn einmal in einer schwachen Stunde „Bierschnauzer", was nicht den Hund, sondern den Stumpfsinn der Münchner Züchter treffen sollte, die einen guten bodenständigen Hund zu Gunsten von allerhand ausländischem Kröpelzeugs verkommen ließen. Seiner irreführenden Benennung wegen ist der Hund neuerdings wohl auch mit Schnauzerblut verkreuzt worden, nicht zum Besten für Ausdruck und Ge= bäude, gute Vertreter zeigen aber den unverkennbaren Schäferhundbau; das Rauhhaar am Kopf, der Bartansatz lassen, wie bei allen rauhhaarigen Schlägen, Kopf und Fang voller und breiter erscheinen.

Ein der süddeutschen rauhhaarigen Treibhundform ganz ähnlicher Schlag findet sich im Nordwesten. In Belgien und Nordfrankreich, nament= lich im beiderseitigen Flandern, steht der Flandrische Treibhund, der

Abb. 75. Flandrischer Treibhund, Bouvier des Flandres.

Bouvier des Flandres. Ein Rauhbautz wie der vorige, vielleicht etwas knapper in den Maßen, in den Farben wie dieser: wolfsfarbig und schwarz. An der Yser wird als besondere Abart der Bouvier de Roulers (flämisch: Roeselare) gezüchtet, in der Lütticher Gegend der Ardenner Treibhund, der sich ähnlich durch Rheinland und Westfalen zieht. Auch diese Hunde dienten einst, bis der überhandnehmende Eisenbahnverkehr und =ver= sand sie überflüssig machten, ganz wesentlich zum Treiben der Viehherden. Zwischen diesem belgisch=flandrischen und dem Französischen Treib= hunde, dem Toucheur de boeufs, den ich leider noch nicht kennen lernte, weder jetzt im Felde, noch früher bei Friedensbesuchen in Frank= reich, besteht wohl kein wesentlicher Unterschied.

In England schließlich dienen nach Strebel als Treibhunde zwei sich sehr ähnliche und sich im Äußeren durchaus in den Schäferhundstamm eingliedernde collieartige Hunde, der Cur-Dog und der Ban-Dog; der Name jenes soll „Köter", der dieses „Kettenhund" bedeuten.

Wenn B e w i d den größeren und kraftvolleren Ban-Dog in Zusammen= hang mit dem großen Rüdenschlag des Mastiff bringt, so würde das darauf hinweisen, daß wir in ihm den Überrest des einstigen großen englischen Hirtenhundschlages zu erblicken hätten, im kleineren Cur-Dog aber die Übergangsform zum örtlichen Schäferhundschlage, der im Schotten heute

Abb. 76. Englischer Treibhund, Cur-Dog. Nach B e w i d.

seine schärfste Zusammenfassung fand. Der Name Mastiff ist ja auch sicher aus dem romanischen Mastino, Mastin oder Mâtin abgeleitet und weist uns darauf hin, daß sein heutiger Träger aus der einstigen bodenständigen Hirtenhundform erzüchtet wurde. Der Bronzehund war in der Vorzeit nach Erdfunden auch in Irland verbreitet, wir brauchen den Stammvater der heutigen Schäferhunde Englands daher nicht in Island zu suchen.

Abb. 77. Englischer Treibhund, Ban-Dog. Nach B e w i d.

Daß England heute auch noch seinen, allerdings stark verkleinerten Zott= haarigen hat, wird sich weiter unten zeigen.

Wir haben oben gesehen, daß auch bei uns in Deutschland in früherer Zeit bis vor wenigen Jahrhunderten im Herdendienst vorzugsweise ein Huud der großen Hirtenhundform verwendet wurde; zunächst als Schutz= hund, dann, sicher auch schon verkreuzt mit dem kleineren Landschlage, dem Schäferhunde, im Treiberdienst. Treu am alten hängend, wie es

95

Landmanns und Schäfers Art, haben diese dann als geänderte Verhält=
nisse das Schwergewicht der Hundeleistung im Herdendienst auf Hüten und
Wehren vor der Frucht beim Treiben und beim Weidegange legen ließen,
den altbewährten Gehilfen nicht sofort abgesetzt, sondern ihn, wie schon
früher als Helfer beim Treiben, nun ebenfalls als Helfer beim Hüten heran=
zuziehen und auszubilden versucht. So kommt es, daß wir noch heute neben
der großen Menge reiner stockhaariger Schäferhunde in einzelnen Gegenden,
namentlich in den Randgebieten gegen den Osten und die Alpenkette,
auch noch zotthaarige Schäferhunde im Hütedienst finden. Es sind
das die sogenannten altdeutschen Schäferhunde, im Äußeren eine

Abb. 78. Zotthaariger deutscher Schäferhund, sogenannter Altdeutscher,
Süddeutschland. Ruß von der Krone SZ. 241.

verkleinerte Ausgabe des großen zottigen Hirtenhundes; statt des Zotthaars
tragen sie bisweilen die Stammform dieses Haares, das Rauhhaar.
    Die größten dieser Altdeutschen finden wir in Süddeutschland,
namentlich in Württemberg, Schwaben und Oberbayern; Schulterhöhe
über 60—65 cm und mehr, als Farben kommen alle üblichen Schäferhund=
farben vor, vom Schwarz über die Wolfsfärbung bis zum Sandgelb, doch
sah ich hier weder Weiß noch Plattenfärbung. Die Schäfer nennen sie
hier Schafhunde oder Altdeutsche zum Unterschiede von den stockhaarigen
Schäfer= oder, wie sie die wolfsfarbigen unter ihnen nennen, Wolfshunden.
    In Ost= und Westpreußen lösen den polnischen die ostpreußischen
Zotthaarigen ab, ein durchaus ähnlicher Schlag, gleichfalls groß, in der

Farbe oft weiß. Don der Oftgrenze ziehen sich diese Zotthaarigen über Pommern, Posen, Brandenburg, Braunschweig, Hannover bis nach Westfalen. Nicht allzu-
häufig, auch nicht überall zu finden, mehr inselartig auftre-
tend; häufiger noch als beim Dieh jetzt beim Bauernhof, wo sie als ruhige, nicht wildernde, aber ungemein zuverlässige Wächter beliebt sind. Dafür, daß die Zotthaarigen auch bei uns von jeher neben Herden-
auch Hofdienst versahen, sprechen ihre weiteren Bezeichnungen: Hofhund, Bauernhund, Bauer-
refel. In den Ausmaßen nehmen die Zotthaarigen nach dem Westen zu immer mehr ab, so daß sie im Hannöverschen und Westfälischen knapp oder wenig mehr als 50 cm Schulterhöhe haben, also durchaus pudelartig wirken; sie werden denn auch dort nicht Schäfer- oder Hirtenhunde, sondern heute noch Schafpudel genannt. Die Pudelähnlichkeit ist übrigens nicht überraschend, wenn man sich erinnert, daß die heutigen Pudel der Liehaberzucht vor etwa 4—500 Jahren aus den Hirtenhunden hervorgegangen sind. Das kann man recht gut an den noch nicht hochgezüchteten Pudeln auf dem Lande sehen, die oft ganz auffallend einem kleinen Hirtenhunde gleichen. Die Braun-
schweiger Zotthaarigen sollen nach Strebel dort von den Schafmeistern mit dem Negrettischaf aus Polen eingeführt sein; das mag für einzelne zutreffen, ich erinnere an das, was ich oben über die Freizügigkeit der Herdenhunde erwähnte, sie fanden dort aber auch schon den bodenständigen Land-
schlag vor. Nach Slemming dagegen, der zu Anfang des 18. Jahrhunderts schrieb, sollen die Zotthaarigen aus dem Norden, besonders aus Island eingeführt sein. Inwieweit er damit

Abb. 79. Zotthaariger deutscher Schäferhund, Oftpreußen. Kaiserl. Herrschaft Kadinen.

Abb. 80. Zotthaariger deutscher Schäferhund aus dem Braunschweigischen.

auf dem alten Coler — s. oben — fußt, weiß ich nicht, jedenfalls spielt auch hier die leidige deutsche Sucht der Auslandanbetung mit, denn just die isländischen Hunde haben, wie wir oben gesehen, knapp Mittelgröße, etwa 40 cm in Schulterhöhe. Nach einer anderen Fassung sollen die

Abb. 81. Zotthaariger deutscher Schäferhund, sogenannter Schafpudel, aus dem Münsterland, Westfalen.

Braunschweiger Zotthaarigen, unter denen viele mit Stummelruten zu finden sind, vom Altenglischen Schäferhunde stammen; Offiziere der

Abb. 82. Zotthaariger deutscher Schäferhund, sogenannter Schafpudel, aus dem Münsterland, Westfalen.

englisch-hannoveranischen Legion hätten bei deren Auflösung vor rund 100 Jahren solche Hunde mit herüber gebracht. Auch das mag für einzelne stimmen, aber warum durchaus in die Ferne schweifen, das Gute, der bodenständige Landschlag Norddeutschlands, war ja schon da und weist westlich der Elbe viele mutschwänzige auf.

In Frankreich, und dort am häufigsten im Norden zu finden, vertritt unseren Altdeutschen der zotthaarige Schäferhund aus der Grafschaft Brie, Chien de Brie oder Briard, dessen Durchschnittsgröße auf etwa 60 cm (55—65 cm) angegeben wird; die kleineren Hunde scheinen die Regel zu bilden. Die Behaarung ist wenig ausgeglichen, neben rein zotthaarigen, die gemeinhin die größeren, finden sich solche, deren Behaarung sich schon mehr dem Rauhhaar nähert; Farben die üblichen. Die Ohren werden fast durchweg verschnitten, daher stehend getragen. Im Süden Frankreichs wird der Rauhbauz volkstümlich „Labrit" genannt, was wohl auf Brie zurückzuführen; oder auch „Farou", der „Wuschelige" oder „Strubbelkopf".

Abb. 83. Zotthaariger französischer Schäferhund, Chien de Brie.

Auch England hat seinen reinen Zotthaarschlag, den altenglischen Schäferhund, Old english sheep dog oder Bobtail, der als Gebrauchshund im wesentlichen in Suffolk, also im Südosten, dient. Der Zusammenhang mit den festländischen Zotthaarigen ist somit ergeben. In den Ausmaßen entspricht der Bobtail anderen kleineren Zotthaarigen des Westens, wird auch wie diese häufig ohne Rute geworfen, sonst gestutzt. Sein Gang ist eigentümlich trippelnd, die Farbe dunkelblaugrau bis hell- oder taubengrau mit weiß gemischt. Graf Bylandt erwähnt in seinem Werk „Unsere Hunderassen", das übrigens nichts als eine viersprachige Zusammenſtellung der Raſſezeichen mit zum Teil recht ungenauen Angaben über die Zuchtvereine iſt, noch als beſonderen Schlag den „Bobtail mit langer Rute", auch „Highland" oder „Bearted Collie" genannt; nach den Angaben

Abb. 84. Altengliſcher Schäferhund aus dem Jahre 1831.

würde dieſer Hund etwa kleinen Altdeutſchen Württembergs gleichen. Was die Sportzucht, die in England ſtets bis zur Unnatur und Verzerrung

Abb. 85. Altengliſcher Schäferhund, Old english sheepdog oder Bobtail, der Sportzucht.

arbeitet, aus dem guten alten Arbeitshunde gemacht hat, einen tanzenden Haarball, ergibt der Vergleich der beiden Bilder.

100

Stammbaum der Schäfer- und Hirtenhunde*)

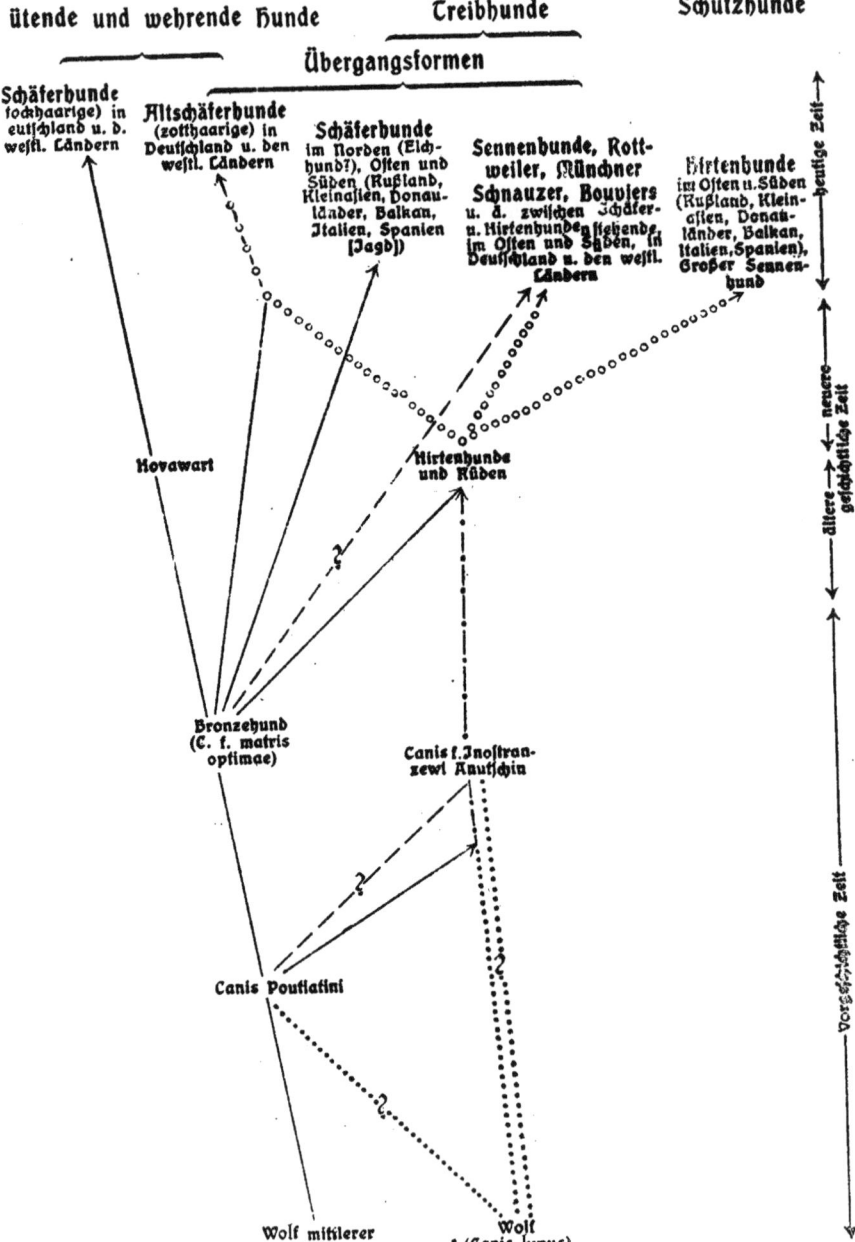

ütende und wehrende Hunde **Treibhunde** **Schutzhunde**

Übergangsformen

Schäferhunde (lochhaarige) in eutschland u. b. westl. Ländern

Altschäferhunde (zotthaarige) in Deutschland u. den westl. Ländern

Schäferhunde im Norden (Elch-hund?), Osten und Süden (Rußland, Kleinasien, Donau-länder, Balkan, Italien, Spanien [Jagd])

Sennenhunde, Rott-weiler, Münchner Schnauzer, Bouviers u. a. zwischen Schäfer-u. Hirtenhunden stehend, im Osten und Süden, in Deutschland u. den westl. Ländern

Hirtenhunde im Osten u. Süden (Rußland, Klein-asien, Donau-länder, Balkan, Italien, Spanien), Großer Sennen-hund

heutige Zeit

Hovawart

Hirtenhunde und Rüden

Bronzehund (C. f. matris optimae)

Canis f. Jnostran-zewi Anutschin

Canis Poutiatini

Wolf mittlerer Größe

Wolf (Canis lupus)

ältere — neuere geschichtliche Zeit

Vorgeschichtliche Zeit

*) Erklärung s. S. 101.

Eine Zusammenfassung des bisher über Schäfer= und Hirtenhunde, ihre Herkunft und ihre Verwendung dargelegten habe ich im nebenstehenden Stammbaum zu geben versucht. Sie besagt kurz: Neben den Hunden vom reinen Poutiatini-Bronzehundstamm, die, durch Wande= rung über ganz Europa und seine Grenzgebiete verbreitet, früher leichte Wachhunde — auch bei den Herden — waren, ebenso zur Jagd verwendet wurden, heute in ihrer Fort= setzung als „Schäferhunde" in Deutschland und den westlich davon gelegenen Ländern zu hütenden und vor der Frucht wehrenden Hunden geworden sind, gab es von Vorzeit an und etwa im gleichen Verbreitungsgebiet einen größeren und kraftvolleren Hund nächstverwandter Abstammung, der von jeher Schutz= und Wächterdienste versah und als solcher im Herdendienst einst den Bronzehund ablöste. Dieser Hund führte das Blut des Canis fam. Inostranzewi Anutschin, vermischt mit Poutiatini=Bronzehundblut; seine Nachkommen sind heute noch unter der Bezeichnung „Hirtenhunde" im Osten und Süden, besonders auch in den Hochgebirgen er= halten. Zwischen beiden Rassen haben häufige Kreuzungen stattgefunden, aus denen zahlreiche, im wesentlichen als örtliche Schläge sich darstellende Übergangsformen hervor= gegangen sind. Diese haben sich, soweit sie zum Herdendienst herangezogen wurden, was fast durchweg der Fall war, wie auch die eigentlichen „Schäferhunde" in noch weniger vom Verkehr berührten und angebauten Gegenden, zu „Treib= hunden", zum Teil aber auch schon zu hütenden und wehren= den Hunden ausgebildet.

Abgesehen von verschiedener Größe und dieser entsprechender Knochenkraft gleichen sich diese Hunde in Bau und Ausdruck durchaus; soweit sie zott= oder rauhhaarig, hat der Ausdruck eine, aber nur scheinbare Änderung insofern erfahren, als der Kopf voller und schwerer, der Fang breiter und kräftiger aussieht. Abweichend vom Schäferhundgebäude zeigen die Hirtenhunde und deren Abkömmlinge meist ein gewisses Über= bautsein, d. h. ein Höherstehen der Hinterhand. Das beruht, soweit sie zotthaarig sind, auf einer Augentäuschung, zunächst auf der gerade an dieser Stelle besonders reich ausgebildeten Behaarung, hängt somit mit dem Knochengerüst nicht zusammen. Kann aber, wo es auch in diesem zum Ausdruck kommt, seinen Grund in Haltung und Zucht dieser Hunde haben. Sie wurden als schwere Schutz= und Wachhunde auf Kraft und Maße ge= züchtet, gingen also in die Breite, auch vorn in der Brust, verloren dadurch aber die Befähigung zu ausgreifendem und ausdauerndem Trabe, den sie in ihrem Wächterdienst nicht nötig hatten. Dagegen wurde kraftvolles Anspringen des Gegners, bisweilen auch kurzes Verfolgen in möglichst förderndem Galopp erforderlich. Beides wird begünstigt durch stärkere Entwicklung der Hinterhand, deren Abstoß und Vorwärtsbewegung durch den leicht aufgewölbten Rücken kraftvoll nach vorn übertragen wird.

Bei den Übergangsformen, auch bei den kleineren heutigen Zott= haarschlägen, übrigens auch bei reinen Schäferhunden, findet sich nicht selten die Neigung zum Ringeln der Rute oder zum Bilden einer Stummel=

rute oder eines natürlichen Mutzschwanzes. Die Ringelneigung scheint Folge der Hausbarmachung zu sein; sie findet sich am häufigsten bei Abkömmlingen der Torfhundlinie, aber auch bei den kleineren nördlichen Schlägen des Inostranzewi-Stammes. Ringelneigung aber führt nach Strebel gern zunächst zum Verlust eines Teils der Schwanzwirbel, dann zur völligen Verkümmerung der Rute. Außerdem ist künstliches Stutzen der Rute schon in sehr früher Zeit ausgeübt worden. Vielleicht schon vom Urzüchter im Bestreben, dem Hunde durch Fortnahme des Steuers die Lust zum Jagen zu nehmen, siehe aber auch oben die Einschaltung über die Kurdistan-Hunde. Später wurde es Vorschrift vieler Jagdschutzgesetze, die dauernde Knüttelung oder Stutzen der Rute für Herden- und namentlich Bauernhunde vorschrieben, auch zum Schutz des Wildstandes Hirt, Hund und Herde möglichst vom Walde fernhielten. Wo das nicht anging, ordneten sie an, daß die Herdenhunde dauernd an der Kette geführt werden mußten und nur zur Abwehr oder Verfolgung eines Raubtieres von dieser gelöst werden durften. Diese Bestimmung galt noch nach dem dreißigjährigen Kriege in Kursachsen, ja gilt heute noch in einem Teil der siebenbürgischen Karpathen. Weiter wurden die Ruten just bei diesen Hunden wohl nicht so sehr aus spielerischem Verschönerungstrieb, aber aus Gleichmacherei, zur Unterscheidung von anderen Rassen allgemein gestutzt; allmählich einsetzende Neigung zum Vererben dieser Verstümmelung ist somit nicht ganz von der Hand zu weisen. Da die im Lauf wagerecht getragene Rute als Steuer wirkt, kurze Wendungen und Richtungsänderungen im Lauf unterstützt, sind Hunde ohne Rute zum Hütedienst, der große Wendigkeit fordert, weniger geeignet.

Die Hirtenhundschläge sind in der Regel zotthaarig, auch einzelne der Übergangsformen haben diese Behaarung oder Rauhhaar. Daran, daß die Stammformen dieser Hunde ursprünglich auch das Wildhundhaar trugen, also stockhaarig waren, ist nicht zu zweifeln; wann und aus welchen Gründen die Umbehaarung erfolgte, wissen wir nicht. Wir können nur annehmen, daß die Hausbarmachung mit ihren gegen das Wildhundleben gesicherten Verhältnissen die Veränderungslust des dem Wildleben besonders angepaßten Stockhaares erst hervorgerufen, dann begünstigt hat, so daß aus dem ursprünglichen Stockhaar alle Haararten unserer heutigen Haushunde entstehen konnten. Kälte oder Luftfeuchtigkeit konnte an sich der Grund zur Haarabänderung nicht sein, bei freilebenden Arten üben beide keinen Einfluß auf die natürliche Behaarung aus; diese wird wohl zu bestimmten Zeiten länger und dichter, die Grundform des einzelnen Haares wird aber nicht verändert. Haar „mendelt" — was das bedeutet, werden wir im III. Abschnitt sehen —, auftretende Verschiedenheiten lassen sich also durch Zucht, sei es gewollt, sei es unbewußt, in bestimmter Richtung schnell festhalten. Das Zotthaar ist ein verlängertes Rauhhaar und dieses ist wieder aus dem Stockhaar entstanden. Vielleicht ist die zunächst einsetzende Verlängerung des einzelnen Deckhaares auf Kosten der Dichtigkeit gegangen und von der Natur Ersatz dafür durch dichtere Unterwolle und vor allem stärker und härter Werden des einzelnen Deckhaares versucht worden. Später hat sicher menschliche Züchtungskunst durch entsprechende Auslese zur Entwicklung und Festigung des Zotthaares geführt, und zwar aus dem Bestreben, die zum Schutz gegen Raubzeug und Räuber bestimmten großen Hunde durch die Behaarung nicht bloß von ihren natürlichen Gegnern zu unterscheiden, sondern vor allem sie noch mächtiger, Furcht einflößender erscheinen zu lassen und auch bißfester zu machen. Daß zur Unterscheidung vom Raubzeug auch früh eine Zucht auf Farbe einsetzte, haben wir ja oben gesehen.

Haben wir bisher den Herdendienst des Hundes als Wächter und Beschützer, dann als Gehilfen beim Treiben verfolgt, ebenso die Mitwirkung der beiden Rassen, der Hirten- und der Schäferhunde mit ihren Übergangsformen, so kommen wir nunmehr zur höchsten Ausbildungsstufe dieses Dienstes, zum Hüten, worunter das Wehren vor bestellter Frucht zu verstehen ist. Die Möglichkeit, ja Notwendigkeit, den Hund auch hierzu heranzuziehen, ergab sich erst, nachdem der Herdenschutzdienst gegen Raubzeug nebensächlich geworden, das für die Feldbestellung geeignete Nutzland aber so ausgiebig angebaut wurde, daß Weideflächen knapp wurden und Flurschaden an Ackerfrucht vermieden werden mußte. Dieser Fall trat in Deutschland erst Ende des 17. und im 18. Jahrhundert ein, nachdem die Folgen des dreißigjährigen Krieges allmählich überwunden waren. Mit dem Einsetzen geordneter Verhältnisse hob sich die allgemeine Sicherheit, auch das Raubzeug wurde ausgerottet oder doch gegen die Grenzen und in die unwirtlichen Gebirge und großen Waldungen zurückgedrängt; um die wachsende Bevölkerung zu ernähren, mußte der Boden aber besser ausgenutzt und Neuland in Bebauung genommen werden.

Vom Raubzeug war der Bär, abgesehen von gelegentlichen Überläufern, schon ziemlich früh aus Deutschland vertrieben worden. An der Ostgrenze hielt er sich freilich lange. In einzelnen Gebieten Ostpreußens mußten noch um 1750 herum die Schulen geschlossen werden, weil der vielen Bären wegen der Schulweg durch Wald und Heide zu gefährlich war. Auch der Luchs, der noch Ende des 15. Jahrhunderts in Pommern als der schlimmste Räuber gegolten hat, hat von Ausgang des Mittelalters an in Deutschland stetig abgenommen, hielt sich länger nur in den unzugänglichen Waldbergen. In Westfalen endete der letzte Luchs 1745, in Thüringen und dem Harz wurden Ende des 18. und Anfang des 19. Jahrhunderts noch einige wenige Stücke erlegt. Am längsten hielt er sich im Süden, in den Alpen und deren Vorbergen; im Algäu wurde der letzte Luchs Deutschlands im Jahre 1840 zur Strecke gebracht. Welchen Schaden dieser Schafräuber anrichten konnte, ergibt sich aus einem Bericht, wonach im 18. Jahrhundert ein Luchs in der Nähe des Hohen Jffer eine ganze Schafherde von 600 Stück von einer Schafalpe in den Abgrund jagte. Bei den Hirten machte der Luchs sich besonders verhaßt, weil er sich nicht mit einer Beute begnügte, sondern, wo er es konnte, mehrere riß, nur deren Blut aufleckte und die besten Stücke fraß, das andere aber liegen ließ. So tötete ein Luchs in einer Nacht 7—8 Schafe, nach anderen Berichten 30—40; noch im Jahre 1840 riß ein Luchs im Suntal über 160 Schafe und Ziegen. Am längsten von allem Raubzeug war der auch stets am stärksten vertretene Wolf in Deutschland heimisch. Der Wolfsschrecken war, selbst in Mitteldeutschland, noch im Mittelalter groß; im Gebiet der einen Stadt Würzburg wurden im Jahre 1271 allein 30 Menschen von Wölfen zerrissen. Der große Krieg aber mit seinen Verwüstungen hatte das Raubzeug sich unheimlich vermehren lassen. So konnte im Jahre 1649 die Stadt Hannover ihren Zehnten an Lämmern nicht aufbringen, weil die Wölfe alle gerissen hatten. In deren Hauptsitz, der Lüneburger Heide, wurden noch 1740 ganze 50 Stück zur Strecke gebracht, der letzte Wolf im Hannöverschen überhaupt erst 1872 geschossen. In den Jahren 1723—1737 wurde im damaligen preußischen Staat Schußgeld für 4300 erlegte Wölfe ausgezahlt; der höchste Betrag fiel auf Pommern, wo noch im 19. Jahrhundert in vielen Kreisen regelmäßige Wolfsjagden abgehalten wurden. Um Täuschungen durch untergeschobene Hundeschädel zu verhindern, ordnete noch 1840 ein Regierungserlaß an, daß Zeugnisse über die Erlegung von Wölfen fortan durch die Forstbeamten auszustellen, nicht mehr nur durch die Landräte, denen nur noch die Ausbezahlung des Schußgeldes vorbehalten blieb. Daß auch heute noch im Osten, namentlich im Winter, Wölfe aus Rußland und Polen gelegentlich weit in deutsches Gebiet einwechseln, ist bekannt; ebenso an der Westgrenze aus den französischen Standgebieten des Wolfes, den Argonnen, nach Lothringen und bis in die Eifel.

Es ist klar, daß die Vorbedingungen für die neue, die heutige Verwendung des Herdenhundes nicht überall und nicht gleichzeitig vorlagen. Der hütende Hund entwickelte sich vielmehr aus und neben dem treibenden genau so allmählich und an verschiedenen Orten, wie das einst zwischen Treibhund und Schutzhund der Fall war. Daraus erklärt sich, daß in den Randgebieten, wo Bevölkerungsdichte, Bodenausnützung und Raubzeugvertilgung in umgekehrtem Verhältnis standen, die alten Formen sich am längsten erhielten. Deshalb finden wir die zotthaarigen Altdeutschen im Herdendienst heute noch am häufigsten im Osten und in Süddeutschland, in Württemberg und Oberbayern, gegen die Alpenkette zu, während sie in Norddeutschland, je weiter nach Westen zu, immer mehr vom Herden- in den Hofdienst übertraten oder ganz verschwanden. Wenigstens die großen unter ihnen; denn ein großer Hund braucht mehr Futter als ein kleiner, Bauern und Schäfer aber sind sparsame Leute, füttern nicht unnötig einen starken Fresser, wenn ein kleinerer den gleichen, oder gar besseren Dienst tut.

Großvieh wird im Flachland, abgesehen von reinen Marschen- und Weidegegenden, im wesentlichen im Stall gehalten, kommt erst nach Ernte und letzter Mahd auf die Weide, hat also keine Gelegenheit mehr, zum Anrichten von Flurschaden; ebensowenig dort, wo es im Bergland zur Ausnützung der saftigen Berg- und Waldwiesen auf den Höhen gehalten wird. Großvieh braucht somit nach wie vor nur den Treibhund, der es auf dem Marsch und dem Weidegang begleitet, vorwärts treibt und zusammenhält, der verlorene oder versprengte Stücke wieder aufsucht und herantreibt, widerspenstige zu bändigen versteht und herankommende Fremde meldet. Das eigentliche Hüten, wie wir es heute verstehen, konnte sich daher nur bei den Schafen entwickeln, denn die Schafherden werden das ganze Jahr ausgetrieben — Winterweide ist heute noch in vielen Gegenden üblich, wird nach diesem Kriegsausgang wahrscheinlich noch viel stärker ausgenützt werden müssen —, und zwar auf Brachen, abgeernteten Schlägen, auf Feldrainen und Wegen, kurz auf Stellen, die dicht an bestandenen Acker grenzen. Daß die Schafe nach der lockenden Frucht drängen, ist klar, ebenso klar auch, daß sie Flurschaden dort nicht machen

104

dürfen, daß aber der Schäfer allein sie daran nicht hindern kann. Hier mußte also wieder der Hund als Gehilfe einspringen, der zunächst wohl, umgekehrt wie einst vor den Schafen nach außen gegen Raubzeug, nunmehr nach innen vor der Frucht gegen die Schafe abgelegt oder gestellt wurde.

Zum fleißigen Wehren vor der Frucht ist ein schwerer und darum etwas behäbiger Hund nicht geeignet, da gehörte ein leichter, flüchtiger und rastloser Gesell her, der auch infolge seines minder stark entwickelten Gebisses beim Greifen, also beim Abstrafen eines naschhaften oder sonst widerspenstigen Schafes keinen zu schweren Schaden anrichten konnte. Gegen die Weiterverwendung der Hirtenhunde im neuen Dienst sprach aber nicht bloß deren Größe, Masse und Beißkraft, sondern auch hier Haarkleid. Wir haben gesehen, daß diese Hunde meist zott= haarig, auch warum ihnen einst diese Haarart angezüchtet wurde. Für den strammen Dienst des Hütehundes aber ist das Zotthaar in der heißen Zeit minder geeignet als das kürzere, aber ebenso wetterfeste Stockhaar oder auch das Rauhhaar. Scheren half wohl gegen diesen Übelstand — wir sahen oben im Bilde, daß zu diesem Ausweg gegriffen wurde —, gibt aber wiederum den Hund rettungslos allen Unbilden der Witterung preis: Sonnenbrand, kalten Nächten, Wind und Regen, ist also nichts für einen Gebrauchshund. Um so weniger, als dieser Hund auch rück= sichtslos durch Nesseln und Disteln, durch Dorn und Hecken gehen muß. Dazu fallen die bei den Herden natürlich zuhauf zu findenden Stech= fliegen mit Vorliebe über solch geschorenen Hund her und lenken dessen Aufmerksamkeit von den Schafen ab. Bei nassem Wetter hängen sich dem Zotthaarigen dicke Lehmklumpen in den Pelz, auf der Winter= weide harte Schneeballen. Als Hütehund gehört also zu den Schafen ein leichtbeweglicher, sinnesscharfer und gewechter, gut aufmerksamer und stets dienstbereiter Hund von guter Mittelgröße und kräftigem Bau; am besten stock= oder rauhhaarig. Der große Hirtenhund erfüllte die meisten dieser Forderungen nicht; ihr Zotthaar mit seinen eben geschil= derten Nachteilen drängt auch die Altschäferhunde immer mehr aus dem Herdendienst, sie können sich nur noch dort halten, wo keine strenge Arbeit im engen oder gespannten Gehüt gefordert wird.

Der hütende und wehrende Hund entwickelte sich also bei den Schafen, wurde dort zum „Schäferhund", mit ihm der wehrhafte Schafhirt zum friedlichen Schäfer. Wer bei anderem ging, bei Großvieh, Schweinen, selbst Gänsen, blieb Hirt, sein Hund blieb Hüterhund. Der Übergang vollzog sich, wie schon gesagt, nicht plötzlich, auch nicht aller Orten zu gleicher Zeit. In Deutschland wird er vor zwei= bis zweieinhalb Jahrhunderten begonnen haben. In Frankreich spricht der Abée Rozier 1809 zum erstenmal von einem hütenden Hunde, dem Chien de Brie — der also ein altfranzösischer war —, und fügt noch hinzu, daß der alte Mâtin, der Schutzhund vom reinen Hirtenhundschlage, ihm noch häufig beigegeben wurde. Der Naturwissenschaftler Daubenton aller= dings, der 1799 zu Paris starb, bringt schon das Bild eines französischen Schäfers aus dem 18. Jahrhundert mit einem ausgesprochenen Schäfer= hunde zur Seite. Aus England berichtet Dr. Cajus von Cambridge in einem 1576 erschienenen Buch „Of english Dogges", daß dort schon 1570

105

ein leichter Hütehund eingeführt gewesen sei. Das war in England möglich, das, dank seiner Insellage, von den großen festländischen Verwüstungskriegen unberührt blieb, und wo aus gleichem Grunde das Raubzeug früher vernichtet worden war. Auch in Deutschland vollzog sich der Übergang vom Schutz= zum Hütehund nur allmählich und durchaus nicht gleichmäßig.

Abb. 86. Franzöfifcher Schäfer mit Hund vor etwa 150 Jahren
(Nach Daubenton.)

So fpricht der feine Beobachter und Kenner der damaligen Verhältnisse, G. Freytag, in feiner „Verlorenen Handschrift", die vor etwa 80 Jahren fpielt, von einem Schäfer, der mit feinem Knaben die von einem fremden

Hunde zersprengte Herde wieder zusammentreibt, während die „großen Schäferhunde" den Besitzer des Eindringlings stellen. Gerade der „Knabe" spricht dafür, daß damals noch nicht allgemein nur vom Schäfer mit seinem oder seinen Hunden gehütet wurde, sondern daß wie in älterer Zeit, und wie heute noch im Süden und Osten, der Schäfer mit seinen Knechten noch den eigentlichen Herdendienst tat.

Wo kamen nun in Deutschland und den Westländern diese leichteren, hütenden und wehrenden Hunde, die Schäferhunde, her? Schon die große äußere Übereinstimmung all dieser Hunde, ihr überall gleiches Wesen weist darauf hin, daß sie, mögen sie nun in Deutschland oder Österreich, in den Niederlanden oder in Belgien, in der Schweiz, in Frankreich oder auch in England bei der Herde laufen, alle eines Stammes, Angehörige einer allgemeinen, weit verbreiteten Rasse sind. Schädelvergleiche be= stätigen das. Die Schädel der eben genannten Schäferhundschläge haben alle die gleichen kennzeichnenden Merkmale und sie stimmen auch alle mit dem Schädel des Schäferhundahnen, des Bronzehundes, überein, dessen einstige weite Verbreitung ich oben dargelegt und den wir dann aus der Vorzeit über den Königsfelder und die Terpen=Funde bis in den Beginn der geschichtlichen Zeiten begleitet hatten. Nur beim Schädel des schottischen Schäferhundes, und zwar bei denen der heutigen Sportzucht, lassen sich einige Abweichungen vom allgemeinen Artbilde des Schäferhundschädels feststellen, die auf Zufuhr fremden Blutes zur „Verschönerung" der Rasse deuten.

Der Schluß ist also nicht schwer zu ziehen: als unsere alten Schäfer für ihre Herden einen leichteren, beweglicheren und minder stark zugreifenden Hund suchten, nahmen sie den ihnen nächst erreichbaren; den, der als Dorf= und Hofhund überall in größerer Zahl zu Versuchen zur Verfügung stand und der, ich erinnere an das, was ich über die Hunde in den Donauländern und am Balkan gesagt, sicher nicht mehr bloß Hofdienst tat, sondern auch schon als Treibhund mit bei den Herden lief. Damit war der Kreis geschlossen, der Urschäferhund wieder in sein Recht gesetzt.

Der scheinbar verschwundene taucht damit wieder auf. Kein Lied, kein Heldenbuch hatte all die Zeit von ihm gekündet. Der Öffentlichkeit entrückt, hatte er als „der Hund an sich" in wenigstens halber „goldener Freiheit" in Dorf und Kleinstadt gelebt, war unverzüchtet und unverzärtelt geblieben, hatte sich seine Selbständigkeit und seine unverwüstliche Lebens= kraft erhalten, war auch nicht einseitig in den Eigenschaften festgelegt worden, sondern hatte alle seine guten Ureigenschaften in seinem Dienst vertieft und just zu dem ausgebildet, was wir heute in unseren Schäfer= hunden so hoch schätzen.

Ich habe oben auseinandergesetzt, wie für die erste Verwendung des Hundes im Herdendienst dessen Ureigenschaften der Wachsamkeit und des Eintretens für den Herrn und dessen Habe maßgebend waren. Ich habe dann dargelegt, wie aus dem reinen Schutzhund durch Ausnutzen beider Eigenschaften in Verbindung mit dem Trieb zum Umkreisen der Treib= hund entwickelt und festgelegt wurde. Dessen Dienst ermöglichte das ge= schlossene Treiben des Haufens auf gebahnten Wegen ohne Ausbrechen und Zurückbleiben einzelner; das war namentlich beim Treiben durch Ortschaften wichtig, denn gar zu gern öffneten sich dort bereitwillige Türen, um müde oder neugierige Stücke ein=, aber nicht wieder heraus= zulassen. Ein ebenfalls aus dem Umkreisen entwickelter Fortschritt im Treibhunddienst war das Zusammenhalten und =treiben der auf den Weide= plätzen grasenden Tiere. Jetzt sollte noch der Schutz bestellter Äcker neben dem Wege, vor allem aber neben den Weideplätzen dazukommen. Beim, den Einzelhof · oder die Siedlung bewachend umfahrenden Wachhunde hatte sich die Gewohnheit ausgebildet, sich dem Eindringling an der Grenze des Schutzgebietes entgegenzustellen, um den Fremden am Betreten des dem Herrn gehörenden Grundes zu hindern. Wir dürfen uns diesen Trieb als aus Nestschutz und Futterneid beim Wildhund entstanden denken: auch der Artgenosse wird vom Lager abgewehrt, der fremde aus dem eigenen Jagdgebiet vertrieben. Dies Entgegentreten an der Grenze mußten die Schäfer zu nützen: der angebaute Acker wurde das zu schützende Eigentum, vor ihn wurde der Hund gestellt, um naschhafte Schafe von der

Abb. 86. Altdeutscher und stockhaariger Schäferhund bei der Herde.

Frucht zu wehren. Ich erinnere auch an das, was ich oben zu Heims Ausführungen über die Ausbildung des Sennenhundes sagte.

Der so entwickelte Wehrtrieb wurde dann allmählich weiter aus= gebildet und schließlich die Anlage zu dieser neuerworbenen Eigenschaft auf dem Zuchtwege für die Rasse festgelegt. Daß der so entstandene Wehr= trieb nicht aller Orten gleich hochgezüchtet wurde, erklärt sich aus der wechselnden örtlichen Eigenart der Schafhaltung und der Ackerbestellung. Am höchsten entwickelt wird er bei den Gebrauchshunden derjenigen Gegenden sein, in denen der Boden am schärfsten ausgenützt und mit wertvollster Frucht bebaut wird. Wo also von Schäfer und Hund besonders feines Hüten gefordert werden muß, weil infolge der Bestellung jeden bebauungsfähigen Stücks die Weidegelegenheit, wenigstens bis zur Ernte= zeit, knapp und angerichteter Flurschaden besonders ins Gewicht fällt.

Das sind im allgemeinen die Weizen= und Rübengebiete Mittel= und Nord=
deutschlands.

Hand in Hand mit der Festlegung des Wehrtriebes ging die Unter=
drückung der Neigung zum Lautgeben. Der Wachhund bellt, soll laut
werden, der treibende und wehrende Hund aber soll schweigen, um die
Schafe nicht unnötig zu beunruhigen. Nur in einzelnen bestimmten Fällen,
der II. Abschnitt wird darüber Näheres bringen, soll der Herdengebrauchs=
hund Laut geben und das meist nur auf Befehl. Unsere Schäfer wissen,
wie fest gerade Unsitten, wie das Lautgeben oder Griffuntugenden, in
manchen Stämmen sitzen und sich vererben. Vorsichtige, auf gute und zuver=
lässige Hunde bedachte hüten sich darum auch wohl, Blut in ihre Zucht ein=
zuführen, das aus erblich derartig belasteten Stämmen kommt.

Schließlich mußte auch noch der Griff, d. h. das Zufassen und Beißen
des Hundes berichtigt und züchterisch festgelegt werden. Der jagende Wild=
hund springt dem verfolgten Opfer nach den Weichen, um ihm die Ein=
geweide herauszureißen, das schwer verletzte Tier dadurch in seinen Besitz
zu bringen; einem kleinen, oder in der Ruhe überraschten Beutetier auch
ins Genick oder an die Kehle. Der gefährliche Weichengriff mußte beim
Herdenhunde also ausgemerzt werden, ebenso der Sprung nach der Kehle
und sonstige Griffuntugenden wie Griff nach den Läufen, dem Bauch oder
dem Schwanz; auch galt es zu wilde Beißer zu mäßigen. Süddeutschland
behielt den Griff ins Genick oder auf die Rippen bei, jener gilt als der
wertvollere. Das dort überwiegend gehaltene Landschaf ist groß, aber auch
der süddeutsche Gebrauchshundschlag ist gemeinhin größer als der mittel=
und norddeutsche. Der große Huud konnte also selbst das große Schaf
doch noch im Ansprung von oben ins Genick fassen; nur war streng darauf
zu sehen, daß der Hund wirklich nur das Genick traf, nicht aber die Seiten
des Halses oder gar die Kehle, und daß er das Schaf auch nicht an den
Ohren nahm. Bei dem leichter auszuführenden Rippengriff war darauf
zu halten, daß der Hund nicht zu weit nach hinten griff, in die leicht ver=
letzlichen Weichen, wo er beim tragenden Schaf auch die Frucht schädigen
konnte; er durfte aber auch nicht zu weit nach vorn, aufs Schulterblatt
oder in die Vorderläufe greifen. In Mittel= und Norddeutschland, wo be=
sonders seines Hütens gefordert wird, weil der Boden besser ausgenützt
wird und wertvollere seine Woll= und Fleischschafe gehalten werden,
wurde — süddeutsche Schäfer bestreiten das freilich, es ist aber doch so —
der Griff noch weiter vervollkommnet und verfeinert. Die natürlichen
Griffarten, die Schaf, Nachkommenschaft und Wolle schädigen können,
wurden dort unterdrückt, dafür der Griff in die Keulen, also in den durch
Wolle noch gut gedeckten Teil der Hinterhand, ein bis zwei Handbreit
über dem Sprunggelenk, ausgebildet.

Die Anforderungen an einen Hund im Hütedienst sind, wie wir sehen,
zahlreich und vielseitig, ein Neuling bei der Herde konnte sie nicht erfüllen.
Das konnte nur ein Hund, der in jahrhunderte=, jahrtausende=
langer inniger Fühlung mit Bauer, Hirt und Herde gestanden,
und sich dabei „Diehverständnis" erworben hatte; der von klein
auf mit Dieh vertraut war, der es zu schützen, aber auch zu
meistern verstand. Dieser Hund war da, der Bronzehund=
nachkomme, und, soweit er seit Verwendung der schweren

Schutzhunde nicht mehr alleiniger Herdenhund gewesen: jetzt wurde er es wieder. Wo er inzwischen gesteckt, wenn er nicht zugleich mit den großen Hunden bei den Herden lief, wissen wir auch: er war der Hovawart des frühen, der Hofwart des späteren Mittelalters. Was er dort zu leisten hatte, ergibt sich aus seinem Namen. In den Hofdienst teilte er sich wohl auch mit dem Mistbeller, der Mistbelle oder dem Mistbellerlein, kläffendem Kleinzeug aus dem Torfhundstamm, wie es noch heute in Dorf und Kleinstadt dem Wanderer vom Misthaufen oder aus der Haustür heraus sinnlos giftig zwischen die Beine zu fahren liebt, während der verständige Hofwart zur Abwehr bereit steht und durch Lautgeben warnt, aber erst einschreitet, wenn der Ernst der Stunde es verlangt.

Die hohen Anforderungen, die an den heutigen Herdengebrauchshund gestellt werden, widerlegen auch am besten das sinnlose Ammenmärchen, daß die hütenden Schäferhunde vor 100 und etlichen Jahren, oder gar vor noch kürzerer Zeit, erst aus dem wilden Wolf erzüchtet und entstanden seien. Solch törichtes Gefasel kann man leider immer wieder hören; meist erfolgt es mit der freundlichen Absicht, die Rasse herabzusetzen. Wo es die Auslandspresse in bezug auf den deutschen Schäferhund vorbringt, ist diese Absicht ja unverkennbar.

Aus schriftlichen Überlieferungen ist uns vom Hovawart wenig bekannt; sein Tun schien zu selbstverständlich, als daß es zu besonderen Schilderungen verlockt hätte. Heute ist selbst im einsamen Heidedorf oder im Einödhof der alte Hovawart kaum mehr zu finden; bei uns hat sie die Zeit gemildert und verwischt, auch der Hund hat sich gesteigerter Gesittung, regerem Verkehr und anderen Lebensforderungen angepaßt. Ich schilderte oben, bei den Hirtenhunden, Hofwächters Art nach den Eindrücken, die ich im urwüchsigen Balkangebiet von diesen Hunden gewonnen; dort war sie noch heimisch, brachte sich dem Verstehen nahe. Der den Dingen auf den Grund gehende Beobachter kann freilich auch heute noch bei uns Hovawartart in ihrer Ursprünglichkeit beim die Stammesgeschichte auch in dieser Beziehung wiederholenden Junghunde durchschimmern sehen, in der Zeit, da der die Nestdreistigkeit verlor, aber noch nicht in die Flegeljahre eingetreten ist.

Einiges vom Hovawart wissen wir aus Heinrich Mynsingers 1473 erschienenen „Buoch von den valken, habichten, sperbern, pfäriden und hunden", das der gelehrte „Doktor in der ertzney" vor 1450 im Auftrage des Grafen Ludwig von Württemberg verfaßte. Verfaßte, d. h. „zu teutschen beschrieb, als die philosophi und Maister in lattin geschrieben hand." Er fußte auf des 1280 verstorbenen Albertus Magnus Abhandlung „de falconibus, asturibus, accipitribus", einem Anhang zu des Hohenstaufenkaisers Friedrich II. Buch „de arte venandi cum avibus II". Mynsinger erwähnt fünf edle Hundearten: die Jagd= und Leithunde, die „winden", die „großen hofwarten", die „zwy darm" und die Schoß= hunde. Die „großen hofwarten, die da sind als wolff" sind nach dieser kennzeichnenden Schilderung die unverkennbaren Bronzehundnachkommen, unsere heutigen Schäferhunde; denn der zotthaarige, hängeohrige Schaf= rüde hat nichts wolfsähnliches. Gekannt hat Mynsinger diese Hirtenhunde, denn er spricht einmal von dem „pällen (bellen), das die hund tuond, die da hüten"; besonders erwähnt hat er sie aber nicht, da er, wie schon erwähnt, nur die edlen Hunde beschrieb, zu denen er also die großen Rüden nicht rechnete. Die Hofwarten dagegen ehrt er, denn sie sollen den Jagdhunden und Winden gleich gehalten werden, nur „gröber und dürrer speis" be= kommen. Diese gehobene Stellung des Hofwarts hängt unzweifelhaft mit deren schon erwähnter Jagdverwendung zusammen; aus Windhund und Hofwart entstand nach Mynsinger der merkwürdige „zwydarm", dessen Stärke und Schnelligkeit er besonders rühmt. Vom Herdendienst des Hofwarts erwähnt Mynsinger nichts, dagegen berichtet er nach Albertus Magnus, daß dieser Hund zum „ußspüren der dieb und der bösewicht" gedient hat und ganz ähnlich unserer heutigen Abrichtungs= weise auf den Mann eingearbeitet worden ist. Damit haben wir den Hofwart oder Schäferhund als Polizeihund schon vor 700 Jahren und mehr!*)

Wir haben aber besseren Beweis noch als alte Berichte dafür, daß des Bronzehundes Nachkommen, die wir bis in den Beginn geschichtlicher Zeiten hatten verfolgen können, sich unverändert auch durchs Mittelalter erhalten haben. Das sind die Knochenfunde der Steinauer Höhle, der Teufelskante, im Kreise Schlüchtern, Hessen=Nassau; Knochenfunde dies= mal nicht aus vorgeschichtlicher, sondern aus geschichtlicher Zeit. Diese Höhle diente als eine Art Schindanger zur Aufnahme der Überreste von gefallenem Vieh, namentlich aber von Hunden. Das Überwiegen der Hundeknochen wird damit erklärt, daß von einem etwa 1540 vorgenommenen Umbau des den Grafen von Hanau gehörenden Schlosses Steinau auch die einstige, seit dem 13. Jahrhundert benützte Begräbnisstätte der Jagd= und Hofhunde des Schlosses betroffen worden sei; die dort ausgegrabenen Hundereste wären damals in die Höhle geworfen worden. Außerdem sind dann auch noch später tote Hunde dort hineingeworfen worden und sicher auch einige hungerige Hunde, vom „guten Geruch" der Abfallstätte an= gezogen, freiwillig in den tiefgelegenen Höhlenraum geraten, aus dem sie sich dann nicht mehr selbst befreien konnten. Unter den Hunderesten überwiegen nach Hilzheimer, der sie genau untersucht und bestimmt hat, die Schädel von zur Jagd verwendeten Rassen; weiter wurden noch einzelne Schädel von doggen= und von windhundartigen Hunden gefunden, ebenso solche von zum Abstammungskreis des Torfhundes gehörenden. Schließ= lich in größerer Zahl Schädel von Hunden, die durchaus denen des alten Bronzehundes und unseres heutigen Schäferhundes entsprechen; diese Schädel stammen also aus der Zeit vom Beginn des 13. bis zu dem des 19. Jahrhunderts. Das zahlreiche Vorkommen just von Schädeln des Bronzehund=Schäferhundes erklärt Hilzheimer damit, daß diese Hunde von den Schloßbeamten als Wachhunde, außerdem aber zu Jagdzwecken gehalten wurden. Das ist durchaus wahrscheinlich. Der alte Bronzehund war einst, ebenso wie heute noch der Elchhund, Mädchen für alles, also auch der erste Jagdgehilfe. Später wird er dank seiner scharfen Sinne, Aus= dauer, Behendigkeit und Schärfe, vor allem auch seines geringen Geldwertes wegen, genau wie sein großer Vetter, der Hirtenhund, und vielleicht noch besser als dieser, in Saufindermeuten gelaufen sein, wie er das heute

---

*) Näheres darüber s. „Zeitung des Vereins für deutsche Schäferhunde" 1918, Heft 4, Seite 78.   Der Verfasser.

noch in einzelnen Gegenden muß, so im Hannoverschen und in der Eifel. Wie unser Schäferhund sich auch zum Jagddienst eignet, wird der zweite Abschnitt zeigen. Jedenfalls wird durch die Steinauer Funde die scheinbare Lücke im Nachweis des Vorhandenseins der

Rasse ausgefüllt und deren unverändertes Bestehen von grauer Vorzeit bis in die heutigen Tage unwiderleglich fest= gestellt.

112

Wenn auch nach Mynfingers oben erwähntem Buch der Zucht unserer Hofwarten einige Aufmerksamkeit gewidmet wurde, so ist doch

Abb. 88. Schäferhund, von Friedrich Simmler, Düsseldrf, zwischen 1830—1838, nach der Natur auf Stein gezeichnet

selbstverständlich auch des alten Bronzehundes Nachkommenschaft im Laufe der Zeit von allerlei fremden Beimischungen nicht frei geblieben. Am

v. Stephanitz, Der deutsche Schäferhund.

häufigsten wird eine solche mit den, wie wir sahen, nächstverwandten Hunden des anderen Landschlages, den Hirtenhunden stattgefunden haben. Doch besitzt eine Rasse, die sich seit Jahrtausenden in den wesentlichsten

Abb. 89. Schäferhund aus der Wetterau. Gezeichnet 1872 von Friedrich Specht.

Punkten gleichbleibend erhalten hat, eine so durchschlagende Vererbungskraft, daß fremde Blutspritzer ohne Gefahr aufgesogen wurden. Als daher seit der neuen Verwendung der Schäferhunde im Hütedienst mit der Zucht auf Leistung eine sorgfältige, nach durchaus richtigen Grundsätzen erfolgende Zuchtwahl durch die Schäfer einsetzte, war auch das immer schärfere Hervortreten der äußeren Artmerkmale die zwar wohl unbeabsichtigte, aber natürliche Folge.

So zeigen uns denn auch die leider nur wenigen älteren Schäferhundbilder durchaus artgetreue Schäferhunde des Gebrauchsschlages. Ganz vortrefflich ist der von dem bekannten Nürnberger Tiermaler Johann Adam Klein etwa 1817 gezeichneten Schäferhund; wohl hat er verschnittene Ohren, solche finden sich aber noch heute in Süddeutschland häufig bei Herdengebrauchshunden, deren hängende oder kippende Ohren durch das Verschneiden zum Stehen gebracht werden sollen.

Abb. 90. Schäferhundkopf. Gezeichnet 1888 von Friedrich Specht.

114

Die Simmlersche Zeichnung stammt aus den Jahren zwischen 1830—1838, zu welcher Zeit der Künstler in Düsseldorf lebte. Das trockene, sehnige Gebäude, die harte Behaarung des Herdenhundes sind vortrefflich wiedergegeben, die Hinterhand ist ganz hervorragend dargestellt. Beim Kopf hat sich der Künstler freilich einigermaßen vertan. So, zipfelmütz= artig überhängend, ist die Kippohrbildung nicht möglich. Auch der Stirn= absatz ist entschieden zu scharf, nahezu rechtwinklig, gezeichnet, was wohl

Abb. 91. Schäferhundkopf. Nach einem Gemälde von Prof. A. Braith, im Braith=Museum zu Biberach a. Rh.

die Folge des zu hoch gezogenen Augenbogens ist. Die Bezahnung schließlich mit zwei Paaren von Fangzähnen — sie erinnert an die Zahnbildung des Beutelwolfs — ist so nach der Lehre vom Körperaufbau unmöglich, ebenso der zu flach verlaufende, der Kraft entbehrende Unterkiefer.

Die beiden anderen Bilder schließlich sind von dem bekannten Tier= und Jagdmaler Friedrich Specht; die Zeichnung des Wetterauer Schäfer=

hundes erſchien 1872 in der „Gartenlaube", das Kopfbild 1888 im „Da=
heim". Wenn Specht auch geborener Süddeutſcher war, ſo hat er in ſeinen
Bildern doch mehr den norddeutſchen Schäferhundſchlag dargeſtellt, der
dort im Weſten von Schäfern und Bauern auch Schäferſpitz genannt wird.
Der ausdrucksvolle Kopf eines prächtigen Württemberger Gebrauchshundes
dagegen ſtammt von Prof. A. Braith, deſſen Schaf= und Hütenbilder dem
Biberacher Meiſter gegen Ende des vorigen Jahrhunderts Weltruf ver=
ſchafften. Der kluge Ausdruck des Herdenhundes iſt übrigens in beiden
Kopfbildern trefflich wiedergegeben.

Zum Vergleich laſſe ich noch einige Lichtbilder deutſcher Schäfer=
hunde aus den achtziger Jahren des vorigen Jahrhunderts folgen. Es

Abb. 92. Stockhaarige Schäferhunde aus den 80er Jahren vor. Jahrhunderts.
Beſitzer Rittmeiſter Riechelmann=Dunau.

ſind Aufnahmen norddeutſcher Herdenhunde, mit denen einſt Rittmeiſter
Riechelmann=Dunau in Hannover und Graf v. Hahn, damals in Wil=
dungen, die Begründer des erſten Zuchtvereins für die Raſſe, des ſchon
nach kurzem Beſtehen an inneren Zwiſtigkeiten zugrunde gegangenen
„Phylax", ihre Zucht begannen; Stoppelhopſer, Schäfermädchen und
Trutzig ſind unter ihnen bekannter geworden.

Schön waren nach landläufigem Begriff dieſe Hunde ja gerade nicht.
Aber beim Schäferhunde kommt es nicht ſo ſehr auf äußere Schönheit,
als auf Gebrauchstüchtigkeit und leiſtungsfähiges Gebäude an. Und wenn

116

die im Bilde gezeigten da auch in manchen Punkten recht zu wünschen
ließen — ungünstige Stellung auf dem Bilde täuscht vielleicht auch Fehler
vor, die gar nicht vorhanden waren; Hunde günstig aufzunehmen, ist nicht
so leicht! —, so waren doch die Anlagen da, auf denen die nunmehr bald
einsetzende Hochzucht weiterbauen konnte. Und Schäferhunde waren
diese Hunde, das zeigt der rechte Ausdruck selbst auf diesen alten, wenig
günstigen Aufnahmen.

Das allmählich immer schärfere Hervortreten der äußeren Art=
merkmale, eine schon einsetzende gewisse Ausgeglichenheit, war, wie
ich eben ausführte, die natürliche Folge der von den Schäfern ausgeübten
Zucht auf Leistung. Doch hatten auch viele Schäfer, namentlich solche
aus Sippen, in denen der Beruf gewissermaßen erblich war, den Ehr=

Abb. 93. Stockhaariger deutscher Schäferhund aus den 80er Jahren vorigen
Jahrhunderts. (Stoppelhopser.)

geiz, nicht bloß gebrauchstüchtige, sondern auch äußerlich ausgeglichene
und ansehnliche Hunde zu führen und zu züchten. Sie hielten auf gute
Blutmischung, merzten untaugliches aus — was bei den Schafen nicht
taugte oder nicht gefiel, kam zu Kühen, Schweinen oder auch Gänsen,
auf den Hof als Wächter oder zum Bauern an die Kette, auf die Meierei
zum Treten des Butterfasses und zu ähnlichem Dienst —und so entwickelten
sich auf einzelnen Gütern und Schafmeistereien ganz hervorragende
Gebrauchshundstämme, die auch den Mitte des 19. Jahrhunderts ein=
setzenden starken Rückgang der Schafhaltung zu überdauern vermochten.
Im übrigen hat dieser Rückgang leider auch unserer Gebrauchshund=
zucht recht geschadet: große Stammschäfereien wurden ganz aufgelöst
und die Schafhaltung wurde gerade in den Gebieten am meisten ein=
geschränkt, wo neben sorgfältigem Hüten auch auf gute Hunde gehalten
wurde. Im Äußeren unserer· Herdengebrauchshunde herrschte daher,
als gegen Ende der 90er Jahre vorigen Jahrhunderts erneute Hoch=

zuchtbestrebungen für die Rasse einsetzten, eine ähnliche Unausgeglichen=
heit, wie ich sie vorstehend in Wort und Bild vom Balkangebiet ge=

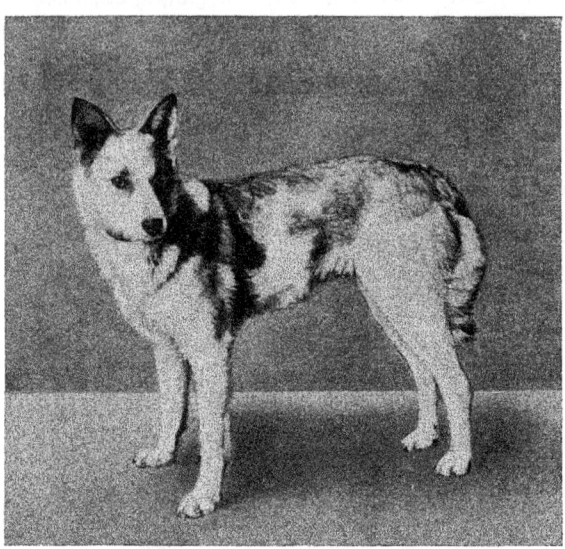

Abb. 94. Stockhaariger deutscher Schäferhund aus den 80er Jahren vorigen
Jahrhunderts. (Schäfermädchen.)

schildert habe, wie wir sie heute auch in den Westländern noch bei den
Gebrauchshunden finden und selbst auch bei uns, da, wo die Bestre=

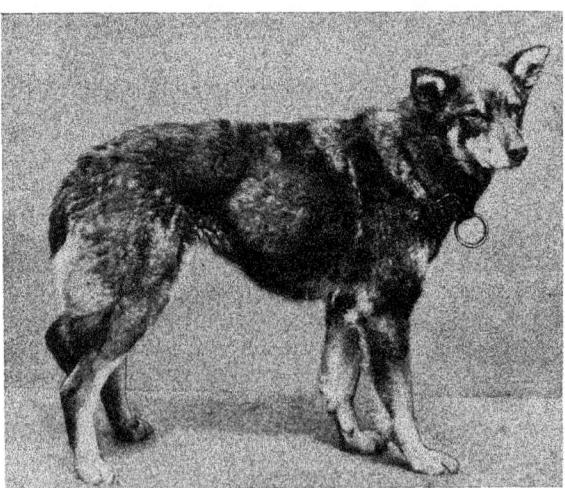

Abb. 95. Stockhaariger deutscher Schäferhund aus den 80er Jahren vorigen
Jahrhunderts. (Trutzig.)

118

bungen des nunmehr gleich zu erwähnenden Zuchtvereins der Rasse in Schäferkreisen noch nicht volle Würdigung und Befolgung gefunden haben.

Abb. 96. Ungleiche Gebrauchshunde.

Daß auf einem so ausgedehnten Zuchtgebiet, wie es das Deutsche Reich darstellte, sich mit der Zeit in Kleinigkeiten des Äußeren vonein= ander abweichende örtliche Schläge ausbildeten, war zunächst eine Folge

Abb. 97. Heidschnuckenherde
der Anstalt Freistatt Darrel, Hannover, mit Schafmeister Platz.

der die Regel bildenden Züchtung zwischen benachbarten Stämmen. Ebenso spielten örtliche, die Spielartenbildung begünstigende Einflüsse mit; den Hauptausschlag gaben aber die Forderungen des Gebrauchs.

119

Jenes Gebiet verlangte leichtere, beweglichere Hunde, dieses wieder größere, wehrhaftere. Im allgemeinen finden wir, daß nach dem Süden zu und in den Gebirgsgegenden die Größe der Gebrauchshunde zunimmt.

Abb. 98.
Gebrauchshund aus der Heidegegend.

Die Gebirgsformen besitzen an sich schon neben anderen Eigentümlichkeiten, wie die Neigung zur Bärenfüßigkeit z. B., größere Ausmessungen. Im übrigen mußte dort, wo Raubzeug und streunendes Volk seine sichersten Schlupfwinkel fand, der stärkere Hund auch am längsten beibehalten werden.

Einen wesentlichen Einfluß auf die Größenausmessungen des Gebrauchshundes hatte auch die Rasse der in einer Landschaft zumeist gehaltenen Schafe. Zu Heidschnucken und kleinen Merinos mit etwa 55 cm Rückenhöhe und 25—40 kg Lebensgewicht genügt ein Hund, der gegenüber schwereren Landschlägen oder englischen Schafen mit 65—80 cm Rückenhöhe und 45—70 kg Gewicht einen harten Stand hätte. So finden wir in den Teilen Mittel- und Norddeutschlands, wo außer den Heidschnucken besonders die feinen und leichteren Wollschafe gehalten wurden, vielfach auch einen leichter gebauten Hund.

Abb. 99. Stockhaariger Schäferhund, Thüringer Gebrauchsschlag, Ende vorigen Jahrhunderts, graugelb-gewollt, gelbe Abzeichen.

Nicht selten mag gegen Norden zu auch eine Vermischung von Bronzehund = Nachkommen mit kleineren ringelschwänzigen nordischen Hunden des Torfhund= oder auch des Inostranzewi-Stammes vorgekommen sein; der Spitz oder Pommer hatte dort einst ein großes Verbreitungsgebiet. Die im Süden kaum, nach Norden zu aber häufiger anzutreffende Ringelneigung der Rute läßt darauf schließen, ebenso die namentlich bei Thüringer Hunden nicht selten volle Kopfbildung, die Anklänge an die Schädelform der Spitze und der Laikaartigen aufweist; schließlich das im Norden häufigere, der Spitzbehaarung ähn-

120

liche Langstockhaar, das namentlich in Schleswig-Holstein, Pommern, aber auch in Schlesien zu finden ist. Umgekehrt spricht der süddeutschen Hunde kräftigerer Knochenbau und Neigung zum Kippohr für eine stärkere Beimischung des alten Schafrüdenblutes.

Die hier eingestreuten Bilder von Gebrauchshunden aus verschiedenen Gegenden beleuchten das eben Gesagte. Ich habe auch die Bilder von rauhhaarigen und von langstockhaarigen Schäferhunden beigefügt, um diese Abweichung von der Grundform des Stockhaares zu zeigen. Das Rauhhaar ist bei unseren deutschen Schäferhunden kaum mehr zu finden — in Holland und Belgien wird es liebhabermäßig gezüchtet, ist aber gleichfalls selten —, seine Entstehung habe ich oben

Abb. 100. Stockhaariger Schäferhund, Württemberger Gebrauchsschlag, Ende vorigen Jahrhunderts, schwarz, gelbe Abzeichen.

dargelegt. Häufiger sieht man ein Wellhaar, das auf Paarung zott- und stockhaariger Hunde zurückzuführen ist und das bisweilen noch nach mehreren Geschlechtsreihen wieder durchschlägt. Im Süden gar nicht vertreten, findet sich nach dem Norden zu unter den Gebrauchshunden häufiger noch ein verlängertes Stockhaar, bei dem die Unterwolle meist nicht so gut ausgebildet ist. Dies Langstockhaar ist schlicht, kräuselt nicht, bildet weder Mähne noch Bart, hat aber nicht die Härte von gutem Stockhaar, ist daher für den Gebrauch auch nicht so günstig wie dieses anzusprechen; die belgische Liebhaberzucht hat aus so behaarten Hunden einen eigenen Haarschlag erzüchtet, ebenso die englische.

Auf Haar und Farben werde ich im IV. und V. Abschnitt noch näher eingehen, hier sei zu diesem nur gesagt, daß unsere stockhaarigen Schäferhunde die gleichen Farben wie die Schäferhunde aller anderen Länder aufweisen. Die Grundfarbe ist die wolfsartige dunkle Wölkung auf gelbgrauem Grunde, aus der sich alle anderen Farben vom reinen Weiß — bei stockhaarigen Hunden sehr selten und unschön — bis zum einfarbigen Schwarz entwickelt haben. Am häufigsten sind die wolfs= farbigen, also gelb= oder gelbgrau=, auch fahlrot= bis bräunlich=gewolkten Hunde mit regelmäßigen, meist lichtgelben Abzeichen an Kopf und Läufen, und die schwarzgelben Hunde, d. h. schwarze mit den gleichen

Abb. 101. Stockhaariger Schäferhund, Schwäbischer Gebrauchsschlag, Ende vorigen Jahrhunderts, schwarz, gelbe Abzeichen, verschnittene Ohren.

regelmäßigen, aber im Ton meist satteren, lohfarben bis braunroten Abzeichen. Schimmel waren früher unter den Gebrauchshunden Nord= und Mitteldeutschlands häufiger und zwar als Blau= oder Rotschimmel; so nennt man blaugraue oder rotbraune Hunde mit größeren weißen Platten. Im Braunschweigischen gab es auch noch eine eigenartige Tigerscheckenfärbung, auf die einzelne Schäfereien besonders hielten. Diese Hunde hatten dunkelbraune bis schwarze Tupfen oder größere Flecken auf lichterem Grunde, oder, was sehr viel vornehmer wirkte, silbergraue Flecken auf schwarzem Grunde. Eigentliche Tiger, ge= strömte Hunde, findet man im Süden häufiger.

Abb. 102. Stockhaariger Schäferhund, Norddeutschland, weiß.

Abb. 103. Langstockhaariger Schäferhund, Mitteldeutschland, schwarz, gelbe Abzeichen.

Die Frage könnte hier wohl aufgeworfen werden, ob dunkel= gefärbte oder schwarze Hunde für den Herdendienst ebenso geeignet wie solche mit lichten Farben oder wie rein weiße, weil dunkle Farben

Abb. 104.   Langstockhaariger Schäferhund, Norddeutschland, isabellfarbig.

mehr Sonnenwärme auf sich ziehen, ein schwarzer Hund also mehr unter der Hitze zu leiden habe oder leichter vom Hitzschlag getroffen werden könnte. Weiß finden wir in der freien Natur nur als Schneeschutzfärbung

Abb. 105.   Langstockhaariger Schäferhund, Provinz Sachsen, Blauschimmel.

oder als Entartungserscheinung (Kaferlaken). Die dem Sonnenlicht am meisten ausgesetzten Steppentiere sind fast durchweg gelbgrau bis gelbbraun, also wildhundähnlich gefärbt, wobei die dem Licht zuge= wendeten oberen Teile die dunkelsten Töne zeigen. Wildhundfärbung würde also auch die beste, weil natürliche Schutzfärbung gegen Sonnen= brand sein. Auf ein schwarzes Fell, das ruhig in der Sonne liegt, brennt die Sonne freilich tüchtig, oft so, daß man die Hand nicht darauf legen kann; der schwarze Herdenhund schiene also gefährdet. Aber der Herden= huud steht nicht lange ruhig auf einem Fleck, er ist im Dienst in dauernder Bewegung, die Sonne bestrahlt ihn also nicht lange in gleicher Richtung, beim Laufen aber streicht er durch die Luft und kühlt sich ab. Ruht er aber, dann sucht er schon den Schatten auf, wenn die Sonne mal gar zu toll brennt, was sie bei uns zulande ja leider nur recht selten tut.

Abb. 106. Stockhaariger Schäferhund, Braunschweig, Blauschimmel.

Nach Schäme ist das einzelne Wolfshaar an der Wurzel fahl= graugelb, fast weißlich. Diesem Fahlgelb folgt ein Übergang über rotgelb und rot zu schwarz; dann wieder rot, fahlgelb, rot und schwarz Das Schwarz wird durch dickere, Rot durch dünnere Einlagerung des Farbstoffes erzeugt, das Fahlgelb aber hält Schäme für die natürliche Farbe der Haarzellen. Ebenso wie Rot läßt er Grau und Braun durch verschiedene Einlagerung und Stärke des gleichen Farbstoffes, Schwarz, entstehen, der die Neigung zur Ausbreitung, aber auch zur Abschwächung besitzt. In diesem Falle ergreift die helle Abzeichenfarbe schließlich von immer größeren Teilen des Hundes Besitz (schwarzer Sattel auf meist gelbem Grunde) oder erstreckt sich, immer mehr verblassend, in ganz dünner

125

Einlagerung von Schwarz über den ganzen Hund; bei ganz weißen oder rein fahlgelben Hunden sei der schwarze Farbstoff nicht sichtbar zur Ent= wicklung gelangt. Aus züchterischer Erfahrung wissen wir, daß bis zur Einfarbigkeit gesteigerte Sättigung der Haarzellen mit dunklem Farb= stoff eine Folge der Durchzüchtung ist. Auch bei freilebenden Tieren wird die Neigung zu Schwarzfärbung (Melanismus) zumeist in jenen Gebieten gefunden, wo infolge enggezogener räumlicher Grenzen natürliche Inzucht besonders häufig stattgefunden haben muß. Bei Überzüchtung neigt das Schwarz dann zum Verblassen, zunächst in den Abzeichen. Das würde sich ungefähr mit den Schämeschen Aus= führungen decken. Auf Farbe sind unsere deutschen Schäferhunde übrigens niemals gezüchtet worden, sie ist für einen Gebrauchshund auch ganz gleichgültig. Sollten einzelne Liebhaber sich auf solch verfehlte Spielerei

Abb. 107. Stockhaariger Schäferhund, Braunschweig, Tigerscheck, schwarze Flecken auf grauem Grund, weiße Abzeichen.

einlassen wollen, so würden sie bitter enttäuscht, denn selbst bei in den Grundfarben übereinstimmenden Eltern können, Ahnenerbteil, anders= gefärbte Welpen im Wurf liegen.

Ende der 80er, Anfang der 90er Jahre vorigen Jahrhunderts hatten unsere Schäferhunde dank ihrer Eigenart die Aufmerksamkeit einiger ernsthafter Hundefreunde auf sich gezogen; neben dem schon genannten Rittmeister Riechelmann und dem Grafen Hahn trat vor allem noch der Düsseldorfer Jagd= und Tiermaler L. Beckmann für sie ein. Heimische Rassen galten damals in Deutschland noch wenig, die ge= samte Liebhaberzucht Deutschlands stand ja mehr oder weniger noch in den Anfängen, wandte sich deshalb mit Vorliebe den durchgezüchteteren und „vornehmeren" Auslandrassen zu; die Schäferhundliebhaberei aber wurde ihr jüngstes Kind, das freilich, dank der von ihm geförderten

126

Raſſe, binnen weniger Jahre alle anderen weit überflügelte. Am 16. Dezember 1891 hatten ſich zum erſtenmal Schäferhundfreunde zu einem Verein „Phylax" zuſammengeſchloſſen, der aber das Jahr 1894 nicht überdauerte. Die Zahl echter und begeiſterter Freunde der Raſſe mehrte ſich aber, am 22. April 1899 erſolge ein zweiter Zuſammen= ſchluß: der „Verein für deutſche Schäferhunde (SV.)" wurde gegründet, damals mit, dem Siß in Stuttgart, ab Anfang 1901 in München. Die Geſchichte dieſes ſeitdem raſtlos für ſeine Raſſe wirkenden Liebhaber=Zuchtvereins iſt im I. Abſchnitt der Vereinsabhandlung „Der Verein für deutſche Schäferhunde, ſein Ziel und ſeine Verfaſſung"

Abb. 108. Rauhhaariger Schäferhund, Württemberg, gelb, ſchwarzer Sattel.

niedergelegt, einiges über ihn wird noch in den folgenden, namentlich im IX. Abſchnitt geſagt werden. Heute, da ich dies ſchreibe, nach etwas über 20jährigem Beſtehen, hat der SV. ſchon 100 000 Schäferhunde in dem von ihm geführten Zuchtbuch der Raſſe, dem „Zuchtbuch für deutſche Schäferhunde (SZ.)" eingetragen*). Den angehenden

*) Über Zweck und Einrichtung des Zuchtbuches bringt der III. Abſchnitt Näheres. Zu den nachſtehenden Ausführungen ſei erläuternd bemerkt, daß in den erſten Jahren der Zuchtbuchführung die Hunde noch nicht durchweg nur auf den Zwingernamen des Züchters eingetragen wurden und daß auch ein Wechſel des Ruf= und Zwingernamens erlaubt war.   . Der Verfaſſer.

Freund der Raſſe mag ein ſtilles Grauſen erfaſſen, hört er dieſe Zahl, vergegenwärtigt er ſich, daß er ſich unter dieſen Maſſen zurechtfinden ſoll, um ſich aus dem Buch Rat für die Zuſammenſtellung ſeiner Zucht= tiere zu holen! Doch gibt es eine Zauberformel, die den taſtend Suchen= den da auf den rechten Weg leitet: die Kenntnis der führenden Blutſtämme in unſerer heutigen Zucht. Zu dem Zweck laſſe ich hier, noch etwas ergänzt, folgen, was ich Anfang 1912 als Wegwort für den damals erſcheinenden Band IX. dieſes Zuchtbuchs ſchrieb:

„Als gegen Ende des 19. Jahrhunderts die Liebhaberei ſich auch unſerem heimiſchen Schäferhunde zuwandte — die Schotten ſtanden

Abb. 109. Rauhhaariger Schäferhund (wellhaarig), Schwaben, ſchwarz, gelbe Abzeichen.

damals in ihrer Blütezeit etwa — drohte zunächſt jene Richtung die Oberhand zu gewinnen, die im Schäferhunde nicht den Schäferhund, den „Gebrauchshund", mit ſeinen unübertrefflichen Eigenſchaften ſah, ſondern die aus ihm einen „Luxushund" machen wollte, ſtehohrig um jeden Preis und möglichſt wolfsähnlich. Dieſer Wunſch beruhte bei den einen auf Wohlgefallen an der äußeren Erſcheinung, während bei anderen die Rückſichtnahme auf beſſere „Marktfähigkeit" des auf= fallenden Hundes nicht ausgeſchaltet blieb. Beim erſten Zuchtverein für unſere Raſſe, beim „Phylax", unterdrückte die einſeitige Betonung des Nurluxushund=Standpunkts ſehr bald die urſprünglichen Abſichten der Gründer dieses Vereins, deren Bestrebungen, gleich den unseren, auf Verbesserung des Gebrauchshundes gerichtet waren. Die Folge davon war erst das Hinsiechen, dann das Einschlafen des „Phylax", der im wesentlichen auf Nord= und Mitteldeutschland beschränkt ge= blieben war.

„Die Luxushund=Schwärmer setzten ihre Hoffnungen auf den sogenannten Thüringer Schäferhund, bei dem sie am häufigsten fanden, was ihnen am begehrenswertesten erschien: Stehohr und wolfsgraue Färbung. Im übrigen war dieser Hund sehnig und derb, oft etwas klein und untersetzt; als Gebrauchshund voller Nerv, was sich bei der Lieb= haberhaltung leider oft in unleidliche Ungezogenheiten und zügellose Wildheit umsetzte. Einzelne Thüringer Schäfer trieben Massenzucht

Abb. 110. Luchs (Sparwasser) SZ. 155.

und machten gute Geschäfte, auf Kosten natürlich der „Ware", der nur unzureichende Aufzuchtpflege zuteil wurde. Andere dagegen blieben verständiger Gebrauchshundzucht treu. So Arnold auf der Birken= schäferei bei Blankenheim, Ehnert in Röden, Goymann in Klostermans= feld und Weber in Geußnitz.

„Auch in der Frankfurter Gegend hatten sich zwei Schäferhund= zwinger aufgetan: in Frankfurt selbst der von Sparwasser, der reiner Liebhaberzüchter, damals aber leider auch einseitiger „Luxushund"= Freund blieb. Dann in Hanau der Wachsmuthsche Zwinger, von dem auch Sparwasser seinen Zuchtstamm bezogen hatte. Der Hanauer Zwinger wuchs sich bald zum „Umsatzmittelpunkt" für Schäferhunde aus.

v. Stephanitz, Der deutsche Schäferhund.

In Deutschland kennt ihn heute wohl kaum noch ein Schäferhundmann, es sei denn aus alten Stammtafeln; in fürs Ausland bestimmten An= zeigenblättern dagegen fanden sich vor gar nicht zu langer Zeit noch Angebote von Hunden dieses Zwingers, die immer noch aus „Pollux" und „Prima" stammen sollten, obgleich dieses Paar in sein viertes Jahrzehnt eingetreten. In Hanau überstieg daher die Nachfrage bald die eigene Erzeugung. So mußte denn auswärts aufgekauft werden: in Thüringen, woher der Hanauer Stamm gekommen; aber auch in Württemberg, wo es viele Schäfer gab, die für wenige Mark ihre Hunde hergaben. Doch waren die Württemberger Hunde nicht so beliebt: das damals alleinseligmachende Stehohr fehlte ihnen oft, wenn sie

Abb. 111. Stockhaariger Schäferhund, schwarz, gelbe Abzeichen, Auskreuzungs= ergebnis zwischen nord= und süddeutschen Gebrauchshunden. Mira von Grasrath, früher von der Krone SZ. 112 HGH.

auch in der Zuverlässigkeit der Rutenhaltung die Thüringer übertrafen, bei denen der Ringel ernsthaften Züchtern oft Pein bereitete, während minder Gewissenhafte sich auf die Beseitigung solch kleiner Schönheits= fehler gar wohl verstanden: die Sünden der Väter kamen dann zur unfrohen Überraschung späterer Besitzer erst im zweiten und dritten Gliede zutage. Aber auch im Gebäude hatten die Württemberger ihre Vorzüge, die damals freilich, abgesehen von der Größe, noch wenig Beachtung fanden. Es waren zumeist große, knochenkräftige, geräumig angelegte Gesellen mit guter Hinterhand und flottem Gange. Wie es

130

bei großen Schlaffen aber häufiger zu finden, vielleicht nicht so voll überschäumenden Lebens. Griffen sie aber zu, dann derb.

„In Württemberg ist bekanntlich nahezu jedermann ein „Hunds= datte", was noch etwas mehr als „Hundenarr" bedeutet. Der Württem= berger hat Freude am Züchten, kann ohne das gar nicht leben, freut sich seiner Erfolge, muß aber immer wieder Platz für neue schaffen. Als gewandte Tierzüchter hatten die Württemberger auch bald heraus, was ihren Hunden fehlte, was die norddeutschen Abnehmer haben wollten. So begannen sie ihrerseits mit Einführung stehohriger, wolfs= grauer Hunde und damit war für die Schäferhundzucht das bekannte Ei des Kolumbus gelegt: in der Auskreuzung zwischen den nord= und den süddeutschen Hunden, in der Vereinigung und Festigung der bei beiden vorhandenen guten Punkte, in der Ausmerzung der als Mängel empfundenen. Auch für die Eigenschaften gab diese Auskreuzung einen trefflichen Zusammenklang, und vor allem: fast alte aus Württemberg

Abb. 112. Hektor=Linksrhein, gen. Horand von Grafrath SZ. 1.

bezogenen Hunde waren gearbeitet, waren in harter, aber gesunder Gebrauchshundaufzucht hochgekommen.

„So bezog Schlenker in Schwenningen von Wachsmuth seinen damals überall erfolgreichen Fritz von Schwenningen SZ. 20. So Eiselen, damals noch in Heidenheim, für seinen bald weithin bekannten Krone= Zwinger zunächst ein Thüringer Zuchtpaar: Max von der Krone SZ. 160 und Sali von der Krone; später auf Umwegen den im Sparwasserschen Zwinger gezüchteten Hektor Linksrhein, gen. Horand von Grafrath SZ. 1. Dieser von Sparwasser gezüchtete Huud — ein Wurfbruder des vorstehend im Bilde gezeigten Luchs (Sparwasser) SZ. 155 — wurde geradezu zum Schicksal der Schäferhundzucht; aber zu einem guten Schicksal, zu ihrem Glücksstern! Leider, muß ich wohl sagen, nicht in meinem Zwinger: ich hatte mit ihm nicht die glückliche Hand seiner Vorbesitzer; desto uneingeschränkter darf ich hier sein Lob singen.

9*

„Ḩorand bedeutete auch für die damaligen Luxushundschwärmer des Wunschtraums Erfüllung: groß für die damalige Zeit — mit 60 bis 61 cm Rückenhöhe, richtig gemessen selbstverständlich, ohne „Vergrößerungsglas", auch für heutige Verhältnisse sonach noch von richtiger Mittelgröße —, mit kräftigen Knochen, schönen Linien und edel geformtem Kopf, das Gebäude trocken und sehnig, der ganze Hund ein Nerv. Dementsprechend auch das Wesen: wundervoll in seiner anschmiegenden Treue zum Herrn, allen anderen gegenüber eine rücksichtslose Herrennatur, ungebändigt in ihrer überschäumenden Lebensfülle. In der Jugend leider nicht erzogen, trotzdem in der Hand des Herrn gehorsam auf den leisesten Wink, aber, sich selbst überlassen, der tollste Unfugstifter, der wildeste Raufer und ein zügelloser Hetzer.

Abb. 113. Sieger 1900/1901 Ḩektor von Schwaben SZ. 13 ḨGḨ.

Nie müssig, immer unterwegs; gutmütig zu harmlosen Menschen, aber kein Schmeichler; ein Kindernarr, und immer — verliebt. Seinem Beobachter ein dauernder Genuß, seinem Besitzer oft auch eine Quelle schweren Ärgers. Was hätte aus dem Hunde werden können, wenn wir damals schon Diensthundabrichtung gehabt hätten! Seine Fehler waren Fehler seiner Erziehung, nicht seiner Anlage. Er litt an unterdrücktem, sagen wir besser, nicht ausgenütztem Tätigkeitstrieb; denn er war selig, wenn man sich mit ihm beschäftigte, war dann der lenksamste Hund.

„Dieses wundervolle Wesen des Rassetiers hat Horand in erster Linie seiner Nachkommenschaft vererbt. Das schlägt heute noch durch; wir werden später sehen, daß fast alle Leistungssieger Horand-Blut führen, viel Horand-Blut.

Abb. 114. Ba on von der Krone SZ. 162.

„Horands bester Sohn war der Sieger 1900/01 Hektor von Schwaben SZ. 13, geworfen aus der Württemberger Gebrauchshündin Mores-Plieningen SZ. 159. Einst ging die Sage, besagte Hündin sei eine Wolfs-enkelin oder -urenkelin gewesen. Nachzuweisen war das Gerücht nicht, eingehende Unterfuchungen ergaben das Gegenteil. Auch fprach weder in Hektors noch feiner Nachkommenfchaft Äußerem und Wefen irgend= etwas für folche Behauptung.

„Ein anderer, feinerzeit bekannt gewordener Horand=Sohn war Baron von der Krone, früher Max II SZ. 162, gefallen aus Madame von der Krone der Älteren, ebenfalls einer Württemberger Gebrauchs= hündin. Baron kam bald in falfche Hände; fo hat er für die Zucht wenig Erfprießliches geleiftet. Dagegen fiel aus Barons Wurffchwefter Thekla 1 von der Krone nach ihrem Halbbruder Hektor von Schwaben SZ. 13 (f. oben), der bekannte Beowulf, früher Beowulf=Sonnenberg und Wolf SZ. 10, der fomit, wie fein weniger bekannt gewordener Wurfbruder Pilot SZ. 111, Horand zum doppelten Großvater hat.

Abb. 115. Beowulf, fr. Beowulf=Sonnenberg SZ. 10.

„Beowulfs Zuchterfolge find auch jüngeren Züchtern bekannter geworden; es braucht daher nicht mehr auf Einzelheiten eingegangen zu werden. Vielleicht wäre wegen Beowulfs erfolgreicher Fruchtbarkeit richtiger von einem Beowulf=Stamm ftatt von dem Horands zu fprechen; aber Horand=Blut ift heute für die Zucht zum allgemeinen Begriff geworden; nicht in Beziehung auf diefen Rüden allein, fondern auf eine ganze Anzahl ihm blutverwandter, die als Träger unferer heutigen Zucht nahezu in allen Ahnentafeln wiederkehren.

„Noch zutreffender freilich follte man vom Pollux=Blut fprechen, denn auf diefen Pollux SZ. 151, führen alle die Stämme zurück, die

wir heute als horand=blütig bezeichnen. Aber Polluz hat sich leider in
der Zucht zu „unbeliebt" gemacht; das freilich weniger durch seine Schuld,

Abb. 116. Huſſan von Medlens rg Z. 6467 pH.

als durch die seines Besitzers, der in seinen Stammtafeln auf dieses
einstige „Ruhmesblatt" nie verzichten zu können vermeinte. Daher
pflegt jetzt allgemein zur Bezeichnung des eigentlichen Polluz=Stammes

Horands Name herangezogen zu werden, weil seine Verdienste unzweifel=
haft und zuchtbuchmäßig festgelegt werden konnten.

„Einer dieser Pollux=Söhne, der also mit zum heutigen Begriff
des Horand=Stammes gehört, war der oben schon genannte Fritz von
Schwenningen SZ. 20. Aus dessen Verbindung mit der Württem=
bergerin Fides vom Neckarursprung SZ. 19 HGH, entstammt z. B.
Schwabenmädle von Grafrath SZ. 3, die über ihre Beowulf=Tochter
See vom Lindenhof SZ. 2848, zu Hussan von Mecklenburg SZ. 6467
Ph, einem Roland von Starkenburg=Sohn führt. Dann Schwabenmädles
Wurfschwester Flora, die im Zuchtbuch — damals war so etwas leider
möglich — als Flora von Brötzingen, auch als Flora von Karlsruhe
und als Flora I von Karlsruhe (Jauch) zu finden; nach heutigem Be=

Abb. 117. Siegerin 1901 Elfa von Schwaben SZ. 34.

griff müßte sie, wie Schwabenmädle auch, den Zwingernamen Neckar=
ursprung führen. Von dieser nicht eingetragenen Flora fiel nach Hektor
von Schwaben SZ. 13 der Sieger 1903 Roland vom Park, fr. vom Gold=
steintal SZ. 245. Dieser selbst sehr versprechende Horand=Enkel hat für
die Zucht leider wenig Erfolgreiches geleistet. Auch er kam in falsche
Hände, mußte Hündinnen belegen, die seinem Blut ganz fremd,
vermochte sich da nicht durchzusetzen und wurde vor allem auch viel zu
stark ausgenützt. Daß er mit passendem Blut Gutes leisten konnte,
hat er bei seinem ersten Besitzer erwiesen: auf ihn und die ihm blut=
verwandte Nixe vom Goldsteintal SZ. 87, führt eine der im Österreich=
Sieger 1910 Wotan vom Emstal SZ. 6813 und im Sieger 1910 Tell
von der Kriminalpolizei SZ. 8770 Ph fließenden Adern zurück.
136

Ich nannte eben die Württemberger Fides vom Neckarursprung
SZ. 19 HGH. Aus ihr züchtete Jauch-Schwenningen nach dem gleichfalls rein württembergischen Gebrauchshund Carex-Plieningen SZ. 158
HGH die Siegerin 1901 Elsa von Schwaben SZ. 34, die also auch
Jauchs Zwingernamen Neckarursprung führen müßte. Aus Elsa fiel
nach Beowulf SZ. 10, also mit Horand-Blut, die Siegerin 1904 Regina
von Schwaben SZ. 411, aus der der seinerzeit gleichfalls weithin bekannte, nach dem Tode seines Besitzers Leeb aufgelöste Zwinger Memmingen viele Erfolge zog.

„Eine andere Wurzel zum Horand-Stamm bildet Horands Wurfbruder Luchs-(Sparwasser) SZ. 155, der durch seinen Sohn Rex, fr.

Abb. 118. Siegerin 1904 Regina von Schwaben SZ. 411.

Rex von Karlsruhe bzw. Wolf SZ. 14, über die Wurfbrüder Rex von
Karlsruhe SZ. 61 und Prinz von Karlsruhe SZ. 735 zur Dewet-
Linie führt.

„Dewet Barbarossa, fr. Eislingen SZ. 630 PH, wurde nach Prinz
von Karlsruhe, SZ. 735 und Sara von der Krone, SZ. 103, HGH, ge-
worfen, die ihrerseits eine Tochter des Horand-Sohnes Baron von der
Krone SZ. 162 und von Lida I von der Krone HGH (Max von der Krone,
SZ. 160 — Sali von der Krone); er führt also sehr starkes Horand-Blut.
Um diesen Dewet-Zweig weiter zu verfolgen, muß ich wieder auf die

Abb. 119. Dewet Barbaroffa, fr. Eislingen SZ. 630 Ph.

Abb. 120. Siegerin 1905 Defi von der Burghalde SZ. 339.

oben verlaſſene Horand=Beowulf=Linie zurückgreifen; Beowulfs wert=
vollſte Zuchtergebniſſe ſind unter den nach ihm gefallenen Hündinnen
zu finden. Die bekannteſten wurden die im Zwinger Burghalde von
Scheuerle=Kempten geworfenen Wurfſchweſtern Siegerin 1902/03 Hella
von Memmingen SZ. 329 und Siegerin 1905 Deſi von der Burghalde
SZ. 339, die er mit der Horand=Tochter Nelli=Eislingen SZ. 11 zeugte.
Dieſe Hündinnen führen daher unter vier drei ſtarke Adern Horand=
Blut, während die vierte über Nellis Mutter Ella=Gmünd auf den
Krone=Stamm (Max — Sali) zurückgeht. Dies letztgenannte Blut war,

Abb. 121. Leiſtungsſieger 1906 Siegfried von Jena=Paradies, fr. Barbaroſſa
SZ. 1339 Krh Ph Sh.

wie wir oben geſehen, auch bei Dewet vertreten. Seine Verbindung
mit Hella von Memmingen SZ. 329 bedeutete ſomit engſte Familien=
züchtung und führte auf der einen Seite zum Leiſtungsſieger 1906
Siegfried von Jena=Paradies, fr. Barbaroſſa SZ. 1339 Krh Ph Sh
und zur Siegerin 1909 Ella vom Erlenbrunnen SZ. 4540; auf der anderen
in Gemeinſchaft mit einer weiteren und noch genauer zu beſprechenden
Linie des Horand=Stamms zum Sieger 1908 Luchs vom Kalsmunt=
Wetzlar SZ. 3371.

„Eine weitere gute Fortsetzung der Dewet-Linie führt zum Zwinger Siegestor, Kaltenbrunner-München. Dort fand sie Horand-Blut gemischt mit dem von Audifax von Grafrath SZ. 368 HGH. Audifax, von schwäbischer Gebrauchsabstammung, wurde als völliger Außenseiter in die Zucht geworfen. Ein notwendiger Versuch damals — es sind 20 Jahre her —, um der Zucht eine breitere Unterlage zu geben. Ein großer, kraftvoller Bursche, mit vortrefflicher Rückenübertragung, daher ungemein förderndem Gangwerk, vererbte Audifax diese Vor-

Abb. 122. Audifax von Grafrath SZ. 368 HGH.

züge sehr sicher; oft freilich auch seinen mit der Zeit etwas voll werdenden Kopf. Aus durchgezüchtetem Horand- und Krone-Blut fiel nach ihm der Sieger 1904 Aribert von Grafrath SZ. 517.

„In einem vierten Zweige schließlich führt die Horand-Dewet-Linie über Brunhilde von Ludwigshafen, fr. vom Nibelungenhort SZ. 1847, sich in dieser schon mit der Horand-Beowulf- und der Grafrather Horand-Linie mischend, durch den solcher Verbindung entstammenden Beowulf vom Kohlwald, fr. von Ludwigshafen SZ. 4090, und zwar

140

wieder mit dem schärfsten Horand-Sprößling, Siegerin 1902/03 Hella von Memmingen SZ. 329, zum Sieger 1911 Norbert vom Kohlwald SZ. 9264 Ph.

„Die Horand-Beowulf-Linie setzte sich noch aus Verbindungen Beowulfs mit Hündinnen von Thüringer Gebrauchsblut zu Sieger 1905 Beowulf vom Nagzegau, SZ. 733, Zwinger Nahegau, Does-Kreuznach, und zu Josef von Schwetzingen SZ. 1861 HGH fort. Der letztgenannte Rüde kam in den Zwinger Altfeld, Brandstätter-Fürth, wo er zur Stütze der fränkischen Zucht wurde.

„Die Horand-Beowulf-Linie kommt dann noch bei der Hohen-Esp-Linie zu einer ähnlich scharfen Zusammensetzung wie bei der von Hella

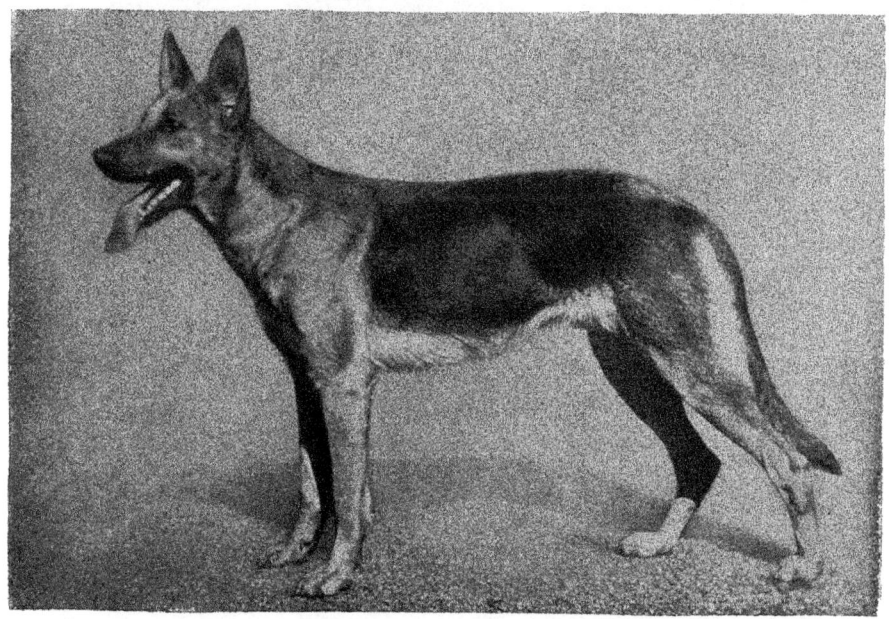

Abb. 123. Sieger 1904 Aribert von Grafrath SZ 517.

von Memmingen (Zwinger Hohen-Esp, G. Hagmann-Kirchheim u. T.). Graf Eberhard von Hohen-Esp, gen. Hektor SZ. 1135 entstammt väterlicherseits einer Verbindung des Beowulf-Wurfbruders Pilot SZ. 111 mit Nelli II-Eislingen der Älteren. Ganz genau ließ sich die Herkunft dieser Nelli II-Eislingen der Älteren nicht mehr ermitteln; sehr wahrscheinlich ist es aber eine ältere rechte Schwester zu Nelli II-Eislingen der Jüngeren, wenn nicht gar diese Hündin selbst; vor 15 bis 20 Jahren stand es eben um Stammtafelermittelungen nicht so leicht wie heute! Sie wäre dann, wie diese Nelli II-Eislingen die Jüngere, die die Mutter zu Graf Eberhard ist, eine Tochter des Horand-Sohnes, Hektor von Schwaben SZ. 13 und der Horand-Tochter Nelli-Eislingen

141

SZ. 11. Daß Graf Eberhard auf die innerwürttemberger Zucht besonders fruchtbringend wirkte, braucht nicht eigens hervorgehoben zu werden. Nach ihm fiel z. B. auch Munko von Boll SZ. 3776 HGH. Sein Bestes brachte er mit Minka Barbarossa SZ. 1034 PH, die, wie oben erwähnt,

Abb. 124. Sieger 1911/12, Französischer u. Holländ. Sieger 1912 Norbert vom. Kohlwald SZ. 9264 PH.

dem Horand=Dewet= und dem Horand=Hella=3weige entstammt. Aus dieser Hündin fiel nach Graf Eberhard der Sieger 1908 Luchs vom Kalsmunt=Wetzlar SZ. 3371, der mit Tillie vom Goldsteintal SZ. 1965, einer Tochter des Beowulf=Sohnes Sieger 1905 Beowulf vom Nahegau SZ. 733 und der gleichfalls Horand=Blut führenden Rassy vom Gold=

142

steintal SZ. 1028, den Österreich-Sieger 1910 Wotan vom Emstal SZ. 6813 brachte.

„Nach Luchs vom Kalsmunt fielen aber auch die beiden Sieger 1910: Tell von der Kriminalpolizei SZ. 8770 Ph und Flora von der

3/4 tel Jahr alt.

Abb. 125. Graf Eberhard an Hohen-Esp, ga. Heft r Z. 1135.

Kriminalpolizei SZ. 12965, während er Großvater zur Siegerin 1911/12 Hella von der Kriminalpolizei SZ. 13748, die eine Tochter des Siegers 1910 Tell von der Kriminalpolizei SZ. 8770 Ph und dessen Großmutter mütterlicherseits Fanny von der Kriminalpolizei SZ. 3950 Ph.

„Bei diefen-drei im Zwinger Kriminalpolizei, Decker-Wiesbade
gezüchteten Siegern kam zum Horand-Beowulf- und zum Horan
Dewet-Blut noch eine neue Ader, die, bisher noch nicht besproche

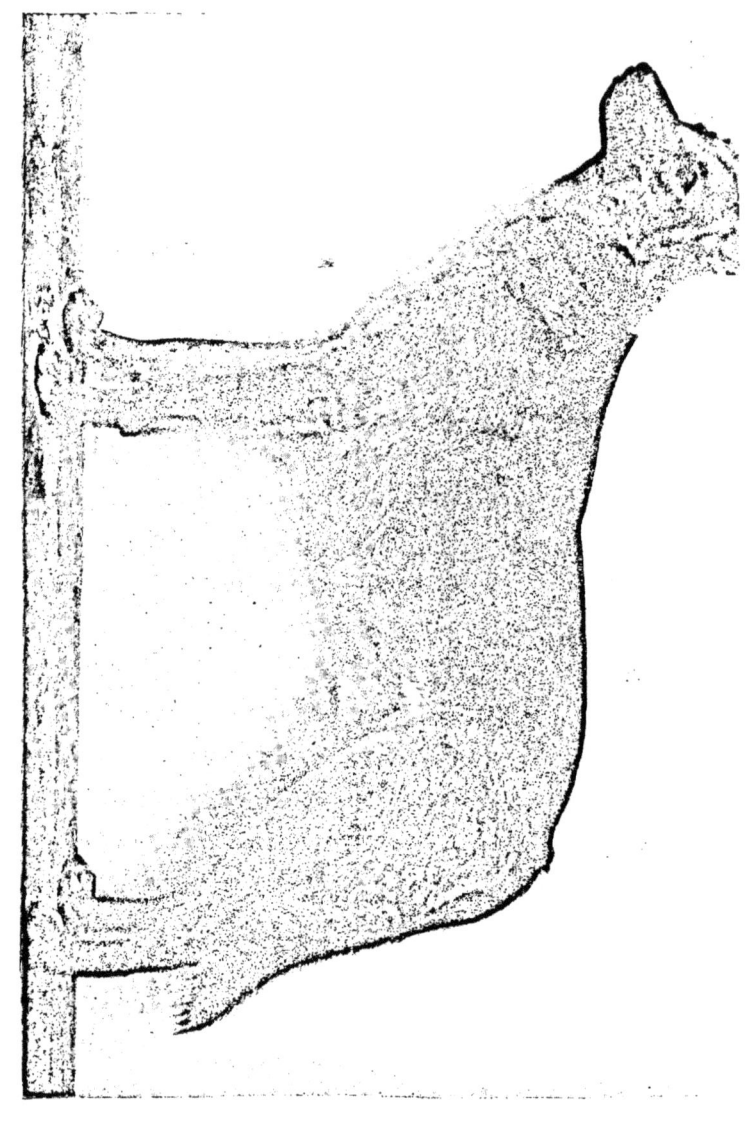

Abb. 126. Munto von Boll SZ. 3776 HGH.

gleichfalls eine innige Zufammenfaffung des Horand-Blutes darstell
Es ift das die Horand-Starkenburger-Linie.
„Der Sieger 1906/07 Roland von Starkenburg SZ. 1537 (Zwing

Abb. 127. Sieger 1908 Luchs vom Kalsmunt=Wetzlar SZ. 3371.

Abb. 128. Österreichischer Sieger 1910 Wotan vom Emstal SZ 6813.

Abb. 129. Sieger 1910 Tell von der Kriminalpolizei SZ. 8770 Ph.

Abb. 130. Siegerin 1910 Flora von der Kriminalpolizei SZ. 1296.

146

Starkenburg, W. Spielmann †, Groß=Steinheim a. M.) aus Bella von Starkenburg nach Heinz von Starkenburg (beide nicht eingetragen!) gezüchtet, hat zu Großvätern den Horand=Sohn Hektor von Schwaben SZ. 13 und den Horand=Doppelenkel Beowulf SZ. 10; zur Doppel= großmutter aber Lucie von Starkenburg SZ 131, die als Tochter von Pollux SZ. 151 und Prima SZ. 152, wie wir oben gesehen, ebenfalls Horand=Blut führt.

„Dieses Horand=Starkenburg=Blut hat in der Zucht der letzten Jahre ungemein starke Vertretung gefunden. Nach dem Sieger 1906/07 Roland von Starkenburg SZ. 1537 fielen unter anderem die Horand= Audifax=Blut führende Siegerin 1907 Hulda vom Siegestor SZ. 2581

Abb. 131. Siegerin 1911/12, Französische und Holländische Siegerin 1812 Hella von Kriminalpolizei SZ. 13748.

und die Siegerin 1908 Flora von der Warte SZ. 4831, deren Mutter Julie vom Brenztal (nicht eingetragen!) gleichfalls viel Horand=Blut besitzt. Zu den Siegern 1910: Tell von der Kriminalpolizei SZ. 8770 PH, und Flora von der Kriminalpolizei 1910 SZ. 12965 ist der Starken= burger Roland Großvater durch die von ihm belegte, oben auf ihre Blutführung hin besprochene Fanny von der Kriminalpolizei SZ. 3950 PH, aus welcher Verbindung Herta von der Kriminalpolizei SZ. 3951 die Mutter der beiden Sieger 1910, fiel. Schließlich ist Roland von Starken=

burg noch Vater zum Sieger 1909 Hettel Uckermark SZ. 3897 HGH, bei dem das Horand-Starkenburger Blut mit dem innig verwandten Horand-Beowulf-Blut der Siegerin 1906 Gretel Uckermark, fr. von Hohen-

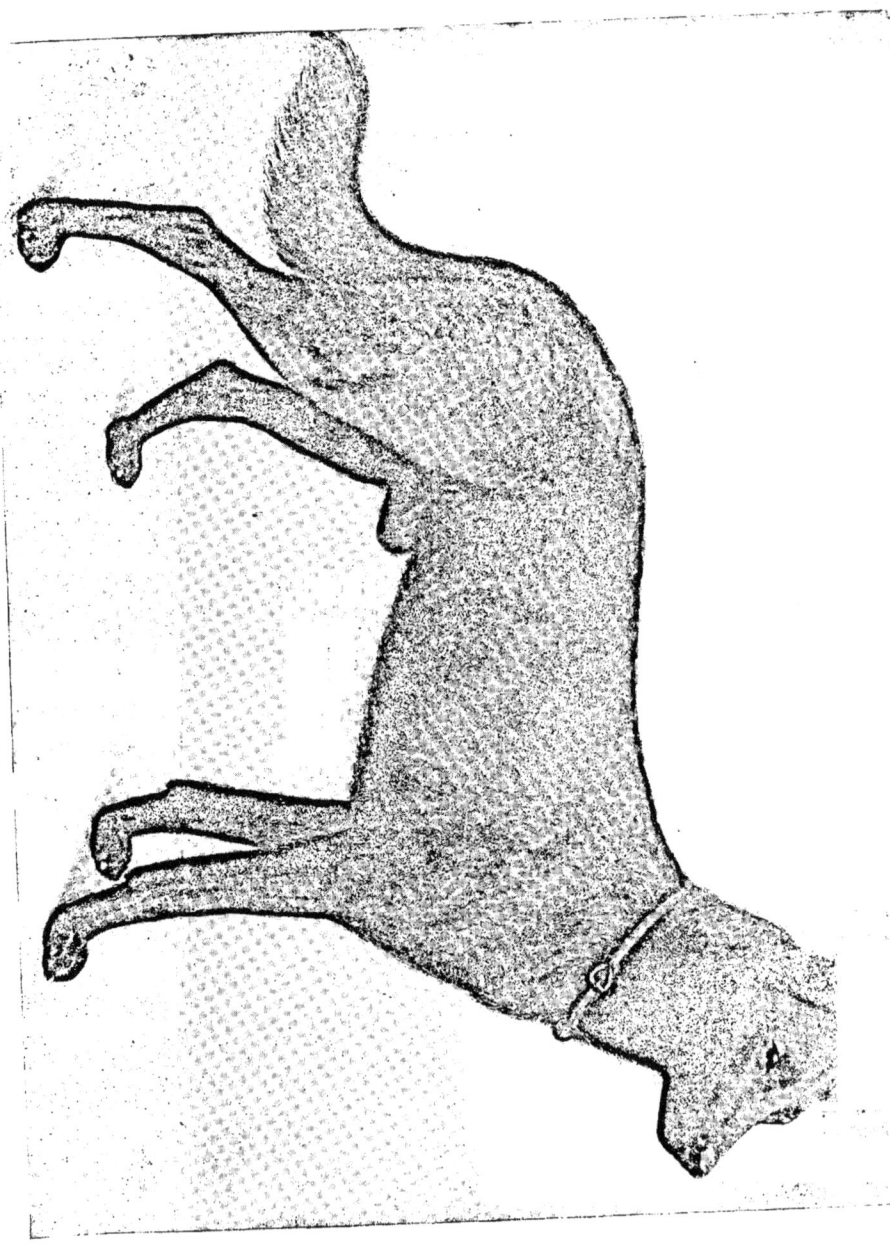

Esp SZ. 849 zusammentraf. Diese Beowulf=Tochter hat die von Württemberger Gebrauchshunden stammende Hexe von Hohen=Esp SZ. 357 zur Mutter. Ein älterer rechter Bruder zu Hettel, gleichfalls im Zwinger Uckermark, Dr. Poppe=Kiel, gezüchtet, ist Guntar Uckermark SZ. 2980, der im Zwinger Osterdeich, Frese=Bremen, stehend, ebenfalls vielfach in der Zucht Verwendung gefunden hat.

„Es erübrigt noch auf einige Seitenzweige und einen oder den anderen Außenseiter einzugehen. Die Sieger 1899, die ersten vom SD. auf seiner ersten Sonderausstellung zu Frankfurt a. M. im September genannten Jahres ernannten, sind „verschollen". Jörg von der Krone fr. von Schw=Gmünd bzw. Wolf SZ. 163 und Liesie von Schwenningen SZ. 30. Jörg, ein schöner kräftiger Rüde, von nicht erweislich sicherer Abstammung —vermutlich fiel er unmittelbar nach dem Horand=Bruder

Abb. 133. Siegerin 1908 Flora von der Warte SZ. 4831.

Luchs (Sparwasser) SZ. 155, oder nach dessen Sohn Rex SZ. 14 kommt in einzelnen Stammtafeln vor. Lisie von Schwenningen SZ. 30, die aus dem Hanauer Zwinger, aber nicht von Pollux stammte, ist für die Zucht ganz bedeutungslos geblieben. Sie kam, erinnere ich mich recht, schon ziemlich früh nach dem Osten, steht dort vielleicht noch als Ahnfrau auf einzelnen Stammtafeln.

„Der Sieger 1902 Peter von Pritschen SZ. 148 Krh Pfh, ein Horand=Sohn aus der Thüringer Gebrauchshündin Lotte von Kloster=mansfeld SZ. 17 HGH (Züchter: Schafmeister Goymann=Klostermans=feld) hat sich nach kurzer, erfolgreicher Ausstellungslaufbahn in ein

bequemeres Ruheleben zurückgezogen. Er wäre übrigens unser erster
Leistungssieger geworden, wenn wir damals schon auf unseren ersten
schüchternen „Dressurprüfungen" diese Auszeichnung vergeben hätten.
Seine sichere Arbeit war ein treffliches Werbemittel für unsere Sache.
Sie brachte der Diensthundbewegung zahlreiche neue Anhänger und
Förderer und lehrte vor allem viele erst verstehen, was alles von einem

Abb. 134. Sieger 1909 Hettel Uckermark SZ. 3897 HGH.

gut gearbeiteten Hunde geleistet wird und verlangt werden kann. Mit
diesen drei Hunden wäre die Reihe der noch nicht besprochenen Sieger
beschlossen.

„Die Schweizer Zucht beruht im wesentlichen auf dem Wohlen=
Stamm, der auf die Habsburg=Hunde (Württemberger Gebrauchshund=

150

blut), den Krone= und den Horand=Stamm zurückführt, und der später durch weitere Einführungen, hauptſächlich aus dem Krone= und dem Memminger Zwinger, geſtärkt wurde. Aus dieſer Zucht kam Tutilo= Alpina SZ. 2516, der nach Hamburg „verſchlagen“, dort namentlich in der im Zwinger Metzendorf, Becker=Hamburg, ſtehenden Siegerin 1907 Hulda vom Siegestor SZ. 2581 eine¹ paſſende Zuchtpartnerin fand.

Abb. 135. Siegerin 1906 Gretel Uckermark, fr. von Hohen=Eſp SZ. 849.

„Schließlich wäre noch ein Außenſeiter zu erwähnen, den Rößle= Giengen in die Zucht brachte und der in ſeiner Heimat Württemberg viel benutzt wurde: Pax vom Brenztal, gen. Fritz SZ. 1438 HGH, deſſen Mutter eine Württemberger Gebrauchshündin, deſſen Dater baer möglicherweise Fritz von Schwenningen SZ. 20 gewesen; genau war es nicht zu ermitteln. Pax hatte vortreffliches, kraftvolles Gebrauchs= gebäude; in der Zucht hat er sich wohl am besten mit der väterlicher= seits Horand=Blut führenden Perle von der Krone SZ. 3058 HGH

Abb. 136. Sieger 1902 Peter von Pritschen SZ. 148 Krh Ph.

betätigt. Aus dieser Verbindung fiel z. B. der allgemein bekannt ge= wordene Udo vom Falkenstein SZ. 3030 Ph, der, in den Zwinger Falkenstein, Schaeffer=Dresden, eingeführt, namentlich für die sächsische Zucht von Bedeutung wurde.

„Um noch einer blutfremden Hündin zu gedenken, sei hier Rosel

Abb. 137. Pax vom Brenztal, gen. Fritz SZ. 1438 HGH.

von Jena=Paradies, fr. vom Brenztal SZ. 974 HGH genannt, die aus Württemberg in den Zwinger Jena=Paradies, Kämpfe=Jena, eingeführt wurde. Diese Hündin, die auf Württemberger Gebrauchsblut und den Krone=Stamm zurückgeht, fand in dem im gleichen Zwinger stehenden

152

Leistungssieger 1906 Siegfried vom Jena-Paradies, fr. Barbarossa SZ. 1339 Krh Ph Sh einen passenden Blutanklang. Auf einem Roland von Starkenburg zugeführten Zuchtergebnis dieses Paares, auf Christel vom Jena-Paradies SZ. 3009 beruhen die Zuchterfolge des Zwingers Bloßenburg, Stössel-Erfurt. Aus der diesem Wurf entstammenden Diana von der Bloßenburg SZ. 8273 Ph fiel der Sieger 1913 Arno von der Eichenburg SZ. 24876, während die aus dem Zwinger Scharenstetten (Hentz-Scharenstetten, Württ.) stammende Siegerin dieses Jahres Frigga von Scharenstetten SZ. 18742 Horand-Hohen-Esper und das viel Horand- und Gebrauchshundblut führende Boller Blut (Geiger, Boll Ort) mit reinem Horand-Beowulf- und Audifax-Blut vereinigt.

Abb. 138. Sieger 1913 Arno von der Eichenburg SZ. 24876.

„Ich sagte oben, daß Horand-Blut auch in zahlreichen Leistungssiegern zu finden, hob hervor, daß gerade das von ihm vererbte Blut es war, das unserer Rasse besonders segensreich wurde. Zahlreiche Schäfer und Diensthundführer haben das immer wieder zum Ausdruck gebracht: kein Hund arbeitet sich so leicht, so zuverlässig, wie die mit dem Horand-Spritzer! Peter von Pritschen SZ. 148 Krh Ph nannte ich oben schon als einen der ersten erfolgreichen Arbeitshunde. Neben ihm standen damals — ich greife nur einige heraus, wie sie mir gerade ein-

153

fallen — Hanni von Grafrath SZ. 282 HGH, Thor vom Lützelhard SZ. 371 PH, Resi von Wohlen SZ. 388 Krh, Tillie Barbarossa SZ. 473 Krh PH, Ulfilas vom Wölflhof SZ. 574 Krh PH, Jasomir von Memmingen SZ. 581 Krh PH, die bayerischen Kriegshunde Grimgerde von Grafrath SZ. 175 Krh, und Nella SZ. 1710 Krh; schließlich Wachtmeister Weißbeckers allgemein bekannt gewordener Diensthund Luchs von Frankfurt SZ. 3201 PH. Alle sind sie Horand=Sprößlinge oder führen sie Horand=Blut.

„Der Leistungs=Siegertitel wurde zum ersten Male 1906 vergeben. Er fiel an den oben schon besprochenen Siegfried von Jena=Paradies,

Abb. 139. Siegerin 1913 Frigga von Scharenstetten SZ. 18742.

fr. Barbarossa SZ. 1339 Krh PH SH, der sich, wie oben schon dargelegt auch in der Zucht sehr bewährte und als Ergebnis gefestigter Durch=züchtung eines guten Stammes sein vortreffliches Gebäude und seine Eigenschaften sicher weitervererbte (Bild s. oben). Beim Leistungssieger 1907 Pan SZ. 3202 Krh PH SH, ist leider die Abstammung der Eltern nicht genügend zu ermitteln; vom Leistungssieger 1908 Siegfried von Werne SZ. 4286 PH dagegen führen beide Großväter Horand=Blut, eine Großmutter Horand= und Fides=Blut. Ebenso geht der Leistungs=sieger 1910 Frack vom Polizeipräsidium Berlin, fr. von der Eiche SZ.

154

6534 Ph von Vaters Seite her auf die Horand=Söhne Hektor von Schwaben SZ. 13 und Baron von der Krone SZ. 162 zurück; von Mutters Seite her auf den Krone=Stamm. Die Leistungssiegerin 1911 und 13 Lady von Arizona SZ. 18192 Ph schließlich stammt väterlicher= seits zwar von norddeutschen Gebrauchshunden — vermutlich Harzer und hannöverscher Herkunft —, geht aber über ihre Mutter auf den

Abb. 140. Leistungssieger 1907 Pan SZ. 3202 Krh, Ph Sh (links).
Leistungssieger 1908 Siegfried von Werne SZ. 4286 Ph (rechts).

reinen Horand=Dewet=Stamm und auf Fritz von Schwenningen SZ. 20 zurück. Die Leistungssiegerin 1912 aber (die Auszeichnung wird an den besten Rüden oder die beste Hündin der Jahreshauptprüfung vergeben) Debora von Sehningen SZ. 18319 Ph fiel nach Munko von Boll SZ.

155

3776 Ḫ𝔊Ḫ aus Kitty von Boll SZ. 4384 Ḫ𝔊Ḫ, stammt also beider=
seits aus Ḫerdengebrauchshunden, führt aber in allen vier Adern sehr
starkes Ḫorand=Blut.

„Bei den Preishüten=Siegern sind die von 1901—1904 reiner
Gebrauchsabstammung. Der Ḫütensieger 1905 Liebert SZ. 3203 Ḫ𝔊Ḫ
hat Fritz von Schwenningen SZ. 20 zum Großvater, die Ḫütensiegerin
1906 Walbine von der Ḫürde SZ. 315 Ḫ𝔊Ḫ ist eine Ḫorand=Tochter.
Bei der Ḫütensiegerin 1907 Madame=DillingenSZ. 3614 Ḫ𝔊Ḫ ist

Abb. 141. Leistungssieger 1909/10 Frack vom Polizeipräsidium Berlin, fr. von
der Eiche SZ. 6534 Pḫ.

der Vater ein Ḫorand=Enkel. Die Abstammung des Ḫütensiegers 1908
Karo SZ. 4653 Ḫ𝔊Ḫ ist unbekannt, die Ḫütensiegerin 1909 Rosa von
Buchen SZ. 2010 Ḫ𝔊Ḫ dagegen führt zwei starke Adern Ḫorand=
Blut (Baron von der Krone SZ. 162 und Beowulf SZ. 10) und ebenso
ist die Ḫütensiegerin 1910 Dame von der Weide SZ. 11999 Ḫ𝔊Ḫ
eine Enkelin Ḫektors von Schwaben 13. Der Preishütensieger 1911
Fricko (von Schw.=Gmünd) SZ. 18920 Ḫ𝔊Ḫ ist wieder von reiner

156

Abb. 142. Leiſtungsſiegerin 1911/13 Lady von Arizona SZ. 18192 PH.

Abb. 143. Leiſtungsſiegerin 1912 Debora von Sehningen SZ. 18319 PH.

Gebrauchsabstammung, der Hütensieger 1912 Luchs (Hagmann) SZ 35604 HGH aber als Munko von Boll=Sohn väterlicherseits rein horandblütig, ebenso der Preishütensieger 1913 Neckar (Knörzer) SZ. 34740 HGH, der den gleichen Vater hat. Damit schließt auch hier die Reihe der Sieger, denn im Jahre 1914 kamen des Kriegsausbruchs wegen die Hauptveranstaltungen des die Siegertitel vergebenden Vereins, des SV., nicht mehr zustande, ebensowenig konnten diese Aus= zeichnungen während des Krieges vergeben werden."

Abb. 144. Preishütensieger 1913 Neckar (Knörzer) SZ. 34740 HGH.

Das wäre in großen Zügen die Entwicklung des deutschen Schäfer= hundes, seit der SV. sich der Rasse annahm bis zum Beginn des Welt= krieges. Wer die den Ausführungen beigegebenen Bilder aufmerksam vergleicht, wird leicht feststellen können, wie in rund 15 Zuchtjahren das Äußere unserer Hunde sich vervollkommnet hat. Das war in so kurzer Zeit nur möglich bei einer unverzüchteten Rasse, deren zweckmäßige natürliche Anlagen zwar bisweilen wohl dem Auge verborgen blieben, deren Vererbungskraft aber siegreich durchschlagen mußte, sobald auch dem Äußeren einige Aufmerksamkeit gewidmet wurde. Das Zuchtziel des Ver= eins war, den Ausstellungssieger im Leistungssieger herauszubringen, demzufolge wurde unser Schäferhund auch von den Liebhabern als Gebrauchshund weitergezüchtet, für seine Beurteilung galt der Grund=

158

ſaß: was zweckmäßig iſt, des Hundes Leiſtungsfähigkeit ſteigert, iſt ſchön. Darum zeigen unſere Hunde heute, durchaus im Rahmen der natürlichen Anlage und nirgends als Zerrbild der Lehr= meiſterin Natur, ein auf höchſte Leiſtungsfähigkeit zugeſchnit= tenes Gebrauchsgebäude, trocken, voll Kraft, mit edlen ausgeglichenen Linien, dem der Kenner ſofort anſieht, daß es ſeinem Träger leichtes und förderndes Gangwerk, Wendigkeit und Ausdauer verleiht.

Wenden wir uns nunmehr den außerdeutſchen Schäferhund= ſchlägen zu, ſoweit die nicht ſchon oben bei den Hirten= und Treibhund= formen beſprochen und im Bilde gezeigt worden ſind. Betont ſei noch= mals, daß es ſich auch bei dieſen Hunden durchweg um einen Hund der gleichen Herkunft handelt, der ſich unter ähnlichen Verhältniſſen wie bei uns zu ſeiner heutigen Geſtalt und Verwendung entwickelt hat.

Abb. 145. Schäferhund auf dem Rittnerhorn bei Bozen, Südtirol.

Die Grundlage für die nachſtehende Beſprechung bilden ſelbſtredend ebenfalls die Gebrauchshunde der betreffenden Länder, die, außer in England und Belgien, bisher noch kaum hochgezüchtet worden ſind.

In Deutſch=Öſterreich und Böhmen entſprechen die Schäfer= hunde den unſrigen, insbeſondere den ſüddeutſchen Gebrauchshunden; die Herdenhunde der übrigen Gebiete des ehemaligen Kaiſerſtaates habe ich ſchon oben beſprochen. Für die verſchiedenen Landſchläge beſteht weder in Deutſch=Öſterreich noch in Ungarn noch in einer der „Neugründungen" aus dem ehemaligen Reichsgebiet ein Zuchtverein. Die Liebhaberei für unſere durchgezüchteten deutſchen Schäferhunde, die ſchon vorm Kriege in Öſterreich ſtark verbreitet waren, hat während des Weltkrieges noch erheblich zugenommen, dank den hervorragenden Leiſtungen unſerer Hunde auch im verbündeten Heere. Gefördert wird

159

unſere Raſſe jenſeits der Grenze ſeit 1912 vom „Öſterreichiſchen Verein für deutſche Schäferhunde (Ö.=SV.)“, einer dem öſterreichiſchen Vereins= geſeß gegenüber notwendigen Zuſammenfaſſung unſerer dortigen Orts= gruppen, die auch die nötige Beziehung zum „Öſterreichiſchen Kynologen= Verband“, der Landesvertretung für Hundeweſen, unterhält. In der Tſchecho=Slowakei beſteht die frühere Landesgruppe jeßt als ſelbſtändiger, dem SV. angehörender „Verein für deutſche Schäferhunde in der Tſchecho=Slowakei“, Siß in Brünn, mit mehreren Ortsgruppen.

In den Skandinaviſchen Ländern, in Finnland und in Rußland einſchl. Polen, hatte ſchon vor dem Kriege die Liebhaber= haltung unſerer Hunde ziemliche Fortſchritte gemacht. In Rußland waren ſie in größerem Umfange als Dienſthunde eingeführt worden, das Ausſtellungsweſen regelte dort die „Kaiſerliche Jagdgeſellſchaft“; neuerdings verwendet Finnland wieder deutſche Schäferhunde im

Abb. 146. Schafalp im Hochgebirge, Südtirol.

Polizeidienſt. Auch die beiden Polzeihundvereine Schwedens, der „Schwediſche Polizei= und Schußhund=Verein“ (Svenſka Polis=och Skyddshundsföreningen), Siß Gotenburg, und der „Verein des Schwe= diſchen Schuß= und Sanitätshundes“ (Föreningen Svenſka Skydds=och Sjukvårdshunden), Siß Stockholm, bevorzugen unſeren Huud als Dienſt= hund; die oberſte Stelle für Hundeweſen iſt dort die „Svenſka Kennel= flubben“. In Dänemark beſteht ſeit dem Jahre 1918 der „Däniſche Klub für deutſche Schäferhunde“ (Dansk Schäferhundeklub), Siß Horſens, eine Unterabteilung des „Dansk Kennelklub“, der zunächſt die Umtauſe des bisherigen „Tysk Hyrdehund“ in einen „Tysk Schaeferhund“ er= zielt hat. Im übrigen iſt in all dieſen Ländern der SV. der gegebene Vertreter ſeiner Raſſe.

Soweit in der Schweiz bei den Schafen Schäferhunde gehen, ſind dieſe meiſt aus Württemberg, auch aus dem Elſaß, eingeführt; wie nicht

160

anders möglich, ist auch französisches und Bergamasker Blut dort zu finden. Unsere Rasse ist in der Liebhaberei ziemlich stark vertreten,

Abb. 147. Lida vom Kronenhof SZ. 27934.
Im Hintergrunde die von Lida erstiegene Ortlerspitze — 3902 m über dem Meere —, die höchste Spitze der Tiroler Alpen.

wird auch dienstlich verwendet; als Zuchtverein wirkt seit 1902 neben dem SV. der selbständige „Schweizer Club für deutsche Schäferhunde (SC.)", eine „Sektion der Schweizer Kynologischen Gesellschaft (SKG)", der aber unsere Rassezeichen anerkennt und neben dem SHSB. unser Zuchtbuch benützt.

Jn Holland werden für die bodenständigen Schäferhunde drei Haarschläge anerkannt: der kurzstockhaarige, der rauhhaarige und der langhaarige. Die Hunde entsprechen sonst durchaus den unsrigen, sind kräftig gebaut, im Durchschnitt wohl etwas kleiner — Mindestmaß für Rüden 53 cm, für Hündinnen 50 cm Schulterhöhe —, wie denn auch bei uns die Schäferhundgröße nach dem Nordwesten zu abnimmt. Für seine Rasse wirkt dort der „Niederländsche Herdershonden=Club (NHC.)",

Abb. 148.   Kurzstockhaariger holländischer Schäferhund.

Sitz Amsterdam, der sich richtigerweise nicht sehr wie die belgischen Zucht= vereine auf Farbenzucht festlegte, sondern ganz wie der SV. die Farbe für unwesentlich erklärt. Die Liebhaberei für den deutschen Schäferhund hat in den letzten Jahren in Holland eine ganz auffallende und bei der Güte des eigenen Landschlages nicht recht verständliche Steigerung erfahren. Nachdem drüben schon im Jahre 1913 die „Nederlandsche Vereeniging voor Duitsche Herdershonden (NDDH.)", Sitz in Utrecht, gegründet, bildete sich 1918 die „Vereeniging van Fokkers en Liefhebbers van Duitsche Herdershonden (DDH.)" mit dem Sitz in Rotterdam. Beide Vereine gehören dem SV. als Mitglied an und benützen nur unser Zuchtbuch; in Holland unterstehen sie beide ihrer Landesvertretung, dem „Raad van Beheer op Kynologisch Gebied in Nederland". Die Rassezeichen sind in holländischer Sprache herausgegeben, eine eigene Vereinszeitung wurde später mit einem allgemeinen Fachblatt vereinigt.

162

In Belgien entspricht der Landschlag selbstredend auch dem unsrigen. Schäferhunde sind dort sehr stark vertreten, im Verhältnis vielleicht noch stärker als in Deutschland; außerdem die oben schon erwähnten rauhhaarigen Treibhunde (Bouviers). Bei Dieß sah ich schon 1915 Hunde in Belgien nicht, woran aber der Krieg Schuld tragen mochte. Überwiegend wird auch Großvieh gehalten, das auf den fetten eingezäunten Koppeln weidet und dort gegen einen vorüberkommenden

Abb. 149. Belgischer Schäferhund, Landschlag, Wachhund auf einem Bauernhof in Westflandern. (Nach Aufnahme des Verfassers.)

Hund sofort angeht. Diese Erfahrung mußte ich wenigstens in Westflandern fast täglich mit dem mich begleitenden Diensthunde meiner Kommandantur machen. In der Wallonei, südlich der Maas, durch die mich des Krieges böser Abschluß führte, waren die Hunde durchweg schon für das Meldehundwesen beschlagnahmt, meine Quartierwirte sprachen meinen Schäferhund aber sofort als solchen an. In Westflandern fand ich im ersten Kriegsjahr den Schäferhund noch überall

als Hofwächter vor, fast jeder Bauernhof hat dort für ihn die bienen=
korbartige gemauerte Hundehütte. In den Städten überwog dort der
kurzstockhaarige, in der Brüsseler Gegend dagegen anscheinend der
schwarze langstockhaarige Schlag; dort trugen die Hunde auch alle den
berüchtigten belgischen Schulmaulkorb, eine geschlossene derbe Leder=
hülle in Gestalt eines großen Knobelbechers mit kleinem Ausschnitt
für die Nasenkuppe.

Sehr viel wurden die Hunde zum Ziehen verwendet, man konnte
sie in der mannigfachsten Bespannung und Zusammenstellung sehen.
Selbst vor und neben einem Krankenstuhl sah ich Hunde zum Ziehen
angespannt. Einspänner sah ich nicht, Zweispänner bilden die Regel,
Schäferhunde oft mit den rauhhaarigen Treibhunden zusammenge=
spannt; im nicht seltenen Dreigespann geht der stärkere Bouvier in

Abb. 150. Belgischer und deutscher stockhaariger
Schäferhund.

der Mitte. Bisweilen sind
die Hunde nicht vor, son=
dern unter dem Wagen
angespannt, manchmal
auch ein bis zwei Hunde
vor, einer unter dem
Wagen; ja selbst vorm
Wagen in der Gabel ein
kleines leichtes Pferd,
unterm Wagenkasten ein
kräftiger Hund. Die halb=
und ganzwüchsigen Kut=
scher hockten oft auf dem
leichten Wägelchen auf,
machten sogar Wett=
fahrten mit den Zügen,
die freilich nur in der
30 = km = Geschwindigkeit
der Truppenzüge fuhren.

Der Landschlag in
Flandern war meist recht
kräftig, von gutem Schä=
ferhundausdruck; in Haar
und Farben selten rein,

d. h. nach den Rassezeichen der Liebhaberzüchter, oft auch mit Stummel=
rute, wohl eine Folge von Bouvier=Einkreuzung. Die schwarzen Lang=
stockhaarigen kommen in den Ausmessungen unseren Hunden mittlerer
Größe noch ziemlich nahe, wobei allerdings die Behaarung ein Mehr an
Größe und Gehalt vortäuscht. Die Hunde der anderen Haarschläge,
namentlich die Kurzstockhaarigen, sind dagegen erheblich kleiner und
knochenschwächer als unsere Stockhaarigen, wobei ich durchaus nicht die
Durchschnittsmaße der heutigen Liebhaberzucht im Auge habe. Dies
Größenverhältnis zwischen deutschen und belgischen Schäferhunden be=
leuchtet recht gut das vorstehende Bild. Zu beanstanden wären an
diesen Hunden der belgischen Liebhaberzucht vom Gebrauchsstandpunkt
aus namentlich die feinen Laufknochen und der leichte Kopf mit dem

zu schwachen Fang; das Gangwerk war, dem leichten Gebäude ent=
sprechend, meist federnd, aber nicht immer fördernd.

Die Belgier sind eifrige und geschickte Züchter, lassen aber bei der
Liebhaberzucht des Schäferhundes Gebrauchsrücksichten ganz außer acht
und legen nur auf nebensächliche Äußerlichkeiten Wert. Kopfschnitt,
Ohren= und Rutenhaltung, Haar und vor allem Farbe gelten ihnen alles;
was in Haar und Farbe nicht genau den von einem der vielen Zucht=
vereinchen für die Rasse aufgestellten Rassezeichen entspricht, gilt als
nicht „rasserein". Die Folgen der notwendigerweise immer schärfer
werdenden Inzüchtung werden daher nicht ausbleiben, weil eine Blut=
auffrischung durch Hunde vom Landschlag bei so eng gefaßten Begriffen
unmöglich ist. Aus den ursprünglichen drei Haarschlägen hat die Lieb=
haberzucht erst noch reine Farbenschläge und dann in der unstillbaren
Sucht nach trennenden Äußerlichkeiten jetzt gar sechs voneinander ge=
schiedene Schläge gemacht:

Abb. 151. Kurzstockhaariger belgischer Schäferhund, Hund von Mecheln.

kurzstockhaarig, fahl= bis rötlichgelb mit leichter Wölfung, neuer=
dings schwarze Maske Vorschrift: Hund von Mecheln (Mali=
nois);

kurzstockhaarig, schwarz (ohne örtliche Bezeichnung);

langstockhaarig, schwarz: Hund von Groenendael (sprich Gruhnen=
dahl);

langstockhaarig, rotbraun (mahagonifarben) mit leichter Wölfung
und schwarzer Maske: Hund von Tervueren (sprich Tervuhren);

rauhhaarig, gelb: Hund von Laeken (sprich Lahken);

rauhhaarig, dunkelaschgrau (ohne örtliche Bezeichnung).

Von diesen sechs Schlägen werden die kurzstockhaarigen schwarzen
übrigens nur von der St. Hubertus=Gesellschaft (Société Royale St.
Hubert), der obersten Stelle für Hundewesen in Belgien, anerkannt,
die sehr richtigerweise übrigens auch noch andersfarbige Schäferhunde

als Schäferhunde anerkennt. Der ältere belgische Zuchtverein der Rasse, der 1891 gegründete „Klub für belgische Schäferhunde" (Club du Chien de Berger Belge, CCBB.), Sitz Brüssel, der aus der mehr Jagd= hunde fördernden Hubertus=Gesellschaft ausgeschieden ist und sich dem jüngeren belgischen Kennelklub (Kennel Club Belge) angeschlossen hat, läßt nur die anderen fünf Schläge gelten. Ein zweiter, 1904 erfolgter Zusammenschluß von Liebhabern der Rasse, der „Verein für belgische Schäferhunde" (Société du Chien de Berger Belge), Sitz Mecheln, hat sich dagegen wieder der Hubertus=Gesellschaft unterstellt, außerdem bestehen oder bestanden noch etliche kleinere Vereine. Aus den Orts= bezeichnungen der verschiedenen „anerkannten" Schläge geht schon hervor,

Abb. 152. Rauhhaariger belgischer Schäferhund (Übergang zu fehlerhaftem Wellhaar).

daß sie alle in einem begrenzten Liebhaberkreis gewachsen sind: Mecheln, Laeken, Tervueren, Groenendael liegen alle in der nächsten Nähe von Brüssel.

. Die belgischen Farbenzuchten beleuchten übrigens recht gut, was ich oben nach Schäme über die Farbenentstehung ausführte. Selbst= redend haben die belgischen Züchter nicht eines schönen Tages . erklärt: wir wollen fortan nur einen einfarbig schwarzen Langstockhaarigen oder einen rotgelben Kurzstockhaarigen züchten. Sie haben sich vielmehr diesen Farben zugewandt, lassen sie jetzt allein gelten, weil sie in den Zuchten am häufigsten auftraten. Die Durchzüchtung in engem Gebiet

166

machte aus den urfprünglich wolfsfarbigen Langftockhaarigen durch immer ftärkere Einlagerung des dunklen Farbftoffes erft rotbraun= gewollte, dann reinfchwarze Hunde. Bei den rauhhaarigen verblaßt die fchwarze Farbe zu dunkelgrau und fahlgelb, aber einfarbig bleibend, und ebenfo verblaßt bei den Mecheinern die Wildhundfarbe zu einem fahlen Gelb mit leichtem fchwarzen Anflug, während die fatte Farben= löfung fich als fchwarze Maske um den Fang auf eine der für folchen Fall bevorzugten Infein zurückzieht.

Im übrigen entfprechen die Raffezeichen den unfrigen; die Schulterhöhe wird mit 55 cm im Mittel angegeben. Hunde mit Stummel= rute und folche, deren Ohren nicht feft ftehen, werden ebenfowenig anerkannt, wie die in den Farben abweichenden oder in der Behaarung unreinen.

Langftockhaarige Schäferhunde wurden um die Jahrhundert= wende zuerft in Gent in den Polizeidienft geftellt; die Dienftverwendung

Abb. 153. Rauhhaariger belgifcher Schäferhund.

hat fich aber auf den reinen Sicherheitsdienft befchränkt, hat weder die Ausbreitung noch den hohen Stand erreicht, wie bei uns. Auch die belgifchen Liebhaber haben fich nach deutfchem Beifpiel dem Abrichten ihrer Hunde zugewandt. Sie find ebenfo gefchickte Abrichter wie Züchter, legen aber auch hierbei, wie nun einmal ihre Veranlagung ift, auf neben= fächliche Äußerlichkeiten, Spielereien und Zirkusmätzchen den Haupt= wert. Sie erzielen z. B. hoch anerkennenswerte, für den Gebrauch aber kaum in Betracht kommende Sprungleiftungen, befaffen fich aber gar nicht, oder doch nur in nicht ernft zu nehmender Weife, mit der Nafenarbeit.

Bei der großen Beliebtheit des bodenftändigen Schlages ift nicht verwunderlich, daß unfer Schäferhund vorm Kriege in Belgien verhält= nismäßig nur felten zu finden war und keine eigene Vertretung hatte; dagegen beftand, eine Folge der innigen Beziehungen zu Frankreich, seit 1904 ein eigener „Verein für französische Schäferhunde" (Club Belge du Chien de Berger Français), Sitz Brüssel, der ebenfalls der Hubertus=Gesellschaft angehörte.

Frankreich hat eine Reihe bemerkenswerter örtlicher Schläge, die leider noch nicht genügend untersucht und beschrieben sind. Meines Wissens hat sich nur der ältere Mégnin näher mit ihnen befaßt, während der zuständige Zuchtverein der Rasse sich nur um zwei Schläge, und auch um die recht unzureichend bekümmerte. Auch in Frankreich finden wir die leichteren Hunde in den stärker bebauten Ebenen, größere, stämmige Hunde dagegen in den Waldgegenden und in den Gebirgen. Diese sind in Frankreich noch zum Teil Standgebiet des Wolfes, die Pyrenäen

Abb. 154. Langstockhaariger belgischer Schäferhund.

beherbergen sogar noch Luchs und Bär, und werden außerdem durch fahrendes Zigeunervolk unsicher gemacht. Zudem sind ausgedehnte Gebiete des im ganzen sehr viel dünner als Deutschland z. B. besiedelten Landes noch gar nicht in Bebauung genommen und werden nur als Weideflächen benutzt. Hütende Hunde werden somit nur in den wirtschaft= lich stärker ausgenützten Gegenden benötigt, vorzugsweise also im Nord= osten, soweit er nicht stark gebirgig ist, und in der Mitte. In den weniger bebauten Gebirgen und in den Niederungen im Süden und Südwesten haben die Hunde dagegen nur Treiberdienst zu versehen, wenn sie nicht bloß wie in früherer Zeit als Herdenschützer und Wächter dienen.

Es wäre sonach nicht erstaunlich, würden wir auch in Frankreich noch den Hirtenhund in seiner ursprünglichen, aus den Ost= und Süd= ländern bekannten Form vorfinden. Das ist aber nicht der Fall, es scheint vielmehr, daß die Rüdenform in Frankreich nicht zott=, sondern stock= oder rauhhaarig gewesen, wie wohl zum Teil auch in Deutschland. Phoebus schildert den altfranzösischen Hirtenhund, den Mâtin, zwar zottig, wie Columella, hat den aber wahrscheinlich ohne eigenes Hinzutun glatt abgeschrieben. Im Bilde dagegen bringt er einen rauh= haarigen Hund — auch die Magdeburger Domgruppe weist nicht auf zotthaarige hin! — und die großen Rüden auf der Oudryschen Wolfs= jagd haben auch kein Zotthaar, sondern lediglich Gebrauchsstockhaar.

Den heutigen französischen Zotthaarschlag, den Schäferhund von Brie, habe ich schon oben bei den heutigen Altschäferhunden be= sprochen; er gerade ist reiner Hütehund geworden und hängt wahrschein= lich mit unserem norddeutschen Altschäferhundschlag zusammen, der,

Abb. 155. Französischer Schäferhund, Junghund vom Pyrenäenschlag.

von Osten nach Westen zu kleiner werdend, von Westfalen über Belgien auch bis nach England hinüberreicht. Die Übergangsformen des alten Mâtin zum stockhaarigen Schäferhunde haben wir sonach wohl in den großen rauhhaarigen Treibhunden, den Chiens toucheurs oder Tou= cheurs de boeufs, zu erblicken, die von Fleischern und Viehtreibern bevorzugt werden.

Am reinsten hat sich die alte Form vielleicht im Pyrenäenschlage erhalten. Die Schäferhunde der Pyrenäen, mächtige, knochen= kräftige, stark bärenfüßige Tiere, rauh= bis langstockhaarig, oft grau mit dunkleren Flecken, dienen wohl mit als Treibhunde, sind aber vorwiegend Herdenschützer gegen grobes Raubzeug und Zigeunerbanden, werden auch von ihren ebenso wilden Hirten zu Schaukämpfen gegen Bären verwendet. Diese Schäferhunde vom Pyrenäenschlag dürfen übrigens nicht mit den oben bei den Hirtenhunden besprochenen Pyrenäenhunden

verwechselt werden, stehen zu diesen aber vielleicht in einem ähnlichen
Verhältnis wie die Schweizer Sennenhunde zu den St. Bernhardshunden.
Wie für den Südwesten wird auch für den Süden Frankreichs,
für das Languedoc und die Provence, ein eigener Schäferhundschlag
aufgestellt, der Hund von Languedoc, der auch „Chien des Garrigues" genannt wird; „garrigue" ist die provenzalische Bezeichnung für
Weideplatz, Hutung. Auch dieser Hund wird als sehr groß und kraftvoll
geschildert und gilt als besonders scharf, da er, außer mit seinen Hirten,
mit Menschen kaum in Berührung kommt; dem Hunde sich nahende
Fremde sind daher stets schwer bedroht. Er ist Treib- und Schutzhund,
seine Farbe wird als graugelb mit dunkleren oder lichteren Flecken angegeben. Die Gemeinden jener Gegenden vereinigen ihre Herden zu
großen Haufen, die bisweilen 10—20000 Köpfe zählen. Auf je 400 Schafe

Abb. 156. Franzöfifcher Schäferhund, Schlag vom Languedoc oder von den
Garrigues.

wird ein Hirt und ein Hund gerechnet, das Ganze leitet ein Schafmeister.
Die Herden bleiben meist ein ganzes Jahr der Heimat fern, im Sommer
die Hänge der Cevennen oder der Alpenausläufer beweidend, im Winter
aber die Sümpfe des Rhônedeltas, die Camargue, und die Crauebene.
Das Leben dieser französischen Hirten im Süden und Südwesten
ist hart und rauh. Das zeigen die drei Aufnahmen aus den „Landes",
den weiten Heideflächen an Frankreichs Westküste südlich der Gironde-
mündung. Diehzucht bildet den Haupterwerbszweig der bedürfnis-
losen und noch arg rückständigen Bevölkerung. Die häufig stark ver-
sumpften Heideflächen nötigen zum Gebrauch der Stelzen, die, wie eins
unserer Bilder zeigt, auch von den Hirten benützt werden. In solchem

170

Gebiet wird ein hütender und wehrender Hund nicht benötigt, der Hirt ist da auch noch nicht zum Schäfer geworden. Für den Herdendienst genügt ein aufmerksamer Wächter, der beim Treiben hilft und seinem

Abb. 157/159. Aus dem Leben französischer Schafhirten in den „Landes de Gascogne".

Abb. 158.

Herrn beispringt, wenn er mit Schafdieben zu tun bekommt. Verhältnisse also, wie wir sie ähnlich noch in einzelnen südöstlichen Ländern finden, und wie sie vor 3—400 Jahren etwa auch bei uns zu treffen waren.

171

Der eigentliche hütende und wehrende stockhaarige Schäferhund Frankreichs ist der Schäferhund der Beauce, Chien de Beauce oder Beauceron, der auch am weitesten verbreitet und am häufigsten zu finden ist. Seine Rassezeichen entsprechen den für unsere stockhaarigen Hunde, die Höhe wird auf 60—70 cm angegeben. Als richtig, bei an= gedrücktem Haar genommene Schulterhöhe wäre das sehr reichlich; die Maßangabe trifft auch nicht zu. Entweder die Franzosen messen anders als wir, etwa Bandmaß statt Standmaß, oder gar Ohrenhöhe; oder, was mir das wahrscheinlichere scheint, sie nehmen auch hierin den Mund etwas voll. Die zahlreichen Beauce=Hunde, die ich vorm Kriege auf schweizer und französischen Ausstellungen gesehen habe, die paar, die ich noch während des Krieges dort fand, übertrafen in ihren Maßen unsere deutschen Stockhaarigen in keiner Weise, blieben vielmehr, be=

Abb. 159.

sonders in der Kraft der Knochen, gegenüber unserem Durchschnitt zurück; ich würde sonach 60 cm Schulterhöhe schon als gute Durchschnitts= größe für den Beauceron vom Landschlag ansehen. Nach überein= stimmender Ansicht französischer Kenner soll dem Beauceron der Lieb= haberzucht in jüngerer Zeit Doggenblut zugeführt worden sein, um dem Hunde mehr Größe, ein glatteres und ansehnlicheres „Luxushund"= Gebäude zu geben. Das ist tatsächlich bei einzelnen erreicht worden, während das Haarkleid durchweg knapper, ja zu knapp wurde. Das brauchte beides aber nicht Folge einer Zufuhr anderen Blutes zu sein, ließe sich auch auf Zucht und Beurteilung auf diese Punkte hin zurück= führen. Tatsache ist, daß der Beauceron der neuzeitlichen Zuchtrichtung vom früheren nicht unwesentlich abweicht. Der Hund war früher halb= lang= bis stockhaarig behaart, während jetzt eine Körperdecke bevorzugt wird, die zwar hart, aber kurz und ohne Unterwolle ist. Den Schäfern ist

172

der neue Schlag nicht erwünscht. Kein Wunder, denn der kurzhaarige Hund ist nicht wetterfest, dagegen allen Fliegenbelästigungen aus= gesetzt, für den Herdendienst sonach wertlos. Die französische Zucht,

Abb. 160. Französischer Schäferhund, Schlag der Beauce.
Alte Gebrauchshundform.

die ihren Hund so verdarb, will aber Gebrauchshundzucht sein; denn liebhabermäßig wird auch der Beauceron drüben wenig gehalten.

Abb. 161. Französischer Schäferhund, Schlag der Beauce.
Neue Gebrauchshundform.

Der alte Gebrauchsschlag gleicht in Bau und Ausdruck durchaus unseren süddeutschen Herdengebrauchshunden, der Beauceron der

173

neueren Zuchtrichtung dagegen mehr unserem deutschen Dobermann=
pinscher. Doch unterscheidet ihn dem gegenüber der gestrecktere Leib,
die größere Ebenmäßigkeit und Ausgeglichenheit des Gebäudes und
der edlere Kopfschnitt. Während des Krieges waren Hunde im besetzten
Gebiete ja im allgemeinen recht selten geworden, ich sah aber doch mehr=
fach noch gute Schäferhunde vom alten Schlage, sogar mit von Natur
stehenden Ohren.

Merkwürdigerweise werden die Ohren beim Schäferhunde der
Beauce stets verschnitten, obgleich sie sich in der Mehrzahl wohl auch

Abb. 162. Französischer Schäferhund, Schlag der Beauce.
Hund der Liebhaberzüchtung.

ohne dies Hilfsmittel zum Stehohr ausbilden würden, zumal wenn die
Zucht etwas Wert darauf legen würde. Das gilt übrigens auch für die
anderen französischen Schläge, beim Hunde von Brie werden auch Kipp=
ohren von den Rassezeichen zugelassen. Diese schreiben auch für die
Hunde der Beauce und von Brie — für die anderen Landschläge gibt
es noch keine Rassezeichen — einen seitwärts gerichteten Haken des
Rutenendes vor. Solche Seitwärtskrümmung des letzten Rutendrittels
findet sich bei vielen Schäferhunden und aller Orten; sie ist kein Zeichen

174

der Raſſeechtheit, ſondern lediglich Folgeerſcheinung einer etwas zu langen Rute, die beim Laufen ſtört, daher ſeitwärts oder aufwärts ausgebogen wird.

Als weiteres Zeugnis für Raſſereinheit verlangen die franzöſiſchen Raſſezeichen Afterklauen, und zwar ſogar Doppelſporen. Nun, der Aberglaube ſüddeutſcher Schäfer wollte ja früher in den Doppelſporen den Sitz beſonderer Hütebegabung erblicken; ähnliches mag auch in Frankreich geglaubt worden ſein und werden. Als Kennzeichen können dieſe durchaus nicht regelmäßig auftretenden Rückſchlagerſcheinungen keinesfalls aufgefaßt werden, ebenſowenig wie der Vieräugelfleck, ſchwarze Flecken im Gaumen oder die Warzen am Fang, auf die ganz beſonders ſeine „Hundekenner" manchmal Wert legen zu müſſen glauben. Schon die einfachen Afterklauen behindern meiſt ſtark Stand und Gang der Hinterhand, die Doppelſporen aber ausnahmslos. Sie zwingen den

Abb. 163. Franzöſiſcher Schäferhund, Schlag der Picardie.

Hund, wie das Bild des Beauce=Hundes vom alten Schlage recht gut zeigt, zu kuhheſſiger Stellung und zu entſprechend breitem und gebundenem Treten, führen auch nebenbei nicht ſelten zu Verletzungen und ſchweren Blutungen, ſollten daher unbedingt in früheſter Jugend entfernt werden, was leicht und völlig ungefährlich iſt.

Die Hunde der Beauce haben die nämlichen Grundfarben wie unſere und alle Schäferhunde, alſo die Wildhundfärbung — von der die amtlichen Raſſezeichen freilich nicht ſprechen — und am häufigſten ſchwarz mit den bekannten gelben bis roſtfarbenen Abzeichen; dann rein ſchwarz, rotgelb (ſandfarben), grau und grau mit ſchwarzen Flecken. Weiß ſoll nur als Bruſtſtern zugelaſſen werden. Die ſchwarzen mit gelben Abzeichen werden ſehr hübſch „das rouges", Rotſtrümpfe, genannt. Süddeutſche Schäfer, die früher häufig in Begleitung verkaufter Schafe nach Frankreich, meiſt nach Paris kamen, haben dieſe Bezeich=

175

nung von franzöſiſchen Berufsgenoſſen aufgeſchnappt, zu „Baruſch“ oder „Parruſch“ verſtümmelt und verwenden ſie vielfach als Rufnamen, freilich auch für andersgefärbte Hunde.

In der Nordoſtecke Frankreichs, der Picardie, erſcheint ein eigener etwas kleinerer Schlag — Schulterhöhe etwa 55 cm —, ſtockhaarig von gutem Schäferhundbau und Ausdruck und eigenartiger Färbung: ſchwarz und weiß, die Grundfarben durch ein loh= bis roſtfarbenes Band getrennt, alſo ähnlich wie bei den Sennenhunden und wie bei manchen ſchotti= ſchen Schäferhunden, die Strebel wieder mit den ebenfalls bunten Islandhunden in Zuſammenhang bringt. Es iſt aber wohl nicht nötig, dieſen Farbenzufall auf Einkreuzung zurückzuführen, wenn auch zu= zugeben iſt, daß Islandfiſcher ſolche Hunde mitgebracht haben mögen; die Farbereihe liegt, wie wir ſahen, durchaus im Schäferhundſtamm.

Abb. 164. Franzöſiſcher Schäferhund, Schlag der Ardennen (Junghund).

Im Oſten Frankreichs, an der belgiſchen und deutſchen Grenze in den verkehrsarmen bewaldeten Gebirgsſtrecken der Ardennen und Argonnen, bis in den Wasgenwald hinunterreichend, aber auch nach Belgien und Deutſchland übergreifend, findet ſich noch ein ſchwerer, ſchon im Gebäude als Gebirgsſchlag kenntlicher, oft ſtummelſchwänziger Hund, der als Ardenner Schlag bezeichnet wird. Im Departement der Haute= Marne iſt dieſer Hund ſeiner Schärfe halber als Saupacker beliebt.

Die Ardenner und die Pikardie=Hunde, meiſt aber wohl die noch kräftigeren rauhhaarigen Treibhunde (Bouviers) wurden an der belgiſch= franzöſiſchen Grenze ſtark im Schmuggeldienſt verwendet; ſie liefen nachts, die zu paſchenden Waren um den Leib gewickelt oder in anderer Weiſe befeſtigt, ohne Begleiter, Menſchen vorſichtig ausweichend, ſicher von Grenzdorf zu Grenzdorf, wo ſie beim Abnehmer guter Be=

handlung und Verpflegung sicher waren. Zur Bekämpfung dieses Schmuggels bildeten die Grenzbeamten dann gleichfalls Hunde aus, die ihnen die Schmuggelhunde zutreiben sollten. Im übrigen dienen die Schäferhunde in Frankreich den gleichen Zwecken wie bei uns: Herden= dienst, Hofdienst. Als Diensthunde für Heer und Sicherheitswesen er= freuten sie sich vorm Kriege auffallend geringer Beliebtheit, der deutsche Schäferhund wurde da bevorzugt. Während des Krieges mag sich das geändert haben, französische Blätter verfehlten nicht, von Wunder= und Heldentaten „ihrer" Hunde zu berichten, die dafür vom Präsidenten geküßt und mit Ehrenzeichen bebaumelt wurden. Der böse deutsche Schäferhund war schon lange vorm Kriege ein übler Dorn im französischen Fleisch. Gallische Eitelkeit konnte doch nicht zugeben, daß es irgendwo auf der Welt, und nun gar bei den hinterwäldlerischen „Barbaren", etwas besseres gebe als bei der an der bekannten „Spitze der Zivilisation marschierenden Nation". Wie es mit dieser „Spitze" aussah, konnten die von uns, die es nicht schon vorher wußten, jetzt viereinhalb Jahre lang gründlich erkennen. Der gute deutsche Schäferhund hatte sich in Frankreich also unentbehrlich gemacht: bei vernünftigen und anständigen Liebhabern, die sich seiner Zucht mit Eifer annahmen; dann als Dienst= hund und als solcher, Modenarrheit, hauptsächlich für die große Masse, von der Kokotte bis zum Börsenjobber, vom Händler zum Presse= menschen, besonders aber für die Händler. Und da eben alle Welt einen der berühmten „chiens policiers" oder „chiens mordants" haben wollte und mußte, so durfte das kein böser deutscher, kein „berger allemand" sein. Als seine Heimat wurde Elsaß entdeckt und der deutsche zum Elsässer Schäferhund gemacht, zum „Chien de berger d'Alsace", oder auch zum „Chien loup d'Alsace" (elsässer Wolfshund), auch wohl bloß zum „Chien loup" oder „Loup d'Alsace". Damit war das Vater= land gerettet und der größte Heißsporn durfte nun ohne Schaden für seine Gefühle und sein Ansehen für etliche Tausende von Franken eines der edlen Tiere hinter sich herziehen, die der französische Händler kurz vorher Stück für Stück zu 60—80 M., wenn sie nur beim Schuß keine Miene verzogen hatten, in Württemberg und Baden zusammen= geramscht hatte. Die Einfuhr deutscher Schäferhunde nach Frankreich hatte tatsächlich vorm Kriege unheimlichen Umfang angenommen: nach amtlichen Zusammenstellungen wurden 1910 3481 Schäferhunde eingeführt, im Jahre darauf 3970, im Jahre 1912 aber schon in der ersten Hälfte 4132! Dieser Absatz hatte für uns nichts erfreuliches — der SV. hat oft genug dagegen Stellung genommen —, denn zum Teil wurden uns dadurch wertvolle Zuchttiere entführt, zum anderen aber viele Züchter zum Herstellen billiger und minderwertiger Ramschware ver= leitet; die gesunde Zucht hatte also auch da den Schaden davon.

Für den französischen Schäferhund bestand drüben seit den 90er Jahren der „Club Français du Chien de Berger Français (CFCB.)", ein Verein, der Staatszuschuß bekam, einmal im Jahre mit viel Prunk und Drum und Dran ein Preishüten veranstaltete, sonst aber für den Gebrauchshund kaum etwas, für die Liebhaberzucht aber auch nicht sehr viel mehr tat und auch nur etliche hundert Mitglieder zählte. Er befaßte sich auch nur mit den beiden Schlägen von Brie und von der Beauce;

für den letzteren hatte sich einige Jahre vorm Kriege noch ein eigener Verein der „Amis du Beauceron" gebildet, beide unterstanden der französischen Gesellschaft zur Verbesserung der Hunderassen (Société centrale pour l'amelioration des races canines). Für den deutschen Schäferhund wirkte vorm Kriege ein Zweigverein des SV. in Paris, der in französischer Sprache für seine Mitglieder eine eigene Vereins= zeitung herausgab, außerdem der nicht händlerfreie „Club Français du Chien de Berger Allemand (CFCBA.)".

In den beiden anderen lateinischen Ländern, in Italien und Spanien, war die Liebhaberei für unseren Hund im Wachsen, in Spanien ist eine auszugsweise Übersetzung dieser Abhandlung „La Cria del Perro de Pastor aleman", erschienen. Eigene Vertretungen für unseren Hund gibt es dort nicht, die bodenständigen Hunde habe ich schon oben bei den Hirtenhunden erwähnt. Die allgemeine Landesvertretung hat in Italien der „Kennel Club italiano" und in Spanien die „Real Sociedad Central de Fomento de las Razas Caninas en España".

Der hütende Hund Englands ist der sogenannte schottische Schäferhund oder Collie, der sich wohl aus dem oben besprochenen Cur=Dog entwickelt hat. Da Erdfunde des Bronzehundes auch in Irland gemacht wurden, war dieser Hund sicher auch auf der Nachbarinsel bodenständig, wo seine Nachkommen, wie wir oben sahen, nach Dr. Cajus schon Mitte des 16. Jahrhunderts zum Hütedienst ver= wendet wurden. Mir scheint daher nicht nötig, wie Strebel möchte, den Schotten auf isländische Einfuhr zurückzuführen. Zu unterscheiden ist zwischen einem kurzstockhaarigen und einem langstockhaarigen Schlage; aus dem letzteren sind dann die heutigen langhaarigen Hunde der Lieb= haberzucht entstanden. Graf Bylandt erwähnt auch noch stummel= schwänzige Collies, und zwar kurz= und langhaarige, als allerdings seltene, aber feststehende Arten. Rassentrennung läßt sich darauf nicht bauen; ob mit oder ohne Rute, ob länger, ob kürzer behaart: es ist auch hier ein Schäferhund, der Bronzehundnachkomme. Auf den Shet= landinseln, also dort, wo auch die Zwergpferde gezüchtet werden, gibt es dann auch noch eine Zwergform des Collies.

Die drei Abbildungen besagen eigentlich alles nötige über die Rasse. Das den 1829 erschienenen „Anecdotes of Dogs" des Captain Brown entnommene Bild aus dem Anfang des vorigen Jahrhunderts zeigt einen gut gebauten, kräftigen Schäferhund, der freilich vom heutigen Zuchtvorbild recht weit entfernt ist, die unschönen Glotaugen sind sicher auf Rechnung des Zeichners zu setzen. Auch der Kurzstockhaarige — der im Bild gezeigte dürfte im ganzen wohl etwas gestreckter sein —, hat gutes, trockenes Schäferhundgebäude, der Schlag ist zum Glück für ihn von der Liebhaberzucht minder betroffen worden, daher unverdorben geblieben. Das Bild des Langhaarigen aber, eines hohen Preisgewinners, zeigt wohin einseitige übertriebene Züchtung führt: zur Unnatur, zum Zerrbild. Der Collie der Liebhaberzucht wird nur auf Schönheit gezüchtet, als Pracht= und Prunkstück gehalten: feiner, schmaler Kopf mit über= trieben lang und spitz ausgezogenem Gesichtsteil — dieser Teil von der Nasenkuppe bis zum Stirnabsatz ist viel länger als der Oberkopf, während das Verhältnis umgekehrt liegen soll —, dann Ohrenhaltung — bei der nur das obere Drittel der Ohren nach vorn kippen soll, aber auch muß, sonst ist es ein grober Fehler; stehohrige Schotten, die es auch gibt, sind darum geradezu todeswürdige Verbrecher! — und schließlich Haarkleid ist alles. Das Gebäude wird darüber ganz übersehen, man

Abb. 165. Schottischer Schäferhund, Collie, aus dem Anfang des 19. Jahrhunderts.

beachte die jammervolle Hinterhand des abgebildeten „Champions", der übrigens im Haar und auch Fang nach späteren Begriffen noch lange nicht auf der Höhe steht. Die tägliche „Toilette" — hier muß man

Abb. 166. Kurzstockhaariger schottischer Schäferhund, Collie.

zum Fremdwort greifen! — eines Collieschönen dauert stundenlang, und nun gar vor einer Ausstellung. Da wird Luft und Puder unters Haar geblasen, damit es schön duftig und locker absteht und noch mehr Wust vortäuscht — vielleicht sind inzwischen auch für Collies wie für verschönerungsbedürftige Damen „Transformationen" oder ähnliche schöne Dinge erfunden! —, dort ein Öhrchen noch etwas gekniffen, damit es aufs Haar genau den vorschriftsmäßigen „Ohrwinkel" hat. Gewiß, Körperpflege ist etwas sehr schönes, sehr nützliches und notwendiges, aber sie darf für einen Hund ebensowenig wie für einen Mann ins weibische ausarten; sonst ist es kein Hund mehr, höchstens ein Schoßtrüppel, der auch geistig minderwertig ist. Das aber ist der Collie der Liebhaberzucht leider auch geworden, ein warnendes Beispiel für uns! Er zehrt nur mehr vom guten Ruf seines Gebrauchsahnen, kann selbst aber nichts mehr leisten; das besagt auch schon der leere Ausdruck des flachen, an den blöden Ameisenbären erinnernden und zu langausgezogenen Kopfes. Um diesen Kopf zu erzielen, ist — die Collieleute leugnen es freilich, die Wissenden unter ihnen schweigen sich aus, aber an den Schädeln ist es nachzuweisen — der Rasse Blut von russischen Windhunden zu-

Abb. 167. Langhaariger schottischer Schäferhund, Collie. Ausstellungssieger aus dem Anfang dieses Jahrhunderts.

geführt worden. Daher die niedrige, ausdruckslose Stirn, der endlos lange und schmale Fang, der beim großen Barsoi noch genügend kraftvoll zubeißen kann, beim kleineren Collie aber aller Kraft entbehrt. Der heutige Liebhaberschotte kann mit seinen feinen, nadelscharfen Zähnen wohl sehr bös reißen und arge Wunden machen, zum Herdengebrauch eignet er sich aber schon deshalb nicht, auch fehlt ihm die Kraft, ein widerspenstiges Schaf zu halten und zu zwingen.

Der von den Liebhabern verächtlich als „Bauern-Collie" bezeichnete Gebrauchshund der Schäfer hat nicht das übertrieben lange und seidige Haar der Liebhaberzüchtung. Seine rauhe Behaarung nähert sich dem Stockhaar, sein Kopf ist kräftiger, hat noch guten Schäferhundausdruck. Die Hüteleistungen des Gebrauchscollies stehen in hohem Ruf. Man wollte sie — Auslandanbetung sprach natürlich auch da mit — höher einschätzen als die unserer Herdenhunde. Das ist aber schon deshalb nicht angängig, weil eine Vergleichsmöglichkeit fehlt. Die Hüteweise

180

drüben ist ganz anders als die durch unsere Verhältnisse bedingte, Schottenarbeit demnach von der Arbeit unserer Schäferhunde durchaus verschieden. Deshalb läßt sich nicht sagen, die Arbeit der schottischen Schäferhunde stehe höher, sei durchdachter als die der deutschen; oder umgekehrt. Es muß vielmehr heißen: jeder leistet in seiner Art voll= kommenes, läßt sich aber durch den anderen nicht ersetzen. Der Collie hütet häufig allein, ohne Aufsicht; den Schafen stehen dann aber auch unbegrenzte Weideflächen zur Verfügung, Wehren vor der Frucht entfällt völlig. Es handelt sich also immer um die leichte Arbeit im weiten Gehüt, niemals um die sehr schwierige und verantwortungsvolle im engen oder gespannten. Für den hütenden Schotten liegen neben geordnetem Trieb die Hauptaufgaben im Zusammenhalten der Herde auf den weiten Weideflächen, im Aufsuchen und Zurückführen abgekommener einzelner Schafe — und das auch beim allein hütenden —, im Ein= treiben der Schafe nach den Tränk= und Rastplätzen zur bestimmten Stunde. Das sind Aufgaben, wie sie unsere deutschen Hunde, selbst das Alleinhüten, wenn es darauf ankommt, auch erfüllen — wir werden das im nächsten Abschnitt sehen —, die höchsten Anforderungen aber werden an sie im Wehren vor der Frucht, im Abhalten der Schafe vom Betreten bestellten Ackers gestellt. Das aber kann kein Schotte. Selbst= verständlich haben, als in den 80er, 90er Jahren vorigen Jahrhunderts der Collie auf dem besten Wege war, deutscher „Nationalhund" zu werden — man „kannte" damals den deutschen Schäferhund noch nicht, glaubte ihn verdorben, gestorben —, auch heimische Schäfereien und einzelne deutsche Schäfer Schotten in Gebrauch zu nehmen versucht. Die Versuche mißglückten stets. Nicht etwa bloß, weil es sich bei den ein= geführten schon um Hunde der Liebhaberzucht handelte; so schnell und vollständig verwischen sich Erbanlagen nicht. Oder gar, weil der „plumpe" deutsche Schäfer mit den „edlen" Schotten nicht hätte fertig werden können. Aber der Wehrtrieb fehlte den Schotten völlig, sie hatten auch nicht die Neigung, bei ihrem schwachen Fang auch nicht die Fähigkeit zum Greifen, vermochten sich daher bei den Schafen nicht durchzusetzen. Wenn die Schafe gegen die Frucht drückten, wichen die Schotten zurück; vom Schäfer „gesteift", scharf gemacht, versuchten sie dann wohl die Sache mit Laufen, oder gar mit Bellen zu zwingen, hielten damit aber die Schafe nicht von der Frucht ab, sondern brachten nur Unruhe in den Haufen. Ebensowenig wie mit reinen Schotten hatten unsere Schäfer mit Colliekreuzungen Erfolge, es kamen von überall her die gleichen Klagen, die unverständige Colliefreunde zwar auf mangeln= des Verständnis unsrer Schäfer zum Abrichten schieben wollten, die aber selbstverständlich ihren Grund in der ganz anderen Veranlagung z. T. auch im Anlagenverlust! — der Schotten hatten. Die SD= Zeitung" hat im Jahre 1903 eingehend über die Herdenbetätigung von Collies und über ihre schüchternen Versuche zur Teilnahme an Preishüten des SD. berichtet. Es sei hier übrigens gleich noch ein= geschaltet, daß der 1893 gegründete „Deutsche Verein für Sanitätshunde", der in den ersten 12 Jahren seines Bestehens mit schottischen Schäfer= hunden, zuletzt mit aus deren Heimat eingeführten Gebrauchshunden zu arbeiten versuchte, die gleichen schlechten Ergebnisse mit ihnen hatte.

Seine Bestrebungen hatten erst Erfolg, als er statt der schottischen deutsche Schäferhunde einstellte.

Da die Gebrauchscollies in ihrer Heimat vielfach allein hüten, muß der Jagdtrieb, der in jedem Hunde liegt, bei ihnen völlig unterdrückt sein; das ist durch Zucht und Erziehung zu erreichen. Der häufig dafür angewendete Ausdruck „die Nase ist ihnen weggezüchtet", ist natürlich falsch. Der Geruchssinn, der Hauptsinn des Hundes, läßt sich nicht durch die Zucht unterdrücken, wohl aber eine Leidenschaft, die in gewisser Beziehung zur Nase steht (Aufstöbern einer Wildspur). Im übrigen ist sehr wohl möglich, daß der schottische in bezug auf Feinheit der Nase hinter anderen Schäferhunden zurücksteht, weil der Geruchsnerv in dem schmalen Gesichtsteil keine große Entwicklungsmöglichkeit hat. Da der Collie aber andererseits als Herdenhund auch gut sehen können muß, wäre durchaus nicht ausgeschlossen, daß er auch auf Sicht jagte, wenn nicht wie schon gesagt, der Jagdtrieb fortgezüchtet wäre.

Für die schottischen Schäferhunde sorgen in England etliche unter dem englischen „Kennel-Klub" stehende Liebhabervereine, in Deutschland bestanden für sie der einst angesehene „Kontinentale Collie-Klub" und der später gegründete „Verein der Colliefreunde"; jener ist wohl schon vor längerem, dieser während des Krieges eingegangen.

Der deutsche Schäferhund war vor dem Kriege in England nur in recht wenigen und recht mäßigen Stücken vertreten. Die strenge Einfuhrsperre, die England vor der Einschleppung der Tollwut, mehr aber wohl noch vor der Einfuhr im Auslande gezüchteter Hunde sichern sollte, war einer weiteren Verbreitung hinderlich; unsere Rasse war daher jenseits des Kanals wenig bekannt. Jetzt ist das leider anders geworden; die Engländer haben schon während des Krieges, besonders aber während der Besetzung genügend Gelegenheit gehabt, den deutschen Schäferhund kennen und würdigen zu lernen. Ihm wäre es aber ebensowenig dienlich wie der deutschen Dogge und dem deutschen Dachshunde, wollte sich die britische Liebhaberei jetzt auch seiner annehmen. So zielbewußte und weitblickende Züchter die Engländer auf dem Gebiet wirtschaftlicher Tierzucht sind, so hervorragendes sie dank großer züchterischer Erfahrung und anderer die Hundezucht begünstigender Umstände auch aus dieser herauszuholen vermochten, so wurde englischer „Sport" doch all den Rassen zum Unheil, auf die er sich warf, weil er nicht auf Entwicklung in gesunder natürlicher Richtung hin züchtete, sondern auf ins Auge fallende Äußerlichkeiten oder gar auf Absonderlichkeiten. Etwas so naturwidriges und darum scheusäliges wie eine Bulldogge z. B. konnte, außer in China, nur in England gezüchtet werden. Für die Schäferhundseele aber hat das kaltschnäuzige Krämervolk kein Verständnis! Daß unsere Hunde jetzt drüben unter dem Namen „Elsässer Wolfshunde" (Alsatian Wolf-Dogs) gehen, ist wohl nur eine vorübergehende Kriegsfolge.

Daß zur „Aufbesserung" der deutschen Schäferhunde auch Schottenblut eingekreuzt worden ist, wurde oben schon angedeutet. Aus den Gebrauchsstämmen wurden die Sprößlinge solcher Verbindungen sehr schnell wieder ausgemerzt, in der Liebhaberzucht wurde der Versuch

nur einmal mit einer Kurzhaarhündin gemacht; er lockte nicht zur Wieder=
holung. Solche Einkreuzungen blieben für die Deutschen unschädlich,
handelte es sich ja um nächstverwandte Hunde. Sie mußten aber auch
ohne Nutzen sein, wenn auch die Schotten schon länger durchgezüchtet
waren als unsere Hunde. Ohne Nutzen für den Gebrauch, weil, wie
wir sahen, die Schottenveranlagung anders, für unsere Dienstanforde=
rungen nicht ausreichend waren. Und zur Verbesserung des Gebrauchs=
gebäudes erst recht ohne Nutzen: der feingeschnittene Colliekopf taugt
nicht für einen Hund, der greifen können muß. Das Gebäude aber?
Im Durchschnitt ist der Schotte kleiner und knochenschwächer, das Haar

Abb. 168. Algerischer Wachhund, Chien des Douars.

verbirgt diese Spilerigkeit und alle Gebäudemängel und läßt den Hund
ansehnlicher erscheinen.

Ebenso wie mit Schotten sind bei Gebrauchshunden, namentlich
in den Grenzgebieten, selbstverständlich auch Blutverbindungen mit
den benachbarten festländischen Schäferhundschlägen vorgekommen;
Wanderschäferei und Schafhandel, früher besonders rege aus Süd=
deutschland, Ungarn, auch Oberitalien nach Frankreich, brachten das
mit sich. Solche Verbindungen sind keine Bastardzucht, da es sich
nicht um Hunde verschiedener „Arten" oder „Rassen" handelt, sondern
um solche gleicher Herkunft und Verwendung. Sie blieben deshalb

auch für die Zucht bedeutungslos, sind auch unter gewissen Beding=
ungen zuchtbuchfähig.

Es bleibt nunmehr übrig noch der Schäferhunde außerhalb unseres
Erdteiles zu gedenken. Da finden wir zunächst in Nordafrika, nament=
lich in Algier, einen Hund, der in Bau, Ausdruck und Wesen von den
anderen bodenständigen Hunden ganz verschieden ist. Studer rechnet
diesen algerischen Wachhund, den „Chiens des Douars", nach
Schädeluntersuchungen zur Schäferhundgruppe; Bronzehundfunde sind
in der heutigen Heimat dieses Hundes nicht gemacht worden, er ist
dort also wohl später eingeführt und dann erst bodenständig geworden.
Das Nächstliegende wäre, diese Einführung in die Völkerwanderungs=
zeit zu setzen: der heutige Hüter kabylischer Siedlungen wäre dann einst

Abb. 169. Einschiffung der Wachhunde für die Pflanzungen in Kamerun.

mit vandalischen, also altgermanischen Stämmen aus Deutschland über
Frankreich und Spanien nach dem nördlichen Afrika gezogen. Dort
führt er heute noch das Leben unseres einstigen Hovawart. Er ist der
trefflichste, zuverlässigste Wächter, der Einzelhütte wie Gemeinsiedlung
mit Mut und Wut jedem Fremdling gegenüber verteidigt. Der ab=
gebildete stand Anfang dieses Jahrhunderts als völlig eingelebter Haus=
genosse in Hannover. Er glich einem mittelgroßen, stämmigen deutschen
Schäferhunde in allen Stücken; diese Ähnlichkeit wird auch von allen,
die den Schlag in seiner Heimat beobachten konnten, bestätigt.

Weiter gegen Osten, in Ägypten, ist als beliebtester und zuver=
lässigster Wachhund, namentlich der Nilbarken, der Ermenterhund

Abb. 170. Schafherde der Deutsch-Südwestafrikanischen Wollzüchterei Klein-Nauas.

verbreitet. Auch er unterscheidet sich in Bau und Wesen stark von den Pariahunden seines Wohngebietes und wird als großer und kraftvoller rauhhaariger Hund von Schäferhundausfehen beschrieben. Altägyp= tische Hundedarstellungen, die die Raffen recht scharf unterscheiden, bringen kein auf ihn paffendes Gegenstück, er wird also auch erst später eingeführt fein. Vielleicht als der bodenständige Schlag Mazedoniens von den Griechen bei den Heerzügen Alexanders des Großen; Strebel möchte annehmen, daß es sich um Nachkommen der von den napoleoni= schen Heeren Ende des 18. Jahrhunderts dort zurückgelassenen fran= zösischen Treibhunde, um Toucheurs de boeufs, handle.

In den afrikanischen Schutzgebieten Deutschlands, in Oft= und in Westafrika, war der deutsche Schäferhund selbstredend stark verbreitet. Er war zuverlässiger Wächter der Höfe wie der Pflan= zungen, brauchbar auf der Jagd, selbst auf große Katzen, und wurde auch als Polizeihund verwendet, bei der starken Schafzucht in Deutsch= Südwestafrika dort auch im Herdendienst. Daß unsere Schäferhunde selbst Tropenklima gut vertragen, ihre Nase behalten und sich fortpflanzen, erwähnte schon Pechuel=Lösche in seinem Werk über die deutsche Loangoexpedition (1874—76); er fand sechs Jahre später noch gesunde Abkömmlinge des einst eingeführten Paars. Auch auf den Kameruner Pflanzungen der westafrikanischen Pflanzungsgesellschaft Viktoria wurden Schäferhunde gehalten. Dr. Effer=Berlin berichtete darüber 1904 in der SD=Zeitung wie folgt: „Die Schäferhunde werden mit Erfolg verwendet, um die Anpflanzungen von den frei umherlaufenden Rindern, Ziegen und Schafen freizuhalten. Die Hunde haben ein wunder= bares Talent, ohne Aufsicht die Eingänge zu den Pflanzungen und die Wege abzupatrouillieren. Sie wittern eingedrungene Tiere auf große Entfernungen und treiben sie hinaus. Am Tage lassen sie die ein= geborenen Arbeiter unbelästigt, greifen aber nachts jeden Bananen=, Gummi= oder Kakaodieb rücksichtslos an. Während bisher in Kamerun fast alle eingeführten Hunde die Nase verloren, krank und stumpf wurden, blieben die deutschen Schäferhunde so frisch wie in der Heimat."

So wird das geläuterte Deutschland, wenn es einst seine Hand wieder auf den ihm jetzt geraubten, mit seinem Blut und seinem Wissen hochgebrachten Landbesitz legt, auch den deutschen Hund dort wieder vorfinden!

In Asien vertreten, wie wir sahen, im Norden die verschiedenen Laikaschläge den Schäferhund; in wieweit sie, und auch die schäferhund= ähnlichen Hunde Mittelasiens verwandter oder gar gleicher Abstammung sind, muß erst weitere Forschung ergeben. In Deutsch=China war natürlich auch der deutsche Schäferhund zu finden, auch als Dienst= hund der Polizei.

In Amerika wird der stockhaarige mexikanische Hirtenhund, dessen Abbildung ich Fr. C. Damm in Durango, Mexiko, verdanke, als eingeborene Rasse Mittelamerikas betrachtet. Haushunde wurden bei der Entdeckung Amerikas bei den Eingeborenen vorgefunden. Sie werden, ähnlich dem Vorgang bei den altweltlichen Hunden, aus einer Wildhundart, wohl aus mittelgroßen amerikanischen Wolf (Canis lupus occidentalis), kaum aus dem kleineren und schwachgliedrigen Heulwolf oder Coyote (Canis lupus latrans), eingezähmt worden sein; könnten aber recht wohl auch mit den ersten Besiedlern der neuen Welt über die westliche Landbrücke aus Asien eingedrungen sein. Schädel=

Abb. 171. Polizeihundewesen in Tsingtau, Deutsch=China.

untersuchungen sind meines Wissens noch nicht gemacht, die Herkunfts= frage dieser jedenfalls seit alter Zeit in Amerika bodenständigen Hunde ist somit noch nicht genügend geklärt. Der mexikanische Hirtenhund, der im Süden bis Peru zu finden ist, ist kurz= bis langstockhaarig, in der

Farbe meist lichtfahlgelb, bisweilen mit dunkelbraunen Platten. Er wird als gewedter, lebensvoller Hund geschildert, anhänglich, auch mutig, ohne jedoch die Vorsicht außer acht zu lassen, und gilt als zuverlässiger Wächter, zeigt also echte Schäferhundeigenschaften.

Unter den in Amerika eingeführten altweltlichen Hunden ist unser deutscher Schäferhund neuerdings stark vertreten. In Südamerika haben ihn namentlich Pflanzer und Herdenbesitzer in Argentinien eingeführt, in Nordamerika hatte sich ihm in den Vereinigten Staaten die Liebhaberei mit großem Eifer zugewendet; freilich war auch hier viel Geschäftsmache dabei. Im Jahre 1913 wurde der „Klub für deutsche Schäferhunde in Amerika" (German Shepherd Dog Club of

Abb. 172. Stockhaariger mexikanischer Hirtenhund.

Amerika) gegründet, der schon Anfang 1914 seine erste Sonderausstellung in Neuyork unter einem deutschen Richter abhielt, auch eine auszugsweise englische Übersetzung dieser Abhandlung herausgab und auch mit einer eigenen Zeitschrift begann. Da sich die Nachfrage aus den Vereinigten Staaten von deutschen Liebhaberzüchtern gar nicht decken ließ — die Einfuhrbedingungen sind, ein Glück für unsere Zucht, recht umständlich —, ergriff der französische Großhandel, der Einfuhrschwierigkeiten „auszuschalten" verstand, die gute Gelegenheit, und mußte selbst den in Deutschland aufgekauften Schund, den er in Frankreich nicht an den Mann bringen konnte, unter der Bezeichnung „French Police Dogs" an unerfahrene und darum urteilslose Liebhaber loszuwerden.

Die Schäferhunde Australiens schließlich sind eingeführt. Schafzucht wird dort bekanntlich im Großen betrieben, hütende und wehrende Hunde werden freilich nicht benötigt, achtsame Treibhunde genügen. Unterschieden wird zwischen dem kleineren rauh=zotthaarigen Barb und dem größeren stockhaarigen Kelpie. Der schottische Schäfer=hund, der sich wegen einer gewissen Ähnlichkeit der Hüteverhältnisse sonst gut eignen würde, steht bei den australischen Schafhaltern, die einen harten, zuverlässigen Arbeitshund brauchen, in geringem Ansehen. Dagegen haben mehrfach australische Schafzüchter, nachdem sie die Vorzüge der Arbeitsweise unserer Hunde erkannt, deutsche Gebrauchs=hunde eingeführt.

Abb. 173. Australischer Schäferhund, Kelpie=Schlag.

Über die Herkunft der Barbs wie der Kelpies schwebt noch rechtes Dunkel. Der Barb wird wohl mit dem kleinen altenglischen Schäferhund, der vorwiegend Treibhund ist, zusammenhängen. Für den Kelpie wird Einkreuzung von Dingo=, also von Wildhundblut behauptet, was wohl ein ähnliches Märchen ist wie die Wolfsverwandtschaft der heutigen deutschen Schäferhunde. Nach Bau und Ausdruck könnte der Hund ebensogut auf kurzhaarige Schotten wie auf jeden der anderen Schäfer=hundschläge zurückzuführen sein. Der im Bilde wiedergegebene war Sieger eines der großen Preishüten der Schafzüchtervereinigung von Neusüdwales. Bei diesen Hüten werden sehr hohe Anforderungen ge=stellt, die im wesentlichen in Alleinarbeit des Hundes an einigen wenigen

Schafen bestehen; diese hat er durch und über eine Anzahl von Hinder=
nissen zu treiben und schließlich in einem bereitgestellten Eisenbahnwagen
zu verladen.

Wesensart und Dienst des Schäferhundes.

„Kenne deine Arbeit und tue sie!"
Wilhelm, Kronprinz des Deutschen Reiches
und von Preußen, 1905.

Das Wesen des Hundes läßt sich nur aus seiner ganzen Entwicklung heraus begreifen und würdigen! Dazu gehört ein feinfühliger, hundelieber Beobachter, der sich nach Möglichkeit in hundliches Denken hineinzufühlen bestrebt und dabei alles vermenschlichende auszuschalten versteht. Wer das nicht vermag, nur vom sich überhebenden menschlichen Standpunkt aus urteilt, wird nur ein verzerrtes Bild bekommen, dem wird auch manches am Hunde fremd, vielleicht gar abstoßend bleiben. Dem wird aber vor allem niemals ein Hund Freund in einsamen, Trost in trüben Stunden sein. Zeige mir deinen Hund und ich will dir sagen, wer du bist!

Für den heutigen Menschen, namentlich den landabgeschnittenen Städter, ist die Liebe zum Hunde ein greifbarer Ausdruck unserer ewigen Erbsehnsucht zur Urheimat Natur, die letzte Gefühls= brücke, die den meisten dorthin verblieben. Deshalb ist auch just der Deutsche Hundefreund, denn ihm eignet noch, wie R. H. Bartsch sagt, das arische Geheimnis, das sich eins, innig und brüderlicheins

191

fühlt mit Wolken, Bäumen, See und Heide; und mit allem, was die Erde belebt. Der Deutsche und der Slawe, diese beiden Sprossen aus einer Wurzel, die sich vielleicht gerade deshalb so grimm befehden, vereint aber unbesiegbar wären und, weil sich ergänzend, auch in der Mischung guten Klang gaben.

Tierfreund, Hundefreund war der Deutsche von jeher. Das drückt schon seine Glaubenslehre aus. Walvater Wotan, dem Beherrscher des Schlachtfeldes, dem Verkünder des Sieges, der Verkörperung forschenden Sinnes waren Adler und Wolf geweiht. Auf seinen Schultern sitzen Hugin und Munin (Gedanke und Erinnerung), seine beiden Raben, ihm zuraunend, was sie bei ihren Flügen erkundet. Zu seinen Füßen aber lagern, vom Herrn der Welt selbst verpflegt, Geri und Freki, der Walstatt schweifende Wölfe. Daher standen auch einst, wie Fr. Bley berichtet, zu Seiten der alten Wodensteine mit der Blutrinne, rechts und links, zwei Steine mit napfartigen Vertiefungen, in denen bei Blut= opfern zu Wotans Ehr' auch seinen beiden Wölfen vom Jngeräusch geschlachteter Feinde dargebracht wurde. Denn ein kampf= und sieg= frohes Volk, wie unsere deutschen Vorfahren, ehrte den wehrhaften Gegner auch im Tier.

Ein solcher Gegner war der Wolf. Welf, Wolf, Wulf und Ulf waren beliebte Namen bei den alten Deutschen; allein oder in Zusammen= setzung mit anderen Bezeichnungen. Stets wünschte solcher Name dem Träger wolfskühnes Wesen an. Die höchste Ehrung aber wurde dem Wolf durch Versetzung in das Gefolge der obersten Gottheit zuteil. Darin lag gewiß auch die Absicht, sich den also geehrten geneigt zu machen, denn wir wissen von früher, daß des Wildhundes vermeintliche Begabung zum Sehen und Verjagen von Geistern einst seine Hausbarmachung begünstigte. Mit dem Zuerkennen überirdischen Könnens verband sich aber auch ein gewisses Grauen vor dem Träger solch geheimer Macht, dessen Gunst erworben werden mußte. Zudem hatte der Wolf auch in der Sage Beziehung zum Bösen: des Luftgottes Wotan Bruder Loki, der Beherrscher des Feuers und als solcher wohltätig, aber auch ver= nichtend, der in der Sage dann später zum reinen Vertreter des Bösen wird, erzeugte mit der Riesin Angurboda (Angstbötin) neben Hel und der Midgardschlange den Fenriswolf, den späteren Vernichter alles Be= stehenden — dies Ur= und Vorbild des rechts= und ordnungsfeindlichen Bolschewistentums von heute! —, der bei Eintritt der Götterdämmerung seine Fesseln zerriß und das Ende der freilich über das Gold auch schuldig gewordenen Götter herbeiführte. Damals traf des Goldes Fluch deutsche Götter, heute aber hat rotes Gold, die Gier danach, Deutschland selbst verraten, verdorben und vernichtet. Was nach Bley die Sage sang:

„Ostwärts im Eisenforst saß der Böse
und erzeugte dort die jungen Wölfe."

traf wieder zu. Möge drum auch Wahrheit werden, was die Edda über das Wiedererblühen der entführten deutschen Welt gesagt!

Wenn dann noch nordische Spinnstubendeutung aus dieser Verbindung Lokis mit der Riesin die Herkunft der verschiedenen Wolfsarten ableitet, so wird dadurch aus sicher überliefernddem Volksgedächtnis bestätigt, was bisher aus Erdfunden in diesem Gebiet noch nicht nachweisbar war: daß einst auch im Norden, wie für die Hausbarmachung des Hundes angenommen, neben dem eigentlichen Wolf noch andere Wolfsarten lebten.

Im Volksglauben wurden Wotans Wölfe später zu Hunden; auch das im Rückerinnern an die dem Naturvolk noch geläufige Eingewöhnung des frei lebenden Wildhundes. Als Hunde kamen sie dann ins Gefolge Wodes, des wilden Jägers, der im Gewitterſturm, unter chriſtlichem Einfluß als Spuk, über die Erde brauſt, bis sie schließlich, immer mehr pfäffiſcher Achtung erliegend, aus der Meute losgelöst einzeln als Spukgeſtalt, meiſt als großer schwarzer Huud mit tellergroßen Feueraugen, an Kreuzwegen, in verfallenen Burgen und an anderen unheimlichen Orten ihr nächtliches Unweſen treiben müſſen. So schließt sich der Kreis: aus dem Tier, das einſt als Geiſterſchutz diente, weil es, hellſichtiger*) als der Menſch, die böſen Geiſter erkannte und abwehrte, das dann dem Gotte sich anſchloß und ihm diente, wurde mit dieſem zugleich selbſt ein böſer Geiſt.

Wie altdeutſches Recht den Herdenhund hoch einſchätzte, iſt schon im I. Abſchnitt geſagt; wer aber bei den Burgunden einen Leit- oder Windhund ſtahl, mußte, ergriffen, auf öffentlichem Markt dem Hunde den Hintern küſſen oder als Buße 7 Schillinge zahlen. Es iſt verſtändlich, daß der kampffreudige, hochgemute Deutſche den mutigen Jagdgehilfen gegen den anſtürmenden Wildſtier, das hauende Schwein oder das gierige Raubtier hochhielt, ebenſo den wehrhaften Wächter, der die Herden schützte, den Hof verteidigte und im Kampf bei der Wagenburg mitſtritt. Verſtändlich aber wiederum, daß seinem aufrechten Sinn die demütige Unterwerfung des Hundes nicht zuſagte. So wurde in der Strafvollſtreckung der Hund zum Werkzeug der Ehrlosmachung. Das Hundetragen war bis ins Mittelalter hinein eine schwere Ehrenſtrafe für Freie und Edle. An dürrer Weide zwiſchen zwei Hunden gehängt zu werden, war eine Erschwerung der Todesſtrafe, weil es die Ehre nahm. Der Verwandtenmörder wurde zuſammen mit einem Hund in einen Sack genäht und ertränkt. Wer aber für von fremdem Hund getöteten Verwandten vom Eigner des Tieres das volle ſtatt des halben Wehrgeldes verlangte, bekam das zwar zugeſprochen, mußte sich aber über der Haustür einen toten Hund aufhängen laſſen, der dort ſo lange zu verbleiben hatte, bis der letzte Knochen abgefault heruntergefallen. Wurde der Hund früher entfernt, oder ein anderer Hauseingang benützt, verfiel das Wehrgeld völlig. So beſtimmte alemanniſches Landrecht, wohl nach altnordiſchem Vorgang. So ſtrafte unſerer Vorfahren Rechtsanſchauung Geldgier mit Schmach; heut' iſt solch deutſches Rechtsgefühl freilich von fremdem überwuchert! Das Überreichen eines räudigen Hundes schließlich, ſtatt der vertragsmäßigen Zahlung, bedeutete geringschätzende Vertragskündigung und Herausforderung zum Kampf.

---

*) Die Oberaugen- oder Vieräugelflecke über den Augen galten als Sitz des Sinnes, der Überirdiſches wahrnehmen ſollte; daher die Bevorzugung der Hunde mit dieſem angeblichen Echtheitszeichen, das bei wildhundfarbigen und bei schwarzen Hunden mit lichteren Abzeichen faſt niemals fehlt.

G. v. Lift will diese Doppelstellung des Hundes im Volksempfinden auf Sprachbegriffe zurückführen: auch das vielgebrauchte Schimpfwort „Hund" habe nichts mit der „Seinstufe" dieses Wortes, nichts mit dem lebenden Tier zu tun, sondern sei, wie die Ehrenstrafen, an die „Vergehungsstufe" gebunden, die den Begriff der Hemmung, der Zerstörung, des Herunterdrückens und Herunterkommens in sich trägt; daher auch „auf den Hund kommen" bis zur Verarmung herunterkommen bedeute. E. v. Wecus wieder bringt den Hund durch seinen Namen in Beziehung zur alten deutschen Hundschaft (Hundertschaft) und zu deren Blutgericht, dem Hundding, wobei mit „Hund" die Hundschaft selbst, der Gerichtsvorsitzende, der Gerichtsort und die Gerichtshandlung bezeichnet worden seien.

Wie dem auch sei: die Sprache hat sich erst nach dem Volksempfinden gestaltet und dies Empfinden war dem Hunde gegenüber geteilt. Es schätzte und achtete einzelne seiner Eigenschaften, verachtete andere, ohne sich darum zu kümmern, ob es in seinem Urteil gerecht war. Die Mißachtung drückt sich auch in der vielfachen Verwendung des Wortes Hund als Schimpfwort aus. Neben dem einfachen „Huud" haben wir als besonders erschwerend den „falschen", den „feigen" und den „tückischen" Huud. Der süddeutsche „Hundskerl" entspricht im allgemeinen wohl unserem „Schweinehund", der unter allen Umständen ein sehr übler Geselle. Auffallenderweise wollen wir damit vorwiegend menschliche Eigenschaften treffen, die dem Hunde völlig abgehen: Lügen und Betrügen, Ehrabschneiden, Wucher u. ä. In der Steigerung zum „verfluchten Schweinehund" kann dagegen unter Umständen liebkosende Anerkennung liegen, je nach Ton und Sachlage; ebenso im „Himmelhund", der ja sicher auf den Wotansgefolgen zurückzuführen ist, und auch der „Windhund" bedeutet nichts geradezu Böses. „Hündische Gesinnung", „Hundefressen", „Hundeleben", „Hundelager" und „Hundekälte" sind dann wieder sehr unerfreuliche Dinge. Eine gewisse Anerkennung liegt wohl in der „Hundemüdigkeit", eine große selbstverständlich in der „Hundetreue", nicht dagegen in der „hündischen Treue", die verächtliche Unbegreiflichkeit ausdrückt. Ähnlich steht es bei den anderen Sprachen unseres Völkerkreises, und auffallenderweise ist auch weder bei uns noch dort der Hund bei den vielen aus dem Tierreich abgeleiteten Schmeichelnamen vertreten, die kosende Liebe an die Geliebte und deren Kinder vergibt.

Daß der Wolf bei der Bildung unserer altdeutschen Rufnamen vielfach mitgewirkt hat, sagte ich oben schon. Auch andere den Göttern geweihte Tiere finden wir hier vertreten: Adler, Eber und Schwan, ebenso den starken Bär, der Hund aber stand nirgends Pate. Bei den Namen alter Geschlechter finden wir gleichfalls vielfach Beziehungen zum Tierreich, zum Hunde aber äußerst selten. Mir ist nur das altösterreichische Geschlecht der Hunde von Kuenring und das der Rüdt von Collenberg aus der Ritterschaft des Neckarkreises bekannt, deren Namen in Beziehung zum Hunde steht. Auch als Wappentier findet sich der Hund nur sehr selten. Am bekanntesten ist wohl die Helmzier der Hohenzollern, ein wachsender Brakenkopf, der Behang übereck weiß-schwarz geviertelt. Im redenden Wappen haben meines Wissens nur die eben genannten Freiherrn Rüdt v. Collenberg und die Schweizer Grafen von Toggenburg (Toggen = Dogge) einen Hund, und zwar

die Rüöts .einen weißen rauhhaarigen Schäferhund mit Stachelhals=
band, also von der alten Rüdenform. Als Schildhalter führen die Grafen
v. Kesselstadt (Kurtrier) einen Hund; ihr Wappenspruch weist darauf
hin, daß das Geschlecht sich auf Hund und Drachen (der andere Schild=
halter) zurückleitet. Hunde am Wappen haben ferner die Reuschenbergs
(Westfalen) und die gleichfalls aus Westfalen stammenden Grafen von
Buhren, Bieren oder Biron, späteren Herzöge von Kurland, doch könnten
deren Schildhalter auch als Wölfe gedeutet werden. Schließlich führen
einige Städte wie Sorau und Hailigberg (Schweiz) den Hund im Stadt=
wappen. Der Hund im Wappen soll nach v. Wecus andeuten, daß
der Träger des Wappens einst der erwählte Führer der Hundertschaft,
der Huno, Hunto, Hundt, Hund, Hunne, Hun oder Hon, gewesen sei.

Ähnlich wie bei unseren Vorfahren lag es für den Hund bei den
alten Griechen, die ja das wertvollste ihres Glaubens und Denkens aus
dem Norden empfangen hatten und bei denen dann dies Samenkorn
unter günstigen Lebensbedingungen sich frühzeitig zu hoher Blüte in
Kunst und Geistesbildung entfalten konnte. Griechische Künstler er=
richteten dem Hunde Bildsäulen, griechische Dichter und Schriftsteller
priesen seinen Mut und seine Treue, das Wort Hund galt aber gleich=
falls als Schimpfwort. Auch im alten Rom, ebenso bei den Assyrern,
Babyloniern und Ägyptern stand der Huud in hohem Ansehen. Nicht
so bei den alten Juden, bei ihnen war der Hund verachtet. Daher jeden=
falls ein Teil der späteren und heutigen Hundeverachtung und =feind=
schaft auch bei den arischen Völkern auf den großen Einfluß zurück=
zuführen, den unter christlichem Glauben verborgen sich einschmuggelnde
jüdische Anschauungsweise auszuüben vermochte. Im Alten Testament
ist vom Hunde im Dienste des Menschen kaum, desto häufiger dagegen
von ihm in haßerfüllter und verächtlich machender Weise die Rede.
Daß gerade in den ältesten Überlieferungen eines reinen Hirtenvolkes,
wie es ursprünglich die alten Israeliten waren, des Hirtenhundes nur
zweimal und in ganz nebensächlicher Weise gedacht wird, könnte auf=
fallen, ist aber jedenfalls ein Zeichen der schon damals fehlenden innigeren
Beziehungen zwischen Huud und Juden. Es könnte das in ganz altem
Empfinden darauf zurückzuführen sein, daß dies unkriegerische Hirten=
volk den Wolf, und damit seinen Abkömmling Hund, fürchtete, haßte
und als Schädiger seines Besitzes verachtete, nicht aber wie kampffreudige
Jägervölker auch als Gegner ehrte. Jedenfalls aber ist die Stellung
des Juden zum Hunde bis heute die gleiche geblieben. Der Hund kann
für ihn Handelszweck sein, kann ihm auch als Sportmittel dienen und
damit Eitelkeitswert bekommen. Niemals aber wird er für ihn Gefühls=
wert haben, dem er sich selbstlos widmet. Das kann nur der Deutsche,
denn „Deutsch sein, heißt eine Sache um ihrer selbst willen tun!"

Die Eigenschaften des Hundes, sagte ich, lassen sich nur aus
seiner Entwicklung erklären. Fangen wir mit der Eigenschaft an, die
wir geradezu als hündisches Wesen bezeichnen, die uns am befremd=
lichsten erscheint, durch die er aber so recht erst zum Hunde geworden
und damit, abgesehen vom Pferde in einzelnen Fällen, zum einzigen
unter den hausbar gemachten Tieren, das sich auf eine höhere Stufe
zu schwingen vermochte; das vom Haustier zum Hausgenossen

13*

wurde, zum Schützer, zum Helfer und Mitkämpfer im Weidwerk und im Streit, ja zum Freunde seines Herrn. Der scheinbare Sklavensinn, der den Huud sich zu Füßen des Herrn winden und die Hand lecken läßt, die ihn geschlagen, den Fuß, der ihn getreten, kann freilich auf den aufrechten Mann abstoßend wirken; auf den nichtaufrechten aber zu Haß aufstachelnd, weil er ihm ein Spiegelbild seiner selbst gibt. Die alten Griechen, denen die in Kleinasien übliche Niederwerfung vor dem Herrscher fremd war, bezeichneten diese geradezu als hündische Preis= gabe (Proskynesis) und wollten damit die eines freien Mannes un= würdige Handlung geißeln. Es ist daher nicht erstaunlich, daß auf dem mit Masochismus bezeichneten Gebiet der Verirrungen des Geschlechts= lebens auch das Hundspielen zu finden ist.

Beim Hunde aber kann dies Gebahren nur solche abstoßen, die oberflächlich betrachten und daraufhin aburteilen, nicht aber auch die tiefer pflügenden, die es auf Art und Ursprung untersuchen. Zurück= zuführen ist es zweifellos auf Wildhundwesen und Einzähmung. Den Wolfswelpen muß die Mutter vor dem eigenen Vater schützen, lange bleibt das Raubtierjunge wehrlos, auf Gnade und Ungnade den älteren, kraftvolleren Artgenossen überlassen. Trifft es mit solchen zusammen, muß es um deren Gunst und Wohlwollen betteln; des zum Zeichen wirft es sich hin, windet und krümmt sich, winselt, legt sich auf den Rücken und gibt sich damit widerstandslos preis. Man beobachte nur einmal junge Hunde, wie sie sich gegenüber einem alten Rüden benehmen. Ähnliches kommt auch später im Liebesspiel und Werben wieder zum Ausdruck; beim Rüden, um die Spröde zu erweichen, bei der Hündin, um den Starken zu reizen, ihn aber doch um Schonung anzuflehen, wenn ihm schließlich das Herrenrecht eingeräumt wird. Es ist für den Huud also der urtümliche Ausdruck des Heischens um Dul= dung und um Liebe. Ist es da erstaunlich, wenn solche Erbangewohn= heit auch beim Einzähmen und Hausbarmachen des Wildhundjungen dem stärkeren Menschen, namentlich dem Manne gegenüber zum Durch= bruch kam? Und blieb, sich festigte? Wie der Haushund sich heute dem Menschen ganz hingegeben, „mit Herz und mit Hand", so bringt er es zum Ausdruck nach seines Wesens Eigenart, die nur verstehende Liebe be= greifen kann, dann aber als gegeben hinnimmt.

Diese rührende Hingabe, ja des Hundes eigenstes Wesen hat E. Schlaikjer wundervoll geschildert:

„Ich weiß kein Tier, das in seinen Empfindungen und Zu= neigungen so zart und innig sein kann, wie der Hund. Dabei sind seine sittlichen Eigenschaften so stark entwickelt, daß man ihn in diesem Punkt wahrscheinlich über den Menschen stellen muß. Es sind wohl nur wenige unter uns, die ihn an Treue und bedingungs= loser Aufopferung erreichen. Wie oft hat er sein Leben nicht nur für seinen Herrn oder die Angehörigen seines Herrn, sondern auch für fremde Menschen in die Schanze geschlagen! Wenn er einen geliebten Menschen trauern sieht, trauert er mit und versteht sein Gefühl in der zartesten und taktvollsten Weise auszudrücken. Rührender ist kein Wesen, als der Hund, wenn er mit traurigen Augen zu seinem traurigen Herrn emporblickt und ihn durch sanftes, ganz behutsames Streicheln mit der

Pfote zu tröften fucht. Und wann hätte man wohl den Ausdruck der Freude fo rein und aufrichtig, als bei einem Hund, der nach längerer Trennung einen geliebten Hausgenoffen wiederfieht? Schopenhauer nennt den Hund die „größte Eroberung" des Menfchen, und es fpricht in der Tat für uns, daß wir einen folchen Freund zu gewinnen ver= mochten. Es fpricht aber leider gegen uns, daß wir in unferem Sprach= gebrauch feinen Namen in häßlicher Weife für häßliche Dinge benutzen.

„Wenn ein Menfch fo recht verächtlich, kriechend, feige und unter= würfig ift, nennen wir ihn einen Hund. Woher in aller Welt nehmen wir dazu das Recht? Ich weiß natürlich, daß der fchuldbewußte Huud in Erwartung der Strafe feinem Herrn auf dem Bauch entgegenkriecht, aber daß feine fittlichen Regungen fo fehr entwickelt find, foll ihn ja wohl nicht herabfetzen. Man fagt, daß er die Hand küßt, die ihn züchtigt. Das tut er. Genau wie ein gutes, liebes Kind den Vater küßt und ihn um Verzeihung bittet, wenn es nach begangenem Unrecht geftraft worden ift. Wer Kinder erzogen hat, weiß, daß fie gerade in folchen Augenblicken der Reue befonders innig und lieb fein können. Ja, aber der Huud nimmt von feinem Herrn auch eine ungerechte Strafe an. Gewiß, das kommt vor, obwohl fein Verhalten in diefem Fall oft er= greifend und für den Menfchen befchämend ift. Sein Bedürfnis, einem Menfchen anzugehören, ift eben fehr groß, und fo wehrt er fich nicht gleich gegen den, der nun einmal fein Herr geworden ift. Das wäre aber doch nur ein Vorwurf, wenn es auf dem Untergrunde der Feigheit wüchfe. Der Hund aber ift tapfer, aufopfernd tapfer, heroifch tapfer. Es gibt wohl auch boshafte, rohe, gewalttätige, biffige Hunde. Ich weiß. Aber ich möchte niemandem raten, gerade denen mit der Peitfche eine ungerechte oder auch nur eine gerechte Strafe verabreichen zu wollen. Die wiffen fich verdammt zu wehren! Wenn die allein auf der Welt wären, wäre der Name „Hund" fchwerlich zu einem Schimpfwort geworden, denn vor bißbereiten fcharfen Zähnen hat die angenehme Gattung Menfch einen höllifchen Refpekt. Wenn aber ein Tier, das wagemutig für andere in den Tod zu gehen weiß, fo viel Treue und Güte enthält, daß es felbft Ungerechtigkeiten nur mit einem ftummen Flehen beantwortet: dann fordert es die menfchliche Brutalität heraus, und ein Zeugnis diefer Brutalität ift es, daß wir den Namen gerade unferes beften Freundes haben zu einem Schimpfwort werden laffen."

Menfchenliebe und Treue, das Höchfte, das der Huud zu vergeben hat, haben fich aus des Wildtiers fittlich höchftftehender Eigen= fchaft entwickelt, aus der Mutterliebe. Sie übertrug fich von der eigenen Brut auf die Gemeinfchaft, die ihr Schutz gewährte, Unterkunft und Nahrung; ich habe das fchon im I. Abfchnitt bei der Einzähmung be= handelt. Die Treue zum Heim und zum Herrn ift auch ein übertragener Ausfluß der Verteidigungskraft und des Angriffsmuts der wehrhaften Tiers, das für den einfteht, dem es fich anfchloß: Sippengefühl in feinen Uranfängen. Die Wächtereigenfchaften aber bildeten fich, wie wir fahen, aus dem Trieb zum Neftfchutz und aus Futterneid, die beide Fremde, auch Artgenoffen, vom eigenen Heim= und Jagdbezirk fern= halten wollen. Wie dann aus der Veranlagung des Wildhundes in der Gemeinfchaft mit dem Menfchen die Eigenfchaften des Haushundes sich entwickelten, wie diese für den Dienst des Herdenhundes sich eigneten, ausgebaut und festgelegt wurden, habe ich im I. Abschnitt dargelegt.

Neuerdings ist „Feigheit" als gemeinsamer Grundzug des Haus= wie Wildhunden eigenen Wesens bezeichnet worden. Eine unhalt= bare, weil durchaus vermenschlichende Beurteilung, die in gewissem Sinne für manche Wildhundrassen, wie z. B. für die schon zu Halb= schmarotzern gewordenen Schakale gelten mag, in ihrer Verallgemeine= rung über weit übers Ziel schießt. Hyänenhunde wagen sich nach Schil= lings an die großen Antilopenarten, die in ihren langen und scharfen Hörnern eine sehr gefährliche Waffe besitzen, und greifen nicht nur Kinder, sondern auch Erwachsene an; gleiches wird vom indischen und vom Alpenwolf berichtet. Der eigentliche Wolf aber übertrifft die vor= genannten nicht bloß an Größe und Kraft. Auf eigene Sicherheit, Erhaltung des Lebens bedacht zu sein, ist ein jedem Lebewesen inne= wohnender Trieb, darauf angewandte Vorsicht kann nimmermehr Feigheit genannt werden, um so weniger, wenn andere mächtigere Einflüsse sie zu unterdrücken vermögen: Hunger und Liebe. Wenn also das Tier unnötiger Gefahr aus dem Wege geht, vor dem Stärkeren, namentlich dem Menschen mit seinen weittragenden „feigen" Waffen ausweicht, so kann ihm das nicht als Feigheit ausgelegt werden. Beim Haushunde tritt für das Hungergefühl die Treue ein für den, der seinen Hunger stillt; in der Liebe aber werden nur ganz verkommene nicht zum Draufgänger, selbstverständlich dem Art= und Geschlechtsgenossen gegenüber. Die Frage der Feigheit kann sonach auch nur vom Hunde= standpunkt aus betrachtet und gelöst werden; Scheuheit aber, die etwas anderes ist, ist die Folge verfehlter Haltung und Züchtung durch den Menschen. Den in jedem Lebewesen vorhandenen „moralischen Schweine= hund" zu überwinden, sich bewußt und mit Überlegung einer Gefahr auszusetzen, vermag nur der Mensch, und auch da nur der sittlich höher= stehende. Nur bei ihm vermöchten wir also von wirklicher Feigheit zu reden und müssen es leider oft genug; Drückeberger gab es und gibt es nicht bloß vorm Schützengraben.

Unser Schäferhund aber soll kein wüster Raufbold sein, kein sinn= loser Packan, der sich blindwütend auf alles stürzt und dort festbeißt, wie es manche Rassen tun oder tun möchten. Ihn hat sein Beruf er= zogen, auch dabei überlegt zu handeln. Er wählt sich die Stelle zum Greifen oder, wenn er anderem Gegner gegenübersteht als einem störrischen oder naschhaften Hammel, zum Angriff; und er versteht solchen Gegner zu beschäftigen und auf den Platz zu bannen, bis er im richtigen Augenblick sicher fassen kann. Höhere Kriegskunst, die ihre Mittel zu verwerten versteht. Wo es gilt, setzt er sich freilich auch rücksichtslos ein und der Platz, den ein rechter Schäferhund verteidigt, einer der fest und aufrecht auf seinen vier Beinen steht, ist wohl verteidigt: „Ich warne Neugierige!"

Aus dem oben erwähnten Triebe zum Selbstschutz hat sich auch die Wachsamkeit entwickelt, die nichts anderes ist als eine Folge des Be= dürfnisses, sich gegenüber feindlichen Einwirkungen der Außenwelt zu sichern. Wachsam in diesem Sinne ist daher, muß es sein, alles was auf Erden kreucht und fleucht; auch die Pflanze ist es auf ihre Weise. Wachsamkeit finden wir überall: in ihren Uranfängen beim einzelligen

198

Lebewesen, dem Urtier, in höchster Vollkommenheit bei dem zum Zellenstaat entwickelten Gebilde; hier nach dem Grundsatz der Arbeits= teilung bestimmten Stellen, den Sinnen, zugewiesen, die, Geruch, Gesicht, Gehör, Gefühl und Geschmack, jeder für sich und auf seine Weise, als Wächter und Warner, das Gesamtwesen auf Bedrohung und Angriff aufmerksam machen.

Wie hier beim Einzeltier die Wachsamkeit von bestimmten Teilen dieses Zellenstaates ausgeübt wird, so im Herdenverband, dem Tier= staat, von einzelnen Tieren, den Leittieren. Ja, große Tiergemeinschaften eines Wohngebietes kennen und beachten auch die Warnzeichen anderer als Artgenossen. Im Steppengebiet finden wir das feinhörige Zebra, die scharf witternde Antilope vergesellschaftet mit dem ein weites Feld überblickenden Strauß. Nashorn und Büffel — scharf von Geruch und Gehör, aber blöd von Gesicht — lassen sich vom Madenhacker warnen, einem Vogel, dessen bester Sinn das Auge. Im indischen Dschungel achtet das Getier auf den Schreckschrei des Pfauen, im heimischen Walde auf den Warnruf des Hähers oder der Amsel. Wachsamkeit ist nur Vorbeuge, sie bedeutet rechtzeitiges Erkennen der Gefahr und muß zur Folge ent= weder das Bestreben zur Abwehr der Gefahr, oder den Versuch sich ihr zu entziehen haben. Dieser wird durch rasche Flucht, vorsichtiges Fort= schleichen oder regloses Ausharren am Fleck unter Ausnutzen der Schutz= färbung und der Umgebung betätigt, jenes durch Widerstand, wo eigener Vorteil — Beute und Bettgenossin — oder Bedrohung der Brut, bei gesellig lebenden Tieren auch der Sippengenossen ihn fordert.

Wachsamkeit ist zunächst eigennützig, Abwehr als Folge davon, sofern sie für andere erfolgt, schon der Beginn der Nächstenliebe; diese entwickelte sich aus der Eltern=, an erster Stelle der Mutterliebe, einer Folge des Triebes zum Brutschutz, der nötig zur Erhaltung der Art. Brutschutzmaßregeln finden wir schon bei niederen Tieren, die Betäti= gung der Elternliebe steigert sich mit der Entwicklungshöhe des Tier= stammes; die Beuteltiermutter wirft, verfolgt, ihre Jungen von sich, die Säugermutter verteidigt sie. Elterlichen Opfersinn auch auf Art= genossen zu übertragen, vermochten nur geistig hochstehende, im Herden= staat lebende und wehrhafte Tiere: Raubtiere — da, außer dem Löwen in einigen Gebieten, nur die Hunde! —, die großen Affenarten und wehrhafte Pflanzenfresser.

Als der Urmensch sich den Hund als Wächter eintat, war er also auf dem rechten Wege; scharfsinnige Warner hätte er auch sonst in genügender Zahl gefunden, aber keinen anderen, der für ihn mitsorgt, für ihn eintritt. Das zu erzielen, gelang nur beim hausbar gemachten Hunde, der in der Gemeinschaft des Menschen erkannte, daß er sich und seine Heimat sichert, wenn er den Herrn und dessen Habe schützt und bewacht.

Wachsamkeit und Abwehrtrieb sind beim Schäferhunde, dank seinem Entwicklungsgange besonders stark entwickelt. Aber es liegt gesunde Wachsamkeit in ihm, kein sinnloses Kläffen, er meldet und handelt erst, wenn es nötig wird; wo kämen unsere Schäfer hin, wenn der unterm Karren angebundene Hund nachts jeden von der Landstraße herüber= hallenden Tritt, jeden Ton aus dem fernen Dorf melden wollte. Die Entstehung des Wachsamkeits= und Abwehrtriebes erklärt auch, daß

Schäferhunde sich bei einem Besitzwechsel angeblich als nicht wachsam erweisen. An fremdem Ort, in fremder Hand hat der Hund niemanden, für den er zu sorgen braucht; die Gefahr erkennt er selbstredend in gleicher Weise wie im alten Heim, wem aber soll er sie hier melden? Für sich selbst achtet er schon darauf und rüstet sich, ihr entgegenzu= treten; dazu braucht er aber nicht laut zu werden, seiner Wachsamkeit nicht den uns geläufigen Ausdruck zu geben. Das tut er erst wieder, wenn er sich voll eingewöhnt hat, sich heimisch fühlt.

In ihren Anfängen sind auch alle anderen seelischen und sittlichen Eigenschaften des Menschen schon im Tier vorhanden. Scheitlin hat das sehr schön ausgedrückt: „Alles Tier ist im Menschen, aber nicht aller Mensch ist im Tiere!" und hat mit seinem Nachsatz nicht nur im Guten, sondern leider auch im Bösen nur zu recht: das allerübelste Allzumensch= liche ist der Tierseele noch fremd. Wir dürfen daher nicht hochmütig auf sie herabblicken, dürfen höchstens stolz darauf sein, zu welcher Blüte sie sich am Menschenstamm entfalten konnte. Wundervoll hat diese unlösbare Verbindung zwischen Tier= und Menschenseele auch der feinsinnige und tief empfindende Schilderer der Natur, der zu früh heimgegangene Bozener Dichter H. v. Hoffensthal in „Maria=Himmelfahrt" aus= gedrückt: „Jedes Tier hat Gemeinsames mit uns und ist uns verwandt und hat auch wie wir seinen Weg und seine hellen und trüben Tage." Schon das Alte Testament hatte diese Gemeinsamkeit erkannt, dort steht im Prediger Salomonis: "Denn die Menschenkinder haben ihr Los, und das Tier hat sein Los, und beider Los ist dasselbe. Wie das eine stirbt, stirbt das andere. Sie haben alle einen Geist, und der Mensch hat vor dem Tiere nichts voraus." Scheitlins Aus= führungen werden um so überzeugender, wenn wir uns vergegen= wärtigen, daß Haeckels im I. Abschnitt mehrfach erwähntes Grund= gesetz der Entwicklungslehre, wonach jedes Lebewesen im Verlauf eines Entstehens und Werdens in kurzer Form seine Stammesgeschichte wiederholt, nicht bloß für die Entwicklung des Körpers, sondern auch für die Formung und Ausbildung der Seelentätigkeiten gilt.

Der am weitesten links stehende Flügel der Tierseelenforschung leugnet jede höhere geistige Tätigkeit des Tieres, möchte dessen Handeln nur auf Reizauslösungen zurückführen und macht das Tier dadurch zum öden Triebwerk. Er warnt zwar mit Recht vor irreführen= der Vermenschlichung beobachteter tierischer Handlungen, macht aber selbst den Fehler vom menschlichen Standpunkt aus zu beobachten und zu prüfen, ohne sich in die Merk= welt des Tieres hineinzufühlen. Das ist freilich besonders schwer, weil wir just von der noch so wenig wissen und gewiß oft unbewußt fehl schließen, zumal wenn fälschlicherweise beobachtete Tatsachen an festgelegten menschlichen Lehrbegriffen nachgeprüft werden, statt um= gekehrt. Beim Hunde ist rechte Beobachtung und Erforschung des Seelenlebens aber doppelt schwierig, weil seine Welt sich auf einem anderen Grundsinn aufbaut als die unsrige; wir denken über die Augen, d. h. unser Handeln beeinflussen hauptsächlich durchs Auge empfangene Sinneseindrücke, der Hund denkt im wesentlichen aber über die Nase. Und just dieser

Sinn verjagt bei uns, wirkt, wo er ſich bemerkbar macht, den meiſten unbewußt; am führendſten wohl in geſchlechtlichen Beziehungen.

„Auch der Tierpſychologe muß geboren ſein", iſt ein anderes Wort Scheitlins. Der Stubengelehrte eignet ſich dazu ſo wenig wie der Forſcher im Verſuchsraum allein, zumal wenn ihm die Tierliebe fehlt. Zu Verſuchen, wie ſie an niederen Tieren, Vögeln, Mäuſen u. ä. ausgeführt werden, ſteht die Hundeſeele in vielem ſchon zu hoch, weil ſie durch den jahrtauſendelangen innigen Umgang mit dem Menſchen ſchon zuviel von dieſem angenommen hat. Solche wiſſen= ſchaftlichen Verſuche, ſo wertvoll ſie ſonſt ſind, müſſen daher beim Hunde vielfach zu ihm ungünſtigen Trugſchlüſſen führen, zumal wenn ſie ohne eingehende Kenntnis und ohne Berückſichtigung der Hundeſeele ge= macht werden. Wie denn zu Forſchungen im Gebiet der Seelenkunde nicht bloß wiſſenſchaftliches Rüſtzeug, ſondern, und wohl noch im höheren Grade, angeborenes Gefühl für die Aufgabe gehört. Wer deſſen ent= behrt, ſich nur an die Verſuchsraumproben hält, wird in Überſchätzung dieſer „rein wiſſenſchaftlichen Ergebniſſe" zu einer Unterſchätzung der Hundeſeele kommen. „Der Glaube an die Wiſſenſchaft iſt der Aber= glaube unſerer Zeit" warnt da M. Wundt!

Der verſtorbene Frankfurter Seelenforſcher Edinger hatte den rechten Weg ſehr gut erkannt, als er mich einſt um Vermittlung einer zu Beobachtungszwecken geeigneten Schäferhündin bat und dann über die etwa ein Jahr währende Beobachtung dieſer Hündin eingehend und vorbildlich berichtete; in dieſer Abhandlung gab er zahlreiche Beiſpiele für Sinnesſchärfe und Seelentätigkeit. Umgekehrt aber wird der nicht wiſſenſchaftlich geſchulte Liebhaber in Schlüſſen aus ſeinen Beobachtungen oft weit übers Ziel hinausſchießen, ſollte ſolche Folgerungen daher unter= laſſen, ſich dafür aber um ſo eifriger bemühen, durch zuverläſſiges und einwandfreies Beobachten Unterlagen für die wiſſenſchaftliche Bearbei= tung dieſer auch für Zucht, Haltung und Gebrauch des Hundes hoch= bedeutſamen Fragen zu ſammeln.

In ſeinen „Welträtſeln" hat Ernſt Haeckel, der führenden Geiſter einer in der heutigen Naturforſchung, geſchrieben: „Die Überzeugung, daß ein großer Teil der Tiere — zum mindeſten die höheren Säuge= tiere — ebenſo eine denkende Seele, alſo auch Bewußtſein beſitzt wie der Menſch, beherrſcht die Kreiſe der modernen Zoologie, der exakten Phyſiologie und der moniſtiſchen Pſychologie." Auch Edinger geſteht dem Hunde, wenn auch ſelbſtverſtändlich in beſchränktem Maße, „In= telligenz, d. h. Einſicht und Bewußtſein ſeiner Handlungen zu, mit der eine gewiſſe Denkfähigkeit verbunden ſein muß. So ſchreibt er: „Das überaus zweckmäßige und oft nach den Zielen wechſelnde Handeln der höheren Säuger, auch der nicht durch Menſchenerziehung „ge= fälſchten", zeigt ſo vieles auf Intelligenz hinweiſende, daß ich weit entfernt bin, denjenigen beizuſtimmen, die den Tieren dieſe Seite des Geiſteslebens abſprechen wollen."

Die triebhaften Handlungen der Tiere, die „Inſtinkte", die auch dem Menſchen keineswegs fremd, erklärt Haeckel als Ge= wohnheiten der Seele, die durch Anpaſſung erworben, durch Ver= erbung auf viele Geſchlechtsreihen übertragen und befeſtigt worden sind. Er führt dann aus, daß außer den schon ererbten Trieben auch Erfahrungen, also neue Anpassungen der Tierseele vererbt werden und daß sich auf diesem Wege allmählich neue angeborene Triebe entwickeln, die von den Voreltern des Tieres erst erworben worden. Dazu rechnet Haeckel die durch Vererbung gefestigte Veranlagung unserer Haustiere zum Verrichten von gewissen Diensten, die ihren Vorfahren einst durch Abrichtung beigebracht, darunter ganz besonders den Hütetrieb unserer Schäferhunde. Ähnlich drückt sich Liepmann aus, wenn er nach G. Bohn die Triebe als Zusammenfassung teils einfacher, teils zusammengesetzter, teils ererbter, teils erst erworbener Tätigkeiten bezeichnet, die alle von den verschiedenen, mehr oder minder vererbbaren Eigenschaften des Lebewesens bedingt sind.

Für die Vererbung der seelischen Eigenschaften, und zwar auch der erworbenen, tritt neuerdings auch Adolf Koelsch ein, der sich dabei auf zahlreiche Unterlagen, Beobachtungen und Ermittelungen anderer Forscher stützen kann.

Den in Versuchsreihen durchgeführten Nachweis der Vererbbarkeit erworbener Eigenschaften erbrachte P. Kammerer, der das von der Wissenschaft als „Mutation" bezeichnete Auftreten von neuen, vererbbaren Merkmalen an Tieren und Pflanzen als solche erklärte und nachweisen konnte. Diese Abänderungen (Mutationen) sind Reizbeantwortungen eines Lebewesens auf Eingriffe in seine gewohnten Lebensbedingungen; sie zeigen sich nach Francé besonders nach in den Witterungsverhältnissen ungewöhnlichen Jahren, nach Versetzung oder Wanderung in eine neue Heimat und damit in neue Verhältnisse, schließlich bei der Hausbarmachung und an hausbar gemachten Tieren und Pflanzen, stellen also eine Anpassung, und zwar eine vererbbare Anpassung an neue Lebensbedingungen dar. Francé sieht in diesem Nachweis der Vererbung erworbener Eigenschaften, die alles, was ein Lebewesen ist und kann, als Erbgut der Erlebnisse und Arbeit seiner Vorfahren darstellen, den Schlußstein für die Entwicklung des Weltganzen und bezeichnet Anpassung als das Ergebnis von Arbeit und der ewigen gesetzmäßigen Zusammenhänge des Weltalls.

Ebensowenig wie die vorgenannten steht der Münchener Bastian Schmid auf dem stark angefochtenen Standpunkt des linken Flügels der Seelenforscher, dem sich leider neuerdings auch auf dem Gebiete der Abrichtung des Hundes Tätige in die Arme geworfen haben. Die Übersichtlichkeit der Schlußfolgerungen dieser Lehre mag da bestimmend gewesen sein; sie erübrigt tieferes Pflügen und gestattet den Aufbau eines leichtfaßlichen Lehrgerüstes, entbehrt aber oft der Fühlungnahme mit dem Tier. Nach Schmid unterscheidet das Nichtbewußtwerden seines moralischen Tuns das Tier vom zurechnungsfähigen, moralisch verantwortlichen Menschen; ferner, daß das Tier sich unbeherrscht mit einer Reihe ursprünglicher Gefühls- und Gemütsbewegungen und Eigentümlichkeiten gibt, die ausgesprochener als beim Menschen in der Richtung der Selbsterhaltung liegen, aber bereits die Grundlinien des menschlichen Wesens zeigen.

Daß im übrigen auch unser menschliches Handeln nicht allein durch bewußte Denk- und Willensakte geregelt wird, sondern gleichfalls durch

tauſenderlei unbewußte, oder erſt nachträglich bewußt werdende, an=
geborene oder angelernte triebhafte (inſtinktive) Handlungen, iſt wohl
niemandem zweifelhaft, kann jeder zur Selbſtbeobachtung fähige dauernd
an ſich feſtſtellen. Vom unwillkürlichen Augenſchließen vor das Auge
bedrohender Annäherung, von Handlungen zur Erhaltung des Gleich=
gewichts beim Straucheln bis zu all den für uns ſelbſtverſtändlichen
Bewegungen der Hand oder eines anderen Körperteiles bei Ausübung
unſerer Tätigkeit. Oder bis zu den auch durch Befehlsworte oder andere
Reize ausgelöſten Handlungen geſchloſſener Haufen, daher wir da ja
auch von „Maſſeninſtinkten“ ſprechen. Der große Haufen hat aber nach
Schopenhauer zwar „Augen und Ohren, aber auch nicht viel mehr,
zumal blutwenig Urteilskraft und ſelbſt wenig Gedächtnis“. Daß dem
ſo iſt, haben uns ja die Ereigniſſe der letzten Jahre eindringlich gelehrt.

Eine Beſtätigung, daß Tier= und Menſchenſeele einander durchaus
ähnlich, nur zu verſchiedener Entwicklungsſtufe gelangt — „S e e l e“
a l s S u m m e a l l e r v o m G e h i r n u n d R ü c k e n m a r k a u s =
g e h e n d e n L e b e n s ä u ß e r u n g e n g e d a c h t —, daß ſomit nur ein
Unterſchied des Grades, nicht aber grundlegender Art beſtehen kann,
geben Zergliederungslehre und Erforſchung der Lebenserſcheinungen.
Jene zeigt uns, daß die Gehirnzuſammenſetzung bei den höheren
Säugern im weſentlichen die gleiche wie beim Menſchen iſt, dieſe, daß
es ſich bezüglich der Bewußtſeinszuſtände ebenſo verhält. Schließlich
ſpricht auch die Tatſache, daß Hunde geiſteskrank werden können, dafür,
daß ſie einen hohen Stand geiſtiger Entwicklung erreicht haben.

Edinger faßt unter dem Namen Urhirn Rückenmark und Klein=
hirn als Endpunkte aller Sinneseindrücke wahrnehmenden und Bewegung
regelnden Nerven zuſammen. Dies bei allen Wirbeltieren vorhandene
Urhirn nimmt Reize auf und beantwortet ſie durch entſprechende Be=
wegungen; es arbeitet ſo maſchinenmäßig, daß ſich da, wo es allein
vorhanden, vorausſagen läßt, was das Tier auf einen beſtimmten Reiz
hin tun wird. Über dies Urhirn ſchaltete ſich im Laufe der Entwicklung
des Wirbeltierſtammes das Neuhirn, deſſen Wirkſamkeit erſt uns das
Tier beſeelt erſcheinen läßt, weil von dort aus die Tätigkeit des Urhirns
geregelt und beeinflußt werden kann. Seine höchſte Entwicklung erhielt
das Neuhirn bei den Säugern, auch hier innerhalb der einzelnen Ord=
nungen und Gattungen ſehr verſchieden, auch in Geſtaltung der es
durchziehenden Wulſten und Furchen. Den wichtigſten Teil dieſes
Großhirns bildet die beim Hunde etwa 1,5 mm dicke graue Oberflächen=
ſchicht, die Rinde, denn in ihr lagern neben den Sinnesfeldern der Ver=
knüpfung zu bewußtem Handeln dienende Felder, deren wichtigſte
wieder die fern von den Sinnesfeldern im vorderen Stirnteil des Gehirns,
dem Stirnlappen, liegenden ſind. Innerhalb der Säugerreihe nimmt
nun der Stirnlappen ſehr deutlich in dem Maße an Größe zu, wie das
Tier ſeine Wahrnehmungen und Handlungen von Einſicht und Urteils=
kraft führen laſſen kann. Oder umgekehrt können wir ſagen, daß eine
Tierart um ſo begabter und verſtändiger ſein wird, je größer ihr Stirn=
lappen entwickelt iſt. Hier können wir Edinger verlaſſen und uns
deſſen erinnern, was ich im I. Abſchnitt an der Hand Studers über
den Unterſchied zwiſchen Wolfs= und Schäferhundſchädel ausgeführt:

die stärkere Aufwölbung der Vorderstirn am Schäferhundschädel als Folge einer Vergrößerung des beim Hundestamm schon recht umfang= reichen Stirnlappens und im Zusammenhang damit erhöhte geistige Begabung des hausbar gemachten Hundes gegenüber dem wilden Ahn.

Hunde wissen in einfacher liegenden Fällen recht wohl auf den Zusammenhang zwischen Ursache und Wirkung zu schließen und ihr Handeln danach einzurichten; das kann jeder Hundehalter täglich beobachten. Der Huud weiß, daß es Futter oder Wasser gibt, wenn die betreffenden Näpfe in die Hand genommen werden, er weiß, daß ihm Strafe droht, wenn er auf verbotenem Platz — Polstermöbel oder gar Bett — ruhend angetroffen wird, er kennt die Anzeichen guter oder schlechter Laune beim Herrn, er sucht sich zu drücken, wenn er die Zu= rüstung eines bei ihm recht unbeliebten Vollbades erkennt, er weiß, wo das regelmäßig geschieht, aus bestimmten Zeichen — der Kleidung z. B. — zu ersehen, ob er mit ausgenommen wird oder ob er daheim bleiben muß. Meine alte, später noch häufiger erwähnte, sehr schneidige Mira von Grasrath früher von der Krone 112 HGH war ihrem Vor= besitzer als gut anderthalbjährige durchgebrannt und hatte über ein halbes Jahr ein echtes dreistes Wildhundleben geführt; in der Zeit waren ihr die Schrote der erbosten Jagdpächter oft genug um die Ohren gehagelt. So oft dann später in der Nähe meiner Besitzung ein Schuß fiel, gab sie wütend in der Richtung des Schusses Standlaut, dabei aber doch die Rute einklemmend als Zeichen, daß sie annahm, der Schuß habe ihr gegolten. Meine jetzige Hündin hatte, als ich sie zum erstenmal frei laufen ließ, den während der Kriegszeit völlig von Entengrütze überwucherten Teich als schöne grüne Wiese angesehen und war hinein= geraft, hatte an das Bad aber unfreundliche Erinnerungen behalten. Als dann der Teich im Winter fest gefroren war, war sie zunächst nicht zu bewegen, das Eis zu betreten, obgleich sie an anderen Stellen anstandslos auch aufs Eis folgte; erst als ich sie einmal mit Gewalt auf den ge= fürchteten Teich gezogen hatte, war der Bann gebrochen. Dies Ver= mögen zu richtigen Schlüssen erschwert in gewisser Beziehung das Ab= richten, nötigt den Lehrer seinen Schüler in immer wieder neuer Weise zu überlisten. Daß es an der langen Leine gar nichts anderes gibt, als gehorsam zu sein, hat ein Schäferhund bald heraus; ebenso, daß der schmerzhafte Schrotschuß aus der Zwille, der ihn bei einer Unart traf, vom Führer kam, daß es also höchste Zeit ist, sich artig bei dem einzu= stellen, wenn er in die Tasche greift.

Der Mensch verdankt seine überragende geistige Stellung unzweifel= haft der hohen Entwicklung seines Ausdrucksvermögens, der Sprache. Die Grundlagen dazu finden wir gleichfalls schon bei den Tieren; bei dem an und für sich schon hochstehenden, durch den vertrauten Umgang mit dem Menschen geistig noch mehr gehobenen Hunde haben sie aber schon einen recht bedeutenden Umfang erhalten. Wie der Mensch vermag der Huud die verschiedenen Seelenregungen nicht bloß durch die Stimme auszudrücken, die übrigens nach Hardeland beim Hunde dank der langen Stimmbänder besonders wandlungsfähig ist, er spricht gleichfalls durchs Auge, durch den veränderten Ausdruck seines Gesichts, durch die Haltung seiner Ohren und schließlich durch die Rute, die die mangelnden Arm= und Handbewegungen vollauf erſetzt und als ſicheres „Seelenbarometer" den jeweiligen Gemütszuſtand des Hundes er= kennen läßt.

Nach Edinger hat der Hund nicht nur einzelnes unſerer Sprache zu verſtehen gelernt, ſondern vor allem auch verſtanden, ihm angeborene, zum Verkehr mit Artgenoſſen beſtimmte Gebärden im Umgange mit dem Menſchen zu einer dieſem verſtändlichen Gebärdenſprache zu ent= wickeln, zu deren Verſtärkung er unter Umſtänden auch Lautäußerungen heranzieht; ſo das bekannte Mieſen, wenn er, mit ſeinen ſtummen Wünſchen nicht beachtet, eindringlicher werden zu müſſen vermeint. Beobachten wir dazu Kinder oder jungverliebte Leute; wir werden da im Spiel ganz ähnliche Ausdrücke wieder finden. Ich möchte dazu ferner noch bemerken, daß wenn auch ſelbſtverſtändlich der Huud Sinn und Bedeutung einzelner geſprochener Worte oder Sätze zu erfaſſen gelernt hat — der eine mehr, der andere weniger, je nach der Schule, die er im Umgang mit dem Menſchen durchgemacht hat —, er im all= gemeinen, wenigſtens für den Alltags=, im Gegenſatz zum dienſtlichen oder Gebrauchsverkehr, mehr auf den Stimmklang als auf die einzelnen Worte achtet. Davon, wie ſcharf er im Dienſt aufs geſprochene Wort aufpaßt, teilt K. Brand eine ſehr hübſche Beobachtung mit. Ins Ge= ſpräch mit dem flocht ein Schäfer, um ſeinen Hund zu erproben, ohne ſtärkere oder andere Betonung das Wort Haſer ein; ſofort ſtand der neben ſeinem Herrn ruhende Hund auf und ſtellte ſich zum Wehren bereit vor die nächſte Haſerbreite. Ähnliches berichtete auch Edinger von ſeiner Beobachtungshündin. Auf die Befehlsworte für ſeinen Dienſt iſt der Gebrauchshund ſehr ſcharf eingeſtellt, lernt aber darüber hinaus noch ſehr viel mehr verſtehen, wenn ſich nur ſein Herr und Meiſter die dazu nötige Mühe gibt. So berichtet mir Dr. Fr. Schmidt=Stral= ſund, daß ſeine Nixe von Stralſund 5233 Ph 3. B. auf „Waſſer" ins Waſſer geht, auf „Freſſen" frißt, und zwar auch dazu wenig geeignete Gegenſtände wie Papier u. a. und auf „Trinken" ſäuft; auf „pinkele" ſetzt ſie ſich zum Näſſen, auf „Stuhl" beſteigt ſie einen Stuhl, auf „Wagen" einen Wagen, ſie bellt auf „rede" oder „antworte" und jault und mieſt auf „ſinge".

Der Hund kann alle ihn bewegenden Seelenregungen in uns durchaus verſtändlicher Weiſe ausdrücken, dabei durchaus ſein zwiſchen beginnender Stimmung, ſtarkem Empfinden und wallender Leiden= ſchaft unterſcheidend. Er zeigt uns Wohlbehagen, Freude und Liebe, Dankbarkeit, Sehnſucht, ſelbſt Ehrgeiz und Stolz, Neugier und Aufmerk= ſamkeit, Eiſer und Jagdbegier, Mut und Kampfluſt, dagegen auch Un= luſt und Teilnahmsloſigkeit, Trauer und Schmerz, Schuldbewußtſein und Scham, Eiferſucht und Neid, Mißtrauen, Zorn und Haß, Schreck und Furcht. Durch Stimme, Körperhaltung und Gebärdenſpiel weiß er alle dieſe Gemütsbewegungen auszudrücken, das Auge ſpielt jedes dieſer Gefühle wieder, die Rute unterſtreicht es.

Anders weiß der Huud ſich zu geben, wenn freundliche Regungen, anders wenn Eiſer, Trauer, Zorn oder Furcht in ihm die Oberhand haben. Freude wird durch Aufrichten des ganzen Körpers, lebhaften Blick, Heben der Rute unter ſtetem Wedeln, durch Herumtollen und

=jagen unter kurzem Ziffen und Bellen ausgedrückt; das ganz wie beim Kinde. Weich, schmiegsam, die Muskeln entspannt, ganz hingebung, auch im Blick kommt der hund zum herrn, um eine Liebkosung zu er= betteln oder zu empfangen. Zart sucht er dabei die haud des geliebten herrn zu küssen, das höchste Liebeszeichen, das er zu vergeben hat. Darwin erklärt das aus einer Übertragung der edelsten Seelenregung des Tieres, der Mutterliebe, auf den herrn: wie die Mutter unablässig bemüht sei, ihre Welpen zu lecken, um sie warm zu halten, zu putzen, zur Verdauung anzuregen, mit einem Wort liebevoll zu pflegen, so wende der huud dann gefühlmäßig das Ausdrucksmittel seiner mütter= lichen Sürsorge und Liebe auch bei dem an, der ihm nächst den Kindern am teuersten sei, bei seinem herrn. Trauer läßt Ohren und Rute

Abb. 176. Freudiges Entgegenkommen. Nach Prof. B. Schmid und Kunstmaler Petersen. (Mit Genehmigung des Derlags Ph. Reclam jun., Leipzig.)

zurücksinken, die haltung wird matt, der Gang schleppend; oft vervoll= ständigt noch ein vorwurfsvoller Blick von unten herauf den Ausdruck. Aufmerksamkeit strafft den ganzen Körper, alle Muskeln werden gespannt, die Ohren aufgerichtet und gespitzt; oft wird, zum Einspringen bereit, ein Dorderlauf halb gehoben. Im Mißtrauen und Zorn sträuben sich die Rückenhaare zur Bürste; die Ohren werden zurück= gelegt, um dem Gegner keinen Angriffspunkt zu bieten, die Lippen aber hochgezogen, um die Zähne, die drohende Angriffswaffe, frei= zulegen. Das Aufrichten der Rückenbürste soll die Gestalt größer machen, dazu reckt sich auch der ganze hund in die höhe, stellt sich in den Glied= maßen, namentlich der Dorhand, so steil wie möglich, um dem Gegner furchterweckender zu erscheinen. Das klingt vermenschlicht, gewiß, der Dorgang erfolgt heute auch rein triebsmäßig; um zum Trieb, zur Erb=

gewohnheit geworden zu sein, muß er aber irgendwo und irgendwann begonnen haben. Ähnliches finden wir übrigens überall im Leben: was klein ist, sich schwach fühlt, duckt sich und sucht sich zu drücken; das wehrhafte Tier dagegen, das sich dem Gegner gewachsen fühlt, sucht den Eindruck, den es auf diesen macht, durch Schreckmittel noch zu er= höhen, durch Aufrichten bestimmter Teile, durch Verändern des Aus= druckes, durch die Stimme, selbst durch Vorweisen von Warn= oder Ekelfarben. Ist es doch bei uns Menschen auch so, wenn einem̈ „die Rauflust aus den Augen sprüht". Wildvölker bemalen sich grell, setzen allerhand hohen Hauptschmuck auf, wenn sie auf den Kriegspfad gehen; unsere Urväter hingen sich eine Wildschur mit drohendem Rachen oder den Hörnern des Urstieres über den Kopf. Auch der spätere Helm sollte nicht nur das Haupt schützen, sondern seine Träger größer, gefähr=

Abb. 177. Gegenseitiges Mißtrauen, Kampfstellung. Nach Prof. B. Schmid und Kunstmaler Petersen. (Mit Genehmigung des Verlags Ph. Reclam jun., Leipzig.)

licher erscheinen lassen; so ging es bis in die Neuzeit mit den hohen Bären= mützen der napoleonischen und englischen Garden, mit den preußischen Grenadiermützen und manch hochgeformten Reiterhelmen. Schreck läßt die Rute einziehen, der Körper stemmt sich, bewegungslos bleibend, rückwärts gegen die Läufe. Furcht vervollständigt diese Stellung, der Huud fängt an zu zittern, verliert mehr oder weniger die Herrschaft über seine Muskeln und läßt darum, im höchsten Grade der Angst, oft harn, auch Kot, von sich gehen; das findet sich häufig bei Welpen, ver= liert sich meist später, bleibt manchen Hündinnen aber zeitlebens — „pisserige Hündin" — und ist dann, erst recht aber bei älteren Rüden, ein untrügliches Zeichen fehlerhafter, roher Behandlung, des Verschlagen= seins und weicher Veranlagung.

Über die Bedeutung der Rutenbewegungen des Hundes lasse ich die von liebevoller Beobachtung zeugenden Worte Fr. Th. Vischers in „Auch einer" folgen: „Wenn man bedenkt, daß jedes Wedeln des Hundes eine heitere oder wohlwollende Empfindung ausdrückt, wenn man beobachtet, wie oft ein Huud wedelt: wie viel Herzensfreude, wie viel Menschenliebe, Güte zieht also den lieben, langen Tag durch so eine Hundeseele!"

Köstlich ist zu beobachten, wie bei einzelnen Hunden die Anzeichen des „schlechten Gewissens" auftreten. Wie ein auf einer Unart ertapptes Kind sucht der eine sein Vergehen durch doppelte Liebenswürdigkeit zu verdecken oder doch wieder gut zu machen. Ein anderer tut un= schuldig und „leugnet". Ein dritter dagegen sucht sich rechtzeitig dünn zu machen; erscheint erst wieder ungerufen, wenn er die Luft gereinigt glaubt. Der ist wirklich zerknirscht, bei jenem lugt auch unter der ehr= barsten Armesündermiene das Spitzbubengesicht hervor.

Aber nicht bloß den Zustand seelischen Bedrücktseins, auch den des „sich sauwohl Befindens" wissen unsere Hunde recht gut zum Aus= druck zu bringen. Die be=

Abb. 178. Wohlbehagen.

liebteste Stellung ist dann lang auf dem Rücken hin= gestreckt, die Läufe ange= zogen, die vorderen einge= knickt, der Kopf neckisch halbseitwärts gehoben. Oft wird dann noch die Ober= lippe etwas hochgezogen, daß die Zahnreihe sicht= bar wird: das Lachen des Hundes!

Wie gut aber wissen unsere Freunde ihre Wünsche und Bedürf= nisse kund zu geben. Sanft mit dem Fang anstoßend, nach der Tür weisend, zeigt der eine an, daß er „'mal 'raus muß", wenn der Besitzer in eifrige Arbeit vertieft, seine wachsende Unruhe übersieht. Durch stetes Hin und Her mit hängender Zunge, durch Scharren vor dem leeren Wassernapf oder Stehenbleiben bei einer ihm unerreichbaren Trink= gelegenheit deutet ein anderer an, daß er Durst hat. Wie sprechend ist der Blick des gutgezogenen Hundes, der im Bewußtsein der Pflicht eigenes Begehren überwindet, wie seelenvoll der Ausdruck des an Leid und Freud seines Herrn teilnehmenden! Ich hatte eine Hündin, die laut mitklagte, als auf schmerzhaftem Krankenlager Bewegung mich zum Stöhnen brachte. Eine andere, das willigste und treueste Kinder= mädchen, fiel mit in das Weinen ihres Schützlings ein. Eindrucksvoll weiß der verliebte Rüde zu flehen und vom Herrn zu fordern: „O, führet mich zu ihr!" Wohl werden dann manche für uns unausstehlich. Und doch ist es heiligsten Naturtriebes stolzestes Kraftgefühl, ungebändigt noch und ungefirnißt, gibt der Rüde dem Ausdruck, daß „nichts dem Manne mächtiger dünkt, als Weibes Wonne und Wert"!

Die Stimme des Hundes aber weiß sich, begleitet sie solchen Gefühlsausdruck, sehr wohl zu wandeln und ihm anzupassen. Anders klingt der Laut des uns freudig begrüßenden, des stürmisch begehrenden, des scheltenden oder des klagenden Hundes. Namentlich in der Begrüßung nach längerer Abwesenheit liegt reinste, ansteckende Freude, die allmählich in Mitteilungsbedürfnis über das während der Trennung erlebte überzugehen scheint. Kurz und scharf ist der Anschlag des Wächters, und doch läßt er erkennen, ob er das Kommen eines ganz Fremden oder eines Bekannten meldet. Wütend und zugleich klagend klingt der Laut des sich nächtlings mit einem Igel abquälenden, warnend und drohend der Standlaut des stellenden oder zum Angriff übergehenden Hundes.

Daß unter den verschiedenen Lauten des Hundes, namentlich in den tieferen Stimmlagen, durchaus wortähnlich klingende vorkommen, wird jedem Hundehalter bekannt sein. Mit Worten und Sprache haben

Abb. 179. Zukunftshundeschule, Unterstufe.

die natürlich nichts zu tun, wenn auch vor etlichen Jahren der über die Brettlbühnen ziehende und „Kuchen" heischende Jagdhund „Don" das einem höchst leichtgläubigen und unverständigen „p. t. Publikum" vormachen wollte. Etwas anderes wieder als diese „sprechenden" sind die „denkenden" Hunde, die vorm Kriege den wurzelziehenden Pferden ganz erheblichen Wettbewerb zu machen begannen. Der Mannheimer Terrier „Rolf" machte Schule, verschiedene Hundelesekränzchen wurden gebildet, an denen sich mit Hingebung eine steigende Zahl von Verehrerinnen beteiligten. Daß deren süße Lieblinge ganz in der Gebieterin Gedankenkreis dachten, dichteten und .... klopften — aber nicht mit dem, dem Hunde dazu verliehenen Gegenstande, dem Schwänzchen, sondern mit den viel weniger geeigneten Pfoten —, ist bei der gegen=

v. Stephanitz, Der deutsche Schäferhund.

feitigen geiftigen Anpaffung zu langjähriger Gemeinfchaft „Verurteilter" nicht verwunderlich. Im Ernft, diefe „Offenbarungen der Tierfeele", die uns durch die Rolf und feinesgleichen wurden, ftehen ganz auf der Stufe fpiritiftifcher Geifterkundgebungen. Wenn ihre Mittlerinnen — wie ihre geiftergläubigen Fachfchweftern von der Tifchlein-Deckdich-, ach nein: Rückgenoffenfchaft — uns als Ausfluß der Hundefeele nichts anderes künden können als Gefchichtchen vom „Blümlein traut" und „lib fogl hrn" (lieben Vogel hören), vom Küffen und vom „Bugl fteign" (auf den Buckel fteigen) oder gar vom dringenden Wunfche Rolfs all feine ..... Nachkommenfchaft kennen zu lernen — man denke fich nur diefen alten Hundepapafcha, der dann entweder ein ganz weißer Rabe oder aber ein kraffer Heuchler und Verräter aller Rüdengefühle wäre; denn „zum Freffen gern" hat freilich jeder Rüde feine Kinder: der wilde macht es, wenn er es kann, wohl zur Wahr= heit, der gefittete zahme darf es nicht mehr, geht der ihm greulichen Gefellfchaft daher im weiteften Bogen aus dem Wege! —, fo geht derlei eben auf Rechnung und Gefahr der Klopftante; jeder gibt es, fo gut er es kann. Wenn aber Wiffenfchaftler, freilich aus anderen Fächern, die folche Wundertiere zu prüfen kommen, fich mit folchen Vermenfchlichungen begnügen und von der offenbarungsfreudigen Hundefeele nicht lieber Auskünfte über Hundeluft und =leid verlangen und über Dinge, die uns in der Erforfchung der Tierfeele wirklich einen Ruck nach vorwärts bringen könnten, fo ift das fchwer ver= ftändlich.

Diefe Hunde, und Pferde, klopfen die Löfungen der fchwerften Rechenaufgaben einfach aus dem Ärmel heraus, Aufgaben, über die der Durchfchnitt nicht fachgebildeter, aber fonft nicht gerade ganz dämlicher Menfchen ftolpert. Nun foll ja, wie ein Rechenmeifter feft= ftellte, die Löfung der Mehrzahl diefer Aufgaben verhältnismäßig leicht fein, weil fie an Haud einer gedächtnismäßig einzuprägenden Formel zu finden find. Von wem und wie aber wurde diefe Formel den tierifchen Rechenkünftlern übermittelt? Haben die gar das Formelgefetz felbft entdeckt? Dann ftänden fie geiftig ja weit über den Völkerfchaften, die tatfächlich nur bis drei zählen können und dann gleich mit „viel" fortfahren. Auch über jenen, die mit Hilfe von Fingern und Zehen bis zu zwanzig kommen; und fo viele haben diefe vierfüßigen Rechenwunder gar nicht zur Verfügung, die Hunde vier mal vier und dazu vorn noch zwei bischen, die Pferde gar nur vier im ganzen!

In den verfchiedenen Veröffentlichungen von Kundgebungen und Briefen Rolfs und feiner Sippfchaft begegnen uns wirklich keine Hundegedanken, nur menfchliches Denken und Empfinden; das kommt felbft bei den Antworten auf die ganz vereinzelten Fragen nach Hunde= gefühlen zum Ausdruck. Jeder Schüler trägt gewiß das Gepräge feines Lehrers; kann er feinen Gedanken aber nichts eigenes beigeben, fo plappert er gedankenlos nach. Ich kann daher in diefen hündifchen Äußerungen nicht den erfehnten Beweis für die Denkfähigkeit der Tiere erblicken, fondern höchftens für die Möglichkeit einer Gedankenüber= tragung vom Menfchen auf das folcher Beeinfluffung leicht zugängliche Tier. Daß die Tierfeele felbft durch diefe Gedankenübertragung und

=wiedergabe nicht im geringſten beeinflußt wird, daran alſo auch nicht
beteiligt iſt, ergibt ſich ſchon daraus, daß dieſe gelehrten Hunde alle Muſter
von Unerzogenheit ſind; zu was für brauchbaren Hunden aber müßten
ſie ſich erziehen laſſen, wenn ....! Den Glauben, daß dieſe Hunde
dauernd alle unſere Geſpräche belauſchen und einfach alles verſtehen,
auch die verzwickteſten Worte, müſſen wir freilich ausſchalten; wenn
aber von ihnen Dinge wie Uniformkunde oder Verſtändnis für rein be=
griffliche Ausdrücke, wie z. B. Wunder, verlangt werden, dann dürfen ſich
nicht bloß die Menſchen, ſondern auch die bekannten Flundern wundern.
Die eine Niederſchrift über einen Bericht Rolfs — es iſt noch lange
nicht die längſte — enthält 95 Worte; um die zu klopfen, hat er rund
2500 Klopfzeichen geben müſſen. Ich bitte zu überlegen: ein Hund,
der zweitauſendfünfhundertmal hintereinander mit ſeiner Pfote klopft!
Hintereinander, denn nur einmal iſt „kleine Pauſe‟ vermerkt, kurz
vorm Schluß, und nach dieſer klopft Rolf nur noch, daß er „furchtbar
müde‟. Ich glaub' es ihm von Herzen; wie mag es nach dieſem Klopf=
ſtumpfſinn aber im Kopfe der Mittelerin ausgeſehen haben?

Geben uns dieſe „denkenden Hunde‟ ſomit kein Bild ihres Geiſtes,
ſondern lediglich ein Spiegelbild des ihrem Eigner eigenen, ſo ſind,
abgeſehen davon, die hierbei zutage tretenden Beweiſe für Auf=
faſſungsgabe, Beobachtungs= und Gedächtnisſchärfe aller=
dings recht wertvolle Beſtätigungen für anderweit Beobachtetes und
Belege für den hohen Stand geiſtiger Entwicklung beim Hunde. Wer
ſeinen Schäferhund kennt, weiß, daß unſere Hunde juſt in dieſen Punkten
großes leiſten — baut ſich darauf doch ihre Eignung zum Beruf auf —
und wird unzählige neue Züge zur Beſtätigung deſſen vorbringen können.
Ein guter Hund beobachtet ſeinen Herrn ſo genau, daß er den bald beſſer
kennt, als der ſich ſelbſt, und er möchte ſich dabei wohl oft wundern,
daß das umgekehrt ſo wenig der Fall iſt. Er weiß, ob wir guter Laune
ſind, ob ſchlechter, wann er uns ſeine Liebe zeigen darf, wann er damit
zurückhalten muß. Er fühlt, ob wir für ihn Zeit haben, uns mit ihm
beſchäftigen wollen, und er merkt, wenn von ihm die Rede iſt; da=
für dankt er durch leichtes Aufklopfen mit der Rute. Der Hund, der jetzt
unter meinem Schreibtiſch liegt, weiß, daß er mich bei der Arbeit nicht
ſtören darf; das fällt dem lebensvollen ſchwer. Klappert die Maſchine
aber nicht, lehne ich mich wohl zum Nachdenken zurück und laſſe dabei
die Hand herabhängen, dann ſtiehlt ſich nach kurzem, wie fragenden
Rutenklopfen langſam, zögernd ein ſchmaler Hundekopf in meine Hand,
abwartend, ob er dort willkommen iſt. Ruhig auf ihrem Platz bleibend
läßt Hell' — eigentlich Galle von Weil 67831 HGH; aber Hell' iſt ſolch
bequemer Rufname — mich im Zimmer herumgehen, auch das Zimmer
verlaſſen; hört ſie aber die Hülle des Augenglaſes einſchnappen, das
ich draußen brauche, dann ſteht ſie ſprungbereit neben der Tür, denn
dann weiß ſie, jetzt geht es hinaus ins Freie. Die Kommandantur=
hündin, die ich draußen im Felde hatte, auch eine Hella — von der Die=
boldsburg 55769 KrH — war ſehr gut erzogen; ſie bettelte nie, kam
nicht mal ungerufen zum Tiſch. Wenn ich aber — im Felde verlernte man
eben die guten Sitten — ihr während des Eſſens etwas zurecht machte,
etwa eine Brot= oder Käſerinde für ſie abſchnitt, dann ſtand ſie, die mich

fortwährend im Auge hielt, von ihrem Platz auf und stellte sich fang=
gerecht hin. Ob es ihr ein zufälliger Blick zu ihr hinüber verraten, oder
das Aufhören der Kaubewegung bei mir? Oder ob sie sich gemerkt hatte:
von dem und dem auf dem Tisch stehenden, so aussehenden oder riechen=
den (Käse) Gegenstande kriegst du, wenn Herrchen dran geht, meist
hier bei Tische etwas? Ich habe die Beobachtung zu oft gemacht, ohne
doch sicher hinter den auslösenden Reiz kommen zu können. Mein alter
Horand (Hektor=Linksrhein gen. Horand von Grafrath 1) tante kein
größeres Vergnügen als den Wettlauf mit den zu Tal fahrenden Eisen=
bahnzügen — die zu Berg kriechenden waren ihm nicht schnell genug —,
wozu ihm eine Strecke von etwa 400 m an der Straßenseite des Grund=
stücks zur Verfügung stand. Er hatte bald heraus, daß das Herunter=
klappen des Arms des dicht am Grundstück stehenden Dorfsignals Frei=
gabe der Einfahrt und baldiges Kommen eines Zuges bedeutete; hörte
er dies Herunterklappen, so stürmte er, und war es vom vollen Futter=
napf weg, zum Ablaufplatz und baute sich dort auf, bis der Zug heran=
kam. Er gewann nebenbei, soweit er freie Bahn hatte, sein Rennen
stets, nur in der zweiten, stark verwachsenen Hälfte des Geläufes mußte
er scheltend den Zug vorlassen.

Das stets freudig begrüßte Fertigmachen zum Ausgehen kennt
jeder Hund an bestimmten Zeichen, es braucht das gar nicht erst Auf=
setzen des Hutes oder Anziehen des Mantels zu sein; der Hund weiß
es schon vorher. Für Fr. Schmidts Nixe war das leise Zusammen=
klingen zweier Schlüssel das Kennzeichen; diese Hündin kannte auch
genau den Ton ihres Freßnapfes, wurde unruhig, wenn draußen in
der Küche an ihn gestoßen wurde. Auf die Feinheit des Hörvermögens
und das scharfe Unterscheiden von Tönen hat schon Edinger verwiesen.
Hunde können abgerichtet werden, auf einen bestimmten Ton hin eine
Handlung vorzunehmen, z. B. mit dem Fressen anzufangen; sie hören
ihren „Freßton" dann nicht nur unter anderen einzelnen Tönen heraus,
sondern auch aus zusammengesetzten, z. B. Dreiklängen. Wo, wie in
einzelnen Gegenden, auch die Schafe Halsglocken tragen, kennen die
Hunde die Töne der Glocken ihrer Schafe genau. Ein daraufhin aus=
geprobter Hund blieb ruhig im Zimmer liegen, als draußen auf dem
Hof verschiedene Glocken geläutet wurden; er sprang aber sofort durchs
Fenster, als gleiches mit der Glocke des Leithammels seiner Herde ge=
schah. Edinger hat übrigens auch für die Beobachtungsschärfe seiner
Schäferhündin und ihr gutes Gedächtnis zahlreiche Beispiele vorgebracht.

Für scharfes Erinnerungsvermögen des Hundes gegenüber
erlittenen Unfällen, empfangenen Wohltaten, bei Hundefeind= und
freundschaften brachte auch Hauptmann Schnorrenpfeil zahlreiche
hübsche Belege in der „Zeitung des Vereins für deutsche Schäferhunde"
(SV.=Ztg.), die eine gute Fundgrube für Züge aus dem Seelenleben
unserer Hunde ist; leider läßt sich hier nicht alles wiedergeben, was dort
niedergelegt ist. Erwähnt seien nachstehende Berichte, die wieder in den
Begriff der Treue hinübergreifen. Korte=Stadt Rehburg bekam
14 Tage, nachdem er eine neue Hündin (Hexe vom Main, fr. von der Hansa
5484 PH) erworben, einen Brief des früheren Besitzers dieser Hündin.
Die Hündin war zugegen, als der Briefträger Korte die Post übergab

und begann sofort, sichtlich erregt, an dem umfangreichen Briefstoß herumzuschnuppern. Korte legte deshalb die Briefe auf eine Bank und beobachtete die Hündin. Ohne Aufforderung nahm sie einen der Briefe und überbrachte ihn Korte; er war von ihrem früheren Herrn und nach dem Stempel seit mindestens 24 Stunden aus dessen Hand gegeben. Rittmeister S t r e i t, Linz a. D., berichtete von einem Hunde, der beim Verpacken der Bücherei seines vor geraumer Zeit verstorbenen Besitzers jede Kiste eingehend beschnuppert und dabei ein klägliches Geheul ausgestoßen habe; heulend habe er dann den Karren, auf dem die Kisten abgefahren wurden, ein Stück Wegs begleitet, um endlich mit eingezogenem Schwanz zu seinem Platz vorm Haus zurückzukehren. Fred von der Wettinburg 14199 von W. H a n t s c h e, Niedergorbitz b. Dresden, hatte sich, während sein Herr im Felde stand, sehr an dessen Mutter angeschlossen. Als die alte Dame im Herbst 1918 der Grippe erlag, kümmerte der Hund sichtlich und lebte erst wieder auf, als sein Herr aus dem Felde zurückkam; wie festgestellt, hatte der Hund häufig des Morgens das Grab der Verstorbenen aufgesucht. Solche Fälle werden ja häufiger in der Tagespresse berichtet, sind aber dann meist nicht nachprüfbar. Im Felde wurde mir ein Fall berichtet, wo ein Schäferhund nicht von einem zerschossenen Schützengraben wich, unter dem wohl sein Herr verschüttet lag. Das Auffinden der Grabstätte wäre für das dem Geruch des geliebten, von ihm vermißten Toten folgende Tier nichts besonderes; ausbilden und zeigen wird sich solche Anhänglich=keit über das Grab hinaus selbstredend nur bei Hunden, die wirklich „wie das Kind im Hause" gehalten werden. Daß ein guter Hund das Fernsein seines Herrn oder eines vertrauten Angehörigen deutlich merken läßt, trauert, selbst das Futter versagt, läßt sich überall da fest=stellen, wo der Hund entsprechend behandelt wird. Ein wundervolles Beispiel von Treue berichtete Prediger P r i t s c h=Görlitz von seiner Petrine von Pritschen 365. Die hatte er zu Verwandten aufs Land in Pflege gegeben; dort riß sich eines Tages der Bulle im Stalle los und raste auf dem Gutshof herum. Mit Entsetzen bemerkte der im Hause weilende Hofbesitzer, daß sein zweijähriges Töchterchen, die Gefahr nicht ahnend, harmlos in einer entfernten Ecke des großen Hofes spielte. Sofort stürzte er mit anderen Leuten heraus, um dem Kinde zu helfen; mit ihm Petrine. Im Augenblick erkannte die Hündin die dem Kinde drohende Gefahr, überquerte den Platz mit weiten Sätzen und stellte sich als Schutzwehr vor ihre kleine Spielgefährtin, verließ den Platz auch nicht eher, als bis der Bulle wieder eingefangen und die Gefahr beseitigt war. Unter den Begriff der Treue, d. h. des Zugehörigkeitsgefühls zum Herrn, fällt schließlich auch, wenn Loth von Schondorf 60664, der bei mir in der Kriegszeit Heim und Gattin schützte, einen im harten Schnee=winter 1917/18 in den Garten geratenen und von ihm deshalb „ver=hafteten" Hasen nicht selbst auffraß, sondern sofort nach Öffnen des Hauses der noch im Bett liegenden Herrin brachte. Lo war nicht ab=geführt, brachte sonst nicht und war auch niemals zur Jagd verwendet worden; er handelte also ganz aus freiem Antrieb. Ebenso die jüngst von der Herde eingestellte Hell', die mich gleich damit überraschte, daß sie die von den Hühnern im Garten verlegten Eier aufsuchte und mir sein

213

säuberlich im Sang brachte. Treue, Pflichttreue, kann selbst über Mutter=
liebe siegen. W. Schnelle=Sorau hatte eines Abends mit Hilfe seiner
Dienſthündin Biene von der Sudenburg 13422 Ph eine Selbſtmörderin
im letzten Augenblick vorm Sprung in die reißende Böhme bewahrt.
Als er die ihm gut bekannte Frau dann mit nahm, machte ſie noch einen
Fluchtverſuch, um ſich abermals ins Waſſer zu ſtürzen, wurde aber
wiederum von der Hündin feſtgehalten. Biene ließ nunmehr die Frau
nicht mehr aus den Augen, wich ihr auch in der Wohnung des Führers
nicht von der Seite, trotzdem ſie einen drei Wochen alten Wurf liegen

Abb. 180.   Der Heimwächter.

hatte, von dem ſie durch den Dienſtgang über 3 Stunden getrennt ge=
weſen war; ſie ging erſt dann zu ihren Kleinen, um ſie zu ſäugen, als
Schnelle die Frau mit in den Zwinger gehen hieß. Ohne Auftrag über=
nahm die Hündin dann noch die Nachtwache bei der Frau und ſuchte auch
in der Nacht ihren Wurf nur einmal auf, als die Frau mitgeſchickt wurde.
    Wie Hunde Dankbarkeit ausdrücken, weiß jeder rechte Hunde=
halter. Namentlich, wer kranke Hunde pflegen mußte, kennt die ſtumme
Gebärdenſprache, in der der Hund dankt; ſein ſeelenvoller Dankblick

214

für gewährte Hilfe, für geschaffte Erleichterung ist ergreifend. Ich führte einen kranken Hund, der im Zimmer gehalten werden mußte, vorm Schlafengehen nochmals vor die Haustür; beim Hereinkommen findet er im Dorflur seinen Wassernapf und beginnt gierig seinen Fieberdurst zu löschen. Geduldig halte ich dem Kranken die Windfangtür auf, um ihn durchzulassen, wenn er sich satt getrunken; mitten im Trinken fängt der plötzlich an, leise mit der Rute zu wedeln. Warum? Wohlbehagen am Trunk drückt der Hund so nicht aus; will er mir danken, daß er seinen Wassernapf fand? Gar dafür, daß ich an der Tür Rücksicht auf ihn nehme, geduldig auf ihn warte, was sonst nicht meine Art? Jedenfalls wollte er mit seinem schwachen Wedelversuch — dem Armen war sonst gar nicht danach zumute — die Seelenverbindung zwischen sich und mir herstellen. Beim kranken Hunde kommt das Zugehörigkeitsgefühl so recht innig zum Ausdruck. Er fühlt sich am wohlsten, wenn er sich ge= pflegt sieht, möchte dicht beim Herrn liegen und versucht, wenn er sein Ende nahen fühlt, sich noch mit letzter Kraft zum Herrn zu schleppen; anders als das Wildtier, das die entlegenste Stelle aufsucht, um einsam, ungestört von seinesgleichen, zu sterben. Den gut gehaltenen Hund mit gepflegter Seele treibt Todesnot zum Herrn, dort ist er gewohnt Hilfe zu finden, vielleicht schafft der die auch diesmal. Auch das ist Treue der Hingebung, Ausdruck der Liebessehnsucht zum Herrn!

Auch die Kunst der Heuchelei ist Hunden eigen. Bewußtes Heucheln setzt hohe Überlegungsgabe voraus, die Anfänge dazu lassen sich beim Hunde aber aus der für das Raubtier unentbehrlichen Ver= anlagung zu List und Verschlagenheit, zur Übertölpelung seiner Beute durch größere Schlauheit erklären. Wer je Hunde beobachten konnte, wie sie dem heimkehrenden Herrn die unrechtmäßige Benützung des Polster= oder eines anderen verbotenen Platzes ·verheimlichen wollen, wird die Ansätze zu dieser sonst rein menschlichen Kunst des Heuchelns auch beim Hunde nicht ableugnen wollen. Die ungeschickteren — oder ehrlicheren — unter ihnen verraten sich dabei durch Aufsetzen einer Armesündermiene, die das „schlechte Gewissen" deutlich verrät. Gewiß ist dies schlechte Gewissen beim Hunde kein Zeichen sittlicher Zerknirschung ob großer Verworfenheit; aber, was ist es auch beim Kinde groß anderes als das Bewußtsein, Senge zu verdienen, .oder die Befürchtung solche zu kriegen? Ist es nicht auch Heuchelei, wenn ein Hund, der einen ihm vom Herrn gereichten Brocken, etwa trockenes Brot, nicht mag — früher gab es so was, die heutigen Hunde sind nicht mehr so verwöhnt , dann lange, lange im Fang verwahrt, mit sich herumträgt, bis sich Gelegenheit findet, ihn ungesehen verschwinden zu lassen. Mein Adalo von Grafrath 2655 HGH 3. B. mochte kein Geräuchertes; gab ich ihm im Zimmer die Wurstschale oder ein Stück Schinkenschwarte, so nahm er als wohlerzogener Hund den Bissen dankend an, verstaute ihn aber hinterm letzten Backzahn, um ihn, sobald er hinauskam, zu vergraben. Und zwar als richtiges Begräbnis, nicht als Vorratsbrocken für eine Zeit der Not, wie es im Hundegeschlecht üblich. Denn ein im Wirtsgarten etwa gereichtes Stück Geräuchertes verscharrte er dort sofort.

Ein beim Heucheln, also beim Anlügen, oder bei einer anderen Untat ertappter Hund schämt sich, genau wie ein erwischtes Kind sich schämt. Er läßt Ohren und Rute hängen, schielt nach oben und zeigt eine demütig=trauernde Haltung. Manche versuchen durch allerlei kleine Kniffe um gut Wetter zu bitten, jeder weiß sich von seiner besten Seite zu zeigen, wenn er merkt, daß die Sonne wieder scheint und daß ihm verziehen ist. Auch Verlegenheit, wenn sie über etwas verbotenem erwischt werden oder des Herrn Tun in bezug auf sie nicht recht begreifen, z. B. eine eingehende Musterung an ihrer werten Person oder eine An= sprache, drücken Hunde recht verständlich durch ihr Mienenspiel aus. Manche haben ihre Eigenart dabei: der eine gähnt aus Verlegenheit, der andere leckt sich die Lippen ab; meine derzeitige Hell' hat, wenn sie aus solchem Bann entlassen, nichts eiligeres zu tun, als sich eingehend mit ihrem Hinterende zu beschäftigen. Ob darin vielleicht der Anfang zu einem geschlechtlichen Schamgefühl zu erblicken?

Herrschsucht als Ausübung des Herrenrechts des Stärkeren gegen= über Beute und Bettgenossin ist selbstredend beim Raubtiernachkommen auch zu finden. Sie zeigt sich beim Herdenhunde als Wille zur Macht über die anvertraute Herde und läßt sich trefflich für den Gebrauch aus= werten. Ebenso aber als Ahnenerbe des im Rudel jagenden und dem Leittier gegenüber an Folgen gewöhnten Räubers die Fähigkeit zur Unterordnung unter den Herrn und Bereitwilligkeit und Verständ= nis zu gemeinsamer Arbeit.

Ehrgeiz entwickelt sich aus Futter= und aus Geschlechtstrieb, Hunger und Liebe, Futterneid und Eifersucht sind die treibenden Kräfte. Der Hund will seinen Artgenossen zuvorkommen, sich hervortun, er will der erste sein, auf der Jagd an der Beute, bei der brünstigen Braut in der Liebe; das ist uralter Wildhundtrieb, der noch heute im Ernst und im Spiel zutage kommt und bei der Arbeit ausgenützt werden kann. Ehrgeiz bedingt Ehrgefühl und Scham; von dieser später. Ehrgefühl, Stolz aber läßt sich in seinen Anfängen aus den verschiedensten kleinen Zügen herauslesen. Der erste beim Wettlauf zum Herrn beißt die anderen ab, der stärkste will die anderen beherrschen; im stolzen Tritt trägt der eine des Herrn Stock, der andere den anvertrauten Korb, bringt der Jagdhund den Hasen.

Daß Neid der Hundeseele nicht fremd, ist nicht erstaunlich; er beginnt beim Futterneide, setzt auch da schon Eigentumsgefühl, Sinn für Mein und Dein heraus. Das ist aber beim hochentwickelten Hunde durchaus vorhanden. Der Hund fühlt sich unter seinesgleichen als Persönlichkeit, hat seinen Stammplatz, seine Gewohnheiten, die er beachtet wünscht, seinen Freßnapf, sein Spielzeug. Gerade damit sind unsere Hunde, namentlich jüngere, sehr eigen. Sie achten eifer= süchtig auf ihren Stein, ihr Astholz, mit dem sie spielen, legen es an bestimmtem Platz ab, vergraben es gar, wenn sie spielmüde, und dulden nicht, daß andre drangehen. Diesen Eigentumssinn, der sich später auf Lager und Jagdbezirk erstreckt, hat der Mensch für seine Wachzwecke auszunützen verstanden. Dafür, wie sein das Gefühl für Eigentum des Herrn auch dem Artgenossen gegenüber entwickelt, ein Beispiel. Ich hatte einst zwei Rüden hier, den schon genannten Adalo, den „Herrn", und dessen Prügeljungen Klodobert von Grafrath 3300; beide lebten in dicker Freundschaft mit der Hauskatze, die die beiden gutmütigen

Verehrer in ihrer Weise als Daunenkissen oder Wärmflasche ausnützte, ihnen zum Dank wohl ab und zu auch eine erlegte Maus spendete. In der Erkenntnis, daß es weder dem Menschen noch dem Hunde gut sei, allein zu sein, beschaffte ich dann noch eine Hündin für den damals einsam gewordenen Zwinger. Froda von Grafrath 9047 HGH kam, wurde natürlich stürmisch begrüßt und von Adalo sofort mit Beschlag belegt, der arme Klo wußte ja doch, daß er sie nur im Stillen würde anhimmeln dürfen. So sehr die beiden Rüden aber für die neue Flamme schwärmten, in Beziehung auf Miez trauten sie ihr nicht ganz: sobald Froda in deren Nähe kam, stellten sie sich abwehrbereit vor die alte Freundin, die zum Haus, zum Herrenbesitz gehörte. Fro erwies sich zwar nicht als solche Katzennärrin, im Gegenteil, die Hauskatze aber achtete sie; ein Fall der häufig zu beobachten ist. Auch meine Kriegs= hell' war eine grimme Katzenfeindin und hat sich im Laonais und Marne= sack manch überraschte feindliche Miesmies um die Ohren geschlagen; als wir dann aber beim Rückmarsch jeden Tag in eine andere Unterkunft und damit auch jeden Tag zu einer anderen Hauskatze kamen, benahm sie sich denen gegenüber durchaus als Gast; achtete also fremdes Eigen= tum. Dann noch ein Fall seines Empfindens für Recht und Un= recht dem Eigentum des Herrn gegenüber. Der oben schon als Hasen= fänger erwähnte Lo war sehr gut Freund mit dem Bäckerjungen, der regelmäßig das Kriegsbrot ins Haus lieferte. Eines Morgens, als Michel kam, war alles in der Kirschenpflanzung beim Pflücken, eilte aber nun= mehr zum Frühstück. Die gute Gelegenheit nahm Michel wahr, um seiner= seits in einen Kirschbaum zu steigen. Als meine Frau dann mit ihren Helferinnen zurückkehrte, fand sie unter einem Baum den laut Hals gebenden Lo, oben aber den naschenden Michel, der nun freilich schleunigst herunterrutschte, aber sofort von seinem sonst so guten Freunde Lo gepackt und tüchtig abgerauft wurde. Der Bengel durfte auch später, trotz aller Bestechungsversuche, das Grundstück nicht wieder betreten; es mußte stets einer seiner Brüder kommen. Zum Schluß noch ein präch= tiges Stück von Horand. Der war völlig hühnerfromm; eines Tages beschäftigte er sich am Geflügelhof mit seinem halbwüchsigen Sohn Sigmund von Grafrath 8, als ein dummes Junghuhn, durch irgend etwas erschreckt, über den niedrigen Zaun taumelte. Natürlich wollte der jugendtörichte Sigmund das dämliche Ding fangen, aber Papa Horand kam ihm zuvor, griff sich den Federball, nahm ihn sein säuberlich in den Fang und lieferte ihn mir, der ich in der Nähe den Vorgang ohne einzugreifen beobachtet hatte, vorsichtig ab. Mit Stallhasen war Horand freilich nicht so, da ging bei der Jagdbeutel mit dem Ungestümen durch. Die würgte er und mochten sie noch so sehr mir gehören, ja er versuchte sogar auf ganz steiler Leiter den Stallboden zu erklimmen, als ich die letzten vor ihm dorthin gerettet hatte.

Der Eigentumsbegriff beim Hunde geht so weit, daß manche Hunde ihr Eigentum regelrecht als solches kennzeichnen, und zwar wie es im Hundereich nun mal so Sitte, durch ihre Losung. Ich hatte eine Hündin, Mari von Grafrath fr. von der Krone 2 HGH, die nach der Mahlzeit ihr „Hoheitszeichen" in ihren Futternapf absetzte, um den zu verwittern, anderen gegenüber als unantastbar zu kennzeichnen. Ähn=

liches machte durch Nässen eine Grauwölfin im Kölner Zoologischen Garten, die dazu eine ganz eigenartige Stellung einnahm: nachdem sie sich hündinnenartig niedergekauert, stemmte sie sich auf die Vorderläufe und hielt so Hinterhand und Rücken in der Schwebe bis das Geschäft vollendet. Nach Löns krönen auch gefangene Füchse auf später aufgehobene Futterreste mit ihrer Losung. Wildhundlosung findet sich häufig auf etwas erhöhten Stellen, auf Grenzsteinen, jungen Nadelbäumen u. ä.; auch Haushunde suchen solche Plätze auf, gehen dazu mit ganz eigenartigen Verdrehungen des Hinterleibes an Ecksteinen, Mauern und Baumstämmen hoch. Zu dieser eigenartigen Gewohnheit muß wohl ein zielbewußter ererbter Trieb führen, der sicher der Nachrichtenübermittelung dient; bei Wildhunden vielleicht im Sinne einer Kennzeichnung der Jagdgebietsgrenzen.

Die Nachrichtenübermittelung erfolgt im Hundeleben durch die Nase und dient natürlich nur den beiden wichtigsten Dingen: Hunger und Liebe. Im ersten Fall sicher unbeabsichtigterweise, wenn sie nicht auch ein Warnungszeichen bedeutet, wie eben ausgeführt; aber an der aufgefundenen Losung kann ein später kommender Hund herauswittern, was der Vorgänger gespeist, und kann dann auf dessen Rückspur zur Gaststätte finden, wo die Tafel vielleicht noch gedeckt. Im Fall Liebe aber dient die von der Hündin zurückgelassene Lusche zu Zeiten als Heiratsgesuch; der die Spur kreuzende Rüde setzt seinen Tropfen drauf, was ins Menschliche übersetzt etwa „Mein Nachfolgen überflüssig" bedeuten soll, leider aber nichts hilft, denn der nächste und jeder nachfolgende Rüde tut desgleichen und folgt erst recht, wenn ihm die Witterung noch frisch genug erscheint. Auf diesem Wege entwickelte sich die Erbgewohnheit der Hunde, jeden einzelstehenden oder vorspringenden Gegenstand im Gelände aufzusuchen, um im dort aufliegenden „Fremdenbuch" nach für ihn wichtigen Neuigkeiten zu forschen.

Der Geschlechtstrieb ist im Hundestamm sehr stark entwickelt und führt in der bei Wildhunden nur einmal im Jahr auftretenden und sich über sechs bis acht Wochen hinziehenden Ranzzeit zu schweren Kämpfen der Rüden untereinander; die bei älteren Rüden zu findende stärkere, mähnenartige Behaarung von Kehle und Nacken wächst als Schutz dieser lebenswichtigen Teile bei solchen Beißereien. Bei Haushunden zeitigt der Geschlechtstrieb allerlei unerfreuliche Erscheinungen. Wenn freilich gleichgültige Hundehalter ihre heißen Hündinnen nicht einsperren, sondern ruhig weiter auf die Straße laufen lassen und damit der Stadtjugend Gelegenheit zu vorzeitiger Erkenntnis, alten Jungfern beiderlei Geschlechts aber zum Nehmen öffentlichen Ärgernisses geben, so ist das nicht ins Schuldbuch der Hunde, sondern lediglich in das der Menschen zu schreiben. Als Folge der Hausbarmachung ist das Aufgeben der regelmäßigen Ranzzeit von Jahresausgang bis in den Februar hinein zu betrachten, wenn auch die meisten Hündinnen diese Zeit noch bevorzugen; nicht wenige weichen aber davon ab, vor allem aber werden alle zweimal im Jahre heiß. Es gibt daher eigentlich zu allen Zeiten läufige Hündinnen, die, wo in geschlossener Siedelung ein größerer Hundebestand, die Rüden dauernd in Aufregung erhalten; aber auch auf dem Lande trägt der Wind die süße Witterung und den Gesang der Nebenbuhler über weite Strecken. Hündinnen werden in diesen Zeiten launisch, reizbar und unzuverlässig, bei manchen bricht als Ahnenerbe die Neigung zum Herumschweifen durch; viele verlieren in dieser Zeit die Nase, d. h. in unserem Gebrauchssinne, oft versagen sie das Futter. Kein Wunder das alles, bei den gewaltigen Wandlungen und Vorbereitungen in ihrem Innern. Die meisten Rüden aber werden unausstehlich, wenn Hitzewitterung in der Luft liegt, und die beste Erziehung kann zum Teufel gehen, wenn sie auf frische Spuren läufiger Hündinnen kommen und vom Besitzer nicht aufgepaßt wird.

Alle Erscheinungen, Irrungen und auch Widernatürlichkeiten des menschlichen Geschlechtslebens können wir schon im Tierreich beobachten, wenigstens in ihren Anfängen. Daß Verirrungen besonders häufig bei hausbar gemachten Arten und bei gekäfigten Wildlingen festzustellen sind, liegt wohl nicht allein an der leichteren Beobachtungsmöglichkeit; es gibt uns das auch eine Erklärung der Ursachen: widernatürliche Haltung, müheloses Leben, Fehlen des Kampfs ums Dasein.

Da die Sinne unbeschäftigter Rüden nahezu dauernd auf geschlechtliches gerichtet sind, Gelegenheit zu natürlicher Befriedigung aber doch verhältnismäßig selten — von Zuchtrüden ist hier nicht die Rede —, kommen Rüden zu allerlei widernatürlichen Handlungen, von der Selbstbefriedigung durch Lecken und Luftstöße, von Versuchen am ungeeigneten Gegenstande wie Männerbeinen, Frauenröcken u. a. m., bis zur gleichgeschlechtlichen Liebe durch Aufklettern und Reiten mit beischlafähnlichen Bewegungen, bei denen es wohl nur zufällig zu gelegentlichen Einführversuchen des Gliedes in den After des duldenden Teiles kommt. Dann baut dieser nämlich sehr schnell ab, meist nicht ohne unfreundliche Bemerkungen, während man sonst unter den Straßenhunden bestimmte Tiere geradezu als „Lustbuben" bezeichnen kann. Übrigens belegten schon die alten Griechen Handlungen der mannmännlichen Liebe mit vom Hunde abgeleiteten Bezeichnungen. Genau wie unter den verkommenen Straßenhunden kommen geschlechtliche Verirrungen auch bei unnatürlicher Zwingerhaltung vor, namentlich bei zu üppig gefütterten Jungrüden, deren ganze Zukunftsentwicklung dadurch gefährdet werden kann. Arbeit ist auch da die beste Vorbeuge, wer körperlich rechtschaffen müde, kommt nicht auf dumme Liebesgedanken!

Auch bei Hündinnen kommen widernatürliche Handlungen vor. Die oben schon genannte Mari, eine ehemalige Gebrauchshündin, richtete einige Wochen vor eintretender Hitze ihre Aufmerksamkeit auf das eigene Geschlecht. Sie hielt es mit einer jüngeren Hündin, Brünhild von Grasrath 4, die sie unaufhörlich durch Aufspringen und kurzes Züngeln quälte, um sich dann breit vor sie zu stellen und lesbische Dienste von ihr zu verlangen; auch zu erhalten. Das ging so bis zum Eintritt der Hitze, die aus den beiden Freundinnen Totfeindinnen machte. Ältere Hündinnen nehmen, je mehr die Fruchtbarkeit nachläßt, rüdenhaftes Äußere und Wesen an; der Kopf wird breiter, die Schmiegsamkeit läßt nach; manche setzen sich nicht mehr zum Nässen, sondern besorgen das wie Rüden auf drei Beinen, eine Erscheinung, die auch zu Zeiten der Hitze zu beobachten ist.

Der natürlichen Begattung gehen, wo sie ungestört zwischen zwei miteinander vertraut gewordenen Tieren erfolgen kann, lange Liebes= spiele voraus, in denen der Rüde feurig um die Erforene wirbt, bis er ihre Scheinsprödigkeit überwunden hat und sie sich ihm stellt. Nach Liepmann sträubt der um die Hündin werbende Rüde die Rücken= bürste, um durch dies Öffnen des Haares den geschlechtlich erregenden Hautduft schärfer auf die Begehrte einwirken zu lassen. Ich habe diese Beobachtung noch nicht gemacht, vielleicht regt die Mitteilung Leser zum Beobachten an. Festzustellen wäre dann übrigens noch, daß die Hautausdünstung in der Nackengegend stärker als an anderen Körper= teilen des Hundes; daß sie uns bei der Frau dort schärfer und, wenigstens bei einzelnen, sinnlich angenehmer entgegentritt, beruht wohl mehr auf dem allgemeinen Abschluß durch die Kleidung, die an der Halsöffnung in Art eines gut ziehenden Schornsteines wirkt. Beim Rüden dagegen könnte das Sträuben des Rückenhaares beim Liebesspiel den nämlichen Zweck wie einem Gegner gegenüber haben: sich der Holden gewaltiger, kraftvoller darzustellen. Der Akt selbst ist kurz; das ihm folgende, dem gesamten Hundestamm eigene Hängen könnte abstoßend wirken, müßten wir uns nicht klar machen, daß es in eigenartiger, für die beteiligten durchaus nicht angenehmer Weise den höheren Zweck verfolgt, die Er= haltung der Art sicher zu stellen. Solch verlängerten Geschlechtsaft finden wir unter niederen Tieren ja häufiger, unter höherstehenden meines Wissens nur beim Hundestamm. Für das freilebende Raubtier, das doch auch seinerseits allerlei Verfolgungen ausgesetzt ist, und sei es nur solchen durch eifersüchtige Nebenbuhler, bedeutet das Hängen unter allen Umständen eine Gefährdung, denn in diesem Zustande sind Rüde wie Fähe, beide durch leichtverletzliche Teile innig miteinander verbunden, nahezu wehrlos, können sich jedenfalls einer Gefahr nicht durch die Flucht entziehen. Miteinander vertraute Tiere benehmen sich beim Akt durchaus würdig. Schamgefühle darf man selbstredend nicht suchen, aber Zuneigung, Dank für genossenes Glück ist durchaus erkennbar; Rüde und Hündin „küssen", d. h. belecken sich am und im Fang, eine meiner Hündinnen, Mira, drehte sich gleich nach dem Akt um, um dem an ihr hängenden Rüden diesen Liebesbeweis zu erweisen. Klagende Laute, die manche Hündinnen nach dem Empfangen ausstoßen, sind wohl ebenso auf Wollust wie auf Schmerz über das nunmehr erfolgende Anschwellen der Eichel zurückzuführen; beide Gefühle haben zudem ja enge Berührung. Nach dem Lösen kann man meist beobachten, wie die Hündin erst das Glied des Rüden beriecht, um dann, ähnlich wie vorher er um sie geworben, nunmehr ihm durch Liebestanz und =spiel zu danken. Die Zwangsverbindung einander nur für diesen Akt ver= kuppelter fremder Zwingertiere bleibt Geschäft, die Straßenehe der Sitze ist freilich Natur, meist aber unerfreuliche.

An mir in früherer Zeit zum Belegenlassen eingesandten fremden Hündinnen konnte ich im Fremdenzwinger manch eigenartige Beobach= tung machen. Manche, zurückhaltend, ja feindlich gegen den fremden Mann, der da ihren Zwingerraum betrat, freundete sich schnell mit dem Rüden an; andere wieder suchten vor dessen Zudringlichkeiten geradezu Schutz bei mir. Dem mitgebrachten Futternapf widmeten fast alle mehr

Anteilnahme als dem mich begleitenden Rüden; von meinen Rüden war dagegen nur der unersättliche Audifax von Grasrath 368 HGH so verfressen, daß er zunächst des Gastes Schüssel leeren, dann erst sich mit der Angebeteten selbst beschäftigen wollte. Bei ihm ging die Liebe sichtlich durch den Magen, was übrigens auch bei Menschen vorkommen soll. Je nach ihrem Wesen ergaben sich die fremden Hündinnen — ich spreche hier nur von solchen, die wirklich reif zum Stehen waren — mehr oder minder schnell dem Rüden; manche regelrecht verliebt, andere wie ein Stück Holz stillergeben in ihr Schicksal. Am willigsten und freudigsten schienen mir die Hündinnen zu stehen, die von ihren Be= sitzern selbst gebracht wurden; freilich kam auch da wohl mal eine spröde Jungfer, bei der Gewalt angewendet werden mußte. Eine fremde Hündin löste sich einmal mit regelrechtem Angststuhl, als der Rüde ihr zu nahe treten wollte. Bei zwei anderen — nebenbei eine eigenartige Vererbungserscheinung, es handelte sich um Mutter und Tochter beobachtete ich, daß sie sich während des Hängens mit dem Rüden lösen mußten, wohl infolge des Druckes, den der stark angeschwollene Schwell= körper am Gliede auf ihr Inneres ausübte. Anfänge geschlechtlichen Schamgefühls lassen sich übrigens bei Hündinnen beobachten: eine Hündin, die sich noch nicht geben will, setzt sich einfach vor dem zu zu= dringlichen Rüden fest hin, um dem auf diese Weise den Zugang zum begehrten Teil zu entziehen; sie schlägt dem noch unerwünschten Lieb= haber damit im wahrsten Sinne des Worts die Tür vor der Nase zu.

Daß unter geschlechtlich so empfänglichen Tieren schließlich auch Eifersucht als starkes Gefühl zu finden, ist selbstverständlich. Sie ent= wickelt sich stets auf geschlechtlichem Boden, wird dann auf alles geliebte übertragen, also auch auf den Herrn. Wo mehrere Hunde, auch ver= schiedenen Geschlechts, miteinander gehalten werden, lassen sich Eifer= suchterregungen bisweilen recht deutlich beobachten.

Ich hatte schon im I. Abschnitt ausgeführt, daß die Zuneigung des Hundes, seine völlige Unterwerfung unter den Menschen mit auf ge= schlechtliche Beweggründe, Ähnlichkeit der Brunstwitterung etwa, zurück= zuführen sein mag. Welchen Geschlechts der ihm gegenüber tretende Mensch, erkennt, richtiger: erriecht, der Hund sofort und richtet sein Be= nehmen danach. Dem Mann als Herrn unterwirft auch der Rüde sich ganz, der Frau gegenüber weiß er doch in manchem seinen Willen durchzusetzen. Besonders innig gestaltet sich aber meist das Verhältnis zwischen Herrn und Hündin; daß die Hündin sich des= halb im Dienst durchweg als zuverlässiger erweist, hängt, abgesehen von ihrer geringeren Ablenkung durch das Liebesleben, wohl sicher mit einer durch ihr Geschlecht bedingten größeren Hingabe, also mit einer ge= wissen geschlechtlichen Hörigkeit dem Herrn gegenüber zusammen; der VI. Abschnitt wird darüber noch mehr bringen.

Auffallend ist, daß der Hund — ich spreche immer vom Schäfer= hunde — sich mit sicherem Gefühl stets dem im Hause mächtigsten, dem Gebieter, hingibt; das ist aber der Mann, trotz Frauenwahlrecht und anderen sehr viel älteren, darum aber auch sehr viel wirksameren Gründen, nämlich Frauenlist und =liebe. Wenn der Hund sich auch als „Hund" fühlt, will er das doch beim ersten sein, also hat Ehrgeiz.

Nur dem Hausherrn gehorcht er ganz, der Frau, wo ein Mann im Hause ist, nur bedingt. So stellt sich bei Scheinraufereien zwischen Frau und Mann der Hund, sei es Rüde oder Hündin, sicher auf seiten des Haus= herrn, wenn dieser den Namen nur irgendwie verdient; auch im Sinne des Hundes. Kinder sind Schützlinge und Spielgefährten, deren kleine Quälerein dem Herrn zuliebe gern hingenommen werden, aber zu befehlen haben sie nichts; im Gegenteil, wo es bei ihnen nötig, bricht der Hütehund durch. Wenn meine Kinder früher, als sie noch klein waren, auf Ruf ihre Gartenspiele nicht gleich abbrechen wollten, machte sich wohl Audifax auf, suchte sie sich im großen Garten zusammen und trieb sie dann als Lämmerhund, vorsichtig, aber unerbittlich ein. Und nun gar Dienstboten. Von denen läßt der Hund sich wohl gern füttern und pflegen, aber er kennt ihre untergeordnete Stellung im Haushalt sehr gut; gehorchen gibt es ihnen gegenüber nicht. Ein Schäferhund, der sich zu Dienstboten hält, ist kein Schäferhund mehr, durch falsche Haltung verdorben. Meine Eva von Grafrath 244 HGH z. B. duldete nicht, daß die Zwingerwärterin, die sie täglich fütterte, ein Stück von meinem Schreibtisch nahm, etwa die fertig gemachte Posttasche, die das Mädchen zu befördern hatte; sofort fuhr sie der wohlbekannten und sonst recht geschätzten in die Beine. Auch die Kommandanturhündin, die ich zuletzt draußen hatte, hielt sich vom ersten Augenblick an mich, obgleich ich mich eigentlich am wenigsten mit ihr beschäftigte. Mein Bursche hatte sie von einer Meldestelle in der Heimat geholt, pflegte sie, fütterte sie, übte mit ihr, der ganze Unterstab verwöhnte sie, aber sein wollte sie nur bei mir, in meinem Zimmer, hinter meinem Pferd oder Wagen.

Vielleicht rührt dies Drängen des Hundes zum Höchsten in seiner Gemeinschaft noch aus den Zeiten der Einzähmung her: des Sippen= ältesten, heute: Haushaltungsvorstandes, Spruch war entscheidend für sein Wohl und Wehe, für Fressen und Gefressenwerden. Der scharf beobachtende Hund fühlt aber sehr bald heraus, ob jemand ihm wohl= gesinnt oder nicht, ja, versteht das auch auf die Gesinnung gegenüber seinem Herrn zu übertragen, denn er und sein Herr sind ja eins. Sicher spielen hier auch Geruchsempfindungen mit — die Nase sagt ihm ja, ob der Fremde mit Hunden umgeht, also vertrauenswert —, wird doch auch bei Menschen, die noch etwas Nase haben, Zu= und Abneigung just auch durch solche beeinflußt, nicht bloß durch mit Auge oder Gehör gewonnene Eindrücke. Jedenfalls haben alle Hunde entschiedene Ab= neigung gegen übelriechende Menschen, stark schwitzende fallen nicht darunter, aber körperlich vernachlässigte und verwahrloste, Trinker und vor allem auch „Hundefleischesser". Der Haß gegen die kann so alt übrigens noch nicht sein, denn Wildhunde fressen anstandslos den ge= töteten Genossen, ebenso die halbwilden Nordlandshunde den in Zeiten der Not zum Fraß für sie geschlachteten. Auf Augen=, auch Ohreindrücken beruht das allgemeine Mißtrauen gegen in der Kleidung verwahrloste, gegen Schornsteinfeger und überhaupt gegen alle aus dem gewohnten Rahmen herausfallende, wie Leute mit langen Stangen, an Krücken sich fortbewegende, gebückt herankommende, laut redende oder singende und tobende Betrunkene. Die auf dem Lande überall zu findende Ab=

neigung gegen den Briefträger, der nichts fortnimmt, im Gegenteil nur bringt und von seinen regelmäßigen Gängen her als gleichgültiger Unschädlicher bekannt sein sollte, ist nicht so leicht zu erklären.

Daß Mutterliebe die sittlich höchststehende Eigenschaft des Tieres, daß aus ihr sich Menschenliebe und Treue entwickelten, habe ich oben ausgeführt. Ein ganz prächtiges Beispiel für Mutterliebe und Treue zum Herrn gab der alte Bechstein. Ein Schäfer hatte zum Schafkauf seine hochtragende Hündin mitgenommen. Auf dem Rückweg kam sie, noch mehrere Meilen von der Heimat, unterwegs in einem Stall nieder und wurde dort von ihrem Herrn in Pflege gegeben. Am übernächsten Morgen fand er Mutter und Wurf vor seiner Haustür liegend. Die Hündin hatte die Welpen, sieben Stück, einen nach dem anderen strecken= weise im Fang fortgeschleppt, somit den Weg trotz der Erschöpfung nach der Geburt dreizehnmal zurückgelegt. Stolz auf ihr Mutterglück, an dem sie ihren Herrn teilhaben lassen möchte, spricht aus dem Verhalten der Hexe vom Reiherpfahl 71252, das mir Frau Schuchardt=Celle be= richtete. Die Hündin warf eines Nachts in einem ihr dafür zurecht ge= machten Raum im Erdgeschoß, als ihr Besitzer schwer krank im Bett lag; die Herrin war bei ihr, hatte aber alle Türen im Hause offen stehen lassen, um etwaige Wünsche ihres Mannes hören zu können. Als alle sieben Welpen gekommen, nahm Hexe einen in den Fang und trug ihn vorsichtig die Treppe hinauf vors Bett des Herrn. Von diesem belobt, brachte sie den Kleinen dann wieder hinunter ins Nest, um nach einiger Zeit die Fahrt nochmals mit einem anderen ihrer Kinder an= zutreten.

Gute Mütter sind unsere Schäferhündinnen wohl durchweg. Oft genug müssen wir die Aufopferung bewundern, mit der sie ihr wundes Gesäuge immer wieder den scharfen Zähnchen der Kleinen überläßt; wie sie, von den Kleinen fortgenommen, alles versucht, bald wieder zu ihnen zurückzukommen. Später löst sich freilich, selbst wenn sie nicht getrennt werden, das Verhältnis zwischen Mutter und Kindern meist recht schnell und gründlich, in einzelnen Fällen bleibt die mütterliche Zuneigung und Fürsorge für die Kinder aber doch erhalten. So bei meiner Mira ihrer im Zwinger verbliebenen Tochter Sigrun von Grafrath 252 gegenüber. Bei deren erstem Wurf war Mira gar nicht von Sigruns Wurfzwinger fortzubringen, konnte auch ohne Be= denken am ersten Tage schon mit ans Wochenbett genommen werden, wo sie sich am liebsten und von der Tochter geduldet mit zu den Kleinen gelegt hätte. Als Mira dagegen ein andermal mit einer anderen Hündin, mit der sie sich bisher sehr gut vertragen hatte, den Wurfzwinger, freilich abgetrennt, teilen sollte, wurde Totfeindschaft daraus. Familien= sinn und Kinderliebe vererbten sich in Miras Stamm. Sigrun war genau so zu ihrer Tochter Ingeborg von Grafrath 721 und diese wieder konnte ich als Pflegerin zu kranken Welpen oder Junghunden, eigenen oder fremden, setzen. So als ihre längst abgesetzte und selbständige Tochter Bruna von Grafrath 2646 etwa im vierten Monat Zahnkrämpfe be= kam; rührend schleckte Ingeborg der Fang und Augen, brach ihr auch, da sie nichts fraß, Futter vor. Ein andermal bekamen die einer Amme übergebenen Welpen von Ingeborgs Tochter Ada von Grafrath 1761

223

infolge Vernachlässigung durch die Amme Brechdurchfall. Da ich Aba selbst, schon um einer möglichen Übertragung auf die andere Hälfte des Wurfs vorzubeugen, nicht zu den kranken Kleinen lassen wollte, versuchte ich es mit der Großmutter Ingeborg, die sich sofort zu den etwa drei Wochen alten Kleinen legte, sie wärmte und trocken leckte, ihnen auch ihr, freilich trockenes Gesäuge bot und ihnen sogar Knochen herbeischleppte. Andere Mütter wieder wachen eifersüchtig über ihre Brut, lassen nicht einmal den Herrn gern in die Nähe des Nestes. Mari z. B. durfte ich während der ersten Woche oder noch länger Futter und Wasser nur durch einen Türspalt in den Wurfzwinger schieben, sonst fuhr mir die Hündin zwischen die Beine, die, ein Bosnickel zwar, sich sonst doch alles von mir gefallen ließ.

Abb. 181. Fange mal!

Für die Lebensfähigkeit ihrer Kinder scheinen Hundemütter sehr feine Empfindung zu haben. Von verschiedenen Züchtern wurde mir mitgeteilt, und ich selbst konnte das gleiche beobachten, daß Hündinnen einzelne Welpen — auch bei schwachen Würfen und durchaus nicht bloß in den ersten Tagen — beiseite legen; das auch immer mit dem nämlichen Welpen wiederholen, wenn man ihn ihr wieder ins Nest oder ans Gesäuge legt, oder der ausgesetzte Kleine schon krabbeln kann. Es sind das, wie sich feststellen läßt, regelmäßig dem Tode verfallene, deren mangelnde Lebenskraft oder nahende Erkrankung die Mutter gewittert haben muß. Einzelne Hündinnen klagen laut („tot verbellen") über das Eingehen von Welpen im Nest, andere vergraben erdrückte tief im Heu. Von der oben schon erwähnten Mari hörte ich einmal schauerliche Totenklage, als der Gärtner ihre einer Lungenentzündung erlegene halbjährige Tochter aus dem

Krankenzwinger forttrug; dahingestellt sei, ob es sich in diesem Fall um Schmerz um die Tochter oder um allgemeine Anteilnahme am Schicksal der Artgenossin handelte.

Die Liebe zu den eigenen überträgt die Hündin in inniger Weise auf die Kinder des Herrn. Maris wie Miras jeweiliger Stammplatz im Freien war der Kinderwagen; ein zuverlässigeres Kindermädchen als die Kindernärrin Mira gab es gar nicht. Sie weinte mit den Kleinen, ließ niemanden, selbst ihr gut bekannte, an sie heran, ließ sich alles von ihnen gefallen, ließ sie aber, wenn sie schon krabbeln konnten, auch nicht vom Spielplatz fort. Ich kann mich überhaupt auf keinen Schäferhund besinnen, der nicht kinderlieb wäre. Sie bleiben sich stets ihrer Kraft und ihrer Schützeraufgabe bewußt, aber selbst bei beiderseitigen Raufereien

Abb. 182. Zwei Jährlinge.

setzt es von ihrer Seite mit Absicht keinen Blutigen. Einzelne Hunde suchen Kinder geradezu auf, um mit ihnen zu spielen; so drängte sich meine alte Freia von Grafrath 7, die sehr gut sing, stets unter ball= spielende Kinder, um ihnen den Ball wegzufangen und wurde deshalb auf den Spielplätzen Halensees freudig begrüßt. Als Ausfluß der Für= sorgetätigkeit für die seinem Schutz anvertrauten — die Veranlagung dazu wurde noch durch den Herdendienst gesteigert — ist wohl auch folgen= des zu betrachten. In der Heilanstalt des Dr. Görlitz in Frauendorf bei Stettin war ein gelähmter Offizier, den Dr. Görlitz im Park Geh= übungen machen ließ. Der Arzt leitete die Versuche selbst, der Kranke stützte sich dabei auf seinen Arm und hatte in der freien Hand einen Stock, der später fortgelassen werden konnte; Dr. Görlitz' Moritz Ex= celsior 60102 war bei diesen Versuchen stets dabei. Eines Tages wurde der Arzt während der Gehübungen abberufen, der Offizier versuchte nun auch allein weiter zu gehen. Der auf Befehl seines Herrn beim Offi= zier zurückgebliebene Hund sah sich das eine Zeitlang an, dann lief er — ohne Auftrag — ins Haus und brachte von dort den Stock des Kranken. Dr. Görlitz bestätigte mir ausdrücklich, daß es sich hierbei um eine völlig selbständige Handlung des Hundes gehandelt habe.

Das Verhältnis gemeinschaftlich gehaltener Hunde zu= einander ist sehr verschieden, richtet sich nach der Veranlagung der einzelnen. Ein neuangekommener wird zunächst stets als Eindringling mit Mißtrauen begrüßt und Vorsicht ist da stets geboten, bis der neue

Abb. 183. Ruhe ist die erste Pflicht!

sich seine Stellung geschaffen, oder sich mit der ihm eingeräumten be= gnügt. Am besten vertragen sich natürlich Rüde und Hündin, es lassen sich da oft recht glückliche Ehen beobachten. Selbst bei Vielweiberei, denn der Rüde fährt dann wohl friedestiftend unter seine zänkischen Schönen, genau wie es ein älterer gegenüber ernstlich raufenden jüngeren Rüden tut. Horand und Freia, mit denen ich vor nunmehr 25 Jahren die Schäferhundliebhaberei begann, waren solch glückliches Paar; sie sorgte sich gern um den etwas stürmischen Gatten. War er auf Spazier= gängen bei der Mäusejagd oder hinter Stadtbahnzügen her zu weit abgekommen und hörte meinen Pfiff nicht mehr, dann lief sie zu ihm, ihn zu holen; einmal zeigte fie ihm fo auch den Ausgang aus einem eingedrahteten Bauplatz, aus dem er nicht wieder herausfand. Er wieder dankte ihr durch regelrechtes Abflöhen, welche Gunftbezeugung

[Abb. 184. Auf in den Kampf!

er fpäter auch anderen bevorzugten feines Harems erwies. Rüden vertragen fich, wenn fie nicht beide ausgefprochene Herrengefchöpfe find, meift recht gut miteinander; namentlich Jungrüden fchließen fich

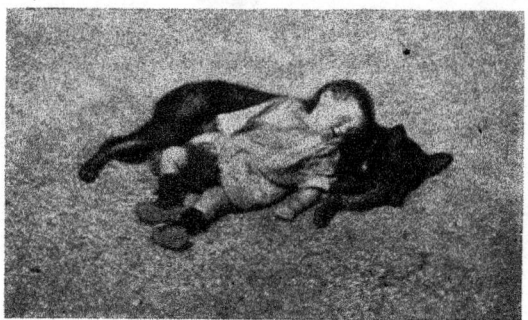

Abb. 185. In ficherer Hut.

meift fehr innig an ältere an. Bei Hündinnen ift dem Frieden auf die Dauer meift nicht recht zu trauen; zu Zeiten der Hitze, während der Trächtigkeit und des Säugens gehen auch die dickften Hündinnenfreund= fchaften in die Brüche. Daß fäugende Hündinnen andere Hunde, Rüden wie Hündinnen, im allgemeinen — Ausnahmen erwähnte ich oben — nicht an das Nest mit ihrer Brut heranlassen, ist natürliche und verständliche ererbte Vorsorge.

Auch mit anderen Tieren können Hunde in Ermangelung eines

Abb. 186. Freie Bahn dem Tüchtigen!

besseren bisweilen recht innige Freundschaften eingehen. Manche, nicht jeder; es kommt da sehr auf die Erziehung an und den Ort, wo der Junghund aufgewachsen. Soweit nicht Jagdlust siegreich durch=

bricht, beruht das Verhältnis zu anderen Tieren meist auf anerzogener oder ererbter Seelengleichgültigkeit; den Tieren des eigenen Hofes gegenüber aber auf stiller Duldung als Herreneigentum. Wirkliche Freundschaft, die zu gegenseitigem Aufsuchen, zu Liebkosungen und Schutz des Schwächeren führt, ist verhältnismäßig doch selten.

Abb. 187. Besuch.

Oft ist beim nicht bei der Herde arbeitenden Schäferhunde hier auch der angeborene Hütetrieb maßgebend, der ihn dazu führt, sich in seiner Art um andere Lebewesen anzunehmen, sie zu sammeln, zu betreuen, aber auch nichts ordnungswidriges in seinem Sinne bei ihnen zu dulden. Das kann dann manchmal zu „bedauerlichen Mißverständ= nissen" führen; auch da, wo des Herdenhundes Ordnungssinn durch andere, ihm regelwidrig dünkende Erscheinungen verletzt wird. Manche

Abb. 188. Ringel ringel reihe ......

Abb. 189. ...... und machen alle hufch, hufch, hufch!

230

treiben sich zum Hütespiel regelrecht einen Haufen von allerhand Getier zusammen; einer, Dr. Schnors=Kochel Hektor, trieb sogar solch fremde Herde auf seines Herrn Hof. Als eins meiner Kinder einst ein lebendes

Abb. 190. ⌊Steig mal Stähne!

Schaf geschenkt bekam, wollten alle meine Hunde es hüten; keiner tat ihm was, aber unter sich kamen sie vor Eifer ins Raufen. Ein Ausfluß des Hütetriebes ist es natürlich auch, wenn der Hund bei gemeinsamen

Abb. 191.⁊ Geflügelfromm.

Gängen seine Angehörigen zusammenhalten, größeres Abstandhalten oder gar ein Trennen nicht dulden will und aufgeregt von einem zum anderen rast, um seine „Herde" wieder zusammenzubringen.

Daß bei einem so betätigungsfreudigen Hunde, wie unser Schäfer= huud, da, wo keine dienstliche Verwendung stattfindet, der Spieltrieb bis ins hohe Alter rege bleibt, ist nicht erstaunlich. Spiel ist eine Vor= bereitung auf den Ernst des Lebens; es soll ein Bild der Wirklichkeit geben, doch nicht bis in deren äußerste Schlußfolgerungen durchgeführt werden. Junghundspiel und auch das Spiel älterer, dazu noch aufgelegter Hunde soll also den Kampf um Fraß und das Werben um die Lager= gefährtin darstellen; dazu gehört Angriff und Ringen, Flucht und Ver= folgung, Jagd und Haschen, listiges Verstecken und spürende Suche und

Abb. 192. Hasenrein.

all die Künste, mit denen der Freier um der Minne Sold wirbt oder mit denen die Spröde ihr eigenes Begehren zu verdecken sucht. Als echte Naturkinder halten sich spielende Hunde an das, was Schiller einst der Natur als Aufgabe zugewiesen:

> „Einstweilen, bis den Bau der Welt
> Philosophie zusammenhält,
> Erhält sie das Getriebe
> Durch Hunger und durch Liebe."

Erstreckt sich das gemeinsame Spiel also auf diese Punkte, auf Hunger= stillen und Liebesschmerz, so spielt der einzelne Huud, um sich zu be= schäftigen, mit Holzstücken, Steinen, rollenden und flatternden Gegen=

Abb. 193. Begrüßung.

Abb. 194. Was sich liebt, das neckt sich.

ständen, mit fallendem Laub, Eisstückchen, ja manche planschen richtig wie Kinder im Wasser; Schwabenmädle von Grafrath 3 3. B. bemühte sich die spritzenden Tropfen und den dünnen Strahl eines kleinen Wasser= falls zu haschen oder ließ Eis= und Holzstückchen im Tränktrog tanzen. Meine jetzige Hell hat ihren regelrechten Spielplatz im Park, auf dem sie sich ihr „Spielzeug": Äste, Holzstücke, alte Knochen, Kohlstrünke, Preß= kohlen, Blechteile und allen möglichen erreichbaren Abfall zusammen= trägt. Beim Spiel wirft sie die Gegenstände in die Luft, fängt sie, rast und tanzt mit ihnen herum, schlägt sie sich um die Ohren oder zerfetzt

Abb. 195. Aufforderung zum Spiel.

sie. Wie die Katze mit ihrem langen geschmeidigen Schwanz, das Kind, mit seinen Füßchen und Zehen, spielen auch Hunde gern mit ihrer Rute, suchen, im Kreise sich drehend, deren Spitze einzufangen und schließen an das Gelingen oft einen freudigen Rennlauf an; selbst Hunde mit gestutzter Rute lassen sich bei solchem Spiel und Tanz beobachten. Dem Fangspiel mit dem Rutenende schließt meine jetzige Hell oft genug ein regelrechtes Purzelbaumschlagen über Kopf und eine Schulter an. Spielt der Herr oder dessen Angehörige mit ihnen, so ist ihnen das natürlich am liebſten; manche Hunde fordern dazu auf, bringen dem Erkorenen Holz oder ein Stück ihres ſonſt ſorgfältig behüteten Spielzeugs. Kinderſpiel=

Abb. 196. Wie Hund und Katze!

zeug gegenüber verhalten ſie ſich eigenartig. Die mit Fell überzogenen oder bemalten Tiere werden als ſolche erkannt und demzufolge be=

Abb. 197. Flaſchenkind.

ſchnuppert, dann verachtungsvoll ſtehen gelaſſen. So ging es auch mit einem großen Schaukelpferd, das meinem Jüngſten einſt zu Weihnachten aufgebaut war; als es aber, zufällig angeſtoßen, eine Schaukelbewegung machte, wurde es wütend verbellt. Ähnliches berichtete auch Dr. Fr. Schmidt. Über ein mit richtigem Schaffell überzogenes Schaf von rechter Lammgröße geriet Mira, die alte Kindernärrin und Herden= hündin, die von weitem jede Schafherde anzog, außer ſich vor Freude. Sie beroch und beleckte das Ding von allen Seiten, ſtieß es ſanft an, legte ſich daneben und ſtellte ſich gar quer darüber, als wollte ſie dem Verwaiſten das Geſäuge bieten. Sie hatte das Schaf ſo lieb, daß bald kein Haar mehr an ihm war; damit ging der Schafgeruch verloren und Miras Anteilnahme ſchwand. Die durch ein Uhrwerk getriebenen kleinen Spielſachen beſchäftigten wiederum Audifax ſehr. Einen über den Boden rutſchenden Seehund aus Blech wollte er durchaus kriegen, um doch jedesmal vorm Zufaſſen den Kopf ſchaudernd abzuwenden, wohl in

Abb. 198. Kinder, laßt mir nur noch auch was drin! (junge Jgel).

Erinnerung an den ätzenden Saft des kalten glatten Salamanders, dem das Ding in der Form einigermaßen glich. Ganz aufregend aber wurde die Sache, wenn ihm ein tutend im Kreiſe herumtobender kleiner Selbſt= fahrer zwiſchen die Beine kam.

Da wir gerade bei Spielzeug ſind, ſei auf das höher ſtehende, das Werkzeug, eingegangen. Da der Hund nur zum Laufen einge= richtete Gliedmaßen hat, keine Greifhand beſitzt wie Affe und Menſch, kann er ſich auch keines Werkzeuges bedienen, um beſtimmte Zwecke beſſer zu erreichen, wie das bei den Affen ſchon gelegentlich der Fall iſt. Immerhin verſteht auch der Hund recht wohl andere, außerhalb von ihm liegende Hilfsmittel zu benützen, wenn er ſolcher bedarf, ſein Ziel mit den eigenen Hilfsquellen nicht erreichen kann. Daß unſer Wildhund, der Fuchs, den Jgel ins Waſſer wirft oder über ihn näßt, um ihn zum Aufrollen zu bringen und den Wehrloſen dann überwältigen zu können, wird glaubhaft beſtätigt. Mein Audifax war als kräftiger ſüddeutſcher

236

Gebrauchshund in damaliger Zeit für die Mehrzahl der Hündinnen ziemlich groß, das Belegen kleinerer fiel ihm daher manchmal schwer. Um den häufiger aufgesuchten Rüden nicht unnötig anzustrengen, hatte ich einmal eine niedrig gebaute Hündin auf eine entsprechende Unterlage gestellt, um den Höhenunterschied auszugleichen. Seitdem kam Audi, wenn er den Anschluß nicht gleich fand, stets Hilfe heischend zu mir. Auch sonst wissen Hunde, wenn die eigene Kunst zu Ende ist, sich recht wohl Hilfe zu verschaffen. Auf meinem Kommandanturhof im Laonais stand eine große Steinplatte gegen die Mauer gelehnt, hinter der oft Ratten Schutz suchten. Meine Kriegs-Hell' war ungemein scharf auf Ratten; sagte ihr nun die Nase — und die war darin untrüglich; untersucht wurde die Platte bei jedem Vorbeikommen , daß eine

Abb. 199. Was mag das für ein Ding wohl sein? (junger Kuckuck).

Ratte hinter dem Stein saß, kam Hell' sofort hilfefordernd zu mir, nachdem ich das erstemal ihres aufgeregten Jampelns wegen den Stein durch zwei Mann hatte abheben lassen. Adalo war einmal durch einen Zufall aus dem Grundstück ausgesperrt worden; er gehörte zu den sehr angenehmen Hunden, die sich Türen nicht selbst öffnen. Daher wandte er sich an einen vorübergehenden und führte den zum Tor; es war ein ganz fremder Mann, der anläutete und so berichtete. Daß kranke und in Pflege befindliche Hunde aus freien Stücken zum Herrn oder zum Tierarzt kommen, auch das leidende Glied etwa vorweisen, wird mehrfach berichtet. Voraussetzung hierzu ist freilich, daß die Behandlung nicht schmerzt, sondern schmerzlindernd wirkt und daß nicht eingenommen werden muß. Dem versuchen sich Hunde meist mit allen Mitteln zu entziehen, wissen auch in die Mundhöhle gebrachte Tropfen oder Pillen, wenn man nicht gut aufpaßt und sie zum Schlucken zwingt, gut zu verbergen, bis sie Gelegenheit zum unbemerkten Ausspeien haben. Horand hatte einst einen zum Glück für ihn noch günstig abgelaufenen Zusammenstoß mit einem fahrenden Zuge. Von dem heftigen Stoß, der ihn gestreift, war er aber doch einige Tage auf der Hinterhand gelähmt und mußte unterm Eisbeutel liegen. Natürlich konnte er sich in der Zeit auch nicht mit den Hinterpfoten kratzen; so kroch er, wenn das Bedürfnis dazu sich meldete, von seinem Lager zu mir, machte schwache Kratzversuche, sah mich „bittend" an und hielt die juckende Stelle hin. Wurde sein Wunsch verstanden und erfüllt, dankte er durch behagliches Grunzen und Stöhnen.

Abb. 200. Planschvergnügen.

Trotz ihrer großen körperlichen Gelenkigkeit haben unsere Hunde doch zwei Stellen, wo sie sich nicht selbst kratzen können, wo weder Zähne noch Pfoten hinreichen, Widerrist und Rückenlinie; daß gejagte Flöhe sich gern in diese beiden Trutzburgen zurückziehen, ist verständlich. Der Hund versteht es aber trotzdem, ihnen beizukommen, indem er sich, spürt er an diesen Stellen Juckreiz, an allerlei zum festen Gegenscheuern geeigneten Gegenständen reibt, z. B. an Möbelkanten, unter Bänken und Stühlen, an der Öffnung seiner Hütte usw. Im Freien wälzen sich die Hunde auf dem Boden und zwar am liebsten auf dem Rasen, der eine gewisse kamm- oder waschlappenartige Wirkung haben mag; liegt dort Astholz oder ähnliches herum, sicher auf diesem. Ich habe auf der Rasen-

238

fläche vor meinem Arbeitszimmer oft beobachten können, wie Hunde sich dort Holzscheite aus der Holzlege oder stärkeres Fallholz aus dem Park zusammentrugen und sich dann wohlig darauf wälzten. Die von manchen Hunden mit großer Beharrlichkeit ausgeübte Unsitte, sich bei sich bietender Gelegenheit auf Dünger, Aas oder faulenden Stoffen aller Art, also auf recht unerfreulich duftenden Dingen herumwälzen und derartig einzustänkern, daß sie in dieser Verfassung nicht im Zimmer zu dulden sind, sondern erst eines gründlichen Bades bedürfen, wird vielfach auch als Mittel zum Vertreiben der Flöhe und anderen Krabbel-

Abb. 201. Der kranke Hund.

tiere vom Rücken angesehen. Ich glaube, wir urteilen auch dabei nur menschlich; Ungeziefer hat seine eigene Nase, Motten hausen in Kampfer und Naphthalin und der schon an allerlei üble Körperausdünstungen gewöhnte Floh — der Hundefloh allerdings nicht — wird sich um „so'n bischen" Aasgeruch nicht groß kümmern. Ich glaube vielmehr, daß dies Einsalben mit Duftstoffen, die uns sehr peinlich, der Hundenase aber durchaus angenehm sind, auf anderen Gründen beruht, und zwar auf den gleichen, die die Menschen dazu bringen, Riechwässer und ähnliche Dinge anzuwenden, die infolge ihrer Stärke wieder dem feinnasigen

239

Hunde schrecklich sind: zum Auslösen von Lustgefühlen. Der Wildhund verzehrt durchaus nicht bloß frische Beute, er geht auch an Aas und Tier= tot; auch Haushunde nehmen zu Zeiten solchen auf und bevorzugen angegangenes Fleisch, vielleicht aus innerem Trieb, zu Verdauungs= zwecken. Der Geruch dieser Dinge ist ihm also angenehm, er wälzt sich darauf, um den Duft an sich zu binden und dadurch an erfreuliche Bilder erinnert zu werden — er denkt ja durch die Nase! —, wie wir uns etwa die Tischkarte eines Schlemmeressens mitnehmen und auf= heben. Umgekehrt weiß sich der Hund sehr wohl von ihm peinlichen

Abb. 202. Wen's juckt, der kratze sich.

Gerüchen zu befreien, namentlich wenn seine Nase damit in Berührung gekommen ist. Dann reibt er sie im Zimmer an Teppichen und Stoff= bezügen, im Notfall auch an Herrchens Hosen ab, im Freien aber an der Erde; stets an gut aufsaugenden Stellen.

Im übrigen versteht es der Hund ausgezeichnet, sich seiner natür= lichen Werkzeuge, der Zunge, der Zähne und der Pfoten mit den Krallen zu bedienen, um seines Leibes Nahrung und Notdurft zu befriedigen. Er weiß geschickt größere Brocken oder Knochen mit den Pfoten fest= zuhalten, um sie zu benagen oder Stücke davon abzubeißen oder =reißen.

Wasser schlappt er mit der Zunge auf und versteht mit ihrer Hilfe in die Mundhöhle eingedrungene oder zwischen die Zähne eingeteilte Fremdkörper, Haare, Holz- und Knochensplitter, notfalls unter Heran-ziehen der Vorderpfoten, zu entfernen; schließlich braucht er die Zunge zum Reinigen und Belecken von Wunden. Dies Belecken von Wunden erfolgt sicher nicht bewußt der Wirkung, sondern triebmäßig, ist aber sehr zweckmäßig. Denn nach Stillung der Blutung wird durch den Leck-reiz Blut zur Wundstelle angezogen; die starke Durchblutung des ver-letzten Gewebes führt aber schnell zur Ersatzbildung und damit zur Heilung. Zur Körperpflege dienen ihm die Krallen, mit denen er sich durchkämmt, ebenso Zähne und Zunge; bei der Ungezieferjagd bläst er die Haare durch stoßartiges Ausatmen durch die Nase auf.

Daß auch Reinlichkeitssinn beim Hunde vorhanden ist, ergibt die eben geschilderte geschickte Verwendung seiner natürlichen Hilfs-mittel zur Körperpflege. Wenn er der auch nicht so viel Sorgfalt widmet wie die Katze, die ja auch ... weiblichen Geschlechts, so weiß der ge-sunde Hund sein Fell doch immer glatt und frei von Fremdkörpern zu halten. Freiwillig gehen die meisten gern ins Wasser, an heißen Tagen legen sich manche geradezu in einen flachen Wasserlauf. Von einigen Eigentümlichkeiten beim Absetzen der Losung sprach ich schon oben. Im allgemeinen sucht der Hund zum Nässen, auch um sich zu lösen, gern Stellen auf, wo ein anderer Hund schon gleiches tat — Grasplätze werden bevorzugt — vermeidet aber. Wildhunderbe, Losung in der Nähe seiner Hütte, seines Lagers abzusetzen. Daher fällt die Erziehung zur Stubenreinheit meist nicht schwer, wenn man auf dieser Eigenschaft aufzubauen versteht. Kommen Hunde im Zimmer in bedrängte Lagen und werden sie nicht rechtzeitig herausgelassen, so suchen sie in höchster Not, auch zum Brechen, möglichst teppichbelegte Stellen auf. Eine für uns ja unerfreuliche Eigenschaft, aber in der Hundeart begründet: der Teppich hat, wie der Grasboden, aufsaugende Eigenschaften. Damit will der Hund übrigens nicht sein Vergehen vertuschen, soweit geht seine Überlegungsgabe doch nicht, er folgt dem allgemeinen Naturtriebe, seine Spur zu verwischen. Sind Menschen im Zimmer, weiß der Hund seine Bedürfnisse und den Wunsch „mal hinaus zu müssen" meist recht gut auszudrücken. Auch nachts, wo er den Herren durch lautes Jammern, notfalls durch Ziehen an der Bettdecke, Mahnen mit der Pfote zu wecken versteht. Manch dumme — es sind tatsächlich solche — geben es hartem Schlaf gegenüber freilich zu frühzeitig auf, sündigen drauf los und ergeben sich dann still in ihr Schicksal. Manche, durchaus nicht alle Hunde, machen nach dem Absetzen der Losung einige gewohnheitsmäßige und für den eigentlichen Zweck lange nicht ausreichende Scharrbewegungen mit der Hinterläufen. Das erscheint besonders sinnlos, wenn es auf festem Steinboden oder im Zimmer auf der Diele geschieht, ist aber nichts als der, bei einzelnen noch vorhandene Überrest alten Ahnenerbes. Die Wildhundvorfahren werden, wie manche Raubtiere, die Angewohnheit gehabt haben, ihre Losung im Boden einzuscharren und durch Über-decken mit Erde zu verbergen. Nicht aus angeborener Reinlichkeits-liebe oder aus sittlichem Gefühl, sondern um nicht durch die scharf-riechende Losung Beutetiere und Feinde unnötig auf sich aufmerksam

zu machen. Doch wohnen wohl auch hier zwei Seelen in des Hundes
Brust, sehen wir doch, daß mit dem Absetzen der Losung auch andere
Ziele verfolgt werden.

Daß bei einem Hunde mit dem Werdegang unseres Schäferhundes
der Jagdtrieb sehr stark ausgebildet ist, ist wohl selbstverständlich.
War der frisch eingezähmte Wildhund zunächst nur Wächter gewesen,
so wurde er schon als Bronzehund wieder unersetzlicher Jagdgehilfe.
Später, in Vorväterzeiten, schlich er sich vom umwehrten Hof am Eichen=
hag zum altgermanischen Hochacker, um dort Mäuse zur Mahlzeit zu
fangen, oder wenn das Glück günstig, einen Hasen in der Sasse zu greifen;
mit dem Herrn aber zog er zu fröhlichem Gejaid. Eine altgermanische
Urne aus der Berliner Sammlung mit der darauf dargestellten Hirsch=
jagd mit Hunden gibt uns des urkundlichen Beweis; schön sind die
beiden Jagdgehilfen ja gerade nicht, nach ihren prächtigen Stehohren
aber deutlich als Bronzehunde anzusprechen. Späterer Hovawart=
und Herdendienst verpflichtete gleichfalls zum Jagddienst auf Sauen und
anderes grobes Wild, zum Teil bis heute noch. Und auch der heutige
Herden= und Bauernhund hat so viele und so verschiedene Gelegenheiten,
gewollte und ungefragt genommene, zur Betätigung in hoher, niederer
und niedrigster Jagd, daß Jagdlust und geschickte Verwendung seiner

Abb. 203. Hirschjagd mit Hunden auf einer altgermanischen Urne.
Berlin, Museum für Völkerkunde (nach Seesselberg).

scharfen Sinne bei unseren Schäferhunden nicht erstaunlich ist. Die
geschicktesten und von den Jägern gefürchtetsten Wilderer unter den
Hunden sind immer Schäferhunde, die sich, Ahnenerbe, zu solch verbotener
Jagd gern zusammentun und vorsichtig Falle und Flinte auszuweichen
wissen. In stillen Zeiten kann der Herdenhund auch im Dienst seiner
Jagdleidenschaft zur Genüge fröhnen. Und mancher Schäfer sieht es
wohl nicht ungern, wenn sein Hund ihm den gegriffenen Hasen bringt,
oder er läßt gar dort, wo er Lampe in der Sasse vermutet, den Hausen
vom Hunde zusammentreiben, damit die Schafe den überraschten nieder=
trampeln. Erfreulicherweise aber hielt und hält doch die überwiegende
Mehrzahl der Schäfer auf Jagdreinheit ihrer Hunde, duldet nur Graben
und Jagen auf Maus, Maulwurf und Hamster, und gibt sie sonst nur zu
erlaubter Jagd auf scharfes Raubzeug, Marder, Otter, namentlich
aber auf Dachs und auf Sauen her; im Hannöverschen, in der Eifel
gehen noch heute Schäferhunde als sicherste Saufinder in der Meute,
halten die Spur nach Schlotfeld auch im tiefen Schnee, wenn
Schweißhunde versagen.

Solch rechtlich gesinnte Schäfer, die in gut deutscher Art Allgemein=
wohl über eigenen Vorteil stellten, gab es, wie schon gesagt, doch in

überwiegender Zahl; die meisten von ihnen verstanden auch — und hielten sehr darauf — ihre Stämme in zielbewußter Zucht wildrein auf Nutzwild zu machen. Den Hund jagdrein zu machen, ihn vom Auf= suchen und Verfolgen von Wildspuren, und damit vom Wildern ab= zuhalten, ist lediglich Erziehungssache; sie muß aber früh einsetzen und streng durchgeführt werden. Ist der Jagdtrieb einmal durchgebrochen, auch bei verbummelten Tieren, so ist kaum mehr gegen ihn anzukämpfen. Wie schnell ein Schäferhund begreift, was zur Jagd nötig ist, wie leicht

Abb. 204. Sascha vom Hahnerberg SZ. 7655 PH bei der Strecke.

er sich selbst anlernt, dazu zwei Beispiele. Meine jetzige Hell' bekam ich anderthalbjährig frisch von der Herde. Sie war völlig wildrein, ich konnte stundenlang, sie freilaufend lassend, mit ihr durch den Wald bummeln, ohne daß sie eine der zahlreichen Spuren aufnahm. Nachdem ich aber einmal vor ihr im Garten einen Eichkater aus dem Nußbaum herunter= geschossen und der der erstaunten am Boden einen tüchtigen Biß in die Nase versetzte, bevor sie sich ihn um die Ohren schlagen konnte, kennt sie keinen höheren Genuß als Eichhornjagd. Sie spürt die Stellen auf wo die sehr zahlreichen Hörnchen aus dem angrenzenden Hochwald in Park und Obstpflanzung einwechseln, folgt bis zur Stelle, wo sie aufgebaumt sind, und verweist mir den Baum, auf dem sie sitzen; erkennt eins selbst im Astgewirr von etwa 25 m hohen Fichten und Buchen, so daß ich oft erst lange suchen muß, bis ich den kleinen Schädling entdecke. Um anderes „Wild" kümmert sich Hell' nach wie vor nicht. Darüber wie seine Sascha von Hahnerberg 7655 Ph sich in Lothringen selbst auf Sauen abführte, berichtet Dr. Altkemper. Der Hund, der bisher noch nie zur Jagd gedient, wurde zunächst an eine tote Sau geführt, die er sofort verbellte; bei der zweiten Jagd stellte Sascha bereits eine Bache, die vor ihr geschossen wurde. So lernte sie von Jagd zu Jagd, kein Dorngestrüpp war ihr zu dicht, kein Kessel blieb ununtersucht. Sie bringt die Sauen hoch, läßt sie sich nicht durch die Treiber drücken, sondern bringt sie vor die Schützen; nimmt aber einer der Schwarzkittel die Hündin an, so weiß sie geschickt seinen Schlägen auszuweichen. Tagelang hat sie so in schwierigstem Gelände, bergauf, bergab, zuletzt mit einer Sohlenverletzung, ohne nachzulassen mitgejagt und erfolgreiche Jagd erst möglich gemacht; Spuren von anderem Wild ließ sie ganz unbeachtet.

Manche Jäger bedienen sich eines Schäferhundes zur Jagd; die meisten freilich nur verstohlenerweise, um sich nicht ob des noch nicht als weidgerecht anerkannten Gehilfen lächerlich zu machen. Der Großherzog von Oldenburg erzählte mir einst, daß er alle seine Böcke vor seinem Schäferhunde schießt, auch sein Schwiegersohn, Prinz Eitel Friedrich von Preußen, ließ sich angeschossene oft von seinem Gernot vom Falkenstein 4096 Ph ausarbeiten. Förster Wesenberg-Hollbrunn hat seine Bella (vom Schönbach) 21990 Ph so sicher auf der Schweißfährte von Rot-, Schwarz- und Rehwild abgeführt, daß er sie dem besten Schweißhunde gleichstellen konnte. Dabei war die Hündin noch brauchbar auf Hasen, Kaninchen und Wildgeflügel, würgte Fuchs und Katze und war ein sicherer Schutzhund. Ergreifend war der Nachruf, den Dr. Römer-Schondorf in „Wild und Hund" seiner Sigrid Luginis-Land 55903 widmete, mit der zusammen er auf Bock, Hahn und Hasen gejagt. Einzig aber ist nachstehende Schilderung der Leithundarbeit eines Schäferhundes von Hermann Löns:

„Der edle Leithund ist ausgestorben; kein Museum besitzt einen Balg oder ein Skelett von ihm. Einige Abbildungen, wenige Beschreibungen, das ist alles, was wir von ihm haben. — Zur sagenhaften Erscheinung ist er geworden, an die kaum noch ein Mensch von heute glaubt. Erzählt man in Jägerkreisen, daß es einst eine Hundeart gegeben hat, die eines bestimmten Hirsches gesunde Fährte stundenlang zwischen anderen gesunden Fährten hielt, so schüttelt alles den Kopf und lächelt ungläubig.

„Auch ich habe niemals alles das uneingeschränkt geglaubt, was alte Schriftsteller von der Leithundarbeit überlieferten; schon die alte Schweißhundarbeit erschien mir nach dem, was ich später sah, etwas übertrieben geschildert. Ein Erlebnis aber, das ich vor einigen Jahren hatte, machte aus einem Saulus mich zum Paulus.

244

„Es war in der Lüneburger Heide. Ich jagte bei dem Hofbesitzer Lutterloh auf Starkshorn bei Eschede. Nach einem guten Hirsch ging mein Gelüste. Aber es war sehr schwer, dort einen Hirsch zu erlegen, weil das Rotwild meist erst sehr spät austrat und vor Tau und Tag wieder zu Holze zog. Außerdem wurde die quer durch die Jagd gehende Land= straße, die sonst als Spürbahn diente, mit neuem Oberbau versehen, dann kam die Dampfwalze und vergrämte acht Tage lang die Hirsche, und alle paar Tage zogen Truppenmassen, die von Munster kamen,

Abb. 205. Se. Königliche Hoheit Prinz Eitel Friedrich von Preußen (3) mit seinem deutschen Schäferhund Gernot von Falkenstein SZ. 4096 PH im Felde.

früh und spät über die Landstraße. Zweimal hatte ich einen starken Zehnender schußgerecht, aber immer nur, wenn er jenseits der Grenze stand, und zwei andere Hirsche, einen Zehnender mit seinem Beihirsch, einen Achtender, bekam ich nur nach oder vor Büchsenlicht zu Gesicht.
„Meine freie Zeit ging zu Ende. Am Abend des letzten Tages sagte mir der Jagdbesitzer, er ließe die Nacht ablappen: einen Hirsch sollte ich haben. Ich hatte ihm früher gesagt, hinter den Lappen wollte ich keinen Hirsch schießen, was er billigte, da er guter Pürschjäger

und ein weidgerechter Kugelschütze ist, wie viele unserer großen Heide=
bauern.

„Am anderen Morgen fuhr ich mit dem Rade die Landstraße ab,
die die Jagd durchschneidet, und spürte ab. Es steckte viel Wild in der
Jagd und drei jagdbare Hirsche. Der Jagdbesitzer und sein Bruder
setzten sich an den Hauptstellen an, mir wurde gestattet, auf dem vor=
züglich gehaltenen Pürschsteignetze die Stangenörter und Reihepflan=
zungen abzupürschen.

„Ich sah viele Rehe, auch einen guten Bock, einiges Wildpret,
ein Stück Schwarzwild, aber keinen Hirsch. Ich pürschte zurück und er=
stattete Bericht. Herr Lutterloh sagte mir, ich solle noch einmal die
raumen Stangenörter abpürschen; soeben sei ein starker Hirsch über
das Gestell gezogen. Ich tat es und pürschte vorsichtig die lichten Be=
stände ab, bei jeder Reihe stehen bleibend und die Augen rechts und
links gehen lassend.

„Ich sah nur einige Stück Kahlwild außer Rehen und dachte schon,
der Hirsch hätte eine Dickung angenommen oder die Lappen überflohen,
als ich ihn im raumen Bestande, völlig ungedeckt, im Bette schlafend
sitzen fand. Er saß zwanzig Gänge vom Pürschsteige links von mir,
so daß ich jedes der zehn weißen Enden an dem weitausgelegten, hohen,
starken Geweih zählen konnte. Ich stach, der Hirsch warf, noch im Bette
sitzend, auf, ich ging ihm auf das Blatt, drückte und hatte einen Versager.

„Der Hirsch verhoffte, noch immer sitzend, legte aber, da ich gedeckt
stand und guten Wind hatte, das Haupt wieder auf den Boden und die
Lauscher zurück. Ich spannte lautlos, entlud den Kugellauf meines
Drillings, schob eine andere Patrone ein, aber ehe ich den Verschluß
zu hatte, stand der Hirsch auf, äugte hin und her und sprang ab. Ich
hätte ihn leicht mit dem Schrotlaufe zusammenschießen können, doch
mochte ich das nicht.

„Ich pürschte zurück und erstattete abermals Bericht. „Na, dann
soll ihn mein Sohn mit dem Hunde arbeiten", meinte Herr Lutterloh,
und wir drei stellen uns vor die Besamung hinter der Straße, „da wird
er bestimmt stecken". Ich war etwas verblüfft. „Den gesunden Hirsch
soll der Hund arbeiten, durch alle die frischen Fährten von Reh=, Schwarz=
wild und Rotwild hindurch?" fragte ich. „Natürlich", meinte der Jagd=
besitzer, „das macht er totsicher; das hat er oft gemacht."

„Ich überlegte einen Augenblick. Ich wußte, daß der Hund, ein
kleiner, unansehnlicher Schäferfix, gute Schweißhundarbeit lieferte, daß
er viele Stücke Rehwild, Schwarzwild und Rotwild zum Teil bei den
schlechtesten Umständen gearbeitet hatte. Ich hatte mich sehr über eine
Schweißarbeit gefreut, die er gemacht hatte, als er ruhig und besonnen
eines Vormittags einen Bock arbeitete, dem ich abends die Kugel an=
getragen hatte, und ich wußte, daß sein Herr ein Mann von Wort war.
Und da ich mir sagte, daß ich vielleicht niemals in meinem Leben wieder
Leithundarbeit zu sehen bekäme, so bat ich mir aus, mit dem jungen
Lutterloh gehen zu dürfen.

„Die beiden Herren Lutterloh stellten sich vor, und ich brachte
den jungen Lutterloh an das Bett des Zehnenders. Der Hund führte
uns durch den Stangenort über die Heide, zurück in den Stangenort,

246

wieder über die Heide, durch jüngere und ältere Besamungen, er hielt unbeirrt die Fährte des Zehnenders und kümmerte sich um keine der vielen anderen zum Teil noch frischen Fährten. Ruhig, nur ab und zu leise pfeifend, arbeitete er ungefähr eine Stunde auf der gesunden Fährte und wurde erst etwas lebhafter, als er vor die alte Besamung in den Dünen kam, hinter der die beiden Schützen standen. Nun ging es eiliger voran, der Huud legte sich in die Halsung, zog seinen jungen Führer mit sich, es ging einige Male hin und her in dem lückigen Bestande, den zum Teil übermannshohe Kiefern bildeten, wir hörten es dann vor uns brausen und poltern und bald darauf knallte ein Kugelschuß. Lutterloh hatte den Hirsch, der bis auf einen schmalen Rückenstreifen gedeckt in einer hochbestandenen Bodenwelle in voller Fahrt auf über hundert Gänge vor ihm vorüberfloh, überschossen.

„Er war traurig, mein freundlicher Jagdgeber, vorzüglich darüber, daß ich trotz so mancher um die Ohren geschlagenen Nächte kein Geweih mit nach Hause nahm. Ich aber war gar nicht traurig, trotzdem ich gern diesen Hirsch oder einen der beiden anderen Hirsche, die eines Morgens bei schwerem Nebel scherzend auf vierzig Schritt an mir vorüberzogen, erlegt hätte. Mehr wert, als ein Geweih, war mir das, was ich den Tag gesehen hatte, eine e c h t e, g e r e c h t e L e i t h u n d a r b e i t nach a l t e r A r t, wenn auch nur von e i n e m S c h ä f e r h u n d e.“

Dank seinem Werdegange steht unser Schäferhund noch mit der Natur und ihren Geschöpfen in inniger Fühlung, und weiß sie zu nehmen, was manche Stadthunde, namentlich Angehörige einseitig gezüchteter Rassen, längst verlernt haben. Die S c h ä r f e auf kriechendes Gewürm, auf immer giftverdächtige S c h l a n g e n, liegt dem Schäferhunde seit Urzeiten im Blut, wurde durch die spätere ländliche Lebensweise und den Herdendienst nicht abgestumpft, sondern immer rege erhalten; weiden doch Schafe oft genug in Kreuzottergelände. Meine Mira konnte im Park stundenlang an einer an Ringelnattern reichen Stelle auf der Lauer liegen; die entdeckte packte sie mit kurzem Griff dicht hinterm Kopf, biß ihr das Rückgrat durch und ließ sie liegen. Wie mir Polizeiwacht= meister Eggert aus Daressalam berichtete, hat seine Lola Trabant 9244 Ph dort eine 1,35 m lange Puffotter, eine äußerst giftige Schlange, totgebissen. Einer meiner Hunde, Klodobert, vergnügte sich mit dem Fangen von Fröschen am Teich, sie wurden gleichfalls totgebissen. Eidechsen werden selbstredend gleichfalls gejagt, ebenso werden Heu= schrecken und Grashüpfer und Maikäfer sehr gern genommen. Geschickt zu m a u s e n, ist Ehrensache für einen guten Schäferhund; R a t t e, W ü h l= m a u s, H a m s t e r und ähnliche Schädlinge werden mit kurzem Griff abgetan, auch der Maulwurf, wenn er beim Stoßen abgefaßt oder über der Erde angetroffen wird. Mit dem Jgel plagen sich wohl die meisten redlich ab, manche wissen ihn zu bewältigen. Meine Mira verstand es; wie sie das Ziel erreichte, konnte ich leider nicht feststellen. Jch fand nur früh morgens die leere Stachelhaut; denn selbst der best= verpflegte Hund verschmäht durchaus nicht immer solch selbstverdiente Leckerbissen, der Landhund aber ist meist darauf angewiesen. Immer aber dienen sie dazu, Abwechselung in zu einseitige Küchenzettel zu bringen; die stark nach Moschus duftende Spitzmaus wird selbstredend immer verfchmäht. Auf Wefpen, hummeln, Bienen find die meiften Schäferhunde ungemein fcharf, manche ftellen das ganze Zimmer auf den Kopf, um eine eingedrungene zu erwifchen. Sie machen die un= möglichften Luftfprünge nach ihnen, verftehen fich auch in der Luft nach dem fchwirrenden Gegner zu drehen — müffen den alfo gut fehen — und fchnappen mit hochgezogenen Lippen nach ihm, wobei das Auf= einanderklappen der Zähne fcharf zu hören ift. Bei Wefpen mag es Erbfeindfchaft fein, denn die wild aus ihrem Erdloch herausbrechenden Wefpen mögen fchon manchen unvorfichtigen Wild= und herdenhund übel zugerichtet haben, troß des dichten Stockhaares; bieten doch Kopf, Läufe und Bauch genug Stellen, an denen ein über den hund herfallen= der Schwarm durchftechen kann. Bienen fraß meine Kriegs=hell' auf ficher des honigs wegen —, nachdem fie fich vergewiffert, daß der

Abb. 206. hund und Jgel. (Nach Aufnahme des Verfaffers.)

Gegner tot war. Bei anderen hunden habe ich diefe Beobachtung noch nicht gemacht, Bienen fcheinen mir auch weniger eifrig verfolgt zu werden wie Wefpen.

Daß fie wetterkundig feien, wird hunden nachgefagt. In ge= wiffem Sinne künden fie ja auch einen Witterungsumfchlag, den Eintritt feuchten Wetters an: ihre hautausdünftung wird dann bemerkbarer, wohl eine Folge des höheren Waffergehalts der Luft, der durch die haut ausgefchiedene Stoffwechfelrückftände beffer auflöft, als dies bei Luft= trockenheit der Fall ift. Ganz ficher ift, daß ein fo fein=, nicht etwa fchwach= nerviges Tier wie unfer hund einen kommenden Witterungswechfel ebenfo vorausfühlt, wie andere in der Freiheit lebende Tiere. Älteren hunden kann man kommende Regen= oder Froftzeiten recht deutlich anhören. Sie fpüren fie in den Knochen, ganz wie unfereiner, den Reißen und Nervenfchmerzen plagen, und ebenfo fchimpfen und knurren sie darüber beim Niederlegen und Aufstehen. Erkrankungen und Schmerzen dieser Art sind bei der Lebensweise unserer Hunde ja auch verständlich: Aufenthalt im Freien auch beim tollsten Hundewetter, feuchtes, bodenkaltes Lager und sehr oft nasse Füße. Das allein macht die Neigung unserer Hunde für den warmen Ofenplatz und für das Liegen in der Prallsonne verständlich; sie holen sich dort Wärmevorrat für kalte Zeiten oder tauen sich innerlich wieder auf. M. v. Unruh schiebt das eigenartige Drehen des Hundes vorm Niederlegen auf die Notwendigkeit die solchermaßen steifgewordenen Knochen im Stehen in die fürs Liegen nötige gekrümmte Stellung zu bringen, während Darwin darin eine Erbgewohnheit erblicken möchte, weil der Wild= hund sich sein Lager in Busch und Gras durch Drehen erst zusammen= treten mußte. Mir scheint dies einleuchtender zu sein, denn man sieht solch Drehen mit hochgezogenem Katzenbuckel und eng gestellten Läufen auch bei jungen, noch gelenkigen Tieren, wenn sie sich zusammengerollt zum Dauerschlaf hinlegen wollen, oft könnte man dafür auch sagen: hin= fallen lassen, sogar mit hörbarem Knall. Dann ist auch zu beobachten, daß sich legende Hunde mit den Vorderläufen gewohnheitsmäßig erst Scharrbewegungen machen, um vermeintliche Unebenheiten des Bodens auszugleichen, Schlangen und anderes Geziefer zu vertreiben; das ist namentlich dann zu sehen, wenn sie sich im Zimmer auf eine weiche Unterlage, einen Teppich etwa, legen wollen.

Für heraufziehende Unwetter haben Hunde ein sehr feines Empfinden. Ich konnte dies an einer gewitterfürchtigen Hündin, Freia, recht gut feststellen, die sich eines Abends standhaft weigerte, nochmals hinauszugehen. Sie blieb in der Haustür dicht an meiner Seite und starrte ängstlich auf die von gelegentlichen Windstößen bewegten Baum= wipfel und auf den Hof, über den im fahlen Mondlicht gespenstige Schatten tanzten; einige Stunden später brach eins der schwersten Ge= witter aus, das ich erlebt. Solch Benehmen mag übrigens den Hunden einst den Ruf, Geisterseher zu sein, eingetragen haben, ebenso wie zu anderen Zeiten dies unruhige und dem Hunde unerklärliche Schatten= spiel ihn zum Anbellen des Mondes gebracht haben mag, aus dem dann im gegenseitigen Wechselgesang ein Anheulen wurde. Gewitter= furcht habe ich außer bei dieser Hündin auch bei anderen Schäferhunden mehrfach beobachten können, und zwar bei sonst recht forschen Drauf= gängern. Sie flüchteten bei heftigen Blitzen und Donnerschlägen dem Herrn zwischen die Beine; eine Hündin, Irma von der Grafschaft Henne= gau 15972 Ph, kroch bei Nachtgewittern regelmäßig unter mein Bett, was besonders unerfreulich war, weil sie dort ihrem Unbehagen in durchaus ursprünglicher Weise Ausdruck gab, Gasmasken waren damals aber noch nicht erfunden. Im übrigen hat diese Gewitterfurcht beim Hunde nichts mit Nervenschwäche zu tun. Selbstredend wirkt die starke elektrische Spannung auch auf den besonders feinfühligen Hund ein, sein Erbgedächtnis sagt ihm aber auch, daß solcher Gewittersturm ihn ernsthaft bedroht, wenn er schutzlos im Freien ist; deshalb sucht er, wie in allen anderen Fällen plötzlichen Erschreckens über Überraschendes, die Stelle auf, wo er Schutz zu finden gewohnt ist, d. h. seinen Herrn. So tat regelmäßig auch Adalo — übrigens auch ein gewitterempfind=

licher — wenn ich an warmen Sommerabenden mit ihm in der offenen Halle saß, wo sich die bodenerschütternde Wirkung des dicht an meiner Besitzung bergabsausenden Schnellzuges besonders bemerkbar machte. Die ihm unerklärlichen Bodenschwingungen mochten ihm wohl als Vor= boten einer Erderschütterung gelten, vor der der Enkel einstiger Höhlenbewohner gefühlsmäßig flüchten wollte. Beim wirklichen Erd= beben 1911 blieb Adalo dagegen auffallenderweise ganz ruhig, das kam aber so überraschend und nur mit einem Stoß, daß seine Teilnahm= losigkeit in diesem Fall erklärlich war.

Beobachtungen an Menschen, namentlich an Schulkindern, haben ergeben, daß die Wetterlage von recht erheblichem Einfluß auf Verhalten und Leistungen ist. Während trockenes, sonniges Wetter im allgemeinen Arbeitsleistung und =güte fördert, sinken beide erheblich bei feuchtem, trübem Wetter. Das geht so weit, daß große Betriebe diesen Umstand schon in ihre Berechnungen einbeziehen; auch bei Feuerversicherungsgesellschaften ist bekannt, daß die meisten Brände bei Tiefdruck und feuchter Witterung entstehen, weil zu solcher Zeit die Aufmerksamkeit nachläßt. Das Verhalten von Schulkindern ist nach ein= gehenden Untersuchungen und Vergleichen am besten bei heiterem und schönem Wetter, läßt nach, je mehr die Bewölkung zunimmt oder in Regen übergeht. Die Aufmerksamkeit geht dann zurück, Unruhe, Spiel= sucht, Ungehorsam nehmen zu. Starke Wärme machte, wie nicht anders zu erwarten, die Kinder schlapp und schläfrig, Wind ließ bei wachsender Stärke auch Unaufmerksamkeit, Lärmsucht und Unruhe zunehmen., Die Ausdehnung solcher Beobachtungen auf unsere Hunde wäre nützlich, und zwar nicht bloß auf arbeitende Hunde, sondern auf das Allgemein= verhalten bei gewissen Wetterlagen, weil sich daraus auf Arbeitslust oder Unlust unter bestimmten Witterungsverhältnissen schließen lassen würde. Als Wetterlagen dürften folgende große Klassen genügen: heiter und schön; bewölkt; Regen (Schnee); warm (heiß); kalt (Frost); drückend; windig; stürmisch; Unwetter (Gewitter). Das Verhalten der Hunde könnte mit: arbeitsfreudig; aufmerksam; gehorsam; unlustig; unaufmerksam; ungehorsam; spielerisch und unruhig bezeichnet werden; außerdem wäre auf Sicherheit der Nase bei den verschiedenen Wetter= lagen zu achten.

Wen unter uns Beruf, Veranlagung oder Abnutzung mit „Nerven" gesegnet hat, weiß, daß er ohne Luftdruck= und Feuchtigkeitsmesser sichere Wettervoraussagen geben kann, weiß auch, wie die jeweilige Wetterlage seine Stimmungen und Leistungsfähigkeit beeinflußt. So geht es aber nicht bloß dem überfeinerten Menschen mit in doppelter Beziehung leidend auf Wetter eingestellten Nerven, sondern jedem Lebewesen. Das kann schon der Städter beobachten, den bei stiller Schwüle die Seßhaftigkeit, bei herannahendem Winde und Wetter aber die unruhige Aufgeregtheit einer Stubenfliege ärgert. Ganz anders noch, wer sich viel im Freien aufhält. Da ist der Mückenschwarm, der noch in die letzten Regenschauer des abziehenden Niederdruckgebiets seine Tänze flicht; die Spinne, die zu gleicher Zeit mit dem Hausbau beginnt, ihre Zelte aber bei nahendem Winde abbricht. Da ist die stets zu beobachtende Hast und Unrast allen Getiers, ob groß, ob klein, ob

zwei-, vier- oder mehrbeinig, vor kommendem Umschlag, die Reizbar=
keit bei Wind und klingendem Frost. Es ist daher verständlich, daß ein
so feinnerviges — fein, nicht schwach! — mit tausend Fäden noch mit
dem vollen Leben der Freiheit verbundenes Tier wie unser Schäferhund,
sich ganz besonders scharf auf jede Wetterlage einstellen wird. Unseren
Führern aber wird wertvoll sein, darüber näheres zu wissen, um bei
der Arbeit auch auf solche Beeinflussungen ihrer Hunde Rücksicht nehmen
und ihre Führung danach einrichten zu können.

Ich habe in den vorstehenden Ausführungen über das Seelenleben
unserer Hunde mit Absicht vermieden, von überlegten Handlungen zu
sprechen, habe dagegen mehrfach Ausdrücke gebraucht, wie sie beim
Menschen für Gemütsbewegungen und Äußerungen des Seelenlebens
üblich sind; nicht um das, was ich von Hunden berichtete, zu vermensch=
lichen, sondern um den Leser ins rechte Bild zu bringen. Denn, wir
wollen daran festhalten: was beim Menschen mit solchen Aus=
drücken bezeichnet wird, ist beim Hunde erst in den An=
lagen vorhanden. Anregen möchte ich aber zu weiteren eifrigen
Beobachtungen am Hunde, für die der SD. gern die Sammelstelle
bilden wird. Die Besprechung des Herdendienstes unserer Hunde wird
übrigens noch zahlreiche wertvolle Unterlagen zur Beurteilung der
geistigen Fähigkeiten liefern. Das steht jedenfalls fest, daß unsere Schäfer=
hunde unter den Tieren, aber auch unter ihren Artgenossen eine sehr
hohe Stufe geistiger Entwicklung erreicht haben und daß sie das sowohl
ihren scharfen Sinnen als ihrem Werdegange und ihrem Dienst ver=
danken.

Der Ortssinn ist beim Hunde ganz vortrefflich entwickelt.
Das Gelände zu benutzen, Wege abzuschneiden, ist dem Räuber=
nachkommen angeboren. Wege, die er schon gegangen, Plätze,
Häuser, die er schon betreten, kennt er genau wieder; war er dem Herren
vorangelaufen, bleibt er dort abwartend stehen. Der Hund versteht aber
auch aus seiner Geländekenntnis zu schließen. An mein Kommandantur=
gebäude in der Laoner Gegend schloß sich ein großer Garten, der wirt=
schaftlich ausgenützt wurde. Im Winter hatte meine Kriegs=Hell',
die den Gartenbetrieb noch nicht kannte, sich nach Herzenslust darin
tummeln können, war vor allem meine stete Begleiterin, wenn ich mir
dort mal die Füße vertrat. Als nun im Frühjahr 1918 dort angebaut
wurde, mußte der Garten abgeschlossen gehalten werden, damit Hell'
nicht durch die Beete mit der keimenden Saat raste oder gar dort nach
Mäusen, Maulwürfen u. a. grub; vor allem kränkte sie, daß ich sie nicht
mehr mit in den Garten nahm. Gleich an einem der ersten Tage, als
ich die Gartenarbeiten besichtigte, stand Hell' plötzlich freudestrahlend,
also heftig mit der Rute wedelnd, neben mir. Ich dachte zunächst, sie
sei hinter einem der Gartenarbeiter durch die Tür geschlüpft und sperrte
sie daher wieder aus. Kaum aber war ich wieder an meinen früheren
Platz gegangen, als Hell' auch schon in voller Fahrt angeschossen kam
und zwar, wie ich beobachten konnte, durch den rückwärtigen Garten=
eingang. Durch den hatte ich zwar auch gelegentlich mit Hell' den Garten
betreten, wenn ich von den Feldern zurückkam, aber nur von der Felder=
seite her und den Weg konnte Hell' nicht genommen haben; sie war

vielmehr vom Ziergarten über den Kommandanturhof, ein langes Stück Straße und den Wirtschaftshof eines anderen Grundstückes gelaufen, im ganzen etwa 5—600 m, ein Weg, den wir noch nicht zusammen gemacht.

Für den sicheren Richtungssinn unserer Hunde spricht deren Verwendung durch die Krabbenfischer an der Waterkant. · Die spannen einen Schäferhund als Leithund vor die beiden kräftigeren Hunde, die den schweren Granatschlitten durch den Wattenschlick ziehen müssen, weil der Schäferhund unter allen Umständen, selbst in stockfinsterer Nacht — Leuchtfeuer dürfen im Watt nicht gebrannt werden — zum Lande zurückführt.

Dafür, wie Hunde, die unterwegs, selbst in unbekannter Gegend oder in der Stadt, ihren Herrn verloren haben, den Heimweg zu finden wissen, gibt es unzählige Beispiele, selbst von ganz jungen Hunden, die Entdeckungsfahrten angetreten hatten. Mit Hilfe welcher Sinne aber ausgebrochene Hunde, die weit fortgeschickt waren, aus unbekannter Gegend über nie begangene Strecken zu ihrem alten Herrn zurückfinden, dafür gibt es noch keine ausreichende Erklärung, wenn wir nicht einen ausgesprochenen Richtungstrieb nach der Heimat, dem Lager, annehmen wollen. Verbürgte Belege für solches Zurückfinden gibt es zur Genüge; bisweilen werden die Hunde auch auf dem Heimweg aufgegriffen, verhungert und überanstrengt, aber in der richtigen Richtung. Meine Bissula von Grasrath 228 HGH ging mir, als ich sie schon drei Wochen hatte, nach einem Streit mit Zwingergenossinnen durch; es mochte das gegen 3 Uhr nachmittags gewesen sein. Am gleichen Abend traf sie schon bei ihrem früheren Schäfer in der Nähe von Augsburg ein, Luftlinie 50 km. Sie war mir seinerzeit vom Schäfer auf der einen er= heblichen Umweg machenden Bahn zugeführt worden. Man könnte daher, menschlich, von Sehen und Einprägen von Geländemerkmalen reden; aber es haben auch Hunde sich zurückgefunden, die die Fahrt wohlverwahrt in Kisten im geschlossenen Güterwagen und über noch größere Strecken zurückgelegt haben.

Neben zahlreichen Belegen, die er für Ortssinn gibt, berichtet Edinger auch von einem Hunde, der Sonnabends, an seinem Badetage, auszurücken pflegte, um der ihm sehr unangehmen gründlichen Ein= nässung zu entgehen. Ob das für Zeitsinn spricht, oder ob der Hund die Zurüstung des Bades an anderem erkannte, sei dahingestellt; Zeit= sinn selbst ist den Hunden jedenfalls nicht abzusprechen; Edinger gibt noch weitere Bestätigungen hierfür, so den Bericht von seiner Hündin, die jeden Nachmittag zu regelmäßiger Zeit sein Empfangszimmer räumte, nachdem sie aus Erfahrung gelernt hatte, daß sie um die Zeit hinausgetan wurde. Zeitsinn spielt auch in folgendes hinein, ebenso die bekannte Neigung von Wild= und Haushunden, Futterreste zu vergraben. Für die Wachhunde eines Garnisonkommandos in der Heimat war an= geordnet worden, daß die ihnen um 9 Uhr vormittags vor die Hütte hingesetzten Futternäpfe eine Stunde später wieder fortgenommen würden, ohne Rücksicht darauf, ob sie leer gefressen oder nicht. Nun haben Hunde im allgemeinen, auch wenn sie nachts tätig waren, am Morgen nicht viel Hunger, ihre Freßzeit ist gegen Abend. Nach einiger Zeit fiel beim Abholen der Futtergefäße auf, daß einige fehlten; diese wurden dann im hinteren Teil der Hundehütte, hinter der Einstreu gefunden. Durch vorsichtige Beobachtung wurde dann festgestellt, daß einige Hunde ihre noch nicht leer gefressenen Näpfe — breite ehemalige Konserven= büchsen — mit den Zähnen ergriffen und in ihre Hütte stellten. Daß der Hund seine Futterstunden kennt, ist selbstverständlich, da geht die Uhr durch den Magen. Aber im regelmäßigen Haushalt gibt es genügend Gelegenheiten, um feststellen zu können, daß der Hund durchaus fest=

stehende Zeitbegriffe hat; beim Herdendienst des Hundes werden wir darüber noch weiteres finden.

Gehen wir zunächst zur Betrachtung der Sinne selbst über. Die auf der Tätigkeit der Sinne beruhenden sinnlichen Wahrnehmungen haben nach Liepmann mehr mit der allgemeinen Lehre der Lebenserscheinungen zu tun, als mit dem Sondergebiet der Seelenkunde. Da zudem die Sinnestätigkeit stark abhängig von Aufmerksamkeit und Hemmungen, haben Versuche auf diesem Gebiet, die diese beeinflussenden Kräfte meist nicht zu berücksichtigen imstande sind, nur sehr bedingte oder keinerlei Beweiskraft. Diese Feststellung wollen wir uns für den Gebrauch des Hundes merken, auch gegenüber der häufiger aufgestellten Behauptung von der Unfähigkeit des Hundes empfangene Sinneseindrücke in bestimmtem Sinne zu verwerten.

Unter den Sinnen steht die Nase an der Spitze. Die Merkwelt des Hundes ist nach v. Uexküll vorherrschend von Geruchswahrnehmungen beherrscht, oder kürzer gesagt: der Hund denkt über die Nase. Der Geruchssinn, die „Nase", ist der Grundsinn, der am stärksten entwickelte Sinn des Hundes, mit dem er nötigenfalls Wahrnehmungen nachprüft, die ihm von den anderen Sinnen zugetragen werden. Das Überwiegen des Geruchssinns wird verständlich, wenn man erfährt, daß bei einem Jagdhunde die Nasenschleimhaut, in die die Geruchsnerven ausstrahlen, eine so große Fläche einnimmt, daß sie, auseinandergebreitet und in all ihren Falten auseinandergezogen, den ganzen Körper des Hundes bedecken würde. Gilt das eben über die Größe der Nasenschleimhaut gesagte auch für einen Jagdhund mit breitem Nasenrücken, so schafft beim Schäferhunde, dessen Kopf nach vorn spitzer verläuft, wie beim Wildhunde, die größere Streckung des Gesichtsteiles entsprechenden Ausgleich; zudem sitzen die Riechzellen im oberen Teil der Nasenschleimhaut. Auch wollen wir uns wieder vorhalten, daß Schäfer- und Jagdhunde aus einer Wurzel, dem C. Poutiatini, kommen.

Man bezeichnet die Tiere, je nach dem Grundsinn, auf dem ihr Wesen sich aufbaut, wohl als Nasen-, Augen- usw. Tiere. Diese Einteilung stammt übrigens nicht vom Dr. Zell her, sondern ist zuerst 1831 von Oken aufgebracht, später auch vom alten Brehm gebraucht worden. Zell hat diesen Okenschen Gedanken nur dahin auszubauen versucht, daß die Natur einem Tier nicht zwei hochentwickelte Sinne gäbe, daß vielmehr immer nur ein Sinn gut, die anderen dagegen nur mäßig entwickelt seien. Übrigens hatte auch Goethe schon ähnliches beobachtet, sagt er doch in seiner „Metamorphose der Tierwelt":

„Siehst du also dem einen Geschöpf besonderen Vorzug
Irgend gegönnt, so frage nur gleich, wo leidet es etwa
Mangel anderswo, und suche mit forschendem Geiste,
Finden wirst du sogleich zu aller Bildung den Schlüssel."

Seinem, in solcher Schärfe unzutreffenden Gedanken zuliebe versteift Zell sich dann aber auf die unhaltbare Behauptung, unser Schäferhund hätte keine Nase, weil er gut sieht. Auch das eine Folge des verfehlten Beginnens, Lehrmeinungen über Tatsachen zu stellen! Der Grundsinn unseres Schäferhundes ist wie der jedes anderen Hundes, der Geruchssinn; er ist der höchstentwickelte unter seinen anderen, zum Teil

254

auch ſehr ſcharfen Sinnen. Es war nötig, hier auf dieſen Punkt einzu=
gehen, weil die Zellſchen Schriften in Laienkreiſen ziemlich verbreitet
ſind, alſo Irrtümer über die Leiſtungsfähigkeit der Schäferhundnaſe
herbeiführen könnten.

Der Geruchsſinn, oder das Witterungsvermögen, iſt nach
Dr. Staby ein chemiſcher Sinn, das „chemiſche Unterſuchungsamt
des Tieres“. Im Gegenſatz zu den auf Licht= und Schallwellen beruhen=
den, Auge und Ohr treffenden Erſcheinungen, iſt der Geruch an feſte,
flüſſige oder gasförmige Stoffe gebunden. Die Riechſtoffe, meiſt gas=
förmige, bisweilen wohl auch kleinſte, vom Winde getriebene feſte
Teilchen, werden der Naſe durch die Luft zugeführt: Luftſtrömung
oder Strahlung. Im Naſeninnern gibt es einzelne Stellen, die Riech=
flecken, zu denen die Geruchsnerven in großer Zahl hinführen. Wie die
Riechſtoffe auf dieſe Flecken wirken, iſt noch nicht bekannt, doch iſt an=
zunehmen, daß die in die Naſe gelangten ſich in der das Naſeninnere
auskleidenden feuchten Schleimhaut auflöſen und ſo einen Reiz auf
den Geruchsnerven ausüben. Alle gut witternden Tiere haben daher
ſtets eine feuchte Naſe; fühlt ſich die Naſe von außen trocken an — lang=
dauernder Aufenthalt, namentlich Arbeit in ſehr trockener Luft, Er=
kältungs= und fieberhafte Erkrankungen, ſchon die Steigerung der Blut=
wärme nach ſchweren Mahlzeiten (Verdauungsfieber), bei Hündinnen
Brunſtvorgänge können das bewirken —, läßt die Empfindlichkeit für
Geruchswahrnehmungen mehr oder minder nach.

Erkennen wir „Augentiere“ einen Gegenſtand nicht deutlich genug,
ſo „faſſen wir ihn ſchärfer ins Auge“. Der Hund dagegen zieht, will er
ſich größere Klarheit verſchaffen, in kurzen, ſchnellen Rucken Luft ein,
um ſein Naſeninneres ſtärker mit den Witterungsſtoffen zu ſättigen;
dabei wird ebenſo kurz ſtoßweiſe ausgeatmet, um einzelne eingedrungene
Staubteilchen und ähnliches auszublaſen. Größeren Staubmengen und
dem Eindringen ſcharfer und beißender Gerüche begegnet der Hund mit
Nießen, unſer Auge mit Tränen. Und wie unſer Auge dauernd in
Bewegung iſt, um uns über alle Vorgänge in unſerer Umwelt zu unter=
richten, ſo des Hundes Naſenmuſcheln, die in fortwährendem Spiel die
in der Luft ſchwebenden Düfte aufnehmen und ſie dem Naſeninnern
zuführen. Erregt eine ſo zugetragene Witterung des Hundes Anteilnahme,
ſo wirft er den Kopf auf und windet in der Richtung der Luftſtrömung;
bei am Boden anſtehender, von dort ausſtrahlender Witterung nähert
er ſeine Naſe dem Boden, um beſſer wittern zu können, genau wie wir,
um ſchärfer zu ſehen, unſer Auge dem Gegenſtande näher bringen.
Und wie ein ermüdeter Menſch, deſſen Auge dem Gehirn zu viele Sinnes=
eindrücke zugeführt hat, in ſeiner Aufnahmefähigkeit nachläßt, nicht
mehr ſcharf nachdenken, das Geſehene nicht mehr verarbeiten kann, ſo
geht es auch dem überanſtrengten Hunde: ſeine Naſe läßt nach, er ver=
ſagt ganz oder teilweſe in Arbeitsleiſtungen, die auf Naſentätigkeit
und deren Auswertung beruhen.

„Naſe“, d. h. Geruchsſinn, hat jeder Hund. Ohne ſie könnte er ſich
gar nicht am Leben erhalten — Saugwelpen, denen der Geruchsnerv zer=
ſchnitten wurde, fanden ſich nicht wieder ans Geſäuge —, könnte er ſich
nicht fortpflanzen. Ein anderes aber iſt es, wie der Hund die Naſe für

seine, wie er sie aber für unsere Zwecke zu verwerten versteht. Darum, und weil wir Menschen uns im allgemeinen nur ein sehr ungenügendes Bild über solch Erkennen und Denken durch die Nase machen können, fällt uns die Beurteilung der Fähigkeit und der Tätigkeit der Hunde= nase sehr schwer, zumal jene, wie wir sahen, von allerlei, teils im, teils außerhalb des Hundes liegenden Einflüssen abhängig ist, über die wir auch nur ungenügend unterrichtet sind. So haben wir heute noch keine sicheren Anhaltspunkte, über welche Entfernung hin ein Hund winden kann; ja, wir werden wohl nie dazu kommen, weil das, wie schon durch das Wort ausgedrückt, vom Winde, also nicht bloß von der Richtung, sondern auch von der Stärke der Luftströmung abhängig ist. Ähnlich liegt es bezüglich der Frage, wie alt eine Witterung werden darf, um von der Hundenase noch aufgenommen werden zu können. Hier sprechen Bodenart und =begehung, Bodenbenützung und =bearbeitung, eintreten= denfalls auch Bodenbedeckung und =düngung mit, ferner Feuchtigkeits= gehalt der Luft und des Untergrundes, Luftdruck, Wind, Wetter und Tageszeit. In einem Fall — O. Bühring=Cattensen, Othmar von der Ricklingenburg 65286 — wurde ermittelt, daß ein Hund über 320 m Entfernung aus der ihm zugetragenen Witterung das Herankommen eines Bekannten erkannte; ob das aber nicht noch viel zu kurz, ob nicht bei anderen Bodenverhältnissen und günstigerem Winde die Entfernung noch größer sein könnte, wissen wir nicht. Wie „Wild und Hund" be= richtet, haben Jagdhunde mehrfach auf 2—300 m Hühner ange= zogen, deren Luftrichtung steht aber nicht so hoch, breitet sich daher auch nicht so aus wie die eines aufrechten Menschen. Und wenn Hunde auf 10, 12 Stunden alter, zum Teil noch erheblich älterer Spur sicher arbeiten, die ihnen gestellte Aufgabe erfüllen, so wissen wir gleichfalls nicht, ob sie damit schon an der Grenze ihres Könnens angelangt sind. Wir wissen auch vor allem nicht, ob in Fällen, wo Hunde bei der Spurarbeit versagen, selbst auf frischer Spur, der Hund die Schuld trägt, und seine Nase; oder aber der Mensch, der ihn falsch ansetzte oder falsch abrichtete, oder schließlich nicht beurteilen konnte, ob der Hund in diesem Fall überhaupt mit der Nase arbeiten, also suchen konnte. Wir heutigen Menschen stehen allen auf dem Geruchssinn fußenden Leistungen des Tieres schon deshalb so begriffsstützig gegenüber, weil wir diesen, bei uns ohnehin wohl nie sehr hochentwickelten Sinn gewissermaßen außer Dienst gestellt haben. Das bedeutet in vielen Fällen eine Wohltat; wer noch eine feine Nase hat, weiß, welche Qualen sie bereiten kann. Immer= hin gibt es auch unter uns „Kulturträgern" noch Leute mit guter Natur= nase. Die wirkt, vielleicht unbewußt, bei Zu= und Abneigungen, läßt uns Kranken= und Krankheitsgeruch erkennen und muß beim Ausproben von Lebensmitteln die Zunge unterstützen. Naturvölker prüfen mit der Nase nach, ob Erdbauten frisch von der gesuchten Beute befahren sind; in Breslau gab es im vorigen Jahrhundert einen „Diebesriecher", der Verbrecher roch und, wie ein Polizeihund, mit der Nase überführte. Und aus einem Blindenheim wurde mir berichtet, daß die Kinder ihren Lehrer am Geruch erkennen; dort hat also, wie beim „Nasentier", der Geruchssinn die Aufgaben des ausfallenden Gesichtssinnes übernommen. Beim Menschen nimmt das Wahrnehmungsvermögen für ein und denselben Geruchseindruck sehr rasch ab; das ist für uns ein Glück, sonst könnten wir es in einem geschlossenen Raum vor Gestank nicht aushalten. Ob das beim Hunde ähnlich ist, wissen wir nicht; ich möchte es aber bezweifeln und annehmen, daß die Hundenase die ihr zuströmen= den Duftwellen stets in voller Stärke empfindet, wie wir, ohne daß die Augenschärfe nachläßt, das gleiche Bild betrachten können. Ebenso wie wir uns im Geiste ein Bild von etwas Geschautem machen können, wird der Hund dazu in Bezug auf Gerochenes in der Lage sein, während wir uns umgekehrt Gerüche nicht vorstellen, ja sie kaum näher beschreiben können; Sinnestäuschungen bei geistiger Erkrankung betreffen ja bei uns auch nur sehr selten Geruchswahrnehmungen.

Dr. Fr. Schmidt hat in zahlreichen, unter schärfster Selbstprüfung gemachten Versuchen mit verschiedenen Hunden — Wächter von Sonder= moning 2474 Ph und Nixe von Stralsund 5233 Ph — geradezu fabel= hafte Feststellungen über die Sicherheit des Nasengedächtnisses von Hunden gemacht. So hat er beispielsweise seinen Hund in seinem Zimmer, also an einem Ort, der seine Witterung tausendfältig trug, von ihm versteckte Gegenstände suchen lassen, an denen der Hund vorm Versuch nur kurz Witterung erhalten hatte, die er aber unter diesen Umständen nur an ihrem Eigengeruch herausfinden konnte*). Nasen= gedächtnis ist es auch, wenn ein Hund nach längerer Zeit seinen Herrn wiedererkennt; der altvertraute Geruch löst dann Erinnerungsbilder in ihm aus. Schon den alten Griechen war dies Wiedererkennen ge= läufig. Homer berichtet, daß den nach zwanzig Jahren Krieg und Irrfahrt endlich heimfindenden Odysseus nur sein alter Hund wieder= erkannt habe. Und wenn das Ganze auch nur dichterische Sagen= zusammenstellung und die zwanzig Jahre sicher, schon des Hundes wegen, zu hoch gegriffen sind, so ist das Erwähnen dieses Erkennens bei der Zuverlässigkeit Homers in Tierschilderungen doch ein Beleg dafür, daß solche Möglichkeit schon damals allgemein bekannt war. Ähnliche Beobachtungen wird ja auch jeder Hundefreund schon gemacht haben.

Mit der Nase überprüft der Hund Sinneseindrücke, die von einem anderen seiner Sinne empfangen wurden. Hat das Ohr ihm ein Ge= räusch zugetragen, so wendet er den Kopf dorthin, um möglichst auch Witterung zu bekommen; wir wenden ja auch den Kopf in der Richtung des Gehörten, um mit dem Auge nachzuprüfen. Das weiter oben erwähnte Kinderspielzeug wird zunächst mit dem Auge entdeckt, die Nase aber muß feststellen, ob es sich um lebendiges oder lebloses, um harmloses oder verdächtiges handelt. Einen sehr hübschen Beleg für diese Nachprüfungsaufgabe des Hauptsinns lieferte mir meine Kriegs= hell'. Von meinen Wohnräumen in der Kommandantur führte ein dunkler Gang zu den Geschäftszimmern. Eines Tages, als ich ihn benützte, fiel durch das Schlüsselloch der Tür zu einem Nebenraum ein scharfer Strahl der schon tief stehenden Sonne in das Dunkel des Ganges und malte einen hellen, etwa talergroßen Kringel an die jenseitige Wand. Die mir vorauslaufende Hündin stutzte über den ihr unbekannten hellen Fleck,

*) Siehe auch Verbrecherspur und Polizeihund von Dr. Fr. Schmidt (Verlag des Vereins für deutsche Schäferhunde (SV.) 1910); Näheres s. Anzeigen= beilage.

lief zu ihm hin, beschnüffelte ihn, erklärte ihn für unverdächtig und ging weiter ihres Weges. Beim Witterungnehmen steckte diese Hündin, die nebenbei eine ganz vortreffliche Nase hatte, die Nase am liebsten und im wahrsten Sinne des Worts in alle Dinge hinein. War sie von mir getrennt, fand mich dann im Zimmer, stupste sie mich an oder in die Hand, um sich zu melden und um zu schmecken, ob das auch bestimmt der richtige Mann sei. So erst recht, wenn sie mich draußen unter mehreren herausfinden mußte. Auge und Ohr gaben wohl die allgemeinen Richtungslinien, die Nasenprobe aber erst die Gewißheit, das Erkennen. So tat sie auch am Wagen und beim Pferd; mochte der Wagen nun allein auf der Straße fahren oder in geschlossenem Zuge, stets nahm sie, wenn sie sich nach einem Abschweifen zu ihm zurückfand, Obervitterung, um sich zu überzeugen, daß ich drin saß, begnügte sich nicht mit der Adjutantenseite. Ritt ich allein oder mit anderen, oder gar durch weidende Pferde, stets holte sie sich, wenn sie nicht hinter mir geblieben war, bei der Rückkehr Oberwind möglichst dicht unterm Pferdeschweif, was ihr manch heftiges Abwinken settens des Pferdes eintrug, vor dem sie sich aber immer geschickt zu ducken wußte.

Wenn Hunde sich zuerst in einem Spiegel sehen, stutzen sie zunächst, prüfen dann aber sofort mit der Nase nach, ob das Augenbild Täuschung war, blicken wohl auch, wenn es zu machen geht, noch hinter den Spiegel und wenden sich dann verachtungsvoll ab. Nur bei einem Jährling, Frodo von Grafrath 49997, der zum erstenmal ins Zimmer und vor einen schräg an der Wand hängenden Spiegel kam, sah ich, daß er den „fremden Hund" durch Ziffen, Rutenwedeln und Niederducken zum Spiel auffordern wollte. Einer meiner Angehörigen betrat einst zur Karnevalszeit mit einer Gesichtsmaske bedeckt mein Zimmer und wurde sofort wütend von Audifax angefallen, der zum Glück beim Aufrichten den wohlvertrauten Geruch wahrnahm, nun sofort abließ und seinen Irrtum durch doppelte Freudenbeteuerungen gutmachen wollte. Ich selbst bin oft genug von meinen Hunden, wenn ich bei Gegenwind in ungewohnter Stadtkleidung, etwa im Mantel, heimkehrte, scharf angebellt und fast gestellt worden. Das fremde Aussehen überwog den bekannten Schritt, erst beim Näherherankommen, etwa auf 15—20 Schritt, wurden die Wächter stutzig, gaben vorn wohl noch wie fragend Laut, wedelten hinten aber schon zaghafte Begrüßung; aber erst, wenn sie mich in die Nase bekamen, oder meine Stimme hörten, war der Bann gebrochen, kam die Freude voll zum Ausdruck. Schlaue Hunde verstehen in solchen Fällen auch sehr wohl durch Schlagen eines Bogens sich guten Wind zu holen.

Auch während des Schlafs behält die Nase, ebenso wie das Ohr, ihre Wächterrolle bei. Der „Kosmos" berichtete seinerzeit über Versuche, die in Deutschsüdwestafrika mit ermüdeten, festschlafenden Hunden gemacht wurden, an denen unter Wind Raubzeug, auf dessen Jagd sie eingeübt, vorbeigetragen wurde. Sofort sprangen sie abwehr- und kampfbereit auf, während sie fest weitergeschlafen hatten, als ihnen in gleicher Weise die Witterung von Friedtieren zugeführt worden war.

In dem vor ihm aufgeschlagenen Buch der Natur vermag der Huud mit Hilfe seines Geruchssinns zu lesen, wie wir mit den Augen. An-

ſtehende Boden= und zugetragene Luftwitterung unterrichten ihn
dauernd über alles, was um ihn vorgeht und — ein Vorteil gegenüber
dem Auge! — was vor einer zwar zeitlich beſchränkten, immerhin aber
doch verhältnismäßig langen Friſt an dieſer Stelle vorgegangen iſt.
Das iſt für das Raubtier, das ſeine Beute aufſpüren und verfolgen muß,
eine ſehr große Hilfe, zumal ihm die aufgeſtöberte Spur noch mehr
verrät. Sie gibt ihm — nehmen wir an, es handle ſich um die Spur
eines Beutetieres — Aufſchluß über die Art des Tieres und über ſein
ungefähres Alter, ſie ſagt ihm ferner, ob es ſich um ein vollgeſundes
oder etwa ein verwundetes oder krankes Tier handelt — das dann
leichter zu erjagen iſt — und ſie zeigt ſchließlich die Richtung an, die die
Beute genommen hat. Stöbert ein Hund eine Spur auf, ſei es Wild=,
ſei es Menſchenſpur, oder wird er auf eine ſolche geſetzt, nicht am Aus=
gangspunkt, ſondern mitten auf die Spurſtrecke, ſo wird er, nach kurzem
Prüfen der Spur in ihrer Richtung zum Ziel, nicht aber in der zum Aus=
gangspunkt folgen. Für ein Tier, das ſich ſeine Beute auf der Spur
ausarbeiten muß, iſt das eine ſelbſtverſtändliche Notwendigkeit, ich finde
aber keine andere Erklärung dafür als folgende: jedes auf dem Boden
vorwärts ſchreitende, laufende, ſpringende oder hüpfende Tier, ebenſo
der Menſch, drückt beim Aufheben des Beins oder Laufs, um dem Körper
mehr Schwung nach vorwärts zu geben, den vorderen Teil des Fußes,
der Pfote, der Klaue oder des Hufes feſter auf den Boden auf; das läßt
ſich auf weichem Boden bei Tier= wie Menſchenſpuren gut erkennen. Die
Fußſpitze bleibt alſo in längerer und innigerer Berührung mit dem Boden
als der rückwärtige Teil des Fußes, die Witterung wird daher an der,
in der Bewegungsrichtung liegenden Spitze eines Fußtrittes ſtärker
anſtehen als an deſſen Ende. Aus dieſem: ſchwach=ſtark . . . .
ſchwach=ſtark . . . . uſw. bei mehreren Tritten ergibt ſich dann für
den mit der Naſe dicht am Boden ſpürenden Huud die Bewegungs=
richtung des Spurlegers.
      Das Spüren mit tiefer Naſe, dicht am Boden — langſam und taſtend,
wenn die Witterung ſchwach, flotter, wenn ſie gut anſteht —, iſt die
ur= und eigentümliche Suche des Hundes. Einen ſo arbeitenden Hund
nennen wir einen Fährtenzieher im Gegenſatz zum Hochwind=
ſucher. Als Fährtenzieher ſucht der ſtöbernde Wildhund auf dem Boden
nach der Spur eines Beutetieres, folgt der jagende der gefundenen
Witterung. Gegebenenfalls nimmt er dabei auch Hochwind, namentlich
wenn er auf größere Beute jagt und in deren Nähe kommt oder wenn
ihm in freiem Gelände Luftwitterung zugetragen wird, ja Großwild
jagt er zuletzt mit dem Auge. Unſer heutiger Hochwindſucher, der vor=
ſtehende Jagdhund, iſt ein Ergebnis menſchlicher Züchtungskunſt, aus
Uranlagen des Hundes ebenſo entwickelt wie unſer Schäferhund. Wie
ein Schäferhund Leithundarbeit, die ſchwierigſte aller Suchen verrichtete,
habe ich weiter oben ſchon Hermann Löns ſchildern laſſen; daß er es
kann, iſt Beweis ſeiner hervorragenden Naſe!
      Da wir gerade bei der Schäferhundnaſe ſind, ſei hier noch zum
Gedächtnis feſtgenagelt, was ein toll gewordener franzöſiſcher Gelehrter
im Weltkriege über das „deutſche Scheuſal" geſchrieben hat. Laut „Täg=
licher Rundſchau" hat Prof. Edgard Bérillon, ärztlicher General=

inspektor der französischen Irrenanstalten, in einer „Psychologie der deutschen Rasse auf Grund objektiver Befunde" über uns u. a. folgendes veröffentlicht: „Die Ohren der Deutschen haben die Form in die Länge gezogener Hörner, sie sind abstehend und wie die Ohren der Wölfe und Füchse in die Höhe gestellt. Ihre Nase zeigt die Merkmale der Nase von Schäferhunden, ohne daß sie deren Witterungs= vermögen besäßen ....." Merk dir's, Deutscher!

Nächst dem Geruch ist wohl das Gehör der schärfste Sinn des Hundes. Über das seine Unterscheidungsvermögen für Ton und Klang= färbung habe ich oben schon berichtet, aber auch das Wahrnehmungs= vermögen für leise und entfernte Geräusche ist sehr groß. Es ist unzweifel= haft, daß unser stehohriger Hund, der seine Schalltrichter nach allen Richtungen hin spielen lassen kann, ein sehr viel schärferes Wahr= nehmungsvermögen haben muß, als ein Hund mit überhängend ge= tragenen, die Ohröffnung verdeckenden Behängen. Auch das Gehör ist, wie alle Sinnesempfindungen, bei den Einzeltieren zu verschiedener Schärfe entwickelt; es läßt zudem, wie das Auge, mit zunehmendem Alter nach. Manche Hunde sind gegen Musik empfindlich und begleiten sie mit lautem Geheul. Ich nehme an, daß weniger der Wunsch zur Mitbetätigung als Schmerz die Veranlassung dazu ist, hauptsächlich veranlaßt durch hohe Töne, schreiende Tonverbindungen und die sich aufs Trommelfell legenden Schallwellen der Blaszeuge. Meine der= zeitige Hündin ist unempfindlich und gleichgültig gegenüber Gesang und Klavierspiel, sobald meine Frau im Übermut aber eine meiner alten Reitertrompeten von der Wand nimmt und darauf zu blasen versucht, bittet Hell' schmerzvoll klagend um Schonung. Der unver= meidlichen Spielwalze gegenüber habe ich bei Wiedergabe von Musik= oder Gesangsstücken nichts auffallendes an meinen Hunden beobachten können. Dagegen verbellte ein neueingestellter den Trichter, als ihm beim ersten Versuch ein Sprechstück daraus entgegentönte; die Sache, eine Stimme ohne Mann, fand er ordnungswidrig.

Der Gesichtssinn gilt beim Hunde allgemein als der schwächst= entwickelte der drei Hauptsinne, ist aber keineswegs schwach. Nach Berlin sind die Hunde meist weitsichtig, sehen daher in der Nähe schlecht, in der Ferne aber gut. Das wird jeder Schäferhundhalter bestäti= gen können, zumal soweit es sich um Sehen sich bewegender Gegenstände handelt. Meine jetzige Hündin erkannte ein auf den Baum huschendes Eichhorn auf 30 m und zwar mit den Augen; der Wind ging in anderer Richtung. Meine Kriegs=Hell' sah auf der Straße laufende Katzen über 40 m und mehr., einen kleinen weißen Foxer, der uns auf dem Felde entgegenkam, über 150 m. Daß ein Meldehund eine Gruppe von Leuten, unter denen er seinen Herrn vermuten konnte, auf gut 400 m anzog, habe ich selbst beobachtet. Ein zuverlässiger Diensthundführer, Sens= Mügeln, gab sogar das Doppelte dieser Strecke für die Entfernung an, über die ihn seine Cenzi vom Klösterlein 11151 Ph auf einen sich bückenden und wieder aufrichtenden Kartoffeldieb aufmerksam machte; fraglich scheint mir, ob da nicht die Nase mitgewirkt hat. Dagegen er= kannte meine Kriegshündin auf etwa 2 m eine ruhig hinterm geschlossenen Fenster liegende Katze nicht, auch nicht, als ich sie darauf aufmerksam machte und vor das nur etwa 1 m über der Erde liegende Fenster führte. Als die Katze aber eine Bewegung machte, hatte sie sie sofort heraus und wollte sich darauf stürzen. Das bestätigt die alte Jägererfahrung, daß auch scharf äugendes Wild den still stehenden Jäger nicht erkennt, ihn bisweilen bis auf wenige Schritte anläuft. Staby erklärt das wie folgt: Mensch und Affe haben nach vorn gerichtete Augen mit zum größten Teil gemeinsamen Gesichtsfeld, können deshalb körperlich sehen, Ent= fernungen schätzen und, ohne den Kopf selbst zu bewegen, nur durch Bewegung der Augen unter verschiedenen Gesichtswinkeln sehen. Die Tiere mit seitwärts gerichteten Augen, d. h. die Mehrzahl, haben zwar durch diese Augenstellung außerordentlich weiten Umblick, sehen aber, da sich die Gesichtsfelder beider Augen nur zum kleinsten Teil decken, nicht so körperlich wie wir, worunter das Erkennen und das Einschätzen von Entfernungen leidet, während sie uns im Bewegungssehen über= treffen. Bei den Hunden stehen die Augen zwar nicht so scharf seitwärts wie beim Haarwild z. B., infolge fehlender Augenmuskeln sei aber auch bei ihnen das Schätzen von Entfernungen beschränkt. Dem scheint mir aber doch die Erfahrung zu widersprechen, wenigstens zeigen Hunde wie Wildhunde beim Jagen und Überwältigen der Beute, beim Laufen und Springen, kurz bei jeder Bewegung, daß sie die Entfernungen sehr gut zu schätzen, ihren Sprung danach einzurichten wissen. Im übrigen müssen wir bei jeder Beurteilung des Gesichtssinns unserer Hunde berücksichtigen, daß das Tier, dessen Augen sich in einer Höhe von nur rund 60 cm über dem Erdboden befinden, an und für sich schon ein sehr viel geringeres Gesichtsfeld hat als der stehende Mensch mit einer Durchschnittsaugenhöhe von 1,55—1,70 m; auch daß dies ge= ringere Gesichtsfeld dann durch die Bodenbedeckung meist noch mehr eingeschränkt wird.

Edinger berichtet, daß seine Hündin Leute auf der Straße auf 30—40 m erkannt habe. Nach meinen Beobachtungen ist die Fähigkeit zum Erkennen durch das Auge allein — also ohne Unterstützung von Nase oder Ohr — wesentlich geringer; oder es muß durch die Um= stände begünstigt werden; vertraute Umgebung, innerhalb deren der Erkannte sich zu bewegen pflegt, unterstützt vielleicht noch durch bekannte oder aufmunternde Bewegungen. Und auch dann dürfte zum Schluß noch die Nase zur endgültigen Bestätigung herangezogen werden oder beigetragen haben.

In einem Punkt übertrifft das Gesicht der Hunde jedenfalls das des Menschen: im Sehen bei Dunkelheit. Man beobachte nur einmal unsere Hunde, mit welcher Sicherheit sie auch in dunkler Nacht durch Wald und Busch jagen, ohne anzustoßen oder sich zu verletzen. Die Pupillen des Hundes vergrößern sich auch im Dunkeln ganz auffallend, drängen die Regenbogenhaut auf einen schmalen Spalt zusammen, reichen fast bis zum Augenrand und lassen das Auge viel dunkler als am Tage erscheinen. Die Fähigkeit zum besseren Sehen im Dunkeln verdanken die Hunde, wie viele Nachttiere, einer dünnen, weißglänzenden und spiegelnden Schicht hinter der Netzhaut, die alles einfallende Licht zurückwirft und auf diese Weise die Wirkung des Lichts bedeutend ver= stärkt. Diese Schicht, das Tapet, ruft auch das Glühen der Augen im

Dunkeln hervor, wie es einige Katzen- und Hundearten besonders stark zeigen; namentlich der Wolf, dessen Seher in der Nacht wie glühende Kohlen leuchten. Das kann man ja auch bei unserem Schäferhunde beobachten, freilich nicht im stockfinsteren Raum. Eine Lichtquelle, deren Strahlen zurückzuwerfen sind, muß vorhanden sein; je schwächer sie selbst, um so schwächer auch das Leuchten der Augen. Diese, früher unerklärliche Erscheinung gab sicher auch den Anlaß für die an vielen Orten verbreiteten Sagen von Gespensterhunden mit großen feurigen Augen, die nächtliche Wanderer schreckten. Es waren harmlose streunende Hunde, gelegentlich wohl auch Wildhunde, deren Augen das Licht des Mouds, einer entfernten Wohnstätte mit beleuchteten Fenstern, oder der Fackel oder Laterne des Wanderers zurückstrahlten. Schrak der zurück, so prellten sie nach Hundeart nach, natürlich mit „schauerlichem Bellen" und verstärkten so den Gespensterschreck.

Vom Gefühl oder Tastsinn unserer Hunde wissen wir wenig, eigentlich gar nichts. Die Schnurr- oder Tasthaare, wie nächtliche Schlüpfer und Schleicher sie zum Ausproben der Durchlaßfähigkeit von schmalen Öffnungen brauchen, sind bei unserem Hunde nur schwach ausgebildet. Im übrigen ist, wie beim Menschen, die Empfindlichkeit gegenüber äußeren Reizen recht verschieden. Den einen bringt der Floh beim Nachbarn schon zum Rasen, der andere wieder läßt sich selbst durch Marschübungen im geschlossenen Flohverbande kaum aus seiner Ruhe stören. Überempfindlichkeit, immer ein Zeichen schlechter Nerven, taugt jedenfalls für unseren Hund nicht; im Dienst darf ihn weder das Krabbeln von Flöhen, noch das Jucken von Würmern im After, noch das Surren von allerlei fliegendem Geschmeiß von Aufmerksamkeit und Pflichterfüllung ablenken.

Auch mit dem Geschmack dürfte es beim Raubtiernachkommen, der seine Beute schnell und in großen Stücken zu schlingen gewohnt ist, nicht allzu weit her sein. Wie bei uns das Auge, wirkt beim Hunde der Geruchssinn anregend auf den Geschmack ein; riecht er ihm zusagende Speise, läuft auch ihm das Wasser im Munde zusammen. Er zieht dann Geschmacksfäden, die aber beim Schäferhunde mit seinen festen, geschlossenen Lippen nicht wie bei großlefzigen Rassen aus den Fang triefen. Fleisch in jederlei Form, auch als verwesendes oder gar schon „verdautes", gibt den größten Geschmacksreiz und braucht nicht einmal Fleisch von Warmblütern zu sein; an einem Knochen, und mag er noch so ausgebleicht sein, wird wohl kein Hund vorübergehen. Manche fressen sehr gerne Obst; ebenfalls Wildhunderbe. Zur Kirschenzeit liegen meine Hunde mit Vorliebe unter den Kirschbäumen und warten auf die Kirschen, die Häher oder Staare fallen lassen; Pflaumen und süße Birnen sind ebenfalls stets begehrt, meine jetzige Hündin frißt aber auch alle Apfelschalen und die sind in diesem Jahr aller bösen Dinge gar nicht süß geraten; und sie tut es nicht aus Not, schmaler Schmachfriedenskost wegen, sondern dickgefressen zum Nachtisch.

Im übrigen ist der Hund als Haustier zum Allesfresser geworden, der sich an jede Menschenkost gewöhnte. Da wir ihm in dieser sicher manches nicht bieten, dessen er zu innerem Wohlbefinden bedarf, holt er sich, auch sattgefüttert, diese Stoffe in unbewußt dunklem Drange

262

selbst und zeigt dabei uns unbegreiflich und abstoßend erscheinende
Geschmacksverirrungen. Er frißt mit Rumpf und Stumpf, mit Haut,
Haar und Knochen, was ihm seine Niederjagd einbringt — meine hell'
jedes Eichhorn, warm wie es vom Baum fällt —, um sich frisches Blut
mit seinen Salzen zuzuführen, geht an verwesende Stücke auf dem Abfall=
haufen, verschmäht selbst Aas nicht, nimmt zu Zeiten Menschen= wie
Tierkot auf und trinkt ohne Wahl, aber auch Gefahr, aus frischer klarer
Quelle ebenso gern wie aus trüber oder stinkender Lache. Alte Knochen,
angegangenes Fleisch, Aas, Tier= und Menschenkot war schon Wildhund=
kost. Nicht jeder Jagdtag war auch Fangtag, Hunger aber tut weh
und lehrt zu Ersatzstoffen greifen. Das haben ja auch wir Deutsche
in den fünf Jahren der kindermordenden Schmachhungersperre durch
den Feindbund lernen müssen! Bei und nach der Einzähmung blieb
der Haushund im allgemeinen seinem Wildhundspeisezettel treu; schlecht
gehaltene Hunde, namentlich die halb= oder ganz herrenlosen Straßen=
hunde im Morgenlande nähren sich noch heute in ähnlicher Weise
durch Vertilgen herumliegender Reste. Sie sind dadurch, im Verein mit
den Geiern, zu ganz nützlichen Straßenreinigern und zu einer Art
städtischer Gesundheitspolizei geworden. Freilich fressen sie nicht bloß,
sie verdauen leider auch, und recht lebhaft; und das bleibt dann
liegen. Daher ist Sauberkeit und Wohlgeruch morgenländischer Straßen
trotz aller Hundehilfe doch einigermaßen fragwürdig! Faulende Stoffe
mag der Hund zur Beschleunigung der Verdauung nötig haben, auch
Kot wird so wirken, oder mangelnde Fleischkost und Salze ersetzen
sollen. Trockener Pferdemist wird wohl ebenso wie Gras, Holzwolle,
Matratzenfüllung und ähnliche Stoffe zur inneren Reinigung des Magens
und der Därme „eingenommen", d. h. zum Entfernen von als drückend
oder schädlich empfundenem Inhalt, von Knochen, auch Würmern.
Erbrechen folgt meist sehr schnell darauf. Von einzelnen Hunden werden
noch verwertbar erscheinende Nahrungsreste unter dem Herausgewürgten
wieder aufgenommen. Im allgemeinen sind gesunde und vernünftig
gehaltene Hunde gute Fresser. Ist es einer nicht, so ist er krank; leidet
meist an Verdauungsstörungen, an Würmern oder auch an den Zähnen.
Geht aber einer lauig ans Futter, sieht das schief an und fischt sich wähle=
risch nur ein paar gute Brocken heraus, so ist er durch verdrehte und un=
vernünftige Zucht und Haltung verdorben. Hunger ist da immer der
beste Koch; hilft der nicht, soll man solch verzärteltes, überfeinertes Tier
baldmöglichst „totschlagen", zu Zucht und Gebrauch taugt es doch nie.

Betrachten wir nunmehr die körperliche Leistungsfähigkeit
unserer Hunde, so sehen wir, daß auch die dank ihrem Werdegang, ihrer
natürlichen Entwicklung und ihrer Haltung und Verwendung sehr groß
ist. Der Schäferhund als Gebrauchshund führt kein bequemes Leben.
Harte Arbeit wird von ihm gefordert, unermüdlich muß er bei jedem
Wetter seine Pflicht erfüllen. Ob im Sonnenbrand auf schattenloser
Heide, ob auf kahlem Berghang, wo ihm keine Gelegenheit zum Löschen
des Durstes geboten. Dem Regenguß muß er standhalten, den Gewitter=
sturm über sich ergehen lassen, schließlich auf regenfeuchter Erde unterm
Schäferkarren sein Lager finden. Auch gegen Frost und Schnee muß
er unempfindlich sein. In vielen Gegenden Deutschlands, im Norden

wie im Süden, ist noch die Winterweide üblich. Ich kenne Schäfer, die im Winter kein Bund Trockenfutter verbrauchen, die selbst bei scharfem Frost von 15° C und mehr mit ihren Schafen nicht in den Stall kommen.

Abb. 2 8. Im weiten Gehüt.

Dann bleibt auch der Hund draußen und schläft nachts unterm Schäferkarren. Auch wo die Winterweide nicht allgemein üb= lich, werden die Scha= fe doch bis in den Spätherbst, ja bei günstigen Schneever= hältnissen bis in den Frühwinter hinein auf die Weide ge= trieben. Ein wetter= fester, Hitze wie Kälte trotzender Bursche muß unser Schäfer= hund somit sein. Und genügsam auch, denn Schäferkost ist dürftig.

Sein Beruf zwingt unseren Hund durch Busch und Dorn, über Gräben, Hecken und Hürden. Kein Hin= dernis darf ihm zu hoch, zu breit sein. Ein jedes muß er zu überwinden ver= stehen. Läßt es sich nicht überspringen, so muß es überklettert, durchwatet, durch= schwommen werden. Zur Zeit der Schaf= wäsche muß der Ge= brauchshund dreist auch ins tiefe Wasser gehen, er schwimmt zumeist auch gern und gut.

Über den harten Sturzacker muß unser Gebrauchshund laufen und über die stachelnde Stoppel. Dem scharfen Steingeröll auf der Bergweide darf er nicht ausweichen, nicht der Aufschotterung der Landwege. Das verlangt und schafft harte Sohlen, harte Hunde, die zu jeder Arbeit bereit. Die nicht

264

wehleidig im Graben liegen bleiben, wenn die wunden Sohlen schmerzen, wenn die Zunge am Gaumen klebt. Unermüdlich, pflichteifrig, immer aufmerksam, stets dienstbereit: so ist unser Schäferhund geartet! Das stets zur Arbeit bereite Wesen unseres Hundes unterstützt ein zur Arbeit fähiger Körper. Wir sahen im I. Abschnitt, daß der Schäfer= hund das zu Ausdauer und hohen Leistungen befähigende Traber= gebäude des Wildhundes besitzt, das durch sachdienliche Zucht in ver= schiedenen Punkten noch leistungsfähiger gestaltet ist.

Welche Strecken ein Huud bei der Herde im Laufe des Tages hinter sich bringt, ist leider noch nicht festgestellt. Meine Diensthündin im Felde machte hinter Pferd oder Wagen täglich meist ihre 30—40 km, kam gelegentlich auch erheblich höher und zeigte nie die geringste Müdig= keit, trotzdem sie nach Hundeart die Strecke ja meist doppelt zurücklegte und stets große Galoppbogen nach Krähen oder zu Erkundungszwecken einlegte. Auch mit dem scharf trabenden Pferde hielt sie auf lange

Abb. 209. Herold von der Hürde S3. 27001 HGH.

Strecken gleichen Schritt, ohne je in Galopp fallen zu müssen oder aus= gepumpt zu sein. Natürlich wurde dabei jede Gelegenheit zum Trinken wahrgenommen, die kam freilich bisweilen recht selten; dann schlappte sie aber nicht bloß, sondern schöpfte, wenn es die Wassertiefe zuließ, regelrecht mit offenem Fang durchs Wasser. Ähnliche Dauerleistungen von hinterm Rad folgenden Hunden sind mir bekannt. Dorm Magde= burger Preishüten im September 1919 war der neunjährige Herold von der Hürde 27001 HGH in stechender Sonne drei Stunden hinterm Rad gelaufen, machte dann frisch und voller Eifer das Hüten mit und mußte schließlich wieder seine drei Stündchen traben, um zu seinem Dienst zu kommen; das gute trockene Läufergebäude ist dem alten Herrn anzusehen.

Ebenso wie der Wolf nicht bloß ausdauernder Traber ist, sondern auch, etwa hinterm verfolgten Schlitten, einen scharfen und anhaltenden

265

Galopp anſchlägt, iſt auch unſer Schäferhund dazu in der Lage. Wer Gebäude und Gangwerk beurteilen kann, wird das bei der guten Winke= lung ſeiner Gliedmaßen und der geſchmeidigen Kraft aller ſeiner Be= wegungen nicht bezweifeln. Ich habe Meldehunde den Botengang über 4 km in 7 Minuten machen ſehen, dabei kämen unter Anrechnung eines kurzen Aufenthaltes beim Gegenführer 600 m auf die Minute; das iſt

Abb. 210. Im Waſſer.

ein ſcharfer Jagdgalopp. Ein anderer Hund machte 4 km zwar in 15 Mi= nuten, mußte aber auf dem Hin= und auf dem Rückwege über einen 50 m breiten reißenden Fluß ſchwimmen.

Auch im Springen und Klettern und in anderen Gewandtheits= übungen leiſten unſere Hunde vortreffliches. Hochſprünge über 1,50 m und mehr, Weitſprünge weit über das Doppelte ſind nichts ungewöhn=

liches; an rauhem Mauerwerk, selbst an glatten Brettern wissen sie bis zu 3 m hochzuspringen und zu klettern; und wenn einmal nur eine Dorderpfote auf der oberen Kante des Hindernisses gefaßt hat, dann kommt auch der ganze Hund nach und hinüber. Dank ihrer körperlichen Gewandtheit lassen sich Schäferhunde auch leicht zu allerlei „brotlosen Künsten" abrichten, sie verfolgen aber, wenn es drauf ankommt, einen Derbrecher auch auf der Leiter hinauf übers Dach oder steigen ihm,

Abb. 211. Hoch= und Weitsprung.

wenn sie nur im Ansprung die untere Astgabel erfassen können, geschickt von Ast zu Ast im Baume nach. Bei entsprechender Anleitung werden sie auch sichere Bergsteiger.

Manch braver Schäferhund hat auch schon Kinder, selbst Erwachsene vorm Tode des Ertrinkens gerettet. So Unke vom Lande 7425, die am

1. Juni 1909 das dreieinhalbjährige Söhnchen ihres Besitzers Br. Grei=
ner, Rochus bei Neiße, nach hartem Kampf und weit abgetrieben aus
den strudelnden Wassern der
hochgeschwollenen Neiße rettete.

Oder Odin von Nordalbingien
5444 des Obermaats Richter,
Kiel, der einen dem Ertrinken
nahen Kohlenfischer, dessen Boot
etwa 50 m vom Ufer gefen=
tert war, auf Befehl seines
Herrn ans Land brachte und
das Ufer mit dem Verun=
glückten früher erreichte, als es
Richter und anderen herbei=
eilenden gelungen war, ein
Boot freizumachen. Kaum hatte
der Hund sich am Lande etwas
erholt, als er sich wieder ins
Wasser stürzte, um auch noch
den kielober treibenden Kahn
zu holen. Aber nicht bloß Erde
und Wasser beherrschen unsere
Hunde, auch die Luft wollen
sie sich erobern: zur Bekämpfung
des Schieber= und Schmuggler=
tums werden neuerdings Poli=
zeihunde mit ihren Führern im
Flugzeug befördert, nachdem
schon im Weltkriege manch
treuer Hund mit seinem
Flugzeugführer oder Beob=
achter aufgestiegen.

Abb. 212. Sprung über einen Zaun von 1,50 m.

Die harte Veranlagung
unserer Hunde und ihre
zweckmäßige Körperdecke,
hartes Stockhaar mit dichter
Unterwolle, bringt es auch
mit sich, daß sie sich in allen
Gegenden und unter allen
Witterungsverhältnissen be=
haupten können. Je kälter
sie gehalten werden, desto
dichter und voller wird ihr
Pelz. Hunde, die auch im
Winter nicht in geheizte
Räume kommen das
schadet keinem Schäfer=
hunde, wenn er nur ein
trockenes, windgeschütztes

Abb. 213. Hoch= und Weitsprung über 3 m.

Lager hat! —, bekommen eine richtige Bauchmähne zum Schutz der sonst nur schwach behaarten Teile des Unterleibes. Gegen die wärmere Jahreszeit zu fällt die dichte Unterwolle zwar aus, wächst aber schnell, zunächst zu leichtem Flaum, wieder nach.

Die Unterwolle nun hält eine dünne Luftschicht über der Haut fest, die als schlechter Wärmeleiter den Hund gegen Wärmeverlust nach außen wie gegen zu große äußere Hitze schützt. Daher unsere Schäferhunde sich nach einer selbstverständlichen Übergangszeit, der Schwächlinge unter Umständen zum Opfer fallen, auch in heißen Ländern, unter trocken= wie feuchtheißer Witterung, einleben, fortpflanzen, dienstbrauchbar erweisen und auch ihre Nase behalten. Während des Weltkrieges waren unsere Meldehunde auch in Mazedonien eingesetzt und leisteten selbst dort vorzügliches; wer das aber kann, hat seinen Befähigungsnachweis für überallhin erbracht. Fliegeramtliche Messungen ergaben dort Wärmeschwankungen von − 25° im Winter bis zu + 63° C im Sommer; in der heißen Zeit gab es oft Wetterstürze von 30−40° bei plötzlich einsetzenden Sand= und Staubstürmen. Das Gelände ist, außer in den paar erweiterten Flußtälern, stark bergig, Kuppe an Kuppe, dazwischen schmale Mulden, meist mit Steilhängen. Und nahezu alles verkarstet und trostlos verdorrt als Folge früherer sinnloser Abholzung, sengender Sommersonne, der Balkanstürme und des Ziegen-

Abb. 214. Überklettern einer Mauer. (Höhe 3 m.)

fraßes. Am Fuß der Hänge wohl knie= bis hüfthohes Gestrüpp: Stecheiche und anderes Dorn= und Stachelgewächs, nur solches kann sich der Ziegen erwehren; dazwischen und weiter hinauf nur scharfrispiges Gras, das nahezu schon als Heu zur Welt kommt. Soweit nicht der blanke, harte, in der Sonne glühend heiße Fels ansteht, ist alles mit kleinem scharf= kantigen und losen Geröll bedeckt, dem selbst die harten, naturgegerbten

Abb. 215. Derfolg ug.

Sohlen aus Menschenhaut bei den Hirtenkindern nicht standhalten können. Dazu dicke Schwärme von Fliegen und anderem stechen= den und quälenden Geschmeiß, das Tag und Nacht keine Ruhe gibt. Auch gegen die schützt die harte dicke Behaarung unserer Schäfer=

hunde vortrefflich, ebenso gegen Dornen, scharfes Gras, Schilf und Stacheldraht; ich habe oft Hunde untersucht, die sich zwischen Stachel= drähten durchgezwängt hatten, ohne je eine Verletzung der Haut finden zu können. Am kurzbehaarten Kopf, namentlich an den Ohren, können Fliegen unseren Hund freilich arg quälen. Herdenhunde, die in besonders fliegenreichen Gegenden arbeiten müssen, zeigen dann in der zweiten Sommerhälfte bis zum Fliegensterben bisweilen kahle, haarlose Ohr=

Abb. 216. Leiterklettern.

spitzen und blutige, entzündete Ohrränder, von denen selbst kleine Teile absterben können; eine Folge der sich immer wiederholenden Massen= angriffe dieser saugenden und stechenden Quälgeister. Von dem harten, gut geschlossenen und aus den Talgdrüsen eingefetteten Deckhaar fließt äußere Nässe, Regen also, gut ab; ein Zuviel entfernt der Hund durch rechtzeitiges Schütteln. Aber selbst bei anhaltendem Regen, oder auch

beim Schwimmen, kommt die Feuchtigkeit dank der dichten, engver=
wachsenen Unterwolle nicht bis auf die Haut.

Unter den Haushunden hat jede Rasse ihre Artmerkmale;
nicht bloß im Äußeren, auch im Wesen. Die urtümlichsten und für uns

Abb. 217. Zirkuskünste.

wertvollsten haben sich bei den Schäferhunden erhalten und ausgebildet:
er ist der echteste Hund. Aber auch innerhalb der Rasse sind die Einzel=
tiere selbstverständlich nicht über einen Kamm geschoren. Wie die Rasse
das Ergebnis ihres Werdeganges, ihrer Erziehung durch Leben und

Beruf, ſo auch der einzelne Hund. Die Raſſeanlagen und ihr Entſtehen, Schäferhundweſen und ſeine Grundlagen habe ich im I. Abſchnitt und im Dorſtehenden beſprochen; was an gutem Kern im Einzeltier vor=handen, muß, vorausgeſetzt, daß der Züchter ſeine Schuldigkeit tat, der Aufzüchter zur höchſten Entwicklung bringen, in körperlicher wie in geiſtiger Beziehung. „Wie der Herr, ſo 's Geſcherr", ſagt der Dolks=mund und drückt damit ſehr treffend aus, daß der Menſch ſeiner Um=gebung den Stempel aufdrückt. Gefällt uns an der etwas nicht, iſt es nicht ihre, ſondern des Menſchen Schuld.

So iſt auch der Hund das Spiegelbild ſeines Herrn. Den Kern zu ſeinem Weſen legt der Aufzüchter; wohl kann

Abb. 218. Fußballſpiel.

ein ſpäterer Beſitzer noch manches herausholen und der vollkommnen, die Grundlage: das Dertrauen, das Aufgehen im Herrn muß vom erſten Tag gelegt werden. Die ganzen wundervollen Weſenseigenſchaften eines guten Schäfer=hundes kommen auch nur dort zur Geltung, wo er lange, am beſten von Jugend auf in einer Hand ſteht, wo er, in die Hausgemeinſchaft aufgenommen, Anteil hat an Leid und Freud, an Arbeit und Pflichterfüllung. Dort bildet ſich dann das innige Dertrauensverhältnis aus, das uns ſo oft in des Hundes Handlungen Menſchliches, hochſtehend Menſchliches erblicken läßt; verſtändnisſinniges, liebevolles Menſchentum hat da des Tieres Tun geadelt. Freizügigkeit, die Hunde wie Dienſtboten ihren Platz wechſeln läßt, iſt der Entwicklung ihres Weſens nicht günſtig; ebenſowenig der ihrer Fähigkeiten. Wo er gar nur wie ein Stück Ware ge= halten wird, das freilich hohen Geld=, auch Eitelkeitswert haben kann, verkommt unſer Hund völlig, ſeeliſch wie körperlich. Das Weltbürgertum des großen Beutels, iſt auch für den Schäferhund ein Fluch!

Unſer Schäferhund iſt ein eigenartiger Geſell und ein echter Deutſcher: Überkultur, ſchon zu lebhafte Berührung mit der neuzeitlichen, nicht mehr rein ariſch=völ= kiſchen, ſondern von welt= bürgerlich=ſemitiſchen Ein= flüſſen beherrſchten Kultur ſchadet auch ihm. Er wird Durchſchnittsware und Ge= ſellſchaftshund, verliert den inneren Halt, die Perſön= lichkeit, die wir in ihrer kernigen und knorrigen Selbſtſicherheit beim Ge= brauchshunde ſo ſchätzen, weil ſie Natur. Verpflanzen wir alſo den aus harter, aber geſunder Landſchule hervorgegangenen Hund aus ſeinem Heimatboden in andere Verhältniſſe, müſſen wir vorſorgen, ihm dort Lebensbedingungen zu verſchaffen, die ſeiner Eigen= art entſprechen, müſſen wir verſtehen, den Betätigungs= trieb des lebhaften Tieres in rechte Bahnen zu leiten. Sonſt ergeht es unſerem Hund wie dem ländlichen Bevölkerungszuzuge der Städte. Deren Werdegang iſt bekannt: ein Teil, der

Abb. 219. 4 m über dem Erdboden.

größere, erliegt der Stadt= wirkung; der Moloch Stadt frißt Menſchen. Der andere ſetzt ſich durch, arbeitet ſich empor; oft langſam, durch viele Geſchlechtsfolgen, bisweilen auch in raſchem glänzenden Aufſtieg. Sind aber die treibenden inneren Kräfte ver= braucht, folgt der Niedergang des Geſchlechts: Väter und Söhne! Davor wird jeder wirkliche Freund der Raſſe unſeren Schäferhund bewahren wollen.

Untätigkeit verleitet gerade lebhafte, begabte Menſchen, die in der Arbeit großes leiſten könnten, zu allerhand über die Stränge

274

schlagen: in erster Linie zu den bekannten drei W's: Wein, Weib und Würfelspiel. Den Philister dagegen gefährdet Untätigkeit nicht, sein tierisches Behagen gipfelt im Stumpfsinn. Genau so bei unseren Hunden. Mops und seinesgleichen fühlen sich „im Tischkasten" wohl, unser lebhafter Schäferhund dagegen will Arbeit, ist dankbar für jede Arbeit, sonst sucht er sich Tätigkeit auf seine Art und kann sich dabei

Abb. 220. Hund im Flugzeug.

allerlei Laster angewöhnen, die uns dann sehr ärgerlich werden können; so z. B. das Wildern und Herumstreunen von vernachlässigten Hunden. Wohin Arbeitsdrang ohne Aufgabe führen kann, zeigt das sogenannte Schafigwerden von Gebrauchshunden, das meist in den beschäftigungs= losen Wintermonaten, und selbst bei sonst vorzüglichen Hunden, gelegent= lich auch im Sommer bei nicht genügend beaufsichtigten auftritt. Wenn solche Hunde durch Zufall allein in einen Schafstall oder an eine gepferchte

Herde kommen, bei der weder Schäfer noch Hund anwesend, kann bei ihnen der Arbeitseifer einsetzen. Die blöden Schafe drücken sich dann vor dem eifrigen Hunde in irgend einer Ecke zusammen oder fahren im Kreise herum; was stürzt, wird in sinnloser Angst niedergetreten, was schwach ist, erdrückt. Den Hund leitet dabei nur Arbeitsgier an unrechter Stelle, nicht Blutgier, die nur in den seltensten Fällen, bei Zusammentreffen mehrerer ungünstiger Umstände schließlich noch dazu tritt.

Abb. 221. Unke vom Lande SZ. 7425 mit dem von ihr geretteten Herbert Greiner.

Etwa, wenn mehrere Hunde so über die Schafe kommen und sich gegenseitig reizen, oder von einem erstickten, für faul und widerspenstig gehaltenen Schaf das Blut fließt. Dann mag das Urerbe des Blutrausches über den schafig gewordenen Hund kommen. Doch bilden auch in solchem Fall nicht die vom Hunde gerissenen, sondern die durch das sinnlose Zusammendrängen des Haufens erstickten Schafe den überwiegenden

Teil der Opfer. Den Schafen ist übrigens aus ihrem Verhalten eigentlich auch kein großer Vorwurf zu machen. Sie sind durch Hausbarmachung und unnatürliche Haltung verdummt, ihr allgemeiner Stumpfsinn ist somit eine eindringliche Warnung vor herdenmäßiger Zwingerhaltung von Hunden. Ihr Verhalten bei der Hundeschrecknis aber ist nichts als die allgemeine Kopflosigkeit der Massen; auch Menschenmassen verhalten sich in solchen Fällen wenig vernünftiger, man denke nur an einen Theaterbrand.

Wird der Hund aber, um nicht Schaden anzurichten — oder gar, um, seines hohen Kaufpreises wegen, nicht Schaden zu

Abb. 222. Jokel von Schwetzingen SZ. 1861 HGH im Winterpelz mit Bauchmähne.

leiden! , im Zwinger gehalten, dann verkommt er nicht bloß körperlich, wird steif, ungelenkig und träge, er geht dort auch geistig zugrunde, verliert Murr und Schneid. Zügellose Freiheit, als Folge vernachlässigter Haltung, und durch Gleichgültigkeit und Zwingerhaltung aufgezwungene Faulheit bedeuten beide für Hund wie Mensch Verwilderung, also einen Rückschritt. Der frei sich selbst überlassene Hund nähert sich der Wildhundstufe, wird aber ,wenn er es muß, durch den Zwang für seinen Lebensunterhalt zu sorgen, vor schlimmerem bewahrt; der im Zwinger gehaltene dagegen ist nicht besser dran als ein gekäfigtes Schaubudentier. Des Zwingerhundes heiße Sehnsucht: hinaus aus dem öden Stumpfsinn in die Freiheit, zu Menschen, Spiel und Arbeit schafft in diesen bedauernswerten Opfern falscher Tierliebe einen Zustand dauernder Überreizung, der -sich besonders bemerkbar macht, wenn man die Tiere einmal aus dem Zwinger kommen. Diese Überreizung zehrt an ihrer Nervenkraft, die Sinnesschärfe schwindet, die geistige Regsamkeit und Aufnahmefähigkeit geht verloren. Wie der Gefangene zu „Stacheldrahtpsychose" und „Zuchthausknall" kommt, so können auch Zwingerhunde nicht bloß geistig stumpf, sondern geistesschwach und =krank werden; manche kriegen einen regelrechten Koller auf zwecklose, ja sie körperlich schädigende Handlungen, von deren Zwangsausübung sie aber nicht abzuhalten sind.

Die schädigenden Folgen der Zwingerhaltung kommen nicht so rasch zum Ausdruck, sonst würden sie leichter erkannt und abgestellt. Wo Haltungsfehler aber bei aus Beruf und natürlicher Lebensweise gerissenen Tieren durch etliche Geschlechtsreihen gemacht werden, Haltungskrankheiten ihte unheilvolle Rolle spielten, sind sie unausbleiblich und zeigen sich als Unbändigkeit, Überempfindlichkeit, Nervenschwäche und Scheuheit. Diese Scheuheit, die nach ihrer Ursache sehr treffend als Zwingerscheuheit bezeichnet wird, hat mit der Vorsicht — ich sprach darüber schon oben — gar nichts zu tun, ebensowenig mit der mißtrauischen Zurückhaltung des Schäferhundes; die sind natürliche und berechtigte Regungen der Hundeseele und werden sofort zurückgedrängt, wo es gilt. Auch die gewisse „Weltfremdheit" von Junghunden ihnen noch neuen Verhältnissen gegenüber hat mit dieser Scheuheit noch nichts zu tun, ebensowenig Handscheuheit gegenüber überscharfem oder verkehrtem Anfassen bei der Abrichtung. Diese ist ein Zeichen von Selbstgefühl, das sich aufgezwungenem fremden Willen zu entziehen versucht; jene ist mit dem Verhalten eines Bauernjungen zu vergleichen, der aus ländlicher Einsamkeit ins Großstadtgetriebe versetzt und davon zunächst auch benommen wird. Bei beiden wird sich aber bald zeigen, ob es sich um eine unheilbare Bangbüx handelt, oder ob die natürliche gesunde Dreistigkeit und Wurstigkeit zum Durchbruch kommt. Zwingerscheue Hunde können böse und tückische Beißer sein, die in hysterischer Angst um ihr trauriges bischen Leben wild um sich schnappen; dieser „Mut der Verzweiflung" der „Angstbeißer" hat aber mit dem wirklichen Schneid und rücksichtslosem Draufgängertum eines guten Schäferhundes nichts zu tun. Meist zeigen sich die zwingerscheuen Hunde auch als wirkliche nervenschwache Jammerlappen, die vor einem wedelnden Tuch, vor Fuhrwerk, fremden Menschen mit Zittern und Zagen reißaus nehmen; ihre oft rührend erscheinende Anhänglichkeit an den Herrn ist auch weiter nichts als hysterische und darum selbstsüchtige Schwäche: in der Stunde der Gefahr wären sie die ersten, die ihn im Stiche ließen.

Unter allen Umständen sind solch scheue Tiere eine Last für ihren Besitzer, der sich solchen Hundes schämen muß, und eine Schmach für die Rasse. Und unter keinen Umständen dürfen sie zur Zucht verwendet werden, mögen sie äußerlich noch so edel und bestechend schön erscheinen.

Vielmehr sollten sie baldmöglichst dahin befördert werden, wohin sie einzig gehören: nach einem Schlag vorm Kopf auf den Misthaufen. Das klingt hart, gehört aber zu gesunder Zuchtwahl; beim Menschen dürfen wir sie leider so nicht treiben, müssen alles körperlich und seelisch verkommene und verkommende aufzüchten und großpäpeln, sehen dort aber auch den „Erfolg".

Solch zwingerscheue Tiere sind keine Schäferhunde mehr, sondern entartete Geschöpfe. Der Begriff der Entartung liegt im Wort: es ist ein „aus der Art schlagen", das Aufgeben des Artziels, das leben und sich entwickeln heißt. Bei freilebenden Tieren bedeutet Entartung in diesem weiter gefaßten Sinne den Untergang der Art. Nicht plötzlich, ruckweise, sondern durch allmähliches, über lange Zeiten sich erstreckendes Zurückbleiben hinter anderen Arten als Folge einer Erschöpfung der Lebenskraft und des Lebenswillens der Art, niemals des Einzellebewesens. Entweder auf Grund einseitiger Entwicklung, denn es ist ehernes Naturgesetz, daß Fortentwicklung in nur einer Richtung, so vorteilhaft sie auch zunächst in vielen Beziehungen sein mag, im Hinblick auf das Ganze keinen Fortschritt, sondern Stillstand und damit schon den Beginn des Zurückbleibens bedeutet. Oder aber als Folge einer bereits soweit gediehenen Entwicklung der Art, daß diese sich veränderten Lebensbedingungen nicht mehr anzupassen vermag und ihre Herrschaft an zur Zeit noch tieferstehende, daher noch entwicklungsfähige Lebewesen abgeben muß. Ein Blick ins Buch der Natur und auf die Geschichte der Völker bestätigt uns das. Überfluß bringt Sättigung, damit Stillstand und Untergang. Not dagegen führt nur matt und müde gewordene zu raschem Ende; andere stählt sie zu äußerster Anspannung ihrer Kräfte, damit zur Vorbedingung des Fortschreitens auf dem Wege zur Höhe. Die harte Not der Eiszeit war es, die aus den Nordleuten Germanen schuf, das Edelvolk, das seitdem mit seinem „Salz" andere Völkerkreise der Erde durchsetzte und befruchtete und just heute sich zur höchsten Blüte der Machtentfaltung hätte aufschwingen können, wenn nicht der volksschädigende Fluch des Goldes und darauf bauende Einflüsterungen volksfremder Betörer uns diesmal noch hätten vorzeitig erliegen lassen. Möge nun die Schmachfriedensnot unser Volkstum zu neuem Aufstiege stählen!

Für das Haustier müssen wir den Entartungsbegriff enger fassen, liegt doch Entartung schon in der Hausbarmachung, im Herausreißen aus der Art eigenen Lebensbedingungen, weil sie zwangsweises Schmarotzertum ist. Deshalb sind auch die Haustierschläge die härtesten, gesündesten und fruchtbarsten, die in einer ihrer natürlichen Lebensweise ähnlichen oder angepaßten Weise gehalten werden. Und deshalb habe ich von jeher bei unseren Schäferhunden vor Zwingerhaltung und einseitiger Zucht auf Schönheit statt auf Arbeitsleistung gewarnt. Der Schäferhund ist Arbeitshund, als solcher geworden und kann nur als solcher „Schäferhund" bleiben, d. h. so wie wir ihn schätzen und lieben. Seine schäumende Lebenskraft braucht Beschäftigung, drum muß ihn auch der reine Liebhaber arbeiten lassen. Geht es nicht in seinem eigentlichen Beruf, bei der Herde, dann in einem anderen, dem Hunde durch seinen Entwicklungsgang liegenden. Ersatz muß ihm jedenfalls geschafft werden, denn, bieten wir ihm keine Beschäftigung in uns nützlichem Sinne, so sucht er, sich überlassen, sich selbst welche und kommt dabei nur gar zu leicht auf Abwege. Solch selbstgesuchte Betätigung aber bringt dem Besitzer oft, dem Hunde fast unausbleiblich Schaden; diesem freilich nur von unserem menschlichen Standpunkt aus — „wat dem eenen sin Uhl, is dem annern sin Nachtigall!" — und darum meist in Gestalt von Hieben.

Aus dieser Erkenntnis heraus, daß wir uns die Rasse auch in der Liebhaberzucht und -haltung nur dann gesund erhalten können, wenn wir sie weiter arbeiten lassen, hat der SV. als Richtschnur das Wort „Schäferhundzucht ist Gebrauchshundzucht" geprägt und hat alle seine, die Rasse und ihre Zucht fördernden Maßnahmen darauf zugeschnitten, den Schäferhundfreunden die Befolgung dieses Leitsatzes

Abb. 223. Preishütensieger 1919 Worad von Berka SZ. 59381 HGH.

zu erleichtern. Weil aber dem Liebhaber, besonders dem städtischen, das Ausbilden- und Arbeitenlassen seiner Hunde bei der Herde auf die Dauer schwer fiel, hat der SV. seinem Hunde im Diensthundwesen noch eine Anzahl weiterer Berufe gewiesen, zu deren Ausübung der Schäferhund dank seinem Werdegang und seiner Veranlagung besonders geeignet ist: dem Schäferhunde zum Nutzen, der Öffentlichkeit zum Segen!

Des Schäferhundes eigentlicher und vornehmster Beruf ist freilich der Hütedienst bei der Herde, und zwar wie sein Name besagt, bei der Schafherde. Vom Herdendienst des Hundes habe ich im I. Abschnitt schon manches sagen müssen und habe dort dargelegt, wie dieser Dienst sich allmählich entwickelte, wie er je nach der wirtschaftlichen Ausnützung des Bodens verschieden und welche Anforderungen er im allgemeinen

an den Hund stellt. Daß die Hüteverhältnisse in einem so großen Wirt=
schaftsgebiet wie Deutschland nicht überall die gleichen, bedarf keiner
Ausführung. Das Schaf, nußbringend durch Wolle und Fleisch, genügsam
und ein guter Futterverwerter, war vorm Kriege immer mehr zum
Stiefkind unserer Landwirtschaft geworden. Die Einführung sein=
wolliger Tiere, der Merino= und Elektoralschafe, hatte der deutschen
Schafzucht einen großen Aufschwung gebracht; ihre höchste Blüte, die
Zeit ihres „Goldenen Vliefes", erlebte sie in den 60er Jahren des vorigen
Jahrhunderts. Gesteigerte Ackerwirtschaft, notwendig für die Ernährung
der nach dem deutsch=französischen Kriege rasch anwachsenden Bevölke=
rung, vor allem aber die immer mehr zunehmende und dabei billige
Wollerzeugung überseeischer Länder — Südamerika, Südafrika und
Australien —, die Verbesserung der Verbindung mit diesen Gebieten

Abb. 224. Auf der Hutung am Eichenkamp.

und die Einschränkung des nordamerikanischen Einfuhrmarktes führten
dann zu einem starken Rückgang unserer Schafhaltung, der die Auflösung
einer ganzen Anzahl größerer Schäfereien zur Folge hatte. Zwar ließ
gegen die Jahrhundertwende die Wollerzeugung in den La=Plata=
Staaten ziemlich nach, zwar vernichteten Witterungseinflüsse, nament=
lich anhaltende Dürre, ungeheure Bestände der australischen Schaf=
halter, zwar zogen die Wollpreise auf den nordamerikanischen Märkten
stark an, unsere heimische Schafhaltung ging trotzdem, trotz warnender
Voraussage einsichtsvoller Landwirte bis zum Weltkriege immer mehr
zurück, sich zum Teil auf die hoffnungsvolle Entwicklung der Schaf=
zucht in unseren südwestafrikanischen Schutzgebieten verlassend. Der
Weltkrieg hat uns Einsicht gelehrt, hat gezeigt, daß ein starkes und
freies Deutschland nur auf eigener gesunder Acker= und Viehwirtschaft
beruhen kann, die Schafhaltung wird also wieder zu ihrem Recht kommen.
Denn wir brauchen im Lande erzeugte, also billige Wolle, wir brauchen
Fleisch und die Ackerwirtschaft braucht den wertvollen Schafdünger,

Abb. 225. Vorm weiten Gehüt.

Abb. 226. Dippanlage in Klein-Naua . Deutschsüdwestafrik

der durch das Pferchen gleich auf die Felder kommt, somit auch Arbeits=
kräfte spart. Dauernde Stallhaltung der Schafe — sie mag für die
Erhaltung der Düngekraft des Schafdunges noch wertvoller sein — ist
nur auf großen Gütern Norddeutschlands möglich und üblich, überall

Abb. 227. Schafwäsche in Deutschösterreich.

sonst werden in der weitaus größten Zeit des Jahres die Schafe im
Pferch gehalten und geben dem Boden doppelt und dreifach zurück,
was sie ihm entnahmen. Die Pferchnutzung ist daher auch überall,
wo bäuerliche, gemeindliche oder genossenschaftliche Schafhaltung statt=
findet, genau geregelt.

Besondere Weideflächen können, wie es einst in der Blütezeit der Schafhaltung noch möglich war, den Schafen nicht mehr eingeräumt werden; höchstens auf großen Gütern und Stammschäfereien werden den zu besonderen Haufen zusammengestellten Lämmern noch einzelne Kleebreiten überwiesen. Im übrigen sind für die Schafe die Mager= hutungen da, Heide und Ödland, wo es noch welches gibt, Wegetriften, Brache, Stoppel und abgeräumte Felder zur Rübenblattlese. In den Rübengegenden Norddeutschlands gibt es bis zur Ernte für die Schafe meist nur die Grasnarbe der schmalen Feldwege zwischen den einzelnen Schlägen zum Beweiden. Da heißt es aufpassen für Schäfer und Hunde, denn das Loch in den Zuckerrüben wurde vorm Kriege am Schäfer mit einer Mark gebüßt. Solch Wegehüten kommt dann auch geradezu einer

Abb. 228. Schafherde im Pferch.

Hochschulprüfung für Schäfer und Hund gleich, läßt sich aber bei Preis= hüten kaum mit einbeziehen. Im Südwesten grenzt die Hutung oft an Weinberge, Hopfen= und Tabakpflanzungen, die es gleichfalls zu schonen gilt. Geschont werden soll freilich jedes bebaute Land, dafür ist ja auch der Hund da. Und wenn manche Schäfer gegenüber „feindlichem“ Acker gern ein Auge zudrücken und eine grünende Saat oder eine lockende Kleebreite von .den ewig gierigen Naschmäulern tüchtig einsäumen lassen, wie der Fachausdruck lautet, ein Unrecht bleibt es doch. Denn das Schaf ist gerade derjenige Futterverwerter, der mit Stoffen auskommt — und damit Nutzwerte schafft —, von denen weder der Mensch noch eins seiner anderen Haustiere irgendwelchen Vorteil ziehen kann. So haben wir in den Heidegegenden Norddeutschlands eine eigene

Schafrasse, die Heidschnucken, deren Fleisch besonders wildartig-wohl-
schmeckend ist, die sich von dem sonst wertlosen Heidekraut nähren und
ohne dies kümmerliche Futter gar nicht auskommen können. In Berg-
ländern wieder beweiden Schafe, meist unter Führung von Ziegen, die
Steilhänge und hochgelegenen Schafalpen, zu denen Großvieh nicht
gelangen kann.

Abb. 29. Alte Schafställ bei Sprötze, Lüneburger Heid

Die Ausnutzung jeder nur irgendwie möglichen Weidegelegenheit hat
auch zur Wanderschäferei und zur Winterweide geführt. Herden,
die im Sommer die Hutungen auf Hochflächen oder in Waldgegenden
abgeweidet haben, werden gegen den Winter zu, um Trockenfutter
zu sparen, in wärmere Niederungsgegenden geführt, um dort auf Wiesen
und Stoppel ihr Futter zu suchen. So gehen die Herden aus der schwä-

bischen Alb hinunter bis zur Rheinebene, ins Badische, ja bis in die Pfalz und ins Elsaß hinein. Selbst aus dem Westfälischen ziehen die Winterschäfer bis dorthin, bleiben zumeist jedoch in den Flußtälern des Mittel= und Niederrheins, der Mosel und des Mains. Solche Wanderschäfer sind nicht selten ein halbes Jahr mit ihrer Herde unterwegs und kommen erst gegen Mitte April in ihre Heimat zurück. Auch ohne Wanderschäferei

Abb. 230. Wegehüten i der Altmark.

ist die Winterweide noch in vielen Gegenden üblich. In Schleswig werden die Herden während des ganzen Winters auf die Koppelweiden getrieben, die Heidschnuckenherden bleiben gleichfalls den ganzen Winter draußen. Selbst in den rauhen Wintern Ober= und Niederbayerns kommen manche Herden auf die Winterweide, wo sie bei tiefem Schnee nichts als die über die Schneedecke ragenden trockenen Halme und Dürr= laub an Hecken und Büschen finden.

All diesen verschiedenen Verhältnissen muß sich der Herdendienst des Hundes anschmiegen. Der ist mal strenger, mal milder, sehr streng überall bis zur Erntezeit, am strengsten dort, wo wertvolle Frucht gebaut und wertvolle Schafe gehalten werden. Das ist im allgemeinen auf den guten Böden Norddeutschlands der Fall, daher wir auch dort das feinste Hüten finden. Es wird dort auch durchweg mit mindestens zwei Hunden gehütet, während südlich des Mains einer die Regel bildet, auch genügt; denn dort zählen Herden von über 200 Köpfen schon zu den großen, während im Norden 300 den Durchschnitt bilden, ja bisweilen Haufen von 5—600 Köpfen und mehr zusammengestellt werden. Die Mainlinie, die auch im Schäfereibetrieb im Westen weiter nördlich greift, bildet auch für diesen eine gewisse Grenze, die Hüteweise dies= seits und jenseits ist etwas verschieden, nicht bloß in Bezug auf die An= forderungen, die an den Hund gestellt werden. Natürlich hat auch da wieder jede Landschaft ihre kleinen Eigenheiten, an denen sie zäh fest=

Abb. 231. Vor den Zuckerrüben, Provinz Sachsen.

hält; eine Selbstverständlichkeit bei einem so bodenständigen Gewerbe, wie es just der Schäfereiberuf früher war.

So geht in Süddeutschland beim Treiben auf Wegen der Schäfer der Herde fast durchweg voran, der norddeutsche dagegen neben dem letzten Drittel des Zuges; dort kann er den stärkeren Haufen besser über= blicken. Das ist nötig, da für naschhafte Schafe die Verlockung zum Zurückbleiben doch zu groß, der Halbenhund aber nicht überall sein kann. Nötig auch, weil beim Treiben durch enge, winkelige Gassen leicht ein Schaf aus dem langen Zuge herausgestohlen werden kann.

Ich sagte oben, daß in den meisten Gegenden Norddeutschlands mit zwei Hunden gehütet wird. Der ältere fertige, der mindestens zwei Hütezeiten hinter sich hat, muß selbständig auf der vom Schäfer ab= gelegenen Seite treiben und wehren; er „arbeitet" oder „geht auf der Halbe", daher sein Name Halben=, bisweilen auch Stell= oder Hütehund,

dem der württemberger Feldhund in der Leistung annähernd ent=
spricht. Um den Halbenhund kümmert sich der Schäfer im allgemeinen
beim Treiben und beim Weiden nicht; den anderen, meist jüngeren
Hund, der bei ihm „auf der Seite" oder „an der Hand geht" und der
darum Seiten=, Mann= oder Beihund, auch Lehrling, heißt, weist er

Abb. 252. Schafweide auf der schwäbischen Alb.

durch Zuruf, Wink oder Pfiff entsprechend an. Dieser jüngere Hund
geht oft an der Kette — die gern sehr schwer genommen wird, um
ihn gefügiger zu machen — und wird nur zum Erfüllen seines Auf=
trages gelöst. Außer dem eben erwähnten Feldhund unterscheidet
der süddeutsche Schäfer noch den „Wasenhund" für bequeme Arbeit

im weiten Gehüt und den „Hammelhund", etwa ein Mittelding zwischen beiden.

Mit dem Ausbilden eines „rohen" Junghundes kann schon begonnen werden, wenn er vier bis sechs Monate alt ist. Dann wird er zunächst mit in den Schafstall genommen und dort an ein schwaches Schaf herangelassen. Merkt der Hund, daß das Schaf gewohnheitsmäßig vor ihm zurückweicht, so drängt er nach und lernt so, ein einzelnes Schaf zum Haufen zurückzutreiben. Hat der Hund Schneid auf Schafe bekommen, muß ihm der rechte Griff beigebracht werden. Dazu wird er kurz angebunden und ihm ein Schaf so zugeschoben, daß er danach schnappen kann; vorm Zufassen wird ihm das Schaf aber schnell wieder fortgezogen, wenn er nicht an die rechte Stelle greift. Nach diesen Vorübungen kann der Junghund dann mit zum Dienst genommen werden. Dabei muß er zunächst das „Gehen" in der Furche lernen, d. h. das Laufen in der letzten Ackerfurche vor der zu schützenden Frucht;

Abb. 23 Im weiten Gehüt. Württemberg.

in dieser darf er nicht selbst durch Hereintreten Schaden anrichten, die Furche aber bildet die Grenze, an die er die Schafe nicht heranlassen darf. Bei diesem Anlernen drückt der Schäfer den angeleinten Junghund mit seinem langen

Schäferstock in die Furche zurück, wenn der Zögling sie verlassen sollte. Diese Übungen, mit denen noch eine Vervollkommnung des Griffes verbunden ist, werden dann auch mit dem freilaufenden Hunde fort=gesetzt, wobei noch besonders darauf geachtet wird, daß der Junghund sich an kein Herumbummeln, Aufnehmen von Wildspuren und andere

Abb. 23 Harzschäfer.

Untugenden, wie aufgeregte, hastige Arbeit, gewöhnt, dagegen muß er stets aufmerksam und arbeitswillig sein und darf keine Schlappheit zeigen. Ruhe, Ausdauer, Aufmerksamkeit, immer gleichbleibende Ent=schiedenheit, keine nachsichtige Schwäche führen den Lehrmeister am sichersten und schnellsten zum Ziel. Schlagen soll der Schäfer den Lehr=

ling nicht, auch nicht mit der schweren Kette oder dem langen Schäfer=
stock nach ihm werfen. Ein gutes Strafmittel ist neben Ernst und rügen=
den Worten ein gut gezielter Erdwurf mit der Schippe am Ende des

Abb. 255. Der Halbenhund paßt nicht auf!

Schäferstockes. Hat ein Hund sicheren Griff und hält er die Furche, so
wird er Furchen= oder Beihund genannt. Es muß ihm dann noch bei=
gebracht werden, die Herde auf Befehl anzuhalten, vorauszugehen, an
bestimmter Stelle stehen zu bleiben, sich zu setzen, zu springen und Laut

292

3u geben; da3u nimmt ihn der Schäfer wieder an die Leine, hält ihn
von der fort3iehenden herde 3urück, rei3t ihn aber 3um Fassen.
Damit wäre die Ausbildung des erſten Jahres im allgemeinen
beendet. Der ſüddeutſche Schäfer nennt ſolchen hund „abgerumpelt",
hütet auch ſchon allein mit ihm, während der norddeutſche Schäfer noch
eine weitere hüten3eit braucht, um den hund 3um fertigen halbenhund
ab3uführen. Jm 3weiten Jahre beginnt der hund 3unächſt wieder als
Beihund, und muß richtiges Derhalten begegnendem Fuhrwerk gegen=
über lernen. Dann wird mit dem Abrichten 3um halbenhund beim
Treiben und beim hüten begonnen, wobei der Lehrling erſt an das

Abb. 236. halbenhund beim Treiben.

halten der dem Schäfer gegenüberliegenden Seite 3u gewöhnen iſt.
Dabei iſt ſtreng darauf 3u achten, daß der hund die Seite ſtets vor der
herde wechſelt, niemals hinten um ſie herumläuft oder gar ſeinen Weg
durch die Schafe nimmt. Auf der Weide wird der huud gleichfalls an=
gelernt, die jenſeitige Seite 3u halten, auf Befehl einen beſtimmten
Plaß ein3unehmen oder die Furche rechts oder links vom Schäfer 3u
gehen und ſchließlich die gan3e herde 3u umkreiſen, um die Schafe bei=
ſammen 3u halten. Nebenher gehen dann noch Übungen im Aus= und
Einpferchen oder im Aus= und Eintreiben aus dem Stall, ſchließlich
auch Stalldienſt bei der Fütterung. Damit iſt gegen Ende der 3weiten
hüte3eit das Abrichten des halbenhundes fertig.

Der Halbenhund hält beim Treiben und auf der Weide die freie Seite und muß dort als Vertreter des Schäfers selbständig handeln, treiben und wehren, daher auf der Weide auch die Grenzen des Weidegeländes genau kennen. Um auszuproben, ob ein Halbenhund standfest und brauchbar ist, wird er in der Furche angesetzt. Dann drückt der Schäfer von der anderen Seite den Haufen zu ihm hinüber — „überhüten" —, wehrt der Huud die Schafe nicht ab, weicht er gar zurück, so ist er noch nicht zuverlässig. Ein alter Halbenhund lernt auch die zu schützenden Frucht= arten voneinander unterscheiden und stellt sich auf Zuruf vor die rechte Frucht. Von einem wurde sogar berichtet, daß er durch Absuchen der Weidegrenzen das Stück mit der ihm bisher unbekannten Rapsfrucht herausfand, vor das er durch den Zuruf „Raps!" auf einer neuen Weide gestellt werden sollte. Das sind natürlich Leistungen, wie sie nur ein altgedienter, mit seinem Schä=

Abb. 237. Stadtschäfer, Provinz Sachsen.

fer vollkommen eingearbeiteter Hund zeigt. Beide arbeiten sich dann so sicher und selbstver= ständlich in die Haud, daß ein oberflächlicher Beobachter auch hier von „triebhaften und mechanischen Handlungen des Tieres" sprechen könnte; tiefe= res Eindringen würde ihn frei= lich bald eines anderen be= lehren.

Will beim Treiben der Schä= fer die Spitze des Zuges an= halten oder will er in einen Seitenweg einbiegen, so wird der Halbenhund durch Pfiff nach vorn geschickt. Ebenso, wenn auf schmalem Weg Fuhr= werk entgegenkommt; dann muß der Hund durch Seitwärts= drängen den Zug in die Länge ziehen und auf diese Weise Platz schaffen. In solchem Fall muß der Hund sich stets zwischen Fuhrwerk und Schafen halten, um zu ver= hindern, daß Schafe unter die Räder laufen. Der Huud darf daher selbst keine Scheu vorm Fuhrwerk zeigen, auch nicht vorm ratternden Kraft= wagen und vorm peitschenschwingenden Fuhrmann.

Soll der die halbe gehende Hund die Seite wechseln, so gibt der norddeutsche Schäfer einen kurzen Pfiff, weist mit Hand oder Kopf die zu nehmende Seite; der an der Hand gehende Hund wird in diesem Fall angeleint. Der süddeutsche Schäfer befiehlt seinem Hunde „komm 'rüber!". Beim Seitewechseln darf der Hund niemals zwischen Schäfer und Herde durchstoßen, sondern soll im knappen Bogen außen um den Schäfer herumgehen. Hinter der Herde herum darf ohne Befehl die Seite nicht gewechselt werden. Auch darf der Hund beim Treiben nie zu weit von hinten in den Haufen stoßen.

Darf der Hund nicht zu weit von den Schafen abbleiben, soll er seinen Platz so nehmen, daß er den ziehenden, auch den weidenden Haufen gut zu überbliden vermag, so soll er sich andererseits beim Treiben wie beim Weidegang auch nicht zu dicht bei den Schafen halten. Versuchen einzelne Näscher zurückzubleiben, so weiß der Hund auf einen kurzen Pfiff oder ein „gehst du 'naus!" was er zu tun hat. In schweren Fällen sagt der norddeutsche Schäfer „nimm den da!", der süddeutsche „g'rad 'rein!", worauf der Hund die nächst erreichbaren der zurückgebliebenen greift.

Soll während des Hütens der Hund auf die andere Seite gehen, heißt es „gehst du 'nüber!" oder „geh vorn um's Eck 'nüber!". Dem folgt ein „bleib stehen!", „steh!", „leg dich!", „tusch!", in Süddeutsch=

Abb. 238. Im weiten Gehüt. Wehren an der Frucht.

land wohl auch „hockst di nieder!" Letzteres hört und sieht sich besonders drollig an, wenn ein übereifriger Schäfer, etwa beim Preishüten, dem nicht ganz willigen Hunde die Stellung des „hockst di" vormacht.

Ist der Haufen im ruhigen Weiden begriffen, sind die Schafe richtig im Zuge, darf der Hund sie nicht stören. Er muß dann ruhig auf seinem Platze bleiben. Muß vorwehren, wo ein Teil gegen bestellten Ader drückt, darf aber nicht durch stetes Umkreisen oder gar durch Laut= geben die im Weiden langsam vorwärts ziehenden Schafe beunruhigen und drängen. Weiden die Schafe dagegen bei nassem, windigem Wetter zu haftig, so schickt der norddeutsche Schäfer den Huud durch einen kurzen Trillerpfiff zum „Auftippen" vor die Spitze des Haufens. Diese nötigt der Hund dann durch Wehren, auf Befehl auch durch Griff oder Laut= geben, zu langsamerem Ziehen. In Süddeutschland wird dazu „komm

295

vor!" befohlen. Muß die weidende Herde aus irgend einem Grunde schnell zusammengenommen werden, so lockt der Schäfer die Schafe und gibt einen kurzen, scharfen Pfiff. Dann fährt der Hund um den Haufen und treibt die Schafe zusammen.

Beim Wehren vor der Frucht soll der Huud sich keine unnützen Wege machen. Wo es nötig ist, geht er vor dem weidenden Haufen in der Furche auf und ab — diesen Gang nennt man Wandel — bleibt wohl auch einmal stehen, um sich zu überzeugen, daß hinter seinem Rücken alles in Ordnung ist. Einzelne Näscher bringt der Huud durch kurzes Vorgehen auf den Trab, hartnäckige werden durch einen kurzen festen Griff gestraft. Dem geschlossen nach der Frucht vordrückenden Haufen muß sich der Hund entschlossen entgegen werfen.

Dersteht ein Hund es nicht, sich bei seinen Schafen in Ansehen zu setzen, so drängt der lüsterne Haufe immer stärker vor, zwingt schließ= lich einen weichen Huud zum Zurücktreten, trampelt wohl gar den stehen bleibenden unter den Vorderhufen nieder. Weiche Hunde erweisen sich also für den schweren Dienst, im engen Trieb, beim gespannten Hüten, als unbrauchbar. Nur bei den Lämmerhaufen großer Stammschäfereien können sie Verwendung finden. Jenen werden eigene Weideplätze angewiesen, auf denen der Nachwuchs rasch zu Kräften kommen soll. Da kann der „lämmerlucke" Hund, der nicht greifen, nur mit dem Fange anstoßen soll, den ganzen Tag faul neben dem Lämmerjungen im Schatten liegen.

Laut geben darf der Hund nur in bestimmten Fällen und auf Befehl. So beim Auspferchen, wenn die Schafe nicht heraus wollen, oder wenn es gilt, den ziehenden Haufen vor einem Marschhindernis, einem Engweg oder einer schmalen Brücke etwa, in die Länge zu ziehen, auch bei Lämmerherden statt des Greifens. Der norddeutsche Schäfer fordert durch „belle mal!" zum Lautgeben auf, oder er hebt den Arm und ruft „hurra!"; in Süddeutschland heißt es dazu „wie spricht der Huud?" Im Fränkischen wird übrigens vom treibenden und vom weh= renden Hunde dauerndes Lautgeben verlangt. Anderwärts nennt man solche Lärmer „Feldprediger", weil sie, wie diese wohl tadeln, aber nicht strafen, und sieht sie sehr ungern, weil sie Feldhüter und Landjäger unnötig auf die Herde aufmerksam machen. „Stockstill" nennt dagegen der Württemberger seinen Huud, der selbst bei „gesteifter" oder „ge= hetzter" Arbeit im engen oder „gespannten" Gehüt nicht laut wird.

Einen weichen Hund kann, wie wir sahen, der Schäfer nicht brauchen. Der Hund muß nicht nur dreist gegen das einzelne Schaf angehen, das unter allen Umständen größer und schwerer ist als er selbst, sondern auch gegen den geschlossenen Haufen, der gewaltige Kraft im Drücken hat und niedergeworfenes unter sich zertrampelt. Gegen bocksperrigen Widerstand und Naschgelüste kann sich der Hund nur durch rücksichtsloses Draufgehen und scharfe Griffe zur Geltung bringen. Der Griff soll kurz und fest sein, gegen das Schaf drückend, darf nicht lange an ihm zerren und schütteln; ein Hund, der nach dem Griff nicht von selbst abläßt, muß zum Ablassen auf kurzen Pfiff hin angelernt werden. Wilde Greifer und Beißer können schweren Schaden anrichten, deshalb muß beim Anlernen großer Wert auf Beibringen des richtigen Greifens

Abb. 239. Auf dem Heimweg.

gelegt werden. Unter Umständen kann auch der Biß gut greifender Hunde gefährlich werden: wenn die Hunde verwesendes Fleisch gefressen haben und mit den Zähnen Fäulniskeime in die Wunde bringen. Besonders gefährlich ist der Biß, wenn die Hunde Fleisch von an Gasbrand, Scherbrand oder ansteckendem Scheiden=Gebärmutterbrand verendeten Schafen gefressen haben, da dann leicht der Keimträger des „malignen Ödems" übertragen werden kann; solche Stücke sollten daher stets vernichtet und unter keinen Umständen den Hunden als Futter überlassen werden.

Der Griff selbst ist in den einzelnen Landesteilen verschieden; wie diese Unterschiede entstanden, habe ich im I. Abschnitt besprochen. Unsere Schäfer halten sehr hartnäckig an der bei ihnen geübten Griffart fest. Der norddeutsche Schäfer hält es für unmöglich, daß ein anderer als der Keulengriff geduldet werden könne. Der süddeutsche wieder will nicht einsehen, daß der Griff ins Genick, auf die Rippen nicht unerheblichen Schaden herbeizuführen vermag. Beim Genickgriff kann ein zu scharfer Hund den Hammel so drücken, daß dieser Genickkrampf bekommt; den Lämmern aber, die ja in Süddeutschland beim Hausen bleiben, durch Schütteln die Halswirbel abstoßen. Der Rippengriff dagegen kann, abgesehen von seiner Bedenklichkeit gegenüber tragenden Schafen, durch zu starkes Zerren zum „Hohlreißen" führen, das besonders bedenklich, weil der dadurch bewirkte Bluterguß zwischen Haut und Fleisch nicht sofort, sondern erst bei beginnender Verjauchung bemerkbar wird. Der Keulengriff wird nicht nur mit der Spitze des Fangs ausgeführt, der Hund faßt also nicht bloß mit den Fangzähnen, sondern er soll die Keule voll in den Fang nehmen und hauptsächlich mit den Backenzähnen eine quetschende Wirkung ausüben. Der Keulengriff ist somit der einzige Griff, mit dem der Hund das Schaf festhalten und nachhaltig strafen kann, ohne es dabei irgendwie zu gefährden. Da der Hund von außen in die Keule greift, kommt der Oberkiefer stets auf die innere Keulenfläche; der Hund schiebt dann unwillkürlich mit der Nasenkuppe das Euter zur Seite, so daß auch Euterbeschädigungen vermieden werden. Ein Hund, der zunächst versuchen sollte, den Keulengriff anders herum zu machen, d. h. daß der Unterkiefer auf die innere Keulenfläche kommt, berichtigt sich sehr bald von selbst. Der norddeutsche Keulengriff ist unstreitig der feinste Griff. Er soll den Heßhacken oberhalb des Sprunggelenkes treffen, da wo die dicke Keule beginnt; also nicht die Keule selbst, deren zartes Fleisch sonst geschädigt werden könnte, und auch nicht zu tief ins Sprunggelenk, da sonst Lahmheit die Folge wäre.

Im allgemeinen muß gelten, daß es nicht so sehr darauf ankommt, welche der drei Griffarten der Hund ausführt, sondern daß er in richtiger Weise greift. Falsche Greifer, Hunde, die in die Ohren, auf Kehle, Brust, Schulter, Bauch, Läufe oder schließlich in den Schwanz greifen, werden selbstredend von guten Schäfern nirgends geduldet.

Im Frühjahr und im Sommer, wenn alle Äcker bestellt, ist die Arbeit für die Hunde am schwersten. Ende Mai bis Mitte Juni findet die Schafschur statt. Nach dieser können zu fest greifende Hunde an den des Wollschutzes entbehrenden Schafen erheblichen Schaden anrichten. Deshalb werden in Süddeutschland, also dort, wo der Genick=

und Rippengriff üblich, durchweg die Spitzen der Fangzähne abgeseilt. Besonders scharfen Hunden lassen die Schäfer oft nur kurze Stummel

Abb. 240. An der Grenze vorm Kleeschlag.

stehen. Ja, ich habe sogar Hunde gesehen, denen während des Hütens ein eiserner Zaum in den Fang eingelegt wurde, um ein zu

festes Beißen auszuschließen. Zu seiner Arbeit sind derartige Wildlinge
— „Kloben", „Schinder" oder „Prügel" nennt sie der württemberger
Schäfer — selbstverständlich nicht brauchbar. Wo solche verlangt wird,
müssen sie von der Schafherde verbannt werden.

Stramme Tage für den Gebrauchshund kommen in der Zeit der

Abb. 241. Schafwä che n Württemberg. 1. Tag: Eintwe ch n.

meist der Schur vorangehenden Schafwäsche. Unseren Schäfern stehen
neuzeitliche Dippanlagen, wie ich sie in den Bildern aus Deutsch=
südwestafrika vorführte, meist nicht zur Verfügung. Sie behelfen sich
in gut altväterlicher Weise, wie die nebenstehenden Aufnahmen aus
der Ulmer Gegend beweisen, die ich Schäfer L. Braunwart=Langenau

verdanke. Auf dem erſten Bilde werden die Schafe (Hintergrund, links, vor den weißgekalkten Obſtbäumen) durch den Hund in den aus Brettern gebildeten „Trichter" getrieben, wobei ſie ſich ſtets recht ſtörriſch zeigen. Aus dem Trichter werden ſie ins Waſſer geworfen und dort mit den Krücken untergetaucht; rechts vorn verlaſſen ſie dann tüchtig ein=

Abb. 2 2. Schafwäſche in Württenberg. 2. Tag: Schlagwäſch

geweicht den geſtauten Graben und werden zum gründlichen Durch= weichen über Nacht naß in den Stall eingeſtellt. Am folgenden Tage werden die Schafe — Bild 2 — an anderem Ort wieder in den Trichter getrieben, an deſſen Ende abermals ins Waſſer geworfen und dort von in Kufen ſtehenden Männern unter den ſcharfen Waſſerſtrahl gehalten,

301

damit aller Schmuß gründlich aus der Wolle geschlagen wird; daher der
Name Schlagwäsche. Das Schöpfrad zum Hochheben des Wassers be=
findet sich im Holzverschlag der Mühle links hinten. Die gereinigten

Abb. 243. Schäfers Heimkehr.

Schafe kommen dann durch den Graben vorn rechts wieder an Land und sind nach zwei Tagen guten Trockenwetters zum Scheren bereit.

Einzelne von der Herde abgekommene Stücke muß der Huud wieder aufsuchen und zurücktreiben, unter Umständen auch eine ganze auseinandergesprengte Herde wieder zusammenbringen. Dazu langt das Auge meist nicht mehr, die Hunde arbeiten dann auf der Spur, bis sie ihre Schafe aufgefunden haben. Die haben für die Hundenase solch bestimmte Haufenwitterung, daß gute verständige Hunde durcheinander gekommene Schafe verschiedener Haufen wieder zu trennen, die eigenen aus einem fremden Haufen herauszuholen verstehen.

Erwähnt sei schließlich noch, daß allein bei der Herde zurück= gelassene Hunde auch heute noch oft genug Gelegenheit haben, als Wächter gegen Schafdiebe aufzutreten; ein guter Herdenhund muß also auch Schneid auf den Mann haben, zeigt ohnehin gegen jeden Fremden scharfes Mißtrauen, das oft genug in frühzeitige Abwehr übergeht. Ist ein Schafdiebstahl in Abwesenheit von Schäfer und Huud vorgekommen, verstehen unsere Gebrauchshunde es auch, trotz dem besten Polizeihunde auf der Diebesspur zu arbeiten.

Von der guten Nase und der verständigen Arbeit von Herden= hunden gab Löns einst einen prächtigen Bericht in der SD.=Zeitung: „Um einen heimlichen Bock auszumachen, lag ich an einem Julimorgen noch vor Tau und Tag am Abhange eines Berggipfels, vor mir eine zerrissene, von Schluchten und Erdfällen durchzogene, wellige Hoch= ebene, wo eine große Schafherde auf dem Brachlande eingepfercht war. Jungfüchse spielten nicht weit davon vor dem alten Mutterbau im Kalkfelsen und die alte Fähe meldete sich von weitem mit heiserem Bellen. Die Schafe wurden unruhig, preßten gegen die Hürde und warfen schließlich eine Wand nieder. Nun zerstreute sich die Herde in wilder Flucht in der ganzen Gegend, so daß kein Stück mehr zu sehen war. Nach einiger Zeit kam der Schäfer mit seinen zwei Hunden. Auf sein Gesicht war ich sehr neugierig; aber als er den Schaden sah, richtete er seelenruhig die Hürde wieder auf, rief den Hunden ein Wort zu, die im Galopp losgingen, und setzte sich auf seinen Karren, um zu früh= stücken. Bald hörte man den hellen Laut der Hunde, Schafe kamen von allen Seiten heran gejagt, bald hier, bald dort tauchte in der Ferne ein flüchtiger, laut jagender Hund auf und noch keine Viertelstunde war herum, als alle Schafe wieder in der Hürde waren. Das war eine Nasen= arbeit, wie man sie sich großartiger nicht denken kann. Aber man weiß nicht, was man mehr bewundern soll: die kluge Arbeit der Hunde oder das Vertrauen des Schäfers in seine vierläufigen Gehilfen."

Weitere Beispiele gab am gleichen Ort Schafmeister M. Wald in Massing, Niederbayern: „Der Schafmeister August Wald, Rittergut Cannena bei Halle a. S., hatte einen Hund „Marsch", der zur Sommer= zeit häufig die Schafe auch allein hüten mußte. Das wäre ja an und für sich nichts besonderes, aber die Schafe zur bestimmten Zeit allein nachhause bringen, ohne Schaden zu machen, ist doch immerhin wohl eine gute Leistung. Und das ging so zu: die Frau des Schafmeisters Wald hatte das Füttern der Schweine auf dem Gute übernommen. Wenn aber im Sommer viel Feldarbeit war, ging die Frau gewöhnlich

303

auch noch aufs Gut zur Arbeit. Dann mußte sie aber ihr Mann beim
Schweinefüttern vertreten und „Marsch" hütete gewissenhaft allein
weiter. Eines Tages wurde Wald länger als sonst bei seiner Arbeit
aufgehalten. Nach 7 Uhr abends (um diese Zeit trieb er gewöhnlich
heim) kam „Marsch" mit der ganzen Herde vor dem Hoftor an. Wir
dachten nun, die Schafe seien „Marsch" davon gelaufen, aber durch
absichtliches Fernbleiben und verstecktes Beobachten seines Hundes kam
Wald dahinter, daß dies nicht der Fall war. Wenn es auf 7 Uhr ging,
wurde „Marsch" unruhig, lief 3—4mal mit gespitzten Ohren von der
Herde fort gegen die Schäferei zu, um zu sehen, ob denn noch niemand
komme, ihn zu holen. Natürlich ging niemand hinaus, denn Wald
wollte sehen, was „Marsch" anfange. Der besann sich denn auch nicht
lange, er trieb die Schafe ganz ruhig von der Weide auf den Weg hinaus
und wie die Herde im Zug war, marschierte er ganz schön voran, dabei
aber fleißig beide Seiten im Auge behaltend, daß ja kein Schaf etwas
stehlen konnte. Das hat „Marsch" später
noch so oft getan, daß es Wald ganz
selbstverständlich vorkam; auch uns
beiden Knechten."

· Weiter berichtete Wald wie
folgt: „Schafmeister Franz Meinhardt,
Rittergut Nienberg bei Halle a. S.,
hatte einen Hund „Grenz"; ich war
dort Lämmerjunge. 1870 mußte auch
unser Schafknecht einrücken und Mein=
hardt mußte sich um Ersatz umsehen.
Er bekam ihn von Giebichenstein bei
Halle a. S.; Wilhelm D. war aber kein
Verächter von einem guten Schluck
Nordhäuser. Seine Weide lag über der
Bahnstrecke Halle—Magdeburg. Eines
Tages hatte er etwas über den Durst
getrunken und schlief bei seiner Herde,
die auf Esparsetteweide war, ein. Als

die Schafe sich satt gefressen, marschierten sie gemütlich heimwärts,
„Grenz" mit. Der Schnellzug von Halle war signalisiert und die
Schranke schon zu. Als die Herde in die Nähe des Bahnüberganges kam,
brauste auch schon der Zug heran. Bahnwärter Silber erzählte uns
später oft, er habe nicht anders gedacht, als wie die halbe Herde gehe
zugrunde. Aber weit gefehlt! Nicht ganz bis zur Achtungstafel ließ
„Grenz" die Schafe ziehen, dann lief er vor und keines der Schafe durfte
mehr einen Schritt weiter. Kaum war die Schranke offen, ging „Grenz"
an die Seite und der Marsch nachhause wurde fortgesetzt. Bahnwärter
Silber hat dann später den Knecht aufgeweckt."
Wald schließt dann mit folgendem: „Als ich noch Oberschäfer in
Schloß Arnstorf, Niederbayern, war (Guts= und Domänenpächter
B. Lorenz aus Geismar in Thüringen) hatte ich einen Hund „Karo"
mit Namen. Daß dieser ganz allein die Schafe auf die Weide trieb und
zuverlässig hütete, wußte jeder. Auch im Aufsuchen verlorener Schafe

stellte er seinen Mann. Hiervon ein Beispiel: Wir Schäfer waren alle Protestanten und hatten zu unserer Kirche vier Stunden zu gehen. Einer der Knechte bat um Erlaubnis den Gottesdienst besuchen zu dürfen und ging dann schon Sonnabend nachmittags fort, ein Tagelöhner mußte seinen Haufen hüten. Sonntag früh ging ich die Stallungen durch,

Abb. 245. Feldgrauer Schäfer. Aufgen in der Gegend von Arras, Nordfrankreich.

da kam mir der Stall von dem Knecht, der zum Besuch der Kirche be= urlaubt war, so leer vor. Ich teilte dem Verwalter Vogt aus Geismar, der mir gerade in den Weg kam, meine Mutmaßung mit und wir zählten dann beide den Haufen durch; es fehlten 63 Schafe. Daß das erst seit

v Stephaniz, Der deutsche Schäferhund

dem vorhergehenden Tage fein konnte, wußte ich. Nun begann das Suchen. Ich nahm meinen „Karo" mit vor die Ortschaft hinaus in der Richtung, aus der der Tagelöhner tags zuvor eingetrieben. Dort gab ich ihm das Kommando: „Karo fuch!" und fort ging es. Ich fuchte dann felbft auch die ganze Weide und die angrenzenden Waldungen allein ab, fand aber keine Spur; von meinem „Karo" fah und hörte ich auch nichts mehr. Schon wußte ich mir keinen Rat mehr, da kam ein Bote mit der Meldung, ich folle nachhaufe kommen, die Schafe feien fchon gefunden. Der Tagelöhner mußte auf feinem Heimweg durch eine Waldung treiben, gleich am Rande des Waldes aber war eine Breite Rotklee. Hier blieben ihm die vermißten Schafe wahrfcheinlich hängen; als fie fich fatt gefreffen hatten, gingen fie aber nicht nach Haufe, fondern einem Feldweg nach, der zu dem Acker hinführte, auf dem im Herbft vorher der Pferch geftanden. Hier legten fie fich in einen daneben be= findlichen Hopfengarten. „Karo" fand fie hier und brachte fie auch glücklich allein nach Haufe. Gegenwärtig befitze ich einen Hund „Radus", geworfen im November 1901, den ich im Frühjahr 1902 zum erftenmal zur Herde brachte. Im Herbft diefes Jahres hütete ich mit dem noch nicht jährigen Hunde auf einem ungefähr 360 m langen, aber bloß 25 m breiten Acker neben dem hiefigen Bahnhof. Rechts ftand auf einem ebenfo langen Acker Klee, links war umgeackert. Als die Schafe richtig im Zuge waren, dachte ich: „Könnteft dir jetzt auch einen Liter Bier überlegen" und ging in die nächftgelegene Brauerei. Als ich nach einiger Zeit wieder zu meiner Herde kam, fagte mir der Bahnexpeditor Refch und fein Adjunkt Sicker: Schäfer, jetzt haben wir Ihrem Hund eine gute halbe Stunde beim Hüten zugefehen, weil wir dachten, einmal muß ihm doch ein Schaf in den Klee hineinkommen. Aber wäre der Acker noch fchmäler, fo wäre ihm doch keins herausgekommen, fo fleißig ift er beim Hüten."

In früherer Zeit, als die Bodenwirtfchaft noch lange nicht die heutige Höhe erreicht hatte, hingen die Schäfer in Württemberg — ähnliches hörte ich aus Böhmen und ähnliches fah ich vor kurzem noch felbft in Serbien, auch in Schlefien — mehreren Schafen ihrer Herde abgeftimmte Glocken an, um der weidenden Herde Leben und Klang zu geben; die Holzteile fchnitzten die Schäfer felbft. Später, als die Boden= bebauung zunahm, wurden diefe Glocken mit Vorliebe Näfchern an= gehängt, die abends gern zurückblieben und fich vom Eintreiben zu drücken verftanden; die Abrichtung der Herdenhunde ftand damals dort noch nicht fo auf der Höhe, daß der Schäfer feinen Huud im Dunkeln allein zum Einholen der Drückeberger hätte fchicken können. Auch folchen Näfchern, die nachts über die Hürde fprangen, wurden Glocken angehängt. Denn kehrte der Durchgänger, durch aufgehende Feldhühner etwa er= fchreckt, im Galopp zum Pferch zurück, brachte er dort die ruhende Herde in Aufregung, die dann ausbrechen und großen Schaden anrichten konnte. Hörten die Schafe aber das herankommende Geläut, fo wußten fie wer der Ankömmling war und blieben ruhig. Auch der Schäfer hatte, wenn er die verfchiedenen Glocken hörte, die Gewißheit, daß feine ungetreuen Schäfchen alle zur Stelle. Schließlich wurden auch kranken, namentlich an Drehkrankheit leidenden Schafen Glocken angehängt.

Der Schäferberuf erfordert einen ganzen Mann. Der muß nicht nur körperlich leistungsfähig, wetterfest und anspruchslos sein; auch hohe seelische Tugenden werden von ihm gefordert: Schlichtheit, Ehrlichkeit, Gewissenhaftigkeit und Treue; sein Hund hat sie von ihm. Hirtentreue ist uraltes Lob, wurde von der Kirche übernommen, deren hohe Würdenträger heute noch im Krummstab das Schäferwahrzeichen führen. Und doch galt der Schäferstand einst für unehrlich. Nicht bloß weil häufig das Abdeckereigewerbe damit verbunden war. Vor allem wegen des Verdachts der Zauberei und geheimem Wissen nicht fernzustehen. Daß

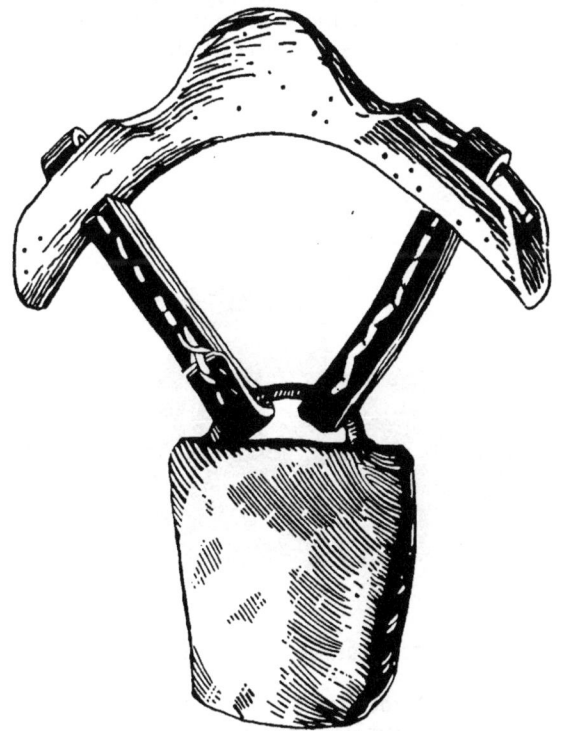

Abb. 246. · Württembergische Schafglocke aus früherer Zeit.

in letzterem einzelnen Schäfern noch heutigen-Tages besondere Erfahrungen zugetraut werden, ist sattsam bekannt. Der Wunderschäfer Ast in der Heide war nicht der einzige Heilkünstler, zu dem Gläubige auch von weither strömten. Im übrigen ist es nicht verwunderlich, daß gerade der Schäferberuf hellen Köpfen unter seinen Angehörigen auf Erfahrungen beruhende Kenntnisse verschafft. Leben sie doch in steter, inniger Berührung mit der Natur. Steht ihnen doch reichlichste Zeit und Gelegenheit zum Beobachten der Lebensvorgänge zur Verfügung. Auch bedarf der Schäfer recht ansehnlicher Kenntnisse über sachgemäße Pflege und Haltung seiner Schutzbefohlenen, will er seinen

20*

Dienſt in rechter Weiſe erfüllen oder als ſelbſtändiger Mann ausreichen=
des Einkommen aus ſeinem Beruf erzielen.

Erſt im Jahre 1704 wurde der Schäferſtand durch kaiſerliches
Edikt ehrlich geſprochen. Wenige Jahre ſpäter ſchenkte der Kaiſer den
Schäfern einen Wappenbrief und verlieh ihnen die Rechte einer Zunft
mit Siegel, Lade und Fahne. Doch hielten die Schäfer ſchon von jeher
zuſammen; hielten auch auf ſich und auf Vererbung des Gewerbes.
Anderem Hofgeſinde gegenüber wußten ſie ihre bevorzugte Stellung zu
wahren und ſelbſtändiger Schäfer Wort galt auch in der bäuerlichen
Gemeinde. Gutsherrſchaft und Schäfergeſchlecht waren in früherer
Zeit bodenſtändig, teilten Leid und Freud miteinander, Gut und Schäferei
vererbten ſich von Vater auf Sohn. Bei ſelbſtändigen Schäfern machten

Abb. 247. Thüringer Schäfer in alter Tracht.

oft deſſen verheiratete Brüder den Knecht, während die gut ausgeſtatteten
Schäfertöchter auf Bauernhöfe einheirateten.

Die neue Zeit mit ihrer Freizügigkeit, die Anziehungskraft der
Städte, vor allem auch der Rückgang der Schafzucht hat da leider manchen
Wandel geſchaffen. Beſchaffung und Ausbildung tüchtigen Nachwuchſes
machte daher immer mehr Schwierigkeit, daher die Deutſche Landwirt=
ſchafts=Geſellſchaft neuerdings auch der Heranbildung von Schäferlehr=
lingen beſondere Aufmerkſamkeit widmet. Die bequemen Zeiten, da die
Schäfer mit dem Strickſtrumpf zum Hüten antraten, ſind freilich vorbei,
doch bietet der Beruf für einen an Leib und Seele noch geſunden Burſchen
auch heute noch genug verlockendes und zwar beſcheidene, aber ſichere
Ausſichten für die Zukunft. Zur Wahrung ihrer Angelegenheiten haben
ſich allerorten Schäfervereine zuſammengetan, die ſich vor kurzem zum
„Reichsbund deutſcher Schäfervereine" zuſammenſchloſſen.

308

Welche Bedeutung ein guter Schäferstand für unsere Zucht hat, brauche ich an dieser Stelle nicht zu betonen. Aber auch die Schäfer

Abb. 248. Der alte Schäfer.

können, und sollten, aus unseren Bestrebungen Vorteil ziehen: ebenso wie wir unseren Zuchten immer wieder frisches Gebrauchsblut zuführen müssen, sollten auch sie, um das Gebrauchsgebäude ihrer Hunde zu verbessern, in ihre Stämme das Blut guter, nicht überzüchteter Rüden bringen. Ferner wäre regere Beteiligung an den Preishüten erwünscht, die der SV. seit 1901 abhält. Auch nicht zu unterschätzende wirtschaft= liche Vorteile könnten sie sich durch Hand=in=Handgehen mit uns sichern, durch Aufzucht und Abrichten von Junghunden städtischer Liebhaber, vor allem aber durch regelmäßige Zucht gesunden Dienſthundnach= wuchses, nach dem vom Staat wie von den Gemeinden immer ſteigende Nachfrage kommen wird. Da vorzuſorgen und dabei auch sich selbſt zu nützen, wären die Schäfer mit ihren tüchtigen Gebrauchshunden und bei ihrer harten, aber geſunden Aufzucht die gegebenen.

Für den einzelnen Schäfer rechnet man einen Haufen von durch= schnittlich 250—300 Köpfen zum Betreuen in allen Angelegenheiten; bei stärkeren Herden auf großen Gütern müſſen daher mehrere Schäfer eingestellt werden, die dann einem Schaf= oder Schäfer= meiſter unterſtehen. Schäfer= meiſter wäre wohl die ſprach= und ſinngerechtere Bezeichnung, Schafmeiſter iſt aber eingebürger= ter und schon aus alter Zeit so bekannt. Der Schafmeiſter iſt eintretendenfalls die rechte Hand des Schäfereidirektors; wo ein solcher nicht vorhanden, iſt er für den geſamten Schafbeſtand des Gutes verantwortlich. Ihm unterſtehen die Schäfer, auch Schafknechte oder Schäfergehilfen, ferner die Schäferlehrlinge und auf Stammſchäfereien der Läm=

Abb. 249. Deutſcher Schäfer in Slavonien.

merjunge, der übrigens oftmals ein altgedienter, zu anderem Dienſt nicht mehr leiſtungsfähiger Schäfer iſt. Auch die einzelnen Angeſtellten einer kleineren Schäferei oder eines bäuerlichen Schafhalters heißen Schäfer, und Schäfer nennt sich gleichfalls der selbſtändige oder der von einer Gemeinde oder Ge= noſſenſchaft angeſtellte.

Als nach den großen Kriegen des 17. und auch des 18. Jahr= hunderts die Schafzucht durch Einführung feinwolliger Raſſen bei uns und auch in den im Oſten und im Süden angrenzenden Ländern hoher Blüte entgegenging, kamen deutſche Schäfer mit Zuchttieren vielfach auch nach Polen, Öſterreich und Ungarn. Namentlich der ungariſche Aufſchwung, Ende des 18. Jahrhunderts, lockte viele ſüddeutſche Schäfer dorthin. Manche machten sich dort ſeßhaft und deutſcher Tüchtigkeit und Zuverläſſigkeit konnte, trotz inneren Widerſtrebens, die Anerkennung nicht verſagt werden. Deutſche Schäfergeſchlechter blieben nach E. v. Robiczky, dem ich auch die Bilder aus dem Schäferleben Ungarns ver= danke, nicht bloß auf den großen Gutshöfen, ſondern machten ſich auch mit Meng= und Satzſchäferei ſelbſtändig. Die Töchter ſolch reicher Pußten= meiſter wurden ſpäter von verarmten Edelleuten ſtark begehrt, viele ihrer Enkel ſind heute mit verungariſchten Namen Großgrundbeſitzer.

Abb. 250. Schäferleben in Ungarn.

Der landeseingeborene Schäfer dagegen ſtand in Ungarn in minderem Anſehen; die ſtolz berittenen Roß= und Rinderhirten und die wilden Schweinehirten ſahen auf ihn, der höchſtens auf einem Eſel trottete, verächtlich herab. Die Wanderſchäfer wurden als „Fremdlinge" (Walachen) bezeichnet, denen die erbgeſeſſenen Beſitzer wenig wohl= geſinnt waren, weil ſie ſich auf Grund alter Bewilligungen das Weide= recht auf fremdem Grund nahmen, wo es ihnen gut dünkte. Wie überall alten Gebräuchen hold, hatten ſich auch die ungariſchen Schäfer zu eigenen Gilden zuſammengeſchloſſen, die zäh an ihren Gebräuchen hängen und zu beſtimmten Zeiten beſondere Feſte feiern. Daß in den Donauländern vielfach auch ohne Hund gehütet wird, wo der Herden= ſchützer nicht mehr, der Hütehund aber noch nicht benötigt wird, ſagte ich ſchon im I. Abſchnitt. Flinkbeinige Schäferjungen übernehmen dort, wie auch in Spanien und anderen Gegenden mehr, peitſchen= knallend die Rolle des Hundes.

Von unseren Schäfervereinen sprach ich schon. Sie ersetzen die alten Zünfte und Gilden, deren Bräuche in festfreudigen, treu am alten

Abb. 251. Ungarische Wanderschäfer mit dem Wahrzeichen der Besitznahme eines Weideplatzes. Gegend von Kún=Szent Miklos, Pester Komitat.

hängenden ländlichen Gegenden noch immer gefeiert werden. So auf der Schwäbischen Alb, die von jeher eine besondere Schäfergegend gewesen ist. Der Sitz der Haupt=

Abb. 252. Schäfer einer rumänischen Schäfergilde aus Fogaras, Siebenbürgen.

lade war dort Markgröningen, Nebenladen kamen in Urach, Heidenheim a. d. Brenz und Wildberg bei Nagold dazu. An all diesen Orten kamen, meist in jedem ungeraden Jahr, die Schä= fer an bestimmten Tagen im Juli oder August von weit und breit zu Schäfertagen zusammen, auf denen Berufsangelegenheiten verhandelt wurden. Selbstver= ständlich waren damit aber auch Festlichkeiten verbunden, die ihrer Eigenart wegen zahlreiche Zu= schauer anlockten. Den Schäfer= markt eröffnet nach Blasen der Tagwache ein Festzug unter den Klängen des alten Schäfer= marsches, das Hauptzugstück da= bei bildet die Schäferfuhre von 1724. Nach der Kirche finden auf

312

dem Festplatz allerlei Wettspiele und Tänze um ländliche Preise statt:
an erster Stelle der „Schäferlauf", Wettläufe der Schäfer und barbeini-
ger Schäferinnen, auch ein Wettlauf der Wasserträgerinnen mit ihren
kranzgeschmückten blinkenden Kupfergelten; dann ein Hahnentanz⸗ und

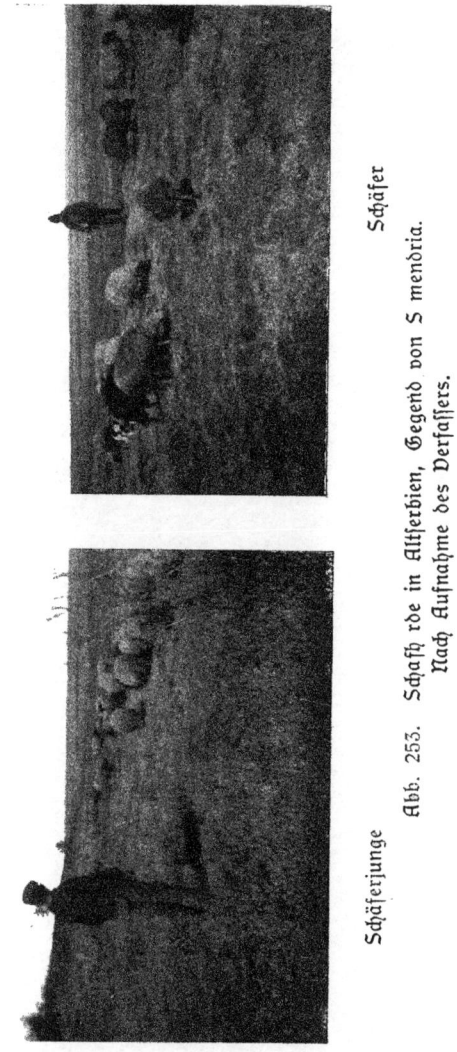

Schäfer

Abb. 253. Schafhʒrde in Altserbien, Gegend von S mendria.
Nach Aufnahme des Verfassers.

Schäferjunge

ein Bechertanz. Bei jenem wird derjenige Fahnenschwenker Sieger,
bei dem ein Hahn zu krähen geruht; beim Bechertanz aber fällt der Preis
dem Tänzer oder der Tänzerin eines Paares zu, dem es gelingt, durch
seinen Partner einen erhöht aufgestellten gefüllten Becher herunter⸗

zustoßen. Für die Jugend gibt es Sacklaufen und ähnliche Freuden, zum Einkaufen von Nötigem und Überflüssigem ist natürlich auch reich= lich Gelegenheit.

Daß deutsche Schäfer sangesfreudig sind und zahlreiche schöne Lieder haben, darunter auch manche vom Volksmund gewoben oder

Abb. 254. Marschweide.

einem Berufsgenossen von den Lippen geflossen, bedarf wohl kaum besonderen Hinweises. Der „Deutschen Schäferzeitung" (Berlin und Wanzleben) gebührt das Verdienst, eine erste Sammlung solcher Lieder

zu einem hübschen Bändchen vereinigt zu haben. Außer dieser Zeitung
tritt noch die „Süddeutsche Schäferzeitung" (Stuttgart) für das Schäfer=
wesen ein, für Schafzucht aber neben den verschiedenen landwirtschaft=
lichen Zeitschriften die „Zeitschrift für Schafzucht" (Hannover).

Im deutschen Sprichwort ist der Schäfer und sein Hund selbst=
verständlich auch vertreten. Ich entnehme der Kelling schen Sammlung
die nachstehenden: „Wie der Hirt, so der Huud", „Böse Schäfer lieben
bissige Hunde", „Böse Hunde — zahme Schafe", „Saule Schäfer haben
gute Hunde", „Wenn der Schäfer will, muß der Hund beißen". Dann
„Wenn sich die Schäfer um die Hunde zanken, haben es die Hunde

Abb. 255. Kuhhirt mit Schäferhund, Süddeutschland.

besser als die Schafe", „Man kann nicht Schäfer und Huud zugleich
sein", „Wenn der Huud wacht, mag der Hirt schlafen". Schließlich
„Während der Hund bellt, frißt der Wolf die Schafe", aber „Wenn sich
auch zwei Hunde beißen, kommt ein Wolf, sie werden ihn zerreißen"
und „Bösem Hunde weicht der Wolf aus". Aus dem Plattdeutschen
stammt das nette Wort des Schäfers zu seinem Hunde: „Sree (heirate)
man erst, dann schallst den Stert wohl hangen laten."

Damit wären wir wieder beim Hunde. Daß dessen eigentlicher
Dienst der bei den Schafen, sagte ich schon. Er geht aber auch bei jedem
anderen Vieh und weiß sich der immer andersartigen Arbeit dort anzu=
passen. Zu den Schweinen gehören besonders feste Hunde, denn das
Landschwein auf der Weide ist noch ein trotziger Gesell und hat keine
Schafsgeduld. Ein Mutterschwein oder ein Eber kann böse, selbst blutige

Schläge austeilen, ja ein alter Eber nimmt wohl gar den Hirten oder fremde Leute an; da muß der Hund dann einspringen und den bösen zur Vernunft bringen. Der Griff soll beim Schwein in die Keulen gehen,

Ab. 256. Giehüten.

auch Ohrgriff ist in Süddeutschland zugelassen, der empfindliche Schwanz darf aber nicht gefaßt werden. Im übrigen ist beim Treiben und Weiden der Dienst des Schweine- oder Sauhundes der gleiche wie der des Schäfer-

hundes. Bei Großvieh sieht man nicht selten, namentlich im Harz,
ganz kleine Katzen. Beim Großvieh macht es auch nicht die Masse,
sondern Schneid und Geschick, weil der Hund da eine Handbreit über den
Hinterfesseln greifen soll und gleich nach dem Griff beiseite springen
oder sich hinwerfen muß, will er nicht einen sehr derben, oft „unheil=
baren" Tritt vor den Kopf kriegen. Jeder andere Griff ist verboten,
namentlich darf der Hund nicht gegen Bauch oder Euter springen,
dagegen soll er bei Großvieh Laut geben. Gelegentlich sieht man Schäfer=
hunde auch bei weidenden Pferden — angespannte Pferde „hüten"
unsere Hunde ohnehin sehr gern und zuverlässig, lassen sie nicht von der
Stelle — und im Osten bei den großen Gänseherden. Dazu müssen die
Hunde recht sorgfältig ausgesucht werden, denn die Gans ist frech und
weiß ihren Schnabel wohl zu gebrauchen, verträgt ihrerseits aber keinen
Griff. Als die Gänseherden früher ihren Marsch aus dem Posenschen
nach dem Berliner Markt zu Fuß antraten, liefen gleichfalls Schäferhunde
zum Treiben mit; ihnen brauchten vorm Abmarsch freilich nicht wie
ihren Schützlingen die Sohlen durch Treiben über flüssiges Pech gehärtet
zu werden.

Was von den Gebrauchshunden des Schäfers nicht beim Vieh
unterkommt oder was sich dort als untauglich erweist, findet immer
noch eine Verwendung. Zumeist als Wachhund auf den Höfen. Der
Bauer verlangt einen scharfen, zuverlässigen Wächter, der niemals im
Wege, aber immer zur Haud, der keine Haltungsschwierigkeiten macht
und kein Kostverächter ist. Einen besseren und treueren als unseren
Schäferhund kann er nicht finden. Die größeren und schwereren Stücke
werden von Fleischern und Viehhändlern begehrt, die sie zum Vieh=
treiben brauchen — auch dabei wird Lautgeben verlangt — und gern
einen zuverlässigen Begleiter bei sich haben, wenn sie mit gefüllter
Brieftasche über Land müssen. Im Holsteinschen, wohl auch noch ander=
wärts, mußten Schäferhunde früher auch in den Trommeln der Butter=
fässer laufen, um die in Gang zu bringen; jetzt sind sie in diesem Dienst
ja wohl endgültig durch Kleintriebwerke ersetzt. Von der jagdlichen
Verwendung unserer Gebrauchshunde schließlich sprach ich schon oben,
ebenso davon, daß Schäferhunde an der Nordseeküste selbst als Fischer=
lotsen dienen.

Auch der Liebhaber wählte den Schäferhund als Hovawart,
als Wach= und Begleithund, dann erst erkannte er seinen vollen
Wert, lernte er Schäferhundwesen und =anlagen schätzen. Damit setzte
des SD. Fürsorgetätigkeit ein: er versuchte den Schäferhund in den beiden
damals schon vorhandenen Zweigen des Diensthundwesens unter=
zubringen, bei den Kriegshunden und bei den Sanitätshunden; darüber
werde ich anschließend berichten. Weil diese beiden Berufe aber doch
nur einen geringen Bestand an diensttuenden Hunden aufnehmen
konnten, riet der SD. den Schäferhundliebhabern, ihre Hunde im Hin=
blick auf solche Dienstverwendung im Bedarfsfall abzurichten und ihnen
auch eine regelrechte Erziehung und Ausbildung zum Schutzhund zu
geben.

Daraus entwickelte sich dann das heutige Polizeihundwesen;
da das dann in der Diensthundbewegung führend wurde, sei es hier

Generalfeldmarschall v. Hindenburg, Ehrenmitglied des SV,
mit seinem Schutzhunde Agilo vom Unstruttal SZ. 90173 Ph.

auch an erster Stelle besprochen. Die guten Erfahrungen beim Abrichten unserer Hunde und Nachrichten der Auslandpresse über Versuche mit belgischen Schäferhunden im Sicherheitsdienst der Polizei ermutigten den SD. schon im Jahre 1901 den deutschen Polizeiverwaltungen ähnliche Versuche nahezulegen. Der SD. stellte sich dazu mit seinen Erfahrungen, seinen Mitteln und seinen Hunden zur Verfügung, ließ schon Anfang des folgenden Jahres die erste Vorschrift zur Verwendung und Ausbildung von Polizeihunden erscheinen*), stellte eine Prüfungsordnung auf und begann 1903 mit dem Abhalten regelmäßiger Leistungsprüfungen. Die Anregung des SD. fiel im allgemeinen auf günstigen Boden — Spott und Anfeindung blieb natürlich auch nicht aus — und als neben der anderer Großstädte auch die Berliner Polizeiverwaltung, damit also das Ministerium des Innern gewonnen war, da war die Schlacht auf der ganzen Linie gewonnen. Das Ministerium ließ durch den leider zu früh verstorbenen Polizeimajor Klein in Grünheide bei Berlin eine staatliche Zucht- und Abrichteanstalt für Polizeidiensthunde einrichten, ähnliche, gemeindliche Anstalten folgten in Graudenz und Iserlohn, große Verwaltungen richteten ihre eigenen Lehrgänge für Diensthundführer ein, u. a. die Berliner Kriminalpolizei unter Kriminalkommissar Leonhardt, und auch die Gendarmerieschulen, hier namentlich Wohlau i. Schles., nahmen sich dieser Ausbildung an. Das war nützlich und nötig, vor allem auch die einheitliche Regelung der Ausbildung und Verwendung. Denn, wie es wohl bei jeder neuen Bewegung geht: die Erfolge einiger altbewährter hundekundiger Führer hatten bei der großen, just auf diesem Gebiet gänzlich unerfahrenen Masse den Glauben erweckt, es brauche nur ein „Polizeihund" beschafft zu werden und damit sei alles getan. Fehlschläge infolge ungenügender Ausbildung oder ungeschickter Führung, Verwendung der Hunde an unrechter Stelle, auch überschwängliche Hoffnungen, die aus Mangel an Sachkenntnis auf die Diensthundsache gesetzt wurden, hätten einen bösen Rückschlag herbeiführen können. Und wenn auch bei dieser staatlichen Regelung durch Kleins Nachfolger in Grünheide, dem durch seine Schriften über Abrichtung bekannt gewordenen Polizeileutnant Most in bezug auf die Verwendung des Hundes im Ermittelungsdienst zunächst zu einseitig ablehnend vorgegangen wurde, so schadete auch das nicht, spornte im Gegenteil alle überzeugten Vertreter der Verwendungsmöglichkeit des Hundes just auf diesem Gebiet zu eifrigerer Arbeit an. Heute hat auch Grünheide seinen ablehnenden Standpunkt aufgegeben, unter dem derzeitigen Leiter, Polizeileutnant Schoenherr, wird eifrig wieder auf der Spur gearbeitet.

Doch ich habe hier vorgegriffen, gab schon ein Bild der Entwicklung des Polizeihundwesens, ohne darzulegen, welche Aufgaben dem Polizeihunde zufallen. Wir müssen hier zwischen einer Verwendung im Sicherheits- und einer solchen im Ermittelungsdienst unterscheiden, in beiden Fällen aber im Auge behalten, daß der Hund — wie in allen Fällen, wo er verwendet wird — nur ein Hilfsmittel sein kann,

---

*) Der deutsche Schäferhund als Diensthund, von Rittmeister von Stephanitz, XII. Aufl., 1920. Siehe darüber und die anderen vom SD. verlegten Diensthundschriften die Ankündigung im Anzeigenteil.

1 2 3 4 5 6 7
Staatliche Zucht- und Abrichteanstalt Grünheid i. d. Mark   Abschlußprüfung des ersten Lehrganges nach dem Kriege.

320

um seinem Führer die Erfüllung der ihm gestellten Aufgaben zu er=
leichtern und zu ermöglichen.

Im Sicherheitsdienst ist der Hund der unersetzliche Begleiter
des Beamten, namentlich im Nachtdienst, aber auch zu jeder anderen
Zeit bei gefährlichen Aufträgen. Beim Nachtdienst kommt es besonders
auf das sorgfältige Abstreifen abgelegener oder unübersichtlicher Bezirke
an, winkeliger, verrufener Gegenden des Stadtinnern und mancher
Vororte. Ferner der Außenbezirke mit wenig Nachtverkehr, ausgedehnter
Anlagen, der Flußufer und ähnlicher Orte, die mit ihren dunklen Ecken
und Torbogen, mit leerstehenden Bauten oder Schuppen, im Buschwerk,

Abb. 259. Angriff auf einen Beamten

in Strohdiemen, hinter Lagerstapeln und unter Brückenbogen licht=
scheuem Gesindel gern aufgeuchtens Unterschlupf gewähren. Hier
unterstützt der Hund seines Führers Auge und Ohr, macht ihn auf das
kleinste Geräusch aufmerksam, das den stumpferen Sinnen des Mannes
entgangen. Sein Spürsinn, seine stete Aufmerksamkeit, Rastlosigkeit
und Beweglichkeit zeigen dem Schutzmann Verdächtiges an, ersparen
ihm Wege, erleichtern ihm den Dienst. Ja, setzen ihn überhaupt erst
in den Stand, seiner Aufgabe voll gerecht zu werden: der Verhüter
von Unordnung und Ungesetzlichkeit zu sein, nicht erst der Verfolger
verübten Frevels, der Rächer verletzten Gesetzes. Dem alleinstehenden

Beamten gibt der Hund inneren Rückhalt, zugleich schüchtert er aber auch Händelsüchtige ein, hält sie vor Ausschreitungen ab. So beugt er abermals vor, hilft auch Beamte einsparen, denn ein Führer mit Huud leistet ebensoviel wie eine Doppelstreife. Unentbehrlich sind Dienst=

Abb. 260. Verfolgung eines auf frischer Tat Ertappte .

hunde bei allgemeinen nächtlichen Streifen, bei Verhaftungen schwerer Kunden und bei der Begleitung Verhafteter oder Gefangener, bei Versuchen zur Gefangenenbefreiung und vor allem bei Angriffen und Überfällen auf den Beamten. Selbstverständlich darf der Hund in solchen

Fällen nur dann tätlich eingreifen, wenn der Führer selbst bedroht ist. In solchen Fällen und bei der Verfolgung eines auf frischer Tat Ertappten, ist der Hund nichts als der verlängerte Arm des Schutzmanns, eine Waffe, die minder schwer, darum menschlicher als der Selbstlader, bei dessen Gebrauch nebenbei auch Unschuldige getroffen werden können. Bei der Verfolgung soll der Hund selbstredend nur stellen, den Flüchtling zum Halten bringen, nicht aber ihn niederreißen.

In Bezirken, die durch Beamte mit Diensthunden abgestreift werden, hebt sich die allgemeine Sicherheit sichtlich und in kurzer Zeit; Zahlenzusammenstellungen verschiedener Großstädte haben das klar

Abb. 261. Der Polizeihund im Dienst der Nächstenliebe.

erwiesen. Obdachlose, lichtscheues Gesindel, Gelegenheits= und auch zunftmäßige Verbrecher meiden eben Gegenden, wo sie nicht nur mit dem Beamten zu tun haben könnten, sondern wo dessen findiger und flüchtiger Hund ihre Schlupfwinkel durchstöbert und ihnen auf den Fersen sitzt. Die heutige Zeit mit ihrer allgemeinen, immer drohender werdenden Unsicherheit, mit ihrer Nichtachtung von fremdem Eigen= tum und Leben und mit ihrer Untergrabung und Verhöhnung der Staatsgewalt wird die Einstellung von Diensthunden in den Sicherheits= dienst noch viel gebieterischer verlangen, der Schrei nach dem Polizei= hunde wird allgemein werden.

Der Polizeihund vermag aber auch in anderem Sinne, nicht bloß als Verfolger des Unrechts, zum Schützer der Schwachen zu werden. Beim Abstöbern des Weges und des Nebengeländes im nächtlichen Dienst haben Hunde schon oft Kranke, Schwache, auch Trunkene aufgefunden, die, hilflos neben dem Wege niedergesunken, oft schwerer Lebensgefahr ausgesetzt waren. Die Gefundenen haben sie ihrem Führer verwiesen oder sie haben den durch die Stimme herbeigerufen, Bergung war nunmehr möglich. Auch verirrte Kinder, Geistesschwache, die sich aus ihrem Heim entfernt hatten, sind von Polizeihunden gesucht und aufgefunden worden und konnten ihren Angehörigen wieder zugeführt werden.

Abb. 262. Sepp=(Riedel) S3. 40228 PH mit dem von ihm aufgespürten verirrten Töchterchen des Oberlehrers H. Kurta, Jglau.

Diese eben erwähnte Tätigkeit führt uns und gehört eigentlich schon zur zweiten Verwendungsmöglichkeit des Polizeihundes, zum Ermittelungsdienst. Diese Möglichkeit gründet sich auf den Geruchs=sinn, auf das Witterungsvermögen. Der Diensthund soll hier entweder auf der Spur des Täters arbeiten, nachdem er an Fußspuren, an vom Täter zurückgelassenen oder an von diesem berührten Gegenständen Witterung genommen hat, und dabei möglichst den Täter selbst ver=weisen oder dessen Aufenthaltsort; oder aber Gegenstände, die der Täter unterwegs etwa verloren oder verborgen hat, um mit Hilfe solch weiterer Beweismittel eine Überführung des Täters zu ermöglichen. War aber

Spurarbeit nicht möglich, soll der Huud aus der Witterung am Tatort zurückgelassener Gegenstände die Übereinstimmung mit dem Eigengeruch eines ihm allein oder unter mehreren gegenübergestellten Verdächtigen feststellen können.

Es ist ohne weiteres klar, daß die Nasenarbeit des Hundes nur e i n s der zahlreichen H i l f s m i t t e l sein kann, deren sich die Untersuchungsbehörde zur Ermittelung eines Täters bedient; und eben nur ein H i l f s -

Abb. 263. Auf des Wilderers Spur.

mittel, nicht das Beweismittel an sich. Zu dem kann sie freilich werden, wenn, wie häufiger der Fall, ein vom Spurhunde Verdächtigter unter dem seelischen Zwang dieser ihm unverständlichen und unfehlbar erscheinenden Nasenarbeit ein offenes Geständnis ablegt. Es ist ferner selbstverständlich, daß der Erfolg der Spurarbeit von einer Anzahl von Umständen abhängt, die solche Arbeit von vornherein aussichtslos erscheinen lassen können, oder aber sie begünstigen. Ich kann in dieser anderen 3wecken gewidmeten Abhandlung nicht näher auf all diese Einzelheiten eingehen; wer sich genauer darüber unterrichten will, findet Auskunft in den vom SV. verlegten, das Dienſthundweſen be= handelnden Schriften*). Nur das möchte ich hier noch ſagen, daß an= genommen werden darf, daß dem Hunde die Arbeit auf einer wirklichen Täterspur unter ſonſt gleichen Bedingungen leichter fällt als auf einer Verſuchsſpur. Die Mehrzahl der Leute, die für Spurhundarbeit ge= eignete Verbrechen begehen, wird geſellſchaftlichen Schichten angehören, die wenig auf Körperpflege hält; vielleicht ſind ſie auch noch Trinker. Ihre Eigenwitterung, „Verbrecherwitterung“, wird alſo ohnehin ſtark

Abb. 264. Am Hauſe des Diebes.

ſein, am Tatort, an von ihnen berührten Gegenſtänden, auf ihren Fuß= ſpuren ſchärfer wahrnehmbar ſein, als die von anderen Leuten; zumal wenn ſie, was häufiger wohl der Fall iſt, bei Begehen der Tat ſich körperlich anſtrengen mußten und in Schweiß gerieten. Dazu kommt, daß bei einem noch nicht ganz abgebrühten Verbrecher die innere Er= regung über die Tat eine ſtärkere Schweißabſonderung herbeiführen wird — wir ſprechen ja, meiſt freilich in anderem Sinne, geradezu von einem „Angſtſchweiß“ —, die ſich, vielleicht in etwas anderer Zuſammen= ſetzung, für die Hundenaſe als „Angſtwitterung“ ebenſo von der Witterung eines Unſchuldigen unterſcheidet wie die Witterung eines kranken oder

---

*) S. Ankündigung im Anzeigenteil.

verwundeten Beutetieres von der eines gesunden. Dr. Fr. Schmidt bestätigte mir diese, für unsere Nase und unsere Hilfsmittel ja nicht wahrnehmbare und auch nicht nachprüfbare Vermutung mit dem Hinzufügen, daß die der Schweißabsonderung sehr nahe stehende Milch= absonderung durch Gemütserregungen schnelle und auffallende Ver= änderungen erleidet. Später fand ich, daß auch Prof. G. Jäger in ganz ähnlicher Weise die Ansicht von besonderer Angstwitterung eines Täters aufgestellt hat.

Abb. 265. Überführungsmittel.

Ließ sich zu Anfang der Polizeihundbewegung erwarten, daß Schutz= hund und Spurhund sich in einem Hunde vereinigen lassen würden, so haben die Erfahrungen doch ergeben, daß das für die meisten Fälle, wenigstens für den städtischen Polizeidienst wohl nicht durchführbar sein wird. Weniger vielleicht, weil die Ausbildungsweise für beide in Einzelheiten voneinander abweicht, als weil für die besonders schweren Aufgaben des reinen Spurhunddienstes eine derartig sorgfältige Vor=

327

bereitung von Hunden und Führern nötig ist, wie sie der breiten Masse der Dienſthundführer weder gegeben werden kann, noch wie sie sich die Mehrzahl der städtischen Dienſthundführer wegen ihrer anderweitigen dienſtlichen Beschäftigung späterhin noch selbſt wird erwerben können.

Der Erfolg einer jeden Heranziehung von Hunden zum Hilfsdienſt des Menschen iſt an erster Stelle abhängig von der ſachverständigen Führung, die den Hund richtig einsetzt und so mit des Hundes Eigenart vertraut iſt, daß sie die von ihm gegebenen Zeichen richtig zu deuten versteht. Ein Führer ohne Hundekenntnis und Liebe wird mit dem beſtabgeführten Hunde nur mäßiges leiſten, während ein sachkundiger, hundevertrauter Führer selbſt mit einem mittelmäßigen

Abb. 266. Erfolgreiche Spurarbeit in Deutſch=Südweſtafrika. Die Mordſtelle.

Hunde noch gute Erfolge erzielen kann. Oder mit anderen Worten: die ganze Dienſthundfrage iſt nicht nur eine Hunde=, son= dern in ganz besonderem Umfange eine Führerfrage.

Das spielt ganz besonders bei der Verwendung von Hunden im Ermittelungsdienſt mit. Hund und Führer müssen sich da genau kennen, der Führer darf des Hundes Arbeit nie stören, darf nie eingreifen, auch wenn er meint, daß der Hund einen Fehler macht. Aber er muß dauernd in enger Seelenverbindung mit dem Hunde bleiben, muß alles richtig deuten können, was der Hund ihm kündet, durch die Art seiner Arbeit, sein Gebärdenspiel, schließlich durch sein Finden oder sein, oft nur schein= bares Versagen. Der Spurhundführer muß ein Seelenkundiger sein, die Hundeseele muß ihm vertraut sein und die Verbrecherseele; dann wird er Erfolge haben. Der Spurhund selbst aber muß sehr sorgfältig abgeführt sein und dauernd weiter gearbeitet werden. Denn er ist ein Künstler, und der Künstler bleibt nur auf der Höhe, wenn er übt und sich dauernd noch zu vervollkommnen strebt. In kurzer Zeit, in wenigen Wochen, läßt sich wohl ein Schutzhund — und sein Führer — für den Sicherheitsdienst+ausbilden, ein Spurhund für den Ermittelungsdienst nicht. Die dazu nötigen Erfahrungen, das feine Verständnis hat nicht jeder Hundeführer, und nicht jeder kann oder will die Zeit und die Mühe daran wenden, die nun einmal dazu gehören; schließlich ist auch nicht jeder Hund für diesen Dienst geeignet. Daher dann die verschiedenen

Abb. 267. Erfolgreiche Spurarbeit in Deutsch=Südwestafrika. Auf der Spur des Mörders.

Mißerfolge von Leuten, die sich nicht an Aufgaben wagen sollten, denen sie nicht gewachsen sind; sie schaden nur der Sache.

Um die Urheberschaft des Polizeihundes streiten sich Länder, Städte und Vereine. Dabei ist der etwas so natürliches und gegebenes, daß es nicht erstaunlich ist, daß schon allerorten und zu allen Zeiten voneinander unabhängige Versuche mit ihm gemacht wurden. Es gab eben immer schon und überall Leute mit Hundeverstand, die Hunde= arbeit zu würdigen und zu verwerten wußten. Heute freilich und bei uns nurmehr in geringer Zahl; die ging zurück, je mehr wir uns der Natur entfremdeten und in den sogenannten hohen Kulturstand ge= rieten. Für das heutige Polizeihundwesen Deutschlands gebührt aber unstreitig dem SD. das Verdienst, die maßgebenden Stellen zuerst auf die Verwendungsmöglichkeit des Hundes zu solchen Diensten aufmerksam gemacht und die dazu notwendige Unterstützung hergegeben zu haben. Das einmal in den Sattel gesetzte Kind konnte dann schon weiter reiten.

Der Polizeihund im Sicherheitsdienst ist eigentlich so alt wie der hausbar gemachte Bronzehund. Denn Begleit- und Schutzhund war der von jeher und aus ihm, etwa über den treuen Begleiter des seligen Nachtwächters mit Horn und Spieß, hat sich der heutige Polizeihund im Sicherheitsdienst entwickelt. Aber auch für den Spurhund des Er- mittelungsdienstes führen die Spuren weit zurück. Die ältesten finden wir bei den alten Griechen. In Ägypten wurde, wenige Jahre vorm Weltkriege, ein alter Papyrus aufgefunden, auf dem ein Satyrspiel von Sophokles niedergeschrieben war, das den Namen „Die Spürhunde" trug. Dieser derb-komische Schwank behandelt den aus der Sage be- kannten Raub der Rinderherde Apollos durch seinen Mitgott Hermes; im Stück verfolgen als Spürhunde verkleidete Satyrn die Spur der ge- stohlenen Herde und des Räubers. Womit der Beweis erbracht ist, daß den Griechen des sophokleischen Zeitalters solche Spurarbeit und Ver- wendung des Hundes etwas wohlbekanntes und vertrautes war. Im I. Abschnitt erwähnte ich dann schon, daß in Heinrich Mynsingers 1473 erschienenen, aber auf viel älteren Quellen beruhenden „Puoch von den valken, habichten, sperbern, pfäriden und hunden" von regel- rechter Polizeihundabrichtung berichtet wurde. Die erstreckte sich auf Einarbeiten des Hundes auf den Mann, der mit einer „guten dicken Haut gewappnet sein sollte, damit der Hund nicht durchbeißen könne", ebenso wie auf Arbeit auf der Spur des Diebes; dazu sollte man dem Hunde des „Diebes Fußspuren weisen, wie man die Vogelhunde das Rebhuhn und die Wachtel suchen lehrt". Und in seinen „Jugenderinnerungen eines alten Mannes" erzählt der Dresdner Maler W. v. Kügelgen, daß nach der Leiche seines 1820 in der Nähe der Stadt ermordeten Vaters von der Polizei mit Hunden gesucht worden sei. Um schließlich noch das Ausland zu erwähnen, sei gesagt, daß M. Siber in seinen „Hunden Afrikas" berichtet, daß die Kaffern Südafrikas eingeborene Hunde als Spurhunde auf der Menschenspur verwenden; nach E. v. Weber seien mehrfach entlaufene Frauen mit Hunden gesucht und so wieder eingebracht worden. Der belgischen Versuche — Polizei- verwaltung Gent —, die sich freilich nur auf Hunde im Sicherheitsdienst erstreckten, gedachte ich schon.

Habe ich bisher allgemein vom Polizeihunde gesprochen, so möchte ich nunmehr betonen, daß es der Schäferhund war, der die Polizeihundbewegung machte, sie noch heute trägt. Schäferhunde („Schäferspitze") waren die alten Wächter- hunde, Schäferhunde werden des Sophokles Spürhunde gewesen sein und „Hofwarten", also wieder Schäferhunde, waren Myn- singers Hunde, mit denen man „die dieb und die böllwicht ußspüren" konnte. Unser Schäferhund ist eben der geborene Polizeihund, ist er doch schon bei der Herde Schutzmann. Dort hält er auf Ruhe und Ordnung, sorgt für die Sicherheit seiner Schütz- linge, straft Vergehen und beugt Übergriffen vor. Sein Werde- gang vom Bronzehunde zum Hovawart und Herdenhund

hat juſt die Eigenſchaften und Anlagen bei ihm am ſchärf=
ſten herausentwickelt, die ihn zur Dienſtverwendung am
geeignetſten machen: Arbeitsfreudigkeit, Pflichttreue und
Treue zum Herrn, Mißtrauen und Schärfe gegen Fremdes
und Ordnungswidriges, Gewöhnung an Gehorſam, Ge=
lehrigkeit und leichte Auffaſſungsfähigkeit; dazu Wetter=
feſtigkeit, ungemeine Sinnesſchärfe, ſtöbernde und ſpürende
Suche, die — unterſtützt durch den Wandel als Gangart —
im Gelände nichts unbeachtet und ununterſucht läßt. Aus
ſolchen Anlagen, zu denen noch natürliche Frühreife kommt, läßt ſich
alles machen. Beſteht doch das Geheimnis aller Erziehung und

Abb. 268.   Polizeihundzwinger in Windhuk, Deutſch=Südweſtafrika.

Ausbildung im richtigen Erkennen und Verwerten vor=
handener Anlagen! Das iſt beim Abführen von Hunden nicht anders
wie beim Einreiten von Pferden, beim Abrichten von Menſchen und
beim Erziehen von Kindern. Wer die in ſeinem Zögling ruhenden
Eigenſchaften herauszuholen verſteht, iſt ein Meiſter in ſeinem Fach.
    Das Schäferhundweſen alſo war es, das, in die Polizeihundbewegung
gebracht, der Sache zum Sieg verhalf. Wir ſtanden ihr ja zunächſt alle
als Neulinge gegenüber, unſere erſten Führer lehrte ihr Hund, dann
erſt konnten ſie andere lehren und die erſten Grundlagen zum heutigen
ſtolzen Bau legen. Nachdem das geſchehen, konnten auch andere Raſſen
zum Polizeidienſt herangezogen werden. Der Kreis der geeigneten
war von vornherein klein: Jagdhunde ſchieden wegen einſeitiger Ver=

anlagung aus, andere wegen Größe und Gewicht, mangelnder Wetter=
festigkeit u. a. m. So blieben schließlich außer den Schäferhunden nur
die Dobermannpinscher und die Erdhunde vom Airetal (Airedale=Terrier),
die, wie wir im I. Abschnitt sahen, beide Schäferhundblut führen, ihre
im Dienst erwiesene Eignung also diesem Blut verdanken. Später kamen
dann noch Rottweiler und neuerdings auch die Riesenschnauzer hinzu,
die beide ja gleichfalls zum Schäferhundstamm gehören. Daß unsere
Schäferhunde trotzdem die Leitung behielten und die weit überwiegende
Mehrzahl zum Dienst stellten, ist selbstverständlich.

Deutsches Polizeihundwesen war vorm Kriege vorbildlich. Wie
damals alles Deutsche! Von weither, aus allen Ländern, selbst von Über=
see kamen Abgesandte, um sich darüber zu unterrichten, nahmen fertige

Abb. 269. Österreichischer Sicherheitswacht=
mann mit Diensthund (dieser bei Abwehr
eines Angriffes auf seinen Führer ver=
wundet).

Abb. 270. Belgischer Schutz=
mann mit Diensthund im
„Dienstanzug" (Maulkorb).

Hunde mit, ahmten daheim unsere Einrichtungen nach, baten zum Teil
auch um deutsche Lehrmeister. Selbstverständlich waren Polizeihunde
auch in unseren Schutzgebieten, in Deutsch=China und in Deutsch=Afrika;
daß sie dort nicht bloß Schutzhund=, sondern auch erfolgreiche Spurhund=
arbeit leisten konnten, ist ein weiterer Beweis dafür, daß die Nase ein=
gewöhnter Schäferhunde auch in heißen Gebieten nicht nachläßt. Auch
während des Weltkrieges hatten wir im besetzten Gebiet überall Polizei=
hunde; namentlich bei der Feldpolizei von Oberost machten sie sich
nützlich.

Das Diensthundwesen blieb nicht lange auf die Polizei beschränkt,
der SD. verfolgte höhere Zwecke: je mehr Diensthunde in den Dienst
gestellt, desto vorteilhafter für die Zukunft, die Gesund=

heit unserer Rasse. Desto berechtigter war dann aber auch der SD. an zuständiger Stelle für die Diensthundzüchter Dorteile und Erleichterungen, wie die Einführung von Zwinger= steuern z. B., anzuregen oder diese Stellen für die Unter= stützung von Forschungen auf dem Gebiet der Zucht und der Gesundheitslehre des Hundes zu erwärmen. Dinge, die dann mittelbar der gesamten deutschen Liebhaberzucht, dem Hunde= wesen zugute kamen, das bisher von Staat und Gemeinden meist als lästiges Stiefkind, schätzenswert höchstens als Melkkuh für Steuerzwecke, betrachtet worden war.

Nachdem der Anfang gemacht, die Brauchbarkeit nachgewiesen, begann zunächst das Landjägerwesen (Landgendarmerie) Dienst=

Abb. 271. Staatliche russische Abrichteanstalt in Skierniewice b. Warschau.

hunde einzustellen. Ein Landjäger ohne Hund ist ja auch kaum mehr denkbar! Er braucht den Schutzhund und den Spurhund in einem Hunde vereinigt, ist aber auch anders als der städtische Schutzmann, in der Lage, seinen Hund zu beobachten und kennen zu lernen, demnach weiter aus= zubilden und dauernd zu üben. Spurarbeit auf dem Lande bietet dazu die besten Aussichten auf Erfolg wegen der einfacheren Derhältnisse, des geringeren Derkehrs und weil der Führer mit dem Hunde meist bald zur Stelle sein kann, schneller als ein von weiterher herbeigerufener städtischer Beamter.

Der Landjägerei folgte das Derkehrswesen, zahlreiche Eisen= bahnverwaltungen stellten bei der Bahnpolizei Diensthunde ein; für den Bahnschutzdienst, zur Bewachung der Güterschuppen und der eigenen Lagerbestände. Bei der Post kann es zu allgemeiner Verwendung ja

Abb. 272. Abrichteschule der „Russischen Gesellschaft zur Förderung der Verwendung von Hunden m Polizei= un Wäch er dien" zu St. Petersburg.

nicht kommen, in unsicheren Landbezirken kann die Begleitung der Brief= träger durch Schutzhunde aber recht nötig werden; nicht jeder Strolch weiß, daß die Bestellgänger keine größeren Beträge bei sich führen.

334

Im Flurschutz ist der begleitende Schutzhund eine uralte Ein=
richtung, Feldhüter und Flurwächter werden ihn, wie einst der Nacht=
wächter, mitgeführt haben, seit ihr Stand geschaffen. Neu ist in gewisser
Beziehung der Diensthund im Jagdschutz. Die Jagdhundschläge ver=
sagen meist für diesen Dienst, sind zu einseitig veranlagt: auf das Wild,
aber nicht auf den Mann. Für den Forstmann aber wird auf seinen
einsamen Gängen bei den heutigen Zeiten ein zuverlässiger und scharfer
Schutzhund, der auch Botendienst verrichten kann, zum unbedingten
Erfordernis; Schäferhunde sind denn auch schon vielfach in den Jagd=
schutzdienst eingestellt worden.

Das Zollwesen verhielt sich lange gegen die Einführung von
Diensthunden für den Grenzdienst ablehnend. Es fehlte eben das Ver=

Abb. 273.   Der Schäferhund im Postdienst.

ständnis für die wertvolle Hilfe, die Hunde just dort leisten konnten;
die verschiedenen Versuche einsichtiger nachgeordneter Stellen, auch die
Vorschläge des SV. fanden daher dort noch keine Beachtung. Vielleicht
hat der Weltkrieg hier Wandel gebracht, während dessen die Grenzen,
freilich heeresseitig, vielfach mit Hunden bewacht wurden. Hunde=
verwendung im Grenzdienst wird jetzt auch aus anderem Grunde nötig
werden: zur Bekämpfung des Schmuggels mit Hunden. Der stand an
der belgisch=französischen Grenze schon lange in Blüte, wo hauptsächlich
die kräftigen flandrischen Treibhunde (Bouviers des Flandres) be=
nutzt wurden, die in dunklen Nächten allein von Grenzdorf zu Grenz=
dorf geschickt wurden; dort fanden sie beim Abnehmer gute Aufnahme
und Verpflegung und wurden dann, leer oder mit Austauschware be=

335

laben, wieder heimgeschickt. Allzuviel kann der Hund ja nicht tragen, 10—15 kg auf kürzere Strecken aber doch und für hochwertige Waren, wie z. B. um den Leib gewickelte Spitzen und Seidenstoffe, macht das

Abb. 274. Der Schäferhund im Jagdschutzdienst. Verdächtigt.

schon eine ganze Menge aus, zumal die Schmuggelgänge mit Ausnahme ganz mondheller Nächte immer stattfinden, mehrmals in einer Nacht wiederholt oder von mehreren Hunden ausgeführt werden können.

Die Erfolge des Schiebertums im Weltkriege und der Umsturz haben nun bei so vielen das Gefühl für Unrecht so völlig verwischt, daß auch bei uns der Schmuggel mit Hunden willigen Eingang faud; er diente zunächst wohl

Abb. 275. Der Schäferhund im Jagdschutzdienst. Überführt!

weniger der Einfuhr als der Ausfuhr: Tausendmarkscheine und Wert= papiere ließen sich durch Hunde leicht und unauffällig über die reichs= notopferfreie Grenze schieben. Der SD. hat rechtzeitig auf die Gefahr

aufmerkſam gemacht. Die Bekämpfung des Schmuggels mit Hunden
iſt nicht leicht; eine Überwachung des Hundebeſtandes der Grenzdörfer
allein genügt nicht, da die Hunde auch aus dem Hinterlande herangeführt
werden können. Der Gegendienſt kann daher eigentlich nur durch
dauernden Feſtlegungszwang für alle Hunde auch tief ins Land hinein,
durch Nachprüfen dieſer Maßnahmen und durch Überwachung der
Grenze durch zahlreiche Beamte, denen ſcharfe und rückſichtloſe Hunde-
beißer beigegeben ſind, erfolgen.

Zu Wachzwecken auf Übungsplätzen und Werften, in Werk-
ſtätten und Niederlagen hatten Heer und Flotte ſchon lange vorm
Kriege Schäferhunde als Wachhunde eingeſtellt, größere und kleinere
nichtſtaatliche Betriebe, Kohlenwerke und Warenhäuſer waren

Abb. 276. Grenzſchutzdienſt während des Weltkrieges (Schweizer Grenze).

ihnen gefolgt, auch die Wach- und Schließgeſellſchaften hatten
vielfach ihren Wächtern abgeführte Schutzhunde beigegeben.

Habe ich in vorſtehendem den Bereich des Polizeidienſthundweſens
beſprochen, der im weſentlichen Schutz- und Spürdienſte vom Hunde
verlangt, ſo komme ich nunmehr zu den Hunden im Heeresdienſt,
die gemeinhin als Kriegs- und als Sanitätshunde bezeichnet und unterſchieden werden.

Der Kriegshund als Kampfgenoſſe iſt wie der Polizeihund
etwas uraltes. Im Streit ſprang der Hund ſeinem Herrn zu Hilfe,
nachdem er notfalls erſt des Gegners Hund abgerauft. Kampfhunde
— zum Teil gepanzert — gab es ſchon bei den alten Aſſyrern, in Kleinaſien und Griechenland begegnen wir ihnen häufig wieder und wenn

bei den Wanderzügen unserer Vorfahren der Feind die Wehr der streit=
baren Männer überwunden hatte, fand er an der Wagenburg eine
zweite: die Greise, die Frauen und die Hunde. Auch im Mittelalter
wurden vielfach gepanzerte Kampfhunde verwendet, namentlich von den
Engländern, die sie noch mit einem Feuertopf über dem Widerrist und
einem von dort über den Kopf vorragenden langen Stoßstachel ausrüsteten
und gegen die feindliche Reiterei schickten. Der heutige Kriegshund ist kein
Mitkämpfer in diesem Sinne, er soll nur Hilfsmittel sein, seine Wachsam=
keit, seine scharfen Sinne und seine flinken Läufe in den Dienst stellen.
Die ersten Versuche liegen rund 30 Jahre zurück; Ende der 80er, An=
fang der 90er Jahre vor. Jahrhunderts wurde damit begonnen, den
vorgeschobenen Posten und Streifen des Fußvolkes Hunde beizugeben,

Abb. 277. Grenzschutzdienst während des Weltkrieges (Schweizer Grenze).

die in unübersichtlichem Gelände auf feindliche Annäherung aufmerk=
sam machen und kurze schriftliche Meldungen an die rückwärts liegenden
stärkeren Abteilungen zurückbringen sollten. Es bedarf keiner weiteren
Ausführung, daß der Hund zum Erfüllen des ersten Teiles dieser Auf=
gaben vortrefflich ausgestattet ist: sein Ohr ist schärfer als das des Postens,
sein Auge unterscheidet wenigstens bei Dunkelheit besser, und bei gün=
stigem Winde kommt auch noch die Nase hinzu. Als Postenhund erfüllte
der Kriegshund somit uralten Wächterdienst, wobei ihm lediglich lautes
Bellen abzugewöhnen war; nur leises Knurren war zu gestatten. Für
den Botengang des Meldehundes wurde freilich eine besondere Abrich=
tung nötig, sie gründete sich auf Gehorsam und Liebe zum Herrn: der

22*

Huud mußte zwischen Führer und Gegenführer, seinem zweiten Herrn, an den er gleichfalls gewöhnt sein mußte, hin- und herpendeln. Auch der Meldegang war schließlich nicht etwas völlig neues: Schäfer und Jäger hatten immer schon bei Gelegenheit ihren Hund mit Nachricht, oder als Nachricht, von auswärts heim gesandt.

Obgleich schon zur Zeit der ersten Versuche C. Schlotfeld den deutschen Schäferhund als den geeignetsten für den Kriegshunddienst bezeichnet hatte, wurde nicht dieser, sondern sein schottischer Vetter gewählt, außerdem zunächst noch Jagdhunde. Die Heeresverwaltung ließ sich für die Auswahl der Hunde von der „Delegierten-Commission" (DC.), der ersten und damals einzigen Vertreterin deutschen Hundewesens, beraten und für diese, deren Bestrebungen ohnehin fast nur den Jagdhunden gewidmet waren, war der deutsche Schäferhund nicht mehr vorhanden; er war ausgestorben, rein gezüchtet nicht mehr zu finden, weil nicht mehr alle das in den Rassezeichen der DC. vorgeschriebene Stehohr hatten. So wurde entschieden, trotzdem die von den 5. Jägern probeweise geführten Schäferhunde sehr gut eingeschlagen waren und auf allen Prüfungen gut abgeschnitten hatten. Und so kam es, daß englische Hunde Kriegshunde bei den deutschen Jägerbataillonen wurden, denn als Jagdhunde, wie nicht anders zu erwarten, als ungeeignet ausgeschieden werden mußten, wurden neben den Schotten noch englische Erdhunde (Airedale-Terrier) eingestellt. Als der Ende vorigen Jahrhunderts gegründete SD. dann seine Rasse anbot, sie als rein und vorhanden nachwies und Hunde zur Verfügung stellen wollte, fand er in Preußen die Stellen besetzt; nur in Bayern konnte er beim 1. Jägerbataillon einige Hunde unterbringen, mit denen schon damals dort

Abb. 278.
Kriegshund Nella S3. 1710 Krh.
Besitzer und Züchter: Bayer. Jäger
Bataillon Nr. 1, Straubing.

sehr gute Erfahrungen gemacht wurden.

Kriegshunde wurden übrigens nur bei der Jägertruppe eingestellt und vor rund 10 Jahren wieder aufgegeben, weil ihre Friedenshaltung umständlich, viel Zeit und viele Mannschaften in Anspruch nahm und die neuen Hilfsmittel der Aufklärung und Nachrichtenübermittelung: Flugzeuge und Fesselluftschiffe, Funker und Fernsprecher, Winker- und Blinkzeichen, schließlich Kraft- und Fahrräder den Meldehund als überholt und überflüssig erscheinen ließen. Erst der Weltkrieg in seiner unheimlichen Form des Schützengrabenkrieges ließ ihn dann neu erstehen. Während des Herero-Aufstandes in Deutsch-Südwestafrika, 1904/05, wurden „Kriegshunde" wie die frühere amtliche Bezeichnung für den Meldehund war, nicht verwendet. Postenhunde wurden zwar in größerer Anzahl beschafft, zum Teil leider durch den Händler, aber auch nicht in sachgemäßer Weise zum Gebrauch herangezogen. Unter

dem hinübergeschafften Raffengewimmel hielten nahezu nur Schäfer=
hunde die trockene Hitze und den scharfen steinigen Boden aus; von den
vom SD. damals einzelnen Dienststellen und Offizieren überwiesenen
Hunden trafen gute Nachrichten ein.

Auch andere Heere hatten Kriegshunde eingestellt. Die Sicherungs=
posten der mandschurischen Eisenbahn im russisch=japanischen Kriege
hatten durchweg Schäferhunde bei sich, die auch bei Sturm und Wetter
das Anschleichen feindlicher Zerstörungstrupps früher erkannten und
meldeten als der Posten selbst. Auch die kleinen befestigten Grenzposten
an der immer unruhigen österreichischen Grenze in Bosnien und der
Herzegowina hatten sich landeseingeborene Schäferhunde eingetan.
Die französischen Posten an der bergigen und waldigen Ostgrenze aber

Abb. 279. Postenhunde bei einer Friedensübung.

waren schon lange vorm Weltkriege von Postenhunden begleitet, auch
der Meldehund war dort zum Aufrechterhalten der Verbindung ein=
geführt worden, nachdem er bei uns aufgegeben. In Rußland machte
man Versuche, nachts Leuchthunde zum Aufklären des Vorgeländes
vorzutreiben und Schießbedarf mit Hunden vorzuschicken, in Belgien
wurden Hunde zum Ziehen von Maschinengewehren verwendet.

Der Postenhund schien mir von jeher die aussichtsreichste und
nützlichste Verwendung des Hundes im Heeresdienst zu sein, zumal
sich aus ihm alle anderen Dienstarten entwickeln ließen. Und weil er
überall benötigt wurde: nicht bloß in der vordersten Linie bei Posten
und Streifen, bei Feld= und Grabenwachen, nicht bloß im eigentlichen

Kampfgebiet zum Schutz der Unterkünfte und des Trosses, sondern erst recht im dahinterliegenden Etappengebiet beim Bahnschutz, hauptsächlich an wichtigen Punkten wie Brücken, Tunneln, kurz überall, wo Unterbrechungen besonders störend wirken würden, ferner zur Bewachung bei wertvollen Heeresbeständen und zum Schutz kleiner Abteilungen gegen die aufsässige Bevölkerung; schließlich auch in der Heimat, wieder zu Wachzwecken an Verkehrswegen, bei Niederlagen und an Herstellungsorten für Heeresbedarf und zuletzt in Gefangenenlagern zur nächtlichen Überwachung und beim geschlossenen Arbeitsdienst außerhalb des Lagers. Wir dürfen aber nicht bloß die Verhältnisse des im Westen

Abb. 280. Postenhund im Felde.

schließlich zum grausigen Dauerstellungskriege ausgearteten Weltkrieges im Auge haben: Bewegungskrieg wird stets das Ziel aller Feldherrnkunst, wenigstens deutscher, sein und die Sehnsucht jeder Truppe. Im Bewegungskriege aber ist der Postenhund erst recht unentbehrlich.

Für den Postenhund sprach und spricht weiter, daß er keiner besonderen Abrichtung bedarf. Es genügt ein wetterfester, harter und dreister, wachsamer und zuverlässiger Hund, der leinenführig und fest im Gehorsam ist und im Bedarfsfall noch einmarschiert wird. Kläffer und bissige Hunde sind ebenso auszuschließen wie scheue. Aus solch natür-

342

lichem Hunde läßt sich dann für jeden Sonderdienst entwickeln, was erforderlich ist, wenn nur die Führer danach sind. Daraus ergibt sich, daß das Heer im Frieden Hunde in größerer Zahl nicht zu halten braucht, was aus verschiedenen Gründen lästig und bedenklich ist. Es genügt, wie einst vom SD. vorgeschlagen, ein kleiner, gut gearbeiteter fester Stamm zu Versuchszwecken und zum Ausbilden des Führerersatzes. Die Hunde selbst könnten im Bedarfsfall aus dem Lande herausgeholt werden, entsprechend dem Verfahren mit Menschen, Pferden, Kraft= wagen und anderem Kriegsbedarf; daß dazu schon im Frieden Listen= führung, Prüfung, vielleicht auch Einberufung zur Übung gehört, ist selbstverständlich. Es mag müssig erscheinen, sich heute mit solchen Fragen zu beschäftigen. Aber wir dürfen ja wohl gleich dem Großen Kurfürsten ersehnen und erwarten, daß einst auch aus unseren Gebeinen der Rächer ersteht. Täten wir es nicht, wären wir nicht wert, länger Deutsche zu heißen!

Abb. 281. Aufbruch zur nächtlichen Streife (Westfront) mit Postenhund.

Das Verlangen nach Postenhunden bei eintretendem Kriegs= zustande voraussehend, hatte der SD. von Anbeginn an vorbereitende Maßnahmen zur Beschaffung ausreichender Mengen getroffen. Das fiel ihm leicht, da die Mehrzahl seiner Mitglieder ihre Liebhaberei nicht als öde Ausstellungssportfexerei betrachten, sondern ihr durch Streben nach ernsten Aufgaben Seele und höheren Inhalt geben wollte: SD=Leute waren stolz, dem bedrohten Vaterlande, soweit sie ihm nicht selbst mit Leib und Leben dienen konnten, doch mit ihren Hunden dienen zu dürfen. Mit Ausspruch der Kriegsbereitschaft traten die vom SD. vorgesehenen Kriegshundmeldestellen in Tätigkeit; sie sollten, geleitet von daheim bleibenden, freiwillig sich meldenden Mitgliedern, der Heeres= verwaltung die zu Kriegs= und Sanitätshunddiensten zur Verfügung gestellten Hunde zuführen, sollten auch weiter für die Stiftung von Hunden werben und, wo es möglich, auch die Ausbildung von Hunden und Führern übernehmen. Das Meldestellenwesen des SD., im Laufe des Krieges noch weiter ausgebaut, wurde vorbildlich; der „Deutsche Verein für Sanitätshunde" übernahm es gleichfalls für seine Werbestellen. Schließlich wurden am 30. April 1918 die bis dahin freiwilligen Melde=

Abb. 282. Führerausbildung auf der Kriegshundmeldestelle Stralsund

stellen heeresamtlich gemacht und zunächst der Inspektion der Nach=richtentruppen, später der Nachrichtenmittel=Prüfungskommission dienst=lich unterstellt. Insgesamt hat die Zahl der in der Kriegszeit zum Dienst herangezogenen Hunde etwa 28000 betragen. Davon mögen rund 5000 gegen Kriegsschluß im besetzten Gebiet ausgehoben worden sein;

der Rest, einschließlich der etwa 4000 Sanitätshunde, wurde in der Heimat aufgebracht, durch öffentliche Aufrufe erst des SD, seiner Unter= abteilungen und Meldestellen, später auch anderer, durch unser Vor= gehen zu gleichem Tun angespornter Vereine und schließlich der Heeres= verwaltung selbst. All diese gut 20000 Hunde waren selbstverständlich

Abb. 283. Poſtenhunde in einem Gefangenenlager.

nicht alle Schäferhunde, auch die anderen Dienſthundraſſen waren, wenn auch erheblich ſchwächer, beteiligt; und ſie ſtammten auch nicht nur aus SD=Kreiſen, das ergibt ſchon ihre Zahl. Aber all dieſe Hunde ſind dem Heer koſtenfrei zur Verfügung geſtellt worden, teils als Stiftung, teils unter Vorbehalt der Rückgabe bei

Kriegsschluß, wenn dann noch am Leben. Ein schönes Zeichen für die Vaterlandsliebe und die Opferbereitschaft deutschen Hundeliebhabertums! Die geordnete Rückgabe der aus dem Kriege heimkehrenden Hunde war von der Heeresverwaltung aufs sorgfältigste vorbereitet, daß sie dann nicht durchgeführt werden konnte, daran trug nicht das von rückwärts erdolchte Heer die Schuld.

Die oberste Heeresbehörde stand bei Beginn des Weltkrieges der dienstlichen Verwendung des Hundes noch recht abwartend gegenüber. Die unzureichenden Erfahrungen mit den Kriegshunden der Jäger,

Abb. 284. Wachtdienst bei Heeresvorräten im Felde.

die wenig günstigen beim Feldzuge in Deutsch=Südwestafrika, die freilich nicht am Hunde, sondern in anderen Gründen lagen, hatten nicht für ihn geworben. Aber nachgeordnete Dienststellen, einzelne Offiziere und die Truppe forderten Postenhunde in größerer Zahl an. Dann folgte die Heimat, die in großem Umfange Wachhunde gegen die sich mehrenden Anschläge von in Feindessold stehenden Spitzeln gegen Heeresbetriebe und =niederlagen, wichtige Verkehrspunkte, Mühlen= werke beanspruchte. Auch die sich bald füllenden Gefangenenlager ftellten auf erneuten Antrag des SD. zahlreiche Wachhunde ein, die aber später wieder zurückgegeben wurden. Nicht weil sie sich als ungeeignet erwiesen hatten — sie hatten im Gegenteil sehr gute Dienste geleistet —, aber weil die „barbarischen Hunnen" selbst die Gefühle ihrer Feinde schonen wollten, während die „Kulturträger" des Raub=

Abb. 285. Verladen von Hunden der Meldestelle Essen für die Polizeihundstell des Gouvernements Lüttich.

verbandes sich nicht scheuten, unsere Gefangenen mit Daumenschrauben zu foltern und sie körperlich und seelisch zu mißhandeln.

Die besetzten Gebiete forderten gleichfalls in großem Umfange Diensthunde an. Das Generalgouvernement Belgien Postenhunde für den Grenz= und Bahnschutz und Wachtdienst, Polizeihunde für den

Sicherheitsdienst; zur Ausbildung von Hunden und Führern wurde beim Gouvernement Lüttich in Fayenbois eine Polizeihundstelle unter Offi=

Abb. 286. Feldpolizeidienst bei Oberost. Auf der Spur!

zierstellvertreter Taufcher errichtet. Bei Oberost wurden neben Wach= hunden zu den üblichen Diensten hauptsächlich Polizeihunde für die Ge=

Abb. 287. Feldpolizeidienst bei Oberost. Gefaßt!

heime Feldpolizei eingestellt; auch dort wurde durch Leutnant Schoen= herr, jetzt in Grünheide, eine Polizeihundschule eingerichtet, von der aus später der gesamte Bedarf der langen Ostfront gedeckt wurde.

348

Die Eigenart des Stellungskrieges von unabsehbarer Dauer, der auch zu anderen, früher als veraltet aufgegebenen Kriegsmitteln zurück= greifen ließ, brachte dann auch den Meldehund wieder zur Geltung. Wenn Trommelfeuer auf den Gräben lag, Geschütz= und Minenwerfer= wirkung die Erde aufwühlte, Fernsprechdrähte und unterirdische Kabel zerriß, Rauch= und Staubwolken oder Nebelgase Lichtzeichen aus= schlossen, versagte die Nachrichtenübermittelung zwischen den vordersten Linien der Kampftruppe und den Stäben in ihren rückwärtigen Gefechts= ständen. Brieftauben, deren Verwendung ohnehin von Tageszeit und Wetter abhängig war, waren für diese Strecken nicht eingeflogen, dem Meldegänger aber sperrte der Geschoßhagel den Weg und längere

Abb. 288. Straßenpolizeidienst Kowno, Ostfront.

Läuferketten konnten im tiefbestrichenen Raum erst recht nicht auf= gestellt werden. Um in schwerem Feuer durchzukommen, mußte der Läufer sich von Trichter zu Trichter schieben und brauchte dann für einen Kilometer bis zu einer Stunde; auch Blink= und Winkernachrichten von einigem Umfang brauchen, vorausgesetzt, daß sichtige Luft sie überhaupt zuläßt, zur Übermittelung lange Zeit. So blieb für die nötige und schnelle Nachrichtenübermittelung oft nur der Hund, der nur ein kleines Ziel bietet und die vom Feuer bestrichenen Stellen in gestreckter Fahrt durch= eilt. Die Hunde brauchten je nach der Länge der Gesamtstrecke für den Kilometer durchschnittlich 3—7 Minuten, auf kurze Strecken im heftigen Feuer knapp 2 Minuten; Strecken von 5 km wurden in einer Viertel=

ſtunde durchlaufen. Denn eingearbeitete Hunde paßten ſich mit ihren Leiſtungen durchaus den Verhältniſſen an: an Großkampftagen lieſen ſie in den heißen Kampfſtunden ſchneller, fanden unterwegs auch keine

Ablenkung durch Menſchen oder Wild; in ruhigen Zeiten dagegen, wenn ſie nicht durch den Schlachtlärm erregt wurden, und außerhalb des be= ſtrichenen Raumes nahmen ſie ſich mehr Zeit, erlagen wohl auch einmal einer Ablenkung durch Geländeverhältniſſe oder anſtehende Witterung.

Selbstredend sind auch viele Meldehunde treuer Pflichterfüllung zum Opfer gefallen; kam ein abgeschickter Huud nicht binnen bestimmter Zeit zurück, so mußte mit seinem Verlust gerechnet und die Meldung erneut abgeschickt werden, wenn nicht in besonders wichtigen Fällen von vornherein zwei Hunde mit gleichlautender Meldung abgesandt worden waren. Viele Meldehunde sind auch während des Botenganges verwundet worden, manche sogar wiederholt; ausgeheilt taten sie ihren Dienst wieder mit. Einem Hunde des 4. Garderegiments z. F. wurde bei Peronne der rechte Hinterlauf abgeschlagen, nur noch langsam konnte er auf drei Beinen seinen Botengang fortsetzen, aber er überbrachte seine Meldung und verendete. Wie viele Verluste an wertvollen Menschenleben aber sind durch den Einsatz von Meldehunden erspart worden! Daher wird schon das Bewußtsein dazu beigetragen haben,

Abb. 290. Meldehund im Trommelfeuer. (Nach Aufnahme der Kriegshundschule AAA.)

jeden Kriegshundstifter mit stolzer Befriedigung erfüllen, wird ihn den eigenen Verlust verschmerzen lassen, wenn er seinen dem Vaterlande gegebenen Hund nicht wiedererhielt.

Der erste Truppenteil, der Meldehunde einstellte, war das eben schon genannte 4. Garderegiment z. F. Die schweren Läuferverluste, die das Regiment in der Schlacht von La Bassée und Arras im Herbst 1915 gehabt, ließ dessen Führer, den jetzigen Oberst Reinhard, auf solche Verluste sparende Mittel zur Nachrichtenübermittelung sinnen. Als altem Jäger und aus einem Forsthause stammend, lag ihm der Hund nahe; er verstand den Hund, wußte ihn zu gebrauchen und konnte seine Untergebenen zu richtiger Abrichtung und Führung anweisen. Der Meldehundtrupp des 4. Garderegiments stand daher bald auf musterhafter Höhe und wurde zum Vorbild. Er hat sich auch nicht bloß im schweren Feuer des Stellungskampfes und der Abwehrschlacht be=

währt, auch bei den Durchbruchskämpfen im Frühjahr 1918 und in offener Feldschlacht im Osten haben seine Hunde vortreffliches geleistet. Sie hielten in Rußland auch über lange Strecken die Verbindung zwischen den vorderen Abteilungen, dem Regiment und den höheren Stäben aufrecht; waren die Strecken für den einzelnen Huud zu groß, wurden Meldeköpfe eingerichtet, zwischen denen die Hunde hin und herpendelten.

Abb. 291. Gasbereitschaft. (Nach Aufnahme der Meldehundschule AAA.

hatte eine dieser Stellen ihren Standort verlegen müssen, so suchte sich der Meldehund den neuen Platz auf der Spur des Führers oder Gegen= führers. War ein Meldekopf dann aber dauernd eingerichtet, so liefen die Hunde später im vertrauten Gelände nur mehr aufs Auge, schnitten Wegstrecken ab und legten sich richtige Wechsel an. Die Hundepost arbeitete so gut und sicher, daß das Regiment sich ihrer auch außerhalb des Kampfgebietes zur Schonung von Meldereitern und Radfahrern nach Möglichkeit bediente. Zumal, so eigenartig das klingt, eine längere Meldung, etwa umfangreiche Befehle über Verpflegung, Nachschub von Schießbedarf, Abbeförderung von Verwundeten, über nicht zu große Entfernungen, wenn sie durch den Hund befördert wird, schneller in die Hand des Empfängers kommt, als wenn sie zwar durch den Draht

Abb. 292. Kriegshundschule der Armeeabteilung A, Heming in Lothringe
(Nach Aufnahme der Kriegshundschule AAA.)

zugesprochen wird, aber schriftlich aufgenommen werden muß. Übrigens standen die Meldehunde des 4. Garderegiments nicht bloß im Dienste des Schwertgottes Tyr, auch für Frikka und Freia arbeiteten sie: am Weihnachtstage 1917 trugen sie beim Stabe verspätet eingegangene Liebesgabenpäckchen bis in die vordersten Linien, um auch dorthin die

v Stephanitz, Der deutsche Schäferhund.

23

Weiheſtimmung des Feſtes zu bringen, die tröſtliche Gewißheit, daß in der Heimat ein liebendes Herz des treuen Wächters am Feind gedacht.

Die guten Erfolge der Meldehunde beim 4. Garderegiment brachen dem Meldehundweſen Bahn. Der Hund hatte ſich damit waffenſähig gemacht, ſeine Eignung erwieſen, die von der Heeresverwaltung nunmehr voll anerkannt wurde. Im Oktober 1916 wurde in Heming in Lothringen durch Leutnant und Feldjäger Mueller die Kriegshundſchule der Armeeabteilung A eröffnet, die zunächſt nur dieſe Heeresgruppe, ſpäter aber die ganze Weſtfront mit Dienſthunden verſorgte. Führer und Hunde wurden dort ausgebildet, dann den Meldehundſtaffeln der einzelnen Armeen überwieſen, die ſie nach Bedarf auf die Truppen verteilten.

Abb. 293.   Paradmarſch eines Meldehundtrupps bei einer Werbevorführung in der Heimat. (Nach Aufnahme der Kriegshundſchule AAA.)

Das Abrichten zum Botengang iſt verhältnismäßig einfach, beruht auf der Anhänglichkeit an den Führer, dem im Gegenführer ein zweiter, dem Hunde wohlvertrauter Herr gegeben wird; fällt einer dieſer beiden Führer für einen Hund aus, etwa durch Verwundung, ſo ſcheidet auch der Hund für den Dienſt aus, bis er ſich an einen Erſatzführer gewöhnt hat, was bei entſprechender Übung in etwa 2 Tagen der Fall iſt. Zweckmäßig iſt es, zwei Führer mit ihren Hunden ſo miteinander einzuarbeiten, daß im Bedarfsfall beider Hunde zwiſchen ihnen laufen können. Übrigens gewöhnen ſich ältere, ſchon länger im Dienſt ſtehende Hunde ſo an die Leute ihres Trupps, daß ſie bei Ausfall ihres Führers oder Gegenführers binnen kurzem ſicher auch mit einem Erſatzführer arbeiten. Nicht ganz ſo leicht wie das Abrichten der Hunde war bisweilen das Anlernen der Führer, von denen ja die wenigſten hundekundig waren.

354

Da war es Aufgabe der Führer der Meldehundtrupps bei den Nach=
richtenkompagnien dafür zu sorgen, daß das in Heming und bei den
Staffeln erlernte, vor allem die folgerichtige und liebevolle Behandlung
der Hunde nicht verloren ging.

Bei der Eigenart des Grabenkrieges ergab sich von selbst, daß ver=
sucht wurde, die Meldehunde auch zu weiteren Diensten zu verwenden.
Zur Bekämpfung der im Graben sich massenhaft einnistenden Ratten be=
durfte es nicht besonderer Abrichtung; den Kampf nahmen in dienstfreien
Stunden die meisten aus freien Stücken mit Eifer auf, und unterstützten
die eigens zum Rattenwürgen gelieferten Schnauzer und Erdhunde.
Dagegen wurden die Meldehunde auch zum Vorbringen von Schieß=
bedarf, Verpflegung und Brieftauben abgeführt, ebenso zum Abrollen des
Fernsprechkabels, das sie auf etwa 400 m vorzubringen vermochten.

Abb. 294. Unterricht im Botengang. (Nach Aufnahme der Kriegshundschule AAA.)

Infolge seiner Leistungen im Weltkriege ist der Huud dauernd
heerespflichtig geworden. Heute, wo es der Deutsche nicht mehr sein
darf, wurde es wenigstens der deutsche Hund. Die Erkenntnis von der
vielsachen Verwendungsmöglichkeit des Hundes hat bei der Heeres=
leitung festen Boden gewonnen, der Diensthund auch beim Heer ist
für die Zukunft sichergestellt. Seiner Zucht wird Aufmerksamkeit ge=
widmet, sachgemäße Diensthundzucht gefördert und für die Ausbildung
der heereseigenen Diensthunde und der Führer ist eine Heereshund=
schule in Sperenberg bei Zossen eingerichtet worden. Nach amtlicher
Veröffentlichung sollen Heeresdiensthunde bei der Reichswehr in Zu=
kunft als Begleithunde für Stoßtrupps, in Städten beim Absuchen von
Häusern und Wohräumen, als Meldehunde im Fall innerer Unruhen,
als Polizeihunde im Schutz= und Begleitdienst, als Wachhunde und

schließlich als Ziehhunde verwendet werden. Dem SD., das sei hier eingeschaltet, der nicht nur durch seine Kriegsvorbereitungen und Melde= stellen, nicht nur durch seine Hunde, Lehrmeister und Führer hatte mit= helfen dürfen, der auch zu Gutachten und Denkschriften herangezogen worden war, wurde mehrfach von den höchsten Befehlsstellen Dank und Anerkennung zuteil.

Die Kriegsnotwendigkeiten brachten uns noch zu einer Diensthund= verwendung: zum Ziehhund. Namentlich im österreichischen Heer sind damit vortreffliche Erfahrungen, besonders im bergigen Gelände, zum Vorbringen von Verpflegung und Schießbedarf gemacht worden; der Ziehhund wurde dann auch bei uns heeresamtlich. Er wird es dort nicht allein bleiben. Das Ziehhundwesen war vorm Kriege im über=

Abb. 295. Patronenhund. (Nach Aufnahme der Kriegshundschule AAA.)

wiegenden Teile Deutschlands stark, in einzelnen Gegenden ganz zurück= gegangen; ein wohlhabendes Land konnte sich andere Beförderungs= mittel leisten. Die Schmachfriedensnot aber wird, wenn sie erst mal unserem Volk fühlbar geworden, gar manchen wieder vom Pferd auf den Hund bringen. Daraus erwächst den Züchtern und den Zuchtvereinen die Aufgabe, sich auch mit dieser Verwendungsmöglichkeit des Hundes zu befassen, wenn sich zunächst auch manchen Hundefreundes Gefühl dagegen empören mag. Aber die „herbe Not, die uns der Neidinge harte Tat schuf", wird uns dazu zwingen.

Auch ich gehörte früher zu den Gegnern des Ziehhundes, die Kriegserfahrungen, namentlich die Beobachtungen in Belgien haben mich aber bekehrt. Drum stehe ich heute auf dem Standpunkt, daß mir

der im Zugdienst arbeitende Hund lieber ist, als der müssige Zwinger=
hund, weil der verkommt, der andere aber sich nützlich macht und
seine Seele nicht verliert. An und für sich hat ja der Hund ein minder
zum Ziehen geeignetes Gebäude als unsere Zugtiere. Wir drücken das
ja auch schon durch die Sprache aus, sprechen von Zugtieren, aber von
Ziehhunden, wollen damit sagen, daß Ziehen nur ein ausnahmsweiser
Nebenberuf des Schäfer=, Jagd= usw. Hundes ist. Pferd, Maultier,
Esel, Rind haben festgefügten Bau, durch straffe Muskeln zusammen=
gehaltenes Knochengerüst, starren Rücken, harten Huf, breite Brust mit
gut angeschlossenen Schultern oder kurzen, steifen Hals, dazu erheb=
liches Körpergewicht, das sie zum Anziehen ins Geschirr legen können,
gleich ob sie mit Brust,
Nacken oder Stirn ziehen.
Der Hund hat nichts davon.
Nirgends ein fester Schluß,
im Gegenteil überall federn=
des Jneinandergreifen,
äußerste Nachgiebigkeit der
Bänder und Muskeln, die
höchste Beweglichkeit, kür=
zeste Wendungen sichert;
dazu ist der Hund Zehen=
gänger, seine Sohle unge=
schützt. Und doch, es geht.
Er zieht, zieht willig, sogar
schwere Lasten, bleibt ar=
beitsfreudig und gesund,
wenn er nur gut behandelt
und mit passendem Geschirr
richtig angespannt wird. Ein
Doppelgespann dürfte das
geeignetste sein, für be=
stimmte Fälle können selbst=
redend auch mehrere Paare
voreinander gespannt wer=
den. Im allgemeinen wer=
den sich zum Zugdienst breit=

Abb. 296. Patronenhund. (Nach Aufnahme
der Kriegshundschule AAA.)

gestellte Hunde größerer Rassen am besten eignen, auch die meist fester
gefügten kurzhaarigen Vorstehhunde, ferner die Reste der Rüdenformen
wie Rottweiler und Riesenschnauzer. Im leichten, flotten Zuge aber
würden sich auch unsere Schäferhunde bewähren, schon weil Arbeits=
freudigkeit und Blut sie des Hundes mangelnde Gebäudeveranlagung
zum Ziehen überwinden lassen würden.

Wir kommen nunmehr zur letzten Verwendungsart des Hundes
im Heeresdienst, zum Sanitätshunde. Unter diesem Namen ist er ein
Kind der Neuzeit, der letzten dreißig Jahre. Arbeitet der Hund somit
erst seit kurzem in der Verwundetenfürsorge, so tut er es umso länger
in der Nächstenliebe, war doch solcher Dienst für ihn von jeher freiwillige
Leistung im Nebenamt; erst am und für den Herrn und seine Sippe,

dann, als die Zeiten friedlicher, die Sitten milder wurden, allgemein für den lieben Nächsten, wenn er ihn krank und hilflos vorfand oder Verirrte aufzustöbern ausgesandt wurde. Als Sonderdienst entwickelte sich daraus schon vor langen Zeiten die Liebestätigkeit der großen Hospiz= hunde auf dem St. Bernhard und anderen Hochgebirgspässen.

Der Sanitätshund, der in und nach der Schlacht Verwundete aufsuchen soll, ist deutsches Erzeugnis. Zunächst bestand die Absicht, seinen Dienst mit dem des Kriegshundes, des Botengängers, zu verbinden, doch erwies sich bald, daß solche Vereinigung verschiedener Aufgaben nicht zweckmäßig ist. Meines Wissens war der Tiermaler Bungartz der erste, der auf die Notwendigkeit einer reinlichen Scheidung zwischen beiden Diensthundarten hinwies; zur Förderung des Sanitätshund=

Abb. 297. Brieftaubenhund. Verpacken der Tauben. (Nach Aufnahme der Kriegs= hundschule AAA.)

wesens gründete er dann 1893 den „Deutschen Verein für Sanitäts= hunde", der nach mannigfachem Wechsel des Sitzes und Schutzherrn heute unter der Schirmschaft des Großherzogs in Oldenburg heimatet. Dieser Verein, der ungemein segensreich hätte wirken können, krankte leider daran, daß er zwar viele hohe und höchste Förderer und eine ganze Anzahl in der Verwundetenfürsorge tätiger Einzel= und Vereins= mitglieder hatte, aber keine Sachverständigen mit großzügigem Blick. Das erkannte der letzte Schirmherr sehr wohl, der wenige Wochen vorm Weltkriege seinen Verein zu neuer und ernsthafter Tätigkeit aufweckte und ihn dazu mit den Zuchtvereinen für Diensthundrassen zusammen= schmieden wollte unter dem Leitwort: dem Sanitätshundverein die

358

Aufgabe des Aufbringens der nötigen Gelder, den Zuchtvereinen die der Gestellung und Ausbildung von Hunden und Führern.

Abb. 298. Brieftaubenhund. Fertig zum Vorbringen. (Nach Aufnahme der Kriegs= hundschule AAA.)

Der SD. hatte, bald nach seiner Gründung, im schon erwähnten Bestreben seinen Hunden Arbeitsmöglichkeit zu verschaffen, auch mit dem Sanitätshundverein die Fühlung aufzunehmen versucht, fand aber

Abb. 299. Kabelhund. (Nach Aufnahme der Kriegshundschule AAA.)

359

dort kein Verständnis; Bungartz war unheilbar dem Glauben an den alleinseeligmachenden schottischen Schäferhund verfallen, der armselige

deutsche konnte nach seiner Ansicht ja nichts leisten. So waren wir auf uns angewiesen und das war gut. Ungehindert vom Hemmschuh des

Sanitätshundvereins, der sich bis 1914 damit begnügte, ein halbes bis ein knappes Dutzend von Hunden — später wurden aus den schottischen doch deutsche Schäferhunde! — in seinem Zwinger zu halten, konnten wir die Ausbildung und die Kriegsbereitschaft des Sanitätshundes auf die breite Grundlage der Liebhaberabrichtung des Schäferhundes und des Polizeihundwesens stellen. Daher waren, als der Krieg ausbrach, Sanitätshunde und freiwillige Führer in ausreichender Zahl zur Einberufung bereit.

Rege Unterstützung in diesen Bestrebungen verdankte der SV. dem Major Funk, der zu Anfang dieses Jahrhunderts durch Schrift und Tat für den Sanitätshund eingetreten war. Der SV. förderte das Sanitätshundwesen durch zahlreiche Leistungsprüfungen und den dauernden Hinweis an seine Liebhaberführer, ihre Hunde auch in der Verwundetensuche auszubilden — wozu die entsprechenden Anweisungen

Abb. 301. Schäferhund=Nutzgespann. (München 1919.)

gegeben wurden —, um im Bedarfsfall geeignete Hunde zur Verfügung zu haben. Um die Zahl dieser Hunde dem in mehrere Tausende gehenden wirklichen Bedarf entsprechend zu vermehren, trat der SV dann noch bei den für Polizeihunde maßgebenden Behörden dafür ein, die Zahl ihrer Diensthunde zu steigern. Entsprach doch die stöbernde Suche des Polizeihundes im Sicherheitsdienst, namentlich aber die des Landjäger=hundes durchaus der des Sanitätshundes und wenn der stöbernde Polizei=huud in der Regel zwar gefundene Menschen verbellte, nicht verwies, so war auch nach der damaligen Auffassung der Sanitätshundausbildung das Verbellen zulässig; im übrigen sollten eben auch diese Polizeihunde auf Verweisen ausgebildet, oder konnte ihnen diese Meldeart im Bedarfs=fall beigebracht werden. Dem aufgefundenen Verwundeten konnte der „Polizeihund" nicht gefährlich werden, denn auch den aufgestöberten

361

Verbrecher darf er nicht „beißen". Zudem hat der hilflose Kranke, namentlich aber der Verwundete, eine besondere Witterung; Polizei= hunde im Dienst haben aber, wie schon oben erwähnt, oft genug be= wiesen, daß sie da sehr wohl zu unterscheiden wissen.

Bereithalten geeigneter Hunde in dem Kriegsbedarf entsprechender Zahl war aber die grundlegende Vorbedingung für die Verwendung von=Sanitätshunden überhaupt. Die Heeresverwaltung konnte einen Vorrat nicht halten, weil die Hunde, um brauchbar zu bleiben, dauernd geübt werden müssen. Von den freiwilligen Sanitätskolonnen vom Roten Kreuz arbeiteten manche zwar gern mit — der SV. stellte dafür jährlich zur Erinnerung an die Silberhochzeit des Kaiserpaares einen Hund zur Verfügung —, aber die Gewähr, daß die dorthin gegebenen

Abb. 302. Kindergespann (1912).

Hunde auch in Arbeit erhalten und brauchbar blieben, war nur bei wenigen gegeben.

Die zuständige Stelle in der Heeresverwaltung, die Medizinal= abteilung des Kriegsministeriums, stand der Sanitätshundverwendung bis kurz vorm Kriege wenig entgegenkommend gegenüber. Erst im Winter 1913/14 trat sie in dieser Beziehung an den SV. heran, Verhand= lungen führten dann zu einer Vorführung, die Anfang Juli 1914 auf dem Zossener Schießplatz unter der Wirklichkeit entsprechenden Bedingungen stattfand. Zu dieser Übung, die auch auf die Nacht aus= gedehnt wurde, waren außer Hunden des SV. noch solche des Sanitäts= hundvereins und des Berliner Polizeipräsidiums herangezogen worden. Ihre Leistungen befriedigten die maßgebenden Stellen so, daß eine baldige amtliche Regelung der Sanitätshundfrage, im wesentlichen

unter Berückſichtigung der vom SD. in einer Denkſchrift über Bereit=
haltung und Ausbildung von Sanitätshunden und Führern gemachten
Vorſchläge zugeſagt wurde. Drei Wochen ſpäter brach der Weltkrieg aus

Abb. 303. Die freiwillige Sanitätskolonne des Kriegervereins zu Lehrte, Hannover, bei einem Aufbruch zu ü un
mit der Sil erhochzeits-Sanitätshündin 1906 Fre a vom Kim ißlßtal SJ. 1914 Sß.

und Sanitätshunde kamen auf unſerer Seite gerade in den erſten ent=
ſcheidenden Wochen, ja Monaten des Bewegungskrieges nicht zur Ver=
wendung. Erſt allmählich wurden ſie herangeholt und den Sanitäts=

kompagnien zugeteilt; mit der Beschaffung wurde der Sanitätshund=
verein beauftragt, für die Ausbildung von Hunden und Führern, das
Bereithalten von Erſatz richtete das Kriegsminiſterium das Sanitäts=
hunde=Erſatzdepot in Fangſchleuſe bei Berlin ein.

Im Grabenkriege und in der Abwehrschlacht bietet ſich dem Sani=
tätshunde kaum eine Be=
tätigungsmöglichkeit, ſein
eigentliches Wirkungsge=
biet liegt in der offenen,
ſiegreich fortſchreitenden
Feldſchlacht. Zum Bewe=
gungskriege kam es aber,
außer in den erſten Kriegs=
wochen, nurmehr auf dem
öſtlichen, dem ſüdöſtlichen
und dem ſüdlichen Kriegs=
ſchauplatz. Dort, alſo in
Rußland, Rumänien, auf
dem Balkan, in Italien,
ſelbſt in Kleinaſien, haben
unſere Sanitätshunde
dann, ſoweit ſie recht=
zeitig und in genügender
Zahl zur Stelle waren,
ihren Befähigungsnach=
weis voll erbracht. Wie=
viele Tauſende von Ver=
wundeten ihrer Arbeit
die Erhaltung ihres Le=
bens, die Wiedererlan=
gung ihrer Geſundheit
verdanken, iſt noch nicht
bekannt, wird in voller
Höhe wohl niemals be=
kannt werden, die Zukunft
des Sanitätshundes iſt
aber auch bei uns heeres=
ſeitig ſichergeſtellt.

Unter den rund 4000
Sanitätshunden waren,
wie bei jeder Dienſtart, die
Schäferhunde am ſtärkſten
vertreten. In den erſten

Abb 34. Die Jun mannſchaft der Meldeſtelle der SD.=Ortsgruppe Stralſund mit! den 'dort .ge= arbeiteten Sanität hunden.

Kriegswochen, bis der Deutſche Verein für Sanitätshunde ſeinen Be=
trieb eingerichtet hatte, waren ſie dieſem durch die SD.=Meldeſtellen
zugeführt worden, denen außer Poſten= auch Sanitätshunde und frei=
willige Sanitätshundführer zugeſtrömt waren. Als ſolche durften zu=
nächſt nicht mehr oder noch nicht heerespflichtige angenommen werden;
alte und junge SD.=Leute meldeten ſich als Führer, ſelbſt ein paar be=

geisterte Jungmädchen wollten mit. Von den Alten hat mancher durch die ganze Kriegsdauer mit seinem Hunde ausgehalten, während die Jungen später die Fahne rief. Gar manchen SV.-Führer deckt draußen der grüne Rasen! Bis zur endgültigen Regelung des Betriebes wurde eine größere Zahl unserer Führer auf SV.-Kosten ausgebildet, ebenso

Abb. 305. Vom Sanitätshundlehrgang der Meldestelle des SV.-Zweigvereins Wiesbaden. Der Hund fü det einen Verwundeten, der in einer Erdhöhle Schutz gesucht hat.

hat der SV. am Tage der Kriegsbereitschaftserklärung zugleich mit seinem vorbereiteten Aufruf zur Stiftung von Sanitäts- und Posten- hunden und zur Meldung als Sanitätshundführer eine Anweisung zum feldmäßigen Abrichten von Sanitätshunden erscheinen lassen. Auch bei den feindlichen Heeren waren Sanitätshunde eingestellt.

Die Engländer hatten schon während ihrer südafrikanischen Feldzüge in den 90er Jahren des vorigen Jahrhunderts Versuche mit einzelnen

Abb. 306. Vom Sanitätshundlehrgang d. Meldestelle d. SD=Zweigvereins Wiesbaden.
Der Hund nimmt dem gefundenen Verwundeten ein Ausrüstungsstück (Helm) ab,
um es seinem Führer zu überbringen.

Sanitätshunden gemacht und hielten auch später heeresamtlich unter einem eigenen Kriegshundoffizier ein kleines Trüppchen ausgebildeter

Abb. 307. Vom Sanitätshundlehrgang d. Meldestelle d. SD=Zweigvereins Wiesbaden.
Der Hund verweist am Riemen seinem Führer den gefundenen Verwundeten.

Sanitätshunde bereit, im wesentlichen zu Schauzwecken. In Frankreich hatte infolge des namentlich seit der Jahrhundertwende durch England geschickt genährten und gesteigerten Wunsches nach Rache für 1870/71

Abb. 308. Dom Sanitätshundlehr[g]ang der Meldestelle des SD-Zweigvereins Wiesbaden. Der Hund verweist am Riemen seinem Führer den gefundenen Derwundeten.

das Sanitätshundwesen große Beachtung und allgemeine Förderung gefunden, wie drüben alles, was das Heer anbetraf. Zuerst war auch dort die Sanitätshundsache Dereinssache gewesen, wobei die Leitung Frau und Mode für ihre Zwecke auszunützen verstand. Aber schon 1910 oder 11 wurde drüben der Sanitätshund dienstlich eingeführt, in Fontainebleau ein Heereszwinger errichtet, von dem aus die Truppenteile mit ab= geführten Sanitätshunden und angelernten Führern versehen wurden. In Italien war das Sanitätshundwesen gleichfalls heeresamtlich ge= regelt, ebenso in der Schweiz; in Belgien, Holland und Schweden sorgten Liebhabervereine dafür.

Fassen wir nunmehr die Aufgaben des Sanitätshundes in Auge, uns dabei die Verhältnisse des Bewegungskrieges vor Augen haltend. Die Felddienstordnung verpflichtet jeden Truppenteil nach einem Ge= fecht das Schlachtfeld in seiner Nähe absuchen zu lassen, um Verwundete

Abb. 309. Sanitätsunterstand, Westfront.

zu sammeln und um sie und Gefallene gegen plünderndes Gesindel zu schützen. Während des Kampfes kann nur ein Teil der Verwundeten gesammelt und geborgen werden, die gründliche Nachsuche kann daher erst nach Abschluß des Kampfes, nach Aufhören des feindlichen Feuers erfolgen; meist also erst bei Nacht. Bei Dunkelheit aber wird die Nach= suche nach liegengebliebenen Schwerverletzten recht schwer und im Er= gebnis unzureichend, da Fackeln und andere Leuchtquellen des Feindes wegen nur selten angewendet werden können. Und selbst wo das mög= lich, bleiben im stärker durchschnittenen oder bewachsenen Gelände, in Gräben, hinter Hecken, im Buschwerk oder gar im Walde und in höher bestandenen Feldern genug nicht beleuchtete Stellen; Schwer= verwundete, die sich, in Ohnmacht oder schwerer Erschöpfung liegend, den nachsuchenden Mannschaften nicht selbst bemerkbar zu machen vermögen, können dort leicht überſehen werden. Dieſe Gefahr iſt umſo größer, als ſelbſt Schwerverwundete, oft mit letzter Kraft, einer Deckung zuſtreben, um ſich dort gegen weitere Verwundungen und die Gefahr überritten oder überfahren zu werden, zu ſchützen; ſo bilden ſich an

Ab. 310. Franzöſiſche Sanitätshundabteilung.

ſolchen geſchützten, darum aber ſchwer aufzufindenden Stellen oft ganze Verwundetenneſter.

Die erſte Aufgabe der Ver= wundetenfürſorge beſteht ſonach darin, das Auffinden möglichſt aller Verwundeten in kürzeſter Friſt ſicherzuſtellen. Die gege= benen Verhältniſſe eines Kampf= feldes laſſen ſich nicht ändern, Auge und Ohr der nachſuchen= den, von den vorhergehenden Anſtrengungen und der Ner= venanſpannung während des Kampfes ermüdeten Mann= ſchaften laſſen ſich nicht ſchärfen. Wie ſo oft, wo menſchliche Sinne verſagen, kann und muß der Hund wieder einſpringen. Vor den in aufgelöſter Ordnung über das Kampffeld vorgehen= den Krankenträgern ſollen die Sanitätshunde in flotter Quer= ſuche über etwa 50 bis höchſtens 200 m ſeitwärts und nur wenig vorwärts ihrer Führer das Ge= lände abſtöbern und dabei ge= fundene Verwundete ihren Führern melden. Verwundete, die ſich ſelbſt durch Ruf oder Zeichen den Krankenträgern bemerkbar machen können, brauchen im allgemeinen nicht durch den Hund geſucht zu werden. An Toten aber ſollen die Hunde vorübergehen, um nicht koſtbare Zeit für die Ber= gung noch Lebender zu ver= lieren; daß das geſchieht, daß

Tote von gut abgeführten Hunden nicht mehr verwieſen werden, haben die Erfahrungen des Weltkrieges ergeben.

Es iſt ſelbſtverſtändlich, daß ein brauchbarer Sanitätshund gut abgeführt, feſt im Gehorſam und völlig wildrein ſein muß. Die Suche ſelbſt iſt reine Stöberarbeit, die jedem Hunde von Natur liegt, ihm daher für den beſonderen Zweck in kurzfriſtiger Ausbildung beigebracht werden kann; zumal dem Schäferhunde mit seinem natürlichen Wandel. Bliebe somit noch die Art, in der der Hund seinem Führer meldet, daß er einen Derwundeten gefunden hat. Die Schwierigkeit liegt auch hier wieder

Abb. 311. Sanitätshundführer, Westfront.

nicht so sehr beim Hunde als beim Menschen. Ein alter erfahrener Führer, der mit seinem Hunde verwachsen, erkennt ohne weiteres aus dessen Gebärdenspiel, ob die Aufgabe gelöst ist; solcher Führer aber gibt es eben nicht viele, also muß wieder eine „Eselsbrücke" gebaut werden.

Abb. 312. Derwundet verbellender Sanitätshund.

Daß er faud, kann der Hund auf zweierlei Weise melden: durch die Stimme und durch seine Rückkehr. Die Stimme scheint mir das ursprünglichere zu sein. Durch sie rief der in Gemeinschaft jagende Wildhund den Genossen; ebenso kündet der „tot verbellende“ Jagd= hund dem nachfolgenden Jäger, daß er die Beute gefunden hat. Nicht jeder Hund ist von Natur Totverbeller, kann aber dazu abgerichtet werden. Auch bei der Verwundetensuche wäre das Tot=, oder zutreffender Verwundetverbellen das natürliche und am schnellsten zum Ziel führende Verfahren; der Laut des Hundes unterscheidet sich dabei von jedem anderen Bellen. Doch sprechen hier andere Verhältnisse mit: bei gleich= zeitiger Suche mehrerer Hunde, die die Regel bilden soll, können durch

Abb. 313. Frühere Art des Verweisens mit Hereinbringen eines Gegenstandes. Der Sanitätshund nimmt den Helm des gefundenen Verwundeten auf.

Verbellen Irrtümer entstehen, maßgebend aber ist der Feind. Der nimmt auf die Verwundetensuche keine Rücksicht, kann sie aus Gründen der eigenen Sicherheit auch nicht nehmen, größte Ruhe ist also beim Nach= suchen ebensolches Erfordernis wie das Vermeiden jeglichen Beleuchtungs= mittels. Es bleibt als zulässig somit lediglich das Zurückkommen des Hundes zum Verweisen übrig.

Vorm Kriege ging die Lehrmeinung dahin, daß der Huud ver= bellen oder verweisen könne; das Verbellen untersagte sehr bald die Kriegserfahrung. Beim Verweisen aber wurde gewünscht, daß der Hund als Zeichen, daß er gefunden habe, ein Ausrüstungsstück des Ge= fundenen hereinbringe. Ich habe diese Art des Verweisens stets be=

24*   371 kämpft; sie lenkt einmal die Aufmerksamkeit des Hundes mehr auf herumliegende Stücke als auf die Verwundeten selbst, und kann, und das ist die Hauptsache, zu einer schweren Gefahr für den Verwundeten werden. Denn, liegt zufällig in der Nähe des Gefundenen kein greifbarer Gegenstand, so sucht sich der Hund einen solchen vom Verwundeten selbst zu nehmen. Durch das Herumzerren am Mann kann der Verwundete aber nicht nur schwer geängstigt und zu Abwehrbewegungen veranlaßt werden, die ihrerseits wieder zu einem Zufassen des Hundes führen können; der Verwundete kann dabei aber auch durch Aufreißen der verklebten Wunden in schwere Gefahr gebracht werden, namentlich wenn, wie die Erfahrung dann auch ergab, die Hunde als bequemstes Zeichen ihres Findens den Notverband abreißen, den der Verwundete sich angelegt hat.

Um diese Gefahr zu vermeiden ohne auf das Zurückkommen ohne sichtbares Zeichen zu verzichten, wurde dann im zweiten Kriegsjahr das Verweisen mit dem Bringsel eingeführt. Das Bringsel ist eine

Abb. 314. Aufnehmen des Bringsels beim Verwundeten.

kleine Lederwurst, die an einem dünnen Lederriemen vom Halsband herabhängt, beim gefundenen Verwundeten in den Fang genommen und dem Führer überbracht werden soll. War das der Fall, sollte der „Wauwauleutnant" — so taufte Soldatenmund die Sanitätshundführer — seinen Hund anleinen und sich von ihm zum Verwundeten führen lassen. Das Bringselbringen hat zahlreiche, schwere Bedenken gegen sich. Zunächst verurteilt es den Hund dazu, mit Halsband und baumelndem Bringsel zu arbeiten und, wenn er fand, mit festgeschlossenem Fang zurückzukehren; das behindert aber die Atmung, die bei schneller Bewegung im wesentlichen durch den offenen Fang erfolgt. Und was geschieht, wenn das Bringsel, das sich überall festhängt, dabei abreißt, was recht oft vorkommt? Ferner besteht die Gefahr, daß der Hund unterwegs das Bringsel aus irgend einer Ursache ausläßt — um nach einer Fliege zu schnappen, an feuchter Stelle schnell etwas Wasser aufzuschlappen oder aus anderen natürlichen Gründen mehr —, dann aber

Abb. 315. Sanitätshundarbeit im Felde. Ansetzen von Sanitätshunden u Suche.

vergißt, es wieder in den Fang zu nehmen; der Führer, der sein Zeichen vermißt, wird den Hund dann erneut zurückfenden, ob der schon ge= funden gewesene Verwundete dann aber nochmals gesucht und ge= funden wird, ist die Frage. Das selbständige Auslassen des Bringsels kann schließlich noch im letzten Augenblick, beim Hinsetzen vor dem Führer erfolgen, wenn die Ausbildung im Bringen nicht sehr fest sitzt und der Hund müde ist; das kann namentlich im Dunkeln wieder zu Irrtümern führen, ebenso, wenn ein zurückkehrender Hund, der gar nicht gefunden hat, im letzten Augenblick sein Bringsel aufnimmt, weil ihm einfällt, daß er ja mit ihm zum Führer zurückkehren muß; solch fehlerhaftes Handeln kann schließlich auch durch eine ungewollte Reizauslösung seitens des Führers bedingt werden, ja es gibt nicht wenige Hunde,

Abb. 316. Sanitätshundarbeit im Felde. Auffinden eines Verwundeten.

die das vor Brust und Vorderläufen baumelnde Bringsel ärgert und die es daher von vornherein aufnehmen. Zum Einarbeiten wurden den Sanitätshunden vielfach Glocken angehängt, damit der Führer über den Verbleib seines Hundes unterrichtet war; schon diese doch erheblich kürzeren Glocken störten vielfach und wurden von manchen Hunden in den Fang genommen. So hat auch das Bringsel ein Schäferhund in Fangschleuse „erfunden", der, als er bei einem Scheinverwundeten kein Ausrüstungsstück fand, aber auch kein Ästchen, keinen Stein, keinen Grasbüschel, als Zeichen des Gefundenhabens das herabhängende Ende seines Halsbandes in den Fang nahm und brachte. Der die dortige amtliche Ausbildungsstelle fachwissenschaftlich beratende Berliner Seelen= forscher Pfungst, der — ausreichende eigene Erfahrungen mit Hunden

fehlten ihm — das Steckenpferd des Vermeidens einer Reizauslösung
durch Zeichen ritt, vermochte dann, trotz lebhaften Widerspruchs von
mitten im Gebrauch stehenden erfahrenen Hundekennern, die Abrichtungs=
weise mit dem nunmehr nach dem Vorbild jenes sich selbst helfenden
Hundes von ihm angefertigten Bringsel durchzudrücken, obgleich die Ab=
richteftelle Bonn a. Rh., Polizeikommiffar Flaccus, schon lange vorher
eine sehr viel einfachere, dem Hunde gerecht werdende und alle Bringsel=
fehler vermeidende, auch im Gebrauch erprobte Art des Hereinkommens
und Verweisens vorgeschlagen hatte.   Der Schweizer Generalstabs=
major Berdez, der sich seit langem mit dem Heeresdienfthundwesen
befaßte, hat dann später noch eine der Bonner Art ähnliche, gleichfalls
die Bringselfehler vermeidende Ausbildungsweise vorgeschlagen, doch

Abb. 317. Sanitätshundarbeit im Felde. Der Hund verweist seinem Führer den Weg
zum Verwundeten.

blieb bei uns für die Kriegsdauer das Bringsel im Heer eingeführt,
freilich während einer Zeit, in der es nicht mehr viel zum Bewegungs=
krieg kam.
      Beide, die Bonner wie die Berdezsche Art, haben das gemeinsam,
daß der Hund von keinerlei Ausrüftungsftück behindert suchen, das Bringsel
niemals verlieren und seine Aufgabe nicht mit Ablieferung des Bringsels
beim Führer erfüllt sehen kann, sondern umgekehrt sich den Führer
holen muß, um ihn ans Ziel, den Verwundeten, zu bringen; ein weiterer
Vorteil ist der, daß der schwierigste Punkt der Ausbildung durch den Führer
selbst, nicht durch einen Fremden, den Scheinverwundeten, erfolgt.
      Die Suche des blanken Hundes ist überhaupt die Vor=
bedingung zum Erfolg. Ein Huud, der jedes Geländehindernis über=

375

winden können muß, der notfalls springen oder auch schwimmen, jeden=
falls aber sehr viel galoppieren muß, darf in seinen Bewegungen durch
nichts gestört und gefährdet werden. Denn er muß sich bei seiner Suche
durch Schilf und hochbestandene Felder, durch dichtes Buschwerk und
Hecken, durch Dornen=, Waldreben= und Wildhopfengerant, durch Ast=
und Drahtverhaue drücken, soll dahin, wo der Mensch nicht durch kann.
Schon das einfache Halsband setzt ihn da der Gefahr aus, sich irgendwie
festzuhängen und trotz aller Bemühungen nicht wieder loszukommen.
Damit ist aber meist nicht nur der Hund erledigt, die Hauptsache, die
Suche nach Verwundeten wird unmöglich gemacht. Kein Jäger läßt
seinen Hund frei mit einer Halsung arbeiten, das baumelnde Bringsel
mit seinem Haken erhöht aber noch die Gefahr des Festhängens; reißt
es dabei aber ab, so fehlt die Eselsbrücke.

Abb. 318. Sanitätshundarbeit im Felde. Verweisen des Verwundeten.

Gutmeinende, aber ahnungslose Friedensdistler hatten nach den
bekannten Bildern des St. Bernhards Barry mit dem unvermeidlichen
Kognaktönnchen auch den Sanitätshund mit allerlei hübsch aussehendem
Riemenwerk, mit mächtigen Rote=Kreuz=Zeichen, mit Glöckchen und
Laternen behängen wollen, ja sie wollten ihm Regen= nnd Lagerdecken,
Verbandtaschen, Labeflaschen, Meldekarten und Futterbeutel aufpacken,
ihm sogar Gummischuhe anziehen. Mit solchen Erfinderfreigebigkeiten
räumte der Ernst des Krieges ja bald auf, aber für die kriegsmäßige
Suche war schon das einfache Halsband zuviel und von Übel. Alle übrige
Ausstattung ist überflüssig. Der gefundene Verwundete braucht sich nicht
in Decken einzuwickeln, zu verbinden, zu laben oder eine Meldung zu
schreiben, denn der Hund soll ja so schnell wie möglich seinen Führer holen,

376

der das alles binnen weniger Minuten besser machen wird; meist wird
es sich ja auch um bewußtlose Verwundete handeln, denen all die schönen
mitgeschleppten Dinge nichts nützen. Der Hund selbst aber braucht nichts,
er findet auch beim tollsten Regenwetter noch immer ein leidlich trockenes

Abb. 319. Blindenhund.

Plätzchen, wo er sich zusammenrollen kann; tut das jedenfalls lieber, als daß er auch bei gutem Wetter eine hitzende und scheuernde Decke herumschleppt.

In gewissem Zusammenhange mit dem Sanitätshunde steht der Kriegsblinden-Führerhund; der Sanitätshundverein nahm sich denn auch neuerdings dieser Diensthundart besonders an und stellte seine reichen Mittel zu ihrer Ausbildung zur Verfügung. Nach Aussage von Blinden, die sich seit längerem eines solchen Führers bedienen, sollen unsere Schäferhunde sich auch in diesem Dienst als besonders geeignet und zuverlässig erwiesen haben. Der Blinde mit seinem Hund war uns Älteren ein vertrautes Bild; allerdings diente früher der Hund, meist ein Pudel, mit dem Hut im Fang recht eigentlich nur zum Einsammeln milder Gaben. Das soll der heutige Blindenhund nicht; der soll vielmehr seinem Herrn das fehlende Augenlicht ersetzen, ihn sicher durch das Straßengewühl leiten und ihn rechtzeitig, durch Hinsetzen, auf Unebenheiten des Weges und Verkehrshindernisse aufmerksam machen. Der Beweis ist erbracht, daß Hunde sich durch sorgfältige Abrichtung soweit bringen lassen, das alles zu tun. Wie lange sie es freilich tun, wie lange sie sicher in der Hand ihres Führers bleiben, oder umgekehrt, wie bald sie „verbummeln", ist auch hier wieder abhängig vom Führer. Dieser Führer aber ist ein Blinder, der Fehler des Hundes nicht sehen und auch nicht abstellen kann. Allzugroße Hoffnungen sollten daher an die Dienstleistungen dieser Hunde nicht geknüpft werden, schon der armen Blinden wegen, denen jede Enttäuschung erspart werden sollte. Verallgemeinerung muß jedenfalls vermieden werden, denn so nützlich sich unter geeigneten äußeren Umständen — am besten auf dem Lande und in der Kleinstadt — ein solcher Führerhund bei einem tierlieben Blinden erweisen kann, so völlig wird, ja muß er unter anderen Verhältnissen versagen, z. B. im Großstadtgetriebe und in der Hand eines gleichgültigen Mannes ohne Hundeverstand. Dann aber wäre der Hund keine Hilfe mehr, sondern eine Gefahr für den Blinden. Den höchsten Wert des Blindenhundes sehe ich daher darin, daß er dem Blinden ein Freund sein, ihm Trost und Unterhaltung in einsamen, stillen Stunden schaffen soll.

Schließlich ist vorgeschlagen worden, die aus dem Kriege heimgekehrten Sanitätshunde zum Rettungsdienst bei Unfällen im Hochgebirge zu verwenden. Solcher Hilfsdienst bliebe freilich auf gewisse Fälle beschränkt, im Felsgebirge verbietet er sich von selbst. Die Hunde könnten daher im wesentlichen nur zum Verfolgen der Spur des Verunglückten vom letzten bekannten Aufenthaltsort an dienen, um Anhaltspunkte über die Richtung zu geben. Diese Spur wird aber meist schon recht alt sein und wird noch dazu meist über Boden führen — Felsgeröll u. ä. —, wo sie schlecht ansteht. Die Hunde könnten weiter zum Abstöbern von mit Krummholz bewachsenen Halden unter den Felswänden dienen und schließlich zum Aufspüren von unter Schnee Verunglückten. Unser Schäferhund wäre solchem Dienst gewiß gewachsen; v. Navarini, der den Hochgebirgskrieg an der italienischen Grenze mitgemacht hat, stellte fest, daß von allen Rassen nur Schäferhunde und Dobermannpinscher den Schnee- und

Bodenverhältnissen dort oben gewachsen waren. Ganz ungeeignet wäre freilich eine Verteilung der Rettungshunde auf die Schutzhütten; dort würden sie gar bald verbummeln und üble Wilderer werden. Nützen können sie nur, wenn sie dauernd in zweckentsprechender Arbeit gehalten werden, das wäre in der Hand der Landjäger in den in Betracht kommenden Gebirgstälern. Die brauchen den Polizeihund als Begleiter ohnehin, der Dienst der Rettungshunde ist auch nicht die reine Stöberarbeit des Sanitäts=, sondern die Stöber= und Spur= arbeit des Polizeihundes.

Am Schluß dieses Schäferhundwesen und =dienst gewidmeten Ab= schnittes sei noch auf das Verhältnis unseres Hundes zur dar= stellenden Kunst eingegangen. Es gibt wohl viele Hundebilder, aber es gibt wenige gute Hundebilder, und für den Schäferhund trifft das erst recht zu. Es mag gewiß oft schwer sein, die Gebote der Kunst mit den Anforderungen des Hundemanns zu vereinbaren, doch darf nicht jede verfehlte Zeichnung mit dem Wort Kunst gedeckt und entschuldigt werden. Wer nicht richtig sehen, das Gesehene nicht in der Gebäudelehre ent= sprechender Weise richtig wiedergeben kann, der lasse die Finger von der Tiermalerei, er kann ja als Kubist oder wie die wildeste Richtung just heißt, immerhin noch staunenswertes leisten. Der Hundefreund will nicht ein paar Farbenklexe sehen, nicht unmögliche Gliederver= renkungen oder verzerrte Zucht von übermorgen, die dem Futuristen= hirn erstrebenswert erscheinen mag, sondern seinen Freund in natür= licher und darum richtiger Haltung und mit dem rechten Ausdruck. So kann ihn aber nur ein Künstler wiedergeben, der nicht bloß die Ge= bäudelehre beherrscht und ein Meister des Stifts ist, sondern der auch selbst Hundefreund, um nicht zu sagen mit Hunden geboren, aufgewachsen und verheiratet ist. Nur ein solcher kennt die Hundeseele so, daß er ihre leiseste Regung zu erfassen und im Bilde wiederzugeben versteht. Weil wir das aber in Bild oder Zeichnung nur selten finden, ziehen die meisten Hundefreunde das Lichtbild vor, das, wenn es nicht zu anfängerhaft oder werkstattmäßig hergestellt, wenigstens mögliche und wirkliche Hunde wiedergibt. Freilich spielt bei der Bildfrage auch der Preis mit. Die meisten, und just die rechten Hundeleute haben nicht den großen Beutel; die ihn aber haben, sind meist so durch und durch unkünstlerisch gesinnt, so ganz und gar kunstunverständig, daß von ihnen auch keine Unterstützung zu erhoffen ist.

Von Herdenhunden im Beruf gaben Braith und andere vortreff= liche, lebensvolle Darstellungen, der Hund ist darauf aber meist doch nur Nebensache. Braiths Gebrauchshundkopf brachte ich weiter oben; einen ganz prächtigen Schäferhundkopf, wundervoll im Ausdruck, malte der Münchener R. Strebel 1918 für die „Jugend". Neuerdings brachten E. W. Herz, Berlin, und W. Tag, Dresden, vortreffliche Schäferhundbilder heraus; ein Kopfbild des letztgenannten ziert als Eingangsbild dieses Buch.

Die steigende Verbreitung des Schäferhundes seit der Jahrhundert= wende fand selbstredend auch in Witz und Bild Beachtung. Auch sonst sah man allerorten Schäferhunddarstellungen auftauchen: auf Mauer= anschlägen und Litfaßsäulen, auf Ansichtskarten und Buchzeichen, als

Warenzeichen auf Zigarrenkisten und Schnapsflaschen; ja sogar als Stickmuster; Freude hat der Schäferhundmann an solchen Wiedergaben meist nicht. Erwähnt sei hier gleich noch, daß vorm Kriege auch ein Schäferhund auf einer Bumsbühne als handelnde Person mitmimen mußte. In Lichtspielen sieht man den Schäferhund jetzt häufig; für die Hauptanziehungskraft des heutigen Kientopps, den „Detektiv=film", ist er ja auch „unentbehrlich". Doch gibt es auch ernsthafte und belehrende Darstellungen vom Schäferhundleben bei der Herde und in anderem Dienst, sie sind von der Deutschen Lichtspielgesellschaft in Berlin aufgenommen.

Der Bildhauer hat sich bisher nur in der Kleinkunst dem Schäfer=hunde gewidmet. Die Berliner Mißfeld und Professor Wiese brachten wirkungsvolle Kleinbronzen heraus, zwei prächtige Stücke hatte der Stuttgarter Diller kurz vorm Kriege für die Geislinger Metallwaren=fabrik fertiggestellt. Auch Kayser und Sohn in Krefeld hatten Schäfer=hunde als Kleinbronze und Flachbild herausgebracht, die jedoch in der

Abb. 320. Porzellanhund von Gebr. Heubach, Lichte in Thür.

Auffassung des Hundes weniger entsprachen. Die Berliner Hofgold=schmiede Godet und Sohn schließlich nahmen sich der wirkungsvollen Verarbeitung von Schäferhundköpfen namentlich für Schmuckarbeiten an, ebenso das Haus G. Sickinger in Pforzheim.

Auch die Porzellanbildnerei warf sich auf den Schäferhund. Nach=dem die Porzellanfabrik Rosenthal, Selb i. Bayern, den Anfang ge=macht, brachten Bing und Gröndall in Kopenhagen ein schönes Stück, auch in guter Farbenwirkung, heraus. Das beste Porzellanwerk ist aber unstreitig der von Pflug=Berlin geformte und von Gebrüder Heubach in Lichte i. Thüringen hergestellte liegende Schäferhund.

Ich sagte oben schon, daß die Mehrzahl der Hundefreunde sich mit dem Lichtbilde begnügt und aus verschiedenen Gründen begnügen muß. Auch die Lichtbildkunst hat in den letzten Jahren einen sehr hohen Stand erreicht, vermochte wunderbar stimmungsvolle, durchaus künstlerische Bilder hervorzubringen. Soweit sie sich mit unserem Hunde

380

beſaßt, iſt zu unterſcheiden, ob der Hauptwert auf ein ſolches Bild, aus dem Leben unſerer Hunde etwa, gelegt wird, oder auf die rein bild= mäßige Wiedergabe eines Hundes zu Beurteilungszwecken. Für Auf= gaben der erſterwähnten Art muß dem Lichtbildkünſtler Wahl des Dorwurfs, Stellung des Hundes und ſeiner Umgebung, ſchließlich Aus= führung und Wiedergabe des Bildes völlig überlaſſen bleiben. Er muß

Abb. 321. Gute Lichtbildaufnahme in zur zur lauf könnte etwas ...ng geeigneter Stellung rechter Hinter= ...er weit zurückgeſtellt ſein). Siegerin 1919 Anni vom Humboldtpark SZ. a. Siegerin 1919/20, holl.

in ſich reines künſtleriſches Empfinden und handwerksmäßiges Können vereinen, ſonſt bringt er nur ein Stümperwerk zuſtande, unvollkommen in der Bildwirkung, gezwungen, ſteif, und unnatürlich in der Dar= ſtellung.

Die geeignetſte Stellung für die bildmäßige Wiedergabe eines Hundes iſt ein ſcharf von der Seite aufgenommenes Dollbild. Die Auf=

381

nahme sollte, wie jede Hundeaufnahme, im Freien gemacht werden; alle Werkstattbilder wirken steif, unnatürlich und unkünstlerisch, zumal wenn sie vor irgend einem gemalten Hintergrund gemacht werden. Auch der Berufslichtbildner bringt meist kein brauchbares Hundebild fertig, selbst im Freien nicht, wenn er nicht zugleich Hundemann ist; ihm ist sonst das schöne Bild, nicht die rechte Stellung des Hundes Haupt= sache. Die besten Aufnahmen macht der hundevertraute Liebhaber mit einem leichten Handkasten, der Bilder in Größe von etwa 8:10 bis 12:16 cm liefert; der Kasten muß eine lichtstarke Linse und einen guten Sucher haben, sogenannte „Spiegelreflexkameras" sollen besonders vor= teilhaft sein. Selbstverständlich können nur Augenblicksaufnahmen ge= macht werden, die Lichtverhältnisse sind also zu berücksichtigen. Ist eine Innenaufnahme nicht zu umgehen, so muß für eine starke be= ständige Lichtquelle gesorgt werden; Blitzlicht ist unter keinen Um= ständen anzuwenden, es gibt immer häßliche Bilder und überraschte Hunde, dazu nehmen manche Hunde solch beblitzt Werden sehr übel. Mit Platten und Spulen darf der Lichtbildner nicht sparen, auch Zeit und Mühe darf er nicht scheuen, will er wirklich vollkommene, auch zur Wiedergabe geeignete Bilder erzielen. Denn das, die Herstellung eines Druckstockes zur Veröffentlichung des Hundes, ist ja oft Zweck der Auf= nahme. Da der Druckstock immer schwächer und verschwommener als die Aufnahme selbst ist, sollte die an Gegensätzen reich sein, scharf in der Zeichnung und auf hartarbeitendem Papier wiedergegeben werden; die weichen, zwar sehr künstlerisch wirkenden Töne anderer Papiere geben keinen wirkungsvollen Druckstock und beim Druck selbst nur ein Bild grau in grau.

Damit sich der Hund in freier, natürlicher Haltung zeigt, muß sich der Lichtbildner nach dem Hunde richten, nicht umgekehrt. Er darf seinen Kasten daher niemals auf ein Gestell setzen, sondern muß ihn in der Hand halten, um sich immer dem Hunde gegenüber aufstellen zu können und jeden Augenblick schußbereit zu sein, wenn der Hund im Sucher die gewünschte Stellung zeigt. Da der Kasten für gewöhnlich etwa in Brusthöhe gehalten wird, würde der Hund auf so kurze Ent= fernung von oben aufgenommen unnatürlich verkürzt und gedrungen erscheinen; der Lichtbildner muß also zur Aufnahme in die Kniebeuge gehen, um Hund und Linse in eine Höhe zu bringen.

Übergrelles Licht und scharfe Schatten sind nach Möglichkeit zu vermeiden, jedenfalls darf kein Schatten auf dem Hunde liegen, ihn auch nicht streifen; der Lichtbildner muß daher auch auf seinen eigenen Schatten achten, wenn er zwischen Sonne und Hund steht. Störende, häßliche Schatten ergeben sich auch aus zu naher Stellung des Hundes gegen einen festen Hintergrund. Die Umgebung ist so zu wählen, daß der Hund sich klar und deutlich aus dem Bilde heraushebt, dabei ist also auch auf die Töne Rücksicht zu nehmen, die Hund und Umgebung später auf dem Bilde haben werden; ein dunkler Hund z. B. hebt sich für unser Auge ganz gut von grünem Laubwerk ab, die Platte bringt uns dann aber dunkel gegen dunkel. Möglichst lichte, einfarbige und ruhige Tönung des Vorder= und Hintergrundes ist sonach Vorbedingung für ein gutes

Hundebild. Grasplätze und Buschwerk sind als Hintergrund ganz zu verwerfen, sie wirken zu unruhig, der Hund hebt sich nicht genügend ab und, je nach der Höhe des Grases, werden die Pfoten, zum Teil sogar die Läufe davon bedeckt. Ein verlaufender Sandplatz, eine helle Straße sind dagegen ausgezeichnet als Standpunkt für den aufzunehmenden Hund, vortrefflich auch eine leichte Erhöhung, hinter der der freie Himmel als Hintergrund steht. Ist derartiges nicht zu finden, so muß der Hund auf lichtem Platz gegen eine helle Wand gestellt werden, aber in etwa 1—1,5 m Entfernung; hebt der Hund sich im Ton nicht genügend von der Wand ab, so kann ein großes Leintuch daran befestigt werden. Am natürlichsten wird die Aufnahme, wenn der Hund frei steht; ist er angeleint, so besteht immer die Gefahr, daß er sich in die Leine hängt, der Hals wird dadurch herausgewürgt und die Stellung der Vor= und Hinterhand wirkt gezwungen. Zum Anleinen soll niemals eine Kette, sondern nur eine dünne Schnur, auch Draht, genommen werden. Steht der Hund frei, so ist ihm das Halsband abzunehmen, das meist den schönen Fluß der Hals= und Nackenlinie stört. Muß der Hund angeleint werden, so ist eine einfache, vom Haar überdeckte Schnur die beste Halsung; jedes breite Halsband gibt häßliche Wülste.

Bei der Aufnahme muß die Linse senkrecht etwa auf die Mitte des Hundes gerichtet werden, um jede Verzeichnung zu vermeiden; die tritt sofort ein, wenn der Hund schräg von vorn, oder, was noch schlimmer wirkt, schräg von hinten aufgenommen wird. Der Hund soll auch in einer Fläche stehen, darf nicht mit der Hinterhand nach innen, gegen den Lichtbildner zu, oder nach außen ausfallen; das gäbe wieder ein verzeichnetes, ungünstig wirkendes Bild. Am besten steht der Hund nicht in Schreitstellung, sondern in freier natürlicher Haltung gleichmäßig auf allen vier Läufen, doch so, daß die sich nicht völlig decken; die Hinter= hand soll dabei nicht in unnatürlich rückständige Stellung gebracht werden, wodurch die Rückenlinie leidet, sie darf aber auch nicht untergeschoben stehen. Für den Kopf wirkt eine leichte Drehung nach innen recht gut, da er sonst leicht zu flach, schattenrißartig erscheint. Kopf und Hals dürfen niemals künstlich hochgehoben, aufgerichtet und langgestreckt werden, das sieht schäferhundwidrig aus. Diese sehr unschöne schlangen= artige Stellung wird stets herbeigeführt, wenn dem Hunde, um seine Aufmerksamkeit zu erregen, ein Fleischbrocken o. ä. vorgehalten wird; wo das nötig, muß das Lockmittel dem Hunde in Augenhöhe und auf mindestens 5 m Entfernung ganz kurz gezeigt werden. Meist aber wird kurzes Mäuseln genügen, um den Hund für den Augenblick der Aufnahme in gute, gespannte Haltung zu bringen. Jedes Herumkünsteln am Hunde ist überhaupt zu vermeiden, ein gestelltes Glied läßt er doch nicht so stehen, nimmt im Gegenteil solches Herumbasteln recht übel und setzt sein allerdümmstes Gesicht auf; der Hund ist nicht so eitel wie manche Menschen, ihm ist das Abgeknipstwerden ein Greuel und alle Vorbereitungen dazu erregen sein Mißfallen. Da hilft nichts als Geduld und Abwarten, bis der Hund einmal bei richtiger Beleuchtung die gewünschte Stellung von selbst einnimmt. Die Aufnahmen werden die besten, wirken am frischesten und natürlichsten, die durch einen glücklichen Schnappschuß auf die Platte gebannt werden.

Kommt es nicht nur auf Wiedergabe des Hundes zur Gebäude=
beurteilung an, soll nur ein lebensvolles Bild geschaffen werden, dann
muß der Lichtbildner jedenfalls solchen Augenblick abwarten; er zieht
dann am besten, dem Jäger gleich, mit seinem schwarzen Kasten dem

Abb. 322. Der Wächter. Preisbild aus e nem Bilde e ttbewerb.

Hunde nach, um eine günstige Stellung zu erwischen. Reine Kopf
aufnahmen wirken am besten bei halber bis dreiachtel Seitwärts=
wendung des abwärts gerichteten Kopfes. Scharf von der Seite auf=
genommen, erscheint der Kopf flach und ausdruckslos, spitz von vorn
dagegen verzeichnet; der Gesichtsteil erscheint dann überstreckt, der
Stirnteil zu kurz, die Ohren fledermausartig.

Der SD. schreibt jährlich mehrere, mit hohen Preisen ausgestattete Lichtbildwettbewerbe aus, durch die er die Schäferhundleute nicht bloß zum Einsenden guter, künstlerisch aufgefaßter und für unsere Sache werbender Bilder anspornen will; sie sollen dadurch auch zum Beobachten ihrer Hunde angeregt werden, sich mit der Gebäudelehre befassen und in die Geheimnisse der Schäferhundseele einzudringen suchen. Die reiche Bildersammlung des SD. steht allen Mitgliedern zur Einsicht und Benützung frei, ebenso seine Druckstocksammlung und die große Zahl der zum Ausschmücken von Vorträgen geeigneten Lichtbilder.

Zu solchen Vorträgen bieten Schäferhundleben und -tätigkeit eine Fülle von Stoff. Vor Jahren hatte der SD. auch einen Wettbewerb für Werbeschriften über den Schäferhund ausgeschrieben, in dem der I. Preis R. Löns zufiel. Von Fachschriften abgesehen — die vorliegende erschien auszugsweise in holländischer, spanischer und englischer Sprache — bringen Zeitschriften ab und zu einiges über unsern Hund; die große Allgemeinheit der Leser ist freilich viel zu hundegleichgültig, ja leider -feindlich, um für derartiges Anteilnahme zu haben. Der Schäferhund= dichter aber ist noch nicht geboren! Nur eine sinnige Grabschrift als „Marterl" im Jugend=Stile des Kassian Kluibenschädel wurde einst in der SD.=Zeitung von einem treuen SD.=Mann seinem ihm entrissenen Genossen gewidmet:

Allhier Liegt und schnauft nimmermehr der „Hektor',
Ganz Umsonst hältst du ihm nun würste Und SPeck vor;
Er vrisst sie nimmermehr — OHJEH!
Denn er starb selber Einstweilen am BauchWeh'.
Eine Coteswurst Hat man ihm Hingeschmissen,
Und er frass sie, und ward dadurch aus seinem Blühenden Leben gerissen!
Hätt' er es nicht gefressen aus Fremder Hand, wie mann ihm offt befaal,
Alsdann hätt' er auch noch nicht erlitten Diese Qual!
Aus ist's und fertig mit dem Beissen Unt Bellen
Wie er's tat, wenn der briefbott kam und in anderen Fällen.
Um ihn trauern nun Die Freinde und bekannten
Die ihn — solange er x und war und lebte — von Angesicht oder par
     Renommeh kannten,
Du aber OH FRemder Wantrer Fleuch, geh schnell vorbei!
Sunst, wenn er dich riecht, und dich nicht kennt, steht er auf und reisst Dir
     die Hosen entzwei!!
Dies isst gewitmet von denn Hinterbliebenen.
          A · D · MCMVI·

386

Das Züchten.

Die Tierzucht will aus den vorhandenen Landschlägen unserer
Haustiere durch planmäßige Zusammenstellung der Elterntiere vervollkommnete Stämme schaffen.

Das Ziel der angestrebten Vervollkommnung ergibt sich aus
Zweck und Gebrauch der Art. Neben der durch die Zucht in Nutzwert
oder Leistungsfähigkeit schon gehobenen Allgemeinheit der Nutztiere
sollen außerdem noch für die Weiterzucht besonders geeignete vorbildliche Zuchttiere hervorgebracht werden.

Bei der Hundezucht gilt es, unter Berücksichtigung des eben
Gesagten, Tiere zu erzüchten, die in zweckmäßiger Körpervollendung
und dadurch erzielter erhöhter Leistungsfähigkeit ihre Vorfahren übertreffen. Die ferner auch in bezug auf von ihnen gewünschte Gebrauchs-

leiſtungen eine ſichere Überlieferung, möglichſt aber auch eine Vervoll=
kommnung ererbter Eigenſchaften und Anlagen aufweiſen.

Schäferhundzucht iſt Gebrauchshundzucht, muß immer Ge=
brauchshundzucht bleiben, ſonſt iſt ſie keine Schäferhundzucht mehr!
Schäferzucht, die in reiner Nutzzucht zur Blütezeit deutſcher Schafzucht,
alſo vor 100—60 Jahren, bei einzelnen Stämmen zu Hochzuchten ge=
führt hat, muß auch uns Liebhabern vorbildlich bleiben, weil ſie auf
geſunder Grundlage ſchuf, was wir brauchen und wollen: harte, dreiſte
und leiſtungsfähige Arbeitshunde.

Im Gegenſatz zur Nutz= und Gebrauchszucht ſteht die Sport=
zucht, die der damit beglückten Raſſe zwar kurzen Aufſchwung, dann
aber ſicheren Untergang bringt — ich verweiſe auf das warnende Bei=
ſpiel bei ſchottiſchen Schäferhunden und manch anderen Raſſen! —, weil
ſie nicht um des Hundes willen erfolgt, nicht um den beſſer und brauch=
barer zu machen, ſondern um der Eitelkeit des Züchters oder ſpäteren
Käuſers willen. Das Wort Sport bedeutet zwar Wettbewerb um höchſt=
leiſtungen. Dieſer Wettbewerb gipfelt aber im Ausſtellungsweſen, das,
weil es keine Leiſtungen fordert wie z. B. in der Pferdezucht der
Rennbetrieb, nur zu leicht zum Wertlegen lediglich auf Außerlichkeiten
der Form, auf Schönheit, ſtatt auf Gehalt verleitet; wir werden Näheres
darüber im V. und im IX. Abſchnitt finden. Dem Sinne nach ſollte
das Wort Sport zwar das Geſchäft ausſchließen, dem Engländer, dem
wir es abgenommen, wenn es auch altgermaniſchen Urſprungs iſt, iſt
aber der Sport auch ſchon zum Geſchäft geworden. Dem nüchtern und
kalt denkenden Engländer, vom Arbeiter und kleinen Handwerker bis
zum Höchſtſtehenden, iſt es eben Überzeugungsſache, daß jede Tätig=
keit, auch Politik, Krieg, Sport, kurz Alles, Geld einbringen ſoll. So
deckt das Wort denn auch bei uns ſchon allerlei unklare und unerfreuliche
Dinge, die mit wirklichem Sport nichts zu tun haben ſollten; der deutſche
Züchter ſollte es daher ganz aus ſeinem Sprachſchatz und Gedanken=
kreiſe verbannen, zumal ihm die Mutterſprache genügenden Erſatz
ohne Nebenbedeutung bietet: Liebhaberei, Erholung, Freude, Troſt,
Zucht, Arbeit. Wetteifer, Wettbewerb, in gewiſſen Sinne auch Dienſt.

Sportzucht hat weitere Übel zur Folge. Um zu Ausſtellungs=
erfolgen zu gelangen, muß ſie in größerem Maßſtab betrieben werden,
das aber kann nur im Zwinger erfolgen. Maſſenzucht und Zwinger=
zucht ſind aber der Verderb für geſunde Schäferhundzucht.
Vom Fluch der Zwingerhaltung habe ich ſchon im II. Abſchnitt aus=
giebig geſprochen, Zwingerzucht aber verdoppelt und vervielfacht
das Übel, verdirbt rettungslos alles, was in ihren Bann gekommen;
wir werden weiter unten noch mehr dazu hören. Ein größerer Hunde=
beſtand läßt ſich nun nicht anders als im Zwinger halten, wir häufen
damit aber Schaden auf Schaden, denn ſchon ein größerer Schäferhund=
beſtand iſt etwas ſchäferhundwidriges: Schäferhunde laſſen ſich nicht
in Herden halten und gar züchten; ſie verwilderten und verkämen.
Der Schäferhund will als Perſönlichkeit genommen ſein, ſein Herr muß
ſich mit ihm beſchäftigen können, erſt recht, wo es ſich um Jungtiere
handelt; das iſt aber nur mit einem, oder einigen wenigen möglich,
nicht mit mehreren. Maſſenzucht muß ſtets zum Fluch des Züchters

werden, weil fie ihn auf falfche Bahnen drängt und ihm die reine Freude an feiner Zucht nimmt. Sie leitet fchließlich — und das ift eine weitere und fehr wefentliche Gefahr, für Züchter und Raffe — nur zu leicht zur Handelszucht über. Aus dem Namen ergibt fich fchon, daß die nichts mehr mit Liebhaberei, Nutzen für die Raffe, Gebrauch des Hundes zu tun hat, ja nicht einmal mit Sport, der freilich nur zu oft den Deckmantel dafür hergeben muß. Bei der Handelszucht —, die durchaus nicht vom Hundehändler ausgeübt wird, wenigftens nicht vom offenen — ift der Hund nurmehr Ware, wird als folche gezüchtet und behandelt. Damit fetzt aber eine weitere Gefahr für die Raffe ein: der Hund wird nicht mehr nach der Raffe dienlichen Grundfätzen gezüchtet, fondern fo, daß er marktfähig ift. Mit anderen Worten, die Zuchtrichtung wird da nicht mehr vom Kenner, fondern vom Käufer beeinflußt. Der Käufer aber ift meift ein ahnungslofer Neuling, den Wohl und Wehe der Raffe nicht, oder noch nicht kümmert. Er weiß nichts vom Raffebild, nichts vom Wert der Arbeitsanlagen, fucht oft ein Prunkftück, möglichft groß und auffallend, bisweilen fogar beißwütig.

Hundezucht muß „Liebhaberzucht" fein, fie kann nicht wie andere Tierzucht berufsmäßig, des Broterwerbs wegen betrieben werden. Wird fie das, fo ift und wird fie Hundehandel, der mit ernfthafter Zucht nichts, dagegen allzu oft mit dem Strafgesetzbuch zu tun hat. Erft recht muß die Gebrauchshundzucht Liebhaberzucht fein; auch Schäfer und Jäger züchten liebhabermäßig, haben fie nur das Verlangen, möglichft muftergültige leiftungsfähige und brauchbare Tiere zu züchten. Der Liebhaber erftrebt mit feiner Zucht auch keine greifbaren äußeren Vorteile. Er läßt fich daran genügen, daß der Umgang mit edlen, formenfchönen und begabten Gefchöpfen, die Beobachtung ihrer Lebens= äußerungen und der bei der Zucht fich bemerkbar machenden Erfchei= nungen ihm eine Reihe reiner Freuden und Genüffe bietet und ihn tiefer in das Geheimnis der Natur eindringen läßt. Das entfchädigt den feine Liebhaberei felbftlos auffaffenden Züchter für Opfer an Geld, Zeit und Mühe, für Fehlfchläge und Enttäufchungen!

Am geeignetften für die Gebrauchshundzucht ift der Kleinzüchter, der mit ein oder zwei Hündinnen arbeitet, weil er fich um die Zuchttiere und die Zuchtergebniffe noch fo kümmern kann, wie es erforderlich ift, um gefunde, kräftige und ausbildungsfähige Jungtiere hervorzubringen. Mag folcher Kleinzüchter dann fogenannter kleiner Mann fein oder über größeren Beutel verfügen: immer muß Freude an der Zucht, Liebe für die Raffe und Verftändnis für ihr Wohl die Grundlage feiner Beftrebungen bilden. Zum Erhalten der Zuchtfreudigkeit dient felbft= verftändlich auch die Sicherheit, die Ergebniffe des Zuchtfleißes fpäter abfetzen zu können.

Die Kreife, die bisher die treuefte Stütze der Hundeliebhaberei waren, find durch den unfeligen Kriegsausgang am härteften mit= genommen. Sie werden künftighin alle Kraft anfpannen müffen, um das fürs Leben Notwendige aufbringen zu können; ob da auch etwas für das nur Angenehme übrig bleiben wird, muß fich erft erweifen. Sie der Liebhaberei, alfo auch der Zucht zu erhalten, follte vornehmfte Aufgabe aller Vereinstätigkeit und aller wahren Hundefreunde fein;

aber auch derjenigen Stellen im Reich, die sich über die volkswirtschaft=
liche Bedeutung der Hundezucht klar geworden sind, eine Frage, der
von oben bisher viel zu wenig Beachtung geschenkt worden ist. Die Dienst=
hundbewegung wird darin wohl Wandel schaffen, wird hoffentlich
auch dazu führen, die reine, bisher etwas zufallsmäßige Liebhaber=
zucht in die geregelteren Bahnen wirtschaftlicher Nutzhundzucht
zu führen. Auch darin müßte sie liebhaber=, nicht erwerbsmäßig be=
trieben werden, aber der Absatz würde dem Züchter sicher gestellt und
die Klippe der Handelszucht dabei vermieden. Wie das möglich ist,
wird im VIII. Abschnitt erörtert werden.

Je mehr auch in der Schäferhundzucht das Schwergewicht auf
wirtschaftliche Nutztierzucht gelegt wird, desto besser für unsere Rasse,
desto leichter wird es all ihren wahren Freunden fallen, sie gesund zu
erhalten. Die Gebrauchshundzucht würde damit von allen Auswüchsen
gereinigt, mit denen Gleichgültigkeit, Unkenntnis, Prunksucht, Sport=
fexentum oder undeutsche Geldgier sie zu belasten wohl versucht haben.
Ein Mangel der bisherigen Hundezucht war der, daß neben Sport=
und verkappten Handelszüchtern zu viele gedankenlose Zusammen=
paarer, Auch= und Gelegenheitszüchter mitliefen. Reine Gebrauchs=
hundzucht mit greifbaren Zielen dagegen wird uns ernsthafte, strebsame
Züchter in vermehrter Zahl zuführen. Zum Vorteil für unsere Sache,
denn Züchtungskunst und Zuchtwissen müssen Hand in Hand gehen,
um uns zum Ziel zu führen: zum hochveranlagten leistungs=
fähigen Hunde mit vollendetem Gebrauchsgebäude!

Aus solcher Arbeit der Hundezucht kann auch die Zuchtwissen=
schaft Nutzen ziehen, denn gerade der ernsthafte Liebhaberzüchter eines
mit ihm in vertrauter Gemeinschaft lebenden Tieres kann bei der kurzen
Tragezeit, der Schnellwüchsigkeit und der verhältnismäßig früh ein=
tretenden Zeugungsreife des Hundes die Unterlagen für eine Reihe
wichtiger, aber noch nicht genügend geklärter Zucht= und Vererbungs=
fragen liefern. Es ist selbstverständlich, daß, sollen diese Unterlagen Wert
haben, sie auf peinlich genauen, scharfer Selbstprüfung unterworfenen
Beobachtungen beruhen müssen. Die Stelle, wo solche Beobachtungen
niederzulegen sind, ist das von jedem Züchter sorgfältig zu führende
Zwingerbuch, aus dessen Inhalt er sich selbst späterhin gleichfalls
noch oft genug Rat und Anregung holen wird.

Dem Anfänger fehlt noch der beste Ratgeber, die eigene Erfahrung,
für die manch alter Züchter bitteres Lehrgeld zahlen mußte. Um so mehr
sollte just der Anfänger die Warnungen beherzigen, die hier über Zwinger=
zucht, Massenzucht u. a. m. gegeben sind, sie sollen ihn vor Schaden be=
wahren, ihn und unseren Hund. Er soll sich auch, will er sich in die Zucht
stürzen, nicht von vornherein mit den hochfliegendsten Plänen tragen,
sondern muß vor allen Dingen das für seine Verhältnisse Erreichbare
im Auge behalten. Nicht jeder kann „Sieger“ züchten, der Anfänger
vor allem schon nicht, und nicht jeder Abnehmer kann Sieger brauchen.

Die bei guten geistigen Anlagen auf ein leistungsfähiges Gebäude
gerichtete Hochzucht*) unserer Rasse hat heute auf breiter Grundlage

---

*) „Hochzucht“ bedeutet nicht etwa auf Höhe, d. i. Größe des Hundes züchten,
sondern Vervollkommnung, Veredelung durch Zucht.   Der Verfasser.

einen hohen Stand erreicht, die körperliche Vollendung der Edelzucht, also ein kraftvolles, gutgeschnittenes Gebrauchsgebäude ist aber doch noch nicht der ganzen Rasse zuteil geworden. In dieser breiten Masse stecken unzweifelhaft aber noch sehr viele Hunde, die neben verbesserungs= bedürftigem Gebäude ganz vortreffliche Anlagen haben. Diese Hunde herauszusuchen, im Äußeren vorwärts zu bringen, in den Eigenschaften aber zu erhalten, ist eine wichtige Zukunftsaufgabe unserer Zucht; eine Aufgabe, die um so lohnender ist, als sich unter diesen Hunden auch die Hauptmasse der Herdengebrauchshunde befindet. Die Schäferzucht aber ist der Jungborn unserer Rasse, aus dem sie immer wieder schöpfen muß, um lebensfähig zu bleiben!

Wir können unsere Schäferhundzucht recht wohl mit der menschlichen Gesellschaft vergleichen. Unsere hochgezüchteten Stämme entsprechen etwa den „oberen Zehntausend"; nicht denen des Geldbeutels — die sind Drohnen, „Luxushunde" —, sondern denen des Geistes, des Schwertes, der Arbeit. Sie sollen vorbildlich wirken, zur Nachahmung aneifern, für Hebung des Durchschnittsstandes sorgen. Im Gegensatz dazu haben wir auch ein „Schäferhund=Proletariat"; nicht so wie das Wort in klassenverhetzendem Sinne heute gebraucht wird. Dazu rechnet alles Krankhafte, Ungesunde, die, denen der Ansporn fehlt, aus eigener Kraft zu steigen; dann die durch Zucht, Aufzucht und Haltung körperlich und seelisch verkommenen, die ver= und überzüchteten, die Zwingerhunde. Die alle erhalten, heben zu wollen, wäre verlorene Liebesmühe. Es ist Rassenabfall, selbst als Zuchtdünger nicht mehr verwertbar. Zwischen diesen beiden Polen haben wir dann den „Bauernstand", unseren Herdengebrauchshund, und einen „Schäferhund=Mittelstand". Die beiden brauchen wir, wie die menschliche Gesellschaft, zum Erhalten, zum Auffrischen der Art, zum Fortschritt. Just ihrer Zucht sollte sich die Mehrzahl denkender Liebhaber annehmen, der Rasse zum Segen, sich selbst zur Freude!

Anfänger kommen oft genug mit der Bitte um Besorgung eines Welpen=Paares, um später mit ihnen auch „züchten" zu können. So vor= zugehen hieße freilich nicht züchten, sondern lediglich paaren, um junge Hunde hervorzubringen. Bei der Menschenzucht achten wir leider viel zu wenig oder gar nicht auf all die Dinge, die von Einfluß auf das Er= zeugen guter, gesunder und brauchbarer Nachkommenschaft sind; bei der Tierzucht aber sollten wir es tun, denn die Fehlschläge kosten da nicht bloß Menschenglück und Volkswohlsein, sondern . . . . Geld.

Wo aber holt der Zuchtneuling sich Rat, die unentbehrlichen Unterlagen für sein Zuchtwissen? Denn der geborene Züchter ist selten, der mit sicherem Auge erkennt, was seiner Zucht nötig ist, wo seine Zuchttiere ergänzungs= und verbesserungsbedürftig sind. In der Stadt kann es den schon gar nicht geben, der muß auf dem Lande aufgewachsen sein, mitten unter den Tieren, muß seinen Blick für sie von kleinauf geschärft haben. Zunächst tut einiges Schulwissen not. Schriften über Tierzucht gibt es in reicher Auswahl und wenn sich die wenigsten davon auch nur mit Hundezucht befassen, so kann der nachdenkliche Leser doch auch in den allgemeinen Abhandlungen über Tierzucht Belehrung finden. Ich nenne nur einige davon: K. Kronacher, Grundlage der

Züchtungsbiologie und Allgemeine Tierzucht; K. Müller, Biologie und Tierzucht, und Sexualbiologie; K. Schäme, Die wissenschaftlichen Grundlagen der Hundezucht; K. Schmalz, Geschlechtsleben der Haus= säugetiere; A. Ströse, Unsere Hunde; G. Wilsdorf, Tierzüchtung.

Nicht zu vergessen sind hier die vom SV. geführten und heraus= gegebenen Bände des „Zuchtbuchs für deutsche Schäferhunde (SZ.)", die die Unterlagen für die unerläßlichen Stammtafelforschungen bilden. Ahnen= oder Stammtafel ist das, was der Laie gemeinhin, aber fälschlicherweise Stammbaum nennt. Ein Stammbaum ist eine einseitige Zusammenstellung aller von einem Zuchttier abstammenden, sein Blut führenden Nachkommen und kann eine notwendige Ergänzung zu den Vererbungsforschungen in den Stammtafeln bilden. Die Ahnen= oder Stammtafel dagegen gibt umgekehrt die sämtlichen Ahnen eines heute lebenden Hundes, leitet von diesem über Eltern und Großeltern auf die· weiter zurückliegenden Geschlechtsreihen zurück und gibt so genauen Aufschluß über alle in diesem Hunde fließenden Blutströme.

Abb. 325. Ahnen= oder Stammtafel.

Die vorstehend wiedergegebene Stammtafel — sie könnte statt quer übers Blatt natürlich auch von oben nach unten eingeteilt sein ist auf 5 Geschlechtsreihen oder 32 Ahnen eingerichtet. Die Zahl der Ahnen ergibt sich aus der Zahl der in der ältesten vollständig bekannten Geschlechtsreihe eingetragenen; sind also nur die Eltern eines Tieres bekannt, so hat es nur zwei Ahnen, sind auch die Großeltern bekannt, deren vier usw. Eine vollständig auf 32 Ahnen ausgefüllte Stammtafel enthält 62 eingetragene Vorfahren des Hundes, die nächste, sechste, Geschlechtsreihe mit 64 Ahnen würde deren schon 126 ergeben. Wir werden später sehen, daß für die Zucht hauptsächlich die Blutführung der dritten und vierten Geschlechtsreihe von Bedeutung ist, also Ur= und Ururgroßeltern.

Im Zuchtbuch sind vollständige Ahnentafeln freilich nur von ein= zelnen wenigen Hunden zu finden; von der überwiegenden Mehrzahl sind aus Gründen der Platzersparnis nur Eltern und Großeltern auf=

gezählt. Die weiteren Geschlechtsreihen muß der Zuchtbuchschüler sich selbst in älteren Bänden heraussuchen und aufschreiben. Dies Wälzen älterer Bände ist aber gerade besonders lehrreich, gibt am schnellsten Einblick in das Werden der einzelnen Stämme und ihre gemeinsamen Beziehungen, denn der Anfang ist klein, leicht zu überblicken, die Unübersichtlichkeit wächst mit den Zuchtjahren, mit den sich mehrenden Stämmen und abzweigenden Ästen.

Die für unsere Zucht wertvollste Ergänzung der Blutforschung bilden die Gebrauchshundlisten, aus denen die spätere Berufsausbildung der ins Zuchtbuch ja meist als Nestwelpen, also vor jeder Ausbildungsmöglichkeit eingetragenen Hunde hervorgeht. Weitere Belehrung über das Äußere der Hunde, ihre Arbeitsweise, gelegentlich auch ihre Zuchtbedeutung geben dann, oder sollten doch die in der „Zeitung des Vereins für deutsche Schäferhunde" veröffentlichten Richterberichte geben, die es sich freilich manchmal etwas bequem machen und auf der Oberfläche plätschern, statt überzeugende Bilder von Ursache und Wirkung zu geben. Diese Richterberichte enthalten zunächst eine mehr oder minder eingehende Besprechung der gezeigten Hunde; ferner meist eine Begründung der vom Richter gewählten Reihenfolge. Unsere Hauptrichter, die durch ihre häufige Tätigkeit, ihre Erfahrungen auf diesem Gebiet dazu auch in der Lage sind, pflegen in ihre Richterberichte aber auch besonders für den Neuling wertvolle Winke über den Zuchtwert einzelner Hunde oder Stämme, über Mängel und Vorzüge eines Aufzuchtverfahrens u. a. m. einzuflechten. Selbstverständlich finden sich diese Bemerkungen nicht in jedem Richterbericht. Das würde den Leser ermüden, den Wert des Gesagten mindern. Auch wolle man bedenken, daß unsere Richter in der Haupt=Ausstellungszeit oft zwei= bis dreimal im Monat auf mehrere Tage in der Woche Kraft, Zeit u. a. m. in den Dienst der guten Sache stellen müssen; daß daher schon ihr guter Geschmack solche Dauerwiederholungen ausschließen wird. Die Züchter müssen sich sonach schon das für sie wesentliche aus den verschiedenen Berichten heraussuchen. Die mit den Richterberichten zugleich veröffentlichten Auszeichnungslisten erleichtern das Verfolgen und Bearbeiten der von einzelnen Hunden und ihrem Blut erzielten Zucht= und Arbeitserfolge.

Hat der Zuchtanfänger sich die Unterlagen über die einzelnen Hunde und Blutstämme, ihre Ausbildung und ihre Vererbungskraft erworben, dann muß er hinaus, muß Hunde sehen, sie beurteilen lernen. Die beste Gelegenheit dazu hat er auf größeren Zucht= und Pfosten= schauen und auf Leistungsprüfungen; an den Besuch solcher Veranstaltungen muß sich wieder Zuchtbucharbeit und Durchsicht der Richterberichte schließen. Weitere Belehrung bietet der Besuch der Monats= versammlungen der örtlichen Unterabteilungen des SV, auf denen häufig Vorträge über Zucht und sie berührende Fragen gehalten werden, und wo vor allem immer fremde Hunde zu sehen sind und Aussprache mit älteren erfahrenen Züchtern zu haben ist.

Die Zuchtwarte der örtlichen Unterabteilungen, meist Vereins= richter oder alte Züchter, sind da die gegebenen Stellen zum Beraten der Neulinge *). Daß auch deren Tätigkeit freiwillige Liebhaberei ist, müssen die bedenken, die ihren Rat erbitten wollen. Da die betreffenden meist auch noch ihren kleinen Nebenberuf haben, wäre es ungebührlich und unklug, ihre Zeit zu sehr in Anspruch zu nehmen. Zu stellende Fragen wären also vorher genau zu überlegen, ihre Beantwortung durch Bereithalten der Auskunftsmittel so zu erleichtern, daß dem Ratgeber erschöpfender Bescheid ohne übermäßigen Zeitverlust möglich ist. Wünscht ein Neuling also beispielsweise Rat wegen eines für seine

Abb. 326. Sein Leibblatt. Preisbild aus einem Bilderwettbewerb.

Hündin passenden Rüden, so gehört sich, daß er dem Zuchtwart nicht bloß Namen und Zuchtbuchnummer der Hündin nennt — in Briefen „vergessen" manche selbst das! —, er muß vielmehr eine vollständig ausgeschriebene Stammtafel der Hündin vorlegen, damit der Berater sich deren Blutführung nicht erst mühsam heraussuchen muß. Besonders nützlich ist auch, gleich Stammtafeln der ins Auge gefaßten Deckrüden bei-

*) S. a. „Die Aufgaben der Zuchtwarte und die Pflichten der Züchter (Rüdenhalter) und Hündinnenbesitzer", Anlage XI zu den Satzungen des SD.

zufügen; bei dieser Arbeit hat der Neuling dann nämlich vielleicht schon so viel gelernt, daß er des Rats in der Beziehung kaum mehr bedarf, zumal, wenn er die anderen oben erwähnten Hilfsmittel bei seinen Vorbereitungen auch heranzog. Da zum Rat in der Gattenwahl außer Kenntnis der Blutführung und Arbeitsausbildung auch solche des Äußeren der Zuchtpartner gehört, sollte wenigstens die Hündin dem Zuchtwart persönlich vorgeführt werden. Ist das nicht angängig, muß mindestens ein gutes Bild von ihr vorgelegt werden, möglichst auch Bilder und Beschreibungen der in Aussicht genommenen Rüden, oder doch Hinweise, wo solche zu finden sind.

Nach so eingehender Vorbereitung wird dem Zuchtneuling klar sein, daß es mit dem zur späteren Zucht bestellten Welpenpaar nichts ist. Es paßt eben nicht jeder Rüde für jede Hündin, ebensowenig wie, freilich aus anderen Gründen, jeder Mann für jede Frau. Man kann auch Züchter sein, ohne ein „Pärchen" zu halten, ja, auch der Rüdenbesitzer ist oft genug genötigt, für seine Hündinnen anderes, außerhalb seines Zwingers stehendes Blut aufzusuchen. Bevor wir nunmehr an die Einzelheiten des Zuchtwissens gehen, wollen wir uns aber auch noch klar machen, daß Zucht nur die Anlagen zu gutem Gebäude und zu guten Leistungen geben kann; für Körpervollendung müssen dann Aufzucht und Haltung, für Brauchbarkeit im Beruf die Ausbildung sorgen! Wo das fehlte, darf später weder dem Züchter noch den Eltern ein Vorwurf gemacht werden.

Betrachten wir zunächst die allgemeinen Vorgänge der Zeugung mit ihren Folgen. In jedem Lebewesen steckt der Trieb, sich und die Art zu erhalten; der Selbsterhaltungstrieb ist nur die Unterlage für die Erhaltung der Art durch Fortpflanzung. Diese übernehmen bei den höheren Tieren die Keimzellen; das sind — ich beschränke mich hier auf die Säugetiere — bei den männlichen Tieren die in den Hoden entwickelten Samenfäden oder -tierchen (Spermatozoen), bei den weiblichen die an den Eierstöcken gebildeten Eier, beide mit dem bloßen Auge nicht sichtbar. Samenfaden und Ei sind je eine tierische Zelle, bestehend aus Zellkern und -leib, beider Verbindung ist nötig, um ein neues Lebewesen entstehen zu lassen. Zu gewissen, äußerlich meist erkennbaren Zeiten, den Brunstzeiten, platzen im weiblichen Eierstock die Hüllen der reif gewordenen Eier; die vom Eierstock gelösten Eier wandern nunmehr langsam, auch beim Hunde wohl mehrere Tage, durch die beiden Eileiter zur Gebärmutter. Auf dem Wege dorthin muß die Befruchtung des Eies durch einen Samenfaden erfolgen, da das losgelöste, noch unbefruchtete Ei und der noch nicht zur Befruchtung gelangte Samenfaden innerhalb des weiblichen Körpers nur eine zeitlich beschränkte Lebensfähigkeit haben. Die Samenfäden gelangen bei der Begattung in großer Zahl, zu vielen Tausenden*), mit der vom männlichen Tier ausgespritzten Samenflüssigkeit in die weibliche Scheide und schlängeln sich auf deren schleimiger Hülle durch die Eigenbewegung ihrer Schwänzchen und unterstützt durch nach innen gerichtete, ver-

*) Nach Graf Spee kommen auf 1 ccm Samenflüssigkeit 60000 Samenfäden, nach Loch auf einen Samenerguß deren 226—550 Millionen! Der Verfasser.

engende Bewegungen der Muskelumgebung von Scheide, Gebärmutter und Eileiter bis zu den Eierstöcken; diese Bewegung wird wahrscheinlich auch noch durch chemische Reize zwischen Ei und Samenfaden unterstützt. Für die Geschwindigkeit der Fortbewegung der Samenfäden ist 0,05—0,15 mm auf die Sekunde angegeben worden, von anderer Seite aber 3,6 mm; bei Hündinnen wurden sie sechs Stunden nach der Begattung in der Gebärmutter bei der Eileiteröffnung gefunden, nach zwanzig Stunden auf dem Eierstock selbst. In die Gebärmutter gelangte, noch nicht befruchtete Eier gehen dort zugrunde. Wie lange die Samenfäden in den weiblichen Geschlechtsteilen lebensfähig bleiben, steht noch nicht fest; sie sind zwar dort, wo sie aus dem Schleim Nährstoffe ziehen können, noch nach mehreren Tagen lebensfähig angetroffen worden, damit ist aber noch nicht gesagt, daß sie auch noch befruchtungskräftig waren. Es wird daher angenommen, daß ihre Befruchtungsfähigkeit, bei Hunden wenigstens, nach über vierundzwanzig Stunden erlischt.

Jede Eizelle wird nur von einer Samenzelle befruchtet, die beim Eindringen in den Zelleib des Eies ihr Schwanzstück abstößt, so daß nur der männliche Zellkern in die weibliche Eizelle eintritt, die sich dann sofort nach außen abschließt, um das Eindringen weiterer Samenfäden zu verhindern. Die solchergestalt erfolgte Befruchtung gipfelt in der Verschmelzung des männlichen und des weiblichen Zellkerns. Daraus ergibt sich, daß diese Zellkerne die Träger der männlichen und weiblichen Erbmasse sein müssen, da jedes auf zweigeschlechtlichem Wege erzeugte Tier Eigenschaften seiner beiden Eltern in sich vereinigt; welche Verbindungen dabei möglich sind, werden wir später bei den Vererbungsregeln sehen. Demnächst teilt sich die Eizelle in ganz bestimmter, durch das Reich aller Lebewesen gleichbleibender Art und bildet schließlich eine Hohlkugel, in der der Keimling selbst in einer von außen nach innen abgesonderten eiweißhaltigen Nährflüssigkeit schwimmt. Diese Keimblase bildet dann Häute, deren äußere im Mutterkuchen die innige Verbindung zum Mutterleibe wird; der heranwachsende Keimling wird nunmehr aus dem Blut der Mutter ernährt. Und zwar durch Durchschwitzen oder Aufsaugen (Osmose) der Nähr= und der Ausscheidungsstoffe zwischen Eihäuten und Auskleidung der Gebärmutter; eine unmittelbare Blutverbindung besteht nicht. Sobald der Keimling geburtsreif geworden ist, wird er durch den Druck der Gebärmuttermuskeln und der Bauchpresse zur Welt gebracht, nachdem zuvor die Hüllen geplatzt, das ihn umgebende Fruchtwasser ausgelaufen und die Scheide dadurch schlüpfrig geworden ist. Mit dem Abbeißen der Nabelschnur ist dann der Gebärakt beendet, das neue Lebewesen selbständig geworden.

Den hier geschilderten natürlichen Lebensvorgang sucht die Tierzucht nun künstlich zu beeinflussen, um für ihre Zwecke und bestimmte Leistungen aus ausgewählten Elterntieren besonders geeignete Nachkommenschaft zu erzüchten, in der die Vorzüge der Eltern erhalten, möglichst gesteigert, die Fehler aber ausgemerzt sind.

Den allgemeinen Rassebegriff bei den wirtschaftlichen Haustieren habe ich schon im I. Abschnitt auseinandergesetzt. Rasse schließt nach H. v. Nathusius nicht den Begriff der Unabänderlichkeit ein, was sich schon aus der Entwicklung der heutigen Rassen ergibt. Die Tierzucht unterscheidet da zwischen Naturrassen, Übergangs= rassen und hochgezogenen oder Züchtungsrassen. Die Natur= rasse für unseren heutigen Schäferhund wäre der eingezähmte C. Pou= tiatini und der spätere Bronzehund gewesen, der, wo er durch Haltung und Zuchtwahl bereits eine gewisse Verbesserung erfuhr, zur Übergangs= rasse wurde. Auf diesem Standpunkt ist der Schäferhund, wie wir sahen, in einzelnen Gegenden noch stehen geblieben, und zwar überall dort, wo er noch nicht durch Zucht auf Leistungen zur Züchtungsrasse wurde. Einheitlichkeit einer Rasse über ein großes Gebiet hin ist un= möglich, weil, auch ohne Einwirkung von Zucht und Arbeitsausbildung, Höhenlage und Witterungsverhältnisse, Bodengestaltung und Ernährung nicht ohne Einfluß auf die dauernd dort lebenden und gezüchteten Tiere bleiben. Diese Verhältnisse wirken an sich rassebildend, wie ja trotz aller allgemeinen Übereinstimmung die Schäferhunde in den verschiedenen Landstrichen unseres Erdteils doch kleine Abweichungen zeigen. So kommen wir zu örtlichen Schlägen, aus denen in Deutschland durch Auskreuzung ein Zuchtschlag wurde, für den wir das nach einheitlichen Gesichtspunkten aufgestellte Zuchtziel haben: höchste Leistungsanlage in vollendetem Gebrauchsgebäude. Die Tierzucht unterscheidet dann noch innerhalb der Schläge zwischen Stämmen, Zuchten und Familien. Den erstgenannten würden unsere, im wesentlichen nur in der Blut= führung sich etwas unterscheidenden Zuchtstämme entsprechen, während Zuchten und Familien in unserer Hundezucht etwa das gleiche bedeuten.

Um ihr Ziel zu erreichen, kann sich die Tierzucht zweier Wege bedienen: der Kreuzung und der Reinzucht. Beide Begriffe sind nichts feststehendes, denn wenn auch gemeinhin in der Hundezucht unter Kreuzen die Verbindung von zwei Eltern verschiedener Rassen — also z. B. eines Schäferhundes und eines Dobermannpinschers — verstanden wird, unter Reinzucht dagegen jede Verbindung innerhalb einer Rasse, so ist strenggenommen nur jede Paarung innerhalb des gleichen Blutes als Reinzucht, jede Zufuhr fremden Blutes — auch innerhalb der Rasse! — als Kreuzung zu bezeichnen. Für unsere Schäferhundzucht als Gebrauchs= zucht sollten wir den Reinzuchtbegriff aber nicht so hoch treiben und damit weiter Inzucht gleichstellen, sondern ihn allgemein für die Paarung von Tieren gleichen Schlages brauchen.

Kreuzungen mit anderen Schäferhundschlägen sind, wie schon ausgeführt, in den Grenzbezirken häufig vorgekommen, werden auch weiter vorkommen; ebenso zwischen Schäfer= und Altschäferhunden. Sie sind züchterisch belanglos, aber auch unschädlich. Bedenklich können Kreuzungen mit Hunden anderer Rasse werden. Mit Absicht wird kein Züchter solche Kreuzung vornehmen, ungewollt kommt sie aber oft genug vor; weder Rüde noch Hündin sehen, wenn ihre Zeit kommt, auf Rasseeinheit oder Blutführung ihrer Holden. Solch wilde Kreuzungen haben aber ihr sehr bedenkliches, denn das Ergebnis ist oft nicht die sattsam bekannte „Promenadenmischung", sondern äußerlich ein echter und rechter Schäferhund, der in Bau und Ausdruck nicht auf unreine Abstammung schließen läßt. Auch das für manchen Laien ausschlag=

gebende Stehohr ist nicht maßgebend, weil, wie jeder Züchter und Auf=
züchter weiß, nicht alle Schäferhunde troh der heißesten Wünsche, Steh=
ohren bekommen, sondern bisweilen dauernd Kipp= oder gar Hänge=
ohren behalten. Die Durchschlagskraft des Schäferhundblutes
aus uralter Rasse ist gegenüber jüngeren Züchtungsformen eben so
stark, daß es im ersten Glied den Kreuzungsergebnissen seinen Stempel
oft so entschieden aufprägt, daß auch der sorgfältige Kenner, wenn
nicht gerade bunte Farben und ähnliche Äußerlichkeiten mithelfen,
kein bestimmtes Urteil abgeben, nach dem Äußeren allein also
niemals Rasseeinheit bestätigen, oft nicht einmal absprechen
kann. Die fremde Blutbeimischung würde sich in Rückschlagserschei=
nungen nach den weiter unten zu besprechenden Mendelschen Zucht=
regeln erst in der zweiten oder dritten, gelegentlich auch in noch einer
späteren Geschlechtsreihe bemerkbar machen; daher das sehr bedenk=
liche der Zucht mit Tieren unbekannter Abstammung, vor der
nicht eindringlich genug gewarnt werden kann. Solche Tiere der Zucht
zuzuführen, wenn sie nach Anlagen oder Leistungen dafür besonderen
Wert zu haben scheinen, muß alten erfahrenen Züchtern vorbehalten
bleiben, die damit besondere Zwecke verbinden, aber auch das Ver=
fahren genügend beherrschen und — das ist die Hauptsache — wirt=
schaftlich so gestellt und innerlich so gefestigt sind, daß sie Fehlschläge
verschmerzen können und keinesfalls aus Leichtsinn oder Geldgier in
die Öffentlichkeit gelangen lassen.

Wenn wir, wie häufig geschehen und noch weiter erfolgen sollte,
leistungsfähige Hunde, insbesondere Rüden der Edelzucht — also keinerlei
Zwingertiere! — zum Veredeln von Gebrauchszuchten hergeben, so
ist das, wo Blutverwandtschaft nicht mehr vorliegt, streng genommen,
schon Kreuzung; ebenso, wenn wir umgekehrt Gebrauchsblut einer
alten Edelzucht zur Auffrischung zuführen. Wir würden da in ähnlicher
Weise vorgehen wie bei der Pferdezucht in der Verbindung zwischen
Voll= und Landblut. Nach dem Reinzuchtbegriff würde man da, wenn
den Zuchtergebnissen immer nur wieder Vollblut zugeführt wird, nach
der sechsten Geschlechtsreihe mit 63/64 Vollblut von wieder gefestigter
Zucht, nach der achten mit 255/256 Vollblut von völliger Reinzucht
sprechen. Das ist in solcher Schärfe bei unserer Schäferhundzucht nicht
möglich und nicht nötig, schon weil unsere Edelzuchten kein Vollblut
in diesem Sinne, die Landzuchten vielmehr das gleiche gute Blut führen.
Zur Gebäudeverbesserung einer Gebrauchszucht würden zweckent=
sprechend leistungsfähige Hündinnen dieser Zucht durch einen im Gebäude
passenden Rüden belegt; belassen würde nur die weibliche Nachkommen=
schaft, die, wenn zuchtreif geworden, passenden Rüden von dem väter=
lichen verwandten Blut zuzuführen wären. So zielbewußt durch weitere
zwei bis drei Geschlechtsreihen vorzugehen, führt zu ausreichender
Festigung und Ausgleich der Zucht; daß die Zuchthündinnen im Herden=
dienst bleiben müssen, ist selbstverständlich. Auch wenn wir die Leistungs=
veranlagung einer unserer Zuchten durch Gebrauchsblut auffrischen
wollen, geschieht das zweckmäßiger und in ähnlicher Weise durch Hün=
dinnen — selbstverständlich nicht durch als dienstunbrauchbar von der
Herde abgestoßene! — deren Zuchtergebnisse gleichfalls wieder der Arbeit,

bei der Herde oder in anderem Dienst zuzuführen wären. Solche Blut=
auffrischung kann nötig werden, wo infolge verfehlter Haltung und Auf=
zucht Entwicklung und Eigenschaften zurückgingen oder wo bei der Zucht=
paarzusammenstellung Fehler begangen worden sind. Nach Müller
kann Inzucht, die auf Blutauffrischurg folgt, schlummernde Anlagen
wecken und deren Entwicklungskraft steigern.

Reinzucht führt uns von selbst zur Inzucht, die, wie ich schon
angedeutet, nichts anderes als streng durchgeführte Reinzucht ist. Auch
Inzucht ist kein feststehender Begriff. Entspricht sie, weiter gefaßt, der
Reinzucht, so geht sie über Familienzucht zur Verwandtschaftszucht
über, um in der Inzestzucht ihre schärfste Zusammenfassung zu finden.
Familienzucht würde in unserer Schäferhundzucht etwa der Zucht
innerhalb der horandblütigen entsprechen, Verwandtschaftszucht im
weiteren bis engeren Sinne der Paarung von Tieren aus den gleichen
blutsverwandten Stämmen und Zuchten. Inzestzucht schließlich ist
schärfste In= oder Verwandtschaftszucht zwischen Eltern und Kindern,
Großeltern und Enkeln und rechten Geschwistern. Als rechte oder
Vollgeschwister bezeichnet man die aus den gleichen Eltern gefallenen
Abkömmlinge, die aber zeitlich verschiedenen Würfen entstammen,
während die Bezeichnung Wurfgeschwister die Verschärfung des
Begriffes bildet; Halbgeschwister haben nur einen gemeinsamen
Elter, Vater oder Mutter. Oberlandstallmeister Graf Lehndorff,
der bekannte Zuchtmeister unserer Vollblutzucht, spricht von Inzucht,
wenn weniger als vier Geschlechtsreihen zwischen den Eltern und ihrem
gemeinsamen Ahn liegen, andernfalls von mäßiger Verwandtschafts=
zucht; wir werden uns im allgemeinen auch daran halten können.
Schließlich ist noch die Zwischenzucht zu erwähnen, die Inzucht=
schäden dadurch vermeiden will, daß sie nah verwandtes Blut nicht aus
der eigenen, sondern aus einer fremden, unter anderen Haltungs=
bedingungen aufwachsenden Zucht einpaart. Für unsere Hundezucht
ist das die häufigste Art der Inzucht. Bei Linienzucht erfolgt die
Zusammenstellung der Zuchtpaare unter Beschränkung lediglich auf
eine Herkunftslinie. Sie schließt alles außerhalb dieser erwählten Linie
aus, verstärkt dadurch sehr erheblich die Durchschlagskraft ihres Blutes
und führt, verständig durchgeführt, zu sicherem Erfolg in der Festlegung
der gewählten Eigenschaften und der Veredelung des Stammes. Fehlt
diese Sorgfalt aber und geschieht die Auslese der Zuchttiere nur unter
Berücksichtigung der allgemeinen Blutführung nach der Stammtafel
und nicht auch der Einzeleigenschaften der erwählten, so kann reine
Linienzucht umgekehrt sehr schnell und dann gründlich einen Stamm
verderben. Auch dafür hat unsere neuere Schäferhundzucht Beispiele.

Gegen Inzucht im allgemeinen wird viel vorgebracht, Laien und
Zuchtneulinge pflegen sie als schädlich, unzulässig zu betrachten: Urteils=
befangenheit aus Unklarheit über den Begriff und weil ihr Denken auf
den menschlichen Standpunkt gerichtet ist. Den beeinflussen aber heute
noch Sittlichkeitsbegriffe der jüdisch=mosaischen Gesetzgebung und das
Recht, das Blutschande — also nur Inzestzucht — straft. Die allgemeine
Verbreitung dieser Rechtsanschauung ist auf den schon urgeschichtlichen
Zwang zur Fremdehe (Erogamie) zurückzuführen, der seinerseits Folge

der früher weit über die bewohnte Erde verbreiteten Gemeinschaftsehe ist. Umgekehrt war bei einzelnen, darunter sehr hoch entwickelten Völkerschaften Geschwisterehe nicht nur erlaubt, für einzelne Fälle sogar geboten. Erweiterte Inzucht begründete auch der alten Höhenvölker Aufschwung, sie traten alle mit einer Inzuchtkaste in die Geschichte ein. Auch später, selbst heute noch ist, trotz allen öden Gleichheitsgeredes, Fortschritt und Erfolg nur ihr zu verdanken: Führer und Vorbilder kommen nur aus gefestigter, sorgfältiger Reinzucht her, nicht aus der Hefe.

Bei der freilebenden Tierwelt findet sich Familien= und Verwandtschaftszucht überall, Inzestzucht sicher nicht selten; bei in Herdenverbänden vereinigten Tieren bestimmt. Aber auch die einzeln lebenden Arten halten zumeist an räumlich ziemlich eng begrenzten Standorten fest, Verbindungen zwischen Blutsverwandten sind somit auch da häufig. Die Entstehung von Abarten, Rassenbildung und Trennung ist mit auf Inzuchtfolgen zurückzuführen, ja, alles Leben begann mit Inzucht, die alle Entwicklung begründete!

Die vielfach behaupteten Inzuchtschäden müßten sich daher auch bei freilebenden Arten bemerkbar machen, was aber nicht der Fall ist. Dagegen sehen wir sie dort eintreten, wo die natürlichen Daseinsbedingungen durch menschliches Eingreifen, wenn auch nur teilweise und noch nicht so scharf wie beim Haustier, beeinflußt werden: beim eingegatterten Wilde. Das bringt uns auf den rechten Weg und lehrt uns erkennen, daß die sogenannten Inzuchtschäden gar keine Inzucht=, sondern lediglich Haltungsfolgen sind. Nicht widernatürliche Zucht, sondern widernatürliche Aufzucht und Haltung ist die Ursache für manch bittere Nackenschläge bei der Tierzucht: die Verpflanzung in eine der natürlichen nicht entsprechende Umgebung; die Haltung unter unzweckmäßigen, der Entwicklung des Körpers und der Anlagen nicht förderlichen Bedingungen; falsche Ernährung; die Ausschaltung des aussiebenden Kampfes ums Dasein; die Aufzucht von Kranken und Schwächlingen und deren Verwendung in der Zucht. Soviel Feststellungen, soviel Hammerschläge ins Gewissen gleichgültiger oder nicht aufs Wohl der Rasse bedachter Züchter!

Richtig angewandte Inzucht veranlaßt also nicht Überfeinerung der Rasse, Verwischen der männlichen und Festlegen auf die weibliche Form, Nachlassen der Lebens= und Zeugungskraft, Verlust der guten Eigenschaften im Austausch gegen Überempfindlichkeit, Nervenschwäche und Scheuheit. Wohl aber die Zucht mit Zwingerhunden, die, statt daß sie herauskommen, arbeiten, sich geistig und körperlich regen müssen, im Zwinger verkommen, um ihrem Halter eingebildete Ehren und Geld einzubringen. Nicht der Schäferhund an sich ist krankheits=, staupeempfindlich, aber die Zwingerzucht wurde es. Sie hieß viele Welpen liegen lassen, auch Schwächlinge sorgfältig aufpäppeln und schwerkrank gewesene zur Zucht verwenden und das noch dazu oft in unreifem, zu jugendlichem Alter. Wer so züchtet, handelt gewissenlos gegen die Rasse und gewissenlos gegen seine Abnehmer. Ihm und

seinesgleichen muß man Vorwürfe machen, ihn trifft die
Schuld am Zurückgehen einzelner Zuchten, am Nachlassen
des Schäferhundwesens bei seinen Tieren, nicht ein Zucht=
verfahren, das sich bei denkenden Züchtern ebenso bewährt
hat, wie in der Natur.

Neben diesen vermeintlichen hat die Inzucht freilich auch eine
tatsächliche Gefahr, die ich jetzt bei Erwähnung der Vorzüge dieser
Zuchtart mit besprechen werde. Inzucht sichert wertvollem Blut
den höchsten Einfluß auf die Zucht, sie verstärkt die Ent=
wicklung und Erbkraft von Eigenschaften, gestattet infolge=
dessen auch die Zuführung und Festigung neuer Eigen=
schaften und erhöht die Durchschlagskraft der Zucht gegen=
über anderen. Die erwähnte Gefahr liegt in der Verstärkung der
Eigenschaften durch Inzucht, da nicht bloß erwünschte Eigenschaften
durch Inzucht verstärkt und gefestigt werden, sondern auch unerwünschte.
Ein weiterer Grund, Inzucht bei Zwingerzucht unter allen Umständen
auszuschließen, weil in Zwingertieren die Anlagen zu unerwünschten
Eigenschaften, im wesentlichen Schwäche, Weichheit, Krankheitsanlagen,
selbst wo diese noch nicht offen zutage treten, doch sich ausbilden, bei
Paarung solcher Tiere sich also verstärken und die Nachkommenschaft
sicher entwerten. Das gilt besonders für Nervenschwäche und
Nervenkrankheiten, für die der Einfluß der Inzucht besonders be=
lastend ist.

Eine weitere Folge zu scharfer In=, namentlich Inzestzüchtung
soll, besonders bei Rüden, Neigung zu aus der Art schlagender Größe
bei Grob= und Schwammigwerden der Knochen sein, während um=
gekehrt Hündinnen zu feingliedrig werden können. Auf solche Über=
züchtungserscheinungen wäre selbstredend scharf zu achten; Tiere,
die sie aufweisen, sind aus der Zucht auszuschließen.

Genaue Kenntnis, sorgfältige Auswahl und zweckmäßige Haltung
der Zuchttiere, scharfe Beobachtung, notfalls Ausmerzung der Zucht=
ergebnisse, ist die Vorbedingung für Inzucht, dann führt sie aber auch
nicht zu Überzüchtung und Entartung, sondern zum Erfolg. In der
Hundezucht entfällt nun leider meist die Möglichkeit zum Beobachten
der Nachzucht. Aus schon erwähnten und später noch näher zu erörtern=
den Gründen kann der Züchter Würfe nicht bis zu dem Alter behalten
und aufzüchten, das sichere Beurteilung zuläßt; von den im Jugendalter
abgegebenen werden ihm aber nur die wenigsten fertig ausgewachsen
zu Gesicht kommen. Darin liegt eine gewisse Gefahr leichtsinniger
und übertriebener Inzucht. Eine weitere in den leider meist recht
geringen Kenntnissen und Erfahrungen vieler Züchter, eine erheblichere
in der noch viel größeren Unkenntnis der meisten Käufer, die auf Äußer=
lichkeiten, Größe, Auszeichnungen und manche Namen wie die Fliegen
auf den Leimstock fallen. Die Hauptgefahr aber liegt darin, daß ge=
wissenlose und unbedachte Züchter damit im Streben nach Äußerlichkeit
und Ausstellungserfolg ihre Zuchten, und damit einen Teil der Rasse,
in Grund und Boden vernichten, verzüchten können; was da verdarb,
kann nicht wieder gerettet werden. Den Schaden davon haben die Rasse
und ihre wahren Freunde.

Je schärfer der Inzuchtgrad, desto größer die Gefahr; am bedenk=
lichsten ist die Paarung von Wurf=, Ganz= und Halbgeschwistern, dann
folgt Ohm und Nichte und umgekehrt, während Vater und Tochter,
Sohn und Mutter sich zu schneller Festigung bestimmter Eigenschaften
unter Umständen bewähren kann. Zu den besten Erfolgen führt
nach Graf Lehndorff Inzucht auf einen gemeinsamen Ahn in
der vierten Ahnenreihe, also unter den Ururgroßeltern etwa.

Das beste Beispiel für den Wert der Inzucht ist die englische Voll=
blutzucht, die auf wenigen Augen ruht; sie brachte, dank günstiger
Haltungsbedingungen, wie Witterungs= und Bodenverhältnisse und
Vermögenslage der Züchter sie bieten, Pferde von allerbesten Eigen=
schaften, festen Nerven und eiserner Gesundheit. Sehr lehrreich ist nun,
daß auch da sofort ein Rückgang bemerkbar wird, wenn die örtlichen und
Haltungsbedingungen geändert werden, von den natürlichen abweichen.
So trat in einem Gestüt ein sichtbares Zurückgehen der Leistungen und
der Fruchtbarkeit ein, als der Besitzer, durch einen Verlust der auf freier
Weide gehaltenen Tiere ängstlich gemacht, diese „in Watte wickelte"
und auf enge Koppeln und Stall beschränkte. Auch unsere Schäferhund=
zucht spricht für die Inzucht. Nur scheint mir, daß in den letzten
Jahren teilweise unbedacht zu scharf ingezüchtet worden ist und zuviel
unter naturwidrigen Haltungsbedingungen: Zwinger, Bewegungs= und
Arbeitsmangel. Daher sich in einzelnen so belasteten Stämmen Über=
züchtungserscheinungen wie Überfeinerung, namentlich des Kopfes,
und hündinnenhafte Erscheinung, Übergröße und Knochenschwere,
Neigung zum Verblassen der Farbe, Nervenschwäche und Scheuheit zu
zeigen beginnen. Eine ernste Mahnung zum Einhalten, zum vorsichtigen
Zuführen frischen Gebrauchsblutes und zur Wahl von den Hunden be=
kömmlicheren Lebensbedingungen!

Die bei der Schilderung der allgemeinen Zeugungsvorgänge
erwähnten Teilungsvorgänge in der Eizelle mit den vereinigten Zell=
kernen, den Trägern der männlichen und weiblichen Erbmasse, haben
diese gleichfalls zerspalten und, freilich in streng gesetzmäßiger Weise,
durcheinandergewirbelt. Das gibt eine Erklärung für die so oft zu
beobachtende Verschiedenheit der Sprößlinge gleicher Eltern, legt aber
das Verlangen nach weiterer Erkenntnis in bezug auf die Vererbungs=
erscheinungen nahe. Können wir zunächst allgemein von einer
erhaltenden, einer fortschreitenden, also Eigenschaften ver=
stärkenden, und einer zurückbildenden, Eigenschaften verwischenden
Vererbung sprechen, so wird die Frage schon verwickelter, wenn wir
genaueres über den Erbanteil beider Eltern erfahren wollen. Im all=
gemeinen ist man jetzt zu nachstehenden vier Vererbungsregeln
gekommen: die Mosaik=, die verschmelzende, die neuschaffende
und als wichtigste die spaltende oder mendelnde Vererbung. Sind
die Erfahrungen damit zunächst auch bei Kreuzungen gewonnen, so
wollen wir uns doch vergegenwärtigen, daß der Kreuzungsbegriff,
wie oben dargelegt, sehr weit gefaßt werden kann. Was unter Mosaik=
vererbung zu verstehen ist, wird sofort klar, wenn wir das Fremdwort
durch das deutsche Kunterbunt übersetzen; die elterlichen Eigenschaften
liegen im Sprößling in dieser Weise nebeneinander. Bei der ver=

fchmelzenden Vererbung dagegen haben fich diefe Eigenfchaften
verwifcht, während die neufchaffende bei den Eltern nicht vorhandene
Eigenfchaften hervorruft. Die fpaltende oder mendelnde Ver=
erbungsregel fchließlich — fo nach ihrem Entdecker, dem Auguftiner=
pater Mendel in Brünn benannt — befagt, daß in den verfchiedenen
Gefchlechtsreihen eine Spaltung der elterlichen Eigenfchaften nach be=
ftimmten Grundfätzen erfolgt und daß es vorherrfchende Eigenfchaften
gibt, die bei der Vererbung anderen, fich zurückhaltenden gegenüber die
Vorhand haben. So bedeutungsvoll und lehrreich diefe Feftftellungen an
fich find, kommen fie nach dem heutigen Stande unferes Wiffens darüber
für die Tierzucht noch kaum, für die Schäferhundzucht nur in gewiffer
Beziehung in Betracht. Denn für die lebenswichtigen Eigenfchaften
wie Wüchfigkeit, Frühreife, Körperkraft, Empfindlichkeit, Gemütsart ift
ein Mendeln noch nicht nachgewiefen, für die Geftalt betreffenden
aber nur das Mendeln einiger, für unfere Zucht bedeutungslofer Außer=
lichkeiten wie Gefamtfärbung oder Farbe einzelner Teile und Haarkleid,
während für die anderen wichtigen körperlichen und die geiftigen Eigen=
fchaften das Mendeln nicht allgemein feftfteht. Die Mendelfchen
Regeln laffen fich für die Maffenzucht, namentlich im Pflanzenanbau,
aber auch in der Kleintierzucht verwerten, unfere Hundezucht aber ift
Feinarbeit am Einzelwefen, durchgeiftige Arbeit, Kunft gegenüber der
Fabrikware; foll es wenigftens fein.

In einem Fall könnten die Mendelfchen Regeln allerdings große
Bedeutung haben: bei unreinen Verbindungen. Wie fchon ausgeführt,
ift bei diefen die Durchfchlagskraft des Schäferhundblutes fo groß, daß
den in wilder, raffenkreuzender Ehe erzeugten Nachkommen von Schäfer=
hundrüden fowohl wie aus Schäferhündinnen im erften Glied fehr oft
die unreine Abftammung nicht anzufehen, fie vielmehr fehr wohl
für durchaus raffereine Schäferhunde angefprochen werden können.
Hier würde nach den Mendelfchen Vererbungsgefetzen erft in der
zweiten oder den folgenden Gefchlechtsreihen Rückfchlag in die andere
Stammart zu erwarten fein, fofern nicht neu zugeführtes Schäferhund=
blut auch da wieder durchfchlagend und verwifchend wirkt. Ich möchte
übrigens zu all dem Vorftehenden und auch zum Nachfolgenden be=
merken, daß hier unter Eigenfchaften nicht bloß die körperlichen,
fondern auch die feelifchen zu verftehen find, nicht bloß das Äußere,
fondern auch der gefamte innere Aufbau des Körpers, Sinne, geiftige
Anlagen, Gefundheit und Krankheitsanlagen, auch Verftümmelungen.

Für die eben erwähnte Feinarbeit müffen wir uns nach anderen
Gefetzen umfehen und dazu nochmals zu den Trägern der Erbmaffe
im Keimplasma der Gefchlechtszellen zurückkehren. Diefe winzigen
Erbträger, Erbeinheiten oder =anlagen übertragen die elterlichen
Eigenfchaften auf die Nachkommen, freilich ohne daß Vater und Mutter
ftets die gleiche Menge und das gleich befchaffene Keimplasma in die
Erbmaffe gaben; welcher Teil dabei überwiegt, hängt von der allge=
meinen und augenblicklichen Erb= oder Durchfchlagskraft (Indi=
vidualpotenz) des betreffenden Elters ab. Diefe Erbkraft des
Einzeltieres wird unterftützt durch die Erbkraft oder Vererbungs=
beftändigkeit der Raffe oder des Blutes, die als „Konftanz"

bezeichnet wird. Diese Lehre von der Durchschlagskraft des Blutes, worunter die sichere Vererbung der Rasseeigenschaften auf die Nach= kommen und deren Befähigung, jene wieder an ihre Nachkommenschaft weiter zu vererben zu verstehen, ist die ältere; sie stützt ihre Zuchtwahl auf die Ahnentafel. Zielbewußt durchgeführt, erreicht diese Vererbungs= beständigkeit die „Summation", d. i. die verstärkte Entwicklung und Ausbildung bestimmter Eigenschaften, kann darin freilich zur züchterisch unerwünschten Überzüchtung führen. Unerwünscht, weil Überzüch= tung infolge allgemeiner Schwächung der davon betroffenen Zucht= ergebnisse außerdem bis dahin schlummernde, nicht gewollte Anlagen erwecken kann. Für die Erbkraft des Blutes ist unsere Schäferhundzucht ein sprechendes Beispiel, die aus äußerlich recht verschiedenen Grund= formen binnen weniger Jahre einen einheitlichen und sicher vererbenden Zuchtschlag hervorbrachte.

Die etwas jüngere Lehre von der Erbkraft des Einzeltieres gründete sich auf Erfahrungen über die Neigung, abweichende, nur bei diesem Einzeltier vorhandene Eigenschaften zu vererben, fand aber ihre sichere Stütze in der oben dargelegten Vererbungsbeständigkeit des Blutes, dessen Träger das Einzeltier ist. Eine sehr lehrreiche Bestätigung der Durchschlagskraft und nachhaltigen Wirkung eines bedeutenden Einzel= wesens brachte vor kurzem die Tagespresse in Mitteilungen über Er= gebnisse der Ahnenforschung bei Menschen. Daraus ergab sich, daß ein großer Teil aller bedeutenden Gelehrten und Künstler Schwabens und Badens aus den letzten Jahrhunderten in ihren Stammtafeln eine, m. E. im 17. Jahrhundert in der Südwestecke lebende durch Geistes= schärfe ihre Umgebung überragende Frau als gemeinsame Ahne führten.

Für die Zuchtlehre ist die Schlußfolgerung aus Vor= stehendem, daß die Zusammenstellung eines Zuchtpaares nicht allein auf Grund der Ahnentafeln, sondern auch unter Berücksichtigung des Zuchtwertes der beiden Zuchtpartner zu erfolgen hat. Das leitet uns aber wieder zur Verwandt= schafts= und Inzucht, weil die Erbkraft des Einzeltieres ihre beste Unterstützung im Blute findet. Da sein Zuchtwert einem Tier nicht angesehen werden kann, es den vielmehr erst aus seiner Nachzucht erweisen muß, würde Aus= geglichenheit eines Wurfes für Zuchtwert und passende Blutführung beider Eltern sprechen, wobei übrigens auch die verschiedenen Einwirkungen der Haltungseinflüsse auf die spätere Ent= wicklung mit berücksichtigt werden müssen. Bei den Ergebnissen aus solchen im allgemeinen ausgeglichenen Würsen kann, immer passen= des Blut beim Zuchtpartner vorausgesetzt, höherer Zuchtwert an= genommen werden, als bei einem äußerlich auch noch so bestechenden Einzeltier, das weit über dem Durchschnitt seiner minderen Geschwister steht; von solchem Hunde wird man vielmehr annehmen müssen, daß er auch nur ein unzuverlässiger Erbträger ist. Was freilich nicht aus= schließt, daß durch zielbewußte Weiterzucht mit ihm und seinem Blut allmählich eine Festlegung seiner guten Eigenschaften und damit auch die Sicherstellung der Vererbungskraft erfolgt.

Im Anschluß hieran seien noch einige weitere Vererbungserschei=
nungen behandelt. Da haben wir zunächst die unterbrochene Ver=
erbung, die sich zunächst darin äußert, daß die Nachkommenschaft nicht
so sehr den oder einem der Eltern gleicht, als den Großeltern oder einem
weiter zurückliegenden Ahn. Diese Vererbungsweise kann zum Rück=
schlag führen, der in der Zucht nicht erwünscht ist. Rückschlagserschei=
nungen sollen am häufigsten zu beobachten sein, wenn von der Speer=
seite her fremdes Blut der Zucht zugeführt worden ist; in solchem Fall
kämen in Ermangelung starker Erbträgergruppen alle möglichen Erb=
einheiten zur Geltung.

Rückschlagserscheinungen zeigen sich aber auch beim
Verwildern von Haustieren. Vernachlässigung und
Zwingerhaltung bringt nun unsere Hunde zum seelisch
Verwildern, der Verlust der wertvollen inneren Eigen=
schaften bei so gezüchteten Tieren wird dadurch erklär=
lich. Rückschlag auf eine sehr weit zurückliegende Vorahnenform wird
als „Atavismus" (Urerbschaft oder Rückartung) bezeichnet; das
Wiederauftreten der zurückgebildeten fünften Zehe am Hinterlauf ist
bei unseren Haushunden eine solche Erscheinung.

Wir finden ferner als geschlechtliche Vererbung die Eigen=
tümlichkeit, daß jedes Geschlecht seinen gleichgeschlechtlichen Nachkommen
die besonderen Geschlechtsmerkmale vererbt. Der Rüde den Rüden also
die kraftvollere Gestalt, das stärkere Gebiß, den Ansatz zur Mähne;
die Hündin umgekehrt ihren Töchtern schmiegsameres Wesen und seinere
Form. Ein Abweichen von dieser Regel, hündinnenhafte Bildung bei
Rüden, rüdenhafte bei Hündinnen, weist auf ernste Störungen hin, die
die betreffenden Tiere zur Zucht ungeeignet machen.

Unabhängig von dieser Vererbung der Geschlechtsmerkmale und
nicht nachteilig ergibt sich häufig aus dem Vererbungsanteil beider
Eltern eine kreuzweise Vererbung, so daß die männlichen Nach=
kommen Ähnlichkeit mit der Mutter, die weiblichen dagegen mit dem
Vater aufweisen; züchterisch wird das zum raschen Aufbessern von Zuchten
ausgenützt.

Wir kommen nunmehr zur Vererbung erworbener Eigen=
schaften, die viel umstritten worden ist. Namhafte Wissenschaftler
traten von jeher für sie ein, andere wieder bekämpften sie, heute liegen
aber so viele streng nachgeprüfte Beobachtungen und Beweise dafür vor,
daß Zweifel nicht mehr möglich sind. Der häufigste Laieneinwand ist wohl
der, daß das Stutzen von Ruten und Ohren sich bei Rassen, wo es erfolge,
nicht vererbe. Dies Stutzen ist zunächst keine erworbene Eigenschaft,
sondern eine Verstümmelung, die auch nicht an lebenswichtigen, sondern
an ganz belanglosen Teilen erfolgt. Das durch den Brauch vorgeschriebene
Stutzen geschieht aber erst seit verhältnismäßig kurzer Zeit, anderer=
seits finden wir Fälle von Mutzschwanzvererbung bei Rassen, bei denen
das Stutzen schon seit langem, wenn auch nicht regelmäßig und durchweg
erfolgte, aber doch üblich war: bei Schäferhunden und mit dem Schäfer=
hundstamm zusammenhängenden Rassen. Ein vortreffliches Gegen=
stück hierzu und einen schlagenden Beweis für die Vererbbarkeit solcher
Verstümmelungen bietet die seit Jahrtausenden bei den Juden geübte

Beſchneidung; denn die jüdiſchen Kultbeſtimmungen geben nach S ch ä m e auch genaue Weiſungen für die häufig zu findende Erſcheinung des völligen oder teilweiſen Sehlens der Vorhaut.

Den beſten Beweis für die Übertragung und Seſtigung erworbener ſeeliſcher Anlagen und Eigenſchaften — ich verweiſe hier auch auf das im II. Abſchnitt hierzu ausgeführte — liefert uns Schäferhundleuten unſer Hund in ſeiner Entwicklung vom Wildhund zum Herdengebrauchs= und Dienſthund. Leider vererben und verſtärken ſich nun nicht bloß die guten, ſondern auch die unerwünſchten Eigenſchaften und unter dieſen hat juſt W e i ch h e i t , der Körperanlagen ſowohl wie des Gemüts, eine ſehr unerfreuliche Vererbungskraft. Innere Weichheit iſt geradezu ſchon der Beginn einer ſeeliſchen Erkrankung und leider ſind auch K r a n k = h e i t e n vererbbar; d. h. nicht die Krankheit ſelbſt, wohl aber die Ver= anlagung dazu. Werden z. B. durch Staupe geſchwächte Hunde zur Zucht benützt, ſo übertragen ſie in ihrer davon in Mitleidenſchaft ge= zogenen Keimmaſſe die leichte Empfänglichkeit für dieſe Krankheit und die geringe Widerſtandskraft dagegen an ihre Nachkommenſchaft. Schwere Staupe ſchädigt aber beſonders die Nervenkraft und Nerven= ſchwäche wieder iſt die Urſache zur S ch e u h e i t . Nun iſt einem Tier ſeine Erbanlage ja nicht immer äußerlich anzuſehen, es kann auch Träger verborgener Krankheitsanlagen ſein, da dieſe ſich gern nach den Mendel= ſchen Regeln vererben. Treffen dann bei der Zucht zwei ſolche an= ſcheinend geſunde Träger verborgener Krankheitsanlagen zuſammen, iſt die Übertragung auf die Nachkommenſchaft ſicher. D a h e r die N o t = w e n d i g k e i t , die Zuchttiere aus harten, geſundgearbeiteten, n i ch t d u r ch Z w i n g e r h a l t u n g , Krankheit und Scheuheit be= laſteten Stämmen zu wählen.

Damit wären wir bei der Z u ſ a m m e n ſ t e l l u n g eines Zucht= paares, den Rückſichten, die dabei zu nehmen ſind, und den Aufgaben, die dem einzelnen Zuchtpartner zufallen. Sein Zuchtwert iſt e i n e m H u n d e n i ch t a n z u ſ e h e n , weder am Ausdruck und Gebäude, noch aus den gezeigten Leiſtungen, er liegt, wie Wilsdorf ſagt, im Keimplasma vergraben; die Ahnentafel kann uns darüber Aufſchluß geben, die Nachkommenſchaft, auch ſeiner Ahnen, muß ihn beſtätigen. Vollendetes gibt es unter der Sonne nicht, wir müſſen ſonach trachten, möglichſt fehlerfreie Zuchttiere zu finden — fehlerfrei in Gebäude und inneren Eigenſchaften und mög= lichſt gut veranlagt —, deren Blut uns Gewähr für den eigenen Zucht= wert und für die Übereinſtimmung mit dem anderen Partner gibt.

Über Blutführung und Arbeitsveranlagung oder =leiſtung geben uns Zuchtbuch und Gebrauchshundliſte Aufſchluß; auch über das Alter. Ein Zuchttier muß fertig ausentwickelt und voll= reif ſein, um ſicher zeugen, aufnehmen und austragen zu können und lebenskräftige Nachzucht zu bringen. Aus= entwickelt iſt der Rüde erſt nach vollendetem zweiten Jahr, die Hündin um weniges früher; vor dem zwanzigſten Monat etwa ſollte auch ſie keinesfalls zur Zucht verwendet werden. Gewiß ſind Rüde und Hündin ſchon in früherer Zeit zeugungsluſtig und zeugungs= fähig, Zuchtverwendung in unreifem Alter geht aber nicht bloß auf

406

Kosten der Nachzucht, sondern auch auf Kosten der Lebens= und Zucht=
kraft der Eltern. Ein Züchter, der mit zu jungen Tieren arbeitet, ver=
sündigt sich gegen die Zukunft der Rasse und handelt gewissenlos gegen=
über den Abnehmern seiner Welpen und gegenüber den späteren Käufern
der Eltern; denn solche Leute sind gerissen genug, die zu früh ausgenützten
Tiere noch rechtzeitig abzustoßen. Jugendliche Eltern bringen wenige
und wenig lebenskräftige Kinder; die geistig noch nicht ausgereiften
können auch in bezug auf die seelischen Anlagen noch keine vollwertige
Nachkommenschaft liefern. Namentlich das Alter der Mutter spricht
hier mit, die die Frucht austragen und aufsäugen muß. Einer zu jungen
Mutter wird dadurch die Zukunft vernichtet: die noch weichen Bänder
vermögen die Last nicht zu tragen, der Schluß der Vorhand geht ver=
loren und die Kraft des Rückens; die Dauer ihrer Zuchtfähigkeit aber
wird beschränkt, ebenso wird Ausentwicklung und Auswachsen behindert.
Das gilt in gleicher Weise für den zu früh ausgenützten Rüden, dessen
Deckfähigkeit, Zeugungskraft und Zuchtwert viel eher nachläßt als bei
einem in der Jugend vernünftig behandelten; die Gangart und Aus=
dauer in gleichem Maße behindernde „Beschälerbrust" bildet sich infolge
der noch nachgiebigen Bänder bei zu frühem Deckenlassen leicht aus.
Zuchttiere in der Jugend schonen, bis zum Eintritt der Zuchtreife
aber arbeiten lassen, ist sonach eine Vorbedingung für gute und gesunde
Nachzucht!
    Die Zuchtfähigkeit nimmt mit dem Alter ab; sie währt um so
länger, je mehr das Tier in der Jugend geschont, je kräftiger veranlagt
es ist und je besser und sachgemäßer es gehalten wird. Bei Abnahme der
Zuchtfähigkeit läßt wieder die Lebensfähigkeit der Nachzucht nach.
Hier kann ergänzend eingegriffen werden, wenn einem wertvollen
alternden Rüden eine vollkräftige jüngere Hündin zugeführt wird und
umgekehrt einer älteren Hündin ein zuchtreif gewordener Rüde. All=
gemein läßt sich sagen, daß Hunde, deren Zuchtausnützung erst nach der
Vollreife, also nach vollendetem zweiten Lebensjahre begann, durch
fünf Jahre, auch mehr, ihren vollen Zuchtwert erhalten.
    Wir gehen nunmehr zur Musterung des Gebäudes und der
Eigenschaften beider Zuchttiere über. Beide müssen zunächst den
ihrem Geschlecht zukommenden Ausdruck, männliches und weibliches
Gepräge, rein aufweisen; ohne Verwischung und Übergang ins andere
Geschlecht. Darauf zu achten ist sehr wichtig, alle Eigenschaften und
Lebenserscheinungen stehen in inniger Wechselbeziehung. Ausgeprägte
Geschlechtsmerkmale lassen also auf lebenskräftige Ausbildung der
Geschlechtszellen schließen.
    Dann sehen wir uns die Tiere auf Gesundheit und Verfassung
an. Ein Zuchttier muß vollgesund, dazu hart und sehnig veranlagt sein.
Gesundheit und Frische erkennt man am Ausdruck des Auges, am Glanz
des Felles, dem Zustand des Haares und dem ganzen Wesen des Hundes.
Härte gleichfalls am Ausdruck, am Zustand der Knochen, die nicht
grob und schwammig, sondern in den Röhren verhältnismäßig sein,
aber fest, und an den Gelenken verstärkt sein sollen; ferner an den trockenen
Gelenken und an der guten harten Bemuskelung. Fett dürfen Zuchttiere
keinesfalls sein, übermäßige Fettansammlung wirkt schädigend auf die Ent=

widlung der Geſchlechtszellen ein. Auf die Gefahr der Zuchtverwendung von Hunden, die ſchwer an der Staupe, namentlich der Nervenſtaupe erkrankt geweſen ſind, habe ich ſchon aufmerkſam gemacht. Sie ſind zuchtunbrauchbar, ebenſo wie gehirnkranke und fallſüchtige Tiere.

Körperliche Vollendung bezeichnen wir mit Adel; der bedeutet nicht äußere Schönheit der Geſtalt, ſondern Zweckmäßigkeit des Gebrauchsgebäudes und iſt eine Folge der Hochzucht und der durch ſie erzielten Frühreife, die den Adel der jugendlichen Form feſthält. Deshalb iſt Frühreife züchteriſch anzuſtreben, auch weil ſie eine frühere Ausbildung und Verwendung im Dienſt zuläßt, nicht aber etwa um frühere Zuchtausnützung zu ermöglichen. Tiere mit Überzüchtungs= erſcheinungen ſind zuchtunbrauchbar.

Auch in der Größe ſollen ſich beide Zuchtpartner entſprechen, ſelbſtredend muß der Rüde der größere und kräftigere ſein. Die beſte Größe für Gebrauchshunde liegt, wie der V. Abſchnitt zeigen wird, etwa zwiſchen 55 und 65 cm, geht für Hündinnen von der Mindeſt= grenze bis zu etwa 60 cm, für Rüden von etwa 58 cm bis zur Höchſt= grenze. Wie und wo dieſe Maße genommen werden, beſagt gleichfalls der V. Abſchnitt. Gemeinhin wird beim Maßnehmen ebenſo geſündigt, wie in der Größenzucht ſelbſt. Wie das kleine Kind größer ſein will, als es iſt, ſo glauben viele, daß ihr Hund an Wert gewinnt, wenn er „recht groß" iſt. Unterſtützt werden ſie darin von der Torheit vieler Käufer, die keinen Schäferhund, ſondern einen Rieſenhund haben wollen, und der Meinung ſind, der könne Schäferhundform und =weſen haben. Jeder Lebensform ſind gewiſſe natürliche Grenzen geſteckt, innerhalb deren ſie ſich entwickeln kann; überſchreitet ſie die nach oben oder unten, ſo entartet ſie, ſcheidet aus dem Wettbewerb im Lebens= kampf aus und muß untergehen. Was bei Schäferhunden gegen über= mäßige Größe ſpricht, werde ich im V. Abſchnitt auseinanderſetzen, ſie kann, wie wir ſchon ſahen, Überzüchtungsfolge ſein, iſt jedenfalls immer Folge verkehrter Zucht auf Größe ſtatt auf Schäferhundgeſtalt. Sie kann da bisweilen zwar noch zu ebenmäßiger, aber doch unerwünſchter Form führen, läßt das Zuchtergebnis aber meiſt völlig aus dem Raſſe= bild eines geſtreckt gebauten Hundes mit gutgewinkelten Gliedmaßen fallen und gibt dafür ein ſtorchiges, zu kurzes, dafür aber hohes, auf ſteilen, überſtreckten Läufen ſtehendes Tier. So ausgefallene Hunde ſind meiſt das Ergebnis von in den Ausmeſſungen nicht zueinander paſſenden Eltern, deren vielleicht erſt angedeutete Gebäudemängel als Zuchtfolge zum Zerrbild entarteten. Als eindringliche Warnung für Schäferhundzüchter möchte ich hier noch erwähnen, daß auch in anderen Tierzuchten, wie erfahrungsmäßig feſtgeſtellt, Tiere, die etwas ſchwerer oder hochbeiniger waren, als dem Raſſenbild entſprach, ſich in der Zucht als unzuverläſſige Außenſeiter erwieſen haben.

Entfernen der Geſchlechtsdrüſen (Verſchneidung, Kaſtra= tion) führt, abgeſehen von anderen körperlichen und ſeeliſchen Schä= digungen, zu vermehrtem Höhenwachstum, weil die Verknöcherung der knorpeligen Beſtandteile des Knochengerüſts ſpäter eintritt. Das trifft beſonders die Laufknochen, namentlich die der Hinterhand, während umgekehrt das Schädelwachstum zurückbleibt. Da, wie wir

a. a. O. jehen werden, Dorhandenjein und Wirkjamkeit der Gejchlechts=
drüjen von Einfluß auf die natürliche körperliche, aber auch jeelijche
Entwicklung ijt, ijt die Annahme naheliegend, daß die eben erwähnte
unzureichende Dererbungsfähigkeit der großen Tiere mit einer, jei es
durch Überzüchtung, faljche Haltung, Krankheit, jei es durch anderes
herbeigeführten Schwächung der Gejchlechtsdrüjen zujammen=
hängt, die auch bei den Tieren jelbjt jchon jenes krankhafte Höhenwachs=
tum auslöjte. Das Kleinbleiben des Schädels dürfte wohl nicht ohne
Einfluß auf den Schädelinhalt bleiben; wir jprechen ja auch vom „dummen
Riejen“. Man denke hierbei auch an die übermäßig entwickelte Hinter=
hand bei Hunden „allerneuejter Züchtung“, die jie zu zu übertrieben
rückjtändiger Stellung nötigt — der V. Abjchnitt wird dazu weiteres
bejagen — und ebenfalls an die oft zu findenden, bejonders „edlen“
oder „feinen“, richtiger hündinnenhaften Köpfe jolcher Rüden.

Selbjtverjtändlich dürfen, ebenjowenig wie zu große Hunde, auch
nicht zu kleine, leijtungsunfähige und jchwachgliedrige Kümmerlinge
zur Zucht gebraucht werden. Sie jind das Ergebnis von Hungerauf=
zucht — oft jchon im Mutterleibe —, von auch jpäterer mangelhafter
Haltung und Ernährung, von Krankheiten, bei Hündinnen zum Teil
auch Folge von Überzüchtung oder von zu früher Ausbeutung zur Frucht.

Über die Bejchaffenheit der einzelnen Gebäudeteile be=
jagen die Rajjezeichen das Nähere, der V. Abjchnitt erläutert jie. Im
Gebäude wäre bei vielen Hunden noch manches zu bejjern, auch wenn
jie im allgemeinen durchaus dem Rajjebilde entjprechen. Gebäudemängel,
namentlich in der Gliedmaßenbildung, jind übrigens oft nicht Folgen
der Dererbung, jondern Folgen verfehlter Aufzucht, ungenügender
oder unzweckmäßiger Ernährung. Wollen wir züchterijch am Gebäude
bejjern, müjjen wir uns der beiden alten Zuchtjätze erinnern: „Gleiches
gepaart mit Gleichem gibt Gleiches“ und „Ungleiches erzielt mit Un=
gleichem Ausgleich“. Die Gleichheitsformel — zutreffender jagte man
wohl „Ähnliches“, denn völlig „Gleiches“ gibt es unter Lebewejen nicht!
— müjjen wir für Inzucht dahin berichtigen, daß jie jchon nicht mehr
Gleiches, jondern Dorwärtsentwicklung auf dem eingejchlagenen Wege
bringen wird, müjjen uns daher jtets vor Augen halten, daß dieje Ent=
wicklung weiterhin zu Überzüchtung führen kann. Bezüglich des Aus=
gleiches aber ijt zu berückjichtigen, daß der Fehler eines Elters nicht
durch den entgegengejetzten Fehler beim anderen Elter verbejjert
werden kann, jondern nur durch höchjte Dollkommenheit diejes Teiles.
Es paßt aljo beijpielsweije nicht ein kurzrückiger Rüde zu einer über=
langen Hündin mit wackeligem, weichem Rücken, ein unterjetztes, breit=
brüjtiges Tier mit ausgedrehten Dorderläufen nicht als Ausgleich für
ein hochläufiges mit jchmaler Brujt und angedrücktem Ellbogen.

Welche Eigenjchaften jich bei Hunden bejonders vererben,
läßt jich nicht jagen, diejem Punkte ijt bisher leider wenig oder gar
keine Beachtung zuteil geworden. Anhaltspunkte finden wir, wenn wir
uns einem anderen, älteren, daher gründlicher beobachteten Zweige der
Tierzucht zuwenden; ich meine die Pferdezucht. Eine bekannte Sach=
größe, Oberlandjtallmeijter v. Oettingen=Trakehnen äußert jich da
zur Frage: „Was vererbt jich?“ wie folgt: „Es vererben jich unglaub=

liche Kleinigkeiten und Feinheiten sowohl im Gebäude als im Gang und im Wesen. Es vererben sich vor allem die Verhältnisse der einzelnen Körperteile, aber auch Haarlänge und Glätte, kleine Haarmängel, Mut und Furchtsamkeit, Bosheit und Zutraulichkeit, mangelhafte und gute Fruchtbarkeit, sogar Unempfänglichkeit gegen einige Krankheiten, Lang= lebigkeit, Gewohnheiten und gelernte Fertigkeiten, kurz fast alles." v. Oettingen fährt an anderer Stelle dann fort: „Die Weichheit ist in der Pferdezucht der einzige eigentliche Erbfehler, der mit Sicher= heit vererbt wird, und der mit größter Strenge aus dem Zuchtstamm ausgemerzt werden sollte. In der Verminderung der Weichheit und der Beförderung der Härte liegt das A und O jeder Pferdezucht." Das sind beherzigenswerte Worte auch für unsere Hundezüchter, die jeder Ein= sichtige ebenso unterschreiben wird, wie den von Graf Lehndorff ge= prägten Leitspruch: „Die Makelfreiheit ist der Güter höchstes nicht, der Übel größtes aber Ungesundheit!"

Über die Vererbung der einzelnen Körperteile hat M. Müller Beobachtungen mitgeteilt, nach denen das Vatertier sich in inneren und seelischen Anlagen schärfer vererben soll. Ebenso soll es maßgebend sein für Schulterlage, Hinterhandbildung und Ohren= stellung, während umgekehrt die Mutter mehr Einfluß auf den Widerrist hätte. Der Kopf soll im allgemeinen die Mittelform der elterlichen darstellen, Schönheitsfehler dort sollen sich sehr scharf vererben, ebenso Stand= und Gangfehler und Fehler der Mittelhand wie flache Rippen, Senk= oder Karpfenrücken, schwache Nierengegend, und zwar gleich welcher Elter sie besitzt.

Besondere Aufmerksamkeit ist der Wesensart beider Zuchtpartner zu widmen; Gemütsveranlagung vererbt sich sicher und, wie wir sehen, namentlich die unerfreulichen Eigenschaften wie Weichheit, Scheuheit, Schläfrigkeit, Bösartigkeit. Der Rüde muß lebhaft und voll Feuer sein, die Hündin darf unter keinen Umständen weich oder gar scheu sein, weil sie dies ekelhafte Wesen ihren Jungen nicht nur anwelft und mit der Muttermilch einflößt, sondern auch später noch die heranwachsenden Welpen durch ihr wildhundhaftes, schäferhundwidriges Beispiel be= einflußt; sie vererbt und erzieht, wirkt also doppelt ein. Auch in bezug auf die Vererbung der seelischen Eigenschaften ist noch nicht entschieden, ob daran mehr die Speer= oder die Spindelseite beteiligt ist. Sicher geben auch hier beide Eltern vom ihrigen in die Erbmasse; Goethe hat das in sehr feiner Beobachtung wie folgt ausgedrückt:

„Vom Vater hab' ich die Statur, des Lebens ernstes Führen,
Vom Mütterlein die Frohnatur, die Lust zum Fabulieren."

Auch zum Schneid müssen beide Teile beitragen. Angriffsweises Drauf= gängertum ist an sich ja wohl mehr Rüdensache, weil die Rüden um die Braut raufen müssen; der Fähe aber fällt die Verteidigung des Nestes und der Brut zu.

Von der hohen Bedeutung der Ausbildung der im Schäferhunde liegenden Arbeitsanlagen habe ich schon ausführlich gesprochen; es genügt daher hier darauf hinzuweisen, daß aus nicht gearbeiteten Tieren überhaupt nicht gezüchtet werden sollte: der Nachweis der Arbeits= ausbildung sollte die Vorbedingung zur Zuchtzulassung sein, nicht eine über den Zuchtwert häufig stark irreführende Ausstellungsauszeichnung. Wir haben unseren Hunden genug Laufbahnen eröffnet, nicht jeder braucht darin Meister zu werden, braucht auch nicht dauernd in der Arbeit zu stehen; die Hauptsache ist, daß die im Hunde liegenden Anlagen ausgebildet, aufgefrischt und dadurch vererbungsfähig erhalten werden. Einen Hund kurz ausbilden zu lassen, sich dann aber nicht mehr um ihn zu kümmern, sondern ihn im Zwinger verkommen zu lassen, genügt natürlich nicht; wer so denkt, sollte lieber Meerschweinchen statt Schäferhunde züchten.

Heute stehen wir erst im Anfang wirklicher Gebrauchszucht, die Liebhaberei hatte sich viel zu einseitig mit reiner Sportzucht und deren Nachteilen für den Hund befaßt. Wir müssen aber in der Schäferhund= zucht so weit kommen, daß der Güte und Art der Arbeitsausbildung die gleiche Aufmerksamkeit gewidmet wird wie der Beschaffenheit des Äußeren; mit anderen Worten, daß dem Züchter die Leistungsbewertung ebensoviel gelten muß wie die Gebäudebewertung, bei beiden Ahnen= tafel und Gebrauchshundliste, auch die Ergebnisse der Jugendveranlagungs= prüfungen, als Hilfsmittel heranziehend. Wie der Schäfer einst, und noch heute, die im Dienst besonders brauchbaren Hunde zusammen= paarte, um sich einen tüchtigen Gebrauchsstamm zu erzüchten, so muß auch der Liebhaberzüchter dazu kommen, bei seiner Zuchtwahl auf die besonders zu fordernden Eigenschaften des Diensthundes zu sehen: Abrichtungsfähigkeit, Schneid, Nase. Durch sorgfältige Auslese können diese Eigenschaften noch erheblich geschärft und gefestigt werden; dann erst hätten wir wirkliche Schäferhundzucht auf Leistung, die vollkommenste Kräfteausnutzung und Arbeitsweise sichergestellt.

Schließlich ist noch den allgemeinen Lebensbedingungen, unter denen ein Zuchttier gehalten wird, Aufmerksamkeit zu widmen, weil auch sie die Erbmasse beeinflussen. Auf die Schäden durch Zwinger= haltung, Nichtarbeitenlassen, Krankheit, mangelhafte Fütterung und Pflege habe ich schon eingehend verwiesen. Aber auch Orts= und Besitzerwechsel können Störungen der Erbmasse herbeiführen, die ein Tier in anderer Hand, an anderem Ort, unter veränderten Lebens= und Witterungsverhältnissen sich anders vererben lassen als früher. Das Tier muß also an neuem Platz erst voll eingewöhnt sein, bis es seine alte Erbkraft wieder erhält. Das besagt auch, daß häufige Ausstellungs= fahrten mit ihren Aufregungen und Entbehrungen für ein Zuchttier nicht zuträglich sind; ein Rüde sollte jedenfalls nicht sobald nach einer solchen Reise in Anspruch genommen werden.

Ich sagte schon einmal, daß alle Lebensvorgänge in Wechsel= beziehung stehen, also auch auf die Geschlechtszellen einwirken, deren Verfassung bei der Befruchtung für die Nachkommenschaft zunächst entscheidend ist. Außer den eben erwähnten äußeren Einflüssen wirken aber noch andere mit, über die wir freilich noch nicht vollständig unter= richtet sind. Sicher ist, daß große körperliche Anstrengungen und ebenso starke geschlechtliche Inanspruchnahme die Bildung der Samenzellen ungünstig beeinflußt; das erklärt, daß manche, ob ihrer Ausstellungserfolge viel begehrte Deckrüden sich oft recht mäßig, ohne

411

sich durchzusetzen, vererben. Ferner ist männlichen wie weiblichen Geschlechtszellen eine Zeit höchster Kraftentwicklung zu eigen, die zwischen Bildung und Überreife liegt. Verschiedene Einwirkung je nach dem Reifezustande könnte auch eine Erklärung für die oft festzustellende Unähnlichkeit zwischen Wurfgeschwistern geben. Nach Tierversuchen soll ein vor der Brunsthöhe gepaartes Weibchen dem Männchen ähnlichere Junge gebracht haben, während umgekehrt bei Paarung nach der Brunsthöhe die Jungen mehr dem Weibchen glichen; erfolgte aber die Paarung zur Zeit der stärksten Brunst, so glichen einige dem Vater, andere der Mutter und wieder andere einem Ahn.

Die Geschlechtsbestimmung der Frucht erfolgt bei der Vereinigung von Samen- und Eiern; welchem Teil dabei die Entscheidung zufällt, steht noch nicht fest, wahrscheinlich dem mit der höheren Lebenskraft, die aber nicht allein vom Reifezustand des Samenfadens oder des Eies bedingt wird, sondern auch von der allgemeinen Verfassung, namentlich der Gesundheit, bei Rüden auch der geschlechtlichen Ausnützung des Tieres.

Liepmann folgert, daß frischreifer Samen und überreife Eier einen Männchenüberschuß geben wird, überreifer Samen und frischreife Eier dagegen Weibchenüberschuß. Nach nach R. Hertwig sollen die männlichen Tiere vorwiegend aus überreifen Eiern fallen, aus solchen also, die hart an der Grenze der Lebensfähigkeit standen. Das würde auch die überall zu findende größere Sterblichkeit junger Männchen erklären, die, trotzdem mehr Männchen geboren werden, bald zu einer Umkehr im Zahlenverhältnis der Geschlechter führt. Nach Darwin fielen in zwölf Jahren aus siebentausend Würfen 110,1 Rüden auf 100 Hündinnen; die Rüdenzahlen schwankten dabei in den einzelnen Jahren zwischen 95,3 und 116,3. Eine Berechnung, der die Wurfmeldungen in den Zwingernachrichten der SD.-Ztg. für 1913 zugrunde lagen, ergab für 3819 Welpen in 507 Würfen ein Verhältnis von 131,5 Rüden auf 100 Hündinnen. Das würde auch die Darwinsche Rüdenhöchstzahl erheblich übertreffen, würde aber die Anschauung bestätigen, daß Angleichung zwischen den Kernen der männlichen und weiblichen Geschlechtszellen, wie sie durch Inzucht bedingt wird, eine höhere Zahl von Männchengeburten zur Folge hat. Die Schäferhundzahlen von 1913 betrafen aber hoch- und ingezüchtete Tiere, während Darwin damals seine Würfe sicher wahllos nahm, so wie er sie fand. Leider lassen die Schäferhundzahlen nicht auch feststellen, wie das Geschlechtsverhältnis nach einem Jahr aussah und ob die höhere Rüdenzahl etwa schon als Naturausgleich für geringere Lebensfähigkeit der hochgezüchteten Rüden spricht. Sehr auffällig und lehrreich ist, daß bei den 14 Würfen aus Gebrauchshündinnen, die in der Gesamtzahl mit enthalten sind, auf 100 weibliche nur 73,8 männliche Welpen kommen. Aus 14 Würfen lassen sich freilich bindende Schlüsse noch nicht ziehen und die Kriegsjahre ließen eine Fortsetzung dieser Zusammenstellungen leider noch nicht zu, aber eine ernste Mahnung sollte auch dies Wurfverhältnis für einsichtige Freunde der Rasse sein! Ein Vorteil für die Rasse ist die Vermehrung der Rüdengeburten keinesfalls: die Zukunft einer Rasse liegt bei den Müttern, ein guter Rüde genügt für viele!

412

Die Thurysche Zuchtlehre, nach der jungreife, frühbefruchtete Eier Weibchen, überreife, spätbefruchtete dagegen Männchen bringen sollen, hat in der Hundezucht viele Anhänger gefunden, die deshalb den Deckakt bis zum letzten Augenblick verschieben, ist aber auch vielfach angegriffen worden; nicht bloß wegen der geringeren Widerstandskraft der Ergebnisse aus überreifen Eiern. Eine besonders sorgfältige Widerlegung brachte O. Schulze, der über seine diesbezüglichen eingehenden Zuchtversuche mit weißen Mäusen im „Archiv für mikroskopische Anatomie" berichtete. Er führte dort auch aus, daß nach diesen Versuchen weder geschlechtliche Inanspruchnahme der Eltern, noch scharfe In- oder Inzestzucht von Einfluß auf das Geschlecht der Nachkommen sei, ebensowenig werde ein Geschlecht bei Erstgeburten bevorzugt.

So ist uns auch in dieser wie in manch anderer Zucht- und Vererbungsfrage noch vieles Geheimnis. Daher auch zum Zuchterfolg außer Wissen und Können, außer eifriger Arbeit, sicherem Blick und möglichst umfassender Erfahrung noch etwas Glück gehört. Aber auch Glück läßt sich gern zwingen, wird es doch weiblich dargestellt, fällt untätigen nur ganz ausnahmsweise in den Schoß. Das aber ist hoffentlich allgemein klar geworden, daß Zuchtwert und Ausstellungswert zwei grundverschiedene Dinge sind, die nichts miteinander gemein zu haben brauchen, und ferner, daß eine Ausstellungsbewertung niemals als Urteil über den Zuchtwert, sondern nur, aber auch mit Einschränkungen, über die Zuchteignung eines Hundes gelten kann. Die Überschätzung von Ausstellungsauszeichnungen, die, wie wir im IX. Abschnitt sehen werden, auch von allerlei außerhalb des Hundes liegenden Dingen abhängig ist, kann zur Gefahr für die Zucht werden, wenn die Beurteilung nicht nur vom reinen Gebrauchshundstandpunkt aus erfolgt. Und selbst dann, wenn die Masse der „Züchter", die keine sind, sich blindlings auf die dann überlaufenen Preisträger stürzt. Des Siegers Bruder kann oft höheren Zuchtwert haben als dieser selbst — für im Blut passende Hündinnen selbstverständlich nur —, weil er in den Keimzellen schärfer verwahrt, was beim Bruder im Äußeren mehr zum Ausdruck kam; jedenfalls aber wird er geschlechtlich geschonter sein. Bei der Hündin sind Ausstellungswert und Zuchtwert schon beinahe Gegensätze; bei Schäferhunden zum Glück noch nicht, wenn es auch Unverständige genug gab und gibt, die immer wieder vergessen, daß für eine Mutter Gehalt nötiger ist als Schönheit. Auch die Ballkönigin wird meist keine gute Mutter! Bestimmt zur Gefahr werden Ausstellungsauszeichnungen für unsere Zucht, wenn über sie die Nichtausbildung des betreffenden Hundes übersehen wird. Arbeitsleistung muß dem Schäferhundzüchter höher stehen als Schauerfolg!

Gehen wir nunmehr von den Unterlagen des Zuchtwissens zur ausübenden Zucht über. Die Rüdenauswahl ist unter Berücksichtigung alles oben dargelegten erfolgt, der Hündinnenbesitzer widerstand der Verlockung, daß „Siegerkinder" fabelhafte Preise bringen, es muß nunmehr aber eine Vereinbarung mit dem Besitzer des auserlesenen Rüden erfolgen. Gerade weil Hundezucht Liebhabersache sein soll, weil so viel bei ihr auf Treu und Glauben beruht, gilt es, alle Angelegenheiten sorgfältig vorzubereiten und peinlich genau zu erfüllen.

Das gilt also auch für alle geschäftlichen Abmachungen, die genau zu beachten eines ehrliebenden Züchters Pflicht ist; Nachlässigkeit hierbei wirft ein schlechtes Licht auf den ganzen Zuchtbetrieb. Es gibt zwar Leute, die Nachlässigkeit und Nichteinhalten von Abmachungen mit dem Wort Sport zu entschuldigen lieben; das sind aber just die, die von der wahren Bedeutung dieses Wortes keine Ahnung haben. Diese Erbpächter eines mißverstandenen Begriffes wollen damit nur Schlamperei oder gar schlimmeres, Unsauberkeit, decken. Geschäftliche Vereinbarungen, also auch die Deckabmachungen, sollten stets schriftlich getroffen werden, das erspart viel Ärger und sichert beide Teile. Rüdenbesitzer können sich durch gedruckte Deckscheine oder =karten viel Schreibarbeit ersparen. Auf ihnen ist zweckmäßig ein Bild des Rüden, die vollständige Ahnentafel und alles sonst Wissenswerte über Arbeitsausbildung, Größe, Haarart, Farbe wiederzugeben. Eigene Werturteile, wie überhaupt jedes Marktgeschrei, sind natürlich sorgfältig zu vermeiden; es sollen hier nur Tatsachen gegeben werden. Daher recht wohl auch Auszüge aus Richterberichten über Leistungsprüfungen und Zuchtschauen aufgeführt werden können, selbstverständlich auch errungene Auszeichnungen. Bei in der Zucht schon bewährten Rüden sind Hinweise auf Zuchterfolge nach ihnen nützlich, um so nützlicher, je genauer die Blutlinien der Hündinnen ersichtlich gemacht sind, aus denen diese Erfolge gefallen sind. Die Deckkarte soll ferner noch Raum zum Bestätigen erfolgten Deckens und die Deckbedingungen enthalten. Der SV. empfiehlt, diese folgendermaßen zu fassen·

1. Es werden nur rechtzeitig, spätestens 8 Tage zuvor, angemeldete reinrassige, gesunde und nicht bösartige Hündinnen angenommen. Der Anmeldung ist ein Zuchtbuchauszug mit vollständiger Ahnentafel und Angaben über die Arbeitsausbildung beizufügen, möglichst auch ein Bild; ferner eine Erklärung, daß im Zwinger des Züchters keine ansteckenden Krankheiten herrschen. Unterbringung der Hündin erfolgt (etwa: im allseitig abgeschlossenen Zwinger).

2. Annahme und Unterbringung der Hündin erfolgt auf Gefahr ihres Eigentümers, der auch für etwaigen von ihr angerichteten Schaden haftpflichtig bleibt.

3. Das Deckgeld versteht sich einschl. Verpflegung, aber ausschl. An= und Abfuhr von und zur Bahn und ausschl. Rückfracht. Es ist fällig für den Sprung, d. h. für die Leistung des Rüden, ist daher auch verfallen, wenn das Paar wegen Störrigkeit der Hündin nicht zum Hängen kam.

4. Das Deckgeld nebst dem Betrage der Rückfracht und ...... M. für An= und Abfuhr ist spätestens bei Abgang der Hündin postfrei abzusenden, anderenfalls wird der Gesamtbetrag nachgenommen. Zugleich mit der Hündin ist eine Nachricht über den Beginn der Blutung einzuschicken.

5. Das Deckgeld beträgt ...... M.; Nachlaß für SV.=Mitglieder ...... M., für Schäfer und untere Beamte ...... M. Es versteht sich für einmaliges Belegenlassen.

414

6. Nur bei nachgewiesener Nichtaufnahme, nicht aber bei Verwerfen, steht der Rüde, sofern er noch lebt, für die nächste Hitze der gleichen Hündin des gleichen Eigentümers ohne erneute Deckgebühr frei. Mitteilung über nicht erfolgte Aufnahme hat jedoch spätestens 8 Wochen nach dem Decktage zu erfolgen; 10 Wochen nach dem Decktag wird Nachricht über den erfolgten Wurf erbeten.

7. Der Eigentümer der Hündin verpflichtet sich, den gesamten Wurf im Alter von 8 Wochen in das Zuchtbuch des Vereins für deutsche Schäferhunde (SZ.) eintragen zu lassen.

8. Einsendung der Hündin bedeutet Annahme vorstehender Bedingungen.

Die Höhe des Deckgeldes ist recht verschieden. Im allgemeinen sollte es dem Wert eines acht Wochen alten Welpen entsprechen; hielt sich vorm Kriege daher um rund 30—50 M., ging bei für besonders wertvoll gehaltenen Rüden aufwärts bis zu 75, 80 M.; in Ausnahmefällen, die durch Zuchtwert allein schon nicht mehr zu rechtfertigen waren, selbst bis zu 100 M. Die heutigen Deckgeldforderungen sind erst recht verschieden; einzelne halten sich noch in den alten bescheidenen Grenzen, andere sind zu ganz unangemessenen Forderungen hochgeschraubt worden. Hier ist es Sache der Mitzüchter bessernd einzugreifen: erst durch kameradschaftliche Zusprache, hilft die nicht, durch gemeinschaftliches Meiden von Tieren, deren Besitzer aus dem Deckenlassen ein Geschäft machen will. Gehen wir davon aus, daß dem Liebhaber auch das Halten eines wertvollen Deckrüden an erster Stelle Zuchtfreude und Genuß sein soll, billigen wir ihm aber eine entsprechende Entschädigung für die Aufwendungen zu, die er zum Besten der Zucht macht, und auch eine Verlustgefahr, so müßte sich aus solcher Rechnung ein angemessenes Deckgeld ergeben. Setzen wir als Wert eines zweijährigen, deckfähigen Rüden 5000 M. an, als jährliche Haltungskosten — nach dem heutigen Stand hoch berechnet — 1500 M. und als Wertdauer fünf Jahre, so daß jährlich $^1/_5$ des Wertes abgeschrieben werden müßte, und rechnen wir mit einem Jahresbesuch von 30 Hündinnen, so kämen wir zu nachstehender Rechnung:

5% Jahreszinsen aus 5000 M. Kaufpreis 250.00 M.
Haltungskosten . . . . 1500.00 „
jährliche Abschreibung, $^1/_5$ des Wertes . 1000.00 „
(Zahl der Hündinnen) 30 in . . . 2750.00 M.
Deckgeld . . . . =90.00, rund 100.00 M.

Nehmen wir als Wert des Rüden aber 10 000 M., so kämen wir bei sonst gleichen Verhältnissen immer erst auf ein angemessenes Deckgeld von 150 M. Bei dieser Berechnung ist noch zu berücksichtigen, daß ein in seiner Jugend geschonter Rüde weit länger als bis zum vollendeten sechsten Jahre zuchtfähig bleibt, daß wahrscheinlich auch mehr als 30 Hündinnen zu ihm kommen, daß die Haltungskosten den heutigen Verhältnissen entsprechend ganz außerordentlich hoch angesetzt sind, daß sie daher auch wieder in vernünftige Grenzen heruntergehen werden,

wenn erst die Zeiten wieder vernünftiger geworden, und daß schließ=
lich, diesen Zeiten entsprechend, auch die Werte für die Rüden sehr
hoch angesetzt sind. Wer mehr anlegt, einen „Liebhaberpreis" — Lieb=
haber hier aber in anderem Sinne! — der muß, und kann auch, „Lieb=
habergefahr" tragen.

Die häufig gestellte Zumutung, statt des Deckgeldes einen Welpen
anzunehmen, enthält die Unterstellung, daß der Rüdenbesitzer händler=
mäßig in der Lage ist, überzählige Hunde ihm unerwünschten Blutes
zu verwerten. Ein Rüdenbesitzer wird auf solches Angebot daher nur
eingehen können und wollen, wenn er sich Nachzucht aus seinem Rüden
und der belegten Hündin für seinen Zwinger sichern will. Die Ab=
machungen darüber sollten gleichfalls schriftlich getroffen werden und
Zeit und Art der Auswahl, Geschlecht des Welpen und Entschädigung
für den Fall der Nichtaufnahme oder des Eingehens des Wurfes fest=
setzen. Züchtenden Schäfern gegenüber wird der Rüdenbesitzer gewiß
gern Ausnahmen machen, kann dann auch, wenn er den Gebrauchshund=
welpen nicht selbst behalten will, ihn dem SV. als Stiftung für Dienst=
hundzwecke überlassen.

Das Deckgeld ist die Entlöhnung für geleistete Dienste, also für den
Sprung des Rüden, bedingt aber kein Recht auf Befruchtung, wofür es
häufig fälschlich angesehen wird. Das Deckgeld ist daher auch dann von
Rechts wegen verfallen, wenn der Rüde zwar zum Sprung und Samen=
erguß gekommen, aber trotz aller Bemühungen wegen Widersetzlich=
keit der Hündin mit seinem Glied nicht in die Scheide kam; ein Fall,
der gar nicht so selten ist, wenn die Hündin etwa noch nicht vollreif zum
Rüden gebracht wird. Der Rüde strengt sich in solchem Fall viel mehr
an, wird mehrfach hintereinander Erguß haben, weil er immer und immer
wieder versuchen wird, den Vorgang zum natürlichen Abschluß zu
bringen. Ein Recht auf Rückforderung des Deckgeldes besteht bei L e e r =
b l e i b e n der Hündin also nicht, oder nur für den einen Fall, daß der
Rüde nachgewiesenermaßen zeugungsunfähig war oder ist. Dieser
Nachweis kann nur durch Untersuchung der Samenflüssigkeit unterm
Kleinseher erfolgen, und wäre dann für eine zurückliegende Zeit
immer noch nicht entscheidend; oder er müßte mittelbar durch das
Leerbleiben m e h r e r e r belegter Hündinnen erbracht werden, denn das
Versagen e i n e r Hündin besagt nichts, auch wenn sie bei späterer Hitze
nach einen anderen Rüden aufnahm. Hündinnenbesitzer pflegen beim
Leerbleiben ihrer Hündin „natürlich" den Rüden verantwortlich zu
machen, obgleich, wie wir weiter unten sehen werden, in fast ausnahmslos
allen Fällen, sie selbst oder ihre Hündin die Schuld daran tragen, sollten
aber mit der öffentlichen Verbreitung solcher Behauptungen zu ihrem
eigenen Besten recht vorsichtig sein, denn sie können sich dadurch schaden=
ersatzpflichtig machen. Außerdem heißt Zuchtliebhaberei doch nicht
Klatsch! Liegen aber umgekehrt tatsächlich Beweise für das Güstbleiben
mehrerer Hündinnen vor, dann ist es Pflicht und Zeit, sich offen an den
Rüdenbesitzer zu wenden und, wenn der kein Verständnis dafür zeigen
sollte, öffentlich vor dem zuchtunfähigen Tier zu warnen.

Trotzdem die Schuld für das Leerbleiben einer Hündin nahezu
stets bei dieser zu suchen ist, ist es in SV.=Kreisen üblich, den Rüden für

den Fall der Nichtaufnahme, nicht auch des Verwerfens, gebührenfrei für die nächste Hitze zur Verfügung zu stellen. Wohlgemerkt, nur für die nächste Hitze und nur für die gleiche Hündin, die auch noch in der Haud des gleichen Eigentümers stehen muß — der Deckanspruch ist also nicht übertragbar! —; geht der Rüde vorher ein, so verfällt der Deckanspruch, wird der Rüde verkauft, so sind etwaige Ansprüche dem Käufer beim Kaufabschluß mitzuteilen und zu übergeben. Das Ganze ist ein frei= williges Entgegenkommen des Rüdenbesitzers, das daher bei Abschluß der Deckbedingungen ausdrücklich vereinbart werden muß; ein Recht, dies Entgegenkommen auszunützen, hat der Hündinnenbesitzer auch nur, wenn er die Bedingungen der rechtzeitigen Benachrichtigung nach der achten und zehnten Woche erfüllte.

Um sicher zu gehen, ist es nötig, die Deckabmachungen rechtzeitig abzuschließen und die Hündin auf die ungefähr im voraus zu berechnende Zeit der nächsten Hitze anzumelden. Deren Eintritt und der Tag des Eintreffens der Hündin ist dann dem Rüdenbesitzer sofort anzuzeigen, anderenfalls der durchaus im Recht ist, wenn er die ihm überraschend ins Haus gebrachte ablehnt. Bei der Anfrage muß die Hündin dem Rüden= besitzer selbstredend auch genau nach Blutführung, Äußerem, Eigenschaften und Arbeitsausbildung beschrieben werden, möglichst unter Beifügen eines Bildes, denn es gibt zum Glück noch Rüdenhalter, die so eigen sind, ihren Huud nicht für jede Hündin herzugeben; sie wollen sich mit Recht dessen aus der Nachkommenschaft ersichtlichen Zuchtwert nicht durch ungeeignete Verbindungen mindern lassen, setzen also Zuchtehre über Gelderwerb. Daß Gebrauchshündinnen gegenüber Ausnahmen gemacht werden sollten, ist schon angedeutet.

Ein Rüdenbesitzer darf fremde Hündinnen selbstredend nur an= nehmen, wenn sein Hund vollgesund und wenn auch in seinem Zwinger, so er einen solchen hat, keine ansteckenden Krankheiten herrschen, ins= besondere weder Staupe noch Haarkrankheiten. Ebenso selbstverständlich ist, daß auch nur eine vollgesunde, aus einem nicht verseuchten Zwinger stammende Hündin zu einem fremden Rüden gebracht werden darf. Wer auders handelt, handelt unverantwortlich leichtsinnig und macht sich schadenersatzpflichtig. Für die sichere Unterbringung einer von aus= wärts eingesandten fremden Hündin muß der Rüdenhalter sorgen können, oder er darf Hündinnen nicht annehmen, die nicht durch den Besitzer selbst zugeführt und gleich wieder mitgenommen werden. Eine eingesandte Hündin bis zum Decken und ihrer Heimreise in ihrer Kiste auf dem Flur stehen zu lassen, ist eine Tierquälerei.

Zum Unterbringen auswärtiger Hündinnen gehört ein allseitig abgeschlossener, ausbruchsicherer Raum mit einer Hütte, in dem Besuch etwas Auslauf gegeben werden kann. Daß dieser Fremden= zwinger nach jeder Benützung sauber gemacht und auch von etwaigen Ansteckungsstoffen gereinigt werden muß, ist wieder eine Selbstverständ= lichkeit.

Die Bahneinsendung der Hündin sollte übrigens nur Notbehelf sein; was dabei zu beachten ist, ergibt der X. Abschnitt. Nach Möglich= keit sollte der Züchter seine Hündin selbst zum Rüden bringen, sie wird sich dem an vertrauter Hand williger hingeben.

Der Eintritt höchster geschlechtlicher Erregung auch beim weiblichen Teil ist zwar zur Befruchtung nicht erforderlich, befördert diese aber wahrscheinlich, indem der dann erfolgende reichliche Schleimerguß den Samenfäden den Weg gebärmutterwärts und weiter ebnet und die ebendahin gerichtete Eigenbewegung der weiblichen Geschlechtsteile auslöst. Eine ohne Begleiter beim Rüden eintreffende Hündin wird im Gefühl ihrer Verlassenheit dem, und seinem Besitzer, häufig rechte Schwierigkeiten bereiten. Ja, die Gemütserregungen darüber und über vielleicht notwendig werdende Zwangsmaßregeln können auf die Nachkommenschaft einwirken, können diese seelisch belasten oder die Aufnahme in Frage stellen.

Auch dem Rüdenbesitzer wird es angenehmer sein, wenn ihm die Hündin von ihrem Besitzer zugeführt wird. Ist diesem der Rüde nicht schon bekannt, wird er sie begleiten, um sich zu überzeugen, ob der Rüde auch nach dem Äußeren für seine Hündin paßt. Einem in bezug auf Erfahrung und Gewissenhaftigkeit nicht bekannten Zwingerbesitzer gegenüber ist es auch deshalb empfehlenswert, weil manche Rüden und Hündin einfach zusammensperren und dann sich selbst überlassen; das gibt natürlich keine Gewähr für einen ordnungsgemäßen Sprung. Schließlich soll es auch Rüdenbesitzer geben — im Schäferhundlager freilich hoffentlich nicht —, die neben dem vielbegehrten einen Ersatzrüden bereithalten, der verschwiegen einspringen muß, wenn der andere nicht mag.

Das Eintreten der Brunst oder Hitze ist beim Haushunde, wie schon dargelegt, nicht mehr an bestimmte Zeiten gebunden. Im allgemeinen läßt sich sagen, daß die Hündin alle sechs bis sieben Monate heiß, hitzig, streichend oder läufig wird; daß zwischen Wurf und Beginn der nächsten Hitze ein Zeitraum von etwa fünf Monaten liegt. Wurde die Hündin zu einer Hitzezeit übergangen, so pflegt sie nach etwa der gleichen Zeit, manchmal auch schon früher, wieder heiß zu werden; Rüden sind jederzeit deckfähig, sofern sonst alles in Ordnung ist.

Die erste Hitze zeigt sich bei Junghündinnen in der Regel gegen den achten bis zehnten Monat. Sie tritt nur ganz schwach auf, wird daher oft übersehen, was zu sehr unliebsamen Überraschungen führen kann. Die zweite Hitze folgt in der Regel zwischen dem zwölften und fünfzehnten Monat; selbstredend ist die junge Hündin auch dann noch nicht zuchtreif, der verständige Züchter wartet daher mindestens bis zur dritten Hitze, d. h. bis die Hündin mindestens zwanzig Monate alt geworden ist. Auch junge Rüden sind schon frühzeitig springlustig, wenn eine Gelegenheit sich bietet; sie sind nachgewiesenermaßen schon im achten, neunten Monat zeugungsfähig, daher auch auf sie zu achten ist, wenn heiße Hündinnen in der Nähe sind. Jungtiere beiderlei Geschlechts vor erreichter Zuchtreife geschlechtlich auszunützen — züchten kann man das nicht nennen! —, ist frevelhaft, gegenüber der Rasse, den Tieren selbst und den Abnehmern der Nachzucht. Ich möchte auch solche Züchter sehen, wenn ihre Herren Söhne ihnen mit 14, 15 oder meinetwegen 18, 20 Jahren mit einer Forderung wegen zu leistenden Unterhaltes kämen; oder gar die Fräulein Töchter. Da gäbe es Backpfeifen rechts und links, und mit recht. Aber bei Hunden? Da kostet es nichts, macht es keine Schande, sondern bringt Gelder ein!

Zieht sich das Eintreten der Hitze länger als üblich hin, trägt hieran schwere Allgemeinerkrankung oder eine solche der Eierstöcke oder der Gebärmutter die Schuld; bisweilen liegen die Folgen eines, vielleicht nicht bemerkten Verwerfens bei der letzten Trächtigkeit vor. In solchen Fällen ist stets ein Tierarzt zu befragen, ebenso bei Unregelmäßigkeiten nach der anderen Richtung hin — d. h. bei zu häufigem, verfrühtem Wiedereintritt der Brunst —, die auch auf Schwäche der inneren Teile deuten und für die Zucht nicht als günstig anzusprechen sind. Bei solch falschen oder Scheinhitzen sollte die Hündin keinesfalls dem Rüden zugeführt werden; meist nimmt sie gar nicht auf, oder sie bringt nur lebensunfähige oder gar mißgebildete Welpen in geringer Zahl.

Seit Anfang dieses Jahrhunderts etwa ist ein Mittel aufgekommen, das anregend auf den Geschlechtstrieb wirkt, Decklust und Zeugungskraft der Rüden stärken, ausbleibende Hitze bei der Hündin hervorrufen soll: das Yohimbin, in der Zubereitung für die Tierheilkunde Yohimvetol genannt. Es durfte früher nur auf ärztliche Anweisung ausgegeben werden, ist jetzt, leider, aber für jedermann zu haben, daher damit großer Unfug getrieben werden kann. Ist ein Rüde nicht mehr decklustig oder nicht mehr zeugungsfähig, so ist er krank oder alt oder verbraucht, sollte daher unter keinen Umständen mehr zur Zucht verwendet werden, da er doch nurmehr schwache, wenig widerstandsfähige Junge zeugen könnte. Bei Rüden dient dies Reizmittel daher nicht der Zucht, nur dem Geldbeutel des Rüdenhalters. Bei Hündinnen kann es sich, vorsichtig angewandt, in einzelnen Fällen nützlich erweisen, sollte aber immer nur von einem erfahrenen Tierarzt verschrieben werden; Laienpfuscherei schadet stets.

Umgekehrt gibt es im Hydrastinin ein Mittel, um die Hitze einer Hündin zwar nicht völlig zu unterdrücken, wohl aber um die äußeren Erscheinungen einzudämmen und die Hitze selbst in ganz kurzer Zeit vorübergehen zu lassen; die Hündin soll dann zu späterer Zeit wieder wie gewöhnlich heiß werden. Das Mittel ist aber noch nicht genügend ausgeprobt, sollte daher auch nur vom Tierarzt angewandt werden. Unter Umständen könnte es sich nützlich erweisen, namentlich auch für reine Liebhaber, die nicht züchten wollen, das Wesen einer Hündin aber bevorzugen. Eine Verschneidung, d. h. ein Entfernen der Eierstöcke, würde natürlich das Auftreten von Hitzeerscheinungen völlig unterbinden. Es kann aber nicht ernstlich genug vor diesem Gewaltmittel abgeraten werden, da das Wesen verschnittener Tiere sich völlig und zwar zu ungunsten ändert; uns liegt aber doch am meisten am Wesen des Hundes.

Die Anzeichen nahender Hitze sind nicht bei allen Hündinnen die nämlichen, sind auch nicht immer in gleich scharfer Weise ausgeprägt. Manche Hündinnen werden launisch, ziehen sich scheu oder mürrisch in einen versteckten Winkel zurück oder bekommen Neigung zum Herumschweifen. Andere wieder drängen sich erst recht an den Menschen heran, legen sogar die Zurückhaltung Fremden gegenüber ab. Jene verlieren den Gehorsam, diese die Nase; sie versagen infolgedessen das Futter. Junge Hündinnen, die sich über die geheimnisvollen Vorgänge in ihrem Inneren noch „nicht klar" geworden, kriegen über den Blutandrang

27 *

nach ihrem rückwärtigen Ende bisweilen die Tanzwut und drehen sich wie rasend um sich selbst, um die juckenden Teile zu erwischen, zu belecken, ja selbst zu beißen. Gegen Schluß der vorbereitenden Anzeichen fangen alle Hündinnen an, nach den Rüden zu drängen, ohne diesen übrigens die geringste Vertraulichkeit zu gestatten. Aber sie quälen sie, reiten nach Rüdenart auf ihnen herum, tun dies in Ermangelung eines Besseren auch auf Geschlechtsgenossinnen.

Während der Vorbereitungszeit schwellen die äußeren Geschlechts= teile allmählich an, schieben sich dadurch in die Höhe. Die vermehrte Blutzufuhr zu diesen Teilen bewirkt eine Rötung. Schließlich erfolgt ein mehr oder minder starker, im ganzen aber verhältnißmäßig geringer Blutaustritt aus der Scheide, das sogenannte Färben. Man kann acht bis vierzehn Tage auf die Eingangszeichen und ebensolange bis mehr auf das Färben rechnen.

Jüngere, noch nicht belegte Hündinnen pflegen den Rüden erst gegen Abschluß des Färbens zuzulassen. Ältere Hündinnen sind hierin nicht so sicher, halten vielmehr wohl jederzeit still. Ja, sie lassen den Rüden bisweilen noch wochenlang nach Abschluß des Färbens zu. Da heiße Hündinnen stets ein Gegenstand starker Anziehung für die immer be= gehrlichen Rüden, da selbst die sprödeste Schöne, wenn ihre Stunde ge= kommen, brünstigem Werben gegenüber auf die Dauer nicht kalt zu bleiben vermag, muß eine heiße Hündin sofort bei Eintritt der Hitze unter Verschluß genommen und dort bis zum völligen Erlöschen ge= halten werden.

Gemeine Rohlinge durchstechen bisweilen die Scheidenränder mit einem Silberdraht, verschließen so den Eingang, lassen womöglich noch Drahtspitzen nach außen stehen und schicken dann ihre Hündin auf die Straße. Wird solcher Verschluß vom Tierarzt mit allen Vorsichtsmaßregeln angelegt, so läßt sich ja nichts dagegen sagen; eine so verwahrte Hündin kann aber trotzdem nicht mit auf die Straße genommen werden, da sie ihre Anziehungskraft nicht verliert. Diese Vernähung, die ja bei vielen afrikanischen Stämmen noch heute als Mittel zur Erhaltung der Jungfern= schaft dient, ist somit für den anständigen Hundehalter ein recht nutz= loses Mittel. Neuerdings wird auch ein Lederschutzgürtel angeboten; ich fürchte, er wird sich ebensowenig von unbedingter Sicherheit er= weisen, wie die Keuschheitsgürtel des Mittelalters.

Der Verschluß zum Zwinger einer heißen Hündin kann gar nicht sicher und allseitig genug sein. Denn Liebe macht nicht nur blind, so daß die edelste Hündin sich selbst dem greulichsten Sir hingibt, sie macht auch erfinderisch. Manch toggenburgernder Rüde hat, fand er den Zu= tritt auf dem gewöhnlichen Wege verschlossen, den Weg unter der Erde oder durch die Luft zu nehmen verstanden. Den Schlüssel zum Zwinger einer heißen Hündin verwahrt der Besitzer am sichersten selbst.

Ist durch irgend einen unglücklichen Zufall eine Eheirrung vor= gekommen, so gibt es zwar ein Mittel, die Folgen des Fehltrittes zu ver= hindern, das beim Laien aber nur dann Aussicht auf Erfolg bietet, wenn es unmittelbar nach dem Decken angewandt werden kann. Es besteht aus einer tiefgehenden Ausspülung mit Hilfe eines Spülers, der mit einem halben Liter handwarmen Wassers gefüllt ist. Dem Wasser sind einige Tropfen Salzsäure oder auch etwas Essig zuzusetzen. Bei der Einführung des gut einzuölenden Schlauchmundstückes ist darauf zu achten, daß keine Verletzung der inneren Scheidenteile erfolgt. Die Scheide verläuft nicht sofort geradlinig, sondern steigt zunächst ein kleines Stück in mäßigem Bogen. Wenn irgend möglich, sollte die Hündin zu solcher Spülung dem Tierarzt zugeführt werden, da die Flüssigkeit bis in die Gebärmutter dringen sollte, wohin der Laie sie nicht bringen kann; Aussicht auf Erfolg besteht aber auch dann nur in den allerersten Stunden nach dem Belegen.

Spätere Versuche sind aussichtslos. Sind sie auf Abtreiben der Frucht gerichtet, so müssen sie als sehr bedenklich und Leben oder Gesundheit der Hündin schwer bedrohend verworfen werden. Ich kann somit nur raten, auch in solchen Fällen Tragezeit und Wurf ruhig vor sich gehen zu lassen; der Hündin auch nicht sofort sämtliche Welpen des Wurfes zu nehmen, sondern ihr, je nach dem Zustande des Gesäuges, zwei oder mehr zu belassen. Wird die Hündin dann sehr knapp im Futter gehalten, so beginnt die Milchbildung auch frühzeitig nachzulassen. Nach ungefähr zwei bis drei Wochen können dann die belassenen Welpen, einer nach dem anderen, den Weg ihrer in den Tod vorangeschickten Geschwister wandeln. Nicht sofort alle Welpen zu töten, ist auch für die gute Rückbildung der Gebärmutter nötig.

Der spätere Zuchtwert einer Hündin wird durch das Mißgeschick einer Eheirrung in keiner Weise gemindert, eine Einwirkung der Samenfäden auf die noch nicht befruchtungsreifen Eier im Eierstock findet nicht statt. Die Möglichkeit einer Fernzeugung (Telegonie, auch Infektion, Influation oder Imprägnation) ist zwar neuerdings wissenschaftlich zu begründen versucht worden. Zwingende Beweise, die der Fernzeugung Bedeutung für die Zucht zu geben vermöchten, liegen aber nicht vor.

. Unhaltbar waren die früheren Erklärungen, die auf eine Einwirkung des zu den Eierstöcken gelangten überflüssigen Samens auf die dort liegenden noch unentwickelten Eier späterer Brunstzeiten hinausliefen. Später wies Loisel auf die Möglichkeit der Aufsaugung dieses Samens durch die Gefäße des Eileiters und somit des Überganges in das Blut der Mutter hin; auch darauf, daß bei Säugern wenigstens, väterliche Säfte durch Vermittelung des Mutterkuchens in das Blut der Mutter gelangen könnten. Selbst diese Möglichkeit vorausgesetzt, erscheint doch die Beimischung und demzufolge die Vererbungsfähigkeit auf spätere Nachkommen verschwindend gering gegenüber der Erbkraft des befruchtenden Samenfadens einer späteren Begattung. Eigens angestellte Tierversuche, und zwar an Hunden vorgenommene, die den Nachweis der Fernzeugung erbringen sollten, blieben ohne jedes Ergebnis; dagegen lassen sich alle bisher für die Fernzeugung vorgebrachten Beweise zwanglos durch Rückschlagserscheinungen oder eine neue Eheirrung erklären. . Da die Fernzeugungsmöglichkeit, wenn sie bestünde, nicht bloß für verschiedenrassige Zuchtpartner gelten müßte, sondern auch für Vatertiere der gleichen Rasse, so wäre Zucht auf Blut nahezu unmöglich oder wertlos, wenn bei allen späteren Geburten der erste Vater noch ein Wort mitzureden hätte. Das widerspricht auch aller züchterischen Erfahrung, wenn auch in Züchterkreisen, namentlich von Hundezüchtern, noch vielfach an Fernzeugung geglaubt wird. Aber dieser Glaube steht auf gleicher Höhe wie der an das Versehen der Muttertiere: einfache Gemüter, denen das Erklärbare unverständlich bleibt, oder nicht geheimnisvoll genug ist, neigen oft genug zum Aberglauben an das Un= erklärliche. Daß gerade Hundezüchter so hartnäckig an die Fernzeugungs= möglichkeit glauben, erklärt sich wohl daraus, daß sowohl Rückschläge auf frühere Ahnen bei Hunden häufig, vor allem aber Eheirrungen; auch solche von denen der Besitzer nichts weiß oder ahnt. Dazu ist dieser Glaube so trefflich geeignet, eigenes Verschulden mit einem wissen= schaftlichen Mäntelchen verbrämt auf andere Schultern abzuladen.

Wie wir sahen, wird die Hündin zweimal im Jahre heiß, kann also zwei Würfe bringen. Bei einer gesunden, vollkräftigen und zweckmäßig genährten Hündin soll der Züchter, der ja auch nur eine beschränkte Zahl von Welpen, höchstens fünf, liegen lassen wird, ruhig den Anzeigen der Natur folgen; der Massenhersteller von Schäferhundware tut es ohnehin. Auf Übergehen würde eine solche Hündin höchstens mit Fett= werden antworten, das aber mindert Fruchtbarkeit und Zuchteignung; spätere Hitzeunregelmäßigkeiten können gleichfalls die Folge solchen Übergehens sein. Eine von Krankheit oder vom letzten Wurf mitge= nommene Hündin muß freilich geschont werden, ebenso schwächliche, zarte Tiere, mit denen aber überhaupt nicht gezüchtet werden sollte. Unter Umständen können wohl räumliche Verhältnisse davon absehen lassen, in den Wintermonaten, etwa von November bis Februar, Welpen aufzuziehen. Im allgemeinen ist unsere Rasse aber noch so hart gewöhnt und wenig empfindlich, daß auch darin besondere Rücksichtnahme nicht geboten ist. Im Gegenteil, je weniger verzärtelt die Welpen von An= beginn an werden, zu um so kräftigeren, lebfrischeren Schäferhunden wachsen sie sich später aus. Ich weiß von Würfen, die in harten Wintern in einer im Freien stehenden Hundehütte gebracht und hochgezogen worden sind. Soll eine Hitze übergangen werden, so muß die Hündin sehr sorgfältig eingesperrt gehalten werden und darf nicht eher aus der Einzelhaft, als bis sie jede Anziehungskraft für Rüden verloren hat; neben zweckmäßigem Futter ist dann für reichliche Bewegung zu sorgen, damit die Hündin kein Fett ansetzt.

Einem in der Jugend geschonten, gesunden und vollkräftigen Rüden können bei reichlicher und zweckmäßiger Ernährung 30 bis 40 Hündinnen im Jahre zu einmaligem Sprung ohne Nachteil zugeführt werden. Stärkere Ausnützung setzt die Zeugungsfähigkeit herab und mindert den Wert der Nachzucht, die knochenleicht, gehaltlos und wenig widerstandsfähig wird. Überreizung infolge zu häufigen Deckens hinter= einander, auch durch Überanstrengung bei einer nicht willfährigen Hündin, kann zu verschiedenen Erkrankungen der männlichen Geschlechts= teile führen.

Die günstigste Zeit zum Belegenlassen fällt gegen das Ende der Blutung, also etwa auf den achten bis zehnten Tag nach deren Be= ginn; vorher steht die Hündin meist nicht, oder nicht freiwillig. Manche Züchter verschieben aus Rüdensucht das Belegen möglichst aufs Ende der Brunst; die Folgen davon besprach ich schon oben. Als weitere Gefahr kommt hinzu, daß die Hündin den Rüden überhaupt nicht mehr an=

nimmt oder daß dem die überreife Frucht keinen Anreiz mehr gibt. Um die rechte Zeit zu finden, ist es nützlich, wenn der Hündinnen= besitzer einen „Probierhengst" an der Haud hat, d. h. irgend einen Rüden, zu dem die Hündin gebracht wird, um ihr Verhalten und Entgegen= kommen gegenüber dem männlichen Tier zu erproben. Will sie dem stehen — natürlich muß bei diesen Versuchen sehr vorsichtig vorgegangen werden —, ist es höchste Zeit, sie zum ausersehenen Rüden zu führen. Steht der außerhalb, muß die Reisezeit natürlich abgezogen werden; es darf also nicht abgewartet werden, bis die Hündin zuhause dem Probe= rüden steht, anderenfalls könnte sie zu spät beim Deckrüden eintreffen, weil die Aufregungen während der Fahrt die schon abklingende Brunst zu vorzeitigem Abschluß brächten. Bei einzelnen geschlechtlich und, damit zusammenhängend, auch seelisch nicht mehr vollgesunden Hün= dinnen währt die Hochbrunst nur Stunden, sie stellen sich nur in dieser knappen Zeit. Bleiben solche Hündinnen infolgedessen unbelegt, so halte ich das, mögen sie äußerlich auch noch so schön erscheinen, für keinen Verlust für die Zucht; sie würden die bei ihnen eben einsetzende Abweichung von gesunder Natur voraussichtlich in verstärkter Weise auf ihre Nachkommenschaft übertragen.

Das Decken selbst verläuft um so glatter, je natürlicher die Be= dingungen, je weniger Zwang und Kunst dabei angewendet werden muß. Ist Art und Verhalten einer Hündin nicht genau bekannt, muß ihr zuvor ein gut sitzender Maulkorb angelegt werden, da manche Spröde zunächst wild nach dem aufsteigenden Rüden schnappt und dem dabei häßliche Ver= letzungen, namentlich an den Ohren, beibringen kann. Die Hündin muß daher zuvor von ihrem Besitzer an das Tragen des Maulkorbes gewöhnt werden, der bei Deckreisen mitzunehmen oder der Versandkiste bei= zulegen ist. Zweckmäßig ist es, Rüden und Hündin zusammen in einen abgeschlossenen Raum zu bringen, dessen Fußboden nicht zu glatt ist; dort läßt man sie, beide freilaufend, zunächst miteinander bekannt werden. Geht die Hündin auf das Liebeswerben des Rüden ein, ist das Spiel meist gewonnen. Die Hündin wird dann an eine kurze Führ= leine genommen, kann auch außerdem, bis der Sprung beendet, noch von oben her am Halsband festgehalten werden. Der nach den üblichen Vorbereitungen aufsteigende Rüde versucht zunächst durch stoßende Bewegungen sein Glied in die Scheide der Hündin einzuführen, ist das geglückt, so gehen die stempelartigen Bewegungen des Gliedes in auf der Stelle reibende über — eine Folge der beginnenden Eichel= schwellung —, was äußerlich an tretenden Bewegungen der Hinter= läufe des Rüden zu erkennen ist. Aufhören dieses Tretens zeigt die in die Scheide erfolgte Samenentleerung an, der nunmehr nahezu bis Faustgröße angeschwollene Schwellkörper am Gliede verhindert aber das Herausziehen des Gliedes. Es tritt dann das für den gesamten Hundestamm kennzeichnende Hängen ein, das den Eintritt der Samen= fäden in den Muttermund sicherstellen soll. Nach der Samenentleerung steigt der Rüde seitlich von der Hündin ab, tritt dann mit einem Hinter= lauf über die Hündin und sein noch in der Scheide steckendes Glied weg und stellt sich meist so, daß Keule gegen Keule steht; doch wenden sich häufig auch noch während des Hängens Rüde und Hündin mit Vorder=

hand und Kopf einander zu. Das Hängen währt bis zum Abschwellen des Schwellkörpers, was, namentlich bei Erstempfangenden, 20 Minuten bis zu einer halben Stunde, selbst länger dauern kann, meist aber auch in kürzerer Zeit beendet wird. Auch während des Hängens muß die Hündin noch gut festgehalten werden, damit sie sich nicht hinwirft und dadurch den Rüden in Gefahr bringt. Eine gewaltsame Trennung während des Hängens kann zu schwerer Schädigung beider Teile führen. Es bleibt daher auch bei einem auf einer Eheirrung ertappten Paar nichts anderes übrig, als den natürlichen Ausgang abzuwarten; ist kaltes Wasser zur Hand, kann durch vorsichtiges Bespülen der Binde= stelle das Abschwellen beschleunigt werden.

Bestehen zwischen Rüden und Hündin erhebliche Höhenunter= schiede, so kann durch Bergauf= oder Bergabstellen Ausgleich geschaffen werden; auch durch untergelegte Bretter, an deren Raud die Hündin mit den Hinterläufen gestellt wird. Manche Hündinnen zeigen sich recht lange spröde. Sind sie noch nicht deckreif, erkennt ein alter erfahrener Decker das sehr bald am Geruch und müht sich nicht erst lange ab, weil er weiß, daß ihm die reife Frucht doch in den Schoß fällt; junge, stürmische Rüden können bei solch fruchtlosen Werbungen freilich viel gute Kraft verschwenden, sind daher bald wieder von der Hündin abzunehmen. Steht die Hündin dagegen schlecht, weil sie zu spät zum Rüden gebracht, so verliert der sehr schnell die Lust, wenn ihn auch der zurückgebliebene Hochbrunstgeruch zunächst irregeführt hatte. Liegen andere Sprödig= keitsgründe vor, z. B. Verlassenheitsgefühl einer fremden Hündin, Schüchternheit oder Treue gegenüber einem anderen erwählten Lieb= haber, muß das Vertrauen der Hündin durch entsprechendes Benehmen gewonnen werden; der zu stürmische Rüde ist dann anzulegen, damit es der Hündin freigestellt ist, ihrerseits ihn aufzusuchen; meist treibt sie die Neugier bald genug dazu und das weitere gibt sich dann. Ist die Hündin vertraut, läßt sich durch Nachahmen der umklammernden Be= wegungen der Vorderläufe des aufsteigenden Rüden mittels Daumen und Zeigefinger ein geschlechtlicher Anreiz ausüben, ebenso durch Kitzeln an den Saugwarzen, von denen eine Reizverbindung zum Geschlechts= teil führt.

Hilft alles nichts und soll die Hündin trotzdem belegt werden, so kann Zwang nicht ganz ausgeschlossen werden; übrigens nehmen auch manche Rüden an solchem Anstoß und weigern den Sprung, wenn zu viele Helfer um die Hündin herum beschäftigt sind. Während ein Mann die Hündin mit beiden Händen am Halsband packt und Ausweichen nach der Seite oder Niederwerfen verhindert, kniet ein zweiter neben der Hündin nieder und tut das Gleiche durch Gegenstemmen des Knies und Unterhalten eines Armes; unter Umständen wird auf jeder Seite ein Helfer nötig, namentlich, wenn statt des Armes ein Tuch unter den Leib der Hündin durchgezogen wird. Ich ziehe dem Tuch den Arm des knienden Helfers vor, weil der in der Lage ist, mit seiner freien Hand das suchende Glied des aufgestiegenen Rüden zu leiten und einzuführen. Oder aber durch Unterschieben der Haud die Scheide der Hündin hoch= und damit dem tastenden Stoß des Rüden entgegenzuführen. Häufig bildet die ungeeignete Lage der Scheidenöffnung das Haupthindernis, täuscht Sprödigkeit vor und läßt zu Zwang greifen; auf die angedeutete Weise ist dieser Schwierigkeit am einfachsten abzuhelfen.

Vorbedingung der Befruchtung ist das Hängen nicht, es erhöht nur deren Sicherheit. Zur Befruchtung genügt, daß der Same in die Scheide selbst ausgespritzt wurde, das kann auch der Fall gewesen sein, wenn es einer schlecht stehenden, kitzligen Hündin im letzten Augenblick vor vollendeter Anschwellung des Gliedes gelang, sich loszureißen. In solchem Fall, wie auch nach dem natürlichen Lösen als Abschluß des Hängens soll die Hündin gehindert werden, sich zu setzen und durch Nässen die in die Scheide eingespritzte Samenflüssigkeit zu entfernen. Gesunder Urin wirkt zudem im chemischen Sinne sauer, Säure aber greift die Lebensfähigkeit der Samenzellen an, kann sie sofort vernichten. Der Scheidenschleim selbst ist daher auch immer sauer, in ihm gingen die Samenfäden sehr bald zugrunde; doch treffen sie in der Scheide auf einen aus dem äußeren Muttermund heraushängenden, nicht sauer, sondern alkalisch wirkenden Schleimfaden, auf dem sie zum Gebärmutterhals und weiter gelangen. Je weiter nach dem Muttermund zu die Entladung des Rüden erfolgt, um so sicherer ist also die Befruchtung. Auch der Rüde soll nach einer vorzeitigen Trennung sich nicht hinsetzen und das noch stark geschwollene Glied belecken, wozu es ihn innerlich drängt. Langsames Herumführen, dazu vorsichtiges Bespülen mit nicht zu kaltem Wasser wird baldiges Zurückgehen des Gliedes bewirken. Nach dem Belegen soll die Hündin einige Stunden ruhig angehängt bleiben. Übrigens sollen beide Teile vorm Decken nicht gefüttert werden, der Rüde sollte die letzte Mahlzeit 3—4 Stunden hinter sich haben, da die geschlechtliche Erregung und, wenigstens beim Rüden der Druck auf die Eingeweide, sonst zum Erbrechen führen kann.

Daß das Hängen nicht Vorbedingung zur Befruchtung ist, ergibt sich auch aus der Möglichkeit der künstlichen Befruchtung. Bei dieser wird der männliche Same ohne Mitwirkung des Rüden der Hündin von Menschenhand eingespritzt. Der Same kann einer frisch belegten Hündin vorsichtig aus der Scheide entnommen oder dem Rüden auf andere Weise abgezapft werden, wozu selbstverständlich besondere Reinlichkeits- und Vorsichtsmaßregeln gehören. Der gegen Eindicken verdünnte Samen muß dann dauernd unter Körperwärme gehalten werden, bis er der entsprechend vorbereiteten Hündin mittelst einer Glasspritze eingespritzt wird, und zwar zweckdienlicherweise gleich durch den Muttermund in die Gebärmutter. Für eine Hündin genügen ⅓—½ ccm Samenflüssigkeit, so daß aus dem Sprung eines Rüden außer der belegten noch etwa vier bis fünf Hündinnen künstlich befruchtet werden könnten; alle dazu gehörenden Handlungen sollten nur von einem Tierarzt vorgenommen werden.

Künstliche Befruchtung wird in der Tierzucht schon vielfach angewendet, namentlich in Amerika und Rußland hat sie viele Anhänger gefunden, weil der Same sich leicht über große Entfernungen schaffen läßt, das Zuchttier aber nur schwer. In der heutigen Zeit der Verkehrs- nöte könnte die künstliche Befruchtung daher auch für unsere heimische Hundezucht von Bedeutung werden, wenn sie von sachkundiger Hand weiter ausgebaut würde. Namentlich die Diensthundzucht, von Kleintierzüchtern auf dem Lande betrieben, konnte auch wirtschaftliche Vorteile daraus ziehen. Vorbedingung für allgemeinere Einführung wäre, daß jedem Mißbrauch des Samens seitens des Besitzers belegter Hündinnen und allen, sicher nicht ausbleibenden Mogelversuchen vorgebeugt werden kann. Irgend welche Nachteile sind bei künstlicher Befruchtung in der Tierzucht bisher nicht festgestellt worden, ja das Befruchtungsverhältnis soll höher sein als beim natürlichen Vorgang.

Daß die Zeugungs= und Befruchtungsfähigkeit von verschiedenen Ursachen abhängig ist, habe ich schon dargelegt. Die Lebensfähigkeit des männlichen Samens ist mit dem Kleinseher leicht nachzuprüfen; ein winziges Tröpfchen Samenflüssigkeit zeigt, in angewärmtem Gläschen unter die Linse gebracht, schon bei 3—400facher Vergrößerung Hunderte und Tausende der sich lebhaft schlängelnden kaulquappenähnlichen Samenfäden. Rüdenbesitzer haben es somit leicht, die Zeugungsfähigkeit ihrer Hunde nachzuprüfen. Die Hauptursache für Unfruchtbarkeit bei Hündinnen bilden Entzündungsvorgänge in der Scheide, der Gebärmutter oder den Eierstöcken. Diese Entzündungsvorgänge rufen stets ein Sauerwerden des Schleimes und Ausflusses hervor, Säure aber tötet, wie ich schon sagte, die Samenfäden. Nicht wenige Hündinnen leiden an solch schleichend gewordenen Entzündungen, sie nehmen nie auf, ihr Besitzer aber läßt solchen Samensarg von Rüden zu Rüden wandern, statt einmal den Tierarzt zu Rat zu ziehen. Eine vorsichtige Scheidenausspülung mit drei hundertstelteiliger lauwarmer Sodalösung kurz vorm Belegen wird als vorübergehende Abhilfe gegen die nachteilige Säure des Ausflusses empfohlen.

Einmaliges Belegen genügt zur Befruchtung vollkommen, eine Wiederholung zu fordern, ist daher ungerechtfertigt. Soll eine solche aus bestimmten Gründen stattfinden, so sollte sie nicht später als nach 24 Stunden erfolgen. Eine Einwirkung des zweiten Belegens auf schon befruchtete Eier ist zwar ausgeschlossen, wohl aber können dadurch noch nachträglich zur Reife gelangte Eier befruchtet werden. Sind die Früchte des zweiten Belegens erheblich jünger als die des ersten, so werden sie bei der regelmäßigen Geburt dieser noch nicht vollausgetragen, also minder lebensfähig mit ausgestoßen, oder sie können in der Gebärmutter absterben und dort schwere Entzündungen und Gebärfieber hervorrufen. In seltenen Fällen sind auch zeitlich getrennte Geburten von Welpengruppen beobachtet worden; die später empfangenen wurden da also auch regelrecht ausgetragen.

Aus dieser Tatsache ergibt sich, daß eine Hündin von mehreren Rüden befruchtet werden kann; entweder kurz hintereinander, oder wenn sie länger steht, auch noch geraume Zeit nach der ersten Befruchtung. Dieser Vorgang heißt Überschwängerung (Superfökundation) im Gegensatz zur noch nicht nachgewiesenen Überfruchtung während der Schwangerschaft (Superfötation), die das Ausreifen von Eiern während des Schwangerschaftszustandes voraussetzt, was beim Hunde, dessen Brunstzeiten weiter auseinanderliegen als die Tragezeit währt, ohnehin ausgeschlossen ist. Haben während einer Hitze mehrere Rüden eine Hündin belegt — was bei ungenügender Aufmerksamkeit sehr leicht vorkommen kann — so müssen alle Rüden als Väter des Wurfes an=

gegeben werden, da sich die Verantwortlichkeit des einzelnen an den Ergebnissen nicht genügend sicher feststellen läßt; meist werden ja dann auch außer dem einen ausgewählten in Blut und Äußeren nicht passende beteiligt sein. Hatte aber gar ein fremdrassiger Rüde mitgespielt, so gilt der ganze Wurf als nicht rasserein und ist nicht zuchtbuchfähig. Der einzelne Welpe hat und kann selbstredend nur e i n e n Vater haben, da, wie wir sahen, die Eizelle sich sofort nach Eindringen des ersten Samen= fadens durch eine undurchdringliche Hülle nach außen abschließt. Hatte neben einem Schäferhunde aber auch ein andersrassiger Rüde die Mutter belegt, so können Sprößlinge beider Väter im Wurf liegen, die weder als Welpen noch später mit Sicherheit als reinrassig oder Kreuzungs= ergebnisse auseinandergehalten werden können; ich erinnere an das, was ich oben über die Durchschlagskraft des Schäferhundblutes anderem Blut gegenüber ausgeführt habe. Alle schönen Ausreden, wie „genau der Vater", d. h. natürlich der Herr Schäferhundpapa, sind für die Katz, der Züchter muß vielmehr die Folgen seiner Unachtsamkeit tragen; muß auch, wenn er die Mischehe erst nachträglich erfährt, was auch bis= weilen vorkommen soll, selbst und sofort die Streichung des etwa schon eingetragenen unreinen Wurfes beim Zuchtbuchamt beantragen. Unter= läßt er das, oder verschweigt er die Tatsache des Deckens durch mehrere Rüden, ganz gleich ob rein= oder andersrassig, so macht er sich im Sinne unserer auf Treu und Glauben beruhenden Zucht und Zuchtbuchführung einer schweren Verfehlung schuldig, die unnachsichtlich geahndet werden muß.

Während der ersten vier bis fünf Wochen der T r ä c h t i g k e i t läßt sich erfolgte B e f r u c h t u n g der Mutter in der Regel nicht ansehen. Als erste Anzeichen des T r a g e n s können gelegentliches Nachlassen der Freß= lust, Gelüste auf allerlei sonst nicht bevorzugte Futtermittel, ab und zu sich einstellendes Übergeben, Beginn nächtlicher Unsauberkeit und zeit= weiliges Klagen der ruhenden Hündin gelten. Eine Rundung in den Weichen macht sich erst gegen die fünfte Woche bemerkbar, sie verstärkt sich dann im Laufe der weiteren Tragezeit und zieht sich gegen deren Schluß nach hinten.

Gemeinhin werden 63 Tage als D a u e r d e r T r a g e z e i t angegeben, die umstehende Übersicht ist auch auf diese Frist berechnet, die jedoch etwas zu hoch gegriffen ist. Die bereits erwähnte Berechnung auf Grund der Zwingernachrichten des Zuchtbuchjahres 1913 stellt für die 507 dieser Berechnung zugrunde liegenden Würfe eine Durchschnittstragezeit von 61,6 Tagen fest. Zu ähnlichem Ergebnis, nämlich zu 62 Tagen, kam eine Berechnung auf Grund von 347 im Zuchtbuch eingetragenen Würfen des Zuchtjahres 1915. Aus beiden Zusammenstellungen geht gleich= mäßig hervor, daß die Mehrzahl der Würfe am 62. Tage fällt; es folgen dann der 61., der 60. und schließlich der 63. Tag. Nahezu die Hälfte, 40 vom Hundert aller Würfe fiel nach einer Tragezeit von 61 und 62 Tagen, 80 vom Hundert nach einer solchen zwischen 59 und 64 Tagen. Geburten vor dem 59. Tage dürfen wir als Früh=, solche nach dem 64. Tage als Spätgeburten bezeichnen. Frühgeburten — 3 vom Hundert für den 55. bis 57. Tag, 5 vom Hundert für den 58. Tag — werden wohl stets die Folge einer unvorsichtigen Bewegung der Mutter sein; leider

Übersicht der Tragezeit, berechnet auf 63 Tage.

Tag	1	2	3	4	5	6	7	8	9	10	11	12	13	14	15	16	17	18	19	20	21	22	23	24	25	26	27	28	29	30	31
Belegtag Januar	1	2	3	4	5	6	7	8	9	10	11	12	13	14	15	16	17	18	19	20	21	22	23	24	25	26	27	28	29	30	31
Wurftag März	5	6	7	8	9	10	11	12	13	14	15	16	17	18	19	20	21	22	23	24	25	26	27	28	29	30	31	April 1	2	3	4
Belegtag Februar	1	2	3	4	5	6	7	8	9	10	11	12	13	14	15	16	17	18	19	20	21	22	23	24	25	26	27	28			
Wurftag April	5	6	7	8	9	10	11	12	13	14	15	16	17	18	19	20	21	22	23	24	25	26	27	28	29	30	Mai 1	2			
Belegtag März	1	2	3	4	5	6	7	8	9	10	11	12	13	14	15	16	17	18	19	20	21	22	23	24	25	26	27	28	29	30	31
Wurftag Mai	3	4	5	6	7	8	9	10	11	12	13	14	15	16	17	18	19	20	21	22	23	24	25	26	27	28	29	30	31	Juni 1	2
Belegtag April	1	2	3	4	5	6	7	8	9	10	11	12	13	14	15	16	17	18	19	20	21	22	23	24	25	26	27	28	29	30	
Wurftag Juni	3	4	5	6	7	8	9	10	11	12	13	14	15	16	17	18	19	20	21	22	23	24	25	26	27	28	29	30	Juli 1	2	
Belegtag Mai	1	2	3	4	5	6	7	8	9	10	11	12	13	14	15	16	17	18	19	20	21	22	23	24	25	26	27	28	29	30	31
Wurftag Juli	3	4	5	6	7	8	9	10	11	12	13	14	15	16	17	18	19	20	21	22	23	24	25	26	27	28	29	30	31	August 1	2
Belegtag Juni	1	2	3	4	5	6	7	8	9	10	11	12	13	14	15	16	17	18	19	20	21	22	23	24	25	26	27	28	29	30	
Wurftag August	3	4	5	6	7	8	9	10	11	12	13	14	15	16	17	18	19	20	21	22	23	24	25	26	27	28	29	30	31	September 1	
Belegtag Juli	1	2	3	4	5	6	7	8	9	10	11	12	13	14	15	16	17	18	19	20	21	22	23	24	25	26	27	28	29	30	31
Wurftag September	2	3	4	5	6	7	8	9	10	11	12	13	14	15	16	17	18	19	20	21	22	23	24	25	26	27	28	29	30	Oktober 1	2
Belegtag August	1	2	3	4	5	6	7	8	9	10	11	12	13	14	15	16	17	18	19	20	21	22	23	24	25	26	27	28	29	30	31
Wurftag Oktober	3	4	5	6	7	8	9	10	11	12	13	14	15	16	17	18	19	20	21	22	23	24	25	26	27	28	29	30	31	November 1	2
Belegtag September	1	2	3	4	5	6	7	8	9	10	11	12	13	14	15	16	17	18	19	20	21	22	23	24	25	26	27	28	29	30	
Wurftag November	3	4	5	6	7	8	9	10	11	12	13	14	15	16	17	18	19	20	21	22	23	24	25	26	27	28	29	30	Dezember 1	2	
Belegtag Oktober	1	2	3	4	5	6	7	8	9	10	11	12	13	14	15	16	17	18	19	20	21	22	23	24	25	26	27	28	29	30	31
Wurftag Dezember	3	4	5	6	7	8	9	10	11	12	13	14	15	16	17	18	19	20	21	22	23	24	25	26	27	28	29	30	31	Januar 1	2
Belegtag November	1	2	3	4	5	6	7	8	9	10	11	12	13	14	15	16	17	18	19	20	21	22	23	24	25	26	27	28	29	30	
Wurftag Januar	3	4	5	6	7	8	9	10	11	12	13	14	15	16	17	18	19	20	21	22	23	24	25	26	27	28	29	30	31	Februar 1	
Belegtag Dezember	1	2	3	4	5	6	7	8	9	10	11	12	13	14	15	16	17	18	19	20	21	22	23	24	25	26	27	28	29	30	31
Wurftag Februar	3	4	5	6	7	8	9	10	11	12	13	14	15	16	17	18	19	20	21	22	23	24	25	26	27	28	März 1	2	3	4	5

besagt die Zusammenstellung nichts über Lebensdauer und =fähigkeit der frühgeborenen Welpen. Spätgeburten fielen mit je 4 vom Hundert auf den 65. und den 66. bis 72. Tag. Sie sind aus Befruchtung erst nach dem Decken reif gewordener Eier zu erklären, können aber auch Folge eines weiteren, später erfolgten, aber nicht beobachteten oder nicht ange= meldeten Belegens sein; ebenso wie auffallend früh erfolgende Geburten die Folgen eines Fehltrittes in, richtiger „vor" der Ehe sein können.

Die Ernährung einer tragenden Hündin soll kräftig und ausgiebig sein, soll aber die Bauchhöhle nicht zu sehr füllen und belasten, um Rücken und Bänder der Gliedmaßen zu schonen. Die Futtermenge ist also auf mehrere Mahlzeiten am Tage zu verteilen und das Futter möglichst gehaltvoll zu wählen. Das ist heute ein Kunststück, das jeder Züchter für sich nach Maßgabe seiner Mittel und der ihm erreichbaren Nahrungsmittel fertig bringen muß; früher hatte er es leicht, gab seiner tragenden Hündin als Unterlage Phosphorlebertran=Welpenfutter und dazu erhöhte Fleisch= und Milchgaben. Daß diese schönen, bequemen und billigen Zeiten wiederkehren, ist sobald nicht zu erwarten, wir müssen uns daher bescheiden und die werdende, später auch die säugende Mutter füttern so gut und kräftig es geht; Anhaltspunkte dazu werde ich im nächsten Abschnitt geben. Nur darauf sei hier hingewiesen, daß der tragenden und säugenden Hündin mit jedem Futter ausreichende Gaben von Kalk und Phosphor verabreicht werden müssen. Die heran= wachsende Frucht braucht zum Aufbau des Körpers Kalk in großen Mengen. Sie erhält den aus dem Blut der Mutter, die ihn wiederum, wenn er nicht in der Nahrung zugeführt wird, ihrem eigenen Körper entnehmen muß; das ginge auf Kosten des Knochengerüstes, namentlich der Zähne und der Nerven. Auch Phosphor wird vom Keimling, später vom Welpen benötigt, Kalk= und Phosphorgaben erhöhen außerdem die Milchergiebigkeit und steigern den Nährwert der Milch. Kalk wird am besten in der Form von Kalziumsalzen, Phosphor als Lezithin gegeben.

Die tragende Hündin soll viel an der Luft sein, sie soll auch viel Bewegung bekommen, aber nicht überanstrengt werden. Heftige Be= wegungen, Springen, gegen das Ende der Tragezeit auch Spiel und Raufen mit Artgenossen und stürmisches Laufen, sollen vermieden werden; selbstverständlich auch Schlagen und Stoßen. Das alles könnte, ebenso wie Gesundheitsstörungen zum Verwerfen führen, das oft, namentlich zu Beginn der Tragezeit, so unbemerkt vor sich geht, daß ein nicht sehr aufmerksamer Beobachter die Hündin für leergeblieben hält.

In den ersten Tagen der Schwangerschaft ist die Hündin von Ein= geweideschmarotzern zu befreien; sicherheitshalber ist die Wurmkur auch nach drei bis vier Wochen zu wiederholen, später nicht mehr. Ebenso ist die werdende Mutter nach Möglichkeit ungezieferfrei zu machen; lauwarme Reinigungsbäder können zu dem Zweck, vorsichtig, auch noch kurz vor der Entbindung gegeben werden.

Etwa acht bis vierzehn Tage vor dem voraussichtlichen Wurftage ist der Hündin das Lager zu richten. Um sie daran zu gewöhnen und weil Hündinnen gegen Abschluß der Tragezeit über Nacht im Zimmer un= sauber zu werden pflegen, eine natürliche Folge der allmählichen Aus= dehnung des Tragesackes, empfiehlt es sich, sie dann schon über Nacht dauernd im Wurfraum einzusperren. Als solcher genügt, wenn ein besonderer Zwingerbau nicht vorhanden, ein überdeckter Schuppen, ein leerer Stall oder auch ein unbewohnter Raum im Hause; es genügt selbst schon eine gut gegen Bodenfeuchtigkeit, Regen und Wind geschützte Hundehütte im Freien. Belegte Vieh=, insbesondere Kuhställe, sind zu meiden. Kälte an sich schadet nichts, doch muß der Raum unbedingt trocken sein, die Wurfkiste gegen Zugluft geschützt werden können. Die eingehende Beschreibung einer solchen Wurfkiste ist im VII. Abschnitt gegeben. Ich bin davon abgekommen, der Hündin vor dem Werfen in dieser Kiste ein besonderes Lager zurechtzumachen. Die Hündin wühlt die Unterlage doch zur Seite, so daß die Neugeborenen auf dem blanken Holze ruhen; dort liegen sie auch besser als auf der der vom Fruchtwasser durchfeuchteten Streu. Geraten sie aber unter die Streu, so können sie leicht ersticken oder erdrückt werden. Ich gebe daher erst am dritten oder vierten Tage, wenn die Mutter nicht mehr dauernd beim Wurf bleibt, die Welpen einigermaßen gekräftigt sind, Einstreu in die Kiste. Die aufsteigende Bodenkälte und =feuchtigkeit durch eine, unter dem Boden der Wurfkiste angebrachte dichte Torfschicht abzuhalten, darf jedoch nicht unterlassen werden.

Eine verständige Hündin wird sehr bald die fürsorgende Absicht ihres Pflegers erkennen, gerne zum Nest gehen und dort nicht durch Klagen und Heulen lästig fallen. Wird das rechtzeitige Nestmachen unterlassen, so bereitet eine ältere Hündin es sich oft selbst, wo ihr der Platz gegeben scheint und nimmt dabei nicht immer Rücksicht auf des Besitzers Annehmlichkeit und Eigentum; Naturrecht geht da vor. Wird eine Hündin an ungeeigneter Stelle von Wehen und Geburt überrascht, so störe man sie nicht, lasse sie ruhig gewähren und bringe erst nach Abschluß der Geburt aller Welpen Mutter und Wurf in das inzwischen bereitete Nest. Bestimmte Anzeichen, daß die Geburt bald vor sich gehen wird, gibt es nicht. Die Wehen treten meist sehr plötzlich ein, ihnen folgt bald das Fruchtwasser und das Ausstoßen des ersten Welpen. Auch das Vorhandensein von Milch ist nicht immer ein sicheres Zeichen, da sie bei einzelnen Hündinnen schon geraume Zeit vor der Geburt vorhanden ist, bei anderen wiederum sich erst nach vollzogenem Werfen einfindet. Bisweilen zeigt sich Milch auch bei leer gebliebenen Hündinnen, manche bereiten sich um diese Zeit auch ein Lager und benehmen sich, als ob sie werfen wollten; N. Müller erklärt das aus ererbten Reizauslösungen.

Die Neststoffe — Heu, weiches Stroh, Holzwolle, keine wollenen Lappen oder derartiges, da sie leicht Spulwurmeier enthalten —, die häufiger erneuert werden müssen, sind zum möglichsten Abhalten von allerlei Quälgeistern mit einem Ungeziefermittel zu bestreuen; scharfriechende Mittel sind dabei zu vermeiden, Holzwolle von Nadelholz wirkt ohnehin flohvertreibend. Leistet eine gute Mutter in der Reinhaltung von Wurf und Nest auch das Hundemöglichste, so bedürfen ihre Bemühungen doch dauernder Unterstützung durch den Züchter. Unsaubere Haltung der Mutter und des Wurfes rächt sich später durch massenhaftes Auftreten von Ungeziefer: Flöhe, Hundeläuse, Haarlinge; Floh und Haarling gefährlich als Zwischenträger einer Bandwurmart. Dies Un=

430

geziefer quält nicht bloß die heranwachsenden Kleinen, es schwächt sie auch durch Entziehen der Ruhe, wichtiger Lebensstoffe und durch Herbei= führen häßlicher Hauterkrankungen.

Das Werfen erfolgt zumeist in der Nacht, geht in der Mehrzahl der Fälle auch glatt vorüber. Der Züchter sorge dafür, daß die Hündin ungestört bleibt und sich nicht durch überhäufige Besuche, etwa gar von ihr Unbekannten, oder durch die Nähe anderer Hunde beunruhigt fühlt, störe auch selbst so wenig wie möglich, manche Hündinnen verbitten sich übrigens auch das sehr gründlich.

Der Laie lasse sich auf Beihilfe bei der Geburt nicht ein. Zeigen sich während oder nach der Geburt bedenkliche Erscheinungen — Ver= zögerung der Geburt, falsche Lage der Welpen, Vorfall von Gebärmutter oder Scheide, Verletzungen an den Geschlechtsteilen, sieberhafte Zu= stände, wird die Nachgeburt nicht ausgestoßen —, so ist schleunigst der Tierarzt herbeizuholen. Unterläßt die Mutter aus Unkenntnis oder Schwäche das Trockenlecken der Welpen, so muß der Züchter das mit einem weichen wollenen Lappen besorgen. Ebenso die Abnabelung, wenn die Mutter das Durchbeißen der Nabelschnur nicht vornimmt. Die Nabelschnur wird hierzu, etwa 1 cm von der Bauchwand, mit einem zuvor in keimtötender Lösung getränkten Seidenfaden abgebunden, darauf mit einer keimfrei gemachten Schere dicht vor der Abbindestelle durchschnitten.

Im allgemeinen besorgt die Hündin diese Hebammendienste selbst, frißt auch Nachgeburt und Nabelschnur sauber auf, so daß man sie im „Salon" werfen lassen könnte, wenn nicht das stark färbende grünliche Fruchtwasser arg sichtbare Spuren hinterließe. Dies Wasser färbt auch die dauernd mit ihm in Berührung kommenden Zähne der Mutter oft, aber nur vorübergehend, schwärzlich.

Kurz vor oder während der Pausen zwischen den Einzelgeburten nimmt die Hündin nichts zu sich, außer allenfalls etwas frisches Wasser. Ist die Geburt vorbei, kann der Mutter versüßte Milch oder Hafer= schleim gereicht werden, dann ist Hündin und Wurf mehrere Stunden Ruhe zu geben.

Nach dieser Ruhepause folgt die Besichtigung des Wurfes. Hierzu ist die Mutter unbedingt aus dem Wurfraum zu entfernen, ein kurzer Auslauf befördert zudem die ihr sehr nötige Entleerung. Die Welpen werden vorsichtig aus der Kiste genommen und in einen mit Heu gefüllten Korb gelegt; wenn nötig, kann der Boden der Wurfkiste mit einer keimtötenden Lösung gereinigt, muß dann aber gut aufgetrocknet werden. Die Besichtigung der Welpen erstreckt sich darauf, ob alle regel= mäßig entwickelt und lebensfrisch, ferner auf Zahl und Geschlecht.

Meist wird die Hündin mehr Junge werfen, als ihr zu belassen gut ist. Einer Erstgebärenden sollten, wenn sie nicht besonders kräftig, unter den heutigen schwierigen Ernährungsverhältnissen nicht mehr als zwei bis drei Welpen verbleiben; mehr als vier, bei sehr günstigen Futterverhältnissen höchstens fünf, zu allen Zeiten auch der kräftigsten Mutter nicht. Die Folgen des Liegenlassens zu vieler Welpen zeigen sich nicht gleich zu Beginn. Für das geringe Nahrungs= bedürfnis der Neugeborenen reicht der erste Milchvorrat der Mutter schon aus. Während der Weiterentwicklung eines zu starken Wurfes aber werden sich alsbald zurückbleibende bemerkbar machen, Schwäch= linge, die, durch kräftigere oder geschicktere Geschwister von der Nahrungs= quelle verdrängt, diese schließlich leer finden, wenn es ihnen endlich auch einmal gelingt, heranzukommen. Diese Kümmerer erliegen am ersten krankheitserregenden Einflüssen, bilden somit stets eine stete An= steckungsquelle für den Wurf. Selbst wenn sie es verstehen, sich glücklich durch alle Gefahren der Aufzucht hindurchzuschwindeln, entwickeln sie sich meist zu minder kräftigen Hunden. Starke, kräftige Nachzucht zu erzielen, ist aber dringendes Bedürfnis für unsere Rasse, sollte der Ehr= geiz aller züchtenden Liebhaber sein. Das Liegenlassen zu vieler Welpen ist der Punkt, in dem aus Unbedachtsamkeit oder Geldgier leider noch häufig gefehlt wird; das Zuchtbuch erweist es, wie oft, trotz aller War= nungen und Ermahnungen, viel zu starke Würfe, sieben, acht, ja zehn bis zwölf Welpen, aufgezogen wurden.

Nach der schon mehrfach erwähnten Berechnung auf Grund der Zwingernachrichten des Zuchtjahres 1913 schwankt die Stärke der Würfe zwischen einem und 15 Welpen, 80 vom Hundert aller Würfe bewegten sich zwischen 5 und 10 Welpen, die Durchschnittszahl betrug 7,53 Welpen für den Wurf. Diese Zahl kann auch nach anderen Berechnungen als allgemeingültig angenommen werden, ein Drittel aller Würfe brachte den Durchschnitt von 7 oder 8 Welpen. Von der Gesetzmäßigkeit im Verhältnis der Geschlechter habe ich schon oben berichtet, ein Zusammen= hang zwischen der Verhältniszahl der Geschlechter und der Höhe der Wurfzahl war dagegen ebensowenig zu finden wie zwischen jener und der Tragezeit. Der Haushund bringt stärkere Würfe als der Wildhund; im Wildhundgeheck wurden meist nur 4—5, seltener 6 Nestlinge ge= funden, was, wie wir sehen werden, der Zitzenzahl einer Seite ent= spricht. Die Steigerung der Welpenzahl ist wohl, ebenso wie die Ver= mehrung der Brunstzeiten, Folge der Hausbarmachung: ein erblich gewordenes Bestreben der Natur, den durch Versetzen in andere Ver= hältnisse bedroht erscheinenden Fortbestand der Art durch erhöhte Fruchtbarkeit auszugleichen.

Das Zuviel des Segens, den manche Hündin bringt, muß also entfernt werden. Unter den Neugeborenen die richtige Auswahl zu treffen, ist freilich schwer. Ist ihnen doch über ihre künftige Körper= bildung wenig, fast nichts anzusehen. Neunmal Weise behaupten zwar mit untrüglicher Sicherheit, die Vielversprechendsten des Wurfes heraus= finden, werdende Dickköpfe und andere Fehler vorausbestimmen zu können. Vorsichtige Züchter werden sie dafür um die Sicherheit ihres — Mundwerkes beneiden. Auch das Märchen, daß die Mutter von dem aus dem Nest genommenen Wurf zuerst „den besten" zum Lager zurück= trägt, ist leider nichts als ein Märchen. Sie nimmt den „ersten besten" Über den besten würden zunächst einmal Züchter und Mutter sehr ver= schiedener Ansicht sein. Wenn aber die Hündin unter der jämmerlich winselnden Schar der aus dem Nest geholten herumsucht, einzelne be= riecht, andere in den Fang nimmt, so ist das nur der Ausdruck des Über= wältigtseins durch das Ereignis: eben noch alles sicher im Nest geborgen, vielleicht an der Mutter hängend, und nun die Kleinen draußen, Feind

432

und Wetter preisgegeben! Da gilt es erst mal festzustellen, was eigent=
lich los ist, festzustellen auch, ob das alle ihre Kinder — daher das Be=
riechen der einzelnen! — und zu überlegen, was am besten zu tun ist.
Ist der Entschluß gefaßt, daß es doch am geratensten ist, die Kleinen wieder
in das alte warme Nest zu bringen, besser als sich da am Platz, wo sie
jetzt ausgelegt sind, niederzulegen — manche Hündin tut nämlich auch
das — und wird dann zur Durchführung dieses Entschlusses einer der
Kleinen aufgenommen, so ertönt vielleicht von anderer Seite ein be=
sonders jämmerliches Klagen und die aufgeregte Mutter läßt den schon
ergriffenen los und wendet sich dem letzten Schreihals zu. Bei mancher
Hündin dauert es länger, bis sie zum Entschluß kommt, andere handeln
ruhiger, zielbewußter: Veranlagungsunterschied. Im übrigen soll,
ich wiederhole das, die Mutter bei diesem Aussuchen und dem daran
sich anschließenden Töten der überzähligen Welpen nicht zugegen sein.

Bei der Auswahl der zu entfernenden Welpen gilt es zunächst nur
alle Schwächlinge und solche Welpen auszuscheiden, die etwa eine Miß=
bildung aufweisen; ferner das Verhältnis der Geschlechter zu berück=
sichtigen. Nur Rüden liegen zu lassen, etwa gar einen schwächlichen
Rüden auf Kosten einer kräftigen Hündin, wäre kurzsichtig. Unsere
Rasse hochhalten können wir nur durch die Hündinnen.
Die aus den besten Würfen stammenden zu entfernen, um später für
die Zucht wieder auf minder gutes Blut angewiesen zu sein, hieße sich
die Aussichten auf die Zukunft vernichten.

Der leitende Gedanke für die Bevorzugung der Rüden mag darin
zu finden sein, daß vielen Neulingen und nicht züchtenden Liebhabern
das Halten einer Hündin umständlicher erscheint. Sie scheuen die geringe
Aufmerksamkeit während der Hitzezeit und wissen noch nichts von der
größeren Zuverlässigkeit und Anhänglichkeit, der leichteren Lenkbarkeit
der Hündin. Der Züchter arbeitet aber doch nicht allein für den Markt,
sondern für die Rasse. Und der Markt ist belehrbar, abgesehen davon,
daß die immer steigende Nachfrage nach Diensthunden wegen der zu=
verlässigeren Arbeit just Hündinnen begehrter sein läßt.

Ist die Auswahl geschehen, das Lager geordnet, werden die zurück=
bleibenden Welpen wieder in die Kiste gelegt. Die zu vernichtenden
müssen aus dem Wurfraum entfernt werden, ohne daß die Mutter das
bemerkt. Diese wird dann wieder zum Wurf gelassen. Der zum Tode
geweihten Überzähligen entledigt man sich am einfachsten, indem man
sie von der Höhe des ausgestreckten Armes kräftig auf einen Steinboden
oder wider eine Wand wirft.

Von Versuchen, überzählige Welpen mit der Flasche anzu=
ziehen, muß dringend abgeraten werden. Sie erfordern eine Unmenge
von Zeit, Geduld und Opfermut; führen schließlich doch zu Mißerfolg.
Gleiches gilt von den sogenannten künstlichen Ammen. Können die
auch Wärme und Nahrung, diese aber schon nicht in richtiger Zusammen=
setzung, spenden, so fehlt doch die Hauptsache: die sorgende Mutter,
die unermüdlich durch sanftes Lecken des Unterleibes die Kleinen zur
Entleerung bringt, reinigt und trocken hält.

Soll zur Aufzucht eines besonders wertvollen Wurfes eine andere
Hündin als Amme benützt werden, so ist dafür zu sorgen, daß die Amme

möglichſt zu gleicher Zeit mit der Mutter wirft, denn die Zuſammen=
ſetzung der Milch einer Hündin iſt nicht ſtets die gleiche. Die gleich nach
der Geburt fließende Erſtlings= oder Bieſtmilch (Koloſtrum) iſt für das
Wohlergehen der Neugeborenen unentbehrlich, aber auch ſpäter iſt die

Muttermilch in ihrer Zuſammenſetzung genau auf Alter und Entwick=
lungszeit der Jungen abgeſtimmt. Nicht jede Hündin nimmt ohne
weiteres fremde Pfleglinge an, die Amme muß alſo rechtzeitig, ſchon
vor ihrem Werfen ins Haus genommen und gut eingewöhnt werden.

Bevor die fremden Kinder ins Ammenneſt gebracht werden — was etwa am zweiten, dritten Tage nach der Geburt erfolgen kann —, wird die Amme von ihrem Wurf fortgenommen, dann entnimmt man dieſem die nötige Zahl von Ammenkindern und legt die aufzuſäugenden zu dem Neſt. Die Amme ſoll möglichſt lange vom Neſt ferngehalten werden, damit die fremden Welpen den Neſtgeruch annehmen; auch wird an= geraten, vorm Wiederzulaſſen der Amme deren und die untergeſchobenen Kinder mit Branntwein abzureiben, damit alle gleichmäßig riechen. Solcher Rat unterſchätzt die Feinheit der Hundenaſe arg. Fühlt ſich die Amme als „Kind im Hauſe", iſt es beſſer die fremden Welpen gut mit der Beſitzerwitterung, mit Schweiß und Speichel, zu verwittern; das Herreneigentum wird ſie dann eher anerkennen. Hat eine Hündin fremde Welpen einmal ans Geſäuge gelaſſen und ſie beleckt, ſo darf man beruhigt ſein. Will ſie fremde Pfleglinge aber nicht annehmen, ſo nützt alles Zuwarten nichts; rächt ſie nicht ſofort den Tod der eigenen Kinder an den untergeſchobenen, ſo tut ſie es ſpäteſtens, nachdem ſie allein gelaſſen. Schäferhündinnen habe ich allgemein als ſchlechte Ammen befunden, ſie haben noch zu geſunde natürliche Triebe, bei minder urwüchſigen Raſſen mag es in bezug auf Ammendienſte beſſer ſein.

Dagegen ſind Schäferhündinnen nahezu durchweg ſehr gute Mütter, die ihr letztes hergeben. Daß gelegentlich eine Erſtgebärende in Ungeſchick und Erregung mit Nachgeburt und Nabelſchnur auch die Welpen überſchluckt, kommt überall vor, nicht bloß im Hundeſtamm: vorübergehende geiſtige Verwirrung. Für den oberflächlichen Beobachter ſcheinen dagegen manche Hündinnen ſchlechte Mütter zu ſein; ſie ſcheiden einzelne Welpen vom Wurf aus, tragen ſie aus dem Neſt fort, ſetzen ſie immer wieder aus, wenn der Züchter ſie wieder ins Neſt tat und beißen ſie wohl gar tot. Welche Vorgänge in der Hundeſeele dazu führen, werden wir wohl nie mit Sicherheit feſtſtellen können. Wider= natürlich=menſchliche wie Vergnügungsſucht, Wunſch, Schönheit und Figur zu erhalten u. a. m. ſind es ſicher nicht; auch nicht Schmerzen in den Saugwarzen oder Nachlaſſen des Milchſtromes oder gar die Erkenntnis, daß die Milch für ſo viele Jungen nicht ausreicht. Nach meinen Beobach= tungen müſſen ſolche Hündinnen ein feines Vorempfinden für die mangelnde Lebensfähigkeit des betreffenden Welpen haben — denn es handelt ſich ſtets um ein und denſelben Verſtoßenen —, ihm kommende Erkrankung, ſicheren Tod anriechen. Meine Mira, die geradezu kinder= toll und eine vortreffliche Mutter war, machte es bei verſchiedenen Würfen ſo. Einmal konnte ich den Verſtoßenen einer anderen Hündin unter= legen, die ihn auch willig aufnahm; aber er gedieh nicht, wie die anderen Welpen dieſer Hündin, wurde immer ſchwächer und ging nach ein bis zwei Wochen ein.

In den erſten zwei bis drei Tagen nach dem Wurf erhält die Mutter lediglich Milch= und Schleimſuppen. Hat die Geburt keinerlei fieber= hafte Zuſtände hervorgerufen, ſo kann allmählich zu der gleichen Fütte= rungsweiſe wie während der Tragezeit übergegangen werden. Die Zahl der Mahlzeiten iſt auf vier bis fünf zu ſteigern. Plötzlicher Wechſel der Ernährungsweiſe iſt zu vermeiden; er kann zu Verdauungsſtörungen der Mutter führen, die, durch die Milch auf die Welpen übertragen, deren Erkrankung und Tod herbeiführen könnten. Gutes, nicht zu kaltes Trinkwasser muß dauernd zur Verfügung stehen.

Die Hündin zeigt während der ersten Tage nach der Geburt einen schleimig=blutigen Ausfluß aus der Scheide. Dieser Wöchnerinnen= (Lochial)=Ausfluß bedarf keiner besonderen Behandlung; zieht er sich aber längere Zeit, mehrere Wochen hin, so ist der Tierarzt zu Rate zu ziehen. Kurze Bewegung muß der Mutter mehrmals täglich verschafft werden, damit keine Verstopfung eintritt. Scharfe Abführmittel zum Herbeiführen des Lösens sind zu vermeiden, sie gehen in die Milch über — schon Rizinus ist in dieser Beziehung bedenklich —, besser ist ein lauwarmer Seifenwassereinlauf in den After. Der Zustand des Ge= säuges ist täglich zu untersuchen, damit es bei Erkrankungen oder Ver= letzungen sofort in Behandlung genommen werden kann.

Der Hund — beim Rüden sind sie angedeutet — hat in der Regel fünf Zitzen= oder Saugwarzenpaare, von denen je zwei auf die Brust= und die Bauch=, eins auf die Schamgegend entfallen; das erste Brustzitzenpaar ist am schwächsten ausgebildet, fehlt bisweilen und gibt stets weniger Milch. Auch das gibt uns einen Hinweis auf die Höchst= zahl zu belassender Welpen: 4—5. Nach Hauck haben 60 vom Hundert 10, weitere 30 vom Hundert 9 und schließlich 10 vom Hundert nur 8 Saugwarzen; bei den neunzitzigen soll meist die erste Bauchzitze rechts fehlen. Hauck schlägt sogar vor die Zitzenformel, die entsprechend
$$\frac{\text{l. } 1, 2, 3, 4, 5}{\text{r. } 1, 2, 3, 4, 5} = 10, \text{ oder } \frac{\text{l. } 1, 2, 3, 4, 5}{\text{r. } -, 2, 3, 4, 5} = 9 \text{ usw.}$$ lauten würde, zum sicheren Kenntlichmachen eines Hundes zu verwerten und deshalb im Zuchtbuche festzulegen.

Die Hundemilch, die stets sauer einwirkt, ist sehr gehaltreich, ich gebe nachstehend ihre Zusammensetzung und im Vergleich daneben die der Kuh= und der Ziegenmilch:

	Hundemilch	Kuhmilch	Ziegenmilch
Wasser	— 77 %	88 %	87 %
feste Stoffe	— 23 %	12 %	13 %
Eiweiß	— 9,7%	3,3%	3,7%
Fett	— 9,2%	3,7%	4,0%
Zucker	= 3,1%	6,3%	4,4%
Salze	= 0,9%	0,3%	0,8%
Kali	= 13,0%	24,0%	24,3%
Natron	— 5,3%	6,5%	4,5%
Kalk	— 33,4%	23,2%	31,1%
Magnesia	— 1,6%	2,6%	1,4%
Eisenoxyd	— 0,1%	0,4%	1,0%
Phosphorsäure	= 36,0%	27,5%	30,2%
Chlor	= 13,0%	13,6%	7,6%

Aus Vorstehendem ergibt sich, daß für den Welpen die Mutter= milch durch keine andere zu ersetzen ist. In bezug auf Gehalt allenfalls durch Aufnahme größerer Mengen, was aber Magen und Verdauung mehr belastet und Anlaß zu Erkrankungen sein kann, in bezug auf den Bestand an Salzen aber von der Kuhmilch gar nicht, von der Ziegenmilch auch nicht voll, wenngleich die in jeder Hinsicht vorzuziehen ist. Hier sind die hohen Verhältniszahlen für Kalk und Phosphor in der

Hundemilch ganz besonders lehrreich für den Züchter, der sachgemäß füttern will.

Hundekinder werden Welpen genannt. Das Wort ist alten Ursprunges: mittelhochdeutsch = welp, althochdeutsch = welf, noch früher = hwelf und altnordisch = hvelpr, und bedeutet allgemein junges Tier, hängt auch nicht mit Wolf zusammen. Daher für das Gebären der Hündin sprachrichtig welfen statt wölfen zu sagen ist; die neue Rechtschreibung braucht auch diese Schreibweise. Sehr feine Leute, denen Welp nicht vornehm genug klingt, wählen das englische Puppy (Mehrzahl: Puppies); manche können es sogar richtig aussprechen. Besonders gute Deutsche aber haben dann daraus Pupp (sprich Pup!) und Pupps gemacht. Englische Krankheit!

Die Welpen stellen in der ersten Zeit geringe Anforderungen an den Züchter. Doch müssen sie täglich genau besichtigt werden, um das gute Verheilen der stets sauber zu haltenden Nabelwunde überwachen zu können. Gegen leichte Entzündung dieser Stelle hilft Einreiben mit Borsalbe.

Namentlich in der ersten Lebenswoche ist gelegentlich eine meist den ganzen Wurf befallende Hautentzündung zu beobachten, die sich in der Regel auf Zehen- und Sohlenballen beschränkt, aber auch auf den Bauch, namentlich die Nabelgegend, und auf den Nasenspiegel übergreifen kann; Geschwürbildung ist häufig, sie kann zum Krallenverlust führen, im übrigen heilt die Entzündung bei entsprechender Behandlung meist rasch ab. Hauck macht Durchfeuchtung des Lagers mit dem schon oben erwähnten scharfen Fruchtwasser für diese Entzündung verantwortlich, ein weiterer Grund also, die Mutter auf dem blanken Boden der Wurfkiste werfen zu lassen und das Nest erst später durch Einstreu zu vervollständigen.

Bei der Geburt sind die Welpen blind, d. h. die Augenspalte ist noch geschlossen. Sie öffnet sich zwischen dem neunten und zwölften Tage, je dunkler die Welpen gehalten werden, um so später. Das Lager soll, um Augenentzündungen zu vermeiden, nicht unmittelbar von grellem Licht getroffen werden können.

Abb. 328. Zwe Tage alter Wurf.

437

Afterklauen, die in allen Würfen bei einzelnen Welpen auf=
treten können, sind am besten am vierten oder fünften Lebenstage,
nicht später, zu entfernen. Das geschieht durch einen kurzen Schnitt
mit einer scharfen, etwas gekrümmten Schere. Der Welpe wird dazu

in die Hand genommen, der Hinterlauf
festgehalten und die störende Kralle hoch=
gezogen, damit die Schere gut untergreifen
kann. Pfötchen und Schere sind vor dem
Schnitt selbstverständlich mit einer keim=
tötenden Lösung zu reinigen, die kleine,
kaum blutende Wundstelle wird mit einem
Trockenmittel (Tannoform oder Dermatol)
bestreut. Je früher geschnitten wird, desto
einfacher ist die Sache; bei älteren Welpen

Abb. 329.   Drei Wochen alter
Welpe.

und Junghunden wird die Schnittfläche
größer und ist die Abtrennung nicht immer
so leicht. Statt des Schneidens können die
Wolfsklauen auch in der fünften Woche etwa abgebunden werden. Um
die gut vom Lauf abgezogene Kralle wird eine Schlinge von starker, un=
gefärbter Seide, am besten von Wundnähseide gelegt und fest zugezogen;
das Verfahren wird nach einigen Tagen wiederholt. Die Kralle schwillt

Abb. 330.   Fünf Wochen alter Welpe.

zunächst stark an, stirbt dann ab und löst sich von selbst los; Säubern
und Trocknen der Wundstelle darf auch hierbei nicht vergessen werden.
   Der Durchbruch des Milchgebisses beginnt Mitte der zweiten
oder zu Anfang der dritten Woche, ist in der Regel zu Beginn der fünften
Woche beendet. Während des Zahndurchbruches sind die Welpen be=
sonders empfindlich.

Das Erscheinen des Milchgebisses zeigt dem Züchter an, daß er mit dem Füttern der Welpen beginnen kann. Auch damit sind wir

Abb. 331. Sechs Wochen alter Welpe.

heute schlecht daran. Früher riet ich, mit Beginn der vierten Woche, in einzelnen Fällen auch schon früher, damit anzufangen, den Welpen

Abb. 332. Sechs Wochen alter Welpe.

439

ein erstes Futter von fein geschabtem rohen Fleisch zu geben. Das ver=
sagt keiner und wird gut verdaut, während Milchgaben leicht Magen=
störungen verursachen. Dem ersten Fleischfutter ließ ich nach einigen
Tagen mit Fleischbrühe aufgebrühtes Phosphorlebertran=Welpenfutter
folgen; erst in Pulverform verwendet, später in gröberer Körnung, um
die Beißlust anzuregen. Die Zahl der Mahlzeiten wurde dann vermehrt,
bis sie mit Beginn der sechsten Woche etwa auf sechs gestiegen und damit
für den Tagesbedarf der Welpen gesorgt war, zu denen die Mutter
nurmehr nachts zugelassen wurde. Wenn auch der Fleischbedarf der
Kleinen zunächst sehr gering, wird Fleisch jetzt doch nicht immer zu haben
sein. Jedenfalls dürfen wir nicht mehr wie früher wählerisch dabei sein,

Abb. 333. Sieben Wochen alter Welpe.

uns nicht mehr nur auf gutes Muskelfleisch von Rind oder Kalb be=
schränken, sondern müssen auch das Pferd heranziehen, dessen Fleisch
früher für die Zeit des Abspähnens verpönt war; müssen auch das Stück
nehmen, woher wir es kriegen, und es notfalls durch Kochen brauchbar
machen. Als Ersatz für das Welpenfutter, das wohl noch auf lange hinaus
entbehrt werden muß, müssen Hafermehl, Haferflocken und Hafergrütze
einspringen. Dazu heute Rinde von altbackenem Brot, um die Welpen
zum Kauen zu zwingen und größere frische Knochen zum Benagen,
Knochenschrot und Nährsalze als regelmäßige Beigabe sind nicht zu ver=
gessen. Knochenschrot ist am besten von frischen Markknochen; es sollte
dann vorm Verfüttern zu einem steifen Brei abgekocht werden; zum
jedesmaligen Mahlen der Knochen ist eine Knochenmühle nötig.

440

Im übrigen aber müffen wir heute auch „die Muttermilch ftreden", die natürliche Quelle für die Kleinen ausnützen, fo lange fie fließt. Dazu gehört aber auch zwedmäßiger Mutterfchuß. Die Mutter muß nicht nur fehr forgfältig und reichlich gefüttert werden, Vorbedingung ift die Be= fchränfung in der Zahl der Welpen, denn zwei, drei von acht Wochen trinfen die Mutter anders aus, als ein halbes Dußend oder mehr fleiner Dinger. Manche Mütter beginnen in der Zeit des Abfeßens, wenn fie fühlen, daß ihr Milchftrom nachläßt, oder wenn die Kleinen fie mit Zähnen und Krallen zu arg quälen, den Welpen halbverdaute Nahrung vorzubrechen. Wird die Hündin gut gefüttert und forgfältig gehalten, fo daß fie nicht an allerlei, ihr felbft nicht, wohl aber den Kleinen fchäd=

Abb. 334. Acht Wochen alter Welpe.

lichen Straßenabfall und an Knochen gelangen fann, fo laffe man fie ruhig gewähren. Das ift nicht efelhaft, fondern naturgemäße Wildhund= brutpflege.

Die Mutter braucht nicht dauernd beim Wurf zu bleiben, fchon von den erften Tagen an foll fie täglich zunächft auf furze Zeit, fpäter länger aus dem Wurfzwinger geholt werden, um fich Bewegung zu fchaffen. Wenn die Kleinen anfangen, Erfundungsgänge außerhalb der Kifte vorzunehmen, muß die Mutter auch außerhalb des Wurf= zwingers gefüttert werden. Während der Zeit des Abfeßens werden die Paufen, in denen die Mutter vom Wurf genommen wird, immer länger gemacht; das Futter wird den Kleinen dann immer gereicht, ehe die Mutter wieder zu ihnen gelaffen wird. Schließlich fommt die Mutter nurmehr nachts zum Wurf, wird im Futter fnapp gehalten, am Tage aber tüchtig bewegt. Sie wird um diese Zeit die schon tüchtig herangewachsenen Kleinen ohnehin nur noch widerstrebend am Gesäuge dulden, weil die mit Beißen und Treten arge Schmerzen machen; wird sie dann auf einige Tage auch nachts nicht mehr zugelassen, so tritt die Milch bald zurück. Das Gesäuge ist dann fleißig mit kaltem, zur Hälfte mit Essig versetztem Wasser abzubaden, wunde Stellen daran erfordern sorgfältigere Pflege und Bestreichen mit Borsalbe. Wird die Hündin dann wieder zu den Welpen gelassen, so beißt sie die trinklustigen schon von selbst ab, das Absäugen ist damit beendet, die Welpen sind selbst- ständig geworden.

Ich habe mit dem Absetzen in der geschilderten Weise, also nur mit Fleisch und Welpenfutter, die besten Erfahrungen gemacht, vor allem die in dieser Zeit sehr häufigen Magenstörungen und Durchfälle vermieden, die die Eingangspforte für die Keimträger der Staupe bilden; von dieser Krankheit und anderen Welpenfeinden im nächsten Abschnitt näheres. Soll Milch zugefüttert werden, ist frisch gemolkene

Abb. 335. Begrüßung der zurückkehrenden Hündin.

Vollmilch natürlich die beste; um sie besser verdaulich zu machen, kann 1,5 g Kochsalz auf den Liter zugesetzt werden. Ziegenmilch wird noch lieber genommen als Kuhmilch, ist auch nahrhafter, die Kleinen ver- schlecken sich aber an dies Futter oft so, daß sie nichts anderes mehr mögen. Daher Maßhalten mit Milch, auch wo sie reichlich zur Ver- fügung steht. Da sie minder gehaltvoll als die der Mutter ist, muß sie zur Sättigung in größeren Mengen aufgenommen werden, die Kleinen pumpen sich also auf, dehnen den Magen aus, versagen oft besser dien- liches Kraftfutter, werden zwar kugeldicke Moppel, bleiben aber weich und schwammig. Wir wollen aber doch keine Mastkälber, sondern trockene, sehnige Schäferhunde aufzüchten; dazu ist aber, wenn die Welpen ein- mal abgesetzt sind, trockenes Kraftfutter geeigneter und naturgemäßer als Schlabberfutter.

Selbstverständlich muß jedes Futter frisch zubereitet werden, alte saure Reste legen den Grund zu Magenverstimmungen. Nach jedem

Füttern ist der Freßnapf fortzunehmen, nicht aus Bequemlichkeit stehen zu lassen. Die Welpen sollen sich sättigen, dann aber verdauen, um zur nächsten Mahlzeit wieder Hunger zu haben, was nicht der Fall ist, wenn sie alle Augenblicke einen Happen naschen gehen können. Peinliche Sauberkeit des Freßnapfes wie überhaupt des ganzen Zwingers ist weitere Vorbedingung für gesunde Aufzucht; wo Schmutz und Schlamperei herrscht, verkommen die Welpen. Deren Sauberhaltung, das Abschlecken des Kotes, übernimmt die Mutter nur so lange sie säugt, später läßt sie den Kot der Jungen liegen; die Reinhaltung der Wurfkiste, später des Wurfzwingers, die fleißige Erneuerung der Einstreu ist also Aufgabe des Züchters. Sauberes Wasser soll stets bereit stehen; zeigen sich Durchfälle, ist es durch Kamillentee oder Eichelkakao zu ersetzen.

Die Futteraufnahme seiner Welpen muß ein sorgfältiger Züchter selbst überwachen, wenn nicht die Gattin ihm dies Amt abnimmt. Lau-

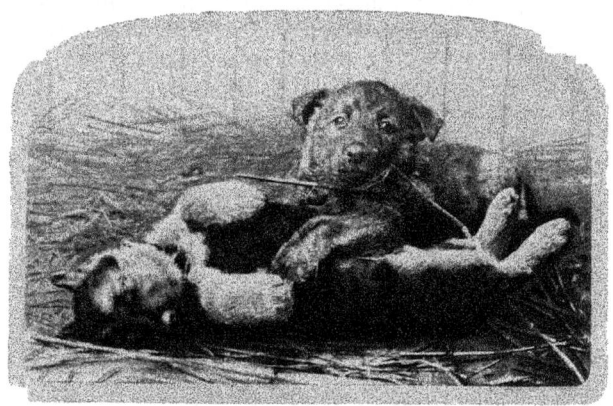

Abb. 336. Spielende Welpen.

riges Fressen einzelner ist meist die Folge des Zahnens; dann kann mit nährkräftigem Weichfutter nachgeholfen werden. Um den Zahndurchbruch zu erleichtern, sind den Welpen stets größere frische Knochen und Holzkugeln zum Spielen und Benagen zu geben. Die gleiche Aufmerksamkeit wie der Futteraufnahme ist den Entleerungen der Welpen zu widmen, sie belehren sicher über den Gesundheitszustand. Sie sind gut als weiche Würstchen, sollen weder hart noch kuglig sein, aber auch nicht dünnbreiig oder gar -flüssig.

Bei durch Zahnen oder Erkrankung zurückgekommenen kann durch ein mit Zucker verrührtes Ei, Lebertran, Tropon, Somatose oder ein anderes dieser Stärkungsmittel nachgeholfen werden. Mit körperlichen Schwächlingen sollte sich der Züchter aber nicht lange herumquälen, sondern ihnen bald ein sanftes Ende bereiten; seine Kunst sollte nicht im Durchkriegen von Angstkindern, sondern im Aufzüchten kräftigen Schäferhundnachwuchses bestehen. Bemerkt ein Züchter nachlassende

Munterkeit seines Wurfes, so lasse er sich nicht auf eigene Quacksalberei ein, sondern wende sich rechtzeitig an einen Tierarzt.

Haben die heranwachsenden Welpen einige Bewegungsfähigkeit erlangt, so duldet es sie nicht mehr im Nest. Die kecksten wagen den Versuch, stolpern, klettern und fallen heraus. Zunächst freilich, um bald wieder nach der Mutter zu verlangen. Aber die schwachen Beinchen kräftigen sich, die Unternehmungslust wird größer. Sind die Welpen so weit, gibt es für sie nichts besseres und kräftigenderes als Aufenthalt in der freien Luft. Nur vor Bodenfeuchtigkeit, vor Nässe von oben und vor Prallsonne sind sie noch zu schützen. Kann das geschehen, dann raus bei jeder Jahreszeit, bei jedem Wetter. Damit die doch immerhin noch bald Ermüdenden sich durch Hinlegen auf kalten oder feuchten Boden nicht den Unterleib erkälten, ist ihnen auch auf dem Spielplatz ein Lager bereit zu stellen. Eine mit Torfmull unterlegte Holzpritsche genügt.

Ich bin oft nach Gewichtsangaben für Welpen gefragt worden. Daraus auf Güte und Gesundheit schließen zu wollen, ist eine unsichere Sache, denn es ist immer ein anderes, ob solch kleiner Kerl leer gewogen wird oder mit vollgeschlagener Plautze. Das Gewicht der Neugeborenen ist einigermaßen von der Welpenzahl und der Tragezeit des Wurfes abhängig; je mehr Welpen die Mutter austragen mußte, je früher sie gebar, um so geringer pflegen im allgemeinen die Kleinen zur Welt zu kommen. Als Durchschnittsgewicht kann 425—450 g angenommen werden, das die Welpen in den ersten neun Tagen verdoppeln sollen. Ich habe aus acht Würfen mit 42 Welpen —schwächster Wurf 4, stärkster 7 Welpen — aus den letzten zehn Jahren die Durchschnittszahlen wochenweise berechnet und gebe sie nachstehend, daneben die höchsten und die niedrigsten mir für die betreffende Woche mitgeteilten Zahlen:

Lebenswoche Ende der	Durchschnittsgewicht in Gramm	höchstes	niedrigstes Gewicht in Gramm
1.	815	1050	550
2.	1500	2400	900
3.	2080	2800	1250
4.	2670	3500	1650
5.	3575	4750	2000
6.	4360	5500	2500
7.	5355	6750	3000
8.	6480	7750	3600

Das Eigenartige an dieser Aufstellung ist, daß die Höchstzahlen durchaus nicht von dem gleichen Welpen oder Wurf eingehalten werden, sondern mehrfach von einem zum anderen wechseln. Das geringste Gewicht blieb allerdings von Anbeginn an den nämlichen Welpen gebunden. Wenn wir diesen sichtlichen Kümmerling ausschalten, kommen wir für den Schluß der ersten bis achten Woche auf Durchschnitts= gewichte von rund: .

850, 1550, 2150, 3050, 3700, 4500, 5450 und 6600 g,

oder auf eine wöchentliche Gewichtszunahme in dieser Zeit (ab oben= genanntem Wurftaggewicht) um·

400, 700, 600, 900, 650, 800, 950 und 1150 g.

Das Zurückbleiben in der dritten und dann wieder in der fünften Woche darf wohl auf Kosten des Zahndurchbruchs und dann des Beginns des Abspähnens gesetzt werden. Von da ab bleiben die Zahlen im regel= mäßigen Steigen.

Schließlich müssen wir uns in diesem Abschnitt nicht allein mit dem leiblichen Wohlsein, der ersten Aufzucht der Jungwelpen befassen, sondern auch schon mit deren Seele, mit deren geistigen Eigenschaften also und deren Lenkung zum Guten durch beginnende Erziehung. Nach Preyer gleicht die Seele des Neugeborenen nicht einem leeren Blatt, sondern einer Tafel, die die Spuren der Inschriften unzähliger sinnlicher Eindrücke längst vergangener Geschlechtsreihen trägt. Ich erinnere an das, was in einem früheren Abschnitt über das Gelten des Grundgesetzes der Entwicklungslehre auch für die Entwicklung der Seelentätigkeit gesagt ist; die Eltern haben in der Erbmasse dem Welpen alles, was sie erlebt und erfahren, als noch ruhende Anlage mitgegeben. Dies Erbe ruht dort gewissermaßen im Unterbewußtsein, bis es durch eigene Sinnesempfindungen geweckt, an die Oberfläche befördert und in Tätigkeit umgesetzt wird; ich erinnere an das weiter oben über das Erbnasengedächtnis des Hundes gegenüber der Wolfswitterung aus= führte. Solcher Beispiele ließen sich zahllose anführen, vom ersten Aufsuchen der Nahrungsquelle an der Mutterbrust bis zum freudigen Diensteifer des Jungschäferhundes, den der Schafgeruch auslöst. Wir haben auch Beispiele für Verschiedenheit der Anlagen bei Wild= und Haushundjungen. Die Wildhundbrut schweigt im Nest, wenn Schritte sich nähern, um sich nicht zu verraten — ich beobachtete gleiches auch beim Wurf einer durch den Krieg halbverwilderten Hündin in Serbien, die ihr Wochenbett in einem zerschossenen Hause eingerichtet hatte —, Hundewelpen dagegen melden schon. Die erste Erzieherin der Brut ist die Mutter, daher ich oben eindringlich auf den schädigenden Einfluß einer scheuen hingewiesen habe. Aber auch der verständige Züchter kann da schon vorbereitend und die spätere Erziehung fördernd eingreifen; vor allem gilt es, bei den Nestjungen die Liebe und das Vertrauen zum Menschen nicht erst zu erwecken — das bringen sie als Erbe schon mit, wie jeder Züchter weiß, der sich der ihn umdrängenden kaum erwehren kann —, aber zu erhalten und zu festigen. Also schonende, liebevolle Behandlung der Kleinen, damit ihnen der Glaube an die Güte des Menschen, ihres Herrn, bewahrt bleibt. Menschenkinder quälen zu leicht, wenn auch meist nur aus reiner Liebe; daher ist es nicht gut, Kindern Nestjunge zu überlassen, und auch ältere Welpen erst dann, wenn die sich schon gegen zu große Liebe wehren und wiedervergelten können. Sehr großen Nutzen bietet richtige Erziehung zur Reinlichkeit und zu regelmäßiger Nahrungsaufnahme. Wird der heranwachsende Wurf, nachdem er sich nach dem letzten Futter ausgeschlafen hat, zu rechter Zeit aus der Wurf= kiste herausgeholt und auf eine lockende Stelle geführt, gewöhnen die Kleinen sich bald an, dort und nur dort ihre Entleerungen abzusetzen; das wird durch pünktlich eingehaltene Mahlzeiten unterstützt. Zugleich sind die Welpen daran zu gewöhnen, ihr Futter nur aus den be= stimmten Schüsseln zu nehmen; ist die Mahlzeit beendet, werden die fortgenommen. Dadurch erzieht man pünktliche Fresser, durch das herumstehenlassen des Freßnapfes oder von Futterresten aber spätere Näscher, die sich auch nehmen, was ihnen nicht bestimmt ist.

Züchter eines Hundes ist nach den für die deutsche Hundezucht maßgebenden Bestimmungen der Eigentümer der Mutter zur Zeit des Belegens. Beim Verkauf einer belegten Hündin kann das Züchter= recht durch Vertrag auf den Käufer übertragen werden, doch muß hiervon dem Zuchtbuchamt spätestens vierzehn Tage vorm Werfen durch ein= geschriebenen Brief Kenntnis gegeben werden. Eine fremde Hündin kann auch durch Vertrag auf bestimmte Zeit zu Zuchtzwecken gemietet werden; der Mieter gilt dann als Züchter, doch muß das Zuchtbuchamt auch in diesem Fall unterrichtet werden. Diese Festlegungen sind nötig, weil an das Züchterrecht bestimmte Vorteile geknüpft sind, namentlich im Ausstellungs= und Prüfungswesen, wo hohe Auszeichnungen für die Züchter vorbehalten sind.

Über alle Vorgänge in seinem Zwinger muß jeder Züchter genau Buch führen, um jederzeit Zuchtwart und Zuchtbuchamt auf amtliche Anfragen Auskunft geben zu können, aber auch um für sich selbst und für die Zuchtwissenschaft wichtige Aufzeichnungen dort niederzulegen. Dazu eignet sich am besten ein Zwingerbuch*), das die nötigen Vordrucke und Hinweise enthält.

Ferner wird jeder Züchter, der selbstverständlich nur mit ein= getragenen Tieren züchten wird, auch alle seine Zuchtergebnisse in das vom SV. geführte Zuchtbuch für deutsche Schäferhunde (SZ.)**) eintragen lassen, und zwar gleich als Wurfmeldung, wenn die Welpen acht Wochen alt geworden sind. Diese Wurfmeldungen hat einst, vor zwanzig Jahren, der SV. auf Anregung des verstorbenen A. Meyer eingeführt, um die Vollständigkeit seines Zuchtbuches zu erreichen; heute hat sie ihm fast die gesamte deutsche Hundezucht nachgemacht. Da, wie wir sahen, sachdienliche Zucht nur bei genauer lückenloser Kenntnis der Blutführung und der Gebrauchs= ausbildung der Zuchttiere möglich ist, bildet das Zuchtbuch und die es ergänzende Gebrauchshundliste***) die Grundlage für die Zucht.

Zielbewußte zuchtbuchmäßige Zucht ist verhältnismäßig etwas neues, nicht bloß bei Hunden. Erst Anfang des 19. Jahrhunderts wurde in England das „General stud-book“ für Vollblutpferde angelegt, 1874 veröffentlichte der zwei Jahre zuvor gegründete englische „Kennel-Club“, der erste Verein für Rassehundzucht, den ersten Band des „Kennel-Club stud-book“ (KCSB). Als Deutschland Zeit fand, sich um Hundezucht zu kümmern, suchte es seinen Lehrmeister im Ausland, nach englischem Beispiel errichtete 1878 der gegründete „Verein zur Veredelung der Hunderassen in Deutschland“, Sitz Hannover, sein all=

---

*) Zwingerbuch, zusammengestellt von Rittmeister v. Stephanitz, 3. Aufl., 1920; f. Ankündigung im Anzeigenteil.
**) Zuchtbuch für deutsche Schäferhunde (SZ.), Band I—XVII, herausgegeben vom Zuchtbuchamt des SV; f. Ankündigung im Anzeigenteil.
***) Gebrauchshundlisten der im SZ. eingetragenen als HGH, KrH, SH, SchH und PH ausgebildeten Schäferhunde, herausgegeben vom Zuchtbuchamt des SV., 1. Aufl. 1920; f. Ankündigung im Anzeigenteil.

gemeines „Deutſches Hundeſtammbuch" (DHSB.), das ſpäter von der erſten Zuſammenfaſſung der ſich mit Hundeweſen beſchäftigenden Ver= eine, der „Delegierten=Commiſſion" (DC.) geführt, dann endgültig übernommen wurde; der erſte Band erſchien 1879, ſeitdem jährlich ein Band. Stammbuch bedeutet nebenbei das gleiche wie Zuchtbuch. Das Vorbild ſtand in England, wurde mit SB. abgekürzt, danach wurde die deutſche Bezeichnung und Abkürzung gebildet. „Stud-book" be= deutet Geſtüts=, Herd=, Zuchtſtamm= oder Zuchtbuch, Zuchtbuch iſt alſo die folgerichtigere Bezeichnung, hat es doch die Aufgabe, der Zucht beglaubigte Angaben über die Blutführung der Zucht= tiere zu liefern; ſonſt nichts. Unter Stammbuch dagegen verſteht die nichtzüchtende Allgemeinheit etwas ganz anderes: ein Gedenkbuch, in dem unſere Mütter und Schweſtern — jetzt iſt derartiges wohl außer Gebrauch gekommen — ſich das Beſtehen teurer und treuer Jugend= freundſchaften beſtätigen ließen.

Das DHSB. war, wie ſchon geſagt, allgemein, für alle Raſſen beſtimmt und trug nur die wenigen Hunde ein, die auf Ausſtellungen ausgezeichnet oder deren „Raſſereinheit" durch Begutachterſpruch be= ſtätigt worden war. Die läßt ſich aber, wie ſchon dargelegt, aus dem Äußeren überhaupt nicht beſtätigen, ſondern nur aus dem Abſtammungs= nachweis erſehen. Die Forderung der Ausſtellungsbewertung aber hätte die Zucht auf eine viel zu ſchmale Grundlage geſtellt und gäbe, weil von allerlei Zufälligkeiten abhängig, ein ganz falſches Bild einer „Ausleſe der Raſſe". Auch die erſten Raſſezuchtbücher, die ſich in den 90er Jahren vorigen Jahrhunderts vom allgemeinen DHSB. losmachten, behielten dieſe Eintragungsweiſe bei, der SD. aber brach damit, als er 1900 ſein Zuchtbuch anlegte und die Beſtimmungen für deſſen Führung*) feſtſetzte. Er ſtellte neben die Aufgabe des Abſtammungs= nachweiſes der eingetragenen Hunde die weitere der Voll= ſtändigkeit des Zuchtbuches, das möglichſt alle vorhandenen Schäfer= hunde umfaſſen ſoll. Das Zuchtbuch ſollte nicht mehr ein Zufallsbuch der Auserwählten ſein, ſondern ein vollſtändiges Nachſchlagebuch für den Züchter: aus den Zuchtbuchangaben und den daraus zuſammen= zuſtellenden Ahnentafeln ſoll der Züchter ſich Auskunft über die Blut= führung und die Arbeitsausbildung der einzelnen Hunde holen können, daher über dieſe die, die notwendige Ergänzung zum Zuchtbuch bildenden Gebrauchshundliſten das Nötige beſagen. Auch über den, erſt aus der Nachkommenſchaft erſichtlichen Zuchtwert einzelner Tiere und Blut= ſtämme kann das Zuchtbuch, richtig benützt, einigen Aufſchluß geben, ergänzt, wie oben ſchon dargelegt, durch die in der SD.=Ztg. veröffent= lichten Richterberichte und Auszeichnungsliſten und durch die ebenda zu findenden Zwingernachrichten, die auch, ebenſo wie das Zucht= buch ſelbſt, der Zuchtforſchung dienen ſollen. Dieſe z. B. für folgende Fragen: Länge der Tragezeit; Stärke der Würfe und Verhältniszahl der Geſchlechter in den Würfen; Verhältnis der Geſchlechter in den Würfen

---

*) Der Verein für deutſche Schäferhunde (SD.), ſein Ziel und ſeine Verfaſſung, von Rittmeiſter v. Stephanitz, XVIII. Aufl. 1921; ſ. Ankündigung im Anzeigenteil.

von bei Beginn und von gegen Schluß der Hitze belegten Hündinnen (dazu wäre Rückfrage bei den Züchtern nötig!); Altersverhältnis der Eltern zueinander und Beziehungen zwischen dem Alter der Eltern zur Stärke und zu den Geschlechtsverhältniszahlen der Würfe (mit Hilfe des Zuchtbuches zu ermitteln!); schließlich Versuch, das Geschlechts= verhältnis in den Würfen bei der Nachkommenschaft viel und kurz hintereinander begehrter Rüden festzustellen. Das ist lohnende und lockende Arbeit in Fülle für freiwillige Arbeit in den Feierstunden, die, auf breiter Unterlage fußend, der gesamten Tierzucht nützen kann.

Da alle Zuchtbucheintragungen auf Treu und Glauben erfolgen, liegt hierin eine hohe Forderung an unbedingte Sorgfalt und Zuverlässigkeit der Züchterangaben, deren Grundlage die Zwinger= bücher des einzelnen bilden müssen. In dieser Forderung liegt aber auch die Notwendigkeit, Nachlässigkeiten und Verfehlungen gegenüber der unbedingten Zuverlässigkeit zu ahnden, und weiter die Notwendig= keit der Nichtanerkennung von Eintragungen in ein anderes Zuchtbuch, weil diese Unklarheiten, Schiebungen und Verschleierungen unterstützen. Beide Maßregeln sind nichts als Selbstschutz einer auf das Wohl ihrer Rasse bedachten Zuchtgemeinschaft. Die Forderung, daß für eine Rasse nur ein Zuchtbuch bestehen darf, ist eigentlich eine Selbstverständlichkeit. Aber wir leben in Deutschland, dem Lande der Eigenbrötler, und da ergibt sich als weitere Selbstverständlichkeit, daß nahezu jeder neue kleine Verein, der sich irgendwo zusammentut, meist aus Mißvergnügten oder Abgeschobenen, als erste Tat auch „sein“ Zuchtbuch einrichtet. Nicht um der großen Sache der Schäferhundzucht zu dienen, sondern um sich und seinen paar Gefolgen eine Tat vorzuspiegeln und dem „großen Bruder“ zu schaden. So fristen denn auch in der Schäferhundzucht noch etliche kleine Zuchtbüchelchen ihr Leben, die mit ihren wenigen hundert Ein= tragungen kaum an die Öffentlichkeit kommen, niemandem nützen und letzten Endes nur Händlern die Nasführung von Neulingen erleichtern.

Daß in unser SZ. auch „abstammungslose“ Hunde eingetragen werden, Hunde, über deren Herkunft kein Züchter etwas anzugeben vermag, ist gewissermaßen ein Widerspruch. Aber die Schäferhundzucht als Gebrauchshundzucht darf sich den Weg zum Urquell ihrer Rasse, zum Herdenhunde, nicht abschneiden. Wertvolles Gebrauchsblut, sei es von Herden=, sei es von Diensthunden, muß für die Zucht nutzbar gemacht werden, daher muß auch an einer Stelle für seine Festlegung durch Ein= tragung der Anfang gemacht werden können. Für den vorsichtigen Züchter ergibt sich aus dem Hinweis „Abstammung unbekannt“ schon die nötige Mahnung, er wird auf solche Tiere nur zurückgreifen, wenn er damit ein bestimmtes Ziel erreichen will und sein Tun mit dem Wohl der Rasse vertreten kann.

Unbedingt sichere Gewähr, daß für einen eingetragenen Hund nicht später von unredlicher Hand ein anderes Tier untergeschoben wird, bietet die Zuchtbuchführung freilich nicht; die Angaben über Haarart und Färbung reichen dafür nicht aus. Die landwirtschaftliche Tierzucht benützt Brand=, Hautätzung (Tätowierung), Ohrmarken u. ä. zum Kenntlichmachen ihrer Tiere. Unser jüngst verstorbener Zuchtbuchführer Kestermann,

der das Zuchtbuchwesen des SV. auf eine hohe Stufe der Vollkommen=
heit brachte, hatte daher eine ähnliche Kenntlichmachung auch unserer
Hunde angeregt. Die Schwierigkeit des Anbringens dieser Marken gleich
nach der Zuteilung der Eintragungsnummer ließe sich im weiteren Aus=
bau des SV. durch von vereinswegen bestellte Zuchtwarte überwinden,
denen auch noch weitere Aufgaben für die Zuchtförderung zufallen
würden. Die Hauptschwierigkeit liegt vorläufig im Fehlen eines ge=
eigneten Mittels zur Kenntlichmachung. Brand ist wegen der ihn rasch
überdeckenden Behaarung unserer Hunde untunlich, er ließe sich nur
auf der schwach behaarten inneren Fläche des Oberschenkels anbringen,
wobei fraglich, ob dadurch nicht eine Schädigung der doch noch sehr
jugendlichen Tiere herbeigeführt würde und ob er dauerhaft bliebe,
auch beim Auswachsen. Eine kleine leichte Ohrmarke in der Falte des
äußeren Ohrmuschelrandes wäre für Rassen mit hängenden Ohren das
Gegebene, ist für stehohrige Schäferhunde aber nicht unbedenklich, da
sie immerhin von Einfluß auf das Aufrichten der Ohren sein kann.
Ein anderer Platz für diese Marke fände sich vielleicht im Lippenwinkel
an der Unterlippe, doch müßten auch hier erst noch eingehende Versuche
angestellt werden; vielleicht werden sie an Diensthunden gemacht,
deren unverwischbare amtliche Kennzeichnung sich nützlich erweisen
kann. Bliebe schließlich noch die Hautätzung, die ebenfalls nur auf der
inneren Seite des Oberschenkels möglich ist. Während des Krieges sind
die Diensthunde der Polizeihundstelle Lüttich auf diese Weise gezeichnet
worden, doch war die Ätzung nicht dauerhaft; mag sein, daß die Kriegs=
ersatzfarbe die Schuld trug, da solche Ätzung sich sonst, oft zum großen
Leidwesen ihrer Träger, als unverwischbar und steckbrieffest erwiesen
hat. Ätzung scheint mir jedenfalls die einzige aussichtreiche Art der
Dauerkenntlichmachung.

Vor der Eintragung müssen den Welpen Namen gegeben werden.
Jeder Hund wird auf zwei Namen eingetragen: auf seinen Rufnamen
und auf den Zwingernamen seines Züchters. Jener entspricht unserem
Vor=, dieser dem Zunamen, hat auch die einstige Bedeutung des Familien=
namens: die Geschlechter voneinander zu unterscheiden. Wer will,
kann den Zwingernamen auch als Warenzeichen oder Fabrikmarke
betrachten; er ist dem Züchter auf Lebensdauer geschützt. Der einmal
eingetragene Ruf= und Zwingername eines Hundes darf nicht mehr
abgeändert werden, selbst mit obrigkeitlicher Genehmigung nicht*).
In der Öffentlichkeit muß der Hund stets mit seinem vollen eingetragenen
Namen unter Beifügen der Zuchtbuchnummer und etwaiger Siegertitel
und Ausbildungskennzeichen bezeichnet werden, also z. B. Preishüten=
sieger 1919 Worad von Berka SZ.=Nr. 59381 HGH. Für den Hausgebrauch

---

*) Namenwechsel war früher üblich und fast bei jedem Zwingerwechsel gang
und gäbe, daher auch in älteren SZ=Bänden häufig um= oder nachgetaufte Hunde
mit Doppelnamen zu finden sind. Der SV. hat aber auch mit dieser, freilich
vielen Liebhabern aus erklärlichen Gründen ans Herz gewachsenen Unsitte zuerst
aufgeräumt; sie ebnete dem Schwindel die Wege, machte beim Anwachsen der
Zucht zuverlässige Zuchtbuchführung und ebenso Zuchtbuchforschung unmöglich und
raubte meist auch dem Züchter die wohlverdiente Ehrung, daß ein Hund dauernd
des Züchters Namen tragen muß.

mag natürlich jeder seinen Hund rufen, wie es ihm lieb und mundgerecht ist, auch mit nicht eingetragenen Kose= oder Spitznamen; diese sind jedoch bei öffentlicher Bezeichnung nicht mit anzugeben, wie etwa durch „genannt Spätzle".

Die Wahl des Zwinger= und der Rufnamen steht jedem Züchter frei mit der Einschränkung, daß schon eingetragene Namen oder Namen= verbindungen nicht erneut eingetragen werden dürfen, ebensowenig nichtdeutsche oder unpassende, z. B. die von Geschlechtern. Daß ein deutscher Züchter deutscher Hunde nur deutsche Namen wählt, sollte wohl eine Selbstverständlichkeit sein. Leider sind so viele unter uns, denen nicht gelehrt worden ist, deutsch zu fühlen; und weitere viele, die nicht gelernt haben, deutsch zu denken und zu ... sprechen. Daher dem Zuchtbuchamt nicht selten bei Rufnamen, häufiger noch bei der Bildung von Zwingernamen ganz fürchterliche Gefühls= und Sprach= widrigkeiten zugemutet werden.

Zwingernamen werden in der Regel von einer Ortsbezeichnung hergeleitet, bisweilen auch von einem geschichtlichen Ereignis, dann von einem Tätigkeitsbegriff, einer Eigenschaft oder einem Eigennamen, oder sie werden durch einen solchen ersetzt. Nur im erstwähnten Fall, aber auch nur in diesem, ist zwischen Ruf= und Zwingernamen eins der herleitenden Fürwörter: am, an der, auf, aus, beim, bei der, von, vom, von der, zum oder zur einzuschieben; diese verbindenden Fürwörter dienen lediglich als Herkunftshinweis, nicht als Adelsbezeichnung. Mancher Neuling sieht aber das am häufigsten gebrauchte von, vom oder von der als solche an und ist tief gekränkt, wenn ihm das Zuchtbuchamt die vermeintliche Standeserhöhung bei einem nicht von einem Orts= begriff hergeleiteten Zwingernamen streicht.

Es gibt Zwingernamen zum Voransetzen und zum Anhängen an den Rufnamen. Nützlichkeitsgründe würden für jene sprechen, es gibt aber nicht allzugroße Auswahl in sprachgerechten Zwingernamen zum Vorsetzen; mundgerechter und volkstümlicher ist der angehängte. Jeden= falls wähle der Züchter seinen Zwingernamen so kurz wie möglich; wenn er erst einmal in etlichen Dutzend Stammtafeln einen recht langen hat schreiben müssen, wird er schon wissen warum.

Ein guter Rufname soll mund= und ohrgerecht liegen, muß daher kurz, scharf und volltönend sein. Diese Bedingungen erfüllen die ein= getragenen Rufnamen nicht durchweg, da ein fleißiger Züchter im Lauf der Zeiten eine ganz erkleckliche Zahl von Namen verbraucht; auch ist möglichste Abwechslung unter den eingetragenen Namen erwünscht, damit im Inhaltsverzeichnis des Zuchtbuches nicht unter Hunderten und Tausenden gleichlautender Rufnamen nach dem einem mit dem ge= wünschten Zwingernamen gesucht werden muß. Ist der eingetragene kein guter Rufname, hilft der Halter sich, indem er seinen Hund mit einem besser geeigneten Kurznamen ruft; dem Hunde ist es gleich. Zu dem Zweck eignet sich am besten eine kurze, klangvolle Silbe, selbst ein einzelner Laut, der durch die Betonung schon als Befehl wirkt; zum Kosen und Tändeln kann auch ihm jede Schmeichelendung an= gehängt werden.

Zweckmäßig ist es, die Rufnamen eines Wurfes alle mit dem gleichen Buchstaben beginnen zu lassen, beim nächsten Wurf einen anderen An= fangsbuchstaben zu wählen; der Beginn mit A und das Einhalten einer Reihenfolge ist dabei durchaus nicht nötig — im Gegenteil, man denke an die Folgen für das Inhaltsverzeichnis des SZ.! —, wenn nur der Grundsatz gewahrt wird. Zudem befolgte der Züchter bei der Wahl des gleichen Anfangsbuchstabens für die Namen der Welpen eines Wurfes gutdeutsche Art; bei ihrer Vorliebe für Gleichklang gaben unsere Vorfahren auch ihren Kindern mit dem gleichen Runenzeichen be= ginnende Namen; ich erinnere an Guntar, Gernot, Giselher und Grim= hilt (Chriemhilde) des Nibelungenliedes.

Deutsche Helden= und Göttersage, deutsches Märchen, deutsches Lied und deutsche Geschichte bieten dem suchenden Züchter zahllose wundervolle Rufnamen. Wer hierin nicht genügend beschlagen ist, findet Rat in dem vom SD. herausgegebenen Namenbuch*), das eine stattliche Reihe gutdeutscher Rufnamen mit beigefügter Erklärung ihrer Bedeutung und auch Ausführliches über Wahl und Bildung der Zwinger= namen bringt.

Unsere Schäfer bringen ihre Hundenamen gern mit Beruf und Heim in Verbindung: wir finden da: Bello (Verbindung von Bellen mit der altdeutschen Endung o; daraus wurde leider in sehr schlechtem Deutsch weiblich auch eine Belline, bisweilen aber auch eine Bella, die so nicht lateinisch), Bieder, Blitz, Blume, Brav, Bub', Bubi, Bursche, Bürschl, Dirndl, Drauf, Druff, Dreist, Ehrlich, Fleiß, Flink, Flott, Frei, Freund, Freundlich, Frisch, Froh, Fröhlich, Fromm, Funke, Furchen= tramper, Glanz, Glast, Glück, Greif, Grenz, Grimm, Heiter, Hilf, Hilfe, Hold, Hör, Horch, Hurtig, Kampf, Keck, Kühn, Kummbimeck (Komm bei mich), Lustig, Mädel, Mädi, Marsch, Munter, Paßauf, Quick (lebfrisch), Racker, Raps, Schlau, Schlich, Schmuck, Schnapp, Schnell, Schnipp, Schnippe, Schnuck, Sieg, Stark, Stern, Stolz, Treu, Treue, Trutz, Wacker, Wicht, Wietu (Wie du), Wille, Wörro (von wehren, s. o. Bello), Wunsch und Zorn. Falke, Maus, Wachtel und Wiesel stehen wohl in Beziehung zur erwünschten Behendigkeit des Gebrauchshundes, Bär, Petz, Luchs und Wolf dagegen zum ehemaligen Dienst des Herdenschützers. Wolf mag auch auf die Farbe deuten, sicher tun das Fuchs, Mohr und Neger, Scheck und Schimmel, Schwarzkopf und schließlich Tiger. Ruß findet sich in Süddeutschland häufiger für rauh= oder zotthaarige Hunde, Stumper für stummelschwänzige und Matz (Hündin) für Hündinnen. Auf gut altdeutschen Brauch geht die Wahl von Bäumen und Gewässern zu Taufpaten zurück; Hunde, die den Namen von Gewässern trugen, waren nach dem Glauben unserer Altvordern gegen die bösen Einflüsse der Erdgeister gefeit, nach heutigem Schäferglauben, wenigstens im Osten, schützt ein so benannter Hund seine Herde vor Feuersnot. Wir haben da Birke, die auf silbergraue Färbung deuten könnte, Buche, Eiche, Erle, Fichte und Tanne. Dann Fließ, Fluß, Strom und Wasser, Elbe, Leine, Mulde, Saale, Selke, Werra, Weser, im Süden Donau und Neckar; den oft zu Necker verstümmelt.

---

*) Namenbuch für deutsche Schäferhunde, von Rittmeister v. Stepha= nitz und Dr. F. Schmidt, 1. Aufl. 1912; s. Ankündigung im Anzeigenteil.

Leider segelt auch unter den Gebrauchshundnamen manche Aus=
landsware, namentlich in Süddeutschland, von wo die Schäfer häufig nach
Frankreich kamen. Von dort brachten sie Caresse, Chasseur und Chassée, Lion,
Madame und Paris mit; bei den der eigentlichen Schreibweise unkundigen
wurde daraus dann ein oder eine Barry. Andere Namen wurden oft
bis zur Unverständlichkeit umgemodelt, um nicht zu sagen verschwäbelt.
So wurde der Major zum Mädschor, Sentinelle zum Sandinel, der
Bas=rouge aber, wie wir sahen, die volkstümliche Bezeichnung des
„rotbestrumpften" schwarzgelben Stockhaarigen der Beauce, zum Barusch
oder Parrusch. Schama geht wohl auf Charmante zu deuten, Liebert,
Libbert und Lippert auf Liberté und Sekarsch schließlich vielleicht auf
Secours. Die in Norddeutschland beheimatete Mante, Mande, auch
Manda ist wohl auf Amanda zurückzuführen, die Diene auf Diana und
die Kuhrasche schließlich auf Courage.

Aufzucht und Haltung

Wir haben im vorigen Abschnitt die Welpen bis zur achten Lebenswoche begleitet. Es kommt nun die Zeit, da eine größere Welpenschar dem Züchter schwere Sorgen bereitet. Nicht nur, daß die Kleinen ihm die Haare vom Kopfe fressen, noch viel schwieriger ist die Frage der Unterbringung und Beschäftigung; legt doch gerade die Entwicklung in den kommenden Wochen und Monaten den Grundstein zum künftigen Hunde. Sie ist entscheidend dafür, ob es ein Schäferhund wird, wie er sein soll, oder aber ein Schlappschwanz und sanfter Heinrich mit Gummi im Rücken und Gummi im Gemüt.

Können sich, wie es auf dem Lande möglich, die Welpen frei auf dem Hof bewegen, und auch in Haus und Zimmer, dürfen sie auch mal ungefährdet auf die Straße und den Anger, so geht es recht wohl noch eine Weile. Die Brut wächst dann unter Mutters Leitung und Führung

453

heran, balgt sich mit den Hauskindern und mit Hund und Katze herum, lernt Achtung gegenüber dem anderen Hausgetier, Dorsicht gegenüber groben, Mißtrauen gegenüber fremden Menschen, sieht der Mutter die Wachsamkeit und noch manch andere nützliche Dinge ab und wächst sich so in die Schul= und Flegelzeit hinein. Dann aber wird es auch für diese gesund und naturgemäß aufgewachsenen Junghunde Zeit, in Einzelhaltung und Erziehung zu kommen, spätestens mit dem fünften, sechsten Monat; ändert sich dabei in den äußeren Lebensverhältnissen so wenig wie möglich, um so besser für die künftige, auch geistige Ent= wicklung.

Kann ein städtischer Züchter etwa seinen Welpen einen großen Auslaufraum bieten, wo sie nach Herzenslust herumtoben können und vor allem nicht in völliger Weltabgeschiedenheit leben, kann er selbst sich dort täglich eingehender mit ihnen beschäftigen, auch immer die einzelnen Welpen auf einige Zeit zu sich ins Zimmer nehmen, dann, aber auch nur dann, mag es wohl noch auf ein paar Wochen so ge= schlossen im Sippenverband hingehen, werden sich Zwingerschäden, abgesehen von erhöhter Ansteckungsgefahr, nicht bemerkbar machen. Mit der zwölften, allerspätestens fünfzehnten Woche sollte aber auch unter diesen Bedingungen die Trennung von der Welpenmasse erfolgen; ihrer Zukunft wegen.

Wer zu beidem nicht in der Lage, seine Welpen unter engen Der= hältnissen, womöglich gar in der Wohnung halten muß, sich nicht täglich stundenlang mit ihnen beschäftigen kann, der muß sie abgeben, wenn sie selbständig geworden, also mit der achten, spätestens zehnten Woche. In diesem Alter sind sie auch durchaus abgabefertig und reisefähig. Häufig werden sie wohl auch in jüngerem Alter, mit fünf, sechs Wochen schon gefordert, auch abgegeben; ein verständiger Züchter tut es nicht, denn mit der Abgabe solch unfertiger Dinger, die durch Wechsel von Aufenthalt, Umgebung und Nahrung erheblich mitgenommen werden und Einflüssen erliegen, die ein kräftiger schadlos zu überwinden ver= mag, schädigt er nur seinen guten Ruf.

Dem auf die Hebung seines Zuchtstammes bedachten Züchter fällt es freilich oft schwer, sich von seinen Jungtieren zu trennen, weil ihnen von ihrer künftigen Entwicklung noch wenig anzusehen ist. Wer sich die aussichtsreichsten, im wesentlichen Hündinnen, für seine Zucht erhalten möchte und sich klar gemacht hat, daß er aus den eben dargelegten Gründen den ganzen Wurf nicht zusammenhalten kann, greift wohl zu dem Hilfsmittel, die Welpen in geeignete Einzelaufzucht zu geben. Wohl dem, der verständige und verständnisvolle Aufzüchter findet, möglichst in räumlicher Nähe, damit er die Pfleglinge auch häufiger besuchen kann. Kostkindwesen steht nicht gerade in gutem Ruf, für die Hundezucht bewährt es sich aber vortrefflich, trifft man auf den rechten Pfleger, weil es die Schäden der Massenaufzucht vermeidet. Daß die besten Pflegestellen auf dem Lande, brauche ich nach dem Dargelegten nicht zu wiederholen. Der Bauer hat zwar im allgemeinen wenig Der= ständnis für den Wert eines Hundes, aber der Pflegling wächst wenigstens unter gesunden, naturgemäßen Verhältnissen auf und kann sich zu einem kraftvollen, selbstbewußten und brauchbaren Schäferhunde entwickeln.

Das aber ist für unsere Zuchtzukunft die Hauptsache, hinter die der Züchter alles, auch den für ihn nicht unbedeutenden Geldwert seiner Nachzucht zurücktreten lassen sollte. Bäuerliche Schafhalter, selbständige Schäfer, die nicht Wanderschäferei betreiben, Kleinbauern und Siedler kämen an erster Stelle als Kostgeber in Betracht, auch ländliche Gast= wirte, Fleischer und Feldhüter. Unter ihnen, namentlich unter den Kriegssiedlern, werden sich heute viele finden, die aus der Kriegszeit her Liebe und auch einiges Verständnis für den Hund, seine Bedürfnisse, ja zum Teil sogar für seine Erziehung mitgebracht haben werden. Ihre Anteilnahme gilt es zu erwecken und warm zu erhalten, durch Aus= sprache über die Bedeutung unserer Zucht, auch in vaterländischer Be= ziehung, durch Rat und durch ausreichende Entschädigung. Die kann durch Aussicht auf spätere Beteiligung am Gewinn noch erhöht werden; manche Züchter geben einem Pfleger zwei Welpen zur Aufzucht, von denen einer nach gewisser Zeit Eigentum des Aufzüchters wird. Schrift= liche Niederlegung der Bedingungen ist auch hier unter allen Umständen anzuraten. Vor allem empfehlen sich genaue Abmachungen über die Auswahl und für den Fall des Eingehens eines Pfleglings; hier wird meist bestimmt, daß der erste Tote der des Pflegers, für den dann eine entsprechende, aber geringere Entschädigung für die Weiteraufzucht des am Leben gebliebenen festzusetzen wäre. Erwerbsmäßige Aufzuchtstellen sind natürlich zu meiden; sie sind, da dort auf viele Pfleglinge gesehen wird, Brutstätten für Krankheiten und schlimmer noch als der Eigenzwinger.

Von Versand und Eingewöhnen jüngerer und älterer Hunde wird der VIII. und X. Abschnitt handeln, im folgenden werde ich mich nur mehr mit der Weiter= und Fertigentwicklung des selbständigen Welpen zum Junghunde und zum ausgewachsenen Tier befassen. Das Welpen= alter währt etwa bis zum Ende des vierten Monats, dann beginnt die Junghundzeit, die gemeinhin, in Anlehnung an das frühere Aus= stellungswesen, bis zum fünfzehnten Monat gerechnet wird; richtiger wäre es, die Tiere bis zum Eintritt der Zuchtreife so zu nennen, Hün= dinnen also mindestens bis zum zwanzigsten Monat, Rüden bis zum Schluß des zweiten Jahres. Rubner berechnet die Jugendzeit des Hundes, d. h. die Zeit, die er zur Ausentwicklung aller äußeren und inneren Teile braucht, auf zwei Jahre, die mittlere Lebensdauer eines Hundes auf elf Jahre. Ich kenne Gebrauchshunde, die noch in höherem Alter, bis zu fünfzehn, sechzehn Jahren, gebrauchstüchtig, sogar zeugungsfähig waren; meist ist der Hund allerdings früher abgenützt und zum Sterben bereit.

Der Aufzüchter muß vollenden, was der Züchter be= gonnen hat; dieser konnte wohl die Grundlage zu einem guten und brauchbaren Hunde legen, jener aber muß die körperlichen und geistigen Anlagen zur vollen Entwicklung und höchsten Blüte bringen, hat somit fast die dankbarere Aufgabe. Leicht ist sie freilich auch nicht, soll der Welp ein guter Schäferhund werden, hart und leistungsfähig im Gebäude, vollendet im Wesen, wie ich ihn in II. Abschnitt geschildert habe.

Ich werde in diesem Abschnitt im wesentlichen nur die körper= liche Entwicklung ins Auge fassen, der geistigen soll im VI. Abschnitt gedacht werden. Zunächst muß der Welp wachsen, sein Knochengerüst

ausbilden, seine Muskeln und Bänder straffen und festigen, die inneren
Teile, Herz, Lungen, Verdauungsanlage stärken und gesund erhalten.
Die Wachstumszeit, worunter nicht etwa bloß das in die Höheschießen
zu verstehen ist, währt beim Hunde vielmehr bis zum Schluß des zweiten
Lebensjahres. Die Wachstumsgeschwindigkeit kann künstlich nicht ge=
fördert ,wohl aber durch ungenügende Ernährung gehemmt werden;
das Tier bleibt dann ein Kümmerer. In der Jugendzeit aber ist das
Nahrungsbedürfnis ohnehin größer, weil das Jungtier lebhafter ist,
diese Lebhaftigkeit auch notwendig braucht, weil Bewegung die körper=
liche Entwicklung fördert.

Während in den ersten Lebenswochen das Größenwachstum im
Verhältnis zur Gewichtszunahme gering ist, setzt etwa mit dem dritten,
vierten Monat ein stärkeres Strecken ein und währt bis zum Eintritt
der Entwicklungszeit, also den Beginn der Geschlechtsreife, d. h. etwa
bis zum neunten Monat. Die Größenzunahme ist dann nur noch
gering, der Jährling ist in dieser Beziehung nahezu ausgewachsen, die
innere Entwicklung und äußere Vollendung aber, das Wachstum im
Ganzen also, um diese Zeit noch lange nicht vollendet, sondern erst
gegen Ende des zweiten Jahres abgeschlossen.

Außer diesen großen Lebensabschnitten haben auch die Jahres=
zeiten Einfluß auf Wachstum und Entwicklung. Für Kinder ist fest=
gestellt, daß sie das größte Längenwachstum in den Monaten April bis
Juli haben; in der Zeit von August bis November läßt die Größenzunahme
nach, wird am geringsten in den Wintermonaten Dezember bis März.
Die größte Zunahme an Körpergewicht erfolgt von Anfang August bis
Ende November, läßt dann bis zum März sichtlich nach, während in der
nunmehr folgenden stärksten Wachstumszeit das Körpergewicht sehr
wenig zunimmt oder gar zurückgeht; damit steht auch für die Zeit von
etwa Mai bis Ende Juli ein Rückgang der Muskelleistungen in Ver=
bindung. Wenn nun auch für die kurze Entwicklungszeit unserer Welpen
und Junghunde diese Verhältnisse nicht so scharf eingreifen, so sind sie
doch recht lehrreich. Denn wenn Frühjahrswelpen zwar jung schneller
schießen, aber dabei ihren Kräftevorrat aufzehren, während umgekehrt
Frühherbstwelpen zwar langsamer wachsen, dafür aber Kraft auf=
speichern, um das Größenwachstum später nachzuholen, würde das
nicht für die Dorfrühjahrsaufzucht sprechen. Die gilt freilich als vorzu=
ziehende, weil im Frühjahr das Wetter günstiger sein soll; ein Soll, das
leider auf einem Aberglauben beruht. Nichts ist so unbeständig, als just
das Frühjahrswetter — auch die Bodenkälte ist zu berücksichtigen! ,
während die Herbstzeit meist bis spät ins Jahr hinein ausgeglichener
und im Durchschnitt wärmer ist, vor allem auch der Boden, auf den
Welpen und Junghunde nun mal dauernd angewiesen sind. Da erst
der Hochfrühling in dieser Beziehung Sicherheit bietet, wären zur Auf=
zucht Welpen aus in den Monaten April bis September etwa gefallenen
Würfen vorzuziehen, die mit einem guten Kräftevorrat in die An=
fechtungszeit des Winters eintreten würden.

Ich sagte oben schon, daß der im Jungtier liegende stärkere Trieb
zur Regsamkeit die Entwicklung fördert. Külbs hat in sehr eingehenden
Versuchen den wachstumfördernden Einfluß der Bewegung dargelegt

— ich möchte hier nochmals betonen, daß unter Wachstum nicht ein=
seitig Höhenwachstum zu verstehen ist, sondern Gesamtentwicklung! —,
da diese Versuche an Hunden gemacht, sind sie für uns besonders lehr=
reich. Die Tiere wurden dazu aus den gleichen Würfen und aus dem
gleichen Geschlecht ausgewählt und in gleicher Weise gefüttert. Während
aber die Arbeitstiere täglich über ein halbes Jahr lang eine bestimmte,
immer steigende Zahl von Runden, absatzweise mit Ruhepausen, im
Göpel laufen mußten, zuletzt drei Stunden täglich, die sie auch gern
liefen, wurden die Ruhetiere zum Gegenversuch im Dauerzwinger
gehalten. Alle Versuchstiere wurden nach Ablauf der Frist unter ent=
sprechenden Vorsichtsmaßregeln getötet, sie waren mittlerweile 21 und
24 Monate alt geworden. Das Ergebnis war folgendes: Körpergewichts=
zunahme bei den Ruhetieren erheblich größer als bei den Arbeitstieren,
4—5,6 kg gegen 1—2 kg; die Widerristhöhe hatte bei den jüngeren
Versuchstieren um 2 cm bei den Arbeits=, gegen 1 cm bei den Ruhetieren
zugenommen, war bei den anderen die gleiche geblieben. Der Brust=
umfang, über dem Fell gemessen, dagegen hatte bei den Ruhetieren
mehr zugenommen als bei den Arbeitstieren, doch war das nur scheinbar
und eine Folge des größeren Fettansatzes jener; denn über dem Knochen=
gerüst gemessen, ergab sich, daß die Arbeitstiere den größeren Brust=
umfang hatten. Von noch wesentlicherer Bedeutung aber ist, daß die
Gewichte von Herz, Leber, Lungen, Nieren und der Bemuskelung bei
den Arbeitstieren durchweg höher waren als bei den Ruhetieren; nament=
lich beim Herzgewicht war der Unterschied ganz besonders groß. Dabei
zeigte das Herz der Arbeitshunde geringeren Fettansatz, während wieder
ihr Herzfett selbst, ebenso das der Leber, höheren Lezithingehalt als bei
den Ruhetieren aufwies; gleiches gilt bezüglich des Glykogengehaltes
der Leber bei den Arbeitstieren. Die Röhrenknochen der Arbeitstiere
schließlich enthielten im wesentlichen rotes, blutreiches Knochenmark,
die Bildungsstätte für die roten und weißen Blutkörperchen, während
das Knochenmark bei den Ruhetieren gelb und verfettet war. Külbs
neigt außerdem noch zur Ansicht, daß körperliche Arbeit auf dem Wege
des Stoffwechsels auch die der Zeugung und Fortpflanzung dienenden
Teile günstig beeinflußt, denn Arbeit vermehrt den Stoffwechsel und
erhöht die Körperwärme, Ernährung aber beeinflußt wieder Größe und
Tätigkeit der Geschlechtsdrüsen, deren Vorhandensein und Tätigkeit
für den Körperaufbau nötig ist.

Dieser Befund spricht am eindringlichsten für den hohen Wert
der Arbeit für die körperliche Entwicklung des Hundes, für die Aus=
gestaltung seines Knochenbaues, der Muskeln und der inneren Teile;
das hohe Lied ihres Segens für die geistige Entwicklung unseres Hundes
habe ich schon im II. Abschnitt gesungen. Wir kommen also auch hier
wieder zu dem Ergebnis: Arbeit ist für den Schäferhund eine
unbedingte Notwendigkeit, soll es ein Schäferhund werden;
Zwingerhaltung aber wird zum Fluch für ihn, in körper=
licher wie in seelischer Beziehung!

Die Tatsache, daß Stadtkinder in jedem Alter leichter als ent=
sprechende Landkinder sind — Mastkinder sind krankhafte Ausnahmen —
und daß sie auch während der Schulzeit eine geringere Gewichtszunahme

haben als Landkinder, daß ferner der Heereserſatz vom Lande bei weitem
der tauglichere, beſonders in Bruſt- und Muskelentwicklung, daß wiederum
von ſtädtiſchen Berufen diejenigen den beſten Erſatz ſtellen, die Bewegung
und Aufenthalt im Freien fordern, und daß ſchließlich die Sterblichkeit
in der Stadt erheblich höher als auf dem Lande iſt, gibt uns einen weiteren
Hinweis auf die Notwendigkeit der Aufzucht in den natürlichen möglichſt
entſprechenden Verhältniſſen, d. h. mit möglichſt viel Bewegung in Luft,
Licht und Sonne. Bei ſolch naturgemäßer Aufzucht und Haltung erzielt
auch die geſamte wirtſchaftliche Tierzucht vom Vollblutpferd angefangen
die beſten Ergebniſſe.

Von des Zwingers Fluch in ſeeliſcher Beziehung, von ſeiner Gefahr
für die Zucht habe ich im II. und III. Abſchnitt zur Genüge geſprochen,
aber auch für die körperliche Entwicklung würde, wie wir ſahen, Zwingerhaltung zum Unſegen. Unter Zwingerhaltung iſt ſtets der Dauerzwinger
zu verſtehen, denn ſelbſtverſtändlich muß der Halter einen Platz haben,
wo er ſeinen Hund zu Zeiten ablegen, einſperren kann; nur ſoll das die
Ausnahme ſein, vorübergehend, nicht die Regel, von der der Hund nur zu
kurzen Ausflügen erlöſt wird. Die nötige, die Körperentwicklung zum
guten Abſchluß bringende Bewegung kann der heranwachſende Junghund
nur außerhalb des Zwingers bekommen, und wäre deſſen Laufplatz
noch ſo groß; gleiches gilt für den Auslauf erwachſener Hunde.

Der Schäferhund hat, wie wir ſahen, ein Trabergebäude. Trab iſt
eine beſchleunigte Schrittbewegung, bei der die ſchnellere Aufeinanderfolge der Laufbewegungen durch ſchleudernden Abſtoß der Hinterhand,
übertragen dieſer Vorwärtsbewegung auf die Vorhand durch den
Rücken und Ausgreifen der Vorhand erzielt wird. Außer guter Winkelung und richtiger Stellung der Vorder- und Hintergliedmaßen, worüber
der nächſte Abſchnitt das nötige ergeben wird, iſt gute Bemuskelung
dieſer Gliedmaßen und des Rückens Vorbedingung zu ausdauerndem und
förderndem Gange. Kräftige und lange Muskeln von guter Hubhöhe
müſſen durch entſprechende Arbeit ausgebildet werden; dabei wird auf
Hinterhand- und Rückenbildung beſonders ſtärkend durch Galoppbe-
wegungen eingewirkt — dadurch auch die Bruſt geweitet —, während
gleichmäßiger, aber nicht übermüdender Trab die Vorhand kräftigt.
Die Dauer der regelmäßigen täglichen Bewegung iſt dem Alter
und Kräftezuſtande des Hundes anzupaſſen, dabei iſt jede Überan-
anſtrengung junger Tiere zu vermeiden; ſie würde nur ſchaden, das
Gegenteil des Erſtrebten herbeiführen, die noch weichen Bänder und
Muskeln, die noch nachgiebigen und biegſamen Knochen und Gelenke
nicht ſtählen und härten, ſondern lockern und ſchlaff machen, über-
ſtrecken oder gar krümmen. Zwiſchen nicht zu lange Trabfolgen werden,
um in der Muskelbeanſpruchung abzuwechſeln, kurze Galoppſtrecken
eingeſchoben, wenn nötig auch Ruhepauſen zu ruhiger Schrittbewegung
oder zum Hinlegen. Das Traben ſollte auf hartem Boden erfolgen,
während längerer Galopp auf ſolchem die Vorhand ſchädigt; hier wäre
feſte, gleichmäßige Grasnarbe zu bevorzugen. Harter Untergrund
bildet gute, geſchloſſene Pfoten aus, weicher Wieſenboden, tiefer Sand,
unebener, grob bekieſter Boden oder Sturzacker dagegen ſchaft weiche
Pfoten mit offenen Zehen; das iſt auch für den Daueraufenthaltsort

458

heranwachsender Junghunde zu beachten. Schulgemäß Klettern und Springen sollen Junghunde nicht, bevor nicht die Schulterbänder voll= kommen gefestigt sind, was vor dem neunten, zwölften Monat kaum der Fall sein wird — Schulterschluß und Vorderfesseln leiden zu stark durch das Landen —, aber auch später sind diese Übungen nur mit Maß zu betreiben. An die Kette sollen noch unfertige Junghunde überhaupt nicht gelegt werden; dadurch, daß sie sich im dauernden Streben nach Befreiung in die Kette legen, werden die Ellbogenbänder übermäßig gedehnt, was zu schlechtem und breitem Stand führt. Ebenso schwächt häufiges Aufrichten auf den Hinterläufen die Hinterhand; zwinger= gekäfigte Tiere neigen sehr dazu, weil sie wenigstens in die Freiheit sehen wollen. Dagegen kräftigt mäßiges Treppensteigen Hinterhand und Rücken, ebenso Schwimmen.

Die Bewegungsübungen können bei älteren Junghunden hinterm Rade gemacht werden, wobei mit langsamer Fahrt und kurzen Strecken zu beginnen ist. Fertige, ausentwickelte Hunde kann man unbedenklich auch lange Strecken hinter Pferd, Wagen oder Rad laufen lassen, wenn die Geschwindigkeit nicht übermäßig ist und gelegentlich Pausen ein= gelegt oder kürzere Gangart genommen wird, was ja schon aus Rück= sicht auf Pferd, Reiter oder Fahrer der Fall sein wird. Beim Kraftwagen gehört der Hund in den Wagen, nicht dahinter, ebenso bei der elektrischen Straßenbahn. Hinter deren schnell fahrenden Wagen einen Hund über mehr als eine ganz kurze Strecke folgen zu lassen, wäre schädigende Überanstrengung für Herz und Lungen, setzte den durch das Folgen schon ganz in Anspruch genommenen Hund im heutigen Großstadt= straßenverkehr auch erheblichen Gefahren durch anderes Fuhrwerk aus. Wird ein Junghund in der Stadt aufgezogen, muß er an diese Gefahren allmählich und vorsichtig gewöhnt werden, Leinenzwang ist dazu unent= behrlich. Auf den frei laufenden Hund soll man ein wachsames Auge haben, versuche aber bei drohender Gefahr nicht durch Zuruf oder Befehl einzugreifen; das würde das Tier nur verwirren, seine Aufmerksamkeit von der Gefahr abwenden, der er, ungestört, dank Geistesgegenwart und Behendigkeit meist wird entgehen können.

Selbstverständlich ist, daß alle Bewegungsübungen nicht nach der Mahlzeit vorgenommen werden, sondern vor dieser. Mit vollem Magen soll das Tier ruhen, vor allem das Jungtier, um die Nahrung gut ver= werten zu können; auch bedeutete das Laufen mit vollgeschlagenem Magen eine erhebliche Belastung des Tragegerüstes des Körpers und seiner Bänder; die Folgen würden durchgebogener Rücken, durch= gedrückte Fesseln, nachgebende Hinterhand und überdehnte Schulter= bänder sein.

Ein gesunder lebensforscher Junghund wird selbstredend, wenn er seine regelmäßige Bewegungsarbeit getan, den Rest des Tages nicht unbeschäftigt verträumen wollen. Im Gegenteil, der ganz kleine Kerl steckt voll von pulsendem Leben, das nach Betätigung sucht. Hier setzt Gefahr ein, wenn der Besitzer sich dem Jungtier nicht sehr viel widmen kann, oder wenn die Aufzucht nicht im Freien — dann aber nicht unter Zwingerabschluß, sondern in der unbegrenzten Freiheit eines ländlichen Hofraumes etwa — erfolgt. Ein unbeaufsichtigter

Welp oder Junghund in der erſten wilden Reißzeit kann an Hausgerät, Teppichen, Vorhängen, an Kleidungsſtücken, namentlich an Schuhwerk, kurz an allen ihm erreichbaren Dingen großen, heutzutage faſt un= erſetzlichen Schaden anrichten. Die Folgen davon ſind nur zu oft Schläge und Einzelhaft; jene vergrämen den ſchuldlos ſchuldigen, dieſe verdirbt ihn völlig. Gefährdete Sachen kann man durch ſcharfriechende Stoffe ſchützen: beſtreuen mit gemahlenem Pfeffer oder Tabakſtaub, Be= ſtreichen mit Salmiakgeiſt oder Terpentinöl; auch die bitter ſchmeckende Aloetinktur iſt ein gutes Schutzmittel, wo ſie ihrer Farbe wegen ange= wendet werden kann. Die beſte Vorbeuge iſt freilich Aufmerkſamkeit und früh einſetzende Erziehung. Stubenkinder ſind ja auch braver, ſogar „klüger", als Straßenrangen, die ſich austoben können. Unſer heranwachſender Welp würde freilich lieber zu denen gehören, drum gebe, wer ihn lieb hat, ihm oft viel Gelegenheit dazu. Und ſorge in Stunden der Ruhe für Beſchäftigung und Kameradſchaft: Kinder, anderes Getier, älter oder jünger, größer oder kleiner, doch ſo, daß es ſich wehren, nicht gemeuchelt werden, aber auch nicht ſelbſt ſchaden kann; ferner weiche Knochen zum Benagen, harte Gummibälle, Kugeln aus Hartholz zum Spielen. Das Benagen von Weichholzſtücken ſollte nicht geduldet werden; es verleitet zum Anknabbern von Hausgerät, Holzſplitter können verſchluckt werden, oder ſich zwiſchen die Zähne klemmen. Warnung auch vor der Spielerei mit Steinen; kleinere werden leicht übergeſchluckt, den Zähnen ſchaden ſie ſtets, zumal die darauf gelenkte Spielſucht nur zu leicht, namentlich bei ſonſt beſchäftigungsloſen Tieren in Spielwut ausartet. Warnung ſchließlich vor Schwämmen; ſpielluſtige Jungtiere zerpflücken ſie gern, verſchluckte Schwammteile aber können zu Darmverſtopfung und Tod führen.

Die bedenklichſte Zeit für den heranwachſenden Junghund kommt mit dem Zahnwechſel und dann dem Beginn der, Entwicklungsjahre kann man beim Hunde nicht wie beim Kinde ſagen, alſo der Entwick= lungsmonate ab, ſechſtem Monat etwa. Nicht nur, daß die Junghunde in dieſer Zeit des Zahnens und der Umbildung zum geſchlechtsreifen Tier ſchädigenden äußeren Einflüſſen und Krankheitskeimen beſonders leicht erliegen, auch gemütlich zeigen ſich da bisweilen unerwartete und unerwünſchte Wandlungen: aus dem kecken Welpen, dem lebensvollen, dreiſten Junghund, der ſich um Tod und Teufel nicht kümmerte, wird ein lauriges und launiſches, ſcheues und feiges Nervenbündel, ſich und dem Eigner zur Laſt, der Raſſe zur Schmach. Die Folgen unſachlicher Zuchtwahl und falſcher Haltung und Behandlung des Junghundes ſelbſt und ſeiner Eltern, der Zwingerfluch, treten dann beſonders ſcharf in Erſcheinung; ausgelöſt durch verkehrtes, überſcharfes Anfaſſen bei der Erziehung, durch ſeeliſche Erſchütterungen und Aufregungen, durch Beſitz= oder Ortswechſel, durch ſchwere Krankheit, die giftige Aus= ſcheidungen in die Nervenbahnen lenkte, und durch den erwachenden Geſchlechtstrieb, der zur Selbſtbefriedigung viel ſich ſelbſt überlaſſener Jungtiere führen kann und ſie dann beſonders empfänglich für alle Schwächungen des Leibes und der Seele macht. Wo nicht ſchwere Er= krankung, faſt ausnahmslos an der Staupe, die Schuld an ſolchem Wandel trifft, handelt es ſich um körperliche und ſeeliſche Schwächlinge, die Er=

gebniffe verfehlter Zucht und Aufzucht; die Sünden der Eltern treten
dann zutage und die Sünden des Aufzüchters. Auch wenn diefer un=
fchuldig, fteht er dann vor der fchweren Entfcheidung, ob er folchen
Raffenabfall weiter aufziehen will. Für die Zucht, die gefunde Zukunft
der Raffe ift der jedenfalls wertlos, kann ihr fogar gefährlich werden,
trägt er doch das Kainszeichen der Entartung an der Stirn!

Wir kommen nunmehr zur Ernährung heranwachfender und
älterer Hunde. Ein alter Zuchtlehrfatz lautet: „Der beffere Teil der
Raffe geht zum Maule herein" und: „Vater, Mutter und Futterkifte"
befagt ungefähr das gleiche; beide lehren uns, welch hoher Wert der
richtigen Ernährung zukommt.

Der tierifche Körper bedarf zu feiner Erhaltung, in vermehrter Weife
noch zu feiner Ausentwicklung, der regelmäßigen Aufnahme beftimmter
Nährftoffe in ausreichender Menge. Diefe zerfallen in die aus leben=
den Grundftoffen gebildeten ftickftoffhaltigen Eiweißftoffe, einfchließlich
der ihnen naheftehenden Leimftoffe, die ftickftoffreien Fette und Kohle=
hydrate, wie Zucker, Stärke u. ä. und in die unbelebten Körper, die Salze,
denen wir fchon im III. Abfchnitt bei der Zufammenfetzung der Milch be=
gegnet find; ferner gehört hierher das Waffer und fchließlich der zur inneren
Verbrennung der aufgenommenen Nahrungsmittel und zur Einleitung
des Stoffwechfels benötigte, aus der Luft aufgenommene Sauerftoff.

Der Hund gehört zu den Raubtieren, das befagt feine Bezahnung
und fein kurzer Fleifchfrefferdarm, deffen Länge im Verhältnis von etwa
1:5 zur Körperlänge fteht, während diefe Zahlen bei Pflanzenfreffern
1:20 und mehr betragen. Tierifche Eiweißftoffe und Fette nebft den in
diefen enthaltenen Salzen bilden die Grundnahrung des Wildhundes,
der Beeren und Früchte wohl recht gern als füße Zukoft nimmt, Kohle=
hydrate im wefentlichen aber nur verzehrt, foweit fie in einzelnen Teilen
des tierifchen Körpers gebildet werden. Der Haushund hat fich in jahr=
taufendelanger Anpaffung an die menfchliche Koft gewöhnt, er ift Alles=
freffer geworden, der auch pflanzliche Eiweißftoffe und Kohlehydrate
zu verwerten gelernt hat, wenn er auch von diefen der fchnelleren Ver=
dauung im kürzeren Darm halber größere Mengen aufnehmen muß.
Mit reiner Eiweißkoft ift der Hund nicht am Leben zu erhalten, er geht
da an Unterernährung ebenfo zugrunde wie bei reiner Fett= oder Kohly=
hydratnahrung. Solch einfeitige Ernährung ift übrigens auch nur im
gefchloffenen Verfuchsraum möglich, der fich felbft überlaffene Hund
ftellt fich aus innerem Drang die ihm bekömmliche gemifchte Koft fchon
felbft zufammen. Wenn in der ihm gebotenen einzelne Stoffe auf die
Dauer fehlen, greift er dann auch zu Dingen, die uns fchädlich und wider=
lich erfcheinen, wie Aas, angegangenes Fleifch, Tier= und Menfchenkot.
Namentlich der Salzhunger ift es, der Mangel an den für das Wohl=
gefühl des Körpers unentbehrlichen, in den Körperausfcheidungen aber
enthaltenen Salzen, der ihn zu folchen Gefchmacksverwirrungen führt.
Wobei wir übrigens nicht vergeffen dürfen, daß diefe Dinge: angegangene
Fleifchabfälle, Aas und Kot von Alters her zu den erb= und eigentüm=
lichen Nahrungsmitteln des Hundegefchlechtes gehören, vom Wildhunde
über den hausbar gemachten bis zum Haushunde und bis in die jüngfte
Zeit — feit wann füttern wir denn Hunde zweck= und planmäßig? —,

der Kot aber trägt auch die tierische Witterung des Beutetieres. Da die Aufnahme solcher Stoffe bei verwöhnteren Hunden zu Verdauungs= störungen führen kann, empfiehlt sich unter allen Umständen Vorbeuge durch zweckmäßige Fütterung mit den fehlenden Nährstoffen; gegen das Übel selbst rät Bonatz zu kleinen Natrongaben und einigen wenigen Tropfen Jodtinktur während einiger Tage.

Für die Auswertung der für die Erhaltung des Körpers auf= genommenen, aus den verschiedenen Nährstoffen zusammengesetzten Nahrungsmittel sorgt die Verdauung. Diese beginnt schon in der Mundhöhle mit der Einspeichelung, der Hund ist aber ein Schlinger, der kleinere, namentlich weiche Brocken unzerkaut schluckt; nur härtere und größere Stücke muß er reißen und beißen, ein Hinweis also, ihm nicht zu arg zerkochte, in kleine Stücke zerschnittene oder gar nur suppig= breiige Nahrung zu reichen. Die weiteren Verdauungsvorgänge zu verfolgen, überschreitet den Rahmen dieser Abhandlung, nur das sei gesagt, daß die Verdauung durch körperliche Bewegung ebenso wie durch Überfütterung verzögert wird. Die Verdauungsvorgänge sind zu Forschungszwecken an lebenden Hunden in sehr sinnreichen Versuchen eingehend beobachtet worden; dabei ergab sich, daß ein Nahrungsmittel wenn es durch längere Zeit immer in der gleichen Zubereitung gereicht wird, allmählich eine immer geringer werdende Ausscheidung der ver= schiedenen Verdauungssäfte hervorruft. Das besagt, daß auch beim Hunde der Speisezettel abwechslungsreich gestaltet werden sollte, nicht bloß um ein lebhafteres Hungerstillungsbedürfnis hervorzurufen, sondern vor allem um die gute Verdauung der aufgenommenen Nahrung zu fördern.

Vorm Weltkriege war die Ernährung des Hundes einfach, be= quem und billig, Fleisch und Hundekuchen boten alles, was für Auf= zucht und Erhaltung nötig war. Hundekuchen sind Fleischzwiebäcke, die alle benötigten tierischen und pflanzlichen Nährstoffe einschließlich der Salze in richtigem Mischungsverhältnis enthalten. Ein guter Kuchen muß, trocken gelagert, lange haltbar sein, und seinen angenehmen frischen Geruch behalten; dazu gehört, daß er gut und locker ausgebacken ist. Er muß ferner aufsaugungsfähig, leicht verdaulich und von hohem Nährwert sein. Das trifft zu, wenn er aus gutem Weizenmehl und aus Fleischmehl von nicht mit scharfen Mitteln ausgelaugten vollwertigem Dörrfleisch besteht; der Nährsalze gedachte ich schon. Andere pflanzliche Beigaben wie Rüben, Möhren u. ä. mindern die Haltbarkeit und Ver= daulichkeit. Weiche, schlecht durchgebackene, mussige Kuchen, solche, deren Fleischgehalt aus eingebackenen Knochensplittern besteht oder zu deren Herstellung verdorbene, oder mit scharfen Säuren behandelte Bestand= teile verwendet wurden, sind unbedingt zu verwerfen. Mindere und schlechte Hundekuchen gab es auch schon vorm Kriege, heute hat deren Herstellung eine unerreichte Höhe erreicht, weil nach Schieberansicht selbst das stinkendste Büchsenfleisch und alle sonst unanbringlichen Reste und Rückstände noch gut geeignet sind in Gestalt von Hundekuchen sündhaftes Geld einzubringen. Vor solcher Ware, die heute den Markt überschwemmt, kann nicht genug gewarnt werden; gute friedensmäßige Kuchen können heute und wohl noch auf lange Zeit hinaus überhaupt nicht hergestellt werden, bestmögliche auch von unseren zuverlässigen Werken nur in geringem Umfang.

Ich habe früher die besten Erfahrungen mit den verschiedenen Kuchen der Kraftfuttermittelfabrik von Gebr. Herbst in Magdeburg=S. gemacht, habe diese Kuchen etwa fünfzehn Jahre in meinem zeitweise stark besetzten Zwinger verfüttert und konnte ihren hohen Nährwert und gute Bekömmlichkeit ausgiebig feststellen; die Kuchen wurden auch von fremden, an anderes Futter gewöhnten Hunden gern aufgenommen und erzeugten bei ihnen nicht die bei anderen Kuchen, namentlich bei Ausstellungsfütterung, oft zu beobachtenden schwächenden Durchfälle. Dazu war es deutsches Erzeugnis und ich habe von jeher den Grundsatz vertreten, daß es unwürdig und falsch ist, deutsches Geld für mindere Ware über den Kanal oder ins welsche Ausland rollen zu lassen. Diese Kuchen wurden in verschiedenen Mischungsverhältnissen hergestellt, als Erhaltungsfutter für ältere Hunde, als Kraftfutter für besondere Zwecke und, für Zucht= und Aufzuchtzwecke besonders geeignet, als Phosphorleber= tran=Welpenfutter; sie standen in bezug auf Zusammensetzung und Nähr= wert unter ständiger Prüfung, für ihren Wert haben sich eine Anzahl wissen= schaftlicher Fachgrößen, u. a. Geh. Medizinalrat Dr. Harnack und Geh. Regierungsrat Prof. Dr. Ströse eingesetzt. Aber das war einmal . . . . . .

Die Fütterung mit Kuchen war ungemein bequem. Sie wurden, in Stücke gebrochen, roh gegeben, oder mit Wasser, Fleischbrühe oder Magermilch leicht abgebrüht oder schließlich mit etwas Fett oder Talg geröstet. Die Stücke mußten gekaut werden, wurden dabei gut ein= gespeichelt, vor allem aber nützte der Zwang, die Zähne zu gebrauchen, diesen selbst, kräftigte die Kaumuskeln und beeinflußte die Kopfform günstig. Dazu kamen Kuchen infolge ihres hohen Nährwertes auch nicht teurer als Reis und ähnliche Futtermittel, die umständlich zuzubereiten sind, nur als Brei gereicht werden können und den Magen mehr belasten. Neben diesen Kuchen gab ich älteren Hunden noch mit Grüngemüsen aufgekocht, gelegentlich auch trockenes Dörrfleisch, jüngeren abgekochtes Pferdefleisch oder gute Fleischabfälle, abgesetzten Welpen in den ersten Wochen gutes Muskelfleisch vom Rind; alles Dinge, die man sich damals in unbegrenzter Menge leisten konnte. Manche Hundehalter gingen in ihrer Fütterungsvorsorge auch viel zu weit, fütterten dauernd nur bestes Muskelfleisch, gaben Eier und alle möglichen Stärkungsmittel und verpäppelten und verwöhnten ihre Hunde so, daß die meist das nicht mochten, was ihnen am bekömmlichsten war.

Mit solcher Verschwendung und übers Ziel hinausschießenden Fütterung hat der Krieg freilich aufgeräumt, auch unseren Hunden mußte der Schmachtriemen erheblich enger gezogen werden, ja, wieso sie die vom Raubverband über Deutschland und deutsche Kinder verhängte Hungermordsperre eigentlich überstehen konnten, ist ein ziemliches Rätsel, da alle die für Hunde in Betracht kommenden Nahrungsmittel= und Nahrungsersatzmittel nicht zu haben oder zu verfüttern verboten waren, bis, dank der Felderfolge unserer Hunde, auf SD.=Anregungen hin, wenigstens für die Diensthundzüchter Futtermittel ausgegeben wurden. Die Kriegs= und Nachkriegsnot hat jedenfalls das Gute gehabt, uns zu lehren, daß wir früher alle zu üppig gelebt, und unsere Hunde auch.

Heute muß sich jeder mit der Fütterung nach den ihm zur Ver=
fügung stehenden Mitteln richten. Der Städter hat es in gewisser Be=
ziehung leichter, weil ihm Fleischabfälle eher erreichbar, des Landmanns
Hunde dagegen waren von jeher mehr an pflanzliche Kost gewöhnt,
Fleischzukost holten sie sich in der niedersten Niederjagd selbst. Zunächst
ein Überblick auf die einzelnen tierischen Futtermittel. An Fleisch
von Schlachtvieh, einschließlich Pferd, werden meist nur Abfälle vom
Magen an, zum menschlichen Genuß nicht, oder nicht mehr geeignete
Stücke zur Verfügung stehen. Angegangenes Frischfleisch schadet dem
Hunde nicht, im Gegenteil, sein Magen ist auf dessen Verdauung be=
sonders abgestimmt. Dagegen sei vor verdorbenem Dauerfleisch ge=
warnt; gegen die Fleischgifte, die sich in solchen Wurstwaren oder in
Büchsenfleisch entwickeln, ist auch der Hundemagen nicht gefeit. Fleisch,
selbst angegangenes, würde am besten roh verfüttert, wenn nicht just
das, was heute zur Verfügung, häufig der Zwischenträger von Hund wie
Mensch gefährlichen Eingeweidewürmern wäre. Kochen entzieht dem
Fleisch die dem Hunde so nötigen Nährsalze, die Brühe muß daher jeden=
falls mit verfüttert und außerdem Nährsalz beigegeben werden; länger
währende Fütterung mit nur halbgekochtem Fleisch erzeugt leicht üble
Durchfälle. Vortrefflich sind gedörrte Flechsen, von Abdeckereien zu
beziehen, auch selbst herzustellen; ausländisches Dörrfleisch kommt
vielleicht wieder auf den Markt, wird freilich, so lange die heutige Mark=
entwertung anhält, unerschwinglich teuer sein. Es sollte stets nur von
bekannt zuverlässigen Stellen gekauft werden, da manche dieser Fleische
im frischen Zustande mit scharfen Säuren behandelt werden, um ihnen
gewisse Stoffe zu entziehen. Soweit Frisch= oder Dörrfleisch nicht roh
verfüttert werden kann, erfolgt seine Zubereitung besser nicht in der
Küche, sondern in einem Nebengebäude; meist stinkt es zum Himmel
und nicht jede Hausfrau oder Köchin wird das in der Küche dulden;
namentlich der sonst recht wohl geeignete Blättermagen vom Rind
hat es trotz vorangegangener gründlicher Reinigung an sich. Ein ganz
vorzügliches Fleischfutter ist Blut, frisch oder getrocknet; es enthält
just die wichtigen Nährsalze. Größere Blutmengen werden haltbar
gemacht durch Erhitzen bis zu 100° C, Abpressen der wässerigen Flüssig=
keit und Vermahlen des getrockneten Gerinnsels; 100 kg Blut geben
20—25 kg Blutmehl, das, trocken aufbewahrt, sich längere Zeit hält.
Knochen sind selbstverständlich so viel wie möglich zu geben; wer sie
nicht zum Suppekochen braucht, gebe sie roh; Markknochen und die
dicken, verknorpelten Gelenkenden sind am besten. Harte, stark splitternde
Knochen, insbesondere die von Wild und die Röhrenknochen des Ge=
flügels dürfen unter keinen Umständen gegeben werden; sie können
schwere Verletzungen im Schlund und in den Därmen hervorrufen
Wer eine gute Knochenmühle hat, kann sie sein schroten, stark splitternde
Knochen auch vorher verkohlen. Soweit tierisches Fett und Talg zu
haben, wird es zweckmäßig, möglichst zusammen mit Blut, zum Zu=
bereiten der pflanzlichen Hauptkost verwendet. Von groben Gräten
befreite Fische in jeder Gestalt, Fischmehl und Garneelenschrot bilden
ein sehr nährkräftiges Futter, an das der Hund aber meist erst gewöhnt
werden muß; zum Glück haben sie heute ja alle guten Hunger. Milch

schließlich ist heute ein so kostbares Nahrungsmittel, daß sie wohl nur
ausnahmsweise und auch nur als Magermilch für Hunde in Betracht
kommen kann. Schon für Hunde, die übers Welpenalter hinaus sind,
sollte sie auch nur Genuß-, nicht Nahrungsmittel sein, weil sie zu sehr
aufschwemmt, kein festes, trockenes Gebäude gibt. Ausgezeichnete
Nährmittel sind dagegen Sauermilch, vor allem aber Quark, dieser auch
für Welpen und Junghunde.

Wer es kann, wird seinen Hunden außerdem ausgiebige Gelegen=
heit zur Mäuse= und Rattenjagd geben und ihnen Eichhörnchen, Hamster,
Sperlinge, Häher, Krähen und andere Schädlinge schießen; meine hell'
frißt Kleinsäuger mit Haut und Haar, größere Vögel nach Ausrupfen
der stärkeren Federn oder leicht überbrüht.

Wir kommen nunmehr zu den pflanzlichen Nährmitteln,
die den Grundstock, den Magenfüller, bilden müssen. Reis, von allen
Getreidearten die ärmste an eiweißartigen Stoffen, dagegen die stärke=
mehlreichste, wird wegen des Preises kaum mehr in Betracht kommen;
er war früher beliebt, ich habe nie so recht für ihn schwärmen können,
da er in großen Mengen aufgenommen werden muß, also das Gebäude
arg belastet, was namentlich bei Junghunden schädlich ist. Mais wird
in Deutschland wenig gebaut, er wirkt stark mästend, kann daher nur
vorübergehend als Aushilfsfutter dienen. Dagegen sind Hafer, Gerste
und Buchweizen, ebenso auch Weizen und Roggen, nicht zu grob
frisch geschroten und vorm kurzen Aufkochen über Nacht in lauwarmem
Wasser geweicht, ein vortreffliches Grundfutter; in Betracht kommen
natürlich auch, namentlich für jüngere Hunde alle anderen aus diesen
Getreidearten hergestellten Nahrungsmittel wie Flocken, Graupen,
Gries, Grütze und schließlich Mehle, vorübergehend können auch Malz=
keime in nicht zu großer Menge an ältere Hunde verfüttert werden.
Die stark eiweißhaltigen Hülsenfrüchte, gut gequellt und zu Brei
verkocht, sind natürlich wertvoll, werden von Hunden meist aber ebenso=
wenig geschätzt wie von Kindern. Sie müssen also mit Talg und Blut
schmackhaft gemacht werden, was mehr oder weniger für alle pflanzlichen
Nährmittel gilt; auch Magermilch kann dazu dienen. Dies Schmackhaft=
machen bedeutet beim Hunde wohlriechend machen, d. h. es muß
seiner Nase vorgetäuscht werden, daß das Futter aus den von ihm bevor=
zugten tierischen Stoffen besteht, oder sie enthält. Wer das versteht,
hat gewonnenes Spiel und kann seine Hunde selbst an Kohlrüben und
ähnliche Greuel bringen. Die „guten Brocken", Fleisch und Knochen,
gibt man Hunden wie Kindern zweckmäßig nicht ins Hauptfutter, sondern
hinterher als Nachspeise, wenn sie brav aufgegessen haben; sonst fischen
sie sich diese bevorzugten Dinge heraus, sättigen sich oberflächlich daran
und danken dann leicht für den Rest. Fütterungspolitik!

Kartoffeln sind ziemliche Magenbelaster, waren deshalb früher
wenig geschätzt, haben aber im Kriege sehr an Ansehen gewonnen und
bildeten wohl das Grundfutter für die überwiegende Zahl von Hunden;
es geht eben alles, wenn man nur will und der rechte Hunger da ist.
Für heranwachsende Junghunde eignen sich besser noch Kartoffelflocken.
Wurzel= und Grüngemüse können allein das Grundfutter nicht
bilden; Kohlarten blähen stark, ein so gefütterter Hund ist nicht lieblich

im Zimmer. Wohl aber können diese nährsalzreichen Gemüse, auch Salate und allerlei Wildgemüse, wie Jungtriebe von Löwenzahn, Brennnessel, Melde, Vogelmiere, Kohlrabiblätter u. ä.; selbst Klee, ferner Obstreste und Kartoffelschalen sehr gut mit anderen Grundstoffen zusammengekocht werden. Zur besseren Verteilung kann man alles zusammen durch die Fleischmaschine schicken, einzelne Züchter verstehen aus solchen Hausresten zusammen mit Abfallmehlen auf kurze Zeit haltbare Hundekuchen zu bereiten, die für ältere Hunde recht wohl geeignet sind. Gut ausgebackenes Brot ist für ältere Hunde gleichfalls ein gutes Grundfutter; je härter, je besser, da es zum Kauen und Gebrauch der Zähne zwingt. Es sollte aus diesem Grunde trocken, oder in etwas Talg geröstet oder auch mit Magermilch oder Fleischbrühe leicht angefeuchtet (nur kurz eingetaucht), öfters als Abwechslung zwischen die Breifutter eingeschoben werden.

Auf die hohe Bedeutung der Nährsalze habe ich schon verschiedentlich hingewiesen; je weniger Blut, rohes Fleisch und frische Knochen dem Hunde gegeben werden können, desto nötiger ist ihre Beigabe zum Futter. Am wichtigsten ist der Kalk, der, wie wir sahen, unentbehrlich für Aufbau, Entwicklung und Erhaltung von Knochen, Muskeln und Nerven ist; Kalk wirkt außerdem auf die Verwertung des Futters, auf die Milcherzeugung und auf die Fruchtbarkeit, reichliche Kalkzufuhr soll schließlich gegen Erkältungskrankheiten seien. Unsere Hunde sind zwar nicht wie die Pflanzenfresser vom Kalkgehalt des Bodens abhängig, leiden bei ihrer Fütterungsweise aber mehr oder weniger alle an Kalkhunger; deshalb sollten regelmäßige Kalkbeigaben unter keinen Umständen unterlassen werden. Am einfachsten wird Kalk in der Form von Chlorkalzium gegeben (nicht etwa als Chlorkalk!), das sich freilich an der Luft nicht hält, sondern sofort flüssig wird. Ich lasse mir daher davon eine wässerige Lösung, 1 + 1, herstellen und gebe davon täglich 20—40 Tropfen ins Futter; die Nauheimer Badeverwaltung vertreibt neuerdings auch ein haltbares und nicht zu teures Chlorkalzium-Nährsalz, das Dekakalz. Statt oder neben Chlorkalzium kann älteren Tieren auch der billigere kohlensaure Kalk zugeführt werden, in Gestalt von Schlemmkreide, 1 g auf je 10 kg Lebendgewicht. Phosphor wird für das Nervengewebe benötigt, er kann in Verbindung mit Lebertran oder als Lezithin gereicht werden; in Verbindung mit Kalk (phosphorsaurer Kalk) dient er zum Aufbau der Knochen, Magnesia aber zu deren und des Muskelgewebes Festigung, Eisen bindet Sauerstoff an das Blut, Fluor und Kieselsäure fördern die Haarbildung. Diese und andere für Körperaufbau, -erhaltung und Lebensbetätigung nötigen Stoffe sind in dem von Dr. Grabley zusammengestellten Mineralsalzgemisch enthalten, das sich, außer bei Menschen, auch bei Tierversuchen als Gesundheit und Entwicklung günstig beeinflussend erwiesen hat.

Kein Nahrungs-, aber ein vorzügliches Kräftigungsmittel für zurückbleibende oder durch Krankheit geschwächte Junghunde ist der Lebertran, namentlich der Phosphorlebertran. Gleiches gilt vom Zucker, wenn er auf längere Zeit in regelmäßigen Gaben von etwa 25, steigend bis 50 g, am besten in Milch gelöst, gegeben wird; er bewährt sich bei zurückbleibenden Jungtieren, ferner bei tragenden und säugenden

466

Hündinnen. Zuckerlösung, die dann auch beträchtlich stärker sein kann, ist ferner ein vortreffliches Hilfsmittel bei Schwäche und Erschöpfung und erhöht die körperliche Leistungsfähigkeit und Ausdauer, weil sie, dank ihrer leichten Aufnahmefähigkeit, ein schnell wirkendes Muskel= Nahrungsmittel ist und das Körpereiweiß vor Zerfall schützt. Sie ist daher besonders angebracht, wo es gilt, den durch große Anstrengungen erschöpften Muskeln schnell neue Kraft zu geben und Schnelligkeit und Spannung des Blutumlaufes zu steigern. Zur Kräftigung können selbstredend bei Bedarf auch alle die Mittel gegeben werden, die für schwächliche Kinder oder erholungsbedürftige Kranke empfohlen werden.

Wasser soll dem Hunde stets zur Verfügung stehen, im Haus und im Hof an bestimmtem Fleck. Das Wasserbedürfnis des Hundes richtet sich selbstverständlich nach Witterung und Ernährungsweise, ist aber im allgemeinen recht groß; einen Hund dursten zu lassen, ist große Tier= quälerei, die meisten verstehen übrigens recht gut auszudrücken, daß sie Durst haben. Im Freien löscht der Hund seinen Durst, so oft er kann, und tut das auch an der dreckigsten und stinkendsten Pfütze, ohne daß ihm das etwas schadet; er hat eben solch glücklich veranlagten Magen und kräftige Magennerven, die der Ekel nicht so leicht schüttelt. Damit soll aber weder gesagt noch entschuldigt werden, daß dem Hunde dann daheim auch ein schmutziges Gefäß mit fauligem Wasser hingestellt wird. Schnee nehmen Hunde sehr gern auf, sie spielen und vergnügen sich damit ganz wie Kinder.

Die Zahl der täglichen Mahlzeiten ist bei heranwachsenden Junghunden allmählich von fünf auf drei einzuschränken. Für einen erwachsenen Hund genügt es im allgemeinen, wenn er sich einmal am Tage gründlich satt fressen kann, zumal irgend ein Kosthappen zwischen= durch immer für ihn abfallen wird. Wo Gehalt durch die Menge ersetzt werden muß, das gilt besonders für die heutigen Schlabberfutter, werden auch ältere Hunde besser zweimal am Tage gefüttert, ein Vorfutter gegen Mittag, die Hauptmahlzeit gegen 5 Uhr nachmittags; Hunde, die über Nacht im Hause gehalten werden, sollten aus Verdauungsgründen nicht später gefüttert werden. Bei Hunden, die arbeiten müssen, muß sich die Fütterung nach dem Dienst richten, darf erst gegeben werden, wenn dieser beendet ist; also auch am Morgen, wenn die Hunde Nacht= dienst haben, über Tag aber Ruhe. Sonst haben ältere, regelmäßig gehaltene Hunde in der Frühe kein großes Futterbedürfnis; ein leichtes Frühstück, in etwas Magermilch eingebrocktes Brot, wird natürlich gern angenommen.

Über die Höhe des Futterbedarfs lassen sich schlecht Angaben machen, er richtet sich nach der Verwendung des Hundes und nach dessen Veranlagung. Ein arbeitender Hund, ein begehrter Deckrüde, eine tragende Hündin brauchen mehr oder gehaltvolleres Futter als ein Nichtstuer, der den ganzen Tag faul herumlungert, womöglich gar im Zwinger; und der eine ist ein guter Futterverwerter, der andere aber bleibt hagedürr und wenn er auch die doppelte Menge in sich hinein= schlingt. Im allgemeinen gilt, daß man den Hund fressen lassen soll, so lange er bei der Schüssel bleibt; geht er von der weg, dann soll das Futter auch fortgenommen werden und nicht noch stundenlang herum=

ſtehen, dadurch erzieht man nur ſchlechte und laurige Freſſer, die niemals in gute Derfaſſung kommen. Daß der Hund weder gemäſtet und auf= geſchwemmt, noch knochenmager ſein ſoll, weder ein wandelndes Faß auf vier Streichhölzern noch ein Dürrländer, dem die Knochen durchs Fell ſpießen, habe ich ſchon a. a. O. geſagt. Zweckmäßige Fütterung und Haltung zeigt ſich auch in glattem Haarkleid und guter Arbeitsverfaſſung: harte, trockene, nicht dick aufgepackte, ſchwammige Muskeln auf einem durch ſtraffe Bänder gut zuſammengehaltenen Gerüſt feſter, nicht ſchwe= rer Knochen. Als Erhaltungsfutter für ältere Hunde ohne beſondere Leiſtungen, aber mit ausreichender Bewegung konnte man früher etwa 0,5 kg Kuchen und 0,25 kg Fleiſch bezeichnen, heute muß jeder Hunde= halter ſeine Tiere doppelt ſcharf beobachten, auch ihre Futteraufnahme und ihre Loſung, und muß danach ſeine Fütterung einrichten.

Schlechte Freſſer ſind eine Qual für den Beſitzer. Häufig iſt ſolch lauriges Freſſen Folge ſchlechter Erziehung und Derwöhnung in der Jugend; dann helfen Gegenmaßregeln: rückſichtsloſes Hungern= laſſen, bis der „Gnädige Hund" geruhen auch gewöhnlichere Koſt mit Gier aufzunehmen, dazu tüchtige Bewegung und, wenn es geht, ein fleißiger Tiſchgenoſſe, der durch ſein Schlingen den Futterneid des anderen erweckt. Bisweilen ſind Fremdkörper zwiſchen den Zähnen, ſchlechte Zähne, Zahnſchmerzen und mangelnde Kaukraft (Entartungserſchei= nung!) Grund zum ſchlechten Freſſen, häufiger noch langwierige Magen= und Darmerkrankungen; dann iſt Rat und Hilfe beim Tierarzt einzu= holen. Übrigens: Welpen kann man zuſammen aus einer großen Schüſſel freſſen laſſen, ältere Hunde ſollen aber ſtets ihren Napf für ſich haben, ſonſt ſind Raufereien unvermeidlich; große Gierſchlunkſe und Neid= hammel werden am beſten getrennt gefüttert.

Ich habe ſchon mehrfach vor dauerndem Derabreichen von Brei= futter gewarnt. Der Hund ſoll nicht bloß ſchlappen und ſchlingen, er ſoll auch ſeine Zähne gebrauchen; das iſt für deren und ſein Wohl= befinden nötig. Auch die Schädelbildung wird durch den Gebrauch des Gebiſſes beeinflußt: die Streckung des Fangteiles durch den Gebrauch der Schneide= und Fangzähne und die Derbreiterung des Oberkopfes — Gründe werden wir ſpäter und im nächſten Abſchnitt ſehen — durch vorwiegende Fütterung mit harten Knochen, die die Backzähne unver= hältnismäßig in Anſpruch nimmt. Jene, die Streckung, iſt erwünſcht, dieſe nicht. Junghunde zwingt man zum Gebrauch der Schneidezähne durch Darreichen von Knochen mit anhängenden Fleiſchfetzen, die ſie losreißen müſſen und durch Gaben von unzerſtückeltem Fleiſch, das ſie gleichfalls zum Reißen nötigt; umgekehrt aber vermeide man ihre Beißkraft und =fähigkeit überſteigende harte Knochen. Wenn zu dem nötigen Reißen der Nahrung die Stücke auch ſelbſtredend aus der Schüſſel gezerrt werden, weil ſie von den Pfoten auf der Erde feſtgehalten werden müſſen, ſo ſchadet das nichts; der Hundemagen iſt es nicht anders gewöhnt. Überhaupt, ſo zahme Freſſer, die wie artige Kinder mit vor= gebundenem Mundtuch an der Schüſſel ſtehen und vor lauter Erziehung und Feinheit keinen Brocken fallen laſſen, aber auch keinen neben die Schüſſel gefallenen aufnehmen, mögen wohl Gehorſams=Prahlſtücke ſein; für Gebrauch und harte Wirklichkeit ſind ſie mir zu brav und unnatürlich.

Daß die Freßnäpfe nach jedem Gebrauch gut gereinigt werden — am geeignetsten sind die von den Futtermittelfabriken vertriebenen, gut mit Schmelz überzogenen Eisengefäße, die in verschiedenen Größen zu haben sind —, daß jedes Futter frisch zubereitet werden muß und daß alle sauer gewordenen, verdorbenen oder gefrorenen Reste nicht wieder zu verwenden sind, ist eine Selbstverständlichkeit.

Abb. 339. Futternapf.

Manchem Hundehalter mögen diese Fütte= rungsanweisungen als zu weitgehend erscheinen. Besonders wenn er an die oft kärgliche Nah= rung der landläufig auch als „Hunde" bezeichneten Vierfüßler denkt; oder wenn er unsere Gebrauchshunde sieht, die sich trotz bisweilen ärm= licher Kost zu kräftigen Tieren ausgewachsen haben. Er übersieht aber dabei, daß unter diesen Hunden eben nur die kräftigsten durchkommen; daß die schwächlicheren dagegen erbarmungslos der Aussiebung durch Krankheiten und Anstrengungen erliegen. Er bedenkt ferner nicht, daß es sich bei gut gezüchteten Tieren um hohe Werte handelt und daß ein Triebwerk gut geschmiert und mit heizkräftiger Kohle bedient werden muß, wenn es gute Arbeit verrichten, leistungsfähig bleiben soll. Er bedenkt schließlich nicht, daß wir durch sorgfältige und zweck= entsprechende Aufzucht, durch sachgemäße Fütterung die Folgen der aus der Durchzüchtung sich ergebenden Ver= feinerung ausgleichen müssen, und daß es unsere ganz besondere Aufgabe ist, den Nachteilen einer von der Liebhaberhaltung nicht immer gut zu trennenden unzweckmäßigen Lebensführung entgegenzutreten. Der Gebrauchshund, der von früh bis abends harte Arbeit zu verrichten hat, kann ohne Schaden große Mengen eines weniger nährkräftigen Futters zu sich nehmen. Er hat Zeit und Gelegenheit, diese Mengen zu verarbeiten, in Muskelkraft umzusetzen. Der Liebhaberhund, dem weniger Bewegung verschafft werden kann, würde bei solcher Fütterung zum aufgeschwemmten, leistungsunfähigen Mastkalbe werden.

Verfolgen wir nunmehr die körperliche Ausentwicklung des Junghundes. Wir hatten den als acht Wochen alten, noch ziemlich moppeligen, aber doch schon im ersten Strecken stehenden Welpen ver= lassen. Die Zukunft ist da erst in groben Zügen angedeutet, alles ist noch unfertig, weich und dehnbar. Über die künftige Körperentwicklung ist eine Voraussage noch kaum möglich, eher aus der Schädelbildung. Bei der Auswahl ist darauf zu sehen, daß der Welp gesund und lebens= lustig ist, kräftige Knochen und ebenmäßiges Gebäude von genügender Länge besitzt. Der Kopf soll im Stirnteil nicht zu breit sein, die Ohren hoch, die Rute aber tief angesetzt. Welpen und Junghunde haben auf= fallend dicke Gliedmaßen. Vorderfußwurzel und Fessel sind so kräftig, treten oft so stark hervor, daß zunächst an krankhafte Anschwellung ge= dacht werden könnte; doch ist das nur ein bei Schäferhundwelpen stärker als bei anderen Junghunden sich zeigendes Wildhunderbe.

Das stärkere Strecken und in die Höheschießen beginnt etwa im dritten Monat und währt bis gegen das Ende des ersten Lebensjahres. Dies Wachstum erfolgt aber nicht gleichmäßig und nach allen Richtungen;

das Längenwachstum bleibt zeitweise hinter dem Strecken zurück, der Junghund erscheint dann zu kurz für die schon erreichte Höhe. Oder die Hinterhand schießt zeitweise schneller als die Vorhand, oder umgekehrt, der Junghund steht dann überbaut oder hinten zu tief, bis der Ausgleich durch Nachwachsen und richtiges Einwinkeln der Gliedmaßen erfolgt. Auch der Kopf streckt sich dann immer mehr; aus dem zuerst kugeligen Welpenkopf wächst der keilförmige Fang immer stärker heraus, während im Stirnteil das Verhältnis zwischen Länge und Breite sich zugunsten jener verändert. Der Junghund bekommt den langgestreckten Schäferhundkopf, der im siebenten, achten Monat im wesentlichen fertig

Abb. 340. Neun Wochen alter Welpe.

ist. Um auch etwas über das Gewicht älterer Hunde zu sagen, sei hier erwähnt, daß für vierteljährige Welpen das Gewicht zwischen 10 und 12 kg schwanken wird, für halbjährige Junghunde zwischen 17 und 21 kg. An sich sagen solche Gewichtsangaben sehr wenig, denn für den einen Hund kann eine hohe Gewichtsangabe noch zu niedrig sein, für den anderen eine niedrige zu hoch; daß der Junghund in gutem, kräftigem Futterzustande gehalten, aber nicht übermästet werden soll, ist schon gesagt. Ausgewachsene Hunde guter Durchschnittsgröße, also um 60 cm herum, werden 25—30 kg wiegen. Natürlich sollen Hunde nüchtern gewogen werden, ganz genau wird man die Gewichte älterer selten feststellen können, denn auf der wippenden Federwage hält ein Hund sich nicht gern auf.

Die Ohrenhaltung macht dem Aufzüchter oft rechte Sorgen. Früher, als wir mit der Durchzüchtung anfingen, glich die Frage, ob ein Welp die Ohren aufrichten und stellen würde, einem Glücksspiel, bei dem es recht viele Nieten gab; heute hat der Zuchtfortschritt diesen Schönheitsfehler der Ohrenhaltung — anderes ist er nicht — so ziemlich ausgemerzt. Der norddeutsche, etwas kleinere, aber nervigere Gebrauchs= schlag hatte meist auch kleinere, spitzähnliche und festere, daher meist stehende oder nur in den Spitzen kippende Ohren. Der größere süddeutsche, viel mit altdeutschem, hänge= ohrigem Blut ver= kreuzte dagegen hatte meist schwere Kipp= bis Hängeohren; die Schäfer halfen sich daher hier vielfach, wie in Frankreich und in anderen Gegen= den, mit Verschneiden der Ohren, um das für den Gebrauch nützlichere Stehohr zu erzielen. Beim Aus= kreuzen der nord= und süddeutschen Hunde gab es daher zunächst die verschiedensten Ohrformen: groß= weich, groß=fest, klein= weich, klein=fest mit allen möglichen Zwi= schenstufen, die, wohl auch mendelnd, durch die Zucht gefestigt wurden; heute ist in= folgedessen auf der Hundeohrenbörse die „Tendenz steigend". Nicht stehohrige Hun=

Abb. 341. Vierzehn Wochen alter Welpe.

de werden von eitlen unverständigen Züchtern sorgfältig „geheim" ge= halten, nicht zum Vorteil für ihre Entwicklung, man sieht sie daher jetzt selten in der Öffentlichkeit, während sie früher auf Ausstellungen noch häufig zu sehen waren; verständige Richter weigerten ihnen deshalb auch die Preise nicht, wenn der Hund sonst gut und zuchtbrauchbar war, weil der kleine Mangel sich herauszüchten ließ und läßt.

Schäferhundjunge werden gleich denen von Spitzen und von Wild= hunden nicht mit stehenden, sondern mit hängenden Ohren gewelft.

471

Die kleinen Öhrchen sind zunächst steif nach hinten zurückgeklappt, erst nach einigen Tagen fallen sie nach vorn über, um sich dann im Laufe der nächsten Wochen bis Monate allmählich vom Grunde aus aufzurichten. Während einzelne Welpen schon mit wenigen Wochen vollendete Steh= öhrchen zeigen, beginnen die meisten doch erst mit dem Zahnwechsel, also etwa im vierten Monat mit dem Aufrichten; wo die Ohren schon vorher fest standen, fangen sie in dieser Zeit doch auch gern wieder an, in den Spitzen zu kippen. Das Aufrichten erfolgt bisweilen ruckweise über Nacht, meist aber langsam und allmählich. Manchmal gibt es da

Abb. 342. Junghund von vier und einem halben Monat.

sehr drollige Formen, ein Ohr steht schon schön, das andere kippt oder hängt gar noch ganz; blickt man da in den Fang, so findet man meist, daß die Zahnentwicklung auf dieser Seite noch hinter der der anderen zurück ist. Manchmal zieht der stramme Schildspannermuskel, dem der Gegenzug noch fehlt, die aufgerichteten Ohren so zusammen, daß sie oben in den Spitzen zusammenstoßen. Bisweilen stehen die Ohren früh= morgens, wenn die Junghunde ausgeruht und =geschlafen sind, ganz schön fest, um im Laufe der nächsten Stunden allmählich immer wackeliger zu werden und schließlich wieder ganz zu flattern und sich nur während reger Aufmerkſamkeit zu ſtellen; eine Folge der ſtärkeren Durchblutung der Ohrmuſcheln während des Liegens und während der Tätigkeit des Ohres beim geſpannten Lauſchen. Das und der Zuſammenhang mit dem Zahndurchbruch gibt uns einen Hinweis, wie bezüglich des Auf= richtens der Ohren geholfen werden kann: durch Beſeitigen von Hinder= niſſen beim Zahnwechſel, durch leichtes, reibendes Kneten der Ohr= muſcheln und der Ohrmuskeln und durch Herausbringen und Beſchäftigen der Welpen, damit ſie nicht im Zwinger vertroddeln. Das endgültige Stellen der Ohren erfolgt meiſt zwiſchen dem fünften und ſiebenten Monat; bei manchen Junghunden kippen die Spitzen noch länger, aus=

Abb. 343. Halbjähriger Junghund.

nahmsweiſe ſelbſt bis zur vollendeten Entwicklung, während einzelne dauernd Kippohren wie die ſchottiſchen und früher die Mehrzahl unſerer Schäferhunde behalten. Auch kommt es vor, daß Hunde die Ohren gar nicht aufrichten, ſondern, trotz guten, hohen Anſatzes, dauernd Hänge= ohren behalten; das iſt, ebenſo wenig wie jeder andere Ohrenfehler ein Zeichen von fehlender Raſſeeinheit — eine Laienanſicht, die häufig zu hören iſt —, wie umgekehrt ſtehende Ohren dieſe nicht gewährleiſten. Fehlerhafte Trageweiſe, Kipp= oder Hängeohr, zeigt ſich bisweilen auch nur auf einer Seite.

Die verſchuldende Urſache zu Fehlern der Ohrenhaltung iſt meiſt nicht feſtzuſtellen. In einzelnen Fällen, beſonders bei ungleicher Trage=

weiſe, mag Druck im Trageſack die Urſache ſein, in einzelnen anderen Rückſchlagerſcheinung oder die Folge übertriebener Inzüchtung, die allgemein ſchwächend wirkt oder zu Bezahnungsunregelmäßigkeiten führt. Bisweilen auch Verletzungen, Biſſe — bei ſpielenden Welpen leicht möglich —, unter Umſtänden auch zu frühe geſchlechtliche Auf= regung und Ausnützung, bevor die Ohren gefeſtigt ſind. In der Mehrzahl der Fälle aber trägt ſchwerere allgemeine oder örtliche Erkrankung die Schuld, an erſter Stelle die Staupe, die häufig einſeitige oder doppel= ſeitige Entzündungen des Gehörganges zur Folge hat; dieſe, wenn nicht rechtzeitig behandelte Entzündung iſt ſehr langwierig und hemmt die Muskeltätigkeit, die das Aufrichten bewirkt.

Die endgültige Trageweiſe der Rute regelt ſich auch erſt gegen den ſechſten bis achten Monat. Junge Hunde wiſſen mit ihrem Schluß= anhängſel noch wenig anzufangen, willenlos folgt es zunächſt allen Körperbewegungen, ſchlägt ſich jetzt ringelnd über den Rücken, um gleich darauf wieder gut zu hängen. Böſe Ringelruten und Korkenzieher

Abb. 344. Ungleiche Ohrenhaltung bei Junghunden in der Zeit des Aufrichtens.

treten natürlich ſchon ziemlich früh in Erſcheinung, aber auch ſonſt gut getragene Ruten bilden in der oben erwähnten Zeit bisweilen noch einen feſten Haken am Rutenende oder rollen die Spitze ganz ein; das geſchieht meiſt bei etwas langgeratenen Ruten — die Zahl der Schwanzwirbel iſt nicht feſtſtehend —, die ihren Trägern bei der Bewegung läſtig werden. Das dauernde Formen eines Hakens oder Einrollen der Spitze führt ſchließlich zu einer Verkürzung der oberen Rutenmuskeln, der Heber, während die überdehnten Beuger an Spannkraft verlieren; das Ruten= ende verwächſt dann in verkrümmter Form.

Die um die genannte Zeit gleichfalls eintretende und ſpäter ſich feſtigende Neigung zu unſchöner ſteiler Rutenhaltung iſt eine Folge des Müſſigganges, der auch hier aller Laſter Anfang iſt. Dem ſchwer arbeiten= den Gebrauchshunde fehlen Zeit und Veranlaſſung zu häufigem Heben der Rute; ihm dient die wagerecht ausgeſtreckte lediglich als Steuer bei ſchnellerer Gangart oder bei Wendungen, ſonſt hängt die Rute herab. Der müßig gehende Hund dagegen kann jeden Eindruck der Außenwelt auf ſich einwirken laſſen; pflichtſchuldig beſtätigt er auch jeden durch Steigenlaſſen ſeines „Seelenbarometers". Dieſe andauernde Ruten= tätigkeit kräftigt ebenfalls beſonders die Hebemuskeln, die, überernährt, ſchließlich die Rute dauernd in ſteile Stellung zwingen, eine Beobachtung, die ſich auch an gekäfigten Wild=

hunden machen läßt. Darum auch hier wieder: 'raus aus dem Zwinger, 'ran an die Arbeit! Da Ohren= und Ruten= mängel die augenfälligſten ſind, ſelbſt dem Laien ſofort und meiſt als einzige auffallen, während gut getragene Ohren und ſchöne Rutenhaltung auf den Schönheitswert des Lieb= haberhundes von unbeſtreit= barem Einfluß ſind — aber auch nur auf dieſen —, werden ſelbſtverſtändlich alle möglichen Mittel verſucht, angeraten und verkauft, um das erſehnte Ziel zu erreichen. Quackſalber pfle= gen ſich mit geheimen Kennt= niſſen für ſicheren Erfolg zu brüſten. Der ausbedungene

Abb. 345. Zuſammenziehende Wirkung des Schildſpanners auf die Ohren eines Jung= hundes.

Lohn wird eingeſtrichen, natürliche gute Trageweiſe ſpäter dieſem Ein= greifen zugeſchrieben, ein Mißerfolg aber verſchwiegen oder anderem zugeſchoben. Ausreden ſind ja ſtets billig wie Brombeeren.

Das Aufrichten der Ohren kann, wie ſchon geſagt, durch leichtes Kneten gefördert werden. Die linke Hand faßt mit dem Daumen in den Grund der Ohrmuſchel, ſtützt mit Zeige= und Mittelfinger den äußeren, unteren Teil des Ohres. Das dadurch ſchon zum Stehen gebrachte Ohr läßt man nun mehrere Minuten durch die einander gegenübergeſtellten Finger der Rechten, wieder Daumen, Zeige= und Mittel= finger, gleiten; es folgt dann leichtes Streichen der Ohrmuskeln, über deren Lage der folgende Abſchnitt Aufſchluß gibt. Von Verſuchen, die Ohren aufzukleben, wie dies bei Doggen, Boxern und Schnauzern ge= ſchieht, um deren verſchnittene Ohren zum Stehen zu bringen, halte ich nichts. Bei den genannten Raſſen erfolgt das Aufkleben in recht jugendlichem Alter. Zu einer Zeit,

Abb. 346. Einſeitiges Auf= richten der Ohren bei einem Junghund.

wo es bei unſeren Schäferhunden noch gar keinen Zweck hätte, weil die Ohren entweder von ſelbſt noch zum Stehen kämen, oder aber bei fernerem Wachstum oder auch beim Zahnwechſel doch wieder umfallen

475

würden. Ältere Junghunde aber, bei denen man zum Aufleben schreiten wollte, haben schon viel zu viel Kraft; durch festes Kopf= schütteln u. a. m. wissen sie binnen kurzem die sie selbstverständlich arg störenden Pappstreifen zu entfernen.

Eine „Verbesserung" der Rutenhaltung durch Schneiden ist möglich. Ein mit dem genaueren Verlauf der Rutenbänder, Muskeln und Nerven genau vertrauter Tierarzt vermöchte wohl durch einen oder mehrere Eingriffe zu helfen, in einer Weise zu helfen, daß die seinen Einschnitte später kaum mehr zu erkennen sind; ein rechtlich denkender Tierarzt wird solche Zumutungen aber stets von der Hand weisen und Unerfahrene belehren. Alle gröberen Eingriffe dagegen lassen sich später immer noch feststellen, wenn sie sich nicht allein schon durch die Trageweise der Rute verraten; das gilt auch für alle Versuche durch Gewichte, Lederhüllen, Drahtschienen u. a. Rutenfehler abzuändern. Diese auf Täuschung berechneten Eingriffe sind aber selbstverständlich verboten! Es sind Kniffe, wie sie der Falschspieler braucht. Der ernsthafte Züchter wird niemals auf sie zurückgreifen, will er doch der Rasse, nicht sich oder seinem Geldbeutel aufhelfen. Denn der durch einen Eingriff zwar äußerlich zum Schwinden gebrachte Fehler würde bei der Zuchtverwendung selbstverständlich mit in die Erbmasse gegeben werden.

Bei diesen Betrachtungen über die körperliche Entwicklung des Junghundes muß auch auf Haut, Haar und Zähne und die Pflege dieser Körperteile eingegangen werden. Die Haut, schlankweg so bezeichnet im Gegensatz zur Schleimhaut, der Bedeckung der inneren Körperteile, hüllt den Körper von außen ein. Sie hat die Aufgaben, diese gegen äußere Einwirkungen zu schützen, ist Trägerin des Gefühls= sinnes, regelt Wärmeabgabe und =erhaltung und vermittelt die Haut= atmung. Die eigentliche Haut besteht aus zwei Schichten, der Oberhaut und der darunter liegenden Lederhaut; diesen beiden folgt die Unter= haut, deren Bindegewebe von der Fettschicht und der die Haut nach innen abschließenden Hautbinde gebildet wird, welch letztere auch durch seine Faserzüge die Verbindung mit dem Körper herstellt. Im all= gemeinen liegt die Haut des Hundes ziemlich locker auf ihrer Unterlage, ist nur an einzelnen Stellen, z. B. den Läufen fester mit dieser verbunden. Trotzdem ist es fehlerhaft, Junghunde durch Fassen in der losen Nacken= haut hochzuheben; die Faserverbindung wird dadurch leicht geschädigt, Blutergüsse in das Zellgewebe können die Folge sein. Die einzig richtige Art, Welpen hochzunehmen, ist ihnen mit der flachen Hand unter den Leib zu greifen. Das lockere Aufliegen der Haut, ihre Nachgiebigkeit und ihre Fettschicht schützen den Körper wirksam gegen Verletzungen und andere Einwirkungen von außen. Ist aber eine größere Verletzung des unter der Haut liegenden Körpergewebes eingetreten, so heilt dieses unter der sich wie ein Pflaster darüber legenden Haut meist gut und schnell und ohne Vereiterungen aus. Die Enden der Gefühlsnerven verbreiten sich, unter Bevorzugung einzelner Stellen, über die ganze Hautfläche; sie übermitteln dem Gehirn jeden Gefühlseindruck und werden darin in gewisser Beziehung durch die an einzelnen Stellen ein= gelagerten Tasthaare unterstützt. Die für den Stoffwechsel wichtige Hautatmung erfolgt durch die Schweißdrüsen. Der Hund schwitzt, wie man zu sagen pflegt, nicht durch die Haut, sondern über die Zunge. D. h. er sondert durch die Schweißdrüsen der Haut im wesentlichen nur gasförmige Stoffe ab, während die geringe Menge flüssiger Stoffe sofort verdunstet, so daß nur die fettigen Bestandteile als Hautschmiere zurückbleiben. Die vermehrte Wasserabgabe beim Schwitzen aber erfolgt durch beschleunigtes, stoßweises Atmen oder Hecheln. Die von den Schweißdrüsen abgegebene Hautschmiere steht in der Menge gegen den von den Talg- oder Haarbalgdrüsen abgegebenen Hauttalg zurück; beide zusammen überziehen Haut und Haar mit einer dünnen Fett- schicht und schützen sie gegen die zersetzenden und auflösenden Einwir- kungen der Luft und des Wassers. Die Wärmeregelung der Haut schließ- lich erfolgt durch die Hautblutgefäße, die sich bei Wärme ausdehnen, mehr Blut durchströmen lassen, bei Kälte aber zusammenziehen und so die Blutwärme dem Körper erhalten. Diese Tätigkeit wird durch das Fettpolster der Unterhaut und durch die Haardecke unterstützt, die sich ihrer Aufgabe entsprechend in ihrer Dichtigkeit nach den Jahreszeiten richtet. Die Farbe der Haut ist im allgemeinen hell, weißlich, nimmt bei sehr dunklen und schwarzen Hunden aber auch einen bläulich-weißen, milchglasartigen bis licht blaugrauen Ton an.

Die Haare kommen aus dem mit den Talgdrüsen vereinigten Haarbalg. Unser Schäferhund trägt zweierlei Haar: das harte, mark- haltige, im wesentlichen gerade Deckhaar, dessen Grundform stockhaarig ist, und das weiche, marklose, krause oder wellige Wollhaar, auch Unter- wolle genannt. Das Deckhaar ist der Farbenträger, die Unterwolle ist immer lichter als das Deckhaar oder farblos. Bei Hunden mit rein schwarzem oder schwarzgelbem Deckhaar ist auch die Unterwolle stärker mit Farbstoff durchtränkt und wird lichtgrau bis rötlich schwarz; das eine sehr hübsche Bestätigung für das Entstehen der schwarzen Grundfarbe aus Rot infolge stärkerer Sättigung mit Farbstoff.

Die Welpen werden mit einem dichten, wolligen Milchhaar ge- welft, das die kleinen, wärmebedürftigen Körper gut einhüllt. Das Deck- haar wächst erst allmählich durch diese Wolle durch; erst wenn das ge- schehen, etwa im dritten Monat, läßt sich die endgültige Färbung fest- stellen. Im Milchhaar läßt sich bei den wolfsfarbigen Welpen nicht immer genau voraussagen, ob die Farbe später mehr ins Graue, Gelbe oder Bräunliche spielen wird; gegen die achte Woche wird die Welpenfärbung allgemein lichter. Die Abzeichen sind dagegen gleich nach der Geburt festzustellen, weiße sind dann meist besonders auffällig und erscheinen unverhältnismäßig groß, erschrecken daher nicht wenige Züchterneulinge. Sie verwachsen aber mit dem Längerwerden des Deckhaares immer mehr, verschwinden an der Brust nicht selten ganz.

Außer diesem eben erwähnten ersten Haarwechsel des Welpen unterliegt der Hund für die Folgezeit neben der ständigen Erneuerung einzelner abgestorbener Haare und dem durch Krankheiten hervor- gerufenen Haarverlust und -ersatz noch einem regelmäßigen, an die Jahreszeiten gebundenen Haarwechsel. Dieser beginnt im Frühjahr, in milden Wintern bisweilen schon im Februar, sonst im März, spätestens Anfang April. Zunächst stirbt die Unterwolle ab, die schließlich in dichten Büscheln im Deckhaar festhängt; auch dieses verliert allmählich an Glanz

und stirbt ab. Zugleich mit diesem Vorgang wird neues Deckhaar, aber auch, wenn schon in geringerem Umfange, neue Unterwolle nachge=
schoben, die in sehr heißen Sommern zum Teil, gefolgt von einigem Deckhaar, wieder abgestoßen werden kann, gegen den Herbst zu aber wieder reger nachwächst. Im Herbst erfolgt dann noch ein größerer Verlust von Deckhaar, das sich aber sehr rasch wieder ersetzt, länger und voller als im Sommer wird und noch durch die immer stärker nach=
wachsende Unterwolle ergänzt wird. Ist diese mit Eintritt der Winter=
witterung ausgewachsen, so erscheint der Hund voller und mächtiger, aber auch lichter in der Farbe, weil die helle Unterwolle durch das von ihr gehobene dunklere Deckhaar durchschimmert.

Je gleichmäßiger die Witterung in der Haarwechselzeit und je naturgemäßer der Hund gehalten wird, also viel im Freien, desto schneller geht der Haarwechsel vor sich, den beim Frühjahrshaarwechsel noch eine entsprechende Pflege befördert. Witterungsrückschläge, hauptsächlich aber Krankheit, Körperschwäche, Unter= und Überernährung, Stuben=
haltung und schlechte Haarpflege halten den Haarwechsel auf; solche Hunde haaren bisweilen das ganze Jahr. Bei im Frühjahr tragenden Hündinnen erfolgt der Haupthaarwechsel meist erst nach dem Absäugen; schwächliche, zu junge Hündinnen, also solche, die durch das Stillen über=
anstrengt wurden, haaren sehr stark ab, werden bisweilen auf dem Rücken ganz kahl und kommen auch nur schwer wieder in gute Haarverfassung. Die baldige Beendigung des Haarwechsels ist schon deshalb zu fördern, weil die Hunde dann zu Erkältungen neigen. Außerdem bekommt ein in dieser Zeit nicht gepflegter Hund leicht Haare in den Fang, die dauern=
den lästigen Hustenreiz hervorrufen; verschluckte Haare aber verfilzen sich gern und können sehr schwere Verstopfungen herbeiführen. Gesunde Haut und glattes, glänzendes und reichliches Haar sind ein sicheres Zeichen für körperliche Gesundheit; wo sie vorhanden, sind sie somit als günstiges Leistungsmerkmal anzusprechen. Zur Förderung des Haar=
wachstums dient reichliche Fütterung mit . Knorpeln und Knorpel=
gewebe, auch die Beigabe von Leinöl oder abgekochtem Leinsamen wird empfohlen.

Die beste Haarpflege ist die natürliche, d. h. gar keine. Außer der gleich zu besprechenden Beihilfe beim Abhaaren mache ich am Haar meiner Hunde nichts und habe stets gut und reichlich behaarte Hunde ohne jede Spur von Haarerkrankung gehabt. Freilich sind die den ganzen Tag im Freien, Sommer und Winter. Da tummeln sie sich nach Herzens=
lust, kämmen und bürsten sich beim Durchstreifen des Unterholzes, wälzen sich im taufeuchten oder regennassen Grase oder, besonders gern, im Schnee, baden auch ganz nach Belieben im Teich oder im nahen Flüßchen, üben somit die naturgemäße Haarpflege des stets gut behaarten Wildhundes aus. Solch günstige Haltungsbedingungen hat aber nicht jeder, dann muß freilich etwas Haarpflege mithelfen.

Unnötig viel, womöglich tägliches Kämmen und Bürsten, auch zu häufiges Waschen und Baden schadet; es verwundet, reizt und ver=
weichlicht die Haut, nimmt ihr und dem Haar das nötige Fett. Der Kamm, weder der hörnerne, noch gar das aus Draht hergestellte bürsten=
artige Martergerät, hat nichts mit der Haarpflege zu tun; er ist ein

Haarschädling, der Deck= wie Grundhaar gewaltsam ausreißt. Auch scharfe Bürsten oder Karbätschen taugen nichts, weichborstige können genommen werden. Am besten sind zwei Haarhandschuhe, von denen der eine so über die rechte Hand gezogen wird, daß die rauhe Borsten= seite auf deren Innenfläche liegt, während umgekehrt die Innenfläche der Linken mit der Stoffseite des anderen Handschuhs bekleidet ist. Mit beiden sich überall weich anschmiegenden Händen wird dann das ganze Haarkleid gut durchgearbeitet, rechts bürstend, links nachglättend; wo kein Haarhandschuh verhanden ist, tut es auch die bloße, leicht an= gefeuchtete Rechte, während die Linke mit einem Wollappen nachwischt.

Auch während des Haarwechsels ist Käm= men und hartes Bürsten von Übel; mit dem abgestorbenen wird auch das nach= wachsende Haar ausgerissen. Das tote Haar wird am einfachsten mit der bloßen, leicht angefeuchteten oder mit etwas Kolophonium bestreuten Hand entfernt; der Pfleger stellt sich dazu hinter den, vorn kurz hochgebundenen Hund und streicht gleichmäßig vom Kopf zur Kruppe über den Hund. Das einige Tage wieder=

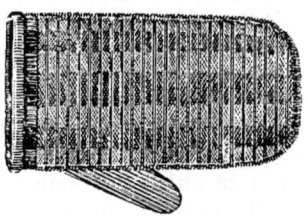

Abb. 347a. Haarhandschuh.

holt, gibt wieder einen glatten Hund, der keine lästigen Haarandenken an Kleidung und Zimmereinrichtung zurückläßt.

Unerfahrene Schäferhundbesitzer lassen ihren Hund wohl zur Sommerzeit scheren; natürlich im Glauben, ihm dadurch eine große Wohltat zu erweisen. Das ist ein arger Irrtum, und solch nackter Schäfer= hund, womöglich mit einem am Ende des Sterts stehen gelassenen Löwenpuschel, sieht entsetzlich schäferhundwidrig aus, ist sich dessen auch bewußt und versteckt sich am liebsten in irgend einem Schlupfloch, bis der Kummer vergessen und das natürliche Wurschtigkeitsgefühl obsiegt. Sofern nicht der Tierarzt einer schweren Allgemeinerkrankung der Haut oder des Haarbodens wegen solch Scheren anordnet, sei es zu unterlassen; des Hundes wegen. Von der Aufgabe des Haarkleides auch als Wärme= schutz habe ich oben schon gesprochen, dem kahl= geschorenen Hunde aber brennt die liebe Sonne, wenn sie wirklich mal da ist, unbarmherzig auf die dessen nicht gewohnte Haut und erzeugt da die

Abb. 347b.
Weiche Karbätsche.

nämlichen schmerzhaften und oft nicht ungefährlichen Folgen wie beim unklugen Menschen, der leichtsinnig ein zu lang ausgedehntes Sonnen= bad nimmt oder ungeschützte Hautteile zu starker Bestrahlung aussetzt: Sonnenbrand. Bei Nacht aber friert solch armer Geschorener, Regen und Wind durchkälten ihn und für alles fliegende Geschmeiß ist er ein hochwillkommenes Opfer, daher er sich möglichst verkriecht.

Ein bei Regenwetter kotig gewordener Hund sollte sich erst an bestimmtem Fleck trocknen können, sonst bringt er reichlich Schmutz ins Zimmer; geht das nicht, muß er vorm Betreten des Hauses mit einem feuchten Putzlumpen gut abgewischt werden. Angetrockneter Straßen= schmutz stäubt von selbst ab, soweit ihn der Hund nicht entfernt; sonst hilft weiches Bürsten, ein Bad ist deshalb nicht nötig, weil dieser Schmutz, auch Staub, bei einem gut behaarten Hunde gar nicht auf die Haut kommt.

Zu Zeiten zeigen manche Hunde auf dem Rücken, in der Nähe des Widerrists brüchiges Haar; meist im Hochsommer, wenn die Flöhe recht quälen und die Hunde sich zur Abwehr im Freien auf hartem Boden oder auf Holzstücken wälzen. Hier hilft, außer Entfernen der Ursache, Kaliseifenspiritus, mit einem Wattebausch mehrmals täglich auf der leidenden Haarstelle aufgetragen. Spiritus, besser noch Alkohol, zu 5:100 mit Perubalsam oder Lysol vermischt, ist überhaupt nützlich in der Haarpflege; er wirkt besonders gut gegen kahle, mit verdickter Haut, wohl auch mit Schorf versehene Druckstellen an Ellbogen und Sprung= gelenken, die sich die Hunde durch Liegen auf hartem Boden oder im gefrorenen Schnee zuziehen.

Wer Gelegenheit hat, seinen Hund freiwillig ins Wasser gehen zu lassen, soll das ja tun; selbst in der kälteren Jahreszeit schadet solch Bad dem Hunde nichts, wenn nicht gerade klingender Frost ist und der Hund Gelegenheit hat, sich danach tüchtig aus= und wieder trocken zu laufen. Muß ab und zu zu Reinigungszwecken, in der schmutzigen und rußigen Stadt unvermeidlich, gegen Ungeziefer oder zur Vorbeuge gegen Haut= erkrankungen ein warmes Bad gegeben werden, so findet diese Handlung beim Hunde meist wenig Gegenliebe, das Eingenäßtwerden ist selbst dem dicksten Wasserfreunde zuwider. In einzelnen Großstädten gibt es gut eingerichtete Hundebäder; wo sie fehlen, oder wo die Gefahr der Über= tragung von Haut= und Haarkrankheiten nicht ausgeschlossen ist, muß zum Hausbad gegriffen werden. Dazu wird der Hund in eine Bütte mit lauwarmem Wasser gestellt, dem Wasser wird etwas Lysol o. ä. bei= gemischt. Während ein Helfer den Hund am Halsbande festhält, über= gießt ihn der andere zunächst mit Wasser und seift ihn dann mit einer nicht zu scharfen Seife gut ein, wobei das Fell mit den Fingern, jedoch immer dem Strich der Haare folgend, gut durchgearbeitet wird. Dem Abseifen folgt ein gründliches Abspülen mit reinem Wasser, wozu auch ein an die Leitung geschraubter Schlauch mit nicht zu starkem Druck genommen werden kann. Das Schlauchmundstück wird so gehalten, daß der leichte Strahl gegen den Haarstrich geht, somit unter dem Deckhaar durch auf Wolle und Haut kommt. In dieser Weise, aber ohne voran= gegangenes Bad, spritze ich auch im Sommer meine Hunde häufiger ab, wenn das Wetter recht heiß und der Floh zu vermehrungslustig wird. Vor dem Wasserstrahl zieht sich das Geziefer auf einige Rettungs= inseln zurück, von denen es dann mit engem, stumpfen Hornkamm ab= gekämmt werden kann; das muß auch nach jedem warmen Bade ge= schehen, denn das Lysol betäubt die Hüpfer und Krabbler nur, tötet sie nicht. Nach dem Bade soll der Hund sich tüchtig abschütteln können, dann wird er mit groben Tüchern oberflächlich trocken gerieben. Bei trocknem, warmem Wetter tummelt er sich darauf am besten im Freien völlig trocken, bei kühlem feuchten und windigen Wetter muß er das im Zimmer tun. Junghunde sollten wegen der Erkältungsgefahr nur, wenn es dringend nötig, so gründlich gebadet werden; Welpen aber bloß, wenn die Ungezieferplage im Nest gar zu groß geworden ist; sie müssen nach dem Bad aber unter Decken am Herd trocknen.

Sogenannte Trockenwäsche ist zu verwerfen. Das erst mühsam auf die Haut gebrachte Waschpulver ist nur schwer wieder zu entfernen und verklebt und reizt die Haut, statt sie zu reinigen. Auch vom äußerlichen Einfetten des Haars oder des Haarbodens — bisweilen zur Ungeziefervertilgung empfohlen — halte ich nichts; dadurch wird nur Schmutz angesammelt und die Hautausdünstung behindert.

Abb. 348.

Gegen Ungeziefer: Flöhe, Haarlinge, Läuse und Zecken, auch gegen die Räudemilben, hilft am besten Vorbeugen, häufiges Nachsehen und Reinlichkeit. Floh und Haarling sind Zwischenwirte für einen Hundebandwurm, also schon deshalb gefährlich, weil der Hund sie mit den Zähnen knackt und dabei leicht den Bandwurmkeimling aufnimmt. Der **Hundefloh** ist ein läftiger Blutfauger, der übrigens den Menschen nicht mag, schleunigst von dem ihm nicht mundenden wieder Abschied nimmt, bis dahin aber durch seine Lebhaftigkeit läftig wird. **Haarling** und **Laus** sind 1—2 mm große milbenartige Tiere; die blut= saugende Laus ist nicht so häufig wie der Haarling, der sich von Haut= schuppen und Haaren nährt, an sich also wenig schädlich wäre. Alle drei Geyieferarten quälen ihre Träger aber mehr oder weniger durch leb= haftes Krabbeln, stören ihnen die Ruhe und veranlassen sie, wenn sie überhand nehmen, zu argem Beißen und Kraten, was zu Hautent= zündungen u. a. führen kann. Außer dem Hunde selbst ist auch dessen Lager sauber zu halten, Decken oder Kissen sind häufig zu sonnen und aus= zukochen, die Einstreu ist regelmäßig zu erneuern. Dabei kann das Lager und die Hütte mit Insektenpulver eingestreut, auch mit Kienöl aus= gestrichen werden; harzreiche Holzwolle von Nadelhölzern gilt als flohvertreibend.

Die **Zecken** oder **Holzböcke** holt sich der Hund beim Herum= streifen im Freien; in einzelnen Gegenden sitzen sie in Mengen im Unter= holz und im Grase und lauern auf nahende Beute. Die 1—2 mm großen Zecken saugen sich meist am Oberkopf, im Genick und an der Vorder= brust fest und schwellen dann mit ihrem ganzen Hinterleib bis zu Erbsen= größe und mehr an. Werden die festgesaugten mit Benzin, Terpentin= oder Erdöl bestrichen, so sterben sie und fallen ab. Das gewaltsame Ausziehen mit den Fingernägeln oder einer kleinen Federzange muß sehr vorsichtig geschehen, sonst reißt der aufgeschwollene Blutsack ab; der in der Haut steckenbleibende Kopf kann dann zu Entzündung und Vereiterung führen.

Ich möchte übrigens bei Erwähnung dieses dem Hunde im Freien auflauernden Schädlings einer anderen, wesentlich schlimmeren Ge= fährdung gedenken, die freilich hauptsächlich nur den stöbernden Dienst= hund bei der Suche treffen wird: der **Brennesseln.** Äußerlich vermögen die freilich dem Hunde, dank seiner dichten Behaarung, nichts anzuhaben, arbeitet sich aber ein Hund durch einen dichten Brennesselbestand, so streift er dabei die ätenden Nesselhaare ab, die, in Massen auf die Schleimhäute gelangt, dort in den Nasengängen und der Luftröhre schwere Entzündungen, ja plötlichen Tod herbeiführen können, wie Jäger nicht selten erfahren mußten, die ihre Hunde durch Nesseldickichte stöbern ließen.

Gegen die **Räudemilben** — es gibt deren zwei bekanntere: die minder schlimme **Krätmilbe** (Sarcoptes) und die sehr üble **Balg=** oder **Haarsackmilbe** (Acarus) — hilft am sichersten Sauberkeit, Vor= sicht, Verhütung von Ansteckung und fortwährende genaue Besichtigung des Hundes. Zeigt sich ein verdächtiger Befund, dann sofort zum Tier= arzt, der mit Hilfe des Kleinsehers eine eingehende Untersuchung vor= nehmen muß und der dann allein eine sicher zu Erfolg und Heilung führende Behandlung anordnen kann. Neuerdings sind auch Versuche zur Räudebehandlung mit Gas gemacht worden. Wie Frickhinger im „Kosmos" berichtete, hat sich Schwefeldyoxyd gegen die Krätmilbe und die Ohrräudemilbe (Dermatophagus) sehr gut bewährt, ebenso gegen Flöhe, Läuse und Haarlinge. Für die Milbenvertilgung erwies

fich eine zweimalige Vergafung innerhalb von 10—12 Tagen als aus=
reichend, das Verfahren darf jedoch nur unter Heranziehen eines Tier=
arztes durchgeführt werden, da es, wie auch die Vergafung anderer
Tierarten ergab, unter Umständen von Folgeerscheinungen begleitet
sein kann. Vergafungsvorrichtungen stehen in Berlin bei der Tierärzt=
lichen Hochschule und in München bei der „Bayerischen Gesellschaft für
Schädlingsbekämpfung"; die beweglichen Holzzellen dieser können auch
nach auswärts verfrachtet werden. Die Balgmilbenräude beginnt in
der Regel am Kopf, namentlich an den Augenbogen, ferner an den
Ellbogen und an den Pfoten; dort bilden fich kleine haarlofe Stellen,
die fich mit grauen, kleieartigen Schuppen bedecken. Die Krätzmilbe
zerstört nicht wie die Balgmilbe die Haarbälge, sondern bohrt Gänge
unter der Haut; fie vermehrt fich ungemein schnell und führt zur
Rötung, zur Bläschenbildung und zum geschwürigen Zerfall der an=
gegriffenen Haut. Beide Räudearten find übertragbar, von Hund zu
Hund, aber auch von Hund zu Menfch — die Balgmilbenräude aller=
dings wohl nur selten —, daher ift auch bei der Pflege räudekranker
Hunde Vorficht nötig. Gegen die verfchiedenen pilzartigen Schäd=
linge der Haut und des Haares kann gleichfalls nur tierärztliche Be=
ratung helfen; jede Laienpfuscherei verfchlimmert folche Leiden nur
und erfchwert die fpätere Behandlung.

Ich komme nunmehr zu den Zähnen, ihrer Entwicklung und
Behandlung. Der Hund hat, wie jedes Säugetier, ein Milch= und ein
bleibendes Gebiß. Im Milchgebiß hat er 12 Schneide=, 4 Fang= oder
Haken= und 16 vordere, wechselnde oder unechte Back= oder Lückenzähne
(Prämolaren), im ganzen 32 Zähne. Zu diefen treten beim Zahnwechfel
noch 10 echte oder bleibende Back= oder Mahlzähne (Molaren), 4 im
Ober=, 6 im Unterkiefer, fo daß der erwachfene Hund 42 Zöhne befitzt.
Seine Zahnformel lautet daher:

$$\text{Sch}\ \frac{3 \cdot 3}{3 \cdot 3}\ \text{F}\ \frac{1 \cdot 1}{1 \cdot 1}\ \text{L}\ \frac{4 \cdot 4}{4 \cdot 4}\ \text{m}\ \frac{2 \cdot 2}{3 \cdot 3} = 42$$

wobei die über dem Strich stehenden Zahlen die Zähne des Oberkiefers
bedeuten, der Punkt die beiden Seiten trennt. Bei den Schneidezähnen
werden noch die vier Zangen unterschieden, je die innerften oder mittelften
Zähne des Gebiffes; ihnen folgen die vier Mittelzähne und schließlich
die vier Eckzähne, die alfo jeweils die äußeren Zähne der Schneidezahn=
gruppe im Ober= und Unterkiefer find. Die vier Fangzähne, die ftärkeren
fitzen im Oberkiefer, dienen beim Wildhunde und entfprechend beim
Haushunde zum Faffen und Fefthalten, beides unter Mitwirkung der
Schneidezähne, die Schneidezähne zum Zerteilen der Nahrung, die Back=
zähne schließlich zum oberflächlichen Zerkauen der von den Schneide=
zähnen losgeriffenen großen Brocken und zum Zermalmen der Knochen.
Die vier größten unter den Backzähnen, überhaupt die mächtigften
des ganzen Gebiffes, heißen Reiß= oder Fleischzähne. Es find das im
Oberkiefer die erften wechfelnden, im Unterkiefer die erften echten Back=
zähne, jeweils alfo die dritten Zähne vom Gaumen aus; die beiden
Reißzähne des Unterkiefers find, umgekehrt wie bei den Fangzähnen,
die ftärkeren.

Der Welp wird zahnlos geworfen, mit Beginn der dritten Woche etwa beginnen die Schneidezähne durchzubrechen; die Zangen des Unter=kiefers kommen zuerst. Es folgen dann mit Beginn der vierten Woche etwa die Fangzähne, während die Lückenzähne, der obere Reißzahn zuletzt, zwischen dritter und achter Woche etwa durchbrechen. Bisweilen kurz darauf, meist aber doch erst gegen Anfang des vierten Monats beginnt der Wechsel, zunächst wieder der Schneidezähne, dem sich der der Fangzähne anschließt, die bis zum sechsten Monat, oft schon früher ersetzt sind. In dieser Zeit bricht auch der — nicht wechselnde! — vor=derste der Lückenzähne, oben und unten ein kleines Ding, durch, während der obere Reißzahn wechselt, der untere erscheint. In den nächsten Wochen folgen dann noch die letzten nicht wechselnden Mahlzähne, auch hier die beiden letzten nur kleine Dinger, so daß der Hund mit dem achten, neunten Monat alle seine Zähne hat. Ein Junghund, der die hat, ist also mindestens dreivierteljährig.

Diese und die vorstehenden Zeitangaben sind aber auch die einzigen einigermaßen zuverlässigen Anhaltspunkte, die sich für die Alters=bestimmung des Hundes geben lassen. Es sollen zwar nach Frank die Lappen am innersten Schneidezahnpaar, den Zangen, schon im ersten bis zweiten Jahr verschwinden, die Lappen an den Mittelzähnen im Jahre darauf und die an den Eckzähnen schließlich mit vier bis fünf Jahren. Diese Angaben, ebenso wie die über das Abschleifen der Kronen und Spitzen oder das Ausfallen ganzer Zähne, können aber niemals sicheren Anhalt geben, da die Erscheinungen von der Beschaffenheit des Gebisses und der Verwendung, Haltung und Ernährung des Hundes abhängig sind. Ist das Alter eines Hundes nicht aus dem Zuchtbuch festzustellen, so kann es immer nur schätzungsweise angegeben werden, wobei grobe Irrtümer unterlaufen können, da schlecht gezüchtete und gehaltene Hunde wenig widerstandsfähig sind und oft schon in einem Alter greisen=haft erscheinen, in dem weder überzüchtete, noch in der Zucht aus=gebeutete, aber verständig gehaltene und gearbeitete Tiere noch völlig jugendfrisch und voller Leben sind. Trübewerden der Augen, Verlust des Gesichts und Gehörs, bisweilen auch ein leichter Anflug um den Fang und über den Augenbogen sind meist sichere Zeichen für höheres Alter.

Gesunde und kräftige Welpen überstehen Zahndurchbruch und =wechsel in der Regel ohne besondere Zwischenfälle. Bei überzüchteten, schwächlichen und verzärtelten Jungtieren geht die Zahnzeit dagegen meist nicht so glatt vorüber. Verzögertes Zahnen und Wechseln der Zähne kommt ohnehin einer Erkrankung gleich, als Folge= oder Begleit=erscheinungen treten in dieser Zeit aber gern auch noch Krankheiten auf, deren Folgen geschwächte Jungtiere nicht selten erliegen; bei über=reizten, nervenschwachen zeigen sich bisweilen Krampferscheinungen. Die Milchzähne fallen bisweilen nicht von selbst aus, die Ersatzzähne, namentlich bei den Fangzähnen kommt das häufig vor, brechen dann neben den Milchzähnen, aber in unregelmäßiger Stellung durch; dann müssen die Milchzähne schleunigst entfernt werden.

Während der gesund gezüchtete und gehaltene Junghund auch ein kräftiges gesundes Gebiß nachschiebt, läßt das Ersatzgebiß schwer zahnen=der Hunde meist von Anbeginn zu wünschen übrig; der Schmelz ver=

dirbt schnell, die Zähne werden erst gelb, dann braun und faulig. Das wird meist fälschlich als „Staupe=" oder „Suchtgebiß" bezeichnet, hat mit der Staupe aber nur insofern zu tun, als solche Hunde oft von schwer von der Staupe mitgenommenen Eltern stammen. Solches Gebiß kann eine Folge der Knochenweiche (Rachitis) sein, die auf Mangel an Kalk und Salzen in der Muttermilch und Nahrung und im Unvermögen des geschwächten Körpers zum Verwerten dieser Stoffe beruht, kann aber auch mit allgemeiner Körperschwäche zusammenhängen und sollte in beiden Fällen seinen Träger von der Zuchtverwendung ausschließen, wenn auch noch andere Merkmale auf die erwähnten Ursachen hindeuten. Andererseits kann dies fälschliche Staupegebiß, auf dem — weil es leicht erkennbar ist — manche Kenner ebenso herumreiten, wie auf Ohren= und Rutenfehlern, sehr wohl auch nur auf äußere, die Zähne schädigende Einflüsse zurückzuführen sein: zu heißes Futter, dauerndes Breifutter ohne Zwang zum Gebrauch der Zähne, Spielen mit Steinen und schließ= lich auf Zahnsteinbildung. Zahnstein, der auch das Zahnfleisch wund und schmerzhaft macht, muß, wo er sich bildet, rechtzeitig entfernt werden. Das kann nur mit Gewalt, durch Abkratzen mit einem kleinen Haken etwa, geschehen; das hat natürlich kein Hund gern. Besser daher, es nicht erst zur Zahnsteinbildung kommen zu lassen. Zweckmäßiges Futter, bei dem der Hund kauen muß, Kuchen also oder Hartbrot, ist die beste Vorbeuge; damit putzt er sich selbst die Zähne. Das Putzen durch den Pfleger wird ja oft empfohlen, soll regelmäßig mit Bürste, Kreide oder anderem Pulver erfolgen, geht vielleicht auch bei kleinen Rassen, aber bei Schäferhunden Ich fürchte, ein solcher würde seinem Pfleger, der ihm derartiges zu= mutete, auf ewig gram. Selbstverständlich könnte man Hunden schad= hafte Zähne ebenso behandeln und füllen, wie anderen Tieren, die Einlage wird nur wohl nicht lange halten, wenn der Hund seine Zähne weiter in beliebter Weise zum Knochenzermalmen braucht. Der reizende Einfluß des Zahnsteins kann zu Blutungen und Vereiterungen des Zahn= fleisches, schließlich zur Mundfäule führen; ein solcher Hund haucht einen stinkenden Atem aus, ist also ein sehr unerfreulicher Hausgenoß. Dem kann wohl vorübergehend durch Ausspülungen mit einer Lösung von übermangansaurem Kali im Stärke von 2:100 abgeholfen werden, aber die verletzte Mundschleimhaut kann die Eingangspforte für allerlei schädigende Kleinlebewesen werden. Daher für baldige Zahnstein= entfernung zu sorgen ist, wenn sich stärkerer Belag zeigt; gegen die Bil= dung von Zahnstein werden regelmäßige kleine Gaben von Kochsalz oder doppelkohlensaurem Natron ins Trinkwasser, ein Teelöffel auf einen Liter Wasser, empfohlen.

Aufmerksamkeit ist schließlich auch den Krallen des Hundes zu widmen. Zweckmäßig gehaltene Hunde mit tüchtigem Auslauf nützen ihre Krallen so ab, daß nichts daran zu geschehen braucht; auch Ver= wachsungen sind da selten. Bei Stubenhunden dagegen, die wenig und nur auf ebenem, glattem Boden laufen, wachsen die Krallen schneller nach, als sie abgenützt werden; man hört dann ein störendes Trapsen, wie wenn der Knochenmann über die Dielen schleicht. Da solche Krallen leicht verwachsen, auch ins Fleisch, brüchig werden und vereitern, der Hund sich damit auch arg kratzen kann, müssen sie rechtzeitig gekürzt

werden; das geschieht am besten mit einer sehr scharfen kleinen Kneif=
zange oder mit einer kneifzangenartig gebauten Fußnagelschere. Die
Krallen sind zuvor durch ein warmes Fußbad oder durch eine Öleinreibung
zu erweichen und geschmeidig zu machen; beim Schneiden hält man sie
gegen das Licht, um nur das tote Horn zu fassen.

Ich komme nun zu den Krankheiten des Hundes und werde da
vielleicht manchen Leser enttäuschen, denn ich werde mich so kurz wie
möglich fassen und vor allem nichts über Behandlung sagen. Ich bin
nämlich der Ansicht, daß dies allein Sache des dazu berufenen Sach=
verständigen, also des Tierarztes ist. Unsere Tierärzte lernen und
arbeiten auf den Hochschulen fast am meisten am Hunde; wenn dann
später im Beruf manche aus der Hundeübung kommen, so liegt das nicht
an ihnen, sondern lediglich an den Hundehaltern, die lieber Hunderte
von Mark auf· Geheimmittel und Pfuscherschwindel wenden, als zum
Arzt zu gehen. Bei dem großen Aufschwung, den die deutsche Hunde=
zucht genommen hatte, gab und gibt es aber überall, sicher in jeder
größeren Stadt, Tierärzte, die sich die Behandlung von Hunden zur
Sonderaufgabe gemacht haben. Gewiß mag es einzelne Hundehalter
geben, die durch Beobachtung und reiche Erfahrung soweit gekommen
sind, daß sie in manchen Fällen eine durchaus zweckmäßige Behandlung
einleiten, die nicht schadet und die Selbstheilungsbestrebungen der
Natur unterstützt. Sowie aber der Ehrgeiz sie kitzelt und sie ihre Er=
fahrungen der Allgemeinheit preisgeben wollen, schaden auch sie, weil
sie andere zum Quacksalbern verleiten. Wird dann endlich der Tierarzt
doch herangezogen, kann auch er in schweren Fällen nichts mehr tun,
namentlich wenn das kranke Tier durch verkehrte Laienbehandlung
schon vorher nahezu vom Leben zum Tode gebracht war. Schlimmer als
die Pfuscher auf eigene Hand, die schlimmstenfalls nur sich selbst schädigen,
sind die berufsmäßigen, die allerlei Geheimmittel, von den törichtsten
bis zu hochwissenschaftlich klingenden, vertreiben. Zweck aller dieser
Mittel ist ja nicht, dem kranken Tier, sondern dem kranken eigenen Beutel
zu helfen. Daher die unzähligen unfehlbaren Mittel wider Staupe,
Würmer und andere Gebresten, die mit Gutachten und Dankäußerungen
„Geheilter" in die Welt posaunt werden, weil zum Glück in vielen Fällen
der Hund auch trotz dieser Mittel von selbst wieder gesund geworden ist.
Ebenso bedenklich wie Laienbehandlung ist die briefliche. Abgesehen
davon, daß der Rat da meist zu spät kommt, sind die wenigsten Laien
imstande, eine einigermaßen genaue Krankheitsbeschreibung zu geben,
auf die hin der Arzt zweckmäßige Behandlung vorschreiben könnte.

Der Neuling wird zumeist gar nicht beurteilen können, ob es sich
bei einer Erkrankung seines Hundes um einen ernsthafteren Fall handelt
oder nicht; er soll sich also gleich guten Rat einholen, ehe der leichte Fall
zum schweren wird. Der erfahrene Hundehalter aber wird gelernt haben,
daß gutes Futter und zweckmäßige Haltung die beste Vorbeuge gegen
Krankheit ist und daß er selbst dann nicht mehr viel tun kann. Zur Vorbeuge
gehört auch Vorsorge gegen Ansteckungen. Ansteckungskeime werden
meist durch andere Hunde und ihre Ausscheidungen verbreitet — dabei
können längst genesene oder ganz gesund erscheinende versteckte Träger
und Ausscheider der Erreger sein —, Haut= und Haarkrankheiten auch

durch die Lagerplätze, Ausrüstungsstücke usw. der Hunde. Daher Vor=
sicht solchen Dingen gegenüber, Vorsicht auch beim Umgang mit anderen
unbekannten Hunden. Eine ganz besonders grobe, leider aber
häufig genug zu findende Rücksichtslosigkeit ist es, einen
kranken Hund einem anderen Hundehalter ins Haus zu
bringen; sei es um sich „fachmännischen" Rat zu holen, auf deutsch:
die Arztkosten zu sparen, sei es zum Belegenlassen. Gegen solche Brüder
helfen nur bereitgehaltene Handgranaten. Derartige Harmlose sollten
auch stets und ohne Rücksichtnahme für jeden Schaden haftbar gemacht
werden, solche Leute können nur durch harte Bußen zur Erkenntnis
gebracht werden, daß es außer ihnen auch noch andere Menschen auf der
Welt gibt. Wer sich über Krankheitserscheinungen unterrichten will,
um rechtzeitig gewarnt zu sein und um in dringenden Fällen sachgemäß
handeln zu können, bis der Arzt kommt, findet die nötige Aufklärung
in einigen gemeinverständlich geschriebenen Büchern wie: Braun,
Handlexikon der Hundekrankheiten; Hilfreich, Der kranke Hund; Kon=
häuser, Die Krankheiten des Hundes; Müller, Der kranke Hund;
Üblacker, Der Hundearzt.

Allgemeine Krankheitserscheinungen sind Nachlassen der
Munterkeit, Neigung sich in dunkle Ecken zu verkriechen, schlechte Futter=
aufnahme, Unregelmäßigkeiten in der Entleerung, wiederholtes Er=
brechen, trübe Augen, Struppigwerden des Haares und bei fieber=
haften Zuständen warme und trockene rissige Nase. Der Nasenzustand
ist übrigens kein ganz unbedingt sicheres Erkennungsmittel für krank=
oder fieberhaften Zustand. Eine warme und trockene Nase haben Hunde
auch nach längerem Aufenthalt in überhitzten, lufttrockenen Räumen
und bei Arbeit in großer, trockener Hitze, nach Hauck auch bei leichtem,
nicht fieberhaftem Schnupfen und nach dem Wühlen in Sand oder Erde.
Die Nase fühlt sich dann aber, wenn auch warm, doch glatt an, hat
nicht das rauhe, rissige Aussehen einer Fiebernase. Die kühle, feuchte,
glatt=glänzende Nase ist in der Regel ein Zeichen guten Gesundheits=
zustandes, wenngleich nach Hauck auch bei kalter Nase Fieber vorhanden
sein kann. Den Pulsschlag des Hundes fühlt man an der inneren Seite
des Unterschenkels, etwa in der Mitte, dicht unter dem Knie. Er wechselt
beim gesunden Hunde zwischen 70 und 120 Schlägen in der Minute,
je nachdem der Hund ruhte oder in Bewegung war. Die Körperwärme
wird mit einem Fiebermesser, dessen Spitze mit Öl oder Salbe bestrichen
wurde, im After gemessen. Der Hund muß dabei vorn festgehalten und
selbstredend am Niedersitzen gehindert werden. Die natürliche Körper=
wärme des gesunden Hundes liegt zwischen 38,5 und 39° C, ist also
erheblich höher als die menschliche.

Den Entleerungen des Hundes muß dauernd Aufmerksamkeit
gewidmet werden, weil ihre Beschaffenheit und die Art des Absetzens
auf Gesundheit oder krankhaften Zustand schließen lassen. Der Kot
ist je nach der Ernährung mehr oder weniger wurstartig bis breiig;
Abweichen nach der einen oder anderen Richtung läßt sich durch zweck=
entsprechende Änderung der Ernährung regeln. Starke Verhärtung
oder Dünnflüssigwerden deuten immer auf Verdauungsstörungen,
namentlich wenn Veränderungen der Farbe auftreten und in größerer

Menge unverdaute Reste ausnutzbarer Nahrungsmittel oder gar Schleim, Wasser und Blut beigemischt sind. Mit dem Kot werden zuweilen auch Grasballen abgesetzt, von zu innerer Reinigung aufgenommenem Gras; ferner in der Haarzeit verfilzte Ballen·von abgeledtem Haar, die zu bösartigen Verstopfungen führen können, schließlich Eingeweidewürmer oder Teile davon (Bandwurmglieder). Schmerzen beim Kotabsatz und Stuhlzwang deuten auch auf krankhafte Erscheinungen. Gesunder Harn ist hell= bis dunkel= oder rotgelb und klar; Abweichungen in der Farbe, Trübung, Blutbeimischung, übler Geruch, schmerzhaftes und tröpfelndes Absetzen sind Krankheitszeichen. Eingeschaltet sei hier, daß viel im Hause gehaltenen Hunden häufig und in regelmäßigen Zwischenräumen Ge= legenheit zum Lösen gegeben werden muß; das Zurückhalten von Kot und Harn kann den Grund zu langwierigen Darm= und Blasenleiden legen.

Einem Hunde Arzneien einzugeben ist nicht so leicht. Pillen und ähnliches legt man bei leicht gehobenem Kopf und geöffnetem Fang auf die Zunge, schiebt sie dann mit dem Zeigefinger möglichst weit hinunter. Das Aufmachen des Fanges besorgt man am einfachsten mit der geöffneten linken Hand, indem man mit dieser, Daumen und Zeige= finger hinter die beiderseitigen Fangzähne einschiebend, über Oberkiefer und Nasenrücken des Hundes fortgreift. Pulver, die sich sofort von selbst lösen, schüttet man einfach auf die Zunge: darauf hält man den Fang zu, um ein Auswerfen mit dem Speichel zu verhüten. Schwer oder nicht lösliche Pulver werden, in eine Oblate eingehüllt, gleich einer Pille eingegeben, um das Eindringen des Pulvers in die Luftröhre zu vermeiden. Flüssige Arzneien gießt man mit einem Löffel in die Maulhöhle. Besser noch läßt man dem Hunde den Fang zuhalten und bildet nahe dem Mundwinkel durch Seitwärtsziehen der Unterlippe eine Falte, in die man die Lösung aus einem Fläschchen fließen läßt. Auch hier sei der Kopf nur mäßig gehoben, um ein Eindringen der Arznei in die Luftröhre zu verhindern. Zum Schlucken zwingt man den Hund, indem man ihm die Nase zuhält. Läßt ein Hund sich nicht gutwillig eingeben, so muß sich ein Gehilfe so über den sitzenden Hund stellen, daß er Brust und Hals des Widersetz= lichen zwischen den Knien einklemmen kann.

Die gefährlichste Hundekrankheit ist die Staupe, volkstümlich auch Sucht genannt, womit der kleine Mann und der Neuling grundsätzlich jede Erkrankung des Hundes, namentlich eines jüngeren, bezeichnet, daher die große Unklarheit über die Krankheit selbst und die Unzahl der Haus= und Heilmittel, die vom stinkenden Käse und alten Hering und über das Ausdrücken der Afterdrüsen zu jedem neuzeitlichen Mittel gehen. Käse und Hering wären dabei noch nicht mal so ganz verfehlt, denn sie besorgen wenigstens eine Darmreinigung; die Afterdrüsen aber, deren der Hund mehrere rund um die Afteröffnung besitzt, haben mit der Staupe gar nichts zu tun. Ihre zur Erleichterung des Kot= absatzes nötige, aber höchst unerfreuliche Absonderung kann jederzeit durch Druck entleert werden, sie sieht für den Laien immer eitrig aus, ist es aber nicht; bei Fieber tritt aber nicht eine Vermehrung, sondern umgekehrt eine Minderung dieser Absonderung ein. Ohne jeden Zu= sammenhang mit der Staupe verhärten diese Drüsen nicht selten bei

488

unzweckmäßig gehaltenen und gefütterten älteren Hunden und geben
dann, ebenso wie juckende Eingeweidewürmer, zu dem bekannten
Schlittenfahren Anlaß. Bei Schäferhunden habe ich diese Drüsenver=
härtung übrigens noch nicht bemerkt, bei Hunden anderer Rassen früher
häufig. Das mag an der Rasse liegen, die sich Bewegung macht, wo sie
kann; ob die Verhärtung bei im Zwinger oder vorwiegend im Zimmer
gehaltenen Schäferhunden zu finden ist, kann ich nicht sagen.

Von der Staupe wissen wir heute, daß sie eine ansteckende Krank=
heit ist, die in verschiedenen Erscheinungsformen auftritt, auch nicht
bloß auf einen Erreger zurückzuführen ist. Deren einer wirkt mehr auf
die die Atmung, der andere mehr auf die die Verdauung besorgenden
Körperteile, beide haben vermutlich, um wirksam zu werden — denn
diese bekannten Erreger sind überall und dauernd verbreitet —, die
Vor= und Mitarbeit eines weiteren Spaltpilzes, des Carrèschen, zur
Vorbedingung, der infolge seiner Kleinheit persönlich noch nicht faßbar
war. Die Krankheitserscheinungen beschränken sich nicht bloß auf die
Luftwege — gehen von da leicht auf Augen und Ohren über, enden meist
in Lungenentzündung —, oder auf schwere Magen= und Darmstörungen
mit sehr übelriechenden, erst wässerig=schaumigen, dann grünlichen,
schließlich schwärzlich=blutigen Durchfällen; sie bewirken nicht selten auch
einen eitrigen Pustelausschlag auf dem ganzen Körper, ja sie können in
besonderer Form und immer anders, jeden einzelnen Körperteil er=
greifen, und führen schließlich, wenn nicht zweckmäßig eingegriffen wird,
oder wenn es sich um einen ohnehin nervenschwachen Hund handelt,
meist zu sehr schweren Nervenerscheinungen, die zunächst mit Zuckungen
einzelner Muskelgruppen am Kopf oder an den Läufen beginnen und
zur Lähmung der Gliedmaßen, auch des Unterkiefers, oder zur Ent=
zündung des Rückenmarkes und des Gehirns und zu schweren Gehirn=
krämpfen führen können. Ob diese Nervenstaupe auf einen besonderen Er=
reger zurückzuführen ist oder nur auf die Wirkungen eines von den anderen
Krankheitsstoffen ausgeschiedenen Nervengiftes, steht heute noch nicht
fest; jedenfalls ist sie die schwerste Form der Staupe. Die Erscheinungen
brauchen nicht den eben beschriebenen Weg: Luftröhren=, Darm=, Haut=
und Nervenstaupe zu durchlaufen, sie können gleichzeitig bestehen, neben=
einander ausbrechen, bisweilen aber folgt die eine Form nach
wochen=, selbst monatelanger Pause und scheinbar unabhängig der
anderen, während wiederum manchmal die Erkrankung sichtbar gleich
mit der Nervenstaupe beginnt. Diese Form befällt am schwersten und
sichersten alle irgenwie überzüchteten Hunde, die Zwingertiere und die
Nachkommen schwer staupekrank gewesener Hunde, deren nerven=
und lebensschwache Verfassung den Angriffen der Staupeerreger nur
geringen Widerstand entgegenzusetzen vermag. Hat die Nervenstaupe
eingesetzt, dann ist eine genügend starke Morphiumgabe das beste: die
erlöst den Hund dauernd von Schmerzen und freudloser Zukunft, den
Besitzer aber von der Qual, diese Schmerzen und seine verfehlte Hoffnung
noch länger ansehen zu müssen. Selbst wenn der Hund mit dem Leben
davon kommt, die Zuckungen bleiben und führen schließlich zu Ver=
kümmerung und Lähmung. Besonderen Nervenmitteln mag es manchmal
gelingen, sie zu mildern und die schlimmsten Folgen zu beseitigen, zücht=

unbrauchbar aber sind solche Tiere auf jeden Fall geworden. Wer geistes=
schwache oder =kranke Hunde und Nervenkrüppel züchten will, mag es
mit ihnen versuchen: wer aber Schäferhunde züchten will, ver=
sündigt sich an der Rasse, benützte er mit dem Verfallmal
gezeichnete Tiere zur Zucht.

Die Staupeerreger scheinen nicht immer die gleiche Giftkraft zu
haben, die Krankheit tritt zu Zeiten verhältnismäßig milde, zu anderen
Zeiten aber ungemein bösartig auf. Saugwelpen soll sie am seltensten
befallen, je älter der Hund, je kräftiger er genährt und je zweckmäßiger
er gehalten, desto leichter übersteht er den Angriff, der auch nicht jeden
Hund treffen muß. Am gefährlichsten wird ein Befall in der Zeit des
Zahnwechsels, der ohnehin schwächend und reizend wirkt; auch starke
Wurmbelastung erhöht die Gefahr, weil da ein schwerer Schädling zum
anderen kommt. Einmal erkrankt gewesene Hunde sind im allgemeinen
staupefest geworden, eine Neuerkrankung ist zwar nicht völlig aus=
geschlossen, aber sehr selten; ist ein Hund erst einmal aus den Kinder=
schuhen heraus, etwa anderthalb Jahr geworden, dann befällt ihn die
Staupe, wenn überhaupt, meist nur mehr leicht. Der Ansteckungsstoff
wird von Tier zu Tier übertragen; durch dies selbst oder durch mit ihm
und seinen Ausscheidungen in Berührung gekommene Gegenstände.
Gemeinhin wird eine Frist von 4—7 Tagen für die Zeit von erfolgter
Ansteckung bis zum Ausbruch der Krankheit gerechnet, doch kann ein
Hund auch wochenlang die Ansteckungskeime in sich tragen; körperliche
Schwäche, Überanstrengung, Blutverlust, Erkältungen und Verdauungs=
störungen begünstigen nach Hauck die Ansteckung. Im übrigen sind für
die Erhaltung der Gesundheit und das Auftreten einer Krankheit an=
geborene Körperbeschaffenheit und Veranlagung von größerer Be=
deutung als die Krankheitskeime selbst, die erst auf der Aufnahme
günstigem Boden ihre Angriffskraft betätigen können.

Aus der Verschiedenartigkeit der Erreger und der Krankheitsformen
ergibt sich schon, daß es kein Allheilmittel gegen die Staupe geben kann.
Das beste und einzige ist Vorbeuge und, wenn die Krankheit trotzdem zum
Ausbruch kommt, sachverständige Behandlung ohne jeden Pfuscherei=
versuch. Vorbeuge kann ausgeübt werden durch vernünftige Zucht,
durch kräftige Fütterung, zweckmäßige Haltung und Vermeiden aller
Dinge, die den überall vorhandenen Erregern den Eintritt in den Körper
erleichtern: Erkältungen, Zahnerkrankungen, Magen= und Darm=
störungen einschließlich der durch Würmer und Wurmmittel veranlaßten.
Weitere Vorbeuge ist möglich durch regelmäßige Schutzimpfungen, die
aber alle vier bis sechs Wochen wiederholt werden müssen, jedenfalls
aber dann, wenn besondere Ansteckungsgefahr droht, z. B. bei stärkerem
seuchenhaften Auftreten der Krankheit oder vorm Besuch von Aus=
stellungen. Auch zu Heilzwecken dienen die Impfungen, müssen aber
mit anderer sachgemäßer Behandlung Hand in Hand gehen; welcher
Impfstoff von den zahlreichen heute schon vorhandenen der beste zur
Vorbeuge und der geeignete zur Behandlung ist, kann nur der kundige
Fachmann entscheiden. Neuerdings sollen sich zur Heilung Einspritzungen
mit dem Behringschen Diphtherieimpfstoff bewährt haben.

Neulinge verlangen oft Hunde zu kaufen, die „die Staupe schon durchgemacht haben". Das ist durchaus laienhaft gedacht; einmal, weil, wie wir sahen, nicht jeder Hund die Staupe, aber eben auch die wirkliche Staupe gehabt haben muß. Dann weil es nicht darauf ankommt, daß er sie hatte, sondern wie er sie überstand, weil eben leider nicht wenige Hunde durch die Staupe stark entwertet werden. Bei einem kräftigen, harten Tier ist das zum Glück meist nicht der Fall, darum soll der Hundebesitzer auch nicht zum Angstmeier werden; in Watte packen und päpeln nützt gar nichts, im Gegenteil.

Schäferhunden wird besondere Empfänglichkeit für Staupe nach= gesagt, ein Wiener Amtstierarzt will das auch zahlenmäßig festgestellt haben. Es mag schon etwas daran sein, denn nach D u e r st wirken ver= änderte Lebensbedingungen als Reiz für Erwerb und Vererbung von Krankheiten. Die Staupeempfänglichkeit kann vererbt werden, wie die Empfänglichkeit für andere Krankheiten, der zum Stadtleben gezwungene Schäferhund aber ist aus seinen natürlichen Lebensbedingungen gerissen und wird in der Stadt leider nur zu oft sehr naturwidrig gehalten. Ein weiterer Grund könnte darin liegen, daß die Rasse, die bis vor einigen zwanzig Jahren nahezu nur in ländlichen und natürlichen Ver= hältnissen lebte, noch nicht so staupefest geworden, daher häufiger und schwerer befallen wird als Rassen, die sich schon lange der Stadthaltung mit ihren Gefahren angepaßt und begonnen haben, in sich ein gewisses Gegengift gegen die Krankheit auszubilden und zu vererben. Soweit es sich aber um Nervenstaupe handelt, so befällt diese an erster Stelle die Ergebnisse der Überzüchtung und Zwingerzucht; für die Opfer, die auf diesem Schlachtfeld bleiben, habe ich kein Mitleid: sie sühnen mit ihrem Leben die Sünden ihrer Züchter, befreien aber die Rasse von einem Abfall, der ihrer Entwicklung schaden müßte, bliebe er am Leben!

Eine nicht geringere Gefahr als die Staupe bilden die E i n g e w e i d e = w ü r m e r für den Hund, und zwar für den Junghund an erster Stelle die S p u l w ü r m e r, weil diese in verhältnismäßig kurzer Entwicklungszeit sich zu Mengen ausbilden können, die zu tödlichen Darmentzündungen und =verstopfungen führen. Die 4—12 cm langen, gelblichen bis röt= lichen Spulwürmer können aber auch den Darm durchlöchern und so Bauchfellentzündungen verschulden; sie können schließlich noch schwere Nervenerscheinungen: Schwindel, Zuckungen und Krämpfe verursachen. Steigen sie vom Darm in den Magen, so bewirken sie heftiges Erbrechen, das sie bisweilen an die Luft befördert. Unter den sechs verschiedenen B a n d w u r m a r t e n, die einschließlich des Grubenkopfes ein Hund beherbergen kann — sie können bis zu mehreren Metern lang werden —, ist der kleine kürbiskernähnliche Bandwurm der gefährlichste für Jung= hunde, weil Floh und Haarling den Zwischenwirt für ihn bilden, Gelegen= heit zur Aufnahme also immer vorhanden ist, und weil er sich auch sehr schnell entwickelt, daher er in Massen auch zu schweren Darmverstopfungen führen kann. Die anderen Bandwurmarten finden sich minder häufig, zumal wenn die Vorsicht ausgeübt wird, den Hunden die Abfallteile, in denen die Jugendform dieser Schmarotzer als Blasenwurm lebt, nur gekocht zu verabreichen. Das sollte heute, wo viel Abfall und minder= wertiges Fleisch verfüttert werden muß, daher stets geschehen. Es muß unbedingt geſchehen, wenn Wiederkäuergehirn gefüttert wird, um die Weiterverbreitung des den Schafen als Erreger der Drehkrankheit ſo gefährlichen Queſenbandwurms zu verhindern. Ebenſo als Vorbeuge gegen den nur 0,5 cm langen dreigliedrigen Hundebandwurm (Taenia echinococcus), deſſen Jugendform auch auf den Menſchen übertragbar iſt und dort durch Entwicklung in lebenswichtigen Innenteilen: Leber, Lunge, ſelbſt Gehirn zum Tode des Befallenen führen kann. War dank der ſorgfältigen Fleiſchbeſchau und der Vernichtung alles Verdächtigen vorm Kriege dieſe Geſahr auch ſehr gering geweſen, ſo wird ſie jetzt, wo Abfall auch verwertet werden muß, wohl wieder näher gerückt ſein. Sich von Hunden Geſicht und Hände lecken zu laſſen oder Hunde von für den menſchlichen Gebrauch beſtimmten Tellern und Schüſſeln freſſen zu laſſen — beides ohnehin eine widerliche Gewohnheit, die man leider aber nicht allzuſelten findet —, ſollte daher als geſährlich ſorgfältig vermieden werden: Kindern muß das Dulden des Beleckens unterſagt werden, den Hunden ſelbſt kann dieſe an ſich ja gut gemeinte Angewohn= heit durch entſprechende Erziehung ſchon abgewöhnt werden. Die kleinen 3—12 mm langen, weißen, fadenförmigen Pfriemenſchwänze ſchließlich, die ſich im weſentlichen im Dick= und Maſtdarm aufhalten, ſind unſchädlich, können aber durch den am After ausgeübten Juckreiz empfindliche Hunde zum Raſen bringen; die fahren dann verzweifelt Schlitten oder tanzen wie die Wilden herum, um ſich in die juckende Gegend zu beißen. Die an ſich bedenklichen Paliſſadenwürmer, ebenfalls kleine, mehr rötliche Geſellen, kommen bei uns wohl kaum vor, jedenfalls nur im Hochſommer.

Auf das Vorhandenſein von Würmern darf man bei Hunden leider ſtets rechnen; je jünger der Hund, deſto gefährlicher werden ihm die Schmarotzer. Aber auch bei älteren Hunden beeinträchtigen ſie den Er= nährungszuſtand und die Haarverfaſſung, wirken auch verſtimmend auf Laune und Gemüt; geſpanntes, kurzes Treten mit aufgewölbtem Katzen= buckel läßt bei ihnen meiſt auf Bandwürmer ſchließen.

Gegen die verſchiedenen Eingeweidewürmer gibt es zuverläſſig wirkende Mittel; aber es iſt wohl klar, daß die, ſollen ſie den Wurm ſchädigen und zum Abwandern bringen, auch die inneren Teile des Wirts angreifen werden, ja ſchwer ſchädigen können, falls die Gabe nicht dem Alter und der Verfaſſung des Hundes, namentlich eines Jungtieres, angepaßt. wird. Ich warne daher auch hier aufs eindringlichſte vor den zuſammen= geſetzten Pillen und Tränken; jeder Wurm und jeder Hund verlangt ſeine beſonders berechnete Gabe. Iſt die Entfernung der Darmſchmarotzer alſo etwas durchaus notwendiges, ſo muß ſie doch dem Fachmann, dem Tierarzt vorbehalten bleiben; der Laie ſchädigt durch zu häufige Wurm= kuren und durch zu ſcharfe Mittel oft in ganz unverantwortlicher Weiſe ſeinen Hund und bereitet durch die fortwährenden Darmreizungen den Angriffen der Staupe erſt den Boden. Durch reichliche Aufnahme von Gras, Blättern, Einſtreu, auch Pferdemiſt ſuchen die Hunde ſich übrigens ſelbſt von den ihr Inneres ſtörenden Schmarotzern zu befreien.

Die in dieſem und dem vorigen Abſchnitt mehrfach erwähnte Knochenweiche oder engliſche Krankheit (Rachitis) iſt eine All= gemeinerkrankung, deren Anlage vererbt wird und die auf unzureichende

492

kalt- und nährsalzlose Ernährung und zweckwidrige Haltung in engen feuchten Räumen ohne Licht und Bewegung zurückzuführen ist. Hunde, die Auftreibungen, Anschwellungen und Verbiegungen der Knochen, namentlich an Läufen, Rippen und Rückgrat zeigen, oder ein schlechtes, auf Knochenweiche zurückzuführendes Gebiß, sind von Zucht und Erwerb auszuschließen.

Bei der Behandlung von Wunden ist Reinlichkeit das erste Erfordernis. Kleinere Wunden — nur bei solchen ist eine Laienbehandlung möglich — verheilen beim Hunde meist leicht. Die Wunde und ihre Umgebung wird mit einer keimtötenden Lösung (von essigsaurer Ton= erde oder Lysol, bei Wunden am Fang oder in der Nähe der Augen besser eine Borsäurelösung von 4—5:100) gut ausgewaschen. Falls erforderlich, muß das die Wunde umgebende Haar abgeschnitten werden. Eingedrungene, fremde Bestandteile sind natürlich aus der Wunde zu entfernen. Alle Wunden bestreut man, sofern sie keines besonderen Ver= bandes bedürfen, mit einem trocknenden Pulver wie Dermatol oder Tannoform=Merk; in Ermangelung eines anderen kann auch Staub= zucker genommen werden. Jodoform dagegen ist zu vermeiden; es ist giftig und der Hund wird natürlich seine Wunde belecken.

Besondere Beachtung verdienen Verletzungen an den Pfoten. Nachdem die Wunde sorgfältig gereinigt ist, drückt man die Wundränder aneinander und überzieht sie mit mehreren Lagen schnelltrocknenden Jodoformkollodiums. Darauf kommen mehrere, sich kreuzende Heft= pflasterstreifen und schließlich wird die verletzte Pfote gut mit einer Binde umwickelt. Will der Hund den Verband nicht dulden, so hilft nichts, als ihn einige Tage so kurz an die Kette zu legen, daß er nicht an den Verband heran kann. Die Kette muß hierzu an einem Ring im Erdboden oder um den Fuß eines schweren Schrankes gelegt werden. Selbstredend muß zeitweilig für entsprechende Bewegung des Hundes gesorgt werden. Beim Umwickeln der Binde ist darauf Obacht zu geben, sie nicht zu fest zu schnüren; deshalb darf besonders eine feucht umgelegte Binde von vornherein nicht zu fest angezogen werden.

Zum Schluß dieses Abschnittes möchte ich noch auf die Rechte und Pflichten des Hundehalters eingehen. Jener gibt es recht wenige, dieser um so mehr, geschriebener und ungeschriebener. Da ist zunächst die Steuerpflicht, über die in den verschiedenen Bundes= staaten recht verschiedenartige Bestimmungen bestehen. In Preußen ist die Besteuerung den Gemeinden überlassen, in anderen Staaten, Bayern z. B., ist sie staatlich geregelt, in anderen wieder, wie in Württem= berg, ziehen Staat und Gemeinde gemeinsam vom Hunde. In einzelnen Gebieten wird die Steuer nach der Größe des Hundes bemessen. Das ist berechtigt, wenn die Hunde nach der Rassezugehörigkeit in solche großen, mittleren und kleinen Schlages eingeteilt werden; Schäferhunde gehören zu den mittelgroßen Rassen und sind danach, auch nach Gerichts= beschluß (s. bayerisches Oberstes Landesgericht v. 9. III. 1909) zu ver= steuern. Verfehlt dagegen ist, die Steuer nach der mit dem Zollstock zu ermittelnden Größe des Einzeltieres zu erheben, weil diese, wie wir später sehen werden, mit der dazu notwendigen Genauigkeit gar nicht zu ermitteln ist. Sehr hart ist, daß meines Wissens nahezu alle Steuer=

beſtimmungen ſchon ganz junge Hunde in voller Höhe ſteuerpflichtig machen, zum Teil eben erſt abgeſäugte Welpen von ſechs bis zehn Wochen; Jungtiere alſo, die binnen kurzem von irgend einer Krankheit dahin= geraſſt werden können. Ebenſo verſchieden wie die Steuergeſetze iſt die Höhe der zu entrichtenden Gebühren; ſie ſchwankt zwiſchen einigen wenigen und heute Hunderten von Mark, iſt namentlich während und nach dem Kriege an einzelnen Orten zu ganz ſinnwidriger Höhe und ſogar Staffelung hochgeſchraubt worden.

Weil dieſe hohen Steuern in völliger Verkennung des Gebrauchs= wertes des Hundes und der hohen volkswirtſchaftlichen Bedeutung der Hundezucht nur den einzelnen Halter und den Züchter treffen — der Händler zahlt ſeinen Gewerbeſchein und iſt damit hundeſteuerfrei — hat der SD vor rund zehn Jahren auf Grund der Erfolge der Dienſthunde beim preußiſchen Miniſterium des Innern die Einführung einer Zwingerſteuer für im Zuchtbuch eingetragene Züchter von Dienſthundraſſen angeregt. Das Miniſterium hat darauf in Gemein= ſchaft mit dem Finanzminiſterium unterm 2. IV. 1912, M. d. I. No IV a 624, F. M. No. I 3561 eine Rundverfügung an die Regierungen erlaſſen, worin den Gemeinden die Erhebung einer mäßigen Zwinger= ſteuer für ſolche Züchter empfohlen wird. Dieſe Steuer gilt für den geſamten Zwingerbeſtand des Züchters, die Einzeltiere ſind demnach erſt beim Übergang in andere Hände zu verſteuern, und darf keinerlei einſchränkende Beſtimmungen enthalten, wie etwa die, daß die Tiere in beſtimmtem Alter zur Zucht verwendet werden müſſen oder daß ſie den „Zwinger" nicht verlaſſen dürfen, wie das beim Gewerbeſchein der Händler der Fall iſt. Sachſen und Württemberg haben im Anſchluß daran, gleichfalls auf Antrag des SD, ähnliche Beſtimmungen erlaſſen, die Gemeinden ſind aber leider erſt in geringem Umfange der Anregung von oben gefolgt. Hier iſt es Sache der einzelnen Züchter und ihrer örtlichen Vertretungen: Unterabteilungen des SD oder Vereine der Hundefreunde, ſich zu regen und die Einführung zu beantragen; die Unterlagen können von der Hauptgeſchäftsſtelle des SD bezogen werden.

Die meiſten Steuerbeſtimmungen ſehen auch vor, daß ein Hund dauernd die Steuermarke ſichtbar am Halsband tragen muß, anderen= falls für den Hund dem Fänger, ſein Beſitzer der Strafe verfällt. Das oberſte preußiſche Gericht, das Kammergericht, hat in einer 1916 gefällten Ent= ſcheidung dieſe Beſtimmung für rechtsungültig erklärt, weil ſie nichts mit der Ordnung, Sicherheit und Leichtigkeit des Verkehrs auf öffentlichen Straßen und den geſetzlichen Aufgaben der Polizei zu tun habe; ebenſo ungeſetzlich ſei der Zweck, der Nachprüfung über die Zahlung der Hunde= ſteuer zu dienen. Der Hundehalter hat alſo nicht mehr nötig, ſeinen Hund dauernd mit einem Schellengeläut gleich dem Uhrketten=„Charivari" eines bayeriſchen Schenkkellners zu behängen. Da dieſe Marken meiſt aus recht minderwertigen Zuſammenſetzungen beſtehen, oft ſcharf= kantig ſind oder es durch den Gebrauch werden, können ſie zudem recht bösartige Verletzungen an den Händen des Beſitzers herbeiführen.

In den meiſten Städten unterliegen die Hunde dem Maulkorb= zwang, auch außerhalb der Zeit von Seuchenſperren. Für Berlin war er 1911 durch den damaligen Polizeipräſidenten v. Jagow aufgehoben worden, aus der Erwägung heraus, daß kein Maulkorb unbedingt sicher vor Bissen schützen kann, worüber Sachverständigengutachten und Gerichtsentscheidungen vorlagen. Andere Städte waren dieser sehr zweckmäßigen Entscheidung gefolgt, leider ist diese Erleichterung für Hunde und Hundehalter als Folge der „neuen Freiheit" wieder aufgehoben worden. An anderen Orten müssen nur Hunde großen Schlages den Maulkorb tragen; hier gilt das oben bezüglich der Versteuerung Gesagte.

Hunde unterliegen dem Reichsviehseuchengesetz. Das gilt namentlich bezüglich der Tollwut, betrifft aber auch die Möglichkeit der Verschleppung anderer, sie selbst nicht befallender Seuchen, wie der Maul- und Klauenseuche, durch Hunde. Leider ist aber eine Entschädigungspflicht des Staates für auf Grund dieses Gesetzes getötete Hunde nicht vorgesehen; das „Kartell der Rassezuchtvereine und allgemeinen Verbände" hat während des Krieges durch eine eingehende Denkschrift die Änderung dieser Bestimmung erbeten, Entscheidung ist aber noch nicht erfolgt. Der wirkliche Gebrauchs- und Zuchtwert zuchtbuchmäßig festgelegter Tiere ist aber jederzeit durch Einvernahme vereidigter Sachverständiger festzustellen, wie dies häufig in gerichtlich angehängten Entschädigungsforderungen wegen Tötung oder Wertminderung erfolgen muß; daß dieser Wert bisweilen stark von dem nur eingebildeten Liebhaberwert — lies „Luxuspreis"`— und nun gar von den heutigen Schieberpreisen abweicht, ist selbstverständlich. Erwünscht wäre wohl auch die Staupe, wenigstens soweit sie seuchenartig auftritt, und die ihr verwandten Seuchen, wie den sogenannten Stuttgarter Hundetyphus, auch die Räudearten in diese Gesetzgebung einzubeziehen und anzeigepflichtig zu machen. Notwendig wäre aber vor allem eine Hundeversicherung, etwa auf Gegenseitigkeit, unter staatlicher Aufsicht und Beihilfe. Der Versuch, nichtamtliche Versicherungsgesellschaften ins Leben zu rufen, ist vorm Kriege zwar verschiedentlich gemacht worden, mußte aber, wie die Dinge lagen, stets scheitern. Ich werde im IX. Abschnitt Gelegenheit haben, auf diese Fragen nochmals zurückzukommen. Neuerdings hat die Berliner Viehversicherungsgesellschaft „Veritas" auch die Hunde-Lebensversicherung aufgenommen. Die Zeit muß ergeben, ob sie besseren Erfolg haben wird; die Jahresgebühren sind freilich unausbleiblich hoch, betragen 7 vom Hundert des versicherten Wertes, der auch nicht voll ersetzt wird.

Auch das Bürgerliche Gesetzbuch befaßt sich mit dem Hunde und zwar in dem die Haftung des Tierhalters behandelnden Abschnitt. Die einschlägige Bestimmung, der § 833, lautet wie folgt: „Wird durch ein Tier ein Mensch getötet oder der Körper oder die Gesundheit eines Menschen verletzt oder eine Sache beschädigt, so ist derjenige, welcher das Tier hält, verpflichtet, dem Verletzten den daraus entstandenen Schaden zu ersetzen." Diese Bestimmung ist sehr hart, eine Milderung, die seinerzeit für die Halter anderer Tiere vom Reichstag beschlossen worden ist, erstreckte sich, trotz dahinzielenden Antrages, leider nicht auch auf den Hund. Sie noch nachträglich zu erwirken, muß das Bestreben der die Belange der Hundehalter und -züchter vertretenden Stellen bleiben. Denn ein Hund kann sehr leicht Schaden anrichten, selbst nur mittelbar, die Haftung wird aber stets dem Halter aufgebürdet, und die in dieser Beziehung ergehenden Gerichtsurteile sind erfahrungs= gemäß hart. Schon Sachschäden können sehr fühlbare Unkosten ver= ursachen, zumal bei der heutigen Preissteigerung für allen Bedarf. Sie beschränken sich auch nicht auf Schäden an Kleidungsstücken, sondern erstrecken sich auf jegliches fremde Eigentum, auch auf lebende Tiere; z. B. auf gemordetes Federvieh, auch auf andere, bei einer Rauferei etwa im Werte geminderte Hunde. Sehr schwer aber werden die Folgen, wenn es sich um Verletzung oder gar Tötung eines Menschen handelt. Der böse Zufall kann aber selbst den harmlosesten, sanftmütigsten Hund zur unschuldigen Gelegenheitsursache eines heillosen Unfalls machen. Durch Verkettung unglücklicher Umstände kommt ein Mensch über einen Hund zu Fall und beschädigt sich schwer, so daß er zeitlebens erwerbs= unfähig ist; oder ein Kind erschrickt über einen Hund, bekommt Krampf= anfälle und muß lange behandelt werden. Immer wäre es der Hunde= halter, der für allen erwachsenen Schaden aufkommen müßte. Zum mindesten würde der Geschädigte, auch der sich nur geschädigt Glaubende, stets versuchen, den Herrn des Hundes zur Entschädigung heranzuziehen. Gelingt es dem Besitzer auch seine Unschuld vor Gericht nachzuweisen, einen Freispruch herbeizuführen, so hat ihm die Sache doch gewiß eine Menge von Unkosten und Ungelegenheiten bereitet. Anders, wenn der Hundehalter gegen Haftpflicht versichert ist. Es kann daher jedem Be= sitzer eines Hundes nicht dringend genug angeraten werden, seinen Hundebestand bei einer Haftpflichtversicherung übernehmenden Gesellschaft anzumelden. Für SD=Mitglieder besteht eine Vorzugs= versicherung, über die Näheres durch die Hauptgeschäftsstelle zu erfahren ist.

Die Jagdgesetze schließlich weichen in den verschiedenen Bundes= staaten und selbst Landesteilen stark voneinander ab; darin stimmen sie aber meist überein, daß der im Jagdgebiet nicht angeleint oder dicht bei seinem Herrn angetroffene Hund nahezu vogelfrei, der Willkür des Jagdberechtigten überlassen ist. Und wenn auch seinerzeit das Reichs= gericht dahin entschieden hat, daß der Wert des zu schützenden Wildes nicht außer Verhältnis zum Wert des getöteten Hundes stehen darf, um die Tötung zu rechtfertigen, so ist damit dem Hunde meist wenig geholfen. Nach einer neueren Entscheidung des Reichsgerichts (vom 16. I. 18) macht ein Jäger sich schadenersatzpflichtig, wenn er nicht nachzuweisen vermag, daß der erschossene Hund tatsächlich gewildert hat. Diese Behauptung werden aber wohl die meisten, und selbst guten Glaubens, auf ihren Eid nehmen; ein anderer Nachweis ist ja kaum möglich. Es muß also auch in dieser Beziehung eine den heutigen Ver= hältnissen gerecht werdende Änderung der Bestimmungen herbeigeführt werden, zumal Ausbildung und in Übunghalten von Diensthunden aller Art nicht anders als im freien Gelände erfolgen kann. Diese wären dort also immer bedroht, auch durch ausgelegte Giftbrocken, die namentlich Herdengebrauchshunden oft verhängnisvoll werden; auch hinsichtlich des Giftauslegens ist somit Wandlung der derzeit noch gültigen Be= stimmungen dringend nötig.

Da wir gerade bei Rechtsfragen, sei hier eingeschaltet, daß das Recht zwischen Eigentümer und Besitzer unterscheidet, was zu

wissen und zu beachten bisweilen wichtig ist. Eigentümer ist nach Rechts=
auffassung der, der landläufig als Besitzer, beim Hund auch als Herr
bezeichnet wird, während der Besitzer eine Sache „im Besitz" haben kann,
ohne ihr Eigner zu sein.

Die deutsche Hundezucht hatte infolge des hohen Aufschwungs,
den sie vorm Kriege genommen, auch große volkswirtschaftliche
Bedeutung gewonnen. Leider ist von den beteiligten Kreisen bisher
unterlassen worden, Zahlenunterlagen und Belege dafür beizubringen.
Sie wären von großer Bedeutung, da die Hundezucht mit allem, was
sie begreift, in Ermangelung einer geeigneten Vertretung von den maß=
gebenden Stellen bisher meist nur als nebensächlich betrachtet worden
ist; das Diensthundwesen, die erwiesene Brauchbarkeit unserer Hunde im
Weltkriege hat darin freilich eine Wandlung zum besseren gebracht,
die hoffentlich auch die Ungunst der heutigen Verhältnisse zu überstehen
vermag. Die wirtschaftliche Bedeutung der Hundezucht liegt nicht bloß
im hohen Wert der Erzeugnisse aus geregelter Zucht — vom „Sixköter=
tum", das sich von selbst ernährt und fortpflanzt, ist hier nicht die Rede —
sondern auch im Gebrauchswert der Tiere für Staat und Einzelnen, je
nach der Verwendungsweise im Dienst, im landwirtschaftlichen Gebrauch,
bei der Jagd und zur persönlichen Sicherheit. Hundezucht einschließ=
lich Aufzucht, neuerdings auch Abrichtung, gewährt, auch durchaus
zuchtgerecht und wie oben dargelegt „liebhabermäßig" betrieben, vielen
nicht zu unterschätzende Nebeneinnahmen, die um so sicherer und be=
deutender werden, je zielbewußter die Zucht aus dem Fahrwasser der
Sportzucht in das der wirtschaftlichen Nutztierzucht gelenkt wird. Im
kleinen kann vom Hundehalter noch der Kot verwendet werden, der,
getrocknet, in der Feingerberei verwendet wird. Hundehaare, die beim
Haarwechsel ausgekämmte Wolle und bei Rassen, die geschoren werden,
auch das Ergebnis der Schur, waren im Kriege stark begehrt; die Woll=
knappheit wird vielleicht weiter auf dies Haar zurückgreifen lassen, wenn
es, etwa genossenschaftlich, gesammelt wird. Schließlich wurden vorm
Kriege in London auch Hundezähne gehandelt und gut bezahlt, bis zu
30 M. für das Hundert gut erhaltener Zähne, die als Kleingeld und zur
Anfertigung von Schmuck nach den Südseeinseln gingen. Die Hundezucht
hat weiter eine Anzahl von Gewerbetätigkeiten hervorgerufen, die, vom
Kleinbetrieb an bis zum Großgewerbe, für sie arbeiten und ganz oder
teilweise durch sie lebensfähig erhalten werden. Ich nenne hier nur
die verschiedenen Betriebe zur Herstellung von Futtermitteln, von Aus=
rüstungsstücken, Heilmitteln und anderem Bedarf. Sie beschäftigt ferner
in ansehnlichem Umfang das Druckereigewerbe, auch Kunstanstalten
und verschiedene Zweige des Handels und befruchtet Kunst und Kunst=
gewerbe. Sie fördert schließlich auch die wirtschaftliche Nutztierzucht,
weil sie der Zuchtwissenschaft ein ergiebiges Beobachtungsfeld bietet.
Das sehr ausgebreitete Vereinswesen beschäftigt bei den großen Ver=
einen und Verbänden eine ansehnliche Zahl von Angestellten und gibt
durch zahlreiche Versammlungen und Veranstaltungen verschiedenen
Betrieben lohnenden Verdienst, ganz abgesehen davon, daß die großen
Veranstaltungen stets eine erhebliche Zahl auswärtiger Besucher an=
locken. Vom Ausstellungsverkehr, vom Versand verkaufter Hunde,

von Deckfahrten u. ä. hat die Eisenbahn nicht unbeträchtliche Einnahmen,
ebenso fließen der Post durch den starken Briefwechsel der Vereine und
einzelner Züchter erhebliche Einnahmen zu.

Die ungeschriebenen Pflichten des Hundehalters erstrecken
sich an erster Stelle auf Rücksichtnahme gegen den Nebenmenschen.
Hier sündigen leider recht viele von uns; Gedankenlosigkeit und Un=
achtsamkeit sind meist die Ursache, bisweilen aber auch Mangel an Takt=
gefühl, der VI. Abschnitt wird weiteres hierzu bringen. Solche Verseh=
lungen gegen Ruhebedürfnis, Wohlbehagen und Gefühl der Nachbarn
und Mitmenschen bilden, neben der oft noch vorhandenen großen Un=
kenntnis über Hundewert und =nutzen, meist den Grund dafür, daß es
leider noch so viele Hundegegner und =feinde gibt!

Abb. 349. Der städtische Hundefänger in Nisch, Serbien.
(Nach Aufnahme aus dem Weltkriege.)

Die Beurteilung des Schäferhundes.

Die Unterschiede der einzelnen Individuen sind
sehr klein. Ein gewöhnlicher, ungeübter Mensch ist
nicht imstande, die ungemein feinen Unterschiede der
Einzelwesen zu erkennen, welche ein geübter Züchter
auf den ersten Blick wahrnimmt

Ernst Haeckel
Natürliche Schöpfungsgeschichte

Die Beurteilung soll uns Aufschluß geben über das Äußere
des Hundes, seine körperliche Eignung zur Arbeit und zur Zucht,
zugleich auch über die äußerlich erkennbaren Grundzüge seiner
Wesensveranlagung, unter Umständen auch über seine Arbeits=
leistung; diese sei hier ausgeschieden, ich beschränke mich auf die Ge=
bäudebeurteilung.

Ein guter Beurteiler muß die Gebäude= und die Zuchtlehre
beherrschen, muß vollkommen vertraut sein mit Wesen und Aufgaben
der Rasse, muß frei sein von kleinlicher Auffassung, die im Heraussuchen
von Mängeln, im „Fehlerrichten", ihr Genüge findet, oder im einseitigen
Preisen körperlicher Schönheit; und er muß sich schließlich bewußt sein,
daß er nur der Rasse zu dienen hat, ihrer Gesunderhaltung, ihrem Zucht=
und ihrem Leistungsfortschritt, nicht aber dem Ehrgeiz oder dem Er=
werbsinn des Einzelnen oder gar der wechselnden, nur zu oft irre
geleiteten Laune des Marktes. Dazu gehört Festigkeit und Geradheit,
Unbekümmertheit um das Geschrei der Massen und Sicherheit des Urteils.

32*

Abb. 351. Herta und Hella vom Siegestor SZ. Nr. 7554 und 7553.

Dies wieder ist abhängig vom Blick, der großzügig Allgemeinerscheinung und Ausdruck erfaßt, ohne sich an Nebensächlichkeiten zu hängen oder von solchen beeinflussen zu lassen. Erst nachdem dies geschehen, das allgemeine Bild des Tieres erfaßt, soll der Blick sich auch auf Einzelheiten wenden, Vorzüge gegen Mängel abschätzen und schließlich feststellen, inwieweit durch jene ein Ausgleich zugunsten der Brauchbarkeit erfolgt. Dieser umfassende, sichere Blick, einzelnen wenigen Bevorzugten angeboren, kann nur durch vieles Beobachten und Vergleichen erworben werden, nicht am Stuben= oder Zwingertier, sondern nur am frei in Spiel oder Arbeit sich gebenden und bewegenden Hunde. Daher die Befähigung des erfahrenen Züchters zur Beurteilung. Dem ist auch, wie sich aus dem in den vorhergehenden Abschnitten dargelegten ergibt, klar, daß ein Begutachter einem Hunde niemals „Raffereinheit" oder „Zuchtwert" betätigen kann, wie so oft von Neulingen geglaubt und erbeten wird. Das beides läßt sich nur aus der Ahnentafel ersehen, aus dem Äußeren aber nur, ob der Hund den Rassezeichen entspricht und ob er nach Gebäude und Wesen Eignung zur Zuchtverwendung besitzt.

Daß unser Schäferhund Gebrauchshund ist und nur als Gebrauchshund gezüchtet werden darf, darüber sind wir uns nach dem bisher dargelegten einig. Er darf daher, die Rassezeichen verlangen das gleichfalls, auch nur als Gebrauchshund beurteilt werden. Beim Gebrauchshunde aber steht Zweckmäßigkeit über Schönheit, ja seine wahre Schönheit, sein Adel liegen in vollendeter Zweckmäßigkeit, im ausgeglichenen, ebenmäßigen Ineinandergreifen aller einzelnen Teile.

Die Beurteilungslehre für den Gebrauchshund ist der des Pferdes nachgebildet worden, sie muß beim Hunde von dieser aber doch in manchem abweichen, schon weil der Hund nicht gleich jenem Gewichts= träger oder Lastenzieher ist. Zudem hat das Pferd geschlossenen, fest= gefügten Bau, während unser Schäferhund das schmiegsame, in den Bändern nachgebende, dehnbare Gebäude des Raubtieres besitzt, des Laufräubers, dessen Nachkomme er ist. Eines Wesens also, das sich ge= schmeidig durch Busch und Unterholz bewegen muß, das seinen Leib durch schmale Öffnungen, enge Höhlengänge zu drängen versteht. Ein solches Tier muß in Sehnen und Bändern anders beschaffen sein, als der flüchtige Renner mit seinem festgeschlossenen Gebäude, seiner straffen Bemuskelung. Des Hundes Bänder dürfen nicht schlaff, nicht haltlos sein, müssen aber, nachgebend und doch immer spannkräftig, jeder Drehung und Bewegung des Körpers gut zu folgen und sich an= zupassen verstehen.

Der erfahrene Hundebeurteiler weiß, daß ein und demselben Hunde nahezu alle fehlerhaften Stellungen angesehen werden können, wenn er nur flüchtig betrachtet wird. Er weiß ferner, daß es nicht ganz einfach ist, einen Hund richtig, d. h. gleichmäßig auf alle vier Läufe zu stellen, in dieser Stellung zu erhalten und ihn auch in der Bewegung gut vorzuführen. Die Hilfsmittel, die der Reiter, der vorführende Stall= knecht anwenden können, fehlen beim Hunde. Leider legen auch, aus

Gleichgültigkeit oder Mangel an Verständnis, die wenigsten Hunde=
führer Wert gerade auf diesen für die Beurteilung so wichtigen Punkt.
Sie meinen genug getan zu haben, wenn sie den Hund zum Aufrichten
des Kopfes, zum Spitzen der Ohren gebracht haben. So kann ein flüch=
tiger Beobachter bei gelegentlichem Hinsehen an einem Hunde Fehler
finden, die dem Tiere durchaus abgehen. Daher auch die oft wenig
glücklichen Allgemeinberichte der Fachpresse; meist von Ringkiebitzen
oder wie unser herrliches Schmockdeutsch sagt, von „Boxenrichtern"
verfaßt, d. h. von solchen, die die Hunde in ihrem Stande liegend be=
trachteten, sie bestenfalls von außen im Ringe stehen sahen. Durch
Zufallsstellung, Langeweile, Umsehen u. ä. m. kann ein und derselbe
Hund Gegensätze wie ausgedrehte Ellbogen oder französische Stellung,
Kuhhessigkeit oder Faßbeinigkeit, oder Überbautsein oder abgeschlagene
Kruppe vortäuschen; erst recht aber falsche Winkelung der Glied=
maßen. Was all diese Fachausdrücke bedeuten, wird weiter unten
gesagt. Steht der Hund nicht gleichmäßig auf seinen vier Füßen, stellt
er etwa einen Vorderlauf um weniges vor, so ist selbstverständlich die
dann gezeigte Schulterwinkelung nicht die richtige und natürliche; sie
erscheint steiler, weil der Hund eine, wenn auch kurze Streckung des
Oberarmes vorgenommen hat. Ähnliches gilt für die Hinterhand,
das Auge aber ist Sinnestäuschungen bekanntlich leicht unterworfen.
        Ich werde in nachfolgendem auch mehrfach Gelegenheit haben,
auf Messungen einzugehen, Maße anzugeben. Das soll nicht etwa
eine Aufforderung sein, die Beurteilung auf die Ergebnisse von Zoll=
stock und Meßband zu stützen. Messungen können und sollen nützliche
Anhaltspunkte geben, da gehaltvolle Hunde meist über=, storchige Er=
scheinungen aber leicht unterschätzt werden; aber erst das vergleichende
Auge ermöglicht dann ein abschließendes Urteil. Denn das Auge allein
läßt erkennen, ob der einzelne Teil im rechten Verhältnis zum
Ganzen steht.
        Auch eine Berechnung nach angenommenen Werten der einzelnen
Teile des Hundekörpers gibt kein zutreffendes Urteil. Sie könnte dem
Anfänger wohl Anhaltspunkte geben, führt aber nur zu leicht zum Fest=
reiten auf Einzelheiten, denen der Neuling ohnehin schon gern zu viel
Aufmerksamkeit schenkt. Aber nur der Blick aufs Ganze, auf die Ziele
unserer Zucht ist dieser selbst förderlich.
        Als Anhaltspunkt kann allenfalls folgende Bewertungsweise
dienen:

Schäferhundwesen und Ausdruck . . . = 20
Gesamterscheinung . . . . = 15
Gangwerk . . . . = 15
Knochen und Muskeln . . . . = 10
Rücken. . . . . = 7,5
Hinterhand . . . . = 7,5
Vordergliedmaßen . . . . = 7,5
Brust . . . . = 7,5
Kopf . . . . = 5
Behaarung . . . . = 5
                                   = 100

Der Kopf in dieser Aufstellung auf den Gebrauch hin beurteilt,
also auf genügende Kraft und auf rechtes Gebiß. Kopfschnitt und Adel
502

fallen unter Gesamterscheinung; ebenso wie Ohren= und Rutenhaltung. Sind diese Punkte schlecht, so beeinträchtigen sie etwas das Ganze. Die Güte des Gangwerkes ergibt sich aus dem Ineinandergreifen von Hinterhand, Rücken und vorderen Gliedmaßen.

Für die Schaubewertung des Schäferhundes hat der SD. nach= stehende Bestimmungen erlassen: Die Grundlage für die Beurtei= lung muß die vom Hunde zu fordernde Arbeitsleistung bilden; scheue, schwachnervige Tiere sind als zuchtschädigend zu kennzeichnen, ebenso aus dem Rassebild fallende verzüchtete Hunde, deren Höhe die Gesamtlänge erreicht oder gar übertrifft. Zu fordern ist an erster Stelle neben gutem Schäferhundausdruck, lebensvollem Wesen und rechten Gebrauchsmaßen ein gestrecktes, gehaltvolles, trockenes, nicht schwam= miges oder massiges Gebäude, dessen Formen ausgreifendes und flüch= tiges Gangwerk und Ausdauer gewährleisten. Bei Hündinnen ist die gehaltvollere der schöneren vorzuziehen. Überzüchtungserscheinungen, hündinnenhafte Formen bei Rüden und umgekehrt, Farbenverblassung sind zuchtschädigend und danach zu bewerten. Gebäude= und Gangwerk= mängel, ebenso Fehler der Bezahnung, der Kiefer und der Körperdecke sind im Rahmen der Gesamterscheinung zu würdigen. Kopfschnitt, Ohren=· und Rutenhaltung, Haarbildung, Gesamtfärbung, Farbe des Auges können auf eine etwa zu bestimmende Reihenfolge von Einfluß sein, nicht aber auf die zu vergebende Gesamtbewertung. Kurzrutige Hunde und Stummelschwänze sind für die Zucht auszumerzen, Kater= laken, das sind reinweiße Hunde mit roten Augen und fleischfarbener Nase, als Zuchtschädlinge unbewertet zu entlassen.

Ich gebe nachstehend zunächst das Bild des Knochengerüstes eines Schäferhundes — es ist das des Leistungssiegers 1906 Siegfried vom Jena=Paradies früher Barbarossa 1339 Krh Sh Ph —, dann die Zeichnung eines „Musterhundes", beide mit den Bezeichnungen für die Hauptteile des inneren Körpergerüstes und des Hundeäußeren.

Die Prüfung auf Gesamterscheinung, Ausdruck und Wesen erfolgt zunächst am ruhig herumgeführten Hunde, um ein Allgemeinbild zu bekommen, dann am stehenden; hier auch schon in die Einzelheiten eingehend. Die Beurteilung im Halten geschieht am besten auf einer ebenen, festen Fläche; wo die nicht vorhanden, kann man sich mit einer Bretterunterlage behelfen. Der Hund soll bei dieser Beurteilung in gleichmäßiger Gewichtsverteilung auf allen vier Läufen stehen, die Vorderläufe senkrecht, unterm Widerrist, die Hinterläufe leicht zurück= stehend, nicht überstreckt und unnatürlich herausgestellt. In dieser freien natürlichen Haltung muß er während der ganzen Musterung erhalten werden, darf sich weder setzen, noch legen, noch herumtreten oder sich nach vorwärts in die Leine legen; er soll auch nicht durch Hals= band oder Leine hochgereckt oder durch allerlei Mittelchen künstlich in Erregung gebracht werden.

In seiner Gesamterscheinung muß der Hund in Größe, Kraft und Formen dem Rassebild entsprechen. Hierbei ist auch zu beachten, ob Rüde oder Hündin die ihrem Geschlecht zukommenden, im III. Ab= schnitt besprochenen Geschlechtsmerkmale zeigen: kraftvolleres Ge= bäude, stärkeres Gebiß, mächtigerer Kopf und Mähnenansatz für Rüden,

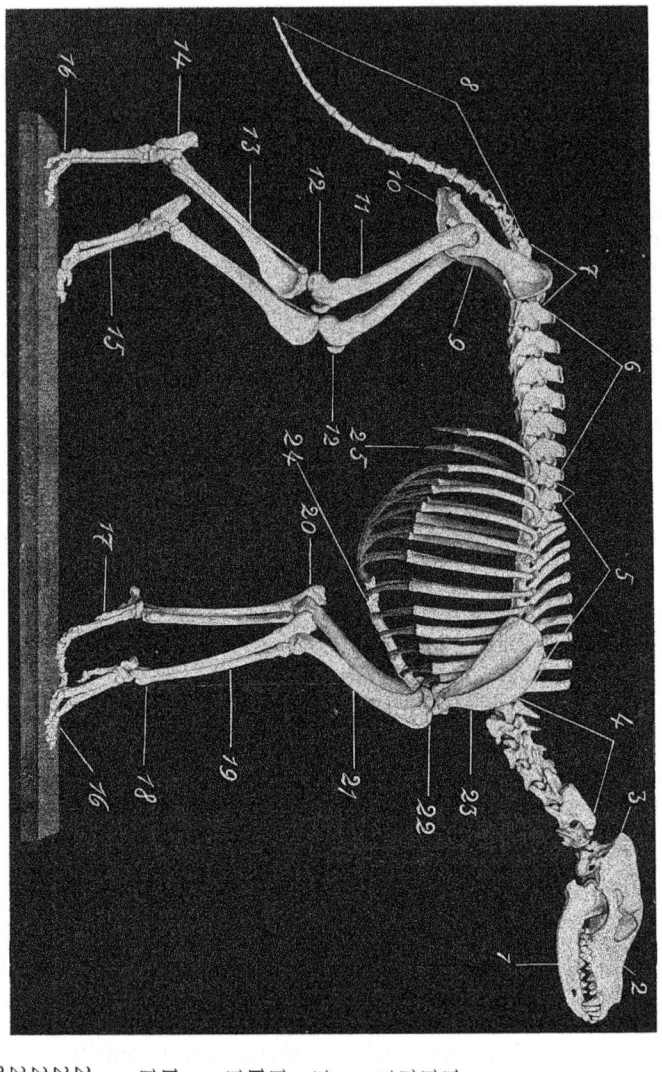

Abb. 352. Knochengerüst eines Schäferhundes.

1. Unterkiefer.
2. Oberkiefer.
3. Hinterhauptbein.
4. Halswirbel (7).
5. Rückenwirbel (13) mit den Dornfortsätzen (Widerrist).
6. Lendenwirbel (7).
7. Kreuzbein.
8. Schwanzwirbel (20—21).
9. Darm- oder Beckenbein mit Hüftgelenk.
10. Sitzbein mit Sitzbeinhöcker.
11. Oberschenkelbein.
12. Kniegelenk mit Kniescheibe.
13. Unterschenkelknochen (Schienbein und Wadenbein, außen).
14. Sprunggelenk mit Sprung= bein.
15. Hintermittelfußknochen.
16. Zehenknochen.
17. Vordermittelfußknochen mit zurückgebildeter 5., innerer, Zehe (Daumen).
18. Vorderfußwurzelgelenk.
19. Unterarmknochen (Speiche, vorn, und Ellbogenbein, hinten).
20. Ellbogengelenk.
21. Schulter= oder Buggelenk.
22. Armbein.
23. Schulterblatt mit Gräte.
24. Brustbein mit wahren Rippen (10).
25. Falsche Rippen (4).

504

feinere, ſchlankere Form für Hündinnen. Je ausgeprägter die ſind, deſto günſtiger für die Beurteilung auf Zuchteignung.

Die Raſſezeichen geben als Durchſchnittsmittel für die Rücken= höhe 60 cm an, mit je 5 cm Spielraum nach oben und nach unten für

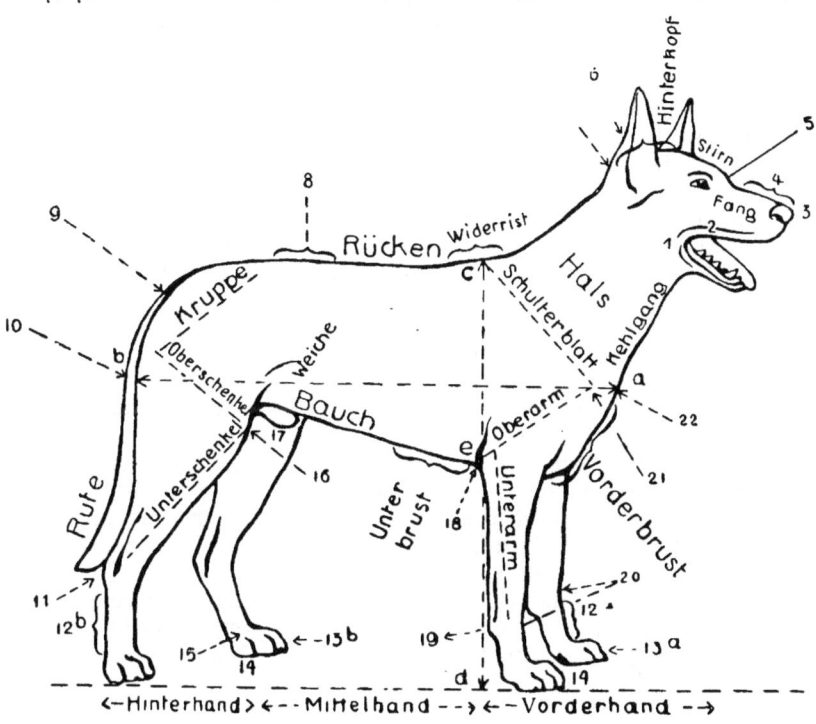

a b = Länge des Hundes c - d = Schulterhöhe des Hundes c - e = Bruſttiefe

Abb. 353.

Muſterhund, Bezeichnung der einzelnen Teile des Hundeäußeren.
(Der Hund iſt im Verhältnis von etwa 1:10 der natürlichen Größe gehalten.)

Die Vor= oder Vorderhand entſpricht, wie aus obiger Darſtellung klar erſichtlich, ebenſo wie die Hinter= oder Nachhand nicht dem einzelnen Vorder= oder Hinter= lauf, ſondern begreift bei der Vorhand außer den beiden Vordergliedmaßen auch noch Kopf, Hals und Vorderbruſt, bei der Hinterhand außer den Hinterläufen noch Kruppe und Rute in ſich. Es iſt daher nicht angängig, von einer „rechten" oder „linken Vor= oder Hinterhand" zu ſprechen!

1. Lippen=(Mund)=Winkel. 2. Lippen. 3. Naſenkuppe. 4. Naſenrücken. 5. Stirn= abſatz. 6. Hinterhaupthöcker. 7. Genick. 8. Lenden. 9. Rutenanſatz. 10. Sitzbeinhöcker. 11. Sprunggelenk. 12a Vordermittelfuß. 12b Hintermittelfuß. 13a Vorderzehen. 13b Hinterzehen. 14 Ballen. 15. Sitz der Wolfs= oder Afterklauen. 16. Kniegelenk 17. Glied. 18. Ellbogen. 19. Hackenbeinwarze. 20. Vorderfußwurzelgelenk (häufig, aber unrichtig als „Vorderknie" bezeichnet). 21. Schultergelenk. 22. Bugſpitze.

Rüden und für Hündinnen. Dieſe Zahlen werden für alle mittelgroße Gebrauchsraſſen als die richtigen gefordert, mögen die Hunde nun zum Herdengebrauch, zur Jagd oder zu anderem Dienſt verwendet werden.

505

Der Gebrauchshund muß wie ein gutes Truppenpferd unermüdlich, ausdauernd und fähig zu langanhaltender Bewegung in ruhigerer, aber auch in beschleunigter Gangart sein, im Trabe also, aber auch im Galopp; er muß ferner beweglich und wendig sein und geschickt alle Geländehindernisse zu überwinden, sei es im Sprung, sei es kletternd. Dazu gehört eine gewisse Größe mit der damit verbundenen Kraft.

Wesentlich unter dem Durchschnitt bleibende zu kleine Hunde entbehren, wenn sie ebenmäßig gebaut , meist dieser Kraft, weil sie zu leicht im Bau, schneiderig. Oder sie stehen, plump und untersetzt, auf niedrigen Läufen; ihnen fehlt dann gleichfalls Ausdauer und dazu Beweglichkeit.

Ähnlich steht es mit zu großen Tieren. Körpergröße ist von erheblichem Einfluß auf die Bewegungsleistungen, denn bei zunehmender Größe wächst das Körpergewicht weit stärker als die vom Querschnitt der Muskeln abhängige, für die Bewegung verfügbare Kraft; darunter leidet aber nicht bloß die in der Ausdauer zum Ausdruck kommende Leistung, sondern auch die Spannkraft der Körperbewegungen, die Fähigkeit zu kurzen Wendungen, zum plötzlichen Anhalten und zum Überwinden von Hindernissen. Das erhöhte Körpergewicht übt außerdem einen stärkeren Druck auf das Tragegerüst des Körpers aus; davon werden, außer den Bändern und Muskeln auch die Knochen selbst betroffen, deren Tragfähigkeit wieder von ihrem Querschnitt bestimmt wird und dieser nimmt wiederum nicht im gleichen Verhältnis zu wie das Gesamtgewicht. Größenüberschreitung ist, wie wir sahen, eine unerwünschte und auch der Zucht nicht dienliche Zuchtfolge. Ist der zu große Hund ebenmäßig gebaut, muß auch die Stärke seiner Knochen der Größe entsprechen. Dadurch wird aber viel totes Gewicht geschaffen, das den Hund derartig belastet, daß seine Ausdauer, die Flüchtigkeit und Behendigkeit seiner Bewegungen darunter unter allen Umständen leidet; Riesen sind niemals geschickt. Unter dem Gewicht der Knochen geben bei Arbeitszwang die Bänder bald nach, namentlich die der Vorhand, auf die der Hund bei jedem Tritt schwer fällt. Solche Hunde nützen sich also rasch ab, wenn sie Eifer und Feuer haben; meist sind sie freilich faul und bequem und deshalb schon dienstungeeignet. Bisweilen beruht die Größe auch auf Unausgeglichenheit des Gebäudes; auf der Vorhand ist der Hund groß, fällt aber nach hinten hyänenartig ab; abgesehen vom Verlust des Ebenmaßes fehlt der Hinterhand dann meist die Kraft, die schwere Vorhand entschieden genug vorzubringen. Wird die Maßüberschreitung aber durch Hochläufigkeit hervorgerufen, so wird die Leistungsfähigkeit noch mehr gemindert, weil dann die Gliedmaßenwinkelung schlecht, der Vortritt gebunden, der Nachschub ungenügend, und weil die Brustentwicklung dieser meist storchig wirkenden Tiere, die nicht selten auch feinknochig sind, mangelhaft ist.

Bei solchen Hunden ist meist auch infolge der steilen Gliedmaßenwinkelung das Verhältnis zwischen Länge und Höhe ungünstig verändert worden; sie sind nicht mehr länger als hoch, sondern die Rückenhöhe kommt bei ihnen der Gesamtlänge gleich oder übertrifft sie gar. Derartig gebaute Hunde fallen völlig aus dem Rassebild, sie können schöne Prunkhunde sein, sind aber keine Schäferhunde mehr, weil ihnen Gebrauchseignung des Gebäudes abgeht. Ja, wir können sie nicht ein= mal für „schön" halten, wenn wir uns nach Wilhelm Jordan klar machen, daß einen Hauptpunkt aller Schönheit die sinnlich wahrnehmbare Zweckmäßigkeit ausmacht; die kommt im Gebäude solcher Hunde aber nicht zum Ausdruck. Sind die hochläufigen gar noch feinknochig und storchig, dann fehlt auch die gute Bemuskelung und das leistungsunfähige Klappergestell ist fertig.

So gebaute Hunde sind also auf jeden Fall ungünstig zu bewerten und dürfen nie zur Zucht verwendet werden, weil sie ihre Gebäude= mängel sehr hartnäckig vererben; sie sind höchstens noch Händlerware, fürs Ausland. Dank ihrer langen Knochen täuschen solche Hunde oft ausgreifendes Gangwerk vor, bestechen damit auch manchen Neuling,

Abb. 354. Der= und überzüchteter Schäferhund.

weil sie die Beine schmeißen; aber sie schaffen keinen Boden hinter sich, weil der steile Schulterwinkel den Vorteil der langen Laufknochen wieder aufhebt. Ist dadurch schon die Schulterfreiheit vermindert, so muß auch die Hinterhand kurz und zappelig, nach oben schleudernd, treten, statt schwungvoll unterzuschieben, weil der Hund sich anderenfalls in= folge seines kurzen Rückens greifen würde, d. h. er träte sich selbst mit den Hinterläufen auf die Vorderläufe. Dabei kann er sich nicht einmal durch Ausfallenlassen der Hinterhand nach einer Seite helfen, wie ich das im I. Abschnitt beim Gangwerk des Wolfes ausgeführt habe, weil der kurze, starr gewordene Rücken das nicht zuläßt. Solche Hunde sind also reine Blender, eine Gefahr für unerfahrene Neulinge und darum auch für die Rasse; ein geschickter Vorführer wird versuchen, sie mit weit zurückgeſtellter Hinterhand muſtern zu laſſen, um dadurch mehr Länge und gute Hinterhandbildung vorzutäuſchen. Läßt der Begut=achter ſich darauf nicht ein, ſondern verlangt den Hund in verſammelter Haltung mit natürlich geſtellter Hinterhand zu ſehen, ſo zeigt ſich die ſchlechte, meiſt überbaute und auch wackelige Hinterhand in voller Der=derbnis; vor ſorgfältiger Gangwerkprüfung können ſo gebaute Hunde überhaupt nicht beſtehen. Das vorſtehende Bild zeigt ſolch neuzeitlichen Überhund; es iſt aus der Aufnahme des betreffenden Tieres heraus=geſchnitten. Der geſtrichelte Umriß der Hinterhand zeigt, wie der Hund in natürlicher, nicht künſtlich überſtreckter Stellung ſtehen würde und er=läutert das eben Ausgeführte. Die geſtrichelten Linien in Vor= und Hinter=hand geben die Lage der Knochen an und zeigen die ſchlechte Winkelung; näheres dazu wird weiter unten geſagt.

Die Schulter= oder Rückenhöhe des Hundes — ein anderes Größenmaß gibt es nicht — wird am gleichmäßig auf allen vier Läufen ſtehenden Tier an der im Muſterhund angegebenen Stelle, Linie c—d, genommen; ſie entſpricht einer von der höchſten Stelle des Widerriſts — ſiehe auch das Bild des Knochengerüſtes —durch den Ellbogen auf die Erde gefällten Senkrechten. Sie wird als Standmaß genommen bei gut angedrücktem Haar; nicht etwa bis zur Haarſpitzenhöhe oder weiter nach dem Kopf zu bei aufgerichtetem Halſe, das gäbe ein falſches, ein Übermaß, bei dem Fehlangaben bis zu 3—4 cm herauskommen können. Es gibt übrigens ſogar Kenner, die Ohrſpitzenhöhe nehmen, die wieder von der Aufrichtung des Halſes abhängig iſt; darauf iſt bei einzelnen Übermaßangaben Rückſicht zu nehmen. Trotz der klaren Angaben der Raſſezeichen, trotz aller Belehrungen ſind leider manche Schäferhund=beſitzer immer noch vom „Größenwahn" befallen, glauben ihr Hund ſei beſſer, wenn ſie ein paar Teilſtriche mehr herausmeſſen oder dazu=mogeln können. Wer kein Kleintiermaß hat, muß ſich behelfen und ein leichtes Brettchen oder ähnliches wagerecht über den Widerriſt legen, gegen das in Ellbogenhöhe ein Stock zu ſtellen; die am Zollſtock abzuleſende Ent=fernung Erdboden —Unterkante des Brettes gibt dann die Schulterhöhe. Hunde ſind nicht leicht zu meſſen, weil ſie nur ſchwer gleichmäßig auf alle vier Läufe zu ſtellen und weil ſie gegen alles Herumbaſteln an ihrem Körper leicht mißtrauiſch werden, ſich ducken oder ausweichen. Um ein möglichſt genaues Maß zu finden, muß man daher mehrfach meſſen und aus den Ergebniſſen das Mittel ziehen. Die Größe wird leicht überſchätzt, namentlich bei gehaltvollen, gut behaarten Hunden; bei hochläufigen Hunden mit geringer Bruſtentwicklung läßt das Auge ſich leicht durch den vielen Boden unterm Hunde und die verhältnismäßig geringe Körpermaſſe täuſchen.

Der Schäferhund ſoll ein langgeſtreckter Hund ſein, deſſen Ge=ſamtlänge die Schulterhöhe übertrifft; er ſoll, mit anderen Worten, viel Boden decken. Nach Ströſe iſt ein Verhältnis von 10:9 zwiſchen Rumpflänge und Schulterhöhe das günſtigſte für die Vorwärtsbewegung. Einer Rumpflänge von 60—70 cm, wie ſie bei Durchſchnittsſchäfer=hunden üblich, würden Schulterhöhen zwiſchen 54 und 63 cm entſprechen; wir kommen alſo damit auf die wünſchenswerten Gebrauchshundmaße. Bei dem in ein Zehntel der natürlichen Größe dem Bild eines früheren

Siegers nachgezeichneten Musterhunde kommt das Verhältnis von Länge zu Höhe auf 10:8,8. Gemessen wird die Rumpflänge am stehen= den Hunde von Bugspitze zu Sitzbeinhöcker, s. Entfernung a—b beim Musterhunde. Dazu gehört unbedingt ein Kleintiermaß, d. h. ein Meß= stock mit Teilstrichen, der zwei verschiebbare, zum Einklappen und wage= rechten Herausklappen eingerichtete Arme trägt. Der zu messende Hund wird zwischen die beiden Arme eingespannt; jede Verbiegung im Rücken, die er sicher vornehmen, mindestens versuchen wird, verkürzt das Maß. Es muß daher hierbei erst recht vorsichtig gemessen und das Mittel aus mehreren Messungen genommen werden.

Zur rechten Größe gehört beim Gebrauchshunde die rechte Kraft; die liegt in den Knochen und Muskeln. Ein Arbeitshund braucht kräftige Knochen. Das Gewicht der Knochen beträgt beim Hunde etwa vier= zehn Hundertstel oder den siebenten Teil des Gesamtgewichts des Körpers. Das will zunächst vielleicht nicht viel scheinen, ist es aber, wenn wir uns vor Augen halten, daß vom Hunde Flüchtigkeit, Wendigkeit und hohe Aus= dauer gefordert werden; all diese Punkte mindert eine Vermehrung des Knochengewichts infolge allgemeiner Größenzunahme und unverhältnis= mäßiger Knochenstärke. Zu leichtes Gestell läßt auf allgemeine Schwäche schließen. Grobe Knochen dagegen vermindern Beweglichkeit und Aus= dauer, weil sie dem Hunde zu viel Eigengewicht aufladen; meist sind sie auch schwammig und weich. Die häufiger gerühmten „Bombenknochen" sind somit nur ein sehr bedingtes Lob für einen Schäferhund. Züchte= rische Veredelung schafft festeres Knochengefüge bei Verfeinerung der Knochenmasse, Überzüchtung dagegen, wie wir sahen, zu feine und spröde oder auch wieder zu grobe Knochen. Sorgfältige Zucht meißelt auch nicht nur die Knochen feiner aus, sie streckt auch die Laufknochen, was wieder günstig für die Muskelwirkung ist. Kurze Laufknochen geben ein unter= setztes, gedrungenes Gebäude, solche Hunde rollen vorwärts, laufen aber nicht. In gutem Verhältnis stehende lange Laufknochen dagegen be= günstigen, wie wir sehen werden, die Vorwärtsbewegung, solche Knochen erhöhen auch den Adel der Erscheinung. Alle Edelvölker, alle gut durch= gezüchteten Menschen sind langbeinig und fein=, aber festgliederig; ebenso ist es bei anderen Edelzuchten. Der im nachstehenden Bilde gezeigte Prinz von Massing SZ. Nr. 1032 HGH hatte ein hervorragendes Gebrauchshundgebäude bei trefflichem Ausdruck. Es war bester Land= schlag, in den Knochen noch von ziemlicher Derbheit; Durchzüchtung auf ihn, sie ist leider nicht erfolgt, hätte da binnen kurzem ein noch leistungsfähigeres Gebäude geschaffen. Als Gegenstück sorgfältiger, aus Gebrauchshunden hervorgegangener Durchzüchtung sei ihm eine Aufnahme des Holländsiegers 1913 Jung Tell von der Kriminalpolizei SZ. Nr. 24511 PH gegenübergestellt.

Die Muskeln, deren Länge und Breite sich nach der Beschaffen= heit der Ansatzstellen am Knochen richtet, sollen trocken sein, von harter, straffer Beschaffenheit, wie auch die Sehnen und Bänder. Da der Hund kein Tier für schwere Lastarbeit, wohl aber Schnelligkeit und Ausdauer von ihm gefordert werden, tritt die Hubkraft des Muskels hinter die Hubhöhe zurück. Es ist also nicht so sehr auf dicke als auf lange Muskeln Wert zu legen. Lange Muskeln bedingen aber wieder lange Knochen, und

damit günstige Winkelung der Gliedmaßen. Bei deren Besprechu
werden wir sehen, wie sich in jeder Bedingung die Bewegung und Au
dauer begünstigenden Punkte ergänzen. Schulter wie Hinterhand soll
dabei nicht mit gleichmäßig üppigen Fleischpolstern überladen, sonde

Abb. 355. Prinz von Maffing S3 .Jr. 1032 Höh.

trocken sein, gut ausgeprägte Muskellinien durchfühlen lasse
Sehen kann man sie ja bei einem nicht kurz behaarten Hunde ni
    Ich sagte oben, daß der Hund auch dahin zu mustern ist, ob er i
ganzen den Formen des Rassebildes entspreche und ob seine ei
510

zelnen Teile fich so in dies Bild eingliedern, daß das geschulte Auge an keiner Stelle ein Zuviel noch ein Zuwenig entdeckt und, daß demzufolge bei ihm von Gebäudeebenmaß gesprochen werden kann.

Dies Ebenmaß der Form, in dem der Körper seine höchste Voll= endung erreicht, die in der Gesundheit und Leistungsfähigkeit der Rasse und des Einzeltieres wurzelnde Vollkommenheit aller Teile, die unter sich wieder im rechten Verhältnis zum Ganzen stehen, nennen wir Adel der Erscheinung. Dieser recht verstandene Adel des Gebäudes sichert auch die „Ökonomie der Kraft", er gewährleistet höchstleistungen

Abb. 356. Hollandsieger 1913 Jung Tell von der Kriminalpolizei 53. Nr. 24511 ph.

bei einem Mindestverbrauch von Kraft und Stoff. Nur das Beherzigen dieses Grundsatzes sichert das Erreichen des höchsten Ziels; der alte preußische Staat befolgt ihn, ihm war er von seinem Fürsten= hause eingeimpft, angezüchtet, darum kam er auf die höhe. Adel steht im Gegensatz zur Überzüchtung, die des Adels bar, weil ihr der Schäferhundausdruck verloren gegangen; sie wirkt als Verzeichnung, wird zum Zerrbild. Adel wünschen wir, weil Gebäudevollendung, trockene, herausgemeißelte, nirgends überladene Form, straffe Muskeln,

Blut und Feuer die Leistungsfähigkeit des Gebrauchshundes steigern; Überzüchtung verabscheuen wir, weil sie Leib und Seele untauglich zum Gebrauch macht. Ich sagte schon im III. Abschnitt, daß wir beim Schäferhunde nicht wie in anderen Zuchten von Voll-, Halb- und Kaltblut sprechen dürfen, weil auch der gute Landschlag Vollblut führt und voller Blut ist, voll besseren, tauglicheren Bluts als verkommene Stadtzucht. Deshalb wollen wir uns auch hüten, die verächtliche Bezeichnung Bauern= schäferhund für unseren Landschlag aufkommen zu lassen. Gewiß ist an der Masse der Gebrauchshunde noch manches, oft vieles zu bessern. Wer genauer hinsieht, findet die gute Gebäudeanlage aber doch fast überall vor, sie muß nur züchterisch aus dem Dornröschenschlaf heraus= geholt werden. Blut, Leben und Feuer, Schäferhundseele hat aber just dieser Gebrauchsschlag!

Was Schäferhundausdruck heißt, läßt sich mit Worten nicht lehren, aus ihnen nicht lernen. Der rechte Ausdruck, die Ausstrahlung der Schäferhundseele, muß am Hunde erfaßt werden. Von der Schäferhundseele, dem Schäferhundwesen habe ich schon viel ge= sprochen. Bei kurzer Gebäudemusterung ist davon freilich nicht viel zu erkennen möglich; immerhin gibt auch die Anhaltspunkte, aus denen auf den Kern geschlossen werden kann. Schon aus der Art, wie der Hund steht und sich bewegt, läßt sich erkennen, ob er Leben, Blut und Nerv hat. Das kann für den Gebrauch manchen Gebäudemangel ausgleichen, denn auch der bestgebaute Hund taugt nichts, wenn ihm der innere Ansporn fehlt, sein letztes herzugeben. Die Gänge müssen also, ohne Rücksicht auf Wetter und gehabte Anstrengungen, frisch und federnd sein, das Wesen straff, keck und furchtlos, aufmerksam und geweckt, aber nicht quecksilberig und spielerig, weich oder gar scheu. Die beste Auskunft gibt das Auge; es soll nicht Bosheit und Tücke, nicht ungebändiget Wildheit und aber auch nicht Schläfrigkeit, Schlappheit oder gar Furcht ausdrücken. Klar, dreist, offen, aber zurückhaltend soll der Schäferhund den Beobachter ansehen, sein Auge soll nicht verschlagen, laurig oder in feiger Angst den Blick des Beschauers meiden. Ohrenspiel und Rutenhaltung, die Ge= samthaltung des Hundes, sein Verhalten gegenüber Menschen und Hunden, gegenüber unerwarteten Erscheinungen oder Vorgängen lassen neben dem Ausdruck des Auges den erfahrenen seelenkundigen Beobachter recht deutlich erkennen, wes Geistes Kind er vor sich hat.

Ich wende mich nunmehr zu den einzelnen, zunächst beim stehenden Hunde zu musternden Körperteilen und beginne mit dem Kopf; nicht, weil er die Hauptsache am Hunde, sondern weil er das Anfangsstück des Körpers ist.

An und für sich möchte scheinen, als sei die Kopfbildung für den Gebrauchshund ziemlich nebensächlich, wenn sie sich nur im Rasserahmen hält; wir werden aber sehen, daß auch zwischen Kopf und Gebrauch innige Wechselbeziehungen bestehen, die bei der Beurteilung nicht über= sehen werden dürfen. Der Kopf soll in seiner knöchernen Grundlage dem Gehirn Raum und Schutz geben; ebenso den in ihm eingelagerten Haupt= sinnen: Geruch, Gehör, Gesicht. Den Kopf braucht der Hund zur Nah= rungsaufnahme, der Wildhund auch zum Nahrungserwerb, der Schäfer= hund aber zum Dienst. Zum Dienst in doppelter Beziehung: durch die

512

Arbeitsleiſtung des Gehirns, die ſich auf Aufnahme und Verwertung der empfangenen Sinneseindrücke aufbaut, und durch den Gebrauch der Zähne, unter Umſtänden auch der Stimme.

Das Knochengerüſt des Kopfes, der Schädel des Schäferhundes, gleicht, wie wir ſahen, mit Ausnahme geringer, durch die Abſtammung und Hausbarmachung begründeter Abweichungen dem des Wolfs. Abgeſehen von einzelnen, durch die Hausbarmachung herbeigeführten, aber nicht grundlegenden Veränderungen trägt unſer Schäferhund als Ahnenerbe alſo noch den reinen Wildhundkopf, wie ihn die große Zeuge= mutter Natur als für ſeinen Träger am geeignetſten herangezüchtet hat. Die geſtreckte langſchädelige Wildhundform iſt auch für den Schäfer= hund die beſte. Sie ſichert dem Gehirn, dem Sitz der Verſtandstätigkeit, ausgiebigen Faſſungsraum und bietet den Sinnesnerven, vor allem denen des Grundſinns, des Geruchs, geſicherte Lage und Platz zur Entwick= lung. Sie gibt ſchließlich in ihrer Kieferbildung, die in der Wirkung der einer langſchenkeligen, daher beſonders kräftig greifenden Zange gleicht, Gewähr für feſten Griff des bei der Herde gehenden oder für ſicheres Faſſen des im Sicherheitsdienſt der Behörde oder des Einzelnen ſtehenden Hundes; zugleich gibt dieſe Schädelform langen und kräftigen Muskeln Raum und Anſatzſtellen. Wildgewordene Sportzucht hat manchen Raſſen — auch bei unſeren Schäferhunden gilt ſolches gewiſſen Raſſe= verderbern als erſtrebenswertes Ziel! — einen überſtreckten, feinaus= gezogenen Kopf angezüchtet. Hunde mit ſolchen Köpfen, in deren un= geräumigen Hirnkaſten ſchon kaum mehr Platz für das Gehirn vorhanden, erinnern an die, Männern unlieb bekannten Damenkleider ohne Taſchen! Übrigens trägt an der unausbleiblichen geiſtigen Verblödung der un= glückſeeligen Träger ſolcher Köpfe im weſentlichen die von ſolcher Schön= heitszucht untrennbare Zwingerzucht und =haltung mit der erzwungenen Untätigkeit die Schuld.

Bei einem langſchädeligen Hunde übertrifft die Schädellänge die Schädelbreite ſehr erheblich, etwa ums Doppelte. Der eigentliche Schädel= teil, die Gehirnkapſel, ſoll dabei etwa im Verhältnis von 10:6 zum Geſichts= oder Antlitzteil ſtehen; dieſe Zahl iſt aber recht ſchwankend, ich fand ſie bis zu 7:6 wechſelnd. Dieſe Verhältnismaße ſind übrigens am Schädel genommen, beim lebenden Hunde kommen noch Naſen= kuppe und Lippen dazu, wodurch das Längenverhältnis von Geſichts= zu Schädelteil zu gunſten jenes verändert wird. Zum rechten Schäfer= hundausdruck gehört jedenfalls, daß der Geſichtsteil etwas kürzer iſt als der Schädelteil; ein zu lang geſtreckter Fang gibt eine Überſchnauze, die lächerlich wirkt und gebrauchsuntüchtig iſt. Ich möchte hier übrigens davor warnen, am lebenden Hunde Kopfmaße zu nehmen oder auf die leider nicht ſelten in Anzeigen und a. a. O. veröffentlichten etwas zu geben. Solche Maße ſind ganz wertlos, ſchon weil bei ihnen aber auch gar keine Gewähr gegeben iſt, daß ſie in annähernd richtiger und zu= verläſſiger Weiſe genommen; wie Schädelmaße genommen werden, wiſſen die allerwenigſten, für die äußeren Kopfverhältniſſe gibt es aber überhaupt keine Meßpunkte. Abgeſehen davon beſagt die Kopflänge gar nichts, ſelbſt ein ſcheinbar langes kann für den betreffenden Hund noch kurz ſein; ſolche Maßangaben ſind alſo auf glatten Bauernfang

berechnet, bestenfalls dumme Prahlerei. Verhältnismaße für den Kopf
gibt es nicht, jeder Kopf muß sich, wie alle anderen Gebäudeteile, auch
in das Ebenmaß des Gesamtgebäudes einfügen; das ist, wie wir sahen,
für den Rüden schon anders wie für die Hündin. Ferner muß ein größerer,
kraftvoller Hund auch einen kräftigeren, daher schwerer erscheinenden
Kopf haben, als ein kleiner, leicht gebauter, ohne daß er ein Dickkopf zu
sein braucht. Nicht die Ausmessungen bestimmen den Adel, die Schönheit
der Kopfform, die, wenn gut, edel und trocken, ganz unbestreitbar den
Gesamteindruck des Hundes hebt, sondern die zweckmäßige Gestaltung,
der Schnitt und der Verlauf der Umrisse.

Trotz der, wie festgestellt, durch Jahrtausende unverändert ge=
bliebenen Rassemerkmale am Schädel, ist innerhalb dieser Grenzen
die Schädelbildung beim Schäferhunde ebenso wechselnd wie beim Wolf
und seinen Abarten, und zwar wie dort auch bei Tieren innerhalb des
gleichen Verbreitungsgebietes. Es kommen nicht nur erhebliche Längen=
schwankungen vor, die auch das Verhältnis zur Breite beeinflussen,
auch am eigentlichen Hirnschädel zeigen sich Unterschiede in der Breite,
in der Entwicklung der Stirnhöhlen und der Scheitelleiste. Solche Ab=
weichungen wirken auch auf das Äußere; wir können daher zwischen
einer kürzeren, gedrungeneren, mehr kugelartigen und einer gestreckten,
edler gestalteten keilförmigen Kopfform unterscheiden. Diese ist für
den Gebrauch die geeignetere; daß sie auch dem Auge die gefälligere,
bedarf keiner Ausführung. Der gestrecktere Kopf, der selbstredend auch
genügende Kraft und Tiefe haben muß, nicht bloß Länge, begünstigt
sicheren Griff und festes Halten und wirkt edel durch seinen trockenen Bau.
Der schwere volle Kopf, der ohnehin meist mit plumpem, wenig leistungs=
fähigen Gebäude verbunden ist, belastet dagegen durch sein Knochen=
gewicht die Vorhand ganz unnötig und hat trotz dicker Muskeln nicht die
Griffsicherheit und Beißkraft wie ein langgestreckter.

Ich sagte oben, die Natur habe den Wildhundschädel zu der für
ihren Träger zuträglichsten gestreckten Gebrauchsgestalt geformt. Knochen=
masse ist nicht unveränderlich; sie unterliegt vielmehr in ihrer inneren
Gestaltung dem Zuge und Druck der ihr angehefteten Muskeln. Die
Unausgeglichenheit des Wolfsschädels mag, wie ich schon im I. Abschnitt
ausführte, darauf zurückzuführen sein, daß wir im Wolf eine entwick=
lungsgeschichtlich noch junge, innerlich noch nicht durchgezüchtete und
gefestigte Rasse vor uns haben; die noch fehlende Festigung begünstigte
dann beim hausbar gemachten Hunde im Verein mit den Einflüssen
der Hausbarmachung die bei einzelnen Rassen sehr große, den Gebrauchs=
wert stark herabsetzende Änderung des Schädelbaues, die sich im wesent=
lichen infolge geringeren Gebrauchs der Fang= und Schneidezähne
in Verkürzung des Gesichtsteils, damit also der Kiefer, und Bildung eines
starken, weder bei Wild= noch bei Schäferhunden vorhandenen Stirn=
absatzes äußert. Dieser Stirnabsatz trifft aber gerade die Riechgegend,
die Stelle, an der die Geruchsnerven ihr Hauptaufnahmegebiet haben.
Die gestreckte absatzlose Schädelform begünstigt sonach auch das Wahr=
nehmungsvermögen des Grundsinnes unserer Hunde.

Es bliebe somit nur mehr zu unterscheiden, welche Form für die
Entwicklung des Gehirns als Sitz der Seelentätigkeit die beste ist. Das Ge=

514

hirn liegt in der Schädelhöhle, der hirn= oder Schädelkapsel; diese ist aber für die äußere Gestaltung des Kopfes von geringem Einfluß. Dessen Länge bestimmt vielmehr die Streckung des Fanges und die Ent= wicklung des hinterhauptbeins, dessen Breite aber die Jochbogen= gestaltung; die Tiefe schließlich im Gesichtsteil wieder Gestaltung und Kraft der Kiefer, im Schädelteil aber die Entwicklung der Scheitelleiste. Die Bemuskelung vollendet den Eindruck: je gedrungener der Kopf im Schädelteil, um so kürzer, also dicker, müssen die Muskeln sein; je gestreckter die Kopfform, desto mehr gehen die Muskeln in die Länge, desto geringer die Dicke des Fleischpolsters auf den Schädelknochen. Die Scheitelleiste entwickelt sich auch am ausgewachsenen hunde weiter, der Oberkopf erscheint dann stärker mit Muskeln bepackt, daher man bei älteren Tieren bisweilen von einem aus dem Leim gegangenen Kopf sprechen kann.

Nach haucks Messungen wächst der Fassungsraum der Schädel= höhle nicht im gleichen Verhältnis wie die Körper=, aber auch nicht wie die Kopfgröße; ebenso habe hunde mit langem, schmalem Kopf keinen, oder keinen wesentlich geringeren Rauminhalt des Schädels als Tiere mit breitem Kopf. hirngewicht und Masse stehen ja in gewissem Zu= sammenhang mit der geistigen Kraft, lassen Dergleiche oder Schlüsse aber nur für die Abschätzung der allgemeinen Fähigkeiten der Angehörigen einer Gattung gegen die einer anderen zu. Innerhalb einer Art aber beeinflußt nicht das Gewicht oder die Größe des Gehirns die geistige Entwicklung und Begabung, sondern die feinere Bildung und Größe der hirnrinde oder grauen Substanz, die durch abweichende Zahl und Tiefe ihrer Furchen und Windungen merkliche Unterschiede für die Ausdeh= nung der Gehirnoberfläche herbeiführen kann. Nach Ranke und Broka steht nun die Entwicklung der Vorder= oder Stirnlappen des Großhirns als Sitz der Verstandestätigkeit in unmittelbarer Beziehung und geradem Verhältnis zur geistigen Befähigung. Wir werden uns hier dessen ent= sinnen, was ich im I. Abschnitt nach Studer über die Vergrößerung der Vorderlappen beim hausbar gemachten hunde gegenüber dem Wildhunde ausgeführt und müssen ferner an das denken, was ich dann im II. Abschnitt, mich auf Edinger stützend, über die Größenzunahme der Vorderlappen in der aufsteigenden Tierreihe und ihre Einwirkung auf überlegtes handeln sagte. Dazu wollen wir uns dann einmal den Schädel eines hundes von außen und innen, auch seine Bedeckung mit Muskeln, genauer betrachten; nach welcher langschädeligen hunderasse die Schädelabbildungen I—V aufgenommen, war leider nicht festzustellen.

Diese Abbildungen zeigen zunächst, daß die Schädelkapsel von geringem Einfluß auf die äußere Kopfbildung ist. Sie bestätigen ferner, daß Zucht auf einen gestreckten, aber doch kraftvollen Gebrauchskopf keinen Verlust an Gehirnmasse herbeiführen kann, weil die Gehirn= kapsel, der Schädelinnenraum, davon gar nicht betroffen wird. Diese Befürchtung wurde früher häufiger ausgesprochen, ist auch heute noch ab und zu zu hören, auch bei anderen Rassen — meist sind es Klotzkopf= besitzer, die sie verbreiten —, ist aber, wie wir sehen, völlig unzutreffend. Was den Kopf eines Schäferhundes plump, unedel erscheinen läßt, ist nicht eine gesteigerte Breitenausdehnung oder Erhöhung der Schädel=

höhle, kein vermutetes Mehr an Raum für das Gehirn, sondern beruht auf rein äußerlichen Umständen: schlechtes Verhältnis zwischen Länge und Breite, Grobknochigkeit, namentlich starke Scheitelleiste und grobe, ausladende Jochbogen, schließlich dicke Schichten kurzer Muskeln, besonders des Schläfen= und des Kaumuskels. Denn die Hauptmasse und der wertvollste Teil des Gehirns sitzt gerade nicht dort, wo die Dickkopf=Freunde vermuten, nicht hinten und oben, zwischen den Ohren, auch nicht in den Backen; also durchaus nicht an den Stellen, die, grob geformt,

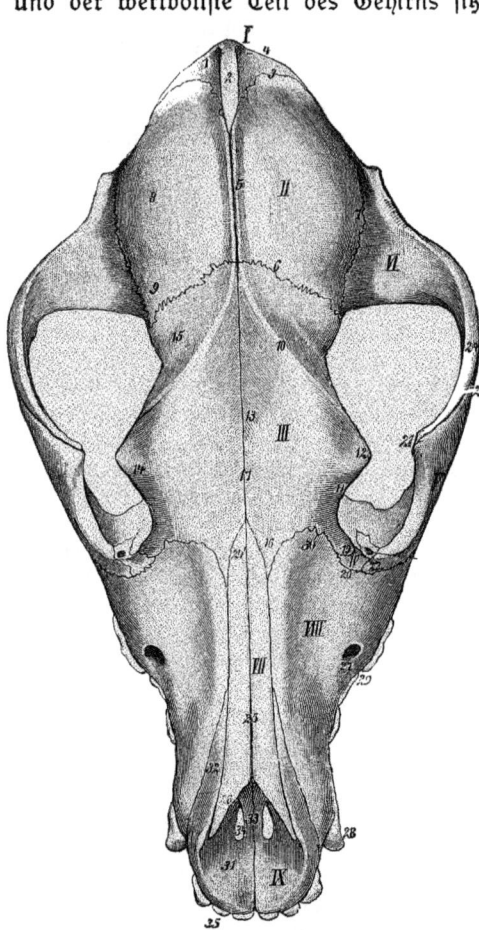

I. Os occipitale, Hinterhauptbein. II. Os parietale, Scheitelbein. 2. Processus interparietalis, Zwischenscheitelbein=Fortsatz. 5. Crista sagittalis, Scheitelleiste. 6. Sutura coronalis, Kranznaht. 8. Tuber s. eminentia parietalis, stärkster Punkt der Scheitelbeinwölbung. 9. Planum temporale, Schläfengrubenfläche des Scheitelbeins. 10. Linea semicircularis, Stirnleiste. III. Os frontale, Stirnbein. 12. Processus zygomaticus, Jochbogenhöcker. 13. Fossa frontalis, Stirngrube. 17. Sutura frontalis, Stirnnaht. IV. Os lacrymale, Tränenbein. V. Os jugale, Jochbein. 23. Processus temporalis, Schläfenfortsatz des Jochbeins, Jochbogen. 24. Processus zygomaticus, Jochfortsatz des Schläfenbeins, Jochbogen. VI. Pars squamosa oss. tempor., Schläfenbeinschuppe. VII. Os nasale, Nasenbein. VIII. Os maxillare super., Oberkieferbein. IX. Os intermaxillare, Zwischenkieferbein.

Abb. 357. I. Schädel eines Hundes, von oben gesehen. (Druckstock aus: Ellenberger und Baum, Anatomie des Hundes, 1891, bei Parey, Berlin.)

den Hund klotzköpfig erscheinen lassen.

Durchzüchtung bildet, wie wir sahen, aus grober, schwammiger Knochenmasse ein festeres, feineres Gefüge; aus kurzem, dickem Muskelpolster lange, trockene Bänder. Sie bringt also die dicken Backen, die nach den Ohren liegende unschöne Aufwölbung des Ohrkopfes fort, der seiner herausgemeißelte Kopf gewinnt für das Auge schon dadurch an Länge und erscheint edler. Wo durch die Zucht auch eine Längsstreckung des Kopfes herbeigeführt wurde, betrifft sie zumeist den Gesichtsteil, den Fang, erhöht da, wie wir sahen, bis zu einer gewissen, unten noch näher zu besprechenden Grenze, die Gebrauchseignung. Soweit die Längsstreckung des Kopfes die Schädelkapsel betrifft, schafft sie auch eine Vergrößerung der Schädelhöhle, und zwar in Richtung nach vorn auf die Stirnhöhlen zu. Die Hirnvermehrung käme also den, wie wir sahen, so wichtigen Vorderlappen zugute; die Zucht würde sonach fördern und vollenden, was nach Studer die Hausbarmachung ein= geleitet hat. Die Vergrößerung der Stirnlappen traf zunächst die in Richtung nach der Nasenkuppe vorm Gehirn liegenden Stirnhöhlen.

1. Schildknorpel. a Mus= culus levator auris lon= gus, langer Ohrheber= muskel. Der M. l. a. l. ist Teil des M. retrahens, des Rückwärtsstellers der Ohrspalte. b M. occi= pitalis, Hinterhauptmus= kel, liegt auf dem M. temporalis, Schläfen= muskel, und zum Teil auf dem M. attollens auris, Ohrheber bei Seit= wärts=Rückwärtsstellung der Spalte. c M. trans= versus auricular., er= weitert die Ohrmuschel. d M. indermedius scu= tulorum, Teil des M. scutularis, des Schild= spanners, der die Ohr= muscheln erhebt. Der M. i. sc. bedeckt teilweise den M. occip. und mit. d' M. frontoscutularis, eben= falls Teil des M. scutul., völlig den M. temporalis. Dieser Schläfenmuskel ist der stärkste am Schädel= dach; er verläuft beider= seitig von seinen Ansatz= stellen an Stirnleiste, Scheitelleiste, Hinter= hauptkamm, Scheitelbein und Jochbogen zum Unterkieferast und be= wirkt mit dem Kau=

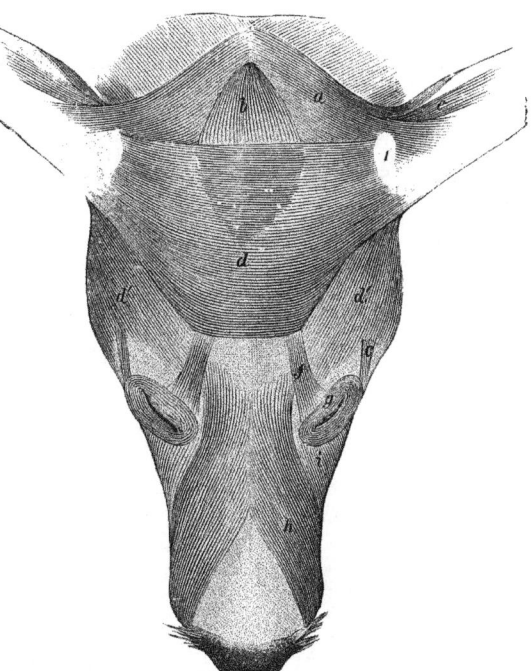

Abb. 358. II Kopfmuskeln eines Hundes, obere Schicht, von oben gesehen. (Druckstock aus: Ellen= berger und Baum, Anatomie des Hundes; 1891, bei P. Parey, Berlin.)

muskel, M. masseter,f. Abb. IV i, und dem am inneren Unterkieferrande liegen= den Flügelmuskel das Anziehen des Unterkiefers. Die weiteren Muskeln der Oberschicht, e—i gehören zu Augen, Gesichtshaut und Oberlippe.

Diese lediglich Luft führenden und mit der Denktätigkeit in keinem Zu= sammenhang stehenden Hohlräume wichen vor der nachdrängenden vermehrten Masse des Vorderhirns vorwärts=aufwärts aus, wodurch die in Abb. III und V recht gut erkennbare, aber durch Zahlen nicht näher bezeichnete Stirnaufwölbung (Eminentia frontalis) gebildet wird. Durch diese leichte Aufwölbung — ich verweise hier auf das im I. Ab=

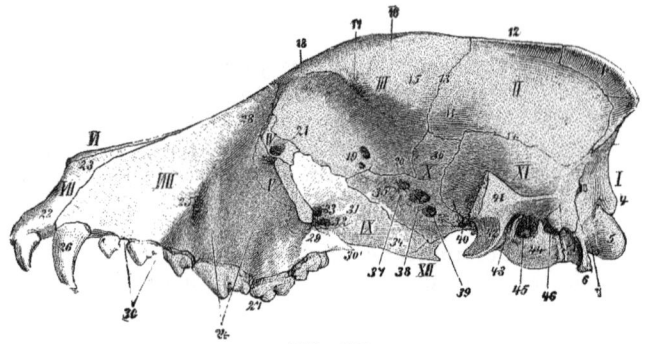

Abb. 359.

III. Schädel eines Hundes, von der Seite gesehen. (Druckstock aus: Ellenberger und Baum, Anatomie des Hundes, 1891, bei P. Parey, Berlin.)
I. Os occipitale, Hinterhauptbein. II. Os parietale, Scheitelbein. 1. Processus inter= parietalis, Zwischenscheitelbeinfortsatz. 12. Crista sagittalis, Scheitelleiste. 11. Pla= num temporale, Teil der Schläfengrube. III. Os frontale, Stirnbein. 16. Linea semicircularis, Stirnleiste. IV. Os lacrymale, Tränenbein. V. Os jugale, Jochbein (abgesägt!). VI. Os nasale, Nasenbein. VII. Os intermaxillare, Zwischenkieferbein. VIII. Os maxillare super., Oberkieferbein. IX. Os palatinum, Gaumenbein. X. Os sphenoideum, Keilbein. XI. Os temporum'(Squama), Schläsenbein. 41. Processus zygomaticus os. temp., Jochbogen (abgesägt!). XII. Os pterygoideum, Flügelbein.

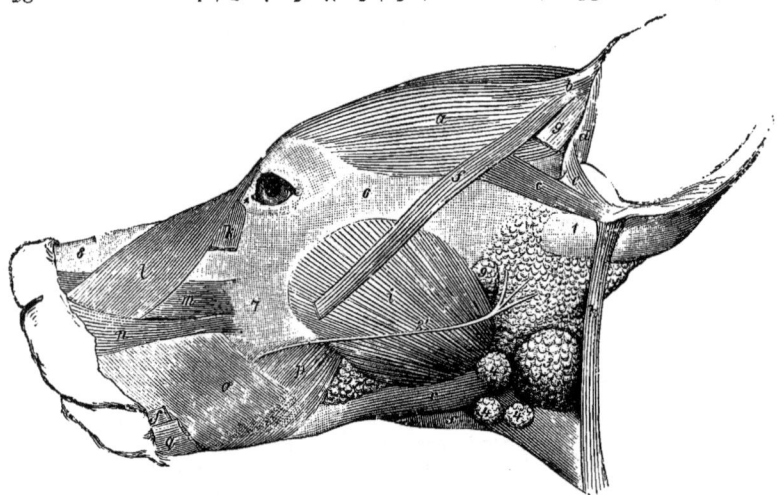

Abb. 360.

IV. Kopfmuskeln eines Hundes, obere Schicht, von der Seite gesehen. (Druck= stock aus: Ellenberger und Baum, Anatomie des Hundes, 1891, bei P. Parey, Berlin.)
1. Grund der Ohrmuschel. 2., 3., 5. Speicheldrüsen. 4., 9. Lymphdrüsen. 6. Jochbein. 7. Oberkiefer. 8. Nasenrücken. a Musculus scutularis, Schildspanner, dieser bedeckt, s. Abb. II., zum Teil den M. occipitalis und den M. temporalis, Schläfenmuskel. b, c, d, e und h kleinere Ohrmuskeln. f M. zygomaticus (major), Jochmuskel; stellt Mundwinkel und Schildknorpel fest. g Gesichtshautmuskel (abgeschnitten!). i M. masseter, Kaumuskel, ein sehr kräftiger Muskel, der vom Jochbogen bis zum unteren Rande des Unterkiefers reicht; er ist wie der Schläfenmuskel Anzieher des Unter= kiefers und liegt fast auf seiner ganzen Fläche dem Knochen auf, nur vorn dem M. molaris. k—s Muskeln der Mundöffnung, der Backen und der Nase.

518

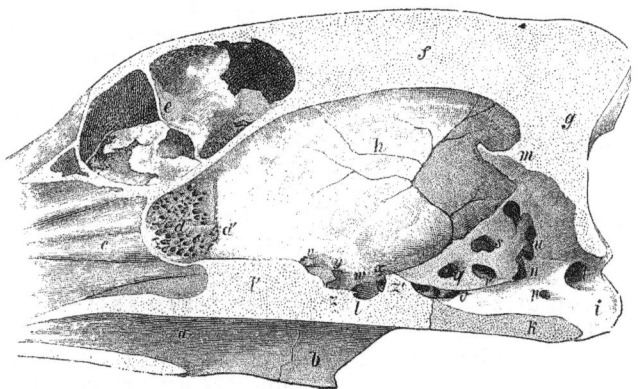

Abb. 361.

V. Längsschnitt durch den Schädel eines Hundes, Seitenansicht. (Druckstock aus: Ellenberger und Baum, Anatomie des Hundes, 1891, bei P. Parey, Berlin.) a Os palatinum, Gaumenbein. b Os pterygoideum, Flügelbein. c Cellulae ethmoidales, Siebbeinmuscheln. d, d' Lamina cribrosa und Foramen ethmoidale, Teile des Siebbeins. e Sinus frontalis, Stirnhöhle, mit teilweise zertrümmerten Wänden; ist mit Luft gefüllt. f Crista sagittalis, Scheitelleiste. g Occiput, Hinterhauptschuppe. h Innenwandung des Os parietale, Scheitelbeins, mit den breiten Vertiefungen und leistenartigen Erhöhungen für die Windungen und Furchen der Gehirnoberfläche. i Innenfläche des Foramen occipit. magnum, Hinterhauptloch. k Teil des Hinterhauptbeins. l, l' Teile des Keilbeins. m Tentorium osseum, knöchernes Gehirnzelt. n—y verschiedene Schädelöffnungen, Kanäle und Gruben der Schädelhöhle. z Sella turcica, Türkensattel mit z'. Dorsum sellae turcicae, Rücklehne des Türkensattels.

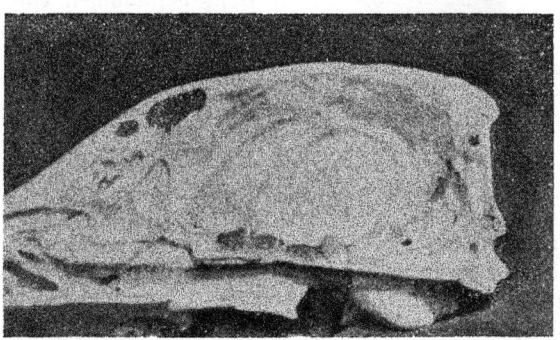

Abb. 362.

VI. Längsschnitt durch den Schädel eines 19 Wochen alten deutschen Schäferhundes (Heino v. Grasrath 1149 gew. 23. V. 04, † 2. X. 04). Nach einer Aufnahme des Verfassers.

Über die Benennung der einzelnen Teile f. oben Abb. V.

Beim Vergleich der beiden Längsschnitte, Abb. V und Abb. VI, ist zu berücksichtigen, daß Abb. V von einem alten Hunde stammt; daher dort auch die besonders mächtige Entwicklung der Schädelleiste. Der Schädel von Abb. VI dagegen ist der eines noch unfertigen Junghundes.

schnitt Gesagte und auf die dort wiedergegebenen Abbildungen von Schädeln und Köpfen von Schäferhunden und Wölfen — wird lediglich die mittlere Einsenkung des Wolfsschädels teilweise oder ganz verstrichen, aber kein Stirnabsatz hervorgerufen. Die wolfsartige niedrige, in der Mitte womöglich eingesenkte Stirn ist bei der Musterung jedenfalls ungünstig zu bewerten, weil sie weder Rassebild noch Rasseaufgaben entspricht.

Beurteilung des Gebäudes kann sich selbstredend nicht auch auf die Begabung erstrecken, sie muß aber darauf sehen, daß die äußeren Formen gewahrt sind, die eine gesunde und günstige Entwicklung der den Sitz der geistigen Tätigkeiten bildenden Teile voraussetzen lassen. Sie kann feststellen, ob die Zucht die äußeren Unterlagen für das Vorhandensein lieferte, die Entwicklung und Vervollkommnung der Sinnesleistungen und der höheren geistigen Fähigkeiten ist dann Sache der Aufzucht und Haltung, wie ich eingehend im III. und IV. Abschnitt bei meinen Warnungen vor Zwingerzucht und =haltung darlegten. Daß mit der geistigen Ausbildung bei Junghunden schon früh begonnen werden kann und sollte, zeigt der Durchschnitt durch den Junghundschädel Abb. VI. Ein Vergleich dieses Schädels mit dem eines gleichfalls in meinem Besitz befindlichen eines fast um das Doppelte älteren blutsverwandten Rüden zeigt, daß die Schädelkapsel des rund fünfmonatlichen, im Inneren nahezu schon die gleiche Längen= und Breitenausdehnung hat, wie die

Abb. 363. Guter, kraftvoller Rüdenkopf, Leistungssieger 1906 Siegfried von Jena= Paradies früher Barbarossa SZ. Nr. 1139 Krh Ph Sh.

des dreivierteljährigen; dagegen hätte im Gesichtsteil des Schädels beim Junghunde noch eine erhebliche Streckung erfolgen müssen, um die Maße des älteren zu erreichen. Die volle Hirnmasse ist also beim noch im Kindesalter stehenden schon da, es gilt nurmehr die Entwicklung und Furchung der Hirnrinde durch Zugänglichmachen von Eindrücken der Außenwelt, durch Verschaffen von Erfahrungen und durch Zwang zum Gebrauch der Sinne zu fördern. Das geschieht durch Verkehr mit dem Besitzer, durch Herausnehmen in die Welt, durch Erziehung und Abrichtung, durch Arbeit also, während Zwingerhaltung den Junghund verblöden läßt.

Sahen wir, daß der trocken herausgearbeitete und darum auch edel wirkende Langkopf mit gestrecktem, kräftigem Fangteil dem Gebrauchshunde nützlich ist, so muß doch, wieder der Gebrauchsfähigkeit wegen, jede zu weit gehende Verfeinerung des Schädels und Verlängerung seines Gesichtsteiles vermieden werden; Wortverbindungen mit „über" bedeuten immer übles. Dem überzüchteten Kopf mit überstrecktem Fang fehlt die Kraft; der lange Hebelarm an der Kieferzange nützt nicht mehr, er schadet, weil er zu schwach geworden ist, um ernsthaft gebraucht werden zu können. Hunde mit solchen Köpfen und Fängen können häßliche Reißwunden machen, greifen und halten können sie nicht mehr, sind also gebrauchsunfähig; ja sie können bisweilen nicht mal mehr Hartfutter kauen, sondern mögen nur noch Kindermus und fein ge= schnittene Stückchen.

Von Schäferseite wird bisweilen vorgebracht, langköpfige Hunde könnten den Schafen gefährlich werden. Soweit Kopf und Fang gut gebaut und im Verhältnis zum Hunde stehen, ist das nicht der Fall; im Gegenteil sind so gebaute Hunde sicherer im Griff, dabei schuf die Kopfstreckung durch die Länge Ausgleich für den Dickenverlust der Schläfen= und Kaumuskeln. Überhunde aber sind weder bei den Schafen,

Abb. 364. Kopf einer Hündin, Grenze der zulässigen Fangstreckung.

noch zu anderem Dienst tauglich, weil sie zu dämlich sind. Da sie auch nicht ordentlich greifen und fassen, wohl aber durch reißen schaden können, müssen Hunde mit überzüchteten Köpfen auch aus Gebrauchs= rücksichten ungünstig bewertet werden. Übrigens taugt nicht nur der lange, überstreckte und schwache Fang nicht für den Gebrauch, sondern auch der kurze, spitze, fuchsartige nicht, der häufiger mit kurzer stumpfer Kopfbildung verbunden ist; ihm fehlt die Zielsicherheit und die Greifkraft, dagegen kann auch er böse verletzen.

Ich möchte hier nochmals das über den Kopf Gesagte kurz zu= sammenfassen: In Kraft und Größe mit den Gebrauchsverhältnissen übereinstimmend und dem Geschlecht entsprechend, soll der Kopf, von oben gesehen, im ganzen keilförmig von hinten nach vorn verlaufen,

dabei der Oberkopf vom Hinterhaupthöcker bis zum inneren Augen=
winkel den von dort bis zur Nasenkuppe reichenden Fangteil in Länge
übertreffend. Die hintere Breite des Schädels, die im kräftig entwickelten
Hinterhauptkamm dem Schläfenmuskel eine gute Ansatzstelle bieten
muß, wird äußerlich durch guten, hohen Ohrenansatz gemildert, so daß

Abb. 365. Audifax vom Siegestor SZ. Nr. 7546 Ph.

der rückwärtige Teil des Oberkopfes nur mäßig breit erscheint; auch
soll er, von vorn gesehen, nahezu flach, ohne Wölbung in der Mitte
sein. Der vordere Stirnteil soll ganz leicht gewölbt sein, so daß bei wagerecht
gehaltenem Kopf dieser Teil nicht tiefer als die Ohrengegend, und ohne,
oder nur mit ganz geringer Einsenkung in der Mitte; im Oberkopf die
Scheitelleiste leicht durchfühlbar. Von der Stirne soll der Kopf zwischen
522

Abb. 366. Se. Königliche Hoheit Prinz Friedrich Sigismund von Preußen mit Edi vom Herkulespark SZ. Nr. 62730.

den Augen allmählich verlaufend, ohne scharfen Absatz zum geraden, weder eingesattelten, noch aufgeworfenen Nasenrücken abfallen. Die Backen sollen ohne Rundung und ohne vorzustehen allmählich in den Fang übergehen, der von der Augengegend bis zum Beginn der Nasen= kuppe nahezu gleichlaufend geführt sein soll, damit er genügende Breite für kräftige Schneide= und Fangzähne behält. Von der Seite gesehen, soll der Oberkopf, der gute Tiefe haben muß, zunächst dem Unterkiefer nahezu gleichlaufen, bis er in der Augengegend flach in den Fangteil übergeht. Auch der Fangteil muß bis zur Nasenkuppe gute Tiefe be= halten, spitze und schwache Fangbildung ist fehlerhaft, ebenso zu lange, weil sie den Gebrauchswert mindert, unter Umständen in Frage stellt.

Nachdem der Kopf im Verhältnis zum Ganzen, auf Schnitt und Umrisse gemustert, sind die einzelnen Teile zu prüfen. Die Lippen müssen straff und trocken sein und gut anschließen; sie dürfen keine Lefzen, d. h. tief herabhängende Oberlippen, bilden, die, weil des festen Schlusses entbehrend, zu Speichelausfluß, Geifern und Ziehen von Ge= schmacksfäden führen. Bei Rassen mit hängend getragenen Ohren ist eine Wechselbeziehung zwischen Lefzen und Behanglänge festgestellt; Lefzenbildung beim Schäferhunde, die sonst nur ein Schönheitsfehler, mehr noch eine Haltungsunerfreulichkeit wäre, wäre demnach, als in Beziehung zu einem Gebrauchsfehler stehend, zu beanstanden, weil große Länge der Ohrmuschel das Aufrichten erschwert.

Die Fangbildung besprach ich schon bei der allgemeinen Kopf= form. Der Nasenrücken soll beim Schäferhunde gerade verlaufen, nicht wie beim Wolf vor den Augen eingesattelt, aber auch nicht in Ramsnasenbildung.

Das Gebiß ist eingehend zu prüfen. Damit der Schäferhund gut und sicher greifen und fassen kann, müssen die möglichst gerade stehenden Schneidezähne des Oberkiefers mit ihrem unteren inneren Rande scharf scherenartig über die des Unterkiefers greifen; die Abnützung der Zähne wird dadurch geringer, als wenn die Ränder aufeinanderstießen, der Griff dagegen sicherer. Die Fang= oder Hakenzähne sollen gleichfalls möglichst gerade stehen, die des Unterkiefers vor denen des Oberkiefers und von diesen im unteren Teil leicht überdeckt; diese Stellung gewähr= leistet nach Schäme sicheres Festhalten, weil der ergriffene Teil in der vom letzten oberen Schneidezahn, dem Eckzahn, und den beiden Fang= zähnen gebildeten natürlichen Wolfsmaulzange eingeklemmt wird. Süd= deutsche Gebrauchshunde mit auf Schneidezahnhöhe abgefeilten Fang= zähnen können nurmehr mit diesen Stummeln und den Schneidezähnen greifen, daher deren richtige Stellung dann erst recht Vorbedingung zur Gebrauchseignung. Die gute vordere Breite des Fanges, die die Bildung starker Zähne ermöglicht, wird durch die wildhundartige, nach vorn etwas ausladende Bildung des Zwischenkiefers gesichert. Auch die Lückenzähne sollen gut zueinander gerichtet stehen, die Reißzähne so, daß der obere, unterstützt vom ersten Mahlzahn, mit dem unteren, über den er von außen übergreift, eine scharfe Fleischschere bildet.

Jedes Abweichen von dieser natürlichen und für den Gebrauch des Gebisses allein tauglichen Zahnstellung ist als Gebrauchsfehler ungünstig zu beurteilen; sie mindert die Sicherheit des Griffes, stellt unter Um=

ständen dessen Möglichkeit überhaupt in Frage und schadet beim zangen= artigen Aufeinanderbeißen den Zähnen durch übermäßigen, in den anderen Stellungen durch Nichtgebrauch. Je nach der Stellung der Schneide= zähne zueinander spricht man von einem Übergreifen oder =beißen und einem Vorgreifen oder =beißen. Beim Überbeißer hat sich in= folge unverhältnismäßiger Verlängerung des Oberkiefers, der der Unter= kiefer nicht gefolgt ist, eine Lücke zwischen den oberen und den unteren Schneidezähnen gebildet; jene können bis zu einem Zentimeter u. m. vor diesen stehen. Man spricht dann von einer Schweinsschnauze; ein Griff ist selbstredend bei dieser Bildung unmöglich. Sie ist bei Schäfer= hunden noch selten; Überzüchtung würde sie begünstigen, sie kann aber auch Folge von Zucht zwischen ganz blutfremden unausgeglichenen Tieren sein. Umgekehrt stehen beim Vorbeißer die unteren Schneidezähne vor den oberen; ich habe aber diese bulldoggenartige Zahnstellung, die zur zurückgestoßenen Schnauze führt, beim Schäferhunde m. E. noch nie beobachtet, sie würde ihm den Schäferhundausdruck völlig nehmen. Die Bezeichnungen Über= und Vorbeißen werden übrigens bisweilen auch in anderem Sinne gebraucht, d. h. mit Überbeißen wird nicht die längere Ober=, sondern die längere Unter= kieferbildung bezeichnet, und umgekehrt die kürzere Unterkieferbildung mit Unterbeißen oder Vorbeißen. Das Herbeiführen einer einheitlichen Bezeichnung dieser und manch anderer Punkte noch wäre daher recht nützlich.

Daß die Zähne schließlich auch auf ihren Zustand hin zu prüfen sind, ist selbstverständ= lich; über das sogennante Staupegebiß, seine Entstehung und seine unter Umständen vor= handene Bedenklichkeit habe ich mich im IV. Abschnitt eingehend geäußert.

Zum Kopf gehören auch die Ohren.

Abb. 367. Kippohren.

Hoch angesetzte, gut aufrecht getragene Stehohren zieren ihn, geben dem Hund einen klugen, geweckten Ausdruck, seitwärts gerichtete, hörnerartig am Kopf stehende Bammel= ohren lassen ihn leicht schläfrig aussehen. In den Spitzen mehr oder weniger überhängende Kippohren sind ein leichter Schönheits= fehler, der sich durch die Zucht unschwer beheben läßt. Ganz hängend jagdhundartig getragene Ohren, Hängeohren, Behänge, dagegen sind ein, wenn auch nicht sehr schwerer Gebrauchsfehler, da sie die Hör= fähigkeit des Hundes beeinträchtigen. Die Ohren sollen nicht fleischig und plump sein, ihre Länge muß im Verhältnis zum Kopf stehen; das nach vorn umgelegte, an die Stirn gedrückte Ohr soll etwa bis zum Vier= äugelfleck reichen. Zu lange Fledermausohren wirken unschön, sie sind meist Überzüchtungsfolge, auch zu kleine Mauseohren geben dem Kopf einen fremden, spitzartigen Ausdruck. Das Innere der Ohrmuschel muß am Rande, am unteren Ansatz am stärksten, gut behaart sein, um das Eindringen von Nässe, Staub und Kerbtieren in das Ohrinnere zu verhindern. Fehlt diese Behaarung, meist eine Folge allgemeiner Ver=

feinerung und Verkürzung der Körperdecke durch Überzüchtung, so ist das ein Gebrauchsmangel, der dem Hunde lästige Ohrenkrankheiten zuziehen kann.

Der aufmerkende Hund stellt seine Ohren stets scharf aufrecht und in die Richtung des Hörens; in der Ruhe, auch in der Bewegung legt er

Abb. 368. Große Ohren.

sie meist zurück. Das ist selbstverständlich für den Nachkommen eines durch Busch und Dorn streifenden Raubtieres, das sich bei dauernd aufrecht getragenen Ohren leicht Verletzungen der Ohrmuscheln zuziehen würde. Auch beim Übergang zum Angriff oder bei der Verteidigung werden die Ohren scharf zurückgenommen, kleine derbe Ohren gelegent-

526

lich wohl auch nach vorn gerichtet; immer im Bestreben, dem Gegner keinen Angriffspunkt, namentlich nicht an so empfindlicher Stelle zu geben. Will ein Huud bei der Musterung seine Ohren gar nicht zeigen, so muß ein Anruf oder eine kurze Bewegung des Beurteilers genügen, seine Aufmerksamkeit zu erregen. Bringt der Huud auch dann seine Ohren noch nicht in Stellung, so ist er eine unheilbare Schlafmütze oder ein scheuer Banghase; was von beiden, muß die weitere Beurteilung ergeben.

Die mandelförmigen, etwas schräg zurückliegenden Augen sollen nicht als Glotzaugen vorstehen, sondern gut von den Lidern gedeckt werden; ebenfalls als Schutz für das Auge. Die Rassezeichen wünschen sie möglichst dunkel, womit nicht gesagt sein soll, daß die Regenbogen= haut nachtschwarz oder tiefbraun sein soll; damit ist lediglich ein sattes, dunkles Rot= bis Braungelb gegenüber dem bisweilen zu findenden stechenden hellgelb gemeint. Im allgemeinen stimmt die Farbe der

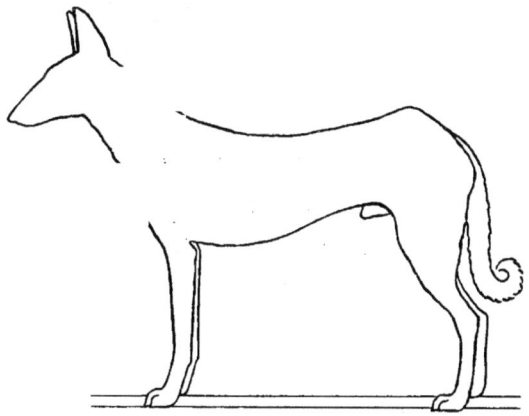

Abb. 369.

I. Dünnknochiger Schneider. Ramsnose; Fang ohne Tiefe; langer dünner Hals; fehlender Widerrist; zu langer Rücken, Senkrücken; überbaut; abschüssige oder abge= schlagene Kruppe; gerollte Rutenspitze; fehlende Brusttiefe; steil gestellte Vorder= und Hintergliedmaßen; Schulter und Hinterhand ohne Tiefe; wackelige Hinterhand

Augen mit der des Pelzes überein; je dunkler dieser, desto mehr Farb= stoff ist auch in der Regenbogenhaut abgelagert. Da wir nicht auf Farben züchten, schwarze und schwarzgelbe Hunde mit wolfsfarbigen kreuzen, finden sich bisweilen auch bei dunkel gefärbten Hunden helle Augen. Je größer der Farbenunterschied zwischen dem Auge und seiner Um= gebung, desto stechender, raubvogelartiger wirkt der Blick; ein kleiner Schönheitsmangel, der sich züchterisch verbessern läßt. Blindheit ist ein schwerer Gebrauchsfehler. Ein blinder Hund kann sein Dasein wohl noch weiter fristen, zumal der Geruch ohnehin sein Hauptsinn und dieser, auch Gehör und Gefühl, bei ihm noch eine Steigerung erfahren werden, aber gebrauchsfähig ist er nicht mehr. Einseitiges, selten doppelseitiges Erblinden kann Folge eines Unfalles sein und ist dann unbedenklich für die Zuchtverwendung. Anders wenn es Folge einer Krankheit, nicht auch hohen Alters. Die schwerste Form der Blindheit, der schwarze Star, ist auf eine lähmende Erkrankung des Sehnerven zurückzuführen, sie tritt sehr oft beiderseitig auf; abgesehen von Schädelverletzungen und inneren Augenentzündungen sind gewöhnlich Gehirnerkrankungen, meist Staupefolgen, die Ursache. Am Auge selbst ist äußerlich nichts wahrnehmbar; da der Augenstern stets, auch bei grellem Licht, weit geöffnet, erscheint das Auge vielmehr groß und voll: Schönblindheit. Dem Besitzer aber kann bei einiger Aufmerksamkeit im Beobachten seines Tieres dieser Zustand nicht entgehen. Da die Ursache des Leidens meist nicht sicher festzustellen ist, sie aber meist Nachfolge schwerer, das Gehirn schädigender Staupe ist, dürfen solche Hunde selbstredend nicht zur Zucht verwendet werden; blinde Hunde sind daher auch nicht ausstellungsfähig.

Ich gehe nunmehr zur Betrachtung des Körpers über und möchte da zunächst auf eine Anzahl nachstehend eingestreuter Abbildungen ver=

Abb. 370.
11. Untersetzter plumper, kurzer Hund. Kurzer voller Apfelkopf; stumpfer Fang mit Lefzen; eingesattelte Nase; Karpfenrücken; kurze Kruppe; zu hoch angesetzte, steile Rute; lose Kehlhaut; kurze Läufe; steile, aber feste Hinterhand; Wellhaar.

weisen, die ich der Freundlichkeit des Kunstmalers Misset, Hanau a. M., verdanke, der in ihnen gute und fehlerhafte Gebäudebildungen und Stellungen dargestellt hat; sie werden meine Ausführungen aufs beste unterstützen.

Der Hals bildet die Verbindung zwischen Kopf und Leib. Der Schäferhund hat weder den langen aufgerichteten Hals der Dogge oder des Dobermannpinschers, noch den kurzen gedrungenen des Spitzes oder des Boxers. Der Schäferhundhals soll dem Kopf freie Bewegungsmöglichkeit nach allen Seiten sichern, er muß lang genug sein, um dem Hunde das Spurhalten, also das Winden mit tiefer Nase am Boden in allen Gangarten zu gestatten, er muß aber auch kraftvoll genug sein, um den Kopf in seiner meist wagerechten Lage zu tragen, und vor allem um den kräftigen Nackenmuskeln Ansatz zu geben, die der Schäferhund vom Raubtierahnen geerbt, die er aber selbst im Beruf, bei der Herde und in anderem Dienst braucht, um seinen Griff Nachdruck zu geben. Ein zu langer, dünner und kraftloser Hals ist also für den Schäferhund fehlerhaft vom Gebrauchsstandpunkt aus. Kopf und Hals trägt der Schäferhund in der Bewegung zumeist ziemlich wagerecht vorgestreckt, im Halten leicht gehoben; nur zum gespannten Aufmerken wird der Hals, auch aus der Ruhelage, höher aufgerichtet. Die Behaarung, die am Kopf mit Ausnahme eines Büschels am unteren Ohransatz ziem=lich kurz ist, geht am Halse ins gute Stockhaar über; bei Rüden pflegt die Gegend des Halsansatzes und Nackens stärker behaart zu sein, bei alten kräftigen Rüden bildet sich dort, zumal im Winter, eine leichte Hals=krause, gebildet von im Strich gegeneinanderstehendem Haar. Die Haut soll dem Halse gut aufliegen, soll vor allem keine lose herabhängende Kehlhaut oder Wamme bilden.

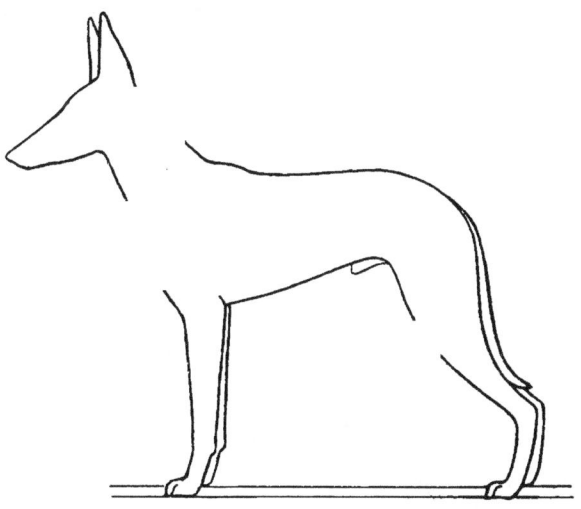

Abb. 371.
III. Neuzeitlicher Überhund. Rüde mit hündinnenhaftem Äußeren; Höhe die Länge übertreffend. Zu langer Kopf ohne Tiefe; überstreckter, kraftloser Fang; flache Stirn; zu lange Ohren; zu langer dünner Schlangenhals; zu kurze Rumpflänge; fehlende Vorderbrust; aufgeschürzter Leib; steile Vorderlaufstellung; stark rückständige Hinterläufe, Hinterhand daher ohne Festigkeit (falsche Windhundbildung); zu knappe Behaarung.

Da die übrigen Körperteile: Brust, Rücken und Gliedmaßen als Teile des Bewegungsgetriebes oder in Beziehung zu diesem stehend, einheitlich behandelt werden müssen, bespreche ich zuvor noch einige unwesentlichere Teile und bleibe zunächst bei der Behaarung, über deren Verschiedenheiten, Entwicklung und Behandlung die I. und IV. Ab=schnitt schon das Nötige brachte. Von der Behaarung des Kopfes und Halses beim stockhaarigen Hunde, den ich zunächst vornehmen will, habe ich eben gesprochen. Vom Halse geht ein Strich besonders langen

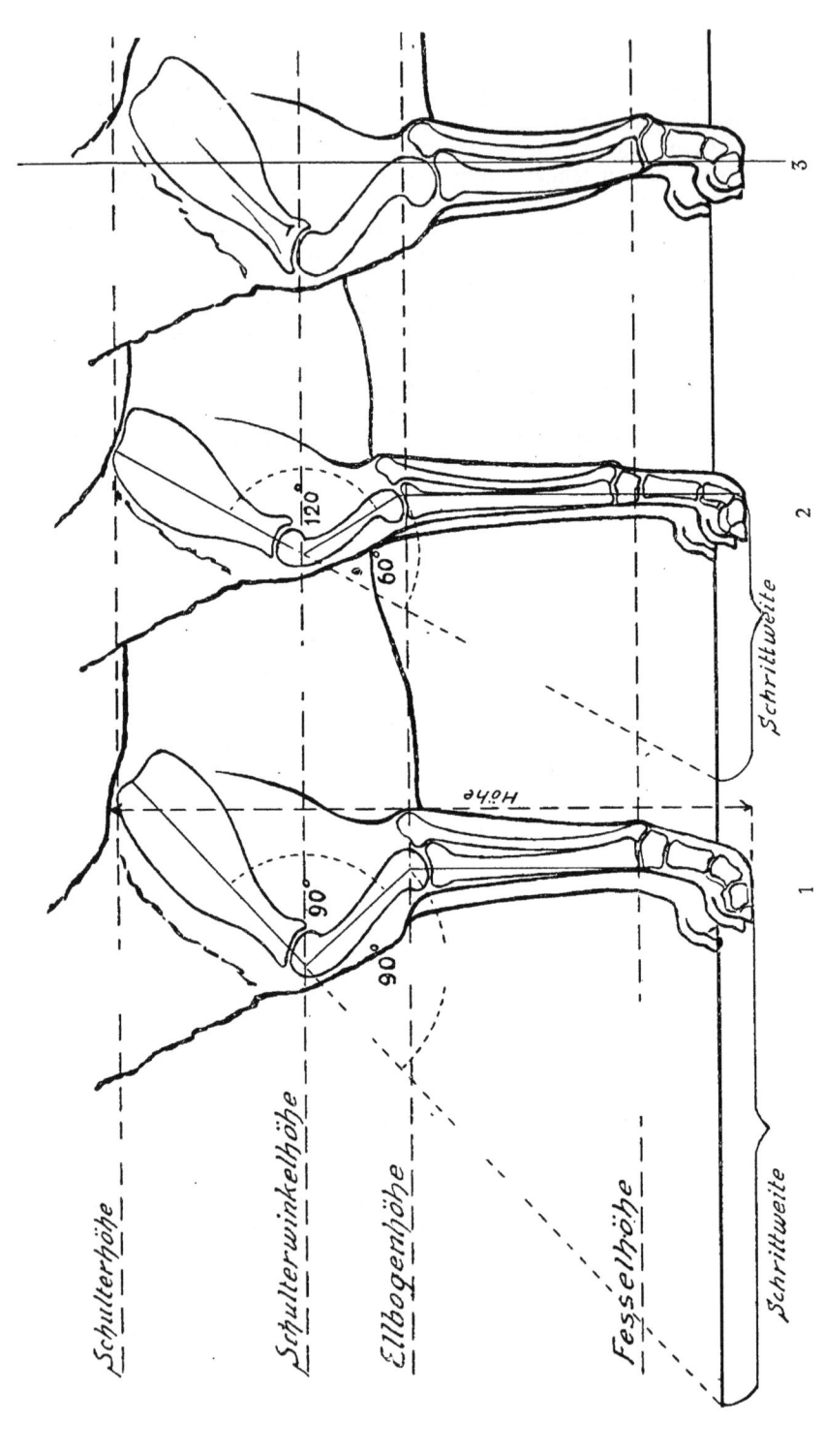

Schulterhöhe

Schulterwinkelhöhe

Ellbogenhöhe

Fesselhöhe

Schrittweite

Schrittweite

Höhe

120°

60°

90°

90°

1

2

3

und kräftigen Haars über den Rücken bis zur Rutenspitze; das einzelne Haar mißt auf dem Rücken etwa 4—6 cm im Winterhaar. Während die Brust besonders dicht, aber nicht so lang behaart ist, nehmen Länge

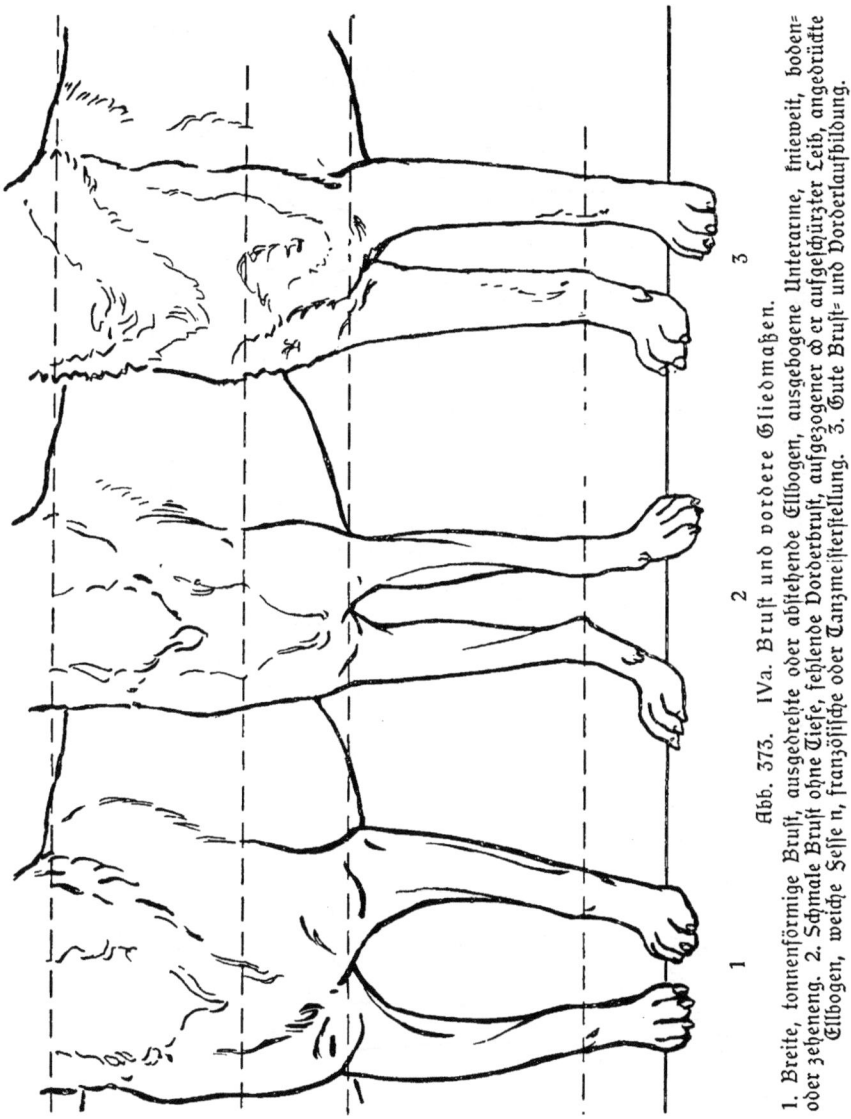

Abb. 373. IVa. Brust und vordere Gliedmaßen.
1. Breite, tonnenförmige Brust, ausgedrehte oder abstehende Ellbogen, ausgebogene Unterarme, knieweit, boden= oder zeheneng. 2. Schmale Brust ohne Tiefe, fehlende Vorderbrust, aufgezogener oder aufgeschürzter Leib, angedrückte Ellbogen, weiche Fessel n, französische oder Tanzmeisterstellung. 3. Gute Brust= und Vorderlaufbildung.

und Dichte des Haars auf den Seiten nach unten zu ab, nur die Keulen sind dann wieder, gleichfalls zum Schutz, länger und dichter behaart. An der Unterbrust ist das Haar, wenn nicht starke Winterbehaarung vorliegt, ziemlich kurz, während der zwischen den Oberschenkeln liegende rückwärtige Teil des Bauches und der innere Ansatz der Oberschenkel kaum oder nur ganz dünn mit Stockhaar, ohne Unterwolle bekleidet, ist. Die Vorderläufe, der Hintermittelfuß, Pfoten und Zehen sind kurz,

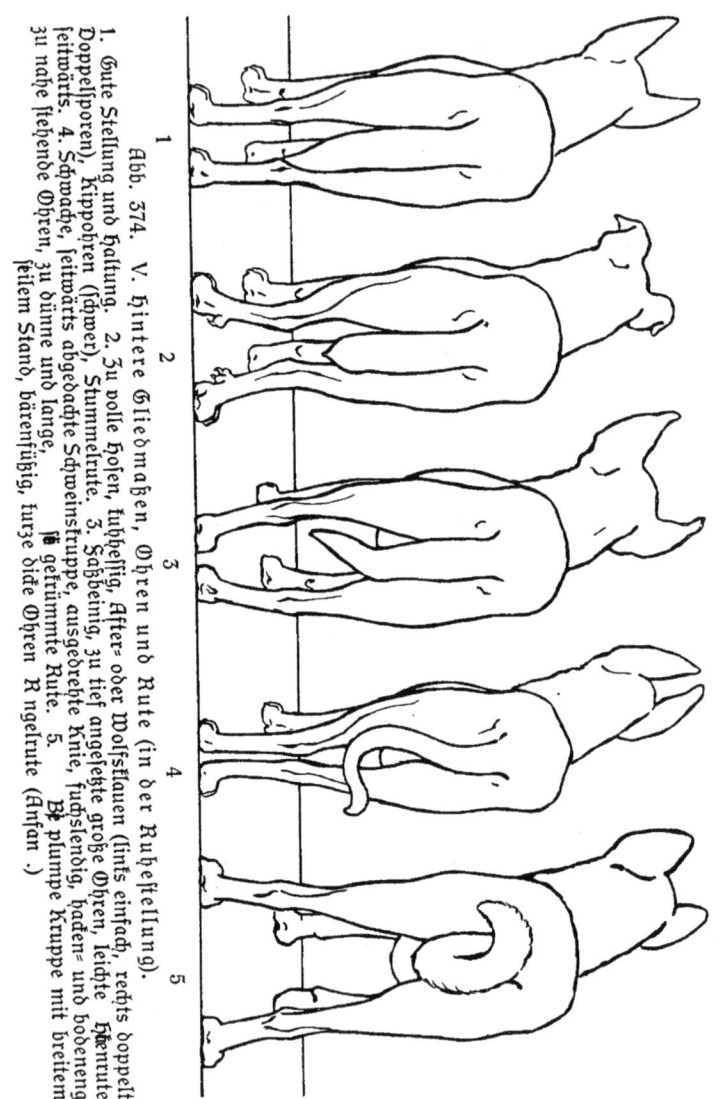

Abb. 374. V. Hintere Gliedmaßen, Ohren und Rute (in der Ruhestellung).
1. Gute Stellung und Haltung. 2. Zu volle Hosen, kuhhessig, After- oder Wolfsklauen (links einfach, rechts doppelt, Doppelsporen), Kippohren (schwer), Stummelrute. 3. Säbelbeinig, zu tief angelegte große Ohren, leichte Hängerute, seitwärts abgedachte Schweinskruppe, ausgedrehte Knie, fuchslendig, hacken- und bodeneng, seitwärts. 4. Schwache, seitwärts abgedachte Schweinskruppe, ausgedrehte Schweinsrute, fuchslendig, gekrümmte Rute. 5. plumpe Kruppe mit breitem, zu nahe stehende Ohren, zu dünne und lange, steilem Stand, bärenfüßig, kurze dicke Ohren Ringelrute (Anfan.)

aber hart behaart; an der Rückseite der Vorderläufe bildet das etwas längere Haar eine leichte Feder, an der Rückseite der Keulen aber Hosen. Die Rute ist gut und buschig behaart, wirkt aber nicht rund, sondern von der Seite flach, das Haar ist auf der Unterseite wohl etwas länger, aber ohne Fahne. Fahnenbildung kommt, streng genommen, nur dem Langhaar zu, bei zotthaarigen Hunden kann man von ihr sprechen, bei langstockhaarigen allenfalls auch; die in Anzeigen häufiger angepriesene Fahnenrute stockhaariger Hunde ist sonach nichts als Händler=leim. Dagegen trägt das Rutenende einen S=förmig geschwungenen, stets schwarz gefärbten Büschel, dessen Fehlen ein sicherer Beweis ent=weder für natürliche Stummelrutenbildung oder aber für künstliche Rutenverkürzung ist.

Bei den nurmehr selten zu findenden rauhhaarigen Hunden ist die Behaarung im allgemeinen kürzer, aber härter. Auch die beim Stock=haarigen kurzbehaarten Teile tragen hier Rauhhaar, das um den Fang und über den Augen einen mehr oder minder stark entwickelten Schnauz=bart und Augenbrauen bildet; die Rute ist kurz=rauhbehaart. Das harsche Haar soll sich drahtig anfühlen, im ganzen liegt das Rauhhaar aber nicht so dicht und geschlossen an wie Stockhaar, gibt also keine so wetterfeste Decke wie dies von der Wildbahnenform übernommene Haar, zumal die Unterwolle hier meist nicht so gut ausgebildet ist.

Das Zotthaar schließlich hat weder die Härte des Rauhhaars, noch die guten Stockhaars, soll sich aber rauh anfühlen; je nach seiner Länge legt es sich in schlichte Flocken und Strähne, kann sich aber auch kräuseln. Das Stirnhaar fällt, die Augen zum Teil überdeckend, nach den Seiten ab, um den Fang bildet sich ein stärkerer Lippen= und Knebel=bart; auch die Pfoten sind langbehaart, die gut gepflegte Rute trägt eine Fahne. Fehlerhaft ist weiche, seidige Behaarung und vor allem eine öfter zu findende Regenrinne auf dem Rücken, die das Wasser festhält und auf die Haut strömen läßt, weil auch beim Zotthaar die Unterwollbildung meist weniger dicht als beim Stockhaar. Daß Zotthaar bei nassem Wetter auf dem Acker dicke Kotballen, bei Schnee aber an=gefrorene Schneeklunkern festhält, ist im I. Abschnitt gesagt; es wäre schon deshalb ein minder geeignetes Gebrauchskleid, steht aber auch im Wärme=, Kälte= und Nässeschutz gegen das Stockhaar zurück.

Für den Gebrauchshund ist eine wetterfeste Decke Vorbedingung; die beste bietet Stockhaar von rechter Härte und Länge, das gut mit Unterwolle durchwachsen ist, darüber habe ich im IV. Abschnitt ausführ=lich gesprochen. Zu kurzes Stockhaar mindert, namentlich wenn es auch noch sein geworden, die Gebrauchstüchtigkeit; der Schäferhund braucht eine harte Arbeitsjacke, keinen Gesellschaftsanzug. Zu kurzes Haar kann Folge verfehlter Stubenhaltung sein, meist ist es aber, ebenso wie zu sein und weich gewordenes, Folge verfehlter Züchtung auf Schönheit, statt auf Gebrauch; auch Folge von Überzüchtung. Der Haarverfassung ist also bei der Beurteilung des Schäferhundes Aufmerksamkeit zu widmen; auch der Behaarung des Ohrinneren, deren ich schon gedacht. Misch=formen im Haar treten gelegentlich als Rückschlagerscheinungen auf Haarkreuzungen unter Gebrauchsahnen auf; sie sollten auch lediglich auf ihren Gebrauchswert hin beurteilt werden, da sie züchterisch nur von geringer Bedeutung sind. Oft läßt das auf Rücken und Seiten nicht gerade liegende, sondern leicht gelockte Wellhaar den festen Schluß und damit Schutz guten Stockhaars vermissen; Langstockhaar entbehrt oft der Unterwolle und hat im übrigen die gleichen Gebrauchsmängel

wie Zotthaar. Gutes Haar und Glanz des Fells lassen auf kräftige Ver=
fassung und Gesundheit schließen.

Ganz ohne Bedeutung für den Gebrauch ist die Färbung des
Hundes; unser deutscher Schäferhund wird daher auch nicht auf Farben
gezüchtet. Farbe ist somit reine Liebhaberangelegenheit und als solche
oft wechselnden Launen unterworfen. Doch soll nicht bestritten werden,
daß eine gute, ausgesprochene Färbung den Gesamteindruck des Hundes
erhöht. Ich bin kein Freund der Einfarbigkeit, sie paßt nicht für unseren
Schäferhund, dessen Behaarung einer Farbenunterbrechung bedarf,
um nicht tot zu wirken. Rein schwarze Hunde gehen noch an, weil bei
ihnen das spiegelnde Licht Abwechselung in die Eintönigkeit bringt, sie
sehen aber doch leicht wie geleckt aus und das ist nun mal schäferhund=
widrig; „lackschwarz" ist in meinen Augen kein Vorzug. Ganz weißgelb=
liche, isabellenfarbene, fahlgelbe oder gar rein weiße Stockhaarige sehen
entsetzlich matt und langweilig aus, ihre Schäferhundseele scheint ver=
blaßt und verzüchtet wie ihre Farbe. Die besser wirkenden satt gold=
roten Hunde zeigen schon die üblichen lichteren Abzeichen und leiten zu
den wolfsfarbigen über; auch die sogenannten silbergrauen sind nur
eine verblaßte und verwässerte Auflage davon, je mehr Wölfung sie
zeigen, desto kraftvoller, schäferhundhafter wirken sie. Schimmel und
Schecken haber immer etwas Unruhiges, ihre unregelmäßige Färbung
stört den Fluß der Schäferhundlinien; sind die blauen oder roten Platten
der Schimmel klein, so wirkt das besonders störend; die gehen überhaupt
nur als zotthaarige an, allenfalls noch als langstockhaarige, stockhaarige
Schimmel dagegen wirken scheußlich. Auch Tiger oder geströmte Hunde,
also solche mit schwarzen Streifen oder Binden auf hellerem Grund,
machen keinen guten Eindruck; oft sind ja nur die Läufe geströmt, bis=
weilen auch der Kopf, aber gerade das stört das Bild. Am besten wirken
entschieden die rein wolfsfarbigen Hunde oder die schwarzen mit gelben
Abzeichen, gegen die die gelben mit schwarzem Sattel schon abfallen,
um so mehr, je kleiner der Sattel ist, je „limonadenhafter" die Farbe.
Ich habe über die Farben, ihre Entstehung und ihre Bedeutung, richtiger
Nichtbedeutung für den Gebrauch im I. Abschnitt schon alles Nötige
gesagt und gehe hier nur auf die einzelnen nochmals ein, weil bei den
Farbenangaben für das Zuchtbuch so oft häufig unrichtig verfahren wird.
Die Farben — die genauere Beschreibung gibt der I. Abschnitt — sind
so, wie hier bezeichnet, anzugeben, also z. B.: schwarz ohne Abzeichen;
Rotschimmel; Silberscheck auf schwarzem Grunde; Brauntiger oder aber
neben der Farbenbezeichnung noch geströmte Abzeichen; schließlich schwarz
mit rotbraunen Abzeichen etwa und lohfarben mit schwarzem Sattel.
Bei den wolfsfarbigen liegt ein schwarzer, mehr oder minder dunkler
und kräftiger Anflug, die Wölfung, auf licht= bis dunkelgrauem, grau=
gelbem, gelbem, rotgelbem, gelbbraunem oder rotbraunem Grunde;
so gefärbte Hunde werden als graugewolft, graugelbgewolft usw. be=
zeichnet — „wolfsfarbig" genügt also nicht—, die vom rotbraunen oder
lohfarbenen bis zum lichtgelben gehende Farbe der regelmäßigen Ab=
zeichen ist bei der Farbenangabe beizufügen, ebenso sind unregelmäßige
Abzeichen anzugeben. Bei diesen wolfsfarbigen Hunden findet sich
die dunklere Rumpffarbe, wie Beckmann sie nennt, auf dem Rücken

und der Vorderbruſt am ſchärfſten ausgeprägt; ſie geht auf beiden Seiten des Rumpfes und auf den Keulen allmählich in die lichtere Markenfarbe der ſtets helleren Unterſeite und der regelmäßigen Abzeichen über. In der Regel verläuft von der unteren Anſatzſtelle des Ohrs und vom Widerriſt auf beiden Seiten je ein dunklerer Streifen nach der Kehle und nach der Schulter, beide je durch einen Streifen hellerer Behaarung deutlicher herausgehoben. Die Rute iſt auf der Oberſeite, der Rücken= färbung entſprechend, meiſt ſchwarz oder doch dunkel gefärbt, die Ruten= ſpitze ſtets ſchwarz. Auf der Oberſeite der Rute, bei hängender etwa in Höhe der Geſchlechtsteile, auf die es wohl verweiſen ſoll, findet ſich, wie bei den Wildhunden, ein mit der Spitze nach dem Rutenende zielendes kleines ſchwarzes Dreieck, das bei älteren Hunden meiſt in der dunkleren Färbung des Oberteils der Rute verſchwindet, bei den noch nicht aus= gefärbten Welpen und den noch nicht ſo buſchig behaarten Ruten der Junghunde aber deutlich zu ſehen iſt. Bei den ſchwarzgelben Hunden bringen die gleich zu erwähnenden regelmäßigen Abzeichen genug Leben ins Bild, ſie wirken daher ebenſo prächtig wie die wolfsfarbigen.

Bei den Abzeichen werden regelmäßige und unregelmäßige unterſchieden. Die regelmäßigen, meiſt von roſtbrauner, lohfarbener bis lichtgelber Färbung, bisweilen auch geſtrömt, finden ſich als Augen= punkte oder Vieräugelflecke über den Augen, ferner mehr oder weniger ausgebreitet am Fang, auf den Backen, bisweilen am Hinterkopf, und auf den Läufen, meiſt auch auf der Vorderbruſt; an der Rute, wie erwähnt, ſchwarz, um After und Scheide ſtets ganz licht. An weiteren Abzeichen wären noch zu nennen: die Maske, eine tief dunkle bis ſchwarze Färbung des ſonſt in helleren Tönen gehaltenen Geſichts= teils, alſo eine Farbenumkehrung; ferner der Aalſtrich, bei heller gefärbten Hunden ein längs des Rückens verlaufender dunkler Strich, und ſchließlich die Daumenmarken, ſchwarze Flecken auf der Oberſeite der Zehen über den Nägeln. Die unregelmäßigen Abzeichen, meiſt weiß und von ſehr verſchiedener Ausdehnung, treten in der Regel, gemeinhin aber ſelten, an Bruſt und Läufen auf, hier bei den Zehen be= ginnend und bisweilen als Strumpf bis über das erſte Gelenk reichend, können ſich aber auch an anderen Körperſtellen zeigen. Regelmäßige wie unregelmäßige Abzeichen ſind bei der Farbenangabe mit anzumelden, wobei zu berückſichtigen iſt, daß kleine weiße Abzeichen, die bei den Welpen gut ſichtbar ſind, ſpäter oft ſo verwachſen, daß ſie kaum oder gar nicht mehr erkennbar; das gilt beſonders von einem kleinen Bruſtſtern.

Über die Rute und ihre Trageweiſe iſt im IV. Abſchnitt ſchon einiges geſagt worden. Da die Rute in der Bewegung und namentlich bei kurzen Wendungen als Steuer dient, iſt eine ſolche Verwendung ausſchließende Ringelrute ein Gebrauchsfehler. Im übrigen be= einträchtigt ſchlechte Rutenhaltung, am ſtärkſten wieder die Ringelrute, den Geſamteindruck, weil ſie den klaren Fluß langgeſtreckter und edel geſchwungener Schäferhundlinien ſtört. Die Rute ſoll nicht zu hoch an= geſetzt ſein, was bei gerader Kruppe gern der Fall iſt; ſie wird dann meiſt ſteil, ſogar überſteil, über den Rücken gelegt, getragen. Die Rute ſoll nicht kurz, dick und rund ſein, eine Stummelrute wirkt immer unſchön, wie eine Wurſt, aber auch nicht lang und dünn, aalartig, was bei Haar=

ſchwund infolge Überzüchtung oft der Fall iſt; ein kräftiger Hund muß auch eine kräftige, durch ausgebildete Muskeln nach allen Richtungen hin gut bewegliche Rute als Schlußſtück tragen. Mit dem Sprunggelenk etwa abſchneidende Ruten haben die rechte Länge und werden deshalb meiſt gut getragen. Bei tiefer herabreichenden Ruten — die Zahl der Rutenwirbel ſchwankt zwiſchen 20 und 21, aber auch tiefer Rutenanſatz kann die Veranlaſſung dazu ſein — ſtört das Rutenende den Hund beim Laufen, weil es ihm dauernd auf die Hacken ſchlägt; er hilft ſich, indem er das ſtörende Ende zu einem leichten nach oben oder nach der Seite weiſenden Haken formt: Hakenrute, oder indem er es zu einem kleinen Ringel einrollt: gerollte Rutenſpitze. Eine leichte Biegung ſeitwärts, etwa im zweiten Drittel der Rute, findet ſich übrigens vielfach bei Schäferhunden, auch bei ſolchen mit nicht zu langer Rute, und wurde früher ſogar als Stammeseigentümlichkeit angeſehen; ich habe ſie auch bei außerdeutſchen Hunden vielfach beobachtet.

Abb. 375.
VI. Rutenhaltungen, ſ. a. Abb. V.
1. Gute Rutenhaltung, unten Ruhe; Mitte Bewegung; oben Erregung. 2. Hakenrute.
3. Gerollte Rutenſpitze. 4. Ringelrute.

Die von unſauberer Hand herbeigeführte künſtliche Verbeſſerung der Trageweiſe der Rute iſt nicht immer leicht feſtzuſtellen. Die ſeinen Schnitte, mit denen die Muskeln zu luſtiger Ruten teilweiſe durchſchnitten und dadurch geſchwächt werden, ſind ſpäter am lebenden Hunde unter der dichten Behaarung nicht mehr nachweisbar. Knickſtellen der Rute ſind als verheilte Brüche bei ſorgfältigem Abtaſten durchzufühlen; Rutenbrüche können bei ſpielenden Welpen und Junghunden zwar verhältnismäßig leicht vorkommen, liegen aber zwei Bruchſtellen neben= einander, ſo iſt Verdacht auf abſichtliches Brechen ſtets begründet. Ruten, die auch bei der Bewegung und Erregung nicht hochgenommen werden, ſondern bewegungsunfähig gleich vom Anſatz oder etwa ab oberen Drittel herunterhängen: Lämmerſchwanz, deuten nahezu ſtets auf beabſichtigte Lähmung. Die Trageweiſe der Rute iſt daher bei ſolchem Verdacht auch beim im Trabe vorgeführten Hunde eingehend zu beob= achten. Ein kurzer Blick muß übrigens jeder Rute bei der Gangwerk= muſterung gegönnt werden, weil ſich Rutenmängel oft dann erſt zeigen.

Von den Erkennungszeichen für eine gestutzte Rute sprach ich schon oben bei Haar und Farbe. In allen Fällen, wo Verdacht auf unlautere Machenschaften behufs Verbesserung der Rutentragweise besteht, sollte möglichst ein Tierarzt herbeigezogen werden.

Hunde mit angewelften Stummelruten oder mit künstlich gestutzten Ruten sollen der Zucht fern gehalten werden. Neuerdings sind unter den Nachkommen eines sehr scharf ingezüchteten, leider stark benützt gewesenen Rüden häufiger Hunde zu finden, deren Rute nahezu das untere Drittel fehlt, die daher wie abgehackt aussieht. Diese Hunde sind meist so zur Welt gekommen, in einigen Fällen fiel die brandig gewordene Rutenspitze auch erst bei den Nestjungen ab. Da diese Mißbildung auch schon im zweiten, selbst dritten Gliede auftrat, und zwar von Hunden vererbt, die sie selbst nicht aufwiesen, muß ihr als zuchtschädigend auf das entschiedenste entgegengetreten werden.

Die Geschlechtsteile schließlich unterliegen nicht der Beurteilung. Allerdings soll bei schaugemäßer Begutachtung der Richter sich davon überzeugen, daß Rüden die sichtbaren Zeichen ihrer Deckfähigkeit besitzen und weder verschnitten sind, noch infolge einer Bildungshemmung einen oder beide Hoden in der Leibeshöhle zurückbehalten haben.

Ich komme nunmehr zum Rumpf und beginne mit der Brust. Diese gibt Herz und Lungen Raum, die Vordergliedmaßen stehen mit ihr in Verbindung, ihre gute Bildung ist sonach von wesentlicher Bedeutung für den Gebrauch. Eine gute Brust muß tief, lang und entsprechend breit sein; weder zu breit, noch zu schmal. Die Brusttiefe, f. c—e beim Musterhund, soll annähernd der Entfernung des Brustbeins vom Erdboden, f. e—d ebenda, gleich sein. Auch die Brusttiefe kann nur mit dem oben beschriebenen Kleintiermaß genommen werden, dessen beide Arme an der vorgesehenen Stelle dicht an Widerrist und Unterbrust herangeschoben werden. Sie ist gut, wenn die Unterbrust mit ihrem unteren Rande mit dem Ellbogen abschneidet, oder unter diese hinabreicht. Die Ausbildung in die Tiefe erreicht mit Abschluß der Gesamtentwicklung des Hundes, also beim zweijährigen Tier erst, ihre höchste Vollendung. Die Anlage zu guter Tiefe kann angezüchtet werden, ihre Entwicklung aber muß unter allen Umständen durch richtige Aufzucht, durch Gelegenheit zu vieler und rascher Bewegung hervorgerufen werden. Hunde, die ihre Jugend im Dauerzwinger oder als Stubenhunde vertrauern mußten, werden stets einen Mangel an Brusttiefe aufweisen. Das lange Brustbein und der Grad der Rippenwölbung nach rückwärts bedingen die Länge der Brust; das lange Brustbein bietet zudem noch reichliche Ansatzstellen für die an der Bewegung der Vorderläufe mitbeteiligten Brustmuskeln.

Die Breite der Brust hängt von der Rippenwölbung ab. Diese soll gut, aber, weil das die Ausdehnung beim Atmen behindern würde, nicht völlig rund, nicht tonnenförmig sein. Ist eine gewisse Brustbreite nötig, um eine genügend geräumige Brusthöhle zu schaffen, so wird durch Auseinanderdrängen der Vorderläufe schon eine geringe Überschreitung dieser entsprechenden Breite der raschen, sicheren und ausdauernden Vorwärtsbewegung hinderlich. Bei älteren, oft benützten, oder wenig gearbeiteten, daher

schlaff bemuskelten Deckrüden, oder bei Jungrüden die zu früh, vor
abgeschlossener Entwicklung zum Decken ausgenützt werden, bildet sich bis=
weilen durch allmähliches Nachlassen der Schulter= und Ellbogenbänder
die zu breite Brust, Beschälerbrust, mit ausweichenden Ellbogen aus.
Eine zu schmale Brust bietet den Lungen nicht genügenden Raum und

Abb. 376. Hochläufig; zu steil gestellt; aufgezogener Leib; brustlos.

erschwert dem Hunde die Erhaltung des Gleichgewichts. Um diesen
Nachteil auszugleichen, werden meist die Ellbogen angedrückt, die Läufe
zu französischer Stellung ausgedreht.

Der Brustumfang ist kurz hinter den Ellbogen am größten,
während die Brust nach vorn naturgemäß etwas keilförmig verlaufen

muß, um das Dorwärtsbringen des Oberarms in gerader Richtung nicht zu behindern. Gemessen wird der Brustumfang an der oben be= zeichneten Stelle, und zwar mit straff auf die Haut zusammengezogenem Bandmaß, so, wie eine eitle Frau ihr Gürtelmaß nimmt, nicht locker übers Haar weg.

Don der Unterbrust soll der Rumpf allmählich über den Bauch nach den Weichen zu an Tiefe verlieren, der Bauch soll sich also nicht windhundartig aufgezogen scharf gegen den Brustkorb absetzen. Ebenso sollen die Weichen nicht eingezogen, andererseits der Hund in dieser Gegend auch nicht überfüllt erscheinen. Ein kräftiger, im rückwärtigen Teil nicht zu flacher Rumpf bietet Magen und Därmen genügenden Entwicklungsraum und ist ein Zeichen für gute Futterverwertung. Bei aufgezogenen Tieren ist das nicht der Fall, sind es Hündinnen, taugen sie wenig zur Zucht; auch Damen mit „Wespentaillen" sind schlechte Mütter.

Im oberen Teil des Rumpfes liegt die vom Kopf über den Hals bis zum Rutenende verlaufende Wirbelsäule, die im Verein mit den ihr angehesteten Rippen und den Vorder= und Hintergliedmaßen ein brückenartiges Tragegerüst des Körpers bildet; durch die dies Knochen= gerüst zusammenhaltenden und verbindenden, stützenden, verstrebenden und tragenden Muskeln dient es dann auch der Fortbewegung des Tieres. Diesen oberen Teil des Rumpfes bezeichnet man gemeinhin mit Rücken; er zerfällt in den Widerrist, den eigentlichen Rücken und die Lenden, denen sich die Kruppe anschließt.

Der Widerrist, der vordere Teil des Rückens, vermittelt den Über= gang zum Halse; er wird von den Dornfortsätzen der ersten Rückenwirbel gebildet, deren obere Enden beim Hunde, nicht wie beim Pferde zur Wellenform ansteigen, sondern nahezu eben verlaufend, daher der Widerrist äußerlich nicht so stark zum Ausdruck kommt. Da die Rücken= und Schultermuskeln an den Dornfortsätzen angeheftet sind, begünstigt ein hoher und langer Widerrist Schrittweite und Ausdauer, ist sonach eine Gebrauchsforderung. Gute und kraftvolle Höhenentwicklung der Dornfortsätze ermöglicht schließlich noch im Verein mit guter Brustbildung breite und schräge Anlagerung der Schulter, was wieder die Dorbedingung zu günstiger Stellung der vorderen Gliedmaßen ist.

Dem Widerrist folgt der eigentliche Rücken, der mit den von den Lendenwirbeln getragenen, bis zum Kreuz reichenden Lenden in einheitlichem Zusammenhange steht. Die Lendengegend wird häufig falsch als Nierenpartie bezeichnet; die Nieren liegen zwar unter den beiden ersten Lendenwirbeln, aber eben nur unter diesen und haben im übrigen mit dem Lendenstück des Rückens und dessen Aufgaben nichts zu tun. In der Lendengegend verjüngt sich die Rückenbreite etwas, weil die Lendenwirbel keine Rippen mehr tragen, doch soll gerade dieser, für die Übertragung des Nachschubs der Hinterhand sehr wichtige Teile be= sonders kräftig und fest sein. Die Seitenfortsätze der Lendenwirbel sind auf der oberen Seite und in der Bauchhöhle mit starken, der Fortbewegung dienenden Muskeln bedeckt, gute Breite der Lendengegend ist somit eine Gebrauchsforderung. Der Rücken soll gerade und kräftig sein. Eine in der Lendengegend schon einsetzende und dort am kräftigsten gebildete

Aufwölbung nach oben nennt man hohen oder Karpfenrücken. Die Muskelkraft wird beim hohen nicht so gut verwertet wie beim geraden Rücken; bisweilen täuschen vom Bandwurm geplagte oder aus anderem Grunde, z. B. hartnäckiger Verstopfung, gespannt tretende Hunde solchen Karpfenrücken auch nur vor, Klärung bringt kurzes Laufenlassen ohne Leinenzwang. Ist der hohe Rücken auch weniger günstig zu beurteilen als der gerade, so doch wesentlich besser als der nach unten durchgebogene oder Senkrücken, der fast immer mit schlechter Widerristbildung und Rückenlänge verbunden ist. Senkrücken mindert die Ausdauer und die Flüchtigkeit, ist daher ein erheblicher Gebrauchs=

Abb. 357. Senkrücken.

fehler, der sich häufig bei zu früh und zu stark zur Zucht ausgenützten Hündinnen einstellt; gegen Ende der Tragezeit gibt auch der kräftigste Rücken etwas nach. Bei Junghunden kann der Senkrücken durch Über= lastung des Magens mit großen Futtermengen und Arbeit bei vollem Magen hervorgerufen werden. Den Lenden folgt die Kruppe oder das Kreuz, deren knöcherne Grundlage vom Kreuzbein und vom Darm= bein gebildet wird; ich bespreche sie daher besser im Zusammenhang mit den hinteren Gliedmaßen.

Ich verglich oben den Rücken als Verbindungsstück der den Körper stützenden Vorder= und Hinterläufe mit einer Brücke, über die die von der Hinterhand eingeleitete Vorwärtsbewegung nach vorn läuft. Es ist einleuchtend, daß der Rücken seiner doppelten Aufgabe als Verbindungs- und Tragestück und als Weg für die Bewegungsübertragung am besten nachkommen kann, nicht bloß je stärker angelegt und je kräftiger bemuskelt er ist, sondern auch je kürzer er ist. Und doch hört man bisweilen, daß der Schäferhund einen langen Rücken haben solle. Das ist nichts als Sprachnachlässigkeit — oder Denkfaulheit, was ungefähr das gleiche —, die Rücken- statt Rumpflänge sagt. Die gute Rumpflänge, die zu dem dem Rassebilde entsprechenden gestreckten Bau gehört, soll nicht so sehr einem langen, und darum immer etwas weichen Rücken verdankt werden, als der gute Tiefe der Vor- und der Hinterhand. Wie wir später sehen werden, soll der Rücken die Vorwärtsbewegung der Hinterhand, den Nachschub, auf die Vorderhand übertragen. Je länger er, desto größer die Inanspruchnahme der Muskeln der Hinterhand und des Rückens selbst, desto geringer also die Ausdauer. Umgekehrt ist aber auch ein zu kurzer Rücken nicht vorteilhaft; der Schäferhund braucht ihn auch nicht, weil er kein Gewichtsträger ist. Ein kurzer Rücken macht die Bewegungen hart und stoßend, begünstigt Verletzungen der Vorderläufe durch die Nägel der Hinterpfoten und mindert die für den Gebrauchshund unentbehrliche Wendigkeit; kurzer Rücken ist auch nahezu stets mit unerwünschter, mit steiler Winkelung verbundener Hochläufigkeit verknüpft, die ihrerseits wieder die Gleichgewichtserhaltung erschwert, weil sie eine andere als die natürliche Gewichtsverteilung bedingt. Ein kurzer Rücken ist sonach ebenso ein Gebrauchsfehler wie ein zu langer weicher. Dagegen gibt der mäßig lange, dabei gerade und kräftige, daher auch mitarbeitende Rücken dem Gangwerk unserer Hunde das Weiche, Federnde, so mühelos Erscheinende und dabei doch durch geschlossenes Ineinanderüberfließen so fördernd Wirkende, das das Entzücken aller Beobachter bildet. Das Gangwerk eines guten Schäferhundes ist so weich und gleitend, daß im ruhigen Trabe aus einem auf dem Rücken befestigten gefüllten Glase kein Tropfen überzufließen braucht.

Auf die Folgen schäferhundwidriger Kürze habe ich schon oben aufmerksam gemacht und dabei auf das für Ausdauer und Geräumigkeit der Bewegungen günstigste Verhältnis zwischen Gesamtlänge und Höhe hingewiesen, das, wie wir sahen, just auch dem Rassebilde des Schäferhundes voll entspricht. Ich sagte ferner eben, daß die für den Schäferhund durchaus notwendige gute Rumpflänge nicht so sehr von dem nur verhältnismäßig langen Rücken herrühren soll, als vom langen Widerrist und der Tiefe der Vor- und der Hinterhand. Diese Teile sollen, von der Seite gesehen, breit oder tief sein; das wird nur bei guter Winkelung der einzelnen Laufknochen erreicht. Ich bitte dazu die Darstellung des Knochengerüstes und des Musterhundes, auch die der verschiedenen Gliedmaßenwinkelungen zu betrachten, die alle zu den nachstehenden Ausführungen gehören, und, wenn noch nicht alles klar, später nochmals auf diesen Punkt zurückzukommen, wenn ich das Nötige über die Gliedmaßen selbst auseinandergesetzt habe. Hier sei jedoch festgestellt, daß, je günstiger gewinkelt Vor- und Hinterhand stehen, je kräftiger beide gebildet sind, um so größer ihr Anteil an der Gesamtrumpflänge. Langer

und hoher Widerrist aber trägt auch nicht bloß zur Erhöhung der Gesamt=
länge bei, er ermöglicht gute Schulterlage und bietet kräftigen Muskeln
gute Ansatzpunkte, begünstigt somit Hubhöhe und Schrittweite. So
sehen wir, daß all die Punkte, von denen rasche und aus=
dauernde Vorwärtsbewegung abhängig: gut gewinkelte
Vordergliedmaßen, langer Widerrist, mäßig langer, aber
kräftiger Rücken und wieder günstig geschnittene Hinter=
hand auch dazu beitragen, dem Schäferhunde die gewünschte
gestreckte Erscheinung zu geben! Wir sehen ferner, daß ein
zu kurzer Hund zwar gewisse Schnelligkeit, aber niemals
Ausdauer, „Stehvermögen“, besitzen kann, daß er also kein
Gebrauchshund, kein Schäferhund ist.

Ich komme nunmehr zu den eigentlichen Stützen des Tragegerüsts,
zu den Gliedmaßen, die dem Körper auch die Möglichkeit der Orts=
veränderung geben.

Die Vorwärtsbewegung des Hundes erfolgt, wie die jeden Vier=
füßlers, durch die Vorder= und Hintergliedmaßen unter Beteiligung
und Mithilfe des Rückens. Die Hauptarbeit, das Vorwärtsstoßen der
Last, haben die Hintergliedmaßen zu leisten, dem Rücken fällt die Über=
tragung der Vorwärtsbewegung zu, während die Vordergliedmaßen
im wesentlichen die Aufgabe des Auffangens und Stützens des vorwärts
geschleuderten Körpers haben.

Der Hund ist, wie im I. Abschnitt dargelegt, im Laufe der fort=
schreitenden Entwicklung aus dem ursprünglichen Sohlengänger, d. h.
aus einem mit der vollen Hand= und Fußfläche auftretenden Tiere, zum
Zehengänger geworden. Warum und wie das geschehen, weshalb eine
Zehe in Fortfall gekommen, welche Vorteile damit verbunden, das an
dieser Stelle zu entwickeln, würde zu weit führen. Der Hund tritt also
nurmehr mit den Zehen (Fingern) auf, während Hand und Fuß selbst
sich zu Vorder= und Hintermittelfuß aufgerichtet haben und mit Hand=
und Fersengelenk als Vorderfußwurzel= und Sprunggelenk zur untersten
Gliederung des nach oben sich fortsetzenden Laufs geworden sind.
Vorder= und Hintermittelfuß haben sich bei den Hunden nur wenig
gestreckt, sind daher von geringerer Bedeutung; von um so größerer
die darüber befindlichen Teile.

Das aus Knochen, Knorpeln und Gelenken gebildete, von Muskeln
und Sehnen zusammengehaltene und bewegte Laufgerüst ist durch
die verschiedenartige Stellung der einzelnen Teile zueinander ganz
wunderbar geeignet durch die Folge ineinandergreifender Hebel=
wirkungen dem Körper die seinen Verhältnissen entsprechende schnellst=
mögliche Vorwärtsbewegung zu geben. Außerdem durch Nachgeben
und Federn den durch das jedesmalige Aufsetzen des Laufs eintretenden
Stoß so zu brechen und auf verschiedene auffangende Stellen zu ver=
teilen, daß das Tier diese unausgesetzt sich aneinander reihende Folge
von Stößen ertragen kann. Je günstiger die einzelnen Laufteile zu=
einander eingewinkelt und im Längsverhältnis stehen, um so fördernder
und weicher die Fortbewegung des Tieres, um so später eintretend also
auch seine Ermüdung und Abnützung, oder um so größer seine Ausdauer.

Beſtänden die einzelnen Gliedmaßen, ſo wie Kinder es gern dar=
zuſtellen lieben, aus einem einzigen Stüd, wären ſie vier von den An=
ſatzſtellen am Körper ununterbrochen durchlaufende Stützſäulen, ſo
wäre ja eine Fortbewegung, freilich mit nur ſehr geringer Schrittweite,
möglich. Die harte, ungebrochene Übertragung des Stoßes beim Auf=
treten würde ein ſo geſtaltetes Tier aber binnen kurzem außer Gefecht
ſetzen, im Kampf ums Daſein erliegen laſſen. Solch ſchwerer Derſtöße
gegen die Grundgeſetze der Bewegungslehre hat ſich die bildende
Naturkraft bei der Anlage und Weiterentwicklung des Dierfüßler=
gebäudes und ſeines Bewegungsgetriebes aber ebenſo wenig ſchuldig
gemacht wie in anderen Fällen.

Wir ſprechen durchaus zutreffend von einem Triebwerk auch beim
Tierkörper, weil dem Bau und der Benutzung ſeiner Gliedmaßen überall

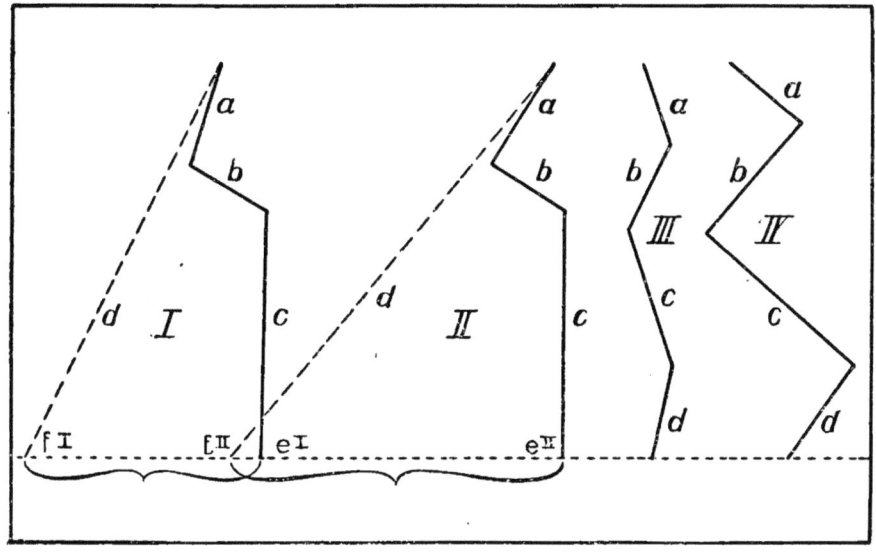

Abb. 378.
VII. Darſtellung je eines ſteil geſtellten(I und III) und eines gut gewinkelten
(II und IV) Dorder= und Hinterlaufs.
e^I—f^I Schrittweite eines vorn ſteil, und e^{II}—f^{II} Schrittweite eines vorn gut gewinkelten
Hundes.

in der Bewegungslehre gültige Geſetze zugrunde liegen. Unter An=
lehnung an dieſe hat ſich die Beurteilungslehre des Tierkörpers entwickelt,
herausgebildet durch an Kenntniſſen wie Erfahrungen gleich bedeutende
Tierzüchter und Fachgelehrte; hier ſei an die grundlegenden Lehren
Settegaſts erinnert.

Jch habe oben, bei der Beſprechung der Muskeln, dargetan, daß
für unſeren Hund als Lauftier lange Muskeln mit demzufolge guter
Hubhöhe ein unumgängliches Erfordernis. Jch habe dort ferner aus=
geführt, daß lange Knochen die Dorbedingung für ſolche lange Muskeln
bildeten. Werfen wir noch einen Blick auf die Darſtellungen der Dorder=

und Hintergliedmaßen, Abb. IV, VII und VIII, zunächst auf Abb. VII, so werden wir sehen, daß die Länge der einzelnen Gliedknochen wächst, je mehr diese gegeneinander geneigt, je spitzer also der Winkel, dessen beide Schenkel sie bilden. Nach oben wie unten wird die Größe dieses Winkels durch das gesamte Verhältnis des Körpers bestimmt: innerhalb der ihm gelassenen Grenzen bleibt ihm aber doch genügend Spielraum. Die günstigste gegenseitige Stellung von Schulterblatt und Armbein beim Vorderlauf, von Darmbein und Oberschenkel, möglichst auch von Oberschenkel und Unterschenkel, beim Hinterlauf ist die, bei der die von den genannten Knochen gebildeten Winkel sich möglichst dem rechten, also einem Winkel von 90° nähern. Und diesen rechten Winkel so bilden, daß die genannten Knochen zu einer das Schulter=, Hüft= oder Kniegelenk schneidenden Wagerechten im Winkel von je 45° stehen,

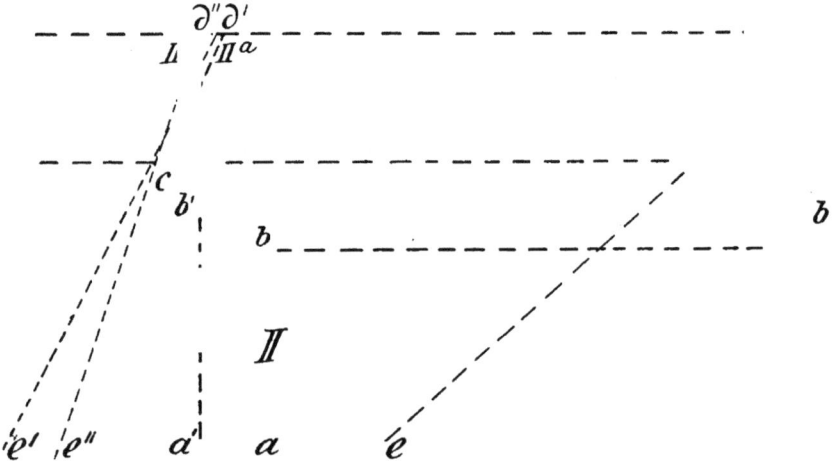

Abb. 379.
VIII. Darstellung eines gut und eines ungünstig, steil gewinkelten Vorderlaufs.
I. Gute Lagerung und Winkelung der die vorderen Gliedmaßen bildenden Knochen. h Unterarm. b Ellbogengelenk. g Armbein (Oberarm). c Schultergelenk. f Schulterblatt. k Dornfortsätze der ersten Rückenwirbel (Widerrist). a—e Schrittweite.
II. steile Schulterwinkelung und ihre Folgen

daß also der Gelenkwinkel von dieser Wagerechten in zwei gleiche Hälften geteilt wird.

Betrachten wir hierzu ferner die Darstellungen eines gut und die eines ungünstig, steil gewinkelten Vorderlaufs, Abb. IV und VIII. In beiden ist unter I die eben erwähnte günstigste Lagerung dargestellt: der Schulterwinkel beträgt 90°, Schulterblatt und Armbein bilden mit der das Schultergelenk schneidenden Wagerechten einen Winkel von 45°. Das Schulterblatt bewegt sich um eine Querachse, die etwas über seiner Mitte gelagert ist. Hierbei hebt sich der untere, längere Teil des

Schulterblatts mit dem ausschreitenden Vorderlauf. Wir sehen aus dem Bilde, daß je länger Schulterblatt und Armbein, je schräger beider Lage, um so größer die Bewegungsmöglichkeit des Laufs nach vorn, die Schulterfreiheit. Wir wissen ferner, daß je länger das Schulterblatt, desto länger auch die das Schulterblatt bedeckenden Muskeln; damit wächst aber auch deren Hubhöhe und Leistungsfähigkeit. Diese Winkelung gewährleistet also große Schrittweite bei gesteigerter Ausdauer und Leistungsfähigkeit des Hundes. Und zwar nicht bloß, weil größere Länge des einzelnen Schrittes eine geringere Zahl von Schritten erforderlich macht, um eine bestimmte Strecke zurückzulegen.

Anders bei 2 in Abb. IV und bei II in Abb. VIII. Hier ist eine sehr steile Schulterstellung, ein großer, den rechten übersteigender Schulter= winkel angenommen. Der erste Blick auf Abb. VIII, II zeigt, daß Bil= dungen wie bei IIa und bei IIb an sich eine Gebäudeunmöglichkeit sind. Der Widerrist würde vor den Vorderläufen liegen, in der Luft schweben, die Schulter derart vorgeschoben sein, daß der Hund infolge der Schwer= punktsverlegung überhaupt nicht laufen könnte, sondern dauernd auf der Nase tanzen würde. Die ungünstige Schulterlagerung, ein stumpfer Schulterwinkel von 100—110° und mehr etwa, muß in Wirklichkeit also auf andere Weise zustande kommen. Entweder muß der Vorarm um so viel gekürzt sein, daß eine natürliche Bildung möglich, wie das durch a'—b'—c'—d' oder d'' angedeutet. Denken wir uns hier Knochen und Umrißlinien eingezeichnet wie bei I, so hätten wir den brustlosen, hochläufigen Huud vor uns, dessen Brusttiefe nicht, wie erwünscht, an= nähernd der Entfernung des Brustbeins vom Erdboden gleichkommt, sondern etwa nur zwei Drittel dieses Maßes besitzt. Die Schulterfreiheit eines vorn so verbildeten Tieres würde nur den Entfernungen a'—e' oder a'—e'' entsprechen; also knapp halb so groß sein wie bei der günstig= sten Stellung in I (a—e). Oder aber das Armbein (g) müßte steiler gestellt sein. Ich habe diesen Fall nicht auch eingetragen, weil sonst die Übersichtlichkeit der Zeichnung verloren gegangen wäre, in Abb. IV, 2 ist es aber gut zu erkennen. Das Schultergelenk (c) würde in diesem Fall etwa dahin zu liegen kommen, wo in II die 1 von 120 die mittlere der drei Wagerechten schneidet. Dadurch würde wenigstens eine etwas schrägere Lage des Schulterblatts erreicht, die Schulterfreiheit um eine Kleinigkeit gebessert. Wie aber schon ein Blick auf die Stellung II besagt, muß in beiden Fällen die Länge der in Frage kommenden Knochen, des Schulterblatts wie des Armbeins, geringer sein als bei der anzu= strebenden guten Bildung von I. Der Verkürzung der Knochen folgt aber die Verkürzung der Muskeln, die Verringerung der Hubhöhe. Somit hat jede Überschreitung des Schulterwinkels über 90° hinaus geringere Schulterfreiheit und damit Verminde= rung der Leistungsfähigkeit und Ausdauer nicht nur dieses Teils zur Folge!

Gleiches wie für den Schulterwinkel gilt für den von Darmbein und Oberschenkel gebildeten Hüftwinkel (s. die Darstellung Abb. VII, III und IV). Auch er soll möglichst wenig stumpf sein, sich nach Möglich= keit dem rechten Winkel nähern, um der Hinterhand gute Folge, Wendig= keit und Ausdauer zu sichern. Beim Kniewinkel wird die an sich günstigste

Lagerung wie bei IV in Wirklichkeit nicht erreicht werden, weil sie eine nicht schäferhundmäßige Länge des Ober= und Unterschenkels bedingte; die in diesem Fall notwendige starf rückständige Stellung hätte auch andere Nachteile zur Folge. Überschreitet der Kniewinkel bei sonst günstiger Hinterhandbildung nicht einen Winkel von etwa 100°, so kann er noch als gut angesprochen werden.

Wer sich diese Ausführungen noch klarer machen will, bilde sich die Vorder= und Hintergliedmaßen aus entsprechend gekürzten Zahn= stochern oder Streichhölzern und mache damit Bewegungsübungen auf der Tischfläche. Der Versuch wird die Richtigkeit der vorgetragenen Bildungsgrundsätze überzeugend bestätigen.

Daraus, daß ich hier mehrfach auf die Vorteile langer Laufknochen verwiesen habe, möchte wohl geschlossen werden, daß ein großer hoch= läufiger Hund dank seiner langen Beine in der Schrittweite einem kleineren über sei. Dem ist aber nicht so. Der hochläufige Hund ist stets steil ge= stellt, seine Schrittweite ist daher stets erheblich geringer als die eines gut gewinkelten mittelgroßen, selbst kleineren Hundes, was sich leicht aus einem Vergleich der Schrittweiten 1 und 2 in Abb. IV ersehen läßt; dazu fehlt dem hochläufigen infolge seiner steilen Stellung das federnde Auffangen des Stoßes, er nützt sich also schneller in Gelenken und Bändern ab. Nur der ebenmäßig gebaute und gut gewinkelte große Hund würde in bezug auf Schrittweite einen kleineren übertreffen; hier beschränkt aber wieder das Knochengewicht die Ausdauer und mindert die Flüchtig= keit des Gangwerkes. Es ergibt sich also auch daraus wieder, daß der mittelgroße Hund, wie wir ihn wünschen, zum Gebrauch dem großen, weil leistungsunfähigeren, unbedingt vorzuziehen ist; und ebenso auch dem kleinen Hunde.

Nach diesem Blick auf die Gesamtheit und das Ineinandergreifen des Bewegungsgetriebes zu dessen Einzelheiten, zunächst zu den Vorder= gliedmaßen, die als solche einen Teil der Vor= oder Vorderhand bilden, nicht aber diese selbst sind, wie ein Blick auf den Musterhund und die dort beigefügte Erklärung ergibt. Diese Bezeichnung hat auch nichts mit dem Zwei= oder Vierhänderbegriff zu tun, sondern ist der Pferde= beurteilung und Reitlehre entlehnt: mit Vorhand werden die Teile des Pferdes bezeichnet, die der Reiter vor der Hand hat. Eine rechte oder linke Vorhand gibt es also nicht, sondern nur einen rechten oder linken Vorderlauf.

Die Vordergliedmaßen sollen die von den Hinterläufen eingeleitete Vorwärtsbewegung vollenden und die ihnen zugeschobene Körperlast auffangen und stützen. Während im Galopp nur die stützende und stoß= brechend auffangende Aufgabe in Frage kommt, hängt im Schritt und im Trabe — letzterer die für den Schäferhund wichtigste Gangart — die Geräumigkeit der Vorwärtsbewegung von der guten Bildung der Vorder= läufe ab. Der Vortritt der Vorderläufe, d. i. der Raum, um den diese abwechselnd ausschreiten, um dann den vorgeschobenen Körper wieder zu stützen, hängt im wesentlichen von der Schulterfreiheit ab, d. h. von der, vom Schulterblatt und Armbein abhängigen Bewegungs= möglichkeit des Vorderlaufs nach vorn. Um den Stoß der aufgefangenen Körperlast gut zu brechen, der eigenen Abnützung also vorzubeugen,

546

müssen die Dordergliedmaßen ferner noch in ihren Gelenken gut gegen=
einander eingewinkelt sein. Die Dorderläufe sollen gerade unter
dem Leib stehen, von vorn und von der Seite gesehen gerade sein und
dürfen weder zu weit von=, noch zu eng beieinander stehen.

Der Dorderlauf besteht aus Schulterblatt, Oberarm, Unterarm,
Dordermittelfuß oder Dorderfessel und Dorderpfote; sein Knochengerüst
bilden Schulterblatt, Armbein, Speiche mit Ellbogenbein und die
Knochen des Dordermittelfußes und der Zehen. Zwischen Schulterblatt
und Armbein liegt das Schultergelenk, zwischen Armbein und Unter=
armknochen das Ellbogengelenk, zwischen Unterarm= und Dordermittel=
fußknochen das Dorderfußwurzelgelenk; die kleinen Gelenkverbindungen
in den Pfoten sind für uns unwesentlich.

Die feste Derbindung zwischen Lauf und Rumpf bildet das Schulter=
blatt, das durch Muskeln und Bänder mit Genick, Hals, Wirbelsäule
und den vier vorderen Rippen verbunden ist. Am Schulterblatt sind
die es selbst und das Armbein bewegenden, sehr kräftigen Muskeln
angeheftet; eine auf der äußeren Seite des Schulterblatts von oben nach
unten verlaufende Knochenleiste, die Gräte, vermehrt die Ansatzmöglich=
keit. Das Schulterblatt soll lang sein, sein oberer hinterer Rand soll
über dem Ellbogen liegen und es soll schließlich den Rippen schräg, und
zwar möglichst im Winkel von 45° zur Wagerechten angelagert sein.
Das Schulterblatt bildet mit dem Armbein zusammen die Schulter.
Auch das Armbein soll lang sein und so gelagert, daß es den Schulter=
winkel zum rechten ergänzt. Dorgeschoben heißt eine zu nahe an die
Bugspitze reichende, zurückgeschoben eine zu weit davon abbleibende
Schulter; beide Lagen beeinträchtigen die Schulterfreiheit. Gleiches gilt
für die gebundene Schulter; sie ist Folge steiler Stellung des Schulter=
blattes und Oberarmes, also eines den rechten überschreitenden Schulter=
winkels, oder unzureichender Muskelentwicklung infolge nicht genügenden
Gebrauches. Alle Zwingertiere oder als Stubenhocker ohne ausreichende
Bewegung aufgezogene Hunde werden stets auf gebundene Schulter zurück=
zuführende geringere Schulterfreiheit und damit Schrittweite haben, als
ihrer Knochenwinkelung sonst zukäme; bei alten, verbrauchten Tieren
verkürzt die Muskelabnützung gleichfalls Schulterfreiheit und Dortritt.

Die Bezeichnung lose oder lockere Schulter richtet ziemlich viel
Unheil an. Sie ist der Beurteilungslehre des Pferdes entnommen und
bedeutet dort eine bei Be= und Entlastung des betreffenden Beines am
Brustkasten auf= und abbewegte Schulter. Die lose Schulter ist auch beim
Pferde im wesentlichen ein Jugendfehler, der auf mangelnder Straff=
heit der Schulter und Rumpf verbindenden Muskeln beruht; mit deren
Festigung wird die Schulter dann festliegend, wie sie sein soll. Bei
Hunden ist lose Schulter in diesem Sinn sehr selten zu finden — wo sie
vorhanden, wäre sie ein wesentlicher Gebrauchsfehler; bei der Musterung
im Halten ist sie durch Druck auf die Dorhand allein nicht festzustellen,
sondern lediglich bei der Gangwerkprüfung. Die Nachgiebigkeit und
Schlaffheit der Muskeln betrifft bei einem solchen Hunde dann freilich
nicht nur die für die lose Schulter allein in Frage kommenden, sondern
das ganze Tier ist bänderweich, dreht daher bei der Belastung, d. h. beim
Aufsetzen des Laufes, nachgebend auch den Ellbogen aus. Dieser Fehler

35*

hat aber mit der losen Schulter gar nichts zu tun, wird aber oft und durchaus irreführend so genannt; wer sich über Knochengerüst und Hundegebäude klar ist, wird diesen Schnitzer vermeiden.

Auch das Ausdrehen der Ellbogen ist ein schwerer Gebrauchs= fehler, da es immer auf Bänderweichheit zurückzuführen ist, die Aus= dauer, aber auch Schrittweite mindert. Der Ellbogen soll eine feste Ver= bindung zwischen Ober= und Unterarm bilden, die bei der Belastung des Laufes nicht nach außen ausweicht: ausgedrehter oder ab= stehender Ellbogen. Das Ausdrehen zeigt sich besonders bei der Gang= werkmusterung, in schweren Fällen schon im Stand; wenn der Beurteiler mit geöffneter Hand auf den Widerrist drückt, soll ein standfester, muskel= starker Hund diesen Druck aushalten, ohne mit einem Teil der Vorder= gliedmaßen nachzugeben; ist er bänderweich, dreht er zunächst die Ell= bogen aus. Breitbrüstige Hunde neigen zum Ausdrehen, ihr Vortritt ist ohnehin aber schon beschränkt. Die oben schon erwähnte Beschäler= brust hat ebenfalls Ausdrehen zur Folge; auch übermäßiges Klettern= und Springenlassen, namentlich in der Entwicklung stehender Hunde, kann zum Nachlassen der Ellbogenbänder und damit zum Ausdrehen führen. Welche Ursache das Ausdrehen aber auch immer hat, immer ist es ein die Brauchbarkeit arg beeinträchtigender Fehler. Auch der an= gedrückte Ellbogen ist immer ein Zeichen geringer Leistungsfähigkeit, soll doch der Körper nicht auf den ihn stützenden Vorderläufen ruhen, sondern mehr zwischen den beiden Schultern hängen. Die eben bezeichnete fehlerhafte Stellung ist meist die Folge schmaler Brust, sie muß ein= genommen werden, um dem schwankenden Oberbau mehr Halt zu geben; je breiter dabei der Rücken, um so wackeliger der Staud.

Unterarm und Vordermittelfuß sollen, von vorn gesehen, gerade sein. Bei angedrückten Ellbogen findet zum Ausgleich dieser wackeligen Stellung meist schon im Unterarm, stets aber im Vordermittel= fuß eine geringe oder stärkere Drehung nach außen statt, so daß die Pfoten, statt nach vorn in die Richtung des Tretens zu weisen, wie beim im Gliede stehenden Soldaten auswärts gestellt sind. Man bezeichnet das als französische oder Tanzmeisterstellung. Für den ruhig stehenden Huud ist diese Stellung ausgleichend, sie erhöht seine Standfestigkeit; die Unsicherheit des Ganges wird dadurch nicht behoben. Bei zu breiter Brust und abstehenden Ellbogen streben die Vorderläufe dagegen nach unten zusammen. Dadurch wird die boden= oder zehenenge Stellung mit oft schon im Stand etwas einwärts gedrehten Pfoten herbeigeführt. Diese Stellung, bei der der Hund über die große Zehe läuft, verursacht stets gebundenen, watschelnden kreuzenden Gang.

Sind die Vorderläufe von vorn gesehen nicht gerade, sondern bilden sie nach Art der sogenannten O=Beine einen leichten Bogen nach außen, so bezeichnet man diese, der Sicherheit des Ganges nicht förder= liche Stellung als knieweit. Die häufiger irrtümlich für diese fehlerhafte Stellung gebrauchte Bezeichnung faßbeinig muß für die Hinterläufe vorbehalten bleiben. Abweichungen des Unterarmes von der Geraden sind wohl in der Mehrzahl der Fälle ebenso wie sichtbare Verkrümmungen oder Auftreibungen am Vorderfußwurzelgelenk auf Knochenweiche in der Jugend zurückzuführen.

Der Vordermittelfuß soll, von der Seite gesehen, nicht eine
gerade Fortsetzung des Unterarmes bilden; er würde dann zu steil
gefesselt stehen, nicht zum Brechen des Stoßes beim Aufsetzen des
Laufes beitragen. Andererseits darf der Vordermittelfuß, dessen Länge
auch nicht zu groß sein soll, nicht zu viel von der Geraden abweichen;
ein Winkel von 25—30° mit der angenommenen Fortsetzung des Unter=
armes gibt für den Hund die günstigste Stellung. Ist dieser Winkel
wesentlich größer, spricht man von weicher Fesselung; bei so,
also zu schräg gestelltem Vordermittelfuß, tritt der Hund, wenn er er=
müdet ist, oder seine Bänder der Straffheit entbehren, vorn durch.

Die Pfoten sollen rund, nach oben aufgewölbt sein und ge=
schlossene Zehen haben; so gebildete heißen Katzenpfoten. Flache
Pfoten mit langen Zehen nennt man Hasenpfoten. Sie beeinträchtigen

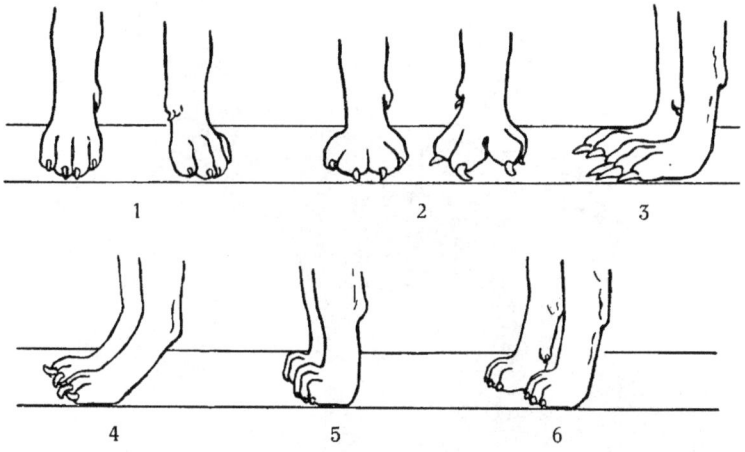

Abb. 380.
IX. Fesseln und Pfoten.
1. Gute, geschlossene Pfoten mit festen Zehen, Katzenpfoten. 2. Links weiche Pfote,
rechts gespreizte Zehen, lange Krallen. 3. Zu lange, durchtretende Pfoten mit zu
langen Zehen und Krallen, Hasenpfoten. 4. Zu lange, weiche Fesseln, verwachsene
Krallen. 5. Zu steile, kurze Fesseln, Klumpfuß mit abgenützten Krallen. 6. Gute
· Fessel= und Pfotenbildung.

die Ausdauer, da sie, wie jeder Plattfuß, den Stoß nicht federnd auf=
fangen; dazu sind die langen feinen Zehenknochen und ihre Gelenke
leicht Verletzungen und Verprellungen, Verbällungen, ausgesetzt.
Vordermittelfuß und Pfoten sind beim Wildhund kräftig und gut be=
muskelt, weil er sie auch zum Scharren und zum Festhalten der Beute
beim Reißen braucht; beim Schäferhunde sollen sie dementsprechend
gebaut sein.

Die Zehen sollen, um Verletzungen und Eindringen von Fremd=
körpern auszuschließen, gut geschlossen sein. Flache, stark auseinander=
weichende Zehen, offene oder gespreizte, behindern die Ausdauer.
Bei viel auf losem Sandboden (Heide) oder auf feuchten Wiesen arbeiten=
den Hunden ist dagegen ein mäßiges Spreizen der Zehen erlaubt, da

es die Trittflächen der Sohlen verbreitert, somit zu tiefes Einsinken der Läufe verhindert. Bei Gebrauchshunden, die diese Bildung zeigen, ist daher der Arbeitsboden zu erfragen.

Die Sohlen können bei einem Gebrauchshunde gar nicht hart und derb genug sein; das aber werden sie nur bei Hunden, die viel Auslauf haben. Die Nägel sollen kurz und kräftig sein, zum Scharren geeignet. Krallenartige Nägel, die man beim Auftreten auf harten Boden hört, sind ein Zeichen flacher, wenig widerstandsfähiger Pfoten; oder davon, daß der Hund viel herumliegt, ungenügende Bewegung hat.

Die hinteren Gliedmaßen sollen durch Streckung der Gelenke und Abstoßen vom Boden dem Körper den Schwung nach vorwärts

Abb. 381.   Unterständige Stellung bei schwacher, steil gestellter Hinterhand.

geben, der durch den Rücken auf die Vorhand übertragen wird: Nach=
schub der Hinterhand. Über die Notwendigkeit günstiger Winkelung und langer Knochen auch bei den Hinterläufen habe ich mich schon oben geäußert. Je besser diese durch Knochenlänge geförderte Winkelung, um so tiefer auch die Hinterhand, um so kräftiger der Nachschub und um so weicher das Auffangen der prellenden Wirkung des Stoßes beim Auf=
treten und Landen nach dem Sprung. Dies federnde, nur bei günstiger Winkelung mögliche Nachgehen aber schont, wie wir sahen, die Gelenke und erhöht die Ausdauer des Hundes.

Bei der Stellung der Hinterläufe wird zwischen unterständiger und rückständiger Stellung unterschieden. Jene ist eine Folge kurzer und demzufolge steil gegeneinander gestellter Knochen oder auch zu wage=

rechter Kruppe, die Hinterläufe stehen dabei zu weit unter den Leib geschoben; die Standfestigkeit der Hinterhand wird dadurch gemindert, der Gang der Hinterhand gebunden, dem Nachschub fehlt die Folge

Bei der rückständigen Stellung stehen die Hinterläufe zu weit hinter dem Schwerpunkt; die Hinterhand wird dann wackelig. Um sie im Gleichgewicht zu halten, muß der Hund sich breit stellen und dem= entsprechend treten. Die rückständige Stellung kann verschiedene Ursachen haben. Ist sie die Folge eines überstreckten, stumpfen Hüftwinkels und schlechten Längenverhältnisses der Laufknochen zueinander — oft bei unverhältnismäßig langen Unterschenkeln —, so ist sie sehr ungünstig anzusprechen; um so ungünstiger, je steiler der Hintermittelfuß steht, je

Abb. 382. Rückständige Stellung infolge stumpfen Hüftwinkels und zu langen Unter= schenkels, steiler Hintermittelfuß.

stumpfer also der Sprunggelenkwinkel. Diese Stellung findet sich häufig bei kurzen, hochläufigen Hunden; die sind Blender fürs Laienauge, werden gern so gestellt, um Länge vorzutäuschen, sind aber zu keiner Arbeitsleistung fähig. Leicht rückständige Stellung ist gut ge= bauten Schäferhunden zu eigen; eine vom Sitzbeinhöcker gefällte Senkrechte trifft dann nicht den rückwärtigen Rand des Sprunggelenkes, sondern schneidet dies oder geht dicht vor ihm zur Erde, dort die Pfoten treffend. Diese Stellung wird gut gegeneinander eingewinkelten Lauf= knochen von entsprechender Länge verdankt; sie sichert festen Stand, kräftigen Abschwung und federndes Fußen der Hinterläufe, im Ganzen guten Nachschub der Hinterhand.

Der Hinterlauf wird gebildet von dem in das Becken eingelenkten Oberschenkel, dem Unterschenkel und dem Hintermittelfuß mit der Hinterpfote; sein Knochengerüst besteht aus den Beckenknochen, dem Oberschenkel= oder Backenbein, dem Schienbein mit der an das untere vordere Ende des Oberschenkelbeins angelagerten Kniescheibe und dem Wadenbein, schließlich den Knochen des Sprunggelenkes, unter diesen das sehr kräftige Sprungbein, des Hintermittelfußes und der Zehen. Die Gelenkverbindungen werden vom Hüftgelenk, dem Kniegelenk, dem Sprunggelenk und den Zehengelenken gebildet. Die Hinterläufe sind im Kreuzbein durch das Becken fest mit dem Rumpf verbunden. Die sehr kräftigen Muskeln der Hinterläufe finden ihre Hauptansatz= stellen an der Wirbelsäule und an Rumpfmuskeln, hauptsächlich aber am Becken, am Oberschenkel=, Schien= und Sprungbein.

Das Becken wird durch das Darmbein, das Sitzbein und das Schambein gebildet. In der von den beiderseitigen Beckenknochen ein= geschlossenen Beckenhöhle findet die Bauchhöhle ihren Abschluß, außerdem bietet das Becken die Ansatzstelle für eine große Anzahl von der Bewegung dienenden Muskeln und schließlich soll es den vorwärtsschiebenden Ab= stoß der Hinterläufe durch den Rücken auf die Vorhand übertragen und für Wendungen den Drehpunkt bilden. Seine kräftige Bildung und richtige Lagerung ist daher von größter Bedeutung für die Gebrauchs= fähigkeit des Hundes.

Für diese Lagerung ist der kräftigste Beckenknochen, das Darmbein maßgebend. Dies Darmbein entspricht in seinen Aufgaben dem Schulter= blatt, mit seinem äußeren Winkel bildet es die Hüfte, in seine Gelenk= pfanne ist der Gelenkknopf des Oberschenkelbeins eingelagert. Steht das Darmbein steil, was meist die Folge ungenügender Länge ist, so geht die Auswirkung des abstoßenden Hinterlaufes mehr nach oben als nach vorn; die Rückenübertragung der Bewegung wird dadurch gebrochen, der Nachschub entbehrt des Flusses und der Kraft. Diese Stellung nimmt der Hinterhand auch die zur Kraftentwicklung erforderliche Tiefe und verkürzt, s. Abb. VII bei III, die Strecke, um die der Hinterlauf vorgesetzt werden kann. Ein zu wagerecht eingelagertes Darmbein kann nur kurz sein, die Folgen davon sind zu stumpfe Hüft= und Kniewinkel; dem Hunde fehlt dann die Standfestigkeit, die Hinterläufe treten kurz und gebunden. Sie machen den Eindruck, als gingen sie für sich allein, ohne Verbindung mit dem Ganzen, der Körper wird nicht in dem Maße vorgeschoben, wie die Vorhand auffangen könnte, dem Gange fehlt die Folge. Am günstigsten liegt das Darmbein dem Armbein des Vorderlaufes annähernd gleichlaufend, dann bildet es mit dem Oberschenkelbein einen Hüftwinkel zwischen 80—100°.

Da die Lagerung des mit strammen Muskeln bedeckten Darm= beines am lebenden Hunde nicht nachzuprüfen ist, muß sie an der Bildung dieses fleischigen Teils, der Kruppe, beurteilt werden. Eine gute Kruppe verläuft annähernd gerade, sie senkt sich in sanftem Bogen nach unten, so daß der Sitzbeinhöcker etwas tiefer als die Hüfte liegt; bei genügender Länge hat sie Platz für kräftige Muskeln, gibt auch der Hinterhand schöne Tiefe. Steht das Darmbein steil, so wird die Kruppe abschüssig oder abgeschlagen, liegt es zu wagerecht, so spricht man von wagerechter Kruppe; die Sißbeinhöcker liegen dann nahezu in der gleichen Ebene wie die Hüften. Liegt der höchste Punkt der Kruppe höher als der Widerrist, so bezeichnet man den Hund als überbaut. Bei ausgewachsenen Hunden ist das Überbautsein meist eine Folge steiler Stellung der hinteren Gliedmaßen und ist dann ungünstig zu beurteilen. Bei guter Hinterhandbildung dagegen ist mäßiges Überbaut= sein kein wesentlicher Fehler. Jüngere Hunde erscheinen in der Wachs= tumszeit bisweilen überbaut, eine Folge ungleichen Schießens und Streckens der einzelnen Teile, das gleicht sich später dann meist aus.

Richtige Winkelung und gute Länge der Oberschenkel ergänzen die vom Darmbein angelegte gebrauchstüchtige Bildung der Hinterhand

Abb. 383. Überbauter Hund mit wagerechter Kruppe, steilem Ober= und Unter=
schenkel, kuhhessig.

und geben dieser gleichfalls die nötige Tiefe. Die Knie sollen nicht nach innen eingedrückt sein; dadurch erhalten Unterschenkel und Sprunggelenke die Richtung nach außen, der Hintermittelfuß wieder nach innen. Man bezeichnet diese Stellung als „faßbeinig"; sie gibt dem Hunde stets unsicheren, schwankenden Gang mit drehenden Bewegungen der Läufe. Ebensowenig aber sollen die Knie nach außen gerichtet sein. Dadurch wird den beiderseitigen Unterschenkeln die Richtung nach innen ge= geben, werden die Sprunggelenke aneinander gedrückt, während zum Ausgleich der Hintermittelfuß nach außen gerichtet sein muß. Man spricht dann von kuhhessiger Stellung. In mäßigem Grade beein= trächtigt Kuhhessigkeit, wenn der Kniewinkel gut und sie im wesentlichen Ausgleichsfolge von durch lange Unterschenkel bedingter Säbelbeinigkeit

(f. u.), das Gangwerk nicht. Stark dagegen in höherem Grade und in Verbindung mit stumpfem Kniewinkel. Der Gang wird dann mähend; die Hinterläufe werden im Bogen nach auswärts vorgebracht, brauchen somit längere Zeit, kommen eine geringere Strecke voran, als wenn sie in gerader Richtung vorwärts treten würden. Bei jungen, noch in der Entwicklung begriffenen Hunden mit noch weichen Bändern kann Kuhhessigkeit durch langes Liegenlassen an der Kette oder durch häufiges Aufrichten auf der Hinterhand hervorgerufen werden, wie denn Kuh= hessigkeit überhaupt ein Zeichen schwacher Muskeln ist; sie kann daher bei deren Kräftigung verschwinden.

Der Unterschenkel soll lang und kräftig sein, muß aber in seiner Länge im Verhältnis zur ganzen Hinterhandbildung stehen. Gleiches gilt vom Hintermittelfuß; ist der lang und dabei im Sprunggelenk gut zum Unterschenkel eingewinkelt, so kann man in Anlehnung an die Pferdebeurteilungslehre von Säbelbeinigkeit sprechen. Die ist in diesem Fall und bei gutem Kniewinkel der Vorwärtsbewegung günstig, anders bei stumpfem Kniewinkel, ungenügend bemuskeltem Unter= schenkel und Kürze des Hintermittelfußes; sie hat dann schleppenden, wenig geräumigen Gang zur Folge.

Den zwischen Unterschenkel und Hintermittelfuß liegenden Sprung= gelenken fällt die wichtige Aufgabe zu, den Körper nach vorwärts abzustoßen. Sie müssen lang, breit und tief sein; die Länge ist von der des Sprungbeins abhängig, an dessen Höcker die Achillessehne ansetzt.

Das Sprunggelenk, das aus einzelnen, durch Bänder zusammen= gehaltenen Knochen und Sehnen besteht, soll trocken und fein aus= gemeißelt, nicht aber grob, oder gar schwammig sein.

Für die Hinterpfoten gilt im allgemeinen das über die Vorder= pfoten Gesagte, doch sind sie entsprechend kräftiger und länger als diese, da sie den kräftigen Abstoß des Körpers mit zu besorgen haben. Über= schreiten sie das gewöhnliche Maß, tritt das untere Ende des Hinter= mittelfußes infolge nachgebender Bänder stärker durch, so spricht man von Bärenfüßigkeit, die sich als besondere Eigenheit bei in Gebirgs= gegenden lebenden Tieren, und diesen von Nutzen, findet.

Die am inneren Hintermittelfuß im unteren Drittel bisweilen auftretenden After= oder Wolfsklauen wirken immer stand= und gangstörend, weil sie den Fuß zu gespreiztem Stehen und ausdrehendem Gang nötigen. Sie zeigen sich manchmal nur an einem Lauf, kommen bisweilen auch als Mißbildung in Gestalt von Doppelsporen vor und stören dann erst recht.

Ist ein Hund, wie vorstehend dargelegt, gut, also ge= brauchstüchtig gebaut, so besitzt er das vollendete Traber= gebäude, das er vom Wildhundahnen ererbte und das in mancher Beziehung durch die Zucht noch vervollkommnet wurde. Der Schäferhund als Gebrauchshund braucht dies leistungs= fähige, Ausdauer sichernde Trabergebäude, er braucht es bei der Herde und er braucht es bei anderem Dienst. Und er kann damit auch galop= pieren, lang, flüchtig und ausdauernd; das zeigt uns schon der in Meuten jagende, seine Beute zu Tode hetzende Wildhund, das zeigt uns aber auch der Kriegshund, der, wenn es gilt, seine Meldung in langer Fahrt über

weite Streden überbringt, und der Polizeihund, wenn er einen flüchtigen
Derbrecher auf frischer Spur verfolgt. Eine Umformung dieses erprobten,
leistungsfähigen Gebäudes in ein sogenanntes Galoppierergebäude
wäre verfehlt und sinnwidrig, da andauernde Galoppsuche, wie etwa
bei einem englischen Hühnerhund, beim Schäferhunde nie in Frage kommt.
Die Umformung aber, die sich bei einzelnen verzüchteten Tieren zu
zeigen beginnt: Hochläufigkeit bei Verkürzung des Rumpfes, dient weder
der Trab= noch der Galoppform, schafft nicht einmal Flieger auf kurze
Streden, weil veränderte Gleichgewichtslage und steile Gliedmaßen=
stellung Sicherheit und ·Geräumigkeit der Bewegung ausschließen.
Also unerbittlich fort mit diesen aus dem Rassebilde fallenden Tieren,
fort aus der Hand des Liebhabers als Schäferhundfreund, unerbittlich
fort vor allem aus der Zucht. Zu dieser Auslese hat strenge, sachkundige
Beurteilung des Hundes auf ein zwedmäßiges Gebrauchsgebäude hin
die Handhabe zu bieten.

Der eingehenden Musterung im Halten schließt sich die Prüfung
des Gangwerkes an. Diese Prüfung gibt die Probe auf die Rechnung,
läßt erkennen, ob die mehr lehrmäßige Beurteilung gewisser Gebäude=
vorzüge oder =mängel ihre Bestätigung beim sich bewegenden Hunde
findet, auch ob und in welcher Weise hier ein Ausgleich zum Besseren
oder eine Verstärkung der Fehler eintritt. Auch Augentäuschungen,
nicht selten durch unvorteilhafte, im Halten eingenommene Stellung
verursacht, finden bei der Gangwerkprüfung meist bald ihre Berichtigung.

Gewiß muß auch die kurze Gangwerkmusterung mehr oder weniger
Lehrbegriff bleiben. Denn der Hund mit Blut, und mag er noch so
fehlerhaft und vorschriftswidrig gebaut sein, läuft den formgerechtesten
Schlappschwanz doch noch tot und wieder lebendig. Freilich auf Kosten
seiner Lebenskraft und Gebrauchsdauer! Deshalb eben streben wir an,
das Gebäude unserer Schäferhunde unter Erhaltung ihres Blutes und
ihrer Lebensfülle züchterisch zu vervollkommnen, damit ihnen selbst
große, Ausdauer und Kraft erfordernde Leistungen zugemutet werden
können und so leicht wie möglich fallen.

Das Gangwerk soll im ruhigen Schritt und im Trabe, wenn irgend=
möglich, auch beim frei laufenden Hunde geprüft werden. Manche
Hunde zeigen ihr Gangwerk an der Leine nur schlecht — Fehler der Ge=
wöhnung, Fehler des Führers —, alle aber geben sich freilaufend natür=
licher, lassen dabei meist sogar auch auf Wesensart schließen. Das
Gangwerk ist auch nicht bloß von der Seite, sondern ebenfalls von vorn
und von hinten zu prüfen.

Der Huud kennt drei Gangarten: Schritt, Trab und Galopp.
Im Schritt bewegt er sich verhältnismäßig seltener als im Trabe; wenn
er nicht gerade an der Leine hinterm Herrn herziehen muß oder Spuren
verfolgt, ist ein kurzer natürlicher Zotteltrab die vorherrschende Gangart,
die je nach Bedarf beschleunigt wird und dabei sehr geräumig und fördernd
werden kann. Für den Dienst in jeglicher Gestalt ist Trab die häufigste
Gangart. Unter Umständen kann da jedoch auch Galopp verlangt
werden, der im übrigen Spielen, Jagen und Minnewerben vorbehalten.
Im Schritt und Trabe geht der Hund übers Kreuz, d. h. es bewegen sich
nicht wie beim Paßgang die Gliedmaßen einer Seite zu gleicher Zeit,

sondern zugleich mit dem linken Vorderlauf bewegt sich der rechte Hinter=
lauf vorwärts, um dann vom Gegenpaar: rechter Vorderlauf — linker
Hinterlauf angelöst zu werden. Bei der Bewegung befindet sich der
Hund im natürlichen Gleichgewicht. Je beschleunigter die Gangart,

desto mehr streckt sich
der Hund, er überwindet
dadurch den Luftwider=
stand leichter und bringt
seinen Schwerpunkt der
Erde näher. Der Hals
wird ziemlich wagerecht
ausgestreckt und trägt
den nur wenig oder
gar nicht gehobenen
Kopf, der Rumpf soll
ohne seitliche Schwan=
kungen nach vorwärts
geführt werden, die
Rute wird, im Schritt
nicht, aber in den be=
schleunigteren Gang=

Abb. 384. Kurzer fauler Schritt, Einleitung der
Bewegung.

arten gehoben und nach rückwärts weggestreckt, um als Steuer zu dienen.
  Bei den Ausführungen über die Gangarten bitte ich unter Berück=
sichtigung des über die Beurteilung des stehenden Hundes Gesagten die
verschiedenen Bewegungsaufnahmen zu vergleichen, die ich, soweit sie

Abb. 385. Natürlicher Schritt, Mitte der Bewegung.

Lichtbilder, im wesentlichen Dr. Gegenbauer, Schäftlarn b. München,
aber auch unserem verstorbenen Zuchtbuchführer Kestermann, Greiz,
und W. Schaeffer, Dresden, verdanke.
  Beim Schritt greift zunächst ein Vorderlauf vor. Sich streckend
und abstoßend folgt der entgegengesetzte Hinterlauf, der dem vortreten=
556

den Vorderlauf die Körperlast zuschiebt; er fußt, während der Vorder=
lauf seiner Seite noch stark zurückstehend auf dieser Seite den Körper
stützt, dicht hinter diesem Vorderfuß. Im gleichen Augenblick schreitet
dann dieser aus und sein entsprechender Hinterlauf vollführt die gleiche
Bewegung. Die vorschie=
bende Wirkung der Hinter=
läufe heißt Nachschub —
nicht bloß „Schub" —, die
ausgreifende der Vorder=
läufe Vortritt; wovon
beide abhängen, habe ich
weiter oben auseinander=
gesetzt.

Der Schritt des Hundes
ist nicht bloß deshalb genau
zu mustern, weil die Be=
wegungen sich langsam
folgen, vom Auge also gut
beobachtet und verfolgt
werden können, sondern
auch weil sich aus gutem

Abb. 386. Langer geräumiger Schritt, Abschluß
der Bewegung.

Vortritt und kräftigem Nachschub im Schritt auch auf entsprechend
geräumigen Trab schließen läßt.

Beim Trabe, einer Beschleunigung des Schrittes, werden die
entsprechenden Vor= und Hinterläufe zu gleicher Zeit gehoben und auf

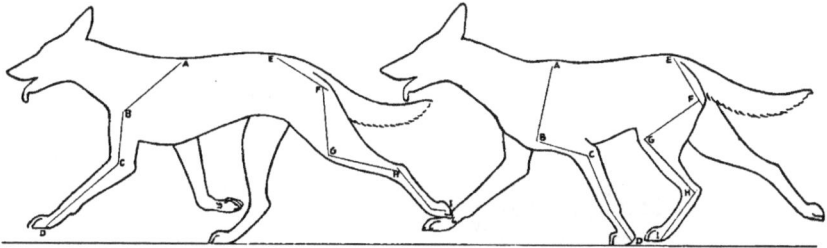

Abb. 387. X. Langer ausgreifender Trab, Rüdengänger.
A—B Schulterblatt, B—C Oberarm, C—D Unterarm und Vordermittelfuß mit
Pfote. E—F Darmbein, F—G Oberschenkel, G—H Unterschenkel, H—I Hinter=
mittelfuß mit Pfote.
Links: der Hund stützt sich auf den rechten Hinterlauf, mit dem er über den
Platz des rechten Vorderlaufes getreten ist. Rechts: der Hund stützt sich auf den
linken Vorderlauf, der im nächsten Augenblick nach vorwärts ausschreiten wird,
Vortritt; nachdem der linke Vorderlauf die Bewegung begonnen hat, fußt der
Hinterlauf und schiebt die Körperlast dem mittlerweile auch fußenden rechten
Vorderlauf zu, Nachschub.

die Erde gesetzt. Die Hinterläufe biegen sich schärfer und strecken sich
lebhafter — um so mehr, je schärfer die Gangart —, die Körperlast
wird demzufolge dem zum Auffangen und Stützen bestimmten Vorder=
fuß nicht langsam zugeschoben, sondern zugeschleudert; im Augenblick
des Fußwechsels schwebt der Körper kurze Zeit frei in der Luft (s. a.

Trabbild 391). Erfolgt dies Schweben auffällig für längere Zeit, so spricht man von einem fliegenden Trabe, den gerissene Vorführer durch absichtliches Zurückhalten und dann Freigeben des Hundes künstlich zu erzeugen verstehen, um Laien damit zu blenden. Für die Beurteilung der natürlichen Gangart und ihres Gebrauchswertes ist diese künstlich gesteigerte Bewegung selbstverständlich ohne jede Bedeutung; man lasse sich solche Hunde sofort freilaufend zeigen, um ruhige natürliche Gänge zu sehen.

Abb. 388.   Kurzer Trab.

Beim kurzen Trabe treten die Hinterläufe hinter den verlassenen Platz des gleichseitigen Vorderlaufes, je beschleunigter der Trab, desto weiter greifen die Hinterläufe vor, auf den Platz des Vorderlaufes, ja vor diesen; dies fördernde Ausschreiten der Hinterläufe ist aber nur bei einem gut gebauten gestreckten Hunde möglich (Trabbilder 388—391 und X).

Erfolgt der Nachschub unter starkem Strecken der Gelenke allein durch die Muskeln der Hinterhand, so ist der Hund ein Schenkelgänger (Trabbild 389); sind dagegen die, die Vorhand durch Anspannen leicht hebenden Rückenmuskeln an der Übertragung des Nachschubes mit beteiligt, so nennt man ihn Rückengänger (Trabbild 391). Rückentrab schont den Hund, die Hinterläufe können weiter untergreifen, der Gang ist federnder, damit wächst die Ausdauer und die Wendigkeit ist größer; beides wichtig

Abb. 389.   Schenkelgänger, kurzer Trab.

für den Herden= und den Diensthund. Der Hund mit Schenkeltrab dagegen ermüdet um so rascher, je mangelhafter Rückenverbindung und =übertragung. Kräftigung der Rückenmuskeln beim Junghunde, galoppieren lassen, spielen, jagen, raufen mit Artgenossen, erzieht zum Rückengänger; frühzeitige Zuchtverwendung, sei es zum Decken, sei es zum Austragen der Frucht, schwächt den Rücken.

558

Der natürliche Trab des Hundes geht flach über den Boden weg und soll weder rein steppend sein, noch die sogenannte hohe Aktion des Hochtrabers zeigen. Die Streckung der Vorderläufe ist nicht so straff wie beim Pferde, auch das Vorbringen dieser Läufe erfolgt weicher, geschmeidiger, der ganzen minder geschlossenen Bauart des Hundes entsprechend. Je flacher der Hund mit ruhigen geräumigen Schritten tritt, je mehr Boden er dabei nimmt, desto mehr begünstigt das förderndes Vorwärtskommen und Ausdauer. Die Geräumigkeit des Vortritts hängt, wie wir sahen, von der Schulterfreiheit ab, daher bei der Gangmusterung das Verhalten der Schulter, das Öffnen des Schulterwinkels beim Vorbringen

Abb. 390. „Hochtraber" hinten, langer Trab.

des Vorderlaufes besonders ins Auge zu fassen ist. Das Vorbringen des Vorderlaufes ist davon abhängig, nicht vom Herauswerfen mit gestreckten Gelenken (stechender oder steppender Gang) oder vom Hochschmeißen mit gebeugten Gelenken (Aktion); solche Gänger verbrauchen unnötig Muskelkraft, sie sind Blender, bestechen das Auge

Abb. 391. Langer geräumiger Trab, Rückengänger.

des Laien, halten aber vor ernsthafter Prüfung an richtiger Stelle nicht stand. Je weiter der Schulterwinkel (A—B—C in Abb. X) beim Ausschreiten geöffnet werden kann — dazu ist gute Schulterlage bei im rechten Verhältnis zum Ganzen stehender Länge der Knochen nötig —, desto besser der Vortritt, der ohne guten Nachschub freilich auch nichts nützt. Bei der Musterung des Verhaltens der Schulter ist auch darauf zu sehen,

559

ob der belastete Vorderlauf nicht im Ellbogen nachgibt und auch außen
ausweicht. Wovon der Nachschub abhängt, ist oben ausgeführt. Der
Abschwung erfolgt nach Beugung der Gelenke während des Fußens
durch starkes Stre=
cken; ein Hund, der
die Hinterläufe, statt
sie zu strecken, mit
scharfen Bewegun=
gen aus den
Sprunggelenken
hochzieht, und damit
hinten zum Hoch=
traber wird, kann
damit nicht unter=
schieben; seinem
Gangwerk fehlt die
Folge.

Abb. 392. Trab.

Ließen sich
die vorerwähnten
Punkte bei der
Musterung des
Ganges von der Seite prüfen, so ist beim auf dem Beschauer zukommenden
oder sich von ihm entfernenden Hunde zunächst darauf zu achten, ob die
Vorwärtsbewegung auf gerader oder auf schaukelnder Schlangenlinie
erfolgt; das als Zeichen eines schwachen, nachgebenden Rückens. Ferner
auf bodenenges oder =weites und auf drehendes Treten, auf kreuzen=
den Gang, schließlich auf das schwerfällig mähende Seitwärts=Vor=
wärtsschieben der Hinterläufe; alles Gangfehler, die sich aus den oben
besprochenen fehlerhaften Stellungen ergeben.

Der Galopp ist eine Aufeinanderfolge von Sprüngen. Er wird
entwickelt, indem die Rückenmuskeln sich spannen und die Vorhand ent=
lasten und heben. Durch diese
Gewichtsverlegung wird die
Hinterhand stärker belastet, die
in ihren Gelenken durchge=
bogenen Hinterläufe kommen
dadurch mehr unter den Leib
und schnellen in scharfer
Muskelspannung die Körper=
last nach vorn, wo sie von den
beiden vorgestreckten Vorder=
läufen aufgefangen wird; die
beiden Galoppbilder (392 und
393) veranschaulichen diesen
Vorgang recht deutlich. Je

Abb. 393. Galopp.

mehr der Hund aus dem Rücken galoppiert, d. h. je mehr die Rücken=
muskeln bei der Arbeit beteiligt sind, desto ausdauernder ist er auch
in dieser Gangart; der Schenkelgaloppierer ermüdet bald, nützt seine
Vorhand ab und ist ungeschickt zu Wendungen.

Der Sprung schließlich, als Weit= oder Hochsprung ausgeführt, auch als Kletterbewegung, ist ein einzelner, zu besonderer Leistung ge= steigerter Galoppsprung und meist aus dieser Gangart heraus entwickelt, selten, und dann nur mit beschränkterer Leistung aus dem Stande oder einer kürzeren Gangart heraus.

Abb. 394. Langer Galopp.

Galopp und Sprung können besonderer Musterung nicht unter= liegen, das Auge würde versagen; Gewandheit im Überwinden von Hindernissen — Sprung und Klettern — ist zudem Ergebnis zielbewußter Abrichtung. Flüchtigkeit, Ausdauer und gute Leistungen wird auch da

Abb. 395. Erklettern einer Böschung.   Abb. 396. Absprung von einer Böschung.

nur ein gut gebauter, kraftvoller, zweckmäßig gehaltener und gepflegter Hund mit Blut und Feuer zeigen.

Ich kann damit die Besprechung der Musterung ausgewachsener Hunde abschließen. Über die Beurteilung von Welpen und heran= wachsenden Junghunden habe ich im IV. Abschnitt schon einiges gesagt, im übrigen müssen Junghunde nach den gleichen Grundsätzen

gemuſtert werden wie erwachſene. Auf gewiſſe Jugendmängel: Bänder=
weichheit, noch nicht vollendete Bruſtentwicklung, fehlender Schluß

Abb. 397. Sprung von einer ſteilen Uferböſchung ins Waſſer.

im Stand und bei den Gängen, darf Rückſicht genommen werden, das
darf aber nicht ſoweit führen, namentlich nicht, wenn die Muſterung

Abb. 398. Abſprung von oben.

auf einer Schau erfolgt, daß der Begutachter dem Zauber der Jugend=
anmut erliegt. Gerade Jugendlichen gegenüber iſt in der Beurteilung

562

die größte Vorsicht und Zurückhaltung nötig; aus sogenannten schönen Kindern werden durchaus nicht immer, sogar recht selten auch schöne Menschen, aus Wunderkindern aber niemals leistungsfähige!

Schließlich noch ein paar Worte zur Beurteilung nach Bildern, die für Kauflustige von Bedeutung sein kann. Über Größe und Kraft

Abb. 399. Sprung über einen Zaun, nach dem Absprung.

kann das Bild keine Auskunft geben, wenn nicht gerade ein Maßstab mit abgebildet ist, dagegen recht wohl über Ausdruck und allgemeine Gebäudeverhältnisse, wenn der Hund so, wie im II. Abschnitt als zu diesem Zweck erforderlich bezeichnet, aufgenommen wurde; d. h. scharf

Abb. 400. Sprung über einen Zaun.

von der Seite und im natürlichen Gleichgewicht gleichmäßig auf allen vier Läufen ruhend. Das ist leider nur bei wenigen Aufnahmen der Fall. Ist es das aber nicht, so können durch geschickte Stellung sehr wohl erhebliche Mängel verdeckt, wie umgekehrt durch Aufnahme in ungünstiger Stellung Fehler vorgetäuscht werden, die der Hund gar nicht hat. Auf

36*

jeden Fall empfehle ich, sich in das Bild der Stellung entsprechend
das Knochengerüst einzuzeichnen und dann zu prüfen, ob Höhe, Brust=
tiefe, Gesamtlänge, Knochenwinkelung und =länge im rechten Verhältnis

Abb. 401.   Sprung über einen Zaun, vor dem Landen.

zueinander stehen.   Zum Üben des Beurteilens nach Bildern können
die in diesem Abschnitt wiedergegebenen Aufnahmen dienen, die nicht
bloß musterhaft gemacht, sondern auch muster=, je nachdem aber auch
fehlerhafte Hunde darstellen.

Die Erziehung.

Dem Hunde, wenn er gut gezogen,
Wird selbst ein weiser Mann gewogen.
W. v. Goethe.

Waren die beiden letzten Abschnitte der körperlichen Ent= wicklung und dem Äußeren des Schäfer= hundes gewidmet, so soll hier die Aus= bildung seiner seeli= schen und geistigen Eigenschaften behan= delt werden. Über Schäferhundwesen und =eigenschaften habe ich im II. Ab= schnitt ausführlich ge= sprochen und habe dort auch gesagt, daß das Geheimnis aller Erziehung und Ausbildung im richtigen Er= kennen und Ver= wenden vorhan= dener Anlagen beruht.

Die Natur gibt jedem Lebewesen außer den mit zur Welt gebrachten Erb= anlagen, d. h. dem Ergebnis der Lebenserfahrungen seiner Voreltern, eine Selbst= erziehung. Zuerst im Beispiel der Eltern, meist der Mutter, der das Jungtier die ersten Unterlagen und Notwendigkeiten für den Kampf ums Dasein absieht; dann durch die im Leben gewonnenen

565

Erfahrungen, deren Summe und Verbindung ihm die Möglichkeit zum siegreichen Bestehen dieses Kampfes bietet. Zu dieser von manchen Zufälligkeiten abhängigen, für das Wildtier aber ausreichenden Schulung durch das Leben muß für den in die Gemeinschaft des Menschen und damit in einen gewissen Pflichtenkreis aufgenommenen Hund noch eine zielbewußte Erziehung durch planmäßige Einwirkung des Besitzers und im Anschluß daran eine sachverständige Ausbildung auf den auszuübenden Beruf hin treten. Wird die Erziehung vernach= lässigt, zu spät begonnen, so steht sie nicht selten einem schon verwilderten, oder gar im Zwinger verkommenen Jungtier gegenüber; zu scharfe, lieblose Erziehung dagegen läßt den heranwachsenden Hund seelisch ver= kümmern, seine Anlagen nicht zur Entfaltung kommen, weil die Grund= lage, das freudige Vertrauen, fehlt. Eine gesunde Erziehung will nicht scheue, gebrochene und willenlose Sklaven schaffen, nicht nur auf Anstoß arbeitende Triebwerke, sondern sich selbst im Zaun haltende, unerwünschte Triebe bändigende, eigene Wünsche zwar höherer Einsicht unterordnende, aber im freien Antrieb aus Lust zur Arbeit handelnde Geschöpfe. Sie muß sonach·vorhandene Anlagen zu erwecken verstehen, muß sie zur Entwicklung bringen und dazu Überschäumendes mäßigen, Schwaches kräftigen, Fehlerhaftes aber in die rechten Bahnen lenken können.

Die Erziehung darf ebensowenig wie die spätere Ausbildung aus= gesetzt werden; sobald das geschieht, verbummelt der Hund. Er verliert dann sein gutes Benehmen im Hause und auf der Straße, die Sicherheit der Arbeit und gewöhnt sich allerlei unerwünschte, meist nicht so leicht wieder einzudämmende Untugenden an; nur durch Verschulden seines Besitzers, der ihn im Zwinger verkommen ließ oder auch bei der Haltung im Hause ihm nicht genügend Aufmerksamkeit, Sorgfalt·und Liebe widmete.

Nicht jeder ist zum Erzieher geeignet, noch weniger zum Ab= richter. Und wenn wir heute eine verhältnismäßig noch geringe Zahl in allen Fächern wirklich sicher arbeitender Hunde haben, so liegt das nicht am Unvermögen der Hunde, die ihnen gestellten Aufgaben zu lösen, sondern an der Unfähigkeit der Führer: die Diensthundfrage, d. h. Frage der Möglichkeit erfolgreicher Verwendung von Hunden im Dienst, in jedem Dienst, nicht bloß zur Spurarbeit im Er= mittlungsdienst, ist, wie schon im II. Abschnitt gesagt, viel mehr eine Führer=, als eine Hundefrage! Daß Hunde imstande sind, die ihnen im Rahmen ihres Wesens und ihrer Veranlagung ge= stellten, an und für sich meist gar nicht zu schweren Aufgaben zu lösen, haben sie unter sachverständigen, erfahrenen Führern oft genug er= wiesen. Das wirkliche Leben stellt sie wahrscheinlich oft vor viel schwierigere, ein Zufall läßt sie bisweilen sicher viel verschmitztere Auf= gaben lösen, ohne daß wir Kenntnis davon bekommen, weil der Beob= achter fehlt, der Kundige, der erfaßt, was der Hund geleistet hat.

Ein aufgeregter, fahriger, unruhiger und unbeherrschter Geist wird als Abrichter niemals Erfolge erzielen, ein jähzorniger roher Gesell ist natürlich ganz ungeeignet; aber auch der nachgiebige, bequeme und aus Faulheit gutmütige wird nicht weit kommen. Zum erfolg=

reichen Abrichten gehört gleichmäßige Ruhe, Entschiedenheit, Klarheit über die Aufgabe, liebevolles Verständnis für das Tier und sein Wesen, schließlich Erfahrung; kein Meister fiel noch vom Himmel. Erfahrung erwirbt sich aber nicht am grünen Tisch, nicht aus dem Lehrbuch, die kann nur aus dem Gebrauch, aus dem dauernden Umgang mit Hunden, mit Hunden jeder Alters= und Erziehungsstufe gewonnen werden. Deshalb haben auch alle Abrichtungsanweisungen nur bedingten Wert: sie können nichts anderes als allgemeine Richtlinien geben, sollen im übrigen aber zum eigenen Beobachten und Nachdenken anregen.

Bis vor nicht allzulanger Zeit galt die gewaltsame „Parforce= dressur" als die einzig richtige, heute hat sich die sogenannte „wissen= schaftliche Abrichtungsweise" an ihren Platz geschoben. Diese wird zum Fortschritt, soweit sie sich auf aus dem Gebrauch geschöpfte Kenntnis der Hundeseele stützt, zum inhaltlosen Schlagwort aber, wenn sie, bauend auf die schämige deutsche Sorge gegen „wissenschaftliche Feststellungen" anzugehen, ihr unwillkommene Tatsachen mit Lehr= meinungen und Überhebung abfertigen zu können glaubt. Erinnern wir uns an das, was M. Wundt im „Geist unserer Zeit" sagt: „Der Glaube an die Wissenschaft ist der Aberglaube unserer Zeit." Die Ver= treter beider Richtungen übersahen und übersehen zudem nur zu gern, daß ihre Anweisungen nicht allgemeingültig sein, daß nicht alle Hunde über einen Kamm geschoren werden können.

Die Erziehungskunde hat es längst zum Grundsatz erhoben, daß die Veranlagung des Einzelwesens berücksichtigt werden muß; was für Kinder gilt, trifft aber auch für Hunde zu, bei denen, wenn auch ihre Seelenregungen einfacher, auch noch die verschiedene Rassenver= anlagung zu berücksichtigen ist. Einsichtige Führer hatten das auch schon längst erkannt und damit ihre Erfolge erzielt. Der harte Hund ist also anders zu behandeln als der weiche, der arbeitsfreudige anders als der müde oder der faule, der willige, aber vielleicht begriffsstützige oder ungeschickte anders als der unlustige oder der widersetzliche, der dreiste anders als der verschüchterte, der rohe anders als der verdorbene und das Nervenbündel schließlich anders als der feurige, lebensprühende, der, an sich der beste, in ungeschickter Hand nur zu leicht zum unverbesserlichen Nichtsnutz wird. Für den Durchschnittsführer wird der derbe, nicht so leicht etwas übelnehmende Hund der bequemste sein, Höchstleistungen werden mit ihm aber nur erzielt, wenn auch die Führung, am Hunde lernend, sich zu einer solchen ausbildet. Auch die körperlichen und geistigen An= lagen sind verschieden. Der eine ist, dank gutem Bau, ausdauernd, ge= wandt, zu Dauerleistungen, weiten Sprüngen und gutem Klettern geeignet; der andere ermüdet schnell und wird in Gewandtheitsübungen hohen Forderungen nicht entsprechen. Der bringt gern und sicher, jener nur widerstrebend oder gar nicht; vielleicht infolge schmerzhafter Er= fahrungen beim Anlernen. Dem wieder, vielleicht einem vortrefflichen Arbeiter in allen übrigen Punkten, fallen die Nasenarbeiten schwer, für die sich ein anderer dagegen besonders veranlagt erweist, aus guter Jugenderfahrung, unterstützt von den Durchschnitt übertreffendem Geruchsinn und geschickter Anweisung.

Der Erzieher und Abrichter muß selbst zum Seelenforscher werden, er muß in der Hundeseele zu lesen versuchen, aber auch die seine, sich selbst streng beobachten, um nicht bloß in menschlicher Überhebung den Hund zu unterschätzen, sondern um dem Hunde Winke und Hilfen in einer dem verständlichen Weise zu geben. Wer die Antwort auf die Frage: „wie sage ich es meinem Hunde?" findet, hat gewonnenes Spiel, kann aus seinem ·Tier alles heraus= holen! Nur, diese Antwort ist nicht so leicht zu finden. Der Hund ver= steht uns nicht so, wie wir es möchten und wie viele es glauben; wir aber verstehen oft genug nicht, die Seelenverbindung mit ihm aufzu= nehmen. Teils weil wir uns dazu nicht die Mühe nehmen, teils weil, wie wir im II. Abschnitt sahen, des Hundes Fühlen und Denken, und damit seine ganze Veranlagung sich auf einem anderen Grundsinn aufbaut.

Der Hund kann bei seiner Erziehung nicht wie ein Kind durch eine Reihe eingeprägter und willig angenommener, „geglaubter", Grund= sätze über Erlaubtes und Verbotenes, Gutes und Böses beeinflußt werden, der Erzieher muß ihn also auf andere Weise mit seinem Willen zu be= einflussen verstehen. Die einen nutzen dazu allgemein die Lust= und Unlustgefühle aus, die sie dem Tier allein zugestehen; andere gehen weiter und bauen ihre Erziehungsweise auf den Naturdrang auf, der den Hund zu seinem Herrn, zum Menschen treibt. Nach Koelsch ist „jedes Geschöpf von inwendig heraus mit der umgebenden Welt durch eine gewisse Summe von Instinkten verknüpft, die sein Verhältnis zu den Außendingen in feststehender Weise ordnen". Diese Triebe haben sich beim hausbargemachten Hunde aber durch jahrtausendelange Aus= übung und Vererbung völlig auf den für ihn sorgenden Menschen und dessen Dienst eingestellt als Abhängigkeitsgefühl, das wir mit Liebe zum Herrn und Treue bezeichnen, und als Diensteifer und Arbeitsdrang. Gewiß, auch diese Triebe werden von Lust= und Un= lustgefühlen ausgelöst, wie letzten Endes die Seelenregungen aller Lebewesen, so daß die höchststehenden unter diesen nur das voraus haben, daß sie bewußt entgegenstehende Regungen zu unterdrücken vermögen. Aber Abhängigkeits= und Arbeitsbedürfnis sind schon höher entwickelte Gefühle und wenn wir unsere Erziehung im wesentlichen darauf auf= bauen, gehen wir auf des Hundes eigenstes Wesen ein und erleichtern uns und ihm die Aufgabe.

Mit der Erziehung kann gar nicht früh genug begonnen werden, sie muß, wie im III. Abschnitt erwähnt, schon bei den Nestjungen ein= setzen, um ihnen Liebe und Vertrauen erst zum Menschen überhaupt, dann zum Herrn und Pfleger beizubringen. Der Züchter, der sich in dieser Zeit viel mit seinen Würfen beschäftigen kann, legt eine gute Grundlage, die Welpen müssen beim Herrn das finden, was sie suchen: Gegenliebe, Futter und unter Umständen auch Schutz. Kinder quälen Nestjunge leicht, verschüchtern sie dadurch oder reizen zur Widersetzlich= keit, sind daher in dieser Zeit noch nicht geeignete Spielgenossen. Bei solcher Beschäftigung mit der heranwachsenden Brut gilt es, die Sinnes= tätigkeit anzuregen durch Einwirken auf Auge, Ohr und Nase, ferner die, Aufmerksamkeit zu wecken, zum Draufgängertum zu erziehen und die

Kleinen an die menschliche Stimme mit ihren verschiedenen Färbungen zu gewöhnen.

Wer länger solch spielende Erziehung mit seinen heranwachsenden Junghunden ausüben kann, wird gar bald auch Wesens= und Anlage= verschiedenheiten bei ihnen wahrnehmen und kann schon früh beginnen, hier zu bremsen, da zu steifen, um auf den späteren Ernst vorzubereiten, So kann auf Gehorsam und Hereinkommen, auf Bringtrieb, Wachsamkeit, Lautgeben, Schneid und Trieb zur Abwehr, schließlich auf den Gebrauch der Nase eingewirkt werden, wobei stets zu beachten ist, daß alles in Liebe und Güte, ohne fühlbaren Zwang geschieht und daß das Erzielen von Vertrauen, gewecktem Wesen, geistiger Regsamkeit jetzt die Haupt= sache ist.

Der Betätigungsdrang ist unseren Schäferhunden angewelft. Nicht, daß sie die sittliche Pflicht zur Arbeit erkannt hätten — bei wie vielen Menschen das gleichfalls nicht der Fall ist, zeigt sich heute in so erschreckender und unheilvoller Weise! Wie sollten wir das beim Hunde voraussetzen, was beim höherstehenden Menschen so oft nicht vor= hauden —, aber ein leistungsfähiger Körper, Blutfülle, Nervenfrische und geistige Regsamkeit drängen zur Betätigung; uraltes Wild= und Haushunderbe kommen in diesem Triebe zum Ausdruck, ihn galt und gilt es zu regelmäßiger Arbeit für unsere Zwecke einzufangen. Der Schäfer= hund will arbeiten, nicht der Arbeit wegen, sondern weil die ihm Gelegenheit zum Sichausleben bietet. Dabei bewahrheitet sich aber von neuem das von einem „Arbeiter" im rechten Sinne geprägte Wort: „Durch Arbeit lernt man arbeiten." Friedrich sprach es, kein vorläufiger und irgendwer, sondern Friedrich, der erste Preußen= könig!

Unser Schäferhund hat durch Arbeit arbeiten gelernt, in viel= tausendjährigem Dienst, beim Mann, beim Hof, bei der Herde. Wie seine Eigenschaften sich für den Herdendienst bildeten, in ihm sich festigten, wie sie sich heute für jede andere Dienstverwendung geeignet erweisen, habe ich im I. und II. Abschnitt auseinandergesetzt; wollen wir einen Hund erziehen, für eine Aufgabe abrichten, müssen wir uns an das halten, was im Hunde liegt, nur auf diesem Wege kommen wir zu einem brauchbaren Ergebnis, zu nützlicher Arbeit. Es lassen sich freilich auch auf anderem Wege dem Hunde gewisse Dienstleistungen eintrichtern, Drill bringt aber niemals die gleichen Ergebnisse, wie eine auf den Hund eingehende, seiner Eigenart gerecht werdende und seinen Anlagen sich anschmiegende Erziehung; nur eine solche wäre, nach meiner Auffassung, die rechte „psychologische Abrichtungsweise", um dies neuzeitliche Schlagwort auch einmal zu gebrauchen. Um rein triebwerkmäßig zu arbeiten, hat der Hund schon zu viel und zu hohes Eigenleben.

Der Bauernhund bekommt kaum irgendwelche Abrichtung, er lernt sich selbst an, am Beispiel der Mutter, des älteren Genossen, ähnlich wie ich das oben nach Prof. Heim über den Sennenhund berichtet habe. Wie es der Schäfer macht, wurde im II. Abschnitt gesagt; auch er stützt seine Lehre auf Anlagen, Gewohnheit und Beispiel. Der Schäfer faßt seinen Hund nicht milde an, im Gegenteil, der Schüler muß scharf heran, Faulheit und Nachlässigkeit werden nicht geduldet. Der Schäferhund will auch fest im Gehorsam gehalten sein, nur eins verträgt er schlecht: daß dauernd auf ihm herumbefohlen wird; dazu ist er zu selbständig veranlagt, geschieht es, verliert er Lust und Nerven. Und er will tüchtig zur Arbeit herangeholt werden, sonst macht er Dumm=heiten auf eigene Faust.

Beim Herdenhunde fängt die Lehre früh an und erstreckt sich eigent=lich über ein ganzes langes Schäferhundleben. Ein älterer Herdenhund ist dann aber auch so verwachsen mit seinem vielseitigen und immer wechselnden Dienst, daß er, dank der gewonnenen Erfahrungen, durch seine wundervolle, ruhige und selbständige, um nicht zu sagen „durch=dachte" Arbeit dem aufmerksamen Zuschauer oft genug Bewunderung abnötigt. Beim Jagdhunde liegt es ähnlich, auch er wird erst im höheren Felde zum brauchbaren Gehilfen. Und ist es etwa beim Menschen anders? Da soll dann aber ein Diensthund in sechs, acht Wochen zum fertigen Polizeihunde abgerichtet werden können? Angelernt kann er dazu sein, die eigentliche Ausbildung kann aber erst auf Grund dieser Vorschulung einsetzen, wenn der Führer sich die Mühe dazu gibt und auch das nötige Verständnis hat. Bei diesen beiden Punkten hapert es 'nur zu oft, bei beamteten wie bei Liebhaberführern, daher die vielen mangelhaften Leistungen überhaupt, und die mannigfachen Mißerfolge bei Arbeiten auf der Spur. Gerade für diese unstreitig schwierigste Aufgabe des Dienst=hundes ist eine Ausbildung von wenigen Wochen oder Monaten völlig unzureichend, um zu sicherem Erfolge zu führen. Sie erfordert stetes Üben unter immer neuen, wechselnden Verhältnissen und inniges Ver=wachsen zwischen Führer und Hund; Leithundarbeit — die schwierigste des Jagdhundes — wie ich sie im I . Abschnitt nach H. Löns beschrieb, wird auch nicht in einem Tage gelernt. Darum ist das absprechende Urteil, daß „nach dem heutigen Stande der Wissenschaft der Diensthund nicht auf der Spur zu arbeiten vermöchte" falsch und irreführend. Es wäre richtig, würde nicht nach dem heutigen Stande der Wissenschaft gesagt, sondern „nach der heute zumeist ausgeübten Abrichtungs=weise". Im Sechswochendrill sind so hohe Leistungen nicht zu erzielen, jedenfalls nicht für den Gebrauch, vor allem nicht für den der Nase. Meldehunde mit ihrem verhältnismäßig einfachen Dienst, dem Hin= und Herpendeln zwischen Führer und Gegenführer, können in wenigen Wochen fest gemacht werden; das ist kein Dienst, der viel selbständiges Handeln erfordert, für ihn genügen Gehorsam und Pflichttreue. Jeder andere Gebrauch aber verlangt sorgfältige, lange Ausbildung und dauern=des Üben, soll der Hund wirklich brauchbar werden und auf der Höhe bleiben.

Diensthunde werden jetzt meist in stärkeren Lehrgängen in gemeinschaftlicher Arbeit ausgebildet. Das hat seine Vorteile, denn Hunde wie Führerschüler lernen am Beispiel, beider Ehrgeiz kann ausgenützt werden und die Hunde lernen — eine sehr wichtige Gehor=samsprüfung — frühzeitig die Ablenkung durch Artgenossen unter=drücken, hat aber auch den Nachteil, daß meist nur wenig auf die Eigenart des Einzelnen eingegangen werden kann, weil die Hauptaufgabe dieser Lehrgänge darin besteht, alle Schüler bis zu einem gewissen gleichmäßigen Leistungsdurchschnitt zu bringen. Wird, wie ich schon oben sagte, die auf solchen Lehrgängen erzielte Kurzausbildung nur als Grundlage für die Weiterarbeit genommen, so können sie als gesunde Vorschule angesehen werden: aus der Fabrikmassenware kann dann durch Fein= arbeit doch noch ein Kunstwerk herausgemeißelt werden.

Ähnliches gilt auch für die Abrichtung, die einzelne Liebhaber ihren Hunden durch berufsmäßige Abrichter geben lassen, sei es für den Herdengebrauch, sei es für anderen Dienst. Die Ausbildung bei der Herde sollte sich mindestens über eine Hütezeit, also vom Frühjahr bis in den Spätherbst erstrecken, um den Schüler wenigstens bis zum sicheren Beihund zu bringen. Diese Herdenausbildung kann gekürzt und dann abgebrochen werden, weil sie im wesentlichen ja nur die Auf= gabe hat, die im Schäferhunde liegenden ererbten Eigenschaften zu erhalten, damit sie nicht durch Nichtgebrauch verkümmern und infolge= dessen für spätere Geschlechtsfolgen verloren gehen. Jede andere Berufs= ausbildung aber muß, auch nachdem der Hund zu seinem Besitzer zurück= gekehrt ist, sorgfältig weitergeführt werden, weil der Schüler beim Ab= richten ja nur eine Vorbildung erhielt, die an sich noch nicht ausreicht und vor allem bald und ohne Wert für die Zucht wieder verloren geht, wenn der Hund nicht in Übung bleibt. Durch unsere Arbeit, durch das Arbeitenlassen unserer Zuchthunde wollen wir aber gerade erreichen, daß die für die Diensthundverwendung geeigneten, jetzt beim Einzeltier aus vorhandenen Anlagen erst zu entwickelnden Eigenschaften durch dauernden Ge= brauch so gefestigt und schließlich züchterisch festgelegt, vererbt werden, wie es einst mit den Herdengebrauchs= eigenschaften unserer Hunde der Fall war.

Viele Liebhaber haben nicht die Zeit, trauen sich nicht die Fähigkeit zu, ihren Hund selbst zu bestimmten Dienstleistungen abzuführen; manche scheiterten schon bei der allgemeinen Erziehung. Meinen sie es ernst mit Zucht und Liebhaberei, geben sie ihre Hunde zu einem berufs= mäßigen Abrichter. Deren gibt es gute und schlechte, zuverlässige und nur des Gelderwerbs wegen sich mit der Abrichtung beschäftigende; bei diesen verkommen die Hunde bald seelisch und körperlich und der Besitzer darf froh sein, wenn er seinen Hund nicht völlig verwahrlost und verschlagen wiederbekommt. In solchen Fällen sollte unweigerlich Anzeige erstattet werden; nicht bloß beim zuständigen Zuchtverein, sondern auch beim Staatsanwalt wegen Betruges, begangen durch Nichterfüllung der Zusage für sorgfältige Haltung und Abrichtung. Wie einen Fluch des Züchters gibt es auch einen Fluch des Abrichters; er ist in beiden Fällen die unvermeidliche Folge zu vieler eingestellter Hunde, wozu ja meist die Gier nach Erwerb führt. Ein sorgfältiger Ab= richter wird je nach den Umständen nie mehr als zwei, höchstens drei Schüler aufnehmen, weil er sich einer größeren Zahl nicht eingehend genug selbst widmen kann und die Tiere im wesentlichen gekäfigt im Zwinger halten müßte; über die Zwingergefahr habe ich genug gesagt. Nicht wenige erfolgreiche Abrichter sind gerade an dieser Klippe ge= scheitert: ihre Erfolge brachten ihnen zu viele Angebote und statt die Mehrzahl abzulehnen, versuchten sie es mit einer zu großen Schülerzahl und verdarben sich ihren Ruf. Der Liebhaber, der einen Abrichter sucht,

wähle den daher mit besonderer Vorsicht aus, besichtige dessen Einrich=
tungen eingehend, wohne Übungen bei und komme des öfteren und
unvermutet zum Besuch, um sich nach Zustand und Fortschritten seines
Hundes zu erkundigen; mache auch Haltung, Fütterung, Haftung, un=
gefähre Dauer der Lehrzeit und zu erreichendes Ziel, schließlich die Geld=
entschädigung sorgfältig und schriftlich aus. Die Abnahme sollte am
Ort der Ausbildung erfolgen, denn es ist selbstverständlich, daß der an
den Lehrmeister gewöhnte Hund zunächst bei seinem Besitzer nicht in
gleicher Vollendung arbeiten wird; war das Ergebnis gut, arbeitet der
Hund zufriedenstellend und kommt er als gesunder, körperlich gut
gepflegter und geistig regsamer Hund zurück, dann knausere der Besitzer
aber auch nicht mit einer Belohnung, der Abrichter hat sie sich in Ehren
verdient.

Jede Tätigkeit beruht auf der Auslösung und Ver=
knüpfung von Nervenreizen. Unsere Schäferhunde haben im all=
gemeinen leicht erregbare Empfindungsnerven, daher unsachgemäße,
Zwingerhaltung, bei der Rasse leicht zu einer krankhaften Übererregbarkeit
führt, die sich, wie wir sahen, zum Verderb der Zucht auf die Nachkommen=
schaft überträgt. Beim zweckmäßig gehaltenen Tier unterstützt aber eine
leichte Empfänglichkeit für Sinneseindrücke, die Reizsamkeit, die geistige
Beweglichkeit zur Folge hat, die Erziehung und Ausbildung; nur darf
sich der Abrichter von dem schnellen Begreifen nicht täuschen lassen und
muß für richtiges Erfassen und sicheres Behalten sorgen. Der lebensvolle
tatenlustige Hund wird sich länger andauerndem Zwange gern zu ent=
ziehen versuchen; bei ihm genügt aber meist häufiges kurzes Wieder=
holen, während beim weniger empfänglichen Tier längeres Einüben
schon für das erste Begreifen nötig wird. Dabei wird der leicht empfäng=
liche Hund durch seine geistige Beweglichkeit, die übrigens anfangs
oft genug zu Irrtümern führen kann — die sind aber kein Zeichen von
Dummheit; im Gegenteil! —, den am Buchstaben der Lehranweisung
klebenden Abrichter nicht selten in Verlegenheit setzen; er begreift zu
schnell, noch ehe er sich im Willen völlig untergeordnet hat.

Außer zwischen dem leicht und dem schwerer empfänglichen
Hunde ist dann noch zwischen dem hart und dem weich veranlagten
zu unterscheiden. Die Begriffe leicht empfänglich und hart decken sich
nicht, wo sie sich aber in richtiger Mischung ergänzen, ergeben sie den
Hund, der wie das Blutpferd bei rechter Führung das Höchste leistet,
während der bloß harte oder der nur weiche Hund recht unerfreuliche
Schüler sind.

Den Reizauslösungen, auf denen jede Lebensbetätigung beruht,
folgen wir entweder anscheinend unwillkürlich, oder wir setzen sie,
nachdem sie im Bewußtsein wachgeworden, in Willen um. Wille ist
nach Żórawski das Ergebnis aus sinnfälligen und verknüpfenden Ein=
drücken. Jene empfangen wir unmittelbar durch die Sinne, diese mittelbar
aus der Verbindung zweier gleichzeitiger Reizwirkungen. Die Verbin=
dung solch gleichzeitiger Eindrücke gibt eine Reizverknüpfung, die durch
Wiederholung sich so festigt, daß ein Erwecken des einen Eindruckes
genügt, den anderen mit hervorzurufen. Die von den Sinnesnerven

aufgenommenen Reizempfindungen werden dem Mittelpunkt, dem Gehirn zugeführt; dort erfolgt ihre Verknüpfung, deren Folge nunmehr gewollte Bewegungen und Handlungen. Die am häufigsten und in gleicher Weise an ein Lebewesen herantretenden Reize lösen gewisser= maßen gewohnheitsmäßig erfolgende Handlungen aus, die aber nur scheinbar unbewußt und ohne Willensäußerung ausgeführt werden, denn sie lassen sich durch den Willen ausschalten oder beeinflussen.

Halten wir daran fest und berücksichtigen wir bei der Erziehung, daß der Hund unsere gesprochenen Worte nicht so verstehen kann, wie es so manche bisweilen glauben, d. h. daß er nicht den Sinn der Worte begreift, sondern daß mitunter der Klang eines Befehlswortes, oder ein dafür einsetzendes Zeichen, den Anreiz zum Ausführen der gewünschten Tätigkeit geben muß, so haben wir einen Anhaltspunkt für die Grund= lage zur Verständigung mit ihm: wir müssen uns, um dem Hunde die Ausführung einer von uns gewünschten Handlung, oder das Unterlassen einer anderen einzuprägen, stets des gleichen Befehls=, Aufmunterungs= oder Warnwortes oder auch Zeichens, bedienen und dies möglichst auch immer in der gleichen Klangfarbe geben und mit den gleichen Be= wegungen verbinden; denn der Schüler achtet nicht bloß auf den Laut aus dem Munde des Lehrmeisters, sondern auf diesen als Ganzes. Das hat mit dem Denkvermögen des Tieres gar nichts zu tun, hat nicht zu geschehen, weil der Hund nicht denken kann, sondern weil er nicht so wie wir denkt. Ein Verstoß gegen diese einfache Verhaltungsmaß= regel hätte eher mit dem Denkvermögen des Menschen zu tun: wer für eine und dieselbe Handlung einmal „setz dich!", ein andermal „Platz!", ein drittes Mal aber „komm, mein Hündchen, da tu dich schön nieder!" befiehlt, der „denkt" sich wohl, der Hund könne das begreifen, aber er denkt nicht darüber nach, daß das nicht geht. Wenn wir am selbst= verbindenden Fernsprecher eine andere als die gewollte Nummer ein= schalten, kommt auch nicht die gewünschte, sondern eine falsche Ver= bindung zustande; gibt ein Schauspieler dem anderen ein falsches Stich= wort, kommt ein nicht sattelfester oft genug in Verlegenheit, versagt wohl gar. Und geben wir dem Hunde ein anderes als das gewohnte Befehlswort, so fehlt auch hier die richtige Seelenverbindung, der Hund wird den Befehl daher gar nicht, oder falsch ausführen, wenn er nicht — und hierbei tritt der Unterschied zwischen dem sinnesbegabten Lebe= wesen und dem seelenlosen Werk zutage — wenn er also nicht aus Blick, Haltung oder Bewegung des Führers errät oder aus langgewohnter Übung schließt, was der Herr wohl von ihm gewollt und uns, trotz unseres Fehlers, mit der richtigen Ausführung überrascht. Wenn also beispielsweise ein Hundebesitzer auf der Straße zu seinem Bummelgelüste zeigenden Hunde spricht: „komm, bleib hier, komm, komm!" und der Hund bleibt daraufhin wirklich, freundlich mit der Rute wedelnd, bei ihm, so tut der das nicht, weil er den Sinn dieser Erzählung verstand, sondern weil er durch die zugerufenen Worte in den Bann der geliebten und vertrauten Herrenstimme kam, die ihm die lieb gewordene Ge= wohnheitspflicht, auf der Straße neben Herrchen herzuzoddeln, ins Gedächtnis zurückrief.

haben wir die rechte Verständigungsmöglichkeit mit dem Hunde gefunden und achten wir dabei streng auf uns, daß wir keinen Fehler begehen, müssen wir versuchen, den Willen des Hundes durch Erziehung, Übung und Gewöhnung dahin zu beeinflussen, daß er von uns gewünschte Handlungen ausführt, auch wenn sie gegen seine Neigung und Ver= anlagung gerichtet, wie beispielsweise das Ablegenlassen, wenn der Herr sich von ihm entfernt. Und umgekehrt, daß er ihm von Natur besonders liegende Handlungen unterläßt, wenn sie unseren Wünschen entgegenlaufen, wie das Naschen, das Hetzen von Geflügel oder das Wildern. Je mehr wir uns dabei in des Hundes Wesen einzufühlen ver= stehen, desto mehr erleichtern wir uns und ihm die Aufgabe. Dabei ergibt sich dann ganz von selbst, daß, wie für einzelne einfachere Übungen, im wesentlichen die sogenannten Gehorsamsübungen, auf eine lediglich triebhafte Ausführung gesehen werden darf, umgekehrt bei den schwierigeren, d. h. bei den für die eigentliche Gebrauchsverwendung benötigten, auf eine gewisse geistige Mitarbeit des Hundes gar nicht verzichtet werden kann, weil der im Dienst stets vor neue wechselnde Aufgaben gestellt wird, die er durch Schließen aus seinem bei der Ausbildung und im Leben gewonnenen Erfahrungsschatz lösen muß. Das zeigt sich am eindringlichsten beim Herdendienst des Hundes; aber auch jede andere Verwendung, schon der einfache Wachdienst, dann die Arbeit am Mann und ganz besonders die Spurarbeit bringen solche immer wechselnden Fälle, auf die ein Hund gar nicht so eingedrillt werden kann, daß er ohne eigenes Hinzutun auf die richtige Lösung einschnappt. Auf diese willige und verständnisvolle Mitarbeit des Hundes ist daher schon von Anbeginn an das Augenmerk zu richten. Denken wir dabei nur an die Ausbildung des Soldaten; auch dabei ist, nachdem die Grund= lage des unbedingten Gehorsams gefunden, das Schwergewicht der Ausbildung nicht auf den Drill zu legen, der weder Hauptsache noch Endzweck ist, vielmehr lediglich Hilfsmittel, ebenso nicht auf die gewisser= maßen auch nur triebmäßige Ausführung bestimmter Handlungen auf einen Befehl hin, sondern auf die Erziehung zu selbständigem Handeln.

Bildet das Vertrauen die Vorbedingung, so der Ge= horsam die Grundlage für jede Erziehung; beide gehen Hand in Hand, sind untrennbar voneinander. Der blinde Knechtsgehorsam wurzelt nicht im Vertrauen, sondern in der Angst; er versagt, wenn er aus dem Bannkreis der Peitsche ist. Ihn wollen wir nicht bei unseren Hunden, sondern den freudigen, allezeit willigen Gehorsam, der sich auf die Liebe zum Herrn gründet und als solcher, wie wir sahen, auf der Befriedigung eines Naturtriebes beruht, der durch geschickte Erziehung von Jugend auf zu festigen ist. Mit einem in diesem Sinne gehorsamen Junghunde, der am Auge und Munde seines Herrn hängt, der auf Ruf freudig hereinkommt, selbst von der Futterschüssel oder aus dem Kreise der Spielgenossen, weil er weiß, daß er für dies Hereinkommen beim Herrn belohnt wird, durch ein gutes Wort, durch liebevolles Tätscheln, ab und an auch durch einen besonderen Brocken, oder als höchste Belohnung durch gemeinsame Tätigkeit, mit einem so an= gelernten Hunde ist später alles zu erreichen, wenn in die Arbeit die Freude an der Betätigung eingeflochten wird.

Diese, als Ausfluß der im Hunde aufgespeicherten Kraft, ist die Folge gesunder Nerven und eines leistungsfähigen Gebäudes: hier berühren sich also wieder Zucht und Ausbildung, beide in Richtung auf ein Ziel!

Wir sahen oben, daß wir bei der Erziehung durch Sinneseindrücke auf den Hund einwirken müssen, die sich dem Hunde ins Gedächtnis einprägen und bei ihrer wiederholten Auslösung den Hund zu der von uns gewünschten Handlung, oder zum Unterlassen einer solchen, veranlassen. Leider müssen wir hierbei im wesentlichen auf des Hundes Hauptsinn, auf den Geruch verzichten, der erst bei allen Nasenarbeiten voll zur Geltung kommt. Immerhin dürfen wir nicht vergessen, daß es an erster Stelle der Geruch ist, der den Hund an uns bindet, daß er der Vermittler und Auslöser der für das Gedeihen der Erziehung und Abrichtung unentbehrlichen Liebe zum Herren, des Vertrauens zum Führer ist. Wir müssen also dem Hunde während der Arbeit recht oft Gelegenheit geben, die geliebte Herrenwitterung aufzunehmen, die ihm am besten die lobend über den Fang streichende Hand zuträgt; das entspricht dem Belohnungskuß an das Kind. Wir können ferner in manchen Fällen den Geruch zu Hilfe ziehen, indem wir den Hund an ihm fremden, ungewohnten Dingen erst gründlich Witterung nehmen lassen, damit er sich überzeugt, daß sie harmlos, ihm ungefährlich sind. Das gilt schon bezüglich der verschiedenen Hilfsmittel bei der Abrichtung, kann aber sehr nützlich werden, wenn es heißt, einem weichen Hunde Selbstvertrauen zu geben oder einem durch Ungeschick eines früheren Führers etwa verdorbenen oder durch irgend einen Zufall verängstigten Hunde seine Scheu zu nehmen. Durch den Geschmack können wir einwirken beim Loben — Darreichen von Leckerbissen — und zum Abgewöhnen gewisser Unarten, wie Nagen und Naschen. Das Gefühl übermittelt dem Hunde Lob und Strafe und bestimmte Hilfen beim Einüben einzelner Übungen. Im wesentlichen aber werden wir uns der vom Gehör und vom Gesicht zugetragenen Sinneseindrücke bedienen müssen.

Unsere Haupteinwirkungsmittel auf den Hund sind daher Auge, Bewegungen und Stimme. Der Hund steht im Bann unseres Blickes, der Laut der Stimme bringt ihm Befehl und Verbot, Lob und Tadel, Liebkosung und Warnung oder Strafe; der Pfiff ist nichts als eine Stimmwandlung, Handzeichen und andere Winke ergänzen sie. Die Macht des menschlichen Blickes und der Stimme sollte nicht unterschätzt werden; ein guter Lehrer kommt mit beiden allein aus, ohne weitere Strafmittel, wenn er es versteht, den Hund bei Arbeitslust zu erhalten und durch geschickten, der Eigenart des Hundes angepaßten Aufbau der Übungen und folgerichtiges Vorwärtsschreiten vom leichteren zum schwereren Schwierigkeiten aus dem Wege zu räumen, ehe sie entstehen.

Ich sagte oben schon, daß die Befehlsworte möglichst stets in der gleichen Stimmhöhe, mit der nämlichen Klangfarbe gegeben werden möchten, weil der Hund nicht eigentlich den Sinn des Wortes versteht, sein Ohr aber auf den Stimmlaut eingestellt hat. Deshalb erübrigt sich auch, daß der Führerschüler zum Umgang mit dem Hunde erst noch ein ganzes Hundevolapük lernt, wie einst vorgeschlagen wurde; der Führer hat schon genug zu lernen und zu begreifen. Nur kurz, deutlich und von anderen sich scharf unterscheidend sollen die einzelnen Befehlsworte sein; ob sie kurz oder gedehnt gegeben werden, richtet sich nach der Art der Ausführungsweise einer Übung. Die Befehle sollen ruhig, in gewöhnlicher Sprechweise gegeben werden; Überhastung, lautes Schreien oder gar Brüllen macht den Hund nur verwirrt, seine Seelenverbindung zum Führer ist so fein, daß dessen Aufregung sich auch auf ihn auch überträgt und ihn zum Faseln und Versagen bringt.

Selbstverständlich ist wohl, daß deutsche Führer nur deutsche Befehlsworte geben; unsere Sprache ist so reichhaltig, mehr als jede andere, daß wir das Fremdwort gut entbehren, für jede Handlung einen passenden deutschen Ausdruck finden können. Ist „bring!" nicht deutlicher und zugleich stimmrechter als „apporte!"? „Nieder!" nicht besser als „couche!" oder „down!". Oder gar als das entsetzliche verdeutsche „daun"!, das nur gedankenloseste Nachäffung und Fremdenanbetung schaffen konnte!

Einheitlichkeit der Befehlsworte hat gewiß viele Vorteile, ist bei gemeinsamer Ausbildung unentbehrlich und erleichtert den Führerwechsel; Fr. Schmidt hatte aber sehr recht, als er in der SD.=Ztg. auf die großen Bedenken hinwies, die solch gemeinsame Befehlssprache für Polizeihunde haben kann. Das Verbrechertum würde diese Worte sehr bald auffangen, im Bedarfsfall dem stellenden oder verfolgenden Hunde gegenüber auch anzuwenden versuchen und bei diesem dadurch mindestens Unsicherheit hervorrufen können. Beamten im Sicherheitsdienst ist daher zu empfehlen, ihre Hunde für bestimmte Übungen auf nur ihnen, und dem Hunde, bekannte Stichworte oder Laute einzuschulen.

Befehlsausführungen auf Zeichen ist vom Tageslicht und von der Entfernung abhängig. Für manche Übungen kann, wenn stets das gleiche Zeichen gewählt wird, Zeichengebung die Ausführung der Übung erleichtern; die Wahl passender Zeichen ergibt sich für jeden Führer beim Gebrauch. Die beste, immer bereite Pfeife ist, wenn der Führer noch gute Zähne hat, die Mundpfeife; ihr Ton langt auch für den Gebrauch des Diensthundes nahezu stets weit genug. In den Mundpfiff kann der Führer zudem noch seine eigene persönliche Note legen, so daß der Hund ihn daran stets sicher erkennt, während umgekehrt beim Gebrauch von Signalpfeifen recht leicht ein Mißbrauch durch Unfugtreiber oder Verbrecher möglich ist.

Aus dem eben Gesagten ergibt sich, daß beim Besitz= oder Führerwechsel der neue Führer sich vom alten genau die Führungsweise mit einer Aufstellung der gebrauchten Befehlsworte übergeben lassen muß; das kann nur in gemeinsamer Arbeit geschehen. Die so häufig zu hörende Klage, daß ein neugekaufter abgeführter Hund, oder ein vom Abrichter zurückgekommener, nichts könne und daß der Verkäufer oder der Abrichter „betrügerische Angaben" gemacht hätten, ist oft genug auf solche Nachlässigkeit und Unerfahrenheit des neuen Führers zurückzuführen.

Außer den eigentlichen Befehlsworten, die dem Hunde die Art der auszuführenden Aufgabe kenntlich machen sollen, wird sich jeder Führer eine Anzahl der Aufmunterung oder Zurückhaltung bei der Arbeit dienende Worte, Ermunterungs= oder Warnlaute wählen: etwa brav, flott, langfam, nicht, pfui, ft. Auch diefe Worte follen ftets im gleichen Sinne und mit dem gleichen Stimmklang gegeben werden, da der Hund damit fefte Begriffe verbindet. „Pfui!" z. B. foll ihm ein ausgefprochener Warnlaut bleiben, der ihn von einer verbotenen Hand= lung abhalten foll, etwa vom Aufnehmen auf der Straße liegender Brocken, vom Anfetzen zum Hetzen hinter Katzen u. ä., darf daher nicht bei Ungefchick oder gar Widerfetzlichkeit gegeben werden; bei diefer hätte vielmehr zunächft das Befehlswort für Hereinkommen und Wieder= holung der Übung, und zwar an der Leine, einzufetzen.

Der Blick muß die Stimme unterftützen. Aus dem Auge weiß der Hund alles Nötige über den Seelenzuftand feines Führers zu lefen; er erkennt, ob der Führer freudig geftimmt, zum Scherzen aufgelegt, ob es zu ernfter Arbeit geht oder ob er Tadel verdient.

Wegen der fcharfen Beobachtungsgabe des Hundes und der leichten Beeinfluffung durch feelifche Stimmungen muß der Führer fein eigenes Gebahren beobachten und auf den Hund und die zu löfende Aufgabe einftellen. Ich fagte fchon, daß überlautes Befehlen, Brüllen, überhaftete plötzliche Bewegungen zu vermeiden find, weil fie den Hund unficher machen. Der Führer muß erft lernen fich felbft zu beherrfchen, ehe er einen Hund beherrfchen kann! Und er muß feine Hilfen ftets fo einzurichten wiffen, daß fie dem Wefen des Hundes angepaßt find. Weil die Arbeitsfreudigkeit des Hundes unerläßlich für gute Arbeit — das kommt befonders bei der Arbeit auf der Spur zum Aus= druck , diefe aber ganz wefentlich durch die Stimmung beeinflußt wird, und der Hund darin wieder fo fehr von feinem Herrn abhängt, muß auch der auf feine Stimmung achten. Er darf nicht unluftig und mürrifch an die Arbeit mit dem Hunde gehen, fondern freudig, muß den Huud dadurch in Stimmung bringen, mit fich reißen. Wenn wir uns felbft recht beobachten, werden wir finden, wie oft wir uns in unferem Tun und Treiben felbft von folchen Stimmungen beherrfchen laffen; wer dann die Schuld für Mißgefchick nicht bei fich fucht, fondern in äußeren Einflüffen, kommt fchließlich zum Aberglauben, wie zu dem vom Einfluß des Freitags oder der Zahl dreizehn oder der Begegnung eines alten Weibes. Das tut der Hund zwar nicht, er glaubt nur an feinen Herrn, dafür muß der aber für die rechte Arbeitsftimmung forgen und feinen Schüler und fpäter Helfer darin zu erhalten verftehen.

Selbftfucht ift die natürlichfte Eigenfchaft eines jeden Lebewefens, weil fie den höchften Lebensaufgaben dient, der Selbfterhaltung und damit der Erhaltung der Art. Die volle Befriedigung feiner Selbftfucht muß der Huud beim Herrn fuchen und finden, denn der bietet ihm Schutz, Unterkommen und Futter; wir bezeichnen diefen Ausfluß urfprünglicher Selbftfucht als Liebe zum Herrn und gründen darauf, und auf den im Hunde fteckenden Tätigkeitstrieb, unfere Übungen und die allgemeinen Hilfen dabei. So wäre es falfch, einem Hunde, der, fei es aus Spielfucht, fei es aus Angft vor Strafe das Hereinkommen verfagt, entgegenzugehen. Im Gegenteil, durch Rückwärtsfchreiten erweckt, verftärkt der Führer im Hunde den Trieb zum Herrn, während er durch Entgegenkommen den Abwehrtrieb des Tiers, das fich dem

Gefangenwerden durch die Flucht entziehen will, auslösen würde. Ebenso wäre es falsch, sich nach dem Hunde umzusehen oder gar stehen zu bleiben und kehrt zu machen, wenn ein Hund sich beim Leinenführig= machen widerspenstig zeigt; Junghunde setzen sich dabei aus Empörung über den plötzlichen Leinenzwang nicht selten hin, oder werfen sich auf die Erde. Durch Umsehen hemmt der Führer die eigene Vorwärts= bewegung, nur durch diese aber lockt er den Junghund ebenfalls vor= wärts, bringt er ihn zum Folgen, während Stehenbleiben und Kehrt= machen nur zu gegenseitigem mißvergnügten und ratlosen Anstarren führt.

Dem ruhigen, zielbewußten Führer gehorcht der Hund willig und voll Vertrauen; er gehorcht selbst dem harten und groben, wird dann freilich, wenn selbst weich veranlagt, rechte Arbeitsfreudigkeit, die Grund= lage zum Erfolg, vermissen lassen. Unter einem unüberlegten jahrigen Zappelhans wird der Hund aber auch zum solchen und versagt selbst bei den leichtesten Übungen. Deshalb prüfe sich, wenn der Huud einen Fehler macht, eine Übung nicht begreift oder in Ungehorsam verfällt, der Führer zunächst selbst: wo habe ich gefehlt?

Durch eigenes Beispiel kann der Führer nur in einzelnen Fällen helfen und den Hund zum Nachfolgen oder Mitmachen aneifern. So in der eben angedeuteten Weise beim Leinenführigmachen, in gewissem Sinne auch beim Scharfmachen, indem er sich selbst nicht zurückhält und scheinbar den Angreifer fürchtet; ferner beim Treppensteigen — einer bisweilen recht bedenklichen Sache für Junghunde, die noch nie solch sonderbares Gebilde gesehen haben —, beim Einüben des Springens und Kletterns und der Wasserarbeit, wenn der Hund sich zunächst wasser= scheu zeigt. Recht wirksam kann Beispiel und Lehre eines anderen sicher arbeitenden Hundes, eines älteren Kameraden, sein. Ein an einen alten Hund gekoppelter Junghund wird spielend leinenführig und sicher im Hereinkommen auf Anruf; zeigt sich der Schüler dabei gar zu ungebärdig, so sagt ihm sein vierbeiniger Lehrmeister schon auf gut hundedeutsch seine Meinung über das Unnötige solch Gezerres und diese ganz gesunde Belehrung fällt nicht zu Lasten des Herrn. Auch beim Ablegen wirkt das gute Beispiel eines sicheren Hundes, Lautgeben, Wachsamkeit, Schärfe werden am leichtesten mit Hilfe eines solchen beigebracht. Unter Um= ständen auch richtiges Benehmen auf der Straße und gegenüber anderen Haustieren; nur muß der Lehrmeister Hund da ganz unbedingt fest und zuverlässig sein, sonst besteht Gefahr, daß er sich vom Eifer seines Schülers hinreißen läßt und selbst mittut.

Für gezeigten Gehorsam, richtige Arbeit muß der Hund gelobt werden; ja das Lob soll sofort einsetzen, wenn ein Hund nach anfänglichem Ungeschick oder nach Widersetzlichkeit den ersten Ansatz zu rechter Aus= führung oder zur Willfährigkeit zeigt. Wortlob, unterstützt, auch ersetzt, vom Auge oder vom Nicken mit dem Kopf, Streicheln und Tätscheln — Witterung nehmen lassen! —, Pfote geben lassen, ein Lecker= bissen sind Steigerungen des Lobes; die höchste Belohnung bildet eine vom Hunde geliebte Arbeit, worunter auch ein gemeinsamer Gang ins Freie oder Spiel zu verstehen ist. Gelobt kann der Hund, namentlich ein junger, gar nicht genug werden, das stärkt Vertrauen zum Herrn und Selbstvertrauen; in der Belohnung durch Leckerbissen sei Maßhalten empfohlen, damit der Hund nicht zum verwöhnten Schlecker erzogen wird.

Tadel liegt für den feinfühligen, Liebe heischenden Hund schon im Unterlassen oder Fehlen des Lobes; ein Schütteln des Kopfes, die tadelnde Stimme, ein scharfes „pfui!" unterstreichen ihn.

Für den recht erzogenen Hund ist Tadel schon Strafe. Strafe soll bessern, nicht wiedervergelten, denn für den Begriff von Recht und Unrecht, in unserem Sinne wenigstens, hat der Hund kein Verständnis. Was ihm von seinem Hundestandpunkt oft durchaus recht und sehr süß dünkt, ist uns nicht selten recht unerfreulich und ihm zu tun daher verboten. Ver=, und auch Gebote, kennt der Hund; sie sind ihm durch die Erziehung zum festen Begriff geworden. Verletzte er sie, wenn der alte Adam mal bei ihm durchbrach, so versteht er die Folgen, d. h. die Strafe, wenn sie der Tat auf dem Fuße folgen. Liegt die Tat aber schon länger zurück, ist sie von ihm vergessen, so kann er eine Strafe nicht mehr mit ihr in Zusammenhang bringen, wird sie also als ungerecht, als seelische oder körperliche Mißhandlung empfinden; je nach Veranlagung würde er dadurch verschüchtert oder verstockt gemacht. Eine wirksame Strafe darf also nur in unmittelbarer Beziehung zum Vergehen gegeben und nie für Ungeschick, sondern stets nur für Un= gehorsam oder Widersetzlichkeit erteilt werden. Folgt dem Ungehorsam eine Handlung des Gehorsams, so darf er wegen des früheren Ungehorsams nicht mehr bestraft werden, er würde sonst irre an uns und unseren Erziehungsgrundsätzen. Verweigert z. B. beim Üben ein Hund eine Übung, in der er sonst sicher ist, kommt er dann aber auf Ruf ge= horsam herein, so darf er, auch wenn das Hereinkommen nur zögernd geschah, nicht gestraft, muß vielmehr gelobt werden. Die verweigerte Übung ist dann in aller Ruhe zu wiederholen, und zwar in der Weise wie beim Einüben geschehen, um Wiederholung des Ungehorsams aus= zuschalten; die Selbstüberwindung beim Hereinkommen aber war schon Strafe genug. Auch die Strafen sind der Eigenart des Hundes anzu= passen: einen weichen, empfindlichen Hund trifft der Tadel schon schwer, der beim harten vielleicht nicht ausreicht.

Strafmittel gibt es eine ganze Menge, jeder nachdenkliche Er= zieher wird sich deren welche erdenken und die für den gegebenen Fall passenden auswählen. Worttadel und Entziehen der gewohnten Liebkosung sind die gelindesten, sie sollten und werden in den meisten Fällen genügen. Es folgt kürzere oder längere Freiheitsentziehung, die dem freiheitsdurstigen Hunde sehr peinlich ist: Folgen lassen am Fuß, unter Umständen an der Leine; Ablegen, wenn nötig mit Hilfe der später zu erwähnenden Zwangshaltung; Anlegen an der Kette, auch verschärft, kurz und hoch, so daß der Hund sich weder setzen noch legen kann, was ihm äußerst unbehaglich ist (aber Vorsicht dabei, daß der Sträfling sich nicht unversehens und gegen seine Absicht aufhängt!). Dabei sind allerlei Verschärfungen möglich, vom Anlegen der Korallen an. Ein Näscher kann vor dem ihm wieder entrissenen Fleischstück abgelegt werden; ein Geflügelmörder vor dem gemeuchelten Huhn; ein Hetzer kann zeit= weilig geknüppelt werden, d. h. es wird ihm ein Holzprügel ans lose

Ende der nachschleifenden Kette gehängt, der ihn schon beim Laufen stört, beim Hetzen aber wider die Hinterläufe schlägt.

Hunger ist kein Strafmittel, der Hund würde den Grund des Hungernlassens nicht verstehen, darin nur eine Vernachlässigung erblicken. Dagegen kann ein bischen Hungernlassen ein recht gutes Erziehungsmittel sein, wenn ein verwöhnter Schlecker keinen Sinn für einfache Kost, etwa Kuchen, zeigt, die Nase rümpft und wartet, bis ihm mundenderes vorgesetzt wird. Dann wird die verschmähte Schüssel dem angelegten weggenommen und unerbittlich wieder vorgesetzt, bis Hunger sich als der beste Koch erweist; nur aufpassen heißt es dabei, daß dem Verwöhnten nicht von anderer unverständiger Seite sein Lieblingsfutter zugesteckt wird. Die beste Erziehung, bei Mensch und Tier, scheitert ja so oft an der Torheit unserer Mitmenschen!

Bei der Arbeit ist ein kurzer Ruck am Korallenhalsband ein wirksames Strafmittel, darf freilich nicht in wüstes Hin- und Herzerren ausarten. Eine vorzügliche Strafe für Widersetzlichkeit bei einem fest abgeführten Hunde ist, ihn die Stellung „nieder!" einnehmen und daraus auf „vorwärts!" kriechen zu lassen.

Einem nicht dicht beim Führer arbeitenden Hunde gegenüber bedient sich der Schäfer des Erdwurfs, d. h. er schleudert einen mit der am Ende der Schippe angebrachten Schaufel aufgenommenen Erdkloß nach dem Hunde; bei Diensthundführern hat sich der Kettenwurf eingebürgert, der nicht ganz ungefährlich ist, wenn er einen der Laufknochen trifft. Der Wurf soll den Hund zur Besinnung bringen, ihm zeigen, daß er, auch weit vom Herrn, doch in dessen Hand ist.

Gleiches bezweckt die Schleuder (Zwille). Sie ermöglicht dem Führer eine eindringliche Einwirkung auf den Hund, auch wenn dieser in größerer Entfernung arbeitet oder ihm aus der Hand zu gehen droht. Dazu folgen sich Verfehlung und Verwarnung oder Sühne auf dem Fuß; ein zur rechten Zeit auf die Hinterkeulen gesetztes Schrotkorn kann selbst bei einem alten Hunde Wunder tun und ihn zur Einkehr bringen. Der aufmerksame schlaue Schäferhund wird es freilich bald heraushaben, daß auch dies von ungefähr daher fliegende Wehweh aus des Führers Hand kommt; das macht aber nichts, dann wird ihm schon des Führers Griff in die Tasche zum Warn- und Einkehrzeichen werden. Genügt das aber nicht mehr, dann muß der Führer eben auf neues sinnen, um klüger als der Kluge zu sein.

Das letzte und schärfste Erziehungs- und Strafmittel schließlich ist die Peitsche. Mit anderem als mit einer leichten Gerte oder geflochtenen Hundepeitsche soll nicht geschlagen werden. Vor allem nicht mit der zusammengelegten Führleine; der Hund würde dadurch leicht leinenscheu gemacht und würde, wenn er angeleint werden soll, sich zu drücken versuchen, weil er sich an die Prügel erinnert, die er mit der Leine bekam. Auch mit der bloßen Hand soll nicht geschlagen werden; die Hand soll helfen, loben, liebkosen, aber nicht strafen, sie soll vom Hunde aufgesucht, nicht gefürchtet werden. Ein gelegentlicher leichter Klaps bei der Arbeit, auf Backen oder Keulen, ist kein Schlag, keine Strafe, sondern eine verstärkte Aufmunterung.

Während gemeinschaftlicher Gänge gehört die Peitsche nicht in die Hand des Führers und auch nicht dauernd bei der Arbeit; nicht des Hundes, sondern des Führers wegen. Der Hundebesitzer, der sich auf der Straße nicht ohne Peitsche sehen läßt, stellt sich ein arges Armutszeugnis aus; weshalb manche Damen sich dort so zeigen, wissen wir ja.

Nach Möglichkeit sollte jedes Schlagen vermieden werden. Manche Hunde vertragen es überhaupt nicht, werden dadurch erst recht verdorben und noch dazu handscheu. Andere harte Hunde mit einer Überfülle unverwüstlichen Lebens verdienen ja wohl manchmal ihre tüchtige Jacke voll Prügel, vertragen sie auch. Aber das Schlagen nützt auch bei ihnen nicht viel; sie schütteln sich die Prügel ab und — vergessen sie. Solcher Hunde Behandlung ist freilich nicht leicht. Da hilft nur dauernde Überwachung, gleichbleibende Strenge mit festem im Gehorsam halten, bisweilen das älter und vernünftiger Werden des Hundes, stets aber ausgiebige Arbeit; denn daran mangelte es diesen Stürmern, die ihren Tatendrang ausleben wollen.

Muß zur Peitsche gegriffen werden, so soll zunächst mit ihr nur gedroht werden durch Vorzeigen und Lufthiebe. Der angeleinte Hunde muß dabei vorm Führer sitzen oder „nieder" machen. Geschlagen wird mit der Gerte auf die Keulen, nicht über den Rücken oder gar auf Teile der Vorhand. Wer beim Schlagen sich hinreißen läßt, in Wut gerät, verdient selbst die Peitsche!

Zu jeder nicht während der Arbeit gegebenen ernstlichen Verwarnung, ebenso zu jeder eigentlichen Strafe, muß der Hund hereingerufen und angeleint werden; dazu muß er sich setzen, um in dieser dem „Stillgestanden!" des Soldaten entsprechenden Haltung seinen Denkzettel einzunehmen. Nach der Abfertigung mag der Führer sich die Pfote geben lassen, zum Zeichen, daß Geschehenes nunmehr vergeben und vergessen; feinfühlige, ehrgeizige Hunde sind dafür sehr empfänglich.

Zur Erziehung und Abrichtung des Hundes gehört allerlei Ausrüstung und Hilfsgerät. Ich beginne mit den Ausrüstungsstücken, die für jeden Hund vorhanden sein müssen.

Der Maulkorb ist leider noch in vielen Städten, zu Zeiten der Tollwutsperre überall, für alle im Freien sich aufhaltende Hunde vorgeschrieben; sonst verfallen die dem Hundefänger, der Besitzer aber der Strafe. Böse und bissige Hunde sollte der Eigentümer seiner selbst wegen nicht ohne dies Schutzmittel herumlaufen lassen, wenn es auch keinen Maulkorb gibt, der als unbedingt bißsicher zu bezeichnen ist. Nur eine feste Lederhülle rings um den ganzen Fang täte das, wie sie in Belgien eingeführt ist; aber die ist Tierquälerei im erhöhten Grade. Bei jedem anderen Maulkorb sind, auch wenn er gut verpaßt und ganz, Zufallsverletzungen durch die Fangzähne möglich; noch häufiger aber durch die Metallteile des Maulkorbs selbst. Der Maulkorb muß so geräumig sein, daß er, hinten durchs Halsband geschlauft, vorn mindestens 1 cm über die Nasenkuppe hinausragt, und daß der Hund den Fang voll aufmachen kann, was für ausgiebige Atmung und innere Kühlung mit vorgestreckter Zunge unbedingt nötig ist; er soll vorn auch nicht zu dicht geflochten sein, um dem Hunde die gelegentliche Wasseraufnahme zu ermöglichen. Der Nackenriemen des Maulkorbs wird zweckmäßig um das Halsband herum geführt, sonst bekommt es ein ausdauernder Hund doch fertig, sich des lästigen Quälgeistes mit den Pfoten zu entledigen.

Das Halsband soll der Hund nicht dauernd tragen; er bekommt es nur umgelegt, wenn es hinaus, auf die Straße, ins Freie geht. Zweck= mäßig ist es, am Halsband ein Metallplättchen mit der eingeschnittenen Anschrift des Besitzers anzubringen; aber nicht als Glöckchen hängend, sondern fest mit dem Lederhalsband verbunden. Das Halsband soll kein Schmuckstück für den Hund sein, der Hund soll ohne solch Beiwerk wirken. Alles, was das Auge auf sich lenkt, stört; daher sind weiße Hals= bänder besonders unschön, ebenso alles Bimmel= und Bammelwerk, Schleifen und sonstige „Verschönerungen“ am Halsbande. Je schmäler und unauffälliger das ist, um so besser. Alle Halsbänder zum Verschnallen taugen nichts; sie müssen zu fest umgelegt werden, stören beim Atmen und Schlucken und reiben das Haar, oder der Hund kann sie sich

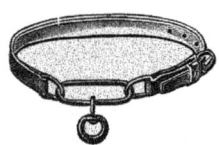  

Abb. 404. Dreiglieder=   Abb. 405.   Würgehalsband aus   Abb. 406.   Kettenhalsband.
halsband.   Leder.

selbst abziehen. Brauchbar sind nur die Würgehalsbänder, von denen das Dreigliederhalsband das einfachste, freilich auch am wenigsten schöne ist. Gut und zweckmäßig sind die Würgehalsbänder aus Leder, am liebsten sind mir die Kettenhalsbänder, die leicht umzulegen und nie auffallen, weil sie im dichten Haar nahezu verschwinden. Viele Anfänger miß= verstehen den Zweck des Würgehalsbandes und schlaufen den Feder= haken der Führleine stets in den falschen Ring ein; der gehört in den freien Würgering, sonst kann ein angehängter Hund sich auch ein solches Halsband leicht abstreifen.

Die Kette dient zum Anlegen des Hundes. Sie hat eine Länge von 1—1,20 m, besteht aus vernickelten Stahlgliedern und trägt an jedem

Abb. 407.   Hundekette mit Wirbeln.

Abb. 408.   Führleine.

Ende einen Federhaken, der um einen Wirbel beweglich ist, so daß die Kette sich nicht verdrehen kann; eine Handbreit vor jedem Ende ist

582

meift ein fleiner Ring eingegliedert, in den das Kettenende eingefchlauft werden fann, manche Ketten haben in der Mitte einen weiteren Wirbel.

Die befte Führleine ift eine 40—50 cm lange, breit geflochtene Lederleine, mit Handfchlaufe am oberen, Federhafen oder Scherenzange am unteren Ende; ich ziehe den zuverläffigeren Hafen der Schere vor. Je fürzer der Hund geführt wird, defto fefter ift er in der Hand; die Schlaufe wird daher zwecmäßig über den Arm gezogen, die Hand greift durch nach der Leine.

Zum Zufammenfoppeln zweier Hunde dient die Koppelfette oder Hundefoppel, eine 25—30 cm lange Kette, ganz aus Stahl

Abb. 409. Koppelfette.

Abb. 410. Koppelfette.

oder mit Lederzwifchenftüc; an den Enden fiten wieder Federhafen mit Wirbeln.

Schließlich gehört für den, mit deffen Pfeifen es fchlecht beftellt ift, noch eine fleine Hundepfeife zur nötigen Hundeausrüftung. Die befte ift wohl der fleine flache „Pfiff", am bequemften freilich die Mundpfeife, die ftets verfügbar und nicht erft um= ftändlich gefucht werden muß, wenn fie mal gebraucht wird.

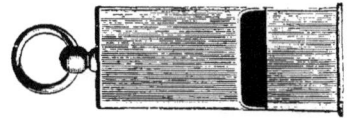

Abb. 411. Hundepfeife „Pfiff".

Unter den für die Abrichtung oder den Dienftgebrauch benötigten Ausrüftungsftücken ftehen die verfchiedenen Schulhalfungen obenan, die, bis auf das Bruftgefchirr zum Führen bei der Suche, auf der Abficht des Einwirfens auf den Hund durch Druc auf den Hals beruhen, alfo Würgehalsbänder find; eine vermehrte Einwirfung erfolgt durch auf der Innenfeite angebrachte ftumpfe Stacheln. Zieht fich der an der Leine vorprellende Hund das Halsband zu, fo drüct er fich die Stacheln ins Genic; gleiches bewirft, als fcharfe Aufmunterung oder als Strafe, ein furzer Ruc am Schulhalsband.

Die einfachfte Schulhalfung ift ein breites Lederwürgehalsband mit Stacheln, Stachelhalsband. Das Korallenhalsband befteht aus einer Reihe um fich felbft beweglicher und mit Stacheln befetzter Holzeier; es wirft fchärfer, fann bei fchnellem Zugreifen aber auch die Hände des Führers befchädigen. Jedenfalls follte das Korallenhalsband nur der Abrichtung dienen, während das Stachelhalsband einem ftürmi= fchen, fchlecht leinenführigen Hunde auch zu allen Gängen angelegt werden fann. Die Schulhalfung „Torquatus", ein mit Stacheln ver= fehener vernicelter Kettenwürger, hat fich gut bewährt; fie fann während des Tragens umgedreht werden, so daß die Stacheln dann dem Hunde gegenüber außer Wirksamkeit treten, freilich gefährden sie dann wieder die Hände des Führers. Breite Halsungen mit nach außen gerichteten scharfen Stacheln — eigentliche Stachelhalsbänder — wurden früher vielfach, und werden es gelegentlich noch, Wach- und Schutzhunden umgelegt, um sie vor gegen die Kehle gerichteten Bissen des Raubzeuges und gegen Zugriffe einer Räuberfaust zu sichern. Schließlich sei hier noch v. Mereys Signalhalsband erwähnt, das aus verschieden-farbigen umdrehbaren Ledergliedern besteht, die mit einer wechselnden Zahl von Metallknöpfen besetzt sind. Durch dies Halsband können auf

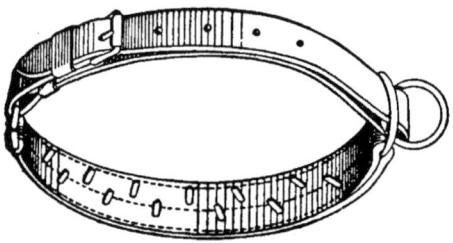 

Abb. 412. Stachelhalsband.   Abb. 413. Korallenhalsband.

einfache Weise vereinbarte kurze Meldungen überbracht werden; es empfiehlt sich daher für Dienst- und Schutzhunde von Polizeibeamten, Landjägern, Grenzzollbeamten, Feldhütern und Jägern, die auf die selbständige Rückkehr zur Wache oder zur Wohnung des Führers einge-schult sind.

Dem frei im bewachsenen Ge-lände arbeitenden Diensthunde soll die Halsung rechtzeitig gelöst werden, damit er sich nicht damit im Busch-werk oder Dornengestrüpp festhängt; das gilt für den Sanitätshund stets und für den Polizeihund und alle verwandten Berufe bei der Frei-suche im Walde. Auch wenn Ver-brecherarbeit, Kampf mit dem Mann,

Abb. 414. Schulhalsband „Torquatus".

in Aussicht steht, sollte dem Schutzhunde das Halsband abgenommen werden, das dem zu Fassenden einen guten Angriffspunkt zum Schadlos-machen des Hundes bietet. Es sind daher verschiedene Diensthalsungen hergestellt worden, bei denen der Hund mit einem Griff nicht bloß von der Führleine, sondern auch von der Halsung gelöst werden kann; die einfachste ist die hier abgebildete Jagdleine mit Halsung.

Um beim Einüben und bei der Spurarbeit selbst die Atmung nicht zu behindern, wird dazu häufig statt der Halsung ein Brustgeschirr umgelegt, ein Riemenwerk, das vom Rücken über Vorder- und Unter-brust läuft. Eine Mäßigung zu stürmischen Drängens des Hundes ge-stattet es nicht wie das Würge- oder Stachelhalsband, es müßten denn

584

gleichfalls auf Vorderbruſt und Schultern wirkende Stacheln angebracht werden. Zum Führen des Hundes auf einfachen Gängen iſt das Bruſt= geſchirr bei größeren Hunden ungeeignet, da es keinerlei Einwirkung des Führers auf dem Hund ermöglicht; ein lebensvoller Hund mit Bruſtgeſchirr ermüdet daher ſeinem Führer raſch. Das Bruſtgeſchirr

Abb. 415. Jagdleine mit Halſung.

eignet ſich ſchon deshalb bei Schäferhunden nicht zum Straßengebrauch, macht bei dieſem auch, des vielen Riemenwerks wegen, ſchlechten Eindruck, außerdem ſchädigt es die Be= haarung.

Zum Leinenführigmachen und auch zum Führen des Hundes bevorzugt der Dienſtgebrauch neuerdings eine etwas längere als die oben erwähnte Schul= führleine, einen ſchmalen Lederriemen von 80—100 cm Länge, ebenfalls mit Handſchlaufe und Federhaken, deren Schlaufe in die rechte Hand genommen wird, während die linke die Leine faßt oder den Hund liebkoſt. Für andere Übungen und zur Suche wird die lange Leine oder der Riemen benötigt, eine feſte ſchmale Lederleine von 6—10 m Länge, wieder mit Schlaufe und Haken.

Abb. 416. Bruſtgeſchirr.

Durch Anknüpfen feſter Hanfſchnur kann ſie auf 20—30 m verlängert werden.

Als Hilfsmittel zum Abgewöhnen unerwünſchten Lautgebens dient der Fangriemen, ein weicher, etwa 2 cm breiter Lederriemen

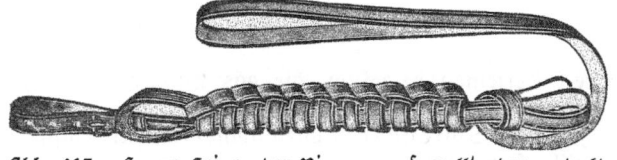

Abb. 417 Lange Leine oder Riemen, aufgerollt oder =gedockt.

mit Backenſtücken und um das Halsband zu ſchlaufendem Halsriemen, der dem Hunde maulkorbartig angelegt wird; auch der Fangriemen darf den Fang nicht feſt zuſchnüren, ſondern muß dem Hunde mit leicht geöffnetem Fang zu atmen geſtatten.

Der Bring= oder Schulbock (Bringholz, „deutsch": Apportier=
bock) dient zum Einüben des Hereinbringens. Er ist ein glattes rundes
Eichenholzstück, etwa 30—35 cm lang und in der Mitte 3—4 cm stark,
das an beiden Enden verstärkt ist oder Holzstifte trägt, damit es in der
Mitte leicht von der Erde aufzunehmen ist. Für den einfachen Haus=
gebrauch kann der Bock durch eine gut mit Stroh, Holzwolle u. ä. aus=
gestopfte Rolle aus fester·Sackleinwand von entsprechenden Abmessungen

erfetzt werden; auch in die
Enden dieser Strohwurst sind
Holzstifte einzunähen. Zu Be=
ginn des Einübens wählt man
zweckmäßig nicht gleich das
schwere Bringholz, sondern ein
leichteres, ohne Verstärkungen
an den Enden, aber ebenfalls
aus hartem Holz und mit Holz=

Abb. 418. Bringbock.

stiften an den Enden. Um das erste Fassen und Halten beizubringen,
tut es auch ein einfacher, in der Mitte geknoteter Strohwisch.

Die Hegendorffsche Zwangshalfung soll das Einüben des
Ablegens erleichtern. Sie besteht aus einem Stachelhalsband — erübrigt
also dessen besondere Beschaffung — und aus zwei durch einen verstell=
baren Vorderriemen verbundenen Lederschlaufen, die in das Halsband
eingehängt werden können. Die Schlaufen werden dem Schüler um die

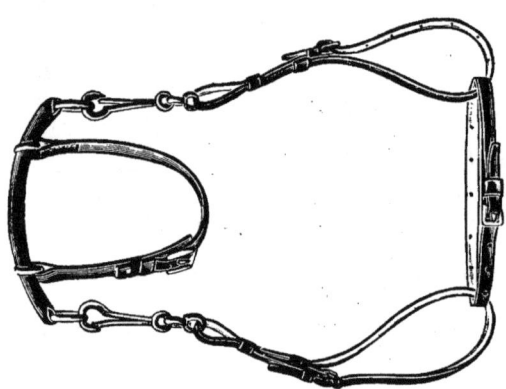

Vorderläufe gelegt, zu=
fammengezogen und
eingehängt; der fo ab=
gelegte Huud kann fich
dann nicht von felbst
erheben, drückt fich auch
bei jedem Verfuch dazu
die Stacheln ins Genick.
Neuerdings find noch

Abb. 419. Hegendorffsche Zwangshalfung.

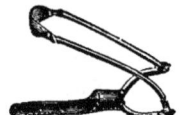

Abb. 420. Schleuder.

zwei kürzere Hilfsriemen beigefügt, die das Einüben des Haltens des
Bringholzes erleichtern sollen.

Der Zweck der Schleuder ist oben schon erwähnt; empfehlenswert
ist die „Zwille Horridoh".

Als Peitsche darf nur eine leichte Reitgerte oder eine riemen=
artig geflochtene weiche Lederpeitsche dienen.

Zum Einüben der Schußfestigkeit ist jeder mit Platzpatronen zu
ladende Taschenknipser als Schußwaffe recht, vorausgesetzt, daß er
auch losgeht — für den Anfang ist auch eine einfache Knallpistole nütz=

586

lich, wie Kinder und Radfahrer sie benützen —, zum Abgewöhnen der Feuerscheu jede leicht abstellbare, scharf leuchtende Taschenlampe.

Springen und Klettern kann an leichten natürlichen Hindernissen: Gräben, Zäunen, rauhen Bretterwänden und Mauern, schließlich an Drahtzäunen eingeübt werden. Erleichterung gibt eine verstellbare Bretterwand, über deren Einrichtung das Bild alles Nötige besagt. Eine feste Bretterwand, durch Einlegen weiterer Bretter beliebig zu erhöhen, kann sich jeder leicht herstellen, ebenso eine leichte, oben glatte und breit geschorene Hürde aus Tannenreisig oder Besenginster. Die

Abb. 421. Verstellbare Sprung= und Kletterwand.

Bretter zur Kletterwand sollen rauh sein, aber nicht splittern, und gut aufeinanderpassen, damit der Huud sich keine Pfotenverletzungen zu= ziehen kann. Fester Boden vor der Wand erleichtert zwar das Ansetzen zum Klettern, da der Huud die Wand aber von beiden Seiten nehmen soll, ist vor und hinter ihr durch Aufschütten von Sand oder Lohe der harte Boden geeignet zu weichem Landen zu machen, anderenfalls leicht eine Überdehnung der vom Klettern ohnehin stark in Anspruch genommenen Bänder der Vorhand oder Verprellungen der Vorder= läufe möglich; Steine, Glasscherben u. ä. sind dort und bei den anderen Hindernissen nicht zu dulden.

Zum Einarbeiten auf den Mann kann sich der einzelne Lieb=
haber, für den Anfang wenigstens, mit einer Strohpuppe behelfen,
die freilich immer nur ein Notbehelf bleibt und keine Gewißheit gibt,
daß der Hund auch an einen lebenden Gegner herangeht; das sollte
andererseits im Ernstfall jeder anständige Schäferhund von selbst, ohne
besondere Schulung, tun.

Zur Anfertigung des Strohmanns gehört ein beim Tröbler er=
standener alter Anzug samt Stiefeln und Hut; denn selbstverständlich
darf kein Teil dieses Strohmanns den Eigengeruch des Führers oder
seiner Angehörigen tragen. Der Anzug wird gut mit Stroh ausgestopft;
die in die Stiefel gesteckten Hosen werden mit diesen vernäht, die Ärmel
an der unteren Öffnung zugebunden. Der rechte Arm wird handförmig
verlängert, dort wird ein Stock oder Holzknüppel eingenäht. Den Kopf
bildet eine mit Sackleinewand übernähte Strohkugel, auf der eine Ge=
sichtsmaske befestigt oder aufgemalt wird; der Hut wird dann dem
Ganzen fest aufgenäht. Um den Leib erhält der Strohmann einen breiten,
unterhalb der Jacke laufenden Gurt, mit dem er an einer Wand oder
einem freistehenden Pfahl befestigt werden kann. Zwei kurze Strippen
in Höhe der Schulterblätter dienen ebenfalls zum Festbinden, damit
der Oberkörper während der Übungen mit dem Hunde nicht kraftlos
vornüber fällt. Alle Teile müssen recht derb hergestellt, der Stoff darf
nicht zu mürbe genommen werden, sonst ist dem Strohmann nur kurze
Lebensdauer beschieden. Um dem Kerl einige Beweglichkeit zu geben,
wird das eine Ende einer langen Schnur an seinem rechten Handgelenk
befestigt; diese Schnur läuft durch einen, knapp über den rechten Ell=
bogen eingenähten Ring und durch einen oder mehrere weitere Ringe
über die Wand bis zu einer Stelle, von der aus ein Gehilfe, vom Hunde
nicht gesehen, den stockbewehrten Arm des Strohmanns in Bewegung
setzen kann. Wird der Strolch gegen eine Holzwand oder in die Ecke
eines Schuppens gelehnt, was für den Anfang vorzuziehen ist, so können
auch die Beine beweglich gemacht werden. Durch eine in der Wand
hergestellte entsprechende Öffnung wird eine leichte Weidenrute ge=
steckt, deren Ende mit einem Stiefel des Strohmanns verbunden wird;
das Ende hinter der Deckung nimmt der Gehilfe in die Hand und kann
den Strolch so Fußtritte und Stockhiebe austeilen lassen.

Wirkliche Mannarbeit, wie sie vom Polizeihunde verlangt wird,
kann nur am lebenden Mann, am „Versuchsverbrecher oder =strolch"
eingeübt werden. Zu diesem Dienst gehört ein hundeverständiger Mann,
der aber nicht zu sonstigen Übungen als Gehilfe benützt werden darf,
sonst würde er sich dem Hunde sofort durch den Geruch verraten und ent=
weder bei der Mannarbeit nicht ernst genommen werden oder die
anderen Übungen verderben. Der Versuchsverbrecher, der auch nicht
wehleidig sein darf, muß gut unterwiesen werden, damit er seine Rolle
auch der Wirklichkeit entsprechend spielt; er soll sich, nachdem der Hund
auf ihn scharf geworden, auch nicht mehr auf bloßen Scheinangriff
oder auf schwache Abwehr beschränken, sondern muß dann den Hund
als wirklichen Gegner betrachten, ohne ihn doch durch Schläge mit einem
festen Knüppel oder durch ungeschicktes Schießen ins Gesicht ernstlich
zu verletzen. Zu seinem eigenen Schutz muß der Verbrecher mit einem

bißfeſten Anzug verſehen ſein, der heutzutage recht koſtſpielig iſt.
Das Bild zeigt ſolchen Schutzanzug, der zum Schutz des Geſichts noch
durch eine leichte Fechtmaske ergänzt werden kann. An Stelle der bis
zu den Füßen reichenden ausgepolſterten Hoſen werden beſſer hohe
Reitſtiefel oder Ledergamaſchen genommen, die dem Mann größere
Beweglichkeit geben; denn der Schutzanzug macht ihn recht unbehilflich
und hitzt dazu ſehr ſtark, ein Vergnügen iſt es daher nicht, den Verſuchs=
verbrecher zu ſpielen. Wer ſich den Schutzanzug ſelbſt herſtellen oder
vom Sattler machen laſſen will, nehme dazu ſtarkes Segelleinen, das
innen mit leichtem Barchent auszufüttern iſt. Zwiſchen Leinwand und
Futterſtoff kommt eine dünne Polſterung aus Kapok, einer leichten
Pflanzendaune; an gefährdeten Stellen, alſo am Halſe, den Armen und
Oberſchenkeln, wird die Polſterung ſtärker
genommen, alles weitere ergibt das Bild.

Leider wirkt ſolcher Schutzanzug ſehr
unnatürlich und manche Hunde gehen zwar
gegen den ſo geſchützten Verſuchsverbrecher
ſehr wütend an, verſagen aber und wun=
dern ſich, wenn ſie einem ungeſchützten
Mann gegenüber treten ſollen. Je natür=
licher und unauffälliger der Schutzanzug,
deſto beſſer iſt es fürs Einarbeiten des
Hundes. Der beſte wäre ein feſter, an
den gefährdeten Stellen beſonders ge=
ſchützter Lederanzug — ähnlich den Leder=
joppen der Kraftwagenführer , durch
den der Hund zwar gelegentlich kneifen,
nicht aber ernſtlich beißen kann; ſolcher
Schutzanzug iſt aber heute für die meiſten
nahezu unerſchwinglich.

Manche Abrichter begnügen ſich beim
Einarbeiten auf den Mann mit einem
über den rechten Arm gezogenen Schutz=
ärmel, gegen den als einzige Angriffs=
ſtelle der Hund dann eingeſchult wird.
Abgeſehen davon, daß das im Ernſtfall

Abb. 422. Bißfeſter Schutzanzug.

verhängnisvoll werden könnte, ſind ſchwere
Verletzungen des nur ſo geſchützten Mannes gar nicht auszuſchalten;
ich möchte dieſe Art des Einarbeitens daher nicht empfehlen. Daß der
Verſuchsverbrecher gegen Schäden beſonders verſichert werden muß,
verſteht ſich von ſelbſt.

Auch zu einer Anzahl weiterer Übungen, vor allem zu den Naſen=
arbeiten, wird ein Gehilfe benötigt; je ſachverſtändiger der ſich be=
tätigt, „mitſpielt", um ſo mehr erleichtert er dem Hunde das Lernen,
dem Führer die Arbeit. Führer und Helfer müſſen ſich daher vor jeder
gemeinſamen Arbeit genau beſprechen, ſowohl über die Aufgaben des
Gehilfen wie über die von dieſem dem Hunde zu gebenden Hilfen;
bei Arbeiten auf fremder Spur iſt häufiger Helferwechſel nötig. Am
beſten finden ſich zu dieſen Übungen zwei Hundefreunde zuſammen,

beide werden dabei lernen. Auch unter den Angehörigen der Jugend= bünde werden sich geschickte und willige Helfer finden lassen, Jungdeutsch= land ist es gut, wenn es frühzeitig zur Liebe und Freude am Hunde, zum Verständnis des Tiers und seiner Aufgaben und zur freiwilligen Arbeit erzogen wird!

Beim Einüben der Verlorensuche erweisen sich Witterungs= säckchen nützlich, spannlange Beutel aus grober Leinwand, von der Stärke einer guten Wurst und gefüllt mit Sägemehl, Torfmull, Stroh= häcksel oder Spreu, die jeder sich leicht selbst herstellen kann. Das Säckchen wird dem, der es „verlieren“ soll, zum Einwittern übergeben; dazu wird es längere Zeit am Körper getragen, in den Hosentaschen, unter der Achsel= höhle, oder noch besser in alten Stiefeln oder Strümpfen verwahrt. Diese Säckchen sind empfehlenswerter als Holzstücke, weil die grobe Leinenfaser den Eigengeruch, die Witterung, eines Mannes leichter annimmt, als glattes Holz; sie werden von unauffälliger Farbe gemacht, um nicht schon von weitem Hund und Führer ins Auge zu stechen.

Für die Wasserarbeit schließlich wird ein leichteres schwimmendes Bringholz und zuletzt eine Schwimmpuppe benötigt. Diese wird in Größe eines zwölf= bis vierzehnjährigen Knaben etwa angefertigt; sie muß stets bekleidet sein, alte Kleidungsstücke des Führers können für sie recht wohl verwendet werden. Die Puppe wird mit Stroh ausgestopft und durch eingenähte Schweinsblasen schwimmfähig gemacht; besser noch ist eine Füllung von Korkabfall. Zu schwer sollte die Puppe nicht gemacht werden, da sie sich ohnehin im Wasser vollsaugt. Auch darf ihr im Innern kein festes Gerüst aus Stangen oder Rohr gegeben werden, vielmehr sollen die Gliedmaßen gut beweglich sein, damit sie dem retten= den Hunde leichte Ansatzpunkte zum Fassen bieten und nicht als Steuer wirken, das Hund und Puppe im Kreise herumzwingt.

Zum Schluß noch ein paar Worte zur Kleidung des Führers selbst. Die ist an und für sich natürlich ganz gleichgültig; nur, alles Wehende, Flatternde stört den Hund, nimmt seine Aufmerksamkeit unnötig in Anspruch, kann einen jungen Hund verschüchtern, zumal wenn noch hastige Bewegungen des Führers dazu kommen. Also keinen losen Umhang tragen, den angezogenen Mantel aber hübsch zuknöpfen.

Bevor wir uns nunmehr der eigentlichen Erziehung und Abrichtung zuwenden, sei noch die Frage angeschnitten, welches Geschlecht, Rüde oder Hündin, leichter erziehbar und geeigneter für jegliche Berufsverwendung ist. Ich für meinen Geschmack ziehe unbedingt die Hündin vor, aber die Frage ist nicht so ohne weiteres zu entscheiden. Nach Liepmann ist die Reizempfänglichkeit des weiblichen Geschlechts größer und damit verbunden die Fähigkeit zur Aufnahme der Empfindungen und zum Umsetzen in Tätigkeit. Die Hündin würde also leichter Erziehungseinwirkungen nachgeben und empfänglicher für ihr hierbei allgemein oder in Sonderfällen vom Führer gegebene An= weisungen sein, aber auch empfindlicher gegenüber Fehlern und Ein= griffen der Führung; mit anderen Worten: es gehört ein feineres Spiel dazu, ihre Seele zu meistern. Das dürfte wohl jeder Hundefreund, jeder, der sich mit Abrichten beschäftigte, bestätigen.

590

Der Rüde ist im allgemeinen härter veranlagt, er fühlt sich mehr, hat größeren Selbständigkeitstrieb, unterliegt leichter Ablenkungen, ist — Wildhunderbteil — mehr zum Herumschweifen geneigt und hat nicht den gleich starken Drang zum Nest und damit zu Heim und Herrn wie die Hündin. Diese ist ursprünglicher in ihren Gefühlen, war doch einst nicht Adam der erste, sondern Allmutter Eva, das zeugende Leben! Die Geschlechterscheidung erfolgte erst sehr viel später im Laufe der Entwicklung, nachdem im Einzelwesen die Teilung der Lebensaufgaben schon zu hoher Vollendung gelangt. Diese Geschlechterteilung schied die Aufgaben zur Erhaltung der Art: hier schaffende Kraft, in verschwenderischer Fülle, in Massenvergeudung das Ziel sichernd und darum nach außen gestellt; dort, nach innen gerichtet, daher auf den eigenen Kreis beschränkt, Empfängnis, Austragen der Frucht und Brutpflege. Diese Richtung der männlichen Aufgaben: nach außen, aufs Gegengeschlecht im Ganzen gerichtet, nicht aufs Einzelwesen, erklärt den noch heute im Mann liegenden Trieb seine Kraft vielen zu geben; ein Trieb, dem im Laufe der Entwicklung des Menschengeschlechts in der Lehre so mancher Glaubensgenossenschaften, bis zu den Mormonen hinauf, sittliche Rechtfertigung zu geben versucht wurde. Umgekehrt begründen die weiblichen Aufgaben das Vorwiegen teils entgegengesetzter, teils zwar gleichlaufender, aber schärfer oder schwächer ausgedrückter Anlagen. Und wiederum erklärt die Entwicklung aus dem einen Urwesen und die fortwährende Wiedervereinigung männlicher und weiblicher Einflüsse bei der Bildung eines neuen Lebewesens, warum in den einzelnen Geschlechtern nicht eine scharfe Anlagenscheidung besteht, vielmehr eine Mischung aus männlichen und weiblichen Eigenschaften, von denen die dem anderen Geschlecht zukommenden beim einen ganz unterdrückt zu sein scheinen, während sie beim anderen schärfer als geschlechtstümlich zum Ausdruck kommen.

Kehren wir nach diesen Ausführungen zur Hündin zurück. Diese ist also ursprünglicher in ihren Gefühlen; sie ist auch, aus der Entwicklung ihres Geschlechts heraus, innerlicher, schmiegsamer, beeinflußbarer, aber auch beharrlicher. Sie ist daher anhänglicher, treuer und zuverlässiger in Wesen und Arbeit, auch weniger Ablenkungen, namentlich geschlechtlicher Art unterworfen; das ändert sich zwar oft in den Brunstzeiten, bei der einen mehr, bei der anderen weniger, bleibt aber doch immer ein bald vorübergehender Ausnahmezustand. Daher scheint mir die Hündin, zumal in das Verhältnis zum Herrn auch Geschlechtsempfindungen hineinspielen, den Vorzug zu verdienen. Sie ist leichter zu erziehen, faßt schneller auf und behält sicherer, wird daher, wenigstens unter einem verständigen Führer, williger und verläßiger arbeiten. Schneid und Schärfe besitzt die gute Hündin wie der Rüde; sie liegen ihr von der Notwendigkeit her ihre Brut zu verteidigen im Blut, die Treue zum Herrn ist aber, wie wir sahen, übertragene Mutterliebe. Weiche Tiere gibt es unter Rüden wie unter Hündinnen, sich mit ihnen abzumühen, hat keinen Zweck, zumal sie auch für die Zucht ohne Wert.

Werfen wir zu diesen Ausführungen einen Blick auf den Gebrauch. Bei der Herde laufen beide Geschlechter ohne Unterschied, und dort kann sich, wie ich im II. Abschnitt dargelegt, nur ein harter und schneidiger

Hund halten, der sich bei den Schafen durch rücksichtsloses Draufgehen und Zupacken in Ansehen zu setzen versteht. Der Schäfer bevorzugt vielleicht Rüden, weil die Hündin, der „Matz", zweimal im Jahr ins Wochenbett steigen muß und daher besser beim Hof bleibt, der Rüde hat bei der Herde aber zu strammen Dienst, um sich durch geschlechtliche Regungen groß ablenken zu lassen, findet solche Ablenkung draußen auch kaum. Anders beim Polizeidienst; ob dort und in den verwandten Dienstarten mehr Rüden als Hündinnen verwendet werden, oder um= gekehrt, entzieht sich meiner Kenntnis, zahlenmäßige Aufstellungen gibt es darüber meines Wissens nicht. Unter den 16 Preishüten=Siegern des SV. seit 1901 gibt es 9 Rüden und 7 Hündinnen, unter den 10 Leistungs=Siegern seit 1906 aber 5 Rüden und 5 Hündinnen. Von den 1920 auf den Preishüten, Diensthundprüfungen und Jugendver= anlagungsprüfungen des SV. gezeigten 880 Hunden waren 518 Rüden, 362 Hündinnen; davon erhielten die Leistungsbewertung V 118 Rüden und 116 Hündinnen und die Leistungsbewertung SG 100 Rüden und 73 Hündinnen. Diese Zahlen würden bei einem Verhältnis von 59 Rüden auf 41 Hündinnen etwas zugunsten der Hündinnen sprechen, denn es hätten davon nur 22,8 Rüden, aber 32,0 Hündinnen V bekommen und 19,3 Rüden gegen 20,2 Hündinnen SG; d. h. von den geprüften Tieren hätten im Verhältnis zu ihrer Gesamtstärke die Hündinnen einen größeren Teil der höheren Bewertungen erhalten, also bessere Leistungen gezeigt. Die an und für sich geringen Zahlen nur eines Jahres können natürlich keinen ausschlaggebenden Beweis liefern, lehrreich sind sie aber doch und sollten zu weiteren Feststellungen auch in dieser Beziehung führen.

Die Erziehung und Abrichtung soll stufenweise fortschreiten, die einzelnen Übungen sind zunächst aus den Anlagen und Neigungen des Hundes, dann auf der Unterlage schon festsitzender zu entwickeln. Hegen= dorf sagt sehr richtig: „Jede vom Hunde verlangte Leistung, wie immer sie heißen mag, setzt die gründliche Beherrschung des Begriffes voraus. Die Begriffsvermittlung geschieht durch die Zerlegung der Arbeit in Teilleistungen. Mit der leichtesten wird begonnen und zu den schwierigeren darf erst übergegangen werden, wenn der Hund das Leichte beherrscht."

Die Grundlage muß das Vertrauen zum Herrn bilden; woher das stammt, wie es zu erwerben und zu festigen ist, habe ich oben ausgeführt. Auf diesem festen Untergrund, auf der Liebe zum Herrn und auf den Tätigkeitstrieb des Hundes läßt sich dann alles weitere aufbauen, denn alle Übungen gipfeln in Hereinkommen zum Herrn und Arbeit mit dem Herrn.

Zweck der Erziehung und Abrichtung ist den Hund unserem Willen zu unterwerfen, um aus ihm einen unseren Wünschen ent= sprechenden Begleiter und einen zu unserem Dienst geeigneten Gehilfen zu machen. Keine Erziehung geht ohne Zwang ab, Kunst des Erziehers muß es aber sein, den Zwang so wenig wie möglich fühlbar werden, das Ergebnis der Erziehung dagegen als freiwillige Leistung erscheinen zu lassen. Zwang ist auch nicht Strafe, wo er ausgeübt werden muß, um den Hund gefügig zu machen oder um ihm zu helfen, muß der Führer dem Hunde den Unterschied durch Stimmklang und Gebärde begreiflich machen.

Erziehung und Abrichtung sind nicht der Art, sondern dem Grade nach verschieden, jene ist die Vorbereitung für diese. Wenn wir daher auch aus dem Spiel des Welpen, das uns seine geistige Veranlagung erkennen läßt, die Erziehung zu entwickeln versuchen werden, so darf daraus doch niemals Spielerei werden; spielerische Erziehung oder Abrichtung bürgen unvereinbare Gegensätze in sich, könnten niemals zum Erfolge führen. Fließen Erziehung und Abrichtung somit ineinander über, so beendet der Beginn dieser doch nicht jene, beide müssen vielmehr nebeneinander und dann Hand in Hand gehend fortgeführt werden, und zwar, soll der Hund brauchbar bleiben, durch sein ganzes Leben lang.

Erzieherische Einwirkung kann, wie ich weiter oben dargelegt, schon bei den Nestjungen einsetzen; ja sie greift, streng genommen, schon auf die Eltern zurück, weil sich deren Anlagen, auch erworbene, vererben, somit aus brauchbaren Eltern auch leicht erziehbare und abrichtungsfähige Sprößlinge fallen. Die erste Welpen-Erziehung soll, wie wir sahen, diesem feste Gewohnheiten mitgeben, auf denen wir dann später weiterbauen können. Bei fortschreitender Erziehung in den Welpen- und Junghundmonaten, die allmählich ernster und sachlicher wird, gewinnen wir dann die Unterlage für die Schlußausbildung, die eigentliche Abrichtung für einen bestimmten Beruf, die zweckmäßig nicht vor Abschluß des ersten Lebensjahres, keinesfalls vor dem zehnten Monat beginnen sollte. Auch dann steht der Hund noch in der Jugendzeit, er tritt sogar erst in die Flegelmonate, es sollte dann aber gerade ernsthafte Arbeit, Arbeitszwang, für ihn einsetzen, um ihn vom Verbummeln und Annehmen schlimmer Gewohnheiten abzuhalten. Bei in dieser Beziehung unverdorbenen Hunden sind dann auch mit einer erst in recht viel späterer Zeit einsetzenden Berufsausbildung noch sehr gute Erfahrungen gemacht worden.

Bevor ich auf die Einzelheiten der Erziehungsaufgaben und Übungen eingehe, noch einige allgemeine Ratschläge.

Der erste ist der: einmal angewöhnte Fehler bei der Ausführung einzelner Übungen oder infolge Gleichgültigkeit der Führung eingewurzelte Untugenden zu berichtigen, ist schwerer, erfordert sehr viel mehr Aufmerksamkeit und Geduld, als von vornherein auf richtige Arbeit und gutes Benehmen zu halten.

Dann: die Ausführung einer Übung zu erzwingen, ist nur dann richtig, wenn der Hund sie aus Widersetzlichkeit verweigert und keinerlei Fehler der Führung, in der Befehlserteilung etwa, vorliegt. Und selbst dann wird der vorsichtige Führer sich fragen müssen, ob es nicht sicherer zum Ziel führt, anscheinend kurz abzubrechen, eine gut sitzende, gern ausgeführte Übung oder Tätigkeit einzuschalten, um den Hund zu beruhigen und wieder gut in die Hand zu bekommen, und nunmehr erst die eben verweigerte Übung neu zu fordern; sie wird dann meist willig ausgeführt werden und der Hund kann gelobt werden.

Und: es ist besser über einen Fehler, der sich nicht sofort mit Sicherheit abstellen läßt, hinwegzugehen, als einen Befehl zu geben, dessen Nichtbefolgung die Gewöhnung an Gehorsam in Frage stellt. Das gilt namentlich dem frei laufenden oder arbeitenden Hunde gegenüber. Hier wirkt sicherer das Hereinkommen abzuwarten und dann den Fehler abzustellen, wenn der Hund fest in der Hand ist.

Weiter: nichts ermüdet, lähmt den Geist, so sehr, wie das andauernde Ausüben der gleichen Tätigkeit. Das Einüben einer Arbeit soll daher nicht zu lange fortgesetzt, sondern durch kurze Unterhaltungspausen, Wiederholen anderer Übungen, Einschalten von Gängen unterbrochen werden; das gilt besonders für die schwierigeren Übungen, aber für den Anfänger ist alles schwer.

Ferner: begreift ein Hund eine Übung einmal gar nicht, so wirkt bisweilen ein Orts=, schließlich gar ein Führerwechsel Wunder. Der eigentliche Führer darf letzterenfalls dann natürlich nicht zugegen sein, weil der Schüler sonst immer zu ihm streben würde. Beim Liebhaberhunde besteht die Schwierigkeit, daß als Ersatzmann ein dem Hunde schon bekannter gewählt werden müßte, gegen einen völlig fremden würde der sich sperren; ob Angehörige geeignet, muß von Fall zu Fall entschieden werden.

Schließlich: jede Übungsstunde sollte grundsätzlich mit einem Lobe geschlossen werden können, um dem Hunde die Arbeitsfreudigkeit zu erhalten. Will die Schlußübung nicht so recht klappen, wäre das Lob da also nicht angebracht, so wird noch eine kurze, gut sitzende eingeschoben.

Nach der Hauptmahlzeit soll nicht geübt werden; schon der Römer sagte: „Ein voller Bauch studiert nicht gern!" Futter wird also erst nach Abschluß der Arbeitsstunde gereicht, gewissermaßen als Schlußbelohnung. Selbstverständlich ist wohl, daß nicht mit einem frisch aus Zimmer oder Zwinger geholten Hunde losgeübt wird; der Zögling muß vorher kurzen Auslauf bekommen, um seine Freude austoben und auch um sich lösen zu können.

Wo erzogen und geübt wird, ist an sich gleich. Die Erziehung erfordert ein Eingreifen in allen Lebenslagen, nicht bloß im stillen Kämmerlein; aber auch das eigentliche Abführen ist nicht an einen bestimmten Platz gebunden, abgesehen davon, daß gerade die wichtigsten Übungen nur im Freien vorgenommen werden können. Die alte Schule hielt Vorarbeit im umschlossenen Raum, die sogenannte „Stubendressur", für unentbehrlich. Die neue hat mit diesem Glauben gebrochen, geht zu allen Übungen von vornherein grundsätzlich ins Freie; sie erschwert sich dadurch wohl etwas den Anfang, scheidet dafür aber die Langeweile des Lehrer wie Schüler anödenden Schulsaals aus und ermöglicht durch gemeinsame Arbeit die Ausnützung des Beispiels und des Ehrgeizes. Maßgebend für sie war wohl die Notwendigkeit, eine größere Zahl von Diensthunden in gemeinsamen Lehrgängen einzuarbeiten, aber der Versuch gelang, bürgerte sich allgemein ein. Der Einzelabrichter wird zumeist schon ähnlich vorgegangen sein, weil er sich keine eigene Schulstube einrichten konnte; immerhin wird er sich den Platz so ausgewählt haben, daß, für den Anfang wenigstens, nicht zu viel Ablenkungsmöglichkeiten vorhanden waren.

Ich komme nunmehr zu den Punkten, auf die sich die Erziehung des Junghundes vom Welpenalter an zu erstrecken hat und zu den Anfangsgründen der Abrichtung. Bei der Erziehung halte ich mich an die Einteilung: Verhalten gegenüber dem Herrn, Angehörigen, Dienst=

boten, Fremden, Haustieren; Haus=, Hof=, Straßenerziehung. Bei der Abrichtung will ich den Hund bis zum brauchbaren Schutz= und Begleit= hund des Liebhabers bringen; wer weiter gehen will, muß sich eine der zahlreichen Schriften über die Ausbildung von Dienſthunden beſchaffen*). Dem Leſer wird aus dieſer Einteilungsangabe klar ſein, daß ſich der Inhalt der einzelnen Abſchnitte nicht auf dieſe ſelbſt beſchränken wird, daß vielmehr einer in den anderen übergreift; was aber vorher ſchon beſprochen, braucht ſpäter nicht wiederholt zu werden. Der ſtufenweiſe Aufbau der Übungen läßt ſich bei dieſer Art der Beſprechung nicht durch= weg einhalten, der aufmerkſame Leſer wird ſich für ſeinen beſonderen Bedarf aber unſchwer die rechte Reihenfolge herausſuchen können; er weiß ferner aus früher Geſagtem, daß ich keine allgemeingültige An= weiſung geben will und kann, ſondern nur Ratſchläge, nach denen ſich zum Ziele gelangen läßt. Und er wird ſich ſchließlich noch ſagen, daß er bei ſeiner Arbeit auch auf das weiter oben in dieſem Abſchnitt Geſagte zurückgreifen muß, aber auch auf manches, was in früheren Abſchnitten, namentlich im zweiten, zur Sprache gekommen iſt.

Wie Vertrauen zum Herrn die Vorbedingung für jede Erziehung, ſo iſt Gehorſam deren Krönung; er bildet den Anfang und den Schluß= ſtein unſerer Arbeit. Der Gehorſam des Hundes legt Zeugnis ab für das Verſtändnis und das Können des Führers; ein Hund ohne Gehorſam wird zur Laſt für den Beſitzer und deſſen Mitmenſchen, auf einen voll gehorſamen Hund dagegen kann ſich der Führer auch in den ſchwerſten Lagen verlaſſen. Daher muß es unſer Beſtreben ſein, den Hund von vornherein an rechten, freudigen Gehorſam zu gewöhnen und ihn durch Aufmerkſamkeit, Anleitung und rechte Arbeit darin zu erhalten. „Die Manneszucht ſoll den Charakter nicht töten, ſondern ihn ſtärken", ſagt Ludendorff; das ſei auch unſere Richtſchnur bei der Gehorſamserziehung!

Der Gehorſam muß dem Hunde durch Gewöhnung in Fleiſch und Blut übergehen; aufbauend auf den Trieb zum Herrn muß dem Schüler die Erkenntnis beigebracht werden, daß Gehorſam ihm nützt, erfreuliche Folgen für ihn hat, Ungehorſam dagegen nachteilige. Mit Ausnahme der Sonderarbeiten am Mann und auf der Spur zielt die ganze Schulung des Hundes auf Stärkung des Gehorſams, ohne deſſen Anfänge wenigſtens iſt ſie aber gar nicht möglich; die Anfangsübungen: Leinenführigkeit, Folgen am Fuß, Setzen, Legen, Nieder und Kriechen, Ablegen, Herein= bringen und Futterverweigern werden daher auch als Gehorſams= übungen bezeichnet.

Den ſichtbaren Ausfluß des Gehorſams bildet das Hereinkommen zum Herrn, das Kommen unter allen Umſtänden, auch mit ſehr be= ſchwertem Gewiſſen, und in allen Lebenslagen. Dem Welpen wird dies Kommen durch die Gewöhnung an den Namen beigebracht, ſpäter hat es auf „hier!", „hierher!" oder „herein!" zu erfolgen, welches Befehls= wort zunächſt in Verbindung mit dem Namen zu gebrauchen iſt. Wie

---

*) Der deutſche Schäferhund als Dienſthund von Rittmeiſter v. Stepha= nitz und Polizei=Oberleutnant Schoenherr, Leiter der ſtaatlichen Zucht= und Ab= richteanſtalt Grünheide b. Berlin, wird, völlig umgearbeitet, in Neuauflage noch im Laufe dieſes Jahres erſcheinen.

einem Welpen oder Junghunde die Gewöhnung an das Kommen durch Beispiel oder Mithilfe eines sicheren älteren Hundes erleichtert werden kann, habe ich weiter oben gesagt.

Die Gewöhnung an den Rufnamen ist leicht. Er wird durch häufiges Vorsagen beigebracht, während der Herr sich liebevoll mit dem Hunde beschäftigt und den Namen dabei besonders betont. Muß der Hund dazu erst zum Herrn gerufen werden, Vorübung zum Kommen, so wird das Befehlswort „hierher!" beigefügt, und als Lockmittel zugleich ein guter Brocken vorgezeigt, der dem Folgsamen gegeben wird. Dem Zögernden ist Anruf und Vorzeigen zu wiederholen, auch kann durch scheinbares Fortlaufen der Trieb zum Herrn und die Neigung zum Haschen und Fangen geweckt und ausgenützt werden.

Diese Neigung zu verwerten, empfiehlt sich namentlich im Freien, wenn ein jüngerer Hund nicht hören will. Da heißt es, den Hund überlisten, um ihn zunächst sicher wieder in die Haud, in diesem Fall meist an die Leine, zu bekommen. Das Rufen, Nachlaufen hätte da gar keinen Zweck, haben wir den Hund aber erst an der Leine, dann kann, nachdem er erst noch für sein braves Kommen gelobt, etwas Gehorsamsübung an der Leine folgen; zur Belehrung, Festigung, nicht als Strafe. Einem Hunde das Gehorchen leicht machen, so leicht machen, daß er schließlich gar nicht mehr anders kann, ist ja die Hauptkunst der ganzen Erziehung!

Das eigentliche Einüben des Hereinkommens erfolgt stets an der Leine. Sie weist dem Willigen den Weg, zeigt dem Trotzenden, nötigenfalls unter Beihilfe der Korallenwirkung, daß es letzten Endes doch nichts anderes gibt, als dem Willen des Herrn zu folgen und daß das ihm, dem Schüler, auch von Vorteil ist. Freilich muß der Huud erst an die Leine gewöhnt, leinenführig sein, ehe wir uns dieses Hilfsmittels erzieherisch bedienen können; wie diese Vorbedingung zu erfüllen ist, wird weiter unten gesagt.

Der an der Leine geführte Hund muß sich vorm Führer setzen — auch darüber folgt später Näheres —, der Führer tritt dann, die Leine mit der Linken nachlassend, etwas zurück, und ruft, gleichzeitig die Leine anziehend, „hierher!". Auf Ansetzen zum Aufstehen und Kommen wird gelobt, an das Kommen schließt sich ein kurzer Gang und gleich darauf Wiederholung der Übung; steht der Hund vor dem „hierher!" auf, um zu kommen, muß er sich auf „setz dich!" erst wieder setzen, wozu nötigenfalls die später beschriebenen Hilfen zu geben sind. Sitzt die Übung, wird statt der kurzen die lange Leine genommen und die Entfernung, auf die der Hund hereinzukommen hat, allmählich vergrößert. Das muß dann so lange geübt werden, bis der Hund auf Abruf in rascher Gangart sicher zum Führer kommt, und zwar aus jeder Lage und von jedem Ort; der Hund muß also auch aus dem Liegen kommen von seinem Stammplatz her, aus der Hütte heraus, von der Futterschüssel weg oder von der Beschäftigung mit einem Angehörigen des Führers. Und es muß stets und besonders eindringlich wiederholt werden, sobald der Gehorsam in irgendeiner Beziehung nachzulassen beginnt. Die lange Leine wird zum Üben erst fortgelassen, wenn das Kommen ganz sicher zu sitzen scheint; an Stelle des Befehlswortes kann später auch Zeichen oder Pfiff treten.

Das richtige Verhalten des Hundes dem Herrn gegenüber ist ganz von der rechten Erziehung abhängig, jede Nachlässigkeit im Dulden unerwünschter Eigenschaften, jedes, sei es auch im Spiel erfolgte Erwecken solcher, rächt sich später. Zudringlichkeit und Rücksichtslosigkeit, Neigung zum Widerstand, selbst Bissigkeit, sind die Folgen solcher Nachgiebigkeitssünden oder falsch angebrachter Neckereien; wegen dieser erfolgte oben meine Warnung vorm zu häufigen Spiel mit Kindern. Dem Junghunde muß frühzeitig zum Bewußtsein kommen, daß er sich mit seinen Wünschen dem Herrn unterzuordnen hat; auch das spielt wieder in die Gehorsamsfrage hinein. Wird der Huud also zu unerwünschter Zeit zudringlich, will er sich nicht bloß eine einfache Liebkosung holen, sondern benützt die, um weiter zu gehen, so ist er unnachsichtlich auf seinen Platz zu verweisen — über die Gewöhnung an diesen s. später —; dort ist er auch festzulegen und von dort erst zu erlösen, wenn der Herr wirklich Zeit und Lust für ihn hat. Daß dabei dem Hunde auch Opfer zu bringen sind, sei nur wieder erwähnt; sie belohnen sich später. Erwähnt sei hier noch, daß der Hund auch daran gewöhnt werden muß, sich die eingehende Musterung einzelner Körperteile gefallen zu lassen; er muß sich überall ruhig abtasten, auch auf den Rücken legen und in den geöffneten Fang sehen lassen. Das wird am einfachsten bei gemeinsamem Spiel erreicht.

Eine sehr lästige Angewohnheit ist das Anspringen bei der freudigen Begrüßung. Es ist ja ein Zeichen der Freude, wer daher in der Wut über einen beschmutzten Anzug den Hund tüchtig verprügeln wollte, würde falsch handeln. Aber eben dieser Folgen wegen — bei duftigen Damenkleidern steht noch mehr auf dem Spiel — muß der Neigung von vornherein entschieden entgegengetreten werden. Wer das Anspringen einmal duldet, womöglich gar hervorruft, ein andermal aber bestraft, handelt natürlich ganz verfehlt. Statt des Anspringens muß dem Hunde beigebracht werden, sich zur Begrüßung vor dem Herrn hinzusetzen und die Pfote zu geben; Versuchen zum Anspringen ist durch „pfui!", bei besonders hartnäckigen auch durch „versehentliches" Treten auf die Hinterpfoten zu begegnen.

Eine andere, recht unerfreuliche Angewohnheit ist das Lecken. Auch das ist ja ein Zeichen von Liebe, ja eigentlich das höchste Liebeszeichen, das der Huud zu vergeben hat — s. Mutterliebe —, da er aber mit seiner Zunge auch alle möglichen anderen Stellen aufsucht, nicht bloß die Hand des Herrn, oft genug im Schmutz herumwühlt und wahllos alles aufnimmt, ist dies Liebeszeichen den meisten nicht nur unangenehm, sondern erscheint ihnen auch mit recht gesundheitlich bedenklich. Alle Menschen denken freilich nicht so, manche fordern den Huud vielmehr geradezu zum Lecken heraus und lassen sich die Hände, selbst das Gesicht gründlich ablecken; nun, die Geschmäcker sind verschieden und darüber ist bekanntlich nicht zu streiten. Alle Hunde neigen ja nicht zu dieser Lecksucht, zeigt sich die aber, so muß sie sofort bekämpft werden. Hilft „pfui!" allein nicht, so muß ein leichter Klaps auf den Fang erfolgen; oder ein schnelles Erfassen des Fangs, um die vorgestreckte Zunge leicht einzuklemmen und dabei etwas Pfeffer oder andere unschädliche Bitterkeiten darauf zu streuen.

Was für den Umgang mit dem Herrn gilt, gilt natürlich auch für den Umgang mit Angehörigen, Kindern und Dienstboten. Kinder necken und quälen gern, Dienstboten aber schaden nur zu leicht, indem sie aus eigener höherer Weisheit unsere Erziehungsgrundsätze nicht beachten und damit alles erzielte über der Haufen werden. Denn dem Zögling geht es natürlich schwer ein, daß er bei dem einen das, beim anderen jenes tun oder lassen soll und übertriebene Nachsicht schadet ebenso sehr wie Rohheiten. Hunde, namentlich noch erziehungsbedürftige Junghunde, sind daher den Händen der Dienstboten möglichst zu entziehen; vor allem lasse man sie mit diesen nie anders als angeleint auf die Straße. Der Hund kommt uns darin auch entgegen; er hat den Trieb

Abb. 422.   Der Hund als Haus-
haltungsgehilfe.

zum Herrn, will, wie wir sahen, wenn richtig behandelt, von den Dienstboten meist auch nicht viel wissen, kann, recht erzogen, diese aber in manchem ersetzen. |4| Fremden Leuten gegenüber soll der Hund sich im Hause und auf der Straße gleichgültig, beobachtend, ab= lehnend verhalten; er soll weder ihre Freundschaft suchen, noch sie zudringlich beschnüffeln, anbellen oder gar ihnen grundsätzlich in die Waden fahren. Das wären Zeichen schlechter Erziehung; zu guten Bekannten des Hauses darf und wird er sich natürlich mit der Zeit eben= falls freundlich stellen, aber auch da ist Zurückhaltung besser, schäferhundmäßiger, als Zudringlichkeit. Wo dies zurückhal= tende Schäferhundwesen fehlt, ist es meist Folge falscher Erziehung: die Welpen wurden im Zwinger gehalten, begrüßten dort jeden, der sich mit ihnen beschäftigte als Erlöser von tötender Langeweile, wurden fremdenfreundlich statt herren= treu gleich unseren irrenden Schwärmern, die Weltverbrüderung vor Vaterlands= liebe und Heimatdienst stellen. Oder ein unverständiger Besitzer hatte eben= so unverständigen Freunden gestattet, den heranwachsenden Junghund zu liebkosen und zu verhätscheln; auf solche Weise erzieht man wabbelige Allerweltshunde, Friedens= schwärmer, aber keine Schäferhunde. Der Schäferhundhalter, der einen anständigen Hund haben möchte, wird also seine Bekannten bitten, den neugierigen Junghund nicht zu beachten, ihn nicht anzulocken oder ihm gar Brocken zuzustecken, ihn vielmehr abzuweisen; geht es nicht anders, in schärfster Weise, mit Hieb und Stoß, das ist die beste Zukunftslehre. Gegen zu große Schärfe, Beißsucht, dagegen muß in der weiter unten erwähnten Weise vorgegangen werden.

Einen scheuen Hund richtig zu behandeln, ihm anderes Wesen anzuerziehen, ist ungemein schwer, erfordert viel Geduld und höchste Erziehungskunst. Einem überzüchteten, nervenschwachen und zwinger scheuen Tier gegenüber ist es auch schade um die verlorene Zeit; fort mit ihm. Handelt es sich um Ängstlichkeit gegenüber Neuem, ungewohnten Erscheinungen, hilft Ruhe, Gewöhnung, Vertrauen gewinnen lassen, unter Umständen durch Beriechenlassen; hier mit Gewalt vorzugehen, hieße alles verderben. Bei verprügelten, handscheuen Hunden muß unter allen Umständen ein Führerwechsel erfolgen, soll aus dem Tier noch etwas Brauchbares werden. Mit der Abrichtung muß zunächst ganz ausgesetzt, dem Hunde dagegen möglichst viel Gelegenheit zum Umgang —eigenhändig füttern und pflegen! —und Spiel mit dem neuen Herrn gegeben werden, um ihn die früheren Mißhandlungen vergessen zu lassen und neues Vertrauen zum Herrn in sein Herz zu pflanzen.

Andere Haustiere im Hofbezirk wird der ältere Hund als Herreneigentum achten und behandeln, der heranwachsende dagegen wird, bis er so weit ist, manchen Unfug ihnen gegenüber versuchen. Namentlich das Huhn übt da eine bedenkliche Anziehungskraft aus, weil es in

Abb. 423. Geflügelfromm.

seiner gackelnden und dummdreisten Zudringlichkeit und Torheit, mit seinem hirnlosen Gerenne und Geflattere geradezu zur Verfolgung anlockt; die Ente benimmt sich schon bedeutend vernünftiger, eine zischende Gans aber mit ihrem harten Flügelschlag vermag selbst einem alten Hunde ein Verhältnis auf gegenseitige Achtung abzuringen. Bietet sich Gelegenheit, einen jüngeren Hund, angeleint selbstverständlich, an eine Küken führende Henne zu bringen, so ist das eine recht gute Schulung. Will sich der Zögling auf die wuselnde Kükenschar stürzen, gibt es unter „pfui!" einen Preller mit der Leine und dazu eine hackende Henne. Hilft die Belehrung nicht auf die Dauer, so muß der Hund eingehend mit Korallen, ablegen und nieder vor Geflügel gearbeitet werden. Gelingt es einen Hetzer bei der Tat zu erwischen, so kann ein Wurf oder die Schleuder helfen. War der Mord schon erfolgt: ablegen vor dem gemeuchelten Tier und kriechen; auch kann solchem Hetzbold ruhig sein Opfer mehrmals unter „pfui!" um den Fang geschlagen werden. Ein Hund, der auf dem eigenen Geflügelhof sicher, ist es darum noch nicht auf der Straße, oder bleibt es nicht nach einem Besitzwechsel; darum dann Vorsicht, Aufmerksamkeit und rechtzeitiges Eingreifen.

Gleiches wie für Geflügel gilt für Kaninchen und ähnliches·Kleinzeug. Mit Katzen aufgewachsene Junghunde bleiben meist katzenfromm, da die Miez mit Krällchen und Katzenschlägen vorzusorgen versteht. Bildet ein Huud sich später zum Katzenhetzer aus, so ist daran meist verkehrte Erziehung schuld, die den Hund anhetzte, statt ihn zurück= zuhalten. Tat es der Herr nicht, so finden sich immer genug Törichte, denen es Spaß macht, die Neigung des Hundes sich auf alles Rennende, Flüchtende zu stürzen, durch unsinniges Anhetzen zu schüren, statt ihr rechtzeitig entgegenzutreten. So künstlich anerzogener Überschneid ist schwer wieder abzugewöhnen, auf die Behandlung komme ich später.

Bei der Behandlung des Verhältnisses Hund zu Hund ist große Vorsicht nötig. Den Hund drängt es aus innerstem Urtrieb zu Artgenossen; er will neues sehen, richtiger: riechen, wichtiges erfahren, sich unterhalten, spielen, auch raufen. Schon der Ansteckungsgefahren wegen möchten wir unseren Junghund aber nicht zu viel mit fremden Hun= den zusammenkommen lassen; verhindern wir das freilich ganz, womöglich in ängstlicher Weise, so erziehen wir einen Banghasen, der vor jedem fremden Hunde zwischen den Beinen des Besitzers Schutz sucht. Wie beim Kinde heißt es also auch hier, sich die Jugendbekanntschaften an= sehen und dann der abschleifen= den Selbsterziehung das wei= tere überlassen. Für die Straße muß der Hund dann allmählich so weit gebracht werden, daß

Abb. 424. Katzenfromm.

er sich abrufen läßt, wenn er zu einem Artgenossen laufen will. Steht er dem erst mal Auge in Auge gegenüber, dann kann Abpfeifen zu schweren Seelenkämpfen führen: denn folgt unser Hund dem Ruf, so baut er dem anderen Hunde gegenüber scheinbar ab, gibt somit seine schwächere Kehrseite preis und wird dann gar zu leicht gepackt; wir führen also gerade herbei, was wir vermeiden wollten. Dann ist es richtig, die gegenseitige Be= grüßung und Musterung vorübergehen zu lassen und den Hund erst abzu= rufen, wenn sich auf beiden Seiten Gleichgültigkeit zeigt oder das Spiel be= ginnt; ruhiges Weitergehen ruft ohnehin im Hunde den Trieb zum Herrn wach. Kommt es aber mal zu einer Rauferei, so ist die, wenn nicht Liebe im Spiel, in der Regel auch nicht so schlimm, oft nur Scheingefecht, das freilich bei ungeschicktem Eingreifen leicht zum Ernst führen kann. Richtiges Eingreifen in eine Rauferei ist schwer, nicht selten bleibt dann der Frieden= stifter der Leidtragende. Schläge an den einen verdoppeln die Wut des anderen, der einen Helfer gefunden zu haben glaubt; gelingt es, beide Raufer am Halsband abzufangen und auseinander zu halten, so läßt fid der fremde forttreiben, der eigene beruhigend zurückhalten. Haben fich aber zwei richtige Beißer erft einmal gründlich gepackt — meift find es gefühlsneidifche Weiber —, dann hilft am ficherften ein Kübel Waffer, beiden Streithammeln über den Kopf gefchüttet.

Um fich felbft gegen einen biffigen Hund zu fchützen, bleibt man am beften ruhig aufrecht ftehen, den Huud feft in den Blick bannend. Furchtlofigkeit und Menfchenauge find noch immer die beften Zähmungs= mittel gegen jegliches Getier. Ift Rückendeckung zu gewinnen möglich, fo fuche man die langfam rückwärts fchreitend zu erreichen, laffe den Hund aber nicht aus dem Auge. Beim Bücken, nach Steinen etwa, täte man das, der Wurf würde den angriffsluftigen Huud auch nur reizen. Greift der tatfächlich an, fo ift ihm der Stock vorzuhalten, in den er fich verbeißen kann; ein kurzer fcharfer Schlag mit der geballten Fauft, am Stock entlang auf die Nafenkuppe des Hundes, erledigt dann auch den ftärkften. Sich vorm Hunde hinzukauern und in diefer Hockftellung allerlei Faxen zu machen, um den Hund erft zum Erftaunen, dann zum Schwanzeinziehen, fchließlich zum Fortlaufen zu bringen, wird als alter Kundenkniff von der Landftraße empfohlen, daß er erfolgreich ift, möchte ich bezweifeln; vielleicht bloßen Bellern gegenüber, aber die beißen be= kanntlich nicht.

Zur Hauserziehung gehört an erfter Stelle Erziehung zur Sauberkeit; Hilfsmittel: Ausnützen des Naturtriebes, Gewöhnung und ..... Pünktlichkeit und Ordnungsliebe des Herrn; jawohl, des Herrn. Der Saugwelpe läßt feinen Kot unter fich gehen, die Mutter nimmt ihn auf; fobald der Welp aber erft krabbeln kann, bemüht er fich, den Kot außerhalb des Neftes abzufetzen. Darauf müffen wir bauen, dem ins Haus genommenen Welpen den Neftbegriff erweitern und ihn gewöhnen, feine Bedürfniffe von Anfang an außerhalb des Haufes an dazu geeigneter Stelle zu verrichten; dazu gehört Pünktlichkeit in der Fütterung und regelmäßiges rechtzeitiges Herausbringen des Welpen zum Löfen. Wer das nicht will, lieber Lufche oder Häufchen aufwifcht, darf fich nicht wundern, wenn fein Schweinchen fich allmählich zum Dauerftubenfchwein auswächft. Spürt der Welp den Drang zum Löfen, fucht er gern dunkle Ecken auf; dann ift es höchfte Zeit zum Eingreifen, alfo zum Ergreifen des kleinen Burfchen, der nun lobend vors Haus auf fein Plätzchen getragen wird. Ift der Welp erft ans Herausbringen gewöhnt, fo meldet er fich meift in der Nähe der Tür; er, wie auch ältere Hunde, durch unruhiges Hin und Her, mit Stehenbleiben zwifchendurch, durch Jaulen, wohl auch durch Anfehen oder fanftes Anftoßen des Herrn oder durch Kratzen an der Tür. Solch Anmelden des „ich muß mal raus" ift ftets zu beloben, der kleine ift dann unter weiterem Loben herauszu= führen, aber auch, nach erledigtem Gefchäftchen, wieder mit ins Zimmer zu nehmen. Einige Tage, längftens Wochen, folch peinlicher Aufmerk= famkeit und der kleine Burfche ift feft zimmerrein. Magenftörungen, Erkrankungen können natürlich Rückfälle herbeiführen; es gibt eben keine Regel ohne Ausnahmen und Not kennt kein Gebot. Der kranke Huud gehört aber überhaupt nicht ins Zimmer, wenigftens nicht in die gute Stube; feine Pflege erfordert Sondermaßnahmen. Verfündigt fich aber ein gefunder Hund gegen das Reinlichkeitsgebot, fo wäre es ganz verfehlt, ihn mit der Nase in seine Missetat zu stoßen; das wäre Quälerei und Erziehung zur Schweinerei, würde die erste Ursache zu Handscheuheit bilden und den Hund nur erst recht dazu veranlassen, beim nächsten Mal sich in eine dunkle Ecke zu verkriechen, wo die Untat erst heraus= kommt, wenn sie zu arg zum Himmel stinkt. Gelingt es, einen Sünder auf frischer Tat zu erwischen, während er sich gerade hinkauert oder noch beschaulich nachdenkt, dann schadet auch ein leichter Klaps nichts; ausgleichende Gerechtigkeit! Manchmal freilich auch Ungerechtigkeit, denn aus Unachtsamkeit und Bequemlichkeit wird dem Hunde, jungen wie alten, da bisweilen über seine Kräfte Gehendes zugemutet und mancher brave Kerl, der in peinlichem Sauberkeitstrieb sich überlange Enthaltung auferlegte, hat sich da schon den Grund zu späteren Leiden geholt.

Die Sauberkeit und Ordnung im Zimmer erstreckt sich übrigens nicht bloß auf die Nichtbefriedigung der natürlichen Bedürf= nisse. Der Hund, der von früh auf gewöhnt, Haus und Zimmer nicht zu betreten, bevor ihm nicht die schmutzigen Straßenpfoten mit dem dafür bestimmten Tuch abgewischt, wird niemals Schmutz in die Zimmer tragen. Ebenso wird der Hund, der fest an seinen bestimmten Liegeplatz im Zimmer gewöhnt ist, dem der Begriff Polstermöbel oder gar Bett zum „Besteigen verboten!" geworden, niemals lästige Erinnerungen in Gestalt locker gewordener Haarbüschel dort hinterlassen. Wem solch Ordnunghalten zu viel ist, darf freilich auch nicht über schmutzige Fuß= tapfen oder überall herumhängendes Haar schimpfen.

Das eben schon erwähnte Herumliegen auf Polstermöbeln und Betten ist nicht zu dulden. Meist trägt ja am Einreißen dieser Unsitte der Herr oder die Frau die Schuld, die den Hund dort hinlockten, um mit ihm zu spielen. Was bei Hänschen noch ging, geht bei Hans dann nicht mehr, oder soll nicht mehr gehen, ist aber schwer, sehr schwer abzugewöhnen. Denn meist suchen die Hunde diesen verbotenen Platz nur in Abwesenheit des Herrn auf und wissen sich auch rechtzeitig zu drücken; daß die starke Herrenwitterung dort sie dann gerade zum Auf= suchen des verbotenen Platzes verführen mag, sagte ich schon im II. Ab= schnitt. Es bleibt also nichts übrig, als durch Überraschung zu wirken, um dann mit der üblichen Verwarnung, Belehrung oder Strafe vorzugehen. Wenn es ein Hund freilich so liebenswürdig macht, wie meine oben oft erwähnte alte Mira, die sich, wenn ich am Schreibtisch saß, vor meinen Augen ganz sacht und heimlich tuend, mich scharf beobachtend, auf den Langstuhl stahl, es sich dort recht bequem machte, mich aber dauernd weiter im Auge behielt und dann, wenn unsere Blicke sich kreuzten, mich verschmitzt glücklich anlächelte, nein anwedelte, — sie „klopfte" dann auch, aber nicht wie Rolf und seine lieben Kinderchen mit der ungelenken Pfote, sondern mit der Rute, und nicht Buchstaben und Zahlen, mühsam nachempfundene Worte, sondern Gedanken, von Hirn zu Hirn, von Herz zu Herz! — dann, ja dann kriegt man es solch lieben Schelm gegenüber eben doch nicht übers Herz; weder das Herunterjagen, noch das Strafen. Dann opfert man eben lieber die Kameltasche und alle Erzieherweisheit auf dem Altar der Hundenarrheit und Freude am Tier.

Auf S a u b e r k e i t beim F r e s s e n kann jeder sehen, der im Zimmer füttert. Nicht daß der Hund keine Suppenspritzer neben die Schüssel machen sollte; die leckt er schon nachher auf und auf den echten Perser wird die Futterschüssel ja ohnehin nicht gestellt werden, es sei denn beim Nachkriegsgewinnler erster Ordnung. Wer aber große Fleischbrocken oder Knochen ins Breifutter gibt, kann nicht hindern, daß die herausgefischt und zu bequemem Platz getragen werden, um dort in Gemütsruhe gerissen und zerbissen, gekaut und benagt zu werden. Derartiges muß im Liegen geschehen, das ist nun mal Hundebrauch, gegen den wir nicht ankönnen, weil dazu die Pfoten zu Hilfe genommen werden müssen. Solche Stücke gehören also nicht von vornherein ins Futter, sondern nachträglich gegeben und besser nicht im Zimmer. Dagegen kann beim Fressen darauf gesehen werden, daß der Hund hübsch bei seinem Napf bleibt; wer fortläuft, aufhört zu fressen, dem wird das Futter fortgenommen; das ist, regelmäßig durchgeführt, schon ausreichende Erziehung. Solch Bleiben beim Napf ist unbedingt nötig, wenn mehrere Hunde gleichzeitig gesüttert werden; Besuch beim Nachbar, nachsehen, was der bekam, bischen mitnaschen, ist schon bei Welpen nicht zu dulden, dann sitzt diese Tischordnung auch beim älteren Hunde fest. Ein Einzelhund kann auch unschwer dazu gebracht werden, erst auf ein Stichwort hin, etwa auf „friß!", mit dem Fressen zu beginnen. Das kann unter Umständen den Hund vom Naschen und Stehlen abhalten, aber auch der Huud kennt den alten Russenspruch: „Rußland ist groß und der Zar ist weit!"

Ich sprach vorhin von einem bestimmten Liegeplatz des Hundes. Die Gewöhnung an solch festen Platz ist sehr nützlich; nicht nur damit der Hund nicht überall herumlungert, Schaden anrichtet, Schmutz hinbringt, oder im Wege liegt, und Menschen über sich wegstolpern läßt, sondern vor allem auch damit es eine bestimmte Stelle gibt, die dem Hunde gehört und zu der er geschickt werden kann, wenn er sich anderswo mausig macht oder wenn der Herr Ruhe vor ihm haben möchte. Um dem Hunde das Eingewöhnen auf den Platz zu erleichtern, machen wir ihm dort ein Lager zurecht. Das kann für jüngere Tiere eine kleine Schlafkiste oder ein Korb sein, einfacher noch eine leicht zu reinigende derbe Matte oder ein alter Teppich; für Welpen aber schon recht derb und fest, damit die Unterlage nicht zu schnell zernagt und zersetzt wird. Der Platz soll so gewählt werden, daß der Huud dort gut zu beobachten ist, andererseits wird der Huud sich dort schneller heimisch fühlen, wenn bei der Auswahl etwas Rücksicht auf seinen Geschmack genommen wird. Seinen Lagerplatz mag der Hund gern dunkel und in einer Deckung, er mag nicht die ungeschützen Teile, Flanken und Rücken, einem plötzlichen Überfall preisgeben, da sprechen eben Wildhunderbgewohnheiten mit; ferner darf es dort nicht zugig, dagegen soll es möglichst warm sein. Ein sehr begehrter Platz ist der unterm Schreibtisch; ein richtiger Hund sucht diese Schreibtischhöhle denn auch zuerst und immer wieder auf, sie trägt zudem auch die Herrenwitterung am eindringlichsten. Als Daueraufenthalt ist der Platz für den Hund aber wenig geeignet; erstens braucht der Herr ihn selbst und dann steht der Hund dort zu wenig unter Aufsicht. Mit etwas Überlegen und vielleicht auch Zurechtrücken von

Möbeln wird sich aber schließlich in jedem Zimmer ein in jeder Beziehung für den Hund passender und gern angenommener Platz finden lassen. Das Eingewöhnen dorthin erleichtern wir, indem wir die Zeit wählen, zu der der Hund ohnehin gern liegt, die Verdauung nach der Mahlzeit.

Der Huud wird also zu dem ausersehenen Platz geführt und dort unter „Platz!" sanft niedergedrückt; Druck auf das Ende des Widerrists, nicht dahinter auf den Rücken, wenn nötig, vorsichtiges Aufnehmen und Vorziehen der Vorderläufe. Bleibt der Hund nach dieser Hilfe ruhig liegen, wird er gelobt; die Hände werden dann allmählich fortgezogen, der Führer richtet sich auf. Will der Hund aufstehen, wird das Nieder=drücken unter „Platz!" wiederholt, bis der Hund einige Zeit so vorm Herrn liegen bleibt. Natürlich würde er, sobald der Herr forttritt, auch auf=springen und fortlaufen wollen; daher er nunmehr am Platz anzulegen ist, und zwar auch der Welpe an einer leichten Kette, niemals an einer Leine. Der Zögling lernt bei dieser Übung dreierlei: die Ge=wöhnung an seinen Platz, das Hinlegen — wozu später mit „Platz!" das Befehlswort zum Hinlegen: „leg dich!" oder „hinlegen!" oder auch bloß „liegen!" verbunden werden kann — und schließlich das Anlegen. Die Kette wählen wir, damit der Hund sich gar nicht erst das Knautschen an der gutschmeckenden Lederleine angewöhnt; er würde auf diese Weise nur das Durchschneiden und selbständige Befreien lernen, das aber darf es für den angelegten nicht geben, an der kalten Kette läßt er das Herumbeißen bald. Gegen den Kettenzwang wird der Zögling sich zunächst empören, das macht nichts, Gewöhnung tut auch da alles; gut ist es aber, den Hund von vornherein so kurz anzulegen, daß er auf dem ihm zugewiesenen Lager bleiben muß. Zunächst soll der Zög=ling nicht zu lange auf seinem Platz bleiben müssen; später muß er auch lernen, diesen auf „Platz!" freiwillig aufzusuchen und dort zu bleiben, bis er abgerufen wird. Das Wort Platz muß ihm zum Lagerbegriff werden, der Ort des Lagers kann dann auch geändert werden.

Das Gewöhnen an einen bestimmten Platz, wo der Hund nicht stört, hat auch deshalb so große Bedeutung, weil manche Hunde sich just auf Stellen hinflegeln, wo sie durch Herumliegen den Verkehr im Hause stören; werden sie dort nicht aufgescheucht und an ihren Platz verwiesen, so erwarten sie allmählich von den lieben Mitbewohnern, daß die einen Umweg um sie herum machen. Das tun leider so manche aus falsch verstandener Gutmütigkeit und stärken so die Dickfelligkeit und Bequemlichkeit des Hundes, was im Dunkeln, wenn der Hund nicht zu sehen, zu sehr bösen Unfällen führen kann. Auf herumliegende Hunde ist daher gar keine Rücksicht zu nehmen; wenn dabei auch mal ein „ver=sehentlicher" Tritt auf einen empfindlichen Teil abfällt, so ist der nur ein Erziehungsmittel, dient dem Besten des Hundes und der Menschen.

Langeweile und Kautrieb verführen den jungen Hund leicht zum Nagen und Zerbeißen aller ihm erreichbaren Gegenstände, selbst ältere Hunde versuchen sich noch manchmal in diesem süßen Zeitvertreib; wir sehen bisweilen ja auch schon ganz große Kinder noch mit dem Schnuller herumlaufen, und in Amerika kauen die Erwachsenen . Gummi. Holzteile der Möbel, Vorhänge und Teppiche, alle Leder=sachen werden bevorzugt; namentlich Schuhwerk übt eine unwider=

604

ſtehliche Anziehungskraft aus, trägt es dazu doch auch noch vertraute
Witterung. Hier muß, ſoll nicht ernſtlicher Schaden angerichtet werden,
gut aufgepaßt und vorgebeugt werden. Zur Beſchäftigung, auch um den
Kautrieb in der Zahnzeit zu befriedigen, werden weiche Knochen oder
Kugeln aus hartem Holz, auch harte Gummibälle, gegeben, niemals
aber Weichholzſtücke oder weiche Bälle; vor Schwämmen und Steinen
habe ich ſchon a. a. O. gewarnt. Beſonders gefährdete, die Nagewut
anreizende Stellen können durch Beſtreuen oder Befeuchten mit ſcharf
riechenden Stoffen geſchützt, verwittert werden: Tabakſtaub, gemahlener
Pfeffer, Salmiakgeiſt, Terpentinöl; auch die bitter ſchmeckende Aloe=
tinktur iſt ein treffliches Abſchreckmittel da, wo ſie ſich ihrer dunklen
Färbung wegen anwenden läßt. Freilich halten alle dieſe Mittel nur
geraume Zeit vor, die beobachtende Aufmerkſamkeit darf alſo niemals
nachlaſſen; ſobald der Welp zu nagen anfängt, muß ein warnendes
„pfui!" kommen, wird es nicht beobachtet, ein leichter Klaps und Anlegen
am Platz. In einem Zimmer, das wertvolle Sachen enthält, darf ein
Junghund nie allein gelaſſen werden; verläßt der Herr das Zimmer,
muß der Hund mit, oder er wird angelegt.

Betteln und Stehlen ſind ſehr häßliche Untugenden. Der
bettelnde Huud iſt das Ergebnis mangelnder oder falſcher Erziehung,
das Betteln aber artet nur zu leicht in Stehlen aus. Beim Eſſen gehört
der Hund nicht an den Tiſch, ſondern auf ſeinen Platz. Bis er dort ge=
horſam bleibt, angeleint; jault er, wird er durch „pfui!" zur Ruhe ver=
wieſen. Aber auch mit den Augen ſoll der Hund nicht betteln; er darf
es gar nicht kennen, daß ihm vom Tiſch ein Brocken zugeworfen oder
daß er gar zum Holen eines ſolchen herangerufen wird. Daß ihm auch
nicht am Schluß der Mahlzeit übrig gebliebene Reſte auf einem Teller
gereicht werden dürfen, brauche ich wohl nicht nochmals zu erwähnen;
dagegen kann ihm, wenn es mit der Zeit ſtimmt, recht wohl dann ſein
Futter gegeben werden.

In der Küche gewöhnt ein Huud ſich das Betteln und Naſchen,
alſo Stehlen, gar zu leicht an; deshalb darf er dort unter keinen Um=
ſtänden geduldet werden, die Küche muß ihm ein ſtreng gemiedener Ort
ſein; Dienſtboten können in dieſer Beziehung gar nicht ernſt genug
unterwieſen, aber auch überwacht werden. Sobald der Hund die Naſe
zur Küchentür hineinſteckt — der Geruch von dort iſt ja immer ſehr an=
ziehend — muß „pfui!" und „raus!" ertönen; etwas zum Nachwerfen
oder =gießen — nur nicht kochheißes Waſſer — ſteht dort immer zur
Hand.

Gelegenheit macht Diebe, deshalb ſoll der Hund von Küche,
Speiſekammer und anderen Vorratsräumen fern gehalten werden;
man ſoll ihn aber auch nicht unnötig Qualen und Seelenkämpfen aus=
ſetzen und ihn neben einem gedeckten Tiſch allein laſſen. Ich hatte einſt,
noch in luſtigen Leutnantsjahren, eine ſehr gut erzogene Hündin, die
nicht ans Betteln und Stehlen dachte, auch reichlich, überreichlich ge=
füttert wurde. Eines Tages ließ der Burſche, wie gewöhnlich, die Hündin
oben neben dem bereiteten Frühſtückstiſch, um mir das Pferd abzunehmen.
Als ich hinaufkam, war der Tiſch geräumt; die Hündin trug damals,
hatte alſo wohl einem unbezwingbaren Gelüſte nachgegeben.

hat der Huud sich das Naschen und Stehlen erst mal angewöhnt, ist es ihm recht schwer wieder auszutreiben, deshalb ist es ganz nützlich, neben der Vorsorge, die die Gelegenheit entziehen will, auch eine be= lehrende Vorbeuge zu treffen und nicht erst abzuwarten, bis der Jung= hund einer natürlichen Regung nachgibt. Ein Lockhappen, groß genug, um nicht auf einmal verschlungen werden zu können, wird gut sicht= und erreichbar, etwa auf einem Stuhl oder an der Tischkante hingelegt. Der kurzangeleinte Hund wird in die Nähe des Happens gebracht; schnuppert er, will er gar zufassen, folgt ein scharfes „pfui!" und eine Verwarnung mit der Leine. Nachdem das mehrfach wiederholt, wird der Hund frei gelassen; der Führer überläßt ihn scheinbar sich selbst, behält den Zögling aber scharf im Auge. Erliegt der der Versuchung, wird so= fort scharf eingegriffen, und hier ist eine Gelegenheit, wo mäßige Prügel segensreich wirken können. Später wird der Hund mit dem Lockhappen allein gelassen, aber vom Nebenraum aus beobachtet. Es sind auch allerlei künstliche Schreckmittel ersonnen worden, um dem Hunde das Stehlen abzugewöhnen: elektrische Schläge, vorspringende Stacheln u. ä.; das beste ist immer noch Aufmerksamkeit und persönliche Belehrung. Dem Hunde den Lockhappen verekeln zu wollen, durch scharf oder bitter schmeckende Stoffe, rechnet nicht mit der Hundenase; die würde dem Näscher rechtzeitig sagen: „schmeckt schlecht, nichts für uns!", die Lehre träfe also nur für das Stück zu, nicht für andere. Ein fest abgeführter, auf frischer Tat ertappter Hund kann vor dem gestohlenen Stück zur Strafe abgelegt werden, er kann auch um das ihm wieder abgenommene herumkriechen müssen; keinesfalls darf schließlich der Hund die für anderen Gebrauch wertlos gewordene Beute doch in sichtbarer Form zu fressen bekommen.

Die Tür, Haus= wie Zimmertür, bietet reichliche Gelegenheit für erzieherische Einwirkung und ist die Ursache manchen Ärgers über den Hund. Der durch sie ins Freie gelassene Hund möchte hinausstürmen, der erste sein, drängelt sich vor und womöglich durch die Beine des Herrn durch; der ausgesperrte aber möchte hinein, zerkratzt sie, versaut Anstrich und Türschloß, kriegt es schließlich fertig, die Tür zu öffnen und läßt sie natürlich sperrangelweit offen stehen. Der Trieb ins Freie, die Freude über die dort zu erwartende Bewegung, ist etwas ganz Natürliches, daher dem Junghund der Begriff „nicht drängeln" und sittsames Benehmen an der Tür schon frühzeitig beigebracht werden muß; er muß daran ge= wöhnt werden: erst kommt der Herr, dann ich. Das kann mit etwas Aufmerksamkeit schon dem kleinen Welpen klargemacht werden; später muß der Hund sich vor der Tür setzen, das weite Öffnen in Ruhe ab= warten und darf erst auf „Fuß!" folgen oder auf „voran!" vorauslaufen.

Soll der Hund nicht mitgenommen werden, so ist er vor Verlassen des Raumes auf seinen Platz zu verweisen. Beides bedarf reichlicher Übung und steter Aufmerksamkeit.

Das Öffnen einer Drückertür lernen die Hunde leider sehr leicht; aus sich selbst heraus oder durch Absehen von anderen Hunden, wohl auch vom Menschen. Lehren sollte man es keinem Hunde, denn es ist eine recht unerfreuliche Kunst, die niemandem Nutzen oder Freude bringt. Das Wiederzumachen vergessen sie nämlich regelmäßig, ganz wie kleine

Kinder; ich habe wenigſtens noch keinen Hund kennen gelernt, der es getan oder dem es beigebracht worden wäre. Sobald der Hund alſo Selbſtunterricht am Türſchloß zu nehmen beginnt, muß ſofort durch eine ſcharfe Verwarnung, ſpäter Strafe, dagegen eingeſchritten werden. Hat er den Kniff erſt heraus, iſt die böſe Kunſt kaum mehr auszutreiben.

Im Hof iſt der Hund an Hütte, Kette und Zwinger zu gewöhnen. Bei der Hütte kommt uns der Begriff „Platz!" zu Hilfe, auch das Anlegen hat er dabei ſchon kennen gelernt; hier iſt nur darauf zu halten, daß er ſich nicht an laute Klagelieder oder dauerndes Bellen gewöhnt: auf den Platz, d. h. in die Hütte ſchicken, wenn nötig aus dem Fenſter heraus ein Schrotkorn aus der Schleuder oder ein kalter Guß. Das wirkt ein= dringlicher als Herauskommen, Strafreden halten, mit der Peitſche drohen oder gar Prügeln. Denn der Hund freut ſich, wenn der Herr zu ihm kommt, Jaulen und Bellen verſtummen dann ohnehin; der Hund würde alſo den Grund der Ermahnung oder Strafe nicht verſtehen, dagegen pünktlich wieder mit Lärmen beginnen, wenn der Herr ver= ſchwunden iſt. Ähnliches gilt für vorübergehende Zwingergewöhnung, nur muß hier für Spiel und Unterhaltung geſorgt werden.

Die Gewöhnung an Kleintier in Haus und Hof habe ich oben ſchon beſprochen, im ländlichen Gehöſt wird ſich auch Gelegenheit bieten, die Bekanntſchaft mit größeren Haustieren: Pferden, Rindvieh, Schweinen, Ziegen und Schafen zu vermitteln. Die Hilfen ergeben ſich von ſelbſt, Pferden gegenüber iſt der Hund von vornherein vom Bellen, Anſpringen und Greiſen nach den Beinen abzuhalten.

Im Garten kann der ſich ſelbſt überlaſſene Hund durch Wühlen und Graben nach Mäuſen, Maulwürfen, Wühlratten natürlich viel Schaden anrichten. Der Liebhaber ſteht dann vor der Frage, was er lieber haben will: einen friſchen, fröhlichen, natürlichen Huud oder einen peinlich gepflegten Ziergarten. Im Gemüſegarten läßt ſich, wenn von Anfang an darauf gehalten wird, der Hund leicht ans Einhalten der Wege gewöhnen; dem Schäferhunde liegt das Halten der Furche vom Beruf her im Blut.

Die Straßenerziehung erfordert zunächſt Leinenführigkeit. Leinenführig nennen wir einen Hund, der, ohne zu ziehen oder zurüd= zubleiben, dicht am linken Knie ſeines Führers geht. Das läßt ſich in dieſer Weiſe von einem Welpen oder Junghunde natürlich noch nicht verlangen und doch ſollen wir gerade mit dieſem zunächſt nicht unangeleint auf die belebte Straße gehen. Den Zwang des Kettchens hatte der Welp ſchon im Zimmer bei der Gewöhnung an den Platz gelernt, dazu hatte ihm auch die erſte Halſung umgelegt werden müſſen. Selbſtverſtändlich nehmen wir als ſolche nicht gleich ein Würgehalsband, ſondern ein einfaches leichtes Halsbändchen zum Schnallen; es kann auch ſelbſtverfertigt ſein, nur kein Bimmelchen dran! An das Hals= bändchen gewöhnt der Kleine ſich ſchnell, der Zwang der Leine ärgert ihn ſchon bei weitem mehr. Helfen wir ihm alſo durch Anloden, Vor= wärtslaufen — damit er haſchen will — und Vorzeigen guter Brocken, von denen er ab und zu unter ſtetem Loben ein Stück bekommt. All= mählich kommt die Einſicht, daß auch die Leine nicht ſo ſchlimm iſt, wenn man nur hübſch folgt, daß ſie fühlbar nur dann wird, wenn man anders möchte als der Herr und der bittet doch immer so schön mitzukommen. Die ersten Gänge an der Leine sollten im Hof oder Hausgang gemacht werden, weniger des Hundes wegen, als um andere, die auch ein Recht auf die Straße haben, nicht zu stören; geht es einigermaßen, läßt sich die Leine schon kürzer fassen, kann man sich auch mit dem Zögling auf die Straße wagen. Welche Hilfen beim Gewöhnen an die Leine gegeben werden können, welche Fehler dabei oft gemacht werden, habe ich weiter oben schon gesagt.

Je besser der Hund an die Leine gewöhnt oder je größer und älter er geworden ist, desto kürzer kann die Leine dann gefaßt, desto vor= schriftsmäßigeres Folgen kann und muß verlangt werden. Der natürliche Gang des Hundes ist, wie wir im V. Abschnitt sahen, ein kurzer Zottel= trab, der aber fördernder als langsames Gehen des Mannes ist. Der Führer kann also durch rasches Gehen helfen, tritt er kurz, verfällt er in Bummelschritt, erschwert er dem Hunde das rechte Folgen, verleitet er ihn zum Vorprellen und Ziehen an der Leine. Die Straßenbilder ge= führter Hunde sind meist recht unerfreulich, weil die Führer nicht wissen, wie sie führen sollen oder weil es ihnen zu langweilig ist, auf den Huud aufzupassen; auch auf Ausstellungen bietet sich häufig genug solch un= schöner Anblick. Je kürzer die Leine gefaßt ist, desto leichter ist der Hund zu führen, desto mehr Gewalt hat der Führer über ihn. Meist aber bummelt der Hund an kilometerlanger Strippe vor, hinter oder neben Herrchen, auch Frauchen, her, den Bürgersteig sperrend und sich in die Beine Begegnender, in andere Hundeleinen oder um Straßenlampen= pfosten verheddernd. Oder der Hund nimmt die zu lange Leine spielend in den Fang und tänzelt nun im spanischen Tritt neben dem Führer her, der sich womöglich noch über dies stolze Bild freut und gar nicht ahnt, wie ihm der Huud dabei aus der Hand gekommen ist, der Zweck der Führung also zunichte wird. Das sind Sünden der Führung, die der Hund sich zunutze macht, deren Folgen ihm später aber nur schwer wieder abzugewöhnen sind; daher bei Zeiten für richtiges gehorsames Folgen an der Leine sorgen!

Unangeleint sollte der Hund nicht auf die Straße kommen, bevor er nicht so fest im Gehorsam ist, daß er auf Abruf sicher hereinkommt und sich anleinen läßt. Ich spreche hier vom Stadthunde und von stärker benützten Verkehrswegen; dem glücklicheren Landhunde ist die Straße erweiterter Hof, er hindert dort nicht und wird auch nicht selbst bedroht, höchstens mal von einem durchrasenden Kraftwagen.

Auch der freilaufende Hund soll sich auf der Straße dicht beim Herrn halten, am Fuß folgen; zum Austoben sind wenig belebte Gegenden, Gänge ins Freie bestimmt. Aus der Art wie sich der freilaufende Hund auf der Straße benimmt, ob er am Herrn klebt oder sich wenig um den, dagegen mehr um seinesgleichen und alles mögliche andere kümmert, läßt sich leicht darauf schließen, wie der Huud gehalten wird, welche Erziehung ihm zuteil wurde und welche Sorgfalt und Liebe, nicht Affen= liebe, der Herr für ihn hat. Das Befehlswort für rechtes Folgen heißt „Fuß!"; beachtet der Hund es nicht genügend, muß er hereingerufen und angeleint werden, dann folgt fleißige Leinenarbeit, abwechselnd

mit freien Gängen, möglichst im freien Gelände. Auf „voran!" darf
der Hund nach Belieben vorauslaufen.

Gewöhnt der freilaufende Hund sich an, in fremde Häuser
oder Höfe einzudringen oder will er gegenüber Radfahrern, Reitern,
Wagen und Straßenbahnen der Neigung des Hundes, alles sich
rasch Bewegende zu verfolgen, nachgeben, muß er stets zur Belehrung
angeleint und entsprechend gearbeitet werden; auch wenn er anderen
Leuten gegenüber auf der Straße zudringlich wird. Schmeichelt er dort
Fremden, läßt sich von denen schön tun, dann ist die heilsamste Lehre,
ihn von einem dazu angestellten Vertrauensmann anlocken und an=
leinen, in eine stille Ecke führen und dort gründlich verwamsen zu lassen;
der dann wieder frei Gelassene wird es sich merken, daß von Fremden
übles, vom Herrn dagegen gutes zu erwarten ist.

Ist der Hund fest im Gehorsam und folgt er sicher frei, kann er
allmählich auch an das Folgen beim Rad, hinterm Pferd oder
dem Wagen gewöhnt werden; die Hauptsache ist auch hier, daß er
sicher am Herrn klebt, eigentliche Hilfen können während der Bewegung
nicht gegeben werden.

In Gastwirtschaften dürfen Hunde ja meist nicht mitgenommen
werden; wo es gestattet ist, darf der Hund vor allem nicht lästig werden.
Er darf also nicht im Wege herumliegen, sondern gehört mit „Platz!"
unter Bank oder Stuhl des Herrn, muß dort ruhig liegen bleiben und darf
nicht betteln, vor allem nicht an fremden Tischen. Also auch hier ist
Aufmerksamkeit und entsprechende Vorbeuge des Herrn die Hauptsache,
um den Hund an gute Erziehung zu gewöhnen. Für Kaufläden
gilt das gleiche. Darf der Hund sie betreten, sollte er stets angeleint
werden; meist aber wird er draußen warten müssen und muß dann das
gehorsame Warten — Ablegen — gelernt haben, auch nicht mit einem
späteren Besucher einzudringen versuchen. Ausgelegten Waren gegen=
über — die finden sich häufig auch an den Ladeneingängen — ist der
Hund vom Beschnüffeln abzuhalten, namentlich, wenn es sich um Eß=
waren handelt; Rüden wollen da auch oft das Beinchen heben, zum Ver=
wittern, als Zeichen der Besitzergreifung, wenn der Geruch der Ware
ihnen zusagte, sonst als Ausdruck der Verachtung.

Aufmerksamkeit ist auch der Aufnahme herumliegender
Speisereste zu widmen; der Hund sucht und wühlt nun mal aus Natur=
trieb überall nach solch wertvollen Fundstücken, die ihm, weniger auf
der Straße, aber draußen im Freien —Giftbrocken! —oft recht verderb=
lich werden können. Selbst der gut und reichlich gefütterte Hund ver=
schmäht solche Zufallsbrocken nicht, wenn er nicht sorgfältig von Jugend
auf daraufhin erzogen worden ist; und selbst dann .... Fängt der Hund
also an, sich mit solchen Stoffen zu beschäftigen, muß er mit „pfui!"
verwarnt, hereingerufen und angeleint, wenn möglich auch entsprechend
weiter gearbeitet werden: ablegen, nieder, kriechen.

Bevor ich die Straßenerziehung verlasse, noch eine eindringliche
Mahnung an alle Hundehalter: auch zur Sauberkeit auf der Straße
kann und muß der Hund erzogen werden! Dazu also, daß er seine Not=
durft auf der Fahrbahn, nicht auf dem Bürgersteig verrichtet; dort
hinterlassene breitgetretene Hundeandenken erwecken in Auge, Nase und

Magen der Vorübergehenden höchst unerfreuliche Gefühle, es ist daher selbstverständlich, daß solche Fälle von Hundefeinden noch weiter breit= getreten werden, um ihrem Haß gegen alles, was Hund heißt, Luft zu machen und für die Allgemeinheit Nahrung zu geben. Hier heißt es also: jung gewohnt, alt getan, d. h. der Junghund ist von Anfang an dazu anzuhalten, sein Geschäftchen auf der Fahrbahn abzumachen und unter „pfui!" vom Bürgersteig herunterzuweisen. Im Großstadt= straßengetriebe wird das freilich nicht so einfach sein, aber dort ist auch der Bürgersteig mehr als belebt. Dort muß der Hundehalter also mit seinem Pflegling irgendeinen bescheidenen Winkel aufsuchen, denn auch der Hund liebt zu dieser Verrichtung Ruhe und Beschaulichkeit; im Hof= raum des Hauses wird sich schon ein geeigneter Platz finden, freilich muß sich der Hundehalter dann mit dem Hausmann oder Pförtner gut zu stellen wissen. Das Beriechen der „Hundebriefkästen" und, bei Rüden, das Beinchenheben dort ist nun mal Hundeart. Wir besehen uns beim Straßenbummel ja auch die verlockenden Schaufenster und mustern mit Wohlgefallen eine hübsche Erscheinung; davon kriegt selbst ein böser Drache den zahmsten Ehemann nicht ab. So geht es auch mit dieser Hundeerbgewohnheit; an der Leine ist sie natürlich nicht zu dulden, dem frei laufenden Hunde aber nicht abzugewöhnen. Wer sich daran stößt, schaffe sich eine Hündin an, die wenigstens nicht vor „Putzgeschäften" stehen bleibt und dann sicher „nichts anzuziehen" hat.

Kommen wir bei unseren Gängen schließlich mit dem Hunde ins f r e i e Gelände, so soll ihm dort tüchtig Auslauf gegeben werden; die größte Freude wird der Hund dann haben, wenn der Herr sich auch dabei mit ihm beschäftigt, mit ihm spielt, rennt, ihn springen und bringen läßt, sich versteckt und finden läßt. Dies Verstecken und Suchenlassen ist des= halb von besonderem Wert, weil es den Hund l e h r t, seine Nase zu g e b r a u c h e n, was er recht nötig braucht, wenn er seinen Herrn auf der Straße aus dem Auge verloren hat. Er muß sich dann auf der frisch anstehenden Spur zurecht zu finden suchen oder schlimmstenfalls auf seiner Spur den Heimweg finden, wobei ihn sein wundervolles Orts= gedächtnis unterstützt.

Das Spiel im Freien kann auch dazu dienen, dem Junghunde recht= zeitig die gefährliche Jagdlust zu nehmen. Den Grund dazu kann unvernünftiges Anhetzen auf alles Lebende gegeben haben, die Jagd= lust selbst liegt als uralte Erbeigenschaft mehr oder weniger in jedem Hunde, sie kann aber durch richtige Erziehung unterdrückt werden. Wir beobachten also den freilaufenden Hund, ob er anscheinend Wild= spuren aufnimmt und verfolgt; dann ist er sofort mit „pfui!" zu ver= warnen und hereinzurufen. Manche Junghunde stehen auf der Wild= witterung richtig vor, andere legen sich darauf, die meisten spüren auf ihr mit schärfster Anteilnahme weiter und werden immer eifriger in der Verfolgung; dann ist es höchste Zeit zum Eingreifen, sonst geht der Zög= ling aus der Hand. Hat der aber die Hatz hinter einem aus dem Lager aufstehenden Hasen etwa erst aufgenommen, so ist alles Rufen und Pfeifen zunächst umsonst. Der Führer muß warten, bis der Hund ab= gehetzt zurückkommt, er darf ihn auch zunächst nicht tadeln oder strafen, sondern muß dann mit ihm, angeleint, an die Ablaufstelle gehen und ihn dort mit „pfui, has'!" gründlich mit Korallen, Nieder und Kriechen zwiebeln. Hegendorf empfiehlt dazu besonders seine Zwangshalfung, die ich oben erwähnte. Der etwa gewürgte Hase soll dem Sünder tüchtig um den Fang geschlagen, die Peitsche — im Bedarfsfall tut es hier auch eine schnell zurecht geschnittene schwuppe Gerte — in diesem Fall auch nicht geschont werden, um dem Hunde die Jagdluft gründlich zu vertreiben. Der Hund, der einmal zum Wilderer geworden, ist kaum mehr zu bessern und für keinen Dienst, außer etwa zum Sicherheitsdienst in der Stadt, zu gebrauchen. Bei der Herde ist solch wildernder Hund nicht mehr zu gebrauchen und auch als Wachhund auf dem Lande nicht wegen seiner Unzuverläffigkeit. Er müßte dauernd angelegt oder ein= gesperrt bleiben; aber selbst dann wird er immer mal Gelegenheit fin= den, seiner Begier zu fröhnen, läßt Haus und Hof in Stich und kann am Wild und auch an Herden großen Schaden anrichten. Auch Knüppeln hilft nicht immer; ganz schlaue wissen sich zu helfen; sie nehmen den störenden Knüppel in den Fang und hetzen lustig weiter.

Damit wäre die Besprechung der Allgemeinerziehung abgeschlossen; ich komme nunmehr zur eigentlichen Abrichtung, die, wie ich schon mehrfach erwähnte, mit der Erziehung Hand in Hand gehen muß, die ich daher in vorstehendem auch schon mehrfach anschneiden, in Einzel= fragen, wie der des Gehorsams, eingehend behandeln mußte.

Bei der Besprechung der Abrichtung zum Schutz= und Be= gleithund — weiter will ich ja hier nicht gehen — werde ich mich an nachstehende Einteilung halten: Gehorsamsübungen, Gewandtheits= übungen, Wach= und Schutzdienst, Vorbereitung zur Arbeit am Mann und schließlich Gebrauch der Nase, soweit der Begleithund sie braucht und als Einleitung zu den Arbeiten auf der Spur und im Ermittelungsdienst. Ich muß auch hierzu auf das schon oben über das Ineinandergreifen der einzelnen Übungen und deren stufenweise Entwicklung Gesagte verweisen. Bemerken möchte ich, daß, wo mehrere Befehlsworte zur Ausführung einer Übung gegeben werden, dies zur Auswahl geschieht. Der Führer kann sich das ihm mundgerechteste wählen, kann auch ein anderes nehmen, nur muß er unter allen Umständen beim einmal gewählten bleiben. Er darf also beispielsweise zum Hereinrufen des Hundes nicht einmal „hier", ein andermal aber „hierher" oder „herein" anwenden. Soll ein Hund aus bestimmten Gründen für eine Übung an ein anderes Stich= wort — auch Zeichen oder Pfiff — gewöhnt werden, so muß diese Übung von Anfang an mit dem neuen Befehlswort wieder durchgearbeitet werden, was natürlich im abgekürzten Verfahren möglich ist.

Ich gebe nachstehend eine Aufstellung der für die einzelnen Übungen vorgeschlagenen Befehls= oder Stichworte und möchte dazu nochmals auf das weiter oben darüber Gesagte verweisen; die Art der Befehlsabgabe: kurz, ruhig, gedehnt, scharf, laut oder leise ist angegeben.

„ab!" kurz, scharf; zum Ablassen nach dem Fassen;

„ablegen!" ruhig; zum Ablegen an beliebigem Platz;

„Achtung!" kurz, leise; Warnzeichen;

„auf!" kurz; zum Aufrichten aus dem Sitzen oder Liegen;

„aus—s—s!" ruhig; zum Ausgeben des Bringholzes;

„bring!" oder „bring's!" kurz; zum Holen des Bringholzes;

„ſaß!" ruhig, etwas gedehnt; zum Aufnehmen des Bringholzes,
    Vorübung;
„ſaß!" kurz, ſcharf, ziſchendes „ß"; zum Faſſen des Mannes;
„Fuß!" kurz, betontes „u"; zum Kommen und Folgen bei Fuß;
„(gib) Laut!" kurz, auffordernd; zum Lautgeben, ſchärfer betont
    für Standlaut geben;
„gradaus (geradeaus)!" kurz; Richtungshinweis;
„hier!", „hierher!", „herein!" kurz; zum Hereinkommen;
„hin—le—gen!" ruhig; zum Liegen;
„hoch!", „hopp!" kurz; zum Springen und Klettern;
„kriech!", „kriechen!" ruhig, aber entſchieden; zum Kriechen aus
    dem Nieder;
„Laut!" ſ. „gib Laut!"
„leg dich!", „legen!", „liegen!" ruhig; zum Liegen (ſ. a. „hin=
    legen!");
„leid's nicht!" kurz, ſcharf; Warnruf zum Bewachen;
„links!" kurz; Richtungshinweis;
„nied'r (nieder)!" kurz, ſcharf; zum Einnehmen der Stellung Nieder;
„pfui!" kurz, ſcharf; Warnlaut, unter Umſtänden auch gedehnter
    und leiſer;
„Platz!" kurz, entſchieden; zum Einnehmen des Platzes;
„rechts!" kurz; Richtungshinweis;
„ſetz dich!", „ſetzen!", „ſitzen!" ruhig; zum Sitzen;
„ſt!", „ſtill!" leiſe; zum Einhalten des Lautgebens;
„ſtell!", „ſtellen!" kurz; zum Stellen eines Flüchtlings;
„ſ—u—u—u—ch!" gedehnt; zur Arbeit auf der Spur;
„ſuch verloren!" gedehnt, wie vor; zur Verlorenſuche;
„verloren!" gedehnt; zur Verlorenſuche;
„voran!", „voraus!" ruhig; Erlaubnis zum Voranlaufen aus dem
    Folgen bei Fuß, Aufmunterung;
„vor—wärts!" ruhig, aber entſchieden; zum Kriechen aus dem
    Nieder.

Über den Gehorſam und deſſen ſichtbares Zeichen, das unbedingte
Hereinkommen zum Herrn auf Befehl, habe ich in vorſtehendem genug
geſagt und wende mich nunmehr zur Leinenführigkeit, die ja auch
ſchon ausführlich beſprochen iſt. Zum regelrechten Einüben der Leinen=
führigkeit wird der Hund, der ſich vor jedem Anleinen vorm Führer
hinſetzen muß, an die Führleine genommen. Die linke Hand faßt durch
die Schlaufe die Leine kurz und der Hund wird, nachdem der Führer
ſich durch eine Kehrtwendung dicht rechts neben den Kopf des Hundes
geſtellt hat, durch „auf!" zum Aufſtehen und durch „Fuß!" zum Folgen
veranlaßt. Auf „Fuß!" muß der Führer antreten, damit der Huud ſich
von Anbeginn daran gewöhnt, daß das Stichwort zur Vorwärts=
bewegung dicht neben dem Führer iſt. Daß Polizeihunde ſeit einiger
Zeit an einer etwas längeren Führleine eingearbeitet werden, erwähnte
ich ſchon oben bei Beſprechung der Ausrüſtungsſtücke. Hier faßt die
rechte Hand in die Schlaufe und zieht die Leine an, während die Linke
frei bleibt, um den Hund durch Streicheln und Fingerſpiel zum Folgen
aufzumuntern und zu loben. Als Halſung wird ſelbſtverſtändlich das

Würgehalsband gewählt. Alte Hunde, namentlich im Folgen schon verdorbene, bekommen am besten gleich das Stachelhalsband oder Korallen um, um deren Hilfen bei Fehlern in der Leinenführigkeit ausnützen zu können. Beim richtig folgenden Hunde soll die Führleine, gleich ob sie in der linken oder in der rechten Hand, weder schleppen noch straff ge= spannt sein, der Hund muß vielmehr, genau wie das Pferd durch den Zügel, stets in loser, weicher Fühlung zur Haud des Führers bleiben. Bleibt der Hund zurück, so darf das die Vorwärtsbewegung des Führers nicht hemmen, durch Zuspruch und „Fuß!" ist er zu willigem Folgen aufzumuntern, der zunächst einsetzende Zwang — Zug der Leine und Wirkung der Halsung — wird ihn binnen kurzem daran gewöhnen. Prellt der Huud dagegen vor, wird ihm dem durch kurzes Anziehen der Leine — kein Zurückreißen! — und „Fuß!" begegnet. Mit den gleichen Stichworten kann der Führer auch kurz linksum machen, wobei er dem vor= prellenden Hunde wahr= scheinlich mehr oder weniger sanft auf die Zehen treten wird; der Hund lernt aus dieser eindringlichen Be= lehrung recht schnell, daß es für ihn angenehmer bei diesem Stichwort sofort seinen rechten Platz ein= zunehmen. Steht eine längere Wand zur Ver= fügung, so kann die zum

Abb. 425.   Leinenführigkeit.

Abb. 426.   Einüben der Leinenführigkeit.

Anlernen recht gut ausgenützt werden: der Führer geht dabei so dicht an der Wand, daß der Schüler nicht zwischen dieser und seinem Knie vorprellen kann. Im Freien können zu gleichem Zweck einzeln stehende Bäume oder Pfähle ausgenützt werden, an denen der Führer scharf rechts vorbeigeht, so daß der vorgeprellte Hund sich darum verheddert, die Stachelhalsung zuzieht oder sich unsanft an den Kopf stößt. Das Stichwort „Fuß!" muß auch dabei den Hund an den rechten Platz erinnern, dessen Einnehmen und Einhalten wie immer belobt wird. Zum Ablassen von der Leine (Schnallen) nach beendeter Übung muß der Hund sich wieder vor dem Führer setzen, der sich dazu durch eine Kehrtwendung vor seinen Schüler stellt und ihn belobt.

Abb. 427. Sitzen.

Sitzt nach einer ausreichenden Zahl von Übungstagen das Folgen an der Leine fest, auch auf belebter Straße und jeglicher Ablenkung gegenüber — dieser wird der aufmerksame Führer durch Beschäftigen mit dem Hunde, Zuspruch und Lob, entgegenzutreten wissen —, kann zum Einüben des freien Folgens, also ohne Leine, übergegangen werden. Der Führer löst dazu, während des Gehens und möglichst unbemerkt vom Hunde, unter dauerndem Zusprechen die Leine; hält der Schüler seinen Platz, wird er gelobt, andernfalls folgen die entsprechenden Hilfen, deren letzte erneutes Anleinen und Folgen an dieser. Die Gänge müssen mit dem frei folgenden Hunde in gleich sorgfältiger Weise ein=

614

geübt werden wie mit dem angeleinten; der Hund muß also, immer Kopf am Knie, alle Wendungen scharf mitmachen und beim Stehenbleiben des Führers gleichfalls anhalten. Auf „voran!" oder „voraus!" darf der Hund voraus laufen, auf „Fuß!" muß er seinen Platz wieder einnehmen, war er weiter vom Führer entfernt, nachdem zuvor der Befehl zum Hereinkommen erteilt. Ich erinnere schließlich noch an das schon oben Gesagte, daß der Führer durch rasches Gehen dem Hunde das Einüben der Leinenführigkeit und das Halten des rechten Platzes erleichtern soll.

Die Schulung zum Setzen kann in die Gänge an der Leine eingeschaltet werden. Der Führer tritt mit einer kurzen Wendung vor den Hund, greift mit der Rechten von unten in die Halsung und hebt die Vorhand, ohne die Korallen wirken zu lassen, leicht an, während die Linke auf die Kruppe drückt und so den Hund zum Setzen bringt; dazu ist das Befehlswort „setz dich!", „setzen!" oder „sitzen!" zu geben. Hat der Hund nachgegeben, wird er gelobt, die Hände bleiben jedoch noch

Abb. 428. Liegen.

in ihrer Hilfsstellung und werden nur allmählich unter Aufrichten des Oberkörpers fortgezogen. Der Führer bleibt dann einige Zeit, dem Hunde zusprechend und ihn lobend, vor seinem Schüler stehen; beim frei sitzenden Hunde tritt er später auch auf einige Schritte zurück. Das Sitzen ist durch „auf!" zu beenden, die Vorwärtsbewegung wieder durch „Fuß!" einzuleiten.

Das Liegen wird in ähnlicher Weise auf „leg dich!", „hinlegen!" oder „liegen!" beigebracht; aus dem Sitzen und aus dem Stehen. Die rechte Hand ergreift beide Vorderläufe und hebt die an, während die linke Hand über den Widerrist fassend, mit Druck gegen dessen Ende, den Hund zu Boden drückt. Der liegende Hund liegt mit frei gehobenem Kopf, sprungfertig zum Wiederaufrichten, darf das aber erst auf Befehl „auf!" tun. Die Übung ist nützlich für den Hausgebrauch des Hundes und ersetzt außerhalb des Hauses das „Platz!".

Die Schule Nieder („Downmachen") nennt Hegendorf die

„Seele der ganzen Abrichtung". Und er hat recht damit, denn sie ist der Ausdruck des vollendeten Gehorsams, hilft uns diesen erzielen und läßt uns, wenn sie sitzt, auch den weit entfernt arbeitenden Hund in der Hand behalten. Die Jagdschulung verlangt, daß der Hund dabei mit zwischen der Vorderläufen auf der Erde vorgestrecktem Kopf liegt; für die Kniebelung eines störrigen Burschen ist diese Stellung sehr nützlich, für den Dienstgebrauch weniger, weil da der abgelegte Hund seine Umgebung beobachten soll. Es ist daher angebracht, zwischen den Übungen Nieder und Ablegen, ebenso zwischen den Befehlsworten „nieder!" und „ablegen!" einen kleinen Unterschied zu machen, wenn auch die Art der Einschulung im wesentlichen aufs gleiche herauskommt.

Die Hilfen zum Einüben des Niedermachens sind zunächst die gleichen wie für das Liegen, Befehlswort „nieder!", kurz und scharf gegeben, nur wird dem Hunde, nachdem er liegt, mit der rechten Hand noch der Kopf auf die Erde, zwischen beide Läufe, gedrückt und in dieser Stellung erhalten. Der Führer muß zunächst längere Zeit über den Hund gebeugt bleiben, was ja auch für ihn nicht gerade bequem ist; ohne Schweiß kein Preis. Aufrichten des Kopfes, Ausweichen damit

nach der Seite, Umlegen des ganzen Körpers auf die Seite oder Aufrichten der Hinterhand, dürfen nicht geduldet werden; unter „pfui!" sind die ent= sprechenden Abhilfen mit der Hand zu geben, wobei das Befehlswort „nieder!" immer zu wiederholen, um es dem Hunde mit der rechten Lage

Abb. 429. „Nieder".

zusammen einzuprägen. Nach= dem der Hund einige Minuten still und richtig gelegen — stetes Loben! —, erfolgt der Befehl zum Sitzen oder Aufrichten, worauf der Schüler sich zu erheben und vorm Führer hinzusetzen oder neben dessen Knie zu stellen hat. Fleißige Wiederholung der Übung ist zwischen die Gänge einzuschalten; mit der Zeit sind die helfenden und haltenden Hände des Führers zurück= zuziehen, darf dieser sich aufrichten, um jedoch sofort wieder einzugreifen, wenn der Hund die rechte Lage verlassen will. Bei Versuchen, sich auf die Seite zu legen, oder die Hinterhand aufzurichten, kann ein leichter Schlag auf die Kruppe von Nutzen sein. Das Niederziehen selbst kann sich der Führer später, wenn der Hund sich dagegen sperrt, dadurch er= leichtern, daß er die etwas verlängerte Leine — die Übung muß selbst= redend an der Leine eingeübt werden — unter seinem etwas vorgestellten linken Fuß durchzieht und den Hund unter so verstärkter Zugwirkung nach unten zwingt, wobei auch die Korallen dem Hunde ins Genick gedrückt werden. Eine ganz wesentliche Hilfe beim Einüben des Nieder bietet die Hegendorffsche Zwangshaltung, deren Hilfsriemen dem liegenden Hunde um die Vorderläufe gelegt und kurz im Stachelhalsband eingehängt werden, so daß der Hund sich nicht rühren und weder den Kopf noch die Hinterhand hochnehmen kann, ohne sich selbst zu strafen. Liegt

616

der Hund fest, muß der Führer seinen Platz wechseln, zunächst hinter den Hund, dann von diesem fort treten und allmählich die Entfernung ver= größern (lange Leine!); schließlich muß die Übung vom frei laufenden Hunde verlangt werden, sie ist als sicherste Gehorsamsprobe oft in die Gänge einzuschalten und stets nachzufeilen, wenn sich Vernachläfsi= gungen zeigen.

Oberwachtmeister Thielhorn von der staatlichen Zucht= und Abrichteanstalt Grünheide, dem ich hier auch für manchen anderen Wink aus dem Gebiete seiner reichen Erfahrung dankbar bin, geht zum Ein= üben in etwas kürzerer, aber schärferer Weise vor: er drückt während eines Ganges unter kurzem, scharfem, drohendem „Platz!" den an= geleinten Hund plötzlich auf die Erde, wirft ihn gewissermaßen hin und versetzt ihn, mit bereitgehaltenen Händen über ihm stehen bleibend,

in eine Art Schreckstarre, die er zur Willensüber= tragung benützt. Dies blitz= artige Hinwerfen und ge= bannte Liegenbleiben sieht sich sehr einfach und be= stechend an, wirkt bei harten Hunden auch sicher schnell; ob das Verfahren aber bei allen, namentlich bei weicher veranlagten Hun= den angebracht ist, möchte ich vorläufig doch be= zweifeln. Thielhorn wünscht auch kein Loben des liegenden Hundes, weil ihn das zum Aufstehen ver= anlassen würde; das Lob würde die Schreckstarre allerdings bannen. Da der Schüler durch die häusliche Erziehung an die Be= deutung des „Platz!" schon

Abb. 430. Einüben der Stellung „Nieder" nach Thielhorn.

gewöhnt, also an Liegenbleiben auf dem Fleck, kann dies Befehlswort hierzu jetzt sehr wohl herangezogen werden.

Das Kriechen wird aus der Stellung Nieder nach Hegendorf wie folgt beigebracht: der Hund muß vorm Führer Nieder machen, dieser faßt die Leine kurz, tritt etwas zurück und befiehlt „vorwärts!" auch „kriech!" oder „kriechen!"; dazu wird die tiefgehaltene Leine ruckweise kurz angezogen; die über dem Hunde gehaltene Peitsche hindert das Aufstehen, straft Versuche dazu, der Führer selbst tritt schrittweise zurück in dem Maße, wie der Hund durch Kriechen folgt. Allmählich wird die Leine länger gefaßt, schließlich zur langen Leine gegriffen, auch Wen= dungen und Bogen eingeschaltet, zuletzt die Übung vom unangeleinten Hunde gefordert; selbstredend müssen immer Pausen eingeschaltet werden, weil das längere Kriechen — auf kürzere Strecken tut es jeder huud beim Spielen! — den Hund sehr ermüdet. Die Übung hat an und für sich für unseren Gebrauch des Hundes wenig Wert, sie ist aber, wie schon erwähnt, ein ganz vorzügliches Mittel, um harte und widerspenstige Hunde mürbe zu kriegen und wirkt als Strafe besser und nachhaltiger als Schläge, sollte daher nicht übersehen werden.

Beim Ablegen müssen wir unterscheiden zwischen Ablegen mit und ohne Gegenstand (Ablegen frei und Ablegen zur Bewachung). Zweck des Ablegens ist, den Hund an einem bestimmten Platz zu bannen, damit er uns dort erwartet oder aber einen ihm anvertrauten Gegenstand bewacht; wir leiten damit also schon zu einer späteren Übung über. Nach dem Zweck richtet sich auch die Art der Beendigung des Ablegens: der frei abgelegte Hund kann vom Führer auch von weiterher abgerufen oder -gepfiffen werden, zum beim Gegenstande abgelegten aber muß der Führer unter allen Umständen selbst zurückkehren. Als Gegenstand ist stets ein Eigentumsstück des Führers, nicht ein Ausrüstungsstück des Hundes zu wählen; ein Stück also, daß die Herrenwitterung trägt, wodurch dem Hunde klarer wird, daß er dabei zu bleiben hat, bis der Herr zurückkommt und es wieder an sich nehmen kann. Zum Ablegen im Gebrauch ist möglichst eine Stelle auszuwählen, auf der der Hund gern liegen würde: also nicht ganz frei, wenn angängig mit Rückendeckung und Schutz gegen Zug, Schlagregen oder Prallsonne. Dort muß der Hund aber unter Umständen auch stundenlang auf den Führer warten, ohne sich von Fremden oder von anderen Hunden in seiner Aufgabe beirren zu lassen; es gehört dazu freilich sehr viel Übung, Gehorsam, Treue und Pflichtgefühl, ein unablässiges Denken an die Aufgabe, wie es nur ein liebe- und verständnisvoll gehaltener und erzogener Hund leisten wird. Das Ablegen können wir aus dem Liegen oder der Stellung Nieder entwickeln. Daß der abgelegte Hund zweckmäßiger mit aufgerichtetem Kopf liegt, sagte ich schon, der niedermachende steht aber mehr im Bann unseres Willens, das Einüben wird dadurch also erleichtert. Zum Ablegen sind daher zunächst die Befehlsworte zum Hinlegen oder Niedermachen zu geben, denen noch „ablegen!" beizufügen ist, das dann später allein als Stichwort für diese Übung zu dienen hat. Der frei abgelegte Hund kann vom weiter entfernten Führer hereingerufen werden, was aber erst geschehen sollte, wenn die Übung schon fest sitzt; während des Einschulens wird er wie der am Gegenstand abgelegte durch „auf!" und „Fuß!" erlöst.

Das Einüben erfolgt nur an der langen Leine; liegt der Hund, entfernt sich der Führer, rückwärtsschreitend, um den Hund im Auge zu behalten; zuletzt soweit die verlängerte Leine es zuläßt, also auf 20—30 m. Jedem Versuch zum Heben des Kopfes — aus der Stellung Nieder , ferner zum Aufrichten und Nachschleichen wird sofort durch Wiederholen des Befehlswortes begegnet. Im Bedarfsfall kehrt der Führer zum Hunde zurück und zwingt ihn unter Tadel und Drohung wieder in die rechte Stellung; war der Hund nachgeschlichen, was die meisten versuchen werden, muß er zum Platz zurückkriechen. Liegt der Hund in Sicht des Führers einige Minuten gut ab, wird der Führer dazu übergehen, sich am Ende der Leine in Deckung aufzustellen, den Hund dabei aber dauernd beobachten und sofort gründlich einschreiten, falls der sich vergißt. Der

Führer wird ſich dabei vom Hunde ab und zu auch hören laſſen — pfeifen darf er freilich nicht — und kann ſchließlich verſuchsweiſe die Leine los= laſſen und auch ſeinen Standort verändern. Selbſtverſtändlich wird das

Abb. 431. Ablege frei.

Ablegen nicht ſtets am gleichen Platz geübt, der Hund muß lernen überall abzuliegen, an einſamen Plätzen, in Feld und Wald, und an belebten Orten. ᾽ Liegt er bis zu einer halben Stunde ſicher an der Leine, wird zum᾽ freien Ablegen übergegangen; zunächſt wieder in Sicht des Führers und dann in gleicher Weise wie eben beschrieben vorgehend. Die Probe sollte ein einstündiges freies Abliegen bilden.

Sitzt das freie Ablegen unbedingt fest, wird in ganz gleicher Weise das Ablegen am Gegenstand eingeübt; der Gegenstand selbst ist häufiger zu wechseln. Auch hier muß der Hund zum Schluß mindestens eine Stunde sicher liegen.

Abb. 432. Ablegen beim Gegenstand.

Es ist ganz nützlich, schon in das Ablegen an der Leine Versuch= ungen durch Fremde einzuschalten An= locken, Rufen, Pfeifen, Zuwerfen von Brocken, Verdrängen oder Ver= jagen vom Platz durch einen entsprechend un= terwiesenen Gehilfen um des Hundes Verhalten hierbei be= obachten und um ihm die rechten Hilfen geben zu können; wird der Hund z. B. von seinem Platz verdrängt, so muß er sich gleich nach der Störung von selbst wieder ablegen, bis der Führer kommt. Auch mit dem freien Ablegen werden schließlich solche Versuchungen verknüpft, ebenso mit dem Ablegen am Gegenstande, doch muß dem Hunde da schon der Begriff des Bewachens beigebracht worden sein.

Die oben erwähnte Hegendorffsche Zwangshaltung bildet auch für das Einüben des Ablegens ein nützliches Hilfsmittel, das den Hund schneller über die Schwierigkeiten des Anfangs hinwegbringt und ihm von vornherein klar macht, daß er auf Befehl zum Ablegen gar nicht anders kann, als an die Stelle gebannt zu bleiben.

Abb. 433. Ablegen beim Gegenstand.

Das Hereinbringen, „deutsch" Apportieren ge= nannt, wird von manchen Hunden sehr schnell ge= lernt, bereitet anderen wieder große Schwierig= keiten. Es ist an und für sich eine reine Gehorsams= übung, stärkt aber das Pflichtgefühl, weil es den Huud zwingt, einen von ihm aufgenommenen Gegenstand dem Herrn abzugeben und es bildet die Unterlage, auf der andere sehr wichtige Übungen leicht aufgebaut werden können.

Unter den Gelehrten besteht die große Streitfrage, ob es leichter ist, einem älteren Hunde das Hereinbringen zu lehren, der noch völlig roh, oder ob es besser ist, einen Hund vor sich zu haben, dessen Bringlust im Jugendspiel schon geweckt und in nützliche Bahnen gelenkt ist. Die gleiche Streitfrage also, wie bei den Reitlehrern — und schließlich wohl bei allen Lehrmeistern —, von denen ein Teil behauptet, daß ihre höchste Seligkeit, der „Kommißsitz", den Rekruten am leichtesten beizubringen wäre, die noch nie mit dem Pferde zu tun hatten und daher dem gegenüber noch weiches Wachs und ohne eigene Angewohnheiten. Diesen vorschriftsmäßigen Sitz vielleicht; aber das Gefühl fürs Pferd, das sein Empfinden für rechte Gewichtsverteilung und =hilfen? Genau so beim Hunde; ich möchte mich deshalb mit Hegendorf und anderen Gebrauchshundmännern von eigener Erfahrung dahin aussprechen, daß jedem, der seinen Hund von Jugend auf selbst erzieht und dann abrichten will, anzuraten ist, schon recht früh den Bringtrieb beim Jung= hunde anzuregen, im Spiel auf den Ernst vorzubereiten, dabei aber auch gleich gegen Unarten einzuschreiten, die abzustellen später freilich nicht so leicht.

Das Hereinbringen selbst müssen wir uns in drei Abschnitte zer= legen: das Suchen des zu bringenden Gegenstandes, dessen Aufnehmen und schließlich das Bringen selbst. Zum Suchen und Aufnehmen regen wir den Junghund an, indem wir ihm eine kleine Holzkugel, einen harten Ball, am besten ein leichtes rundes Holz oder schließlich eine kleine Stroh= wurst zeigen und hinwerfen, ihn zugleich mit dem Stichwort „bring!" oder „bring's!" aufmunternd. Dem fortgeworfenen Gegenstand wird wohl jeder Junghund freudig nachspringen — Lust am Haschen! —und fast jeder wird ihn, die Beute, schon beim ersten Mal aufnehmen — an= regen durch „faß!" —; das ist durch entsprechende Form zu erleichtern. Jetzt kommt der schwierigere Punkt: der Hund soll nicht mit dem Gegen= stande herumspielen, nicht daran knautschen, ihn nicht in die Luft werfen oder sich um die Ohren schlagen wollen, auch nicht damit wie toll herum= rennen, womöglich ihn in seine Hütte oder auf seinen Spielplatz schleppen, sondern er soll ihn zum Herrn bringen. Der Junghund muß also sofort nach dem Aufnehmen angelockt und, wenn er mit dem Gegenstande kommt, stark belobt, auch belohnt werden. Kommt er allein zurück, unterbleibt das, das Spiel wird wiederholt; einmal wird er schon mit dem Stück zurückkommen und dann folgt der Lohn, nachdem ihm der Gegenstand unter „aus!" abgeschmeichelt ist. Dann haben wir ge= wonnenes Spiel und können nach einiger Zeit, während der wir den Junghund anderweitig beschäftigen, den Versuch wiederholen. Der Eifer wächst mit jedem Mal, der Hund wird schließlich selbst darum betteln und uns etwas zuschleppen, das wir ihm vorwerfen sollen. Vorsicht diesen selbstgebrachten Gegenständen gegenüber! Am eigenen „Spiel= zeug" hat der Junghund schon genagt und geknautscht, wird daher daran leicht wieder in diesen Fehler zurückfallen; und alles lose, flatternde am zu bringenden Stück reizt zum Spielen damit, besser also der Herr hat immer selbst einen geeigneten Gegenstand zur Hand. Das Herein= bringen soll stets freudig und so schnell wie möglich, im Galopp erfolgen; der Junghund muß wissen, daß er dafür sein Lob bekommt. Dem fort= geworfenen Gegenstande wird er ohnehin freudejauchzend nachstürmen; hier kann allmählich als Vorbereitung gebremst werden: anleinen

— an laufender, also nicht eingehalter, nur durch den Ring gezogener Leine —, setzenlassen und nachlaufen lassen erst auf „bring's!".

Zum regelrechten Einschulen muß sich der an kurzer Leine ge= führte Hund vorm Führer setzen und nun zunächst das Fassen und Halten des Bringbocks lernen. Dazu greift der Führer mit der linken Hand so über den Fang des Hundes, daß der Daumen auf die rechte, die anderen Finger mit dem Handrücken auf die linke Seite des Oberkiefers hinter die Fangzähne kommen; dabei ist leicht auf den Nasenrücken und die Oberlippen zu drücken, aber acht zu geben, daß diese nicht zu stark, schmerzhaft, gegen die Zähne geklemmt werden. Es ist nützlich, diesen Griff vorher, beim Spiel oder bei anderer Gelegenheit, einzuüben, wenn ihn Hund und Führer nicht schon vom Nachsehen der Zähne oder Eingeben von Arzneien kennen. Auf diesen, das Atmen etwas erschwerenden Griff öffnet der Hund den Fang — tut er es nicht, muß auch die rechte Hand am Unterkiefer helfen — der Führer schiebt ihm

nunmehr unter „saß!" das leichte Bring= holz in den Fang, das er kurze Zeit halten muß; auf „aus!" wird es ihm wieder ab= genommen. Schon ans Bringen gewöhnte Hunde werden das Holz meist willig halten; wollen sie das nicht, müssen die Hände unter stetem Loben und Zusprechen helfend am Holz und Hunde bleiben. Hegen= dorfs mehrfach schon erwähnte Zwangs= halsung hat zwei Hilfsriemen, mit denen besonders störrigen Schülern das Fest= halten im Fang leicht beigebracht werden kann.

Der Hund muß nunmehr lernen, das Holz auf „saß!" sich nicht bloß willig in den Fang geben zu lassen, sondern es selbst aus

der rechten Hand zu nehmen, die allmählich immer weiter vom Kopf des Hundes ent= fernt gehalten wird, schließlich auch vom Boden. Ebenso ist das richtige Auslassen zu lehren. Der Hund darf das Holz nicht fallen lassen, auch auf „aus!" nicht, sondern muß es immer in die Hand des Führers geben; bei Hunden, die zum Fallenlassen neigen, greift die Linke vor Erteilen des Befehls zum Auslassen vorbeugend von unten unter den Fang, während die Rechte auf das „aus!" hin das Holz erfaßt. Es ist auch nütz= lich, während des Fortschreitens der Ausbildung mit der Rechten unter Wiederholen von „saß!" einige Male nach dem Holz zu greifen — ohne es abzunehmen — und dann erst mit „aus!" das Hergeben zu verlangen, damit der Hund ganz fest auf dies Stichwort wird.

Hat der Hund gelernt das Holz auf „saß!" willig aufzunehmen, dann sitzend einige Minuten ruhig im Fang zu halten und auf „aus!" richtig herzugeben, tritt der Führer, die Leine länger fassend, etwas zurück und läßt den Hund aufstehen, hereinkommen, sich wieder setzen und nunmehr erst hergeben.

622

Nunmehr wird das Holz einige Schritte vom Hunde entfernt hin=
gelegt, der Führer tritt wieder zum Hunde, der sich wie stets setzen muß.
Auf „bring's!" läuft er mit dem angeleinten Hunde zum Holz, besiehlt
dort „faß!", läuft einige Schritte zurück und läßt sich das Holz geben.

Sitzt auch das, wird die lange Leine genommen, das Holz nicht mehr
hingelegt, sondern einige Schritte fortgeworfen; dabei ist darauf zu halten,
daß der Huud nach dem Wurf nicht sofort losprescht, sondern sitzend den
Befehl zum Bringen abwartet, wobei auch Gedulds= und Gehorsams=
proben einzuschalten sind.

Die Leine wird dann fortgelassen und allmählich auch zum Bringen anderer Gegenstände übergegangen, wobei zunächst aber stets erst das Fassen wie bei Beginn der Übung vorzunehmen ist. Nach dem leichten Bringholz kommt erst das schwere, das dann auch weiter fortgeworfen wird, schließlich so, daß es etwas verdeckt liegt und vom Hunde nicht gleich gesehen wird, sondern erst gesucht werden muß. Dann kommen Gebrauchsgegenstände des Führers an die Reihe, verschiedener Art, leichtere und schwerere (Vorbereitung für die Verlorensuche!), auch solche, die der Hund ungern aufnimmt, d. f. kalte, glatte Dinge, vornehm= lich Eisen und alle Metallsachen; Glas (Flaschen!), Steine und Grün= spahn ansetzende Metallsachen wird ein verständiger Führer selbstredend nicht hereinbringen lassen. Um dem Hunde die Abscheu gegen das Auf= nehmen von Eisen überwinden zu lehren, rät Hegendorf zunächst einige lange Nägel, dicht am Holz anliegend, in den gewohnten Bring=

Abb. 436. Hereinbringen eines Gegenstandes.

bock zu schlagen und ihre Zahl allmählich zu vermehren. Das Herein= bringenlassen eßbarer Gegenstände ist, vom Standpunkte des Hundes, eine Quälerei, freilich eine starke Gehorsamsprobe; einem sicher bringen= den Hunde ist es unschwer zu lehren. Sitzt das Bringen fest und ebenso das Springen, so ist auch das Hereinbringen über Hindernisse, Sprung und Klettern mit dem Holz, zu üben.

Das Verweigern der Annahme von Futter aus fremder Hand oder des Aufnehmens gefundener Brocken habe ich schon bei der Erziehung kurz erwähnt. Die eindringlichste Lehre gibt schlechte Er= fahrung: dem angeleinten Hunde muß von fremden Leuten verlockendes Futter geboten werden; schnappt er trotz der Führerwarnung „pfui!" zu, gibt es einen festen Ruck mit den Korallen und vom Helfer einen derben Schlag mit der Peitsche. In gleicher Weise wird auf freiem Feld an ausgelegten Brocken geübt, die aber — der Witterung wegen! —

weder vom Führer noch von dessen Angehörigen dorthin verbracht worden sein dürfen.

Ich komme nunmehr zu den Gewandtheitsübungen. Von Natur kann jeder Huud springen und klettern, der junge lernt es vom alten, wenn ihm zunächst vielleicht der Mut fehlt; arme Stadthunde, die wenig Gelegenheit haben, ins Freie zu kommen und sich auszutoben, stellen sich da freilich manchmal sehr ungeschickt an. Die Abrichtung will durch allmählich gesteigerte Anforderungen die Leistungsfähigkeit des Hundes auch in diesen Punkten steigern und will den Schüler außerdem dazu bringen, auf Befehl ein bestimmtes Hindernis zu nehmen, auch wenn es dem Hunde natürlicher und bequemer dünkt, drum herum zu laufen, was bei künstlichen Hindernissen nahezu immer der Fall ist.

Abb. 437. Verweigern von Futter aus fremder Hand.

Zum Einüben des Hochsprungs werden am einfachsten einige Bretter unten vor eine Tür gestellt, zunächst nur 25—30 cm hoch, so, daß der Führer bequem darüber steigen kann. Der geht nun mit dem angeleinten Hunde auf das Hindernis zu, ruft vor diesem „hoch!" oder „hopp!" und steigt oder springt vor; der über das niedrige Hindernis willig folgende Huud wird belobt, Führer und Hund machen kehrt und wiederholen den Sprung. Allmählich wird das Hindernis erhöht, Führer und Hund müssen nun schon Anlauf nehmen. Es ist nützlich, den Hund von vornherein daran zu gewöhnen, auf die Mitte des Hindernisses zu zu laufen, damit er erst gar nicht ans Ausbrechen denkt; der Führer muß sich also von vornherein etwas rechts halten. Ebenso ist es gut, den Huud gleich an die Rückkehr über das Hindernis zu gewöhnen, also stets Hin= und Rücksprung zu verlangen. Sitzt das Springen zwischen der Tür, so wird an einer freistehenden Sprungwand weiter geübt, die natürlich in gleicher Weise auch von vornherein benutzt werden kann. Der Sprung wird dort immer höher gefordert, kann der Führer nicht mehr mit, so läßt er kurz vorm Hindernis die Leine los, läuft um die Wand herum und nimmt sie wieder auf; oder aber er läßt, vorm Hindernis stehen bleibend, den Hund an langer Leine hin und zurück springen. Zum Schluß wird ohne Leine geübt und das Springen mit dem Herein= bringen verbunden, wozu das Bringholz über das Hindernis geworfen wird.

In gleicher Weise wird der Weitsprung eingeübt, zuerst über einen schmalen, möglichst mit Wasser gefüllten oder steilrandigen Graben, während das Klettern durch allmähliche Steigerung der Forderungen

Abb. 438. Sprung über 1,30 m.

an der Sprungwand zu entwickeln ist. Schließlich wird im Gelände an natürlichen Hindernissen: Hecken, Zäunen, Mauern, Verplankungen, Wassergräben und Steilhängen geübt. In den Maschen des Draht= geflechts lernen Hunde sehr leicht hochzuklettern, das Besteigen von Leitern ist eine brotlose Kunst; herauf kommt jeder geschickte Hund auf einer nicht zu steil gestellten Leiter, herunter ist es schon eine recht ge= fährliche Sache und vor allem kann der Hund unterwegs nicht umdrehen, rückwärts auch nicht heruntersteigen. Auch das Aufklettern auf Bäume wird im Gebrauch kaum vorkommen, für den ist es auch nicht die Haupt= sache, wie ein Hund über ein Hindernis kommt, sondern, daß er es kann. Sprung= und Kletterübungen sollten daher nicht übertrieben werden,

sie greifen den Huud, namentlich das Klettern, stark an; Kletterübungen
von 2,0—2,25 m sind völlig ausreichend, ein Huud, der das leistet,
wird im Ernstfall bei Bedarf auch noch ein Stück darüber hinaus zwingen.
Schließlich richten wir doch Hunde ab, keine Flöhe, wollen keine Zirkus=
künstler aus ihnen machen, sondern tüchtige Gebrauchshunde.

Ich rechne auch die Wasserarbeit zu den Gewandtheitsübungen;
sie zu leisten ist nicht unbedingtes Erfordernis, doch kann jeder Hund in
Lagen kommen, in denen er auch ins Wasser gehen und schwimmen
muß. Jeder Huud, der von Jugend auf richtig erzogen wurde im Wasser
zu plantschen, geht ohne weiteres ins Wasser; wasserscheu zeigen sich
später nur die Hunde, die noch nie größere Wasserflächen gesehen haben
— zumeist also wieder die unglücklichen Stadthunde — und solche,
mit denen am Wasser ungeschickt verfahren wurde, die hineingezwungen,
womöglich gar in abgekürztem
Verfahren hineingeworfen wurden.
Und ebenso kann jeder Huud von
selbst schwimmen, er macht eben
auch im Wasser seine natürlichen
Gehbewegungen, wie jeder Vier=
füßler; nur der Mensch kann das
infolge seiner veränderten Stellung
und Gliedmaßenverwendung nicht.
Der kann sich durch Wassertreten
wohl notdürftig mit dem Kopf über
Wasser halten, aber nicht vorwärts
bewegen, muß also im Wasser
eine andere Lage einnehmen und
kommt dabei als natürlichstes ins
sogenannte Pudeln. Einen am Ufer
stehenden Huud überraschend oder
gewaltsam ins Wasser zu werfen,
um ihm so die Wasserscheu zu
nehmen und das Schwimmen bei=
zubringen, ist deshalb so verfehlt,
weil Schreck über die Überraschung

Abb. 439. Landen nach dem Sprung über
die 1,50 m hohe Hürde.

und veränderte Lage oder Empörung über die Heimtücke und den Zwang
den Huud nur daran denken lassen, baldmöglichst wieder aus dem Wasser
herauszukommen; das unangenehme Erlebnis selbst vergißt er so leicht
nicht. Abgesehen davon dringt aber dem Hunde beim plötzlichen und un=
versehenen Hineinwerfen ins Wasser ganz unvermeidlicherweise Wasser
ins Ohr. Das ist dem Hunde an und für sich schon etwas sehr unange=
nehmes, deshalb legt er auch bei Regenwetter seine Löffel eng zu=
sammengefaltet an den Kopf zurück, um sie wasserfrei zu halten. Das
Ohrinnere birgt aber bekanntlich auch die Stelle, die Mensch wie Tier
ihre Körperlage zum Erdmittelpunkt erkennen und dadurch das Gleich=
gewicht halten läßt; plötzlich ins Ohr dringendes Wasser ruft zunächst
Störungen in dieser selbsttätigen Meldestelle hervor, wodurch zum min=
desten vorübergehende Unsicherheit, Schwindel und Unbehagen hervor=
gerufen werden; mancher tüchtiger Schwimmer ist schon aus dieser Ursache

verunglückt. Nicht alle Hunde schwimmen gleich gut. Ungeschickte, aufgeregte, ängstliche suchen nicht bloß den Kopf, sondern soviel wie

Abb. 440. Aufsprung auf die 2,50 m hohe Kletterwand.

möglich ihres Vorderleibes außer Wasser zu halten, bekommen dadurch eine falsche, halb aufrechte Stellung, schlagen mit den Vorderläufen um sich, statt damit Wasser hinter sich zu schaffen, spritzen sich Wasser in die Augen und in die Ohren — etwas dem Hunde sehr peinliches und suchen sobald wie möglich wieder ans Land zu kommen; hier kann Gewöhnung, beruhigendes Zureden, beim Mitschwimmen sanftes Herunterdrücken der zu hochgehobenen Teile helfen. Ruhige, besonnene und den Kopf nicht verlierende Hunde dagegen rinnen im Wasser mit gleichmäßigen, fördernden Bewegungen fort, halten nur den Kopf über Wasser, durchschwimmen ohne sichtbare Anstrengung auch große Strecken und gehen stets freudig, auch von selbst, um zu baden, ins Wasser. Daß das gute, nahezu wasserdichte Stockhaar, das die Kälteeinwirkung nur langsam oder kaum auf die Haut gelangen läßt, unseren Huud zur Wasserarbeit besonders geeignet macht, sei kurz erwähnt. Zu berücksichtigen ist bei jeder Wasserarbeit, daß der tief im Wasser liegende Hund nur geringen Gesichtskreis hat, daß der Wasserspiegel blendet und daß die Witterung fehlt; beim Suchen nach

Abb. 441. Absprung von der Kletterwand.

Gegenständen muß der Führer also durch Zurufen der vorher auf dem Lande eingeübten Richtungsworte „rechts!", „links!" oder „geradeaus!" das Finden erleichtern.

. Um den Hund in einfachster Weise ans Wasser zu gewöhnen, geht der Führer an einem schönen warmen Tage an einer flachen Stelle, die das Herumwaten gestattet und an der die Sonne auch nicht zu sehr blendet, selbst mit dem Schüler ins Wasser und spielt dort mit ihm; auch das Beispiel eines anderen wasserfesten Hundes wirkt hierbei vortrefflich, die anfängliche Zurückhaltung und Überraschung wird bald überwunden sein. Ist das der Fall, sucht der Führer tiefere Stellen auf, wo der Huud

Abb. 442. Abwärtsklettern auf der Leiter.

629

schon den Boden verliert und schwimmen muß, schwimmt auch selbst vor oder läßt den Hund dem Kahn folgen. Je mehr das Selbst= vertrauen des Schülers wächst, desto mehr sind die Forderungen

Abb. 443. Aufsprung auf einen Baum.

zu steigern, schließlich wird zum Hereinbringen aus dem Wasser über= gegangen; dabei ist von vornherein darauf zu halten, daß der aus dem Wasser steigende Hund sich erst setzt und regelrecht abliefert, nicht aber sich vorher abschüttelt und dazu womöglich das Bringholz auf die Erde legt. Zum Überwinden der Wasserscheuheit rät Hegendorf folgendes: am jenseitigen Ufer eines geeigneten Wassers mit möglichst flachem Ufer

Abb. 444. Ansetzen des Hundes an einem Steilhang.

wird ein etwa meterlanger Pfosten eingeschlagen, der am oberen Ende einen Ring trägt; durch diesen Ring wird eine starke Schnur ge= zogen, die am anderen Ufer dann dem Hunde mit beiden Enden, jedes für sich, im nicht würgenden Ring des Halsbandes verknotet wird.

An dieser Leine ohne Ende wird nunmehr der Hund ins Wasser, zum Schwimmen und zur Umkehr im Wasser gezwungen; nützlich ist es, vor der Übung den Hund durch einen flotten Marsch durstig, begierig auf Wasser gemacht zu haben.

Abb. 445. Wasserarbeit, schwimmender Hund.

Schwimmt und bringt der Hund sicher aus dem Wasser, wird die Schwimmpuppe ins Wasser gebracht und der Schüler zum Holen aufgefordert. Dabei ist er gleich an den rechten Griff zur Rettung eines Ertrinkenden zu gewöhnen. Diese Stelle, die ihm vorher am Lande gezeigt wird und dann wieder im Wasser durch den Führer selbst oder einen Gehilfen, ist der Arm, nicht zu weit von der Schulter ab; die dort gefaßte Puppe läßt sich im Wasser leicht bewegen und lenken, weniger gut aber, wenn der Hund an anderer Stelle packt, einen Ertrinkenden

Abb. 446.   Retten der Schwimmpuppe.

aber kann der Hund nur meistern und retten, wenn er den Arm faßt. Beim Landen der Puppe ist wieder darauf zu achten, daß der Hund sie erst ganz aufs Land zieht, bevor er sich abschüttelt.

Abb. 447.   Landen der Schwimmpuppe.

Nach dem Üben an der Puppe kann auch das Retten eines zum Schein Ertrinkenden an einem guten Schwimmer geübt werden, der sich freilich seinen linken, dem Retter hinzuhaltenden Arm gut durch Wollbinden gegen die Zähne des Hundes schützen muß.

Der gute Schutz= und Begleithund soll, wie sein Name besagt, uns und unser Eigentum schützen und bewachen und er soll uns Verlorenes wieder 3u finden helfen. Da3u gehört Wachsamkeit, Schärfe und Nase, die Übungen, die 3um Einarbeiten auf diese Punkte 3ielen, be3eichnen wir kur3 als Mann= und als Nasenarbeiten.

Nehmen wir 3unächst die Arbeiten am Mann, 3u denen auch wieder eine Reihe vorbereitender Übungen gehört. 3u nahe3u all den folgenden Übungen wird ein Gehilfe benötigt, dessen allgemeiner Aufgaben und Unterweisung ich oben schon gedacht; der Gehilfe bei den Mannarbeiten muß dem Hunde fremd sein, darf also keinesfalls dem engeren oder weiteren Hausstande des Führers angehören.

3um Einüben des Lautgebens auf Befehl gibt es verschiedene Wege. Der einfachste und sicherste ist, den Junghund schon von früh an an das Stichwort und die Ausführung 3u gewöhnen. Da3u bietet sich reichliche Gelegenheit, jeder Führer wird bei einiger Beobachtung seines Hundes leicht finden, bei welcher der Hund am leichtesten von sich aus

Abb. 448. Lautgeben.

bellt, also Laut oder Hals gibt. Der Hund bellt aus Freude oder aus Erregung und Erwartung, und schließlich als Ausdruck seiner Wachsamkeit und des Mißtrauens oder 3orns. Da der Bellaut des Hundes im 3orn schon in den Standlaut übergeht, der Hund aber auf „gib Laut!" oder „Laut!" in „gewöhnlicher Sprache reden" soll, ist es besser, wenn wir uns 3um Einüben dieses Lautgebens nicht des letzterwähnten Grundes 3um Bellen 3u bedienen brauchen, sondern mit den anderen auskommen; auf die erleichternde Wirkung guten Beispiels möchte ich auch hier verweisen.

Der Führer muß also Gelegenheiten, bei denen der Hund von selbst laut wird, abwarten: 3. B. Begrüßen des Führers, Reichen des Futters, Herauslassen ins Freie, oder muß sie herbeiführen: Der3ögerung beim Futtergeben, vorm Herauslassen, Erregen der Spannung auf die Begrüßung durch Anrufen des angehängten oder eingesperrten Hundes, auch durch Fortgehen von diesem. Sobald der Hund 3um Bellen ansetzt,

634

muß das Befehlswort „gib Laut!" oder bloß „Laut!" gegeben und dann der Hund für das einſetzende Bellen belobt werden. Verfangen die angegebenen Mittel nicht, ſo muß der Wachſamkeitstrieb herangezogen werden: der Führer geht mit dem Hunde in ein Zimmer und läßt draußen läuten oder durch einen Helfer ſprechen, rufen und Lärm machen, wenn alles nichts hilft, auch gegen die Tür poltern; der die Ohren ſpitzende Hund wird durch „gib Laut!" aufgemuntert und beim Anſetzen zum Bellen gelobt. Thielhorn hängt den Huud an und bringt ihn durch leichte Schläge vor und auf die Vorderpfoten zum Bellen und Aufheulen, wobei das Befehlswort einſetzt.

Abb. 449. Lautgeben auf Befehl.

Es wird nicht lange dauern, bis der ſo behandelte Huud ohne weitere Auslöſung, nur auf Befehl und aus jeder Stellung laut wird. Zur ſchulgemäßen Ausführung muß er ſich dazu wie üblich vor den Führer ſetzen und muß auch jedesmal lauten, vollen Hals geben, ſich nicht bloß auf Jiffen und Andeuten beſchränken. Manche Hunde müſſen ſich beim Lautgeben auf Befehl lächerlich vorkommen, genau wie manche Kinder, wenn ſie ein Gedicht mit Betonung aufſagen, nach ihrer Anſicht „ſchau= ſpielern" ſollen; im Eruſt wiſſen ſie aber von ihrer Stimme durchaus den rechten Gebrauch zu machen.

Unter Umständen kann nicht bloß dauerndes Bellen, sondern auch unzeitgemäßes Lautgeben stören, wir müssen also auch ein Mittel zum Unterdrücken des Lautwerdens haben. Das erreichen wir, indem wir dem Hunde im Augenblick, wo er laut wird oder werden will, unter „st!" oder „still!" schnell den Fang zuhalten und dabei den Kopf herunter= drücken, oder bei dazu herbeigeführten Gelegenheiten ihm vorher den oben erwähnten Fangriemen umlegen und das „still!" anwenden, wenn die sonst das Bellen auslösende Ursache einsetzt. Zu häufiges Wieder=

Abb. 450. Der Hofwächter im Dienst.

holen dieser Übung ist zu vermeiden und der Hund auch zu gewöhnen, daß er das Lautwerden nur auf den besonderen Befehl „still!" unterläßt.

Wachsamkeit ist jedem guten Schäferhunde angewelft; daß die Zwingertiere nicht unter diese fallen, wissen wir. Schon der kleine Welp weiß, wie er seiner Wachsamkeit Ausdruck zu geben hat: durch Anschlagen. Läßt er darin später nach, bei Einzelhaltung etwa, greifen wir zu dem Mittel, das ich eben als letztes zum Erzielen des Lautgebens angeraten habe; das wirkt besonders bei Nacht. Nun gehört zur rechten Wachsamkeit nicht bloß Anschlagen und Melden, sondern auch Unterscheiden, ob das zu meldende Ereignis in Beziehung zu dem zu bewachenden Stockwerk, Haus oder Hofraum steht, und schließlich richtiges Benehmen Fremden gegenüber. Die eben geforderte Unterscheidung liegt im Blut, ist uraltes Erbe: der Hund schützt seinen Bezirk, nur muß ihm Gelegenheit geboten werden, den kennen zu lernen und sich dort heimisch zu fühlen. Dann wird er in dem von mehreren Parteien bewohnten Stadthause ruhig bleiben, wenn jemand auf der Treppe zum höheren Stockwerk steigt, auf dem Lande, wenn ein Fremder am Hof vorbeigeht; er wird erst melden, wenn der Fremde, den er an Tritt und Sprache als solchen erkennt, die eigene Diele, den Hausflur oder den Hofraum betritt. Hier richtig einzuwirken, hat der Besitzer durch Aufmunterung, Lob und Tadel an rechter Stelle in der Hand. Das richtige Benehmen Fremden gegen= über hat die Erziehung schon gelehrt: der den Hofraum betretende Fremde wird gemeldet, zum Hause begleitet, nicht aus den Augen ge= lassen, er darf aber nicht gestellt oder gar angefallen werden. Aus dem Hause aber darf kein Fremder, der nicht von einem Hausangehörigen begleitet oder über den von einem solchen dem Hunde keine „beruhigende Auskunft" gegeben wird. Fehlt eins von beiden, so ist der Mann ver= dächtig; dann ist es guten Wächters Pflicht, den zu stellen, nur zu stellen und zu melden, bis jemand aus dem Hause kommt. Ist der Wächter freilich sich selbst überlassen, etwa bei Nacht, oder droht der Eindringling zu entkommen, wird der rechte Hund sich schon zu helfen wissen. Im allgemeinen wird jeder rechte Hund sich so benehmen, der Besitzer kann aber durch vorsichtiges Eingreifen mit gut eingespielten Helfern und stete eigene Aufmerksamkeit recht viel dazu beitragen und sich so mit der Zeit einen in jeder Beziehung sicheren und zuverlässigen Wächter erziehen.

Als schußfest bezeichnen wir einen Hund, der beim Schuß nicht kneift und davonläuft, sondern ruhig standhält. Erschrecken kann sich jeder über einen plötzlichen Schuß. Herumzufahren und sich nach dem Grunde dieses unangenehmen knallenden Geräusches umzusehen, das dem empfindlichen Trommelfell lästig wurde, ist keine Schußscheu, kein Zeichen von Angst; die äußert sich durch Einziehen der Rute, starkes Zittern, Schutz suchen zwischen den Beinen des Herrn und, wenn es möglich, durch schleuniges Sichdrücken. Aus dem Erschrecken kann aber Zurückschrecken werden, wenn wir das Einschießen ungeschickt anfangen. Der Führer muß seinen Schüler also allmählich an laute knallende Ge= räusche gewöhnen: Zusammenschlagen der Hände, zweier Brettchen, Werfen von Knallerbsen, Benutzen einer Knallpistole; nach dieser Vor= bereitung läßt er den Gehilfen an geeigneter Stelle mit Platzpatronen schießen, stellt sich mit dem Hunde zunächst in ziemlicher Entfernung auf und geht dann, dauernd zuredend, immer näher mit ihm heran, läßt den Schüler zuletzt auch an dem noch rauchenden Schießeisen riechen und schießt auch selbst. Ebenso ist der Hund an den bei Nacht blendenden Feuerstrahl des Schusses zu gewöhnen: zunächst durch Anblitzen mit einer Taschenlampe, dann durch Schießen selbst.

Das weitere Üben in der Schußfestigkeit richtet sich für den Schutz= hund danach, wer geschossen hat. War es der Führer, muß der Hund sich bereit halten zum Einspringen und Helfen; der Hund gehört dann dicht neben seinen Herrn. Schoß ein Fremder, so wird der Schuß ver= mutlich gegen den Führer oder den Hund selbst gerichtet sein; ob das der Fall ist, sagt dem Hunde schon sein Gefühl, er wird sich also nicht auf einen harmlosen Jäger etwa stürzen, der auf einen Hasen knallt, in dessen Nähe nebenbei Hund und Herr auch nichts zu tun hätten. War der Schuß gegen Herrn oder Hund gerichtet, muß der Hund vorstürmen und den Angreifer beschäftigen und außer Gefecht setzen. Er darf ihm nicht in die Schußrichtung laufen, sondern muß blitzschnell die Seite gewinnen, um den den Revolver führenden Arm packen zu können. Das Einarbeiten hierauf gehört zwar schon zur eigentlichen Mannarbeit, ich will es aber vorgreifend hier gleich mit besprechen. Der angeleinte, völlig schuß=

Abb. 451. Schußfestigkeit.

feste Hund wird vom Führer in raschem Lauf unter den entsprechenden Richtungsbefehlen „rechts!" oder „links!" und „faß!" gegen den schießen= den Gehilfen geführt und dort gegen den erhobenen rechten Arm an= gesetzt, wobei das schnelle Ausweichen und Umkreisen unter Standlaut= geben einzuüben ist. Der Gehilfe ist anzuweisen, dem Hunde nicht ins Gesicht zu schießen, damit der nicht durch Pfropfen oder Pulverkörner an den Augen verletzt wird; der Helfer muß also vorm Hunde und etwas seitwärts auf die Erde schießen, oder, wenn der näher heran, über den Hund weg, aber auch nicht sinnlos in die Luft.

Mit Standlaut bezeichnen wir den tiefen grollenden Laut, mit dem der Hund einen ihm Verdächtigen verbellt. Jeder aufmerksame Hundehalter kennt diesen eindringlich warnenden Anschlag, dies „Hände

638

hoch!" des Hundes gegenüber einem unberechtigten Eindringling oder gegenüber einem seinen Verdacht erregenden Menschen. Der Standlaut unterscheidet sich deutlich vom einfachen Anschlag des aufmerksamen Wächters, vom Laut des sich freuenden oder aus Hundes Gründen bellenden, vom hellen Hals des einen Gegenstand verbellenden Hundes und vom klagenden Ton, mit dem der Diensthund einen aufgestöberten Verunglückten tot verbellt.

Der Standlaut soll dem Herrn Gefahr melden, den Verdächtigen warnen, an den Platz bannen, stellen, wie der Fachausdruck lautet.

Abb. 452. Standlautgeben.

Stellen und verbellen richten sich also gegen einen erst Verdächtigen, dürfen daher nicht zum Fassen führen; darauf ist beim Einüben streng zu achten, wollen wir doch keine gefährliche Bestie, sondern einen brauch= baren zuverlässigen Hund erziehen. Der schlecht und auffallend ge= kleidete, möglichst auch nach Schweiß und Fusel riechende Helfer — der nicht mit dem aufreizenden Schutzanzug bekleidet! — stellt sich so auf, daß er dadurch schon des Hundes Mißtrauen erweckt: hinter einem Baum, einem Holzhaufen, hinter einer Hecke oder in einer dunklen Ecke, ver= hält sich dort aber still, reizt den Huud in keiner Weise, weder durch Laut,

639

noch durch Gebärden; die Schummerstunde eignet sich besonders zum Einüben. Der Führer nimmt den Hund an die kurze Leine und geht am Standort des Helfers vorbei; schenkt der Hund dem anfänglich keine Beachtung, macht ihn der Führer unter „gib Laut!" darauf aufmerksam, hetzt den Hund aber unter keiner Bedingung an. Meldet der Hund, bleibt der Führer zunächst stehen, läßt weiter unter Loben Laut geben und fängt dann an, den Helfer in 2—3 m Abstand zu umkreisen, den Hund zwischen sich und dem Helfer lassend; dieser muß still stehen, keine hastigen Bewegungen mit den Händen machen, soll aber, sich langsam drehend, den Bewegungen des Hundes folgen. Unter Lob ist der Huud dann

abzunehmen und im Weiter=
führen durch Zuspruch zu be=
ruhigen; will der Hund aber
einspringen und fassen, ist er
sofort unter „pfui!" durch
einen derben Ruck an den
Korallen zurückzunehmen und
muß Nieder machen und
kriechen. Der stillstehende
Mensch muß dem Hunde
unter allen Umständen
zum Begriff werden, der
nur verbellt, niemals
aber angegriffen werden
darf!

Sowie sich zu große Schärfe
zeigt, müssen daher sofort ent=
sprechende strenge Gegen=
maßregeln Platz greifen. Die
Arbeit wird später an der
langen Leine, wenn sie ganz
sicher sitzt, auch vom frei
laufenden Hunde wiederholt'
wobei sich der Führer zunächst
in der Nähe des Hundes auf=
hält, später weiter von diesem

Abb. 453. Stellen und Verbellen.

abbleibt; sie muß, auch wenn
das Einarbeiten beendet ist,
später von Zeit zu Zeit immer wiederholt werden, damit der Besitzer sich vom richtigen Verhalten seines Hundes überzeugen kann.

Sitzt der Standlaut, kann zum Bewachen eines Gegenstandes übergegangen werden, das einem verschärften Ablegen beim Gegen= stande entspricht und eine Vorübung auf das Scharfmachen darstellt. Der Hund wird mit dem üblichen Befehl an einem Baum oder festen Pfahl abgelegt, und zwar an der Kette. Dann wird ein größerer Gegen= stand, der den Eigengeruch des Führers trägt, neben ihm hingelegt und der Hund durch ein beliebig zu wählendes Stichwort, etwa „leid's nicht!" — besser als „paß auf!" wegen des Gleichklanges zu „faß!" und zu „auf!" — darauf aufmerksam gemacht. Der Führer nimmt jetzt

640

etwas abseits Aufstellung, der wieder verdächtig gekleidete Helfer nähert sich und geht, aber außer Reichweite der Kette, am Hunde vorbei. Rührt der Hund sich nicht, ist er vom Führer durch „gib Laut!" aufzumuntern, gibt er Standlaut, wird er belobt. Der Helfer muß nun vorm Hunde stehen bleiben, ihn durch Bewegungen reizen, mit seinem Stock vorm Hunde auf die Erde schlagen und damit nach dem Gegenstande zu langen suchen, der Führer dagegen feuert den Hund durch „leid's nicht!" an; der Huud schließlich muß sich stets so stellen, daß er seinen Gegner im Auge behält, den zu bewachenden Gegenstand aber nicht verläßt. Im fortschreitenden Üben kann dann die Kette durch Einhaken einer zweiten verlängert werden, wobei besonders Wert darauf zu legen ist, daß der Hund sich nicht zu weit vom zu bewachenden Gegenstande entfernt — Fortnehmen lassen durch einen zweiten Helfer! während der Führer sich ganz zurückhält. Auch sind Beruhigungspausen einzulegen, in denen unverdächtig gekleidete Helfer ruhig am Hunde vorbeigehen, wobei unangebrachter Schärfe durch Zureden und „still!" entgegenzutreten ist.

Aus dem Bewachen läßt sich das Fassen unschwer entwickeln: der Helfer greift nach dem zu bewachenden Gegenstande und der Hund wird gelehrt, dagegen durch Abwehr, durch Fassen und Beißen also, einzuschreiten. Natürlich muß der Helfer dabei gegen Bisse entsprechend geschützt sein; wird vorsichtig vorgegangen, genügt für diesen Fall der einfache Schutzärmel für den rechten Arm, der allein in den Bereich des Hundes zu bringen ist.

Abb. 454. Bewachen eines Gegenstandes.

Der rechte, scharfe Hund wird schon von selbst zur einzig möglichen Abwehr des vermeintlichen Räubers schreiten. Als Stichwort dient am besten ein kurzes scharfes „faß!", das dem Hunde als solches schon vom Üben des Hereinbringens in ähnlicher Weise bekannt, die anhetzende Schärfe des Tons ermuntert zum festen Greifen. Anderenfalls muß der Führer, der bei dieser Übung natürlich dicht beim Hunde bleiben muß, durch fortwährendes Anfeuern und eigenes Benehmen helfen, dem Hunde Mut machen, der Helfer dagegen dadurch, daß er durch Bedrohen des Hundes mit dem Stock, durch Trampeln und Schlagen auf die Erde, durch eigenes Vordringen und Zurückweichen, die Wut des Hundes steigert und diesem schließlich den rechten Arm zum Beißen und Hineinverbeißen hinreicht. Der Huud darf beim Einüben keinesfalls geschlagen werden, er muß immer den Eindruck behalten, daß er der stärkere, der Sieger ist. Das

Erdulden von Schmerzen, die Rücksichtslosigkeit gegenüber prasselnden Hieben wird erst später beigebracht. Dazu wird natürlich kein schwerer Knüppel, sondern eine schwuppe Gerte, allenfalls ein dünner Rohrstock genommen; wie er den Hieben geschickt ausweichen kann, wird der Hund dabei schon von selbst lernen.

Natürlich kann auch auders vorgegangen werden: der Hund wird an die kurze Leine genommen — später an die lange —, der Führer geht mit ihm gegen den Helfer an, der zunächst dem Hunde unerreichbar, auf einer Erhöhung etwa oder hinter einem Gitter steht und den Hund

Abb. 455. Übergang vom Bewachen eines Verhafteten zum Fassen des Entfliehenden.

reizt. Später tritt der geschützte Helfer dem Hunde frei gegenüber und wendet sich auch nicht mehr bloß gegen den Hund, sondern gegen den Führer.

Den Huud zum Fassen allein gegen den rechten Arm anzusetzen, klingt sehr verführerisch. Daß sich das erreichen läßt, zeigt uns der Herden=gebrauch, aber auch dort kann in der Hast und Erregung selbst dem sichersten Hunde mal ein Griff fehl gehen. Im wirklichen Kampf mit dem Manne kommt es aber darauf an, dem Herrn schnell wirkungsvoll zu helfen, also nicht darauf den Gegner kunstgerecht in den Sand, sondern

unverzüglich und sicher außer Gefecht zu setzen. Da wird der rechte Arm
nicht immer zu haben sein, während ein fester Griff in die Keulen, ein
Anspringen von hinten, um den Gegner durch den Anprall zum Fallen
zu bringen, sehr wohl zum Ziel führen kann. Da muß dem helfenden
Hunde also überlassen bleiben, sich selbst die rechte Angriffsstelle auszu=
suchen, ist es kein dummes Zwingertier, wird er sich schon als guter
Helfer erweisen.

Abb. 456. Verteidigen des Führers.

Die Aufgabe des Hundes beim Schutz des Herrn zerfällt in drei
Teile: Verhalten gegenüber dem Angreifer, Verhalten gegenüber dem
vom Angriff abstehenden und Verhalten gegenüber dem flüchtenden
Angreifer. Die erste dieser drei Aufgaben und das Einarbeiten darauf,
habe ich soeben besprochen, dem den Angriff aufgebenden Mann gegen=
über muß der Hund gleichfalls von der Fortsetzung der Abwehr ablassen;
aber auf Befehl des Herrn. Das muß sehr sorgfältig ein= und wieder
und immer wieder durchgeübt werden, denn dies Ablassen vom gepackten

41*

Gegner ist die schärfste Belastungsprobe für festen Gehorsam, muß aber unbedingt sicher sitzen, sonst ist der Hund nicht brauchbar, sondern eine Gefahr für jeden; kann er doch auch mal den Unrechten oder einen Unschuldigen gepackt haben. Der vom Angriff ablassende, still stehende Gegner muß dem Hunde also ebenfalls wieder zum Begriff werden, der nicht erneut gepackt werden darf.

Das Ablassen wird selbstredend wieder mit dem kurz angeleinten Hunde eingeübt. Auf ein kurzes scharfes „ab!" wird er mit den Korallen vom Helfer abgenommen und muß nun verbellend vor diesem stehen

Abb. 457. Verteidigen des Führers.

bleiben. Der Helfer muß natürlich, nachdem der Hund abgenommen, auch selbst stockstill stehen; daß er einen solchen Mann nur verbellen darf, hat der Huud ja schon früher gelernt. Der Schüler wird nunmehr mit Hand und Mund beruhigt und belobt, zeigt er aber Neigung sich trotzdem wieder auf den Mann zu stürzen, so folgt eine Schule mit nieder und kriechen. Erst ganz allmählich, wenn der Hund sicher in der Hand, darf die Leine verlängert, schließlich der Hund ganz abgelassen werden.

Sitzt das Ablassen fest, kann zum Verfolgen des flüchtenden An= greifers übergegangen werden; diese Übung kann auch für den Schutz=

644

hund des Liebhabers Bedeutung bekommen, wenn es gilt, einen Ver=
brecher, der sich am Herrn oder dessen Habe vergreifen wollte, nicht
entwischen zu lassen, sondern dingfest zu machen, um ihn der Staats=
gewalt zu überliefern. Der stillstehende Helfer wird also plötzlich kehrt
machen und fortlaufen; nicht übertrieben rasch, daran hindert ihn auch
schon der Schutzanzug. Der wieder kurz angeleinte Hund wird sich natür=
lich auf den Flüchtling stürzen wollen; der Führer folgt daher mit ihm,
hetzt aber nicht zum Fassen an, sondern gibt ein anderes Stichwort,
etwa „stell!" oder „stellen!". Er lehrt nun dem Hunde dicht am Flücht=

Abb. 458. Verteidigen des Führers.

ling vorbei dessen Vorderseite zu gewinnen und dort verbellend halt
zu machen, worauf der Helfer wieder still stehen muß; zum Fassen darf
der Hund dabei nicht kommen. Das ist sicherer als dem Hunde zu zeigen,
den Mann durch Fassen am Rockzipfel zum Halten zu zwingen oder ihn
durch Ansprung gegen den Rücken oder Packen eines gehobenen Fußes
zu Fall zu bringen. Denn immerhin, es handelt sich nicht um einen Dienst=
hund, sondern nur um den Schutzhund eines nicht beamteten Liebhabers
und der Herr Verbrecher könnte von dem Schadenersatz beanspruchen;
und trotz allgemeiner Unsicherheit leben wir ja noch in einem sogenannten
Rechtsstaat. In Wirklichkeit wird sich die Sache ja wahrscheinlich so

645

abspielen, daß der flüchtende Täter, sobald er den heißen Atem des Hundes an seinem Hosenboden fühlt, gegen den Verfolger kehrt macht und sich in sein Schicksal ergibt oder erneut den Kampf gegen den Hund aufnimmt; dann ist er wieder Angreifer.

Abb. 45: Verfolgen eines auffliehenden Strolchs.

Das wären die Aufgaben, die der Schutzhund am und gegen den Mann zu leisten hat. Die weitere Mannarbeit mit Abstöbern — im deutschen Dienstgebrauch „Revieren" genannt —, mit Verbellen oder Verweisen eines Aufgestöberten und mit Bewachen und Begleiten (deutsch: „Transport!") eines Verhafteten, ist Diensthundaufgabe, auf die wir unseren Schutzhund nicht einzuarbeiten brauchen; der soll am Mann nicht übernommen werden.

Abb. · 60. · Der verf lge de hund gewinnt zum Stellen di li te eite des Flüchtlings.

Nur auf eins möchte ich noch eingehen, auf das Entsenden in bestimmter Richtung — die Vorbereitung zum Einüben des Stöberns — weil auch der Liebhaber die dabei gebrauchten Richtungsworte „geradeaus!", „rechts!" oder „links!" zum Helfen bei anderen Übungen benötigt. Deren Begriff wird dem Hunde leicht unter Heranziehen des Bringens beigebracht: ein von weitem schlecht erkennbarer Gegenstand wird, auf einem Rasenplatz etwa, in der gewählten Richtung fortgeworfen und der Hund unter Vorsagen des Stichworts angeleitet in der angegebenen Richtung zu suchen.

Das Abstöbern des Geländes ist reine Diensthundarbeit für den Begleithund des Beamten, der sich dabei auch oft genug im

Abb. 61. Anhalten des Flüchtlings durch An prun am Rüden.

Dienst der Nächstenliebe betätigen kann, und für den Sanitätshund im Felde.

'Bevor ich mit der Mannarbeit abschließe, möchte ich nochmals eindringlich davor warnen, den Hund zuviel am Mann zu arbeiten, ihn überscharf zu machen. Das Raufen und Beißen am Mann ist für den rechten Huud echte Lebensfreude, „a rechte Hetz!" wie der Wiener sagt; der Hund ist nun mal Raubtiernachtomme. Der Begriff Mensch soll ihm aber etwas Heiliges, Unantastbares sein, darauf

Abb. 462. Anhalten des Flüchtlings durch Fassen am Bein.

haben wir es schon bei der ganzen Erziehung von Jugend auf angelegt und davon soll er nur im äußersten Notfall, auf unseren Befehl, abweichen dürfen.

Der Schutzhund soll scharf sein, aber diese Schärfe muß durch Er=
ziehung gebändigt, in die rechten Bahnen gelenkt und mit sicherem Ge=
horsam verbunden sein. Schärfe hat mit Bissigkeit nicht das geringste
zu tun, böse und bissige Hunde sind das Ergebnis falscher Erziehung und
Haltung: Quälereien, sinnloses Reizen und Hetzen durch törichte oder
boshafte Menschen, Kette und Zwinger; ja der bissige Huud beißt sehr
oft nur aus innerer Angst und Aufregung, weil er aus Nervenzerrüttung
sich nur so vor vermeintlicher Gefahr retten zu können glaubt. Solche
Tiere sind als Schutzhund und im Hause unbrauchbar, der Liebhaber soll

Abb. 463. Aufstöbern eines Strolches bei der Stöbersuche im Gelände.

sich gar nicht erst mit ihnen abquälen; sie zu bessern, ist sehr schwer, sind
sie Angstbeißer, ist Besserung überhaupt kaum möglich. Aber auch der
überscharf gemachte Hund ist im Hause und auf der Straße eine dauernde
Gefahr, selbst für die Angehörigen des Besitzers und für dessen Angestellte,
weil er, auf die eine Aufgabe eingestellt, in jeder harmlosen Handlung
und zufälligen Bewegung eine Bedrohung seines Herrn finden kann;
von seinem Hundestandpunkt aus gewiß meist mit Recht, aber dieser
Standpunkt ist nicht immer der rechte!
Der Hund von echter Schärfe dagegen ist harmlos und gutmütig,
auch Fremden gegenüber, da freilich zurückhaltend, kein Schmeichler

und Allerweltsfreund. Er warnt und droht erst, packt nicht gleich und beißt auch vor allem nicht sofort sinnlos zu, wenn es mit der einfachen Abwehr des Packens genug. Das viele Üben am geschützten Mann ver= leitet den Hund leicht dazu, gleich scharf zuzubeißen, weil er das am Schutzanzug so gelernt hat.

Für den Besitzer ist es nützlich, um den Huud stets sicher in der Hand zu haben, ihn vor Mißverständnissen und deren Folgen zu bewahren, seinen Hund an ein Stichwort zu gewöhnen, das ihm vermehrte Auf= merksamkeit für den Gefahrfall ansagt; etwa „Achtung!" oder irgendein kurzer, von anderen Befehlsworten sich deutlich unterscheidender Laut.

Abb. 464. Auffinden eines verunglückten Radfahrers beim Abstöbern des Geländes.

Das Leitwort für jede Arbeit am Mann aber ist: Gehorsam und wieder Gehorsam und abermals Gehorsam!

Den Huud von rechter Schärfe muß uns die Zucht liefern; zweck= mäßige Haltung, sorgfältige Erziehung, zielsichere Schulung vollenden das Werk, die Anlagen müssen aber da sein. Die Zucht wieder fußt auf dem Gebrauch, auf der Anlagenausbildung der Eltern durch Arbeit; so gehen beide Hand in Huud, zum Segen unserer Rasse!

Ich komme nunmehr zur Nasenarbeit des Hundes, zu Auf= gaben, deren Lösung in unserem Sinn der Huud an Haud seines Grund= sinnes, des Geruchs oder Witterungsvermögens, lernen soll. Einen

651

Huud, der diesen Sinn nicht besitzt, gibt es nicht; er entspräche dem blind geborenen Menschen, nur mit dem Unterschied, daß der nasenlose Hund von Anfang an zum Hungertode verdammt wäre, weil er sich schon zum mütterlichen Gesäuge nicht finden könnte. Wohl gibt es Hunderassen, deren Geruchssinn schärfer oder schwächer entwickelt ist als der anderer; ebenso wird es innerhalb einer und derselben Rasse Tiere geben, deren Nase besser oder schlechter zu sein scheint als die ihrer Artgenossen. Ich betonte eben das Wort „scheint", denn mit Sicherheit entscheiden können wir diese Frage nicht, weil uns, vorläufig wenigstens noch, Hilfsmittel dazu fehlen. Wenn also jeder Huud Nase hat, und der Schäfer= hund im allgemeinen eine sehr feine, trotzdem aber, wie ich schon im II. Abschnitt ausführte, so viele Hunde bei Nasenarbeiten versagen, so liegt das nicht am Hunde, sondern am Lehrmeister und an der Führung. Am Lehrer, der nicht verstand, dem Hunde den Gebrauch seines Haupt= sinns im Rahmen der ihm von uns zugedachten Aufgaben klar zu machen; und am Führer, der nicht versteht, das Können des Hundes auf diesem Gebiet auszunützen, weil er das Tun seines vierbeinigen Gehilfen nicht beobachtet, nicht voll begreift und daraus nicht die ihm nützlichen Schlüsse zieht. Der Versager liegt also nicht auf der Hunde=, sondern auf der Menschenseite, nicht der Huud ist unfähig, sondern der Führer ungeschickt zum Durchführen dieser schwierigsten Aufgabe. Rolf und seine klugen Kinderchen würden den schön auslachen, der solche Hundeunfähigkeit behauptet, und sie könnten so lehrreiche Geschichten darüber trommeln, wenn sie nur einmal danach gefragt würden. Aber das tat bisher noch niemand, vielleicht weil noch keiner unter den Ausfragern selbst die rechte Antwort darauf wußte!

Wenn wir dem Hunde eine gute oder „feine", jenem eine schlechte oder „kurze" Nase zusprechen, so urteilen wir damit von unserem Stand= punkt aus, wollen damit ausdrücken, daß der sie in unserem Sinne nützlich, jener aber weniger gut oder gar nicht zu verwerten verstehe. Daß tatsächlich die Schärfe der Nase nicht bei allen Hunden gleich, dürfen wir wohl aus unserer Erfahrung schließen, denn auch die Ausbildung eines Sinnes beruht auf Anlage, Ausbildung und Erfahrung. Der Maler sieht Töne und Farbenunterschiede, die dem Laien entgehen, der Wein= kenner und der Teeschmecker merken Geschmacksunterschiede, für die die Zunge des gewöhnlichen Sterblichen kein Empfinden hat. Übung und Erfahrung haben bei ihnen Auge oder Zunge geschärft, ebenso wird es also auch bei der Nase sein: der Hund, der von Jugend auf seinen Haupt= sinn tüchtig brauchen konnte und mußte, also wieder der in voller Frei= heit aufgewachsene Landhund, wird dem Zwinger=, Stadt= und Stuben= hunde unzweifelhaft im Gebrauch der Nase überlegen sein. Nicht, weil dessen Nase durch schlechte Stadtluft, durch Aufenthalt im verräucherten Zimmer angegriffen, verdorben, sondern ganz einfach, weil dem die Gelegenheit fehlte, die Nase zu gebrauchen und seinen Geist durch Nasen= erfahrungen zu bilden und zu schärfen. Der Aufzüchter und Erzieher sollte daraus die Lehre ziehen, seinen Welpen und Junghunden von Jugend auf reichlich Gelegenheit zum Gebrauch der Nase zu geben, der Züchter aber, möglichst mit Hunden von bewährter Nase zu züchten, denn die Anlage dazu vererbt sich wie jede andere Eigenschaft; das

652

heranzüchten feinnasiger Hunde aber ist für die Ausbildung unserer Hunde von großer Bedeutung.

Die Nase ist übrigens auch bei ein und demselben Hunde nicht stets in gleicher Verfassung. Äußere Einflüsse, trockene oder feuchte Luft, Hitze oder scharfe Kälte u. a., körperliche Verfassung, Erregung, Abspannung und Gesundheitszustand beeinflussen sie. Auch wir sehen ja nicht immer gleich gut: die Sonne blendet uns, scharfer Wind oder Kälte treiben uns Wasser in die Augen, Schnupfen trübt sie.

Den Wildhund führt die Nase zu Fraß und Frau, den beiden Kernpunkten, um die sich letzten Endes alles Leben dreht. Futtersorgen quälen den Haushund meist nicht, desto mehr Liebesnöte; freilich wird auch er sich gern als Zugabe einverleiben, was an Eßbarem auf Hof und Gasse, auf Feld und Flur seine Nase ihn aufspüren ließ. Dem im Freien ruhenden Hunde führt der Luftstrom dauernd die verschiedensten Witterungen zu, erzählt ihm allerlei unterhaltsame Geschichten von seiner Umgebung; dem behaglich liegenden geht es dann wie uns, wenn wir einst im guten alten Berlin an der Kranzlerecke saßen und schauten. Dem herumstöbernden aber verschafft die Nase fortwährend neue Eindrücke wie einem gemächlich von Schaufenster zu Schaufenster bummelnden Menschen.

Also auch deshalb hinaus mit den Hunden, alten wie jungen, hinaus ins Freie, um ihnen Gelegenheit zu geben, ihre Nase zu brauchen, zu schärfen, Kenntnisse zu erwerben; Zwingerzucht, Zwingerhaltung werden niemals in der Nase brauchbare Hunde liefern. Der Aufzüchter soll sich aber nicht mit dem begnügen, was die Natur seinen Junghunden bietet, er kann selbst auch erzieherisch eingreifen, um sie an den Gebrauch der Nase zu gewöhnen. Das kann schon beim Welpen beginnen durch Aufsuchenlassen vorgeworfener, im Grase versteckt liegender Brocken, zu denen die Nase, nicht das Auge führen muß; auch das gewohnte Spielzeug, die Holzkugel, kann so verwertet werden. Der Besitzer kann ferner auf dem Spielplatz seines Junghundes, oder draußen, eine kurze Schleppe von riechendem Fleisch, reifem Käse oder am besten von alten Bücklingen legen, die eine unwiderstehliche Anziehungskraft auf jede Hundenase ausüben. Solch Lockmittel, entweder in Papier verpackt oder einfach an eine Strippe gebunden, schleift der Erzieher erst eine kurze, später eine längere Strecke seitlich hinter sich her — kann das auch durch einen Fremden tun lassen — und versteckt schließlich das Schleppstück, unter Laub etwa; dann beobachtet er, wie sein Junghund sich benimmt, wenn der auffällig die Schleppe kreuzt. Und er kann schließlich, wenn der Hund spielt, nicht auf ihn achtet, sich selbst verstecken und nun vom Hunde suchen lassen; dabei wird er sich zunächst überm Winde aufstellen, um dem Hunde die breite Luftwitterung zukommen zu lassen, später aber unterm Winde, um die Nase des Hundes auf die Erde, zum Aufstöbern und Ausarbeiten der Spur zu zwingen.

Der Hund vereinigt, wie ich schon im II. Abschnitt ausführte, stöbernde Suche und Halten der Spur. Beim "Stöbern", d. h. bei einem mehr oder minder flüchtigen kreuz und quer im Gelände zum Absuchen eines Abschnittes, stößt der Hund auf eine anstehende Witterung, der er dann bis zum Ende folgt oder doch bis er aus äußeren Gründen die

Weiterarbeit aufgibt. Witterung kann ihm aber auch durch den Wind zugetragen werden; er wird dann mit Hochwind unmittelbar auf den Witterunggeber zustürmen, oder aber, vom Winde auf die Spur geleitet, nunmehr diese ausarbeiten, und zwar, je nach der Stärke des Windes, mehr oder minder auf der Spur selbst oder unter Wind, d. h. seitwärts der Spur.

Die Geruchsspur, auf die es bei unserer Arbeit mit dem Hunde ankommt, haftet, wie wir sahen, zumeist am Boden oder an dessen unmittelbarer Bedeckung. Von dort strahlt die gasförmige Witterung in feinsten Wellen aus; wie stark sie ansteht, wie hoch sie steigt, wie weit sie sich verbreitet, wie lange sie sich hält, hängt von Luftdruck, =wärme, =feuchtigkeit und =bewegung ab*).

Wir sahen ferner im II. Abschnitt, daß für die Art der Suche zwischen „Hochwindsuchern" und „Fährtenziehern" zu unterscheiden. Der Hochwindsucher arbeitet auf die ihm zugetragene Luftwitterung hin, ohne Einhalten einer Spur; der Fährtenzieher arbeitet auf der Spur selbst. Wie „tief" oder „hoch" er dabei die Nase nimmt, hängt zum Teil von deren Feinheit, im wesentlichen aber vom Alter der Spur ab und von der Höhe, in der die Witterung am stärksten ansteht, d. h. dicht am Boden oder über diesem; der Hund wird infolgedessen im freien Felde und bei starkem Winde auch nicht immer unmittelbar auf der Spur selbst arbeiten, sondern bisweilen etwas seitwärts davon, unterm Winde, kann auch durch stärkere Windstöße stark von der Spur abgetrieben werden, muß sie sich dann aber durch Stöbern wieder aufsuchen, sich wieder auf der Spur zurechtfinden.

Das Fährtenziehen ist die eigentliche Suche des Wildhundes und damit auch seines eingezähmten Abkömmlings und Erben. So arbeitet sich jener erst stöbernd, dann spürend zur Beute, was freilich nicht hindert, daß er gelegentlich auch Hochwind benützt und bei der Hatz Großwild nur mit dem Auge jagt.

Der reine Hochwindsucher, besser noch Hochwindzieher des Jagdgebrauchs ist ein Ergebnis künstlicher Züchtung. Für unseren Gebrauch des Hundes kommt im wesentlichen das Fährtenziehen in Betracht, unter Umständen freilich auch die Hochwindsuche, so für den Polizeihund beim Abstöbern („Revieren") des Geländes, für den Sanitätshund bei der Verwundetensuche; wir werden uns hier nur mit dem eigentlichen Fährtenziehen, der Arbeit auf der Spur also, befassen.

Der eben mehrfach gebrauchte Ausdruck Färtenzieher, richtiger Spurenzieher, darf uns nicht dazu verleiten, das Wort Fährte falsch zu gebrauchen. Nur das auf Schalen ziehende Wild: Reh=, Rot= und Schwarz= wild „fährtet", hinterläßt „Fährten" als Birschzeichen; wenn es krankgeschossen ist, eine „Rotfährte". Alles andere zur Niederjagd gehörende Nutzwild dagegen, ebenso das Raubwild und auch der Mensch lassen „Spuren" zurück — sichtbare Fußspuren und anstehende Witterung —, eintretendenfalls auch keine Rot=, sondern eine „Schweißspur". Bei der Spur sprechen wir von „warmer" oder „frischer" und von „kalter"

---

*) Näheres darüber gibt „Verbrecherspur und Polizeihund" von Dr. Fr. Schmidt, Verlag des SV.; f. Anzeigenteil.

oder „alter". Gemeinhin wird angenommen, daß eine über 2 Stunden
alte Spur kalt geworden ist, doch kann das, je nach Wind und Wetter,
Bodenart und =bebauung auch sehr viel früher, unter Umständen freilich
auch erst später eintreten. Es handelt sich hier somit um einen recht be=
dingten und wandelbaren Begriff, für dessen engere Begrenzung und
Festsetzung uns die tatsächlichen Unterlagen — eigenes Spürvermögen —
abgehen. Der Hund „nimmt" eine Spur „auf" und „arbeitet"
sie „aus" oder er „spürt"; daß und warum er die Spur stets in der
richtigen Richtung, dem Ziel zu, aufnimmt, ist im II. Abschnitt gesagt
und eingehend begründet. Ein Hund „wittert die Spur aus", wenn
er ihr mit tiefer Nase folgt, durch „Ab=" oder „Ausspüren" sucht er
sich, am Tatort etwa, die hinterlassene Spur auf, die Witterung abgibt.
Unter „Witterung" ist der von einem Menschen, auch Tier, am Boden
oder an einem von ihm berührten Gegenstande —, Witterungsträger"
— hinterlassene Eigengeruch zu verstehen; es gibt eine Art= oder Rassen=
witterung, die allen Angehörigen einer Art gemein, und die persönliche
Witterung eines jeden einzelnen, die wieder durch besondere Umstände:
Krankheit, Trunksucht, schwere Arbeit, Angst abgeändert oder verstärkt
werden kann. Einem Hunde „Witterung geben" heißt, ihm am Boden
an einer Spur oder an einem Witterungsträger den Eigengeruch des
zu suchenden aufnehmen lassen. Nimmt der Hund einen Geruch wahr,
so „wittert" er; eine „Spur" kann durch scharfriechende oder ätzende
Stoffe zu „verwittern" versucht werden, ein Hund dagegen wird
verwittert, wenn der Herr ihn durch seinen Eigengeruch an sich bindet.
Auf der Spur „arbeitet" der Hund „am Riemen" oder „frei",
unter „Suche" dagegen ist Stöberarbeit zu verstehen. Das Lösen oder
Ablassen eines am Riemen arbeitenden Hundes nennt man „Schnallen".
Die Spur „verbrechen" bedeutet, die unsichtbare Geruchsspur dem
Auge durch äußere Merkmale kenntlich zu machen, und zwar an der
Abgangsstelle oder auch auf der Spurstrecke selbst. Kommt der Wind
bei der Spurarbeit von vorn, von der Seite oder von hinten, so hat der
Hund „Gegen=", „halben" oder „Nackenwind"; ein zu suchender
Gegenstand liegt „überm Winde", wenn der Wind vom Hunde auf
den Gegenstand zu weht, der Hund hat dann „Überwind", und um=
gekehrt „unterm Winde", wenn der Wind von dorther kommt.
„Derbellen", besser „Derklagen", schließlich heißt das Lautgeben
am zu suchenden Stück, Mensch oder Gegenstand, als Zeichen des Ge=
fundenhabens, unter „Derweisen" dagegen ist die Rückkehr des frei
arbeitenden Hundes zum Führer zu verstehen, um den nunmehr zum
vorher gefundenen zu leiten; das Derweisen ist die schwerere der
beiden, den nämlichen Zweck verfolgenden Leistungen.
   Daß Hunde Aufgaben, wie wir sie ihnen und ihrer Nase stellen,
auch leisten können, darf nicht bezweifelt werden, der Diensthundmann
braucht sich in dieser Beziehung nur die Erfahrungen und das Wissen
des Jägers zunutze zu machen. Einen Hund auf der Spur einzuarbeiten,
fällt, wie schon erwähnt, manchem Führer deshalb so schwer, weil uns
jede eigene Betätigung in „Nasenarbeit" versagt ist, viele sich daher
darüber ein ganz falsches Bild machen. Was uns die Natur versagte,
müssen wir uns durch reichliche Erfahrung zu erwerben suchen. Diese

Erfahrung gibt uns aber nicht Wälzen von Büchern, nicht Klügeln am Schreibtisch, sondern einzig Umgang mit Hunden, liebevolle, auf das Eingehen auf die inneren Beweggründe für das Tun des Tieres bedachte Beobachtung, die Ursache und Wirkung zu erfassen bestrebt ist und sich bemüht, den Hund nicht von unserem Standpunkt aus zu deuten, sondern sich in sein Wesen hineinzufühlen. „Grau, teurer Freund, ist alle Theorie, und grün des Lebens goldner Baum" heißt es im Faust, das müssen wir uns auch beim Arbeiten mit Hunden immer vor Augen halten! Da wir das Wesen des Hundes als auf Trieb zum Herrn und Freude an Betätigung beruhend erkannten, nützen wir auch diese beiden Kräfte am besten zum Einarbeiten auf der Spur aus; wie immer, werden wir auch dabei vom einfachsten ausgehend, zum schwierigeren fortschreiten.

Die einfachste Nasenarbeit ist das Ausarbeiten der Spur des eigenen Herrn. Jeder Huud hat das schon unzählige Male gemacht, richtig gemacht und als etwas ganz selbstverständliches und kinderleichtes gemacht, ehe er dazu in die Schule genommen wird; Kinder haben ja auch schon mit Griffel und Stift Buchstaben und Bilder gemalt, lange bevor sie in die Schule gesperrt werden. Den Hund aber wollen wir auf dem Wege über diese für ihn so einfache Aufgabe dahin bringen, uns später schwereres zu leisten: fremde Spur aufzusuchen, ihr zu folgen, Verlorenes zu finden, und Witterungsübereinstimmungen zu erkennen und uns kenntlich zu machen.

Der Schalterbeamte, der Kassenscheine auf Echtheit prüfen will, muß ein allgemeines Bild dieser Scheine im Auge haben, muß sich ihr Äußeres vergegenwärtigen können. Dies Bild hat sich seinem Gedächtnis eingeprägt, bei einzelnen Kleinigkeiten, auf die es zum Entdecken einer Fälschung gerade ankommt, wird er schärfer zusehen, vielleicht gar auf die Beschreibung und Abbildung der Fälschung zurückgreifen müssen. Wenden wir dies Bild auch auf den Hund an, bei ihm tritt für das Auge die Nase ein. Deren Gebrauch ist ihm etwas Vertrautes, er weiß hinterlassene Geruchsspuren zu deuten, hat auch gelernt, sie sich aufzusuchen und ihnen zu folgen; er kennt also das „Bild des Kassenscheins". Soll er uns eine bestimmte Spur heraussuchen, müssen wir ihm die kenntlich machen: nicht durchs Auge, sondern durch seinen Sinn, die Nase; wir müssen ihm also die Witterung dessen zuführen, den er suchen soll und ihm zugleich zum Suchen anregen. Die dem Hunde vertrauteste Witterung ist die seines Herrn, der Trieb zum abwesenden Herrn aber erleichtert uns dem Hunde die Aufgabe des Suchens klar zu machen; die ihm vorgehaltene Herrenwitterung weckt den Trieb auf, drängt den Hund von selbst zum Herrn, wir brauchen also nur noch an der rechten Stelle das Stichwort einzuschalten, das künftighin den Hund auf die Aufgabe vorbereiten soll, und …„fertig ist die Laube". Ganz so fix geht es ja nun freilich nicht und es ist noch allerlei Drum-und-Dran dabei zu beobachten; aber, wenn von Anfang an ruhig und folgerichtig vorgegangen und auch immer genügend Zeit auf diese ungemein wertvolle Arbeit verwendet wird, ist es wirklich keine Hexerei, sich einen zuverlässigen Suchhund zu erziehen. Freilich, Zeit muß zur Verfügung stehen und Arbeit darf nicht gescheut werden; in 14 Tagen, auch in etlichen Wochen mehr, läßt sich ſichere Naſenarbeit nicht einpauken. Etwas der ähnliches vielleicht, auf anderen Beweggründen aufgebaut, nicht auf der Liebe, ſondern auf dem Haß; aber wirklich nur etwas ihr Ähnliches, das für eine eingedrillte Scheinarbeit auf dem Übungsplatz genügen mag, beim ernſthaften Ge= brauch aber verſagen muß.

Ich brauchte hier mehrfach den Ausdruck „dem Hunde Witterung geben", ſehr viel beſſer wäre zu ſagen „den Hund Witterung nehmen laſſen". Jener Sachausdruck hat ſich nun aber leider mal eingebürgert, doch möchte ich die Gelegenheit nicht vorübergehen laſſen, um in den Führerköpfen jede Erinnerung an das „Witterung geben" auszulöſchen, um ſo eindringlicher dafür aber das „Witterung nehmen laſſen" dort einzuprägen. Im „Geben" liegt ſchon Zwang, bei dieſer Übung aber ſoll Zwang nach Möglichkeit ausgeſchaltet werden; vor allem der Hunde= naſe gegenüber, die für Zwang viel zu empfindlich iſt. Uns laufen auch die Augen über und wir können infolgedeſſen erſt recht nichts ſehen, wenn uns mit der liebevollen Aufforderung beſſer zu leſeu, etwas dicht vor die Augen gehalten wird. Witterung geben würde beim Hunde alſo immer die Erinnerung an erlittenen Zwang, an Herunterdrücken des Kopfes, Zudrücken der Naſe, Behinderung des Atmens u. a. zurück= rufen und jede Wiederholung des Witterunggebens zur unerfreulichen Handlung werden laſſen, gegen die der Huud ſich wehrt, ſei es auch nur durch inneren ſtillen Widerſtand. Die Folge davon wäre, daß er die gegebene, ihm aufgedrängte Witterung gar nicht aufnimmt oder beſten= falls nicht in gleicher Weiſe und Schärfe, als wenn ihm Gelegenheit zum freiwilligen Aufnehmen dieſer Witterung geboten wird. Wie man den Huud zu ſolch freiwilligem Witterung nehmen bringt? Aber, das iſt doch Spielerei: ein gut eingewittertes Gebrauchsſtück, am beſten alſo ein alter Stiefel ſeines Herrn, wird dem Hunde ſchmeichelnd vor die Naſe gehalten und dazu das Stichwort für die Naſenarbeit, ein gedehntes, mäßig lautes, lockendes „ſuch!" („ſu—u—u—u—uch!") ausgeſprochen und wiederholt. Mit dem Stiefel, den die Hundenaſe im Gedanken an den abweſenden Herrn begierig abwittern wird, wird ſie allmählich herunter, auf die Erde geſchmeichelt, dorthin, wo der abgehende Beſitzer ſeine Spur verbrochen hatte; hier ſetzt der Finger ein und weiſt unter weiterem „ſuch!" dem eifrig witternden Hunde den Weg auf der fürs Menſchenauge kenntlich gemachten Spur. Und nun möchte ich mal den Huud ſehen, der ſich nicht ins Geſchirr legt und ſeinen Hilfsführer auf kürzeſtem Wege zum Herrn führt. Übrigens: dem Hunde beim Vor= halten des Stiefels nicht das Schuhinnere aufdrängen wollen. Hunde haben nun mal eine Erbabneigung gegen alle Hohlräume, weil dort Schlangen oder ähnliche unerfreuliche Überraſchungen ſtecken können. Daher ruhig abwarten, ob es der Huud ſelbſt für nötig hält, auch im Schuhinneren Witterung zu nehmen; nötig iſt das nicht, da auch das Äußere des Leders genügend mit der Fußwitterung durchtränkt iſt.

Ich brauchte eben zwei neue Ausdrücke: Hilfsführer und Geſchirr. Der Helfer wird bei allen Naſenarbeiten benötigt; wo die auf der Spur des Herrn ſelbſt erfolgen, muß der Helfer als Hilfsführer eintreten, alſo das übernehmen, was eigentlich der Führer beibringen ſollte. Dieſer erſte Helfer beim Einarbeiten auf Naſe muß alſo ein ſehr verſtändiger und zuverlässiger Mann sein. Beim Einschulen auf der Führerspur könnte ja wohl ein Angehöriger des Führers die Aufgabe des Hilfsführers übernehmen; aber solch Angehöriger ist doch nur mal ein Stück Herr! Es würden dadurch nur Ablenkungen und Erschwerungen geschaffen,

Abb. 465. Riemenarbeit auf der Spur

während bei ganz fremder Führung der Trieb zum in den Geruchssinn gebrachten Herrn um so größer ist. Im Geschirr aber lag nichts als eine Redewendung, denn ich möchte zur Nasenarbeit am Riemen das Brust= geschirr als Halsung nicht empfehlen, und zwar aus dem weiter oben

658

angegebenen Grunde: der Hund mit Bruſtgeſchirr iſt gar nicht in der Hand des Führers, zieht den vielmehr hinter ſich her, das aber iſt allemal der Anfang vom Ende guter Naſen= arbeit. Oberwachtmeiſter Böttger, der frühere Abrichtemeiſter der ſtaatlichen Zucht= und Abrichteanſtalt in Grünheide, warnt auch deshalb vorm Bruſtgeſchirr, weil ein Zug daran den ſich zu ſehr ins Zeug legenden Huud von der Spur wegreißt, während einem nach ſeiner Vorſchrift angeleinten Hunde dadurch der Kopf auf die Spur gedrückt wird. Böttger befeſtigt zur Riemenarbeit die lange Leine am gewöhnlichen Würgehals= band, bei einem Stürmer am Stachelhalsband, aber nicht am Würge=, ſondern am feſten Ring; das Halsband wird vorher ſo gedreht, daß die Ringe nicht wie gewöhnlich im Nacken, ſondern unter der Kehle ſitzen. Dann leitet er die Leine zwiſchen den Vorderläufen unter Bruſt und Bauch und läßt ſie dort, bevor ſie zwiſchen den Hinterläuſen heraustritt, durch einen, etwa in der Lendengegend, dem Hunde loſe umgelegten dünnen Leibriemen — es kann auch ein einfaches Stück Bindfaden ſein — laufen*).

Damit wären wir bei der Hauptſache für das Einarbeiten eines Hundes auf der Spur: bei der langen Leine, oder, wie die für den Fall bezeichnet wird, beim Riemen. Ich ſagte oben ſchon, daß der Huud auf der Spur „am Riemen" oder „frei" arbeitet. Was für den Gebrauch wertvoller, die Riemen= oder die Freiarbeit, iſt hier nicht der Platz zu unterſuchen, die Anſichten darüber gehen in den Augen der Männer vom Gebrauch noch ſehr auseinander. Nur das ſei hier darüber geſagt, daß Fälle vorliegen können, in denen unter allen Bedingungen am Riemen durchgearbeitet werden muß, andere wieder in denen, der äußeren Umſtände wegen Freiarbeit von vornherein angebracht, daß aber ſchließlich auch Gründe eintreten können, aus denen der Hund während der Riemenarbeit geſchnallt werden und dann frei weiter arbeiten muß. Die Freiarbeit hat aber nur dann Ausſicht auf Erfolg, wenn der Huud gelernt hat, ohne fortzuſtürmen, ruhig mit tiefer Naſe, Schritt für Schritt ſozuſagen, auf der Spur zu arbeiten. Das aber lernt er nur am Riemen, kann er nur am Riemen lernen. Daher Riemenarbeit, fleißige Riemenarbeit, die auch ſpäter immer wieder zur Nachprüfung und Berichtigung des Hundes wiederholt werden muß, die unentbehrliche Grundlage für jedes Erfolg verſprechende Einarbeiten auf der Spur. Kein Hund darf eher frei auf der Spur arbeiten, bevor die ruhige aufmerk= ſame Arbeit am Riemen nicht feſtſitzt und bevor der Führer die Arbeitsweiſe ſeines Hundes, die Anzeigen, die der gibt, nicht genau erfaßt hat.

Iſt das der Fall, ſoll der Übergang von der Riemen= zur Freiarbeit auch nicht plötzlich erfolgen, ſondern allmählich, gewiſſer= maßen ohne daß der Hund es merkt: die Leine wird immer lockerer ge= halten, zuletzt nicht mehr am Ring befeſtigt, ſondern durch dieſen durch=

---

*) S. a. die für die Abrichtung von reinen Suchhunden ſehr wertvolle „An= weiſung zum Ausbilden von Suchhunden für den Ermittelungsdienſt" von Polizei=Oberwachtmeiſter Böttger, I. Auflage, 1919, Verlag des SV.; ſ. Anzeigenteil.

gezogen, so daß der Führer sie bei Gelegenheit laufen lassen kann und der Hund auf diese Weise während der Arbeit freikommt. Fängt er dann an zu stürmen und zu faseln, muß er sofort wieder angeleint werden, denn nur der Riemen gibt uns die Möglichkeit, den Hund zu rechter Spurarbeit anzulernen und gemachte Fehler nachzuprüfen und zu berichtigen.

Während der Arbeit soll der Hund dem Führer durch sein Benehmen anzeigen, ob er die Spur richtig hält. Das tun die Hunde in sehr verschiedener Weise: der eine tut es durch Vorwärtsdrängen — das sind die sehr eifrigen, stürmischen, bisweilen sehr feinnasigen, deren Drang gebremst werden muß —, ein anderer verhält sich an besonders eindrucksvollen Stellen der Spur — wo die Witterung also wahrnehmbarer als an anderen —, sticht dort gewissermaßen in den Boden oder die Witte-

Abb. 466. Freiarbeit auf der Spur.

rung, wieder ein anderer tut es durch kurzes Lautgeben oder durch Ohrenspiel, die meisten durch die Rute; zum tüchtigen Wedeln damit hat der eifrige Sucher freilich keine Zeit, ein kurzer Ausschlag, eine bestimmte Haltung geben das äußere Zeichen, das fortfällt, sobald der Hund unsicher geworden oder gar von der Spur gekommen, aber erneut einsetzt, sobald er seine Sicherheit wieder gewonnen hat. Der Lehrer muß eifrig auf diese Zeichen achten und bei ihrem Einsetzen den Hund allemal loben, sie bilden die drahtlose Verbindung zwischen Tier und Herrn, die diesem die Arbeit erleichtert. Denn wir müssen uns darüber klar sein, daß beim Gebrauch, und auf den arbeiten wir doch hin, letzten Endes nicht der Hund, sondern der Führer finden soll; der Hund ist nur das Hilfsmittel, der seinem Führer das Finden ermöglicht und erleichtert. Daher auch wir Dienſthundmänner beherzigen müſſen, was Forſtmeiſter v. Raesfeld über die Nachſuche des Jagdhundes, die die höchſten Anforderungen an Hund und Jäger ſtellt, geſchrieben hat: „Nicht der Hund ſoll den Jäger führen, ſondern der Jäger ſei der Führer des Hundes; dann werden ſie vereint imſtande ſein, die ſchwierigſte Aufgabe der hohen Jagd zu löſen: die planmäßige, erfolgreiche Nachſuche nach krankem Wilde!" Damit will v. Raesfeld ſelbſtverſtändlich nicht ausdrücken, daß der Jäger den Hund im Sinne des Worts zu dem ihm bekannten Lager des krank ge= ſchoſſenen Stücks bringt — dann brauchte er überhaupt keinen Hund, könnte ſich auf ſeine „geiſtige Eingebung" verlaſſen —, ſondern lediglich daß des Führers Aufmerkſamkeit und Erfahrung über der Arbeit des Hundes ſchweben ſoll, um jedes vom Hunde gegebene Zeichen richtig zu deuten und für die Löſung der Aufgabe verwerten zu können. Das iſt nur möglich, wenn Hund und Herr zuſammen arbeiten, dicht beieinander ſind; die einzige Möglichkeit, das zu erreichen, bildet aber die Riemenarbeit, die dem Hunde den Begriff einhämmert, daß bei der Spurarbeit Hund und Herr ein untrennbares Ganzes bilden müſſen.

Leider verſehen es hierbei ſo viele Führer. Sie gehen ohne genügende eigene Vorbereitung, ohne Beherrſchung der Aufgabe an dieſe heran, geben daher von vornherein dem Hunde falſche Anweiſungen und Hilfen und begnügen ſich mit Scheinleiſtungen, ſtatt mit wirklichen. Manche ſind ſtolz darauf, wenn ihr Hund auf dem Prüfungsplatz ſeinen eingeſpielten Türken ableiert, ſie am Riemen hinter ſich her ſchleift zu irgendeinem ausgelegten Gegenſtande, auch wenn es der falſche war, oder bei der Freiarbeit in „ſlotter Galoppſuche" losſtürmt und weit vorn mit irgendeinem gar nicht zur Spur gehörenden Mann auf eigene Fauſt ein bischen Krieg ſpielt. Selbſt wenn ſolche Hunde finden, richtig finden, bleiben ihre Leiſtungen „potemkinſche Dörfer", die keine Sicher= heit für Bewährung im Gebrauch geben. Auch Dienſthundführer gibt es, die mit ungenügend gearbeiteten Hunden und ohne geſchulten Blick für die Aufgaben des Ermittelungsdienſtes ſich an Spurarbeiten wagen, die erfolgreich nur ein Führer durchführen kann, der ſicherer Abrichter, verwachſen mit ſeinem Hunde und zugleich erfahren im Ermittelungsdienſt, um auch alle anderen Eindrücke verwerten zu können, die ihm während der Spurarbeit vor Augen gekommen. Die Ver= wendung ſolch unfertiger Hunde und ungeſchulter Führer hat dann das Märchen aufkommen laſſen, daß Hunde eine fremde Spur überhaupt nicht halten, verſchiedenartige Menſchenwitterungen gar nicht von= einander unterſcheiden könnten. Ja, ſie hat ſogar zu der Behauptung geführt, daß in den nun doch mal nicht abzuleugnenden recht zahlreichen Fällen, in denen Hunde dieſe für ſie „unmögliche" Leiſtung vollbracht, alſo richtig auf der Spur gearbeitet hatten, beſtenfalls eine vom Zufall unterſtützte Selbſttäuſchung des Führers vorgelegen hätte, meiſt aber eine bewußte dadurch, daß der Führer den Hund auf den vermutlichen Täter angeſetzt, ihn durch Wink und Zeichen zu deſſen Haus etwa geleitet und daß der Täter dann aus reiner Freundſchaft zum Beamten und aus Liebe zum Polizeihundweſen flugs ſeine Tat eingeſtanden und das

Geständnis auch vor Gericht aufrecht erhalten habe. Nun, solche Behauptungen schlagen sich durch sich selbst, es ist auch hier nicht der Platz, näher darauf einzugehen oder sie zu widerlegen. Der Vorgang selbst aber sollte unseren Führern eindringlich zu Bewußtsein bringen, daß mit der Spurarbeit weder gespielt, noch daß sie vernachlässigt werden darf; sie bildet vielmehr die höchste Leistung für jeden Huud, sei das nun ein Hund in Liebhaberhand oder der Diensthund eines Beamten. Und der Vorgang soll ferner davor warnen, einen Huud oder einen Führer auf Aufgaben loszulassen, denen beide noch nicht gewachsen!

Weil das richtige, an sich so einfache Einarbeiten auf Spur manchen so schwer fällt, sind erfindungsreiche Köpfe natürlich auf den Gedanken gekommen, das durch allerlei Hilfsmittel zu erleichtern. Das für menschliches Denken Nächstliegende, nahezu Unvermeidliche war das, den Hund durch zwangsweises Ausschalten der Augen zum ..... Gebrauch der Nase zu nötigen. Vielleicht läßt sich bei stumpfsinnigen, kurznasigen Tieren wie Möpsen und dergleichen damit etwas erreichen, wahrscheinlich würden aber auch die mit der weichen Lederbinde vorm Auge noch teilnahmsloser als bisher und gleichgültiger gegen alles liegen bleiben. Ein Hund, der Leben und Nase hat, würde durch solche Mittel nur gründlich verdorben; er würde alles dransetzen, um sich vom lästigen Zwang zu befreien und nichts für die Suchaufgabe übrig haben, ja, die würde ihm durch die Erinnerung an die erlittene Schinderei auf Dauer und gründlich verekelt werden. Bestenfalls würden Wochen verloren, um den Hund an die Blendung zu gewöhnen, in der Zeit wäre aber ein verständiger Führer auf dem rechten, natürlichen Wege schon recht hübsch weit gekommen. Ich habe schon vor 10, 12 Jahren solche Quälerei mit ansehen müssen, habe zwar seitdem nichts mehr von ähnlichen Plänen gehört, aber schlechte Erfindungen wiederholen sich nur zu gern, weil sie nützlich für ihre geistigen Väter. Darum fort mit allen Scheuklappen bei der Spurarbeit, wirklichen wie geistigen, dafür aber fleißige, verständnisvolle Arbeit.

Für diese wollen wir uns noch einige allgemeine Regeln einprägen. Vom Grundsatz, den Hund nur an der Leine einzuarbeiten und ihm niemals Witterung zu geben, sondern ihn stets Witterung nehmen zu lassen, sprach ich schon. Hast, Unruhe, Erregung sind bei der Spurarbeit zu vermeiden, sie übertragen sich auf den Hund, beeinträchtigen die Sicherheit der Arbeit; grobes Anfassen, Mißhandlungen — auch seelische — verschüchtern den Hund, lenken ihn von der Aufgabe ab, selbst Verwarnungen und Strafen sind nur mit großer Vorsicht zu gebrauchen. Mannarbeit ist niemals mit Spurarbeit zu verbinden, jene schädigt diese; müssen beide an einem Tage geübt werden, so muß unter allen Umständen mit der Nasenarbeit begonnen und darf zur Mannarbeit ganz unabhängig davon erst übergegangen werden, nachdem andere Übungen eingeschaltet worden sind. Daher auch als Helfer für beide Arbeiten stets verschiedene Leute zu wählen sind. Bevorzugten wir für das Einarbeiten am Mann schlecht gekleidete und möglichst abstoßend riechende Leute, so werden wir für das Einschulen auf Spur davon absehen und Helfer aus unseren Kreisen wählen, schon weil bei diesen besonders seines Verständnis vorhanden sein muß.

Sind sie für den Anfang starke Witterungsträger, erleichtert das das Einarbeiten auf fremder Spur. Beim Einarbeiten auf der Führerspur wird der Helfer zum Führer, muß also die Aufgabe voll beherrschen; beim Einschulen auf fremder Spur aber muß der Gehilfe auch dem Führer helfen, durch genaues Befolgen erhaltener Anweisungen, durch für den Führer zurückzulassende Sichtzeichen auf der Spur und durch richtiges Benehmen dem Hunde gegenüber. Auch der Wind ist zu berücksichtigen; die Spuren sind stets so zu legen, daß der Hund möglichst mit reinem Nackenwinde arbeitet, sich also allein auf die Spurwitterung, niemals auf Hochwindwitterung verlassen kann.

Das Legen der Spur muß, namentlich zu Beginn des Einschulens, mit großer Sorgfalt und Gewissenhaftigkeit vorgenommen werden. Am Spurbeginn muß der Spurleger — der stets altgetragenes Schuh= werk tragen soll — geraume Zeit stehen bleiben, damit seine Witterung dort besonders gut ansteht, dann geht er mit nicht zu großen schlürfenden Schritten vorwärts, an einzelnen Stellen — die der spürende Hund seinem Führer anzeigen soll — schärfer scharrend, um hier für den Führer ein leicht sichtbares Zeichen zu hinterlassen. Selbstredend darf das Schlürfen nicht so stark sein, daß überall eine sichtbare Spurlinie zurückbleibt, daher auch Einüben bei Schnee oder auf weichem Boden zu unterlassen ist, der Hund ist von Anbeginn an den Gebrauch der Nase zu gewöhnen. Bestimmte Richtungspunkte: Bäume, Pfähle, Gebäudeecken usw. sind stets an der vorgesehenen Seite zu nehmen, damit der Führer des Hundes weiß, ob dieser rechts oder links vorbei zu spüren hat. Im Fortschreiten des Einübens geht der Spurenleger vom schlürfenden in einen mehr über den Boden schleichenden, schließlich in natürlichen Schritt über. War er zunächst ziemlich geradeaus gegangen, so legt er jetzt auch erst flache, dann schärfere Bogen ein — immer auf die Windrichtung achtend, so daß der Hund niemals Hochwitterung von ihm bekommt — zuletzt auch scharfe Ecken, an denen das Abbiegen dem Führer gut sichtbar gemacht werden muß; es folgen Schleifen, eingelegte, mehrfach be= gangene Kreise mit Fortsetzung der Spur in anderer Richtung, Wieder= gänge und ähnliche Erschwerungen der Spur. Dann wird neben die Suchspur eine andere frischere Fremdspur gelegt, die erst dicht neben jener läuft, später in anderer Richtung abgeht, auch Kreuzungen der Suchspur durch frischere Fremdspuren und in verschiedenen Schnitt= winkeln vorgenommen. Schließlich wird auch der Spurenleger unter= wegs die Schuhe ausziehen und barfuß weiter laufen oder sein Schuh= werk gegen anderes, fremdes vertauschen, was aber im Stehen und ohne langen Aufenthalt am Platz gemacht werden muß, daher gut vorzubereiten ist. Die Arbeit auf dieser Wechselspur ist anfangs dem Hunde dadurch zu erleichtern, daß erst ein Fuß bloß oder mit dem fremden Schuh auftritt, nach einigen Schritten auch der andere, damit der Hund sich zunächst leichter in die veränderte Witterung findet. Auch Ver= witterung der Sohlen mit stark riechenden Stoffen: Kienöl, Erdöl u. ä. kann unterwegs vorgenommen werden, wieder in der gleichen Weise, ebenso können mitten auf der Spur Gummischuhe oder Holzpantoffeln übergezogen werden. Auch Unterbrechungen der Spur sind einzulegen: weite Sprünge, Überklettern eines Bretterzaunes oder einer Mauer, zugleich mit Weiterrutschen auf der Mauerkrone und Absprung an anderer Stelle, auch mit Richtungswechsel, Benutzen von Stelzen auf kurze Strecken, Waten durch Wasser. Selbstredend wird auch mit wachsender Sicher= heit des Schülers die Spurstrecke nicht nur verlängert, sondern auch das Alter der Spur erhöht. War zunächst mit ganz kurzen Strecken, auf 50, 100 m und mit ganz frischer warmer Spur begonnen ‚werden allmählich die Strecken verlängert und die Abgangszeiten des Spuren= legers früher gelegt, bis der Schüler zu Kilometerstrecken und stunden= alter kalter Spur kommt und auch diese Aufgaben löst.

All diese Erschwerungen dürfen erst einsetzen, wenn der Hund ganz sicher in den vorhergehenden Übungen auf der Spur geworden ist, sie müssen auch zwischen Spurenleger und jeweiligem Führer des Hundes ganz ganau verabredet sein, damit der dem Schüler die richtigen Hilfen geben und ihm so das Lernen und Stärken des Erfahrungsschatzes erleichtern kann. Denn das ist ja die Hauptsache, genau wie unsere Kinder auch verschiedene Schriftarten lernen müssen, geschriebene und gedruckte, bevor sie alles fließend lesen können. Diese Übungen — die Vorschriften gelten sowohl für das Einarbeiten auf der Führer=, wie auf der Fremdspur — können gar nicht häufig und vielseitig genug gemacht werden, je sorgfältiger der Hund so vorbereitet wird, je mehr bleibende Erfahrungen er so sammeln kann, desto zuverlässiger wird er später in Wirklichkeitsfällen auf der Spur arbeiten; und nur durch solch vielseitige Übungen kann der Hund nicht bloß spursicher oder =fest, sondern auch spurrein gemacht werden. Diese Übungen sind ja auch für den Führer so lehrreich, denn dabei lernt er selbst die Aufgabe be= herrschen und seinen Hund beobachten, bis schließlich aus dem Helfer und Lehrer ein richtiger Mitarbeiter wird; nein, ein Arbeitsleiter, der sich eines sicheren Gehilfen bedient. Denn mit dem Fortschreiten der Ausbildung, die in dieser Weise natürlich nicht von heute auf morgen erfolgen kann, sondern Monate braucht und niemals ganz aussetzen darf, hört auch die vorherige Verständigung zwischen Spurenleger und Führer auf; auch der Führer wird dann vor ihm fremde Aufgaben gestellt und nun müssen beide, Hund und Herr zeigen, was sie gelernt haben.

Die Spurarbeiten müssen selbstverständlich sofort im Gelände vorgenommen werden, der übliche Übungsplatz wird dazu besser nicht aufgesucht. Zunächst soll möglichst „jungfräulicher“, also wenig betretener Boden aufgesucht werden, auch eine Gegend, wo der Hund möglichst wenig von seiner Aufgabe abgelenkt wird. Hoher Graswuchs ist zum Einüben zu meiden, nicht bloß des Flurschadens wegen, auf den natürlich überall Rücksicht zu nehmen ist. Aber die Spur ist in hohem Grase zu deutlich sichtbar, auch steht die Witterung dort zwar recht gut an, aber nicht so sehr nur am Boden, sondern auch an den vom Fuß gestreiften, hin und her bewegten Grasbüscheln, wir haben dort also keine klare, geschlossene Spur, wie für den Anfänger nützlich, sondern eine unscharfe breite mit viel Luftwitterung und dazu starke Nebengerüche; zudem lassen sich die Hunde meist nicht gern vom Grase an der Nase kitzeln, halten die also hoch, der Anfänger aber soll am Boden arbeiten. Kurz= geschorene Grasnarbe ist ganz gut, wenn sie nicht frisch betaut oder be= regnet und auch nicht frisch gedüngt ist; auf die Bodendüngung ist auch an anderen Stellen zu achten, weil die im Dünger gebundenen Stoffe die Witterung angreifen und zersetzen. Auf ganz trockenem, hartem Boden steht die Spur schlecht, ebenso auf Stein; in tiefem Sande wird sie durch darüber rieselnden Sand überdeckt. Vortrefflich geeignet ist im allge= meinen Waldboden, da die Bodenbedeckung dort nicht hoch und nicht dicht, oder, wo sie aus Moos besteht, die Witterung gut hält. Bedenk= lich könnte da die Ablenkung durch Wildspuren werden, aber Wild ist heute ja schon in vielen, fast den meisten Gegenden nahezu „aus= gestorben", und dann arbeiten wir ja stets am Riemen; der Führer hat es also ganz in der Hand, gleich berichtigend einzugreifen. Ist die Aus= bildung weiter vorgeschritten, ist es sogar sehr nützlich, solche Ablenkungen mit Vorbedacht einzuschalten, um das Benehmen des Hundes dabei prüfen zu können. Es ist wohl selbstverständlich, daß der übende Führer, wo er Feld und Flur benützt, sich vorher mit dem Eigentümer und dem Jagdberechtigten in Verbindung setzt, um keine Unannehmlichkeiten oder gar Schaden zu haben; das gilt namentlich für spätere Übungen mit dem frei arbeitenden Hunde.

Besprechen wir schließlich noch die Zeit, zu der geübt werden soll. Die frühen Morgenstunden wären sehr geeignet, nur wird es da meist stark getaut haben; während der heißen Mittagsstunden im Sommer ist natürlich nicht zu üben, bleiben somit als beste Zeiten die späteren Morgen= und die Nachmittags= und Abendstunden bis zu Taufall und Dunkelheit. Die Schummerstunde mit der einsetzenden Dämmerung ist im übrigen recht wohl geeignet, einen Hund an den Gebrauch der Nase zu gewöhnen. Sitzt die Spurarbeit, muß natürlich ab und zu auch bei Nacht geübt werden, um den Hund, und den Führer, auch daran zu gewöhnen.

Daß das Wetter von Einfluß auf die Stimmung des Hundes, von der bei der Spurenarbeit recht viel abhängt, haben wir schon im II. Abschnitt gesehen; bei diesen Übungen böte sich daher auch treffliche Gelegenheit zu Beobachtungen im dort angeregten Sinne. Bei Schnee und Regen wird ohnehin nicht geübt werden — zur Arbeit im Ernstfall können wir uns freilich das Wetter nicht aussuchen — und starker Wind ist zum Einschulen auch nicht günstig, wenn es sich um offenes Gelände handelt. Bei stark durchschnittenem Gelände ist übrigens auch darauf zu achten, daß der Wind, namentlich am Boden sich oft an leichten Er= höhungen oder in Vertiefungen, an Buschwerk oder Gebäuden fängt und trüselt; aus Nackenwind kann dann unter Umständen auch Gegen= wind werden, der den Hund trotz aller Vorsichtsmaßnahmen irre leitet. Mit der in Brand gehaltenen Pfeife oder dem Glimmstengel kann der Führer die Windrichtung leicht nachprüfen, sollte das aber nicht in eigener Kopfhöhe, sondern etwa in Höhe des Hundes tun; zur Not genügt dazu auch der feucht gemachte und hochgehaltene Finger, wenn der noch seines Gefühl hat.

Wie ich oben sagte, bauen wir die Nasenarbeiten am einfachsten und zweckmäßigsten auf den Trieb zum Herrn und den Tätigkeitsdrang des Hundes auf; beide müssen sonach ihren Lohn am Schluß der Arbeit finden. Bei allen Arbeiten auf der Führerspur ergibt sich der von selbst: der Hund findet am Ende der Spur seinen Herrn, oder mit dessen Hilfe den von diesem verlorenen Gegenstand, den er dann seinem Herrn bringt;

er wird dann außerdem vom Herrn belobt und belohnt. Auf der Fremd=
spur arbeitet der Hund mit dem Herrn, das ist schon ein Antrieb zur
Freude, zumal der ihm das Spüren so leicht und angenehm wie möglich
machen wird. Am Ziel steht ein Fremder; die „innere Genugtuung",
den gefunden zu haben, genügt für den Anfang nicht, sie muß dem Hunde
vom Führer durch Lob und Lohn schmackhaft gemacht werden; nur vom
Führer, niemals vom Helfer, der scheidet, nachdem er aufgespürt, völlig
aus. Um zum Lohn zu kommen, muß der Hund aber von Anbeginn
daran gewöhnt werden, daß er auf der Spur stets findet, sei es den Mann,
sei es den Gegenstand; dazu ist der Führer da, oder der Hilfsführer bei
der Führerspur.

Der Spurenleger, sei das nun der Herr selbst oder der Helfer,
darf in keiner Weise helfen. Er bleibt am Ziel stehen, als ginge ihn die
Sache nichts mehr an, darf also auch die Aufmerksamkeit des Hundes
weder durch Gebärden noch durch Stimmzeichen auf sich lenken. Vor
allem aber muß er sich, wenn es der Helfer ist, körperlich ganz ruhig
verhalten, nachdem der spürende Hund bei ihm angelangt ist. Denn
jetzt muß ihn der erst gründlich abwittern, um die Witterungsüberein=
stimmung zwischen Spur und Mann festzustellen und seinem Führer
das Zeichen dafür zu geben; plötzliche Bewegungen dabei könnten den
Hund aber zum Fassen reizen. Legte der Führer selbst die Spur, soll er
sich beherrschen und den Hund nicht gleich lobend empfangen, sondern
sich auch erst beriechen lassen, ihm dazu den Fuß hinreichen; damit der
herankommende Hund seinen Herrn nicht gleich von weitem mit dem
Auge erkennt, ist es nützlich, wenn der sich, mit dem Rücken gegen die
Spur stellt und für diese Arbeit zu Anfang eine dem Hunde an ihm nicht
geläufige Kleidung anlegt. Die Arbeit auf der Führerspur soll ja nur
Vorbereitung für die auf der Fremdspur sein, daher möglichst alles auf
diese hin anzulegen ist.

Als Zeichen dafür, daß er auf der Mannspur gefunden hat, soll
der Hund Laut geben. Das wird er beim Finden des Herrn ohnehin aus
Freude tun; unterläßt er es, folgt die Aufforderung zum Lautgeben.
Auf der Fremdspur wird der Führer ihn dazu auffordern, und zwar zum
einfachen Lautgeben, ja nicht zum Standlaut. Dies Lautgeben am
Gefundenen bezeichnen wir mit „Verklagen", weil der Hund beim
Gebrauch dadurch zum Ausdruck bringt, daß er den Mann mit der aus=
gearbeiteten Spur in Verbindung bringt, weil Mann und Spur die
gleiche Witterung tragen. Bei der Spurarbeit im Gebrauch ersetzt
also dies Lautgeben des Hundes das „ich klage an", besagt, daß der aus=
gearbeitete Mann am Tatort war, weil der Hund dort die gleiche Witte=
rung aufnahm und bis zum Finden auf ihr gearbeitet hat. Ob der Ge=
fundene und Verklagte auch wirklich der Täter, ob er nicht aus irgend=
welch anderem Grunde sich am Tatort aufgehalten hat, muß die weitere
Untersuchung ergeben; die Arbeit des Hundes ist, wie schon mehrfach
gesagt, nur eins der Hilfsmittel zur Ermittelung eines Täters. Setzt
bei diesem verklagenden Lautgeben Neigung zum Scharfwerden, zum
Standlautgeben, ein, ist es besser, auf dieses starke Zeichen zu verzichten
— also von vornherein bei allen stürmischen, zum Fassen und Packen
neigenden Hunden — und sich mit einem anderen Anzeigen der Witte=

rungsübereinstimmung zwischen Spur und Gefundenem zu begnügen, etwa hinsetzen vor diesem oder starkes Wedeln mit der Rute. Der er=

Abb. · 67. An Ende der Spur, Srei rbeit; der Hund meldet durch Lautgebe t seinem Führer, ð ß er gefn ðen h t.

fahrene Führer, der seinen Huud kennt, erkennt es ja sofort am Benehmen des Hundes, ob der seine Sache sicher oder ob er im Zweifel.

Der Huud wird arbeitsfertig zur Spur gebracht, also schon mit der Arbeitshalsung und an vorgesehener Stelle eingehaktem

667

Riemen; auf der Spur soll ihn nichts anderes beschäftigen als die Witterung. Das Nehmenlassen der Witterung habe ich oben besprochen. Mit dem Witterungsträger kann später auch gewechselt werden, statt des Schuhes wird dem Hund ein anderer, gut den Eigengeruch des zu Suchenden tragender Gegenstand gereicht oder am Abgangsort der Spur auf den Boden gelegt; der die Fußwitterung am stärksten tragende Schuh erleichtert aber das Einschulen. Nachdem der Hund auf diese Weise gelernt hat, die Begriffe Witterungsträger und Spurwitterung zu verbinden, kann jener ausscheiden; der Hund bekommt dann nur die Abgangsstelle der Spur gezeigt und muß da die Witterung aufnehmen. Später fällt auch das fort, der Schüler wird dann nur zum ungefähren Abgangsort gebracht und muß sich die Spur durch Abspüren des Bodens aufsuchen. Wie, in welcher Haltung der Hund sich die Witterung nimmt, ist ganz gleichgültig; der Führer sieht es am Spiel der Nasenflügel, an kurzen Bewegungen des Kopfes, ob der Hund wittert und Witterung aufnimmt. Ich möchte nicht empfehlen, den Hund zum Aufnehmen der Witterung abzulegen; darin liegt ein Zwang, der, wie wir sahen, hierbei vermieden werden soll und der den Hund von seiner eigentlichen Aufgabe ablenken würde. Zudem läßt sich der Hund eben nicht just mit der Nase auf den Abgangspunkt oder die Spur selbst ablegen, er müßte dann erst nach der fürs Auge kenntlich gemachten Stelle gerückt und geschoben werden und würde sich unbehaglich fühlen, statt sich freudig seiner Aufgabe zu widmen. Geht der Hund, nachdem er Witterung hat, nicht von selbst vorwärts, so muntert ihn der Führer, wenn er die Überzeugung der Sättigung mit Witterung hat, durch eine nach dem „such!" eingeschaltetes „voran!" — ebenfalls gedehnt gegeben, wie alle Befehlsworte bei der Spurarbeit — dazu auf.

Die Spurarbeit soll langsam erfolgen, der Riemen soll lose, nicht straff angespannt sein. Mit dem straffen Riemen würde der Führer den Hund dauernd stören und kann ihn durch eine plötzliche Bewegung von der Spur fortziehen. Der Hund soll also den Führer nicht am angespannten Riemen hinter sich herzerren, das hielten auf die Dauer beide nicht aus. Die Gangart des Hundes, ob am Riemen oder bei der Freiarbeit, soll so sein, daß der Führer gut folgen und seine ganze Aufmerksamkeit der Arbeit des Hundes und, bei der späteren Arbeit im Gebrauch, auch dem an die Spur angrenzenden Gelände widmen kann. Das kann er nicht, wenn er hinter dem zu flüchtigen Hunde herlaufen und daher auf seinen Weg achten muß, um nicht zu fallen, denn die Gebrauchsspur geht nicht immer über ebenen Boden; im Gelände kann der Führer aber oft noch andere wertvolle Anzeichen für die Verfolgung oder Ermittelung des zu Suchenden finden, die der Spurarbeit des Hundes entgehen mußten. Daher die ungemeine Bedeutung langsamer Spurarbeit für den Gebrauch!

Stürmt der Hund auf der Spur, muß ihn der Führer durch Zurückhalten und wiederholtes „langsam!" an ruhige Arbeit gewöhnen; hilft das noch nicht, läßt er den Hund sich ablegen, um ihn zu beruhigen. Zu vieles Zusprechen und Loben während der Spurarbeit möchte ich nicht anempfehlen, der Huud ist mit seiner Aufgabe voll beschäftigt, Worte des Führers lenken ihn davon nur ab. Erweist sich ein Schüler beim Einarbeiten auf der Führerspur im Drang nach dem Herrn als gar nicht zu ruhiger Arbeit zu bringen, so ist besser, nachdem der Hund die ersten Begriffe des Witterungsnehmens und Aufnehmens der Spur erfaßt hat, gleich zur Arbeit auf der Fremdspur überzugehen, wenn der Versuch, den Hund auf eine ältere, minder warme oder schon kalte Führerspur zu setzen, nicht ausreicht. Dies Hilfsmittel, Arbeit auf älterer, nicht mehr ganz frischer Spur, ist natürlich auch auf der Fremdspur aus= zunützen, wenn der Huud dort das Eilen nicht unterläßt.

Während des Witterungnehmens hält der Führer den Riemen kurz, beim Abgehen läßt er ihn langsam durch die Haud gleiten, zunächst nicht zu sehr, später auf etwa 5·—6 m; das ist die Durchschnittslänge, an der der Hund zu führen ist, bei Gelegenheit kann dann noch immer etwas vom aufgedockten Riemen nachgegeben werden. Der Riemen wird bei der Spurarbeit stets mit der linken Hand geführt, er soll zwar lose sein, aber nicht auf der Erde schleifen, damit er sich dort nicht ver= heddert und die Arbeit stört; der aufmerksame Führer wird dem durch rechtzeitiges Heben vorbeugen.

Beim Ansetzen darf der Führer den Spuranfang nicht vertreten, um ein Wiederansetzen auf der reinen Spur zu ermöglichen. Auch beim Folgen soll er die Spurstrecke, wenigstens für den Beginn des Einschulens, möglichst frei halten, damit der Hund, wenn erneut angesetzt werden muß, eine reine Spur hat; später braucht darauf nicht mehr so großer Wert gelegt zu werden. Der Führer wird also, da er links führt, sich etwas rechts von der Spur halten, soweit ihm diese durch Verbrechen kenntlich gemacht ist; allerdings hat der erneut angesetzte Hund dann zwei nebeneinander laufende Spuren vor sich: die eigentliche Suchspur und die Spur seines derzeitigen Führers, die geht ihn jetzt aber nichts an, da er davon ja keine Witterung bekam, und der Führer zudem bei ihm ist.

Kommt ein Huud während der Arbeit von der Spur ab, so kann er, wenn die Abgangsstelle nicht zu weit, dort erneut und in gleicher Weise angesetzt werden; Ermahnungen, Rügen, Strafen sind dabei aber zu vermeiden. Erfolgt das Abkommen auf einer späteren Strecke der Spur, muß der Führer dem Hunde anfangs an einer ver= brochenen Stelle wieder auf sie zurückleiten; er wird dabei auch erkennen, wie sein Hund dies Wiederaufnehmen der Spur anzeigt. Später muß der Huud lernen, die verlorene Spur sich selbst durch Abspüren am Boden wieder aufzusuchen. Dazu wird der Riemen kürzer gefaßt und der Huud unter wiederholtem „such!" erst in engeren, allmählich schnecken= förmig sich weitenden Kreisen geführt, bis er das Wiederauffinden der zu suchenden Witterung anzeigt. Das Nasengedächtnis kann ihm dazu anfangs durch Wiedervorhalten des Witterungsträgers gestärkt werden; den, also den Schuh, muß der Führer dann bei sich führen, nur muß er sich hüten, ihn inzwischen durch ungeschicktes Tragen zu sehr mit seiner Eigenwitterung zu verwittern, wodurch der Hund in der Aufgabe irre gemacht werden könnte. Später, wenn der Hund begriffen hat, braucht darauf nicht mehr so große Rücksicht genommen zu werden, denn der Hund kann ja an sich die fremde sehr wohl von der Witterung seines Herrn unterscheiden. Bietet sich bei Gebrauchsarbeit die Möglichkeit solchen Witterungsträger mitzuführen, sollte das nicht unterlassen werden, um bei langen Spurstrecken in schwierigen Fällen das Nasengedächtnis des Hundes auffrischen zu können.

Muß aus irgend einem Grunde der Hund während der Spurarbeit von der Spur abgenommen werden, um das Spüren später fortzusetzen, so darf er nicht gewaltsam von der Spur gerissen werden. Der Führer muß ihn vielmehr „abtragen", d. h. den Hund lobend abliebeln, mit der linken Hand unter die Brust fassen und so 10—15 Schritt seitwärts von der Spur tragen oder führen; dort muß der Hund sich dann ablegen. Bei Wiederaufnahme der Spurarbeit wird der Hund wieder auf die verbrochene Spurstrecke gesetzt und in üblicher Weise zur Weiterarbeit aufgefordert; war ein Witterungsträger zur Hand, kann ihm zuvor erneut Witterung gegeben werden.

Ich bin bei diesen allgemeinen Ratschlägen ziemlich ausführlich geworden und habe in manchem den Rahmen der Aufgabe überschritten, die ich mir gestellt hatte: den Hund des Liebhabers zum zuverlässigen Begleit= und Schutzhund auszubilden. Ich bin aber der Ansicht, und ich glaube, alle rechten Schäferhundliebhaber werden die teilen, daß unser Hund gar nicht genug lernen kann, daß es aber dazu für Herrn und Hund gar nichts besseres und schöneres geben kann, als just die Nasenarbeit, weil in die so viel Abwechslung zu bringen ist, daß Mann wie Tier dabei eigentlich nie auslernen. Gibt es denn auf Gängen ins Freie etwas unterhaltenderes, als sich so mit seinem Freunde und Genossen zu be= schäftigen? Freiwillige Helfer dazu, Erwachsene und Kinder, werden sich im Kreise der Angehörigen oder Bekannten stets finden; ist der Hund erst eingearbeitet, kommt es auf deren sorgfältige Mitarbeit auch nicht mehr so an. Im Gegenteil, machen sie Fehler, so müssen Hund und Führer sich bewähren, zeigen, was sie gelernt haben.

Ich komme nunmehr zu den einzelnen Übungen im Gebrauch der Nase, bei denen ich mich kurz fassen kann, weil das vorstehend zu= sammenfassend Gesagte auch für jede von ihnen gültig ist.

Zum Einarbeiten auf der Führerspur habe ich nach dem Vor= stehenden eigentlich nichts mehr zu sagen. Den Führer vor den Augen des Hundes abgehen zu lassen, möchte ich nicht empfehlen; der Drang zum vorausgegangenen Herrn würde so stürmisch sein, daß er alles andere unterdrückte und jede Anweisung unmöglich machte. Der Hilfsführer auf der Führerspur darf natürlich kein dem Hunde ganz fremder sein, dessen Hilfen und Befehle würde ein guter Schäferhund gar nicht be= achten; als Helfer muß hier vielmehr ein dem Hunde vertraut gewordener „guter Bekannter" gewählt werden.

Auf der Fremdspur übernimmt der Herr die Führung wieder selbst; auch hierzu ist alles Nötige eigentlich schon gesagt. Als erster Witterungsübermittler dient wieder ein zurückgelassener Schuh des Helfers, der dann freilich im Besitz zweier Paare gut eingewitterter Schuhe sein muß; ein Pantoffel tut es übrigens auch. Bereitet das Ein= arbeiten auf der Fremdspur zunächst merkbare Schwierigkeit, so kann diese dem Schüler anziehender gemacht werden. Der Helfer macht sich wieder eine Schleppe, wie weiter oben beschrieben, von Fleisch, Käse oder Bücklingen zurecht, die er an kurzer Strippe auf der Spur selbst hinter fich herzieht; nach etwa zwanzig Schritten nimmt er die Schleppe auf einige Gänge hoch, läßt sie dann aber wieder nachschleppen, nimmt sie schließlich einige Schritte vorm Ziel endgültig auf und wirft sie, mit dem Winde, weit seitwärts fort. Das ist besser, als wenn der Helfer sich selbst die Sohlen mit den obengenannten Stoffen verwittert; dadurch wird nur seine eigene Witterung unrein und die sehr lehrreiche Unterbrechung der Lockwitterung auf der Spur ist dabei nicht möglich.

Arbeitet der Hund ruhig und sicher auf der Führerspur, wird zur Verlorensuche auf dieser übergegangen; der Herr behält hierbei die Führung, ein Helfer ist nicht nötig. Der Hund wird abgelegt, so daß er den sich entfernenden Herrn nicht mit dem Auge folgen kann; dann legt der Führer in der üblichen Weise eine nicht zu lange Spur, an deren Ende er einen seinen Eigengeruch gut tragenden Gegenstand „verliert“, worauf er, mit dem Winde, im Bogen zum Hunde zurückkehrt. Als Gegenstand kann jedes den Eigengeruch gut annehmende Stück dienen, Metall also nicht, aber auch nicht ein durch seine Farbe zu sehr von der Umgebung abstechendes. Am besten ist für den Anfang ein getragener Strumpf des Führers, oder ein alter Handschuh, es kann

Abb. 468. Riemenarbeit auf fremder Spur.

aber auch ein Witterungsfäckchen sein —f. oben unter Übungszubehör —, das vorher mehrere Stunden in alten Schuhen oder Strümpfen gut eingewittert worden ist. Der Führer bringt nunmehr den angeleinten Hund zum Spuranfang, reicht ihm dort einen Fuß zum Witterungnehmen und verbindet mit dem „such!“ das neue Stichwort „verloren!“, das später allein an diese Stelle treten kann. Der Führer folgt dem am Riemen vorgehenden Hunde auf kurze Entfernung, sobald dieser dicht vorm verlorenen Gegenstande, fällt das Stichwort „bring's!“; das aufgenommene Stück läßt er sich dann vom Hunde wie gewöhnlich ausliefern. Die Übung wird später in üblicher Weise verlängert und erschwert,

671

schließlich muß der Hund auch lernen, die Spur nicht vom Spuranfang, sondern vom Spurende, also auf der Rückspur, auszuarbeiten, weil das ja im Gebrauchsfall für die Verlorensuche die Regel bilden wird; bei einem richtig eingearbeiteten Hunde wird das keine Schwierigkeiten bereiten. Erst wenn diese Vorübungen fest sitzen, kann zur Verlorensuche des frei arbeitenden Hundes übergegangen werden — zunächst wieder auf der Hinspur — wobei der Hund freilich meist eine flottere Gangart

Abb. 469. Verlorensuche, Freiarbeit; der Hund findet den Gegenstand und nimmt ihn auf.

einschlagen wird, weil es auf der vertrauten Führerspur geht. Damit der Hund sich dadurch die Flüchtigkeit für die Freiarbeit nicht zu sehr angewöhnt, sollte diese Übung auf der Führerspur nicht zu oft vorgenommen werden, oder es muß eine alte, schon kalt gewordene Spur gewählt werden; auf dieser darf dann freilich kein „Wertgegenstand" liegen bleiben. Kommt der Hund von der Freiarbeit ohne Gegenstand

672

zurück, muß der Führer mit dem angeleinten Hunde zu dem Platz gehen, wo er verloren hatte. Liegt der Gegenstand noch da, folgt eine Schule im Aufnehmen und Abliefern und eine Wiederholung der Verlorenſuche am Riemen auf der gleichen Spur; der Gegenstand iſt dort natürlich

Abb. 470. Auffinden eines Verunglückten; Freiarbeit auf fremder Spur.

wieder zu belaſſen. Schließlich wird der Führer während eines gemein= ſchaftlichen Ganges mit dem Hunde unbemerkt von dieſen den Gegenſtand verlieren und den Schüler nach geraumer Zeit auf der Rückſpur zum

Derlorensuchen abschicken. Hier wird der Hund zunächst meist nicht so willig abgehen, weil er sich ja vom Herrn entfernen muß. Dann begleitet ihn der Führer einige Schritte oder er leint den Schüler an und läßt während der Arbeit den Riemen wie beschrieben durch die Halsung gleiten, den Huud zu weiterem Suchen auffordernd.

In ganz gleicher Weise wird die Derlorensuche auf fremder Spur eingeübt. Der vom Legen der Spur zurückkehrende Helfer geht mit dem Führer und Hunde zur Abgangsstelle und läßt dort den Huud an seinem Fuß Witterung nehmen; dies Witterungnehmen am Fuß löst später dem Hunde schon allein den Begriff der Derlorensuche aus, so daß es bei einem so eingearbeiteten Hunde kaum mehr des Befehlswortes bedarf. Beim Ausarbeiten der Spur begleitet der Helfer den Führer nicht, um den Huud nicht durch die an die Luft abgegebene Oberwitterung in der Arbeit auf der Spur zu stören.

Das Auffuchen verstedter oder vergrabener Gegenstände ist nichts wie eine Derlorensuche, denn es führt ja immer eine Spur zum Derstedt; die Witterung steht dort, wo das Stück versteckt, und erst recht, wo es vergraben wurde, natürlich besonders stark an, weil der Spurleger dort länger gestanden hat. Das gilt besonders fürs Dergraben, das Aufspüren vergrabener Gegenstände ist somit durchaus keine Hexerei und besonders schwere Leistung, als welche es früher

Abb. 471. Derlorensuche eines vergrabenen Gegenstandes, Freiarbeit.

betrachtet wurde; zudem sind Erdbewegungen und Deränderungen des Erdbodens durch solche dem ans Scharren und Beobachten solcher Stellen von seiner Niederjagd her gewohnten Hunde durchaus vertraute Dinge. Beim Einüben gilt es also auch hierbei nur, den Hund in richtiger Weise auf den versteckten oder vergrabenen Gegenstand aufmerksam zu machen, was sich aus dem Dorhergesagten ergibt. Das Derstecken wird dann später auch nicht mehr bloß am Boden geübt, sondern das Stück, zunächst etwas sichtbar, immer höher über der Erde verborgen; dem Erfindungsgeist des Spurlegers und des Führers ist hier weiter Spielraum gelassen.

Aus der Derlorensuche ist das Feststellen der Witterungsübereinstimmung zwischen Personen und Gegenständen unschwer zu entwickeln. Der Huud soll bei dieser Übung nach Witterungnahme am Mann ohne Ausarbeiten einer Spur einen diesem gehörenden und unter mehreren anderen am Boden ausgelegten Gegenstand

674

herausſuchen, aufnehmen und ſeinem Führer bringen, oder umgekehrt nach Witterungnahme am Gegenſtand den unter mehreren Leuten auf= geſtellten Beſitzer durch Prüfen der Witterung eines jeden dieſer Leute ermitteln und ſeinem Führer durch Lautgeben oder ein anderes Zeichen kenntlich machen.

Wir fangen als Vorbereitung wieder mit dem Herausſuchen eines Eigentumsſtückes des Führers und des Führers ſelbſt an. Der Führer legt eine ganz kurze Spur zu einer Anzahl ſchon vorher am Boden nieder= gelegter Gegenſtände verſchiedener Fremder; dort legt auch er ſeinen Gegenſtand ab und kehrt wie üblich zum Hunde zurück. Als Suchſtück iſt hier nicht das dem Hunde bekannte Witterungsſäckchen zu wählen oder es müſſen lauter ſolche ausgelegt werden —, ſondern irgend ein Gebrauchsgegenſtand des Führers unter ſolchen Fremder. Der Huud wird wie immer zur Spur gebracht und am nicht zu lang gefaßten Riemen zum Verlorenſuchen aufgefordert. Will er unter den ausgelegten Gegen= ſtänden einen falſchen nehmen, ſetzt ſofort „pfui!” ein; der Führer gibt ihm dann nochmals Fußwitterung, läßt am Fleck weiter ſuchen, kann not= falls auch auf den richtigen Gegenſtand deuten und ſchließlich den Huud die Witterungsübereinſtimmung durch Vorhalten von Fuß und Gegen= ſtand nachprüfen laſſen. Zum Herausſuchen des einem Fremden gehören= den Gegenſtandes gehört der Helfer zur Stelle; ein Gegenſtandsſtück des Führers darf hierbei nicht mit abgelegt werden. Wenn der Hund ſeine Aufgabe begriffen hat, wird vom Ausarbeiten der kurzen Spurſtrecke bis zu den ausgelegten Gegenſtänden abgeſehen. Der Hund erhält in einiger Entfernung von dieſen Stücken ausgiebig Witterung am „Eigentümer”, wird dann am Riemen zu den Gegenſtänden gebracht und dort zum Suchen aufgefordert. Die Gegenſtände ſollen zu Beginn des Einübens nicht zu dicht nebeneinander gelegt werden, aber auch nicht in beſtimmter Richtung oder Reihenfolge, ſondern regellos durcheinander; ſpäter werden die Ab= ſtände verkürzt, zuletzt wird ein richtiger Haufen gebildet, aus dem der Hund ſich das rechte Stück herausſuchen muß. Das iſt natürlich ſchwer, weil die Stücke ſich dann untereinander verwittert haben; ein durchaus ſicherer, richtig ausgebildeter Hund kann aber auch dieſer Aufgabe Herr werden, wir finden ja auch unter dicht neben= und übereinander lie= genden Zetteln den mit der vertrauten Handſchrift heraus.

Das Ausarbeiten eines Mannes unter mehreren nach erhaltener Gegenſtandswitterung wäre das Gegenſtück dazu. Seinen Herrn hat ſich jeder Huud ſchon unzählige Male in gleicher Weiſe herausſuchen müſſen, wir werden daher gleich mit dem Einarbeiten auf einen Fremden anfangen können. Doch überſchreitet, wie ich ſchon ſagte, dieſe, ebenſo auch ein Teil der eben beſprochenen Übungen, ſchon weſentlich den Rahmen der Aufgaben eines Begleit= und Schutzhundes. Die Beſprechung dieſer und der weiteren Ausbildung in der vollſtändigen Mannarbeit, unter die mit Heranziehung der Naſe auch das Abſtöbern („Revieren”), d. h. die ſtöbernde Suche nach Leuten und Gegenſtänden, mit Verbellen und Verweiſen fällt, ferner der Ausbildung zum reinen Suchhunde des Ermittelungsdienſtes, zum Botengang des Kriegs= oder Meldehundes und ſchließlich zur Verwundetenſuche des Sanitäts= hundes muß daher einer beſonderen Abhandlung vorbehalten bleiben.

Anfängern mag schon das hier vom Begleit= und Schuhhunde geforderte hoch, zu hoch erscheinen. Aber, wie bereits gesagt: Hund und Herr können nie genug lernen, und, in der heutigen Zeit, wo es schon so viele uner= und ungezogene Menschen gibt, sollen das wenigstens unsere Hunde nicht auch sein. Unser Schäferhund aber soll, auch als reiner Liebhaberhund, wie in allem, so auch in dieser Beziehung, stets ein leuchtendes Beispiel geben und zur Nacheiferung anspornend vorangehen!

Abb. 472. Ausarbeiten eines Mannes nach erhaltener Witterung an einem Gegen= stand; der Hund wittert die einzelnen Leute ab.

Abb. 473. Ausarbeiten eines Mannes nach erhaltener Witterung an einem Gegen= stand; der Hund findet und „verklagt"

676

Unterbringung, Zwingeranlagen.

Raus mit die Mutter an die Frühlingsluft!
Berliner Redensart

Ich habe in den vorstehenden Abschnitten so viel gegen die Haltung gewettert, daß der Leser wohl erstaunt ... Zwinger-Wort Zwingeranlage in der Überschrift ... sein wird, das finden. Irgendwo muß der Hund ... dieses Abschnittes zu nicht dauernd um den Besitzer ... aber doch wohnen ... ... in oder sich in haus... ... wenn er halten kann, und diese Hund...ewohnung bezeichnet ... und Hof auf-wenn sie nicht bloß aus einer Hütte besteht. Der Zwinger, recht umfassend, er geht von der bescheidenen abgedrahteten und überdachten Hofecke mit einer Hütte drin bis zum umfangreichen Zwingerbau in höchster Vollendung.

Am Zwinger ist eben auch nicht das Ding an sich schädlich, sondern nur seine Folgen. Deren eine ist die Verleitung, die Hunde, wenn mal der erste Begeisterungsrausch verflogen, zu viel, oder gar dauernd drin

677

zu lassen; damit kommen wir zum Fluch der Zwingerhaltung. Die andere besteht, namentlich wenn die Anlage größer, in der Verführung, mehr Hunde einzutun, als schäferhundmäßig gehalten werden können; die zu vielen bleiben dann eben auch im Dauerzwinger und wir haben dann neben dem Fluch der Zwingerhaltung noch den der Massenhaltung und =zucht. Davor hatte ich gewarnt und warne auch hier wieder, weil ich die Rasse liebe und sie und ihre Freunde vor Schaden und Nackenschlägen bewahren möchte.

Als ich mich vor zwanzig und einigen Jahren in Oberbayern ansässig machte, gab es leider noch keine guten Ratgeber und so baute ich mir denn auch nach wohldurchdachten Plänen einen schönen Zwinger und bevölkerte ihn. Und wenn den Hunden auch außer dem geräumigen Laufraum dauernd der ganze große Park mit den Obstpflanzungen als Tummelplatz zur Verfügung stand, so kam doch bald die bittere Erkenntnis, daß Schäferhunde sich eben nicht in Herden halten lassen, wenn der Besitzer Freude an ihnen haben will und die Hunde nicht durch Verwilderung seelischen Schaden erleiden sollen. Seitdem lag der Zwingerbau öde, wurde nur zum vorübergehenden Ablegen, als Wurfraum und zur ersten Welpenaufzucht gebraucht, und dazu allein darf er dienen! Seitdem hielt ich auch nur die zum Schutz für mich und die Besitzung benötigte Zahl von zwei, höchstens drei Hunden, kam zu diesen wieder in persönliche Beziehungen und hatte Genuß von ihnen. Und seitdem warne ich vorm Zwinger, weil ich mittlerweile seine unheilvollen Folgen noch bei so manchen anderen Schäferhundfreunden und ihren Zuchten beobachten konnte.

Wenn ich also in nachstehendem vom Zwinger spreche und auch Pläne für Zwingeranlagen bringe, so geschieht das nicht etwa, damit der neugeworbene Schäferhundfreund hingehe und gleichfalls einen baue, sondern damit er bewährte Einzelheiten aus den Plänen ver= wenden kann. Denn die Mehrzahl der Hundehalter braucht einen Platz, wo der Hund vorübergehend abgelegt werden, die Hündin werfen und ihre Brut aufziehen kann. Für den Halter auf dem Lande genügt in den meisten Fällen eine gute Hütte, selbst als Wochenbett für die Hündin; sonst findet die schon in Stall oder Scheuer Unterschlupf, der leicht passend herzurichten geht. Schwerer hat es der städtische Hundehalter; glücklich, wer da Haus, Hof oder Garten sein eigen nennt und sich eine sonnige Ecke abteilen lassen kann. Der Mietbewohner schließlich muß seinen Hund dauernd in der Wohnung halten. Dazu gehört schon eine sehr hunde= liebe Frau und Dienstboten, wie sie es im neuen herrlichen Deutschland, wenigstens vorläufig unter den „Hausangestellten", gar nicht mehr gibt; aber vielleicht werden in Umkehrung des Dichterworts aus Hyänen doch mal wieder vernünftige Weiber! Zu seinem Hunde kommt der Besitzer da wohl in ein recht nahes, herzliches Verhältnis, aber wenn er nicht sehr viel freie Zeit hat, die er dem Hunde zu weiten Gängen ins Freie widmen kann, ist solche Haltung dem Schäferhunde auf die Dauer doch nicht dienlich.

Ich gebe zunächst einige Einzelpläne von Zwingereinrichtungen, wie ich sie seinerzeit dem Berliner Polizeipräsidium für die von diesem geplante Zucht= und Abrichteanstalt in Grünheide i. d. M. vorschlug. Der offene Viererzwinger, der natürlich ebenso auch nur für einen oder für zwei Hunde hergestellt und dessen Laufplatz entsprechend vergrößert werden kann, sogar vergrößert werden muß, wenn der Zwinger auch zu Zuchtzwecken dienen soll, ist die allereinfachste Anlage. Er kommt gleich nach der Hundehütte, für die gleichfalls zwei einfache, aber bewährte Muster gegeben sind. Alle gekünstelten Hütten, wie sie bisweilen an= gepriesen oder ausgestellt werden, taugen bei näherem Zusehen nichts. Die Beschreibungen bei den Plänen geben alles Nötige; an Stelle der T=Eisen zum Spannen der Drahtvergitterungen werden neuerdings gern Betonpfosten genommen, die sich trefflich bewähren.

Die ohne Überdachung im Freien stehende Hütte sollte möglichst durch ein Gebäude oder eine Mauer Schutz gegen Wind und Regen, aber auch gegen Prallsonne finden. Jedenfalls darf die Einschlupf= öffnung nicht gegen die Wetterseite gerichtet sein; im Winter kann sie durch einen beweglichen Ledervorhang, ein Stück Segel= oder Sackleinen verhängt werden, um die vom Hunde erzeugte Wärme im Inneren zurück= zuhalten. Deshalb sollte solche Hütte auch nicht zu geräumig gemacht werden; der Hund steht ja nicht, sondern liegt in ihr. Je niedriger also die Hütte, desto leichter erwärmt sie ihr Bewohner; die Länge muß der Körperlänge des Hundes entsprechen, die Breite so bemessen sein, daß der Hund sich auf die Seite legen und alle Viere von sich strecken kann. Große Höhe aber ist nicht erforderlich, der Huud kriecht in die Hütte, genau wie er in seine Erdhöhle kriechen würde; geduckt dreht er sich vorm Legen auch gleich so, daß er den Ausgang leicht wieder gewinnt. Auch das Schlupfloch sollte gerade nur die nötige Breite und Höhe haben, sollte vor allem nie bis zur Erde herunterreichen; der Hund hebt seine Beine schon, wenn er in die Hütte steigt.

Am besten sind Hütten mit doppeltem Boden und ebensolchen Wänden. Der Raum zwischen den Böden und Wänden ist mit Torfmull fest zu füllen, die Hütte selbst soll nicht auf dem Erdboden, sondern auf untergeschobenen, etwa handbreithohen Füßen ruhen. Das Dach muß abnehmbar sein, damit das Innere der Hütte möglichst oft gereinigt und der Sonne ausgesetzt werden kann. Die oft empfohlenen alten Fässer sind schon deshalb als Hüttenersatz ungeeignet, weil sie sich schlecht reinigen und gar nicht im Inneren sonnen lassen; auch läge der Hund in ihnen nicht auf ebener Fläche. Alte Petroleumtonnen sind des an= haftenden Geruchs wegen zu verwerfen.

I. Wurfzwinger.

Im allgemeinen: Mauerwerk: Innen und außen mit Zement fein verputzt, nicht im scharfen Winkel, sondern durch Verputz abgerundet. Fußböden innen glatt betoniert über Kiesschicht, leichtes Gefälle nach den Senklöchern. Holzteile: glatt gehobelt, Karbolineumanstrich (vorm Belegen den Zwinger gut ausdünsten lassen!), Türen und Fenster Ölfarbanstrich. Metallteile: Messing vermeiden. Eisen erhält Ölfarbanstrich. Türschlösser: leicht einschnappend, damit auch Angestellte fest ab= schließen (Schlüssel umzudrehen wird vergessen!) und so, daß die Hunde nicht selbst öffnen können; das lernt aber jeder Hund leicht. Bester und einziger Schutz dagegen ist ein verkehrt eingesetztes Drückerschloß. An eine Tür, die ordnungsgemäß ein sogenanntes Rechtsschloß haben müßte, kommt ein verkehrt eingesetztes Linksschloß, deren Drücker zum Öffnen der Tür gehoben, statt herab gedrückt werden muß.

Innere Höhe des Zwingerraums = 2 m, darüber ein niedriges Dachgeschoß, so angelegt, daß das Dach über der Rückmauer am höchsten und flach soweit nach vorn fällt, daß es bei 1,80 m noch 1,50 m über die Außenzwinger J 1, J 2 usw. reicht und diesen einen Wetterschutz gibt. Die Zeichnung gibt nur einen Wurfraum (B 1 mit dem Außenzwinger [J 1] wieder; deren Zahl kann beliebig verlängert werden. Die Einrichtung bleibt die gleiche (s. a. B 2 und J 2).

A Gang hinter den Wurfzwingern mit Eingangstür K 1; am Ende des Ganges ein Schrank für Zwingergerät. K 2 Eingangstüren zu

B 1 und B 2, durch Holzwände voneinander getrennte Wurfräume.

C Holzpritsche auf 10 cm hohen Süßen, mit Torfmull unterlegt und nach dem Wurfraum zu durch ein Vorderbrett verschlossen, s. a. Zeichnung VI.

D Wurfkiste, s. Zeichnung VI.

F Breites, zwei Wurfräumen Licht gebendes Fenster; 1,50 m über dem Boden beginnend, von oben zur Hälfte nach außen aufklappbar; die Fensteröffnung nach innen durch engmaschiges Drahtgeflecht abgeschlossen.

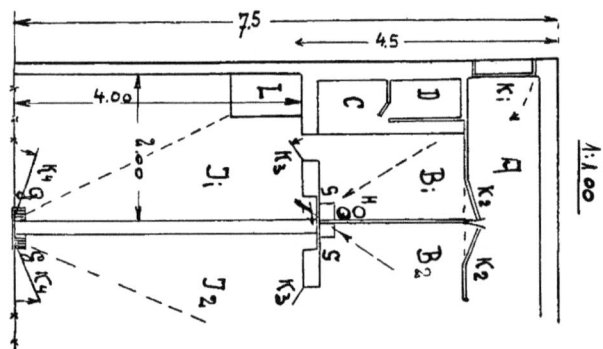

Abb. 475. Plan zu einem Wurfzwinger.

G Senkloch und Schlammfänger.

H Platz für Freß= und Wassernapf.

J 1 Außenzwinger, durch eine leichte Mauer vom Nebenzwinger J 2 getrennt, die Vorderwand durch Drahtgitter mit Tür (K 4) gebildet (darüber s. Zeichnung III und IV). Der Außenzwinger, soweit nicht das Hauptdach darüber reicht, mit Draht= geflecht übergittert (weitmaschig, 80—100 mm Maschenweite, damit Schnee durch= fällt). Die Zwischenmauern sind bis unters Dach zu führen, vorn genügt eine Höhe von 1,80 m.

K 1 und K 2 s. unter A. K 3 Kleine Schlupftür zum Außenzwinger J 1. Höhe der Schwelle 0,15 m. Höhe der Türöffnung 0,50 m. K 4 Drahttür zum Außen= zwinger.

L Holzpritsche auf 10 cm hohen Fußleisten, ohne Torfmullfüllung.

II. Junghundzwinger.

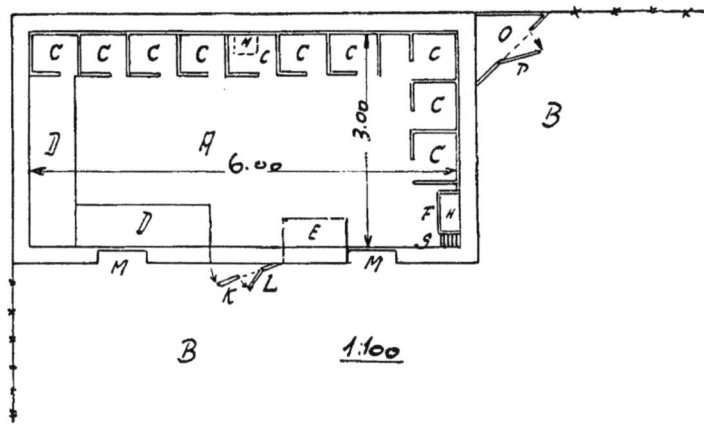

Abb. 476. Plan zu einem Junghundzwinger.

Allgemeines f. unter I.

A Innenräume. Die Schlafkisten (C) stehen auf Pritschen wie unter I be=
schrieben; sie gleichen der Wurfkiste, f. Zeichnung VII, haben jedoch keine Türchen,
der Türeinschnitt, an einem Ende gelegen, reicht bis zum Boden.

D einfache Pritschen wie in Zeichnung I L.

E Schrank für Zwingergerät.

F Tränke, am Boden ausbetoniert mit Auslauf nach

G Senkloch mit Schlammfänger.

H Wasserleitungshahn.

K Eingangstür mit

L kleiner Schlupftür (wie K 3 in Zeichnung I), um bei Frost und schlechtem
Wetter die große Tür geschlossen halten zu können.

M Fenster, f. Zeichnung I F.

N Dunstkamin zum Ableiten verdorbener Luft.

B Laufraum.

O Abschrankung für Zwingergerät.

P Zugangstür.

Der Laufraum ist betoniert und reichlich mit Pritschen zu versehen, diese sind
so anzuordnen, daß sie Schatten vom Dach oder von am Rande des Außengitters
angepflanzten Bäumen erhalten. Der Laufplatz ist ferner mit harten Holzkugeln
von 10 cm Durchmesser zum Spielen für die Junghunde und mit Schnellgalgen zu
versehen; an letztere werden in Höhe von etwa 1,00—1,50 m mit Stroh gut ausge=
stopfte Bälle aus fester Leinwand angehängt, die nach der Seite ausweichen, oder
in die Höhe schnellen, wenn die Hunde danach springen. Die Einzäunung des Lauf=
raumes erfolgt durch Drahtgitter mit einer Drahttür. Drahtstärke 3 mm. Maschen=
weite 50 mm. Das Drahtgeflecht wird, f. a. Zeichnung III und IV, an einen oberen
und einen unteren Spanndraht geflochten (mit Bindedraht angeheftet); die Spann=
drähte sind durch T=Eisen gezogen und gehalten. Diese T=Eisen (3:3 cm, Gesamtlänge

681

2 m) sind mit 0,25 cm in Betonsockel eingelassen und tragen eine Lochung für die Spanndrähte bei Zentimeter 26 und 198 von unten. Entfernung der T=Eisen von= einander = 3 m; in den Ecken sind sie nach den Seiten besonders gegen Zug der Spann= drähte zu verstreben. Das Drahtgeflecht (Gesamthöhe 2 m) wird mit 1,75 m an die Spanndrähte gebunden; die oberen, frei bleibenden 25 cm werden im Winkel von etwa 45° nach innen gezogen und in dieser Stellung durch Spanndraht festgehalten. Damit ist jedes Überklettern, auch in den Ecken ausgeschlossen, da diese nachgebende Innenkante dem in den Maschen aufsteigenden Hunde ein unüberwindliches Hindernis bietet. Den Eingang bildet eine mit Drahtgeflecht bedeckte Eisentür, die von den Drahtgeflechtwerken erhältlich; ihre festen Eisensäulen dienen mit zum Anknüpfen der Umzäunung; s. a. Zeichnung III und IV.

III. Befeſtigung des Drahtgeflechtes.

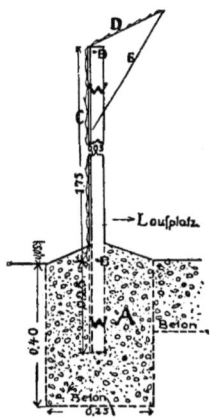

Abb. 477. T=Eiſen, Gitterträger.

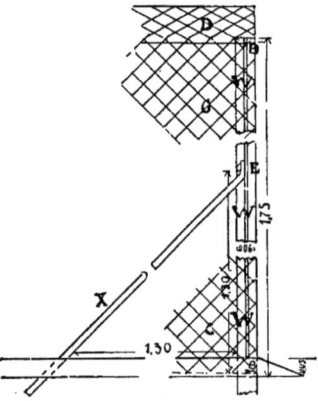

Abb. 478. Eckſäule, Gitterträger.

A Betonsockel zur Aufnahme des Gitterträgers W; wird nach Spannen des Geflechtes über dem Erdboden dachförmig erhöht, so daß der untere Spanndraht und der untere Rand des Geflechts im Beton festgelegt, wodurch ein Unterwühlen der Umzäunung ausgeschlossen.

B Bohrlöcher für den oberen und unteren Spanndraht.

C Aufgebundenes Drahtgeflecht.

D Nach innen übergebogener oberer Teil des Geflechts.

E Spanndraht dazu.

W Gitterträger (T=Eisen).

IV. Eckbefeſtigung des Drahtgeflechtes.

A, B, C, D wie in Zeichnung III.

X Seitenstützen von

W Eckgitterträger (T=Eisen).

E Vermutterung dazu.

682

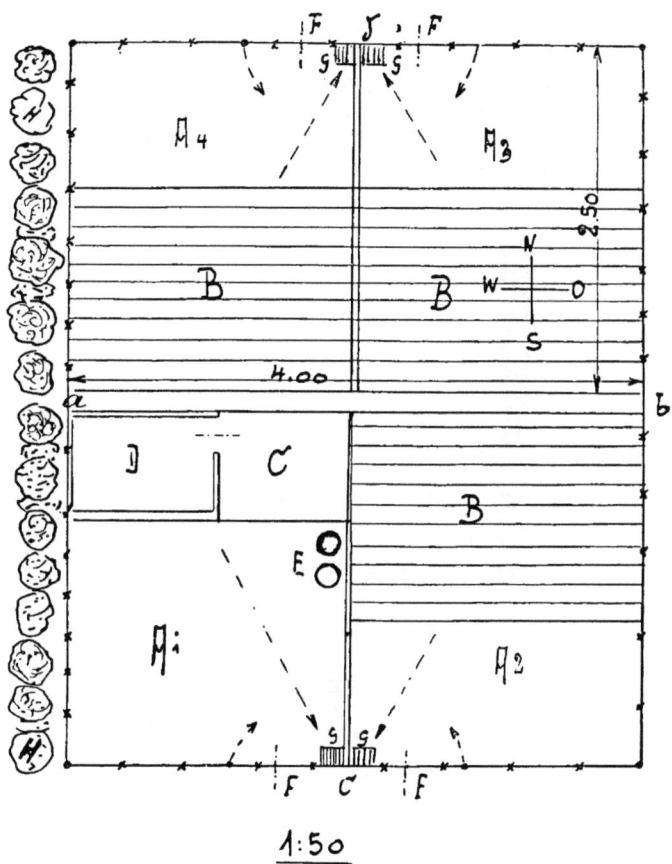

1:50

Abb. 479. Offener Zwinger für vier Hunde.

a—b Ziegel= oder Eisenbetonmauer, Höhe 2,00 m. c—d Querwand von gleicher Höhe und aus gleichem Stoff oder aus Wellblech. Durch diese Wände werden vier Einzelzwinger, A 1—A 4, von je 2,00:2,50 m Abmessung abgeteilt; die Außen= wände dieser Zwinger bestehen aus Drahtgeflecht (s. unter II, III und IV) mit je einer Eingangstür (F). Der Fußboden ist betoniert mit Neigung gegen Senkloch und Schlammfang (G). Auf der Wetterseite des Viererzwingers ist dichtes Busch= werk anzupflanzen.

Ein Satteldach (B) — Holz mit Dachpappe — (über A ist es in der Zeichnung fortgelassen) fällt nach den Seiten bis auf 1,80 m; dementsprechend verlaufen auch die Außenwände c—d und die Seitengitter, die bis unter das Dach zu führen; der vom Holzdach nicht bedeckte Raum ist mit Drahtgeflecht überzogen.

Jeder Einzelzwinger enthält eine Holzpritsche C (s. Zeichnung I unter C) und eine Hütte D (s. Zeichnung VII). E Platz für Freß= und Wassernapf.

683

VI. Wurfkiſte (Schlafkiſte) für Innenräume.

Die Wurfkiſte (desgl. die Schlafkiſte), ſteht ohne Boden auf der Pritſche, welch letztere zum Schutz gegen die Bodenkälte mit Torfmull unterlegt iſt. Die vier Seitenwände der Kiſte werden untereinander nicht vernagelt oder verſchraubt; vielmehr laufen die kürzere Stirn= und Rückwand in durch aufgenagelte Leiſten ge= bildete Falze der beiden Seitenwände, mit denen ſie durch Haken und Öſe verbunden ſind. Der Deckel iſt mit der auf der Mauerſeite liegenden Seitenwand verſchraubt und bei A zum Aufklappen eingerichtet.

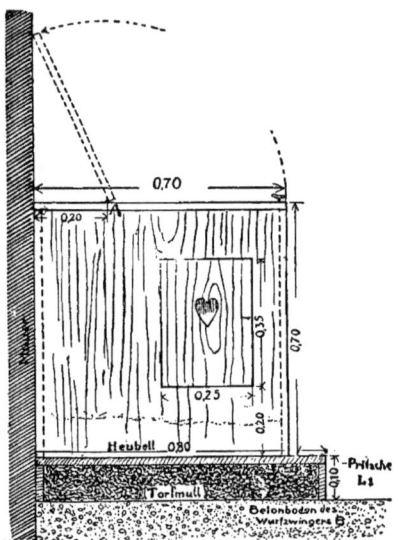

Abb. 480. Wurfkiſte (ſ. Abb. 474 D).

Die Kiſte kann ſo leicht auseinandergenommen, im Freien geſonnt und gründ= lich gereinigt werden. Auch die Pritſche iſt nicht der Länge nach aus einem Stück, ſondern aus mehreren Abteilungen herzuſtellen, um ſie leicht aus dem Innenraum herauszunehmen und reinigen zu können. Bei bloßen Schlafkiſten entfällt das Türchen, die Türöffnung, hart an einer Seitenwand, wird bis zum Boden aus= geſchnitten.

VII. Hundehütte für das Freie (Grundriß und Schnitt).

Die Hütte hat doppelte Holzwände, die außen und innen glatt gehobelt, gut verfugt und mit Ölfarbe geſtrichen. Die Hohlräume zwiſchen den Doppelwänden und dem Doppelboden werden feſt mit Torfmull ausgeſtopft. Steht die Hütte im Freien auf einer Pritſche, ſo bekommt ſie keine Füße, ſoll ſie ohne Unterlage auf dem Boden ſtehen, muß ſie 5 cm hohe Füße erhalten. Der Platz für die Hütte iſt ſo zu wählen, daß die Eingangsöffnung Wetterſchutz hat und die höhere Seitenwand gegen eine Mauer lehnt; nach der Aufſtellungsart iſt die Lage der höheren Seitenwand und der Eingangsöffnung zu beſtimmen. Das Dach, zum Abheben eingerichtet, greift mit

684

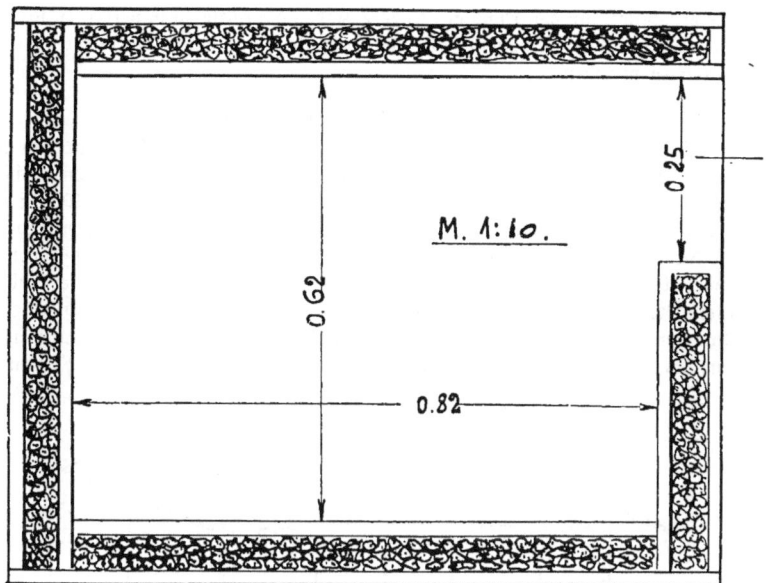

Abb. 481. Hundehütte für das Freie (Grundriß).

Salzen über beide Seitenwände über und ist an diesen mit Haken befestigt. Vorn und hinten steht das mit Dachpappe o. ä. zu belegende Dach etwas über. Die Ein=

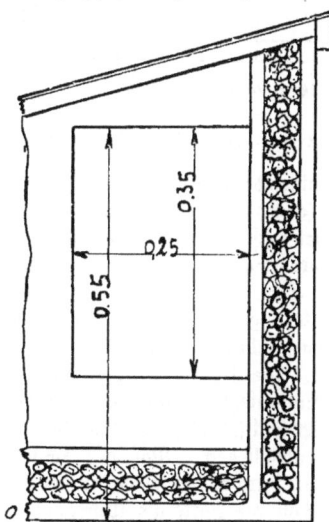

Abb. 482. Hundehütte für das Freie (Schnitt).

gangsöffnung kann im Winter durch Segelleinen verhängt werden; ein weiterer Verschluß durch eine Holztür ist nicht erforderlich. Wo eine solche bei frei aufgestellter

Hütte erwünscht, um den Hund auf kürzere Zeit in die Hütte einzusperren zu können, ist die Tür mit einem Ausschnitt für den Luftzutritt und einem Vorreiber zum Ab= schließen zu versehen.

VIII. Hundehütte nach Ch. Meerboth=Hamm.

Zum Herstellen der Wände werden zuerst aus etwa 5 cm breiten und 2 cm dicken Latten Rahmen angefertigt (Maße s. Abb. 483). Die Rahmen beschlägt man mit zentimeterdicken Brettern. Dann wird die Innenseite dieser Wände von Latte zu Latte mit Drahtgeflecht (1 cm Lichtweite) überspannt und der entstehende hohle Raum mit nicht zu dick angerührtem Gips ausgegossen. Man erhält so fugenlose Wände, die im Sommer kühl, im Winter warm halten, auch keinem Ungeziefer Schlupf= winkel bieten. Nach dem Trocknen sind die Wände innen und außen mit Ölfarbe gut zu streichen. Das Zusammensetzen der Hütte ist leicht aus der Abbildung zu er= sehen. Es werden hierzu nur 14 etwa 8 cm lange Schrauben mit runden Köpfen be=

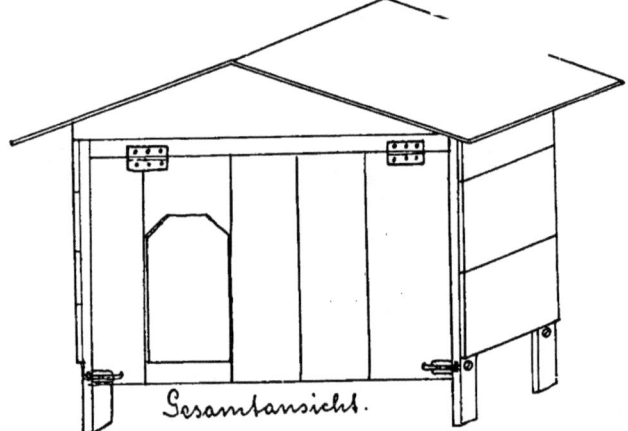

Gesamtansicht.

Abb. 483. Hundehütte nach Meerboth (s. a. Abb. 483, Einzelpläne dazu).

nutzt, und zwar 6 zum Befestigen der Rückwand an den Seitenwänden, 4 zum Befestigen der Vorderwandquerleiste (oben) zwischen den Seitenwänden. Die Vorderwand ist mit Gelenkbändern an dieser Leiste befestigt und kann in die Höhe geflappt werden; außen unten erhält die Vorderwand links und rechts einen Riegel zum Verriegeln an den Seitenwandleisten. Der Dachkasten muß nach allen Seiten dicht aufsitzen, er wird mit stärkeren Brettern gedeckt und mit Dachpappe benagelt. Gut teeren. Das Dach soll an allen Seiten mindestens 15 cm überstehen, vorn möglichst 20 cm zum Schutze gegen Schlagwetter. Die Zwischenwand dient zum Abteilen des Innen= raums in zwei Teile, der Hund liegt im hinteren Raum vollständig gegen Wind und Wetter geschützt. Im Winter läßt sich dieser hintere Raum noch durch einen Vorhang aus doppeltem Sackleinen abschließen. Maß der Zwischenwandbreite = 50 cm, so daß dem Hund noch 30 cm Durchgang bleiben, in der Höhe muß die Wand bis an die Dachbretter reichen. Soll die Hütte als Wurfraum benutzt werden, so ist die Zwischenwand einige Tage vor dem Wurf herauszunehmen. Ein Rahmen aus 10 cm breiten Brettern hergestellt und 10 cm über dem Boden angebracht, bietet den Welpen Unterschlupf und verhindert, daß sie von einer ungeschickten Mutter gegen die Wand gedrückt werden.

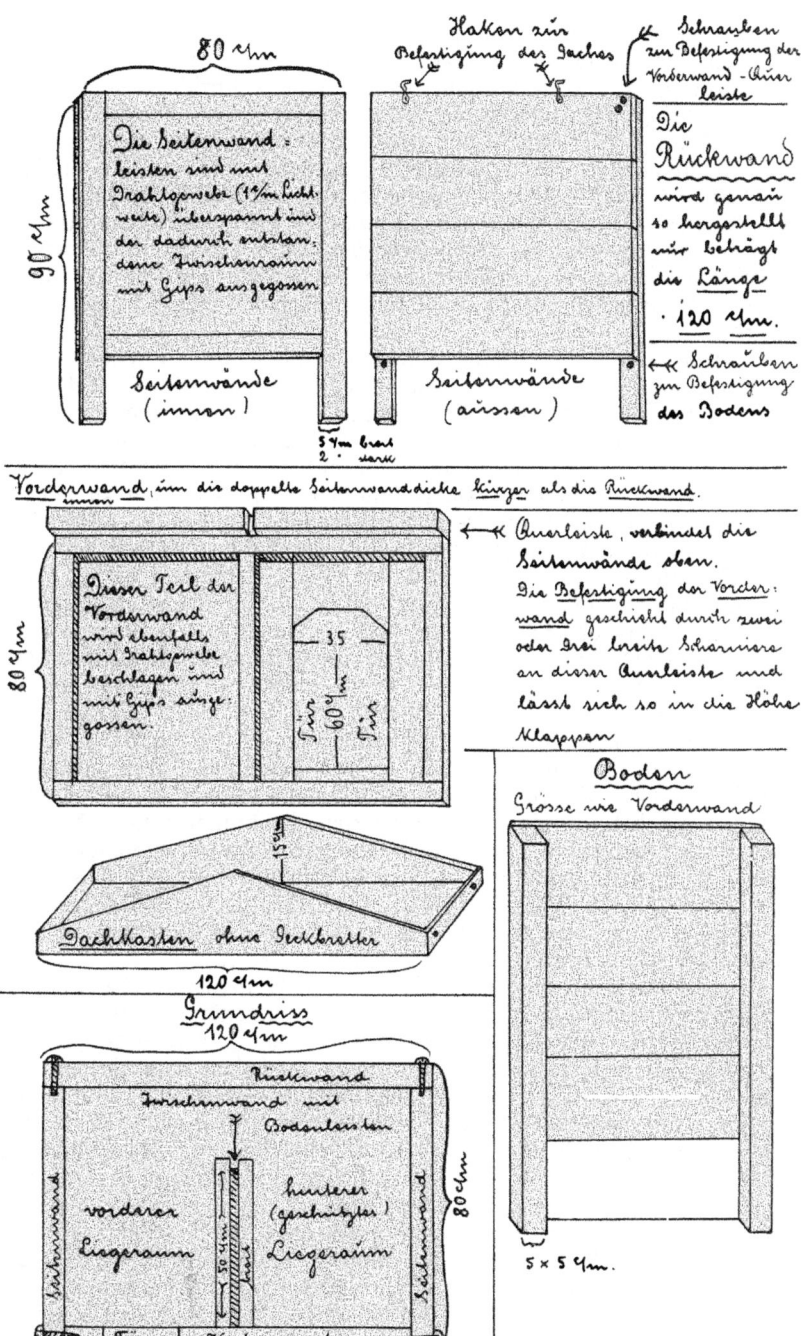

Abb. 484. Hundehütte nach Meerboth, Einzelpläne (s. a. Abb. 482).

Aus den vorstehenden Plänen kann sich jeder Hundehalter aus=
wählen, was seinem Bedarf zur zeitweiligen — ich betone wiederum:
zeitweiligen — Unterbringung seiner Hunde entspricht. Die empfoh=
lenen Einrichtungen sind einfach, erfüllen ihren Zweck aber vollkommen
und haben sich nicht nur bei mir aufs beste bewährt. Wer einigermaßen
mit Hammer und Zange umzugehen versteht, wird sich die meisten
Sachen auch selbst zusammenbasteln können. Grundsatz sei stets, Licht
und Sonne soviel Einlaß wie möglich zu geben und Feuchtigkeit, nament=
lich Bodenfeuchtigkeit, zu vermeiden; dann gibt es bei entsprechender
Ernährung sicher keine Knochenweiche bei den Welpen und auch sonst
wenige Krankheiten, sofern deren Keime nicht von außen eingeschleppt
werden.

Alle Räume und Teile müssen oft und leicht mit keimtötenden
Lösungen gereinigt werden können: heißes Wasser mit Soda, Schmier=
seife, Lysollösung, zuletzt Kalkmilchanstrich mit Lysollösung; das aber
geht am besten in leichten Ziegel= oder Fachwerkbauten, weil die im
Inneren an Wänden, Boden und Decke mit glattem Zementfeinverputz
versehen werden können. Dabei sind keine scharfen Ecken zu bilden,
diese sind vielmehr durch Verputz abzurunden, so daß sie auch leicht
mit einem Maurerquast zu erfassen sind und nicht zu Staub=, Schmutz=
und Keimfängern werden. Solch gründliche Reinigung ist bei Holz=
bauten nicht möglich, deshalb bin ich auch gegen die zerlegbaren hölzernen
Zwinger; ganz abgesehen davon, daß sie englisches Erzeugnis sind.
Die Zerlegbarkeit nützt gar nichts bei einem Bauwerk, das Regen und
Sonne ausgesetzt ist; zerlegen läßt es sich wohl, nur dann nicht wieder
zusammensetzen, weil alles verquollen und windschief geworden ist.

Hütten und Schlafkisten dagegen müssen zerlegbar sein, damit
sie auseinandergenommen, gereinigt und dann der Sonne ausgesetzt
werden können. Die für das Innere bestimmten Schlaf= und Wurfkisten
können sich dabei ruhig etwas verwerfen, sie brauchen nicht dicht zu
fugen und werden ja nur durch Haken und Ösen zusammengehalten.
Bei für das Freie bestimmten Hütten braucht nur das Dach abnehmbar
zu sein, das beim Wiederaufdecken mit Falzen über die Wände greift
und schon durch sein Gewicht fest genug auf den Unterbau aufsitzt;
außerdem sollen Hütten ja auch regensicher stehen.

Auf die Bedeutung der Türverschlüsse ist schon bei den Plan=
erklärungen hingewiesen, ebenso auf die Notwendigkeit, Messingteile
zu vermeiden. Als Fußboden sollte für das Innere stets Zement=
estrich genommen werden; jeder andere Fußboden saugt Feuchtigkeit
aus den Ausscheidungen auf, am schlimmsten Holzverdielung, und bildet
in seinen unvermeidbaren, weder zu reinigenden, noch gründlich zu ent=
keimenden Fugen Brutstätten für Krankheitskeime und Flohnachwuchs.
Besser als Holz ist dann noch harter Lehmschlag, der von Zeit zu Zeit
ausgestochen und erneuert werden kann.

Der Laufplatz des Außenraumes muß um so größer sein, je
häufiger oder je länger er Hunden als Aufenthaltsstätte dienen soll; die
Hunde werden sich dort auch am längsten aufhalten, selbst bei Regen, wenn
über den Pritschen eine leichte Überdachung vorhanden ist, und höchstens
nachts zum Schlafen in den Innenraum gehen — viele tun selbst das

nicht —, oder Hündinnen zum Werfen und für die erste Zeit der Auf=
zucht. Seiner Herstellung sollte daher besondere Aufmerksamkeit ge=
widmet werden, zumal die Welpen dort ihre ersten Laufübungen machen.
Betonboden ist auch hier der beste; die Grobmörtelschicht braucht auch
gar nicht so stark zu sein. Ich hatte sie 20 cm hoch über groben Kies
machen lassen, so hat sie lange, lange gehalten ohne je auszufrieren. Auf
solchem Boden bilden sich Pfoten und Laufknochen am besten aus, das
Herumliegen auf dem harten Boden schadet einem gut behaarten kräftigen
Junghunde ebensowenig wie auf anderem Boden und schließlich sollen
auch ein paar erhöhte Pritschen zum Schutz gegen Bodenfeuchtigkeit
bereitgestellt werden. Kiesboden ist für Welpenaufzucht zu verwerfen,
auf dem groben Kies bilden sich schlechte weiche Pfoten aus, ebenso
auf seinem Sand; Lehmboden ist bei Regen unbrauchbar. Harte Gras=
narbe wäre ja ganz gut, braucht aber besondere Pflege und Hunde
scharren und wühlen gern. Wird das Gras aber nicht dauernd ganz
kurz gehalten, so nässen sich Welpen bei Regenwetter sehr stark ein;
dazu verbrennt bei andauerndem Sonnenschein die kurz gehaltene
Grasnarbe. Wer dem Laufraum Schatten geben will, bepflanze ihn
mit raschwüchsigen Bäumen; Nadelhölzer sind dazu nicht geeignet, sie
sind empfindlich gegen das „Beinchen heben" und andere auf ihnen, so
lange sie niedrig, gern in Richtung nach oben abgesetzte Andenken. Auf
der Windseite des Laufraums sollte jedenfalls eine dichte Hecke an=
gepflanzt werden; dann ist auch für den Laufraum alles getan, der, ich
wiederhole nochmals, nur zum zeitweiligen Aufenthalt dienen soll!

Jn die Hütten und Schlafkisten kann Einstreu von Heu oder Holz=
wolle gegeben werden. Nötig ist sie nicht, der gut behaarte Schäferhund
liegt gern hart.

Hunden, die dauernd in der Wohnung gehalten werden müssen,
muß ein bestimmter Lagerplatz angewiesen werden; dort mag ihnen
auch ein Teppich hingelegt werden, mehr zur Kennzeichnung des Platzes
als zum Weichliegen. Junghunden einen Korb mit Polstereinlage
hinzustellen, empfehle ich nicht; Korb wie Polster würden gar bald
Stunden der Langeweile zum Opfer fallen und die zum Teil verschluckte
Polstereinlage könnte böse Verstopfungen herbeiführen. Besser ist eine
kleine Hütte für Junghunde; dort können sie im Notfall auch mal
eingesperrt werden, vor allem nachts, lernen auf diese Weise auch bald
Sauberkeit und können keinen Schaden anrichten, wenn sie mal unbeauf=
sichtigt bleiben müssen. Selbstredend darf dies Einsperren am Tage auch
nur vorübergehend erfolgen, darf ebensowenig zur Regel werden wie der
Zwinger —wäre dann noch schlimmer! —und selbstredend muß die Hütte
dazu mit Luftlöchern versehen sein. Von den verschiedenen Hunde=
lagern, die angeboten, auch empfohlen werden, bin ich kein Freund.
Letzten Endes laufen sie doch alle auf ein federndes Drahtnetz heraus,
das in irgendeinen Rahmen eingespannt und mit einem Überzug ver=
sehen ist. Gegen dies federnde, schaukelnde Bett haben die meisten
Hunde aber ein wohlberechtigtes Mißtrauen und legen sich lieber daneben
als darauf. Polstermöbel suchen manche Hunde, durchaus nicht alle,
wohl nur wegen der Wärme, nicht wegen der Weichheit der Unterlage
auf. Vielleicht auch, weil sie dort die Witterung des Herrn am stärksten

finden; denn meist suchen sie solchen Platz auch nur in Abwesenheit des Herrn auf. Oder aber sie werden künstlich zu dieser Unart erzogen.

Schließlich noch ein paar Worte zur Kette, die in einiger Beziehung zu Hütte und Lager steht, weil der Hund dort auch gelegentlich angehängt werden muß; auch das immer nur vorübergehend! Eine gute Kette muß aus leichten vernickelten Stahlgliedern bestehen, an jedem Ende einen Federhaken mit Wirbel und in der Mitte noch einen dritten Wirbel haben, so daß ein Zusammendrehen der Kette unmöglich wird. Der Anbindering, in den die Kette mit dem einen Ende eingeschlauft wird, während der andere Federhaken in den Würgering des Halsbandes eingehängt wird, sollte stets so nahe wie möglich an der Erde sein; will man einem angehängten Hunde — etwa dem Hauswächter — längeren Laufplatz geben, so kann der Ring über eine dicht über der Erde laufende eiserne Stange geschoben werden. Bei jedem Anhängen ist darauf zu sehen, daß der Hund nicht durch einen Sprung — etwa über eine niedrige Wand oder zum Fenster hinaus — sich elend aufhängen kann; Nach= lässigkeit darin hat schon manchem angehängten Hunde ein frühes Ende bereitet.

Der An= und Verkauf.

Entweder soll die preußisch=deutsch=germanische
Weltanschauung in Ehren bleiben, oder die angel=
sächsische, welche bedeutet dem Götzendienste des
Geldes verfallen!
Wilhelm II.
Deutscher Kaiser und König von Preußen,
1914.

Im III. Abschnitt habe ich ausgeführt, daß und weshalb Schäferhund=
zucht Liebhaberzucht bleiben muß. Auch der Liebhaber muß die
Ergebnisse seines Zuchtfleißes absetzen, er ist für die Erhaltung und
den Ausbau seiner Zucht ebenso auf den in Geld abzuwertenden
Ertrag seiner Tätigkeit angewiesen, wie ein jeder von uns für seinen
Lebensunterhalt. Nur diesen Lebensunterhalt selbst soll und kann er
nicht aus der Zucht ziehen, weil diese dann, das haben wir in den früheren

Abschnitten gesehen, aufhören würde Schäferhundzucht zu sein. Der echte Liebhaber findet seinen wahren Lohn auch nicht in den Einnahmen aus seiner Tätigkeit, dafür ist ihm die viel zu hoch und teuer, sondern im Genuß und in der Erholung, die ihm die Beschäftigung mit seinen Hunden bietet, in der Ablenkung von Sorgen seines Berufslebens, im Eindringen in die Geheimnisse der Natur. In solchem Sinn aufgefaßt, wird es dann auch für wahres Liebhabertum nichts Schöneres geben, als im Fall gemeinsamer Not, was sie an Nützlichkeitswerten besitzt, zum Besten des Ganzen herzugeben, in dessen Dienst zu stellen und dadurch den Beweis für den Wert ihres Tuns zu erbringen. So haben die Schäferhundleute im Weltkriege gehandelt!

Liebhaberzucht soll sich in sittlicher Selbstbeschränkung nach der deutschen Auffassung richten, die Gemeinnutz vor Sondernutz stellt. Sie soll und will an erster Stelle der Sache und der Rasse dienen, nicht der eigenen Eitelkeit oder, noch schlimmer, dem eigenen Beutel in einer den Wert der Leistung und gerechtfertigten Verdienst unangemessen übersteigenden Weise. Die Grenzen, wo das Zulässige aufhört, das Händlerische beginnt, sind sehr schwer zu ziehen, es sind sehr c.t Gefühlsgrenzen, für die manche leider nicht genügendes Verständnis besitzen, Verkäufer wie Käufer.

Um die Liebhaberzucht auf dieser Unterlage zu sichern, muß sie, heute noch mehr als früher, fest auf den Boden wirtschaftlicher Tierzucht gestellt werden. Nur dann wird sie lebensfähig bleiben als Freude mit Nutzen verbindende Nebenbeschäftigung, nur dann wird sie erfolgreich den Verlockungen wechselnder Markt= und Sportgelüste widerstehen können und sich von Handelsmachenschaften freihalten.

Zum Erreichen dieses Ziels gibt es zwei Wege, die sich oft berühren; beide müssen beschritten werden. Der eine heißt: Sicherstellung eines geregelten Absatzes, der andere: wirtschaftlicher Schutz des Züchters — worunter hier und im folgenden stets auch der Aufzüchter mitzuverstehen ! — zur Verminderung der Selbstkosten und der Verluste.

Sehen wir zunächst zu, was für den wirtschaftlichen Schutz geschehen kann. Dazu gehört zunächst sachverständiger Rat, zum Teil auch Aufsicht bei der Zucht, der Haltung und der Erziehung der Hunde. Hierunter fällt Belehrung, vor allem auch über die rechten Ziele und Aufgaben der Zucht, sorgfältige Zuchtbuchführung, Unterstützung bei der Auswahl und Zusammenstellung der Zuchtpaare, Beurteilung der Hunde auf gebrauchsfähiges Äußere, Erleichterung und Prüfung der Ausbildung; schließlich Ausschreiben von Preisen für Zucht=, Aufzucht= und Arbeitsleistungen. Berufen dazu sind die Zucht= und Prüfungsvereine und =verbände mit ihren verschiedenen Arbeitsämtern, die Fachschriften, die Preisrichter, Zucht= und Arbeitswarte. Es gehören ferner hierher: Sicherheit beim Kauf und Verkauf durch Fernhalten des Handels und Schutz vor Unehrlichkeit. Unter Handel soll hier immer der gewerbsmäßige Hundehandel verstanden sein, der, so wie er heute in Deutschland ausgeübt wird, nahezu immer unzuverlässig, stets aber zuchtfeindlich ist; erst recht, wo er mit Handelszucht verbunden ist. Und es gehören schließlich hierher: Erleichterung der Futterbeschaffung, sachverständige

tierärztliche Beratung, Seuchenschutz einschließlich Ersatz für Seuchen=
schäden, Rechtshilfe, Haftpflichtversicherung, Regelung der Jagdschutz=
gesetze, Steuererleichterungen, Verkehrserleichterungen, auch örtlicher
Art, und Verkehrssicherungen, Schutz gegen Maulkorbzwang und Schutz
gegen Hundefeinde. Das alles sind Aufgaben der großen Vereine und
Verbände, die sie zum Teil selbst lösen können, zum Teil aber, unterstützt
von der Fachpresse, in Verbindung mit den zuständigen Behörden einer
nutzbringenden Lösung entgegenführen müssen.

Die Sicherstellung des Absatzes muß zur Wahrung einer
gesunden Zuchtrichtung Hand in Hand mit der Belehrung der Öffent=
lichkeit gehen, weil diese Einfluß auf den Markt hat. Die Öffentlichkeit
aber ist unwissend und töricht wie jede Masse. Sie hat wohl von Schäfer=
hunden, ihren guten Eigenschaften als Wächter, ihren Erfolgen im Kriege
und im Polizeidienst gehört; wie der Schäferhund aber aussehen, wie
sein Wesen beschaffen sein muß, weiß sie nicht. Der eine wünscht den
Schäferhund groß, größer, am größten, weil er so furchterregender sei;
er bedenkt nicht, daß der plumpe Riese viel zu faul und ungeschickt ist,
um dem Einbrecher in die Beine zu fahren. Der andere schwärmt nur
fürs Silbergraue und will ein Modepüppchen, glattgeleckt mit knappstem
Haar. Der verlangt einen Totverbeißer, der sich auf alles stürzt, jener
einen Ausstellungssieger um jeden Preis; ob der sich aus Angst in die
Hosen macht, gilt ihm gleich. Hier gilt es zu wirken, aufzuklären, zu
belehren, wirkliche Schäferhunde zu zeigen, auch in ihrem Wesen und
in ihrer Arbeit; die Arbeit bei den Schafen wirkt meist am eindringlichsten,
weil der Hund da viel selbständiger arbeitet als in anderem Dienst.
Diese Beeinflussung der Öffentlichkeit ist das weite große Arbeitsgebiet
des einzelnen Schäferhundfreundes und der Unterabteilungen. Jeder
muß hier mitwirken, irrige Begriffe richtig zu stellen, falsche Bilder
zu zerstören helfen; Wort und Schrift, Lichtbild und Bildstreifen, Schauen.
Prüfungen und Hüten müssen zur Aufklärung beitragen.

Für den Absatz zu sorgen, liegt heute, da ich dies schreibe, keine
Veranlassung vor. Die Lage ist heute vielmehr so, daß, was angeboten
wird, sofort ohne Wahl und Prüfung gefordert, ja oft überfordert wird,
daß die Käufer sich gegenseitig um die Hunde reißen und dadurch die
Preise ins sinnlose steigern. Diese ungesunde, für vernünftige Zucht
sehr bedenkliche Lage kann und wird aber nicht lange mehr anhalten
und dann werden auch die Zeiten wieder kommen, wo das Angebot
die Nachfrage übersteigt und wo zuverlässigen Züchtern geholfen, ihnen
sichere Absatzmöglichkeit geboten werden muß, um sie zum Besten
der Zucht bei der Stange zu halten.

Dann kommen die heute oft verschmähten Verkaufsvermitte=
lungen des Zuchtvereins und seiner Unterabteilungen wieder zur Geltung,
laufende Anzeigen in den Tagesblättern und den großen Zeitschriften
müssen auf sie aufmerksam machen, um den Neuling vom erwerbs=
mäßigen Hundehändler, der dort bisher das Anzeigenfeld beherrschte,
abzulenken. Dann aber wird es auch Zeit für den Staat und
alle die amtlichen Stellen, die Diensthunde im Großen
brauchen, am Markt zu erscheinen und für geregelten An=
kauf unmittelbar vom Züchter oder Aufzüchter zu sorgen.

Das Wort Hundemarkt möchte ich hier vermeiden, es hat üblen Klang, weil es an Händlerbörsen gemahnt, die sich zu Zeiten an Straßenecken oder öffentlichen Plätzen breit machen. In ihren Aufgaben sollten diese Veranstaltungen dem entsprechen, was für die Pferdezucht die Remonte= märkte sind, oder vielmehr waren: die Stellen, wo die staatlichen An= kaufsausschüsse den Bedarf an Jungpferden für das Heer durch unmittel= baren Ankauf vom Züchter deckten. Solche Veranstaltungen, nennen wir sie vielleicht Zuchtmusterungen, würden jährlich zu bestimmten Zeiten am gleichen Ort innerhalb größerer Zuchtgebiete stattfinden; Züchter und Aufzüchter könnten sich daher auf sie einrichten, Standgeld wie auf Zuchtschauen würde nicht gefordert. Dagegen würden die Hunde von sachverständigen Begutachtern an Hand der Zuchtbücher und Ge= brauchshundlisten auf Blutführung, Arbeitsleistung der Eltern und Gebrauchseignung des Gebäudes gemustert; sie könnten dabei auch auf Veranlagung oder schon erfolgte Abrichtung geprüft werden (Zucht= prüfung). Die Ankaufsausschüsse für den Diensthundbedarf des Staates, der Kreise und der Gemeinden, vielleicht auch nichtstaatlicher Groß= betriebe aber hätten Gelegenheit, hier unmittelbar ihren Jahresbedarf zur Ergänzung des Bestandes zu decken und hätten auch innerhalb des ausgeworfenen Gesamtbetrages freie Hand in einzelnen Fällen für besondere Leistungen den Durchschnitt übersteigende Preise anzulegen. Ist der Großbedarf gedeckt, würde der Markt für Besuch und Kauf der Liebhaber freigegeben.

Die schwierigste Frage für den Züchter ist das Bestimmen eines angemessenen Preises, weil leider die wenigsten Buchunterlagen führen. Früher lag der Durchschnittspreis für acht Wochen alte Welpen guter Abstammung um 50—60 M.; der Züchter kam damit auch ganz gut auf seine Kosten. Wenn einzelne schon vorm Kriege erheblich mehr, bis zum Dreifachen und darüber, forderten, geschah es meist in der irrigen Annahme, daß hoher Preis für besonderen Wert spreche. Das waren die Zuchtschädiger, die auf Kostbarkeit, nicht auf Brauchbarkeit sahen; die der falschen Ansicht huldigten, der Wert der Rasse werde nicht vom inneren Gehalt, sondern vom Anschaffungswert bestimmt. Mit ihnen befasse ich mich nicht, durch hohe Preise für einzelne Hunde werden nicht Rassen hoch, sondern lediglich Neid und Begehrlich= keit unter den Züchtern groß gezüchtet. Die Folge ist das Ver= lassen guter, die Rasse fördernder Zuchtgrundsätze, das Einschlagen falscher Bahnen, die nicht mehr zu veredelter Gebrauchszucht, sondern zu Sport=, Prunk= und Handelzucht führen; darüber ist im III. Abschnitt genug gesagt.

Nehmen wir an, daß die Mark heute nur den fünften Teil ihres früheren Kaufwertes hat, so kämen wir, so wie die Verhältnisse heute liegen, auf einen angemessenen Preis von 250—300 M. für den acht Wochen alten Welpen. An Hand einer kleinen Rechnung wollen wir nachprüfen, ob das stimmt. Eine Zuchthündin erreicht, wenn sie ausgewachsen ist, also mit Abschluß des zweiten Lebensjahres etwa, ihren vollen Wert; sie behält diesen ihren Wirtschaftswert durch gut fünf Jahre, bis zum Abschluß ihres siebenten Jahres also, das ist knapp gerechnet, ich will aber nur Durchschnittsangaben erzielen. Als

694

jährliche Abschreibung vom Wirtschaftswert der Hündin muß also ein
Fünftel des Werts bei Beginn des dritten Lebensjahres abgezogen,
und mit zu den Welpen=Selbstkosten geschlagen werden. Zu diesen Kosten
kämen ferner: Haltungskosten für die Hündin, Aufzuchtkosten für die
Welpen von Beginn der fünften bis Ende der achten Woche und Deck=
gebühren. Für die Haltungs= und Aufzuchtkosten ist es heute sehr schwer,
fast unmöglich, entsprechende Zahlen einzusetzen, weil wir nicht mehr
wie früher einheitliche Futtermittel —Hundekuchen — zu festem Grund=
preis haben, sondern weil jeder zusehen muß, wie er seinen Huud leid=
lich zweckmäßig ernährt und ebenso die Welpen. Die Preise, die der
einzelne anlegen muß, sind ebenso verschieden, wie die Futtermittel,
die er erlangen kann; im allgemeinen kann gelten, daß der Landbewohner
auch heute noch gut, zweckmäßig und verhältnismäßig billig füttern
kann, der Stadtbewohner dagegen nur unter besonders günstigen Um=
ständen. Wo die nicht vorliegen, sollte der Städter sich mit der Zucht
zurückhalten, zumal seine Zucht ohnehin meist von geringerem Nutzen
für die Gesundheit der Rasse ist. Ich habe schon im IV. Abschnitt aus=
geführt, daß der eine Züchter zweckmäßig zufüttert und aufzüchtet,
der andere aber verschwendet; das tun und müssen meist die tun, deren
Zuchttiere und Welpen schon überzüchtet und schwächlich sind. Solche
Züchter sollten aber unter allen Umständen ihre Haud von der Zucht
lassen, Zärtlinge aufzuziehen ist heute doppelt schädlich. Büchsenmilch
und gutes Büchsenfleisch, Vollmilch, Eier und andere Stärkungsmittel
müssen heute wirklich noch Kindern und Kranken vorbehalten bleiben.
Werden sie angeblich von städtischen Züchtern verbraucht, so würde ich
Welpen aus solcher Aufzucht gegenüber doppelt vorsichtig sein; häufig
wird der angebliche Kauf solcher Futtermittel ja auch nur Überforde=
rungen beschönigen sollen. Ich will nun zwei Rechnungen aufstellen,
die eine mit sehr hohen, die andere auch noch mit guten, aber doch nicht
so unverhältnismäßigen Haltungskosten. Dabei nehme ich an, daß der
Züchter seine Hündin zwar zweimal im Jahre belegen läßt, als ver=
nünftiger, auf das Wohl der Rasse und seinen Ruf bedachter Züchter
aber jedesmal nur vier Welpen liegen läßt, im Jahr also acht Welpen
aufzüchtet und abzugeben hat. Auch den wirklichen Wert der zwei=
jährigen Hündin habe ich neuzeitlichen Verhältnissen Rechnung tragend,
hoch, mit 2000 M. angesetzt; die Deckgebühren haben sich gegen früher
im allgemeinen nicht sehr verändert, ich habe hier Zuschläge für Versand
der Hündin mit in Ansatz gebracht.

	I. Beispiel		II. Beispiel	
Jährliche Abschreibung	400 M.		400 M.	
Jahreshaltung der Hündin . .	750	„	300	„
Deckunkosten, zweimal	290	„	200	„
Welpenaufzucht, zweimal . .	600	„	300	„
Verschiedenes	50	„	—	„
	2000 M.		1200 M.	

Das würde im ersten Fall für acht Jahreswelpen 250 M., im
zweiten aber nur 150 M. Selbstkosten ergeben. Stellen wir nach
früheren Verhältnissen die Gegenrechnung auf, dabei durchaus gute
Durchschnittspreise ansetzend, und auch den Wert der Hündin in diesem

Sinne zu 500 M. annehmend, so kommen wir zu nachstehenden Sätzen:
100 + 150 + 100 + 150 = 500 M.; das machte bei acht Jahreswelpen
42,50 M. Selbstkosten für einen.

Nicht in Anrechnung gestellt ist die Arbeit des Züchters. Für den
seine Tätigkeit recht auffassenden, ist die überhaupt nicht zu bezahlen,
er leistet sie aus Liebe zur Sache. Wie den wirklichen Wert eines Erzeug=
nisses nach Chotzky auch nicht das dafür zu erzielende Geld, sondern
die dafür geleistete Arbeit darstellt. Auf der Einnahmeseite aber ist
der Nutzen nicht gebucht, den der Züchter aus seiner Hündin als Schutz=
hund und Wächter zieht, und die Freuden, die ihm aus der Haltung des
Hundes und seiner Liebhaberzucht erwachsen. Zu den Selbstkosten käme
dann noch ein angemessener Reingewinn, der mit 15 vom Hundert
angesetzt, gerechtfertigte Verkaufspreise von im ersten Fall rund
300 M., im zweiten von rund 180 M. ergeben würde *).

---

*) Seit ich dies schrieb, haben sich die Verhältnisse wieder merklich geändert,
es gibt wohl wieder alles, oder nahezu alles ist zu haben, aber der erwartete Preis=
abbau ist vorläufig nicht eingetreten, im Gegenteil. Dafür sind aber wieder gute
Hundekuchen auf den Markt gekommen, die zu 200 M. für den Zentner ab Lager
abgegeben werden; also zum zehnfachen des Friedenspreises. Wir haben damit
einen Anhalt für die Berechnung der Haltungskosten, da für den Hund und Tag
1 Pfund Kuchen zu rechnen sind; dazu dann der Hausabfall entsprechend beigemischt.
Für die Zuchthündin rechne ich dann während der Tragezeit täglich 0,5 Liter Milch
als Zugabe, während der Säugezeit aber 1 Liter, das macht für zwei Würfe im Jahre
zu je 63 Tagen Trage= und je 30 Tagen Säugezeit 126, oder runden wir auf, 130 halbe
und 60 ganze Liter Milch zu 2 M. (die Milch nebenbei noch als Vollmilch berechnet,
während es Magermilch vollauf tut). Schließlich als Tagesbeigabe je 0,5 Pfund
Pferde= oder Abfallfleisch zu 1 M. Danach hätten wir an Haltungskosten für die
Zuchthündin im Jahr:

für Hundekuchen	730 M.
„ Milch	250 „
„ Fleisch	370 „
	1350 M.

oder aufgerundet 1500 M. Dieser Betrag ist sehr hoch berechnet, die meisten Züchter
werden in der Lage sein, billiger und doch gut zu füttern. Der ländliche Züchter z. B.,
der seinen Hafer selbst baut, könnte statt Kuchen täglich 1,5 Pfund Haferschrot füttern;
machte 5,5 Zentner Hafer zu 70 M. Verkaufspreis, also die runde Hälfte des Kuchen=
preises.

Als Aufzuchtkosten für die acht Welpen (je vier von jedem der beiden Jahres=
würfe) rechne ich für die Zeit ab Anfang der fünften bis Schluß der achten Woche
600 M., die wie folgt zusammenkommen. Für die Futtermittel sind dabei Durchschnitts=
mengen angenommen; in der ersten Zeit bleibt der Futterbedarf der kleinen für die
fünf Tagesfutter wesentlich darunter, am Schluß übersteigt er sie. Ich berechne also
für den Tag auf vier Welpen je 1 Pfund Haferflocken (zu 3 M.), 1 Liter Milch und
0,5 Pfund Fleisch (zu 2 M.) (und zwar gutes erst Muskel=, dann Abfallfleisch vom Rind,
abwechselnd später mit Pferdefleisch):

für Haferflocken	180 M.
„ Milch	120 „
„ Fleisch	300 „
	600 M.

Auch dieser Betrag ist sehr hoch berechnet, vernünftige und geschickte Züchter werden
daran einzusparen verstehen. Der Züchter muß und soll eben durchaus kaufmännisch
rechnen, nicht aber „urschen"; er soll bestrebt sein, so billig, aber auch so gut wie möglich
herzustellen.

Setzen wir nun diese Beträge in unsere obige Berechnung ein, so kommen wir
bei einem wirklichen Wert der Hündin von 2000 M., das zweimalige Deckgeld auch höher,
mit 300 M. berechnet, auf: 400 + 1500 + 300 + 600 = 2800 M. für acht Jahres=

Jeder Welpe, der über die acht mehr belassen würde, mindert die Selbstkosten erheblich, denn Mehrkosten kommen für die ersten vier Wochen gar nicht in Betracht und sind auch für die folgenden vier verhältnismäßig noch gering. Und es gibt leider Auchzüchter, die sich nicht mit acht Welpen in zwei Würfen begnügen, sondern acht oder mehr in jedem Wurf liegen lassen, also deren sechzehn zu verhandeln haben. Solche Welpenfabrikanten meide der vorsichtige Käufer, er erkundige sich stets, wieviele Welpen der Mutter belassen wurden. Ebenso meide er solche Züchter, die ihre Welpen schon mit fünf, sechs Wochen, meist auch nicht zu geringerem Preise anbieten; versucht wird das leider heutzutage von so manchen, Aufzuchtkosten für solche gerade abgesetzte Welpen sind dann kaum erwachsen.

Ich sagte oben, daß ich die Preise für die Hündinnen hoch angesetzt habe, für erwachsene Tiere läßt sich die Berechnung des Kaufwertes der Mark auf nur ein Fünftel des früheren keinesfalls aufrecht erhalten. Richtpreise für erwachsene Hunde lassen sich heute noch schwieriger geben als früher. Das Weltbürgertum des großen Beutels hatte schon vorm Kriege begonnen, in Schäferhunden Geschäftchen zu machen und, teils aus Unverstand und Eitelkeit, teils aus Handelsgier und um den Ruf eigener Zahlungsfähigkeit zu erhöhen, die Preise erwachsener Hunde aus von ihm bevorzuchten Schönzuchten zu unverhältnismäßiger und ungesunder Höhe getrieben. Daß solche Preise der Zucht nicht nützen, sagte ich oben schon. Nach dem Kriege aber bemächtigte sich das Schiebertum des Schäferhundes und beutete wucherisch die Notlage derer aus, die bei der wachsenden Unsicherheit und dem Versagen staatlichen Schutzes zuverlässige Schutzhunde suchten; oder das heiße Verlangen der heimgekehrten Krieger, die den Freund und Helfer von draußen auch daheim um sich haben wollten. Rücksichtslos wurden Schäferhunde selbst dem Landfeinde verschachert, im besetzten Gebiet, durch das Loch im Westen und über die schweizer Grenze. Volksfremder Handelsgeist hatte deutsches Fühlen und rechtliches Tun erstickt, der Erwerbstrieb überwucherte den Gemeinsinn und der Tanz um den „goldenen Schäferhund" tobte. Die Forderungen begannen demzufolge zu solch irrsinniger Höhe aufzuschnellen, daß nahezu nur noch Großschiebertum und „Revolutionsadel" kauffähig bleiben. Preise, wie sie heute oft für Welpen und erwachsene Tiere geboten und gefordert werden, entsprechen nicht dem wahren Wert der Hunde, auch nicht bei den heutigen Aufzucht- und Haltungskosten, sondern sind eingebildete und willkürliche, nicht mal Liebhaber-, sondern glatte Schieberwerte. Sie beweisen nur, daß Bietende wie Fordernde völlig den Begriff für den Wert des Geldes, aber auch der Sache, und das Gefühl für ihre Pflichten als Mitglieder einer großen aus

welpen oder auf 350 M. für einen; dazu 15% angemessener Verdienstzuschlag, also auf 400 M. Verkaufspreis. Selbst wenn wir den wirklichen Wert der Mutter zu 5000 M. annehmen wollten, die Jahresabschreibung davon also auf 1000 M. setzen müßten — die anderen Zahlen bleiben —, können wir nur auf 3500 M. Gesamtkosten oder 440 M. Unkosten für einen Welpen, für den 500 M. dann der angemessene Verkaufspreis wäre. Daraus ergibt sich das völlig unangemessene mancher Forderungen, die bis zu 1000 und 1200 M. für den Welpen, ja bisweilen für den von erst fünf, sechs Wochen gehen! Diese Forderungen sind aber im wesentlichen durch die Käufer verschuldet, die durch ihre törichten Angebote manche Züchter verführt haben.

Liebhabern beſtehenden Züchtergemeinſchaft verloren haben. Wie lange ſolch ungeſunde Verhältniſſe noch dauern werden, läßt ſich nicht überſehen; ſo lange die Nachfrage das Angebot noch weit überſteigt, werden die Preiſe leider auch unverhältnismäßig hoch bleiben. Vernünftige Käuſer und Freunde der Raſſe könnten aber das ihrige zu allmählichem Abbauen beitragen, wenn ſie ſich auf Anzeigen, in denen Hunde „gegen Höchſtgebot" oder ohne beſtimmte Preisforderung ausgeboten werden, nicht einlaſſen und ſich nicht gegenſeitig überbieten oder wahllos und unbeſehen auch minderwertiges kaufen wollten, bloß um einen Huud zu haben, der womöglich ſchon kettenverhandelt und dadurch in ſeinen Eigenſchaften ganz zurückgegangen iſt. Die oben als wünſchenswert bezeichneten ſtaatlichen Großankäufe würden auch zur Geſundung der Preisverhältniſſe beitragen, weil ſie zu reiner Gebrauchszucht und =aufzucht führen und vernünftigen Züchtern Abſatzmöglichkeit zu angemeſſenen Preiſen zuſichern würden. Denn die heutige Lage kann nicht beſtehen bleiben, die Hochflutwelle wird abbranden, ebenſo wie ſie aufſtieg. Freilich wird ſie Verwüſtungen zurücklaſſen, aus der geſundes und rechtliches Empfinden ſich aber doch wieder emporarbeiten wird.

Selbſtverſtändlich gibt es auch heute noch redlich denkende und auf Zuchtehre bedachte Züchter, ebenſo wie die beklagten Erſcheinungen nicht bloß die Schäferhundzucht betreffen, ſondern bei allen Raſſen, ja in unſerem geſamten Wirtſchaftsleben zu beobachten ſind. Mit die traurigſte Kriegsfolge — und die Urſache des Kriegsverluſtes —, aber vielleicht die heilſamſte: lehrt ſie uns doch erkennen, daß Deutſchland ſich erſt wieder auf deutſches Weſen beſinnen muß, ehe es geſunden kann.

Ehrliche Züchterrechtſchaffenheit giert nicht nach Gewinn, ſie will den Preis nach den Grundſätzen des „ehrbaren Kaufmanns" bilden. Wenn wir uns dazu vergegenwärtigen, daß die durchſchnittlichen Geſtehungskoſten je nach den Durchſchnittshaltungskoſten für einen einjährigen Hund ſich auf etwa 600, 800—1200 M. belaufen werden, die für den voll erwachſenen, aber noch nicht zur Zucht ausgebeuteten zweijährigen auf etwa 800, 1000—2000 M., unter Umſtänden auch etwas mehr, ſo haben wir einen Anhaltspunkt für die augenblicklichen Verhältniſſe. Dazu käme dann ein angemeſſener Zuſchlag, der den Reingewinn des Züchters und Aufzüchters darſtellt und der unbedingt notwendig iſt, um Fehlſchläge und Verluſte zu decken und ſein Zuchtmühen wirtſchaftlich zu geſtalten und zu ſichern. Daß dieſer Zuſchlag bei einem für Gebrauch oder Zucht beſonders geeigneten oder wertvollen Tier höher ſein wird, iſt eine Selbſtverſtändlichkeit, ebenſo, wenn zu den Geſtehungskoſten noch ſolche für Abrichtung treten; dafür muß eben auch unvermeidlicher Ausfall bisweilen unter den Selbſtkoſten abgegeben werden. Daß aber, wenn ein Hund dann von Hand zu Hand wandert, ſpätere Beſitzer von dem Tier, aus dem ſie ſchon Zucht- oder Gebrauchsnutzen zogen, beim Weiterverkauf noch einen erheblichen Bargewinn haben wollen, der nicht ſelten in die Zehntauſende geht, ja ſchon 100 000 und mehr erreichte, das iſt ungeſund und in keiner Weiſe gerechtfertigt. Eine Wertſteigerung wäre dann nur bei einem in ſeiner Ausbildung vervollkommneten Herdengebrauchs- oder Dienſthunde möglich; ſolche

698

Hunde werden aber nicht verschoben, die bleiben in fester Haud oder wechseln nur gelegentlich aus bestimmten Gründen den Besitzer. Der Kettenhandel aber, der den Hund lediglich als Ware behandelt, läßt ihn seelisch verkommen, mindert also seinen Wert. Die auf Ausstellungs= erfolgen beruhende Wertsteigerung ist oft nur eine vermeintliche, da, wie wir sahen, auf Ausstellungen über Zucht= und Gebrauchswert nur bedingt geurteilt werden kann. Jedenfalls rechtfertigten sie in keiner Weise ein Aufschnellen der Preise, wie es nicht selten über besonders glückliche Tiere zu hören ist. Sportehrgeiz wirkt da schädigend auf Zucht und Preisbildung. Nicht teure Hunde, sondern brauchbare leistungsfähige Schäferhunde zu möglichst niedrigem Preise zu züchten, tut heute not!

Ein Blick in den Anzeigenteil der Schäferzeitungen bestätigt, daß die oben angegebenen Anhaltspunkte für die Preisbildung des Liebhaber= züchters angemessen und nicht zu niedrig gegriffen. Auch die Schäfer mußten die Ergebnisse ihrer Zucht höher werten. Kosteten da früher Welpen 25—30 M., halbjährige bis ältere Junghunde 60—80 M. und fertige Hunde 2—300 M., auch mehr, wenn sie gut im Dienste, so werden heute entsprechend 60—80 M. für Welpen, 2—300 M. für Jährlinge und durchschnittlich 4—600 M. und mehr für ältere gerichtete Hunde gefordert.

Die Grenze zwischen Liebhaber — auch im Sinne der oben dar= gelegten wirtschaftlichen Nutzhundzucht — und Händler ist sehr schwer zu ziehen, sie verwischt sich nur zu leicht. Dem Hundehändler haftet aber stets das an, was wir beim Pferdehandel unter dem Begriff des Roßtäuschers zusammenfassen: die Absicht auf Kosten der Redlichkeit Geschäfte zu machen; bei der Zucht also sich nicht vom Wohl der Rasse, nicht von züchterischen Grundsätzen, sondern bloß von nackten Erwerbs= rücksichten leiten zu lassen. Das nachzuweisen ist oft recht schwer, die Nachrede des Händlertums freilich leicht gemacht.

Der Züchter muß absetzen, er muß dabei auch auf seine Kosten kommen und Rücklagen machen, um bei der Stange bleiben zu können; die im Geschäftsleben üblichen etwa 15 Hundertstel vom Wert sind ihm sonach ohne weiteres zuzubilligen, ebenso dem Aufzüchter, wenn der geforderte Preis im Verhältnis zum wirklichen Wert und der dafür geleisteten Arbeit steht. Beide verfallen aber nur zu leicht dem Händler= geist, wenn der Betrieb zu umfangreich wird, die Haltung nicht mehr schäferhundmäßig bleibt oder wenn, was beim Züchter von Zeit zu Zeit zwar durchaus nötig, die Zuchttiere zu oft, ohne ersichtlichen Grund und mit unverhältnismäßigem Gewinn abgesetzt werden. Ein Abrichter, der Junghunde erwirbt, um sie später abgeführt an Liebhaber zu ver= kaufen, ist deshalb kein Händler; er wird es sofort, wenn er mehr Schüler einstellt, als sich sorgfältig ausbilden lassen, weil dann seine Zuverlässig= keit leidet. Auch der Nichtzüchter muß bisweilen seinen Hundebestand auffrischen; der eine liebt den Wechsel, der andere findet nicht gleich, was er ersehnt. Erwirbt einer aber nur, um bald und mit Vorteil wieder zu verkaufen, so ist das verkappte Händlertum schon da. Hält sich der Vorteil noch in zulässigen Grenzen, ist die Haltung der Tiere dabei schäferhundmäßig, so läßt sich selbst dagegen noch nichts rechtes sagen, erleichtert es doch denen die Wahl und den Erwerb tauglicher Hunde, denen der Blick fehlt oder auch die Gelegenheit, häufiger brauchbare Hunde zu sehen. Das Kennzeichen des Händlertums liegt also immer im ganzen Gebahren, in der oft zu findenden Unzuverlässigkeit und in der stets vorhandenen unverhältnismäßigen Gewinnforderung.

Über die Frage der Zuverlässigkeit zu entscheiden, ist oft sehr schwer, weil jeder sie von anderem Standpunkt aus betrachtet. Sogenannte Gewährsfehler wie im anderen Tierhandel, gibt es für Hunde nicht, über die Haftung des Verkäufers werde ich weiter unten das Nötige sagen. Meist sind es ja Neulinge, die sich geschädigt fühlen, weil der Hund im Äußeren oder Wesen nicht ganz dem Bilde entspricht, das sie sich in ihrer Unerfahrenheit gemacht haben; sie sollten sich umgehend sachverständigen Rat einholen, ehe sie klagen und leichtfertig des Nächsten Ruf antasten. Ebenso gibt es unverbesserliche Nörgler und Besserwisser, die grundsätzlich an allem zu mäkeln haben; solchen Leuten ist überhaupt nicht zu helfen, ihnen geschieht recht, wenn sie einmal tüchtig anecken. Ein zuverlässiger Züchter wird auch stets entgegenkommen, wenn begründete Beanstandungen vorliegen; wo er aber im Recht, muß er ein Entgegenkommen ablehnen, um seine Zuchtehre und seinen Ruf zu wahren.

Anzeigen bilden sehr oft die Quelle des Mißverständnisses; sie lassen meist auch erkennen, wes Geistes Kind der Verkäufer. Es gibt taktvolle und geschmacklose, ehrliche und unglaubwürdige, alberne und ungeschickte, sachliche und händlerhafte, vornehm abgefaßte, deutsche und ..... nichtdeutsche! Die ganz undeutsche marktschreierische und anpreiserische Abfassung von Anzeigen ist von Leuten ins Geschäftsleben gebracht worden, die damit Ersatz für den Ausfall der Eindrucksfähigkeit des „Sprechens mit den Händen" bei mündlicher Anpreisung schaffen wollten und leider viel zu viele Hundeleute richten sich viel zu viele Hundeleute in ihren Anzeigen gedankenlos nach diesem Geschäftsstil. Auch die überschwängliche, nur mit der dritten Steigerungsform arbeitende amerikanische Anzeigenfassung entspricht nicht vornehmem deutschen Empfinden. Überhaupt dieser höchste Steigerungsgrad, der „Superlativ!" Die Übertreibungssucht, die in seiner, heute leider in schauerlicher Weise überall, nicht bloß im Anzeigendeutsch überhand nehmenden Verwendung zum Ausdruck kommt, ist eine böse Geschmacklosigkeit. Machen wir uns doch klar, daß ein guter Huud besser ist als ein bester! Gut ist der Ausdruck für Tadelfreiheit an sich, der dritte Steigerungsgrad aber ein Vergleich; ein bester Hund ist also nur besser als die anderen anwesenden, braucht deshalb aber noch lange nicht gut zu sein, unter Blinden ist eben der Einäugige König. Um das zu verstehen, bedarf es freilich einigen Sprachgefühls, das sollte aber jeder sich anzueignen suchen, wenn es ihm nicht von Natur gegeben; gibt es denn schöneres und hehreres als unsere deutsche Muttersprache?

Übler Schreibstil ist, von einem „erstklassigen Hunde" zu sprechen. Besonders feine Sprachkenner, die mal was von einer Blütezeit der Kunst läuten hörten, schreiben ihn mit Vorliebe: erstklassisch; übertrumpft wird er noch vom erstklassigsten oder gar allererstklassigsten. Händlermäßige Wendungen sind „ff", „Ia", „prima" oder gar „prima, prima"; auch „hochfein" ist ein beliebter Händlerausdruck: hochfeiner Kopf, hochfeine Nase! Die Übertreibung wird womöglich noch durch „nur, selten, ausnahmsweise" unterstrichen; diese Beiworte bedeuten aber im richtigen Sprachsinne eine Einschränkung! Welpen also, die „nur Aus= stellungstiere" zu werden versprechen, sind Mistviecher, die zu nichts anderem tauglich; der Anzeigende meinte das natürlich ganz auders. Und ein Huud, der die Rute „selten" oder „ausnahmsweise schön trägt", täte das nur zu Zeiten, wird zumeist aber ein .... Ringler sein! Ebenso wird kein, sein Deutsch verstehender Kuhhirt den Huud kaufen, der als „bei Rindvieh selten gut arbeitend" angezeigt wird. Ein scheußliches Verlegenheitswort ist „umständehalber". Warum denn beschönigen, ohne Erklärung zu erklären versuchen, daß ein Hund zu verkaufen ist? Oft genug deckt dieses Wort verkapptes Händlertum; wenn freilich ein Fräulein umständehalber ihren Hund verkaufen will, dann ...... schmunzelt der böse Leser.

Verhältnismäßig harmlos, trotzdem aber arg geschmacklos ist der Kniff durch „8=ung" die Blicke auf eine Anzeige zu ziehen. Dieser „Zahlenschmerz" ließe sich sogar bis zum Dutzend ausdehnen: „8=uug! 2=feln Sie nicht an der 3=e meines Schäferhundes! Wer den hat, braucht keine böse 7 zu fürchten, 1=bruch unmöglich! Jedem weist er die 10=e und schützt Sie gegen 12=e, dabei geht er 4 Sie durch Feuer und auch ins Wasser hi=9, an Schönheit aber gleicht er einer 11=e! Preis nur 6=zig mal 5=zig M."

Wer den „elegantesten Jungrüden der Gegenwart, erst jährig" als Deckrüden anbietet, enthüllt damit seine edle Händlerseele und wer einen uralten abgelebten Mümmelgreis noch nicht aus dem Deckgeschäft zurückzieht, tut es ihm gleich. Händlerisch, allzuhändlerisch ist es, in einer Anzeige zu sagen: „Der Zwinger enthält die besten Zuchtprodukte der Gegenwart" oder „die besten Deckrüden der Rasse". Auch das Erwähnen „fixer Preise" — eine entsetzliche Sprachverquickung, entstanden aus Torheit, Denkfaulheit und Nachäffungssucht oder „zahlreicher schmeichelhafter Dankschreiben", womöglich gar aus den augenblicklich freilich etwas beiseite gelegten „ersten" oder „höchsten Kreisen" hört sich durchaus unerfreulich an.

Die Erwähnung eines Vereinsamtes oder =ämtchens in einer persönlichen Anzeige ist geschmacklos im höchsten Grade; etwas anderes ist es selbstverständlich, wenn es sich nicht um eine persönliche, sondern um eine im Vereinsauftrage gegebene Anzeige handelt. Vorsicht übrigens auch mit und gegenüber Vermittelungsaufträgen. Wer aus Gutmütig= keit für andere Hunde sucht oder verkauft, kommt gar zu leicht selbst in Handelsverdacht, zumal die schöne Wendung „verkaufe im Auftrage" nur zu oft eigenes Jobbertum verschleiern soll.

Zum einwandfreien Angebot gehört die zuchtbuchmäßige Be= zeichnung des Hundes nach Name, Nummer und Ausbildungskenn= zeichen, Anschrift des Züchters; Wurftag, Haarart und Farbe des Hundes sind gleichfalls anzugeben. Werden die Eltern genannt, was bei Welpen und Junghunden stets nützlich, sind die gleichfalls zuchtbuchmäßig zu bezeichnen. Ein Hinweis auf die, auf irgend einen „Sieger" zurückzu=

führende Enkel= oder gar Urenkelschaft ist bedeutungslos. Ich entsinne mich einer Verkaufsanzeige für Welpen, die einige dreißig Male „Sieger= blut" führen sollten; daß oder ob einer dieser Sieger aber ausgebildet gewesen, das zu sagen war dem Lärmtrommler nebensächlich gewesen. Werden auf Ausstellungen, Schauen oder Leistungsprüfungen errungene Auszeichnungen aufgeführt — bei Welpen den Eltern zugefallene —, so dürfen nicht nur die „ersten Preise" genannt, die anderen, minderen aber vergessen werden; die zugesprochenen Bewertungen, auch ver= schiedener Art, sind stets die Hauptsache. In Anzeigen ist bei viel aus= gestellt gewesenen Hunden eine Zusammenfassung der Preise zulässig, im ausführlichen Angebot aber müssen sie zuchtbuchmäßig angegeben werden, d. h. unter genauer Bezeichnung der Art der Veranstaltung und der Klasse, in der sie zugefallen, des Richters und der Zahl der Mit= bewerber; sehr unfreundlich wäre es, in einer Anzeige zu sagen: „siegte in X über den bekannten Z."

Eine vornehm abgefaßte Verkaufsanzeige muß auch eine feste Preisangabe enthalten. Fehlt die, ist die Sache meist „schon faul"; der Verkäufer schämt sich dann, mit seiner Überforderung an die Öffentlichkeit hervorzutreten, oder er wartet verschämt auf die sich überbietenden Preisangebote törichter Kauflustiger, oder solcher, denen selbst eine hohe Zahlung gleichgültig, weil sie die erworbene Ware gleich wieder mit hohem Gewinn kettenverhandeln wollen und können. Fehlende Preisangaben, oder der Vermerk „Preis nach Übereinkunft", sind sonach meist nichts anderes als Wucherverschleierung und Umgehung des SD=Verbots Hunde „zum Höchstgebot" auszubieten, eine Schamlosig= keit, die leider als Folge der Umsturzverderbnis sich auch in Züchter= kreisen breit zu machen begonnen hatte.

Ausführliche schriftliche Angebote sollten ferner Angaben über Gesundheitszustand, Haarverfassung und Zähne enthalten, ferner über bisherige Haltung (Zwinger!), Eigenschaften, Erziehung, Ausbildung und etwaige Untugenden des Hundes. Es sollte daraus also ersichtlich sein, ob der Hund dreist oder scheu, oder abgerichtet und wie weit, ob er haus= und Straßenerziehung besitzt, an Straße und Menschen ge= wöhnt ist, kinder= und geflügelfromm, scharf — auch beißlustig oder bös= artig — oder zurückhaltend, handscheu, raufsüchtig oder jagdlustig ist. Selbstverständlich muß der Verkäufer für die Richtigkeit seiner Angaben einstehen. Eine allgemeine Beschreibung des Äußeren zu geben oder zu fordern, hat wenig Zweck. „Werturteile" sollen weder Zeugen noch Ver= käufer abgeben, die meisten können es auch nicht; dagegen kann ein Hinweis auf einen in der SD=Ztg. veröffentlichten Richterbericht von Nutzen sein. Über die notwendige Vorsicht gegenüber Maßangaben habe ich mich schon im V. Abschnitt ausgesprochen, auch darüber, daß Angaben über Kopfmaße nichts als ein Händlerkniff sind. Die Beigabe eines Bildes kann nützlich sein; über den Wert von Bildern und die Beurteilung nach solchen sagen II. und V. Abschnitt Näheres.

Überschwänglichkeiten sind im Angebot ebenso zu vermeiden, wie bei der Forderung; über Dinge, die von der späteren Entwicklung und ferneren Erziehung und Haltung des Hundes abhängig, kann der Ver= käufer keine Gewähr leisten, darf der Käufer keine fordern. Das gilt

702

z. B. bei Welpen und unfertigen Junghunden für Gebäudeentwicklung, Erreichen einer bestimmten Größe, Trageweise der Ohren und Rute, Abrichtungsfähigkeit u. a. m. Ebensowenig kann der Verkäufer dafür einstehen, daß ein Hund in fremder Hand vorhandene Eigenschaften behält; auch der besterzogene Hund verbummelt bei Vernachlässigung und unsachgemäßer Haltung, manchmal sogar recht schnell, er kann dann zum Stubenschwein, zum Streuner, Wilderer oder Geflügelmörder werden. Im übrigen muß bei allen Angeboten auch auf den Bildungs= grad und das Hundeverständnis des Anbietenden Rücksicht genommen werden; ebenso bleibt zu bedenken, daß ein Hund, dessen Mängel offen zugegeben werden, nicht schlechter sein muß, als mancher andere!

Wo und wie soll nun der angehende Schäferhundfreund sich seinen Hund erwerben? Wer nicht erst unnötig Lehrgeld zahlen, von vornherein Freude an seinem Schäferhunde haben will, meide den gewerbsmäßigen Händler und die sogenannten Hundezüchtereien und Handlungen. Diese haben große Daueranzeigen in allen Zeitschriften und Wochen= blättern; wer die Preise dieser Anzeigen kennt und die meist gar nicht zu hohen der verkäuflichen Tiere, kann sich leicht deren geringen Werte berechnen, wenn die „Züchterei" ihren Mann ernähren soll. Daß für solche Hunde selbst ein verhältnismäßig niedriger Preis noch viel zu hoch ist, brauche ich nicht zu betonen. Gezüchtet wird übrigens in solchen Betrieben nur mal aus Versehen, sonst werden nur zusammengeramschte, oft auf recht dunklem Wege in die Züchterei gelangte Tiere an den Mann gebracht. Die Kleinhändler, offene und verkappte, bevorzugen für ihre Anzeigen die verschiedenen Tierbörsen, auch die Tageszeitungen, ja sie benutzen, bis sie erkannt und gemaßregelt, auch die Fachpresse; unter ihnen sind nicht wenige schon wegen Betrügereien bestraft, oft genug sind sie Hehler für anderwärts gestohlene Hunde.

Aber auch den Zwingerzüchter und Welpenfabrikanten meide der Neuling; las er die vorhergehenden Abschnitte sorgfältig durch, wird er wissen warum. Wer nicht von einem befreundeten zuverlässigen Züchter in der Nähe kaufen kann, oder auch unmittelbar vom Schäfer, der wende sich an die der Hauptgeschäftsstelle des SV. angegliederten Verkaufsvermittelung*); ähnliche Vermittelungsstellen haben auch einige der örtlichen Unterabteilungen dieses Vereins. Von der Haupt= geschäftsstelle werden dem Kauflustigen die Vermittelungsbestimmungen übersandt, aus denen alles weitere ersichtlich; auch werden ihm von dort auf Wunsch in seiner Nähe ansässige Vereinsrichter, Gutachter oder Zucht= warte namhaft gemacht, von denen er sich bei der Auswahl des Hundes oder bei der Prüfung der Angebote beraten lassen kann. Der SV. hat auch Vordrucke zu Verkaufsverträgen**) fertigstellen lassen, die alle ge= setzlichen Bestimmungen berücksichtigen, daher Verkäufer wie Käufer sicherstellen. Hat sich der Kauflustige für einen Hund entschieden, der nicht am Wohnsitze des Käufers steht, so ist mit dem Besitzer das Nötige über die Zusendung zu vereinbaren. Bei Welpen und Junghunden bis zu einem halben Jahre etwa ist Kauf auf Probe ausgeschlossen; kein vernünftiger Züchter oder Besitzer solcher Jungtiere wird sich zu

---

*) Näheres s. Anzeigenteil.
**) S. Ankündigung im Anzeigenteil.

einer Anſichtsſendung hergeben. Bei älteren Hunden dagegen iſt, wenn ſie nicht von einem Gutachter empfohlen, möglichſt Abgabe zunächſt auf Probe zu vereinbaren. Wertvollere Hunde werden von ihrem Beſitzer aus leicht erklärlichen Gründen meiſt nicht auf Probe gegeben; Käufe ſolcher Hunde werden aber auch nicht auf dieſem Wege und brieflich abgeſchloſſen. Da iſt dem Kaufluſtigen unter allen Umſtänden zu emp= fehlen, ſich den Hund, nötigenfalls unter Beiziehen eines Sachverſtändigen, am Ort anzuſehen und durch den Beſitzer vorführen zu laſſen; ein Hund zeigt ſich in allen ſeinen Vorzügen und guten Eigenſchaften am beſten an gewohnter Hand und in vertrauter Umgebung.

Beim Kauf auf Probe ſollte die zu vereinbarende Friſt nicht unter drei Tage gehen, aber des Hundes und ſeines Beſitzers wegen auch nicht über mehr als 6—8 Tage ausgedehnt werden. Die Probezeit und Zuſendung geht, ſoweit nicht andere Abmachungen getroffen, gem. § 495 BGB. auf Rechnung und Gefahr des Verkäufers. Der Verkäufer muß daher bei einem Kauf auf Probe zu ſeiner Sicherſtellung mit dem Beſteller ausdrücklich vereinbaren, daß die Gefahr mit dem Zeitpunkt der Auslieferung des Hundes an die Verſandanſtalt auf den Beſteller übergeht und ſo lange bei dieſem bleibt, bis der Hund endgültig gekauft oder geſund zurückgegeben. Es darf allerdings als Übung im Hunde= handel angeſehen werden, daß auch ohne beſondere Vereinbarung die Gefahr mit der Abſendung auf den Beſteller übergeht; die ſchriftliche Abmachung iſt aber vorzuziehen. Der Verkäufer muß ferner mit dem Beſteller vereinbaren, daß dieſer die Gebühren für die Hin= und Rück= ſendung des Hundes zu tragen hat. Da der Verkauf zumeiſt zwiſchen Unbekannten zuſtande kommt, iſt es zur Sicherſtellung des Verkäufers nötig, den Kaufpreis des Hundes vorher bei der Hauptgeſchäftsſtelle zu hinterlegen. Eine „Anſichtsſendung gegen Nachnahme" iſt ein un= zuläſſiger Händlerkniff; das Angebot einer ſolchen iſt daher ſtets zurück= zuweiſen.

Die Forderung des Verkäufers auf Übernahme der Gefahr und Hinterlegung des Kaufpreiſes ſollte ſtets angenommen werden, dient ſie doch auch zum Beſten des Kaufluſtigen. Denn kein zuverläſſiger Ver= käufer wird einen guten Hund ohne entſprechende Sicherſtellung wie angegeben zur Anſicht ſenden. Die vereinbarte Probefriſt rechnet vom Eintreffen des Hundes beim Beſteller — die Ankunft des Hundes und ſein Zuſtand iſt dem Verkäufer ſofort anzuzeigen — und iſt genau ein= zuhalten. D. h. der Beſteller muß dem Verkäufer ſpäteſtens am letzten Tage der Probefriſt anzeigen, daß er den Hund nicht behält; er muß auch den Hund an dieſem Tage noch zurückgeben, oder mit der Bahn zurückſenden. Anderenfalls iſt der Verkäufer zur Zurücknahme des Hundes nicht verpflichtet; der Hund muß auch in gutem Zuſtande und geſund zurückgegeben werden. Für die gute Haltung und ſachgemäße Verpflegung des auf Probe abgegebenen Hundes iſt der Kaufluſtige verantwortlich.

Für einen brauchbaren, zum Verſand lebender Tiere geeigneten, ausbruchſicheren Verſandbehälter hat der Abſender zu ſorgen, andern= falls er für Tod oder Verluſt des Hundes während der Fahrt aufzu= kommen hat: das gleiche gilt, wenn er in ſchuldhafter Weiſe von der vereinbarten Verſandweiſe abgewichen iſt. Vor der Rückgabe eines auf

Probe eingesandten Hundes muß der Besteller sich von der Eignung und Ausbruchsicherheit des Versandbehälters überzeugen. Erkrankung während der Fahrt geht nicht zu Lasten des Eigentümers, dessen Haftung mit dem Augenblick der Aufgabe an die Versandanstalt erlischt. Post und Bahn haften beim Versand lebender Tiere nur in bestimmten, meist schwer nachweisbaren Fällen grober Fahrlässigkeit ihrer Beamten; darüber und über den Versand selbst gibt der X. Abschnitt Näheres.

Nach endgültiger Übernahme des Hundes ist der Versandbehälter und die Kette dem Verkäufer frachtfrei zurückzusenden. Das Halsband gehört zum Hunde; meist wird es nicht mehr besonders neu sein. Entkommt übrigens ein auf Probe gegebener oder ein fest gekaufter Hund gleich nach dem Auspacken, d. h. bevor ein gutes Ersatzhalsband beschafft werden konnte, dadurch, daß dem Hunde kein, oder ein altes, morsches Halsband mitgegeben, so trägt der Verkäufer den Verlust des Hundes. Die Tatsache muß aber sofort vor Zeugen festgestellt werden; das Beweisstück, also das zerrissene Halsband, ist aufzubewahren!

Im Fall festen Kaufs, ohne vorherige Ansichtsendung, liegen die Verhältnisse etwas anders. Der Versand nach auswärts geht dann ohne weiteres auf Rechnung und Gefahr des Empfängers, weil der Erfüllungsort, wenn nichts anderes abgemacht, stets der Wohnsitz des Verkäufers ist, selbst wenn dieser die Versandkosten übernommen hat. Beim endgültigen Verkauf ist dem Käufer vom Verkäufer die Stammtafel des Hundes mit der Eintragungsbescheinigung mitzugeben; auf der Stammtafel ist ein Vermerk über die erfolgte Abgabe einzutragen. Die Art der Zusendung (Post, Eilfracht, beschleunigte Eilfracht, Expreßgut), möglichst auch die Stunde des Abganges, ist spätestens beim Abschluß zu vereinbaren, ebenso die Zahlungsweise: Voreinsendung des Betrages, Nachnahme oder aber, und am empfehlenswertesten für beide Teile: Hinterlegung des Kaufpreises bei der Hauptgeschäftsstelle des SV. Vor Abgang des Hundes lasse sich der Käufer noch vom Verkäufer genaue Angaben über die bisherige Fütterung und Haltung des Hundes machen.

Vom Verkäufer ein tierärztliches Gutachten über den Gesundheitszustand des zum Versand kommenden Hundes zu verlangen, hat nicht viel Zweck. Ein Unzuverlässiger kann auch dabei mogeln, für einen ehrlichen Verkäufer ist es aber ohnehin Ehrensache, nur einen vollgesunden Hund abzugeben. Ob der Hund aber nicht Krankheitskeime in sich trägt, die während der Fahrt oder bald nach dem Empfang zur Entwicklung kommen, das vermag auch der Zuverlässigste nicht zu sagen; und ebensowenig der Tierarzt.

Die Hinterlegung des Kaufpreises schützt beide Teile. Sie ist bei Abgabe auf Probe unbedingt vom Verkäufer zu fordern und vom Besteller zu erfüllen, ist aber auch bei festem Kauf zulässig und sichert da den Käufer ebenso gegen eine etwa vom Verkäufer bei Nachnahmesendungen versuchte Unzuverlässigkeit, wie den Verkäufer gegenüber böswilligen Zahlern. Die näheren Bestimmungen sind in der Hauptgeschäftsstelle des SV. zu haben.

Über die Haftung des Verkäufers und die Beanstandung eines abgeschlossenen Kaufes gelten nachstehende Rechtsbestimmungen: Der Verkäufer haftet zunächst dafür, daß er „Eigentümer" (rechtlich ein anderer Begriff als „Besitzer"!) des abgegebenen Hundes; er hat das Eigentumsrecht an den Huud auf den Käufer zu übertragen; an einem „gestohlenen" Hunde kann auch der gutgläubige Käufer kein Eigentumsrecht erwerben, dagegen an einem „unterschlagenen". Der Verkäufer haftet ferner dafür, daß der Huud im Zeitpunkt des Überganges der Gefahr nicht mit Fehlern behaftet war, die den Wert oder die Taug= lichkeit des Hundes zu dem gewöhnlichen, oder zu dem nach dem Vertrage vorausgesetzten Gebrauch aufheben oder mindern.

Der Verkäufer haftet also, von besonderen Vereinbarungen ab= gesehen, dafür, daß der Hund gesund und rasserein ist, bei im Zuchtbuch eingetragenen Hunden — und nur solche sollten gekauft werden , daß es der in der Stammtafel bezeichnete Hund ist. Ferner beispiels= weise dafür, daß der Hund bei entsprechender Führung bei der Herde geht, wenn er als Herdengebrauchshund verkauft wurde, daß er beim Rade folgt, wenn er als Begleithund auch beim Rade gefordert wurde, oder daß er meldet, wenn er als Wachhund abgegeben ist u. ä. m.

Der Verkäufer haftet dagegen nicht für Mängel, die ohne weiteres sichtbar sind, oder die im Entwicklungszustande des Hundes liegen. Er haftet ferner, immer von besonderer Vereinbarung abgesehen, nicht unbedingt für Schönheits= oder Gebäudefehler, die den Wert des Hundes oder seine Tauglichkeit zum gewöhnlichen Gebrauch nicht erheblich mindern. Auch für Mängel wie: Bellen bei Nacht, Herumstreunen, Unfolgsamkeit, Fehlen der Stubenreinheit, der Hühner= oder der Kinder= frommheit haftet der Verkäufer nur, wenn sich aus diesen Fehlern nach dem bekannt gegebenen Zweck des Kaufs erhebliche Wertminderung ergibt. Wer z. B. einen Deckrüden oder eine Zuchthündin zum ausge= sprochenem Zweck der Verwendung in der Zucht kauft, kann fordern, daß der Hund „zur Zucht geeignet" ist: also daß der Rüde zeugungs= fähigen Samen hat, oder daß die Hündin in gesundheitlicher Beziehung empfangsfähig ist; nicht aber, daß der Rüde sich in bestimmter Weise vererbt oder jede Hündin befruchtet, oder daß die Hündin aufnimmt. Wer beispielsweise einen Hund ausdrücklich zu Kindern kauft, kann ver= langen, daß er nicht bissig ist.

Für unerhebliche Minderung des Wertes oder der Tauglichkeit haftet der Verkäufer nicht. Auch geht die Gefahr des Unterganges oder der Verschlechterung von Eigenschaften mit dem Augenblick der Über= gabe oder der Gefahrübernahme auf den Käufer über. Hat der Ver= käufer Zusicherung über gewisse Eigenschaften gegeben, so müssen diese zum Zeitpunkt der Übergabe oder Gefahrübernahme vorhanden gewesen sein, was der Verkäufer nötigenfalls durch Zeugen nachweisen lassen muß.

Soweit der Verkäufer für Mängel eines verkauften Hundes zu haften hat, kann der Käufer Rücknahme des Hundes oder Herabsetzung des Kaufpreises verlangen. Dies Recht erlischt sechs Monate nach dem Tage der Anlieferung des Hundes, sofern der Verkäufer einen Mangel nicht arglistig verschwiegen hat. Der Käufer muß sich bei der Annahme des Hundes seine Rechte wegen der Mängel vorbehalten, was am besten durch sofortige Erklärung gegenüber dem Verkäufer oder dessen Be= auftragten geschieht.

Tierhandel ist stets Vertrauens=, oft auch Gefühlssache. Ist ein Käufer mit dem neuerworbenen Hunde im allgemeinen zu= frieden, so nörgle er nicht an Kleinigkeiten herum, versuche auch vor allem nicht hinterher am Preise zu drücken: ein guter Hund ist sein Geld wert. Die Gründe, aus denen gelegentlich Unzufriedenheit mit dem erworbenen Hunde herzuleiten versucht wird, sind nicht selten so nichtiger Art, daß sie das Papier für die Beschwerde nicht lohnen. Sie liegen bis= weilen in der Eigenart des Käufers, in überschwenglichen Erwartungen, in Unkenntnis vom Wesen des Hundes oder der für seine Beurteilung ausschlaggebenden Punkte.

Glaubt ein Käufer aber wirklich Anlaß zur Unzufrieden= heit zu haben, so wende er sich, aber auch sofort, nicht erst wochenlang hinterher, wenn der Streitgegenstand womöglich schon vergraben, an den ihm zunächst wohnenden Sachverständigen. Aber auch an einen wirklichen Sachverständigen, nötigenfalls auch an einen Tierarzt, denen beiden der Huud persönlich vorzuführen. Auf Grund so erlangter sachverständiger und unparteiischer Gutachten verlange der Käufer, wenn tatsächlich eine Schädigung vorliegt, sofort und un= mittelbar vom Verkäufer Wandelung des Kaufvertrages oder Entschädigung: persönlich oder, wenn er nicht genügend geschäftserfahren, durch einen kundigen Freund, in schwierigen Fällen durch einen Anwalt. Nötigenfalls ist eine Zivilklage einzuleiten; liegt offensichtlicher Betrug oder Betrugsversuch vor, sollte auch mit einer Strafanzeige nicht gezögert werden. Das alles ist aber, wie schon erwähnt, Sache des Geschädigten. Der SD., dessen Vorstand, darf satzungsgemäß in schwebenden Streitig= keiten seiner Mitglieder auf zivil= oder strafrechtlichem Gebiet nicht eingreifen; auch das Schiedsgericht des SD. ist zu Erledigung von Streitig= keiten zivilrechtlicher Art nicht zuständig.

Ergibt sich aber aus dem gerichtlichen Verfahren, auch aus den Sachverständigen=Gutachten, daß auf Seiten des Verkäufers Unzuver= lässigkeit, böser Wille oder mit der Zuchtehre nicht zu vereinbarendes Verhalten vorlag, so bittet der SD. um eine Anzeige unter Beifügen der Akten des Verfahrens mit den Beweisen. Der Geschädigte braucht dann nicht in Sorge zu sein, daß nicht mit aller Entschiedenheit gegen den unzuverlässigen Verkäufer vorgegangen wird. Der SD. veranlaßt dann, daß der Unzuverlässige sein Handwerk nicht mehr unter der Angabe „SD.=Mitglied" treiben darf, daß ihm das Zuchtbuch und der Anzeigenteil der SD.=3tg. gesperrt, der Besuch von Veranstaltungen untersagt und jede fernere Betätigung im ehrbaren Hundewesen unmöglich gemacht wird!

Das vorstehend Gesagte gilt auch für Verkäufer, die durch einen Käufer geschädigt oder zu schädigen versucht worden sind. Auch sie ver= lieren unnötig wertvolle Zeit, wenn sie sich erst an den SD. wenden, der über den Streitteilen stehen muß, statt sofort vom Käufer Einhalten des Kaufvertrages zu fordern. Vorbedingung ist selbstredend auch hier, daß klare, schriftliche Abmachungen vorliegen, und daß der Verkäufer die ihm zufallenden Bedingungen erfüllt hat. Grundsatz für jeden Verkäufer muß sein, daß er im Angebot nur sagt, was er unbedingt vertreten kann, daß er die Abmachungen peinlich genau einhält und sich im übrigen gegen mögliche Schädigung dadurch sichert, daß er niemals einen Hund aus der Hand gibt, ohne daß der Kaufpreis hinterlegt ist.

Zum Schluß noch ein paar Worte über den Empfang und das Eingewöhnen eines fremden Hundes. Der von auswärts eingetroffene Huud ist nicht etwa schon in der Güterhalle aus der Kiste zu lassen — dann wäre er meist auf Nimmerwiedersehen verloren —, sondern in seiner Kiste zur Wohnung des neuen Besitzers zu schaffen. In einem schon vorher vorbereiteten, allseitig umschlossenen Raum wird dann der Versandbehälter geöffnet, neben dem Wasser und ein leichtes Futter gut sichtbar bereitgestellt. Kommt der Hund nicht von selbst aus der Kiste, so hilft oft leichtes Anheben, sonst nur Geduld und schmeichelndes Zureden. Jedenfalls fahre der neue Besitzer nicht mit der Haud in die Kiste, um den Fremdling mit Gewalt herauszuholen; ein Biß dürfte die sichere Folge sein, weiß doch der Hund nicht, daß der fremde Mann ihm wohlgesinnt. Zu viele Menschen sollten bei dieser Gelegenheit nicht herumstehen, am besten ist der neue Herr zunächst allein mit seinem neuen Hunde. Daß der Hund mit nachschleifender Kette eingesandt werden soll, werden wir im X. Abschnitt sehen; diese Kette wird ja oft recht verunreinigt sein, „indessen je, dann helpt dat nich" und starke alte Handschuhe sind auch aus anderen Gründen beim ersten Empfang bisweilen nützlich. Schleift die Kette am Boden, so tritt man auf deren Ende und hebt es ohne hastige Bewegung auf; dabei ist der Hund zu loben, duldet er es, auch zu streicheln. Knurrt der Hund dabei, schnappt er etwa gar nach der zugreifenden Hand, so halte man ihn nicht etwa gleich für bösartig. Im Gegenteil, echtes Schäferhundwesen spricht aus solcher Abwehr, zu der ihn Schmerz über die Trennung vom alten Herrn und der Heimat, die Aufregungen der Fahrt, das Gefühl des Verlassenseins und die Überzeugung, nunmehr auf die eigene Kraft gestellt zu sein, bringen. Solche kernfeste Burschen, die nicht von vornherein schöntun und schmeicheln, sondern sich zunächst ablehnend und zurückhaltend benehmen, werden später, wenn erst eingewöhnt, die besten, verlässigsten Hunde. Allerweltshunde, die jedem Fremden zutraulich begegnen und ihn anwedeln, taugen nichts; das ist Pudel- aber kein Schäferhundwesen. Hat man den Hund erst an der Kette fest, so ist das Spiel meist gewonnen. Unter fortwährendem schmeichelnden Zureden versuche man den Sitz des Halsbandes zu prüfen und den Hund an die eigene kurze Führleine zu legen; alle hastigen, plötzlichen Bewegungen, die den Huud erschrecken würden, sind zu vermeiden, ebenso alle Anzeichen eigener Angst. Ruhiges, bestimmtes und entschiedenes Wesen, dazu fortwährendes Loben mit der Stimme und, wenn der Hund es duldet, auch mit der Hand, bringen am schnellsten ein vorläufiges Verhältnis gegenseitiger Achtung zustande. Der Hund wird seinerseits versuchen, Witterung vom neuen Herrn zu gewinnen, um dessen Art zu erkennen; findet er dabei Hundewitterung an der Kleidung, so wird er sich beruhigt fühlen.

Der Hund wird zunächst an der Leine herumgeführt, damit er sich nach der Kistenhaft die Beine vertreten, sich auch lösen kann. Da die meisten Hunde das an der Leine nicht gern tun, sind dazu möglichst Grasplätze und dort namentlich solche Stellen aufzusuchen, wo ein An= denken von Artgenossen liegt; das fordert sicher zur Nacheiserung auf. Dann wird der Hund zum Wasser und zum Futter gebracht und wird dann auch Verständnis für diesen Willkomm haben. Es kann nunmehr eine kurze Musterung des Hundes auf Äußeres und Gesundheitszustand erfolgen. Warme Nase, leichte Erkältungserscheinungen und Magen= störungen können Folgen der Erregung oder unverständiger Ernährung während der Fahrt sein, auch des Luftwechsels; matte Augen, trüber Blick, stark schleimende Augen, struppige, glanzlose Behaarung sind zutreffendere Anzeichen eines krankhaften Zustandes. Scheint etwas nicht in Ordnung, so sollte der Tierarzt bald hinzugezogen werden.

Das Eingewöhnen zerfällt in zwei Aufgaben: dem Hunde den alten Herrn vergessen machen und ihn an den neuen binden. Der treue Schäferhund trauert dem alten Herrn meist lange nach, fühlt sich ohne den in neuen Verhältnissen nicht gleich wohl. Je häufiger er schon Trennungen und Besitzwechsel durchgemacht hat, desto kürzer ist der Schmerz, aber solche Rundreiseonkel sind nicht die besten „Schäferhunde", sie haben schon zu viel Weltbürgertum angenommen. Ein guter Schäfer= hund wird also stets versuchen, aus der Fremde wieder zum alten Herrn zurückzukehren; dem muß vorgebeugt werden. Am leichtesten überkommt ihn das Heimweh, wenn er sich selbst überlassen. Muß der Huud vorübergehend allein gelassen werden, so muß er deshalb ausbruchsicher untergebracht oder angehängt werden. Ein Zwinger muß also so ein= gerichtet sein, daß der klettergewandte Schäferhund ihn nicht überklettern kann, Türen müssen nicht nur ge=, sondern auch verschlossen gehalten werden, im Zimmer auch die Fenster; denn der Hund kann nicht beurteilen, ob er im Erdgeschoß wohnt oder in einem höheren Stock= werk.

Je mehr der Herr sich seinem neuen Hunde widmet, desto schneller geht das Eingewöhnen; im Freien lasse er den Hund aber nicht eher frei laufen, als bis der ganz fest in seiner Hand; je mehr Ablenkungen auf der Straße, desto schärfer muß er auf ihn aufpassen. Im Freien sich selbst überlassene Hunde geben oft noch nach Wochen der Heimsehn= sucht nach; das geschieht am häufigsten nach einem Familienzwist im neuen Heim, nach einem Zusammenstoß zwischen Huud und Herrn oder zwischen Hund und Mithund, also nach oder in seelischer Erregung.

In der ersten Zeit soll der neue Besitzer seinen Huud möglichst selbst verpflegen, ihm selbst Futter und Wasser reichen, ihn viel bei sich im Zimmer halten, möglichst auch über Nacht im Schlafzimmer, und ihn selbst ausführen. Dabei soll er viel mit ihm sprechen, ihm oft die eigene Witterung geben, den Hund beobachten, seine Wünsche zu er= raten suchen; der Hund wird später durch Anhänglichkeit diese kleinen Opfer an Zeit lohnen. Andere Hausgenossen, Dienstboten, Kinder sollten dem Hunde zunächst fernbleiben — Kinder schon deshalb, weil des neuen Hundes Wesensart ja noch nicht genügend bekannt —, das erleichtert das Eingewöhnen.

Den Hund bindet man am schnellsten, indem man ihm den alten Herrn verwittert, dagegen den Eigengeruch, die Witterung des neuen möglichst oft und eindringlich zuführt. Dazu läßt man ihm oft an Haud und Fuß Witterung nehmen, läßt ihn auf getragenen Wäschestücken schlafen, verreibt ihm Speichel auf der Nase oder gibt ihm vorgekaute, gut eingespeichelte Brocken zu fressen. Wer Hundeerfahrung hat, kennt Mittel und Griffe, um einen Huud sehr schnell an sich zu gewöhnen; an manche Leute binden sich Hunde sehr schnell, anderen gegenüber bleiben sie stets mehr oder minder zurückhaltend. Sie müssen Zu= und

487. Heimgefunden. Preisbild aus den Bilderwettbewerben des SD.

Abneigung wittern können, wir haben es ja meist auch im Gefühl, ob uns jemand wohl will. Diese schnelle Bindung hält aber nur in Gegen= wart des neuen Herrn an, sie versagt, wenn der abwesend; dann kann das Heimweh wieder übermächtig werden.

Dem neuen Hunde gegenüber benehme man sich von vornherein als Herr, d. h. als älterer Freund des neuen Genossen, nicht etwa als Gewaltherrscher; aber auch nicht als Geliebter, oder gar als Sklave.

710

Solche Festlegung der Begriffe belohnt sich, eine spätere Verschiebung würde nur Vertrauen kosten. Es ist selbstverständlich, daß der Hund den neuen Herrn nicht sofort freudig anwedelt, ihm auch durchaus nicht gleich gehorcht. Im Gegenteil, Schäferhundart ist nur dem Herrn zu gehorchen; den neuen erkennt er aber noch nicht als solchen an. Vertrauen, Liebe, Gehorsam kommen erst schrittweise, wollen erworben sein. Die guten Eigenschaften eines Hundes kommen also erst dann voll zur Geltung, wenn der fest eingewöhnt; bis dahin läßt er manche vermissen — z. B. Wachsamkeit —, oder er erlaubt sich gar Unarten, die sonst nicht durchbrechen. Bisweilen treibt ihn freilich auch die Not. So leidet bei einem Besitzwechsel zunächst oft die Stubenreinheit; Luft- und Kostveränderungen, andere Haltungsweise, der Leinenzwang der ersten Tage, oft auch Unachtsamkeit oder Unerfahrenheit des neuen Besitzers tragen da meist die Schuld.

Bei einer Ansichtssendung müssen all diese Punkte mit berücksichtigt werden. Es läßt sich dabei also im wesentlichen nur feststellen, ob das Äußere des Hundes entspricht, Wesensart und Eigenschaften lassen sich in so kurzer Zeit nicht voll ergründen.

Bei Welpen und jüngeren Junghunden geht das Eingewöhnen meist recht schnell vor sich, sie haben noch nicht das ausgeprägte Heim- und Herrengefühl, trauern höchstens nach Geschwistern und Spielgefährten, lassen sich aber meist leicht und sicher zufrieden stellen und gewöhnen sich dann um so fester an den ersten Pfleger als Herrn.

Das Ausstellungs= und Prüfungswesen; Vereine und Verbände.

> Das Leben ist Kampf in der ganzen Schöpfung und ohne innere Kämpfe kämen wir zuletzt beim Chinesentum an und versteinern. Ohne Kampf kein Leben! Nur muß man in allen Kämpfen doch immer einen Sammelpunkt haben
> Reichskanzler Fürst Otto v. Bismarck

Ausstellungen und Leistungsprüfungen sollen der Zucht dienen. Dort sollen die für Zucht auf Leistung in Äußerem, Anlagen und Arbeit vorbildlichen Hunde durch das Urteil sach= verständiger Preisrichter aus der Masse der vorgeführten Tiere heraus=

gesucht werden. Dort soll ferner Züchtern und Freunden der Raſſe ermöglicht werden, ſich über Stand und Fortſchritte der Zucht und der Ausbildung zu unterrichten, die neu herausgebrachten Tiere kennen zu lernen und Zucht= und Arbeitsſtand dieſer Hunde mit dem der ihrigen zu vergleichen oder durch Richterſpruch vergleichen zu laſſen. Schließ= lich ſollen derartige Deranſtaltungen bei der zum Beſuch zugelaſſenen Allgemeinheit Liebe zum Hunde und Derſtändnis für die Aufgaben und Beſtrebungen der Zucht und Derwendung von Hunden erwecken, dem einzelnen aber Gelegenheit geben, muſtergültige Tiere kennen zu lernen und auf Wunſch auch geeignetes zu erwerben.

Im Ausſtellungsweſen wurde bisher zwiſchen Ausſtellungen und Schauen, da wieder zwiſchen Führer= und Pfoſtenſchauen unterſchieden, im Prüfungsweſen für Schäferhunde zwiſchen Preishüten, Jugend= veranlagungsprüfungen, Zucht=(Dreſſur)prüfungen und den verſchie= denen Dor= und Hauptprüfungen für Dienſthunde. Ausſtellungen und Schauen veranſtalten im weſentlichen die allgemeinen Dereine der Hundefreunde, die in den dem Kartell der Raſſezuchtvereine ange= gliederten Landesverbänden vereinigt ſind, einzelne auch bei der Dele= gierten=Commiſſion (DC.), Sonderveranſtaltungen für ihre Raſſe auch die einzelnen Raſſezuchtvereine und ihre örtlichen Unterabteilungen. Preishüten werden vom Ehrenmitgliede des SD., der Deutſchen Land= wirtſchafts=Geſellſchaft, vom SD. ſelbſt und von ſeinen örtlichen Unter= abteilungen abgehalten, für Jugendveranlagungsprüfungen von Schäfer= hunden aber ſind die Ortsgruppen des SD. zuſtändig. Die übrigen Leiſtungsprüfungen ſchließlich werden von den im „Prüfungsverbande der Zuchtvereine für Dienſthundraſſen im Kartell (PDZ.)" vereinigten vier Zuchtvereinen und den dem PDZ. angegliederten Prüfungsvereinen und =verbänden ausgeſchrieben, am häufigſten und in weitgehendem Umfange vom SD. und ſeinen Unterabteilungen.

Das Kartell, und ähnlich die DC., macht im Ausſtellungsweſen folgende Unterſchiede: Ausſtellungen geben bei entſprechend früh an= beraumtem Meldeſchluß einen gedruckten Ausſtellungsführer (der gute Deutſche ſagt dafür „Katalog") heraus und an die mit den höheren Preiſen bedachten Hunde in den Hauptklaſſen Geld=, in den Neben= klaſſen ebenfalls Geld= oder Wertpreiſe; Führerſchauen dagegen geben zwar auch einen Führer heraus, daher ihr Name, aber keine Geld= oder Reihenfolgepreiſe, bei Pfoſtenſchauen ſchließlich werden die Hunde erſt am Schautage, „am Pfoſten", gemeldet.

Dieſe Kennzeichnung iſt nicht völlig ausreichend, der weſentlichſte Unterſchied liegt darin, daß auf Ausſtellungen neben Bewertungen Reihenfolgepreiſe vergeben werden, auf Schauen dagegen nur Bewer= tungen, ferner daß Schauen nur zwei Klaſſen haben: Alters= und Jugendklaſſen, Ausſtellungen aber eine große Anzahl von Klaſſen, in die Doppelmeldungen zugelaſſen ſind: Offene, Sieger=, Begrenzte, Neulings=, Ermunterungs=, Jugend=, Zucht=, Gebrauchshund=, Paar= und Gruppen=Klaſſen, zwiſchen die erfindungstüchtige Ausſtellungs= leiter immer noch etliche wertloſe Neuheiten mehr einzumogeln ver= ſtehen, wie Große Wettbewerbs=, Orts=, Landes=, Landeszuchtklaſſen und ähnliche herzige Kaſſenfüller. Bei Schäferhunden gab es früher noch

Klaſſen für rauhhaarige und für zotthaarige Hunde, in denen dann „der"
Vertreter dieſer Haarart allein durch den Ring wanderte, um ſich ſeinen
„wohlverdienten" I. Preis zu holen; immerhin hatten dieſe Haarklaſſen
wenigſtens noch einige Berechtigung, heute werden Vertreter dieſer
ſehr ſeltenen Haarſchläge, wenn ſie ſich mal auf eine Ausſtellung oder
Schau verirren, zuſammen mit den ſtockhaarigen beurteilt und bewertet.
„Jedem Hunde ſeine eigene Klaſſe" wäre ja das Sehnſuchtsziel vieler
Ausſteller, die unter allen Umſtänden ihren „erſten Preis" haben möchten,
wenn er auch nichts wert iſt. Die Ausſtellungsleiter aber unterſtützen
dieſen Unfug durch recht viele Nebenklaſſen, weil ſie der Anſicht, dieſe
Einnahmen nicht entbehren zu können, während ſich andere Wege finden
laſſen, um für die Ausſtellungskoſten den nötigen Ausgleich zu ſchaffen.
Dieſe eigentlichen Kennzeichen der Ausſtellung, die
vielen · Klaſſen und die Reihenfolgepreiſe, ſind dem Aus=
ſtellungsweſen zum Unſegen geworden, haben es ſeiner
wichtigſten Aufgabe, der Zucht zu dienen, entfremdet, ja
laſſen es in gewiſſem Sinne ſogar zuchtſchädigend wirken.
Denn, wo die Ausſtellung nicht mehr als Hilfsmittel der Zucht, ſondern
als Hauptzweck, ja als Mittelpunkt des ganzen Hundeweſens betrachtet
wird, ſchadet ſie, weil ſie von der Gebrauchszucht fort zur Sport=, Schön=,
Zwinger= und Handelszucht führt. Das mag bei Raſſen und Rätzchen
gleichgültig ſein, die ohnehin zu nichts anderem nutz, Gebrauchshunde
leiden unbedingt dadurch, daher auch die Jäger verhältnismäßig nur
geringe Anteilnahme für Ausſtellungen haben, ſehr viel größere dagegen,
und mit Recht, für die verſchiedenen Leiſtungsprüfungen für Jagdhunde.
Das Ausſtellungsweſen hat den Hundeſport ins Leben gerufen
und drängt immer ſchärfer auf die Sportbahn zu. Sport bedeutet an
ſich das Erreichen perſönlicher Höchſtleiſtungen in Kraft und Geſchicklich=
keit, meiſt unter Überwinden von Gefahren. Von Hundeſport zu ſprechen,
iſt alſo eigentlich ſchon eine Sinnwidrigkeit, weil keine dieſer Vor=
bedingungen von ihm erfüllt wird. Bliebe ſonach für eine Sinnübertragung
nur der Wettbewerb um Höchſtleiſtung, aber auch dann hätte der Sport=
begriff nur Berechtigung, wenn er ſich auf Züchter beſchränkte. Rechte
Züchter aber ſind unter den „Hundeſportlern" am ſeltenſten zu treffen,
meiſt treiben geſchickte oder großbeutelige Auffäufer den „Hundeſport",
um aus Züchters Fleiß und Geſchick Ehren und Geld einzuheimſen.
Drohnentum wirkt aber überall ſchädigend, und vom Hundeſport iſt
Handel kaum zu trennen, ja oft genug ſoll das Wort Sport auch nur den
Begriff Handel decken. Daß wir in der Hundezucht den Sportbegriff über=
haupt nicht brauchen, habe ich ſchon im III. Abſchnitt auseinandergeſetzt.
Die einſeitige Bedeutung, die einem falſch erfaßten Begriff bei=
gelegt wurde, hatte auch die Ausſtellungsbeurteilung auf falſche
Bahnen gedrängt. Statt auf zweckmäßiges Gebäude im Hinblick
auf Gebrauchswert und Zuchteignung, wurde von einzelnen
Richtern auf nebenſächliche Äußerlichkeiten geſehen, um die gemuſterten
Hunde auf der Schönheitsleiter bis zu den höchſten Sproſſen klettern
zu laſſen. Wohin ſolche Beurteilung führt, ſehen und erleben wir,
von dem Kleingemüſe der Schoßhunde abgeſehen, an ſogenannten
Sportraſſen: Bulldoggen, ſchottiſchen Schäferhunden, ruſſiſchen Wind=

hunden; von an sich für einen bestimmten Zweck körperlich gut, zum Teil hervorragend veranlagten Tieren nähern sie sich durch Sportbeurteilung und Überzucht oft genug schon dem Zerrbild.

Körperliche Eignung zum Gebrauch läßt sich bei sorgfältiger Musterung des Äußeren dem Hunde mit ziemlicher Sicherheit ansehen, Zuchtwert aber nicht. Dazu gehört zum mindesten die vollständige Ahnentafel mit den Gebrauchshundkennzeichen in die Hand des Beurteilers; Kenntnisnahme der Blutführung aber wurde dem Richter verwehrt, denn nach den bisher gültigen Ausstellungsbestimmungen darf er den Führer erst nach erfolgter Beurteilung in die Hand nehmen. Das ist an sich schon sinnlos, denn ein erfahrener Richter mit sicherem Blick erkennt doch nicht bloß Hunde wieder, die er schon verschiedentlich eingehend gemustert hat, bisweilen auch die Aussteller selbst, er findet auch meist die kennzeichnenden Merkmale einzelner Zuchten heraus. Im übrigen aber ist diese Beschränkung unverständlich, weil auf Pfosten= schauen dem Richter just das vorgelegt wird, was ihm auf Ausstellungen vorenthalten bleibt: der Meldeschein.

Der Grund für die zweckhindernde Geheimniskrämerei mit den unentbehrlichen Unterlagen für die Beurteilung auf Zuchteignung lag darin, daß urteilslosen Ausstellern die Überzeugung beigebracht werden sollte, die Beurteilung erfolge unbeeinflußt durch irgendwelche Führer= angaben. Denn im Führer steht, neben allerlei anderem, auch wie der Hund auf früheren Veranstaltungen schon abgeschnitten, welche Be= wertungen und Preise er dort erhalten hat; damit nun ein mißtrauisches Gemüt nicht glaube, ein Richter könne sich in seinem Urteil durch die frühere Beurteilung beeinflussen lassen, durfte der Richter den Führer nicht einsehen, und sollte er auch dienstlich nichts von der Blutführung erfahren. So bildete auch hier das eingebildete Sporttum das Hinderris für eine brauchbare Beurteilung auf Zuchteignung! Ich möchte hier ein= schalten, daß Beurteilung an Hand der Ahnentafel und sorgfältiger Auf= stellungen über Zucht=, Ertrags= und Arbeitsleistungen für alle landwirt= schaftlichen Preisverteilungen die Unterlage bildet; und schließlich stehen die landwirtschaftlichen Tierzuchten an Wert und allgemeiner Bedeutung doch noch etwas über der Hunde= und Schäferhundzucht, wenn auch einzelne Narren heute für einen Huud das Zehnfache einer guten Milch= kuh fordern und bieten.

Die gleiche sorgfältige Beurteilung wie für landwirtschaftliche Nutztiere, also auf Gebrauchswert, Blutführung und Zuchteignung mußte daher auch für unsere Schäferhunde zur Regel werden. Dazu muß der Aussteller dem oder den Richtern eine beglaubigte Stammtafel mit Nachweis der bisherigen Zuchtergebnisse, der Arbeitsausbildung und etwaiger Dienstverwendung und =erfolge vorlegen. Nur eine der= artige Beurteilung hat Wert für die Zucht und die Zukunft der Rasse, während die bisherige, die nicht einmal die Arbeitsausbildung berück= sichtigt, nur Preisgewinner schafft, die in den Augen derer, die nie alle werden, eben und nur dieser Preise wegen als besonders wertvoll angesehen und demzufolge für die Zucht herangezogen wurden. Die daraus entstehende Zuchtverderbnis mußten spätere Geschlechter aus= baden.

Freilich erforderte eine solche Beurteilungsweise nicht nur ein=
gehende Kenntnisse, die nicht ohne weiteres mit der Richterschleife
ansliegen, und ausreichende Zeit. An dieser fehlte es auf unseren bis=
herigen Ausstellungen mit ihren vielen wertlosen Klassen und ihren
vielen noch bedeutungsloseren Reihenfolgepreisen, die oft bis zu 10, 12
gehen und für die in jeder einzelnen Klasse die Empfänger herausgeklaubt
werden mußten. Das alles nur, um jedem Hunde des lieben Sports
willen eine Bescheinigung zuteilen zu können, die besagt, daß er da und da
dem und dem Richter um einige Kleinigkeiten besser geschienen habe
als der und der Hund. Geschienen habe, ja wohl! Denn der Richter
ist erstens auch nur ein Mensch, daher beschränkt in seiner Leistungs=
fähigkeit, dann aber kann er den Hund eben nur so beurteilen, wie der
sich in oft nur kurzen Augenblicken mustern und mit anderen vergleichen
ließ; daß bei ungünstiger Stellung des Hundes, bei Gleichgültigkeit
oder Unverständnis des Dorführers aber oft recht falsche Bilder ent=
stehen können, habe ich im V. Abschnitt dargelegt. Unter, sagen wir
mal fünfzig Hunden mit einiger Sicherheit die ein, zwei besten zu finden,
ist möglich, auch unter ihnen im allgemeinen die Schafe von den Böcken
zu sondern; unter diesen fünfzig aber die zehn bis zwölf besten nicht bloß
herauszufinden, sondern dann auch noch, genau ihrer Würdigkeit ent=
sprechend, hintereinander aufzubauen, das halte ich für unmöglich,
wenn es auch unzählige Male von mir und anderen Richtern gefordert
worden ist. Solches zu verlangen, geht auf Kosten der Derantwortungs=
freudigkeit, solches zu können, werden aber nur sehr leichtfertige oder
sehr von sich überzeugte Richter behaupten; und auch die kommen dann
meist in ihren Berichten zu der gewundenen Erklärung, „die umgekehrte
Reihenfolge hätte sich auch rechtfertigen lassen", als Zeichen, daß sie
mit ihrem Gewissen einen Kuhhandel abgeschlossen haben, um nur end=
lich mal fertig zu werden. Und schon der dritten oder vierten Hunde
wird es gleichgültig sein, ob er just auf diesen Platz kam, oder eine Stufe
höher oder tiefer; gewollt haben sie doch alle auf den ersten Platz.
Dergeben wurden auf Ausstellungen genau wie auf Schauen
Bewertungen, nach denen die Hunde in vorzügliche (D), sehr gute (SG),
gute (G), befriedigende (B) und ungenügende (0) eingeteilt werden, lei=
der aber auch noch eine große Zahl von Reihenfolgepreisen. Diese fünf
breiten Güteklassen haben sich bewährt und genügen vollkommen, um
die Hunde in bezug auf Gebrauchswert und Zuchteignung in ihnen
unterzubringen; alle Richter, alle verständige Aussteller und Züchter
sind sich darüber klar. Warum also bei Ausstellungen die Quälerei mit
den endlosen Reihenfolgepreisen noch fortsetzen, die niemandem rechte
Freude machen, aber von nutzbringender Arbeit abhalten? Bloß, um dem
ersten Hunde einen Geldpreis von vielleicht 50 M., dem sechsten, siebenten
Hunde aber nur von je 10 M. zuzuschieben? Diese besseren Hunde stehen
sich fast durchweg so nahe, daß man ihnen nicht weh tut, wenn man
jedem den gleichen Geldpreis gibt. Das ist viel besser, als wenn der
Preisträger von heute morgen unter einem anderen Richter weiter
herunterkommt, weil er inzwischen körperlich nachgelassen hat oder sich
schlecht zeigt, oder weil der zweite Richter etwas abweichenden Geschmack
hat. Solche Fälle, bei Nachlassen der Derfassung z. B. insolge über=

mäßiger Zuchtausnützung, dauernden Herumliegens auf der Bahn zur
sportlichen Ausnützung auf Ausstellungen oder auch infolge Krankheit
selbst unter ein und demselben Richter begründet, kommen durchaus
nicht so selten vor und geben dann Neulingen und Kurzsichtigen Anlaß
den Kopf zu schütteln und von der Unfähigkeit der Richter und der Un=
sicherheit der Zuchtrichtung und ähnlichen weisen Dingen zu reden.

Auf Schauen durften bisher nur Bewertungen vergeben werden,
keine Reihenfolgepreise. Die Gebäudebewertungen, kurz Bewertungen
genannt, hat zu Anfang dieses Jahrhunderts der SV. in das Ausstellungs=
wesen gebracht als Ersatz für die frühere alleinige Preisreihenfolge,
die für die Zucht ganz bedeutungslos war, nur dem Sport und allerlei
Mogeleien diente. War man doch dazu übergegangen, sogar die Preise
zu teilen, um den Preishunger der Aussteller nach hohen, womöglich
nur ersten Preisen zu befriedigen. Da gab es Ia, Ib, Ic usw. Preise,
oder Eignung (deutsch: Qualifikation!) zum I., II. und III. Preise,
so daß auf diese Weise der III. Preis oft ein zehnter, zwölfter oder noch
geringerer war; aber es klang so schön, zumal die Buchstaben und Eig=
nungszusätze nur zu leicht „vergessen" wurden und dann eben nackte
erste Preise übrig blieben. „Sport!" Die, wie schon gesagt, vom SV. ein=
geführten Bewertungen steuerten diesem Unfug, sie wurden zur Haupt=
sache bei der Beurteilung des Hundes. Neben ihnen hielt das Ausstellungs=
wesen aber noch an den viel zu vielen Reihefolgepreisen fest, für die,
um Ausstellungskassen und Ausstellern gerecht zu werden, die aller=
schwierigsten Preisstaffeln, gültig je nach der Zahl der gemeldeten Hunde,
ausgeklügelt werden mußten.

Das Unzulängliche dieser Handhabung war nachdenklichen Köpfen
wohl schon länger klar, der SV. mußte aber auch hier wieder die rechte
Bahn weisen. Er gestaltete nach dem Kriege sein Ausstellungswesen
um, um es wirklich, wie nötig, an erster Stelle der Zucht dienstbar zu
machen. Danach wird der SV. — und das Kartell der Rassezuchtvereine
wird es ihm nachmachen und damit allgemein durchführen — für die
Folge nunmehr zwei Arten von Zuchtveranstaltungen kennen: die
Zuchtschau und die Pfostenschau; das Zwitterding der Führerschau,
die nicht warm, nicht kalt, nicht Fisch, nicht Vogel war, fällt fort.

Die Zuchtschau hat vorhergehenden Meldeschluß, gibt demzufolge
einen gedruckten Schauführer heraus und zahlt, bei höherem Standgeld,
in ihren beiden einzigen Klassen: Alters= und Jugendklasse, je für Rüden
und Hündinnen, feste, aber in sich gleichmäßige Geldpreise an alle mit
V und SG bewerteten Hunde aus. Die drei besten Hunde jeder Klasse
erhalten, um die Empfänger ausgeschriebener besonders hoher Zucht=
ehrungen zu kennzeichnen, Reihenfolgebezeichnungen. Außerdem kann
je eine Sportklasse für Rüden und Hündinnen gebildet werden.

Die Pfostenschau hat Meldung am Pfosten, gibt daher keinen
Schauführer heraus und zahlt bei niedrigem Standgelde auch keine
Geldpreise an die V= und SG=Hunde; doch dürfen aus etwaigen Stif=
tungen solche gebildet werden, in geringerer Höhe und immer mit der
mit Maßgabe, daß sie in sich gleich sind. Im übrigen hat sie, auch in
der Strenge der Beurteilung und Art der Durchführung, genau
der Zuchtschau zu gleichen.

Die Beurteilung wird auf beiden Veranstaltungen in der gleichen Weise auf Gebrauchswert und Zuchteignung an Hand der Ahnentafel, des Zuchtbuchs, der Gebrauchshundliste und eines Leistungsnachweises erfolgen. Diese Beurteilung nimmt Zeit und Kräfte in Anspruch, größere Zuchtschauen müssen daher unbedingt, wie heute auch größere Aus= stellungen — denen sie voll entsprechen — über zwei Tage ausgedehnt werden, außerdem muß für jedes Geschlecht ein Richter berufen werden, wie ja auch jetzt meist schon für größere Veranstaltungen nötig. Zur Unterstützung der beiden Richter sind Hilfsrichter heranzuziehen, zur Prüfung der Blutführung, der Leistungsnachweise, einzelner Gebäude= teile, auch zum Nehmen der Rückenhöhe; diese aus den Richteranwärtern hervorgegangenen Hilfsrichter bekämen hier die letzte und beste Vor= bereitung, da der Zuchtrichter jeden Hund mit ihnen gründlich durch= mustern und besprechen kann. Wir schlagen damit zwei Fliegen mit einer Klappe: sorgfältigere, der Zucht wirklich zugute kommende Beurteilung und sorgfältigere Ausbildung des Richter= nachwuchses, die um so nötiger als auf den Schultern dieses Nach= wuchses die Zukunft der Rasse ruht.

An die Hunde werden wie bisher Bewertungen vergeben und auf Zuchtschauen gleichmäßig hohe Geldpreise an alle mit vorzüglich, etwas geringere, aber ebenfalls gleich hohe an alle mit sehr gut bewertete Hunde. Diese Geldpreise sind entweder von vornherein in fester Höhe auszuschreiben, sagen wir vorläufig mit 30 M. für V, mit 20 M. für SG; es können aber auch zwei Drittel des eingegangenen Standgeldes der Klasse zu ihrer Bildung verwendet werden, wobei wieder davon aus= zugehen ist, daß die Geldpreise für SG=Hunde zwei Drittel der Höhe der für V=Hunde betragen müssen. Zur gleichmäßigen Erhöhung dieser Geldpreise können noch Stiftungen der Zuchtvereine oder einzelner Gönner dienen, die zweckdienlicher statt wie bisher in Gestalt von Gegen= standsehrenpreisen als Geld zur allgemeinen Verwendung gestiftet würden. Zur Förderung der Zucht auf Leistung vergibt der SV. auf allen Zucht= und Pfostenschauen Gebrauchszucht=Zusatzpreise an alle mit V und mit SG bewerteten Hunde, die den Züchtern zufallen, aber in Fortfall kommen, wenn die Elterntiere des ausgestellten Hundes nicht ausgebildet waren. Eine weitere Förderung der Diensthund= ausbildung und damit auch =zucht bringen die Gebrauchshund=Zusatz= preise, die an die Besitzer der mit V und SG bewerteten abgeführten Hunde fallen. Auf Zuchtschauen können ferner, wenigstens während der Übergangszeit, zur Freude der Wett= und Wettbewerbsfreunde auch noch zwei Sportklassen eingerichtet werden, in die Doppelmeldungen der für die anderen Klassen schon gemeldet gewesenen Hunde zugelassen; die für diese Klasse besonders hoch anzusetzenden Standgelder sind bis auf einen geringen Bruchteil voll für eine feste Zahl hoher Geldpreise zu verwenden. Die Hauptklassen bleiben aber die Altersklassen — für Hunde über 18 Monaten und in ihrer Bedeutung den bisherigen „offenen Klassen" entsprechend — und die Jugendklassen — für Hunde von 9, besser noch von 12 bis 18 Monaten —, in die Zwangsmeldung vorgeschrieben.

Die Beurteilung an Hand der Stammtafel gibt den Gebäude= bewertungen nunmehr auch eine Bedeutung für die Zucht. Die Zucht=

bedeutung ſolcher Deranſtaltungen wird noch dadurch erhöht, daß nach erfolgter Beurteilung die ausgeſtellten Hunde nach Zuchtſtämmen, zunächſt nach den Vätern, möglichſt auch den Müttern, zuſammengeſtellt werden ſollen, wodurch Richtern und Züchtern ein eindringliches und lehrreiches Bild vom Zuchtwert der einzelnen Tiere geſchaffen wird. Auf ſolche Weiſe veranſtaltete, den bisherigen großen Ausſtellungen entſprechende Zuchtſchauen könnten ja wohl infolge der Preisvermehrung für D- und SG-Hunde und der erhöhten Richterauslagen die Ausſtellungs- kaſſen ſtärker belaſten*); es muß daher auf Mittel und Wege geſonnen werden, die Koſten zu mindern und die Einnahmen zu ſteigern. Heute die Ausgaben im allgemeinen geringer geſtalten zu wollen, iſt ſelbſt- verſtändlich unmöglich, weil alles ganz weſentlich teurer geworden iſt; es iſt alſo nur eine verhältnismäßige Minderung möglich, die aber kann durch Sparſamkeit am rechten Fleck erzielt werden. Zur Beratung, Einleitung und Durchführung ſämtlicher deutſcher Zuchtſchauen iſt unbedingt eine vom Hundeweſen amtlich anerkannte und unterſtützte Stelle nötig, die nicht nur die Friſten regelt und gegenſeitige Störungen hindert, ſondern auch über kaufmänniſch geſchulte und im Schauweſen erfahrene Hilfskräfte verfügt und für alle ſolche Zuchtſchauen im Reich die Vorbereitung und Durchführung nach wohldurchdachtem und be- währtem Plan übernimmt. Damit entfielen ſchon die vielen Mißgriffe und Fehlſchläge zwar arbeitsfreudiger, aber unerfahrener Neulinge, die oft zu argen Mindereinnahmen führen. Dieſes Ausſtellungsamt würde auch eine Reihe von Erſparniſſen im Kleinen ermöglichen, ich denke da nur an die Druckkoſten, die Poſtgebühren und die Ausgaben für Werbetätigkeit. Erſparniſſe wären ferner möglich durch zweckmäßige Zuleitung und Lagerung der Stände für die Unterbringung der Hunde und durch Fortlaſſen allen überflüſſigen Beiwerks, z. B. der Verleihungs- urkunden und ähnlicher wertloſer Dinge. Dagegen muß von jeder Ver- anſtaltung eine amtliche Auszeichnungsliſte herausgegeben werden, die jedem Ausſteller als Beleg zugeht. Durch einheitliche Beſchaffung der eben ſchon genannten Stände und Hergabe gegen eine geringe Leih- gebühr, durch Bereithalten großer Zelte zum Unterbringen von Hunden an Orten, wo entſprechende Räume nicht oder nur zu unverhältnis- mäßigen Preiſen zu haben ſind, ferner durch Bereithalten all des kleinen, bisher von jeder Veranſtaltung eigens hergeſtellten und dann meiſt zum Abbruch kommenden Bedarfs an Richterzelten, Ringtafeln, Ring- einzäunungen u. ä., könnte weiter eine ſehr weſentliche Unterſtützung der veranſtaltenden Vereine und eine verhältnismäßige Minderung der Ausgaben herbeigeführt werden.

Zur Steigerung der Einnahmen wäre zunächſt eine Erhöhung der Eintrittsgebühren und der Standgelder nötig. Am Standgeld von 10 M. für die Haupt- und von 8 M. für die Nebenklaſſen kann in Zukunft ohnehin nicht mehr feſtgehalten werden, es kann ruhig einſchl. Fütterung auf 25 M. für die Alters- und Jugendklaſſen, auf 40—50 M. für die Sportklaſſe erhöht werden; ſchon deshalb, weil in Zukunft eben allen D- und SG-Hunden ein Barpreis als Entſchädigung geboten wird. Mit

---

*) Daß das nicht der Fall ſein muß, bewieſen die bisherigen Haupt-Zucht- ſchauen des SV.

Preisen konnte übrigens schon bisher auch der erfolgreichste Aussteller seine Unkosten nicht decken, er mußte diese stets unter die allgemeinen Zwingerausgaben buchen, brachten ihm doch umgekehrt auch die Ausstellungserfolge andere Zwingereinnahmen. Neben dem Standgelde könnte ein Zuschlag von 20 M. von den Ausstellern erhoben werden, die ihren Hund nicht selbst vorführen, somit die Anstellung weiterer Ausstellungswärter für die Zeit der Beurteilung nötig machen; diese Aussteller sparen ihrerseits ja die sehr erheblichen Reisekosten. Es sollten ferner alle Ehrenpreisstiftungen seitens der veranstaltenden Vereine vermieden, die dafür eingesparten Beträge aber für die Erhöhung der Klassenpreise verwendet werden. Ebenso sollten alle Preise von Behörden, soweit es sich nicht um Staatspreise für Zuchtleistungen handelt, und alle Stiftungen anderer Vereine und einzelner Gönner grundsätzlich stets in bar erbeten und ebenfalls zur Ausgestaltung der Klassengeldpreise verwendet werden. Diese Ehren=, Sonder=, Vereinspreise oder wie die Stiftungen sonst noch hießen, bestanden bisher zumeist aus Gegenständen, waren unter Umständen wertvoll, manche hatten sogar Kunstwert, waren bisweilen sogar brauchbar, wenigstens zum Schmuck des Zimmers. In der Regel aber war es arger Kitsch; auch so manche Rundreisegeschenke waren darunter, die schon verschiedene Empfänger beglückt hatten. Künstlerisch wertvolle Silbergegenstände sind in Zukunft ohnehin nicht mehr zu bezahlen. Nichtigkeiten aber sollten nicht angenommen werden, darum Bargeld in die Ausstellungskasse zur Erhöhung der Geldpreise in den Alters= und Jugendklassen.

Es ist selbstverständlich, daß die Zuchtvereine auch zur Erhöhung dieser Preise für ihre Rassen beitragen müssen und werden; dazu gehört freilich, daß in Zukunft nicht wie bisher allsonntäglich immer an anderem Ort eine große „internationale" Ausstellung stattfindet. Die graben sich gegenseitig nur das Wasser ab, schaden der Zucht, züchten dagegen das Sportfexen= und verkappte Händlertum groß. Eine heilsame Minderung dieser großen Veranstaltungen wird ja schon die allgemeine Teuerung, die Notlage und die Verkehrserschwerung herbeiführen; fünf, sechs große Zuchtschauen in den Hauptzuchtgebieten und dort jährlich nach Anordnung der Behörde für das Ausstellungswesen zwischen den größeren Städten wechselnd, genügen vollauf. Ebenso wie zu den Klassenpreisen könnten die Zuchtvereine wohl auch zu den Richterunkosten beitragen. Die Richter arbeiten zur Förderung ihrer Rasse, es ist also nur gerecht, wenn die Zuchtvereine einen Kostenanteil übernehmen, es müßte ihnen dann freilich auch ein Einfluß auf die Richterberufung im einzelnen Fall eingeräumt werden. Infolge der allgemeinen Teuerung sind auch die Richterauslagen sehr erheblich gestiegen, es ist aber selbstverständlich, daß den Männern, die ihre Zeit und ihr Können in den Dienst der Sache stellen, wenigstens ihre Barauslagen ersetzt werden müssen, und zwar in würdiger Weise, ohne Pfennigfuchserei und Preisdrückversuche, die lediglich dem Ansehen des veranstaltenden Vereins schaden und dazu führen, daß Richter, die auf sich selbst halten, solches versuchenden Vereinen stets einen glatten Korb geben.

Schließlich ließe sich durch Regelung des Verkaufswesens den veranstaltenden Vereinen eine ganz hübsche Einnahmequelle schaffen, die bisher in bei weitem nicht ausreichender Weise ausgenützt wurde. Ausstellungen sollen ja auch dem Umsatz überzähliger Hunde dienen, zahlreiche Hundefreunde besuchen sie, um einen Hund zu erwerben. Verkäufe müßten sonach grundsätzlich durch die Ausstellungsleitung gehen, die einen entsprechenden Gewinnanteil am Preise für die Aus= stellungskasse einziehen würde. Durch diese Regelung würden auch ungebührliche Überforderungen und nachträgliche Preissteigerungen vermieden, Verkäufe unter der Hand aber wären zu untersagen. Wenn diese Bestimmung öffentlich bekannt gegeben und einige Male scharf gegen Zuwiderhandelnde, etwa durch längeren Ausschluß von Ver= anstaltungen, eingeschritten wird, bürgert sie sich auch bald ein. Die schon mehrfach erwähnte oberste Behörde für Ausstellungswesen würde auch in dieser Beziehung segensreich wirken, sie würde bald die un= lauteren Besucher kennen lernen und durch Fernhalten aller halb= seidenen für Gesundung des Ausstellungswesens und der Zucht sorgen.

Machen große Zuchtschauen somit erhebliche Anforderungen an die Zahlungsfähigkeit der veranstaltenden Vereine, so ist das bei den Pfostenschauen kaum, oder doch nur in sehr verminderter Weise der Fall. Pfostenschauen dauern nur einen Tag, d. h. vom Morgen bis zum Abend, für kleine Sonderpfostenschauen einzelner Rassen genügen sogar Stunden; wo ein geeigneter Raum vorhanden, erübrigt sich sonach schon Bezug und Aufbau besonderer Stände. Es entfällt ferner die Fütterung der Hunde, die Wärterzahl braucht nur gering zu sein, weil die Aus= steller ihre Hunde selbst bringen müssen und die Druckkosten für den Führer fallen fort. Auch die von der Ausstellungskasse zu tragenden Klassengeldpreise gibt es auf Pfostenschauen nicht, was übrigens nicht hindert, daß aus Stiftungen von Vereinen oder einzelner Gönner in ähnlicher Weise wie bei Zuchtschauen gleichmäßige, wenn auch dem niedrigeren Standgelde entsprechende geringere Geldpreise für die V=, wenn möglich auch für die SG=Hunde gebildet werden; wenigstens in den Altersklassen. Und doch hätte die Pfostenschau den gleichen hohen Wert für die Zucht wie die Zuchtschau, weil auf ihr in gleich sorgfältiger Weise gerichtet wird; das müßte freilich der Fall sein, läßt sich aber durch= aus erreichen. Pfostenschauen halten sich im wesentlichen im örtlichen Rahmen, verursachen auch den Ausstellern nur geringe Unkosten, können daher häufiger und auch an kleineren Orten stattfinden. Selbstverständlich müssen auch sie der Regelung durch das Ausstellungsamt unterliegen und genießen dessen Unterstützung in gleicher Weise wie die Zuchtschauen.

Nach diesem Blick auf das Ausstellungswesen der Zukunft noch einige Winke und Ratschläge für Ausstellungsbesucher. Alle das Ausstellungs= und Schauwesen betreffende Verfügungen des Kartells und des SV., die Grundsätze über die Unterstützung von Veranstaltungen, die Bestimmungen über die Vergebung der SV=Stiftungen, die Regeln für die Ausbildung des Richternachwuchses und die Ausübung des Preis= richteramts, vollständige Zuchtschau= (Ausstellungs=) und Pfostenschau= ordnungen mit Erklärung der einzelnen Klassen und aller wesentlichen Einzelheiten, schließlich eingehende Ratschläge für das Abhalten von Sonderveranstaltungen und eine Erläuterung der Aufgaben des Aus= stellungsleiters, der Ringordner und =schriftführer, auch der Aussteller selbst, sind in einer besonderen Schrift des SD. wiedergegeben*), ich kann und brauche mich daher auf diese umfangreichen Einzelheiten hier nicht einzulassen; die Winke für Aussteller sind in einem Sonderdruck zusammen= gefaßt, der von Ausstellern von der Hauptgeschäftsstelle des SD. bezogen werden kann, auch Gegenstand häufiger Belehrung in den Ortsgruppen sein sollte.

Auf den bisherigen Ausstellungen, wie sie von allgemeinen Ver= einen noch eine Zeitlang veranstaltet werden, bis unsere Neuerung all= gemein durchgeführt, sind die einzigen Klassen von Wert die Offenen, so genannt, weil sie offen für alle zur Ausstellung zugelassene Hunde; in gewisser Beziehung dann noch die Jugendklassen. Alle anderen Klassen sind für die Zucht bedeutungslos und dienen lediglich den Ausstellungs= kassen und den Preishamstern. Jeder anständige Hund läßt sich daher in die auch an erster Stelle beurteilte Offene Klasse melden, auch Jung= hunde, sofern sie in ihrer Entwicklung wirklich schon ausstellungsreif sind. Andere als solche sollten überhaupt noch nicht ausgestellt werden, denn Ausstellungsfahrten wirken auf sie immer etwas entwicklungshemmend und führen leicht zu gesundheitlichen Störungen, die den auf solchen Massenversammlungen natürlich stets stärker verbreiteten Ansteckungs= keimen einen günstigen Angriffsboden vorbereiten. Junghunde unter acht Monaten werden zu allgemeinen Ausstellungen nicht zugelassen — zu Sonderzuchtschauen des SD. erst ab neun Monaten —, sie sind noch nicht genügend fertig entwickelt, um eine einigermaßen sichere Beurteilung und damit Voraussage auf ihre Zukunft zu ermöglichen. Welpen auszustellen, etwa Würfe mit der Mutter, ist selbstredend ganz unstatthaft; nur ganz unerfahrene Neulinge und gewissenlose Händler versuchen bisweilen derartiges.

Untergebracht werden die Hunde meist in Ständen, die der gute Deutsche Boxen, der noch bessere „boxes" zu nennen liebt. Jedes Tier= chen hat sein Plaisierchen. Die Pritschen dieser Stände sind auf den Seiten und auf der Rückwand von Bretterwänden eingefaßt. In der Rückwand ist unten ein Ring eingelassen, durch den die Kette des Hundes durch= zuschlaufen ist; der Aussteller überzeuge sich, ob dieser Ring noch fest sitzt, und hänge seinen Hund im Stande so kurz an, daß er weder von der Pritsche herunterspringen, noch über eine der Wände klettern kann. Deutscher Unternehmungsgeist machte unser Ausstellungswesen unab= hängig von der früheren Alleinherrschaft eines ausländischen Geschäfts. Er baute eigene, bessere und sicherere, auch sorgfältiger gehaltene Stände und erreichte schon dadurch, daß die bisher sehr hohe Leihgebühr für diese Stände auf nichts oder einen ganz geringen Betrag herunterging; erst diese große Ersparnis ermöglichte den Ausstellungsleitungen durchweg Geldpreise für die Hunde auszuschreiben. Der Dank dafür war, daß die Leitungen nach wie vor ..... den Engländer bevorzugten. Ob es Michel jetzt wohl endlich lernt, daß deutsche Arbeit zu wertvoll, um für Englands Mästung zu dienen? Gefüttert wurden die Hunde früher auf Ausstellungen mit Hundekuchen, auf eintägigen Schauen meist nicht;

---

*) „Der Verein für deutsche Schäferhunde (SD.), sein Ziel und seine Aufgaben", II. Teil, von Rittmeister v. Stephanitz, XVII. Auflage 1921; näheres, f. Anzeigenteil.

dort mußten die Aussteller selbst für die Verpflegung sorgen. Bei den heutigen Veranstaltungen ist die Verpflegungsfrage jedenfalls die kitzligste und muß von Fall zu Fall gelöst werden.

Ausstellungen — wenn ich dies Wort jetzt brauche, sind damit alle derartigen Veranstaltungen gemeint — werden des Hundes wegen besucht; diesem Zweck hat sich alles andere unterzuordnen. Nur Hunde in guter Allgemein= und Haarverfassung sollten zu Ausstellungen gebracht werden. Dorthin gehören also weder übermästete, noch knochenmagere Tiere, denen Entbehrung oder schlechte Haltung aus den Augen sieht, weder Kranke noch hochträchtige und abgesäugte Hündinnen, weder Hunde im Haarwechsel noch solche in schlechtem Haarkleid. Vorm Betreten der Ausstellung werden die Hunde auf ihren Gesundheitszustand untersucht, kranke und auch nur krankheitsverdächtige müssen unerbittlich zurückgewiesen werden. Das kann manchen Aussteller hart treffen, ist aber zum Besten der anderen unbedingt nötig: Allgemeinwohl geht über Einzelwohl.

Wie die Hunde auf den Ausstellungsbesuch vorzubereiten sind, wie sie anzulernen sind, um sich gut zu zeigen, ist a. a. O. gesagt. Ein alter Ausstellungskämpe weiß ja aus Erfahrung, daß die unangenehme Sache des Stilliegens an der Kette unter so und so viel bellenden Genossen nicht ewig dauert. Aber mancher Neuling, der die Kette kaum vom Hörensagen kennt, rast sich erst in seinem Stande ab, um dann schließlich, das Vergebliche seiner Mühen und Klagen einsehend, matt und scheu in eine Ecke zu verkriechen, so dem Beschauer ein klägliches Bild bietend. Der Hund soll daher vorher lernen, längere Zeit an der Kette liegen zu müssen, und zwar wenn möglich, wie das auf der Ausstellung der Fall, neben anderen, fremden Hunden. Der Hund ist ferner an ruhiges Folgen an der Kette zu gewöhnen; auch das wieder möglichst mit anderen Hunden zusammen, und auch an fremder Hand. Denn der Hund soll in den ihm fremden Verhältnissen nicht mit eingekniffener Rute zwischen den Beinen seines Führers Rettung suchen oder sich wie ein Kreisel herumdrehen, weil er fürchtet, sein Hintermann könne ihn auf die Hacken treten. Er soll sich aber auch nicht wild auf jeden Nachbarn stürzen oder schließlich in ausgelassener Lustigkeit dauernd am Herrn in die Höhe klettern. Der vorgeführte Hund soll vielmehr im Ringe in ruhiger, natürlicher Haltung stehen und sich bewegen, so daß der Richter auch imstande ist, ihn genau zu besichtigen und seine Vor= und Nachteile gegen die der Mitbewerber abzuwägen. Der Richter, das ist wohl zu beachten, muß den Hund so beurteilen, wie er ihn sieht, wie der sich zeigt. Daß das in bester Form geschehe, ist Sache des Vorführenden! Auch daran ist der Hund zu gewöhnen, daß er sich willig den Fang öffnen und die Lippen hochziehen läßt, damit der Richter die Zähne besichtigen kann.

Auszurüsten sind die Hunde mit einer der schon oben besprochenen Wirbelketten und einem gut verpaßten leichten Ketten= oder schmalen Lederwürgehalsband; breite Halsbänder wirken immer unschön, gar, wenn sie auffällig weiß sind. Ein Schäferhund mit einer großen Schleife ist etwas Stilwidriges, er ist nun mal keine Ballschönheit, selbst wenn er noch im Jungmädchenalter ist. Zum Vorführen nehme sich der Aussteller einer kurze Führleine mit, passe sich im übrigen auch mit seiner Kleidung der Aufgabe an: Stöcke, Schirme, Hundepeitschen gehören nicht mit in den Ring; Mäntel müssen fest zugeknöpft sein, wehende Sladusen mögen malerisch wirken, stören aber meist bei der Musterung und stets bei der Dorführung im Trabe. Damen, die vorführen wollen, müssen auch laufen können; wer es nicht kann oder will, sorge rechtzeitig für Ersatz, halte sich dann aber nicht am Ringe auf, sonst jampelt der Hund nach der Herrin und zeigt sich unruhig und schlecht. Das gilt auch für alle anderen Ausstellungsbesucher, die Angehörige mit Hunden im Ringe haben.

Selbstverständlich sind alle Einwirkungsversuche von außen ver= boten. Manche Aussteller glauben, bei der Schäferhundbeurteilung käme es nur auf Ohrenhaltung und vorgetäuschte Aufmerksamkeit an; sie versuchen alle möglichen Mittelchen, um dem Richter ein Bild vorzu= führen, statt des natürlichen Hundes, der der sehen will. Die beschei= deneren treiben ihren Zauber im Ring mit allerhand Faxen und Possen; die wären an sich harmlos, störten sie nicht auch die Nachbarhunde und hielten sie nicht durch ihr nutzloses Getue den Gang der Musterung auf. Ganz gerissene aber haben wie geschickte Spielleiter ihre Helfershelfer als Klatschtruppe außen am Ring verteilt. Die müssen Stimmung für den bildschönen Hund machen und gegen den unfähigen Richter, der noch zu zweifeln scheint; vor allem aber müssen sie den Hund von allen Seiten durch Anruf, Pfiff, Flöten, Tuten in einen künstlichen Aufregungs= zustand bringen, damit er sich nur ja „schön" zeigt, d. h. anscheinend voller Leben, vor allem aber so unruhig, daß der Richter Gebäudemängel nicht recht feststellen kann. Ein alter erfahrener Richter läßt sich ja durch solche Mätzchen nicht blenden. Ist der Ring voll besetzt, hat der Richter demnach für den Einzelhund nicht unbeschränkte Zeit zur Verfügung, wird er das Faxentier von vornherein um eine Bewertungsklasse tiefer schreiben, weil er es wegen der törichten Beeinflussungsversuche nicht genügend mustern kann; es wird sich dann vielleicht mal aus einer anderen Ecke Gelegenheit finden, einen Blick auf den Hund zu werfen, wenn die Gehilfen nicht um ihn bemüht und der Meister von seinem Siege träumt. In solchen leider gar nicht allzuseltenen Fällen ist es Sache der Mit= aussteller und der Ringzuschauer, sich zu beschweren, einzugreifen und die Helfershelfer festzustellen, damit sie vom Platz verwiesen werden können; das Ausüben der Ringpolizei ist nicht Amt des Richters, auch seine Ordner und der Schriftführer haben andere Aufgaben, denen sie nachkommen müssen, soll die Beurteilung nicht stocken.

Derboten ist die Dornahme von Deränderungen oder Ein= griffen, die geeignet sind, den Richter zu täuschen; Dorspiegelung falscher Tatsachen ist Betrug und wird streng geahndet: Ausschluß aus dem Zuchtverein und Ausschluß von allen künftigen Veranstaltungen. Unzulässig wäre beispielsweise das Färben störender Abzeichen, das Einölen krausen Haars, das Einreiben von Eiweiß oder anderen Mitteln, um weiches Haar härter, schwache Gebäudestellen voller erscheinen zu lassen; das sind im ganzen Nichtigkeiten, wer so handelt, hat keine Ahnung, worauf es bei der Schäferhundbeurteilung ankommt und daß er damit niemanden täuscht. Schwerwiegender, und zwar weil dabei die betrügerische Absicht glatt vorliegt, wären Eingriffe zur Derbesserung der Trageweise der Rute, ganz verwerflich schließlich Versuche, Wesen und

Gemütsart des Hundes in anderem, natürlich besserem Licht zu zeigen. Das Pfeffern der Pferdehändler würde bei einem Schäferhunde natür= lich unerwünschte Erscheinungen zeitigen, es gibt aber entsprechende Mittel, vom Alkohol an, um eine künstliche Aufgeregtheit zu erzeugen und einem nervenschwachen Schlotterhasen wenigstens für einige Ring= stunden Schäferhundhaltung zu verleihen. Wer von solchen unlauteren Machenschaften Kenntnis bekommt, sollte sie unverzüglich dem Richter und der Ausstellungsleitung anzeigen.

Es erübrigen sich hier noch einige Worte über das Benehmen auf der Ausstellung selbst. Ich sagte schon, daß die Ausstellung der Hunde, der Zucht wegen stattfindet, jeder Aussteller muß daher durch genaues Einhalten der Bestimmungen, durch Pünktlichkeit, Aufmerksam= keit und Einordnen in den Rahmen des Ganzen dazu beitragen, daß die Hauptsache, die Musterung der Hunde, glatt und so schnell wie möglich vor sich gehen kann; denn auch die Hunde langweilen sich im Ring, was aber die Beurteilung aufhält, ist nicht die große Zahl gemeldeter Hunde, sondern der Herr Aussteller. Zu dessen Pflichten gehört auch Rücksicht= nahme auf Richter, Mitaussteller und andere Hunde. Rücksichtnahme, Gemeinschaftssinn und höfliches Benehmen sind Dinge, die heutzutage etwas abhanden gekommen zu sein scheinen, von Liebhabern müssen sie gefordert werden. Zur Rücksichtnahme gehört Einhalten des Platzes und der Abstände und Führen des gut leinenführigen Hundes auf der inneren, dem Richter zugekehrten Seite; der Richter will den Hund sehen, keine Führerbeine, deshalb wird im Ring auch auf die linke Hand gegangen, d. h. links herum geführt, weil der Platz des Hundes am linken Fuß des Führers ist. Die Ringnummer ist stets gut sichtbar zu tragen, sie wird am besten mit einer mitgebrachten Sicherheitsnadel an der linken Brustseite angeheftet. Zur Rücksichtnahme gehört weiter Aufmerksamkeit auf den Hund; der soll weder bummeln, noch andere Hunde belästigen. Muß er seine Notdurft verrichten, darf der Führer nicht mit ihm in der Führbahn stehen bleiben, sondern muß in den Ring treten und nachher gleich wieder seinen Platz einnehmen; auch soll jedem Hunde, bevor er in den Ring kommt, tüchtig Auslauf gegeben werden, damit er sich lösen kann, sonst zeigt er sich schlecht und tritt ge= spannt. Zur Rücksichtnahme gehört schließlich, daß der Aussteller auch jeden Schein einer Beeinflussung des Richters meidet, im Ring und vor= her. Es ist selbstverständlich ganz ungehörig, dem Richter vorher zu schreiben, der berühmte Wauwau werde nach X zur Ausstellung kommen, habe die Platznummer 97 und hoffe ganz bestimmt dort ebensogut abzuschneiden wie usw. Solche Versuche gehören vor das Gerichtsamt des Vereins. Es gibt aber auf der Veranstaltung selbst noch genügend Mittel, sich und seinen Hund in angenehme Erinnerung zu bringen oder den Richter um bestimmte Preise zu quälen; ein vornehm empfindender Aussteller wird derartiges niemals versuchen, der andere sollte es aber auch nicht tun, um sich nicht übler Nachrede auszusetzen. Denn die blüht leider am Ring, wo so viele müßige Leute herumstehen, die nichts Besseres zu tun haben, als die Mitmenschen und deren Hunde etwas durch die Zähne zu ziehen. Daß auch gewerbsmäßige Hetzer just dort mit Vorliebe im Trüben zu fischen suchen, ist nur menschlich; kommen sie an den rechten, erhalten sie schon die gebührende Abfuhr. Aber so'n bischen klug reden und den Überrichter spielen, ist nun mal Menschenart und der Deutsche zumal kann nach einem bekannten Wort Bismarcks alles, vom Kriegs= führen bis zum Hundeflöhen; und zwar kann er es, das war der Rede Sinn, allemal besser als die eigentlich zum Amt Berufenen. Der Ring= kiebitz und Überrichter draußen am Ring kann den Hund natürlich nicht so mustern wie der Richter selbst, dafür versteht er es aber eben besser und läßt unbehindert Weisheit von seinen Lippen träufeln; die Preise sind von ihm denn auch längst vergeben, bevor der Richter seine Entscheidung trifft.

Das Richterurteil ist mit vornehmer Gelassenheit hinzunehmen, auch wenn es nicht so lautet, wie der Aussteller erwartet. Wer schimpft, den Rüpel spielt, womöglich dem Richter den Preiszettel zerrissen vor die Füße wirft, setzt sich allemal ins Unrecht und zeigt durch sein Be= nehmen, daß er nicht in eine Gemeinschaft selbstloser Liebhaber und Züchter gehört, denen Zuchtfortschritt und Wohlergehen der Rasse höher stehen, als eigener Vorteil.

Das Ergebnis der Beurteilung wird durch die dem Hunde zu= geteilte Bewertung ausgedrückt. Sie enthält das Urteil über Äußeres und Wesen, soweit dieses erkennbar, nicht jedoch über Zuchtwert; dazu gehören, wie wir sahen, Unterlagen, die dem Richter vorläufig nicht zugänglich sind. Aber auch so steht die Bedeutung der Bewertungen weit über der der Reihenfolgepreise der Ausstellungen, weil diese nicht so sehr von der Güte des damit bedachten Hundes selbst, als vielmehr von der der Mitbewerber um die Preise abhängig sind.

Die Art der Bewertungen erwähnte ich schon oben. SG soll die Grundbewertung für ältere Hunde sein, die nach Blut, Gebäude und Wesen zur Zuchtverwendung empfohlen werden können. V ist für die vollkommensten unter ihnen bestimmt, sofern sie erheblich über dem Durchschnitt der mit SG zu bewertenden stehen. Dem SG bei älteren entspricht als Grundbewertung für noch nicht ausentwickelte, aber zu Gutem versprechende Junghunde das G. Es soll ferner soweit nicht eine noch geringere Bewertung angebracht — an ältere Hunde vergeben werden, die dem Rassebilde nicht voll entsprechen oder erheblichere Gebäude= und Wesensmängel aufweisen, so daß ihre Zucht= verwendung nicht empfehlenswert erscheint. Schließlich empfiehlt es sich für Hunde, die in mangelhafter Verfassung oder mit so schlechter Ringerziehung herausgebracht werden, daß eine gründliche Musterung, namentlich des Gangwerks, nicht möglich ist. B ist für Hunde be= stimmt, die brave Begleit= und Arbeitshunde sein können, die aber in Bau und Ausdruck den zu stellenden Anforderungen zu wenig entsprechen, um für die Zucht in Betracht zu kommen. O schließlich ist die Bewertung für Hunde, die völlig aus dem Rassebilde fallen, ganz grobe Fehler haben oder nicht rasserein sind. Daraus ergibt sich, daß SG die durch= schnittlich höchste Bewertung für ältere, zuchtreife, G aber für jüngere, noch unfertige Hunde sein soll. Daß daher V, für jüngere Hunde auch SG, nur an die allerbesten, in jeder Beziehung einwandfreien Tiere vergeben werden darf; bei Junghunden nur, wenn die Ausentwicklung keinen Rückschritt mehr erwarten läßt.

Der Zucht dient, soll sie Fortschritte machen, nur strenge Beurteilung. Auch die Besitzer haben keinen Vorteil von einer nach= sichtigen Beurteilung, die sie über Mängel der Hunde im Unklaren läßt und sie vielleicht dazu verführt, mit Tieren zu züchten, aus denen sich Gutes nicht erwarten läßt.

Mit den Bewertungen V und SG, namentlich aber mit V sollen die Richter sparsam umgehen und ein V nur solchen Hunden zu= sprechen, die bei guter Gesamterscheinung und dreistem, lebensvollem Wesen keine Gebäudefehler aufweisen. Eine bestimmte Grenze läßt sich nicht vorschreiben, hier entscheiden nur Blick und Erfahrung.

Richtschnur für jede Beurteilung ist, daß dadurch an erster Stelle der Zucht, dem Zuchtfortschritt, der Leistungssteigerung gedient werden soll; dann erst dem an sich durchaus berechtigten Ehrgeiz der Aussteller und der Züchter. Nicht aber der Sportleidenschaft einzelner, die sich, sei es aus welchen Gründen, gelegentlich bis zum Preishunger und noch unerquicklicheren Erscheinungen steigern kann. Daß im übrigen die Richtertätigkeit niemandem zu liebe, aber auch niemandem zuleide erfolgt, ist eine Selbstverständlichkeit.

Ist ein Hund auf einer Ausstellung in mehreren Klassen gemeldet (Sportklassen auf Zuchtschauen und Ausstellungen alter Art), so bleibt die ihm in der ersten Klasse zugeteilte Bewertung auch in den weiteren Klassen die gleiche. Dagegen kann ein Hund, namentlich ein solcher, der auf der Grenze zwischen zwei Bewertungsklassen steht, auf verschie= denen Ausstellungen auch sehr wohl verschieden bewertet werden müssen. Denn ein Hund zeigt sich nicht immer gleich gut: die Allgemeinverfassung kann wechseln, das Wesen kann dadurch, durch Witterungs= und andere Einflüsse (Hitze, Tragezeit) beeinflußt werden; ein Junghund kann im Laufe der Entwicklung Mängel verlieren, kann sich andererseits aber auch nicht so günstig ausentwickeln, als zu hoffen war, ebenso kann ein alter Hund zurückgehen. Schließlich kann ein Hund auch so ungeschickt oder gleichgültig vorgeführt werden, daß seine Vorzüge nicht zur Geltung kommen. Daran trägt der Besitzer die Schuld; im Zeitalter der Dienst= hundbewegung muß von jedem Hund verlangt werden, daß er sich im Ring gehorsam und leinenführig zeigt. Dort aber muß der Hund ohne Rücksicht auf früher etwa schon erhaltene Auszeichnungen stets so bewertet werden, wie er sich an dem Tage gerade zeigt.

Die Reihenfolgepreise werden neben den Bewertungen und erst nach deren Festlegung vergeben mit der Maßgabe, daß Reihen= folgepreise nur solchen Hunden zugesprochen werden dürfen, die die Bewertung V oder SG erhalten haben. Stehen in einer Klasse nicht so viele mit V oder SG bedachte Hunde als Reihenfolgepreise ausgeschrieben, so entfällt die Vergebung der überzähligen Preise.

In jeder Klasse wird neben den mit den ausgeschriebenen Reihen= folgepreisen bedachten Preisträgern der nächstbeste, mindestens mit SG bewertete Hund durch die Bezeichnung Ersatzpreis als Anwärter zum Aufrücken in die Preise bezeichnet für den Fall, daß einem der Preis= träger der zuerkannte Preis nachträglich aus irgendeinem Grunde ab= erkannt werden müßte.

Neben den Bewertungen und Reihenfolgepreisen gibt es dann noch eine Reihe weiterer, stets aber für mit D oder SG bewertete, im Zuchtbuch eingetragene Hunde vorbehaltener Auszeichnungen: Ehren= preise, Wanderpreise, Sonder=und Vereinspreise, Zucht= und Vereinszuchtpreise, Gebrauchshund= und Gebrauchszucht= zusatzpreise, deren nähere Erklärung die schon erwähnte Vereins= schrift enthält. Unter den Zuchtpreisen haben die Staatspreise für Zuchtleistung den höchsten Wert, unter den Ehrenpreisen die Sieger= titel, die auf der Jahreshauptausstellung im schärfsten Wettbewerb vergeben werden. Im Ausland heißt der Sieger Champion, deshalb brauchen auch bei uns just die Leute diesen Ausdruck mit Vorliebe, die sich nicht recht klar darüber sind, ob dieses Wort nun deutsch, englisch oder französisch auszusprechen ist, von der Rechtschreibung ganz abgesehen, und bei denen der Meisterkämpe nur zu oft über den Edelpilz stolpert. Der SV. hat seine Jahressieger stets nur so benannt und ist auch mit dieser Verdeutschung wie mit vielen anderen bahn= brechend im Hundewesen vorgegangen; er spricht auch nicht von aus= ländischen Championaten, sondern nennt sie Ausland=Siegertitel, im Einzelfall das Land beifügend, z. B. Holland=Sieger 1919. Es ist selbst= verständlich, daß die Siegertitel, je für Rüden und für Hündinnen, in jedem Jahr und in jedem Land nur einmal vergeben werden können.

Für die Zuchtvereine sind die bedeutendsten Veranstaltungen die Sonder=Zuchtschauen (=Ausstellungen) und Sonder=Pfosten= schauen, die entweder selbständig vom Zuchtverein oder seinen Unter= abteilungen abgehalten oder aber allgemeinen Veranstaltungen anderer Vereine angegliedert werden. Vereinsschauen, auch Musterungen, dagegen sind kleine geschlossene Veranstaltungen, die, im Rahmen der Pfostenschau abgehalten, nur für Hunde von Vereinsmitgliedern offen sind. Auch auf diesen Vereinsschauen dürfen die Hunde nicht milder beurteilt werden, das würde nur zur Irreführung der Züchter und zur späteren Enttäuschung der Besitzer führen.

Für die Zucht auf Leistungen, die Grundlage für die Zucht jeder Gebrauchsrasse, sind die Leistungsprüfungen, zumal beim heutigen Stande unseres Ausstellungswesens, von noch höherer Bedeutung als Ausstellungen und Schauen.

Bei den Leistungsprüfungen unterscheiden wir zwischen Preishüten, Jugendveranlagungs= und den verschiedenen Diensthund= prüfungen. Eingehende Vorschriften über sämtliche Leistungsprüfungen, Ratschläge zur sachgemäßen Durchführung und Prüfungsordnungen sind in der schon oben beim Ausstellungswesen erwähnten Vereins= schrift zu finden.

Das Preishüten ist eine Prüfung für Herdengebrauchshunde, die auf einer möglichst natürlichen Verhältnissen angepaßten Bahn die gesamte Arbeit des bei der Herde gehenden Schäferhundes zu zeigen haben: Aus= und Einpferchen, Treiben auf gebahnten Wegen unter Überwinden verschiedener Verkehrshindernisse, Arbeit im weiten, wenn irgendmöglich auch im engen Gehüt, Gehorsam und Grisse. Die Preis= hüten sollen Landwirten und Schäfern Gelegenheit geben, Muster= leistungen zu sehen, Fehler bei der Hütenarbeit zu erkennen und die

Arbeit der eigenen Hunde mit der an derer zu vergleichen; Züchtern, Liebhabern und Diensthundführern aber sollen sie einen Begriff von

Abb. 90. Kriegshund=Sonderausstellung zu Berlin am 6. Oktober 1918, veranstaltet von der Ortsgr ppe Berlin des Vereins für deutsche Schäferhunde (SV.). Die Offene Klasse für Rüden im Ring.

den an den Herdenhund gestellten hohen körperlichen und geistigen Forderungen verschaffen. Züchtern außerdem das Bekanntwerden mit guten Gebrauchsstämmen ermöglichen. Die Beurteilung erfolgt durch einen Richterrat, dem Hütensachverständige, Schäfer oder Schaf=halter, angehören müssen. Vergeben werden Leistungsbewertungen: V, SG, G, B und O, außerdem abgestufte Geldpreise und Führerpreise; unter den Ehrenpreisen stehen der jährliche Preishüten=Siegertitel und Staatspreise für Ge brauchshunde obenan.

Schäfer, die an einem Preishüten teilnehmen wollen, sollten nicht unterlassen, ihre Hunde in entsprechender Wei=se vorzubereiten, u. a. auch auf die Arbeit vor zahlreichen Zu=schauern. Beim Aus=fahren werden sie oft genug mit ihren Hun=den das richtige Der=halten bei Brücken, Engwegen, entgegen=kommendem Fuhrwerk üben können, sie müssen sich aber auch selbst gut einüben, um beim Preishüten dem Hunde die Arbeit nicht unnötig zu erschweren; zumal die Schafe einem frem=den Führer und einem fremden Hunde nicht so willig folgen, wie dem ihnen vertrauten, auch weil die Herde, nachdem sie ein paar=mal die Bahn genom=men hat, faul und dick=fellig wird. Deshalb sollen die Schäfer zum Preishüten auch nicht etwa im Bratenrock an=treten, sondern im üb=

Abb. 491. Preishüten des Vereins für deutsche Schäferhunde (SV) zu Cannstatt am 13. Oktober 1912. Das Überschreiten einer Brücke.

lichen Schäferanzug mit der Schippe, und deshalb müssen sie auch beim Treiben ihren Schritt der Gehlust des Haufens anpassen. Eilen sie vor=wärts, ohne Rücksicht auf den Haufen zu nehmen, so verleiten sie den Hund zu dem fehlerhaften Durchstoßen zwischen Schäfer und Schafen. Bei schmalen Hindernissen, Brücken und Engwegen, gilt es, die Spitze des Haufens rasch durchzuziehen, um auf der anderen Seite durch Kurztreten das Aufrücken der zum Einzelabbrechen genötigten Schafe zu ermöglichen.

Aber dies Kurztreten darf nicht unmittelbar hinter dem Hindernis anfangen, sonst wird die Wegenge verstopft, der Schluß des Haufens zum Ausbrechen verleitet. Ferner ist das genaue Stellen des Hundes an einem vorgemerkten Platz auf der Seite zu üben, das Seitewechseln in langsamer und in beschleunigter Gangart. Auch soll der Hund angelernt werden, seinen Griff auf Befehl vor dem Richter zu zeigen, nicht aber von rückwärts in den Haufen hineinzustoßen. Und ebenso wie die Gänge und das Stellen nicht bloß auf Befehl, sondern auch auf Wink gezeigt werden sollen, so muß auch der Griff auf Wink und das Ablassen auf Pfiff eingeübt sein. Auch das Aus= und Einpferchen und der Sprung über die Hürde ist zu üben, da Pferchen nicht mehr überall üblich, aber zu den vorgesehenen Prüfungsgegenständen gehört. Die Griffart zu wählen, steht dem Schäfer frei, der Hund darf dann aber auch nur den angemeldeten Griff zeigen. Der Schäfer selbst muß dem Hunde die nötigen Befehle geben, er darf auch die Schafe mit der Stimme locken, muß sich aber jeden weiteren Eingriffs enthalten, darf namentlich kein Schaf berühren, um dem Hunde die Arbeit zu erleichtern.

Jugendveranlagungsprüfungen sind offen nur für Jung= hunde von etwa vier bis höchstens zehn Monaten; sie sollen dazu dienen, Züchter und Führer auf gut veranlagte, frühreife Stämme aufmerksam zu machen und ihnen den Wert sorgfältiger Zucht auf Leistung aus ge= arbeiteten Eltern klar zu machen. Jugendveranlagungsprüfungen können selbstverständlich nur im engen Rahmen und unter Ausschluß jeglicher Öffentlichkeit abgehalten werden. Es darf bei ihnen niemals auf schon vorhandene Abrichtung geprüft werden, die Junghunde sind vielmehr lediglich darauf zu mustern, ob sie die Sinnes= und Wesenseigenschaften besitzen, die sie bei späterer Verwendung im Dienst oder auch bei der Herde haben müssen: Nase, Lebenslust, Aufmerksamkeit, Arbeitsfreude, Schneid, Wachsamkeit, auch Anlage zum Gehorsam. Geprüft wird durch einen Richter, der es ganz in der Hand hat, sich eine Reihe zum Feststellen vorhandener Anlagen geeigneter kleiner Aufgaben auszudenken; ver= geben werden Veranlagungsbewertungen V, G und 0; wenn vorhanden, auch kleine Führerpreise zur Aufmunterung der Junghundbesitzer.

Die eigentlichen Dienfthundprüfungen haben einen stufen= weisen Aufbau: Zuchtprüfungen, früher Dressurprüfungen ge= nannt, mit den Anforderungen an einen Begleit= und Schutzhund; Vorprüfungen mit den Anforderungen an einen Hund im öffentlichen Sicherheitsdienst; Hauptprüfungen mit den Anforderungen an einen Hund im Ermittelungsdienst; daneben gibt es noch Kriegs= und Sani= tätshundprüfungen und Polizeihundvorführungen. Diese Einteilung beruht auf der seit Beginn des Prüfungswesens dem Gebrauch angepaßten und allmählich erweiterten Prüfungsordnung des SD., die dann später vom „Prüfungsverbande der Zuchtvereine für Dienfthund= raffen im Kartell (PDZ.)" übernommen wurde. Die schon erwähnte Vereinsschrift enthält auch diese Prüfungsordnung mit eingehenden An= weisungen und Ratschlägen für veranstaltende Vereine, Prüfungs= leiter, =richter und =teilnehmer. Prüfungen sollen vorbildliche Leistungen zeigen, zum sorgfältigen Abrichten anregen und den Züchtern die Aus= wahl brauchbarer Zuchttiere erleichtern.

Der fortſchreitende Ausbau des Dienſthundweſens, der auch zu einer Dertiefung der Aufgaben der einzelnen Zweige führt, wird uns, wie im Ausſtellungsweſen, ſo auch im Prüfungsweſen zu Änderungen zwingen. Dabei müſſen wir im Auge halten, daß auch die Prüfungen der Zucht dienen ſollen, zumal unſer Beſtreben dahin geht, daß innerhalb unſer Gebrauchsraſſe nur mit gearbeiteten Tieren gezüchtet wird; die Gegenforderung dazu iſt dann, daß alle zuchtfähig gewordene Tiere Gelegenheit gehabt haben müſſen, ihre Arbeitsausbildung zu erweiſen. Dazu würde nötig, die Unterſtufe der Prüfungen, die bisherigen Dreſſur=prüfungen, im einfachſten Rahmen an ſo vielen Stellen wie möglich und etwa zweimal im Jahre abzuhalten; ſelbſtverſtändlich unter ſach=verſtändiger und ſtrenger Prüfung, denn nur eine ſolche hat Wert für die Zucht und für die weitere Arbeitsausbildung. Mit dem Abhalten dieſer Prüfungen, die ihrer Aufgabe wegen in Zukunft als Zuchtprüfungen bezeichnet werden, ſind, ebenſo wie mit den Jugendveranlagungs=prüfungen, die Ortsgruppen beauftragt worden, deren der SD. nahezu überall welche beſitzt; wo ſie noch fehlen, wären ſie gerade dieſer Aufgabe im Prüfungsweſen und auch wegen einiger oben ſchon erwähnter Zucht=fragen noch zu gründen. Den Züchtern muß mit ihren Jungtieren die Teilnahme an dieſen Prüfungen auf jede Weiſe erleichtert, anderer=ſeits aber auch zur Pflicht gemacht werden, damit jeder Hund ſich ſein Ausbildungskennzeichen holt. Das wäre durch Zwang wohl zu erreichen: Beſchränkung der Zuchtbucheintragung von Würfen auf ſolche aus gearbeiteten Eltern, Abhängigmachen der Zulaſſung zu Ausſtellungen oder zu Wettbewerben um beſtimmte Auszeichnungen von der Arbeits=ausbildung, Nichtannahme von Derkaufsanzeigen nicht abgeführter Tiere u. ä.; ſobald ſich aber unter den Züchtern erſt die Überzeugung durchgerungen hat, daß nur Gebrauchshundzucht die Raſſe geſund erhalten kann, ebenſo von Käuſern allgemein die Forderung nach ge=arbeiteten Hunden erhoben würde, erübrigen ſich derartige Maßregeln.

Gefordert wird auf dieſen Zuchtprüfungen, was von einem zuverläſſigen und brauchbaren Begleit= und Schutzhunde verlangt werden muß: Gehorſam, gute Allgemeinerziehung und körperliche Gewandt=heit; Wachſamkeit, Schußfeſtigkeit und Schärfe; ſchließlich die Anfangs=gründe der Naſenarbeit, zu erweiſen durch Suche auf der Führer=, möglichſt auch auf warmer fremder Spur. Für im Sonderdienſt des Heeres und der Derwundetenfürſorge ſtehende Hunde würde die Prüfung auf Schärfe entfallen und dafür in den Anfangsgründen der Sonder=ausbildung im Meldegang und im Stöbern nach Derwundeten geprüft werden.

An dieſe Dorſtufe ſchließen ſich dann Prüfungen für Kriegshunde, für Sanitätshunde, für Polizeihunde im Sicherheitsdienſt (Polizeihunde) und für Polizeihunde im Ermittelungsdienſt (Suchhunde) an. Die Kriegshundprüfungen erſtrecken ſich außer auf Schul=, Gehorſams= und Gewandtheitsübungen auf Botengang über große Strecken und unter erſchwerenden Umſtänden, ähnlich die Sanitätshundprüfungen auf eine möglichſt den natürlichen Derhältniſſen entſprechende Suche in ſchwierigem Gelände, unter Umſtänden auch bei Nacht. Die im Sicher=heitsdienſt ſtehendenden reinen Polizeihunde, unter die auch die im Landjäger=, Grenz=, Bahn=, Feld= und Jagdſchutzdienſt arbeitenden einzureihen ſind, werden, außer auf die Vorübungen, beſonders auf ſorgfältige Arbeit am Mann: Standlautgeben und Stellen, Begleiten eines Verhafteten, Verteidigen des Führers und Schußfeſtigkeit geprüft, dazu auf richtiges Stöbern (Dienſtbezeichnung: Revieren) und auf Suche auf warmer fremder Spur. Bei den reinen Such hundprüfungen dagegen ſoll Spurarbeit auf warmer und auf kalter fremder Spur ge= prüft werden, außerdem andere Naſenarbeiten wie das Herausſuchen von Leuten und Gegenſtänden nach gegebener Witterung. Sie müſſen, wie

Abb. 492. Dienſthundprüfung. Prüfung auf Schußfeſtigkeit.

die Kriegs= und Sanitätshundprüfungen im freien Gelände und unter Ausſchluß von Zuſchauern abgehalten werden. Waſſerprüfungen auf Schwimmen, Hereinbringen von Gegenſtänden aus dem Waſſer, ſchließlich auf Rettung Ertrinkender können, wo die örtlichen Verhält= niſſe es ermöglichen oder ſolche Prüfung nützlich erſcheinen laſſen, ſtets angegliedert oder beſonders abgehalten werden. Schließlich werden die veränderten Lebensverhältniſſe, auch die Einſtellung von Ziehhunden im Heer, vielleicht auch zu Ziehhundprüfungen nötigen.

Es iſt ſelbſtverſtändlich, daß an allen dieſen Sonderprüfungen nicht bloß Dienſthunde und im Dienſt ſtehende Führer, ſondern, genau wie bisher, auch Liebhaberführer mit ihren für den oder jenen Sonderdienſt gearbeiteten Hunden teilnehmen können, weil — die bisherige Ent= wicklung des Dienſthundweſens hat das bewieſen! — juſt der über

genügend freie Zeit verfügende Liebhaberführer feinen Hund am forg=
fältigsten ausbilden kann, am engsten mit dessen Seele verwächst, daher
wertvolle Winke für Führung und Abrichtung zu geben in der Lage ist.

Bis zur endgültigen Regelung des Prüfungswesens in diesem Sinne,
die auch nur schrittweise erfolgen kann, bleibt es bei der bisherigen Ein=
teilung, die sich im allgemeinen gut bewährt hat. Prüfungen bleiben
Prüfungen, sie können der Wirklichkeit niemals voll angepaßt werden,
ebensowenig wie das Manöver dem Kriege. Wie aber bei jenem er=
kannt werden konnte, ob Führer und Truppe die Fähigkeit hatten,
ihren schweren Aufgaben im Ernstfall gerecht zu werden, so auch bei
den Prüfungen. Da ist es Sache der Richter, sich aus den Auf=
gaben und der Art ihrer Lösung ein Urteil zu bilden, ob
der Hund Eignung zum Gebrauch hat; dabei sollte, mehr viel=
leicht als bisher, in dieser Beziehung geschehen, auf Fehler der Führung
und der Ausbildung geachtet werden. Aus solchem Urteil über die Eignung
zum Gebrauch kann auch die Zucht schöpfen. Mehr aber sollte auch von
einer Prüfung nicht verlangt werden, sonst wird auch die Prüfung
Selbstzweck, Sport, und schadet statt zu nützen. Denn wir wollen uns
doch vor Augen halten, daß wir nicht für Ausstellungen oder Prüfungen
züchten und arbeiten, sondern für unsere Rasse und um durch sie der
Allgemeinheit zu dienen. Prüfungskünstler nützen uns dafür ebenso=
wenig wie leere Ausstellungssieger und auch Diensthundprüfungen ver=
halten sich zum wirklichen Gebrauch wie Schulprüfungen zum späteren
Leben, in dem scheitert aber gar mancher nur auf Schulanforderungen
eingestellt gewesene Schüler trotz seines glänzenden Abgangszeugnisses.

Da es sich um Prüfungen, also um einen Wettbewerb zwischen einer
größeren Zahl von Prüflingen handelt, müssen selbstverständlich allen Prüf=
lingen die gleichen Aufgaben gestellt und möglichst auch die gleichen Be=
dingungen zu deren Lösung geboten werden. Auch bei den Nasenarbeiten,
bei denen ja nur dahin geprüft werden kann, ob der Hund Nase be=
sitzt, richtiger sie anzuwenden gelernt hat und ob der Führer versteht,
sich dem Hunde klar zu machen und dessen Anzeigen zu folgen. Die
Prüfungsaufgaben für die Suche sind, so widerspruchsvoll das klingt,
trotzdem es sich meist um warme Spur handelt, durchaus nicht leichter
als Suchen im Gebrauch oder als solche zum Einarbeiten auf den Ernst=
fall. Äußere Einflüsse aller Art wirken da mit, seelische Einwirkungen
auf den Führer —Prüfungsfieber! —, die sich nur zu leicht auf den Hund
übertragen, oft die Windverhältnisse des meist eingeengten Prüfungs=
geländes (oft werden Rennbahnen dazu gewählt), bisweilen Umgebung
und Bodenverhältnisse, Fehler bei der Anlage, schließlich auch das Fehlen
der Angst= oder Verbrecherwitterung bei den Spurenlegern. Zudem sind,
um einen Ausgleich zu schaffen, und dem Richterurteil sichere Unter=
lagen zu geben, die Suchaufgaben selbst erschwert worden: es wird nicht
nach einem auch viel Oberwitterung abgebenden Mann gesucht, sondern
in Frei= und Riemenarbeit nach einem kleinen, am Boden liegenden
Gegenstande, der die Witterung des zu suchenden trägt.

Dem Gebrauch des Suchhundes angepaßte Aufgaben lassen sich
bei größeren Prüfungen nur unter ganz besonders günstigen örtlichen
Verhältnissen stellen. Es wird angestrebt, bei den reinen Suchhund=

prüfungen dazu zu kommen, vorläufig muß das Ausarbeiten solcher Spuren dem Einschulen einzelner Hunde auf Übungstagen, auch den sogenannten Polizeihundvorführungen überlassen werden. Diese haben just die Aufgabe entweder einem größeren Zuschauerkreise das

Verständnis für die allgemeinen Aufgaben der Diensthunde zu erschließen — sie können daher auch für Kriegs= oder für Sanitätshunde abgehalten werden —; oder aber einem kleinen Kreise von Fachleuten den Beweis für die Verwendungsmöglichkeit in besonderen Fällen zu erbringen.

Unter diese fallen gerade Sucharbeiten, bei denen die Spur in besonders sorgfältiger Weise unter Berücksichtigung aller im Ernstfall möglichen Verhältnisse gelegt und dann von einem sicher abgeführten Hunde mit einem bewährten Führer ausgearbeitet werden muß.

Beurteilt werden die Prüflinge auf größeren Prüfungen von einem Richterrat, auf kleineren von Einzelrichtern. Vergeben werden, wie bei den Preishüten, Leistungsbewertungen, zu denen meist abgestufte, aber in sich gleich hohe Geldpreise und Führerpreise, ebenfalls in bar, treten. Unter den Ehrenpreisen ist der Leistungssiegertitel der wert= vollste, er wird auf der Hauptprüfung des Jahres vergeben; ebenso der Leistungswanderpreis. Für große Prüfungen stehen meist Staats= preise für Gebrauchsleistung zur Verfügung, auch für die Züchter gut abschließender Prüflinge sind besondere Belohnungen vorgesehen. Auf Vorführungen werden weder Bewertungen, noch Preise vergeben, eine Beurteilung der Arbeit der einzelnen Hunde findet dort nicht statt.

Auch auf die Prüfungen hin haben die Führer sich und ihren Hund sorgfältig vorzubereiten; die Hauptaufmerksamkeit ist dem Erhalten der guten Nasenverfassung zu widmen, die auf längeren Fahrten infolge der Reiseerregungen und des Luftwechsels nur zu leicht leidet. Wer zur Prüfung eine längere Reise machen muß, fahre lieber einen Tag früher, um seinem Hunde am Prüfungsort Zeit zum Eingewöhnen und Aus= ruhen zu geben; widme sich dort auch dem Hunde, ziehe also nicht mit ihm durch rauchgeschwängerte Kneipen. Am Prüfungsplatz muß der Hund an staubfreiem Platz im Schatten abgelegt werden und vor der Arbeit Wasser bekommen, auch zum Lösen Auslauf erhalten; ist kein Wasser zur Stelle, reibe ihm der Führer wenigstens mit einem mit= genommenen feuchten Tuch die Nase leicht ab. Wenn der Huud auf der Führerspur suchen muß, ziehe der Führer nicht neues, sondern ge= tragenes, mit seinem Eigengeruch also gut verwittertes Schuhwerk an; ebenso müssen zum Verlorensuchen Gegenstände ausgelegt werden, die den Eigengeruch des Trägers gut in sich aufgenommen haben: gebrauchte, nicht frisch gewaschene Taschentücher, getragene Handschuhe, Brief= taschen (ohne wertvollen Inhalt) o. ä. Weiße oder sonst stark ins Auge fallende Dinge sind nicht zu wählen, ebensowenig Schlüsselbunde und andere Metallsachen oder Ausrüstungstücke des Hundes. Vor allem befleißige sich der Führer der größten Ruhe; macht er oder sein Hund einen Bock, so verliere er die erst recht nicht und versuche auch nie auf einer Prüfung den Hund zu berichtigen oder zu strafen *).

Zum Schluß dieses Abschnitts noch einige Worte über das Ver= einswesen. Seinen Anfang nahm das in der Hundeliebhaberei mit den zunächst sich meist „Verein zur Züchtung reiner Hunderassen", später aber in der Regel „Verein der Hundefreunde" nennenden Zu= sammenschlüssen von Hundebesitzern und =züchtern. Diese örtlichen Vereine bildeten die ersten Sammelpunkte zur Erleichterung, Stärkung und Verbreitung der Liebhaberei; diesen Aufgaben widmen sie sich noch

---

*) Ausführliches darüber geben die „Winke für Prüfungsteilnehmer" von Dr. S. Schmidt; f. Anzeigenanhang.

heute, deshalb fällt ihnen auch im wesentlichen das Abhalten von Zucht=
veranstaltungen zu. Die örtlichen Vereine größerer Landschaften haben
sich meist zu Landesverbänden zusammengeschlossen, die ihrerseits
ihre Vertretung im gleich zu erwähnenden Kartell haben.

Aus dem Bestreben besonders für ihre Leibrasse zu wirken, er=
wuchsen dann die Zuchtvereine, die, weil sie einen größeren Wir=
kungskreis haben, meist nicht auf einen Ort beschränkt sind. Mit der
jüngste unter den Zuchtvereinen, dank der Erfolge und starken Verbrei=
tung seiner Rasse aber bei weitem der mitgliedstärkste ist der am 22. April
1899 gegründete „Verein für deutsche Schäferhunde (SV.)",
auf dessen Schaffensfreudigkeit und Arbeit für seine Rasse ich in den
früheren Abschnitten schon vielfach verweisen konnte. Die Geschichte
dieses Vereins, eine Darlegung seiner Aufgaben und der von ihm ge=
schaffenen Einrichtungen zum Besten der Rasse, der Zucht und der Aus=
bildung, aber auch zum Besten der Züchter und der Schäferhundfreunde
enthält die in diesem Abschnitt schon mehrfach erwähnte Schrift*). Der
SV. zählt heute 30000 Mitglieder, ist noch im steten Zunehmen, hat
rund 400 Ortsgruppen, die sich wiederum zu Arbeits= und Landesver=
bänden zusammenzuschließen beginnen, und beschäftigt in seiner Haupt=
geschäftsstelle mit dem Zuchtbuchamt anderthalb Dutzend Angestellter,
die kaum die täglich wachsenden Aufgaben zu bewältigen vermögen.
Den Ortsgruppen des SV. fallen eine Reihe von Aufgaben der Vereine
der Hundefreunde zu, im übrigen sollen sie und die Verbände die Tätig=
keit des über das ganze Reich und weiter verbreiteten Hauptvereins in
einzelnen, genau festgelegten Punkten ergänzen und den in räumlicher
Nähe wohnenden Mitgliedern die Möglichkeit zu engerem Zusammen=
schluß und zu gegenseitiger Aussprache und Unterstützung bieten. Das
einende Band um alle schlingt das vom Hauptverein geführte Zuchtbuch
der Rasse und die von ihm herausgegebene „Zeitung des Vereins für
deutsche Schäferhunde".

Neben den allgemeinen und den Zuchtvereinen gibt es dann noch
Gebrauchshund= und Prüfungsvereine, meist für Jagd=, aber auch
für Diensthunde. In der Mehrzahl kommen alle die hier erwähnten
allgemeinen Zucht= und Prüfungsvereine nicht über einige hundert
Mitglieder hinaus, nur einige wenige halten sich in den ersten Tausenden.

Wie im Vereinsleben wohl kaum zu vermeiden, kam es im Verlauf
der Zeiten bei den meisten Vereinen auch zu Abspaltungen, in der Regel
infolge persönlicher Reibungen, gekränkten Ehrgeizes und ähnlicher
allzumenschlicher Fragen. Diese Gegenvereine suchten sich aber leider
meist dadurch lebensfähig zu machen, daß sie die wegen „politischer"
oder „gemeiner" Vergehen von den anderen Vereinen Gemaßregelten
aufnahmen und, soweit sie Abspaltungen aus Zuchtvereinen waren,
auch selbständige Zuchtbücher anlegten. Es ist selbstverständlich, daß
alle auf Zuchtehrbarkeit und gute Sitten haltende Vereine, erst recht
die zuchtbuchführenden Zuchtvereine, gegen diese Abspaltungen Stellung
nehmen mußten.

---

*) „Der Verein für deutsche Schäferhunde (SV.), sein Ziel und seine
Verfassung", I. Teil, von Rittmeister v. Stephanitz; s. Anzeigenanhang.

Von dem erſten, 1879 in der Delegierten=Commiſſion (DC.) erfolgten größeren Zuſammenſchluß ſprach ich ſchon im III. Abſchnitt bei Erwähnung des Deutſchen Hundeſtammbuches. Von den Raſſe=zuchtvereinen, die ſich in ihrer Zuchtbuchführung von der DC. freigemacht hatten, wurde dann 1906 das „Kartell der Raſſezuchtverein" gegründet, dem ſich auch die oben erwähnten Verbände örtlicher Vereine angliederten. Zwiſchen Kartell und DC. beſtand zunächſt ein „herzliches Einvernehmen", ſie erkannten gegenſeitig ihre Zucht= und Stammbücher an, unterſtützten die beiderſeitigen Veranſtaltungen und nahmen gegen die oben erwähnten Wildenſchaften Stellung: das Kartell, in deſſen Reihen ſich mittlerweile noch auf Anregung des SD. 1911 der „Prüfungsverband der Zuchtvereine für Dienſthundraſſen im Kartell (PDZ.)" mit ſeinen angegliederten Landesverbänden und dem ebenfalls angegliederten „Reichsverband für Polizei= und Schutzhunde (RDPH.)" gebildet hatte, war bei weitem die mitglieder=reichſte Körperſchaft, zumal auch die ſtärkſten Jagdhundvereine ſich, der Zuchtbuchführung wegen, von der DC. gelöſt hatten. Im Jahre 1913 kam es zwiſchen Kartell und DC. zum Bruch — durch weſſen Ver=ſchulden ſoll hier nicht unterſucht werden —, der unheilbar zu werden drohte, weil die DC. zu ihrer Kräftigung eine Anzahl der bisher von ihr mit niedergehaltenen wilden Vereine mit ihren Gegenzuchtbüchern aufnahm.

Der Krieg hat aber doch erkennen laſſen, daß ein Zuſammengehen der beiden großen Körperſchaften nottut; er hat ferner einſichtigen Hundefreunden gelehrt, daß Kartell wie DC. bisher viel zu viel Wert auf Folgeerſcheinungen der Hundezucht und =haltung, auf Sport und Ausſtellungsweſen, gelegt haben, die Hauptſache ſelbſt aber, Zucht und Gebrauch, auch die wirtſchaftlichen Fragen, vernachläſſigten.

Die Einigungsbeſtrebungen werden hoffentlich zum Zuſammen=ſchluß zu einem „Deutſchen Verband für Raſſehundezucht(DVR.)" als oberſter Behörde führen, deren notwendige Gliederung zur Bewälti=gung ihrer vielſeitigen, zum Teil ineinander greifenden Aufgaben ich nachſtehend kurz andeuten möchte. Gedacht ſind ſechs Abteilungen, deren erſte die Zuchtvereine zu umfaſſen und deren Angelegenheiten zu behandeln hätte: Raſſezeichen und Zuchtfragen einſchließlich Führung der Raſſezuchtbücher und Gebrauchshundliſten; Zuchtforſchung; Vererbungs= und andere wiſſenſchaftliche Fragen, z. B. Ernährung, Krankheits=erforſchung und =verhütung; das in Zuſammenarbeit mit wiſſenſchaft=lichen Anſtalten, der „Deutſchen Geſellſchaft für Züchtungskunde", der „Deutſchen Geſellſchaft für Hundeforſchung" und den zuſtändigen Be=hörden, im weſentlichen dem Miniſterium für Landwirtſchaft. Die zweite Abteilung, für Gebrauchshunde, zerfiele in vier Unterabteilungen für Jagd=, Herdengebrauchs=, Dienſt= und Ziehhundweſen; die letzt=genannte Unterabteilung würde die Brücke zu den Tierſchutzvereinen bilden. Zu bearbeiten wären hier: Arbeits= und Vererbungsforſchung; Ausbildungsanweiſungen; Prüfungsweſen und Prüfungsordnungen; Überwachen der Abrichter; Unterlagen für die Gebrauchshundliſten. Zuſammenarbeit wäre nötig mit den vorgenannten wiſſenſchaftlichen

Anstalten und Vereinen, mit der Deutschen Landwirtschafts-Gesellschaft und den obersten Behörden für Landwirtschaft, Heer, Landjägerei, Polizei, Grenzzolldienst, Verkehrswesen und Rechtspflege; bei der letzterwähnten 3. B. auch zur Aufklärung der Ermittlungsbehörden und richterlichen Beamten über die Möglichkeit und die Grenzen der Spurarbeit von Hunden als Hilfsmittel des Ermittelungsdienstes. In der dritten Abteilung würden die Landesverbände der allgemeinen Verbände ihre Angelegenheiten zu regeln haben, die sehr oft mit den Aufgaben der Abteilungen IV und V zusammenfielen. Die vierte Abteilung umfaßte das mit seinen Aufgaben weiter oben schon mehrfach erwähnte Ausstellungsamt, besser Schauamt, das auch zum Prüfungsamt auszubilden wäre und im wesentlichen alle bisher den Geschäftsstellen des Kartells und des DC. und dann den Ausstellungs- und Prüfungsleitern zufallenden Aufgaben einheitlich zu erledigen hätte. Die fünfte Abteilung umfaßte Unterabteilungen für Rechtswesen, tierärztliche Beratung, Presse und Werbetätigkeit, von denen die erste, abgesehen von einem eigenen Gerichtsamt für Schiedssachen und Ausschlüsse, zur Führung der „schwarzen Listen" und zur Überwachung der Händler und unzuverlässigen Abrichter, sich mit Fragen der Gesetzgebung und Haftpflicht, mit Steuerangelegenheiten und dem Rechtsschutz der Hundehalter zu befassen hätte; dort wäre auch eine Rechtsauskunftstelle zu bilden und von dort wären möglichst viele in Hundesachen erfahrene Anwälte zu ermitteln, die Mitgliedern im Bedarfsfall vorgeschlagen werden könnten. Der tierärztlichen Unterabteilung würde Seuchenbekämpfung und -gesetzgebung zufallen und die Sicherstellung zuverlässiger Fachberatung an möglichst vielen Plätzen. Dem Presseausschuß mit dem Werbeamt käme die Fachpresse und die Aufklärungs- und Werbetätigkeit in der Tagespresse und den Zeitschriften zu, auch gemeinsame Daueranzeigen in diesen Blättern als Vorbeuge gegen unlautere Händleranzeigen; ferner das Beibringen von Unterlagen zum Nachweis der volkswirtschaftlichen Bedeutung der Hundezucht. Die sechste Abteilung schließlich, das Wirtschafts- und Kassenamt, hätte das gesamte Rechnungswesen des Verbandes zu führen, dazu den Abschluß von Haftpflichtversicherung und das Erwirken wirtschaftlicher Vorteile und sonstiger Vergünstigungen für Mitglieder der Verbandsvereine. Das ist eine Reihe bedeutungsvoller Aufgaben, die unsere Hundezucht auf gesunde züchterische und wirtschaftliche Grundlagen stellen würden, die daher auch das Einfordern einer mäßigen Kopfsteuer von jedem Mitgliede der angeschlossenen Vereine rechtfertigen.

Eine sehr glückliche Ergänzung zu diesem „Deutschen Verband für Rassehundezucht" bildet die inzwischen gegründete „Gesellschaft für Hundeforschung". Auch diese fußt zum Teil auf Anregungen, die der SD. Anfang 1918, während des Weltkrieges, dem Kriegsministerium in einer Denkschrift über die Zukunft des Diensthundwesens gegeben. Das innige Zusammengehen dieser Neugründung mit der „Kaiser-Wilhelm-Gesellschaft zur Förderung der Wissenschaften" und der „Gesellschaft für Jagdkunde" wird ihr eine Reihe ihrer Aufgaben, wie Vererbungs-, Zucht- und Arbeitsforschung, Krankheitserforschung und -bekämpfung, Untersuchung von Futter- und Heilmitteln erheblich erleichtern und auch das Anfordern einer weiteren Kopfsteuer zur Unterstützung der Aufgaben der Gesellschaft für Hundeforschung rechtfertigen.

Der Versand mit der Post und der Bahn.

Mensch, ärgere dir nich'
Meyer, Der richtige Berliner

Kein erfreulicher Abschnitt, der über das Beförderungswesen. Die alte Reichspost zwar bediente früher tadellos und gab zu Klagen kaum Anlaß, das Reisen mit Hunden und der Bahnversand dagegen war von jeher unerquicklich. Und nun gar heute, wo fortwährende Verkehrsstockungen und gar noch grobe Unzuverlässigkeit,

741

Beftechlichfeit und Unehrlichfeit mit in Rechnung geftellt werden müffen, wo Millionenwerte verfchwinden, die den Verfandanftalten zur Be= förderung anvertraut waren. Wer heute einen Hund der Bahn an= vertrauen muß, begleitet ihn am beften felbft, will er ihn lebend und ungeftohlen wieder fehen; Verfäufer nehmen auf diefen Umftand fchon Rückficht, bieten in ihren Anzeigen faft regelmäßig Selbftabholern Preis= nachlaß an.

Die Benutzung der poft ift bei Schäferhunden des Gewichts und der Größe wegen leider nur in den erften Lebenswochen und =monaten möglich; die unzureichenden Zugverbindungen verlangfamen heute auch den Poftverfand und machen ihn über größere Streden für Junghunde immerhin nicht ganz ungefährlich. Auf weite Entfernung müffen Welpen jedenfalls ftets als dringende Paketfendung gefchickt werden, fie werden dann mit der fchnellften fich darbietenden Gelegenheit, wo vor= handen mit poft führenden Schnellzügen, befördert; für die Zuftellung am Ort muß dann noch Eilbotenzuftellung beantragt werden. Wo dringende Beförderung nicht zugelaffen, follte die Sendung wenigftens als fogenanntes Eilpaket, d. h. unter beantragter Eilbotenzuftellung, gehen, dann genießt fie eine Art vorzugsweifer Beförderung mit den nächften Poftzügen.

Sendungen mit lebenden Tieren gelten als Sperrgut, koften daher das Anderthalbfache der gewöhnlichen Gebühr; über die Höhe der ver= fchiedenen Gebühren kann ich bei den jetzt fortwährend wechfelnden und fprunghaft fteigenden nichts fagen, fie find vom Abfender vorzulegen. Nachnahme ift auf dringende Sendungen zuläffig, Wertverficherung des Inhalts dagegen ebenfowenig wie bei gewöhnlichen Paketen; ein dahin gehender Antrag des SV. wurde vom Reichspoftamt leider abgelehnt. Eingefchriebene Sendungen werden zu Zeiten gar nicht angenommen; dringende Sendungen aber werden überhaupt nicht eingefchrieben, weil fie früher ohnehin nachgewiefen wurden, was heute felbft bei geringeren Wertfendungen nicht mehr der Fall ift. Das Annahmepoftamt beftätigt auf Verlangen dem Aufgeber, daß der Inhalt bei der Sendung der Aufgabe gelebt hat. Die Paketkarte muß, wie die Anfchrift auf der Sen= dung felbft, den Vermerk „Dringend!" und „Durch Eilboten!" tragen, außerdem empfiehlt fich unter „Anbei" die Inhaltsangabe „lebender junger Hund". Ganz am unteren Rande foll die Paketkarte fchließlich noch eine Anweifung dafür geben, was im Fall verweigerter Annahme mit der Sendung gefchehen foll, z. B.: „Bei Annahmeverweigerung Drahtnachricht auf meine Koften", oder „.... Fleifch füttern und unter dringend fofort zurück". Der Verfandbehälter muß einen farbigen Zettel mit der gut fichtbaren Auffchrift „Dringend!", einen ebenfolchen mit „Durch Eilboten!" und fchließlich einen mit „Lebendes Tier!" befommen*).

Für den Bahnverfand gibt es drei Beförderungsmöglichkeiten, die bahnamtlich als Eilgut, befchleunigtes Eilgut und Expreßgut be= zeichnet werden. Der Eilgutverfand kann nur für ganz kurze Streden mit durchgehenden Eilgüterzügen in Betracht kommen, wenn der Ver=

---

*) Klebezettel mit allen für den Tierverfand nötigen Aufdruden find bei der Hauptgefchäftsftelle des SV. zu haben; f. Ankündigung im Anzeigenanhang.

fender ficher ift, daß der aufgegebene hund auch gewiß mit dem nächften
Zuge abbefördert wird. Dazu ift nämlich die Bahn nicht verpflichtet;
fie hat bei Eilgut eine Abfertigungsfrift (bahnamtlich Expeditionsfrift)
von vollen vierunzwanzig Stunden und diefe Frift beginnt erft mit der
auf die Auflieferung folgenden Mitternacht. Daran fchließt fich eine
Beförderungsfrift (Transportfrift) von wieder einem Tage für je 300
auch nur angefangene Kilometer Entfernung; die Sache kann alfo ganz
länglich werden, da die Lieferfrift als gewahrt gilt, wenn die Nachricht
über das Eintreffen des Gutes bis zur Mitternacht des letzten Tages der
Beförderungsfrift zur Poft gegeben wurde. Diefe fchon überlange Lieferfrift für ein „eiliges Gut" kann aber ruhig überfchritten werden: bis zu
zwölf Stunden ohne jede fchlimme Folge für die Bahn, darüber hinaus
gegen eine von der Bahn auch erft noch anzufordernde Buße von, man
ftaune, einem vollen Zehntel der Fracht für jeden zuviel gebrauchten
Tag. Zwar kann der Abfender die Wichtigkeit der Anlieferung, im
Amtsdeutfch: fein Intereffe an der Lieferung, verfichern, dann bekommt
er ftatt des einen zwei volle Zehntel, und wieder im Höchftfall bis zum
vollen Betrag der Fracht, zurückvergütet. Ja, er darf fogar den Erfatz
eines Schadens beanfpruchen, der ihm aus der Überfchreitung verficherter
Lieferfrift erwachfen ift; den Nachweis gehabten Schadens muß er
erbringen, Erfatz wird bis zur Höhe des verficherten Betrages gewährt.
Die preußifch-heffifche Bahnverwaltung erwies fich im allgemeinen bei
der Regelung folcher und anderer Schäden entgegenkommend und großzügig, andere Verwaltungen, namentlich die bayerifche, waren ent-
fetzlich kleinkrämerhaft und hartleibig, fo daß der Gefchädigte außer
dem Schaden zwar nicht den Spott, aber nennenswerte Arbeit und
viel, viel Ärger hatte, bis er zu feinem Rechte kam. Maßgebend für den
Eilgutverfand find die §§ 63 und 67 der Eifenbahnverkehrsordnung.
        Nach dem § 64 der EVO. heißt „Gut, das mit Zuftimmung der
Bahn auf Antrag des Abfenders mit denjenigen Zügen befördert wird,
mit welchen die Beftimmungsftation am fchnellften erreicht wird" befchleunigtes Eilgut; landläufig auch Schnellzugsgut, weil es nicht
bloß mit Eilgüter- und Perfonenzügen, fondern mit Ausnahme einiger
weniger D- und L-Züge auch mit Schnellzügen befördert werden muß.
Die Abfertigungs- und die Beförderungsfrift beträgt beim befchleunigten
die Hälfte der für gewöhnliches Eilgut eingeräumten Zeit, alfo je zwölf
Stunden. Die Lieferfrift beginnt bei vormittags aufgegebenem befchleunigten Eilgut auch nicht erft mit der folgenden Mitternacht,
fondern fchon mittags; fie gilt als gewahrt, „wenn das Gut fo fchnell
befördert wurde, als es mit den dafür frei gegebenen Zügen möglich
war". Ein Fach- und Fahrplankundiger kann fo ziemlich nachprüfen,
ob die Zufendung vorfchriftsmäßig erfolgte, im allgemeinen könnte daher
befchleunigtes Eilgut als genügende Beförderungsweife gelten, namentlich wo es fich um durchgehende Strecken handelt und wenn nicht das
Eintreffen bis zu einem beftimmten Zeitpunkt erfolgt fein muß, wie
z. B. bei Ausftellungseinfendungen. Freilich ift ein fehr böfer Haken bei
der Sache, das find die fogenannten Tariffstrecken. D. h. die meift um
einige Streckenkilometer kürzeren, dafür um viele Fahrtftunden längeren
Nebenbahnen, über die, wenn nichts anderes vorgefchrieben, alles Gut

gehaudert werden muß, sogar Schnellzugsgut, wenn auch auf dieser Klingelstrecke gar keine Schnellzüge verkehren. Der Versand als be= schleunigtes Eilgut hat also nur dann 3weck, wenn der Absender als guter Fahrplankenner die einzuschlagende Strecke nach den vorhandenen Schnellzugsverbindungen auf dem Frachtbrief vorschreibt; das ist sein Recht, sogar schon beim gewöhnlichen Eilgut. Beschleunigtes Eilgut wird, wie einfaches, auf gewöhnlichen Eilfrachtbrief befördert, der jedoch unter „Vorgeschriebene und zulässige Erklärungen" den deutlichen Vermerk „Beschleunigtes Eilgut" tragen muß; auch am Versandbehälter ist dieser Vermerk gut sichtbar anzubringen. Versicherung der Lieferfrist ist eben= falls zulässig. Die Gebühren für beschleunigtes Eilgut machen das Doppelte des gewöhnlichen aus und kommen annähernd den Sätzen für Expreßgut und Reisegepäck gleich.

Die beste Beförderungsweise für allein reisende Hunde auf Ent= fernungen über 25 km wäre die als Expreßgut (§§ 39—41 EVO.), die leider nur nicht immer und überallhin zulässig ist, sondern beim Ver= lassen des eigenen Verwaltungsbezirks nur nach Orten möglich ist, mit denen unmittelbare gegenseitige Gepäckbeförderung besteht; vielleicht sind diese Verwaltungsschlagbäume mit der schauerlich klingenden „Verreichlichung" der Bahnen aufgezogen worden, das wäre dann wenigstens ein Vorteil des 9. November unseligen Angedenkens. Die Beförderung erfolgt auf Expreßkarte oder Eisenbahnpaketadresse; der Versandbehälter muß die volle Anschrift des Empfängers tragen, die Gebühren entsprechen denen für Reisegepäck. Der Absender kann den 3ug auswählen — L=3üge ausgenommen — und auf der Karte vor= schreiben, mit dem das Gut befördert werden muß, er kann auch die Lieferfrist versichern, die mit Eintreffen des gewählten 3uges erlischt; für Lieferfristüberschreitung haftet die Bahn.

Der in Begleitung seines Besitzers reisende Hund (§§ 27 und 30 EVO., § 57 EB. und BO.) kann auf viererlei Weise befördert werden: auf Hundefahrkarte im Hundeabteil, im Personenabteil oder im Gepäckwagen und schließlich als Reisegepäck gegen Gepäckschein. Das Hundeabteil ist eine Quälerei für das Tier, in gesundheitlicher Beziehung sehr bedenklich, da es kaum je ausreichend entkeimt wird, nicht einmal in allen 3ügen vorhanden, dann bisweilen auch schon besetzt ist und schließlich ist es nicht einmal ausbruchsicher, da es in einzelnen Wagen oben nicht abgedeckt ist, einem gewandten Hunde somit das Überklettern und Entkommen aus dem Wagen ermöglicht. Ein vorsichtiger Hundehalter überantwortet seinen Hund und Freund nicht dem Hundekotter.

Für „Reisende mit Hunden" waren vorm Kriege in den meisten 3ügen besondere Abteile III. Klasse eingerichtet; ob die die 3eiten der heutigen Verkehrsnöte überdauert haben, vermag ich nicht zu sagen. Ein besonderer Fortschritt waren auch diese meist von Stammgästen auf= gesuchten und daher recht überfüllten Abteile nicht; immerhin waren sie für kürzere Strecken, namentlich im Vorortverkehr, besser als der Kotter, wenn auch der Hund auf den Platz unter der Bank angewiesen war und dabei manchen Fußtritt besah. Ausnahmsweise dürfen neuerdings Diensthundführer und Jäger mit ihren Hunden im Dienstabteil oder in einem Gepäck= oder Güterwagen Platz nehmen, wenn wegen der dort verladenen Stücke keine Bedenken bestehen. Ein richtig behandelter Zugführer wird den Begriff des Diensthundes ja wohl nicht zu eng fassen, im übrigen aber ist der Schäferhund, wie ich im II. Abschnitt dargelegt, durchaus als Jagdhund anzusprechen.

Die dritte Beförderungsmöglichkeit ist den in einer Kiste verpackten Hund nach Lösen einer Hundefahrkarte persönlich beim Pack= meister des Zuges im Gepäckwagen aufzugeben; am Ziel muß der Hund dort persönlich wieder abgenommen werden, ebenso muß der Reisende bei etwaigem Zugwechsel für richtiges Umladen sorgen. Die Geschichte kostet also eine Reihe Packträgergebühren, Trinkgelder und Unbequem= lichkeiten, die Beförderungsweise ist sonst aber gut; eingeführt ist sie seit 1904, aber noch nicht überall bekannt.

Die beste und für den Reisenden bequemste Beförderungsweise ist die Aufgabe des in einem Versandbehälter verwahrten Hundes als Reisegepäck bei der Gepäckabfertigung. In diesem Fall ist keine Hunde= fahrkarte zu lösen, dagegen der wohl etwas höhere Satz für Reisegepäck zu zahlen.

Die Bahn übernimmt übrigens weder allein noch in Begleitung ihres Besitzers reisenden Hunden gegenüber die Haftung für lebende Ankunft oder gegen das Entweichen des Hundes. Nur wenn ihr Fahr= lässigkeit nachgewiesen werden kann, ist sie mit Erfolg haftbar zu machen (§ 88 EVO.); sie haftet auch für „ihre Leute" (§ 9 EVO.). Fahrlässig= keit nachzuweisen, ist aber meist nicht so einfach; beim Unfall ist der Eigentümer nicht anwesend, die Beteiligten werden sich aber wohl hüten, ihre oder ihres Brotgebers Schuld ohne Not zu verraten. Um das Wiedereinbringen eines während der Fahrt oder auf einem Bahnhof entsprungenen Hundes zu erleichtern, sollen nach neuerer Vorschrift auf dem Frachtbrief und dem Versandbehälter Angaben über Rasse, Geschlecht, Alter, Haarart, Farbe und Abzeichen, auch Rufnamen des Hundes gemacht werden; bei einem Schäferhunde, der nicht so leicht einem Fremden zuläuft, nützt das freilich nicht viel. Daß im übrigen heutzutage jeder, sei es als Fracht, sei es als Gepäck, aufgegebene Hund hoch auf seinen Wert versichert werden muß, ist eine Selbstverständ= lichkeit. Diese Versicherung hat mit der Versicherung der Lieferfrist nichts zu tun, denn die ist gewahrt, wenn auch nur der leere Versand= behälter rechtzeitig eintrifft.

Nach dem Jahresbericht der sächsischen Staatsbahnen vom Jahre 1912 hatten in diesem Jahre 215 055 Reisende Hunde mit sich geführt, gegen 200 017 im Jahre 1911. Nach der Gesamtzahl der Reisenden hatte jeder 559. seinen Hund bei sich; eine ganz hübsche Zahl, die Bahn= verwaltungen sollten also etwas weniger stiefmütterlich für die Reisenden mit Hunden und für die reisenden Hunde sorgen, zumal zu den oben genannten auch noch all die vielen Hunde kamen, die nicht auf Fahr= karte, sondern auf Frachtbrief oder Gepäckschein befördert wurden.

Die Zulassungsbedingungen zur Beförderung auf den Klein= und den Straßenbahnen sind sehr verschieden. Vernünftige Straßen= bahnverwaltungen gestatten die Benützung der Vorderauftritte gegen Zahlung der einfachen Gebühr, andere lehnen solches Entgegenkommen

an die bedauernswerten Hundehalter ab. Gegen solchen hundefeind=
lichen Starrsinn können dauernd wiederholte Eingaben unter Hinweis
auf den Nutzen des Diensthundwesens helfen; sie wären Sache der
örtlichen Vereine und Ortsgruppen, die sich hinter verständige und ein=
flußreiche Stadtverordnete stecken müssen.

Daß beim Post= wie Bahnversand sorgfältiges Aussuchen der besten
Verkehrsmöglichkeiten nötig ist; deutete ich oben schon an. Wer sich da
nicht zuständig fühlt, hole amtliche Auskunft ein; am besten auf schrift=
lichem Wege, denn müdlich gegebener Rat wird später gern abgeleugnet,
wenn er sich als dumm erwies. Die Abgangs= und voraussichtlichen
Eintreffezeiten sind dem Empfänger rechtzeitig vorher mitzuteilen.

Beim Auslandversand ist vor der Aufgabe festzustellen, ob an
der Grenze eine Gesundheitsbescheinigung gefordert wird und ob Aus=
oder Einfuhrbewilligung nötig ist; dringende Paket= und Expreßsendungen
sind ins Ausland nicht zugelassen. Auch wegen der zollamtlichen Behand=
lung, die die Beförderung wesentlich aufhalten kann, ist alles Nötige
vorher zu erkunden. Auslandversand sollte übrigens heute gar nicht
in Frage kommen, vor allem nicht
ins feindliche; Deutschland braucht
seine guten Hunde selbst.

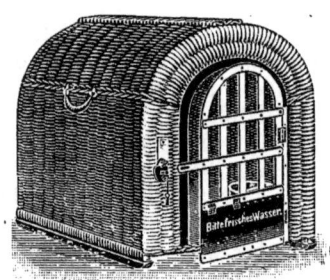

Abb. 496. Reisekorb.

Als Versandbehälter für die
Postbeförderung von Welpen und
Junghunden kann ein leichter Korb
dienen, besser ist eine aus dünnen
Brettern gezimmerte Kiste; Größe
für acht Wochen alte Welpen etwa
45:45:45 cm. Der Deckel wird aus
Latten gemacht, in die Seitenwände
kommen am oberen Rande ein paar
Luftlöcher, damit Luftzutritt möglich
ist, auch wenn ein geistreicher Postschaffner die Kiste von oben ein=
deckt. An zwei Seitenwänden sind einfache Strick= oder Drahthand=
haben anzubringen, damit die Kiste bequem zu fassen und zu tragen
geht; sonst wird sie in bekannter Weise als Wurfgeschoß weiterbefördert.

Auch für den Bahnversand kann zwischen Kiste und Korb gewählt
werden. Gute Reisekörbe sind dauerhaft und leichter als die meisten
Kisten; sie bringen daher mit der Zeit ihren wesentlich höheren An=
schaffungspreis durch niedrigere Frachtgebühren ein. Ich befürworte
sie trotzdem nicht, weil sie überall Luft durchlassen und nicht regendicht
sind. Zugluft ist dem Hunde verhaßt und auch nicht zuträglich; im Korb
kann er sich ihr ebensowenig entziehen wie durchträufelndem Regen.
In der Güterhalle und im Wagen regnet es freilich nicht, aber oft genug
werden die Hundeversandbehälter stundenlang und bei jedem Wetter,
leider auch in der Prallsonne, auf dem Bahnsteig hingestellt, um zur
nächsten Verladegelegenheit bereit zu stehen. Da bietet die Kiste besseren
Schutz; eine gewöhnliche Zuckerkiste tut es natürlich nicht, eine gute
Versandkiste soll vielmehr eigens für den bestimmten Zweck hergestellt
sein. Die in der vorstehenden Zeichnung wiedergegebene entspricht
allen Bedingungen, jeder Tischler kann sie nach den gegebenen Anwei=

jungen herstellen. Die Ausmaße genügen vollauf für den größten Schäfer=
hund, der Hund steht ja auch nur ausnahmsweise in der Kiste; trotzdem
sind die Maße etwas größer genommen als für eine Hundehütte, weil
es bei der Reisekiste nicht so sehr auf leichtes Erwärmen als auf ge=
nügenden Luftvorrat ankommt, denn bisweilen werden die Hundekisten
im Packraum in sinnloser Weise verbaut. Deshalb das Satteldach, das
·Giebelgitter in der Rückwand und die Luftschlitze auf beiden Seiten, die
infolge der vorspringenden Leisten niemals ganz luftdicht verstellt werden
können. Die Luftschlitze dürfen aber nur so breit sein, daß der Hund

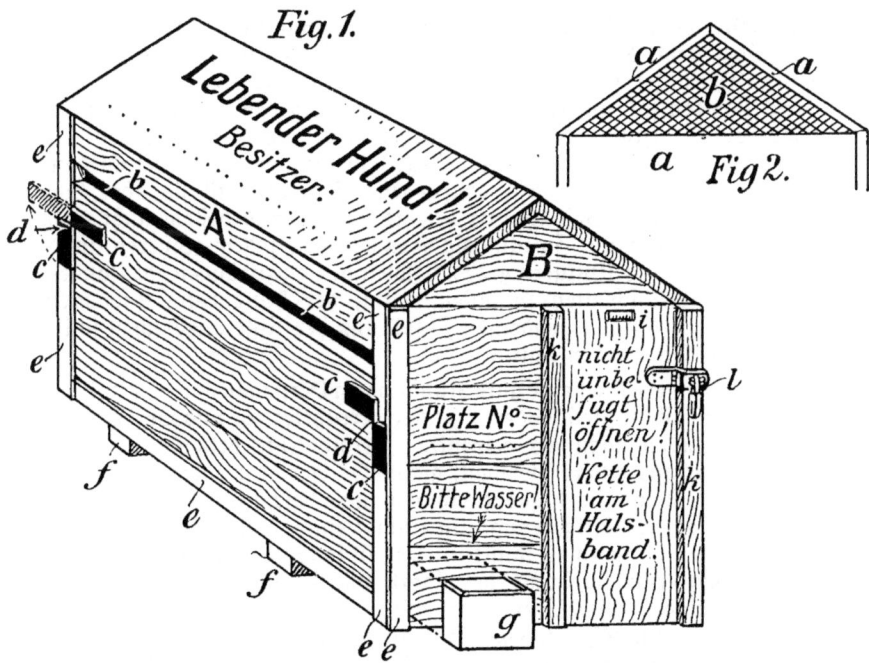

Abb. 497. Versandkiste für erwachsene Schäferhunde.

Herstellung aus trockenem, astfreiem Holz; am besten Kienholz, Brettstärke
1—1,5 cm. Alles Holzwerk ist von außen mit lichter Ölfarbe zu streichen, Schrift dunkel
gehalten, die Metallteile — Handgriffe und Blechverkleidung — mit schwarzem Eisen=
lack. Ausmessungen: 90—100 cm Länge; 60—75 cm Breite; 70 cm Höhe vom Boden
bis zum First. Gewicht 20—25 kg.
Fig. 1. A Seitenwand. b Luftschlitz, 1,5 cm breit. c, c Handgriffe aus Eisen,
20 cm lang, 3 cm breit, 1,5 cm stark; bei d, d in Gelenkband beweglich, so daß der
äußere 14 cm lange Arm, wenn nicht zum Tragen gebraucht, von selbst herunter=
klappt und sich an die Kistenwand anlegt; der innere, kürzere Arm (6 cm) ist mit der
Seitenwand gut zu verschrauben. e, e Blechstreifen als Schutz für die Kanten. f, f
Bodenleisten. B Stirnwand. g Wassergefäß aus Zinkblech mit Holzverkleidung;
Ausmessungen: 20 cm Länge, 12 cm Breite, 10 cm Höhe; mit 5 cm über die Stirn=
wand hinausreichend. i Griff für die nach oben herauszuziehende, zwischen den Falzen
k, k laufende Schiebetür. l Türverschluß.
Fig. 2. Giebelteil der Rückwand. a, a Holzwerk. b Drahtgeflecht für Luft=
zutritt, am inneren Teil der Giebelflächen und der Rückwand mit Stiften und über=
genageltem Blech gut befestigt. Maschenweite 1,5 cm; Drahtstärke 2 mm.

innen nicht die Zähne am Holz ansetzen kann, sonst würde er sich durch-
zubeißen versuchen; wo er das könnte, z. B. am Rande der Vergitterung,
muß das Holz durch Blechstreifen geschützt werden, ebenso alle Außen-
kanten der Kiste. Für den einmaligen Notversand genügt schließlich
jede entsprechend große und gesicherte Kiste, da tut es dann auch ein
aufgenagelter Deckel; Handhaben und reichlich viele Luftlöcher in der
Nähe des oberen Randes, damit die Luft über den ruhenden Hund
hinwegstreicht, sind nicht zu vergessen, auch für ein Trinkgefäß ist bei
solcher Notkiste unbedingt zu sorgen.

In den Versandbehälter kommt ein Lager aus Heu, Stroh oder
Holzwolle, beim Welpenversand über eine dünne Schicht von Torfmull
oder Sägemehl; das aus Rücksichtnahme auf die übrigen Postsendungen.
Kein Hund darf in der Kiste angehängt werden! Kette oder
Strick könnten sich um einen Lauf schlingen und den völlig abschnüren,
oder gar den Hund erwürgen. Früher verlangte die Bahn, daß aufgegebene Hunde in der Kiste angelegt sein mußten, durch verschiedene
Ersatzforderungen und dazu abgegebene Gutachten ist sie aber vom
Fehlerhaften dieser Bestimmung belehrt worden und besteht nicht mehr
auf deren Einhaltung. Zweckmäßig ist es dagegen, jedem größeren Hunde
eine Kette in den Würgering des Halsbandes einzuhängen, das andere
Ende aber frei schleifen zu lassen, damit der Hund beim Auspacken,
auch wenn er durch irgendeinen Zufall aus der Kiste ausbrechen sollte,
leicht gegriffen werden kann.

Welpen erhalten eine gute Stunde vorm Verpacken noch ein kräftiges
Futter, möglichst Fleisch oder in Zucker verrührtes Ei, und werden dann
vorm Einpacken nochmals getränkt. In die Kiste bekommen sie kein
Futter, höchstens etwas Zwieback, geröstetes Hartbrot oder einige Stückchen Zucker, damit sie knabbern können und beschäftigt sind. Sie sind
mit acht Wochen kräftig genug, um einmal einen vollen Tag, auch zwei,
ohne Schaden hungern zu können. Das ist ihnen besser als eine unsachgemäße Fütterung während der Fahrt, wie sie ihnen bisweilen durch
wohlmeinende Postschaffner zuteil wird. Das Rütteln und Schütteln
im engen Raum läßt ohnehin kein großes Hungergefühl aufkommen,
werden sie gefüttert, nehmen sie Nahrung wohl meist an, brechen sie
dann aber bald wieder aus und der Empfänger meint, er habe einen
kranken Hund bekommen.

Erwachsene Hunde werden zwei bis drei Stunden vorm Verpacken
gut gefüttert und bekommen dann noch tüchtig Auslauf, damit sie sich
lösen. In die Kiste bekommen sie kein Futter; an Hunger stirbt ein er-
wachsenes Tier nicht so leicht, wohl aber an Durst und Luftmangel;
der überladene Magen aber quält ein verpacktes Tier viel mehr als der
leere, denn die meisten Hunde lösen sich sehr ungern in ihrer Kiste.
Da in den Fahrplänen einzelne Bahnhöfe, namentlich an Übergangs-
plätzen, zu Fütterungsaufenthalten vorgesehen sind, empfiehlt sich,
schon der schnelleren Beförderung wegen, am Versandbehälter und im
Frachtbrief ein Fütterungsverbot anzubringen; auch an Welpenkisten
ist solche Warnung ganz angebracht. Erwachsenen Hunden können die
Fahrtaufregungen gemildert werden, wenn ihnen der Versandbehälter,

um sie daran zu gewöhnen, einige Tage vorher als Schlaftiste angewiesen wird; je mehr Heimatwitterung die Kiste hat, desto williger gehen sie hinein und desto ruhiger liegen sie darin.

Abkürzungen gebräuchlicher Fachausdrücke.

I. Im Vereinswesen.

SD = Verein für deutsche Schäferhunde (SV.), Rechtssitz München, EV.
EV = Eingetragener Verein.
OG = Ortsgruppe des SV.
AV, KrV, BV, LV = Arbeits-, Kreis-, Bezirks-, Landesverband des SV.
ÖSV Österreichischer Verein für deutsche Schäferhunde, Landesvertretung des SV. in Österreich, dem Vereinsgesetz gegenüber.
TschSlSV Verein für deutsche Schäferhunde in der Tschecho-Slowakei, Landes-vertretung des SV. in der Tschecho-Slowakei, dem Vereinsgesetz gegenüber.
GA = Gerichtsamt des SV.
RER = Richterehrenrat des SV.
HG = Hauptgeschäftsstelle des SV.
SZA = Zuchtbuchamt des SV.
SV-Ztg = Zeitung des Vereins für deutsche Schäferhunde (SV.).
K = Kartell der Rassezuchtvereine und allgemeinen Verbände, dem der SV. angehört.
PVZ = Prüfungsverband der Zuchtvereine für Diensthundrassen im Kartell, dem der SV. angehört.
DC = Delegierten-Commission, Verband einzelner Zucht- und örtlicher Vereine, meist für Jagdhunde.
DLG = Deutsche Landwirtschafts-Gesellschaft, Ehrenmitglied des SV.
DGH = Deutsche Gesellschaft für Hundeforschung, der der SV. angehört.
ÖDV = Österreichische Delegierten-Vereinigung, Verband der Zucht- und all-gemeinen Vereine in Österreich.
RvB = Rad van Beheer, Verband der Zucht- und allgemeinen Vereine in Holland.
VHC = Nederlandsche Vereeniging voor duitsche herdershonden (Mitglied des SV.).
VVH = Vereeniging van Fokkers en Liefhebers van duitsche herdershonden (Mitglied des SV.).
NHC = Nederlandsche Herdershonden-Club, Verein für holländische Schäfer-hunde.
SKG = Schweizer Kynologische Gesellschaft, Verband der Zucht- und all-gemeinen Vereine in der Schweiz.
SC Schweizer Club für deutsche Schäferhunde, Sektion der SKG.

II. Im Ausstellungs- und Prüfungswesen.
(Nicht mehr Gebräuchliches steht in Klammern.)

1. Veranstaltungen.

ZSch = Zuchtschau, allgemeine eines Kartellvereins.
SZSch = Sonder-Zuchtschau des SV. oder seiner Unterabteilungen.
HZSch = Haupt-Zuchtschau, Jahres-Hauptveranstaltung des SV.

PfSch = Pfostenschau, allgemeine eines Kartellvereins.
SPfSch = Sonder=Pfostenschau einer SD.=Unterabteilung.
(A, SA, HSA = Ausstellung, allgemeine, Sonder= und Haupt=Sonderausstellung
    des SD. oder einer seiner Unterabteilungen; jetzt = Zuchtschau).
(SSch, SSSch = Führerschau, allgemeine, Sonder=Führerschau einer SD.=Unter-
    abteilung. Jetzt aufgegebene Veranstaltungsart zwischen Aus-
    stellung und Pfostenschau; mit Führer, aber ohne Geld= und Reihen-
    folgepreise.)
    Prht = Preishüten.
    HPrht = Haupt=Preishüten des SD.
PhHPr, KrhHPr, ShHPr = Polizeihund=, Kriegshund=, Sanitätshund=Haupt-
    prüfung des SD. oder eines PDZ=Vereins.
PhVorpr, KrhVorpr, ShVorpr = Polizeihund=, Kriegshund=, Sanitätshund=Vor-
    prüfung des SD., einer SD.=Unterabteilung oder eines PDZ=Vereins.
    ZPr = Zuchtprüfung einer SD.=Unterabteilung oder eines PDZ=Vereins.
    (DrPr = Dressurprüfung; jetzt = Zuchtprüfung).
    PhVorf = Polizeihund=Vorführung des SD., einer Unterabteilung oder eines
    PDZ.=Vereins; s. a.: KrhVorf. und ShVorf.
    JVPr = Jugendveranlagungsprüfung einer SD.=Ortsgruppe.

2. Klassenbezeichnungen.

    AK = Altersklasse, Zwangsklasse auf Zucht= und Pfostenschauen, für Hunde
    über 18 Monate.
    JK = Jugendklasse, Zwangsklasse auf Zucht= und Pfostenschauen, für Hunde
    zwischen 9 und 18 Monaten.
    SpK = Sportklasse, freiwillige Klasse auf Zuchtschauen.
(AWK = Allgemeine Wettbewerbsklasse, auch Große Kon=
    turrenzklasse genannt)
(BK = Begrenzte Klasse)
(EK = Ermunterungsklasse)
(GebrK = Gebrauchshundklasse)
(HK = Haarklasse für rauh= und zotthaarige Hunde)
(KK = Koppelklasse, auch Paarklasse genannt)
(LK = Lokalklasse)
(NK = Neulingsklasse
(OK = Offene Klasse, früher Hauptklasse)
(SK = Siegerklasse)
(VK = Vereinsklasse)
(VerkK = Verkaufsklasse)
(ZK = Zuchtklasse)
(ZwK = Zwingerklasse, auch Gruppen= oder Kollektions=
    klasse genannt)

Bezeichnung der
verschiedenen Klassen
einer Ausstellung
alter Ordnung,
außerdem noch
AK und JK.

3. Preise und sonstige Auszeichnungen.

V	Vorzüglich	Bezeichnung der Bewertungen (Bew.) für Gebäude,
SG	Sehr Gut	Wesen und Zuchtwert auf Zuchtschauen (Ausstellungen)
G	Gut	und Pfostenschauen, der Leistungsbewertungen
B	Befriedigend	(LBew.) auf Leistungsprüfungen und — ohne SG und
0	Ungenügend	B = der Veranlagungsbewertungen (VBew.) auf
		Jugendveranlagungsprüfungen.

I, II, III p   I., II., III. Preis auf Zuchtschauen (auf Ausstellungen gab es noch
    weitere Preise).

ErsP   Ersatzpreis, für den Einspruchsfall festgelegte Kennzeichnung des
    nächstbesten Hundes nach den Preisträgern auf Zuchtschauen (und
    Ausstellungen).

(HLE, LE   Hochlobende, Lobende Erwähnung, auf Ausstellungen zu Anfang des
    Jahrhunderts noch nach den Preisen vergebene Auszeichnungen).

(Eign, Qual = Eignung, Qualifikation zu einem Preise, auf Ausstellungen zu An-
    fang des Jahrhunderts noch mit den Preisen vergebene Aus-
    zeichnungen.)

Sgr, Sgrn = Zucht=Sieger, =Siegerin des Jahres, mit Zusatz der Jahreszahl.
PrhtSgr[n] = Preishüten=Sieger [Siegerin], w. o.
LSgr[n] = Leistungs=Sieger [Siegerin], w. o.
AuslSgr = Ausland=Sieger [Champion], z. B. ÖSgr = Österreich=Sieger, w. o.
P = Preis.
StP = Staatspreis, für Zucht= oder Gebrauchsleistung.
LKP = Landwirtschaftskammer=Preis, für Zucht= oder Gebrauchsleistung.
WZPR = Wanderzuchtpreis des SV. für Rüden.
WZPH = Wanderzuchtpreis des SV. für Hündinnen.
WZPN = Wanderzuchtpreis des SV. für besten Reuling.
LWP = Leistungswanderpreis des SV.
KP = Kestermann=Preis des SV. für Zucht auf Leistung.
vStP = v. Stephanitz=Zuchtpreis des SV.
DZP = Vereinszuchtpreis des SV.
GHZP = Gebrauchshund=Zusatzpreis des SV.
GZZP = Gebrauchszucht=Zusatzpreis des SV.
EP = Ehrenpreis. | GP = Geldpreis. | ZP = Zuchtpreis.
ŞP = Führerpreis. | SP = Sonderpreis. | ZusP = Zusatzpreis.

III. Im Zuchtbuchwesen.

SZ = Zuchtbuch für deutsche Schäferhunde (SZ.), geführt vom Verein für deutsche Schäferhunde (SV.).
Bd. I = Band I uff.
GHL = Gebrauchshundliste des SZ.
DHSB = Deutsches Hundestammbuch, allgemeines Zuchtbuch für alle Rassen, geführt von der DC.
ÖHSB = Österreichisches Hundestammbuch, allgemeines Zuchtbuch für alle Rassen, geführt von der ÖDD, anerkannt vom SD.
SHSB = Schweizer Hundestammbuch, allgemeines Zuchtbuch für alle Rassen, geführt von der SKG, anerkannt vom SD.
B = Besitzer. | M = Mutter. | WC = Wurftag.
Ş = Führer. | R = Rüde. | u = unbekannt.
Z = Züchter. | H = Hündin. | † = eingegangen.
V = Vater. | DC = Decktag. |

Ausbildungskennzeichen.

HGH Herdengebrauchs= | Krh = Kriegshund. | Sh = Sanitätshund.
hund. | Ph = Polizeihund. | Sch = Schutzhund.

Haarbezeichnungen:

sth = stockhaarig. | rh = rauhhaarig. | zh = zotthaarig.

Farben= und Abzeichen=Bezeichnungen:

Abz = Abzeichen. | d = dunkel. | grg = graugelb.
L = Läufe. | h = hell. | r = rot.
M = Maske. | b = braun. | s = schwarz.
Sat = Sattel. | g = gelb. | si = silber.
gestr = gestromt. | gr = grau. | w = weiß.
gw = gewolft.

Wurfzahl:

Die Zahl der Welpen eines Wurfes wird durch von einem Beistrich getrennte Zahlen angegeben; die Zahlen links vom Beistrich bedeuten die Rüden, die rechts davon die Hündinnen. Mit 3,1 wäre also ein Wurf von 3 Rüden und 1 Hündin zu bezeichnen.

Sachverzeichnis.

757

758

761

763

Bilderverzeichnis.

Namenverzeichnis.

allgemeine Abhandlungen. Der außerordentlich stark in Anspruch genommene Anzeigenteil vermittelt in zuverlässiger Weise An= und Verkauf deutscher Schäferhunde; Händlern ist der Anzeigenteil gesperrt! Nichtmitglieder können die Zeitung zum Preise von Mark 30.— durch die Post beziehen.

Der SV. führt ferner das von allen maßgebenden Verbänden des In= und Auslandes anerkannte, allein maßgebende

Zuchtbuch der Rasse (SZ).

Alljährlich im März erscheint der laufende Band, der den Mitgliedern zu besonderem Vorzugspreise geliefert wird. Über 120000 Hunde eingetragen. Bis jetzt sind 18 Bände mit 96000 Eintragungen erschienen. Die Mitglieder genießen besondere Preisermäßigung bei der Eintragung und erhalten vom Zucht= buchamt jederzeit Rat in allen Zuchtbuchangelegenheiten.

Schäferhund-Schriften und Drucksachen.

Alle den Schäferhund betreffenden Schriften, alle Drucksachen für Züchter und Liebhaber können nur durch unsere Hauptgeschäftsstelle bezogen werden.

Der Verein fördert in jeder Weise die Zucht des deutschen Schäferhundes und zwar als Gebrauchshund, durch Abhalten von

Zuchtschauen (Ausstellungen), Diensthundprüfungen und Preishüten.

Ferner unterhält der Verein

Verkaufsvermittelung ✳ Kaufpreis-Hinterlegungsstelle
Unfallversicherung für Preisrichter ✳ Haftpflicht-Versicherung
Drucksanfertigung und Verleihstelle.

Jahresbeitrag

einschl. der Zeitungsversandgebühr 30.— M., Eintrittsgeld 5.—M., Schäfer 15.— u. 5.—M.

Eintrittsgeld. Außer Eintrittsgeld und Beitrag sind die vom SV. abzuführenden Kopfsteuern für Verbände, denen er angehört, zu entrichten. Diese betragen für 1921 = 2.25 M. Alle Zahlungen sind nur an das Postscheckkonto des „**Vereins für deutsche Schäferhunde (SV)**", München 16747, zu richten.

Anmeldungen

Anfragen, Auskünfte, Gesuche um Werbesachen erledigt

Verein für deutsche Schäferhunde (SV.),
Hauptgeschäftsstelle **Grafrath**, Oberbayern,
ab 1. Okt. 1921 Augsburg 3.

Bücher- und Druckſachenverkauf.

Alle nachſtehend aufgeführten **Bücher** und **Druckſachen** ſind **nur durch die Hauptgeſchäftsſtelle des Vereins für deutſche Schäferhunde (SV), Augsburg 3,** zu beziehen. Derſand nur gegen Nachnahme des Betrages einſchl. Nachnahmegebühr, Poſtgeld und Selbſtkoſtenpreis für Verpackung; bei Voreinſendung des Betrages auf Poſtſcheckkonto München 16747 iſt das entſprechende Poſtgeld — ſ. nachſtehende Aufſtellung — und für Paketſendungen eine Vergütung von 1.— M. für Verpackung, für Druckſachenſendungen eine ſolche von 0.50 M. beizufügen.

I. Bücher.

A. Schriften über Schäferhunde, Zucht, Verein u. a

Der deutſche Schäferhund in Wort und Bild von Rittmeiſter v. Stephanitz. VI. vollſtändig umgearbeitete und erweiterte Auflage, 1921; 776 Seiten ſtark mit 498 Bildern. Erſchöpfende Behandlung der Abſtammung des Schäferhundes, ſeiner Verwendung und aller Zucht, Aufzucht, Haltung, Beurteilung, Erziehung und Abrichtung, Ausſtellungs= und Prüfungsweſen und Kauf berührenden Fragen. Preis geh. 55.— M. geb. 60.— M. ausſchl. Poſtgeld (Paketgebühr).

Der Verein für deutſche Schäferhunde (SV), ſein Ziel und ſeine Ver= faſſung von Rittmeiſter v. Stephanitz (bisher: Der deutſche Schäferhund in Wort und Bild, Teil I und Anhang).
I. Teil, XX. Aufl. 1921. Enthält die Vereinsgeſchichte, die Satzungen, Raſſe= zeichen, Zuchtbuchbeſtimmungen, Aufgaben der örtlichen Unterabteilungen und andere, für alle Mitglieder wiſſenswerte Ausführungsbeſtimmungen des SV. Preis geh. 5.— M. ausſchl. Poſtgeld (Druckſachengebühr, 250 g).
II. Teil, XX. Aufl. 1921. Enthält die weiteren Ausführungsbeſtimmungen des SV, auch des Kartells und des PDZ, über Unterſtützung von Zucht= und Leiſtungsveranſtaltungen, Ausbildung uſw. der Preisrichter, Schauordnungen, Prüfungsbeſtimmungen u. a. Preis geh. 6.— M. ausſchl. Poſtgeld (Druck= ſachengebühr, 250 g), I. und II. Teil geb. 15.— M. ausſchl. Poſtgeld (Druck= ſachengebühr über 500 g).

Die Beurteilung des Schäferhundes von Rittmeiſter v. Stephanitz. VI. Aufl. 1921. Eingehende Beurteilungslehre für Preisrichteranwärter, Begutachter und Hundefreunde. Preis geh. 10.— M. ausſchl. Poſtgeld (Druckſachengebühr, 250 g).

Die Zucht des Schäferhundes von Rittmeiſter v. Stephanitz. VI. Aufl. 1921. Aufklärung und Ratſchläge für die geſunde Zucht brauchbarer Schäferhunde. Preis 10.— M. ausſchl. Poſtgeld (Druckſachengebühr, 250 g).

Namenbuch für deutſche Schäferhunde von Rittmeiſter v. Stephanitz. II. Aufl. 1921. Enthält die Zuchtbuchbeſtimmungen des SV und eine reiche Auswahl deutſcher Zwinger= und Hundenamen. Preis geh. 4.— M. ausſchl. Poſtgeld (Druckſachengebühr, 250 g).

Beſtimmungen über die Ausbildung, Anerkennung und Tätigkeit der Preisrichter und über die Bildung des Richterehrenrates, Sonder= druck der. Geh. 1.— M. ausſchl. Poſtgeld (Druckſachengebühr, 250 g).

Unſer Schäferhund von Rittmeiſter v. Stephanitz. III. Aufl. 1919. Werbeſchrift des SV. Koſtenfrei gegen Einſendung des Poſtgeldes (Druckſachengebühr, 250 g) in Marken.

Winke für Ausſteller, Sonderdruck, zuſammengeſtellt von Rittmeiſter v. Stephanitz. Preis 1.— M.

Zeitung des Vereins für deutſche Schäferhunde, herausgegeben von Ritt= meiſter v. Stephanitz, erſcheint halbmonatlich. Preis für einzelne Hefte 1.50 M., für frühere Jahrgänge, ſoweit vorhanden, geb. 30.— M. ausſchl. Poſtgeld (Paketgebühr).

Zwingerbuch, zusammengestellt von Rittmeister v. Stephanitz. IV. Aufl. 1920. Enthält Ahnentafeln, Deck- und Wurfnachweise, Aufzucht- und Entwicklungsvermerke über Würfe, Junghunde und erwachsene Hunde des Zwingers, Verzeichnisse zum Belegen angemeldeter Hündinnen, bestellter Hunde, bisheriger Abnehmer, der Verluste und der im Zwinger vergebenen Namen. Schließlich Anschriftennachweise von Tierärzten, Lehrmeistern, Bezugsquellen usw. und einen auswechselbaren Nachweis der Ausgaben und Einnahmen. Preis geh. 12.— M. ausschl. Postgeld (Drucksachengebühr, 1000 g).

B. Schriften für Diensthundwesen, Abrichtung.

Anweisung zum Abrichten von Suchhunden für den Ermittelungsdienst von Kriminal-Oberwachtmeister Böttger. I. Aufl. 1919. Bestimmt für Berufsund Liebhaberführer. Preis 1.— M. ausschl. Postgeld (Drucksachengebühr, 50 g).
Der deutsche Schäferhund als Diensthund von Rittmeister v. Stephanitz und Polizeioberleutnant Schoenherr. VII. Aufl. 1921, rund 200 Seiten mit zahlreichen Bildern und Zwingerplänen. Umfassende Darstellung des Diensthundwesens in seiner Entwicklung und Bedeutung mit ausführlicher Vorschrift für Haltung, Unterbringung, Ausrüstung, Erziehung und Abrichtung von Diensthunden. In Vorbereitung.
Die Ausbildung des deutschen Schäferhundes zum Schutzhund von Rittmeister v. Stephanitz. I. Aufl. 1921, leicht verständlich, zahlreiche Abbildungen. Preis geheftet 12.— M. ausschl. Postgeld (Drucksachengebühr, 500 g).

C. Zuchtbuchwesen

Bestimmungen über die Führung des Zuchtbuches für deutsche Schäferhunde (SZ), Sonderdruck der. Geh., kostenfrei gegen Einsendung von 0.60 M. in Marken.
Zuchtbuch für deutsche Schäferhunde (SZ), herausgegeben vom Zuchtbuchamt des Vereins für deutsche Schäferhunde (SV). Für Preisrichter, Zuchtforscher, Züchter und der Büchereien örtlicher Unterabteilungen notwendiges Nachschlagewerk; enthält eine Zusammenstellung aller zum SZ angemeldeten deutschen Schäferhunde nach Abstammung, Alter, Farbe, Haarart, Wurfzahl, Deck- und Wurftag, Auszeichnungen und Ausbildung. Ab Band XII/XIII (1916) mit angehängter laufender Gebrauchshundliste.

Band		Nr.						Preis (vergriffen)
I	(Nr.	1—	250)	II. Aufl. 1909				Preis (vergriffen)
"	("	251—	750)	II.	"	1909	"	(" ")
III	("	751—	1500)	II.	"	1909	"	(" ")
IV	("	1501—	2500)	I.	"	1907	"	(" ")
V	("	2501—	4000)	I.	"	1908	"	2.75 M.
VI	("	4001—	6000)	I.	"	1909	"	2.75 M.
VII	("	6001—	9000)	I.	"	1910	"	(vergriffen)
VIII	("	9001—16000)		I.	"	1911	"	(" ")
IX	("	16001—26000)		I.	"	1912	"	(" ")
X	("	26001—37000)		I.	"	1913	"	(" ")
XI	("	37001—50000)		I.	"	1914	"	(" ")
XII/XIII	("	50001—62000)		I.	"	1916	"	(" ")
XIV/XVI	("	62001—70000)		I.	"	1920	"	20.— M.
XVII/XVIII	("	70001—96000)		I.	"	1921	"	55.— M.

Die vorstehenden Preise verstehen sich für geheftete Bände ausschl. Postgeld (durchweg Paketgebühr); für gebundene Bände, soweit vorrätig, erhöht sich der Preis je 10.— M. bei Bd. XIV/XVI und 15.— M. bei Bd. XVII/XVIII.

(Fortsetzung f S 776)

Gebrauchshundliſten der im Zuchtbuch eingetragenen, als Herden=
gebrauchs=, Schuß=, Kriegs=, Sanitäts= oder Polizeihund aus=
gebildeten Schäferhunde, herausgegeben vom Zuchtbuchamt des Vereins
für deutſche Schäferhunde (SD). Unentbehrlich für jeden Züchter, da nur mit
ausgebildeten Hunden gezüchtet werden ſoll. Gebrauchshundliſte I, Zuſammen=
ſtellung der in den SZ=Bänden I—XVI eingetragenen, ausgebildeten Hunde,
1. Aufl. 1920. Preis 2.50 M. ausſchl. Poſtgeld (Druckſachengebühr, 250 g).
Gebrauchshundliſte II, ſ. SZ=Bände XVII/XVIII.

II. Druckſachen.

Anſichtskarten Reihe I: 12 Karten in farbigem Doppeltondruck „Der deutſche
Schäferhund bei der Arbeit" Reihe II: 12 Karten „Der deutſche Schäferhund
als Polizeihund". Reihe III: 12 Karten „Der deutſche Schäferhund", Doll=,
Kopf= u. Jugendbilder. Preis für jede Reihe 3.— M. ausſchl. Poſtgeld (Druck=
ſachengebühr je 100 g).

Siegelmarken mit Schäferhundkopf, 100 Stück 3.— M., 1000 Stück 20.— M. ausſchl.
Poſtgeld (Druckſachengebühr für 100 oder 500 g).

Deckſcheine, auf der Rückſeite Deckbedingungen, 10 Stück 3.— M. (Druckſachen=
gebühr 100 g), 25 Stück 7.— M. (Druckſachengebühr, 250 g), 50 Stück 14.— M.
Druckſachengebühr, 500 g).

Stammtafeln mit Schäferhundbildern, das Stück 1.— M., 10 Stück 8.— M. (Druck=
ſachengebühr, 250 g), 50 Stück 35.— M. (Druckſachengebühr, 1000 g), 100 Stück
70.— M. (Paketgebühr).

Kaufverträge, 2 Stück 1.— M., 10 Stück 5.— M. (Druckſachengebühr für 100
bzw. 250 g).

Einbanddecken für die SD=Zeitung, das Stück 6.— M. (Druckſachengebühr bis
500 g)

Richterbücher für Zuchtſchauen (Ausſtellungen) und Pfoſtenſchauen,
1 Stück 6.— M. (Druckſachengebühr, 250 g).

Richterbücher für Prüfungen (für 20 bzw. 30 Hunde), das Stück 8.— M. (Druck=
ſachengebühr, 500 g).

Wandtafel des Knochengerüſtes eines Schäferhundes, Größe 52:76 cm
auf Leinwand; z. Zt. vergriffen.

Maueranſchlag vom großen Dereinskopf in Buntdruck mit freiem Raum zum Ein=
drucken von Deröffentlichungen (wirkſamſtes Ankündigungsmittel für Der=
anſtaltungen aller Art). Preis das Stück 1.50 M. (ausſchl. Poſtgeld).

Maueranſchlag für Polizeihund=Prüfungen, farbiger Buntdruck mit freiem Raum
für Ankündigungen. Preis das Stück 2.25 M. (ohne Poſtgeld).

Derleihungsurkunden, künſtleriſch vornehm hergeſtellt. Preis das Stück 1.50 M.
(ohne Poſtgeld).

Werbebild, großer Buntdruck „Der Verein für deutſche Schäferhunde (SD)", zum
Aushängen an öffentlichen Stellen; koſtenfrei gegen Dergütung des Poſtgeldes
(Paketgebühr). z. Zt. vergriffen.

Dereinsabzeichen, Erſatz für verlorene, das Stück 4.— M. (Briefgebühr).

Dorzugspreiſe, Zuſammenſtellung der SD=Mitgliedern bei Beſtellung ⎫ Erſcheinen
durch die HG von SD=Mitgliedern, Fachblättern, Geſchäften und Ge= ⎪ im be=
ſellſchaften gewährten Dorzugsbedingungen. Koſtenfrei gegen Ein= ⎬ im mt
ſendung von 0.15 M. in Marken. ⎭

Lightning Source UK Ltd.
Milton Keynes UK
UKHW05f1148160418
320971UK00016B/126/P
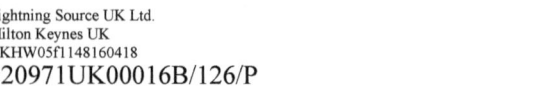